LE
CODE ALGÉRIEN

RECUEIL ANNOTÉ SUIVANT L'ORDRE ALPHABÉTIQUE DES MATIÈRES

DES

LOIS, DÉCRETS, DÉCISIONS, ARRÊTÉS & CIRCULAIRES

FORMANT LA LÉGISLATION SPÉCIALE DE L'ALGÉRIE

Publiés au *Bulletin officiel du Gouvernement*, au *Bulletin des lois* et aux *Recueils des actes administratifs*
des Préfectures d'Alger, d'Oran et de Constantine

de 1872 à 1878

PAR

Henry HUGUES **Paul LAPRA**
CONSEILLER A LA COUR D'APPEL D'ALGER   JUGE AU TRIBUNAL CIVIL D'ALGER

faisant suite au

DICTIONNAIRE DE LA LÉGISLATION ALGÉRIENNE

de feu M. le Premier-Président de MÉNERVILLE

BLIDAH
A. MAUGUIN, LIBRAIRE-ÉDITEUR.
Place d'Armes.

PARIS
CHALLAMEL AINÉ
Librairie algérienne et coloniale
5, RUE JACOB

Et chez tous les libraires de l'Algérie.

1878

LE
CODE ALGÉRIEN

ALGER. — IMPRIMERIE DE L'ASSOCIATION OUVRIÈRE, VICTOR AILLAUD ET Cⁱᵉ

LE
CODE ALGÉRIEN

RECUEIL ANNOTÉ SUIVANT L'ORDRE ALPHABÉTIQUE DES MATIÈRES

DES

LOIS, DÉCRETS, DÉCISIONS, ARRÊTÉS & CIRCULAIRES

FORMANT LA LÉGISLATION SPÉCIALE DE L'ALGÉRIE

Publiés au *Bulletin officiel du Gouvernement*, au *Bulletin des lois* et aux *Recueils des actes administratifs*
des Préfectures d'Alger, d'Oran et de Constantine

de 1872 à 1878

PAR

Henry HUGUES | **Paul LAPRA**
CONSEILLER A LA COUR D'APPEL D'ALGER | JUGE AU TRIBUNAL CIVIL D'ALGER

faisant suite au

DICTIONNAIRE DE LA LÉGISLATION ALGÉRIENNE

de feu M. le Premier-Président de MÉNERVILLE

BLIDAH
A. MAUGUIN, LIBRAIRE-ÉDITEUR,
Place d'Armes.

PARIS
CHALLAMEL AÎNÉ
Librairie algérienne et coloniale
5, RUE JACOB

Et chez tous les libraires de l'Algérie.

1878

Le but, que nous nous proposons en publiant ce volume, est de continuer, dans l'intérêt du public algérien, l'œuvre de notre regretté Premier Président, M. de Ménerville.

A l'exemple de cet éminent magistrat, notre dessein est de : « Mettre » à la portée de tous, sous une forme rapide et facile, le Code spécial et « exceptionnel de l'Algérie ; en rendre ainsi l'étude et l'application promp- » tes et sûres. »

Le livre de M. de Ménerville commence à la capitulation d'Alger pour s'arrêter à l'année 1872. Le nôtre embrasse la période qui s'étend de cette dernière époque au 1er mai 1878.

Cette période de six années, plus qu'aucune autre, a été pour l'Algérie féconde en réglementations de tous genres, aussi bien dans le domaine politique, administratif et judiciaire, que dans les matières relatives à la colonisation, à la propriété indigène, à l'instruction publique et au recrutement de l'armée.

Lois, décrets, arrêtés, décisions, circulaires sont venus s'ajouter en si grand nombre à tous les textes législatifs déjà existants, pour les compléter, les modifier ou les détruire, qu'il est de nouveau très difficile, sinon presque impossible, de les retrouver dans les publications officielles, chaque fois qu'on désire les consulter.

La confusion, signalée dès 1848 dans un rapport ministériel, que M. de Ménerville a si heureusement fait cesser par son *Dictionnaire,* est sur le point de renaître, et c'est pour y mettre obstacle qu'il nous a paru plus que jamais opportun de classer alphabétiquement et de réunir en un volume les documents, formant la législation spéciale et exceptionnelle de l'Algérie, parus, de 1872 à 1878, au *Bulletin officiel* du Gouvernement général et au *Bulletin des lois,* ainsi que M. de Ménerville l'avait fait pour les documents de même nature publiés de 1830 à 1872.

Nous avons fait plus encore. Non contents de compulser ces deux publications officielles, nous avons consulté en outre le *Recueil des actes administratifs* des préfectures algériennes, dont nous avons eu le soin d'extraire les documents intéressants et utiles, désireux que nous sommes d'offrir au public un ouvrage aussi complet que possible.

Dans la même pensée, nous avons placé à la fin de notre CODE ALGÉRIEN un supplément ou *appendice* contenant : 1° les dispositions les plus usuelles antérieures à l'année 1872 ; 2° et les plus importantes de celles qui ont été édictées du 31 décembre 1877 au 1er mai 1878.

Nous avons suivi, autant que nous l'avons pu, le plan adopté par M. de Ménerville pour son *Dictionnaire*, dont notre CODE peut être considéré comme le 4e volume.

A la fin de la plupart de nos articles, nous avons placé des renvois qui permettent de se reporter soit à d'autres articles de notre livre, soit à ceux du *Dictionnaire de la législation algérienne* se rapportant au même sujet.

Ces renvois et la forme du dictionnaire donné à notre publication ont rendu inutile, à ce qu'il nous semble, l'adjonction d'une table alphabétique détaillée. Nous nous sommes, en conséquence, bornés, comme M. de Ménerville dans la première édition de son premier volume, à indiquer dans une table alphabétique succincte les matières de notre CODE.

Nous avons, au contraire, mis un soin tout particulier à établir une table chronologique des lois, décrets, arrêtés et circulaires que nous publions.

Les abréviations dont nous faisons usage sont des plus simples et n'ont pas besoin d'être expliquées.

Nous ferons toutefois observer que tous les arrêtés, insérés dans ce Code, dont nous n'indiquons pas l'origine, émanent des Gouverneurs généraux ou de leurs intérimaires.

Si le public, par un accueil bienveillant, nous montre que notre désir de lui être utile n'a pas été trop téméraire, nous nous ferons un devoir de tenir cette publication au courant de la législation algérienne par un supplément qui paraîtra, non plus à de longs intervalles, mais au commencement de chaque année.

Alger, 30 Avril 1878.

LE
CODE ALGÉRIEN
1872 - 1877

A

Abatage. — Abattoirs.

12 mai 1877. — *Arrêté du Maire d'Alger.*

Considérant que les tripiers et les tanneurs qui exercent leur industrie dans l'intérieur de l'abattoir font usage de l'eau des bassins et du matériel des échaudoirs; que l'entretien de ce matériel ainsi que le traitement du personnel chargé du nettoyage occasionnent à la commune des dépenses considérables ;

Que, du reste, l'arrêté municipal du 4 novembre 1869, article 30, avait réservé la fixation des droits à payer à la commune.

Art. 1er. — A partir du 1er juin 1877, les bouchers, les tripiers et tanneurs, qui voudront nettoyer les panses, se servir des échaudoirs et procéder au nettoyage des peaux à l'intérieur de l'abattoir, seront soumis au paiement des droits ci-après établis :

Lavage des panses de bœufs, de vaches, taureaux..	0.05
Lavage des panses de moutons, brebis, agneaux, chèvres, chevreaux (2 panses)...............	0.05
Lavage et raclage des peaux dans les tueries...................	0.03
Lavage et échaudage de 4 pieds de bœufs.....................	0.10
Lavage et échaudage de 4 pieds de moutons....................	0.05
Lavage et échaudage d'une tête et de 4 pieds de veau...........	0.20

Le Maire: MONGELLAS.

Vu et approuvé :
Pour le Préfet en tournée :
Le Secrétaire général: GOUVET.

10 janvier 1876. — *Circulaire du Préfet d'Alger.*

Un arrêté gouvernemental, en date du 8 janvier 1869, a interdit, dans toute l'Algérie, l'abatage des vaches et brebis pleines.

Cet arrêté, rendu à la suite des années calamiteuses de 1867 et 1868, durant lesquelles une grande mortalité a régné sur les bestiaux, paraît être tombé aujourd'hui en désuétude, car il résulte d'un rapport adressé par la Société d'agriculture à M. le Gouverneur général et qui vient de m'être communiqué, qu'il serait amené journellement dans les abattoirs des femelles pleines et surtout des brebis.

Il ne vous échappera pas que les abats dont il s'agit nuisent considérablement à la reproduction des races, et, d'un autre côté, qu'ils peuvent compromettre la santé publique, puisqu'ils auraient pour résultat de livrer à la consommation des viandes de mauvaise qualité.

J'ai l'honneur d'appeler votre attention sur l'état de choses signalé et de vous prier de prendre les mesures de police que vous jugerez les plus utiles pour mettre un terme à cette situation, sans toutefois apporter des entraves à la liberté des transactions.

Je vous recommande de prescrire qu'une surveillance sérieuse soit exercée par les préposés de l'autorité municipale pour empêcher les abatages des femelles pleines, notamment en ce qui concerne les brebis, pendant les mois d'octobre, de novembre et décembre, qui sont les époques les plus habituelles de la parturition.

Le Préfet: BRUNEL.

V. DÉLÉGATIONS DE POUVOIRS.

Abonnement des communes mixtes et indigènes au *Bulletin officiel.* V. BULLETIN OFFICIEL.

Abri provisoire des colons immigrants. V. COLONISATION.

Abrogation de délégations de pouvoirs. V. DÉLÉGATIONS DE POUVOIRS.

Académie. V. INSTRUCTION PUBLIQUE.

Achat d'effets militaires. V. *Ménerville.*

Actes des cadis. V. JUSTICE MUSULMANE.

— **de dévouement.** V. *Ménerville.*

— **d'engagement et de rengagement.** V. SERVICE MILITAIRE; SERVICE MARITIME.

— **de l'état-civil.** V. ETAT-CIVIL; LÉGALISATION.

— **du gouvernement.** V. BULLETIN OFFICIEL.

— **des indigènes.** V. ENREGISTREMENT.

Actes judiciaires.

5 juillet 1872. — *Circulaire de M. le Garde des sceaux.*

Monsieur le Procureur général, M. le Ministre de la marine me fait savoir que MM. les Procureurs de la République lui adressent fréquemment, en le priant de les faire parvenir aux intéressés, des significations déposées à leurs parquets et destinées à des personnes domiciliées en Corse, aux îles de Ré, d'Oléron, d'Hyères, etc., et en Algérie.

Vous n'ignorez pas qu'un de mes prédécesseurs a, par une circulaire en date du 23 juillet 1834, invité les magistrats des parquets de France à correspondre directement, pour le cas dont il s'agit, avec M. le Procureur général de la Corse et les parquets dont dépendent les îles d'Oléron, de Ré, etc.

Le service de la justice de l'Algérie étant, depuis 1848, placé dans les attributions exclusives de mon département, une circulaire du 26 octobre de la dite année a prescrit l'envoi à la chancellerie de tous les actes judiciaires destinés à cette colonie. Cette règle a depuis lors été généralement observée.

Le Garde des Sceaux: J. DUFAURE.

1ᵉʳ mars 1876. — *Circulaire de M. le Procureur général d'Alger aux chefs des parquets de son ressort.*

Monsieur le Procureur de la République, M. le Ministre de la Marine et des Colonies fait connaître que son département reçoit fréquemment des actes judiciaires destinés à des déportés.

Ces transmissions sont irrégulières et il en résulte des retards regrettables.

En effet, les condamnés à la déportation sont, aux termes de la loi du 8 juin 1850, en état d'interdiction légale et les significations qui les concernent doivent être faites à leurs tuteurs......

Le Procureur général: J. FOURCADE.

28 février 1876. — *Circulaire du Garde des Sceaux. — Actes judiciaires destinés à l'étranger. — Forme matérielle des actes.*

Monsieur le Procureur général,

J'ai appelé récemment l'attention de M. le Ministre des affaires étrangères sur les retards et les difficultés qu'éprouvait souvent la remise des actes judiciaires provenant de l'étranger et destinés à des personnes résidant en France, parce que l'indication du nom et du domicile n'était pas généralement assez mise en relief, et que, dans bien des cas, elle était insuffisante.

M. le Ministre des affaires étrangères s'est entendu à ce sujet avec les gouvernements étrangers, et me fait connaître que dorénavant les adresses des destinataires seront écrites d'une manière apparente, à l'encre rouge ou bleue, hors du texte de l'acte, et qu'on indiquera autant que possible la rue et le numéro, si le destinataire demeure à Paris ou dans une grande ville, le département et l'arrondissement, s'il habite la province.

Mais, de leur côté, les gouvernements étrangers ont fait remarquer que très souvent les actes judiciaires émanés des parquets français et destinés à des personnes résidant à l'étranger manquaient aussi des indications indispensables à leur prompte remise, et ils demandent que, par réciprocité, nous leur facilitions la transmission des actes judiciaires aux destinataires.

Je m'empresse de déférer à ce désir et de vous rappeler les instructions qui ont déjà été données à ce sujet par la Chancellerie, notamment par les circulaires des 5 décembre 1850, 28 avril 1865 et 14 décembre 1871.

A l'avenir, pour rendre la communication des actes judiciaires plus facile et leur remise aux destinataires plus prompte, il conviendra : 1° d'ajouter, à l'indication du domicile des personnes auxquelles la signification doit être faite à l'étranger, le nom de la province, du cercle ou du comté, lorsqu'il s'agira de petites localités ; la rue et le numéro, lorsqu'il s'agira de localités plus grandes et qu'il sera possible de le faire ; 2° de placer l'adresse entière hors du texte de l'acte, en marge ou en tête, à l'encre rouge ou bleue....

Recevez, etc.

Le Garde des sceaux, Ministre de la justice,
J. DUFAURE.

Actes de notoriété. V. NATURALISATION; ÉTAT-CIVIL.

— **de la préfecture (recueil des).** V. *Ménerville.*

— **sous seing privé.** V. *Ménerville.*

Actions commerciales. V. *Ménerville.*

Adel. V. JUSTICE MUSULMANE.

Adjoints civils. V. ADMINISTRATION DU TERRITOIRE MILITAIRE; COMMUNES.

Adjoints indigènes. V. COMMUNES; DÉLÉGATION DE POUVOIRS; JUSTICE; MAIRES.

Adjudication de fournitures. V. CAUTIONNEMENT DE FONCTIONNAIRES.

Administrateurs. V. CIRCONSCRIPTIONS CANTONALES; COMMUNES, SECT. 2; JUSTICE.

Administration générale.

L'établissement d'une seconde France en face de Marseille et les bienfaits de la civilisation européenne apportés aux indigènes par la constitution de la propriété individuelle et par la fusion progressive de leurs intérêts avec les nôtres, telle est la double tâche que, à l'exemple des Romains, nous nous sommes imposée en Algérie depuis quelques années à peine.

Rome a employé deux siècles et demi de son histoire pour conquérir et s'assimiler, comme nous dirions aujourd'hui, sa province d'Afrique.

La France, héritière de Rome, accomplit la même mission dans des conditions bien moins favorables.

Où les Romains avaient trouvé une civilisation existante, des cités prospères, de vastes territoires en plein état de défrichement et de culture, nous avons rencontré la barbarie, le fanatisme, le palmier nain et des ruines!

Et cependant moins d'un demi-siècle nous a suffi pour faire de notre conquête la digne fille de l'Afrique romaine, et le jour n'est pas loin, où elle n'aura plus rien à lui envier.

Aveugle qui ne voit pas que l'Algérie, malgré tous les fléaux qui se sont abattus sur elle, est entrée désormais dans une ère de prospérité véritablement étonnante et qui grandit sans cesse, grâce à l'énergie de ses colons, au dévouement de ses administrateurs, au patriotisme des uns et des autres.

Tout récemment encore, le Conseil supérieur, qui par sa composition représente non seulement l'administration centrale mais aussi la population tout entière, a décidé, dans sa dernière session de novembre 1877, l'établissement de nombreuses voies ferrées et d'un Institut scientifique et littéraire, où l'on enseignera le droit, la médecine, les sciences et les lettres, et a voté les fonds nécessaires à leur création et à leur fonctionnement, donnant ainsi satisfaction aux intérêts matériels comme à ceux de l'esprit.

Ce sont là des gages certains que cette prospérité ne s'arrêtera plus et que bientôt l'Algérie, avec sa population patriotique et entreprenante chaque jour plus nombreuse; avec la bravoure bien connue de tous ses enfants, européens et indigènes, qui ont maintes fois mêlé leur sang ensemble sur les champs de bataille et qui, revenus au village et au douar, creusent côte à côte les mêmes sillons; avec ses immenses ressources qu'elle doit à la beauté de son climat et à la fécondité proverbiale de son sol, l'Algérie rendra au centuple à la France ce que celle-ci a fait pour elle.

DIVISION

§ 1. — Administration de M. le général Chanzy.
§ 2. — Création et attributions des Directions de l'intérieur, des travaux publics et des finances.
§ 3. — Règlement du service journalier du Gouvernement général.

§ 1.

10 juin 1873. — RAPPORT *au Président de la République française.*

Monsieur le Président,

Aux termes des articles 1 et 3 du décret du 10 décembre 1860, le Gouvernement et la haute administration de l'Algérie étaient centralisés à Alger, sous l'autorité d'un Gouverneur général, qui commandait les forces de terre et de mer. La délégation de Tours, lorsqu'elle a donné à l'Algérie une nouvelle organisation administrative, paraît avoir voulu, au contraire, séparer ces deux attributions. Les articles 5 et 6 du décret du 24 octobre 1870 stipulaient, en effet, qu'il y avait en Algérie un Gouverneur général civil centralisant le Gouvernement et la haute administration, et un Général de division commandant les forces de terre et de mer, et chargé en même temps de l'administration des populations européennes et indigènes qui, à ce moment, étaient encore soumises à l'autorité militaire.

Les inconvénients de cette dualité s'étaient déjà fait sentir lorsque l'arrêté du Chef du pouvoir exécutif du 29 mars 1871 appela M. le vice-amiral de Gueydon aux fonctions de Gouverneur général civil, et cet arrêté lui subordonna les commandants des forces de terre et de mer, ce qui a été entendu et pratiqué en ce sens que le chef de l'administration coloniale, sans prétendre à diriger l'action militaire, était au moins en droit d'indiquer aux Généraux commandant les divisions le but que cette action devait se proposer.

L'expérience n'a pas condamné ce système qui pourra être de nouveau mis en vigueur, si un fonctionnaire de l'ordre civil vient à être appelé au Gouvernement général de l'Algérie, mais si, comme vous en avez le droit incontestable, vous portez votre choix sur un officier général, il est évident qu'on ne saurait, sans lui créer une situation inacceptable, fixer de limites à son intervention dans les affaires militaires et que la réunion des deux attributions devient nécessaire.

Cette réunion, dans notre pensée, loin d'être incompatible avec le régime civil, doit avoir pour résultat d'en hâter les progrès, en procurant à l'Algérie la sécurité dont la colonisation a besoin pour s'étendre et se développer, et en associant à cette œuvre de la colonisation les efforts combinés de l'autorité civile et de l'armée qui lui a rendu déjà de si éminents services. Nous n'hésitons donc pas, Monsieur le Président, à vous proposer de la prononcer, en abrogeant les articles précités du décret du 24 octobre 1870.

Au point de vue légal, cette abrogation rentre évidemment dans l'ordre de vos pouvoirs, puisque, depuis l'ordonnance du 22 juillet 1834, et malgré les promesses déposées soit dans l'article 109 de la Constitution du 4 novembre 1848, soit dans l'article 27 de la Constitution du 14 janvier 1852, l'organisation administrative de l'Algérie n'a pas cessé d'être régie par des actes du Pouvoir exécutif. La décision à prendre aujourd'hui est de la même nature que celle d'où procédait l'institution du Gouvernement général avant le 4 septembre 1870 et que les arrêtés par lesquels le Chef du Pouvoir exécutif l'a rétablie à la date des 29 mars et 6 mai 1871. Nous ne voyons donc, sous aucun rapport, de difficulté à déclarer en principe que le Gouverneur général civil de l'Algérie, lorsqu'il remplira les conditions voulues pour exercer le commandement militaire, pourra recevoir, par délégation spéciale des Ministres de la Guerre et de la Marine, le commandement supérieur des forces de terre et de mer.

Si vous adoptez cette proposition, nous vous prions de vouloir bien revêtir de votre signature le projet de décret ci-joint.

Nous sommes avec respect, Monsieur le Président, vos très-humbles et très-obéissants serviteurs.

Les Ministres de l'Intérieur, de la Guerre, de la Marine et des Colonies.

BEULÉ, DU BARRAIL, D'HORNOY.

Approuvé le présent rapport,
M^{al} DE MAC-MAHON.

10 juin 1873. — *Décret.*

Vu le décret du Gouvernement de la Défense nationale, en date du 24 octobre 1870.

Vu les arrêtés du Président du Conseil des Ministres, Chef du pouvoir exécutif de la République française, en date des 29 mars et 6 mai 1871 sur le gouvernement et la haute administration de l'Algérie ;

Considérant que la réunion dans les mêmes mains des fonctions d'administrateur civil de l'Algérie et de commandant supérieur des forces de terre et de mer ne peut que contribuer aux progrès de la colonisation et à la sécurité du pays ;

Considérant que le décret du 24 octobre 1870, sus-visé, qui a séparé ces fonctions, constitue un acte du pouvoir exécutif susceptible d'être abrogé par un acte de même nature.

Art. 1er. — Le Gouverneur général civil de l'Algérie pourra, lorsqu'il remplira les conditions voulues par la loi pour exercer un commandement militaire, recevoir, par délégation spéciale des *Ministres de la Guerre et de la Marine*, le commandement supérieur des forces de terre et de mer.

Art. 2. — Le décret du 24 octobre 1870 est abrogé dans ce qu'il a de contraire au présent décret.

M^{al} DE MAC-MAHON, DUC DE MAGENTA.

10 juin 1873. — *Décret.*

Vu le décret en date de ce jour ;
Vu l'article 3 de la loi du 25 avril 1872 ;

Art. 1er. — M. le général de division Chanzy (Antoine-Eugène-Alfred), commandant le 7e corps d'armée, membre de l'Assemblée nationale, est chargé, à titre de mission temporaire, des fonctions de Gouverneur général civil de l'Algérie, en remplacement de M. le vice-amiral comte de Gueydon, appelé à d'autres fonctions.

ADMINISTRATION GÉNÉRALE

Il commandera les forces de terre et de mer (1).

M^{al} DE MAC-MAHON, DUC DE MAGENTA.

Vu le décret du 10 juin 1873 qui nomme le général Chanzy Gouverneur général civil de l'Algérie et commandant supérieur des forces de terre et de mer ;

Vu la dépêche du 16 juin du Ministre de la guerre ;

Le vice-amiral comte de Gueydon, en cessant ses fonctions à la date de ce jour,

Laisse : 1° l'expédition des affaires civiles et financières à M. Tassin, directeur général des affaires civiles ;

2° L'expédition des affaires militaires et indigènes à M. le général Wolff, commandant la division d'Alger.

Fait à Alger, à l'Amirauté, le 17 juin 1873, à 4 heures du soir.

Vice-amiral Cte DE GUEYDON.

11 septembre 1873. — *Décret*.

Vu le décret de la délégation du Gouvernement de la Défense nationale, du 24 décembre 1870, relatif à l'extension des territoires civils en Algérie ;

Vu ensemble l'arrêté du Gouverneur général civil de l'Algérie, en date du 24 novembre 1871, et le décret du 20 février 1873, sur la division du Tell algérien en circonscriptions cantonales ;

Vu l'arrêté ministériel du 5 avril 1860 ;

Considérant que l'application du décret du 24 décembre 1870 sus-visé, n'est possible qu'à la condition pour l'administration et la justice de disposer de moyens d'action suffisants ;

Considérant qu'en fait ces moyens font défaut, et que dans la plupart des territoires où les dispositions du dit décret ont été mises en vigueur, il est résulté de leur application des embarras et des difficultés considérables, tant pour l'ordre public que pour les intérêts des Européens ;

Considérant que l'exécution du décret du 20 février 1873, sur les circonscriptions cantonales, présente les mêmes difficultés et les mêmes inconvénients ;

Considérant enfin que jusqu'au moment où il sera possible d'appliquer les dispositions du régime nouveau inauguré par les décrets précités à tous les territoires qu'ils concernent, il est indispensable d'y assurer le maintien de l'ordre et de la sécurité, ainsi que le fonctionnement de la justice, à l'aide des moyens édictés par l'arrêté ministériel du 5 avril 1860 ;

Attendu l'urgence ;

Art. 1er. — Le Gouverneur général civil de l'Algérie, commandant en chef des forces de terre et de mer, est autorisé à suspendre l'exécution des décrets du 24 décembre 1870 et du 20 février 1873, dans toutes les parties du territoire où il ju-

---

(1) M. le général Chanzy, Gouverneur général civil, a adressé la proclamation suivante aux habitants de l'Algérie :

Habitants de l'Algérie,

Il y a trente ans, au début de ma carrière, en mettant pour la première fois le pied dans ce pays, j'ai éprouvé cette attraction et cette confiance dans son avenir, qui attachent tous ceux qui foulent cette terre si privilégiée sous son admirable climat.

J'y ai passé vingt-quatre années et ne m'en suis éloigné que pour servir la Patrie dans les grands événements qu'elle a traversés.

Cette absence n'a point amoindri mon affection pour l'Algérie. Je le sens à l'émotion que j'éprouve en songeant que j'y rentre avec la grande mission de veiller à ses intérêts, de développer sa prospérité et d'aider à son avenir.

Je vous apporte à tous, Européens et Indigènes, tous enfants de la France, mon dévouement absolu et une ferme volonté de répondre à l'attente du Gouvernement de la République et à la vôtre, en me vouant à l'œuvre qui m'est confiée.

Malgré des hésitations forcées dans les différents systèmes essayés jusqu'ici, malgré des impatiences légitimes, mais souvent peu raisonnées, malgré les difficultés de la grande tâche de colonisation et de civilisation que la France s'est imposée, ce pays, quoiqu'on puisse dire, n'a jamais cessé de progresser. Il suffit pour s'en convaincre de voir ce qui est fait, en se reportant aux différentes étapes des efforts tentés depuis la conquête.

J'arrive donc parmi vous pour suivre cette voie du progrès tracée par les hommes illustres qui m'ont précédé à la tête de la Colonie, pour marcher en avant résolument, mais en étudiant la route, afin d'écarter les périls qui retardent la marche et d'éviter les illusions qui cachent le but. Les institutions actuelles sont la base du point de départ des nouveaux efforts que nous allons faire ; mon désir est de les développer sagement dans le sens d'une assimilation successive et enfin complète avec celles de la métropole.

Pour atteindre sûrement ce résultat, pour développer la Colonisation, qui est dans l'intérêt bien entendu de tous, Européens et Indigènes, pour rendre l'Algérie grande et prospère, il faut, en premier lieu, l'ordre sans lequel rien de sérieux ne peut être tenté, la sécurité qui est la garantie des succès obtenus. Ces deux conditions seront maintenues, je ne le mets pas en doute, par la sagesse de tous et ma ferme volonté de ne point y laisser porter atteinte. L'Algérie ne prouvera jamais mieux que par le calme et le travail la reconnaissance qu'elle doit à la mère-patrie.

J'ai donc accepté sans appréhension ces hautes fonctions qui me rappellent parmi vous, parce que je compte, pour m'aider à remplir ma tâche, sur les gens de cœur qui placent l'intérêt du pays au-dessus de leurs aspirations personnelles, sur votre patriotisme à tous, et sur la confiance que je veux vous inspirer non par des promesses, mais par des faits.

Tours, le 22 juin 1873.

Général CHANZY.

ORDRE GÉNÉRAL A L'ARMÉE

Officiers, sous-officiers, soldats et marins,

Le Gouvernement, en me chargeant de la haute administration de l'Algérie, m'a confié en même temps le commandement des forces de terre et de mer.

Je suis fier d'être à la tête de cette armée d'Afrique qui a soutenu si glorieusement l'honneur de la France sur tous les champs de bataille, depuis 43 ans.

Mon désir, en succédant aux chefs illustres auxquels vous devez vos belles traditions, est de pouvoir répondre comme eux, en toute circonstance, de votre concours dévoué aux intérêts de ce pays, de votre discipline qui fait votre valeur, et de votre patriotisme qui est la sauve-garde de l'ordre, la garantie de la grandeur de la patrie.

Tours, le 22 juin 1873.

Général CHANZY.

gera leur application prématurée et à replacer transitoirement ces territoires sous l'action du commandement militaire.

M^{al} DE MAC-MAHON, DUC DE MAGENTA.

§ 2.
30 juin 1876. — Décret (1).

Vu l'arrêté du Chef du pouvoir exécutif, en date du 29 mars 1871, qui rétablit les fonctions de Gouverneur général en Algérie et qui place auprès du Gouverneur général un Directeur général des affaires civiles et financières ;

Considérant qu'il importe d'assurer aux différentes branches de l'administration publique en Algérie une organisation et des moyens d'action en rapport avec le développement de la colonisation ;

Art. 1er. — Il est institué auprès du Gouverneur général de l'Algérie :
Un Directeur de l'intérieur ;
Un Directeur des travaux publics ;
Un Directeur des finances.

Art. 2. — Le Directeur de l'intérieur, le Directeur des travaux publics et le Directeur des finances au Gouvernement général de l'Algérie sont nommés par le Président de la République.

Ils sont placés sous l'autorité du Directeur général des affaires civiles et financières qui assure l'exécution des ordres du Gouverneur général, et le suppléent, en cas d'absence ou d'empêchement, pour l'expédition des affaires civiles.

Art. 3. — Le Directeur des travaux publics est choisi parmi les membres du corps des ponts-et-chaussées mis à la disposition du Gouverneur général de l'Algérie.

Le Directeur des finances est pris parmi les fonctionnaires supérieurs du Ministère des finances que désigne le Ministre des finances.

Art. 4. — Les attributions du Directeur de l'intérieur, du Directeur des travaux publics et du Directeur des finances sont fixées par arrêté du Gouverneur général.

Art. 5. — En cas d'absence ou d'empêchement du Directeur de l'intérieur, du Directeur des travaux publics ou du Directeur des finances, il est pourvu à

---

(1) RAPPORT AU PRÉSIDENT DE LA RÉPUBLIQUE FRANÇAISE

L'organisation des services institués auprès du Gouverneur général de l'Algérie, pour l'expédition des affaires civiles de la colonie, a été fixée par un décret en date du 26 décembre 1860. Ce décret est encore en vigueur, mais, depuis seize ans, les intérêts généraux de l'Algérie ont pris un développement si considérable, qu'il a cessé d'être suffisant. Il ne répond aujourd'hui ni au nombre, ni à l'importance des affaires sur lesquelles le Gouverneur général est appelé à statuer, conformément aux dispositions du décret organique du 10 décembre 1860.

Les grands travaux d'utilité publique, qui s'exécutent par l'Etat ou par des compagnies, donnent lieu à des études, à des projets, à des correspondances, qu'il est devenu indispensable de faire préparer ou contrôler par des hommes spéciaux, ayant une position élevée et indépendante. Quatre lignes nouvelles de chemins de fer, concédées à quatre entreprises distinctes, sont en ce moment en construction. D'autres lignes sont sollicitées et ne tarderont pas à jeter le mouvement dans des parties de territoire dont les richesses restent inexploitées, faute de moyens de communication. L'industrie minière, à elle seule, fournira, cette année, un million de tonnes à l'exportation, et elle n'est qu'à ses premiers débuts. Le Gouvernement doit se mettre en mesure de seconder efficacement la confiance que manifestent dans l'avenir de l'Algérie les capitaux et les efforts de l'initiative privée.

L'exécution de la loi du 26 juillet 1873, sur la constitution de la propriété individuelle dans les tribus, appelle aussi de la manière la plus pressante la sollicitude du Gouvernement. Cette loi doit conduire à l'établissement du cadastre et à la réalisation des réformes depuis longtemps projetées par le Gouvernement et qu'il convient d'apporter dans les modes de constatation et de recouvrement des impôts arabes.

Pour parvenir sûrement à ce double progrès, il faut que les instructions à tracer aux préfets soient établies sous la direction d'un fonctionnaire appartenant à l'administration des finances, familier avec les questions d'impôts et d'organisation, pouvant leur consacrer tout son temps et concilier ainsi les intérêts compliqués qu'on rencontre dans les tribus.

Après m'être concerté avec mes collègues des travaux publics et des finances, j'ai l'honneur de vous soumettre un projet de décret présenté par le Gouverneur général de l'Algérie à l'effet d'ériger en directions les trois divisions : intérieur, travaux publics, finances, entre lesquelles, aux termes du décret du 26 décembre 1860, sont répartis les services de l'administration centrale établie à Alger.

Cette transformation peut s'opérer sans augmenter les charges du budget.

Les services de la direction de l'intérieur seraient temporairement assurés par le directeur général des affaires civiles et financières lui-même : ils comprennent l'administration générale et la colonisation, l'agriculture et le commerce.

La direction des travaux publics serait remise à l'un des fonctionnaires supérieurs du corps des ponts-et-chaussées, mis à la disposition du Gouverneur général de l'Algérie, et dont le traitement figure déjà, par conséquent, au budget. La direction des travaux publics comprendrait les mines et les forages dans ses attributions.

La direction des finances serait confiée à un fonctionnaire du ministère des finances, mis spécialement, à cet effet, à la disposition du Gouverneur général. Le traitement de ce fonctionnaire serait imputé sur les fonds actuellement ouverts au gouvernement général au titre du chapitre 1er : « Personnel de l'administration centrale. »

Tous les services financiers de l'Algérie non rattachés directement au ministère des finances, ressortiraient de la direction des finances, qui aurait à préparer les mesures à prendre pour assurer successivement, dans toutes les tribus de l'Algérie, la perception individuelle de l'impôt par des comptables du Trésor.

M. le Gouverneur général de l'Algérie attend les meilleurs résultats de cette organisation plus large et plus complète des services chargés de l'assister. Il maintient l'unité d'impulsion à laquelle ils doivent obéir, en plaçant les trois directions sous la haute autorité du chef de l'administration civile en Algérie.

Un second projet de décret, que j'ai l'honneur de vous soumettre, abroge, dans ce qu'elles ont de trop absolu, les dispositions des articles 6 (§ 2) et 7 du décret du 10 décembre 1860. Désormais, chaque ministère correspondra avec le Gouverneur général de l'Algérie pour les affaires de son département et présentera à la signature du président de la République les actes qui doivent émaner du chef de l'Etat.

Le Ministre de l'Intérieur,
E. DE MARCÈRE.

leur remplacement momentané par le Gouverneur général.
M^{al} DE MAC-MAHON.

30 juin 1876. — 2° *Décret*.

Vu le paragraphe 2 de l'article 6 et l'article 7 du décret du 10 décembre 1860, sur l'organisation de l'administration générale en Algérie ;

Considérant qu'il importe, pour la prompte expédition des affaires, que chaque ministre puisse transmettre directement au Gouverneur général de l'Algérie les instructions spéciales émanant de son département ;

Considérant que cette marche est déjà suivie en ce qui touche les cultes, la justice et l'instruction publique, qui ont pu même être rattachés complètement à leurs départements respectifs ;

Sur le rapport des Ministres de l'intérieur, des travaux publics, des finances et de l'agriculture et du commerce, d'après la proposition du Gouverneur général civil de l'Algérie ;

Art. 1er. — Les actes de haute administration et de gouvernement qui doivent émaner du Président de la République et qui concernent les travaux publics, les finances, l'agriculture et le commerce en Algérie, nous sont présentés, sur la proposition du Gouverneur général, par le Ministre compétent, qui contre-signe le décret intervenu.

M^{al} DE MAC-MAHON.

30 juin 1876. — 3° *Décret*.

Les art. 1er et 2e désignent les Directeurs des travaux publics et des finances.

Art. 3. — Jusqu'à nouvel ordre, les fonctions de Directeur de l'intérieur seront remplies par le Directeur général des affaires civiles et financières.

M^{al} DE MAC-MAHON.

30 juin 1876. — 4° *Décret*.

Le traitement du Directeur des finances au Gouvernement général de l'Algérie, est fixé à 15,000 fr. par an.

M^{al} DE MAC-MAHON.

10 juillet 1876. — *Arrêté*.

Vu le décret du 30 juin dernier qui organise, sur de nouvelles bases, l'Administration centrale de l'Algérie, et crée, auprès du Gouvernement général, les Directions de l'Intérieur, des Finances et des Travaux publics ;

Considérant qu'il est nécessaire de déterminer les attributions de chacune des Directions qui sont appelées à fonctionner sous l'autorité du Directeur général.

Art. 1er. — Le cabinet du Directeur général a, dans ses attributions, le dépouillement de la correspondance à l'arrivée, la préparation du travail du Directeur général, le personnel de l'Administration centrale, les souscriptions, les propositions pour la Légion-d'honneur, les Consulats, la conservation du matériel et la bibliothèque.

Art. 2. — La Direction de l'Intérieur se compose de deux bureaux, divisés l'un et l'autre en deux sections :

1er BUREAU — *1re Section*

Services départementaux et municipaux (Administration et personnel.) — Circonscriptions administratives et judiciaire. — Communes mixtes et indigènes. — Conseils généraux. — Elections. — Centralisation des travaux du Conseil supérieur. — Jury. — Octroi de mer.

2e Section

Cultes. — Justice. — Instruction publique. — Promulgation des lois. — Télégraphie. — Beaux-Arts. — Etat civil. — Naturalisation. — Assistance hospitalière. — Police générale. — Presse. — Etablissements pénitentiaires. — Recherches dans l'intérêt des familles. — Comptabilité des chapitres relatifs aux services ci-dessus dénommés.

2e BUREAU — *1re Section*

Colonisation. — Etudes préalables. — Programmes. — Création de centres. — Peuplement. — Agriculture.

2e Section

Commerce. — Industrie. — Services maritimes. — Lazarets. — Passages. — Expositions. — Elève des races chevaline, bovine et ovine. — Comptabilité des chapitres relatifs aux services ci-dessus mentionnés.

Art. 3. — La Direction des Finances se compose de trois bureaux et d'une section de comptabilité générale :

1er BUREAU

Contributions directes et cadastre. — Topographie — Constitution de la propriété indigène. — Forêts. — Questions générales de finances. — Banque. — Comptabilité des chapitres relatifs aux services ci-dessus mentionnés.

2e BUREAU

Enregistrement. — Domaine. — Timbre. — Séquestre. — Comptabilité des chapitres relatifs aux services ci-dessus mentionnés.

3e BUREAU

Contributions indirectes. — Contributions diverses. — Perceptions. — Postes. — Comptabilité des chapitres relatifs aux services ci-dessus mentionnés.

Section de comptabilité générale

Centralisation de la comptabilité générale. — Ordonnancements. — Pensions civiles.

Art. 4. — La Direction des Travaux publics se compose de deux bureaux.

1er BUREAU

Travaux à la charge de l'Etat. — Ports. — Phares. — Routes. — Dessèchements.

— Chemins de fer. — Mines et forages. — Travaux relatifs à l'installation des centres. — Entreprises industrielles au point de vue des travaux. — Comptabilité des services ci-dessus mentionnés.

2° BUREAU

Statistique générale.— Renseignements généraux à donner au public.

Gal CHANZY.

8 novembre 1876. — *Arrêté.*

Vu l'arrêté du 6 juillet 1871, par lequel le Directeur général des affaires civiles et financières de l'Algérie est institué ordonnateur secondaire au Gouvernement général de l'Algérie;

Vu l'arrêté du 10 juillet 1876, qui détermine les attributions des Directions instituées par le décret du 30 juin de la même année.

ARRÊTE :

A partir du 16 novembre prochain, le Directeur des finances est institué ordonnateur secondaire au Gouvernement général de l'Algérie. Les crédits restant disponibles à cette date, au compte du Directeur général des affaires civiles et financières, sont mis à la disposition du Directeur des finances qui prend la suite des ordonnancements de ce haut fonctionnaire.

Gal CHANZY.

§ 3.

25 mai 1877. — *Arrêté qui règle le service journalier du Gouvernement général de l'Algérie.*

Vu le décret du 30 juin 1876,

ART. 1er. — Le Gouverneur général travaille tous les jours avec le Directeur général des affaires civiles et financières.

ART. 2. — Une fois par semaine, le mercredi, à 9 h. 1/2, le Gouverneur général réunit en Conseil :

Le Directeur général,
Le Chef d'Etat-Major général,
Le Directeur des Travaux publics,
Le Directeur des Finances,

pour traiter les affaires importantes et recevoir ses instructions.

ART. 3. — La correspondance sera enregistrée, à l'arrivée, au cabinet du Gouverneur général ; au départ, par le bureau qui l'aura préparée.

ART. 4. — Le Gouverneur général se réserve la signature :

1° De toute décision emportant dépense non déterminée par le Budget ou les états de répartition approuvés, aliénation du domaine de l'Etat, gratifications, récompenses honorifiques, secours aux communes, aux établissements publics ou privés, aux particuliers ;

2° De la correspondance avec le chef de l'Etat et avec les Ministres ;

3° Des propositions ou nominations relatives au personnel pour tous les emplois dont le traitement est de 1.800 fr. et au-dessus ;

4° Des décisions importantes, des instructions générales ou de principe.

ART. 5. — Le Directeur général signe, par délégation du Gouverneur général, les communications d'ordre aux Ministères et les réponses aux dépêches dont la signature est déléguée par les Ministres ;

La correspondance d'ordre et d'exécution avec les Généraux commandant les territoires militaires et les Préfets.

ART. 6. — Le Directeur général signe en son nom personnel :

1° La correspondance avec les Directeurs généraux relevant du Ministère des Finances et avec les Directeurs des Services financiers de l'Algérie ;

2° Les nominations pour les emplois dont le traitement est inférieur à 1,800 fr. et qui dépendent de l'administration centrale.

ART. 7. — En cas d'absence du Directeur général, le Gouverneur général traite directement les affaires avec chacun des Directeurs qui en sont chargés.

ART. 8. — Les arrêtés antérieurs sont rapportés en ce qu'ils ont de contraire au présent arrêté, dont l'exécution est confiée au Directeur général.

Gal CHANZY.

Administration municipale.
V. COMMUNES ; MAIRES.

Administration du territoire militaire.

DIVISION

§ 1. — Circonscriptions administratives.
§ 2. — Application du décret du 11 septembre 1873.
§ 3. — Adjoints civils attachés aux généraux commandant les subdivisions militaires.
§ 4. — Suppression des bureaux arabes d'Oran et de Mostaganem.
§ 5. — Tournées des fonctionnaires civils dans les territoires militaires.

§ 1er

Circonscriptions administratives. — Constitution de cercles et d'annexes.

3 septembre 1872. — *Arrêté.*

Le Vice-Amiral, Gouverneur général civil de l'Algérie,

ART. 1er. — Le district de Sebdou, tel qu'il existe actuellement, est constitué en une annexe qui prendra le nom d'*annexe de Sebdou* et relèvera directement du commandant de la subdivision de Tlemcen.

ART. 2. — Cette annexe comprendra les tribus ci-après, savoir :

Beni-Snous, Ouled Ouriach, Beni-Hédiel, Angad, Ouled En Nehar.

Le Gouverneur général civil de l'Algérie, absent:
Le Général de division, chargé des Affaires militaires et indigènes,
DE LACROIX.

24 novembre 1873. — *Arrêté*.

Vu les décrets des 24 déc. 1870 et 20 fév. 1873 ;

Considérant qu'il y a tout avantage à placer, sous un seul et même commandement, les populations de la zone frontière, actuellement constituées par les cercles de Nemours et de Lalla-Maghnia, et à assurer ainsi, d'une manière plus efficace, la sécurité de cette région et l'action de notre domination.

Art. 1ᵉʳ. — Le cercle de Nemours est supprimé et remplacé par une annexe dépendant du cercle de Lalla-Maghnia. Le personnel de cette annexe sera constitué d'après les règles fixées par la circulaire du Gouverneur général, en date du 21 mars 1867, n° 280.

Le chef de l'annexe résidera à Nemours.

Gᵃˡ CHANZY.

24 novembre 1873. — *Arrêté*.

Considérant que dans les circonstances actuelles, par suite des événements du Maroc et des complications qu'ils peuvent produire dans le sud-ouest de l'Algérie, il est nécessaire de réunir sous l'unité d'action et de commandement les tribus algériennes qui peuplent cette zone de la frontière.

Art. 1ᵉʳ. — Les annexes de Sebdou et d'El-Aricha sont réunies en un seul cercle qui prendra le nom de *Cercle de Sebdou*, et relèvera de la subdivision de Tlemcen.

Art. 2. — Les tribus qui dépendent de cette nouvelle circonscription, sont :

L'aghalik du Djebel du Sud, provenant de l'ancienne annexe de Sebdou, et comprenant le douar-commune d'Aïn-Ghoraba, ancienne tribu des Beni-Hediel, les Ouled-en-Nehar, Ahl-Angad, Khef-Azaïl et El-Khemis (Beni-Snous).

La tribu des Hamyan et les Ksours, provenant de l'ancienne annexe d'El-Aricha, et comprenant les Akerma, Rekakra, Beni Metarref, Ouled-Mansourah et Ouled-Khelif, Ouled-Serour, Megan, Megheroutia, Ouled-Toumi, Fradha, Ouled M'bareck, Ouled-Farès, Sendan, Ouled-Sidi-Ahmed-el-Medjoub, Ghiatra, Sfissifa, Aïn-Safra, Asla, Thyout, Moghar-Tatani, Moghar-Foukani, Ouled-Sidi-Tadj, Ouled-Hamed.

Art. 3. — Le cercle de Sebdou recevra le personnel militaire administratif fixé, pour les circonscriptions de l'espèce, par la circulaire du Gouverneur général, en date du 21 mars 1867, n° 280.

Art. 4. — Un des officiers placés auprès du Commandant supérieur pourra, suivant le cas, être détaché à El-Aricha, où il sera plus spécialement chargé de la surveillance et de l'administration des Hamyan, sous la haute direction du commandement de Sebdou.

Gᵃˡ CHANZY.

25 novembre 1873. — *Arrêté*.

Considérant :

1° Que la création de l'arrondissement de Dellys, comprenant les circonscriptions de Dellys, Drâ-el-Mizan, Tizi-Ouzou, Bordj-Menaïel, le rattachement de la circonscription du Col des Beni-Aïcha à l'arrondissement d'Alger et l'annexion à des communes de plein exercice des douars-communes relevant des circonscriptions cantonales de l'Arba-Blida et Marengo, vont assurer pour cette région l'action de l'autorité civile dans la limite des moyens dont elle dispose actuellement ;

2° Que, d'autre part, la circonscription cantonale de Tablat n'a pu être comprise dans la même mesure, par suite de considérations financières se rattachant aux créations qui y seraient nécessaires pour le fonctionnement du personnel administratif et de la force publique ; que la population européenne est à peu près nulle dans ce canton, et qu'il est indispensable d'y assurer l'administration des populations indigènes, l'ordre et la sécurité, au moyen des ressources dont dispose le commandement militaire ;

Art. 1ᵉʳ. — La circonscription cantonale de Tablat est transformée en une annexe qui prendra le nom d'*Annexe d'Alger*, et qui relèvera directement du Général commandant la division d'Alger.

Le personnel de cette annexe sera organisé d'après les bases fixées par la circulaire du Gouverneur général, en date du 21 mars 1867, n° 280, et résidera, jusqu'à nouvel ordre, à l'Arba.

Art. 2. — Elle comprendra l'ancien ressort administratif de la circonscription de Tablat,

Savoir :

La tribu des Beni-Sliman.

Les douars-communes de Ahl-El-Euch, Ouled Msellem, Cheurfa, Guebala, Beni-Bel-Hassen, Senhadja, Boukram, Guerrouma, plus le douar-commune de Beni-Miscera, provenant de l'ancienne circonscription de l'Arba-Blida.

L'application du décret du 24 décembre 1870 est provisoirement suspendue dans ce dernier douar, conformément aux dispositions du décret du 11 septembre 1873, jusqu'à ce que les moyens d'action de la justice ordinaire puissent y être assurés d'une manière suffisante.

Art. 3. — Elle conservera un budget propre, sous la rubrique : *Budget de la commune indigène de l'annexe d'Alger*.

Gal CHANZY.

3 décembre 1873. — *Arrêté*.

Vu le décret du 11 septembre 1873 ;

Considérant : 1° que par suite du prochain rattachement à des communes de plein exercice de la majeure partie des douars-communes de la circonscription cantonale de l'Arba-Blida, il est nécessaire de placer dans un ressort administratif le douar-commune de Zaatit que son éloignement de tout centre municipal n'a pas permis de comprendre dans cette mesure ; 2° que cette agglomération indigène n'ayant pas été visée par le décret du 21 décembre 1870 est restée sous la juridiction des tribunaux militaires, et qu'il y a lieu d'y assurer l'unité d'action administrative et judiciaire.

Art. 1ᵉʳ. — Le douar-commune de Zaatit (ancienne tribu des Beni-Messaoud), provenant de la circonscription cantonale de l'Arba-Blida est rattachée provisoirement au cercle de Médéa.

Gᵃˡ CHANZY.

20 décembre 1873. — *Arrêté.*

Considérant :
1° Qu'il est nécessaire, pour faciliter la marche de l'administration, de donner une organisation uniforme aux territoires que les ressources budgétaires actuellement disponibles ne permettent pas de doter des moyens d'action suffisants pour recevoir l'application du droit commun et qu'ils doivent, par conséquent, être maintenus provisoirement sous le régime du commandement ;
2° Que, pour les mêmes motifs et surtout en l'absence d'une force publique suffisante, il y a lieu de suspendre, pendant un certain temps, l'application du décret du 24 décembre 1870, sur les parties des susdits territoires qui ont été visés par cet acte législatif.

Art. 1ᵉʳ. — Les circonscriptions cantonales de Cherchell et de Ténès, maintenues sous le régime du commandement militaire, sont constituées en cercles, relevant de la subdivision d'Orléansville et ayant pour chefs-lieux Cherchell et Ténès. Leur personnel sera composé suivant les prescriptions du 21 mars 1867, n° 280.

Art. 2. — Le cercle de Cherchell comprendra ;
Les tribus de Zatima, Beni-Zioui, Zougara, Beni bou Milek, Tacheta, Gouraya, Larhat ;
Les douars-communes d'El-Gourin, Sidi-Simiane.
Le cercle de Ténès comprendra :
La tribu des Beni-Merzoug.
Les douars-communes de Taourira, Maïn, Sinfita, Beni-Haoua, Beni-Tamou, Talassa, Baache, Bardoura, Heumis.

Art. 3. — La tribu de Ouled-Abdallah, la tribu du Dahra, le douar-commune des Beni-Derjin, provenant de l'ancienne circonscription cantonale de Ténès, sont rattachés au cercle d'Orléansville.

Art. 4. — Des dispositions immédiates seront prises pour que l'organisation de la justice musulmane dans ces deux cercles coïncide avec la nouvelle organisation administrative.

Art. 5. — Les cercles de Ténès et de Cherchell conserveront leur budget propre, sous la rubrique : *Budget de la commune indigène du cercle de Ténès-Cherchell.*

Art. 6. — L'application du décret du 24 décembre 1870 est provisoirement suspendue dans les tribus ou douars-communes énumérés ci-dessus et dépendant des cercles de Cherchell et de Ténès, savoir :

Cercle de Cherchell

Douars communes d'El-Gourin, Sidi-Simiane.

Cercle de Ténès

Douars-communes de Taourira, Maïn, Beni-Tamou, Bardoura, Heumis

Gᵃˡ CHANZY.

20 décembre 1873. — *Arrêté.*

Considérant, etc. (comme à l'arrêté précédent).

Art. 1ᵉʳ. — La circonscription cantonale de La Calle, maintenue provisoirement sous le régime du commandement militaire, est constituée en un cercle relevant de la subdivision de Bône et ayant pour chef-lieu La Calle.
Son personnel sera composé suivant les prescriptions de la circulaire du 21 mars 1867, n° 280.

Art. 2. — Il comprendra les agglomérations indigènes qui faisaient partie de la circonscription cantonale de La Calle.

Art. 3. — Des dispositions immédiates seront prises pour que l'organisation de la justice musulmane dans le cercle coïncide avec la nouvelle organisation administrative.

Art. 4. — Le cercle de La Calle conservera son budget propre, sous la rubrique : *Budget de la commune indigène du cercle de La Calle.*

Art. 5. — Les douars-communes des Ouled-Selim et Reguegma (ancienne tribu des Beni-Sala), compris dans la circonscription cantonale de Mondovi, mais rattachés provisoirement à celle de La Calle, sont réunis au commandement de Bône, et seront administrés directement par le Général commandant la subdivision. Sous le rapport financier, ils seront compris dans la commune subdivisionnaire de Bône.

Art. 6. — L'application du décret du 24 décembre 1870 est provisoirement suspendue dans les douars-communes des Ouled-Selim, Reguegma, Seba, Chefia, Beni-Amar, Ouled Dieb, Brabtia, Aïn-Khiar, Khanguet-Aoun, Nehed, Souarakh.

Gᵃˡ CHANZY.

20 décembre 1873. — *Arrêté.*

Considérant qu'il est nécessaire pour

faciliter la marche de l'administration, de donner une organisation uniforme aux territoires que les ressources budgétaires actuellement disponibles ne permettent pas de doter des moyens d'action suffisants pour recevoir l'application du régime du droit commun, et qui doivent, par conséquent, être maintenus provisoirement sous celui du commandement :

Art. 1er. — La circonscription cantonale de Bougie, maintenue provisoirement sous le régime du commandement militaire, est constituée en cercle relevant de la Subdivision de Sétif et ayant pour chef-lieu Bougie. Son personnel sera composé suivant les prescriptions de la circulaire du 21 mars 1867, n° 280.

Art. 2. — Il comprendra les agglomérations indigènes qui dépendaient de la circonscription cantonale, moins les quatre douars-communes de Madala, Ain-Timzet, Aït-Amer ou Ali, Oued-Summâm, qui vont être prochainement réunis au territoire civil, soit pour être annexés à des communes de plein exercice, soit pour former une commune indigène administrée par M. le Commissaire civil de Bougie ; plus les douars-communes de Akoas et Beni-Hassen, provenant de la circonscription cantonale de Takitount.

Art. 3. — Le *statu quo* administratif et judiciaire est maintenu dans les quatre premiers douars précités, c'est-à-dire que l'administration y reste provisoirement sous la haute direction du Général commandant la division de Constantine, jusqu'à ce que la remise puisse en être faite à l'autorité civile ; la justice continue à y être exercée par les soins du parquet civil, ainsi que cela a lieu depuis l'édiction du décret du 24 décembre 1870.

Art. 5 — Le cercle de Bougie conservera son budget propre sous la rubrique : *Budget de la commune indigène du cercle de Bougie.*

Art. 6. — Des dispositions immédiates seront prises pour que l'organisation de la justice musulmane, dans le cercle de Bougie, coïncide avec la nouvelle organisation administrative.

Gal CHANZY.

20 décembre 1873. — *Arrêté*.

Considérant la nécessité d'assurer notre action directe sur les tribus qui occupent la partie orientale du Hodna, ainsi que sur les agglomérations habitant la zone montagneuse qui borne cette région au nord et au nord-est, pour maintenir l'ordre et préparer le développement de la colonisation.

Art. 1er. — Le poste de Barika est constitué en une annexe qui relèvera du cercle de Batna, aura pour chef-lieu le point de Barika et comprendra les agglomérations indigènes dont les noms suivent :

Les caïdats du Hodna, des Ouled-Sellem et Ouled Ali ben Sabor ;

Le caïdat des Ouled-Sultan, provenant du cercle de Batna.

Art. 2. — L'organisation judiciaire de ces caïdats est maintenue ; ils continuent à former trois circonscriptions judiciaires : Hodna, Ouled-Sellem et Ouled Ali ben Sabor, Ouled-Sultan, qui conservent les numéros et les noms qui leur sont dévolus actuellement.

Art. 3. — Le personnel militaire chargé du commandement et de l'administration de l'annexe, sera organisé conformément aux dispositions de la circulaire du 21 mars 1867, n° 280.

Gal CHANZY.

20 décembre 1873. — *Arrêté*.

Considérant, etc. (comme à l'arrêté précédent).

Art. 1er. — Le poste de M'sila est constitué en une annexe, qui relèvera du cercle de Bordj-bou-Arreridj, aura pour chef-lieu le point de M'sila et comprendra les agglomérations indigènes dont les noms suivent :

Le caïdat des Mahdid ;

Le cheikhat des Ouled Mansour ou Mahdi, du caïdat de l'Oued-Ksob ;

Le cheikhat indépendant des Ouled-Hannech, provenant du cercle de Bordj-bou-Arreridj ;

Le caïdat du Hodna de Boussâada, moins la tribu des Ouled Sidi Brahim, soit les cheikhats de Saïda, Meif, Ouled Adi-Dahra, Ouled Adi-Guebala, Mtarfa et Ouled-Dehim, Souama, provenant du cercle de Boussâada.

Art. 2. — Des dispositions immédiates seront prises pour mettre en rapport l'organisation judiciaire avec la nouvelle organisation administrative.

Art. 3. — Aussitôt que les circonstances le permettront, et que le peuplement européen sera jugé suffisant, le centre de M'sila sera constitué en une commune mixte, à laquelle sera annexée, s'il y a lieu, l'agglomération indigène sur le territoire de laquelle il est situé.

Art. 4. — La tribu des Ouled-Sidi-Brahim continuera à ressortir du cercle de Boussâada, et, pour la justice, sera rattachée à la circonscription judiciaire hors Tell, qui a son siège dans cette localité.

Art. 5. — Le personnel militaire, etc. (comme à l'arrêté précédent).

Gal CHANZY.

20 décembre 1873. — *Arrêté*.

Vu la décision de M. le Président de la République, en date du 25 novembre 1873 ;

Considérant la nécessité, au point de vue de l'intérêt politique et de l'administration, de constituer le centre de Khenchela et les tribus qui en dépendent, en une circonscription distincte du cercle de Batna, dont il a dépendu jusqu'à présent;

Considérant, en outre, les avantages qui résulteront de cette création pour le développement de la colonisation européenne, qui présente, sur ce point, un grand avenir;

Art. 1er. — Le poste de Khenchela est constitué en un cercle qui relèvera du commandement de la subdivision de Batna, aura pour chef-lieu le centre de Khenchela et comprendra les agglomérations indigènes dont les noms suivent :

Le caïdat des Amamras, comprenant les douars-communes des Ouled-Ensigha, Ouled-bou-Drehem, Khenchela, Kmila, Ouled-Yakoub.

Le caïdat des Beni-Oudjana, provenant du cercle de Batna.

Le caïdat des Ouled-Rechach (Nemenchas), provenant du cercle de Tebessa.

Art. 2. — L'organisation judiciaire de ces caïdats est maintenue ; chacun d'eux continue à former une circonscription judiciaire qui conserve le numéro et le nom qui lui sont actuellement dévolus.

Art. 3. — Aussitôt que les circonstances le permettront et que le peuplement européen sera jugé suffisant, le centre de Khenchela sera constitué en une commune mixte à laquelle sera annexé, s'il y a lieu, le douar-commune de Khenchela.

Art. 4. — Les dispositions de la circulaire du 21 mars 1867, n° 280, seront appliquées à la composition du personnel militaire placé sous les ordres du commandant supérieur.

Gal CHANZY.

23 décembre 1873. — *Arrêté.*

Considérant, etc. (comme à l'arrêté ci-dessus du 20 décembre, relatif aux centres de Cherchell et de Ténès.)

Art. 1er. — La circonscription cantonale de Djidjelli, maintenue provisoirement sous le régime du commandement militaire, est constituée en un cercle dépendant de la subdivision de Constantine, et ayant pour chef-lieu Djidjelli.

Son personnel sera composé suivant les prescriptions de la circulaire du 21 mars 1867, n° 280.

Art. 2. — Il comprendra les agglomérations indigènes qui faisaient partie de la circonscription cantonale, plus les douars-communes de Oued bou Youcef, El-Djenah, Hayen, Oum-Aghrioum, provenant de la circonscription cantonale d'El-Miliah.

Art. 3. — Des dispositions seront prises pour que l'organisation de la justice musulmane dans le cercle coïncide avec la nouvelle organisation administrative.

Art. 4. — Le cercle de Djidjelli conservera son budget propre sous la rubrique : *Budget de la commune indigène du cercle de Djidjelli.*

Art. 5. — L'application du décret du 24 décembre 1870 est provisoirement suspendue dans les douars-communes Oued-Djendjen et Mrabeth-Moussa.

Art. 6. — Des études immédiates seront faites pour rattacher le douar-commune des Beni-Caïd à la commune de plein exercice de Djidjelli ; jusqu'à l'accomplissement des formalités réglementaires prescrites à cet effet, le *statu quo* administratif et judiciaire sera maintenu dans ce douar-commune ; l'administration y restera, provisoirement, sous la haute direction du Général commandant la division de Constantine, jusqu'à ce que la remise puisse en être faite à l'autorité civile ; la justice continue à y être exercée par les soins du parquet civil, ainsi que cela a lieu depuis l'édiction du décret du 24 décembre 1870.

Gal CHANZY.

23 décembre 1873. — *Arrêté.*

Considérant, etc. (comme à l'arrêté ci-dessus concernant Cherchell et Ténès).

Art 1er. — La circonscription cantonale d'Akbou, maintenue provisoirement sous le régime du commandement militaire, est constituée en une annexe dépendant du cercle de Sétif et ayant pour chef-lieu Akbou.

Son personnel sera composé suivant les prescriptions de la circulaire du 21 mars 1867, n° 280.

Art. 2. — Elle comprendra les agglomérations indigènes qui dépendent de la circonscription cantonale, savoir :

Les tribus de El-Arrach, Beni-Aydal, Illoula, Ourzellaguen.

Douars-communes de Mouqua, Tazemalt, Tigrin, Ouled-Rerin, Bône, Beni-Mellikeuch.

Art. 3. — Des dispositions immédiates seront prises pour que l'organisation de la justice musulmane dans l'annexe d'Akbou, coïncide avec la nouvelle organisation administrative.

Art. 4. — Aussitôt que les circonstances le permettront et que le peuplement européen sera jugé suffisant, le centre d'Akbou sera constitué en une commune mixte, à laquelle sera annexé le douar-commune sur le territoire duquel elle est située

Art. 5 — L'annexe d'Akbou conservera son budget propre sous la rubrique : *Budget de la commune indigène de l'annexe d'Akbou.*

Gal CHANZY.

24 décembre 1873. — *Arrêté.*

Considérant, etc. (comme dans l'arrête précédent).

ADMINISTRATION DU TERRITOIRE MILITAIRE

Art. 1ᵉʳ. — La circonscription cantonale d'El-Miliah, maintenue provisoirement sous le régime du commandement militaire, est constituée en une annexe relevant du cercle de Constantine et ayant pour chef-lieu El-Miliah.

Son personnel sera composé suivant les prescriptions de la circulaire du 21 mars 1867, n° 280.

Art. 2. — Elle comprendra les agglomérations indigènes qui faisaient partie de l'ancienne circonscription cantonale, moins la tribu des Beni-Toufouth (partie devant former le douar El-Ouldja), et le douar-commune de Djezia, qui sont réunis au cercle de Collo, les douars-communes de Oued-bou-Youssef, El-Djenah, Hayan, Oum-Aghrioum, qui sont réunis au cercle de Djidjelli, plus les douars-communes des Beni-Tlilen, des Ouled-Rebat, des Beni-Sbihi, qui avaient été distraits de la circonscription d'El-Miliah, pour être rattachés, les deux premiers à la circonscription projetée de Mila, le troisième à la circonscription d'El-Arrouch.

Art. 3. — Des dispositions immédiates seront prises pour que l'organisation judiciaire dans l'annexe coïncide avec la nouvelle organisation administrative.

Art. 4. — L'annexe d'El-Miliah conservera son budget propre sous la rubrique : *Budget de la commune indigène de l'annexe d'El-Miliah*.

Art. 5. — Aussitôt que les circonstances le permettront et que le peuplement européen sera jugé suffisant, le centre d'El-Miliah sera constitué en une commune mixte, à laquelle sera annexé le douar-commune sur le territoire duquel il est situé.

Gᵃˡ CHANZY.

24 décembre 1873. — *Arrêté*.

Vu, etc. (comme à l'arrêté ci-dessus constitutif du cercle de Cherchell et Ténès).

Considérant, etc. ;

Art. 1ᵉʳ. — La circonscription cantonale de Collo, maintenue provisoirement sous le régime du commandement militaire, est constituée en un cercle relevant de la subdivision de Constantine et ayant pour chef-lieu Collo.

Son personnel sera composé suivant les prescriptions de la circulaire du 21 mars 1867, n° 280.

Art. 2. — Elle comprendra les agglomérations indigènes qui faisaient partie de l'ancienne circonscription cantonale, plus la tribu des Beni Toufouth (partie devant former le douar d'El Ouldja) et le douar de Djezia, provenant de l'ancienne circonscription d'El Milia, et les douars-communes des Beni Ouelban, Ouled Arksib, Denaïra provenant de l'ancienne circonscription cantonale d'El Arrouch.

Art. 3. — Des dispositions immédiates seront prises pour que l'organisation judiciaire du cercle coïncide avec la nouvelle organisation administrative.

Art. 4. — Le cercle de Collo conservera son budget propre sous la rubrique : *Budget de la commune indigène du cercle de Collo*.

Art. 5. — L'application du décret du 24 décembre 1870 est provisoirement suspendue dans les douars-communes Ouled Mrabath, Afensou, Ouled Hamidech, Arb Guerguera, Arb el Gouffi, Tokla, Demnia, El Atba, Taabna.

Gᵃˡ CHANZY.

24 décembre 1873. — *Arrêté*.

Vu, etc. (comme à l'arrêté ci-dessus constitutif des cercles de Cherchell et Ténès).

Considérant, etc.

Art. 1ᵉʳ. — La circonscription cantonale de Takitount, maintenue provisoirement sous le régime du commandement militaire, est constituée en une annexe dépendant du cercle de Sétif et ayant pour chef-lieu Takitount.

Son personnel sera composé suivant les prescriptions de la circulaire du 21 mars 1867, n° 280.

Art. 2. — Elle comprendra les agglomérations indigènes dont les noms suivent :

Douars-communes de Téniet-et-Tin, Guergour, Mintanou, Takitount, Kalaoun.

Anciennes tribus des Amouchas, Djermouna.

Tribus des Beni-Seliman, Babor, Beni-Meraï et Beni-Felkaï, Ouled-Salah, Beni-Tizi, Beni-Smaïl, Beni-Ségoual, Beni-bou-Yousef.

Art. 3. — La tribu des Dehemchas, provenant de l'ancienne circonscription de Takitount, est rattachée au cercle de Sétif.

Art. 4. — Des dispositions immédiates seront prises pour que l'organisation de la justice musulmane dans l'annexe coïncide avec la nouvelle organisation administrative.

Art. 5. — L'annexe de Takitount conservera son budget propre, sous la rubrique : *Budget de la commune indigène de Takitount*.

Art. 6. — Aussitôt que les circonstances le permettront et que le peuplement européen sera jugé suffisant, le centre de Takitount sera constitué en une commune mixte à laquelle sera annexé le douar-commune de Takitount.

Art. 7. — L'application du décret du 24 décembre 1870 est provisoirement suspendue dans les douars-communes de Teniet-et-Tin, Guergour, Mintanou, Takitount, Kalaoun, provenant de l'ancienne tribu des Amouchas.   Gal CHANZY.

Par décision, en date du 15 février 1874, le Gouverneur général civil de l'Algérie, commandant en chef des forces de terre et de mer, a arrêté :
1° Que la tribu des Ouled-Asker sera rattachée au cercle de Djidjelli, constitué par arrêté du 23 décembre 1873 ;
2° Que la tribu des Déhemcha sera rattachée à l'annexe de Takitount, constituée par arrêté du 24 décembre 1873.

RAPPORT *au Président de la République concluant à la modification du cercle de Bouçaada.*

Paris, le 1er avril 1874.

Monsieur le Président,
Depuis longtemps, le Gouverneur général de l'Algérie avait reconnu la nécessité, au double point de vue du commandement et de l'administration, de distraire le cercle de Bouçaada de la subdivision de Sétif, pour le rattacher, en majeure partie, à celle d'Aumale.

En effet, Bouçaada n'est qu'à 125 kilomètres d'Aumale, tandis qu'il se trouve à 196 kilomètres de Sétif, et, naturellement, le courant des affaires a pris la route d'Aumale.

Le général Chanzy, se basant sur la décision présidentielle du 7 octobre 1871, qui autorise le Gouverneur général à changer la circonscription des cercles, au point de vue du remaniement des communes subdivisionnaires, a pris, à la date du 19 février dernier, et sur l'avis conforme du Conseil de Gouvernement, du 10 janvier 1874, un arrêté portant modification du cercle de Bouçaada ; il en résulte que, réduit à sa partie occidentale, ce cercle sera distrait de la subdivision de Sétif et rattaché à la circonscription d'Aumale, tandis que sa partie orientale sera comprise dans le cercle de Bordj-bou-Arréridj, subdivision de Sétif.

Le changement proposé par le général Chanzy s'opérera en dehors des territoires civils ; mais il aura pour conséquence de modifier dans les territoires militaires la division des crédits et l'ordonnancement des dépenses par l'intendance. Il en résultera aussi une nouvelle répartition des ressources provenant de l'impôt arabe, actuellement attribuées aux deux provinces limitrophes.

C'est dans le but de donner plus d'autorité à ces différentes mesures que le Gouverneur général civil de l'Algérie m'a demandé de soumettre à votre haute sanction son arrêté du 19 février, que je joins au présent rapport, accompagné d'un plan.

Le général Chanzy attachant un grand intérêt à la réalisation de ce projet, j'ai l'honneur de vous prier, Monsieur le Président, de vouloir bien revêtir de votre signature approbative le rapport ci-joint.
Veuillez agréer, etc.
Le Vice-Président du Conseil, Ministre de l'Intérieur,
BROGLIE.
Approuvé :
Le Président de la République,
M^{al} DE MAC-MAHON.

19 février 1874. — *Arrêté.*

Vu la décision du 7 octobre 1871, par laquelle le Président de la République autorise le Gouverneur général de l'Algérie à changer la circonscription des cercles.
Art. 1er. — La délimitation du cercle de Bouçaada est modifiée conformément au plan ci-annexé.
Art. 2. — Le cercle, ainsi délimité, est distrait de la subdivision de Sétif, pour être rattaché à la circonscription d'Aumale.
Art. 3. — La partie de l'ancien cercle de Bouçaada, qui reste dans le ressort de la subdivision de Sétif, est placée sous l'autorité du commandant supérieur du cercle de Bordj-bou-Arréridj.
Gal CHANZY.

Par décision du Gouverneur général civil de l'Algérie, commandant en chef des forces de terre et de mer, en date du 21 avril 1875, le cercle de Bouçaada passé de la division de Constantine dans celle d'Alger, subdivision d'Aumale, par arrêté du 19 février 1874, a été réorganisé ainsi qu'il suit :
La commune mixte de Bouçaada ;
L'aghalik des Oulad-Feradj, comprenant : le caïdat d'El-Hamel (partie de l'ancienne tribu de Bouçaada) ; le caïdat de Djebel-Baten (Oulad-Rerib et Oulad Ali ben Mahamed) ; le caïdat du Djebel El-Messaad (Oulad-Amr ben-Feradj) ;
L'aghalik de l'Oued-Chaïr, comprenant : le caïdat des Oulad-Ahmed ; le caïdat des Oulad Sidi-Ziane ; le caïdat des Oulad-Khaled ;
Le grand caïdat des Oulad-Ameur, comprenant : le caïdat des Oulad-Ameur Guebala ; le caïdat des Oulad Ameur Dahra ;
Le grand caïdat des Oulad-Aïssa, comprenant : le caïdat des Ouled-Amara ; le caïdat des Oulad Mahammed El-M'barek.
Le grand caïdat du Djebel Maharga, comprenant : le caïdat de Roumana (Haouamed et les Meraksa de l'ancienne tribu de Bouçaada) ; le caïdat des Oulad-Slimane ;
Un caïdat indépendant : caïdat des Oulad Sidi-Brahim.

RAPPORT *au Président de la République, concluant à la suppression de l'annexe de Tuggurt.*

Paris, le 13 juillet 1874.

Monsieur le Président,

Après l'insurrection de 1871, le Gouverneur général civil de l'Algérie, dans le but de faire surveiller de plus près l'extrême sud de la division de Constantine, avait établi un poste permanent à Tuggurt, qui fut érigé, à cette époque, en annexe du cercle de Biskra.

Cette création a permis de régler plus facilement, dans cette région, les affaires complexes résultant de la période de troubles que l'Algérie venait de traverser, et, à ce point de vue, elle n'a pas été inutile ; mais elle constituait pour nous une charge financière énorme, et, en s'aventurant trop au loin, notre action directe nous exposait à des accidents qu'il était possible d'éviter en n'ayant sur ce point que des agents indigènes ; elle nous forçait à entretenir à Tuggurt une garnison hors de proportion avec les nécessités réelles, et livrée, pendant les chaleurs de l'été, à un climat meurtrier, que les indigènes eux-mêmes n'affrontent que lorsqu'ils y sont obligés.

Le général Chanzy, justement préoccupé des inconvénients de cette situation, a profité du moment où la capture de l'agitateur Bou-Choucha rendait la tranquillité au sud de nos possessions, pour retirer nos troupes et nos officiers de Tuggurt.

Se basant sur la décision présidentielle du 7 octobre 1871, qui autorise le Gouverneur général à changer les circonscriptions des cercles, le Général a pris, à la date du 22 mai 1874, un arrêté qui a supprimé l'annexe de Tuggurt, et réuni les tribus qui la composaient, partie au cercle de Biskra, partie au cercle de Laghouat.

Les tribus passées dans ce dernier cercle, qui est de la division d'Alger, sont celles de l'aghalik d'Ouargla, lequel a relevé successivement du commandement d'Oran ou de celui de Constantine, par suite de considérations politiques qui n'ont plus de raison d'être. La mesure qui a rattaché cet aghalik à la division d'Alger, a été dictée au Gouverneur général par l'intérêt des populations nomades de l'oasis, qui ont surtout des rapports avec celles du cercle de Laghouat, sur le territoire duquel elles restent une grande partie de l'année, et dont toutes les relations commerciales sont avec le M'zab, dépendance de Laghouat ; Ouargla est d'ailleurs, plus éloigné de 40 kilomètres de Biskra que de Laghouat, dont la colonne mobile peut être dirigée le plus facilement pour protéger au besoin nos tribus du sud, jusqu'à Ouargla, contre les incursions des agitateurs.

Le changement fait par le général Chanzy, a été opéré en dehors des territoires civils ; mais il aura pour conséquence de modifier la division des crédits et l'ordonnancement des dépenses.

Il en résultera aussi une nouvelle répartition des ressources provenant de l'impôt arabe actuellement attribuées aux deux provinces limitrophes.

A ce double point de vue, la mesure a une importance spéciale, et dans le but de lui donner plus d'autorité, M. le Gouverneur général de l'Algérie m'a demandé de soumettre à votre haute sanction son arrêté du 22 mai, que je joins au présent rapport, accompagné d'un plan.

J'ai l'honneur de vous prier de vouloir bien revêtir de votre signature approbative le présent rapport.

Veuillez agréer, etc.

Le Ministre de l'intérieur,
DE FOURTOU.

Approuvé :
Le Président de la République,
Maréchal DE MAC-MAHON.

22 mai 1874. — *Arrêté.*

Vu, etc. (comme à l'arrêté relatif à Bouçaada).

Art. 1er. — L'annexe de Tuggurth, créée par arrêté du Gouverneur général, du 22 mai 1873, est supprimée.

Art. 2. — Les caïdats de l'Oued-Rir et du Souf, des Ouled-Mouleth, des Arab-Rerabas de Temacin et Ouled-Sahia, relèveront directement du commandement de Biskra.

Art. 3. — L'oasis d'Ouargla, ainsi que les caïdats des Saïd-Attba, Meckhademas et Chambas, délimités conformément au plan ci-annexé, sont distraits du cercle de Biskra, de la subdivision de Batna, division de Constantine, et rattachés au cercle de Laghouat, subdivision de Médéah, division d'Alger.

Gal CHANZY.

Vu pour être annexé à la décision du Président de la République, en date du 13 juillet 1874.

Le Ministre de l'Intérieur,
DE FOURTOU.

RAPPORT *au Président de la République concluant à la transformation en cercle de l'annexe d'Akbou.*

Paris, 13 novembre 1874.

Monsieur le Président,

Le Gouverneur général civil de l'Algérie a demandé l'autorisation de transformer l'annexe militaire d'Akbou, relevant du cercle de Bougie, en un cercle militaire qui dépendrait désormais de la subdivision de Sétif.

Au point de vue administratif, le centre d'Akbou est le chef-lieu d'une ancienne circonscription cantonale, créée le 12 juin

1872, maintenue provisoirement à cette époque sous le régime militaire et constituée en une annexe dépendant du cercle de Sétif, par arrêté du Gouverneur général, en date du 23 décembre 1873.

Il renferme 246 habitants européens sur 10,000 hectares réservés à la colonisation. Cette population placée au milieu de l'élément indigène, aura tout avantage pour sa propre sécurité et ses intérêts, à voir établir auprès d'elle une autorité militaire réunissant les pouvoirs nécessaires du commandement et de l'administration.

En demandant l'autorisation de créer le cercle d'Akbou, le Gouverneur général fait observer qu'une partie des tribus composant le cercle actuel de Ténès (division d'Alger), doivent, au commencement de l'année 1875, être remises à l'administration civile ; qu'il sera, dès lors, inutile de maintenir un commandement sur ce point et que ce cercle pourrait, sans inconvénient, être transformé en une annexe. La suppression du cercle de Ténès laisserait au chapitre IV du Budget de la guerre un crédit disponible qui pourrait alors être affecté au nouveau cercle d'Akbou, tandis que les allocations de l'annexe d'Akbou passeraient à celle de Ténès, de telle sorte que la nouvelle création n'entraînerait aucune nouvelle dépense.

Je ne vois que des avantages à la combinaison du Gouverneur général, en ce qui touche l'économie administrative du territoire européen d'Akbou. Mon collègue, M. le Ministre de la Guerre, que j'ai dû consulter au sujet de la réorganisation administrative militaire, vient de me faire connaître qu'il n'a aucune objection à élever contre ce projet.

En conséquence, j'ai l'honneur de vous proposer d'autoriser M. le général Chanzy à opérer la double réorganisation projetée, en approuvant le présent rapport.

Veuillez agréer, M. le Président, l'hommage de mon respectueux dévouement.

Le Ministre de l'Intérieur,
G^{al} DE CHABAUD-LATOUR.

Approuvé :
Le Président de la République,
M^{al} DE MAC-MAHON.

4 décembre 1874. — Arrêté.

Art. 1er. — L'annexe d'Akbou est transformée en un un cercle qui prendra le nom de cercle d'Akbou et relèvera de la subdivision de Sétif. Le chef-lieu de ce cercle sera Akbou.

Art. 2. — Les tribus dépendant de cette nouvelle circonscription sont celles qui étaient comprises dans l'ancienne annexe, soit : les tribus de l'Arrach, des Beni-Aydel et Mcisna, des Illoula-Açammeur, des Ouzellaguen, des Beni-Abbès, formant les douars-communes de Mouqua, Tazmalt, Tigrin, Ouled-R'zid, Boni, des Beni-Mellikeuch formant le douar-commune des Beni-Mellikeuch.

Art. 3. — Le cercle d'Akbou recevra le personnel administratif fixé pour les circonscriptions de l'espèce par les circulaires du Gouverneur général, en date du 21 mars 1867, n° 280, et du 4 mai 1874, n° 107.

Art. 4. — Il n'est rien changé à l'organisation de la commune indigène d'Akbou, qui continuera à fonctionner suivant les termes de l'arrêté du 13 novembre 1874.

Art. 5. — Les circonscriptions judiciaires musulmanes, fixées par l'arrêté du 17 mai 1874, pour l'annexe d'Akbou, sont maintenues provisoirement dans le cercle du même nom, jusqu'au règlement définitif qui doit intervenir pour fixer le ressort des différentes juridictions en Kabylie.

Pour le Gouverneur général absent,
Le Général chargé de l'expédition des affaires militaires,
LIÉBERT.

7 décembre 1874. — Arrêté.

Art. 1er. — Le cercle de Ténès est supprimé et remplacé par une annexe dépendant du cercle et de la subdivision d'Orléansville, et dont le chef-lieu sera Ténès.

Le personnel de cette annexe sera constitué d'après les règles fixées par les circulaires du Gouverneur général, en date du 21 mars 1867, n° 280, et du 4 mai 1874, n° 107. Les tribus relevant de l'annexe sont, jusqu'à nouvel ordre, celles qui composaient l'ancien cercle.

Art. 2. — Il n'est rien changé à l'organisation de la commune indigène de Ténès, qui continuera à fonctionner, suivant les termes de l'arrêté du 13 novembre 1874.

Art. 3. — Les circonscriptions judiciaires musulmanes fixées par l'arrêté du 19 mai 1874 pour le cercle de Ténès, sont maintenues pour l'annexe du même nom.

LIÉBERT.

20 avril 1875 — *Décision du Gouverneur général.*

Le caïdat de Guerfa, cercle de Guelma, subdivision de Bône, est supprimé et divisé en trois cheikats indépendants :
Achèche-Ouled-Ali,
Achèche-Atatfa,
Et Beni-Oudjana.

§ 2.
Application du décret du 11 septembre 1873 à divers douars-communes, territoires et tribus des divisions d'Alger, de Constantine et d'Oran (1).

---

(1) Voir ce décret V° *Administration générale*, page 5.

ADMINISTRATION DU TERRITOIRE MILITAIRE

1° DIVISION D'ALGER

17 novembre 1873. — *Arrêté.*

Considérant :

1° Que, par suite de l'application de l'acte législatif du 24 décembre 1870, quatre douars-communes du cercle de Teniet-el-Hâad, savoir : Ighoud, Ben-Naouri, El-Meddad, Beni-Meharez, ont été placés sous le régime judiciaire du droit commun ;

2° Que l'expérience a permis de reconnaître que cette mesure était prématurée, eu égard à la situation intérieure de ces tribus, au manque de moyens d'action et de force publique ;

3° Qu'il est indispensable, pour assurer l'ordre et la sécurité dans cette région, de replacer provisoirement ces populations sous le régime du commandement, à l'exception du douar des Beni-Meharez, destiné à être prochainement annexé à la commune de plein exercice de Téniet-el-Hâad, et sur lequel l'administration et la justice civile peuvent concentrer efficacement toutes les ressources dont elles disposent.

Art. 1ᵉʳ. — L'application du décret du 24 décembre 1870 est suspendue dans les douars-communes de Ighoud, Ben-Naouri et El-Meddad, du cercle de Téniet-el-Hâad.

Gᵃˡ CHANZY.

24 novembre 1873. — *Arrêté.*

Considérant :

1° Que le décret du 24 décembre 1870, plaçant sous l'administration civile et le régime judiciaire du droit commun certain nombre de douars-communes du cercle de Boghar, n'a pas assuré, en même temps, les moyens d'action nécessaires pour le fonctionnement de ce nouvel ordre de choses, surtout en ce qui concerne la force publique ;

2° Qu'il est indispensable, pour garantir l'ordre et la sécurité dans ces territoires, de les maintenir encore, pendant une certaine période, sous le régime du commandement, jusqu'à ce que les ressources financières disponibles permettent de les rattacher intégralement au territoire civil ;

3° Que le *statu quo* administratif et judiciaire peut néanmoins être conservé sur la portion des susdits territoires susceptibles par leur situation et la nature des intérêts qui y sont engagés, d'être annexés immédiatement après l'accomplissement des formalités réglementaires, à des communes de plein exercice, où l'administration civile et la justice du droit commun pourront être assurés au moyen des ressources actuelles ;

Art. 1ᵉʳ. — L'application du décret du 24 décembre 1870 est provisoirement suspendue dans les territoires énumérés ci-après, dépendant du cercle de Boghar, savoir :

Douar-commune des Ouled-Anteur, Mfatah, Oum-Djellil.

Le commandement militaire, qui n'a pas cessé d'administrer ces tribus et douars-communes, est chargé également d'y assurer momentanément le fonctionnement de la justice.

Art. 2. — Des études immédiates seront faites pour rattacher le douar-commune des Ouled-Hamza, soit à la commune de plein exercice de Boghar, soit à celle de Boghari.

Jusqu'à l'accomplissement des formalités réglementaires prescrites à cet effet, le *statu quo* administratif et judiciaire sera maintenu dans ces agglomérations indigènes, c'est-à-dire que l'administration y restera sous la haute direction de M. le Général commandant la division d'Alger, et la justice sous celle de M. le Procureur général près la Cour d'appel d'Alger.

Gᵃˡ CHANZY.

24 novembre 1873. — *Arrêté.*

Considérant, etc. (comme à l'arrêté précédent).

Art. 1ᵉʳ. — L'application du décret du 24 décembre 1870 est provisoirement suspendue dans les territoires énumérés ci-après, dépendant du cercle de Médéa, savoir :

Tribu des Beni-Hassen

Douars-communes de Oued-Seghouan, Haoura, Ouamry, Oued-Oughas, Ouzera, Gharaba, Ouled-Trif, Ouled-Ferguen, Ouled-Mellal, Ouled-Merachda, Ouled-Brahim, provenant de l'ancienne tribu des Hassen-ben-Ali.

Le commandement militaire qui n'a pas cessé d'administrer ces tribus et douars-communes, est chargé également d'y assurer momentanément le fonctionnement de la justice.

Art. 2. — Des études immédiates seront faites pour rattacher, d'une part, le douar-commune de Oued-Sebt à la commune de plein exercice de Bou-Medfa, d'autre part, le douar-commune de Tamesguida, à la commune de plein exercice de Médéa.

Jusqu'à l'accomplissement des formalités réglementaires prescrites à cet effet, le *statu quo* administratif et judiciaire sera maintenu dans ces agglomérations indigènes, c'est-à-dire que l'administration y restera sous la haute direction de M. le Général commandant la division d'Alger, et la justice sous celle de M. le Procureur général près la Cour d'appel d'Alger.

Gᵃˡ CHANZY.

25 novembre 1873. — *Arrêté*.

Considérant : 1° que, par suite de la nouvelle délimitation de l'arrondissement de Dellys et du cercle de Fort-National, les douars-communes de Mékla et de Tikobaïn qui faisaient partie de l'ex-circonscription cantonale de Mekla et qui sont visés par le décret précité du 24 décembre 1870, sont compris dans le périmètre du cercle de Fort-National ; 2° qu'il est indispensable d'assurer dans cette dernière circonscription administrative l'unité d'action et de commandement ;

Art. 1er. — L'application du décret du 24 décembre 1870 est suspendue dans les douars-communes de *Mekla* et de *Tikobaïn* du cercle de Fort-National.

Gal CHANZY.

20 décembre 1873. — *Arrêté*.

Considérant, etc. (comme à l'arrêté ci-dessus du 24 novembre relatif au cercle de Boghar)

Art. 1er. — L'application du décret du 24 décembre 1870 est provisoirement suspendue dans les territoires énumérés ci-après, dépendant des cercles d'Orléansville, Miliana, Médéa, Aumale, savoir :

Cercle d'Orléansville

Douars-communes de Medjaja, Ouled-Farès, Ouled-Sly, Taflout, Zeboudj-el-Onost, Ouled-Ziad, Sebha, Mhaïa, Herenta.

Cercle de Miliana

Douars-communes de Bou-Maad, Zakkar, Djendel, Oued-Djelida, Oued-Ouagueneuz, Fodda, Rouina, Chemba, Tharia, Bou-Ikni, Harrar, Goumrian.
Tribu des Beni-Ferah.

Cercle de Médéa

Douar-commune des Ouled-Deid.

Cercle d'Aumale

Douars-communes des Ouled-Ferah, Ouled-bou-Arif, Ouled-Berdi, Aïn-Hazem, El-Betham, Sidi-Khelifa, Aïn-Tizerit, Koudiat-el-Hamra.
Tribus des Oued-Driss, Beni-Iddou et Selama.

Art. 2. — Le *statu quo* administratif et judiciaire est maintenu sur les douars-communes dont les noms suivent et qui vont être prochainement réunis au territoire civil, soit pour être annexés à des communes de plein exercice, soit pour être constitués en communes indigènes sous la direction des administrateurs civils de Miliana et d'Orléansville, savoir :

Cercle d'Orléansville

Douars-communes d'El-Adjeraf, Sidi-el-Aroussi, Oum-el-Drou, Chembel.

Cercle de Miliana

Douars-communes de Bou-Zehar, Arib, Sbahia, Adelia, Ouled-Deurdeur, Bou-Hallouan.

L'administration y restera provisoirement sous la haute direction de M. le Général commandant la division d'Alger, jusqu'à ce que la remise puisse en être faite à l'autorité civile ; la justice continue à y être exercée par les soins du parquet civil, ainsi que cela a lieu depuis l'édiction du décret du 24 décembre 1870

Gal CHANZY.

2° DIVISION DE CONSTANTINE

24 décembre 1873. — *Arrêté*.

Considérant, etc. (comme à l'arrêté ci-dessus du 24 nov. relatif au cercle de Boghar).

Art. 1er. — L'application du décret du 24 décembre 1870 est provisoirement suspendue dans les tribus ou douars-communes faisant actuellement partie des cercles de Constantine, Aïn-Beïda, Tebessa, Sétif, Bordj-bou-Arreridj, Guelma, Soukarras, Batna, et qui ont été visés par cet acte législatif, sous réserve, toutefois, des exceptions mentionnées à l'article 3.

Art. 2. — Les tribus des Beni-Melkem et Ouled-El-Guerfi, Ouled-Si-Amor et Sirhem, qui avaient été comprises par le décret du 20 février 1873, dans la circonscription cantonale de l'Oued-Zenati et maintenues provisoirement dans le cercle d'Aïn-Beïda, continueront, jusqu'à nouvel ordre, à faire partie de ce commandement. En cette qualité, elles participent aux dispositions de l'article 1er du présent arrêté.

La tribu des Ouled-Si-Khelifa et la partie des Azels-Guerfa, située sur la rive droite de l'oued Cheurf, qui n'avaient pas été comprises par le décret du 20 février 1873, dans la circonscription cantonale de l'oued Zenati, et qui y avaient été annexées provisoirement, y sont définitivement rattachées, et, en cette qualité, rentrent entièrement sous le régime du droit commun.

Art. 3. — Le *statu quo* administratif et judiciaire est maintenu sur les tribus et douars-communes dont les noms suivent, et qui vont être prochainement réunis au territoire civil, soit pour être annexés à des communes de plein exercice, soit pour être constitués en communes indigènes, placées sous la direction des administrateurs civils des localités dont elles dépendront.

L'administration y reste provisoirement sous la haute direction du Général commandant la division de Constantine, jusqu'à ce que la remise puisse en être faite à l'autorité civile ; la justice continue à y être exercée par les soins du parquet civil, ainsi que cela a lieu depuis l'édiction du décret du 24 décembre 1870.

SUBDIVISION DE CONSTANTINE
Cercle de Constantine

Tribu de Milah, destinée à être réunie au territoire civil de Constantine.

Douars-communes de Amer-Srahouïa, Ouled-Nasser, Ouled-Aziz, Ouled-Belaguel, El-Kouahi, Ouled-Sekhar, Ouled-Djehich, Ouled-Gassem, Dreïd, El-Hazebri, destinés à être réunis au territoire de la circonscription civile des Ouled-Rahmoun.

SUBDIVISION DE SÉTIF
Cercle de Sétif

Douars-communes de Meriout, Bazer, Sekra, El-Bellaa, destinés à être réunis au territoire de la circonscription civile de Saint-Arnaud.

Douars-communes de Guelt-Zerga, Medjounès, El-Malha, Guellal, Chaabia, Ouled-Ali-ben-Nasser, Ouled-Adouan, Ouled-Mansour, Ouled-Saber, Guidjel, Ben-Diab, destinés à être réunis au territoire de la circonscription civile de Sétif.

Cercle de Bordj-bou-Arreridj

Tribu des Hachem, destinée à être réunie au territoire de la circonscription civile de Bordj-bou-Arreridj.

SUBDIVISION DE BÔNE
Cercle de Guelma

Douars-communes de Fedjoudj, Ouled-Ali, Beni-Addi, Selib, Beni-Brahim, Taya, Moelfas, destinés à être réunis au territoire civil de la circonscription de Guelma.

SUBDIVISION DE BATNA
Cercle de Batna

Douars-communes des Harach-Djerma-Dahra, Haracta-Djerma-Guebala, Ouled-Zid, Ouled-Otsman, Ilerman, Ouled-bou-Djema.

Section du douar-commune d'El-Ksour, dite Aïn-Assafer.

Section du douar-commune des Zouï, dite Kasserou.

Destinés à être rattachés au territoire de la circonscription civile de Batna.

Art. 4. — Des dispositions immédiates seront prises pour l'accomplissement des formalités réglementaires, nécessaires pour séparer les sections d'Aïn-Assafer et de Kasserou, des douars-communes d'El-Ksour et des Zouïs, auxquels elles appartiennent actuellement, et pour les réunir soit à la commune de plein exercice de Batna, soit à la commune indigène qui dépendra de cette circonscription et sera formée par les agglomérations indigènes énumérées plus haut.

Gal CHANZY.

3ᵉ DIVISION D'ORAN
27 décembre 1873. — *Arrêté.*

Considérant, etc. (comme à l'arrêté ci-dessus du 24 nov. relatif au cercle de Boghar.

Art. 1ᵉʳ. — L'application du décret du 24 décembre 1870 est provisoirement suspendue dans les territoires énumérés ci-après, dépendant, savoir :

Annexe de Mostaganem

Douars-communes de Chouachi, Oued-Djemâa, Oued-El-Hamoul, Merdja-El-Guergar, Touarès, Guerouaou, Ahl-El-Gourin, Ouarizan, Taghria, Ouled-Selama.

Annexe de Zemmorah

Douars-communes de Ouled-Zid, Ouled-Souid.

Cercle de Tiaret

Douars-communes de Torrich, Quertouffa.

Cercle de Tlemcen

Douar-commune de Terni.

Cercle de Nemours

Douars-communes de Souhalia, Beni-Meuir.

Cercle de Daya

Douar-commune de Oued-Seffioun.

Art. 2. — Le *statu quo* administratif et judiciaire est maintenu sur les douars-communes et tribus dont les noms suivent et qui vont être prochainement réunis au territoire civil, soit pour être annexés à des communes de plein exercice ou mixtes, soit pour être constitués en communes indigènes, placées sous la direction des administrateurs civils des localités dont elles dépendront. L'administration y reste provisoirement sous la haute direction de M. le Général commandant la division d'Oran, jusqu'à ce que la remise puisse en être faite à l'autorité civile ; la justice continue à y être exercée par les soins du parquet civil, ainsi que cela a lieu depuis l'édiction du décret du 24 décembre 1870.

Cercle de Mascara

Douars-communes de Ouled-Saïd, Bahourat, Beni-Khamis, Beni-Neigh, Ferraguig, Ouled-Sidi-Daho, Sedjerara, Maoussa, Tirrenifine, Zellaga, Froha, Sidi-ben-Moussa, Gueitna, destinés à être réunis au territoire de l'arrondissement civil de Mascara.

Douars-communes des Beni-Ouazzan, Ouled-Mimoun, Ouled-Sidi-Abdelli.

Tribus des Ghossels, Beni-Mester, Ahl-El-Oued-Djebel, destinés à être réunis au territoire de l'arrondissement civil de Tlemcen.

Art. 3. — Les douars-communes de Hamadna, Djerara et Abd-el-Goui, provenant de l'annexe de Mostaganem, sont dès à présent, rattachés à la circonscription civile de Relizane.

Art. 4. — Les donars-communes de

La stricte application de ces dispositions nous permettra, je l'espère, de soustraire l'Algérie à un fléau contre les ravages duquel on est obligé, en France, de recourir aujourd'hui à de puissants et coûteux moyens d'action.

J'écris à M. le Directeur des Douanes pour le prier d'inviter son personnel à redoubler de vigilance ; mais il se peut que des produits prohibés échappent aux investigations de ces agents ; le devoir des fonctionnaires placés sous vos ordres est, dans ce cas, d'ordonner la saisie et la destruction de ces produits partout où ils les découvriront.

Vous voudrez donc bien, Monsieur le Préfet, donner à MM. les Sous-Préfets, Administrateurs de communes mixtes et Maires de votre département, les prescriptions les plus formelles à cet égard.

Je vous prie également de les inviter à se faire rendre compte, le cas échéant, de toute apparition de symptômes phylloxériques et à porter immédiatement à votre connaissance, pour que vous me les fassiez parvenir, les informations qu'ils pourront recueillir.

C'est, en effet, dans l'application rapide du remède que nous trouverions sans de trop grandes pertes le salut de nos vignobles, et nous ne pourrions recourir aux mesures nécessaires à cet effet qu'en étant promptement informés...

Le Gouverneur général,
Gal CHANZY.

CIRCULAIRE. — *Au sujet de la destruction de l'altise.*

Alger, le 17 janvier 1877.

Monsieur le Préfet, à la date du 9 janvier courant, sous le n° 529, vous m'avez transmis, en l'appuyant, le vœu émis par le Conseil général d'Alger, dans sa séance du 26 octobre dernier, tendant à ce que la loi du 26 ventôse an IV, sur l'échenillage, soit, par un décret, étendue avec toutes ses conséquences à la destruction de l'altise.

Vous m'avez transmis, en même temps, un rapport dans lequel la Société d'agriculture d'Alger exprime l'avis que, l'intérêt général et particulier faisant un besoin à tous de chercher à détruire l'altise, il n'y avait pas lieu de provoquer un décret imposant aux viticulteurs l'obligation de mettre en pratique des moyens de préservation.

Cette dernière opinion est partagée par le Comice agricole d'Alger, également consulté sur la question.

Tout en reconnaissant combien les dégâts commis par l'altise sont préjudiciables au développement de la culture de la vigne en Algérie, je ne pense pas que le gouvernement doive édicter des mesures obligatoires de préservation, lesquelles seraient, d'ailleurs, difficiles à préciser et à constater, et donneraient lieu à l'application de peines qui pourraient devenir vexatoires.

En conséquence, j'estime que l'Administration ne doit agir, dans l'espèce, que par voie de conseils, en priant les maires d'user de la juste influence qu'ils ont sur l'esprit de leurs administrés, pour les amener à discuter et à prendre en commun les mesures qui seraient jugées les plus propres pour combattre le fléau d'une manière efficace, suivant sa nature et son intensité dans chaque localité.

Le Gouverneur général absent :
Le Directeur général chargé de l'expédition des affaires civiles et financières,
DE TOUSTAIN.

COMICES AGRICOLES. — *Au sujet de l'intérêt qui s'attache à la multiplication de ces associations.*

7 septembre 1877. — CIRCULAIRE du Gouverneur général.

Monsieur le Préfet,

J'ai déjà eu l'occasion d'attirer votre attention sur une question des plus importantes pour l'avenir de la production algérienne : je veux parler des Comices agricoles. Plus notre territoire de colonisation se développe, plus le nombre de nos villages augmente, et plus il est essentiel de mettre à la portée des colons européens, comme à celle des indigènes, les conseils dictés par l'expérience du passé et l'étude comparative des différents modes de culture.

Ces conseils ne peuvent mieux être distribués que sur place, et c'est le but vers lequel doivent tendre les efforts des amis de l'Algérie.

Je sais que vous vous êtes occupé de cette question, qui fait l'objet de votre sollicitude, mais je crois devoir y revenir. Je serais heureux d'avoir à constater, dans un avenir prochain, que le nombre des Comices agricoles s'est accru dans votre département.

Les Comices agricoles ont surtout pour mission de faire passer dans la pratique, quand l'expérience en a démontré l'utilité, les théories préparées par d'autres assemblées, particulièrement par les Sociétés d'agriculture. C'est aux efforts des Comices que notre agriculture, en France, doit les principaux progrès qu'elle a accomplis, tels que l'introduction des prairies artificielles, la pratique d'assolements plus rationnels, l'emploi d'instruments perfectionnés, l'amélioration des races indigènes, le drainage, etc.

En Algérie, les Comices sont appelés à rendre des services signalés. Il faut surtout s'attacher à en favoriser la création au milieu même des centres d'agriculture, pour que les colons puissent obtenir, sans déplacement, des conseils et des exemples qu'ils accepteront et qu'ils suivront d'autant plus volontiers, qu'ils émaneront de voisins cultivant et faisant produire un sol identique à celui qu'ils possèdent. L'instruction pratique des indigènes, qui sont associés depuis longtemps à nos travaux des champs, gagnerait à ce contact journalier.

Les Arabes apprécieraient mieux les bienfaits de nos méthodes de culture et l'emploi de nos instruments aratoires. C'est, d'ailleurs, une des raisons qui m'ont fait insister auprès de vous, par ma circulaire du 1er juin dernier, pour que l'élément indigène entre désormais dans la composition des comices agricoles, afin d'arriver bientôt à une fusion qui sera si profitable au développement de la colonisation et au perfectionnement des procédés employés jusqu'à ce jour.

Les comices agricoles sont des associations libres, régies par la loi du 20 mars 1851; mais pour que ces associations se multiplient, pour qu'elles s'établissent, non-seulement au chef-lieu du département, au chef-lieu d'arrondissement, mais encore, et surtout, dans les cantons, il leur faut des encouragements. Ces encouragements ne leur feront pas défaut en Algérie.

Mon intention formelle est de prélever une somme aussi importante que possible sur les crédits affectés annuellement à l'agriculture, pour accorder des subventions aux comices agricoles existants et à ceux qui se formeront et qui attesteront leur vitalité par de sérieux efforts, c'est-à-dire par l'amélioration qui sera constatée dans chaque centre de production sous le rapport de la culture, de l'élève du bétail et de la multiplication des plantations. Les départements prêteront également leur appui pécuniaire, comme ils l'ont déjà fait. Les nouvelles associations seront ainsi assurées d'avoir des ressources qui, ajoutées à celles qu'elles se procureront directement, leur permettront de distribuer, à leur tour, des encouragements à la suite des concours qu'elles organiseront et auxquels seront appelés à prendre part non-seulement les agriculteurs, mais leurs coopérateurs, c'est-à-dire les ouvriers agricoles eux-mêmes.

C'est surtout, en effet, aux petits cultivateurs et à leurs aides que nous devons nous adresser, car le grand propriétaire trouve souvent un large revenu dans son exploitation.

Je viens de vous exposer le but recherché et les moyens de l'atteindre. J'ai l'honneur de vous prier, Monsieur le Préfet, de vouloir bien vous en pénétrer, et de faire appel à ceux des principaux agriculteurs de votre département, qui s'intéressent le plus à nos progrès, pour qu'ils préparent la formation de comices partout où il n'en existe pas encore.

Je tiendrai grand compte des efforts de vos subordonnés pour le succès d'une institution que je considère comme un puissant levier d'amélioration morale et matérielle pour nos campagnes.

V. Elevage.

Airelle myrtile. V. Tromperie sur la marchandise.

Aliénés. V. *Ménerville.*

Alignement. V. Communes; Voirie.

Alsaciens-Lorrains.

DIVISION

§ 1. — Option de nationalité.
§ 2. — Sommes déposées au trésor pour la libération du territoire affectées au soulagement des Alsaciens-Lorrains.
§ 3. — Légalisation des actes de l'état-civil et des documents judiciaires concernant l'Alsace-Lorraine.
§ 4. — Exemption du timbre pour les actes de l'état civil.
§ 5. — Modèle de Titre de concessions gratuites.

§ 1er

OPTION DE NATIONALITÉ

Circulaire *de M. le Garde des Sceaux aux Préfets de l'Algérie* (1)

Versailles, le 30 mars 1872.

Monsieur le Préfet,

La guerre fatale déclarée par la France à l'Allemagne, dans le mois de juillet

---

(1) Circulaire du procureur général du 8 janvier 1872

Plusieurs membres de l'Assemblée nationale croyant voir dans l'art. 74 du Code civil un obstacle à ce que ceux de nos compatriotes d'Alsace et de Lorraine, qui veulent demeurer fidèles à la fortune de la France, puissent se marier avant six mois dans le nouveau domicile qu'ils se sont choisi, avaient déposé un projet de loi, dont l'article unique portait que « pour les Alsaciens-Lorrains qui ont choisi la nationalité française ou qui sont encore dans le délai d'option, le domicile, quant au mariage, s'établira par un mois de résidence continue dans la même commune française. »

La Commission de l'assemblée, à laquelle ce projet de loi a été renvoyé, a reconnu, après un examen sérieux de la question, que l'article 74 ne créait nullement l'obstacle au mariage dont les auteurs du projet s'étaient préoccupés; qu'il résulterait de la combinaison des art. 74, 102, 165 et 167 du C. C. que l'art. 74 n'avait d'autre portée que de permettre de procéder au mariage dans le lieu où l'un des futurs époux avait une simple habitation ou résidence, pourvu que cette habitation ou résidence se fût prolongée pendant six mois; que le droit des futurs époux de se marier là où l'un d'eux avait son domicile proprement dit, quelque court que fût le temps écoulé depuis qu'il avait acquis ce domicile, demeurait intact; qu'il fallait seulement, lorsque l'acquisition du domicile ne remontait pas à six mois, que les publications fussent faites à la fois au domicile actuel et au domicile antérieur.

Cette interprétation conforme à la doctrine et à la jurisprudence a été consignée dans un rapport écrit, présenté par M. Courbet-Poulard au nom de la Commission, dont la conclusion était: 1° Qu'il n'y avait pas lieu de donner suite au projet de loi puisque, de par les lois en vigueur et moyennant la jurisprudence acquise, les auteurs du projet ont ce qu'ils demandent, et même, le cas échéant, plus

1870, et qui nous a enlevé nos provinces d'Alsace et de Lorraine, s'est terminée par deux conventions diplomatiques : le Traité de paix du 10 mai 1871 et la Convention additionnelle de Francfort, du 11 décembre suivant.

Des graves intérêts que ces actes devaient régler, aucun ne pouvait préoccuper nos négociateurs au même point que la réserve et les moyens pour nos anciens compatriotes de conserver la nationalité française. Des stipulations formelles ont été arrêtées à cet égard ; un peu vagues à l'origine, elles ont été précisées avec plus de soin dans les conférences qui ont précédé la Convention de Francfort. Les conditions du droit d'option sont maintenant déterminées. Mais comme le délai pendant lequel ce droit peut être exercé expire dans six mois, il me paraît utile de rappeler ces conditions et d'éclairer les intéressés sur les formalités qu'ils ont à remplir : c'est dans ce but que je crois devoir vous adresser les présentes instructions qui porteront sur les deux points suivants :

1° Quelles personnes doivent faire une déclaration d'option ?

2° Quelle doit être la forme de cette déclaration ?

1° L'article 2 du Traité de paix du 10 mai 1871 est ainsi conçu :

Personnes qui doivent faire une déclaration

« Les sujets français, originaires des
» territoires cédés, domiciliés actuelle-
» ment sur ce territoire, qui entendront
» conserver la nationalité française,
» jouiront jusqu'au 1ᵉʳ octobre 1872, et
» moyennant une déclaration préalable
» faite à l'autorité compétente, de la fa-
» culté de transporter leur domicile en
» France et s'y fixer, sans que ce droit
» puisse être altéré par les lois sur le
» service militaire, auquel cas la qualité
» de citoyen français leur sera mainte-
» nue. »

On avait d'abord donné en France une interprétation restrictive à cette disposition, et on avait conclu des termes mêmes du traité que la nécessité d'une déclaration n'était imposée qu'aux habitants des territoires cédés qui non-seulement étaient originaires de ces territoires mais encore y étaient domiciliés au moment de l'annexion.

Le doute aujourd'hui n'est plus permis. L'article 1ᵉʳ de la Convention additionnelle de Francfort a eu précisément pour objet de régler la condition des Alsaciens-Lorrains qui, originaires des provinces cédées, *n'y sont pas domiciliés*.

Il dispose en ces termes : « Pour les
» individus originaires des territoires
» cédés *qui résident hors d'Europe*, le

---

qu'ils ne demandent ; 2° qu'il serait superflu en conséquence d'édicter une loi nouvelle dont rien ne justifierait la nécessité. »

En présence de ce rapport, M. Courbet-Poulard a pu annoncer, dans la séance du 11 décembre 1871, que les auteurs du projet de loi l'avaient retiré d'un commun accord avec la Commission et le gouvernement.

Je considère cette interprétation, à laquelle l'assemblée entière a adhéré, comme de tous points juridique. Toute personne (notamment les Alsaciens-Lorrains) qui aura acquis en France un domicile proprement dit par l'un des moyens énoncés aux art. 103, 104, 105 et 107 du C. C., peut y contracter mariage sans avoir besoin d'attendre un délai de six mois depuis l'acquisition de ce domicile. Seulement jusqu'à l'expiration de cette période, elle sera tenue de justifier des publications faites à son domicile actuel et aussi à son domicile antérieur.

CIRCULAIRE DU PROCUREUR GÉNÉRAL DU
12 NOVEMBRE 1874.

M. le Gouverneur général appelle mon attention sur des faits qui se sont produits dans le canton de Duperré et qui, pouvant se représenter dans d'autres localités, sont de nature à compromettre les intérêts de l'Etat en ce qui touche les avances qu'il a faites aux colons Alsaciens-Lorrains.

Des créanciers de ces derniers ont fait saisir le matériel agricole et le cheptel qui lui ont été attribués par l'Etat.

Un juge de paix, consulté sur la question de savoir si ces objets pouvaient être saisis, aurait répondu affirmativement.

Il y a dans cette appréciation une erreur évidente. Le matériel agricole et le cheptel n'ont été accordés aux colons qu'à titre d'avance et à charge par eux d'en acquitter le prix dans un délai de neuf ans, fixé par le décret du 16 octobre 1871, pour qu'ils puissent devenir propriétaires de la terre qui leur a été attribué.

Jusqu'à l'expiration de ce délai, ils ne sont que locataires de l'Etat et il a été formellement stipulé dans les titres de location que le matériel agricole et le cheptel suivraient le sort de la terre et demeureraient affectés à son exploitation sans que les fermiers puissent en disposer et les employer à un autre usage.. Ils ne peuvent donc pas être valablement l'objet d'une saisie.

CIRCULAIRE DU PROCUREUR GÉNÉRAL DU
14 JANVIER 1875.

Quelques immigrants Alsaciens-Lorrains, peu dignes de la bienveillance qui leur est témoignée, louent leurs terres aux indigènes et vendent le cheptel et le matériel agricole qui leur étaient confiés.

Les baux de location, consentis aux Alsaciens-Lorrains, contiennent cependant la clause suivante : « le cheptel qui sera ou qui a été acheté par l'administration restera à l'usage du locataire ou de ses substitués régulièrement, sans que, dans aucun cas, il puisse être distrait de l'exploitation. »

Les immigrants qui se rendent coupables du détournement des objets, qui leur ont été confiés, ne peuvent donc pas prétendre pécher par ignorance. Aussi, M. le Procureur de la République, je vous prie de poursuivre très activement ceux des colons Alsaciens-Lorrains, contre qui une plainte en détournement sera formée par MM. les Préfets ou Généraux commandant les divisions.

En appelant la sévérité de la justice sur ces immigrants, le but de l'administration qui m'a saisi de plaintes nombreuses à ce sujet, n'est pas de chercher une aggravation des peines qui doivent leur être infligées, mais surtout d'obtenir contre les délinquants une prompte condamnation qui permette de prononcer leur expulsion des centres nouvellement créés, Les colons qui dissipent ainsi les instruments de travail placés entre leurs mains sont toujours des gens dont l'inconduite et la paresse sont d'un exemple pernicieux pour leurs voisins ; il y a donc intérêt et haute moralité à les éliminer.

» terme fixé par l'article 2 du Traité de
» paix pour l'option entre la nationalité
» française et la nationalité allemande,
» est étendu jusqu'au 1ᵉʳ octobre 1873.

» L'option en faveur de la nationalité
» française résultera, pour ceux de ces
» individus *qui résident hors d'Alle-
» magne*, d'une déclaration faite, soit
» aux maires de leur domicile en Fran-
» ce, soit devant une chancellerie diplo-
» matique ou consulaire française, ou de
» leur immatriculation dans une de ces
» chancelleries. »

Donc tous ceux qui sont originaires des territoires cédés, quel que soit leur domicile, sont obligés de faire une déclaration, s'ils veulent rester Français.

Originaires

Quant à la signification du mot *originaires*, employé dans les deux traités, elle est aujourd'hui nettement déterminée.

Dans l'une des dernières conférences de Francfort, les plénipotentiaires allemands ont déclaré : « Qu'en ce qui con-
» cerne la définition du mot *originaires*
» la chancellerie fédérale persistait à
» croire que cette question n'était pas du
» nombre de celles qui devaient être trai-
» tées dans les conférences de Francfort,
» qui avait fait savoir au Gouvernement
» français, par l'intermédiaire de M. le
» comte d'Arnim, qu'elle interprétait
» l'expression *originaires* comme s'ap-
» pliquant à toute personne née dans les
» territoires cédés.

La dépêche de M. le comte d'Arnim, envoyé extraordinaire d'Allemagne à Paris, porte la date du 18 décembre 1871 ; elle est ainsi conçue :

« En réponse à la question que vous
» m'avez fait l'honneur de m'adresser au
» sujet des personnes que le Traité de
» paix désigne comme *originaires* des
» territoires cédés, je m'empresse de vous
» informer que le Gouvernement impé-
» rial considérera comme *originaires* de
» l'Alsace-Lorraine *tous ceux qui sont
» nés dans ces territoires.* »

M. le Ministre des Affaires étrangères a répondu dans les termes suivants, le 29 du même mois, à la communication de M. le comte d'Arnim :

« Répondant aux questions que j'avais
» eu l'honneur de vous adresser au sujet
» de la définition du terme *originaires*
» des territoires cédés, employés dans
» les conventions entre la France et l'Al-
» lemagne, vous voulez bien me faire sa-
» voir que votre Gouvernement considé-
» rera comme originaires de l'Alsace-
» Lorraine *tous ceux qui sont nés dans
» ces territoires.* Je m'empresse de vous
» remercier de cette communication qui
» est destinée à résoudre de nombreuses
» difficultés pratiques, et d'où il résulte
» que les individus qui ne sont pas natifs
» des territoires cédés ne seront pas as-
» treints à faire une déclaration d'option
» pour conserver leur nationalité fran-
» çaise, *quoi qu'ils puissent être issus
» de parents nés en Alsace-Lorraine
» ou qu'ils résident eux-mêmes dans ce
» pays.* »

Mineurs

Après avoir obtenu l'interprétation du mot *originaires*, nos plénipotentiaires, malgré les plus vives instances, n'ont pu réussir à faire insérer dans la Convention une clause réservant aux mineurs le droit d'opter, à leur majorité, pour la nationalité de leur choix. Le Gouvernement allemand a toujours répondu qu'il n'y avait aucune distinction à établir entre les majeurs et les mineurs ; que les conditions et les délais établis par les traités étaient applicables à ces derniers ; mais ils ont ajouté que leurs déclarations seraient valablement faites avec l'assistance de leurs représentants légaux.

Il sera peut-être utile de mettre notre loi en harmonie avec cette déclaration du Gouvernement allemand, et de conférer aux mineurs, par un texte spécial, le droit de faire acte de nationalité avec l'autorisation de leurs tuteurs ; mais, *dès à présent, leurs déclarations doivent être reçues dans cette forme par les autorités françaises.*

Femmes mariées

Ces applications s'appliquent également aux femmes mariées. En principe, et d'après les articles 12 et 19 du Code civil, la femme suit la condition de son mari. C'est une question controversée que celle de savoir si le changement de nationalité du mari peut modifier la nationalité que le mariage a conférée à la femme. Aussi, pour éviter les difficultés qui pourraient se produire ultérieurement, en matière de succession notamment, la femme mariée, née en Alsace-Lorraine, qui voudra mettre sa nationalité à l'abri de toute contestation, devra faire, avec l'assistance de son mari, une déclaration d'option.

Il résulte de ce qui précède, que :

« Tous ceux qui sont nés dans les ter-
» ritoires cédés, quels que soient leur
» âge, leur sexe et leur domicile, sont te-
» nus de faire une déclaration, s'ils en-
» tendent conserver la qualité de Fran-
» çais ; qu'à défaut de cette déclaration
» dans les délais prescrits, ils seront
» considérés comme Allemands; et, qu'au
» contraire, tous ceux qui ne sont pas nés
» dans ces territoires, n'ont aucune dé-
» claration à faire et sont Français de
» plein droit. »

Militaires

Il me reste, Monsieur le Préfet, pour compléter cette première partie de mes instructions, à vous entretenir d'une disposition qui est spéciale aux militaires.

L'article 1ᵉʳ du protocole de clôture de la Convention additionnelle de Francfort, porte ce qui suit :

« Tous les militaires et marins français originaires des territoires cédés, actuellement sous les drapeaux et à quelque titre qu'ils y servent, même celui d'engagés volontaires ou de remplaçants, seront libérés en présentant à l'autorité militaire compétente, leur déclaration d'option pour la nationalité allemande. Cette déclaration sera reçue en France, devant le maire de la ville dans laquelle ils se trouvent en garnison ou de passage, et des extraits en seront notifiés au Gouvernement allemand, dans la forme prévue par le dernier alinéa de l'article 1ᵉʳ de la Convention additionnelle de ce jour. »

Il semblerait résulter de cette disposition que les Alsaciens-Lorrains appartenant à l'armée devraient, en l'absence d'une déclaration d'option pour la nationalité allemande, être considérés comme Français de plein droit.

Il n'en est pas ainsi. L'article 1ᵉʳ du protocole de clôture, n'a pas eu d'autre but que de libérer immédiatement les militaires ou marins qui acceptent, dès à présent, la nationalité allemande. Il ne les affranchit en aucune façon de l'obligation de faire, comme les autres Alsaciens-Lorrains, une déclaration d'option en faveur de la nationalité française.

C'est ce qui a été formellement expliqué dans les conférences de Francfort.

2° *Forme de la déclaration*

Je ne puis m'occuper ici des Alsaciens-Lorrains qui sont domiciliés dans les provinces cédées. Leurs déclarations d'option pour la nationalité française doivent être reçues par les autorités du lieu de leur domicile, c'est-à-dire par les autorités allemandes, qui sont seules compétentes, par suite, pour en déterminer les conditions.

Je ne parlerai pas non plus de ceux de nos compatriotes originaires d'Alsace-Lorraine qui sont établis à l'étranger. M. le Ministre des Affaires étrangères adressera, en ce qui les concerne, des instructions aux différents agents de son département.

Quant aux Alsaciens-Lorrains qui résident en France, le maire de leur résidence est, aux termes de la Convention, le seul fonctionnaire qui ait qualité pour recevoir leur déclaration, qui sera inscrite sur papier libre et ne devra donner lieu à aucuns frais.

Afin d'en simplifier autant que possible les formes et d'en rendre l'expédition plus rapide, j'ai pensé qu'il suffirait de consigner cette déclaration sur des feuilles imprimées à l'avance, contenant une double formule dont vous trouverez ci-joint le modèle (n° 2) ; l'un de ces doubles sera remis au déclarant, l'autre devra m'être transmis par votre intermédiaire.

Il a été convenu, en effet, avec mes collègues des Affaires étrangères et de l'Intérieur, que c'était au Ministère de la Justice que les déclarations devraient être centralisées pour assurer l'exécution de la disposition finale de l'article 1ᵉʳ de la Convention du 11 décembre, aux termes de laquelle le Gouvernement français doit notifier au Gouvernement allemand les listes nominatives des déclarants.

Afin d'éviter une trop grande accumulation dans les bureaux de la Chancellerie, je vous prie de prescrire aux maires de votre département de vous adresser les déclarations aussitôt qu'ils les auront reçues ; vous devrez leur en accuser réception immédiatement. Vous voudrez bien me les adresser à la fin de chaque semaine, en y joignant un état nominatif, rédigé en double exemplaire. L'un des doubles vous sera renvoyé, après vérification, pour vous tenir lieu d'accusé de réception. De cette manière, il sera facile de constater si toutes les déclarations sont parvenues à destination.

Enfin, j'ai décidé qu'elles seraient insérées par extrait au *Bulletin des Lois*, pour les mettre à l'abri de toute éventualité de destruction, et permettre aux intéressés de retrouver toujours facilement le titre de leur nationalité (1).

Le Garde des Sceaux: DUFAURE.

§ 2.

31 Décembre 1872. – *Décret*.

Vu la loi du 18 décembre 1872, aux termes de laquelle une somme égale aux versements volontaires effectués en vue de la libération du territoire et qui resteront acquis au Trésor, sera prélevée sur les crédits relatifs au payement de l'indemnité de guerre, pour être employée à venir en aide aux Alsaciens et Lorrains qui conserveront la qualité de Français ;

Art. 1ᵉʳ. — Les sommes déposées au Trésor en vue de la libération du territoire, qui, à la date du 31 janvier 1873, n'auront pas été réclamées par les parties versantes, demeureront acquises au Trésor, pour être affectées au soulagement des Alsaciens et Lorrains ayant conservé la qualité de Français, et les souscripteurs qui, à cette époque, n'auront pas adressé de demande de remboursement au Ministre des Finances à Paris, seront considérés comme ayant consenti à cette affectation.

---

(1) V. Instructions du Gouverneur général, *infrà*, p. 28.

Le délai ci-dessus est prorogé au 31 mars pour les souscripteurs de l'Algérie et des territoires d'Europe, et au 30 juin 1873 pour les souscripteurs des colonies françaises et des autres pays étrangers.

Les demandes de remboursement faites en temps utile devront être régularisées ou complétées par la production des pièces justificatives exigées par les règlements, dans les mois qui suivra l'expiration des délais ci-dessus indiqués. Dans le cas contraire, elles seront considérées comme nulles et non avenues.

A. THIERS.

§ 3.
5 juillet 1872. — *Décret*

Art. 1ᵉʳ. — Une déclaration ayant été signée entre la France et l'Allemagne, le 14 juin 1872, la dite déclaration, dont la teneur suit, est approuvée et sera insérée au *Bulletin des lois*.

Déclaration

Les soussignés, agissant au nom de leurs gouvernements respectifs, ont arrêté d'un commun accord et déclaré ce qui suit :

Les actes de l'état-civil, les documents judiciaires et autres analogues délivrés en France et produits en Alsace-Lorraine, seront, à l'avenir, admis par les autorités compétentes des deux pays, lorsqu'ils auront été légalisés, soit par le président d'un tribunal, soit par un juge de paix ou son suppléant. Aucune autre légalisation ne sera exigée, hormis le cas où il y aurait lieu de mettre en doute l'authenticité des pièces produites.

Le présent arrangement est conclu pour une période de cinq années, à compter de ce jour ; mais il sera renouvelé de plein droit et continuera d'être observé, si aucune des deux parties n'a notifié une intention contraire, trois mois au moins avant l'expiration de ce terme.

Fait double à Paris, le 14 juin 1872.

(L. S.) — Signé : RÉMUSAT.
(L. S.) — Signé : ARNIM.

§ 4.
8-10 novembre 1872. — *Décret qui approuve une déclaration signée entre la France et l'Allemagne le 4 nov. 1872.* (Bull. des lois, n° 1523).

Art. 1ᵉʳ. — Une déclaration ayant été signée à Paris, le 4 novembre 1872, entre la France et l'empire d'Allemagne, la dite déclaration, dont la teneur suit, est approuvée et sera insérée au *Journal officiel*.

Déclaration

Les soussignés, agissants au nom de leurs Gouvernements respectifs, ont arrêté d'un commun accord et déclaré ce qui suit :

Les expéditions des actes de l'état-civil demandées par les autorités françaises et délivrées en Alsace-Lorraine, ou demandées par les autorités d'Alsace-Lorraine et délivrées en France, seront à l'avenir exemptées de tous frais de timbre.

Le présent arrangement est conclu pour une période de cinq ans à compter de ce jour, mais il sera renouvelé de plein droit et continuera d'être observé, si aucune des deux parties n'a notifié une intention contraire trois mois avant l'expiration de ce terme.

Fait double à Paris, le 4 novembre 1872.

Signé : RÉMUSAT. — Signé : ARNIM.

§ 5.
GOUVERNEMENT GÉNÉRAL CIVIL DE L'ALGÉRIE

Exécution du décret du 16 octobre 1871
(TITRE Iᵉʳ)

TITRE DE CONCESSION GRATUITE
AUX ALSACIENS-LORRAINS IMMIGRANTS

Nous, Préfet du département d

Agissant sous réserve d'approbation du Gouverneur général civil de l'Algérie ;

Vu la loi du 21 juin 1871 qui a attribué aux immigrants alsaciens et lorrains cent mille hectares de terres en Algérie ;

Vu la loi du 15 septembre 1871 et le décret du 16 octobre suivant qui règlent les conditions de cette attribution ;

Vu le certificat constatant le dépôt au greffe du tribunal de 1ʳᵉ instance d l'expédition de la déclaration que l a faite auprès de l'autorité municipale d

conformément aux dispositions de l'article 2 du traité du 10 mai 1871, pour conserver la qualité de citoyen français ;

Attendu que l susnommé justifie avoir été admis par la commission créée par l'article 1ᵉʳ de la loi du 15 septembre 1871 à bénéficier des dispositions de la dite loi ; qu' a souscrit l'engagement de cultiver, de mettre en valeur et d'habiter les terres qui font l'objet de la présente concession ;

Attendu que l requérant justifie qu' est demeuré en possession des ressources pécuniaires exigées par l'art. 1ᵉʳ de la loi sus-visée ;

Déclarons concéder à titre gratuit à à partir de ce jour, et aux conditions ci-après, pour en jouir en toute propriété, les immeubles dont l'énumération suit :

DÉSIGNATION des lots	N° du plan	CONTENANCE	OBSERVATIONS

tel, au surplus, qu'ils sont désignés au plan ci-joint.

Cette concession est faite aux clauses et conditions suivantes :

Art. 1ᵉʳ. — Les lots sont concédés dans l'état où ils se trouvent avec leurs servitudes actives ou passives, sans garantie de mesure, contenance ou valeur et sans qu'il puisse être respectivement exercé aucun recours quelle que soit la différence en plus ou en moins.

Art. 2. — Le concessionnaire sera tenu de cultiver, de mettre en valeur et d'habiter les terres dont la concession lui est faite.

Art. 3. — Dans le cas où cesserait de résider sur sa concession, ou tout au moins dans le centre dont elle dépend, avant d'avoir cultivé et mis en valeur ses terres dans une mesure suffisante pour prouver la loyale exécution des obligations par souscrites, la déchéance encourue sera poursuivie par les voies de droit à la diligence de l'administration des domaines.

Art. 4. — Dès que l concessionnaire estimera être en mesure d'obtenir l'affranchissement de la clause résolutoire contenue dans l'article 2 du décret du 16 octobre 1871 et rappelée dans le précédent article, pourra requérir le Préfet de constater l'accomplissement des obligations par consenties.

Il lui sera donné récépissé de cette requête.

La dite constatation sera faite dans les trois mois qui suivront la requête par une commission composée du maire ou de l'administrateur de la commune, du recenseur de la circonscription et d'un agent du domaine.

Dans le cours de ces trois mois, et en tout état de cause à l'expiration de ce terme, le préfet saisira la commission départementale pour avoir son avis et déclarera, s'il y a lieu, 1 concessionnaire affranchi de toute clause résolutoire.

Art. 5. — Le présent titre ne confère pas la propriété des sources et cours d'eau existant sur le lot concédé ; le concessionnaire pourra seulement en obtenir la jouissance, conformément aux lois et règlements en vigueur ou qui interviendraient sur le régime des eaux en Algérie.

Art. 6. — Pendant trois ans à partir de ce jour, 1 concessionnaire sera affranchi de tous impôts qui pourraient être établis sur la propriété immobilière en Algérie.

Art. 7. — Le présent titre ainsi que l'arrêté d'affranchissement de la clause résolutoire seront enregistrés gratis et transcrits sans autres frais que ceux du timbre de la transcription et le salaire dû au Conservateur.

Fait double à *Le Préfet,*

L concessionnaire déclare accepter les conditions ci-dessus stipulées. Approuvé:
Le Gouverneur général civil de l'Algérie,

Enregistré gratis.

Instructions concernant ceux qui n'ont pas opté pour la nationalité française.

Alger, le 8 décembre 1873.

Monsieur le Préfet,

Mon attention a été dernièrement appelée sur ce fait, qu'un certain nombre des immigrants alsaciens ou lorrains, agréés par la commission Wolowski, n'avait pas opté pour la nationalité française, ce qui pouvait devenir une source de difficultés pour l'Administration algérienne.

J'ai cru, en conséquence, devoir soumettre la question à M. le Ministre de l'Intérieur, qui, par dépêche du 26 novembre dernier, n° 1942, me fait connaître que ses collègues, M. le Ministre des Affires étrangères et M. le Garde des Sceaux, sont d'avis, comme lui, que l'article 18 du Code civil est applicable à tous les Alsaciens-Lorrains qui n'ont pas opté en temps utile, ou dont l'option n'est pas valable.

Je m'empresse de vous notifier cette solution, dont je vous prie de surveiller l'application à tous les immigrants installés par vous et qui se trouveront dans le cas spécial indiqué plus haut.

L'article 18 du Code dispose que tout Français qui aura perdu sa nationalité de Français pourra toujours la recouvrer en rentrant en France, et en déclarant qu'il veut s'y fixer et qu'il renonce à toute distinction contraire à la loi française.

Je vous prie en conséquence, et conformément aux instructions de M. le Garde des Sceaux, de lui faire adresser par chaque intéressé une demande *ad hoc*, sur papier timbré, dont vous assurerez la transmission, en l'accompagnant des renseignements que vous croirez devoir fournir sur la moralité, les antécédents des pétitionnaires, leur situation de famille et la question de savoir s'il y a lieu de leur faire remise partielle ou totale des droits de sceaux (174 fr. 25).

Vous ne leur laisserez pas ignorer, du reste, que la loi allemande répute déserteurs, et punit comme tels, les jeunes gens qui s'expatrient sans avoir régularisé leur situation par un certificat d'émigration ; ils s'exposeraient donc à des conséquences fort graves en faisant acte de présence sur le sol allemand, conséquences auxquelles leur réintégration dans la qualité de Français ne pourrait les soustraire.

Je vous prie, Monsieur le Préfet, de faire exécuter le plus tôt possible les présentes instructions.

Gal CHANZY.

V. CASIER JUDICIAIRE ; COLONISATION; ENREGISTREMENT ; LÉGALISATION.

Amendes et condamnations pécuniaires.

SOMMAIRE

Recouvrement des amendes.
Matière civile (recouvrement des amendes en).
Défaut (amendes en matière civile prononcées par).
Poursuites pour le recouvrement.
Frais de régie.

Amendes et condamnations pécuniaires
17 octobre 1874. — *Décret.*

Vu l'ordonnance du 22 juillet 1834, article 4 ;

Vu l'article 25 de la loi de finances du 29 décembre 1873, ainsi conçu :

« A partir du 1ᵉʳ janvier 1874, les percepteurs des contributions directes seront substitués aux receveurs de l'enregistrement, pour le recouvrement des amendes et condamnations pécuniaires autres que celles concernant les droits d'enregistrement, de timbre, de greffe, d'hypothèques, le notariat et la procédure civile ;

» Sont maintenues toutes les dispositions des lois qui ne sont pas contraires au paragraphe précédent ; toutefois, les porteurs de contraintes pourront remplacer les huissiers, pour l'exercice des poursuites ;

» Un règlement d'administration publique déterminera, s'il y a lieu, les mesures nécessaires pour assurer l'exécution du présent article. »

Considérant qu'il y a lieu de rendre les dispositions de l'article 25 précité, applicables en Algérie ;

Art. 1ᵉʳ. — Les receveurs des contributions diverses sont substitués aux receveurs de l'enregistrement en Algérie, pour le recouvrement des amendes et condamnations pécuniaires, autres que celles concernant les droits d'enregistrement, de timbre, de greffe, d'hypothèque, le notariat et la procédure civile. Toutefois, le service des amendes sera centralisé par les trésoriers-payeurs d'Algérie, conformément au mode suivi en France, par les trésoriers-payeurs généraux, à l'égard des opérations effectuées par les percepteurs.

Les porteurs de contraintes en Algérie, pourront remplacer les huissiers pour l'exercice des poursuites en matière d'amendes et de condamnations pécuniaires.

Sont d'ailleurs maintenues toutes les dispositions des lois et règlements qui régissent ce service.

Art. 2. — La remise du service des amendes aux trésoriers-payeurs d'Algérie et aux receveurs des contributions diverses, aura lieu à l'époque qui sera ultérieurement déterminée par le Ministre des Finances.

Mᵃˡ DE MAC-MAHON.

16 août 1875. — *Arrêté ministériel.*

Le Ministre des Finances,

Vu le décret du 17 octobre 1874, aux termes duquel le Service des amendes et condamnations pécuniaires sera organisé en Algérie de la même manière que sur le continent, à l'époque qui sera ultérieurement déterminée par le Ministre des Finances,

Art. 1ᵉʳ. — La remise du Service des amendes et condamnations pécuniaires aux trésoriers-payeurs de l'Algérie et aux receveurs des Contributions diverses, sera faite le 1ᵉʳ janvier 1876.

LÉON SAY.

31 octobre 1876. — *Arrêté ministériel qui règle l'exercice des poursuites nécessitées en Algérie par le recouvrement des amendes et condamnations pécuniaires.*

Vu l'arrêté du Ministre de la guerre, en date du 20 septembre 1850, sur le mode de poursuites, en matière de Contributions directes en Algérie ;

Vu l'instruction du Ministre des Finances, en date du 20 septembre 1875, concernant le Service des amendes et condamnations pécuniaires ;

Considérant que l'arrêté sus-visé ne répond pas à tous les besoins relatifs au recouvrement des amendes et condamnations pécuniaires ; que, d'un autre côté, l'instruction précitée ne peut être intégralement appliquée à l'Algérie,

Art. 1ᵉʳ. — L'arrêté du Ministre de la guerre, en date du 20 septembre 1850 sur les poursuites en matière de contributions directes et l'instruction du Ministre des finances, en date du 20 septembre 1875, concernant le service des amendes et condamnations pécuniaires, sont applicables au recouvrement des amendes et condamnations en Algérie sous la réserve des modifications suivantes :

1° Les sommations prescrites par les articles 14 et 32 de l'arrêté du 20 septembre 1850, pour les poursuites en matière de contributions directes, sont remplacées, pour les amendes et condamnations pécuniaires, par les avertissements prescrits aux articles 20 et 27 de l'instruction du Ministre des finances, en date du 20 septembre 1875 ;

2° Les articles 153, 164 et 165 de l'Instruction du 20 septembre 1875, seront modifiés ainsi qu'il suit :

Art. 153. — « Il appartient, d'ailleurs,
» au Directeur des Contributions diverses
» de donner aux Receveurs et aux porteurs de contraintes les conseils et directions nécessaires au recouvrement
» des amendes et condamnations. Toutefois, les Receveurs sont seuls responsables, en vertu de l'arrêté du 20 septembre 1850, des poursuites et des

» moyens conservatoires commandés par
» les circonstances. »

Art. 164. — « Les huissiers sont rému-
» nérés d'après leur tarif réglementaire.
» Les porteurs de contraintes n'ont droit
» qu'aux allocations déterminées par l'ar-
» rêté du 20 septembre 1850.

Art. 165. — « Tous les frais de pour-
» suites, pour le recouvrement des amen-
» des et condamnations pécuniaires, sont
» avancées par le Receveur des contribu-
» tions diverses et remboursés par le
» Trésorier-Payeur sur la production
» des pièces justificatives, conformément
» aux dispositions du § 54 de la circulaire
» du 31 octobre 1875. »

LÉON SAY.

30 avril 1877. — *Décret.*

Vu l'article 66 de l'ordonnance du 2 janvier 1846, ensemble l'article 2 du décret du 30 octobre 1857 ;

Vu le décret du 8 septembre 1860, etc.

Art. 1er. — Les frais de Régie à prélever par l'administration des Contributions diverses sur le montant des amendes et condamnations pécuniaires qu'elle recouvre pour le compte de tiers ou qui doivent leur être remis, sont calculés et perçus au taux uniforme de cinq pour cent (5 p. 0/0) à titre de « frais d'administration et de perception. »

Art. 2. — Sont maintenues les dispositions du décret du 18 septembre 1860, fixant à trois pour cent (3 p. 0/0) du montant des recouvrements effectués, les frais de perceptions afférents à tous les autres produits et revenus classés aux budgets départementaux.

Mal DE MAC-MAHON.

28 août 1877. — *Circulaire de M. le Garde des Sceaux.*

Monsieur le Procureur général, le recouvrement des amendes prononcées par défaut, au cours des instances civiles, a souvent donné lieu à des difficultés que le département des finances et le mien ont été appelés à résoudre. Dans un assez grand nombre de cas, la loi inflige une pénalité pécuniaire soit au plaideur téméraire qui a eu recours à certaines procédures extraordinaires, soit à la partie qui ne comparait pas. Ces dernières amendes, et notamment celles qui sont prononcées soit en vertu de l'article 56 du code de procédure civile, pour non-comparution à l'audience de conciliation, soit en vertu de l'article 751 du même code, pour non-comparution au règlement d'ordre amiable, ont été spécialement signalées à mon attention par M. le Ministre des finances. La difficulté peut toutefois se présenter en dehors de ces deux cas, et elle peut se résumer comme il suit :

Lorsqu'une décision par défaut rendue en matière civile contient une condamnation à l'amende, bien que cette partie du dispositif ne soit le plus souvent qu'accessoire, elle peut être frappée d'opposition ; les règles ordinaires de la procédure civile relatives à l'acquisition de l'autorité de la chose jugée lui sont applicables et l'on ne peut recourir aux articles 187, 188 et 203 du code d'instruction criminelle, qui ne concernent que les décisions émanées de juridictions répressives.

En conséquence, la disposition qui prononce l'amende tombe en péremption avec la décision elle-même, faute d'exécution, après un délai de six mois (article 156 du code de procédure civile). Ce délai expiré, ni le ministère public, ni les agents du Trésor ne seraient fondés à poursuivre le recouvrement d'une amende qui n'a été infligée que par une décision désormais non avenue.

On doit encore décider, à raison du même principe, qu'une simple signification non suivie d'opposition ne peut faire acquérir aux condamnations l'autorité de la chose jugée ; des actes d'exécution sont nécessaires pour que ce résultat soit obtenu (art. 158 du code de procédure civile). Si ces actes ont lieu à la requête de la partie civile, l'amende deviendra exigible dès que la décision sera devenue définitive ; mais il se peut que la partie civile n'agisse pas, soit par négligence, soit par défaut d'intérêt. Dans ce cas, pour sauvegarder les intérêts du Trésor, il peut être procédé à des actes de poursuite ayant pour objet spécial le recouvrement de l'amende.

On comprend aisément quelles entraves ces diverses applications des règles de la procédure mettent à l'action des agents financiers. A plusieurs reprises, le département des finances les a signalées au ministère de la justice. L'un de mes prédécesseurs, dans une correspondance échangée en 1861, a reconnu que l'obligation imposée au ministère public, de faire signifier les jugements prononçant des amendes pécuniaires, en police correctionnelle ou en simple police, devait être étendue aux décisions civiles portant condamnation à l'amende et, en particulier, à celles qui étaient rendues en vertu des articles 751 et 752 du code de procédure civile.

Toutefois, cette mesure ne pouvait suffire ; les significations ne pouvaient avoir pour effet d'assurer les recouvrements, et les condamnations demeuraient susceptibles d'opposition. Or, d'après l'instruction générale du Ministre des finances, du 7 juin 1814, numéros 1 et 2, et la décision du 18 décembre 1832, l'intervention des agents des finances n'a pas d'autre objet que d'assurer le recouvrement; elle ne doit avoir lieu que lorsque les condamnations sont devenues définitives, et les préposés n'ont pas à s'immiscer dans les actes de procédure tendant à faire acquérir aux sentences l'autorité de la chose jugée. A raison de ce principe rappelé, sur la demande de M. le Ministre des finances, par les instructions de la Chancellerie, aucun extrait ne devrait être adressé aux administrations financières pour leur signaler les significations effectuées ; un tel envoi eût été, en effet, sans utilité.

Les agents chargés du recouvrement n'étaient donc pas informés des condamnations encourues susceptibles d'opposition, et, comme d'autre part, les actes d'exécution qui auraient été nécessaires ne pouvaient rentrer dans les fonctions du ministère public, il en résultait qu'au cas où aucune des deux parties en cause n'agissait, soit pour faire exécuter la décision, soit pour la faire contradictoirement rapporter, les amendes devenaient irrécouvrables.

M. le Ministre des finances, justement préoccupé des pertes relativement importantes que le trésor public devait éprouver, a reconnu qu'en ce qui concerne les amendes civiles, il convenait de faire exception au principe général et de laisser à ses agents le soin de procéder à des mesures d'exécution peu conciliables avec l'institution du ministère public. Mon collègue a pensé, en outre, qu'antérieurement à la signification à laquelle les magistrats du parquet doivent procéder, il était équitable de faciliter la libération du condamné et de le mettre à même d'éviter un acte relativement dispendieux.

En conséquence, il a été décidé, de concert avec M. le Ministre des finances et moi :

1° Qu'avant toute signification, les jugements par défaut prononçant des amendes en matière civile seraient transmis, sous forme de relevés et selon le mode usité pour les jugements de simple police (circulaire du 15 décembre 1833) aux préposés de l'Enregistrement, qui tenteront de recouvrer les amendes sans frais ;

2° Que si, dans le délai d'un mois, à partir de la réception du relevé, le condamné ne s'est pas libéré, et s'il n'est pas établi qu'il soit insolvable, le ministère public, avisé par le receveur, devra faire signifier le jugement et adresser ensuite les pièces à ce fonctionnaire, qui procédera aux actes d'exécution, sauf, en cas d'opposition au jugement, à renvoyer le dossier au ministère public.

J'ajoute qu'il sera alloué aux greffiers, pour la rédaction de ces relevés, comme en matière de simple police, et conformément à l'article 49 du décret du 18 juin 1841, dix centimes par article......

Le Garde des Sceaux : BROGLIE.

V. EMIGRATION.

Amin ou Amine. V. COMMUNES, SECT. 3.

Animaux malades. V. EPIZOOTIE.

Animaux nuisibles.

7 mai 1874. — *Arrêté du Préfet d'Alger.*

Article unique. — Les primes pour la destruction des chacals et des hyènes, supprimées par arrêté préfectoral du 6 mars 1873, sont rétablies dans le département d'Alger, à partir du 1er janvier 1874.

Ces primes seront payées comme suit : pour une hyène 5 fr ; pour de jeunes hyènes de 1 à 6 mois, 1 fr. 50 ; pour les chacals, par série de cinq, à raison de 10 fr. la série.

En ce qui concerne la destruction des lions, lionceaux, panthères et jeunes panthères, les primes allouées à cet effet, restent telles qu'elles ont été fixées par l'arrêté préfectoral du 6 mars 1873, sus-visé.

Le Préfet : A. BRUNEL.

Annexes de cercles. V. ADMISTRATION DU TERRITOIRE MILITAIRE ; COMMUNES, SECT. 3.

Annonces légales. V. *Ménerville.*

Aoun. V. JUSTICE MUSULMANE.

Appareils à vapeur. V. MACHINES A VAPEUR.

Arbres (plantations d'). V. CHEMINS VICINAUX; AGRICULTURE.

Archevêque. V. PRÉSÉANCES.

Armée. V. SERVICE MILITAIRE.

Armée d'Algérie.

DIVISION

§ 1. — Nouvelle composition des divisions d'Alger et d'Oran.
§ 2. — Les troupes de l'Algérie constituent le 19e corps d'armée.
§ 3. — Spahis et tirailleurs algériens.
§ 4. — Armée territoriale.— Circonscriptions de régions.

§ 1er.

Nouvelle composition des divisions d'Alger et d'Oran.

Sur la proposition de M. le Ministre de la Guerre, M. le Président de la République a arrêté, à la date du 23 janvier 1872, les dispositions ci-après :

DIVISION D'ALGER

« Cette division ne se compose plus
» que de 4 subdivisions, celles d'Alger,
» de Dellys, de Médéa et d'Orléansville ;
» Les subdivisions militaires d'Aumale
» et de Miliana sont supprimées ;
» Le territoire dont se composait la
» subdivision d'Aumale, forme un cercle
» relevant directement de la division ;
» Le territoire qui formait la subdivi-

» sion de Miliana, est ratttaché à la sub-
» division d'Orléansville ;
» Quant à la subdivision de Dellys,
» rien n'est changé à la délimitation de
» son territoire ; seulement son chef-lieu
» est transféré à Fort-National. »

DIVISION D'ORAN

« Cette division ne se compose plus que
» de 3 subdivisions, celles d'Oran, de
» Mascara et de Tlemcen ;
» Les subdivisions de Mostaganem et
» de Sidi-bel-Abbès sont supprimées ;
» Le territoire formant la subdivision
» de Mostaganem est rattaché à la subdi-
» vision d'Oran, ainsi que le district de
» Sidi-bel-Abbès ;
» Le district de Daya est rattaché à la
» subdivision de Tlemcen. »

13 mars 1875. — *Décret.*

Considérant que, par suite de l'adjonc-
on du cercle de Bou-Saâda à la circonscription militaire d'Aumale, cette circonscription a pris, au double point de vue
administratif et militaire, une importance
qui rend nécessaire de placer un général
à sa tête, en l'érigeant en subdivision ;

Art. 1er. — Une cinquième subdivision
militaire est créée dans la division d'Alger, sous le nom de *Subdivision d'Aumale.*

Art. 2. — Cette subdivision comprendra
les deux cercles d'Aumale et de Bou-Saâda.
Elle aura pour chef-lieu Aumale.

Mal DE MAC-MAHON

§ 2.

*Constitution des troupes spéciales à
l'Algérie en un corps d'armée distinct.*

28 septembre 1873. — *Décret.*

Art. 1er. — Conformément à l'article 20
de la loi du 24 juillet 1873, sur l'organisation générale de l'armée, les troupes
spéciales à l'Algérie constituent un corps
d'armée distinct, qui prendra le numéro
19.

Art. 2. — Le commandement de ce
corps d'armée est exercé, en temps nor-
mal, par le Général commandant supérieur des forces de terre et de mer en
Algérie.

Art. 3. — L'organisation et la composition détaillée de ce corps d'armée, seront déterminées ultérieurement, conformément aux prescriptions de la loi à intervenir sur les cadres de l'armée.

Art. 4. — Il est créé pour le 19e corps
d'armée une 19e brigade d'artillerie.

Art. 5. — Jusqu'à nouvel ordre, en
dehors des corps spéciaux à l'Algérie, les
troupes de toutes armes actuellement en
Algérie, seront considérées comme provisoirement détachées des corps d'armée
de l'intérieur. Leurs relations de service
avec ces derniers seront ultérieurement
déterminées.

Mal DE MAC MAHON, DUC DE MAGENTA.

§ 3.

Spahis et Tirailleurs algériens

6 janvier, 18 février 1874. — *Décret relatif à la réorganisation des régiments de Spahis* (1).

Considérant que l'organisation des Spahis en smalas n'a donné, ni au point de
vue agricole, ni au point de vue militaire,
les résultats qu'on en attendait ; — qu'il
est indispensable que la cavalerie indigène soit constituée de manière à pouvoir être employée partout où le Gouvernement le juge utile, mais particulièrement sur toute l'étendue du territoire
de l'Algérie ; — considérant en outre
qu'il importe que l'organisation et l'administration des régiments de Spahis se
rapprochent, autant que possible, de
l'organisation et de l'administration des
autres troupes de cavalerie.

CHAPITRE 1er. — *Organisation.* — *Recrutement.* — *Avancement.*

Art. 1er. — Les régiments de Spahis
créés en Algérie par l'ordonnance royale
du 21 juillet 1844 et réglementés dans
leur manière d'être par les décisions im-
périales des 25 juillet 1866 et 30 janvier
1867, le décret du 21 avril 1866 et par
l'arrêté ministériel du 13 mai 1862, recevront une nouvelle organisation.

Art. 2. — Le nombre de ces régiments
reste fixé à trois ; chacun d'eux conserve
le numéro qui lui est affecté. Chacun de
ces régiments a six escadrons.

Art. 3. — Dans chaque régiment de
Spahis, un certain nombre d'escadrons
peuvent être établis sur le territoire militaire à proximité des postes avancés ou
des frontières. Les spahis de ces escadrons reçoivent un lot de terrain qu'ils
cultivent à leur gré et dont le produit
leur appartient exclusivement.

Les autres escadrons sont logés dans
les bâtiments de l'Etat. Les officiers et
militaires français ne reçoivent aucun lot
de terrain, et, dans aucun cas, ils ne peuvent s'occuper de culture.

Art. 4. — Les spahis sont exempts de
l'impôt auquel sont soumis les indigènes
des tribus. Toutefois cette exemption ne
s'applique qu'aux terres qui leur sont concédées en vertu de l'article précédent et
aux troupeaux et animaux qu'ils possèdent en propre, ou à leur part, dans le
cas où la propriété de ces troupeaux serait indivise.

Art. 5. — Jusqu'à ce qu'il en soit autrement décidé, le 6e escadron du 1er ré-

---

(1) *Bulletin des lois,* n° 2,687. — Voir aussi Dalloz,
P. 1874, 4, page 56.

giment de spahis reste en entier à la disposition du département de la marine pour être employé au Sénégal...

Art. 6. — Le Ministre de la guerre, sur la proposition du général commandant le 19ᵉ corps d'armée, désigne les escadrons qui doivent être établis sur le territoire militaire, détermine leur emplacement, ainsi que l'étendue du territoire à leur affecter.

Art. 7. — Les régiments de spahis se recrutent au moyen d'engagements volontaires. Ils peuvent, en outre, recevoir pour alimenter le cadre des militaires venant d'autres corps de l'armée.

Art. 8. — Sur la proposition du chef de corps et avec l'approbation du général commandant la division, tout indigène âgé de 18 ans au moins et de 40 ans au plus peut être admis à servir dans les régiments de spahis aux conditious suivantes :
1° Réunir les qualités nécessaires pour faire un bon service ; 2° n'avoir pas de mauvais antécédants ; 3° s'engager à servir pendant 4 ans dans les conditions formulées par le présent décret ; 4° présenter un bon cheval qui soit sa propriété.

Le spahis pourra être marié ou célibataire ; il devra fournir le même service dans l'un ou dans l'autre cas.

Art. 9. — L'engagement des indigènes est reçu par le sous-intendant militaire, en présence d'un interprète qui en explique les conditions, et de deux témoins pris parmi les officiers, les sous-officiers ou brigadiers indigènes. Le spahis prête sur le Coran serment de servir fidèlement la France partout où le Gouvernement juge utile de l'employer, et particulièrement sur toute l'étendue du territoire de l'Algérie ; mention de ce serment est faite sur l'acte d'engagement.

Art. 10. — La durée du service est de quatre ans ; elle peut être prolongée par des rengagements successifs de deux ans au moins et de quatre ans au plus, contractés dans la même forme que l'engagement.

Art. 11. — Aucun escadron de spahis ne pourra être exclusivement composé d'indigènes appartenant à une seule tribu.

Art. 12. — Le recrutement des escadrons établis sur le territoire militaire s'effectuera de préférence au moyen d'indigènes (gradés ou non gradés) servant ou ayant servi pendant deux ans dans des escadrons casernés.

Art. 13. — Tout cavalier indigène peut être renvoyé du corps pour inaptitude ou mauvaise conduite. Le renvoi est prononcé par le général de division, sur la proposition du chef de corps, accompagnée de l'avis du général de brigade.

Art. 14. — L'engagement des Français est contracté conformément aux lois en vigueur. Nul Francais se présentant pour s'engager dans un régiment de spahis ne peut être admis s'il ne réunit les conditions exigées pour remplir l'un des emplois du cadre et s'il n'a obtenu le consentement écrit du chef du corps (1).

Art. 15. — Les militaires appartenant à d'autres corps de l'armée ne peuvent être admis aux spahis qu'autant qu'ils ont au moins trois ans de service à faire ou qu'ils complètent ce temps par un rengagement.

Art. 16. — La composition des cadres de chaque régiment de spahis sera conforme au tableau A, annexé au présent décret.

Art 17. — Les dispositions sur l'avancement en vigueur dans l'armée française sont applicables aux officiers français et aux militaires français des régiments de spahis.

Art. 18. — Les officiers indigènes sont nommés par le Président de la République. Ils ont droit au bénéfice de la loi du 19 mai 1834. Tous les emplois d'officier, dont ils peuvent être pourvus, leur sont conférés au choix et dans leur régiment. Il n'est dérogé à ce principe qu'à l'égard : 1° De ceux qui sont présentés pour l'avancement à l'un des grades supérieurs et qui peuvent être nommés au choix dans un régiment de cavalerie quelconque ; et 2° des capitaines en second qui, s'ils justifient de leur aptitude d'après les règles tracées ci-après, concourent, suivant leur rang d'ancienneté, pour l'emploi de capitaine commandant.

Art. 19. — Tout officier indigène peut être appelé à occuper dans son régiment un emploi de capitaine commandant, de Trésorier et d'officier d'habillement, s'il satisfait aux conditions déterminées par les règlements en vigueur dans l'arme de la cavalerie et s'il possède l'instruction générale et l'aptitude nécessaire. Cette instruction et cette aptitude se justifient, soit par un cours suivi avec succès à l'école spéciale militaire ou à l'école de cavalerie, soit par le fait d'avoir rempli pendant un an au moins l'emploi de ma-

---

(1) Extrait d'une circulaire du Ministre de la guerre général du Barail, en date du 14 février 1874, relative à l'article 14 de la loi ci-dessus :
» Conformément aux prescriptions du décret du 30 » novembre 1872 (art. 4), le certificat d'acceptation » sera établi soit par le chef de corps, soit par le » commandant du dépôt de recrutement ; mais, dans » ce dernier cas, l'officier de recrutement ne devra » délivrer le certificat dont il s'agit que sur le vu du » consentement écrit du chef de corps. De son côté, » le maire ne recevra l'engagement qu'après avoir » constaté la production de cette pièce, qui restera » annexée à l'acte d'engagement. »

réchal-des-logis chef ou de maréchal-des-logis fourrier dans un escadron.

Art. 20. — A grade égal, l'officier français a toujours le commandement, et, après lui, le commandement appartient à l'officier indigène qui a produit la justification d'aptitude et d'instruction spécifiée à l'art. 19. Par suite, l'officier indigène qui n'a pas produit cette justification ne saurait être chargé des détails d'un escadron ou d'un détachement, alors même qu'en l'absence du commandant titulaire, il devrait prendre le commandement de l'escadron ou du détachement. Ces détails d'administration sont dans ce cas confiés à l'officier français ou indigène du grade immédiatement inférieur qui, par sa situation ou son instruction, peut en être chargé.

Art. 21. — La nomination des maréchaux-des-logis chefs, des maréchaux-des-logis, des fourriers et des brigadiers français et indigènes, leur rétrogradation et cassation, sont soumises aux règles et formalités prescrites pour les corps français. Il en est de même des nominations et cassations des cavaliers de première classe.

Art. 22. — Lorsque des emplois de sous-officier, de brigadier, de maréchal-ferrant, de trompette et d'ouvrier, vacants dans le cadre, ne peuvent être remplis par des militaires du corps, il y est pourvu par la nomination ou le passage de militaires qui appartiennent soit à d'autres régiments de spahis, soit à des régiments de chasseurs d'Afrique, soit à d'autres corps de cavalerie, et qui remplissent les conditions voulues pour occuper ces emplois. A cet effet, chaque chef de corps établit, au moment de l'inspection générale, un état, par catégories, des vacances dans le cadre auxquelles il pourra y avoir lieu de pourvoir de cette manière dans l'intervalle d'une inspection à l'autre.

CHAPITRE 2. — *Commandement. — Service. — Instruction.*

Art. 23. — Le service des régiments de spahis est exclusivement militaire. Ces corps sont, au point de vue du commandement, de la discipline et de l'instruction, régis par les dispositions en vigueur dans l'armée.

Art. 24. — Les spahis peuvent, soit individuellement, soit en détachement, être employés en dehors du corps pour le service des affaires indigènes et la surveillance des tribus. — Ils peuvent également remplir les fonctions d'Aga, de Caïd, de Chaouch, ou tout autre emploi rétribué dans l'administration civile de l'Algérie; mais, dans ce cas, bien que ne cessant pas de compter à leur régiment, ils n'ont droit à aucune solde militaire. —

Les officiers de spahis ont seul le droit de prendre des ordonnances parmi les soldats du corps.

Art. 25. — Le chef de corps doit inspecter, au moins deux fois par an, les escadrons de son régiment; il est accompagné dans cette tournée par le major. — Les chefs d'escadrons inspectent leurs escadrons tous les trois mois.

Art. 26. — Le capitaine commandant, dans chaque escadron, est responsable de l'instruction de son escadron. — Dans chaque escadron, il sera fait un cours de langue arabe aux officiers, sous-officiers, brigadiers, et élèves-brigadiers, et un cours de français, aux officiers, sous-officiers et brigadiers indigènes. Ces cours sont obligatoires.

CHAPITRE 3. — *Administration. — Solde et accessoire de solde. — Masse de remonte et de secours.*

Art. 27. — Les régiments de spahis s'administrent conformément aux dispositions en vigueur dans les corps de l'armée française et sont soumis au même mode de surveillance administrative.

Toutefois, la fourniture, l'entretien et le remplacement de tous les effets d'habillement, de grand et de petit équipement et de harnachement sont au compte de la masse individuelle, conformément aux règlements en vigueur.

Art. 28. — Les fonctionnaires de l'intendance inspecteront administrativement les escadrons de spahis au moins deux fois par an.

Art. 29. — La solde est payée aux cavaliers tous les dix jours, à terme échu, par l'officier chargé du commandement ou de l'administration de l'escadron ou du détachement.

Art. 30. — La solde, les indemnités, allocations et prestations diverses attribuées aux régiments de spahis sont fixées par le tableau B annexé au présent décret. — Sauf le cas de débet à la masse individuelle, la solde de la troupe n'est passible d'aucune retenue et est payée intégralement au cavalier.

Art. 31. — Par dérogation aux dispositions de l'art. 27 du présent décret, la masse dite *de remonte* est conservée. Cette masse qui continuera à être alimentée et administrée conformément aux dispositions de l'arrêté ministériel du 5 août 1845 est destinée :

1° A l'achat des chevaux de première mise à fournir aux sous-officiers, brigadiers et cavaliers français;

2° Au remplacement des pertes de chevaux dans les cas de guerre et autres prévus par l'arrêté ministériel sus-visé;

3° Eventuellement à la fourniture des chevaux qu'il y aurait lieu d'accorder aux indigènes admis non montés, par exception aux dispositions de l'art. 8 du présent décret et en vertu de l'autorisation spéciale des généraux commandant les divisions.

Art. 32. — La durée de la période donnant droit à la gratification de 50 fr. pour conservation des chevaux par les art. 10 et 11 de l'arrêté ministériel du 5 août 1845 précité est portée à 4 ans.

Art. 33. — Il sera créé dans chacun des régiments de spahis une masse de secours destinée à être distribuée, en totalité ou en partie par le ministre de la guerre, aux sous-officiers, brigadiers et spahis indigènes les plus nécessiteux. Cette masse sera constituée au moyen d'une somme de 10,000 fr. prélevée, à titre de première mise, sur l'avoir actuel de la masse de smala du régiment ; elle sera alimentée au moyen d'une retenue de 5 c. par journée de présence, exercée sur la prime journalière d'entretien de la masse individuelle de chacun des hommes pouvant participer aux secours. A cet effet, la prime journalière des sous-officiers, brigadiers et spahis indigènes est accrue d'une allocation supplémentaire équivalente.

Art. 34. — Le ministre de la guerre autorise annuellement, dans chaque régiment ; la répartition d'une partie de la masse de secours. Aucun sous-officier, brigadier ou spahi ne peut y être compris pour une somme moindre de 25 fr.
— Les états de distribution, dressés par les soins du Conseil d'administration, sont soumis à l'approbation du ministre par l'inspecteur général.

Art. 35. — Dans l'intervalle des revues, et seulement dans les cas urgents, les généraux commandant les divisions sont autorisés à accorder, sur la demande des conseils d'administration, des secours qui ne peuvent s'élever à plus de 50 fr. par homme. Il en est rendu compte immédiatement au commandant du 19ᵉ corps d'armée, qui en informe le ministre.

Art. 36. — Le ministre peut allouer, dans des cas particuliers, sur la proposition du chef de corps, accompagnée de l'avis du général commandant la division et de l'approbation du général commandant en chef, un secours, une fois payé, aux veuves et aux orphelins des sous-officiers, brigadiers et cavaliers indigènes, récemment décédés.

Art. 37. — Le ministre de la guerre peut également, dans des cas exceptionnels et pour venir en aide à la masse de secours d'un régiment de spahis, prélever sur les fonds de la même masse des autres régiments telle somme qu'il juge nécessaire.

Art. 38. — Le prix des médicaments, fournis aux sous-officiers, brigadiers et spahis indigènes ou à leurs familles, peut être imputée à la masse de secours sur la proposition des conseils d'administration et d'après une autorisation spéciale du ministre.

Art. 39. — La nourriture des chevaux, qu'ils appartiennent aux Français ou aux indigènes, est assurée en nature, par les soins de l'administration, dans toutes les positions où peuvent se trouver les spahis. Toutefois, les généraux commandant les divisions, tenant compte des difficultés d'exécution du service ou de certaines circonstances qui motiveraient une dérogation au principe, pourront, après avoir obtenu l'approbation du général commandant le 19ᵉ corps d'armée, faire allouer une indemnité représentative, en remplacement de rations en nature. Le taux de cette indemnité sera fixé périodiquement par le ministre.

CHAPITRE 4. — *Armement.* — *Habillement.* — *Harnachement.*

Art. 40. — Le tableau C, annexé au présent décret, détermine : 1° l'armement des officiers de la troupe ; 2° l'uniforme des officiers, sous-officiers, brigadiers et spahis, ainsi que les insignes des grades ; 3° le harnachement des officiers et de la troupe.

CHAPITRE 5. — *Dispositions générales et transitoires.*

Art. 41. — La masse des fourrages est supprimée dans chacun des régiments de spahis ; l'avoir de cette masse sera versé au Trésor.

Art. 42. — La masse des smalas et la masse de construction des bordjs sont également supprimées dans chaque régiment de spahis. L'avoir de ces masses, après le prélèvement à opérer, en exécution de l'art. 33 ci-dessus, sera versé au Trésor, mais seulement le jour où des fonds seront mis à la disposition du ministre de la guerre, pour l'entretien des bâtiments existants et pour les constructions jugées nécessaires, pour l'établissement des escadrons. Jusqu'à cette époque, tout ou partie de cet avoir sera affecté par le département de la guerre aux constructions nouvelles et aux travaux d'entretien.

Art. 43. — Les bordjs et leurs annexes, actuellement existants, seront classés comme établissements militaires et entretenus par le département de la guerre. Leur mobilier sera également versé à l'Etat par les conseils d'administration de spahis. Le département de la guerre pourvoira à son entretien et à son remplacement.

Art. 44. — Les terrains dont disposent actuellement les régiments de spahis sont et demeurent affectés au département de la guerre pour recevoir la même destination. Ces terrains ne pourront être remis au domaine qu'avec l'approbation du Ministre de la guerre.

Art. 45. — Après un concert préalable avec le Gouverneur de l'Algérie, de nouveaux terrains, situés en territoire militaire, pourront par voie d'échange ou d'affectation nouvelle, être mis à la disposition du département de la guerre pour l'établissement des spahis, ainsi qu'il est dit aux art. 3 et 6 du présent décret.

Art. 46. — En cas de déplacement d'un ou de plusieurs escadrons de spahis, les terrains abandonnés, qui ne seraient pas employés aux échanges prévus par l'article précédent, feront retour au domaine. Les constructions, qui y auront été élevées, suivront le sort de ces terrains.

Art. 47. — Les officiers, les sous-officiers et les brigadiers, dont les emplois se trouvent supprimés par le présent décret, seront mis à la suite pour être replacés d'après les règles en vigueur.

Art. 48. — Sont et demeurent abrogées toutes dispositions contraires au présent décret.

(Suivent les tableaux A, B et C.)

RAPPORT *au Président de la République au sujet des officiers et soldats indigènes des régiments de Tirailleurs algériens.*

Versailles, le 21 mars 1874.
Monsieur le Président,

Le décret du 6 janvier 1874, portant réorganisation des régiments de spahis, contient, en faveur de l'élément indigène de ces corps, certaines dispositions bienveillantes qu'il paraît juste de rendre applicables au cadre indigène de chacun des régiments de tirailleurs algériens.

J'ai, en conséquence, l'honneur de vous soumettre un projet de décret portant que les officiers indigènes de ces derniers régiments pourront être appelés au grade de capitaine et à des emplois d'officier comptable ; que les militaires indigènes seront susceptibles de devenir sous-officiers comptables dans les mêmes corps, et qu'enfin, les indigènes des régiments de tirailleurs algériens pourront être appelés à remplir des fonctions dans l'administration civile de l'Algérie.

Si vous approuvez ces dispositions, je vous prie de vouloir bien revêtir de votre signature le projet de décret ci-joint.

Veuillez agréer, etc.
Le Ministre de la Guerre,
G^{al} DU BARAIL.

21 mars 1874. — *Décret.*

Vu la loi du 9 mars 1831, l'ordonnance du 7 décembre 1841, les décrets du 13 février 1852, du 10 octobre 1855 et du 3 février 1872 ;

Considérant qu'il y a lieu de faire bénéficier les cadres indigènes des régiments de tirailleurs algériens de certains avantages attribués à ceux des régiments de spahis, par le décret du 6 janvier 1874 ;

Art. 1er. — Dans les régiments de tirailleurs algériens, les emplois du petit état-major, ainsi que ceux de fourrier et de sergent-major de compagnie, pourront être conférés à des militaires indigènes, qui remplissant, d'ailleurs, les conditions de service et d'ancienneté de grade exigées pour les militaires français, présenteront toutes les garanties nécessaires, par leur conduite, leur instruction et leur aptitude spéciale.

Art. 2. — Tout officier indigène des régiments de tirailleurs algériens pourra être appelé, dans son régiment, au grade de capitaine d'habillement ou de sous-lieutenant adjoint au trésorier, s'il satisfait aux conditions déterminées par les règlements en vigueur et s'il justifie qu'il possède l'instruction générale et l'aptitude nécessaires.

Toutefois, à grade égal, l'officier français aura toujours le commandement et, après lui, l'officier indigène, quel que soit le rang d'ancienneté de l'un et de l'autre.

Art. 3. — Les militaires indigènes, servant dans les régiments de tirailleurs algériens, pourront remplir des fonctions dans l'administration civile de l'Algérie.

Art. 4. — Sont abrogées toutes les dispositions contraires au présent décret.

M^{al} DE MAC-MAHON.

§ 4.

ARMÉE TERRITORIALE. — *Division du territoire de l'Algérie en trois circonscriptions de région.*

14 février 1876. — *Arrêté.*

Vu la loi du 6 novembre 1875, déterminant les conditions suivant lesquelles les Français domiciliés en Algérie seront soumis au service militaire.

Vu le premier alinéa de l'article 27 ainsi conçu :

« Pour l'organisation de l'armée territoriale, l'Algérie sera divisée par des arrêtés du Gouverneur général, en circonscriptions de régions. »

Art. 1er. — Le territoire de l'Algérie sera divisé en trois circonscriptions de régions.

Art. 2. — Les Divisions d'Alger, d'Oran et de Constantine formeront chacune une de ces circonscriptions.

Art. 3. — La circonscription de région d'Alger prendra le n° 1, celle d'Oran le n° 2 et celle de Constantine le n° 3.

Gal CHANZY.

Armée de mer. — V. SERVICE MARITIME.

Armes et munitions de guerre

SOMMAIRE

Promulgation des lois du 24 mai 1834 et du 14 juillet 1860.
Autorisation pour les colons de détenir des armes, ainsi que pour les ouvriers isolés. — Indigènes, goums et maghzens.
Immatriculation des armes.
Ce qu'il faut entendre par armes de guerre. Inapplicabilité de l'art. 463 du Code pénal.
Vente d'armes à un indigène. — Achat par celui-ci.
Détention d'armes et de munitions.
Fabrication et commerce.
Faut-il distinguer pour les indigènes les armes de guerre et celles de luxe?

§ 1er.

Armes et munitions de guerre (1).

23 septembre 1872. — Décret.

Art. 1er. — La loi du 24 mai 1834, sur les détenteurs d'armes ou de munitions de guerre, et la loi du 14 juillet 1860, sur la fabrication et le commerce des armes de guerre, remises en vigueur par la loi du 9 juin 1871, sont rendues exécutoires en Algérie ; à cet effet, elles seront publiées et promulguées à la suite du présent décret, qui sera inséré au *Bulletin des lois*.

A. THIERS.

11 décembre 1872. — Arrêté.

Vu le décret du 23 septembre 1872 ;

Considérant que ledit décret, en promulguant la loi du 24 mai 1834, visée par le décret du 12 décembre 1851, n'abroge aucune disposition des lois et décrets antérieurement en vigueur ;

Considérant, toutefois, que l'affirmation de l'applicabilité en Algérie de la loi du 24 mai 1834, peut faire naître des doutes sur la légalité de la détention ac-

---

(1) Des difficultés se sont élevées sur la question de savoir ce que l'on devait considérer comme armes de guerre. L'ordonnance du 24 juillet 1816 faisait une sorte d'énumération des armes de guerre que la loi de 1834 n'a pas voulu reproduire. Les tribunaux ont toute latitude pour prononcer à cet égard ; c'est une question de fait et d'intention ; des vieux débris qui ne sauraient être utilisés, tels que de vieux canons, de vieilles baïonnettes, qui ne peuvent plus servir à l'attaque ou à la défense, ne constituent plus des armes proprement dites, mais bien de la ferraille ne tombant pas sous l'application de la loi, ni du décret du 12 décembre 1851.

« Attendu que les objets vendus, ramassés sous les
» décombres d'une maison incendiée, corrodés par
» le feu le plus violent et soumis depuis plusieurs
» années à l'humidité, sont impropres à tout usage
» d'attaque ou de défense et dans un bien plus dé-
» plorable état que les débris d'armes que fait ven-
» dre journellement l'administration elle-même
» comme ferraille, quand elle débarrasse les greffes
» de certaines pièces à conviction. » (Arrêt de la Cour d'Alger du 13 juillet 1876.)

Les dispositions spéciales à l'Algérie, en cette matière, édictent des peines sévères ; aussi quelques tribunaux ont-ils cru pouvoir appliquer les circonstances atténuantes, en invoquant la loi de 1834. Ce point a été tranché par un arrêt du 24 décembre 1874 :

« Attendu qu'il est de principe que le bénéfice des
» circonstances atténuantes est restreint aux seuls
» délits réprimés par le code pénal et ne s'étend aux
» délits prévus par d'autres lois, qu'autant que ces
» lois en autorisent formellement l'application ; que
» le décret du 12 décembre 1851, réglant une matière
» toute spéciale, celle de la vente aux indigènes et
» de l'achat par ceux-ci d'armes et de munitions et
» n'autorisant, dans aucune de ses dispositions, l'ad-
» mission de l'art. 463, le recours au bénéfice dudit
» article se trouve par cela même proscrit en cette
» matière. Attendu qu'on exciperait vainement de ce
» que le décret de 1851 vise la loi du 12 mai 1834,
» pour en induire que l'application de l'art. 463, per-
» mise par cette loi, doit s'étendre aux délits prévus
» par le décret ; que bien que réglant en effet des
» matières qui ont entre elles une certaine affinité,
» la loi de 1834 et le décret de 1851, n'en constituent
» pas moins des actes législatifs entièrement dis-
» tincts et séparés ; que le législateur de 1851 a si peu
» entendu les fondre l'un dans l'autre qu'il déclare
» formellement dans le décret, à cette date, disposer
» par dérogation du moins temporaire à la loi de
» 1834 ; qu'au surplus le décret dont s'agit vise, in-
» dépendamment de la loi de 1834, l'arrêté du 8 mai
» 1845 et celui du 18 mai 1849 qui le complètent, les-
» quels sont antérieurs à la promulgation en Algérie
» de la loi de 1834 et règlant d'ailleurs, le même ob-
» jet dont s'occupe le décret de 1851, n'autorisaient
» pas l'application de l'art. 463 ; que si l'on considère
» qu'en édictant le décret de 1851 le législateur de

cette époque a voulu, ainsi qu'il le déclare formel-
» lement dans le préambule de ce décret, établir
» contre les délits qu'il réprime des peines plus sé-
» vères que celles jusqu'alors en vigueur et qui n'é-
» taient autres que celles prononcées par l'arrêté du
» 8 mai 1845, on est amené à reconnaître qu'il n'a
» autoriser en 1851, l'application de l'art. 463 qu'il
» pu prohibait, par cela même qu'il ne l'autorisait
» pas en 1845 et en 1849. »

Nous ferons remarquer ici qu'un décret du 23 septembre 1872, promulguant la loi du 24 mai 1834, ce sont les art. 3, 4 et 11 de cette dernière qui doivent être appliqués pour le délit de détention d'armes de guerre par des indigènes, sans autorisation — (*Robe, 1875.*)

LOI DU 24 MAI 1834

Art. 1er. — Tout individu qui aura fabriqué, débité ou distribué des armes prohibées par la loi ou par des règlements d'administration publique, sera puni d'un emprisonnement d'un mois à un an, et d'une amende de 16 fr. à 500 fr.

Celui qui sera porteur desdites armes sera puni d'un emprisonnement de six jours à six mois, et d'une amende de 16 fr. à 200 fr.

Art. 2. — Tout individu qui, sans y être légalement autorisé, aura fabriqué, débité ou distribué de la poudre, ou sera détenteur d'une quantité quelconque de poudre de guerre, ou de plus de deux kilogrammes de toute autre poudre, sera puni d'un emprisonnement d'un mois à deux ans, sans préjudice des autres peines portées par les lois.

Art. 3. — Tout individu qui, sans y être légalement autorisé, aura fabriqué ou confectionné, débité ou distribué des armes de guerre, des cartouches et autres munitions de guerre, ou sera détenteur d'armes de guerre, cartouches ou munitions de guerre, ou d'un dépôt d'armes quelconques sera puni d'un emprisonnement d'un mois à deux ans, et d'une amende de 16 fr. à 1,000 fr.

La présente disposition n'est point applicable aux professions d'armurier et de fabricant d'armes de commerce, lesquelles resteront seulement assujéties aux lois et règlements particuliers qui les concernent.

Art. 4. — Les infractions prévues par les articles précédents seront jugées par les tribunaux de police correctionnelle.

Les armes et munitions fabriquées, débitées, distribuées, ou possédées sans autorisation, seront confisquées.

Les condamnés pourront, en outre, être placés sous la surveillance de la haute police pendant un temps qui ne pourra excéder deux ans.

En cas de récidive, les peines pourront être élevées jusqu'au double.

Art. 5. — Seront punis de la détention les individus qui, dans un mouvement insurrectionnel, auront porté soit des armes apparentes ou cachées, ou des munitions, soit un uniforme ou costume, ou autres insignes civils ou militaires.

tuelle, par certains individus, d'armes et de munitions de guerre;

Si les individus porteurs d'armes apparentes ou cachées, ou de munitions, étaient revêtus d'un uniforme, d'un costume ou d'autres insignes civils ou militaires, ils seront punis de la déportation.

Les individus qui auront fait usage de leurs armes seront punis de mort.

Art. 6. — Seront punis des travaux forcés à temps les individus qui, dans un mouvement insurrectionnel, se seront emparés d'armes ou de munitions de toutes espèces, soit à l'aide de violences ou menaces, soit par le pillage des boutiques, postes, magasins, arsenaux et autres établissements publics, soit par le désarmement des agents de la force publique ; chacun des coupables sera, de plus, condamné à une amende de deux cents francs à cinq mille francs.

Art. 7. — Seront punis de la même peine les individus qui, dans un mouvement insurrectionnel, auront envahi, à l'aide de violences ou menaces, une maison habitée ou servant à l'habitation.

Art. 8. — Seront punis de la détention les individus qui, dans un mouvement insurrectionnel, auront, pour faire attaque ou résistance envers la force publique, envahi ou occupé des édifices, postes et autres établissements publics.

La peine sera la même à l'égard de ceux qui, dans le même but, auront occupé une maison habitée ou non habitée, avec le consentement du propriétaire ou du locataire, et à l'égard du propriétaire ou du locataire qui, connaissant le but des insurgés, leur aura procuré, sans contrainte, l'entrée de ladite maison.

Art. 9. — Seront punis de la détention les individus qui, dans un mouvement insurrectionnel, auront fait ou aidé à faire des barricades, des retranchements ou tous autres travaux ayant pour objet d'entraver ou d'arrêter l'exercice de la force publique ;

Ceux qui auront empêché à l'aide de violences ou de menaces la convocation ou la réunion de la force publique, ou qui auront provoqué ou facilité le rassemblement des insurgés, soit par la distribution d'ordres ou de proclamations, soit par le port de drapeaux ou autres signes de ralliement, soit par tout autre moyen d'appel;

Ceux qui auront brisé ou détruit un ou plusieurs télégraphes, ou qui auront envahi, à l'aide de violences ou de menaces, un ou plusieurs postes télégraphiques, ou qui auront intercepté, par tout autre moyen, avec violences ou menaces, les communications ou la correspondance entre les divers dépositaires de l'autorité publique.

Art. 10. — Les peines portées par la présente loi seront prononcées sans préjudice de celles que les coupables auraient pu encourir comme auteurs ou complices de tous autres crimes. Dans le cas du concours de deux peines, la plus grave seule sera appliquée.

Art. 11. — Dans tous les cas prévus par la présente loi, s'il existe des circonstances atténuantes, il sera fait application de l'article 463 du Code pénal ;

Néanmoins, les condamnés pourront toujours être placés sous la surveillance de la haute police, pendant un temps qui ne pourra excéder le maximum de la durée de l'emprisonnement prononcé par la loi.

Fait à Paris, le 24 mai 1834.

LOUIS-PHILIPPE.

LOI DU 14 JUILLET 1860

TITRE 1er. — *De la fabrication et du commerce des armes ou des pièces d'armes de guerre.*

Art. 1er. — Toute personne peut se livrer à la fabrication ou au commerce des armes ou des pièces d'armes de guerre, en vertu d'une autorisation donnée par le Ministre de la Guerre, et sous les conditions déterminées par la loi ou par les règlements d'administration publique.

Les armes ou les pièces d'armes de guerre fabriquées dans les établissements autorisés ne peuvent être destinées qu'à l'exportation, sauf le cas de commandes faites par le Ministre de la Guerre pour le service de l'État.

Art. 2. — Les armes de guerre sont celles qui ser-

Considérant que les articles 2 et 3 de la loi du 24 mai 1834, soumettant à diffé-

vent ou qui ont servi à armer les troupes françaises ou étrangères.

Peut être réputée arme de guerre, toute arme qui serait reconnue propre au service de guerre et qui serait une imitation réduite ou amplifiée d'une arme de guerre.

Les armes dites de *bord* ou de *troque*, sont considérées comme armes de guerre et soumises aux mêmes règles.

Art. 3. — L'autorisation mentionnée en l'art. 1er ne peut être retirée par le Ministre de la Guerre, que lorsque le fabricant ou le commerçant a encouru une condamnation, devenue définitive, soit par application des art. 13, § 2, 14, § 2, 15 et 16 de la présente loi, soit par contravention à celle du 24 mai 1834, soit pour crimes et délits prévus :

1° Par les art. 86 à 101, 209, 210, 211, 215 et 216 du Code pénal ;

2° Par la loi du 7 juin 1848, sur les attroupements ;

3° Par les art. 1 et 2 de la loi du 27 juillet 1849 ;

4° Par les art. 1, 2 et 3 de la loi du 27 février 1858.

Art. 4. — Tout fabricant ou commerçant autorisé est tenu d'avoir un registre, coté et paraphé à chaque feuille par le maire, sur lequel sont inscrites, jour par jour, l'espèce et la quantité des armes ou des pièces d'armes de guerre qu'il fabrique, achète ou vend, avec indication de leur destination et des noms et domiciles des vendeurs ou acheteurs.

Le maire vise et arrête ce registre au moins une fois tous les mois ; en cas d'absence ou d'empêchement, il peut se faire suppléer par le commissaire de police.

Art. 5. — Le Ministre de la Guerre, et, en cas d'urgence, les Généraux commandant les divisions ou les subdivisions militaires prescrivent, relativement aux dépôts d'armes ou de pièces d'armes de guerre qui existent dans les magasins des fabricants ou commerçants, les mesures que peut exiger l'intérêt de la sûreté publique.

Art. 6. — Tous les canons d'armes de guerre destinés au commerce extérieur sont soumis à des épreuves constatées par l'application d'un poinçon.

Ces canons reçoivent, en outre, une marque dite d'exportation.

TITRE II. — *De l'importation, de l'exportation et du transit des armes ou des pièces d'armes de guerre.*

Art. 7. — Toute importation d'armes de guerre et de canons ou d'autres pièces d'armes de guerre, est interdite, à moins qu'elle ne soit autorisée ou ordonnée par le Ministre de la Guerre.

Art. 8. — Des décrets déterminent ceux des entrepôts de douane dans lesquels les armes ou les pièces d'armes de guerre de provenance étrangère peuvent être exclusivement déposées.

Ces armes ou ces pièces d'armes peuvent, dans l'intérêt de la sûreté publique, être soumises aux mesures autorisées par l'article 5.

Art. 9. — L'exportation des armes ou des pièces d'armes de guerre est libre, sous les conditions déterminées par la loi ou par les règlements d'administration publique.

Néanmoins un décret impérial peut interdire cette exportation par une frontière, pour une destination ou pour une durée déterminées.

Des décrets désignent les bureaux de douane par lesquels l'exportation peut s'opérer.

Quand l'exportation est interdite pour certaines destinations, les exportateurs doivent, sous les peines portées par l'art. 4 du titre 3 de la loi du 22 août 1791, justifier de l'arrivée des armes à une destination permise au moyen d'acquits-à-caution qui sont délivrés, au départ, par les soins de l'administration des douanes, et qui sont déchargés, à l'arrivée, par les agents consulaires de France.

Art. 10. — Les armes ou les pièces d'armes de guerre ne peuvent transiter, ni être expédiées en mutation d'entrepôt ou en réexportation, sans un permis du Ministre de la Guerre.

Si l'exportation est interdite pour une destination, les permis de transit délivrés pour cette destination, antérieurement au décret qui prononce l'interdiction, sont annulés de droit.

Art. 11. — L'importation, dans le cas où elle est

rentes peines les individus qui, sans y être *légalement autorisés*, auront détenu des armes ou des munitions de guerre;

Qu'il importe, par conséquent, de préautorisée ou ordonnée par le Ministre de la Guerre, l'exportation et le transit, ainsi que la circulation et le dépôt des armes ou des pièces d'armes de guerre, dans le rayon des frontières, restent soumis aux dispositions législatives ou réglementaires sur les douanes.

TITRE III. — *Dispositions pénales.*

Art. 12. — Quiconque, sans autorisation, se livre à la fabrication ou au commerce des armes ou des pièces d'armes de guerre, est puni d'une amende de seize francs à mille francs et d'un emprisonnement d'un mois à deux ans.

Les armes ou pièces d'armes de guerre fabriquées ou exposées en vente sans autorisation sont confisquées.

Les condamnés peuvent, en outre, être placés sous la surveillance de la haute police, pendant un temps qui ne peut exéder deux ans.

En cas de récidive, ces peines peuvent être portées jusqu'au double.

Art. 13. — Le fabricant ou le commerçant qui ne s'est pas conformé aux dispositions de l'art. 4 de la présente loi est puni d'une amende de seize francs et d'un emprisonnement de six jours à trois mois.

En cas de récidive, la peine peut être portée jusqu'au double.

Art. 14. — Tout fabricant ou commerçant qui ne s'est pas conformé aux dispositions de l'art. 6, est puni d'une amende de seize francs à trois cents francs. Les canons saisis sont confisqués.

En cas de récidive, l'amende peut être portée jusqu'au double.

Art. 15. — La contrefaçon du poinçon d'épreuve ou du poinçon d'exportation et l'usage frauduleux des poinçons contrefaits sont punis d'une amende de cent francs à trois mille francs et d'un emprisonnement de deux à cinq ans.

Art. 16. — Est puni d'une amende de seize francs à cinq cents francs et d'un emprisonnement d'un mois à deux ans, quiconque, s'étant indûment procuré les vrais poinçons mentionnés en l'article précédent, en a fait usage.

Art. 17. — Dans tous les cas prévus par la présente loi, il pourra être fait application de l'article 463 du Code pénal.

TITRE IV. — *Dispositions générales.*

Art. 18. — Des réglements d'administration publique détermineront notamment les formes des demandes d'autorisation en matière de fabrication et de commerce des armes de guerre; le régime et le tarif des épreuves et des marques; les formalités auxquelles doit être assujetti le transport des armes à l'intérieur; enfin toutes les mesures relatives à la surveillance de la fabrication et du commerce des armes de guerre.

Art. 19. — Il n'est dérogé ni à la loi du 24 mai 1834, ni aux lois et règlements concernant les armes de chasse et de luxe et les armes prohibées.

Art. 20. — Sont abrogées toutes dispositions contraires à celles de la présente loi.

CIRCULAIRE DU PROCUREUR GÉNÉRAL DU 20 JANVIER 1875.

L'attention de l'autorité supérieure est appelée d'une manière toute particulière, depuis quelque temps, sur les contraventions nombreuses qui se commettent en ce qui concerne la vente d'armes et de munitions à des indigènes non autorisés, la détention d'armes de guerre, la fabrication ou le commerce de ces armes, et enfin, la détention illégale de munitions ou de poudre par les indigènes.

Divers tribunaux de mon ressort ont eu dernièrement à s'occuper de ces questions qui ont été ensuite portées devant la Cour. Il s'est produit à cette occasion tant de la part des membres des parquets que de la part des tribunaux de telles divergences d'appréciations, au point de vue légal, que je crois utile de placer sous vos yeux l'état de la jurisprudence adoptée par la Cour, dans de nombreux arrêts, après une discussion approfondie et un mûr examen, vous invitant à vous y conformer et à en requérir l'application par votre tribunal.

1° Vente d'armes à un indigène non autorisé et achat par celui-ci.

Il importe peu que la vente soit faite par un européen ou un indigène, il suffit que l'acquéreur indigène ne soit pas muni d'une autorisation spéciale délivrée en conformité de l'art. 1ᵉʳ du décret du 12 décembre 1851, antérieurement à la vente.

Cette contravention est réprimée par les art. 1 et 2 du décret du 12 décembre 1851 qui atteint le vendeur aussi bien que l'acheteur.

Les peines édictées par ce décret ne peuvent être tempérées par l'admission des circonstances atténuantes. Il s'agit ici de l'application d'une loi spéciale à laquelle ne peut être étendu le bénéfice de l'art. 463 du Code pénal.

On ne peut notamment induire ni de l'art. 17 de la loi du 14 juillet 1860, ni de l'art. 4 de celle du 19 juin 1871, la possibilité d'admettre des circonstances atténuantes. Ces lois s'appliquent à des cas spéciaux parfaitement déterminés et leur promulgation en Algérie n'a pu avoir pour effet d'influer sur les dispositions du décret du 12 décembre 1851, qui traite de questions toutes différentes. (Arrêt du 29 octobre 1874.)

2° Détention d'armes de guerre.

La Cour considère avec raison comme armes de guerre toutes armes, fusils arabes ou français, quels qu'ils soient, tromblons, pistolets, etc., saisis entre les mains des indigènes. La question de savoir si une arme est une arme de guerre est laissée à l'appréciation des magistrats et telle arme qui, en France, ne pourrait être considérée comme arme de guerre, doit être tenue comme telle en Algérie, les indigènes en faisant usage en cas de guerre ou d'insurrection.

Cette contravention n'est pas réprimée, comme on l'a souvent pensé, par le décret du 12 décembre 1851, qui n'atteint pas la détention d'armes par des indigènes non autorisés; elle tombe sous l'application de l'art. 3 de la loi du 24 mai 1834 dont les dispositions pénales peuvent être mitigées par l'admission de circonstances atténuantes (art. 11.)

Ainsi jugé par 7 arrêts du 17 décembre 1874 et par 2 arrêts du 2 janvier 1875;

3° Fabrication ou commerce des armes de guerre ou de pièces d'armes de guerre.

La loi du 14 juillet 1860 est ici applicable (art. 4 et 12). La Cour l'a notamment décidé dans une affaire où un armurier indigène avait été trouvé possesseur d'un certain nombre de canons de fusils de munition. Le tribunal, saisi de la question, avait jugé que la détention ou le commerce de pièces d'armes de guerre ne tombait pas sous l'application de la loi du 24 mai 1834 et avait acquitté le prévenu. La Cour, sans se ranger à cette appréciation et réservant, pour certains cas qui pourraient se présenter, la possibilité d'appliquer la loi de 1834, qui laisse aux magistrats la liberté d'apprécier si les pièces d'armes de guerre sont assez importantes pour justifier l'application de la loi, a jugé toutefois inutile de trancher cette question d'une manière absolue, attendu que dans l'espèce, les faits relevés tombaient incontestablement sous le coup des dispositions pénales édictées par la loi du 14 juillet 1860 (Arrêt du 7 janvier 1865.)

Il ne faut donc pas hésiter à exercer des poursuites aussi bien pour des pièces d'armes de guerre que pour des armes complètes, à moins toutefois qu'il ne s'agisse de pièces d'armes trop peu importantes pour que le fait révèle un caractère suffisamment sérieux.

Selon les cas, il y a lieu de requérir l'application de la loi de 1834 ou de la loi de 1860;

4° Détention illégale de munitions, poudres, etc.

Le décret de 1851, art. 4, punit des peines édictées par l'art. 2 la simple détention par un indigène, non autorisé, d'armes, plomb, pierres à feu, poudre, souffre, salpêtre ou de toutes autres substances pouvant servir de munitions de guerre ou remplacer la poudre.

La Cour a notamment appliqué ces dispositions à deux indigènes trouvés détenteurs, l'un de 850, l'autre de 150 grammes de poudre. Dans ces deux arrêts, la Cour a persisté à repousser la possibilité d'éten-

ciser les conditions de l'autorisation légale prévue par les articles précités;

Art. 1er. — Continueront, sur leur demande, et partout où besoin sera, à être autorisés à détenir dans leur domicile les armes et munitions de guerre jugées nécessaires par le commandant territorial, pour assurer leur défense et celle de leur famille et la sécurité de leur demeure, tous colons français, d'origine européenne, qui, réunissant les conditions requises pour l'obtention d'un port d'armes, résident en dehors de l'action protectrice de toute force armée, soit dans des fermes isolées, soit même dans des centres dépourvus de garnison ou d'une milice régulièrement constituée.

La même autorisation pourra être accordée aux ouvriers employés sur des chantiers isolés ou dans des exploitations industrielles ou forestières.

Pour être admis à jouir du bénéfice de ces dispositions, les colons étrangers d'origine européenne, devront produire, pour la période antérieure à leur arrivée dans la colonie, un certificat de leur consul, et pour la période postérieure, un certificat du Maire de leur résidence,

dre au décret du 12 décembre 1851 l'application de l'art. 463 du Code pénal. (Arrêts du 2 janvier 1875.)

La détention de poudre étrangère ou de poudre de guerre peut, en outre, donner lieu à l'application des peines édictées par le règlement spécial des 4 septembre, 12 octobre 1844. Ce règlement doit, toutefois, être considéré comme protecteur des droits fiscaux résultant du monopole de l'Etat pour la fabrication ou la vente des poudres. Ses dispositions peuvent être appliquées concurremment avec la répression pénale, lorsque l'administration intervient au débat. Mais il importe que son intervention soit régulière, et notamment qu'elle soit fondée sur des constatations par procès-verbaux réguliers, rédigés à la requête du directeur des finances (art. 28.) Tel est, du moins, ce qui paraît résulter des deux arrêts du 2 janvier 1875, ci-dessus rappelés.

ARRÊT DU 7 JANVIER 1875

« Attendu qu'il a été saisi en la possession du prévenu, lequel ne justifie, à cet effet, d'aucune autorisation, vingt canons de fusils neufs, devant être considérés comme armes de guerre, ou tout au moins comme pièces d'armes de guerre, et que le prévenu reconnaît avoir achetés pour le besoin de son commerce; qu'il s'agit de rechercher si ce fait tombe sous l'application de la loi pénale.

« Attendu, tout d'abord, que c'est à tort que la prévention a, dès l'abord, invoqué les dispositions du décret du 12 décembre 1851, ce décret n'interdisant que la détention des munitions de guerre, parmi lesquelles ne sauraient, à aucun titre, être rangés les canons dont s'agit.

« Mais attendu que, sans examiner si la loi du 24 mai 1834 est non applicable dans l'espèce, il est certain que le fait retenu à la charge du prévenu tombe sous l'application de la loi du 14 juillet 1860 ; que l'art. 12 de cette loi punit en effet celui qui se livre à la fabrication ou au commerce des armes ou des pièces d'armes de guerre; que le prévenu, en achetant les canons dont s'agit soit pour les revendre tels quels, soit pour en faire des fusils ou des pistolets, s'est par là livré au commerce ou à la fabrication d'armes ou de pièces d'armes de guerre; que n'étant d'ailleurs muni d'aucune autorisation pour le faire, il doit encourir la pénalité édictée par l'art. 12 de la loi précitée, combiné avec l'art. 463 C. P., vu qu'il y a dans la cause des circonstances atténuantes. »

CIRCULAIRE DU PROCUREUR GÉNÉRAL DU 17 SEPTEMBRE 1875

Par une circulaire du 20 janvier dernier, n° 266, relative au commerce des armes, je vous ai invité à me rendre compte de toutes les infractions aux lois et décrets sur cette matière qui seraient portées à votre connaissance, soit en me communiquant les procès-verbaux de celles que vous ne jugeriez pas susceptibles d'être poursuivies, soit en m'avisant du résultat des poursuites que vous auriez exercées.

Depuis ma circulaire du 20 janvier, la Cour de cassation a été appelée à déterminer la portée du décret du 12 décembre 1851 et à en fixer l'interprétation. La Cour d'Alger, par arrêt du 1er avril 1875, avait décidé que les armes, dites de *luxe*, ne rentraient pas dans les prévisions du décret précité, et que la vente de ces armes à des indigènes ou l'achat par ceux-ci, étaient permis sans autorisation préalable. Mais cet arrêt a été, sur mon pourvoi, cassé par la Cour suprême (section criminelle), à la date du 1er juillet 1875 ; voici les considérants de l'arrêt de cassation :

« Attendu qu'il ressort, tant du préambule que de l'ensemble des dispositions du décret du 12 décembre 1851, qu'il a eu pour objet de soumettre à une règlementation exceptionnelle et plus sévère que celle du passé, le commerce des armes dans les indigènes de l'Algérie; qu'il a dérogé à la loi du 24 mai 1834, en interdisant la vente à ceux-ci et l'achat par eux, hors les cas d'autorisation spéciale, non-seulement des armes de guerre proprement dites, mais de toutes armes pouvant servir à la guerre, sans distinction entre celles qui ont été fabriquées en vue d'une destination purement militaire et de celles qui, à raison de leur forme, de leur ornementation ou de leur prix, peuvent être communément qualifiées d'armes de *luxe* ; Attendu que l'arrêt attaqué, en faisant cette distinction qui n'est ni dans les termes, ni dans l'esprit dudit décret, en a formellement violé les articles 1 et 2. »

Aucune distinction ne saurait donc être aujourd'hui admise entre les armes de guerre, de *commerce* ou de *luxe*. Les prohibitions du décret du 12 décembre 1851 s'appliquent également à ces trois catégories, et il importe de ne laisser en aucun cas méconnaître ces principes. Vous ne devez donc jamais hésiter à frapper d'appel les décisions qui seraient contraires.

8 juillet 1874. — *Circulaire du Préfet de Constantine.* — *La délivrance des autorisations d'achat d'armes et munitions aux indigènes est réservée au Préfet.*

Il résulte des renseignements nombreux et précis qui me parviennent de différents points du département, que MM. les Maires à qui a été délégué le pouvoir de délivrer aux indigènes, soumis à leur administration, des permis d'achats d'armes et de munitions, usent de cette latitude dans des proportions beaucoup trop grandes, et ne tiennent aucun compte des recommandations de prudence qui leur ont été faites à cet égard ; ils ne s'enquièrent pas avec assez de soin de la moralité de l'individu, et ne paraissent pas, surtout, se préoccuper du nombre d'armes déjà possédées par les indigènes.

L'opération du poinçonnage à laquelle il est procédé en ce moment révèle une quantité considérable de fusils entre les mains des indigènes. Il est absolument nécessaire d'empêcher ce nombre de s'accroître. Dans ce but, je décide qu'à partir de ce jour MM. les Maires cesseront de délivrer à leurs administrés indigènes des permis d'achats d'armes et de munitions.

Cette faculté sera désormais réservée au Préfet seul.

MM. les Sous-Préfets, Commissaires civils et Maires du département sont invités en outre, chacun en ce qui le concerne, à exercer la surveillance la plus active sur le commerce des armes et des munitions. Outre la confiscation de l'arme entre les mains du détenteur sans permis régulier, des poursuites rigoureuses seront exercées contre l'armurier vendeur de l'arme.

Pour le Préfet en tournée :
Le Secrétaire général : DUNAIGRE.

affirmant qu'ils ne se sont mis dans aucun des cas qui, aux termes de la loi française, entraînent l'interdiction du port d'armes, et que leur moralité présente des garanties suffisantes contre tout abus.

Art. 2. — Les armes et munitions de guerre détenues en vertu des dispositions de l'article précédent, seront marquées et enregistrées sur un contrôle signalétique, tenu par les soins du commandant territorial. Les détenteurs devront les représenter à tous délégués du commandement, chaque fois qu'ils les requerront, en se présentant à leur domicile.

En cas de non représentation de tout ou partie des armes, de non justification d'emploi de tout ou partie des munitions, procès-verbal sera dressé et transmis au commandant territorial, qui appréciera s'il y a lieu de retirer l'autorisation, et au parquet du Procureur de la République pour telle suite que de droit.

Art. 3. — Les indigènes dont le désarmement n'a pas été prononcé par mesure de haute police resteront en possession de leurs armes de guerre arabes ou kabyles : mais, sauf le cas d'incorporation dans un corps français, il ne pourra leur être délivré d'autorisation pour détenir légalement aucune des armes en usage dans les armées régulières d'Europe ou d'Amérique.

Pour régulariser leur position, lesdits indigènes devront, dans un délai de trois mois, à partir du jour de la publication du présent arrêté, présenter leurs armes et munitions à l'autorité militaire de leur circonscription, justifier qu'ils n'appartiennent à aucune collectivité dont le désarmement ait été prescrit, et, en outre, qu'ils ne se sont mis dans aucun cas d'interdiction de port d'armes.

Cette justification admise, ils seront immatriculés sur le contrôle signalétique des hommes armés de leur douar, tribu ou commune, pour le service des goums et maghzens. Leurs armes seront enregistrées et poinçonnées, et il sera délivré aux détenteurs, un certificat d'immatriculation sur parchemin, reproduisant leur signalement et la description sommaire des armes et munitions qu'ils auront été légalement autorisés à conserver.

Après l'expiration du délai de trois mois, aucune immatriculation nouvelle ne sera faite avant que les effectifs des goums et maghzens maintenus n'aient été ramenés aux chiffres fixés par les arrêtés du Gouverneur qui interviendront pour régler ces matières.

Art. 4. — Les goums et maghzens ne se réunissent et ne prennent les armes qu'en exécution des ordres du commandant français, qui pourvoit, en même temps, à leur commandement.

Le commandant français détermine également les mesures de protection nécessaires, pour assurer la sécurité des migrations de tribus nomades et des caravanes de commerce.

Art. 5. — En dehors de ces conditions spéciales, ou d'un service commandé, il est interdit aux indigènes de circuler en armes, et notamment de paraître armés dans les foires, marchés et autres lieux de rassemblement.

Art. 6. — Les certificats d'immatriculation sont valables pour un an, à partir du jour de leur délivrance. Ils peuvent être prorogés par visas d'année en année. — Le prix du certificat, fixé à 1 fr., est versé au moment de sa délivrance à la caisse de la commune subdivisionnaire ou de la commune indigène chargée de solder toutes les dépenses occasionnées par l'immatriculation et le poinçonnage des armes. — Les visas sont gratuits.

Art. 7. — Toute infraction aux dispositions précédentes entraîne la radiation du contrôle des hommes armés, le désarmement et le retrait du certificat d'immatriculation, sans préjudice des peines encourues aux termes de la législation en vigueur.

Vice-amiral Cte DE GUEYDON.

22 avril 1877. — CIRCULAIRE *du Préfet d'Alger. — Instructions au sujet de l'immatriculation et poinçonnage des armes détenues par les indigènes.*

Aux termes d'un arrêté de M. le Gouverneur général, en date du 11 décembre 1872, les indigènes doivent présenter leurs armes à l'autorité de leur circonscription, justifier qu'ils n'appartiennent à aucune collectivité dont le désarmement ait été prescrit et, en outre, qu'ils ne se sont mis dans aucun cas d'interdiction de port d'armes.

Cette justification admise, ils doivent être immatriculés sur un contrôle signalétique des hommes armés de leur commune. Leurs armes doivent être poinçonnées et enregistrées, et après ces formalités, il y a lieu de leur délivrer un certificat d'immatriculation sur parchemin reproduisant leur signalement et la description sommaire des armes qu'ils seront autorisés à conserver.

Les prescriptions de cet arrêté ont été reconnues applicables à tous les indigènes, qu'ils appartiennent à des communes de plein exercice ou mixtes, à des communes subdivisionnaires ou à des communes indigènes. Elles s'appliquent également à toutes les armes à feu, sans distinction, détenues par les indigènes.

Aux termes des instructions de M. le Gouverneur général, l'autorité civile est chargée de l'immatriculation et du poinçonnage des armes dans son territoire. Elle est aussi chargée de la délivrance des certificats d'immatriculation.

Par suite, un ouvrier armurier vient d'être mis à ma disposition pour se rendre successivement dans les différentes localités du département à l'effet de procéder à l'opération matérielle du poinçonnage des armes. Je vous préviendrai du jour de son passage dans votre commune, afin que vous puissiez faire convoquer les indigènes détenteurs d'armes.

Ces indigènes devront être porteurs de certificats que vous leur aurez délivrés à l'avance et constatant qu'ils n'appartiennent à aucune collectivité dont le désarmement ait été prescrit, et en outre, qu'ils ne se trouvent dans aucun cas d'interdiction de port d'armes. Vous devez vous montrer très scrupuleux dans la délivrance de ces certificats dont vous comprenez toute l'importance. Ils devront être refusés, en exécution des articles 7 et 8 de la loi du 3 mai 1844, sur la chasse :

1° Aux mineurs ;
2° Aux interdits ;
3° Et à ceux qui sont privés du droit de port d'armes, par suite de condamnations.

Vous devez être présent à l'opération du poinçonnage des armes ou vous y faire représenter par un adjoint français ou un conseiller municipal. Votre mission ou celle de votre délégué, dans cette circonstance, consistera à immatriculer les indigènes dont les armes ont été poinçonnées, sur un registre établi à double expédition, et à délivrer des certificats d'immatriculation. Les formules de ces certificats se trouvent déposées entre les mains du receveur de votre commune qui vous en remettra le nombre que vous aurez demandé.

Vous percevrez directement de la part des indigènes auxquels elles seront remises, le prix de ces formules, fixé à 1 fr.

Il vous incombera de verser ultérieurement le montant de ces recettes à la caisse du receveur en opérant la restitution des formules non employées. Le produit de ces recouvrements est destiné à la caisse du fonds commun de la division.

Vous recevrez, par ce courrier, un registre d'immatriculation qui est destiné à vos archives. L'armurier transportera avec lui un registre d'ensemble qui contiendra toute la série des numéros et me sera remis après l'achèvement de l'immatriculation des armes.

Cette opération devant occasionner un surcroît de travail dans vos bureaux, il a été décidé qu'il sera alloué, sur le fonds commun de la division, aux employés chargés des travaux d'écriture, une rémunération de 0 fr. 20 pour chaque certificat délivré, y compris l'inscription sur les registres. Les sommes dues seront ordonnancées en faveur des intéressés immédiatement après l'immatriculation.

Je vous prie de donner la plus grande publicité aux présentes instructions et de rappeler aux indigènes que tous ceux qui seront trouvés détenteurs d'armes non immatriculées, après le passage de l'armurier dans votre commune, seront poursuivis et punis conformément aux dispositions de l'article 3 de la loi du 24 mai 1834. (Voir *Bulletin officiel du Gouvernement général*, n° 452, année 1872, page 723.)

Je compte sur votre zélé concours pour l'exécution de tous les détails nécessaires à l'accomplissement de cette importante mesure du poinçonnage et de l'immatriculation des armes des indigènes. Vous voudrez bien, d'ailleurs, me rendre compte de la manière dont ces opérations auront eu lieu.

Lorsqu'un indigène sera autorisé à vendre son arme, il en sera fait mention sur le registre d'immatriculation, en indiquant à quel numéro du registre il faut se reporter pour trouver le nom de l'acheteur.

L'arme sera inscrite au nom de l'acheteur soit au moyen d'une inscription au registre d'immatriculation, si celui-ci n'y figure pas encore, soit au moyen d'une note additionnelle s'il y figure déjà.

On agira de même après le décès d'un indigène à l'égard de ses héritiers.

Avis doit toujours être donné immédiatement à la Préfecture de ces mutations, afin qu'elles soient mentionnées sur le registre d'ensemble.

Les indigènes ne seront autorisés à acheter des armes non poinçonnées qu'à la condition de les présenter à la formalité du poinçonnage au moment de l'inspection des armes de la milice de la commune. Une fois cette opération terminée, il devra en être fait mention sur le registre d'immatriculation de la commune et sur le certificat d'immatriculation ; si les impétrants ne figurent pas déjà sur le registre, il y aurait lieu de leur délivrer un nouveau certificat d'immatriculation.

Les certificats d'immatriculation valables pour un an, à partir du jour de leur délivrance, seront prorogés d'année en année par de simples visas qui seront gratuits. Vous me ferez connaître les noms des indigènes qui, immatriculés dans une autre commune, se seront établis dans votre circonscription ; dans ce cas, les certificats d'immatriculation présentés à votre visa devront être transcrits sur votre registre d'immatriculation. Vous me ferez également connaître les noms des indigènes immatriculés dans votre commune et qui l'auront quittée pour habiter dans une autre.

Le Préfet : BRUNEL.

Arpenteurs. V. Topographie.
Arrestation de prévenus et condamnés. V. Extradition.
Arrondissements. V. Sous-Préfecture.
Arrondissements-Cercles. V. Circonscriptions cantonales.

Art médical

SOMMAIRE

Médecins de colonisation.
Officiers de santé.
Sages-femmes.
Pharmaciens. — Vente du seigle ergoté.
Médecins et pharmaciens de l'armée territoriale.
Médecins et internes des hôpitaux.

14 octobre 1876. — *Circulaire du Préfet d'Oran.* — *Service médical de colonisation.* — *Devoirs des médecins.*

Je suis instruit que certains médecins de colonisation négligeraient, entre autres parties de leur service, l'accomplissement de celle qui concerne les tournées qu'aux termes de l'arrêté ministériel du 24 janvier 1853 ils sont tenus de faire, au moins une fois par semaine, dans toutes les habitations agglomérées ou isolées de leur circonscription. Ces faits m'engagent à vous prier de vouloir bien rappeler à ces praticiens les articles suivants de l'arrêté sus-mentionné, qui déterminent leurs diverses obligations :

« Art. 8. — Les médecins de colonisa-
» tion ont la direction médicale des in-
» firmeries civiles qui se trouvent dans
» leur circonscription.
» Ils doivent visiter régulièrement les
» malades et constater leurs visites sur
» un registre spécial.
» Art. 9. — Les médecins de coloni-
» sation sont tenus, dans leurs tournées
» périodiques, de visiter, au moins une
» fois par semaine, toutes les habita-
» tions agglomérées ou isolées de leur
« circonscription.
» L'Autorité administrative fixera trois
» jours par semaine pendant lesquels
» les médecins de colonisation donne-
» ront, à des heures déterminées et
» au chef-lieu de la circonscription, des
» consultations gratuites.
» Ils sont encore tenus de propager la
» vaccine.
» D'exécuter gratuitement, au lieu de
« leur résidence, à défaut d'un médecin
» spécial du dispensaire, les visites pé-
» riodiques auxquelles sont astreintes
» les filles soumises, par mesure de po-
« lice sanitaire.
» De constater les décès dans le lieu
» de leur résidence, conformément à
» l'art. 77 du Code civil.
» De fournir, tous les trimestres, à
» l'Administration (modification appor-
» tée à l'arrêté sus-mentionné par déci-
» sion ministérielle du 28 février 1860)
» tous les renseignements et documents
» statistiques et nosographiques aux-
» quels peuvent donner lieu le service
» médical et l'hygiène publique de leur
» circonscription.
» Art. 10. — L'ordre et le nombre des
» tournées périodiques, ainsi que le dé-
» tail du service confié aux médecins de
» colonisation, sont déterminés, pour
» chaque circonscription, par des arrêtés
» du Gouverneur général, sur la propo-
» sition des préfets ou des généraux com-
» mandant les divisions, pour leurs ter-
» ritoires respectifs. »

Tout en rappelant la teneur de ces différents articles à MM. les médecins de colonisation, je vous serai obligé, monsieur le Maire, de vous concerter avec eux, pour déterminer à nouveau, et d'un commun accord, l'ordre et le nombre de leurs tournées périodiques dans les différents centres qu'ils ont mission de desservir.

Ce travail établi, vous voudrez bien me le faire parvenir, et j'aurai l'honneur de vous le renvoyer aussitôt après qu'il aura été définitivement arrêté.

Le Préfet : B. Nouvion.

25 juin 1877. — Circulaire *du Gouverneur général.*

Retrait des autorisations provisoires accordées à des Officiers de santé, sages-femmes et pharmaciens.

Monsieur le Préfet, aux termes des articles 2 et 3 de l'arrêté gouvernemental du 21 novembre 1862, les officiers de santé, les sages-femmes, les pharmaciens de 2ᵉ classe reçus, en France, par une Ecole préparatoire de médecine; les médecins et chirurgiens gradués dans les Universités étrangères, les pharmaciens et sages-femmes pourvus de titres délivrés par les mêmes Universités, ne peuvent recevoir l'autorisation d'exercer en Algérie, qu'en justifiant des nouveaux certificats d'aptitude délivrés par l'Ecole préparatoire de médecine et de pharmacie d'Alger. Les praticiens étrangers qui veulent exercer en Algérie, au titre de docteur, doivent préalablement se faire recevoir par une Faculté de médecine de France.

L'administration supérieure, il est vrai, après s'être renseignée auprès de l'autorité préfectorale et avoir pris l'avis de M. le Recteur de l'Académie d'Alger et celui du Directeur de l'Ecole préparatoire de médecine et de pharmacie, a parfois accordé aux personnes sus-dénommées l'autorisation d'exercer provisoirement leur art. Mais ces sortes d'autorisations ne sont données que sous la réserve expresse que les praticiens appelés à en bénéficier seront tenus de subir, dans les délais fixés, leurs examens probatoires. Toute autorisation provisoire devra donc prendre fin par le seul fait que des examens n'auront pas été subis en temps opportun.

Je vous prie, monsieur le Préfet, de vouloir bien veiller à la rigoureuse application de cette règle, afin d'empêcher des usurpations de titres aussi dangereuses pour la santé publique que nuisibles aux vrais médecins.

Gal CHANZY.

7 mai 1875. — CIRCULAIRE *du Préfet d'Alger au sujet des médecins et pharmaciens de la réserve et de l'armée territoriale.*

M. le Ministre de la Guerre a remarqué que le nombre des demandes d'emploi de médecins et de pharmaciens, pour la réserve de l'armée active et pour l'armée territoriale, est loin d'être en rapport avec le nombre des personnes exerçant ces professions qui, par leur âge, sont appelées à faire partie de l'un ou de l'autre desdits contingents de nos forces militaires, et il a lieu de croire, d'après l'expérience de la dernière guerre, que les abstentions sont calculées.

Conformément à ses instructions, j'ai l'honneur de vous prier de prévenir les intéressés que s'ils continuent à négliger comme ils l'ont fait, depuis la publication des circulaires des 13 juillet et 25 août, de demander leur admission dans les cadres, ils seront maintenus définitivement dans le rang, l'intention bien arrêtée de M. le Ministre étant de ne plus tolérer, à l'avenir, dans les hôpitaux ou ambulances, la présence de médecins et de pharmaciens civils qui, après avoir été déclarés bons pour le service, chercheraient à se soustraire aux obligations imposées par la loi du recrutement.

Un avis publié au *Journal officiel* a fait connaître que les demandes ne seront reçues que jusqu'au 15 mai, afin qu'elles puissent être soumises aux commissions qui fonctionnent encore en conformité des instructions du 9 mars dernier (circulaire n° 52).

J'ajouterai que, selon les prescriptions de l'art. 39 de la loi du 13 mars 1875, les postulants de la catégorie dont il s'agit ne doivent être admis comme candidats que s'ils sont pourvus du titre de docteur en médecine ou de pharmacien de 1re classe.

Le *Préfet* : BRUNEL.

23-26 juin 1873. — *Décret relatif à la vente du seigle ergoté.*

Le Président de la République française, Sur le rapport du ministre de l'agriculture et du commerce ; — Vu la loi du 19 juillet 1845 ; — Vu l'ordonnance du 29 octobre 1846, portant règlement sur la vente des substances vénéneuses ; — Vu le décret du 8 juillet 1850 ; — Vu les avis de l'académie de médecine et du comité consultatif d'hygiène publique ; — Le conseil d'état entendu,

Décrète :

Art. 1er. — La vente du seigle ergoté, inscrit au nombre des substances vénéneuses, qui ne peut être faite pour l'usage de la médecine, que par les pharmaciens et sur la prescription d'un médecin, chirurgien, officier de santé, vétérinaire breveté, pourra également être faite par les pharmaciens sur la prescription d'une sage-femme pourvue d'un diplôme.

Art. 2. — L'ordonnance du 29 octobre 1846 est réformée en ce qu'elle a de contraire au présent décret (1).

1er juillet 1874. — *Arrêté du Préfet d'Alger.*

Art. 1er. — Les médecins et chirurgiens titulaires de l'hôpital civil d'Alger, seront toujours choisis parmi les médecins et chirurgiens adjoints attachés au service dudit hôpital.

Art. 2. — Les places de médecins et chirurgiens adjoints ne seront plus données qu'au concours.

Art. 3. — Le nombre des médecins et chirurgiens adjoints est fixé à quatre ; deux pour les services de médecine, deux pour les services de chirurgie.

Lorsqu'il y aura lieu de pourvoir à une vacance, l'ouverture du concours sera annoncée six mois à l'avance dans les journaux et par voie d'affiches, en France et en Algérie.

Lorsqu'un médecin ou chirurgien adjoint sera appelé à faire fonction de professeur à l'Ecole de médecine d'Alger et par suite, à occuper la chaire de clinique interne et externe, ou celle de professeur d'accouchements, il ne perdra pas ses droits au titulariat et à la succession des places vacantes dans les services de l'hôpital.

Art. 4. — Seront admis à concourir, les docteurs en médecine des facultés de France, ayant 25 ans révolus.

Art. 5. — Les candidats devront se faire inscrire au moins huit jours à l'avance, à la préfecture d'Alger et produire.

1° leur acte de naissance ;

2° Leur diplôme de docteur ;

3° Un certificat de bonnes vie et mœurs ;

4° La justificaion de leurs titres ou travaux scientifiques et des services publics qu'ils auraient précédemment rendus.

Ces documents seront soumis à l'appréciation du jury d'examen.

Art. 6. — Le concours aura lieu à l'hôpital civil ou à l'Ecole de médecine, devant un jury de cinq membres composé comme il sera dit à l'article ci-après, et sous la présidence d'un membre de la

---

(1) *Bulletin des lois*, n° 2,110. Voir Dalloz : *Jur. générale* ; V. *Substances vénéneuses*, n°^s 55 et suivants idem. P. 1845, 3, p. 163 ; 1847, 3, p. 8 ; 1850, 4, p. 154.

Commission administrative des hospices désigné par le préfet.

Art. 7. — Le jury sera composé :

1° Du médecin en chef de l'hôpital civil ou du directeur de l'Ecole de médecine d'Alger ;

2° De quatre juges titulaires tirés au sort parmi les médecins et chirurgiens titulaires et adjoints de l'hôpital, y compris les professeurs de clinique interne, externe et d'accouchements ;

3° De deux juges suppléants tirés également au sort parmi ceux des médecins et chirurgiens précités qui n'auraient point été désignés pour juges titulaires.

Art. 8. — Les épreuves du concours consisteront :

Pour la médecine

1° En une composition écrite sur un sujet d'anatomie et de physiologie (quatre heures seront accordées aux candidats pour cette composition) ;

2° Une composition écrite sur un sujet de pathologie médicale (quatre heures seront accordées aux candidats pour cette composition) ;

3° Une épreuve pratique consistant dans l'examen clinique de deux malades (un quart d'heure sera accordé pour l'examen de chaque malade);

Les candidats devront faire une dissertation orale de vingt minutes sur un des sujets examinés ; et sur l'autre une consultation écrite, pour la rédaction de laquelle une heure sera accordée.

Pour la chirurgie

1° Une composition écrite sur un sujet d'anatomie et de physiologie (quatre heures seront accordées pour cette composition) ;

2° Une composition de pathologie chirurgicale ou obstétricale (quatre heures seront accordées aux candidats pour cette composition) ;

3° Une épreuve pratique consistant dans l'examen clinique de deux malades (un quart d'heure sera accordé pour l'examen de chaque malade);

Les candidats devront faire une dissertation orale de vingt minutes sur un des sujets examinés ; et sur l'autre une consultation écrite, pour la rédaction de laquelle une heure sera accordée ;

4° Deux opérations pratiquées sur le cadavre à l'amphithéâtre.

Les épreuves du concours terminées, le jury, statuant à la majorité des voix, dressera une liste sur laquelle les concurrents seront classés par ordre de mérite. Cette liste, à laquelle seront annexés les procès-verbaux des opérations et les compositions, sera envoyée par le président du concours à la Commission administrative qui nous la transmettra avec ses propositions.

Art. 9. — Les fonctions de médecins ou chirurgiens adjoints ne sont point rétribuées ; toutefois, lorsqu'un remplacement aura lieu, par suite de congé régulièrement accordé, le médecin ou chirurgien adjoint, qui suppléera, touchera la moitié des appointements du titulaire.

Aux fonctions de médecin ou chirurgien titulaire est attaché un traitement annuel de quinze cents francs.

Art. 10. — Sont annulées toutes les dispositions antérieures contraires au présent arrêté.   *Le Préfet* : BRUNEL.

1ᵉʳ juillet 1874. — *Arrêté du Préfet d'Alger.*

Art. 1ᵉʳ. — Un étudiant en médecine, ayant le titre de chef interne, réside à l'hôpital de Mustapha.

Il est nommé à la suite d'un concours annoncé au moins trois mois à l'avance.

Art. 2. — Le chef interne doit être célibataire, ou veuf sans enfants.

Art. 3. — Les candidats doivent produire :

1° Leur acte de naissance ;

2° Un certificat qu'ils ont pris douze inscriptions et qu'ils ont été, pendant deux ans, internes dans un hôpital et nommés à la suite d'un concours.

Art. 4. — Les épreuves du concours ont lieu en présence d'un jury composé de médecins traitants et professeurs de clinique de l'hôpital, sous la présidence d'un administrateur.

Elles consistent :

1° En une composition écrite sur un sujet d'anatomie et en une question de pathologie interne ou externe s'y rattachant ;

2° En l'examen clinique de deux malades atteints d'affections internes, avec dissertation sur ces cas ;

3° Une épreuve orale sur deux cas de maladies externes ;

4° Une épreuve de médecine opératoire ayant pour objet : 1° une opération chirurgicale précédée des considérations anatomiques et pathologiques qui s'y rapportent ; 2° une opération obstétricale avec démonstration.

Art. 5. — Le temps accordé à chaque candidat pour la première épreuve est de 5 heures et pour les trois suivantes, d'une heure.

Art. 6. — Le chef interne remplira les fonctions suivantes :

1° Il s'assure que les internes arrivent à l'hôpital une demi-heure avant l'heure fixée pour la visite des médecins ;

2° Il fait chaque jour, dans l'après-midi, la visite des diverses salles ; il s'assure que les pansements sont faits avec régularité et il donne aux internes les notions et les instructions pratiques nécessaires ;

3º Dans le cas d'accident très-grave ou d'opération urgente, il fait prévenir le chef de service dans la salle duquel le malade est placé, et, en cas d'absence du médecin appelé, il emploie les moyens ou pratique les opérations immédiatement indispensables ;

4º Il aide dans les opérations qu'ils pratiquent les chirurgiens qui demandent son concours.

En conséquence, il doit être présent à l'hôpital tous les jours, de 7 heures à 11 heures du matin ;

5º Il a la garde de l'arsenal ; à son entrée en fonctions, l'état des instruments de chirurgie est dressé en double expédition, signé par l'agent comptable et par lui, en présence du chirurgien chef de service. A la cessation de ses fonctions, cet état est vérifié de la même manière et décharge lui en est donnée par l'agent comptable.

Il tient une note exacte des instruments qui auraient été nouvellement introduits dans l'arsenal et de ceux qui seraient jugés hors de service ou susceptibles de réparations ;

6º Le chef interne peut remplacer, pour un ou deux jours au plus, un médecin ou un chirurgien subitement empêché de venir faire son service ;

7º Il fait partie de la commission de l'internat où il y remplit les fonctions de secrétaire avec voix consultative ;

8º Il veille à la discipline qui doit être observée par les internes. Il a le droit d'admonester ceux dont la conduite est répréhensible, de leur infliger jusqu'à deux jours de garde, et de demander, par l'intermédiaire de la Commission administrative, une retenue d'un ou plusieurs jours de traitement, selon la gravité de la faute.

Art. 7. — Le chef interne ne peut s'absenter de l'hôpital sans s'être assuré au préalable de la présence de l'interne en médecine de garde, chargé de le suppléer.

Art. 8. — Le chef interne contre-visite les malades admis d'urgence par l'interne de garde et peut prononcer le renvoi de ceux dont la maladie ne présente pas une gravité qui motive l'admission d'urgence.

Art. 9. — Le chef interne aura le droit de surveiller les distributions des médicaments et des aliments et de soumettre au médecin en chef et au pharmacien en chef les observations que lui suggèrera leur préparation.

Il rend compte au médecin en chef des faits dans lesquels l'ordre et la discipline auraient été compromis ou le service des malades négligés.

Art. 10. — Le chef interne est logé, nourri, éclairé, chauffé à l'hôpital. Il reçoit un traitement de 1,500 fr. par an.

La durée de son service est de trois ans.

Le Préfet: BRUNEL.

10 juillet 1874. — *Arrêté du Préfet d'Alger.*

Internat en médecine.

Art. 1ᵉʳ. — Le service médical de l'hôpital civil de Mustapha sera assuré, outre les médecins chefs de service, par des internes, à raison de un par division de malades, pour seconder les chefs, faire les pansements et tenir les cahiers de visite.

Art. 2. — Les internes en médecine sont nommés au concours pour trois ans.

Le concours sera ouvert chaque année dans la première quinzaine de novembre et les internes prendront leurs services à dater du 1ᵉʳ décembre.

Art. 3. — Pour être admis à concourir, les candidats devront être munis de quatre inscriptions au moins, prises devant une faculté ou une école préparatoire de médecine de France ou d'Algérie. Ils ne devront être pourvus d'aucun titre ou diplôme leur donnant le droit d'exercer la médecine.

Cette dernière clause restera obligatoire pendant toute la durée des fonctions.

Art. 4. — Le jury du concours pour l'internat sera composé comme celui du concours pour les places de médecins et chirurgiens adjoints, savoir :

1º Un membre de la Commission administrative, président ;

2º Le médecin en chef de l'hôpital ou le directeur de l'Ecole de médecine ;

3º Quatre juges titulaires tirés au sort parmi les médecins et chirurgiens titulaires et adjoints de l'hôpital y compris les professeurs de clinique interne, externe et d'accouchement ;

4º De deux juges suppléants tirés également au sort parmi ceux des médecins et chirurgiens précités qui n'auraient point été désignés pour juges titulaires.

Art. 5. — Les épreuves du concours consistent en :

1º Une composition *écrite* sur les généralités de pathologie interne ou externe ; trois heures sont accordées pour cette épreuve ;

2º Une exposition orale, pour laquelle il sera accordée *dix minutes*, après un temps égal de réflexion, sur une question élémentaire d'anatomie ;

3º Une épreuve orale et pratique sur la petite chirurgie et l'application des bandages.

Internat en pharmacie.

Art. 6. — Un élève interne en pharmacie est attaché à chaque division de malades.

L'interne doit suivre le chef de service pendant toute la durée de la visite, relever et préparer les médicaments magistraux prescrits pendant celle-ci.

Art. 7. — Les internes en pharmacie sont nommés au concours pour trois ans. Le concours sera ouvert pendant la première quinzaine de novembre. Les internes prendront leurs services à dater du 1er décembre.

Art. 8. — Pour être admis à concourir, les candidats devront justifier :

1° De deux ans au moins de stage dans une officine, régulièrement constatés ;

2° D'une inscription au moins, devant une école supérieure ou préparatoire de pharmacie Ils ne devront être pourvus d'aucun titre ou diplôme leur donnant le droit d'exercer la profession.

Cette clause reste obligatoire pour toute la durée des fonctions.

Art. 9. — Le concours pour l'internat en pharmacie a lieu en présence d'un membre de la commission administrative de l'hôpital, président, et devant un jury de cinq membres, composé comme suit :

1° Le pharmacien en chef de l'hôpital ;

2° Le médecin en chef de l'hôpital ou le directeur de l'Ecole de médecine et de pharmacie ;

3° Le professeur de chimie et pharmacie de l'Ecole de médecine ;

4° Le professeur d'histoire naturelle et de matière médicale de l'Ecole de médecine ;

5° Un pharmacien de 1re classe ;

6° De deux juges suppléants, pris parmi les pharmaciens de 1re classe.

Art. 10. — Les épreuves du concours consistent en:

1° Une épreuve *écrite*, comprenant une question sur l'histoire naturelle générale et une question sur la chimie. Il sera accordé trois heures pour traiter ces deux questions ;

2° Une épreuve *orale* sur la pharmacie et la chimie, pour laquelle il sera accordé dix minutes après un temps égal de réflexion ;

3° Une épreuve *orale et pratique* comprenant une reconnaissance de trente drogues simples et la préparation d'un médicament magistral, avec dissertation sur cette préparation et les principales substances qu'elle renferme.

Dispositions générales

Art. 11. — Les candidats, soit pour la médecine, soit pour la pharmacie, qui auront obtenu un nombre de points déterminé par le jury d'examen, seront appelés à titre provisoire et par ordre de mérite, à remplacer les internes titulaires absents ou empêchés.

Les candidats qui n'auront pas atteint le minimum fixé par le jury, ne seront pas classés et ne jouiront d'aucun droit.

Les fonctions d'interne provisoire sont purement temporaires ; elles cessent de plein droit, à l'ouverture de chaque nouveau concours.

Art. 12. — Il est institué, pour tous les internes en médecine et en pharmacie, cinq emplois de 1re classe ; le cinquième sera attribué alternativement à un interne en médecine et en pharmacie d'année en année, sauf la réserve faite en ce qui concerne le titulaire du prix Poisson.

Art. 13. — Le traitement annuel des internes de 1re classe est de 1,200 francs ; celui des internes de 2e classe, de 1,000 francs ; les internes provisoires jouissent d'une indemnité de 800 francs par an.

Art. 14. — Dans la journée et pendant la nuit, le service médical est assuré par un interne de garde en médecine et un interne de garde en pharmacie. Le service des gardes est obligatoire à tour de rôle, pour tous les internes titulaires ou provisoires en exercice.

Art. 15. — Une commission de cinq membres composée de :

1° L'Administrateur de service, président ;

2° Le Médecin en chef ;

3° Le Pharmacien en chef ;

4° Le Directeur de l'Ecole de médecine ;

5° Le Chef interne,

est chargée de la discipline générale des internes, et de leur répartition dans les services, sous le contrôle de la commission administrative. Cette répartition est faite tous les six mois, les 1er juin et 1er décembre.

Aucun interne ne devra rester attaché plus de six mois au même service pendant toute la durée de ses fonctions.

Art. 16. — L'affichage, annonçant l'ouverture des concours pour les places vacantes d'internes, aura lieu tous les ans dans les derniers jours de juillet, c'est-à-dire trois mois avant l'ouverture du concours.

L'affiche fera connaître la durée de l'internat, le traitement, les détails des épreuves à subir, ainsi que les conditions générales d'admission au concours.

Art. 17. — Sont annulées toutes les dispositions antérieures en ce qu'elles ont de contraire au présent arrêté.

Le Préfet, BRUNEL.

Art vétérinaire. V. *Ménerville.*

Aspirants. V. SERVICE MARITIME.

Assemblée nationale. V. LOIS CONSTITUTIONNELLES.

Assesseurs musulmans. V. CONSEILS GÉNÉRAUX ; JUSTICE.

Assistance hospitalière. V. HÔPITAUX ; ENFANTS ASSISTÉS.

Assistance judiciaire.

28 novembre 1876. — CIRCULAIRE de M. le Procureur général d'Alger à MM. les Procureurs de la République de son ressort.

Une convention a été signée le 19 février 1870 entre la France et l'Italie pour assurer aux Italiens en France et aux Français en Italie le bénéfice de l'assistance judiciaire comme aux nationaux eux-mêmes, en se conformant à la loi du pays dans lequel l'assistance sera réclamée.

Cette convention assure donc en France le bénéfice de l'assistance judiciaire aux Italiens qui se trouvent dans les conditions prévues par la loi du 22 janvier 1851, rendue applicable à l'Algérie par le décret du 2 mars 1859.

Il m'est revenu cependant qu'en certains lieux, les Maires et les Receveurs des Contributions diverses faisaient quelques difficultés pour délivrer aux Italiens les certificats et déclarations qui leur sont nécessaires pour justifier de leur indigence, sous prétexte que les impétrants n'étaient pas domiciliés dans la commune ou qu'ils n'avaient aucun droit à l'assistance judiciaire.

Je vous prie de donner les instructions nécessaires dans votre arrondissement pour faire cesser ces refus que rien ne justifie et faciliter au contraire l'accès de notre justice aux Italiens qui n'auraient pas les ressources nécessaires pour intenter leurs actions sans ce secours.

J'ai, dans ce but, autorisé même MM. les consuls d'Italie à rédiger et à signer au besoin pour l'impétrant illettré la requête qui doit être accompagnée des certificats constatant l'indigence.

Il m'est permis de compter sur votre concours pour assurer l'exécution de la convention du 19 février 1870 qui crée un lien de plus entre deux nations amies, et pour fournir aux nationaux Italiens qui en réclameraient le bénéfice tous les renseignements et documents utiles pour les en faire profiter.....

Le Procureur-général: J. FOURCADE.

Associations agricoles.

Octobre 1873. — CIRCULAIRE à MM. les Généraux et Préfets de l'Algérie. — Associations agricoles entre Européens et indigènes.

Diverses réclamations qui m'ont été présentées me font craindre que, dans certaines localités, des difficultés administratives ne soient soulevées à propos des associations agricoles entre Européens et Indigènes.

Je désire qu'une entière liberté d'action soit laissée, à cet égard, aux cultivateurs; il est d'un intérêt immédiat qu'aucune entrave ne soit apportée aux contrats de l'espèce, qui permettent d'utiliser les forces vives et les moyens d'action des deux races et ont pour résultat de mettre en valeur la plus grande étendue possible de territoire.

Il est bien entendu que ces associations resteront, dans tous les cas, soumises aux dispositions édictées par mon prédécesseur, M. le vice-amiral de Gueydon, dans son arrêté en date du 22 mars 1872.

Gal CHANZY.

V. PROPRIÉTÉ INDIGÈNE.

Association internationale. V. SURETÉ GÉNÉRALE.

Associations syndicales.

19 novembre 1874. — CIRCULAIRE du Préfet de Constantine au sujet des associations syndicales.

A l'occasion de l'établissement des propositions pour la sous-répartition des crédits législatifs, au titre de l'exercice 1875 (travaux publics), M. le Gouverneur général s'est exprimé ainsi qu'il suit :

« Les travaux d'entretien des canaux
» de dessèchement et d'irrigations donnent lieu aux observations suivantes :
» Cette nature de dépense ne devrait figurer au budget qu'à titre de subvention pour celles de ces entreprises qui
» intéressent directement l'Etat ; il y a
» donc lieu, pour réduire le chiffre des
» crédits demandés, de hâter, par tout où
» cela sera possible, la réunion en syndicat des usagers de ces ouvrages. »

Je suis ainsi amené à vous entretenir de la question des irrigations principalement qui semble n'avoir pas été bien comprise depuis la promulgation de la loi du 21 juin 1865.

En principe, l'Administration n'avait plus à intervenir pour réglementer, comme précédemment, les irrigations, parce qu'aucune disposition de cette loi, relative aux associations syndicales, ne rend obligatoire une association de propriétaires pour l'irrigation.

En effet, l'irrigation a pour but une amélioration agricole d'intérêt collectif, mais non d'intérêt public, le seul qui puisse motiver l'application des lois du 16 septembre 1807 et du 14 floréal an IX, pour prescrire d'office l'exécution, par les propriétaires intéressés, de travaux qui, à raison de leur nature spéciale, touchent directement à la sécurité et à la salubrité publiques.

Mais la loi du 16 juin 1851 (articles 3 et 6) sur la constitution de la propriété en Algérie, constitue à l'Administration le droit de disposer des eaux, qui *font partie du domaine public*, ainsi que des ouvrages de dérivation qui ont été construits aux frais de l'Etat et dont la jouissance pourra, comme cela a déjà eu lieu, être concédée aux futures associations.

Il convient de remarquer que, dans le système de la loi du 21 juin 1865, les associations *libres* sont maîtresses de leur administration, et cette administration ne relève que du droit commun, tandis que les associations *autorisées* jouissent des avantages de la comptabilité communale, à laquelle leur comptabilité est assimilée. Ce n'est que dans ce dernier cas seulement que les comptables publics (Receveurs des contributions diverses et Receveurs municipaux) peuvent être autorisés à se charger de la gestion financière de ces sociétés; jusque-là, ils ne peuvent intervenir, soit pour le recouvrement des taxes, soit pour le paiement des dépenses.

De même, il appartient à chaque groupe d'intéressés d'aviser directement à la police des irrigations, de choisir des gardes à cet effet et de les faire agréer par l'autorité; mais ces agents ne peuvent exercer qu'en qualité de gardes particuliers.

Pour ce qui est relatif aux eaux d'arrosage attribuées aux services de l'Etat, de la province et des communes *pour les besoins publics*, il demeure bien entendu que ces services ne doivent contribuer à aucune des dépenses à faire. L'Administration, qui dispose des eaux et en concède la jouissance, a le droit de faire ses réserves dans un intérêt général, et, sous ce rapport, c'est à l'autorité municipale que revient le soin de renseigner les intéressés.

Enfin, il appartient aux irrigants, réunis ou non en association libre, d'aviser aux moyens d'assurer directement les travaux qu'ils croiraient nécessaires d'exécuter dans chaque groupe, en vue des irrigations de chaque année, d'arrêter entr'eux la répartition des dépenses des travaux en commun et des frais de surveillance, répartition dans laquelle l'Administration n'intervient pas.

Tels sont, Messieurs, les principes auxquels il y a lieu de se conformer à l'avenir; mais ils impliquent la nécessité de favoriser la formation des associations syndicales, qui se constitueront d'abord en associations libres et demanderont ensuite à être transformées en associations *autorisées*; condition essentielle pour qu'elles puissent être admises à jouir des avantages concédés par la loi du 21 juin 1865.

Toutefois l'intervention de l'Administration est indispensable pour que les irrigants puissent se constituer en association libre et remplir utilement les formalités exigées par la loi.

Dans le but de leur en fournir les moyens, Messieurs les Ingénieurs en chef des Ponts-et-Chaussées devront faire établir, pour chaque groupe situé dans leur circonscription et non encore constitué en association syndicale libre ou autorisée, les documents ci-après, savoir :

1° Le plan de la zone irrigable;
2° Le tableau indicatif des propriétés comprises dans ce périmètre;
3° Le cahier des conditions que mettra l'Administration à la concession des eaux et des ouvrages existants qui en assurent le débit et la distribution.

Je tiens beaucoup à ce qu'il soit apporté toutes diligences dans la production de ces documents pour tous les groupes susceptibles de former une association syndicale. Il importe, en effet, que l'Administration se débarrasse de la gestion d'intérêts privés, et que le budget soit affranchi des dépenses de travaux qui ne lui incombent pas normalement.

Les projets de cette nature devront m'être adressés, au fur et à mesure qu'ils seront prêts.

Ces projets seront soumis à une enquête qui mettra les intéressés en demeure d'en prendre connaissance et de formuler leurs observations.

Lorsqu'ils auront été définitivement arrêtés, je les notifierai aux autorités locales pour être tenus à la disposition des intéressés, qui pourront ainsi s'engager en connaissance de cause, et alors il dépendra de leur volonté et de leurs efforts de se constituer en association syndicale libre et de demander ensuite que leur société soit autorisée, par application de la loi du 21 juin 1865. Il sera d'ailleurs bon, dans la plupart des cas, d'insérer dans le cahier des conditions obligatoires une clause formelle à cet égard.

Mais, en attendant, j'ai reconnu qu'il y avait convenance d'arrêter les mesures transitoires, ci-après indiquées, pour tous les groupes d'usagers qui ne font pas encore partie d'une association syndicale libre ou autorisée :

1° Les répartitions d'eau, mises en vigueur en 1874, seront maintenues en principe pour 1875;

2° Une enquête de 10 jours sera ouverte au siège de chaque groupe, par les soins de l'autorité municipale qui sera chargée de recevoir les observations des irriguants, afin qu'il puisse être tenu compte des mutations qui ont pu se produire parmi les détenteurs du sol, *l'eau étant attribuée à la terre*, comme aussi des changements d'affectation de culture; mais, bien entendu, sans que la zône irrigable puisse être étendue;

3° A l'expiration de l'enquête, le procès-verbal en constatant le résultat me sera adressé, avec l'état de répartition, s'il en existe et l'état rectifié pour 1875, lequel devra être établi en double expédition, pour être revêtu de mon approbation et rendu exécutoire.

Ainsi qu'il a été dit plus haut, toutes les questions, touchant à l'exécution des travaux et à la surveillance des irrigations, seront du ressort exclusif des usagers, qui auront à prendre les dispositions qu'ils jugeront utiles à leurs intérêts, l'Administration n'ayant pas à y intervenir.

La saison des irrigations de 1874 étant terminée, il y a opportunité de préparer le travail dont il s'agit, parce qu'il permettra aux intéressés de produire leurs réclamations assez à temps pour qu'il en soit tenu compte, s'il y a lieu, à l'occasion de la campagne qui s'ouvrira au mois de juin 1875.

Le Préfet: DESCLOZEAUX.

Assurances. V. TIMBRE.
Attachés aux parquets. V. JUSTICE.
Aubergistes. V. DÉBITS DE BOISSONS.
Aumale (création de la subdivision d'). V. ARMÉE D'ALGÉRIE.
Aumôniers. V. CULTES.
Avancement. V. EMPLOIS ADMINISTRATIFS.
Avocats. V. *Ménerville*.

B

Baccalauréat. V. INSTRUCTION PUBLIQUE.
Bach-Adel. V. JUSTICE MUSULMANE.
Baies de Portugal ou Phylotacca. V. TROMPERIE SUR LA MARCHANDISE.
Bains de mer.

17 avril 1874. — *Arrêté du Préfet d'Alger.*

Vu les lois des 14-22 décembre 1789, 16-24 août 1790, et 19-22 juillet 1791 ;

Vu le décret du 27 octobre 1858, sur l'organisation administrative en Algérie ;

Vu le décret du 28 octobre 1873 et l'arrêté des Consuls du 12 Messidor, an VIII ;

Considérant qu'il importe de prendre des mesures pour prévenir les accidents et réprimer tout ce qui serait contraire à la décence et à la morale publique.

Art. 1er. — Dans tout le département d'Alger, toute autorisation d'établir des bains de mer publics ne sera accordée qu'aux conditions ci-après :

1° Les cabines et les bains doivent être établis de manière à ce que les sexes soient suffisamment séparés et ne puissent communiquer entre eux ;

2° Il sera placé, de distance en distance, des piquets dont la solidité sera reconnue, entre lesquels seront tendues des cordes pour la sûreté et la commodité des baigneurs ;

3° Il doit y avoir dans l'établissement un nombre suffisant de bateaux solides et munis de tous les agrès, dans lesquels se tiendront constamment des hommes exercés dans l'art de la natation pour porter des secours en cas de besoin ;

4° Les maîtres de bains doivent veiller attentivement à ce qu'aucune des personnes qu'ils reçoivent, ne se baigne qu'en caleçon dans les bains des hommes et en costume de bain dans ceux des femmes ; ils doivent aussi observer toutes les précautions de décence nécessaires ;

5° Il est interdit aux baigneurs d'engager une lutte, de pousser des cris, de tenir des propos ou de faire des gestes indécents dans l'eau ou sur le rivage ;

6° Les maîtres de bains ne doivent pas exiger un prix d'entrée plus élevé que celui indiqué dans l'affiche, qui devra être placardée à l'extérieur de la porte d'entrée de l'établissement.

Art. 2. — Les autorisations pour l'établissement des bains de mer sont accordées par l'autorité municipale, qui aura à viser toutes les conditions contenues dans l'article précédent, sans préjudice de toutes autres mesures d'ordre et de décence qu'elle jugera à propos d'imposer.

Art. 3. — Il est défendu à tous mariniers, bateliers et possesseurs de bateau, à titre quelconque, de stationner près des établissements de bains de mer, surtout aux endroits réservés pour les femmes.

Art. 4. — Les contraventions aux dispositions qui précèdent et tous actes contraires à la décence et à la morale publiques seront constatés par procès-verbaux et les contrevenants poursuivis conformément à la loi.

Le Préfet: BRUNEL.

Banque de l'Algérie.
Capital d'émission.
Succursales.
Cours forcé des billets de banque.

26 mars 1872. — *Loi (1).*

Art. 1er. — La limite de trente-quatre

---

(1) Une question fort délicate s'est élevée au sujet de la loi du 10 août 1870, qui, entr'autres dispositions, avait édicté le cours forcé des billets de la Banque de France et qui fut promulguée en Algérie ; il s'agissait de savoir si un débiteur pouvait forcer son créancier, en Algérie, à recevoir en paiement des billets de la Banque de France.

Plusieurs tribunaux furent saisis de cette ques-

millions de francs (34,000,000 fr.), fixée par le décret du 25 octobre 1870 pour les émissions de billets de la Banque de l'Algérie, est portée à quarante-huit millions de francs (48,000,000 fr.)

Art. 2. — La Banque de l'Algérie est autorisée à émettre des billets de mêmes coupures que la Banque de France.

Succursales de la Banque de l'Algérie.

Par décret du Président de la République, en date du 22 avril 1875, rendu sur la proposition du Ministre des Finances, il a été créé deux succursales de la Banque de l'Algérie, l'une à Philippeville et l'autre à Tlemcen.

Bâtiments civils.

19 décembre 1872. — *Arrêté.*

Art 1er. — Le service des Bâtiments civils est supprimé à partir du 1er janvier 1873.

Vice-amiral Cte DE GUEYDON.

Baux des communes. V. CONSEILS MUNICIPAUX.

Baux et privilége du propriétaire. V. COMMERCE.

Belgique (convention d'extradition conclue entre la France et la). V. EXTRADITION.

Beni-Saf (port de). V. NAVIGATION.

Berranis. V. *Ménerville.*

Bestiaux. V. DOUANES; ÉPIZOOTIE; VOL DE BESTIAUX.

Bêtes de somme (vente sur les marchés des). V. FOIRES ET MARCHÉS.

Betterave. V. TROMPERIE SUR LA MARCHANDISE.

Beylik. V. *Ménerville.*

Bibliothèques publiques.

8 octobre 1875. — CIRCULAIRE *du Préfet d'Alger.*

A l'occasion d'un fait regrettable, qui remonte à plusieurs années, et dont la constatation vient seulement d'être faite, M. le Ministre de l'Instruction publique, des Cultes et des Beaux-Arts m'invite à rappeler aux municipalités les dispositions de l'ordonnance du 22 février 1839. L'article 40 de cette ordonnance porte que « toute aliénation par les villes des livres et manuscrits, chartes, diplômes, médailles contenus en leurs bibliothèques, est et demeure interdite. »

« Dans l'espèce, il s'agissait, dit M. le
» Ministre, d'un conseil municipal qui,
» ignorant la valeur d'une Bible fort in-
» téressante par la rareté de sa reliure, a
» accepté l'offre d'un libraire de Paris
» de l'échanger contre une autre Bible
» et un certain nombre de livres, repré-
» sentant une somme de mille francs, et
» ce, sans s'assurer préalablement de
» mon consentement.
» L'ouvrage acheté mille francs a été
» immédiatement revendu quatre mille
» francs par l'acquéreur, et le libraire
» qui le possède aujourd'hui ne le céde-
» rait pas à moins de six mille francs.
» En présence de cette situation, tout
» commentaire serait superflu; mais il
» est urgent de prendre les mesures né-
» cessaires pour éviter le retour d'un pa-
» reil abus. L'ordonnance de 1839, loin
» d'être tombée en désuétude, doit rece-
» voir son entière application. »

Vous trouverez, ci-après, le texte des articles 38, 40 et 45 de l'ordonnance précitée. Je vous prie d'en faire placarder une copie dans les bibliothèques publiques, municipales ou populaires ressortissant à votre commune.

Recevez, etc.

Le Préfet : BRUNEL.

(*Extrait de l'ordonnance du 22 février 1839.*)

« Art. 38. — Il sera établi par notre Ministre de l'Instruction publique, dans toutes les villes qui possèdent une bibliothèque, sous la présidence du maire, un comité d'inspection de la bibliothèque et d'achat des livres, qui déterminera

---

tion et rendirent des décisions contraires ; voici les motifs de celle qui a prévalu :

..... Attendu qu'il ressort clairement de la discussion de la loi du 10 septembre 1870 que le législateur n'a pas voulu donner aux billets de la Banque de France cours forcé en Algérie. Qu'en effet, le rapporteur de la loi dit en termes exprès que la Commission s'est trouvée en présence de deux grands établissements de crédit, investis de priviléges considérables, existant en vertu de contrats qu'il est impossible de modifier sans leur consentement.

Dans ces conditions, ajoute-t-il, nous nous serions exposés à une double violation, violation du privilége de la Banque de France en ce que les billets de la Banque de l'Algérie auraient eu cours forcé en France, violation du privilége de la Banque de l'Algérie, puisque les billets de la Banque de France auraient eu cours forcé dans notre colonie et ceci dit en réponse à un amendement qui réclamait le cours forcé réciproque.

Attendu qu'il n'est pas possible de dire plus clairement que ne le fait le rapporteur, que jamais aucune loi n'a entendu donner aux billets de Banque de France le cours forcé en Algérie.

Attendu qu'aucun orateur ne contredit le rapporteur ; que l'auteur de l'amendement au contraire, reprenant la parole, dit qu'il peut parler des embarras causés dans la colonie par le cours non forcé des billets de la Banque de France, mais reconnait, avec tout le corps législatif, l'existence du privilége exclusif de la Banque de l'Algérie à une époque où la loi du 10 août 1870 est déjà appliquée

Attendu que ce privilége établit un monopole, qui exclut toute concurrence et renferme chacune de ces deux banques dans sa circonscription (Blidah, 30 octobre 1873).

Un arrêté de la Cour d'Alger du 16 février 1874, réformant un jugement qui décidait en sens contraire à celui précité a donc confirmé ce principe : qu'en Algérie un débiteur ne saurait contraindre son créancier à recevoir en paiement des billets de la Banque de France.

l'emploi des fonds consacrés aux acquisitions, la confection des catalogues, les conditions des échanges proposés. Tous les ans, à l'époque des vacances, l'état des acquisitions sera adressé à notre Ministre de l'Instruction publique, pour être annexé au grand livre des bibliothèques de France.

» Art. 40. — Toute aliénation par les villes des livres, manuscrits, chartes, diplômes, médailles contenus en leurs bibliothèques, est et demeure interdite.

» Les échanges ne peuvent avoir lieu que sous l'autorité des maires, avec l'approbation du Ministre.

» Les maires donnent seuls les autorisations pour le prêt des livres. »

V. INSTRUCTION PUBLIQUE.

Bît-El-Mal. — V. *Ménerville.*

Blidah (expropriation d'utilité publique en vue d'assurer la conservation des eaux de). V. COMMUNES, SECT. 1re.

Boissons. V. DÉBIT DE BOISSONS.

Bookmakers. — V. JEUX DE HASARD.

Bornage. — V. INDIGÉNAT.

Bou-Chemla (extraction de matériaux dans le lit de l'oued). V. VOIRIE.

Boufarik (aliénation d'un terrain communal à). V. COMMUNES, SECT. 1re.

Boulangerie. V. *Ménerville.*

Bourses. V. COMMERCE ET INSTRUCTION PUBLIQUE.

Brevet d'invention. V. *Ménerville.*

Brocanteurs, Fripiers. V. APPENDICE.

Budget.

DIVISION

§ 1. — Budget des Communes.
§ 2. — Budget des Départements.

§ 1er

20 janvier 1874. — *Arrêté* (1).

Vu le décret du 24 octobre 1870;
Vu l'arrêté du 20 mai 1868, portant organisation des communes subdivisionnaires de l'Algérie ;
Vu le décret du 20 février 1873,

---

(1) 2 mai 1877. — *Circulaire du Préfet d'Alger.*

Pendant la session du mois de mai, les Conseils municipaux vont avoir à régler les comptes de leurs communes pour l'exercice clos (1876), et à voter le budget supplémentaire de 1877, ainsi que le budget de 1878.

Ces opérations ont fait l'objet d'instructions détaillées que MM. les Maires trouveraient dans le Recueil des actes administratifs de la Préfecture (année 1862, page 39), s'ils avaient tous la collection complète de cette publication.

Mais, comme beaucoup de communes n'existaient pas encore à cette époque et que les Maires sont souvent dépourvus d'ouvrages spéciaux traitant de ces matières, je crois utile de rappeler les règles à suivre :

Règlement de l'exercice clos

Cette opération a pour objet de déterminer l'excédant disponible, ainsi que les restes à recouvrer et à payer de l'exercice 1876, pour en effectuer le report au budget de l'année courante 1877.

Le Receveur remet au Maire une copie du compte de gestion, dans la première quinzaine de l'exercice clos, 1876. De son côté, le Maire dresse, avant la session de mai, le compte administratif du même exercice. Ce document doit présenter littéralement, tant en recette qu'en dépense, tous les articles admis dans le budget primitif et dans le budget additionnel de 1876. Les articles de recettes et ceux de dépenses résultant des décisions spéciales intervenues après le règlement du budget supplémentaire, seront repris par rappel dans le compte et classés distinctement à la suite des chapitres additionnels. Il sera ouvert, à cet effet, une section spéciale, savoir : pour les recettes, à la suite de la section 2 du chapitre 3, et pour les dépenses, à la suite de la section 3, même chapitre.

Le compte indique les recettes effectuées pendant toute la durée de l'exercice et les restes à recouvrer ; les dépenses faites ou droits constatés au 31 décembre 1876 et les paiements effectués jusqu'au 31 mars 1877 ; les restes à payer sur les dépenses faites, et les restes annulés faute d'emploi, et enfin, l'excédant des recettes sur les dépenses.

Le Maire joint, d'ailleurs, à ce compte en deniers, tous les développements et explications qui doivent en former la partie morale et faire apprécier ses actes administratifs pendant l'exercice clos. Il y annexe l'état de situation du Receveur municipal, ainsi que l'état des restes à recouvrer, et celui des restes à payer, dressés au 31 mars, de concert entre le Maire et le Receveur municipal.

Au moyen de ces documents, des budgets de 1876 et des titres ou autorisations supplémentaires qui s'y rattachent, le Conseil municipal vérifie l'exactitude de la situation qui lui est présentée, et procède au règlement définitif de l'exercice clos de la manière suivante :

Pour les recettes, le Conseil s'assure que les sommes portées aux budgets primitifs, et qui n'étaient que des évaluations, ont été ramenées au chiffre des produits réels. Ensuite, rapprochant la somme de ces produits du montant des recouvrements effectués par le Receveur, il examine s'il reste encore des sommes à recouvrer, et il apprécie les motifs de non recouvrement.

Il ne doit y avoir ordinairement d'autres restes à recouvrer que ceux provenant, soit de non-valeurs, dans le cas d'insolvabilité des débiteurs, soit des créances litigieuses ; cependant quelques circonstances imprévues et accidentelles peuvent aussi avoir fait obstacle aux recouvrements.

Le Receveur municipal doit dresser, à la clôture de l'exercice, ses états de cotes irrécouvrables et les présenter, avec les pièces justificatives à l'appui, directement au Conseil municipal.

Après examen, cette Assemblée proposera d'allouer en *non-valeurs* celles des sommes qui seront reconnues irrécouvrables et de mettre les autres, s'il y a lieu, à la charge du comptable.

Pour les dépenses, le Conseil municipal compare le montant des dépenses effectuées avec les crédits ouverts, et il s'assure qu'elles n'excèdent pas ces crédits. A l'égard des crédits ou portions de crédits non employés, il distinguera ceux qui doivent être annulés, parce que les dépenses auxquelles ils se rapportent n'auront pas été faites avant le 31 décembre 1876, de ceux qui, s'appliquant à des dépenses faites au 31 décembre 1876, mais non payées avant le 31 mars 1877, ne sont annulés que pour ordre et doivent être immédiatement reportés au budget additionnel.

Après avoir arrêté ainsi le chiffre total des recettes et des dépenses de l'exercice 1876, le Conseil municipal déterminera la situation ou l'excédant définitif de cet exercice. Cette opération sera constatée par une délibération ad hoc.

Art. 1ᵉʳ. — Il est créé, à partir de l'exercice 1874, un budget du fonds commun général des communes subdivisionnaires et indigènes de l'Algérie.

Budgets supplémentaires ou chapitres additionnels de l'exercice 1877.

Le budget supplémentaire est l'un des documents les plus importants de la comptabilité. Il sert à rattacher immédiatement au budget de l'année courante, l'excédant définitif de l'exercice précédent, ainsi que les restes à recouvrer et à payer du même exercice, en conservant l'origine et la trace des allocations ; il établit ainsi, entre les deux budgets, une liaison continue, qui est l'une des principales conditions de la clarté des opérations comptables ; il sert encore à compléter le budget de l'année courante, en recevant toutes les recettes et toutes les dépenses omises ou non prévues dans le budget primitif.

Le budget supplémentaire se divise en deux chapitres additionnels au budget primitif, et qui prennent le n° 3 aux recettes et aux dépenses. Il doit recevoir :

En recettes, dans la première section : 1° le report ou l'excédant des recettes sur les dépenses de l'exercice 1876, dans lequel se trouvent annulées toutes les sommes provenant de crédits ou portions de crédits annulés, faute d'emploi ; 2° les restes à recouvrer du même exercice, conformément aux résultats constatés par l'état des restes à recouvrer, qui est dressé à la clôture de l'exercice, par le Maire et le Receveur municipal.

Dans la deuxième section, on inscrira toutes les recettes, de quelque nature qu'elles soient, non prévues au budget primitif de 1877, qui n'auraient été connues ou autorisées qu'après le règlement de ce budget.

En dépenses, la première section contiendra les reports des crédits ou portions de crédits s'appliquant à des dépenses faites avant le 31 décembre 1876, mais non payées avant le 31 mars 1877.

Cette section ne doit être que la reproduction littérale de l'état des restes à payer sur le budget de l'exercice 1876.

La section 2 ne doit recevoir que certaines ressources, provenant soit d'emprunts, soit de secours ou de subventions accordés par le Gouvernement, et qui ne peuvent être détournés de leur affectation spéciale.

On ne perdra pas de vue, à cet égard, que les fonds restés libres sur les ressources réalisées pour les chemins vicinaux, continuent d'être frappés de l'affectation spéciale que leur donne leur origine. Ils peuvent être tenus en réserve pour être employés à leur destination propre, dans le cours de l'exercice sur lequel ils sont reportés.

Dans la troisième section, on inscrira tous les crédits supplémentaires qui auront été autorisés depuis le règlement du budget de 1877, et tous les crédits nouveaux, dont le Conseil municipal jugerait utile de demander l'allocation pour des dépenses à faire dans le cours de l'année 1877, en restant toutefois dans les limites des fonds libres représentés par l'excédant de recette du budget primitif et par le total des recettes du budget additionnel, défalcation faite des non-valeurs prévues.

La circulaire du 15 juin 1836 permet de régler le budget primitif avec un déficit, lorsqu'il est démontré que ce déficit pourra être couvert par les ressources que devra laisser l'exercice précédent, et qui seront ultérieurement rattachées audit budget au moyen de chapitres additionnels. Il suit de là qu'au moment de la formation de ces chapitres, il faut avoir soin de recourir au budget primitif, afin de reconnaître s'il présente un excédant de dépenses, et de régler, dans ce cas, lesdits chapitres, de manière à réserver un excédant de recettes suffisant pour combler le déficit. Mais ce déficit ne doit pas être porté, pour ordre, en dépense, dans le corps des chapitres additionnels, attendu que le compte administratif devant être la reproduction exacte du budget, y compris les chapitres additionnels. l'article de dépense dont il s'agit ferait double emploi et vicierait les résultats. Il suffit, pour obvier à tout inconvénient dans l'hypothèse susdite, d'indiquer, après la récapitulation des chapitres additionnels, que l'excédant de recettes est réservé pour couvrir l'excédant de dépenses du budget primitif. (Circ. int., 1ᵉʳ juillet 1837).

Formation du budget de l'exercice 1878.

Le budget est le tableau des recettes et dépenses présumées de l'année qui doit suivre.

Aucune dépense ne peut être mandatée ni payée, si elle n'est portée au budget, ou si elle n'a été autorisée par une décision spéciale rendue après délibération du Conseil municipal. Mais les crédits extraordinaires mettent de la confusion dans les écritures de la comptabilité, et il convient de ne recourir à ce moyen que dans le cas d'une urgence absolue, et pour des dépenses qu'on ne pourrait ajourner sans inconvénient. MM. les Maires doivent donc étudier avec soin tous les besoins du service, et proposer l'allocation, au budget primitif, de tous les crédits nécessaires pour faire face aux dépenses de l'année qui doit suivre.

J'appelle l'attention de MM. les Maires sur les chiffres de la troisième colonne du budget, qui doivent servir de point de comparaison pour justifier les allocations proposées. On se borne très-souvent à reproduire dans cette colonne le chiffre des allocations admises dans le dernier budget ; c'est là une irrégularité grave, qui peut causer des mécomptes de nature à compromettre le service. Il ne faut pas perdre de vue, en effet, que les allocations du budget ne sont que des prévisions qui peuvent ne pas se réaliser. La troisième colonne du budget doit contenir, non pas les chiffres du budget précédent, mais *ceux des recettes et des dépenses* EFFECTUÉES *d'après le dernier compte*. On obtient par ce moyen des indications plus sûres, puisqu'elles résultent de faits constatés et non pas de simples prévisions.

Envoi des pièces de la comptabilité.

Dès que la session de mai sera close, MM. les Maires réuniront les divers états, budgets et délibérations, et ils en feront *immédiatement* l'envoi à la Sous-Préfecture, pour les arrondissements de Miliana, Orléansville et Tizi-Ouzou, et à la Préfecture pour l'arrondissement d'Alger ;

L'envoi comprendra :

Pour le compte administratif.

1° Cahiers d'observations du Maire formant la partie normale de ce compte ;
2° État des restes à recouvrer ;
3° État des restes à payer ;
4° Compte administratif du Maire ;
5° Délibération relative à ce compte ;
6° Compte de gestion du Receveur municipal ;
7° Délibération y relative ;
8° Détail justificatif des imputations faites sur le crédit des dépenses imprévues, avec la date des autorisations ;
9° État des immeubles communaux avec indication de leur affectation et du produit de chacun de ceux loués à des particuliers ;
10° État estimatif des immeubles pris à bail par la commune et leur destination ;
11° Rapport de l'Inspecteur des Finances, et à défaut le rapport de l'Inspecteur des Contributions diverses, sur la gestion du Receveur municipal (dans le cas où l'inspection aurait eu lieu) ;
12° État indicatif des dettes de la commune ;
13° Délibération du Conseil municipal portant règlement de l'exercice clos.

Pour les chapitres additionnels.

1° Cahier d'observations du Maire ;
2° Tableau des chapitres additionnels ;
3° Délibérations du Conseil municipal y relatives.

Pour le budget primitif.

1° Cahier d'observations du Maire ;
2° Tableau du budget primitif ;
3° Délibérations y relatives.

Le compte administratif, les chapitres additionnels et le budget primitif seront fournis en quatre expéditions pour les arrondissements de Miliana, Orléansville et Tizi-Ouzou et en trois expéditions pour les communes de l'arrondissement d'Alger.

Art. 2. — Ce budget sera alimenté au moyen de contingents à fournir par les communes subdivisionnaires et indigènes de l'Algérie. Leur quotité qui ne pourra dépasser, dans aucun cas, le 2 %, des recettes ordinaires de ces communes, sera fixée, chaque année, par le Gouverneur général. Les sommes à prélever pour la formation du budget du fonds commun général viendront, d'ailleurs, en déduction des ressources créées en vertu des dispositions de l'article 45 de l'arrêté susvisé du 20 mai 1868, pour l'établissement du fonds commun particulier à chaque province.

Les dépenses, qui incomberont au budget du fonds commun général, sont celles qui ont été prévues à ce même article 45 de l'arrêté du 20 mai 1868, pour :

1° Frais généraux d'administration et d'impressions ;

7° Hébergement des hôtes du Gouverneur général, etc. ;

9° Secours ;

10° Entretien du mobilier de la section des affaires indigènes à l'état-major général ;

Et 11° Traitement et indemnité accordés à l'Inspecteur des établissements d'instruction publique ouverts aux musulmans.

Sur les ressources de ce budget, il pourra être également pourvu au paiement des frais de pension d'élèves boursiers dans les établissements d'instruction publique.

Seront, en outre, rattachées au budget du fonds commun général des communes subdivisionnaires et indigènes de l'Algérie, les dépenses du journal le *Mobacher*, de même que les recettes à provenir d'abonnements et d'insertions d'annonces dans les colonnes de ce journal.

Art. 3 — Le budget du fonds commun général des communes subdivisionnaires et indigènes de l'Algérie est réglé, chaque année, par le Gouverneur général, sur la proposition du Directeur général des affaires civiles et financières.

Art. 4. — Le Directeur général des affaires civiles et financières est ordonnateur des dépenses du budget du fonds commun général des communes subdivisionnaires et indigènes de l'Algérie.

Les fonctions de receveur-comptable de ce budget sont dévolues au receveur des contributions diverses d'Alger (ville).

Gal CHANZY.

§ 2.

22 octobre 1875. — *Décret.*

Vu le décret du 23 septembre 1875, appliquant à l'Algérie, sauf quelques modifications, la loi du 10 août 1871, sur les Conseils généraux de la métropole, et abrogeant toutes les dispositions qui lui sont contraires dans le décret du 27 octobre 1858 ;

Considérant qu'une des principales ressources affectées aux départements par le décret du 23 septembre 1875, se compose des centimes ordinaires additionnels dont le nombre est fixé annuellement par la loi de finances ;

Considérant que cette ressource fera défaut jusqu'au vote de la loi sur l'établissement des Contributions directes en Algérie, et qu'en conséquence, il est indispensable d'y suppléer à titre provisoire.

Art. 1er. — Provisoirement, et jusqu'à ce qu'il en ait été autrement statué, les départements algériens continueront à percevoir les cinq dixièmes de l'impôt arabe qui leur ont été attribués par les décrets des 25 août 1852, 1er décembre 1858 et 24 septembre 1861.

M^{al} DE MAC-MAHON.

V. COMMUNES et CONSEILS GÉNÉRAUX.

Bulletin officiel des actes du Gouvernement.

19 décembre 1872. — *Arrêté.*

Vu les arrêtés de nos prédécesseurs, en date des 22 juillet 1861 et 31 octobre 1864 ;

Le premier, portant création du MONITEUR DE L'ALGÉRIE, *Journal officiel ;*

Le second, modifiant les conditions de publication dudit journal, devenu la propriété particulière du sieur Bouyer, im-

---

MM. les Maires omettent assez généralement de se reporter aux notes qui se trouvent imprimées sur la couverture des modèles en usage pour la comptabilité et qui indiquent la manière dont le compte administratif, les budgets et autres états exigés doivent être formés.

J'appelle spécialement leur attention sur cette question de forme qui a une importance réelle, car plus l'examen de ces documents sera rendu facile dans les bureaux de la Préfecture par la régularité avec laquelle ils auront été établis, plus la vérification en sera prompte et MM. les Maires seront les premiers à se féliciter d'avoir concouru, par leurs soins, à ce résultat dont les avantages évidents ne feront que mieux ressortir la bonne administration des intérêts qui leur sont confiés.

Le *Préfet* : BRUNEL.

LOI DU 17 DÉCEMBRE 1875

Art. 1er. — Des crédits pourront être alloués, par décrets, au ministre de l'intérieur, pour le service du Gouvernement général civil de l'Algérie, comme en matière de fonds de concours, et jusqu'à concurrence d'une somme d'un million quatre cent mille francs (1,400,000 fr.), destinés à la construction d'un palais de justice et d'une église à Alger, conformément aux plans et devis annexés à la présente loi.

Art. 2. — Ces crédits seront ouverts au fur et à mesure de la réalisation du prix de la vente d'immeubles domaniaux sis dans l'intérieur de la ville d'Alger, que le Gouvernement général se propose d'aliéner par la voie des enchères, notamment l'emplacement de l'ancien lycée, qui avait été primitivement réservé pour la construction d'un Palais de justice.

primeur ; mais autorisant celui-ci à conserver au *Moniteur* le sous-titre de *Journal officiel*, à certaines conditions déterminées par ledit arrêté et par un traité du même jour, passé entre l'administration et le dit sieur Bouyer ;

Considérant que le caractère officiel d'un journal ne saurait se concilier avec une rédaction affranchie de tout contrôle préventif de l'administration ;

Considérant toutefois, qu'un organe officiel est indispensable au Gouvernement général, pour porter immédiatement à la connaissance du public tous les actes des pouvoirs constitués et de l'autorité supérieure, qui obligent ou intéressent les habitants de l'Algérie ;

Art. 1er. — Il est créé, pour paraître, à partir du 1er janvier 1873, par les soins et sous la surveillance du Directeur général des Affaires civiles et financières, une feuille périodique, dans laquelle seront insérés, *in-extenso*, ou par manière sommaire, les lois, décrets, arrêtés et tous autres documents émanant de l'autorité et qu'il y aura lieu de porter à la connaissance du public.

Cette publication prendra le titre de *Journal officiel de l'Algérie*.

L'autorisation accordée au sieur Bouyer, propriétaire du *Moniteur de l'Algérie* par l'arrêté sus-visé du 31 octobre 1864, de conserver à cette feuille le sous-titre de *Journal officiel* est rapportée.

Vice-amiral Cte DE GUEYDON.

27 décembre 1873. — *Arrêté*.

Vu l'arrêté en date du 19 décembre 1872, portant création d'un *Journal officiel*, publié par les soins et sous la surveillance du Directeur général des affaires civiles et financières ;

Considérant que cette feuille fait double emploi avec le *Bulletin officiel du Gouvernement général* qu'il est utile et indispensable de maintenir ;

Art. 1er. — Le *Journal officiel de l'Algérie* est supprimé, à partir du 1er janvier 1874.

Le *Bulletin officiel du Gouvernement général de l'Algérie* est maintenu, comme seul recueil authentique des actes de l'autorité centrale. L'insertion de ces actes au dit recueil en opérera la promulgation, sans préjudice des dispositions édictées par le décret du 5 novembre 1870, relativement aux lois et décrets insérés au *Journal officiel de la République* et qui concerneront l'Algérie.

Gal CHANZY.

9 août 1874. — *Arrêté*.

A partir de ce jour :

Les ampliations des actes officiels du Gouvernement général de l'Algérie et le *Bulletin officiel* seront signés par le Chef de section du secrétariat et des archives à la Direction générale des Affaires civiles et financières.

Gal CHANZY.

5 mars 1875. — *Arrêté*.

Vu le décret du 5 mars 1859, qui a classé l'abonnement au *Bulletin officiel de l'Algérie et des colonies* au rang des dépenses obligatoires des communes de l'Algérie ;

Vu l'arrêté du 14 janvier 1861, qui a remplacé le Bulletin sus-énoncé par le *Bulletin officiel du Gouvernement général de l'Algérie* pour la promulgation des lois, décrets et règlements exécutoires dans la colonie ;

Vu l'arrêté du 29 avril 1861, qui a déclaré l'abonnement au *Bulletin officiel du Gouvernement général* obligatoire pour les communes de plein exercice ;

Vu l'ordonnance du 28 septembre 1847, sur l'organisation municipale en Algérie ;

Vu l'arrêté d'organisation municipale en territoire militaire, du 20 mai 1868 ;

Vu l'arrêté du 24 novembre 1871, réglant l'organisation communale de la région tellienne ;

Vu l'arrêté du 13 novembre 1874, portant suppression des communes subdivisionnaires, organisées par l'arrêté susvisé du 20 mai 1868, et instituant les communes indigènes du territoire militaire ;

Considérant qu'il importe pour la bonne administration des communes mixtes et des communes indigènes, que ces communes soient exactement tenues au courant de la législation algérienne, laquelle est contenue dans le *Bulletin officiel du Gouvernement général* de l'Algérie ;

Art. 1er. — Les communes mixtes et les communes indigènes recevront, à l'avenir, le *Bulletin officiel du Gouvernement général*, moyennant un prix d'abonnement fixé à dix francs par an, lequel devra être inscrit au budget de chacune de ces communes, comme dépense obligatoire.

Ce prix sera versé aux caisses des Receveurs des Domaines.

Gal CHANZY.

Dépêche du Gouverneur général

Alger, le 25 août 1875.

Monsieur le Préfet,

Je reçois, depuis quelque temps, de fréquentes réclamations pour le remplacement de numéros égarés du *Bulletin officiel des Actes du Gouvernement général*, et j'ai dû faire prendre des mesures pour mettre fin à ces demandes, dont la légitimité n'était pas toujours établie, et qui donnaient lieu à un échange de correspondance trop surchargée pour l'exécution d'un pareil détail.

Dans ce but, une note ainsi conçue a d'abord été ajoutée sur les reçus qui accompagnent, du moins, une fois par mois, les exemplaires du *Bulletin* : Indiquer tout numéro précédent du « *Bulletin* qui ne serait pas encore parvenu. »

En second lieu, une clause insérée dans le nouveau cahier des charges relatif à l'impression des documents officiels dispose que, *dans un délai d'un mois après la publication du Bulletin*, l'Administration ne reçoit plus de réclamations et les renvoie à l'entrepreneur de la fourniture, qui demeure chargé de leur donner suite, moyennant remboursement du prix des *Bulletins* égarés.

Les prix de vente du numéro ont été fixés, savoir :

Pour un *Bulletin* de 4 pages.. 0 fr. 25
— de 8 pages.. 0 fr. 50
— de 12 pages.. 0 fr. 75
— de 16 pages.. 1 fr. 00
— de 16 à 32.... 1 fr. 50
— 32 et au-dessus. 2 fr. 00

MM. Aillaud et Compagnie, imprimeurs, rue des Trois-Couleurs à Alger, ayant été agréés comme adjudicataires pour l'impression du *Bulletin officiel des Actes du Gouvernement général de l'Algérie*, c'est à ces fournisseurs que devront être adressées toutes demandes tendant au remplacement de numéros manquant à une collection et non réclamés dans le délai réglementaire d'un mois après la promulgation.

Il demeure entendu que les abonnements réguliers à l'année sont toujours fournis par l'administration seule et que le montant (soit 10 fr.) doit être versé au préalable à la caisse du Receveur des Domaines.

J'ai l'honneur de vous prier de vouloir bien donner le plus tôt possible connaissance des susdites dispositions à tous les fonctionnaires placés sous vos ordres.

Recevez, etc.

Le Gouverneur général absent,
Le Directeur général : DE TOUSTAIN.

Bureaux arabes. V. ADMINISTRATION DU TERRITOIRE MILITAIRE ; COMMISSIONS DISCIPLINAIRES.

Bureaux de bienfaisances. V. *Ménerville.*

C

Cabarets, Cafés. V. DÉBIT DE BOISSONS.

Cabotage. V. NAVIGATION ET *Ménerville.*

Cacaos. V. DOUANES.

Cadastre. V. MAIRES ; TOPOGRAPHIE.
Cadis. V. JUSTICE MUSULMANE.
Café. V. DOUANES.
Caïdat. V. ADMINISTRATION DU TERRITOIRE MILITAIRE ; COMMUNES, SECT. 3.
Caisse des dépôts et consignations. V. DÉPOTS ET CONSIGNATIONS.
Caisses d'épargne.

Nous pensons devoir publier ici le texte du décret ci-après, promulgué en France au *Journal officiel* de la République, le 29 août 1875, et au *Bulletin des lois*, n° 269 de la même année, concernant l'intervention des percepteurs et des receveurs des Postes dans le service des Caisses d'épargne. Bien que n'ayant pas été en Algérie l'objet d'une promulgation spéciale, et quoique il n'existe pas en territoire algérien de percepteurs, il nous paraît non douteux que ce décret est de plein droit exécutoire en Algérie, par le fait de sa promulgation dans la métropole.

En effet, toutes les lois postales s'appliquent par leur objet même à l'Algérie, sans promulgation spéciale, par suite de l'organisation du service des Postes algériennes sur le pied des Postes françaises, et d'un autre côté, les lois concernant les Caisses d'épargne ont toutes été promulguées en Algérie (*Ménerville*, tome 1, p. 134).

Le doute pourrait cependant provenir de ce qu'il n'y a pas ici de fonctionnaires appelés percepteurs des Contributions directes.

Mais aux termes de la législation qui nous régit (*Ménerville*, tome 1, p. 597), les fonctions des percepteurs sont remplies, en Algérie, par les receveurs municipaux, dans les communes dont le revenu est supérieur à 50,000 francs, et par les receveurs des contributions diverses, dans celles dont le revenu est inférieur à cette somme. Dans tous les cas, le décret nous semble applicable en ce qui touche les receveurs des Postes, et son utilité est incontestable.

23 août 1875. — *Décret.*

Art. 1er. — Les percepteurs des contributions directes et les receveurs des postes dont le concours aura été demandé par les administrations des caisses d'épargne pourront, sur l'avis conforme du ministre de l'agriculture et du commerce, être autorisés par le ministre des finances à recevoir les versements et à effectuer les remboursements pour le compte des caisses d'épargne de leur département.

Art. 2. — Les caisses d'épargne peuvent obtenir le concours, soit de tous les percepteurs et receveurs des postes du département, soit seulement d'un certain nombre de ces comptables, déterminé par la situation ou l'importance des localités.

3. Les opérations s'effectuent, savoir :

1° Par les percepteurs,

Au siége de la résidence du comptable, tous les jours non fériés autres que ceux fixés par les règlements pour les tournées de recouvrements et de mutations ou pour les versements à la recette des finances ;

Dans les autres communes de la perception, les jours fixés pour les tournées réglementaires de recouvrements ;

2° Par les receveurs des postes,

Dans les communes où il n'existe pas de percepteur, tous les jours, au siége du bureau de poste ;

Dans les communes où réside un percepteur, les jours où l'absence de ce comptable est autorisée par les règlements.

Les informations nécessaires à cet égard sont portées à la connaissance du public au moyen d'une affiche placardée dans les bureaux des percepteurs et des receveurs des postes ;

Les comptables du trésor n'ont pas à intervenir dans les villes et communes où les caisses d'épargne ont leur siége principal ou possèdent une succursale permanente.

4. Les percepteurs et receveurs des postes, dont le concours aura été autorisé, seront munis d'une commission spéciale émanée du conseil d'administration de la caisse d'épargne.

Cette commission devra être contresignée pour autorisation, soit par le trésorier-payeur général, soit par le directeur des postes du département.

5. Tout versement fait à un percepteur ou à un receveur des postes, pour le service des caisses d'épargne, donne lieu à la délivrance d'une quittance à souche. Les versements sont ultérieurement consignés par le caissier de la caisse d'épargne sur le livret qui doit être déposé entre les mains du comptable du trésor.

Les demandes de remboursement sont également accompagnées du livret correspondant. Un bulletin de dépôt en est remis à la partie.

Les livrets sont restitués au déposant, en échange de la quittance à souche ou du bulletin de dépôt, dans les délais déterminés par le ministre des finances.

Les livrets, qui n'auront pas été réclamés dans le mois qui suivra l'expiration des délais ci-dessus, seront renvoyés au siége de la caisse d'épargne et il incombera aux ayants droits de les y faire retirer directement.

En cas de perte des quittances à souche ou bulletins de dépôt, il peut y être suppléé par une déclaration de perte formée par le déposant et visée par le maire

de sa résidence. Les comptables du trésor peuvent d'ailleurs exiger telles justifications que de droit en vue de sauvegarder leur responsabilité.

6. Le concours des percepteurs et des receveurs des postes sera rémunéré au moyen d'une remise fixe de dix centimes pour chacun des versements ou remboursements effectués par leurs soins, et cette remise sera à la charge des caisses d'épargne.

Aucune rémunération n'est allouée aux receveurs des finances. Les receveurs principaux des postes n'ont droit à la remise de dix centimes que pour les opérations accomplies à leur propre bureau.

Les états, bordereaux et autres formules imprimées nécessaires au service, à l'exception du journal à souche et des registres de comptabilité, seront fournis gratuitement aux comptables par les caisses d'épargne.

7. Les receveurs des finances sont responsables, vis-à-vis des caisses d'épargne, de la gestion des percepteurs de leur arrondissement, sauf leur recours, en cas de débet, sur le cautionnement de ces derniers comptables. En cas d'insuffisance du cautionnement des percepteurs et si le déficit provient de force majeure ou de circonstances indépendantes de la surveillance du receveur des finances, celui-ci peut obtenir la décharge de sa responsabilité, conformément à l'article 545 du décret du 31 mai 1862.

Le trésor a la même responsabilité et le même recours contre les receveurs de l'administration des postes, à l'égard des opérations effectuées par eux.

8. La demande formée par la caisse d'épargne à l'effet d'obtenir le concours des percepteurs et des receveurs des postes emporte de plein droit adhésion non-seulement aux conditions énoncées tant dans le présent décret que dans les arrêtés du ministre des finances en date de ce jour, mais encore aux décisions et mesures d'exécution qui pourraient être ultérieurement prises par le même ministre, sauf recours au Conseil d'Etat.

9. Les quittances de sommes déposées aux caisses d'épargne, ainsi que les quittances de sommes remboursées aux déposants, sont exemptes de timbre.

M^{al} DE MAC-MAHON.

Caisses de retraite. V. PENSIONS CIVILES.

Campêche. V. TROMPERIE SUR LA MARCHANDISE.

Campements isolés d'indigènes. V. INDIGÉNAT.

Canaux. V. *Ménerville.*

Cantonnement des indigènes, V. *idem.*

Cantonniers. — V. Chemins vici-
naux.
Capitation. — V. Impôt arabe.
Capture des évadés. — V. Eta-
blissements pénitentiaires.
Caramels de teinture. — V.
Tromperie sur la marchandise.
Carrières. — V. Ménerville.
Cartes postales. — V. Postes.
Casiers judiciaires.

DIVISION

§ 1. — Droits de greffe à reverser au trésor.
§ 2. — Circulaires.

§ 1er.

10 avril — 30 mai 1877. — *Décret sur les extraits du casier judiciaire central délivrés à des particuliers.*

Le Président de la République française.

Vu etc., vu la circulaire du garde des Sceaux, en date du 28 novembre 1874, qui fixe à 3 fr. 50 le prix des extraits des casiers judiciaires délivrés à des particuliers, soit par les greffiers des tribunaux de 1re instance, soit par la chancellerie ; considérant que dans le coût ci-dessus figure une somme de 1 fr. pour droits de recherche, de rédaction et d'inscription au répertoire, que les greffiers ne peuvent toucher à leur profit quand il s'agit d'extraits délivrés par le casier central et qu'il importe de faire reverser dans les caisses de l'Etat ;

Décrète :

Art. 1er. — Les extraits du casier judiciaire central délivrés à des particuliers continueront à être remis aux impétrants par les greffiers des tribunaux de première instance.

Art. 2. — La somme de 1 fr. due par les impétrants pour droit de recherche, de rédaction et d'inscription au répertoire, sera versée par les greffiers entre les mains des receveurs des finances, pour faire ensuite retour au trésor comme produits divers du budget.

Art. 3. — Le versement devra être opéré dans les derniers jours du mois de décembre de chaque année.

Art. 4. — Le récépissé, remis au greffier par le receveur des finances, sera immédiatement adressé par le procureur de la République au ministère de la justice (3e bureau, direction criminelle) pour le contrôle des opérations qui se fera à l'aide d'un registre spécial indiquant jour par jour les greffiers auxquels il est transmis des extraits du casier judiciaire central destinés à des particuliers.

(*Bulletin des Lois*, n° 5957 ; *Dalloz*, P. 1877, 4, p. 46).

§ 2.

14 mai 1873. — Circulaire *de M. le Garde des sceaux.*

Monsieur le Procureur général,

L'établissement, au greffe de chaque tribunal, d'un casier destiné à recevoir les bulletins de condamnations des individus nés dans l'arrondissement, a réalisé une amélioration considérable dans l'administration de la justice. Dès le jour où il a suffi de quelques instants de recherches pour connaître tout le passé d'un inculpé, les détentions préventives ont été abrégées, les instructions criminelles ont reçu une impulsion plus rapide et les magistrats ont pu, dans leurs décisions, faire, en connaissance de cause, la part de l'indulgence ou celle de la sévérité.

La création de notices individuelles, destinées à accompagner, dans les lieux de détention, les individus condamnés à des peines corporelles, me paraît appelée à produire, sous un autre rapport, des résultats non moins favorables. Les directeurs des établissements pénitentiaires ne sont aujourd'hui que très imparfaitement renseignés sur les détenus qui leur sont confiés. Ils ne savent, le plus souvent, de leur vie que ce que leur apprennent les extraits des jugements ou d'arrêts qui les concernent. Ce n'est pas, évidemment, avec des documents aussi laconiques qu'ils peuvent se faire une idée exacte de leur moralité. Les condamnations antérieures mentionnées à la suite des extraits éveillent sans doute leur attention sur les récidivistes ; mais, parmi ceux que la justice vient de frapper pour la première fois, n'en est-il pas d'aussi coupables et même de plus dangereux ? N'en est-il pas qui, à force d'habileté, avaient su jusque-là s'assurer l'impunité, et qui, dans leurs communes, étaient un sujet de légitime effroi ? N'en est-il pas d'autres, et heureusement en bien plus grand nombre, qui regrettent leur faute, qui sont fermement résolus à ne plus s'écarter de la bonne voie, et qu'il importe de soutenir et encourager dans ces salutaires dispositions en les préservant avec soin de tout contact avec certains de leurs co-détenus ?

Grâce aux notices individuelles, ceux que leurs fonctions ou un dévouement généreux appellent à travailler à l'amendement des condamnés sauront, désormais, quelle direction donner à leurs efforts. Instruits des circonstances des crimes ou délits commis par les condamnés, de leurs antécédents, de leurs habitudes, de leur situation de famille et de fortune, ils chercheront plus particulièrement à combattre les mauvais instincts qui les ont entraînés, à leur inculquer ou à réveiller en eux les sentiments de probité et d'honneur, et, lorsqu'il leur apparaîtra que les laisser revenir là où de funestes et de pernicieux conseils les feraient presque inévitablement retomber dans le crime, ce serait compromettre l'œuvre de leur régénération, ils pourront leur procurer, dans des milieux moins exposés, les conditions d'une existence occupée et honorable.

Pour les propositions de grâces qu'elle adresse à la chancellerie, l'administration puisera aussi de précieuses ressources dans les notices individuelles. Elle continuera sans doute à tenir grand compte de la bonne conduite pendant la détention; mais comme, par la connaissance plus complète du passé, de la réputation et des crimes ou délits des condamnés, elle sera mieux en état d'apprécier la sincérité de leur repentir et les progrès de leur moralisation, elle désignera, pour les commutations ou remises de peines, ceux d'entre eux qui seront réellement les plus dignes de cette faveur.

En vous indiquant le but à atteindre, je vous fais suffisamment connaître le prix que j'attache à ce que ce nouveau document soit rédigé avec un soin scrupuleux.

Les renseignements à y consigner sont de deux sortes : les premiers embrassent tout ce qui se rattache aux antécédents des condamnés, à leur état civil, à leurs professions, à leurs moyens d'existence, à leur instruction, à leur conduite, à leur moralité. Les questions qui s'y réfèrent sont simples et précises, et il sera facile d'y répondre. C'est sur le second ordre d'indications que j'appelle plus particulièrement votre attention.

L'exposé sommaire des faits qui ont motivé la condamnation doit, très succinctement, résumer l'affaire en mettant en relief ce qui constitue l'importance de l'infraction et ce qui aggrave ou atténue la culpabilité. A ce dernier titre, il est nécessaire d'énoncer si le condamné, avant ou depuis les poursuites, a réparé le préjudice qu'il a causé; si, pendant l'instruction, ou pendant les débats, il a fait des aveux et manifesté des regrets ; ou si, au contraire, par une attitude audacieuse et des réponses violentes et mensongères, il s'est signalé comme un malfaiteur endurci et indigne d'intérêt.

Afin que les notices soient rédigées en temps opportun et qu'elles puissent toujours accompagner les extraits des jugements et arrêts aux lieux de détention, vous prescrirez de recueillir, dès le début des poursuites, les renseignements qui doivent y figurer.

Vous veillerez, en outre, à ce que chaque parquet réunisse et conserve les minutes des notices dans un carton spécial, année par année, en suivant, pour leur classement, l'ordre alphabétique.

30 décembre 1873. — CIRCULAIRE de M. le Garde des Sceaux.

I

Bulletins n° 2 relatifs aux engagés volontaires

Monsieur le Procureur général, M. le Ministre de la Guerre a récemment appelé mon attention sur le prix des extraits de casiers judiciaires relatifs aux jeunes gens qui désirent s'engager dans les armées de terre et de mer, en me demandant si l'élévation de ce prix est conforme aux principes posés dans l'article 16 de la loi du 13 brumaire, an VII, et répond à l'idée d'ordre public qui a présidé à la loi du 27 juillet 1872.

Les diverses circulaires sur les casiers judiciaires assujétissent, il est vrai, aux formalités du timbre et de l'enregistrement les bulletins n° 2 délivrés dans un intérêt particulier; mais l'article 46 de la loi du 27 juillet 1872 justifie une dérogation à cette règle. En effet, il impose à l'engagé volontaire l'obligation de produire, non pas un extrait du casier judiciaire, mais un certificat du maire constatant qu'il n'a jamais été condamné à une peine correctionnelle pour vol, escroquerie, abus de confiance ou attentat aux mœurs ; or, le certificat est rédigé sur papier libre, puisqu'aux termes de l'article 16 de la loi du 13 brumaire, an VII, les *engagements*, enrôlements, certificats et autres pièces ou écritures concernant les gens de guerre sont dispensés du timbre ; il n'est pas davantage enregistré, puisqu'aucune disposition ne l'astreint à cette formalité. Il est donc rationnel et légal de ne pas soumettre aux droits de timbre et d'enregistrement l'extrait nécessaire à sa rédaction, et qui est demandé moins dans un intérêt privé que dans un intérêt général.

M. le Ministre des Finances, à qui j'ai communiqué mes observations, partage complètement ma manière de voir et se dispose à donner des instructions dans ce sens aux agents de l'administration de l'enregistrement. Vous voudrez bien, de votre côté, M. le Procureur général, porter à la connaissance de vos substituts et des greffiers cette décision, prise de concert avec les départements de la guerre et des finances, qu'à l'avenir les extraits délivrés *en vue d'engagements volontaires*, soit directement aux particuliers, soit aux maires, seront affranchis des formalités du timbre et de l'enregistrement. Il ne sera plus perçu par les greffiers que la somme de *un franc* qui leur est allouée par les circulaires sur les casiers judiciaires pour droit de recherches, de rédaction et d'inscription au répertoire.

Mais, comme cette exception est exclusivement restreinte au cas dont il s'agit, les greffiers auront soin, dans l'espèce, d'indiquer sur le bulletin n° 2 qu'il est délivré en vue de l'engagement volontaire prévu par l'article 46 de la loi du 27 juillet 1872, et vos substituts, en visant cet extrait, devront vérifier si la mention a été faite.

II
Sommier général des recherches.

Un certain nombre de procureurs de la République ont l'habitude de saisir la préfecture de police des recherches ordonnées par leurs parquets à l'égard d'inculpés qu'ils croient s'être dirigés sur la capitale ou avoir pu prendre cette direction. Cette pratique a suggéré à M. le Préfet de police l'idée de créer une sorte de *sommier général des recherches* qui assurera, avec unité et certitude, l'exécution des mandats décernés par la justice. Je dois signaler à votre attention et à celle de vos substituts cette nouvelle institution, dont les avantages peuvent être considérables pour l'action de la justice. Il ne s'agit pas, bien entendu, pour les magistrats, d'informer la préfecture de police de *toutes* les mises en recherches sans exception ; mais j'estime que cette mesure pourrait recevoir une plus large extension et qu'elle serait surtout utilement appliquée dans les affaires qui présentent un certain intérêt, notamment au point de vue de la sûreté publique.

III
Alsaciens-Lorrains.

Aux termes de l'article 6 de la convention additionnelle avec l'empire d'Allemagne, ratifiée par la loi du 9 janvier 1872, les extraits des casiers judiciaires d'Alsace-Lorraine, conservés dans les territoires cédés, doivent être délivrés par les magistrats allemands au ministère public près nos cours et tribunaux, à nos administrations publiques et même aux particuliers originaires de ces territoires. L'exécution de cette convention rencontre parfois des obstacles de force majeure résultant particulièrement des incendies des greffes de Strasbourg et de Thionville, qui ont détruit plus de 50,000 bulletins n° 1 ; d'autre part, le délai qui s'écoule entre la demande des extraits et leur délivrance prolonge les instructions judiciaires, partant les détentions préventives, et cause un véritable préjudice aux particuliers qui se voient quelquefois refuser l'accès des administrations, faute de pouvoir produire cette pièce en temps utile. Il appartenait donc à mon administration de remédier à un état de choses de nature à compromettre les intérêts de la justice en même temps que ceux des particuliers.

De concert avec M. le Ministre de l'Intérieur, des mesures ont été prises pour que toutes les condamnations corporelles subies en France par des Alsaciens-Lorrains soient relevées sur les registres d'écrou des établissements pénitentiaires et que communication en soit faite au casier central ; d'un autre côté, un de mes prédécesseurs a prescrit le bulletinage, d'après les comptes d'assises, les états des récidives correctionnelles et les listes des libérés des maisons pénitentiaires d'Ensisheim, d'Haguenau, d'Ostwald, etc., des condamnations prononcées contre les mêmes individus par les cours et tribunaux d'Alsace-Lorraine ; enfin vous savez que depuis 1870, les bulletins n° 1 des condamnations prononcées par les juridictions criminelle et correctionnelle contre des Alsaciens-Lorrains ont été régulièrement transmis à la chancellerie, de sorte qu'aujourd'hui le casier central renferme, au nombre de plus de 100,000, les décisions les plus utiles à constater contre les individus nés dans les parties de territoire annexées à l'empire d'Allemagne par le traité de 1871. Vous pouvez donc inviter vos substituts, pour le cas de poursuites à exercer contre un Alsacien-Lorrain, qu'il ait opté ou non pour la nationalité française, à demander d'abord à mon département un extrait du casier central, sauf à recourir, s'il y a lieu, à la convention de Francfort. Mais le soin avec lequel a été faite, tant dans mes bureaux que dans les greffes des établissements pénitentiaires, la reconstitution des antécédents judiciaires des Alsaciens-Lorrains, me donne lieu de penser que la nécessité d'invoquer cette convention ne se produira que bien rarement.

Cette circulaire me donne une occasion toute naturelle de vous entretenir des casiers judiciaires. Si cette institution, aujourd'hui complètement entrée dans les mœurs judiciaires et sociales, rend à l'administration de la justice ainsi qu'aux particuliers les plus grands services, c'est grâce aux soins persévérants que ne cessent d'y donner les magistrats et les greffiers. Ces casiers sont tenus partout avec une régularité que je me plais à reconnaître et les améliorations que proposent souvent, à leur égard, les magistrats, attestent l'intérêt qu'ils y attachent. Aussi je n'hésite pas à leur signaler les observations que m'ont suggéré tant la reproduction du casier central en vue de la reconstitution des sommiers judiciaires, que la pratique journalière de cet important service.

IV
Force du papier des bulletins n° 1

Les bulletins n° 1 sont partout aujourd'hui d'une dimension conforme au modèle prescrit par les circulaires relatives aux casiers judiciaires, mais ceux d'un certain nombre d'arrondissements sont encore rédigés sur du papier trop peu consistant. Cet inconvénient se fait surtout sentir pour le casier central, qui contient près de 500,000 bulletins. Malgré les précautions qu'on apporte à leur classement, il arrive quelquefois que les bulletins dont le papier est trop faible glissent au fond des boîtes et échappent aux recherches. Il est donc à désirer que l'uniformité s'établisse pour la solidité du papier des bulletins n° 1 comme elle s'est établie pour le format.

V
Transmission des bulletins n° 1

Dans quelques ressorts, les bulletins n° 1 sont dressés par les greffiers et transmis au visa du Procureur général beaucoup trop longtemps après la condamnation qu'ils constatent. Il s'écoule souvent trois mois entre la date de la rédaction du bulletin et celle de l'arrivée au casier central ; or, comme il faut compter un mois pour le classement des 1,500 bulletins qui sont adressés mensuellement à la chancellerie, il s'en suit que ce n'est qu'au bout de quatre mois que l'on peut délivrer, avec la certitude qu'il est exact, un bulletin n° 2. Je rappellerai donc ici, qu'aux termes des circulaires du 30 août 1855 et du 1er juillet 1856, les bulletins n° 1 doivent être rédigés dans les quinze jours de la condamnation, vérifiés au parquet de la Cour dans la seconde quinzaine et transmis immédiatement aux casiers des arrondissements d'origine des condamnés ou au casier central.

VI
Origine des Étrangers

Les lieux d'origine des condamnés étrangers sont généralement mal orthographiés sur les bulletins n° 1, ou n'y sont indiqués que par cette mention : né en Belgique, en Italie, etc. Je conçois qu'il n'est pas toujours possible, surtout quand l'étranger a été condamné par contumace ou par défaut, de connaître d'une manière absolument exacte le lieu de sa naissance ; cependant je ne saurais trop insister sur la nécessité pour les juges d'instruction de s'éclairer à cet égard par tous les moyens possibles. Car mon administration doit, en vertu de conventions diplomatiques, transmettre aux gouvernements Belge, Italien, Bavarois, Autrichien, etc., les bulletins des condamnations prononcées en France contre des sujets de ces pays, et ceux qui ne présentent que des indications insuffisantes lui sont renvoyés comme étant tout à fait inutiles.

VII
Pseudonymes

Malgré la recommandation faite au paragraphe 11 de la circulaire du 23 mai 1853, beaucoup de greffiers s'abstiennent de rappeler, sur les bulletins n° 1 des récidivistes, les pseudonymes sous lesquels ont déjà été condamnés ces individus ; de là une correspondance qui retarde le classement des bulletins dans le casier central. Et si, comme il arrive trop souvent, dans l'espèce, la mention : *Récidiviste* n'a pas été inscrite sur le second bulletin, celui-ci est classé au nom nouveau, et les antécédents judiciaires du même individu se trouvent scindés.

Cette observation s'applique d'ailleurs à toutes les différences qui peuvent exister entre le bulletin n° 2 annexé à la procédure et le bulletin n° 1 subséquent. Les greffiers doivent s'attacher à porter sur ce dernier toutes les indications de nature à lui assurer, dans le casier central, sa véritable place. Il ne faut pas perdre de vue que ce casier renferme les bulletins relatifs aux condamnés d'origine étrangère ou inconnue et que les personnes préposées à sa tenue n'ont pas, comme les greffiers d'arrondissement, les registres de l'état-civil pour régulariser les bulletins n° 1 erronés. La seule vérification que puisse faire la chancellerie porte sur les indications légales de ces bulletins, et, à ce point de vue, elle est obligée d'en renvoyer, chaque semaine, un certain nombre pour faire rétablir l'harmonie juridique entre les faits, les peines prononcées et les articles de lois visés.

VIII
Récidivistes

La mention : *récidiviste*, est quelquefois omise, particulièrement sur les bulletins n° 1 émanant des greffes de cours d'appel ; c'est une lacune qu'il faut éviter avec soin. Mais, s'il importe de ne pas négliger cette mention, on doit veiller aussi à ce qu'elle ne soit faite qu'en parfaite connaissance de cause. En effet, le casier central ne contenant pas de bulletins concernant des condamnés indiqués comme récidivistes, il a été souvent répondu aux explications demandées que la mention avait été inscrite sur la simple déclaration du prévenu. Dans ce cas, et afin de ne pas provoquer une correspondance inutile, il serait bon de compléter le bulletin en énonçant que cette mention : *Récidiviste* ne résulte pas du bulletin n° 2, joint au dossier, mais de l'aveu du condamné.

C'est à tort que quelques greffiers considèrent comme récidivistes des individus qui n'ont pour tout antécédent judiciaire que des condamnations de simple police. Si celles-ci ont été relevées sur des bulletins n° 1 et sur des extraits, c'est par suite d'un abus qu'on ne saurait tolérer ; elles ne doivent pas figurer dans les casiers judiciaires, quand bien même elles auraient été prononcées par des tribunaux correctionnels, soit par la dégénérescence d'un délit aux débats, soit sur appel de jugements de tribunaux de simple police.

IX
Condamnés d'origine inconnue

Il est une formalité qui consiste, en ce qui concerne les condamnés d'origine inconnue, à relater sur le bulletin n° 1 qu'il n'a pas été trouvé d'acte de naissance applicable au condamné sur les registres de l'état-civil. Quelques greffiers se bornent à mettre devant le lieu d'origine : *se disant né à* ou bien à faire diriger le bulletin sur le casier central. C'est avec raison que les circulaires du 6 novembre 1850 et du 8 décembre 1868 avaient formellement demandé à ce que les mots : « *pas d'acte de naissance applicable* » fussent toujours apposés sur les bulletins, car la chancellerie n'a que ce moyen pour s'assurer que les recherches ont été réellement faites à l'état-civil. En effet, dans un grand nombre de cas où les bulletins n° 1 concernaient des récidivistes et ne portaient pas l'énonciation ci-dessus, il a été reconnu que les condamnés étaient bien originaires des localités qu'ils avaient indiquées. D'ailleurs, la preuve de l'absence ou de l'insuffisance de vérification à l'état-civil se trouve dans ce fait que la reproduction des casiers judiciaires à laquelle il a été procédé récemment a fait rentrer au casier central 3,078 bulletins n° 1 qui avaient été mal à propos classés et conservés dans les casiers d'arrondissement. C'est à vous, Monsieur le Procureur général, qu'il appartient, lors de la révision qui en est faite à votre parquet, de vous assurer que tous les bulletins n° 1, s'appliquant à des individus s'étant dits nés en France, ne sont adressés au casier central qu'après avoir fait l'objet de minutieuses investigations aux registres de l'état-civil.

X
Condamnations par défaut

Les bulletins n° 1 des condamnations par défaut doivent nécessairement présenter toutes les indications que le greffier a trouvé dans le dossier et faire connaître surtout si le jugement a été signifié et, dans ce cas, à quelle date. L'importance de ce renseignement a été démontrée, il y a quelques mois, par des oppositions formées à des jugements par défaut prononcés avant l'incendie du Palais de Justice de Paris et dont les traces avaient disparu ; elle découle également de l'art. 187 du Code d'instruction criminelle, d'après lequel l'opposition peut être receval·le jusqu'à la prescription de la peine.

XI
Condamnations à la requête des administrations civiles

J'ai appris qu'il s'est produit dans la pratique des divergences regrettables au sujet des bulletins n° 1 relatifs aux condamnations prononcées à la requête des administrations publiques. Pour y mettre un terme, je crois devoir rappeler qu'il est inutile de rédiger des bulletins n° 1 pour les condamnations à l'amende prononcées sur les poursuites de ces administrations, mais qu'il doit toujours en être dressé pour les condamnations *corporelles* : tel est le principe posé par les circulaires des 6 novembre et 30 décembre 1850 et auquel il n'a été dérogé par aucune instruction ultérieure.

XII
Format du bulletin n° 2

La feuille de timbre de 60 centimes a été adoptée comme type du format des bulletins n°s 1 et 2 ; cependant, j'ai eu l'occasion de constater que, dans quelques arrondissements, ces derniers excédaient la dimension légale, soit en hauteur, soit en largeur. Si cette irrégularité n'a pas de gravité lorsque les extraits sont destinés à être joints à des procédures criminelles ou correctionnelles, il n'en est pas de même quant ils sont délivrés à des particuliers dans un intérêt privé. Ces extraits devant être soumis aux droits de timbre et d'enregistrement, les impétrants se sont vus quelquefois obligés de payer un droit de timbre double de celui qui a été fixé par les circulaires. Il importe que vos substituts exercent sur ce point la surveillance nécessaire.

XIII
Demandes de bulletins n° 2

Les demandes d'extrait de casiers judiciaires doivent toujours être accompagnées des indications propres à faciliter les recherches. (Circulaire du 1er juillet 1856, § 9). Celles que reçoit le casier central sont souvent muettes sur l'état de récidive dans lequel se trouve l'individu poursuivi de nouveau, de sorte qu'ainsi que je le disais plus haut les bulletins n° 1 parvenant trop tardivement à la chancellerie pour être classés dans le mois de la condamnation, les investigations sont infructueuses et les extraits négatifs, faute de savoir qu'il peut exister dans les bulletins non encore classés une condamnation s'appliquant à l'inculpé dont il s'agit.

XIV
Bulletins n° 2 négatifs

Dans l'espèce précédente, lorsque le

parquet ou le juge d'instruction reçoit du casier central un extrait négatif concernant un individu déjà condamné, son premier devoir est de demander un nouveau bulletin n° 2 en faisant connaître les antécédents, afin de le substituer dans le dossier à l'extrait incomplet. L'omission de cette opération a eu cette conséquence que plusieurs centaines d'individus n'ont pas figuré sur les états des récidives correctionnelles de 1872.

XV
Annexion des bulletins n° 2 aux procédures

Il est de principe qu'il doit être annexé à *toutes* les procédures criminelles et correctionnelles, sauf en matière forestière, un extrait du casier judiciaire. Aucune exception ne doit être apportée à cette règle. Il a été constaté en 1872, pour 271 récidivistes, que des extraits n'avaient pas été demandés à la Chancellerie, qui a dû transmettre d'office des bulletins n° 2 pour que ces individus pussent être portés sur les états spéciaux des récidives, et plusieurs de ces bulletins contenaient des condamnations plaçant les individus en état de récidive légale, circonstance inconnue du dernier tribunal de répression. En matière de flagrant délit, si le prévenu est conduit immédiatement à la barre, il n'en faut pas moins demander le bulletin n° 2, afin que le ministère public puisse apprécier s'il est nécessaire d'user de son droit d'appel. S'il est cité d'urgence pour l'audience du lendemain ou du surlendemain, on peut recourir à la voie télégraphique pour connaître les antécédents, sans préjudice de l'extrait à annexer au dossier ; dans tous les autres cas, il n'y a pas de difficultés. Seulement, il est à désirer que les greffiers répondent sur le champ aux communications télégraphiques, ce qui n'a pas toujours lieu ; le moindre retard peut empêcher l'application de la loi du 20 mai 1863 ; quant aux demandes qui leur sont adressées par correspondance, le délai maximum pour la réponse doit être de 48 heures. (Circulaire du 1er juillet 1856, § 23.)

XVI
Condamnations par contumace ou par défaut

Des bulletins de condamnations par contumace ou par défaut sont constamment transmis au casier central, parce que, malgré les plus actives recherches, on n'a pu découvrir le lieu de naissance précis des condamnés d'origine française. Il arrive quelquefois que, poursuivis ultérieurement, ces individus font connaître d'une manière exacte leur commune de naissance ; on demande alors au parquet du tribunal de l'arrondissement d'origine un extrait du casier qui est nécessairement négatif sur la condamnation par contumace ou par défaut, et on néglige de s'adresser au casier central, ce qui laisse y subsister un grand nombre de bulletins inutiles. Par conséquent, lorsque le ministère public aura la certitude ou seulement de graves présomptions qu'un prévenu a déjà été condamné et que le casier de son arrondissement d'origine ne contient pas de bulletin n° 1 s'appliquant à lui, il doit en informer la chancellerie, afin que des recherches soient faites au casier central.

XVII
Prix des bulletins n° 2 délivrés aux particuliers

Il est à ma connaissance que des greffiers, indépendamment des 3 fr. 40 c. qui leur sont alloués pour la délivrance des bulletins n° 2 aux particuliers (Circulaire du 30 novembre 1872), perçevaient encore les 10 centimes attribués à titre d'émoluments pour l'inscription au répertoire par le paragraphe 14 de l'article 1er du décret du 24 mai 1854. Je tiens essentiellement à ce qu'il n'en soit pas ainsi. Le prix de ces bulletins n'était au début que de 2 fr. 20 c. et les demandes étaient rares ; aujourd'hui diverses lois de finances l'ont élevé à 3 fr. 40 c., et les demandes très nombreuses le deviendront chaque jour davantage. Or, les greffiers perçoivent déjà 75 centimes à titre de droits de recherche et de rédaction pour ces extraits, presque toujours négatifs. Cette somme est amplement rémunératoire et l'augmenter en y ajoutant encore 10 centimes pour l'inscription au répertoire serait faire peser sur les impétrants, généralement pauvres, un surcroît de frais qu'il importe de leur éviter. Si, pour me conformer à la lettre du décret de 1854, j'autorisais les greffiers à revendiquer ces 10 centimes supplémentaires, je n'hésiterais pas à réduire les droits de recherche et de rédaction, dont le taux élevé n'a pas aujourd'hui la même raison d'être que dans le principe.

Telles sont, Monsieur le Procureur général, les diverses parties du service des casiers judiciaires sur lesquelles je devais appeler votre sollicitude. Les magistrats du ministère public doivent, avant de donner leur visa aux bulletins, s'assurer avec le plus grand soin qu'ils sont absolument conformes aux prescriptions des circulaires et *ne pas laisser passer en taxe ceux qui présenteraient quelque irrégularité matérielle ou légale*. De son côté, mon administration, qui reçoit chaque année près de 18,000 bulletins destinés au casier central, ne se départira pas de la surveillance active et incessante qu'elle doit exercer. Ce n'est, en effet, que par une observation stricte et uniforme des instructions générales que l'institution des casiers judiciaires continuera à produire d'excellents résultats...

Recevez, etc.

Le Garde des Sceaux : O. DEPEYRE.

19 février 1874. — CIRCULAIRE *de M. le Garde des Sceaux.*

M. le Procureur général, aux termes de l'article 4 de la loi du 27 juillet 1872, sur l'organisation de l'armée, le temps passé en prison par des jeunes soldats de l'armée active ou des hommes de la réserve ne compte pas pour les années de service. D'autre part, suivant l'article 7, l'exclusion du service militaire résulte de toute condamnation à une peine afflictive ou infamante, ou à une peine correctionnelle de deux ans de prison et au-dessus, lorsque le jugement a prononcé la surveillance de la haute police et l'interdiction, en tout ou en partie, des droits civiques, civils ou de famille.

Le registre matricule, créé par l'article 33 de la même loi, au dépôt de recrutement du département où le tirage au sort s'est effectué, doit faire mention des jugements qui ont ainsi affecté la situation des jeunes soldats jusqu'à ce qu'ils passent dans l'armée territoriale. M. le Ministre de la Guerre m'a prié de prendre les mesures nécessaires pour l'exacte tenue de ce registre.

Je vous invite, en conséquence, à donner des instructions à vos substituts pour qu'ils fassent délivrer par les greffiers au commandant du dépôt de recrutement de chaque département, les duplicata des bulletins n° 1 destinés aux casiers judiciaires et constatant les jugements portant condamnation à des peines corporelles.

Le tirage au sort se fait ordinairement dans la commune du lieu de la naissance. Si le tirage s'était passé au contraire au lieu du domicile, il appartiendrait au commandant du dépôt de recrutement du département de faire parvenir le bulletin à son collègue placé dans un autre département. Les duplicata donneront lieu à une rétribution de 25 centimes à la charge du budget de mon département.

Quant aux individus, dont le lieu de naissance est inconnu ou qui, étant nés hors de France, pourraient être liés au service, comme les Alsaciens-Lorrains ayant opté pour la nationalité française, les étrangers naturalisés, si leur domicile n'est pas connu, il appartiendra à la chancellerie de délivrer les duplicata des bulletins n° 1. Ces duplicata seront transmis mensuellement au département de la guerre, qui se chargera de rechercher les dépôts de recrutement où se trouvent les registres matricules concernant les individus dont il s'agit.

Ces instructions ne concernent actuellement que les militaires de 20 à 29 ans, faisant partie de l'armée active ou de la réserve ; mais il est évident qu'elles devront s'appliquer également aux individus passés dans l'armée territoriale et tenus au service militaire jusqu'à 40 ans. Des duplicata des bulletins du casier judiciaire devront être délivrés dans les mêmes conditions aux autorités militaires qui les réclameront.

Je désire que la présente circulaire soit mise à exécution à partir du 1er mars prochain. Dès ce moment, vos substituts seront dispensés de me transmettre les extraits de jugements concernant les militaires dont l'envoi était prescrit par le paragraphe 13 de la circulaire du 6 décembre 1840 et qui étaient communiqués au département de la guerre....

Recevez, etc.

Le Garde des Sceaux : O. DEPEYRE.

5 mai 1877. — CIRCULAIRE *de M. le Garde des Sceaux.*

M. le Procureur général, le nombre des extraits du casier judiciaire central délivré aux particuliers s'accroît de jour en jour ; après avoir été de 1,099 en 1874 et 1,842 en 1875, il s'est élevé à 2,319 en 1876, et pendant les trois premiers mois de l'année courante, il a atteint le chiffre de 805. Ces extraits ne sont pas tous soumis aux droits de timbre et d'enregistrement, mais tous sont frappés d'un franc pour recherche, rédaction et inscription au répertoire. Au début de l'institution, cette somme avait été laissée aux greffiers pour les indemniser de la peine qu'ils prenaient de faire timbrer et enregistrer ces extraits, dont le nombre était d'ailleurs fort restreint ; mais cette pratique ne se justifie plus aujourd'hui qu'elle devient réellement préjudiciable aux intérêts du trésor ; j'ai donc dû me préoccuper de la faire cesser, tout en conservant aux greffiers la juste rémunération de leur intervention.

I. De concert avec M. le Ministre des Finances, j'ai soumis, le 10 de ce mois, à l'approbation de M. le Président de la République, un décret que vous trouverez au *Bulletin des lois* ainsi qu'au *Bulletin officiel* du Ministère de la Justice, et en vertu duquel les greffiers continueront à remettre aux impétrants les extraits du casier central après les avoir fait, quand il y aura lieu, timbrer et enregistrer ; mais la somme de un franc due pour droits de recherche, de rédaction et d'inscription au répertoire sera versée par eux, à la fin du mois de décembre de chaque année, entre les mains des receveurs des finances, en échange d'un récépissé que les procureurs de la République communiqueront immédiatement à la chancellerie (direction criminelle, 3ᵉ bureau), pour être rapproché du registre spécial prévu par l'article 4 dudit décret.

II. Lorsque l'extrait n'aura pas été réclamé par l'impétrant, dans les vingt jours de la délivrance, il devra être renvoyé à la chancellerie.

III. Il importe aussi lorsque le Procureur de la République demande lui-même un extrait, dans l'intérêt d'un particulier, qu'il indique l'usage que celui-ci veut en faire, afin que le rédacteur de cet extrait sache s'il doit prescrire les formalités du timbre et de l'enregistrement.

IV. Depuis 1858, et en vertu de conventions successives, mon administration échange avec les gouvernements d'Autriche, de Belgique, de Bavière, du Grand-Duché de Bade, d'Italie et d'Allemagne (pour l'Alsace-Lorraine seulement), les bulletins n° 2 des condamnations prononcées contre les nationaux respectifs.

Jusqu'à présent, les copies destinées à ces gouvernements avaient été faites par les soins de mon département; à l'avenir, les greffiers en seront chargés aux conditions déterminées par le paragraphe 19 de la circulaire du 6 décembre 1876 (15 centimes par copie), à partir du 1ᵉʳ mai.

V. Les greffiers emploieront pour ces copies les bulletins n° 1 ordinaires, et y porteront absolument les mêmes indications; toutefois, le pays d'origine du condamné sera inscrit en tête du bulletin et à gauche. En ce qui concerne le lieu précis de naissance, je me bornerai à rappeler que le paragraphe 13 de la circulaire du 8 décembre 1875 recommande de l'inscrire lisiblement et de faire connaître, autant que possible, la province ou l'arrondissement dans lequel il est situé.

VI. Ces duplicata n'ont pas besoin d'être soumis à votre visa; vos substituts pourront donc me les transmettre directement chaque quinzaine, en ayant soin de les classer par pays et d'énoncer, sur la lettre d'envoi, le nombre et la destination.

VII. Je saisis cette occasion pour vous informer que mon collègue au département de la guerre a reçu des généraux commandant les corps d'armée de nombreuses plaintes au sujet d'irrégularités dans la transmission aux dépôts de recrutement des duplicata des bulletins n° 1, concernant les soldats de l'armée active et de la réserve

Le Garde des Sceaux: L. MARTEL.

Cassation. V. POURVOI EN CASSATION.

Cautionnement des fonctionnaires.

31 janvier-8 mars 1872. — *Décret relatif à l'affectation des rentes sur l'Etat aux cautionnements des comptables.*

Le Président de la République française,

Sur le rapport du ministre des finances; — considérant que les bases des cautionnements en rentes sur l'Etat français fournis au Trésor ou aux administrations publiques, telles qu'elles sont fixées par l'article 2 de l'ordonnance du 19 juin 1825, ne sont plus en rapport avec les cours actuels; — qu'il importe, en cas de réalisation, pour cause de débet ou autrement, des rentes données en nantissement, que ces valeurs représentent autant que possible le capital nominal des cautionnements, — Décrète:

Art. 1ᵉʳ. — Les rentes sur l'Etat français de toute nature affectées à des cautionnements provisoires ou définitifs envers le trésor ou les administrations publiques seront calculées à l'avenir, savoir:

1° Pour les dépôts provisoires des soumissionnaires de travaux ou fournitures, au cours moyen de la veille du jour où le dépôt des rentes sera effectué;

2° Pour le cautionnement des comptables, au cours moyen du jour de la nomination; et pour les cautionnements des adjudicataires de fournitures ou entreprises, au cours moyen du jour de l'approbation du marché ou de l'adjudication;

3° Pour les autres cautionnements que les parties auront été admises à constituer en rentes sur l'Etat, au cours moyen du jour de la décision ou de l'arrêté qui les aura autorisées à fournir des garanties de cette nature.

Art. 2. — Sont abrogées les dispositions de l'ordonnance du 19 juin 1825 en ce qu'elles ont de contraire au présent décret, sans préjudice de ce qui a été réglé, par la loi du 8 juin 1864, en ce qui concerne les cautionnements en rentes des conservateurs des hypothèques.

Bulletin des lois, n° 910. — Voir *Dalloz*. P. 1864. 4, page 93; *idem*, P. 1872, 4, page 27; *idem. Jur. gén.* V. *Cautionnement des fonctionnaires*, n° 22-7°. V. Duvergier. 1872 p. 64.

22-26 mars 1873. — *Loi concernant les cautionnements fournis par les conservateurs des hypothèques en rentes sur l'Etat.*

Art. 1ᵉʳ. — La faculté accordée aux conservateurs des hypothèques en exercice à la date du 8 juin 1864, de convertir en tout ou en partie en rentes sur l'Etat de toute nature les cautionnements qu'ils avaient primitivement fournis en immeubles, est étendue à tous les conservateurs nommés depuis cette époque et à ceux qui seront nommés à l'avenir.

Cette faculté pourra s'exercer pendant toute la durée de leurs fonctions et dix années après la cessation desdites fonctions.

Art. 2. — Les rentes offertes à titre de

cautionnement devront, pour leur évaluation, être capitalisées au denier 20, de manière à représenter par le résultat de cette capitalisation un chiffre égal à celui du cautionnement ou de la partie du cautionnement en immeubles qu'elles doivent remplacer, en conformité des dispositions des lois des 8 juin 1864 et 16 septembre 1871.

Art. 3. — Il n'est rien innové aux dispositions des ordonnances des 14 juin et 22 novembre 1829 qui ont trait aux conservateurs des hypothèques nommés dans les colonies françaises.

V. *Bulletin des lois*, n° 1,867. — Duvergier, 1873, p. 94.

4-26 septembre 1874. — *Décret concernant les cautionnements des comptables du département de la guerre.*

Le Président de la République française,

Vu les lois des 25 nivôse et 6 ventôse, an XIII ; le règlement du 15 novembre 1822 sur les cautionnements auxquels sont assujettis les comptables et les entrepreneurs du département de la guerre ; les ordonnances royales des 25 septembre 1816, 25 juin 1835 et le décret du 12 mars 1862,

Décrète :

Art. 1er. — A l'avenir, les cautionnements réalisés par les comptables du département de la guerre, soit en numéraire, soit en rentes sur l'Etat, soit en immeubles, seront affectés à la garantie de la gestion des titulaires, quelque soit le lieu où ils exerceront ou auront exercé leurs fonctions ; en conséquence, à dater de ce jour, les cautionnements auxquels les comptables seront assujettis seront reçus sans indication de résidence, et il ne pourra être formé d'opposition sur ces cautionnements qu'entre les mains du conservateur des oppositions, à Paris.

Art. 2. — Pour que les cautionnements déjà réalisés puissent suivre à l'avenir les comptables et servir de garantie pour toutes les gestions qui pourraient leur être confiées, les titulaires devront, dans les délais fixés par leur lettre de service, produire au ministre les justifications suivantes :

I. S'il s'agit du numéraire :

1° Leur certificat d'inscription ;

2° Un certificat de non opposition délivré par le greffier du tribunal civil de 1re instance de l'arrondissement dans lequel ils auront exercé leurs fonctions ;

3° Et le consentement du bailleur de fonds (s'il y en a un.)

II. Si le cautionnement a été réalisé en rentes ou en immeubles.

Le consentement du propriétaire des inscriptions ou de l'immeuble.

Ce consentement, ainsi que celui du bailleur de fonds, devra être conforme au modèle annexé au présent décret.

Art. 3. — Lorsqu'un comptable sera désigné pour une nouvelle gestion, il devra justifier de la réalisation de son dernier cautionnement, et, si le nouveau est supérieur à l'ancien, il sera tenu de fournir le supplément de garantie dans les délais fixés par sa lettre de service. Si ce cautionnement est inférieur à l'ancien, la portion disponible pourra être restituée à qui de droit, après l'apurement définitif des comptes des gestions antérieures.

Art. 4. — Toute interruption dans les fonctions d'un gestionnaire soit pour cause de mise en sous-ordre, soit par suite de mise en non activité, sera considérée comme une cessation de fonctions et donnera aux comptables le droit de réclamer le cautionnement dont ils sont propriétaires et aux bailleurs de fonds celui de ne plus continuer à cautionner le comptable pour les nouvelles gestions auxquelles il pourrait être appelé ultérieurement.

Ce droit ne sortira son effet qu'autant qu'il aura été revendiqué par les cautions avant que le cautionné ait été appelé à une nouvelle gestion.

Art. 5. — Les comptables, dans le cours de leurs fonctions, pourront être admis à présenter de nouveaux cautionnements de même nature pour remplacer les anciens. Toutefois, ce remplacement ne pourra être opéré, pour les cautionnements versés en numéraire par les bailleurs de fonds, que par voie de subrogation dans l'effet du privilége.

Art. 6. — Toutes les demandes ayant pour objet la réalisation, la substitution ou la main-levée des cautionnements seront adressées au Ministre de la Guerre.

ANNEXE AU DÉCRET CI-DESSUS

Modèle du consentement dont il est parlé en l'art. 2 de ce décret

Le soussigné... en exécution de l'art. 2 du décret du 4 septembre 1874, déclare consentir que de la somme de l'inscription ou les inscriptions de rente de l'inscription hypothécaire prise sur le (ou les) immeubles dont je suis propriétaire et qui constitue (ou constituent) la totalité (ou partie) du cautionnement auquel était assujetti M... en sa qualité de comptable du service d Subsistances militaires, Hôpitaux militaires, Habillement, harnachement et campement. serve et soit affectée (ou servent et soient affectées) à la garantie de la gestion de M... partout où l'administration de la guerre jugera convenable de l'employer et n'importe le grade qui lui sera confié, sous la condition que le privilège qui lui était acquis sur le premier cautionnement (jusqu'à la concurrence de....) sera transféré (jusqu'à la même concurrence) sur le cautionnement que doit fournir M...

Au moyen de quoi il déclare reconnaître à l'administration de la guerre le droit d'exercer son premier privilège, tant pour la gestion ancienne que pour toutes celles qui pourraient être confiées à M....

, le..... 187 .

Nota. — Faire légaliser la signature par le Maire et celle du Maire par le Préfet ou le Sous-Préfet.

Bulletin des lois n° 3445. — V. *Dalloz* P. 1875, 4, p. 44.

Cautionnement des journaux. V. PRESSE.

Cavalerie. V. ARMÉE D'ALGÉRIE et SERVICE MILITAIRE.

Censure. V. LÉGION D'HONNEUR.

Centimes additionnels. V. COMMUNES, CONSEILS GÉNÉRAUX, HÔPITAUX et IMPÔT ARABE.

Centres. — V. COLONISATION.

Cercles administratifs. V. ADMINISTRATION DU TERRITOIRE MILITAIRE et COMMUNES, SECT. 3.

Céréales (mezurage des). V. FOIRES et MARCHÉS;

Cérémonies publiques. V. PRÉSÉANCES.

Chambres d'Agriculture. V. *Ménerville*.

Chambres de commerce. V. COMMERCE.

Chartes appartenant aux BIBLIOTHÈQUES PUBLIQUES. V. ce mot.

Chasse.

SOMMAIRE

Permis de chasse.
Arrêté permanent.
Destruction du gibier.

8 janvier 1873. — *Décret.*

Vu la loi de Finances du 20 décembre 1872, portant, art. 21 : « A l'avenir, le » prix des permis de chasse sera fixé, » comme autrefois, à 25 fr. » (1)

Art. 1er. — L'article 21 de la loi de Finances du 20 décembre 1872, est rendu exécutoire en Algérie ; à cet effet, il sera publié et promulgué à la suite du présent décret, qui sera inséré au *Bull. des lois*.

A. THIERS.

31 janvier 1869. — *Arrêté permanent du Préfet d'Alger* (2).

Vu la loi du 3 mai 1844, sur la police de la chasse ;

Vu le décret du 22 novembre 1850 ;

Vu l'arrêté permanent, en date du 5 février 1867 ;

---

(1) CIRCULAIRE DU PRÉFET D'ORAN

Il arrive fréquemment que l'avis exigé par l'article 5 de la loi du 3 mai 1844, pour l'obtention d'un permis de chasse, est donné par le maire d'une commune autre que celle du domicile ou de la résidence de l'impétrant. Il en résulte non seulement un préjudice pour cette dernière commune, qui est ainsi privée de la part à laquelle elle a droit dans le prix du permis ; mais, ce qui est plus grave, la garantie attachée à l'avis du maire disparait aussi complètement. Le maire d'une commune étrangère ne peut, en effet, connaître les antécédents, le caractère, la moralité de la personne qui sollicite un permis et édifier l'administration sur la question de savoir si elle est dans les conditions voulues pour en obtenir la délivrance.

J'ai l'honneur, Messieurs, d'appeler toute votre attention sur ce point. En donnant ce qu'on peut appeler des avis de complaisance, MM. les Maires commettraient une violation de la loi, engageraient sérieusement leur responsabilité ; enfin, ils exposeraient la commune qu'ils administrent à des réclamations de la part de la commune du domicile ou de la résidence.

Il est un autre point que je crois devoir signaler à votre sollicitude. La loi ne contient, en ce qui concerne les étrangers résidant sur le territoire français, aucune disposition qui interdise de leur délivrer des permis. Il est cependant nécessaire de distinguer. Les é-rangers qui se sont établis en Algérie, bien qu'avec esprit de retour, et qui y ont leur résidence depuis assez longtemps pour que l'on puisse connaître leur moralité, peuvent obtenir le permis lorsqu'ils remplissent les conditions voulues par la loi. Quant à ceux qui n'ont aucun lieu de résidence habituelle, et par conséquent ne sont point assez connus des autorités locales pour qu'elles puissent donner avec confiance l'avis exigé par l'article 5, ils ne sauraient recevoir de permis.

Vous devrez donc, à l'avenir, Messieurs, chaque fois qu'une demande de permis vous sera adressée par un étranger, accompagner le certificat réglementaire, libellé sur la demande même du pétitionnaire, des renseignements précis sur ses antécédents et sa moralité.

Le permis de chasse n'est pas délivré, vous le savez : 1° aux mineurs qui n'ont pas 16 ans accomplis ; 2° aux mineurs de 16 à 21 ans, à moins que le permis ne soit demandé pour eux par leur père, mère, tuteur ou curateur. Cette prescription n'est pas toujours exactement suivie, et certaines demandes admises par les municipalités me parviennent avec des signatures autres que celles des personnes expressément désignées par la loi. Je vous recommande, d'une manière toute particulière, de veiller à ce qu'il n'en soit plus ainsi à l'avenir.

Quant aux demandes de permis de chasse formulées par des indigènes, vous devrez toujours également les accompagner d'un avis motivé, et vous me ferez connaître si les demandeurs ont été préalablement autorisés à se trouver détenteurs d'armes, dans la condition déterminée par l'article 3 de l'arrêté du Gouverneur général du 11 décembre 1872. Vous indiquerez la date de l'autorisation et le numéro de l'immatriculation.

Enfin, j'ajouterai que toutes les demandes de l'espèce devront toujours me parvenir par votre intermédiaire.

Le Préfet: B. NOUVION.

(2) 5 février 1876. — *Circulaire du Préfet d'Alger.*

Par arrêté en date du 16 janvier dernier, j'ai fixé au 7 février l'époque de la clôture de la chasse, en autorisant, toutefois, du 15 mars au 15 avril, la

Vu les délibérations du Conseil général, en date des 3 octobre 1862 et 20 septembre 1866,
Arrête :
Art. 1er. — La chasse aux *oiseaux de passage*, notamment à la caille, au râle de genet et à la poule de Carthage, ainsi qu'au *gibier d'eau*, dans les marais, sur les étangs, fleuves et rivières, est autorisée, *mais à tir seulement*, jusqu'à une époque déterminée, chaque année, par l'arrêté de fermeture de la chasse.

---

chasse à tir des oiseaux de passage, de la caille et du gibier d'eau.

Des instructions vous ont été données à diverses reprises pour tenir la main à l'application rigoureuse des dispositions de la loi du 3 mai 1844 et des arrêtés relatifs à l'exercice de la chasse et du colportage du gibier en temps prohibé. En présence des contraventions relevées fréquemment à l'encontre des indigènes notamment, il me paraît utile de vous rappeler ces instructions.

L'intérêt de l'agriculture et celui de la conservation du gibier exigent une surveillance sévère des délinquants.

Indépendamment de la surveillance directe à exercer sur les chasseurs, le meilleur moyen de prévenir ou de réprimer ces contraventions consiste à appliquer l'article 4 de la loi du 3 mai 1844, aux termes duquel il est interdit de mettre en vente, de vendre, d'acheter, de transporter et de colporter du gibier pendant le temps où la chasse n'est pas permise.

En cas d'infraction à cette disposition, le gibier doit être saisi et immédiatement donné à l'établissement de bienfaisance le plus voisin. La recherche du gibier peut être faite à domicile chez les aubergistes, chez les marchands de comestibles et dans les lieux ouverts au public.

L'article 12 de la même loi prononce une amende de 50 à 200 fr., et un emprisonnement de six jours à deux mois contre ceux qui auront chassé en temps prohibé et contre ceux qui dans le même temps, auront mis en vente, vendu, acheté, transporté ou colporté du gibier.

En vertu de cette disposition, il est facile de mettre obstacle au commerce du gibier pendant la période de prohibition, et c'est le moyen le plus efficace d'assurer l'action conservatrice de la loi du 3 mai 1844.

J'appelle donc toute votre attention sur la nécessité de réprimer sévèrement le transport, le colportage et la mise en vente du gibier pendant tout le temps où la chasse en est interdite.

Pendant la période de la fermeture de la chasse, on peut seulement vendre et colporter :

1° Les oiseaux et animaux nuisibles et malfaisants dont la destruction est autorisée en tout temps par le règlement permanent du 31 janvier 1869 (articles 2 et 3) ;

2° Les oiseaux de passage, les cailles et le gibier d'eau tués du 15 mars au 15 avril.

Tout autre gibier est saisissable sur la personne des chasseurs ou colporteurs hors de leur domicile, sur les voitures publiques, sur ceux qui apportent des denrées dans les villes, Européens ou Indigènes, chez les hôteliers, aubergistes, restaurateurs et marchands de comestibles.

Les agents préposés à l'exécution des lois et règlements de police rurale et municipale sont autorisés à se livrer, dans les limites qui viennent d'être indiquées, à la recherche du gibier prohibé ; il doit leur être recommandé de s'acquitter avec vigilance et fermeté de cette partie de leurs attributions.

Le Préfet : Brunel.

Circulaire relative à la destruction du gibier en Algérie.

Monsieur le Préfet, depuis quelques années l'Algérie tend à se dépeupler de gibier, par suite de déprédations commises par le braconnage, et qui sont encouragées par des commandes du commerce d'exportation pour compte de maisons d'approvisionnement de l'Europe. On cite un seul marché qui porte sur une fourniture de 100,000 têtes de perdreaux à livrer dans un délai de deux mois.

L'enquête que j'ai ordonnée sur ces faits a démontré

Que le braconnage s'exerce plus particulièrement sur des territoires d'anciennes tribus devenues communes mixtes, et qu'il s'effectue par des indigènes, à l'aide d'engins prohibés.

D'un autre côté, il a été constaté que l'impunité qui couvre les délinquants tient à l'éloignement des centres de population dans lesquels résident les agents de la force publique.

Je vous ai invité à me faire connaître votre avis sur les voies à suivre pour obtenir des moyens de répression efficaces.

Le Conseil de gouvernement s'est livré lui-même à l'étude de cette question et des diverses mesures proposées pour la résoudre.

L'une de ces mesures consistait à interdire, par voie de décret, l'exportation du gibier d'Algérie. Elle a été écartée comme contraire au principe de la liberté commerciale.

Les autres propositions peuvent se résumer ainsi qu'il suit :

Inviter les propriétaires indigènes à se réunir en associations syndicales, pour interdire la chasse sur les terres qui leur appartiennent ; faire prononcer la même interdiction sur les biens communaux par les commissions municipales ; attribuer des primes aux capteurs d'engins prohibés.

La première de ces propositions a paru mériter d'être développée ; la seconde a été repoussée.

Le Conseil de gouvernement a pensé que les engins présentés comme corps de délit seraient plus d'une fois fabriqués, non pour prendre le gibier, mais pour obtenir la prime.

En ce qui me concerne, j'estime que les moyens à employer pour arrêter la destruction du gibier en Algérie, doivent être les suivants :

1° Amener les commissions municipales des communes mixtes et les propriétaires, réunis en association syndicale, à louer le droit de chasse sur leur territoire, en proscrivant, d'une façon absolue, l'emploi de tout engin, autre que le fusil, et en intéressant les chasseurs ou sociétés de chasseurs à participer aux mesures d'ordre et de police à prendre.

Aux termes d'un décret du 25 prairial an XIII, les Maires des communes peuvent mettre en ferme les droits de chasse avec l'approbation des Préfets.

En règle générale, on doit recourir aux enchères ; cependant, il peut être dérogé à cette règle.

Le droit de chasse, concédé par adjudication ou de gré à gré, constitue un droit personnel qui n'est point susceptible de délégation, surtout si la cession est prohibée par le bail.

2° Imposer aux sociétés, locataires du droit de chasse, l'obligation d'instituer des gardes particuliers français, ayant qualité pour dresser des procès-verbaux contre les individus surpris en contravention contre les lois sur la chasse. Je n'ai pas besoin d'ajouter que les propriétaires associés pourront confondre leurs intérêts avec ceux de la commune. Les autorités municipales seront, dans ce cas, chargées de représenter la Société et d'agir en son nom.

3° Nommer, dans chaque section de commune mixte, un certain nombre de gardes indigènes, préposés, sous la responsabilité de l'adjoint indigène, à la police et à la surveillance des territoires fréquentés par le gibier ; ces gardes auront mission d'arrêter et de remettre entre les mains de l'adjoint indigène, tout indigène convaincu de se livrer habituellement au braconnage.

Récompenser par des primes ceux de ces agents qui feront preuve de zèle.

4° Augmenter ces moyens d'action de la force publique partout où cela sera possible ; faire concourir les gardes forestiers à l'exécution des mesures d'ordre et de police qui seront prises.

Art. 2. — Peuvent être détruits en tous temps et par tous les moyens, sauf l'incendie : 1° les chacals, renards, belettes, mangoustes ou ratons, genettes, chats sauvages, sangliers, lynx, hyènes, panthères et lions ; 2° les vautours, aigles, buses, faucons, éperviers, milans et busards.

Peuvent également être détruits en tous temps, mais seulement dans les conditions suivantes : 1° les moineaux, par l'emploi du fusil ; 2° les lapins, à l'aide du furet, avec bourses et sans chiens.

Art. 3. — La vente et le colportage de ces différents animaux tués ou capturés par des moyens légaux, sont autorisés.

Art. 4. — Il est fait défense de prendre ou de détruire les œufs ou les couvées de toute espèce d'oiseaux, autres que ceux indiqués à l'article 2.

Art. 5. — La chasse est prohibée en temps de neige. Cette défense n'est pas applicable à la chasse du gibier d'eau dans les marais, sur les étangs, fleuves et rivières.

Le Préfet : STÉPHANY POIGNANT.

Châteaudun du Rhummel (création d'un commissariat civil à). V. COMMISSARIAT CIVIL.

Chefs indigènes. V. ADMINISTRATION DU TERRITOIRE MILITAIRE ; COMMUNES, SECT. 3 ; JUSTICE.

Cheiks. V. *Mêmes mots que ci-dessus.*

Chemins de fer.

DIVISION

§ 1. — Chemins de fer d'intérêt local.
§ 2. — — de Bône à Guelma.
§ 3. — — d'Arzew à Saïda. (Terrains concédés à la société.)
§ 4. — — de Ste-Barbe-du-Tlélat à Sidi-bel-Abbès.
§ 5. — — de Constantine à Sétif.
§ 6. — — de Duvivier à Souk-Ahras et de Guelma à la ligne de Constantine.
§ 7. — Chemin de fer de la Maison-Carrée à l'Alma.

§ 1er.

7 mai 1874. — *Décret.*

Vu la loi du 12 juillet 1865, sur les chemins de fer d'intérêt local ;

Vu le décret du 5 juillet 1854, sur les chemins vicinaux de l'Algérie,

Art. 1er. — La loi du 12 juillet 1865, sur les chemins de fer d'intérêt local dans la métropole, est rendue exécutoire en Algérie, à l'exception des articles 5, 6 et 7.

Art. 2. — L'article 3 de ladite loi est remplacé par la disposition suivante :

« Les ressources créées en vertu du décret du 5 juillet 1854, peuvent être affectées, en tout ou en partie, par les communes et les départements, à la dépense des chemins de fer d'intérêt local. »

Mal DE MAC-MAHON.

12 juillet 1865. — *Loi.*

Art. 1er. — Les chemins de fer d'intérêt local peuvent être établis :

1° Par les départements ou les communes, avec ou sans le concours des propriétaires intéressés ;

2° Par des concessionnaires, avec le concours des départements et des communes.

Ils sont soumis aux dispositions suivantes :

Art. 2. — Le Conseil général arrête, après instruction préalable par le Préfet, la direction des chemins de fer d'intérêt local, le mode et les conditions de leur construction, ainsi que les traités et les dispositions nécessaires pour en assurer l'exploitation.

L'utilité publique est déclarée et l'exécution est autorisée par décret délibéré en Conseil d'Etat, sur le rapport des Ministres de l'Intérieur et des Travaux publics.

Le Préfet approuve les projets définitifs, après avoir pris l'avis de l'Ingénieur en chef, homologue les tarifs et contrôle l'exploitation.

....

Art. 4. — Les chemins de fer d'intérêt local sont soumis aux dispositions de la loi du 15 juillet 1845, sur la police des chemins de fer, sauf les modifications ci-après :

Le Préfet peut dispenser de poser des clôtures sur tout ou partie du chemin.

Il peut également dispenser d'établir des barrières au croisement des chemins peu fréquentés.

....

Art. 8. — Les dispositions de l'article 4 de la présente loi seront également applicables aux concessions de chemins de fer destinés à desservir des exploitations industrielles.

5° Soumettre le gibier destiné à l'exportation à la vérification de la Douane, afin qu'elle puisse s'assurer, en présence d'un commissaire de police, lorsqu'il y aura lieu, que le gibier n'a pas été pris à l'aide d'engins prohibés, cas auquel procès-verbal serait dressé, conformément aux dispositions de l'article 23 de la loi du 3 mai 1844.

Je recommande ces différentes mesures à votre attention. Bien observées, elles peuvent combattre efficacement les abus qui se produisent, et qui conduiraient à l'anéantissement du gibier dans une partie de l'Algérie, si l'autorité n'opposait sa vigilance aux entreprises de la spéculation.

M. le Conservateur des forêts et M. le Directeur des douanes reçoivent des instructions directes. »

Général CHANZY.

§ 2.

7 mai 1874. — *Décret. (1).*

Art. 1er. — Est déclaré d'utilité publique l'établissement d'un chemin de fer de Bône à Guelma.

Le département de Constantine est autorisé à pourvoir à l'exécution de ce chemin, comme chemin de fer d'intérêt local, suivant les dispositions de la loi du 12 juillet 1865 et du décret en date de ce jour, qui rend cette loi exécutoire en Algérie, et, conformément aux clauses et conditions des conventions passées le 13 septembre 1872 et le 4 mars 1874, entre le Préfet de Constantine, agissant pour le compte du département, et le sieur Ernest Gouin, administrateur de la Société de construction des Batignolles, agissant pour le compte de ladite Société, ainsi que du cahier des charges y annexé.

Des copies certifiées de ces conventions et cahier des charges resteront annexées au présent décret.

Art. 2. — Dans le cas où il serait reconnu nécessaire de réunir le chemin de fer de Bône à Guelma au réseau des chemins de fer d'intérêt général, l'Etat pourra se substituer au département, pour l'exercice de la faculté de rachat de la concession qui lui est attribuée par l'art. 36 du cahier des charges; mais il devra rembourser les sommes que le département aurait versées à titre de garantie d'intérêt, en exécution de la convention précitée.

Art. 3. — Aucune émission d'obligations ne pourra avoir lieu qu'en vertu d'une autorisation donnée par le Ministre de l'Intérieur, après avis du Ministre des Finances, sur les propositions du Gouverneur général de l'Algérie.

En aucun cas, il ne pourra être émis d'obligations pour une somme supérieure au montant du capital-actions.

Aucune émission d'obligations ne pourra, d'ailleurs, être autorisée avant que les quatre cinquièmes du capital-actions aient été versés et employés en achats de terrains, travaux, approvisionnements sur place ou en dépôt de cautionnement, et sous la condition que les émissions d'obligations, successivement autorisées, ne pourront jamais dépasser le montant des versements effectués sur le capital-actions.

Mal DE MAC-MAHON.

Voir au *Bulletin officiel* 552, année 1874, la convention et le cahier des charges, passés entre le Préfet de Constantine et la Cie, à la date du 13 septembre 1872 — 4 mars 1874.

§ 3.

29 avril 1874. — *Décret.*

Art. 1er. — Est déclaré d'utilité publique l'établissement du chemin de fer d'Arzew à Saïda, avec prolongement sur soixante-dix kilomètres, dans la direction de Géryville.

Est approuvée la convention passée, le 20 décembre 1873, entre le Gouverneur général civil de l'Algérie et la Compagnie franco-algérienne, et modifiée par acte du 16 mars 1874, la dite convention portant concession du chemin de fer d'Arzew à Saïda avec son prolongement vers Géryville et du droit exclusif d'exploiter l'alfa sur une étendue de trois cent mille hectares de terrains des hauts plateaux, situés dans la subdivision de Mascara.

Ladite convention restera annexée au présent décret.

Art. 2. — La société concessionnaire devra se renfermer, à moins d'une autorisation spéciale du Gouvernement, dans l'objet des statuts, en date du 13 février 1873.

Art. 3. — Aucune émission d'obligations par la société concessionnaire ne pourra avoir lieu qu'en vertu d'une autorisation donnée par le Ministre de l'Intérieur, après avis du Ministre des Finances, et sur la proposition du Gouverneur général civil de l'Algérie.

En aucun cas, il ne pourra être émis d'obligations pour une somme supérieure à la moitié du capital total à réaliser par la Compagnie.

Aucune émission d'obligations ne pourra, d'ailleurs, être autorisée avant que la moitié du capital-actions ait été versée et employée en achats de terrains

---

(1) **28 octobre 1876.** — *Arrêté du Préfet de Constantine*

Art. 1er. — Il est expressément défendu de laisser des chevaux, bestiaux ou animaux d'aucune espèce divaguer sur la voie du chemin de fer de Bône à Guelma.

Art. 2. — Seront constatées, poursuivies et réprimées, conformément à la loi, les contraventions au présent arrêté.

Le Préfet : D'ORGEVAL.

9 nov. 1876. — *Arrêté du Préfet de Constantine.*

Art. 1er. — La compagnie du chemin de fer de Bône à Guelma devra, chaque année, du 1er juin au 1er décembre, faire couper et enlever les herbes sèches qui existeraient à l'intérieur des limites de la voie ferrée.

Le Préfet : D'ORGEVAL.

15 sept. 1876. — *Arrêté du Préfet de Constantine.*

Art. 1er. — Il est expressément défendu de laisser des chevaux, bestiaux ou animaux d'aucune espèce divaguer sur la voie du chemin de fer de Philippeville à Constantine.

Art. 2. — Seront constatées, poursuivies et réprimées conformément à la loi, les contraventions au présent arrêté.

Le Préfet : D'ORGEVAL.

ou travaux, ou approvisionnements sur place ou en dépôt de cautionnement.
M^{al} DE MAC-MAHON.

Voir au *Bulletin* 581, année 1874, et au *Bulletin* 663, année 1875, la convention et le cahier des charges passés entre le Gouverneur général et la Compagnie franco-algérienne, à la date du 20 décembre 1873 — 16 mars 1874 — 20 novembre 1875.

22 mars 1876. — *Décret.*

Vu la nouvelle convention passée le 20 novembre 1875 entre le Gouverneur général de l'Algérie et la Compagnie franco-algérienne ; ladite convention modifiant l'article 2 de la convention précédente, à raison des difficultés soulevées par la délimitation qui y est prévue, et dans laquelle le Gouverneur général agit tant au nom de l'Etat que comme mandataire des tribus indigènes et des communes intéressées à la convention, et ci-après désignées, savoir :

Tribus des Rezaïna-Gharaba ; Rezaïna-Cheraga ; Hassasna-Gharaba ; Hassasna Cheraga ; Oulad Daoud ; Oulad Sidi Khelifa ; Ouchaïba ; Maalef, Ghouadi ; douars-communes de Taourira ; Sefioun ; d'Oum ed Doub ; tribus des Ouled Balagh ; Beni Nathar Oulad Attia ; Beni Nathar Oulad Amram.

Vu les délibérations des 23, 24 et 31 janvier et 7 février 1876, par lesquelles les djemâa des tribus arabes et des douars-communes précités, ainsi que la Commission municipale de la commune mixte de Daya, ont approuvé la délimitation fixée par la nouvelle convention, sauf quelques modifications à apporter à ladite convention et à la convention primitive.

Art. 1er. — Est approuvée la Convention sus-visée, passée le 20 novembre 1875, entre le Gouverneur général civil de l'Algérie et la Compagnie franco-algérienne ; ladite convention modifiant l'article 2 de la convention primitive et fixant définitivement, sans garantie de contenance, le périmètre des terrains sur lesquels l'exploitation de l'alfa est concédée à ladite Compagnie.

La présente approbation n'est donnée que sous la condition de l'acceptation, par l'Assemblée générale de la Compagnie franco-algérienne, des modifications stipulées dans les délibérations ci-dessus visées et notamment dans celles de la commune mixte de Daya, en ce qui concerne tant la Convention du 20 novembre 1875, que celle du 20 décembre 1873.

Ces délibérations resteront annexées au présent décret avec la nouvelle convention et le plan sur lequel le périmètre de la concession est indiqué par un liséré rouge.
M^{al} DE MAC-MAHON.

§ 4.
30 novembre 1874. — *Décret.*

Art. 1er. — Est déclaré d'utilité publique l'établissement d'un chemin de fer entre Sainte-Barbe-du-Tlélat et Sidi-bel-Abbès. La présente déclaration d'utilité publique sera considérée comme non avenue, si les expropriations nécessaires pour l'exécution des travaux ne sont pas accomplies dans le délai de deux ans, à partir de la notification du présent décret.

Art. 2. — Le département d'Oran est autorisé à pourvoir à l'exécution de ce chemin, comme chemin de fer d'intérêt local, suivant les dispositions de la loi du 12 juillet 1865, et du décret du 7 mai 1874, qui rend cette loi exécutoire en Algérie, et conformément aux clauses et conditions de la convention passée, le 7 mai 1874, entre le Préfet d'Oran, agissant pour le compte du département et la Société représentée par les sieurs Seignette et compagnie, ainsi que du cahier des charges y annexé.

Des copies certifiées des conventions et cahier des charges resteront annexées au présent décret.

Art. 3. — Dans le cas où il serait reconnu nécessaire de classer le chemin de fer du Tlélat à Sidi-bel-Abbès comme chemin de fer d'intérêt général, l'Etat pourra se subroger aux droits et obligations qui résultent pour le département, des convention et cahier des charges précités, à la charge de rembourser au département les sommes qu'il aurait versées à titre de garantie d'intérêt, en exécution de ladite convention.

Art. 4. — Aucune émission d'obligations ne pourra avoir lieu qu'en vertu d'une autorisation donnée par le Ministre de l'Intérieur, après avis du Ministre des Finances, sur les propositions du Gouverneur général civil de l'Algérie.

En aucun cas, il ne pourra être émis d'obligations pour une somme supérieure au montant du capital-actions.

Aucune émission d'obligations ne pourra, d'ailleurs, être autorisée avant que les quatre cinquièmes du capital-actions aient été versés et employés en achats de terrains, travaux, approvisionnements sur place et en dépôt de cautionnement, et encore sous la condition que les émissions d'obligations successivement autorisées, ne pourront jamais dépasser le montant des versements effectués sur le capital-actions.

Art. 5. — Le compte-rendu détaillé des résultats de l'exploitation, comprenant les dépenses de premier établissement et d'exploitation et les recettes brutes, sera remis tous les trois mois au Préfet du département, qui l'enverra au Ministre de l'Intérieur, pour être inséré au *Journal officiel.*

Art. 6. — La convention passée le 7 mai 1874, entre le Préfet d'Oran et les concessionnaires, et le cahier des charges y annexé, ne seront passibles que du droit fixe d'enregistrement.

M^{al} DE MAC-MAHON.

Voir au *Bulletin* 691 (année 1875), la convention et le cahier des charges du 7 mai 1874.

§ 5
15 décembre 1875. — *Loi.*

Art. 1er. — Est déclaré d'utilité publique l'établissement d'un chemin de fer de Constantine à Sétif, ledit chemin partant de la gare de Constantine, sur le chemin de fer de cette ville à Philippeville, et passant par ou près les Kroubs, les Ouled-Rahmoun, El-Guerra, Saint-Donat et les Eulmas.

Art. 2. — Est approuvée la convention passée le 26 juillet 1875, entre le Gouverneur général civil de l'Algérie et le sieur Joret (Pierre-François-Henri), ingénieur-constructeur, demeurant à Paris, rue Taitbout, n° 80, agissant tant en son nom personnel qu'au nom des sieurs Tellier-Henrotte, Durieu et Konh-Reinach, ladite Convention portant concession du chemin de fer énoncé à l'article premier.

Art. 3. — Aucune émission d'obligations par la Société anonyme que les concessionnaires devront former, ne pourra avoir lieu qu'en vertu d'une autorisation donnée par le Ministre de l'Intérieur, après avis du Ministre des Finances, et sur la proposition du Gouverneur général civil de l'Algérie.

En aucun cas, il ne pourra être émis d'obligations pour une somme supérieure à la moitié du capital total à réaliser par la Compagnie, sans que, conformément à la Convention sus-visée, le capital à réaliser en actions puisse être inférieur à la somme de dix millions de francs.

Aucune émission d'obligations ne pourra, d'ailleurs, être autorisée avant que la moitié du capital-actions ait été versée et employée en achat de terrains, ou travaux, en approvisionnements sur place, ou en dépôt de cautionnement.

Art. 4. — Le compte-rendu détaillé des résultats de l'exploitation comprenant les recettes et les dépenses de premier établissement et celles d'exploitation, sera remis tous les trois mois au Gouvernement général civil de l'Algérie et inséré au *Journal officiel* de la République française.

Art. 5. — La convention et le cahier des charges annexés à la présente loi ne seront passibles que du droit fixe de trois francs.

(Voir au *Bulletin* 658 (année 1876), la convention et le cahier des charges du 26 juillet 1875.)

§ 6
26 mars 1877. — *Loi.*

Art. 1er. — Est déclaré d'utilité publique l'établissement des chemins de fer ci-après :

1° De Duvivier à Souk-Ahras ;
2° De Guelma à la ligne de Constantine à Sétif, aux abords du Kroubs, en passant par Hammam-Meskoutine.

Art. 2. — Sont approuvées : 1° la convention relative à la concession de ces chemins de fer, y compris le prolongement de la ligne de Duvivier à Souk-Ahras jusqu'à Sidi-el-Hemessi, passée le 11 janvier 1877, entre le Gouverneur général civil de l'Algérie et la Société de construction des Batignolles, aux lieu et place de laquelle est substituée la Compagnie du chemin de fer de Bône à Guelma, en vertu d'un traité, en date du 15 février 1877 ; 2° la convention additionnelle passée le 8 mars 1877, entre le Gouverneur général civil de l'Algérie et la Compagnie du chemin de fer de Bône à Guelma.

Art. 3. — Le chemin de fer de Bône à Guelma est déclaré d'intérêt général et sera compris, à ce titre, dans le réseau des chemins énoncés à l'article 1er.

Un décret rendu en conseil d'Etat réglera les conditions de la substitution de l'Etat au département de Constantine.

Art. 4. — Le capital-action de la Compagnie du chemin de fer de Bône à Guelma, actuellement de douze millions de francs (12,000,000 fr.) sera porté à trente millions de francs (30,000,000 fr.) au moins.

Les émissions d'obligations ne pourront avoir lieu qu'en vertu d'autorisations données par le Ministre des Travaux publics, après avis du Ministre des Finances et sur la proposition du Gouverneur général civil de l'Algérie.

En aucun cas, il ne pourra être émis d'obligations pour une somme supérieure au double du capital-actions.

Aucune émission d'obligations ne pourra d'ailleurs être autorisée avant que les deux tiers du capital-actions aient été versés.

Ce versement étant effectué, le Ministre des travaux publics pourra, après avis du Ministre des Finances et après avis du Gouverneur général civil de l'Algérie, autoriser, sur la demande de la Compagnie, des émissions immédiates d'obligations sous la double condition :

1° Que les sommes provenant de ces

émissions seront employées en bons du Trésor ;

2° Que ces bons seront déposés à la Caisse des dépôts et consignations et ne seront remis à la Compagnie que sur autorisation du Ministre des Travaux publics et du Ministre des Finances, au fur et à mesure de l'avancement des travaux, après justification, d'une part, de l'emploi, en achat de terrains, travaux, approvisionnements, d'une somme au moins égale à celle dont la libre disposition sera demandée par la Compagnie ; d'autre part, de l'emploi du capital-actions dans la même proportion que l'emploi du capital-obligations et dans les conditions qui viennent d'être énumérées.

Art. 5. — Le compte-rendu détaillé des résultats de l'exploitation pour toutes les lignes comprises dans la convention susvisée, sera remis, tous les trois mois, au Gouverneur général civil de l'Algérie, au Ministre des Travaux publics, au Ministre des Finances, et inséré au *Journal officiel de la République française.*

Art. 6. — Les conventions et traités mentionnés ci-dessus et le cahier des charges annexé à la présente loi ne seront passibles que du droit fixe de trois francs (3 fr.)

La présente loi, délibérée et adoptée par le Sénat et par la Chambre des députés, sera exécutée comme loi de l'Etat.

Par convention du 15 février 1877, la Cie des chemins de fer de Bône à Guelma a été substituée à la société de Construction des Batignolles pour l'établissement des chemins de fer, visés dans la loi du 26 mars 1877.

§ 7.

20 décembre 1877. — *Décret.*

Art. 1er. — Est déclaré d'utilité publique l'établissement d'un chemin de fer d'intérêt local dirigé de la station de la Maison-Carrée, sur la ligne d'Alger à Oran, au village de l'Alma.

La présente déclaration d'utilité publique sera considérée comme non avenue si les expropriations nécessaires pour l'exécution du dit chemin de fer ne sont pas accomplies dans le délai de deux ans, à partir de la date du présent décret.

Art. 2. — Le département d'Alger est autorisé à pourvoir à l'exécution de ce chemin de fer d'intérêt local, suivant les dispositions de la loi du 12 juillet 1865 et du décret du 7 mai 1874, qui rend cette loi exécutoire en Algérie, et conformément aux clauses et conditions de la convention passée, le 31 août 1877, avec le sieur Joret, ainsi que du cahier des charges annexé à cette convention.

Des copies certifiées, de ces conventions et cahier des charges, resteront annexées au présent décret.

Art. 3. — Dans le cas où il serait reconnu nécessaire de classer le chemin sus-mentionné comme ligne d'intérêt général, l'Etat pourra se subroger aux droits et obligations qui résultent, pour le département, des conventions et cahier des charges précités, à la charge de rembourser au département les sommes qu'il aurait versées, à titre de garantie d'intérêt, en exécution de la dite convention.

Art. 4. — Aucune émission d'obligations ne pourra avoir lieu qu'en vertu d'une autorisation donnée par le Ministre des travaux publics, de concert avec le Gouverneur général de l'Algérie, et après avis du Ministre des finances.

En aucun cas, il ne pourra être émis d'obligations pour une somme supérieure au montant du capital-actions, qui sera fixé à la moitié de la dépense jugée nécessaire pour le complet établissement et la mise en exploitation du chemin de fer, et ce capital-actions devra être effectivement versé, sans qu'il puisse être tenu compte des actions libérées ou à libérer autrement qu'en argent.

Aucune émission d'obligations ne pourra, d'ailleurs, être autorisée avant que les quatre cinquièmes du capital-actions aient été versés et employés en achats de terrains, travaux, approvisionnements sur place ou en dépôt de cautionnement.

Toutefois, le concessionnaire pourra être autorisé à émettre des obligations lorsque la totalité du capital-actions aura été versée, et s'il est dûment justifié que plus de la moitié de ce capital-actions a été employée dans les termes du paragraphe précédent ; mais les fonds provenant de ces émissions anticipées devront être déposés, soit à la Banque de France, soit à la Banque de l'Algérie ou à la caisse des dépôts et consignations, et ne pourront être mis à la disposition du concessionnaire que sur l'autorisation formelle du Gouverneur général de l'Algérie.

Art. 5. — Le compte rendu détaillé des résultats de l'exploitation, comprenant les dépenses de premier établissement et d'exploitation et les recettes brutes, sera remis, tous les trois mois, au Gouverneur général de l'Algérie, qui l'enverra au ministre des travaux publics pour être inséré au *Journal officiel.*

M^{al} DE MAC-MAHON.

Voir SERVITUDES MILITAIRES.

Chemins vicinaux.

DIVISION

§ 1. — Réglementation des chemins vicinaux dans le département d'Alger.

§ 2. — Participation des communes aux dépenses des chemins vicinaux de grande communication.
§ 3. — Prestations.

§ 1er

24 mars 1876. — Circulaire de M. le Préfet d'Alger.

Malgré les prescriptions de l'article 24 du décret du 5 juillet 1854 (article 21 de la loi du 21 mai 1836) il n'avait été fait jusqu'à ce jour aucun règlement pour le service des chemins vicinaux dans le département.

La récente organisation d'un service de voirie départementale et vicinale m'a permis de remplir le vœu de la loi, en édictant cette règlementation que le bon emploi, des ressources mises aujourd'hui à la disposition du service vicinal, exige absolument.

L'arrêté règlementaire que j'ai pris à cet effet, en conformité de la législation en vigueur, a été soumis au Conseil général et approuvé par M. le Gouverneur général. J'ai l'honneur de vous l'adresser; je vous invite à vous bien pénétrer des dispositions qu'il renferme pour vous y conformer exactement chacun en ce qui vous concerne.

Recevez, etc.

Le Préfet : Brunel.

RÈGLEMENT GÉNÉRAL SUR LES CHEMINS VICINAUX

14 décembre 1875. — Arrêté du Préfet d'Alger.

TITRE PREMIER. — *Confection des rôles de prestation.*

Art. 1er. — Il sera rédigé pour chaque commune, par le contrôleur des contributions directes, assisté du Maire, des répartiteurs et du receveur municipal, un état-matrice des contribuables soumis à la prestation.

Art. 2. — Pour faciliter la rédaction de cette matrice, le receveur municipal est tenu de garder état de tous les changements survenus dans la situation des contribuables et dont il a connaissance. Il prend note de tous les individus qui, par oubli ou autrement, n'auraient pas été compris dans les matrices précédentes, ainsi que des erreurs signalées par les agents-voyers.

Art. 3. — L'ordre des tournées du contrôleur sera réglé par le directeur des contributions directes, qui en informera le Préfet. Les maires en seront prévenus à l'avance par les soins de l'administration des contributions directes, pour qu'ils convoquent les répartiteurs en temps utile. Le receveur municipal sera averti par le Directeur des contributions diverses.

Art. 4. — Si le maire et les répartiteurs refusent de prêter leurs concours pour la rédaction de l'état-matrice, le contrôleur, assisté du receveur municipal, procédera à la formation de cet état qui sera, dans ce cas, soumis par le directeur, et avec son avis, à l'approbation du Préfet.

Art. 5. — Toutes les difficultés relatives à la confection de l'état-matrice seront soumises au Préfet.

Art. 6. — L'état-matrice présentera pour chaque article : 1° les nom, prénoms et domicile de l'individu sur lequel la cote est assise; 2° le nombre des membres ou serviteurs de la famille, celui des bêtes de trait ou de selle et celui des charrettes ou des voitures attelées, qui doivent servir de base à l'imposition.

Art. 7. — L'état-matrice sera divisé en sections correspondant à celle du cadastre et, dressé par ordre alphabétique des noms des contribuables; il sera disposé de manière à pouvoir servir pendant quatre ans. Un certain nombre d'articles sera laissé en blanc, à la fin de l'état, pour recevoir les additions qui deviendraient nécessaires au moment de chaque révision annuelle.

L'état-matrice sera soumis à l'approbation du Préfet, lors de son renouvellement intégral.

Art. 8. — L'état-matrice sera, aussitôt après sa confection ou sa révision, transmis au directeur; il servira de base à la rédaction du rôle que ce dernier devra préparer pour la commune en raison du nombre de journées, votées ou imposées d'office, et suivant la notification qu'il en aura reçue du Préfet.

Art. 9. — Le rôle présentera, pour chaque article, le montant total de chaque cote et le détail de son évaluation par chaque espèce de journées, d'après l'état-matrice et d'après le tarif arrêté par le Conseil général du département, conformément aux dispositions du premier paragraphe de l'article 4 de la loi du 21 mai 1836, et du décret du 5 juillet 1854.

Il portera en tête la mention de la délibération du Conseil municipal qui aura voté la prestation, ou de l'arrêté du Préfet qui aura ordonné une imposition d'office.

Il sera arrêté et certifié par le directeur des contributions directes et rendu exécutoire par le Préfet.

Si un rôle supplémentaire est nécessaire, il sera dressé de la même manière que le rôle primitif.

Art. 10. — Indépendamment du rôle, le directeur des contributions directes préparera les avertissements aux contribuables et les remettra au Préfet en même temps que le rôle.

Ces avertissements comprendront tous

les détails portés au rôle ; ils indiqueront la date de la délibération du Conseil municipal ou de l'arrêté d'imposition d'office du Préfet, ainsi que celle de la décision rendant le rôle exécutoire, et contiendront une mise en demeure aux contribuables de déclarer dans le délai d'un mois, à dater de la publication du rôle, s'ils entendent se libérer en nature, avec avis qu'à défaut de déclaration, leur cote sera exigible en argent, aux termes de l'article 4 de la loi du 21 mai 1836 et du décret du 5 juillet 1854.

Art. 11. — Le rôle et les avertissements seront transmis au Préfet par le directeur, au fur et à mesure de leur rédaction, et de manière que la publication du rôle ait lieu au plus tard le 1ᵉʳ novembre.

Art. 12. — Le Préfet enverra ces pièces, par l'intermédiaire du directeur des contributions diverses, au receveur municipal.

Ce dernier remettra immédiatement le rôle au maire de la commune, qui devra en faire la publication à l'époque fixée à l'article précédent et dans les formes prescrites pour les rôles des contributions directes. Aussitôt après cette publication, qui sera certifiée par le maire sur le rôle même, le receveur municipal fera parvenir, sans frais, les avertissements aux contribuables.

Art. 13. — Si le maire négligeait ou refusait de faire la publication du rôle, ainsi que de recevoir les déclarations d'option dont il va être parlé, le Préfet y ferait procéder par un délégué spécial, en vertu de l'article 15 de la loi du 18 juillet 1837.

Art. 14. — Les déclarations d'option seront reçues par le maire et inscrites immédiatement, à leur date, sur un registre spécial ; elles seront constatées, soit par la signature du déclarant, soit par une croix apposée par lui en présence de deux témoins, soit par l'annexion au registre du bulletin rempli, daté, signé par le contribuable et envoyé au maire, après avoir été détaché de la feuille.

A défaut de l'accomplissement de ces formalités, la cote sera exigible en argent.

Art. 15. — A l'expiration du délai d'un mois, fixé par l'article 10, le registre des déclarations sera clos par le maire, puis transmis au receveur municipal, qui le vérifiera et annotera les indications dans une colonne spéciale du rôle.

Art. 16. — Dans la quinzaine qui suivra, le receveur municipal dressera et enverra au Préfet, pour être transmis au maire, un extrait du rôle comprenant, suivant l'ordre des articles, le nom de chacun des contribuables qui aura déclaré vouloir s'acquitter en nature, ainsi que le nombre des journées d'hommes, d'animaux et de charrois qu'il devra exécuter et le montant total de sa cote.

Cet extrait du rôle sera totalisé et certifié exact par le receveur municipal ; il comportera le résumé des cotes inscrites au rôle et l'indication du total des cotes exigibles en argent par suite de non déclaration d'option.

Le receveur municipal joindra à cet extrait un état comprenant, pour chacune des communes de sa perception, le montant total du rôle et sa division en nature et en argent, d'après les déclarations d'option.

Art. 17. — Les contrôleurs des contributions directes recevront trois centimes par article pour la rédaction des états-matrices et l'examen des réclamations présentées par les contribuables. (Arrêtés du Gouverneur général des 29 septembre 1856 et 20 janvier 1873.)

Il sera alloué au directeur des contributions directes neuf centimes par article pour la rédaction des rôles de prestation, l'expédition des avertissements et la fourniture des imprimés nécessaires pour ces pièces et pour les états-matrices. (Arrêtés du Gouverneur général des 29 septembre 1866 et 20 janvier 1873.)

Il est en outre alloué au Directeur pour traduction des avertissements destinés aux indigènes un centime par article. (Cette traduction n'a lieu que pour les communes mixtes. Arrêté du Gouverneur général du 20 janvier 1873.)

Ces dépenses seront acquittées, sur les ressources communales, dans les formes prescrites par les décisions du Gouverneur général, en date des 7 septembre 1872 et 9 septembre 1873.

TITRE II. — *Exécution des travaux.*

Dispositions générales.

Art. 18. — Les travaux des chemins vicinaux de grande communication et d'intérêt commun sont effectués sous l'autorité du préfet, ceux des chemins vicinaux ordinaires, sous l'autorité des maires.

Les agents-voyers sont chargés d'assurer, de surveiller et de constater leur bonne exécution.

L'agent voyer en chef a la direction du service vicinal du département. Tous les agents du service sont sous ses ordres. Il procède lui-même, quand il le juge utile, aux opérations prescrites par le règlement à ses subordonnés. Les agents-voyers d'arrondissement ont la même faculté dans leurs arrondissements respectifs. L'agent-voyer en chef peut les substituer, pour certaines opérations, aux agents placés sous leurs ordres.

Transitoirement et tant que le service

de la voirie départementale ne comportera pas d'agent-voyer d'arrondissement, les fonctions qui lui sont attribuées seront exercées par l'agent-voyer en chef.

Art. 19. — Aucune dépense en nature ou en argent, quelle qu'en soit l'importance, ne sera admise dans les comptes qu'après avoir été reconnue, vérifiée et certifiée par les agents du service vicinal.

SECTION PREMIÈRE. — *Prestations en nature.*

Art. 20. — Les travaux de prestation seront exécutés du 1ᵉʳ février au 15 juin et du 15 août au 1ᵉʳ décembre.

Chaque année, un arrêté spécial du préfet fixera l'époque à laquelle les travaux de prestation devront être terminés sur les chemins vicinaux de grande communication et d'intérêt commun.

S'il devenait nécessaire de changer ces époques pour certaines communes, les modifications feraient l'objet d'un arrêté spécial du préfet, rendu sur la demande du maire, l'avis du Conseil municipal et du sous-préfet et le rapport des agents-voyers.

Les prestations devront être effectuées dans l'année pour laquelle elles ont été votées.

Les fermiers ou colons qui, par suite de fin de bail, devraient quitter la commune avant l'époque fixée pour l'emploi des prestations pourront être admis à effectuer leurs travaux avant leur départ.

§ 1ᵉʳ. — Prestations à la journée.

Art. 21. — Les prestataires devront se trouver sur l'atelier, savoir : du 1ᵉʳ avril au 1ᵉʳ octobre, depuis 5 heures du matin jusqu'à 7 heures du soir ; le reste de l'année, depuis 7 heures du matin jusqu'à 5 heures du soir. La durée du temps et du repos ne devra pas excéder 4 heures dans les 6 mois d'avril à octobre et 2 heures dans les autres mois.

La durée du travail des bêtes de somme et de trait, est fixée au minimum de 8 heures par jour, non compris les heures de repas et de repos.

Lorsque les prestataires seront appelés hors des limites de la commune à laquelle ils appartiennent et à plus de 4 kilomètres, le temps employé, à l'aller et au retour, pour parcourir les distances excédant la limite fixée, sera compté comme passé sur l'atelier.

Art. 22. — Le Maire et l'agent-voyer cantonal se concerteront chaque année, après la publication ou la notification des contingents et après la remise de l'extrait du rôle par le receveur municipal, pour déterminer :

1° La répartition des travailleurs entre chaque chemin ;

2° Les jours d'ouverture et de clôture des travaux de prestation pour chaque chantier.

L'agent-voyer cantonal dressera pour chaque chemin de grande communication ou d'intérêt commun, pour les chemins vicinaux ordinaires du réseau subventionné et pour ceux du réseau non subventionné, un état indiquant les prestataires qui y seront appelés et les travaux qui leur seront demandés. Cet état sera visé par le Maire.

Art. 23. — Cinq jours au moins avant l'époque fixée pour l'ouverture des travaux, le Maire fera remettre à chaque contribuable soumis à la prestation un bulletin signé de lui, portant réquisition de se rendre, muni des outils indiqués, tel jour et à telle heure sur tel chemin.

Art. 24. — Lorsqu'un prestataire sera empêché par maladie ou tout autre motif grave de se rendre sur le chantier, il devra le faire connaître au moins dans les vingt-quatre heures qui précèderont le jour fixé pour l'exécution des travaux.

En ce cas, le Maire et l'agent-voyer s'entendront pour la remise de la prestation à une autre époque, qui sera fixée d'après la nature de l'empêchement.

Art. 25. — Le Maire et l'agent-voyer désigneront de concert, pour la surveillance spéciale des travailleurs sur chaque chemin, les cantonniers-chefs ou les cantonniers ordinaires des chemins de grande communication et d'intérêt commun qui seront spécialement désignés à cet effet, ou à leur défaut, toute autre personne présentant des garanties suffisantes.

Art. 26. — L'état d'indication des travaux à faire et des prestataires convoqués sera remis au surveillant, qui fera l'appel de ces prestataires sur le lieu indiqué dans le bulletin de réquisition, marquera les absents et tiendra note de l'emploi des journées effectuées.

Art. 27. — Chaque prestataire devra porter sur l'atelier les outils qui lui auront été indiqués dans le bulletin de réquisition.

Les bêtes de somme et les bêtes de trait seront garnies de leurs harnais, les voitures seront attelées et accompagnées d'un conducteur.

Ce conducteur ne sera astreint à travailler avec les autres ouvriers commis au chargement qu'autant que le propriétaire de la voiture serait imposé pour des journées d'homme. Dans ce cas seulement, la journée du conducteur sera comptée en acquit de celles à fournir par le propriétaire.

Art. 28. — Les prestataires pourront se faire remplacer, pour leur personne et celles des membres de leur famille, par des ouvriers à leurs gages.

Les remplaçants seront valides, âgés

de dix-huit ans au moins et de soixante ans au plus. Ils devront être agréés par le surveillant des travaux, sauf appel au Maire de la commune.

Les prestataires en nom restent responsables du travail de leurs remplaçants.

Art. 29. — Le prestataire devra fournir la journée de prestation tout entière et sans interruption, sauf les cas exceptionnels autorisés par le Maire ou l'agent-voyer cantonal.

Si le mauvais temps exigeait la fermeture du chantier, il ne sera tenu compte que des journées ou fractions de journées effectuées, et les contribuables seront tenus de compléter plus tard leurs prestations.

Art. 30. — La journée de prestation ne sera réputée acquittée que si le surveillant reconnaît qu'elle a été convenablement employée. Dans le cas contraire, il ne sera tenu compte au prestataire que de la fraction de journée répondant au temps pendant lequel il aura travaillé.

Le surveillant indiquera, à la fin de chaque jour, au dos du bulletin de réquisition, le nombre et l'espèce de journées ou de fractions de journées dont le prestataire devra être acquitté. Il certifiera, en même temps, cet acquit dans la colonne d'émargement de l'extrait de rôle qui lui aura été remis.

Les difficultés qui pourraient s'élever seront résolues par le Maire et l'agent-voyer cantonal, et, en cas de désaccord, par le Préfet, sur l'avis de l'agent-voyer en chef, sauf recours devant l'autorité compétente.

Art. 31. — Lorsque les prestations seront terminées sur un chemin de grande communication ou d'intérêt commun ou sur l'ensemble des chemins vicinaux ordinaires de chaque réseau, le surveillant remettra l'état d'indication émargé à l'agent-voyer cantonal. Celui-ci fera, en présence du maire, la réception des travaux effectués sur les chemins de grande communication et d'intérêt commun. Le maire fera la réception des travaux exécutés sur les chemins vicinaux ordinaires. L'agent-voyer cantonal inscrira le décompte résumé des divers travaux sur la dernière page de l'état d'indication, portera le résultat sur son carnet, et adressera l'état à l'agent-voyer d'arrondissement, après avoir émargé sur l'extrait de rôle les cotes ou parties de cotes acquittées en nature.

L'agent-voyer d'arrondissement, après inscription des dépenses faites, transmettra cet état au receveur municipal, par l'intermédiaire du Directeur des Contributions diverses. Le receveur municipal émargera sur le rôle général de la commune les cotes et parties de cotes acquittées en nature, totalisera lesdites cotes, et en inscrira le montant en un seul article sur son registre à souche. Il opérera ensuite le recouvrement des journées ou portions de journées restant dues.

Après l'achèvement complet des travaux de prestations de la commune, l'agent-voyer cantonal enverra l'extrait de rôle émargé à l'agent-voyer d'arrondissement, qui le fera remettre au receveur municipal en échange des différents états d'indication adressés à ce comptable pendant l'exécution des travaux.

§ 2. — Prestations à la tâche.

Art. 32. — Lorsque le Conseil municipal d'une commune aura adopté un tarif pour la conversion des journées de prestations en tâches, le Préfet, pour les chemins de grande communication et d'intérêt commun, le maire pour les chemins vicinaux ordinaires, décideront si ce tarif sera appliqué à tout ou partie des travaux de prestation.

Le maire et l'agent-voyer cantonal devront se concerter pour la fixation des délais d'exécution des travaux et pour la répartition des tâches à faire sur chaque chemin par les prestataires.

L'agent-voyer cantonal dressera les états d'indication des travaux à effectuer par chaque prestataire.

Art. 33. — Le maire adressera à chaque contribuable soumis à la prestation en tâches un bulletin de réquisition indiquant les travaux à effectuer ou les matériaux à fournir, ainsi que le délai dans lequel ces tâches devront être exécutées. Le détail et l'emplacement des travaux à faire seront inscrits sur le bulletin et indiqués sur le terrain par les soins de l'agent-voyer cantonal.

Art. 34. — La réception des travaux en tâches sera faite par le maire assisté de l'agent-voyer cantonal, soit au fur et à mesure de l'avancement des travaux, soit à l'expiration du délai fixé pour leur achèvement. Le prestataire sera convoqué pour cette réception. Il ne sera complètement libéré que si les travaux satisfont, pour la quantité et la qualité, aux conditions du tarif de conversion en tâches. Dans le cas contraire, sa cote ne sera acquittée que pour la valeur des travaux effectués. La retenue à faire pour mettre les travaux en état de réception sera déterminée de concert par le maire et l'agent-voyer cantonal. En cas de difficulté, il sera statué par le Préfet, sur l'avis de l'agent-voyer en chef, et sauf recours devant l'autorité compétente.

L'agent-voyer cantonal inscrira le décompte résumé des travaux effectués sur la dernière page de l'état d'indication, le soumettra à la signature du maire, portera les résultats sur son carnet, et adressera l'état à l'agent-voyer d'arrondissement, après avoir émargé les cotes ou parties de cotes acquittées sur l'extrait de rôle.

Il sera ensuite procédé conformément aux deux derniers paragraphes de l'article 31.

§ 3. — Dispositions communes aux prestations à la journée et à la tâche.

Art. 35. — Après l'exécution des prestations, l'agent-voyer d'arrondissement adressera à l'agent-voyer en chef, pour chaque chemin de grande communication ou d'intérêt commun, un état faisant connaître, d'après le relevé des états d'indication, le montant des prestations demandées, celui des prestations exécutées et les sommes à recouvrer en argent. Ces états seront visés par l'agent-voyer en chef, et transmis au Préfet avec ses observations et propositions, pour servir de titre de recette au Directeur des Contributions diverses.

Art. 36. — Lorsque le maire refusera de prêter son concours pour l'exécution des prestations, il en sera référé au Préfet, qui statuera.

SECTION II. — *Travaux à prix d'argent.*

§ 1er. — Dispositions générales.

Art. 37. — Les travaux à prix d'argent seront exécutés par voie d'adjudication.

Toutefois, il pourra être traité de gré à gré sur série de prix ou à forfait, avec l'autorisation du Préfet :

1° Pour les ouvrages et fournitures dont la dépense n'excèderait pas 3,000 francs;

2° Pour ceux dont l'exécution ne comporterait pas les délais d'une adjudication;

3° Pour ceux qui, par leur nature ou leur spécialité, exigeraient des conditions particulières d'aptitude de la part de l'entrepreneur ;

4° Enfin pour ceux dont la mise en adjudication n'aurait pas abouti, comme il sera expliqué ci-après.

Les travaux pourront aussi, avec l'autorisation du Préfet, être effectués par voie de régie, soit en cas d'urgence, soit lorsque les autres modes d'exécution auront été reconnus impossibles ou moins avantageux. Cette autorisation ne sera pas nécessaire toutes les fois que la dépense en argent ne dépassera pas 300 fr., sur le même atelier.

Art. 38. — Les projets se composeront des pièces indiquées par l'agent-voyer en chef, suivant l'importance et la nature des travaux à effectuer; ces pièces seront rédigées conformément au programme annexé à l'instruction générale.

Tous les projets seront approuvés par le Préfet. (Arrêts du Conseil d'Etat, 8 novembre 1873, 23 et 25 juin 1874. Circ. Int. 20 novembre 1873).

Art. 39. — Les devis ou cahier des charges des adjudications et des marchés de gré à gré contiendront toujours la condition que les soumissionnaires seront assujettis aux clauses et conditions générales imposées aux entrepreneurs des travaux des chemins vicinaux et annexées à l'instruction générale du ministre de l'intérieur du 6 décembre 1870.

§ 2. — Formes à suivre pour les adjudications.

Art. 40. — Les adjudications des travaux des chemins de grande communication et d'intérêt commun seront passées à la préfecture par le Préfet ou son délégué, président, et deux membres du Conseil général ou d'arrondissement, assistés de l'agent-voyer en chef.

Lorsque les travaux devront s'exécuter sur le territoire d'un seul arrondissement, l'adjudication pourra être passée à la sous-préfecture par le sous-préfet, président, deux membres du Conseil général ou d'arrondissement, et en présence de l'agent-voyer en chef ou de l'agent-voyer d'arrondissement.

Les membres du Conseil général ou d'arrondissement appelés à assister aux adjudications seront, suivant le cas, désignés par le préfet ou le sous-préfet.

Pour les chemins vicinaux ordinaires, les adjudications seront passées, soit dans la commune de la situation des travaux, soit au chef-lieu de canton, soit à la sous-préfecture. Le bureau se composera du maire, président, et de deux conseillers municipaux. Le receveur municipal et l'agent-voyer assisteront à ces adjudications. Lorsque l'adjudication se fera à la sous-préfecture ou à la préfecture, elle aura lieu comme ci-dessus, en la présence du sous-préfet ou du secrétaire général.

L'absence des personnes ci-dessus désignées, autres que le président, et dûment convoquées, n'empêchera pas l'adjudication.

Art. 41. — Les travaux des chemins de grande communication et d'intérêt commun seront généralement adjugés par ligne, sauf la division en plusieurs lots pour une même ligne, si l'importance des travaux l'exige.

Pour les chemins vicinaux ordinaires seulement, on pourra réunir, dans un même lot, tous les travaux à faire dans une commune, à la condition de les diviser, s'il y a lieu, en trois sections : entretien, grosses réparations, travaux neufs.

Art. 42. — Les adjudications seront annoncées au moins vingt jours à l'avance par des affiches placardées tant au chef-lieu du département que dans les principales communes des arrondissements et dans celles où seront situés les travaux. Elles seront portées à la connaissance des entrepreneurs par tous les moyens de publicité.

Les affiches indiqueront sommairement :

Le lieu, le jour, l'heure et le mode fixés pour l'adjudication et le dépôt des soumissions ;

Les autorités chargées d'y procéder ;

La nature des travaux, le montant de la dépense prévue et du cautionnement à fournir, et le lieu où l'on pourra prendre connaissance des pièces du projet ;

Enfin, le modèle des soumissions.

Dans le cas d'urgence, le délai de vingt jours ci-dessus indiqué pourra être réduit, sans jamais être inférieur à dix jours.

Art. 43. — Les adjudications se feront au rabais et sur soumissions cachetées ; le rabais s'appliquera non au montant total du devis, mais au prix de la série servant de base aux évaluations. Dans le cas où il serait nécessaire de fixer préalablement un minimum de rabais, ce minimum sera déterminé par le président, sur l'avis de l'agent-voyer assistant à l'adjudication, et déposé, sous enveloppe cachetée, sur le bureau, à l'ouverture de la séance.

Art. 44. — Les soumissions seront toujours placées seules dans une enveloppe cachetée portant la désignation des travaux et le nom de l'entrepreneur. Cette première enveloppe formera, avec les certificats de capacité, s'ils sont exigés, et les pièces constatant le versement du cautionnement ou un engagement valable de le fournir, un paquet également cacheté portant aussi la désignation des travaux.

Tous les paquets déposés par les concurrents seront rangés sur le bureau par le fonctionnaire qui présidera à l'adjudication et recevront un numéro d'ordre.

Art. 45. — A l'instant fixé par l'affiche, le premier cachet de chaque paquet sera rompu publiquement et il sera dressé un état des pièces qui s'y trouveront renfermées. Le public et les concurrents se retireront de la salle d'adjudication, et le Bureau, après avoir pris l'avis de l'agent-voyer et du comptable présents, arrêtera la liste des concurrents agréés. En cas de partage dans le vote du Bureau, la voix du président sera prépondérante. Il en sera de même pour toutes les questions qui pourraient être soulevées pendant l'adjudication.

Art. 46. — Immédiatement après, la séance redeviendra publique, et le président fera connaître les concurrents agréés.

Les soumissions présentées par ces derniers seront ouvertes publiquement. Toute soumission non conforme au modèle indiqué par les affiches sera déclarée nulle.

Les concurrents qui ne sauraient pas écrire pourront faire signer leur soumission par un fondé de procuration verbale, sous la condition de le déclarer, avant l'ouverture de leur soumission, au fonctionnaire qui présidera l'adjudication.

Art. 47. — Le concurrent qui aura fait l'offre d'exécuter les travaux aux conditions les plus avantageuses sera déclaré adjudicataire, si son rabais remplit les conditions de minimum fixé conformément à l'article 43, et si, à défaut de la fixation de ce minimum, sa soumission ne comporte pas d'augmentation sur les prix prévus.

Dans le cas où le rabais le plus avantageux serait offert par plusieurs concurrents, il sera procédé, séance tenante, entre ceux-ci, à une nouvelle adjudication sur soumissions cachetées. Les rabais de la nouvelle adjudication ne pourront être inférieurs à ceux de la première.

Si les concurrents maintiennent les rabais primitifs, le Bureau désignera, après avoir pris l'avis de l'agent-voyer, celui des concurrents qui devra être déclaré adjudicataire.

Art. 48. — Il sera dressé, pour chaque adjudication, un procès-verbal qui relatera toutes les circonstances de l'opération.

Art. 49. — Les adjudications ne seront définitives qu'après l'approbation du préfet.

Dans les 20 jours de la date de cette approbation, la minute du procès-verbal sera soumise à l'enregistrement. Il ne pourra en être délivré ni expédition, ni extrait, qu'après l'accomplissement de cette formalité.

Art. 50. — Le cautionnement à fournir par les adjudicataires sera versé à la caisse du trésorier-payeur pour les chemins de grande communication et d'intérêt commun, et à la caisse du receveur municipal pour les chemins vicinaux ordinaires.

Art. 51. — Les adjudicataires paieront les frais de timbre et d'enregistrement des procès-verbaux d'adjudication, ceux d'expédition sur papier timbré des devis et cahier des charges dont il leur sera fait remise, ainsi que ceux d'affiches et autres publications s'il y a lieu. Il ne pourra être rien exigé d'eux au-delà de ces frais.

Art. 52. — Après une tentative infructueuse d'adjudication, les travaux pourront, avec l'autorisation du Préfet, donner lieu à un marché de gré à gré lorsqu'on trouvera un soumissionnaire s'engageant à les exécuter sans augmentation de prix, aux conditions du devis et du cahier des charges.

Mais si, à défaut de cette soumission, on reconnaît la nécessité d'augmenter certains prix et de modifier les conditions du cahier des charges, il sera procédé à une nouvelle tentative d'adjudication, après avoir opéré sur les pièces du projet les changements adoptés.

Dans le cas où cette seconde tentative serait infructueuse, on pourra recourir à un marché de gré à gré pour l'ensemble du projet, ou bien à plusieurs marchés distincts, en scindant les travaux soit en lots moins importants, soit selon leur nature.

Le Préfet pourra aussi autoriser l'exécution par voie de régie, après la seconde tentative infructueuse d'adjudication.

§ 3. — Marchés de gré à gré.

Art. 53. — Lorsqu'il y aura lieu de faire exécuter les travaux par voie de marché de gré à gré, l'agent-voyer en chef, pour les chemins de grande communication et d'intérêt commun, l'agent-voyer d'arrondissement pour les chemins vicinaux ordinaires, inviteront les entrepreneurs à prendre connaissance des conditions de l'entreprise, à formuler et à leur remettre dans un délai déterminé leurs propositions par soumissions écrites.

Les soumissions ainsi déposées doivent contenir l'engagement de se soumettre aux conditions du devis particulier des ouvrages et aux clauses et conditions générales.

Elles tiendront lieu de devis lorsqu'elles énonceront, en outre, les prix et les conditions d'exécution des ouvrages.

Les agents-voyers transmettront les soumissions, avec leur avis, au Préfet pour les chemins de grande communication et d'intérêt commun, et aux maires pour les chemins vicinaux ordinaires.

Art. 54. — La soumission la plus avantageuse sera acceptée par le Préfet pour les chemins de grande communication et d'intérêt commun; par le maire, dûment autorisé, pour les chemins vicinaux ordinaires. Cette dernière acceptation sera soumise à l'approbation du Préfet.

Art. 55. — La soumission à forfait des ouvrages à exécuter devra toujours contenir la mention, en toutes lettres, de la somme fixe à payer à l'entrepreneur, laquelle somme ne pourra jamais excéder l'estimation du projet.

Art. 56. — Les dispositions des articles 50 et 51 sont applicables aux soumissionnaires des marchés de gré à gré.

Néanmoins, le Préfet pourra, sur l'avis de l'agent-voyer en chef, pour les chemins de grande communication et d'intérêt commun, et sur l'avis du maire, pour les chemins vicinaux ordinaires, dispenser les soumissionnaires de fournir un cautionnement.

§ 4. — Travaux en régie.

Art. 57. — Les travaux en régie seront exécutés, autant que possible, à la tâche. A moins de difficultés, les ouvriers et les tâcherons seront payés par mandats individuels.

Art. 58. — Lorsque les ouvriers ne pourront pas être payés par mandats individuels, l'arrêté autorisant la régie nommera le régisseur au nom duquel seront faites les avances de fonds, et fixera la somme qu'elles ne devront pas dépasser.

Cet arrêté sera pris par le Préfet, sur la proposition de l'agent-voyer d'arrondissement, pour les chemins de grande communication et d'intérêt commun, et par le maire, sur la proposition de l'agent-voyer d'arrondissement, pour les chemins vicinaux ordinaires.

SECTION III. — *Réception des travaux*

Art. 59. — Les réceptions provisoires ou définitives des travaux et fournitures effectués sur les chemins de grande communication ou d'intérêt commun seront faites par l'agent-voyer d'arrondissement ou par l'inspecteur-contrôleur, assisté de l'agent-voyer cantonal, en présence de l'entrepreneur dûment convoqué.

Art. 60. — Les mêmes réceptions pour les chemins vicinaux ordinaires seront faites par le maire, en présence de l'agent-voyer cantonal, de deux conseillers municipaux de la commune et de l'entrepreneur dûment convoqués.

Art. 61. — Les réceptions feront l'objet de procès-verbaux dont la forme est indiquée au Titre III du présent règlement.

L'absence de l'entrepreneur ou des autres personnes indiquées aux deux articles qui précèdent ne fera pas obstacle à la réception.

TITRE III. — Comptabilité des chemins vicinaux.

CHAPITRE PREMIER. — Ressources a créer par les communes.

Opérations préliminaires et vote des ressources.

Art. 62. — Afin de mettre le Conseil général à même de fixer chaque année les contingents ordinaires communaux, pour les chemins de grande communication et d'intérêt commun, l'agent-voyer en chef prépare, dans le courant du mois de mars, un état sommaire des besoins auxquels il y aura lieu de faire face l'année suivante sur chaque chemin. Il indiquera les contingents que les communes pourraient être appelées à fournir, et pour quelle part ces contingents devront être prélevés sur les revenus ordinaires et sur le produit des prestations et des centimes spéciaux ordinaires.

Art. 63. — Du 1er au 15 avril de chaque année, il sera dressé, par l'agent-voyer cantonal, un état sommaire indiquant : la situation des chemins vicinaux ordinaires de la commune ; les dépenses à faire, tant pour l'entretien, pendant l'année suivante, que pour l'achèvement complet de ces chemins ; les ressources qui pourront être affectées à ces dépenses ; l'emploi à faire du reliquat de l'exercice précédent.

Cet état comprendra les contingents demandés pour les chemins de grande communication et d'intérêt commun, conformément à l'article précédent.

L'état, vérifié par l'agent-voyer d'arrondissement et présenté par l'agent-voyer en chef, sera transmis au maire, pour être communiqué au Conseil municipal, dans sa session de mai, avec l'arrêté de mise en demeure, prescrit par l'article 5 de la loi du 21 mai 1836 et de l'article 6 du décret du 5 juillet 1854.

Art. 64. — Dans la session de mai, le Conseil municipal sera appelé à voter, pour l'année suivante, les contingents proposés pour les chemins de grande communication et d'intérêt commun, ainsi que les ressources qu'il entendra affecter aux chemins vicinaux ordinaires, en distinguant le réseau subventionné du réseau non subventionné. Il sera invité, en même temps, à arrêter le tarif de la conversion des prestations en tâches et à délibérer sur l'emploi des reliquats des exercices précédents.

La délibération du Conseil sera transmise à la Préfecture, avec l'avis du sous-préfet, dans les quinze jours qui suivront la clôture de la session. L'agent-voyer en chef sera consulté sur cette délibération, qui ne deviendra exécutoire, selon la loi, qu'après l'approbation du Conseil général, pour ce qui concerne la fixation des contingents dus aux chemins de grande communication et d'intérêt commun, et du Préfet pour les ressources destinées aux chemins vicinaux ordinaires. Il sera donné au directeur des contributions directes avis de cette approbation, en ce qui concerne le vote des journées de prestations et des centimes.

CHAPITRE II. — SUBVENTION DU DÉPARTEMENT ET DE L'ÉTAT EN FAVEUR DES CHEMINS VICINAUX ORDINAIRES.

Art. 65. — Chaque année, l'agent-voyer en chef remettra au Préfet, pour être soumises au Conseil général, des propositions de répartition des subventions à accorder aux communes pour les chemins vicinaux ordinaires, sur les fonds du département et sur ceux de l'Etat.

CHAPITRE III. — DISPOSITIONS GÉNÉRALES.

Art. 66. — Toutes les décisions relatives à la création de ressources applicables aux chemins vicinaux seront notifiées à l'agent-voyer en chef par le Préfet.

Art. 67. — Les ressources créées pour le service des chemins vicinaux, quelle que soit leur origine et qu'elles consistent en argent ou en prestations en nature, ne peuvent, sous aucun prétexte, être appliquées à des dépenses étrangères à ce service, ni à des chemins qui n'auraient pas été légalement reconnus et classés vicinaux, sauf les cas prévus par les lois des 12 juillet 1855 et 21 juillet 1870.

Les ressources créées en vue d'une dépense spéciale ne pourront recevoir une autre destination, à moins d'une autorisation régulière.

Tout emploi, soit de fonds, soit de prestations en nature, effectué contrairement aux règles ci-dessus, sera rejeté des comptes et mis à la charge du comptable ou de l'ordonnateur, selon le cas.

CHAPITRE IV. — RÉPARTITION DES RESSOURCES ET FORMATION DES BUDGETS.

SECTION PREMIÈRE. — *Chemins de grande communication et d'intérêt commun.*

Art. 68. — Chaque année, l'agent-voyer d'arrondissement fournit à l'agent-voyer en chef, pour chaque chemin de grande communication et d'intérêt commun, un projet de budget faisant connaître les dépenses à effectuer dans l'exercice suivant, les travaux auxquels les dépenses seront affectées et les ressources qui pourront y être appliquées.

L'agent-voyer en chef remet ensuite au Préfet, pour être soumises au Conseil général, ses propositions pour la fixation du contingent de chaque commune, pour l'allocation de subventions par le département et pour la répartition, sur chaque chemin, de ces subventions et de celles de l'Etat, tant pour les travaux d'entretien que pour les travaux neufs et de grosses réparations. Il propose en même temps l'allocation des crédits destinés aux dépenses générales : traitement du personnel, frais d'impression, etc.

Art. 69. — Après avoir reçu la notification des crédits alloués au budget départemental, l'agent-voyer en chef propose, pour être soumises à l'approbation du Préfet, la sous-répartition des crédits de chaque chemin et la composition définitive des budgets.

SECTION II. — *Chemins vicinaux ordinaires.*

Art. 70. — Dans la session du mois de novembre, le Conseil municipal de chaque commune sera appelé à délibérer sur l'emploi des ressources applicables aux travaux pour l'année suivante, d'après un budget préparé par l'agent-voyer cantonal, de concert avec le maire, et vérifié par l'agent-voyer d'arrondissement.

Art. 71. — Les budgets des chemins vicinaux ordinaires seront soumis à la ratification du Préfet.

SECTION III. — *Dispositions générales.*

Art. 72. — Dans les premiers mois de chaque année, la répartition dans chaque commune, par catégorie de chemins, des ressources créées en vertu de l'article 2 de la loi du 21 mai 1836, et l'article 3 du décret du 5 juillet 1854, est publié dans le *Recueil des actes administratifs*. Cette répartition est notifiée aux maires, aux receveurs municipaux et aux agents-voyers.

Art. 73. — Les dépenses à faire sur les chemins au moyen des ressources créées après l'approbation de leurs budgets sont rattachées à l'un des articles de ces budgets par la décision qui les approuve.

CHAPITRE V. — BUDGETS SUPPLÉMENTAIRES.

SECTION PREMIÈRE. — *Chemin de grande communication et d'intérêt commun.*

Art. 74. — Aussitôt après la clôture de l'exercice, l'agent-voyer en chef prépare pour chaque chemin le budget supplémentaire de l'année courante. Il y inscrit en ressources le reste en caisse, les sommes restant à recouvrer de l'exercice précédent et les ressources nouvelles créées depuis la rédaction du budget primitif.

Il inscrit en dépense les sommes restant dues à la clôture de l'exercice précédent et celles qui, n'ayant pas été employées, doivent conserver leur affectation spéciale.

Il propose l'emploi des ressources nouvelles et de celles qui, restant libres sur les prévisions du budget du chemin, peuvent recevoir une autre destination.

SECTION II. — *Chemins vicinaux ordinaires.*

Art. 75. — Chaque année, dans sa session du mois de mai, le Conseil municipal prend une délibération par laquelle il détermine l'emploi des sommes restées libres sur les ressources vicinales de l'exercice précédent, comme il a été dit à l'article 63. Il reporte en même temps au budget additionnel de la commune les crédits disponibles, en leur conservant leur affectation spéciale. Ce report est, s'il y a lieu, opéré d'office par le Préfet, sur la proposition de l'agent-voyer en chef.

CHAPITRE VI. — COMPTABILITÉ DE L'AGENT-VOYER CANTONAL.

Art. 76. — L'agent-voyer cantonal tient un carnet d'attachements sur lequel il inscrit tous les faits de dépenses à mesure qu'ils se produisent, par ordre de date, sans lacune, sans classification, pour tous les ateliers confiés à sa surveillance, qu'ils soient situés sur les chemins de grande communication, d'intérêt commun ou de petite vicinalité, en ayant soin d'indiquer le chemin auquel les faits se rapportent, avec distinction entre le réseau subventionné et le réseau non subventionné.

Ce carnet présente, sur la page de gauche, le libellé des opérations et leur résultat, soit en quantités, soit en deniers, soit à la fois en quantités et en deniers ; il ne comprend que les faits de dépenses ; les observations relatives aux autres parties du service ne doivent pas y figurer.

En regard de chaque article, il reçoit sur la page de droite les croquis et tous les renseignements propres à justifier les quantités et les sommes portées sur la page de gauche, ainsi que la mention des pièces dont les détails ne peuvent pas être inscrits sur le carnet.

Dans le cas de prise de possession de terrains avant le règlement de l'indemnité, la date en est reportée par ordre au carnet. Un nouvel article, indiquant le montant de la dépense, est ouvert lors de la fixation de l'indemnité. Mention est également faite des terrains cédés gratuitement.

Les travaux ou approvisionnements exécutés par entreprise sont inscrits au carnet, au fur et à mesure qu'il est possible d'en vérifier partiellement les métrés, les quantités ou les poids. On se conformera, pour ces inscriptions, aux désignations ainsi qu'aux conditions de règlement des comptes et des devis ou projets approuvés.

Lorsque les travaux ou approvisionnements exécutés par l'entreprise doivent donner lieu à des paiements d'à-compte, avant de se trouver en état d'être métrés *exactement*, ils sont inscrits au carnet sous le nom de *travaux non terminés*, avec les métrés approximatifs. Ces métrés sont refaits complètement, à chaque nouvelle constatation, sans qu'on puisse procéder par différence. L'ancien article est rayé, et une annotation renvoie à la nouvelle situation.

La distinction en *travaux terminés* et *travaux non terminés* pourra être supprimée par l'agent-voyer en chef, suivant l'importance ou la nature des ouvrages.

Lorsque des travaux ou approvisionnements par entreprise auront été l'objet d'une réception accompagnée d'un décompte accepté par l'entrepreneur, et qu'ils n'auront donné lieu en raison de leur faible importance à aucune inscription antérieure sur le carnet, il suffira de mentionner la date de la réception et du décompte et de porter en bloc le résultat final de ce décompte.

Pour les prestations à la journée ou à la tâche, la dépense est portée en bloc sur le carnet, à mesure que les états d'indication sont arrêtés et certifiés par les agents-voyers.

Les souscriptions et les subventions industrielles acquittées en nature sont aussi inscrites au fur et à mesure de leur exécution.

Lorsque l'entrepreneur est tenu par le cahier des charges de prendre en compte des travaux ou fournitures effectués par des prestataires, la remise de ces travaux ou fournitures donne lieu à une nouvelle inscription qui indique leur montant aux prix du bordereau ; dans le cas où les prestations remises auraient été effectuées dans le courant de l'année, on fait ressortir sur la page de droite la plus ou moins value sur les prix de l'entreprise.

Pour les travaux en régie à la journée, la dépense est portée en bloc sur le carnet, à mesure que les rôles sont arrêtés et certifiés par les agents-voyers. Pour les travaux en régie à la tâche, on procède de la même manière, en séparant, s'il y a lieu, les comptes des tâcherons portés sur un même état. Pour les mémoires et les factures, la dépense est portée en bloc sur la page de gauche, à mesure que ces pièces sont arrêtées et certifiées.

Les surveillants sont pourvus, au besoin, de carnets auxiliaires, dont les résultats sont reportés, par masses, sur le carnet tenu par l'agent-voyer cantonal sous les ordres duquel ils sont placés.

Art. 77. — Les carnets sont délivrés par l'agent-voyer en chef à l'agent-voyer d'arrondissement, qui en numérote les feuillets et les paraphe par premier et dernier avant de les remettre à l'agent-voyer cantonal.

Chaque agent est responsable de toutes les indications qu'il consigne sur son carnet et des omissions commises dans ses écritures.

Les carnets, successivement délivrés dans une même année à chaque agent-voyer cantonal, sont numérotés suivant l'ordre de la remise.

L'agent-voyer cantonal ne doit se dessaisir de son carnet que sur l'ordre de ses chefs; quand il reçoit une autre destination, il arrête ce carnet et l'adresse à l'agent-voyer d'arrondissement.

A la fin de l'année, tous les carnets, remplis ou non, sont transmis à l'agent-voyer d'arrondissement, qui les vise *ne varietur*.

Les carnets restent déposés au bureau de l'agent-voyer cantonal jusqu'à la clôture de l'exercice. Ils sont ensuite déposés dans les archives de l'agent-voyer d'arrondissement.

Art. 78. — Tout est écrit à l'encre sur les carnets.

Les attachements sont précédés de la date à laquelle ils se rapportent; ils reçoivent des numéros dont la série se continue, sans interruption, du 1er janvier au 31 décembre.

Ceux qui, par leur nature, doivent être contradictoires, sont acceptés sur le carnet par la signature de la partie intéressée. En cas de refus de celle-ci, l'agent-voyer cantonal prévient aussitôt l'agent-voyer d'arrondissement. La signature de l'entrepreneur n'est réclamée que pour les attachements définitifs ; elle n'est jamais demandée pour les travaux ou approvisionnements non terminés. Les acceptations données sur le carnet auxiliaire des surveillants ne doivent pas être reproduites sur le carnet de l'agent-voyer cantonal.

L'inscription sur le carnet ne constitue pas titre contre l'Administration.

Le carnet est fréquemment visé par l'agent-voyer d'arrondissement. Le visa doit porter la mention *vu et vérifié*, avec la date et la signature.

Art. 79. — Aucune inscription faite sur le carnet ne doit être ni grattée ni surchargée. Toutes les rectifications nécessaires sont faites et datées avec une encre de couleur différente et écrites au dessus des lignes auxquelles elles se rapportent. On se borne à passer sur les inscriptions rectifiées un simple trait qui les laisse parfaitement lisibles.

Dans le cas où les rectifications s'appliquent à un attachement contradictoire qui a déjà reçu la signature de la partie intéressée, cette signature doit être apposée, une seconde fois, avec la mention de l'approbation de la correction.

Art. 80. — Les journées d'ouvriers sont constatées par des feuilles d'attachement tenues par le surveillant de chaque atelier.

La case réservée à chaque ouvrier contient, pour chaque journée, autant de divisions qu'il y a de reprises de travail. On pointe comme absent l'ouvrier qui ne se présente pas au commencement d'une reprise ou quitte le travail avant la fin. Les cases *restées en blanc au bas de la feuille sont également pointées*, à chaque reprise, comme si elles concernaient des absents. Si un ouvrier travaille isolément à la journée, sa présence et son travail sont constatés de la même manière que pour les cantonniers.

Les feuilles d'attachement sont remises à la fin du mois, ou plus fréquemment, s'il est nécessaire, à l'agent-voyer cantonnal, qui les arrête et en inscrit immédiatement les résultats sur son carnet.

Art. 81. — Les travaux en régie exécutés à la tâche sont détaillés sur des états qui, lorsqu'ils doivent être produits à l'appui du paiement, sont soumis à l'approbation du Préfet ou du maire, suivant le cas, et acquittés par les parties prenantes au moment du paiement.

Art. 82. — Les mémoires sont détaillés sur des états conformes au modèle réglementaire.

On emploie le modèle réglementaire (*bis*) pour les quittances des sommes n'excédant pas 10 francs.

Art. 83. — Les situations des fournitures de matériaux ou des ouvrages terminés et non terminés, exécutés par un entrepreneur, sont dressées conformément aux inscriptions faites au carnet.

Art. 84. — Lorsque des approvisionnements ou des travaux provenant des prestations en nature ou de toute autre origine sont remis en compte aux entrepreneurs, la remise en est constatée par un procès-verbal sur lequel le détail de ces approvisionnements et travaux est indiqué au prix du bordereau, en tenant compte du rabais de l'adjudication.

Art. 85. — Le décompte des cantonniers est établi séparément : l'un pour les chemins de grande communication et d'intérêt commun ; l'autre pour les chemins vicinaux ordinaires.

Art. 86. — Toutes les dépenses constatées par l'agent-voyer cantonnal sont reportées sommairement dans un registre désigné sous le nom de *Livre de comptabilité de l'agent-voyer cantonnal*.

Ce registre, composé de trois parties, est subdivisé, pour chacune d'elles, en *réseau subventionné* et *réseau non subventionné*.

La première est relative aux chemins de grande communication ; la deuxième concerne les chemins d'intérêt commun, et la troisième les chemins vicinaux ordinaires.

Art. 87. — La première et la deuxième parties du livre de comptabilité de l'agent-voyer cantonnal sont composées d'une manière identique et comprennent :

1° Le répertoire des chemins, formant table de matières ;

2° Pour chaque chemin, un compte dans lequel est inscrit, en trois divisions séparées, pour l'entretien, les grosses réparations et les travaux neufs, le montant total des dépenses faites, avec désignation des pièces sur lesquelles elles sont relevées et en distinguant, dans chacune de ces divisions, les entreprises et les régies. Les indemnités de terrains, les dommages, les dépenses diverses et le salaire des cantonniers font l'objet de divisions spéciales.

Art. 88. — La troisième partie du livre de comptabilité de l'agent-voyer cantonnal comprend :

1° Le répertoire des communes, formant table des matières ;

2° Pour chaque commune, un compte dans lequel est inscrit, en trois divisions séparées, pour l'entretien, les grosses réparations et les travaux neufs, le montant total des dépenses faites, avec désignation des pièces sur lesquelles elles sont justifiées, et en distinguant, dans chacune de ces divisions, les entreprises et les régies. Les indemnités de terrains, les dommages, les dépenses diverses et le salaire des cantonniers font l'objet de divisions spéciales ;

3° Pour chaque commune, un compte récapitulatif des certificats de paiement et des mandats délivrés.

Art. 89. — Un décompte, pour ordre, de l'emploi des prestations applicables aux différentes catégories de chemins est établi, par l'agent-voyer cantonnal, sur une formule spéciale placée à la fin de son livre de comptabilité.

Art. 90. — A la fin de chaque mois, l'agent-voyer cantonnal transmet, s'il y a lieu, à l'agent-voyer d'arrondissement, les pièces suivantes :

Chemins vicinaux de grande communication et d'intérêt commun.

Les feuilles d'attachements des journées d'ouvriers, les états des travaux à la tâche, les mémoires ou quittances, les situations des travaux exécutés par entreprise, accompagnées au besoin d'un métré, les procès-verbaux de constatation des travaux exécutés par prestation, les procès-verbaux de remise de travaux et approvisionnements aux entrepreneurs, le décompte des cantonniers et toutes les pièces relatives aux indemnités de terrains, dommages et dépenses diverses.

Chemins vicinaux ordinaires.

Pour chaque commune, les rôles des journées d'ouvriers employés en régie, accompagnés des feuilles d'attachements, les états des travaux à la tâche, les mémoires ou quittances, les situations des travaux exécutés par entreprise, appuyées au besoin d'un métré et accompagnées d'un certificat de paiement, les décomptes des cantonniers et toutes les pièces relatives aux indemnités de terrains et dépenses diverses.

Chaque envoi de pièces de comptabilité, fait par l'agent-voyer cantonal, est accompagné d'un bordereau sur lequel il est fait mention des terrains dont la prise de possession a été effectuée.

Art. 91. — A la fin de chaque trimestre, ou plus souvent si l'agent-voyer en chef le juge nécessaire, l'agent-voyer cantonal adresse à l'agent-voyer d'arrondissement un état sommaire indiquant par commune, pour les chemins vicinaux ordinaires, la situation des dépenses faites et les certificats de paiement délivrés.

Art. 92. — A la fin de l'année, l'agent-voyer cantonal dresse, pour les chemins vicinaux ordinaires, les décomptes de toutes les entreprises de son service qui n'ont pas fait l'objet d'une réception provisoire ou définitive. Il les notifie aux entrepreneurs dans les formes indiquées aux clauses et conditions générales, et les adresse à l'agent-voyer d'arrondissement.

Art. 93. — A la clôture de l'exercice, il dresse également, pour toutes les communes de sa circonscription :

1° Les ressources constatées ;
2° Les dépenses effectuées ;
3° L'état d'avancement des chemins ;
4° Divers renseignements statistiques et la situation financière du réseau subventionné.

Ces états sont établis avec distinction entre le réseau subventionné et le réseau non subventionné. Ils sont adressés, le 10 mai au plus tard, à l'agent-voyer d'arrondissement, qui, après en avoir certifié l'exactitude, les transmet, le 25 mai, à l'agent-voyer en chef. Ce dernier, après les avoir vérifiés, les fait parvenir au Préfet pour être soumis au Conseil général.

CHAPITRE VII. — COMPTABILITÉ DU RÉGISSEUR COMPTABLE.

Art. 94. — Dans le cas de régie pour le compte d'un entrepreneur, le régisseur comptable tient un journal spécial de la même forme que le carnet pour les faits de dépenses relatifs à cette régie.

L'agent-voyer cantonal, qu'il soit ou non régisseur comptable, doit, en outre, inscrire sur son carnet les travaux effectués comme s'ils étaient exécutés par l'entrepreneur.

Art. 95. — Les avances de fonds à faire à un régisseur comptable ont lieu sur sa demande (formule spéciale).

Pour les chemins de grande communication et d'intérêt commun, cette demande, visée par l'agent-voyer d'arrondissement, certifiée par l'agent-voyer en chef, est transmise par ce dernier au Préfet pour la délivrance du mandat.

S'il s'agit d'un chemin vicinal ordinaire, la demande, dans le cas où l'agent-voyer cantonal n'est pas régisseur, est certifiée par ce dernier et visée par l'agent-voyer d'arrondissement ; dans le cas contraire, elle est certifiée par l'agent-voyer d'arrondissement. Cette demande est ensuite transmise au maire pour le mandatement.

Art. 96. — Les recettes et les paiements effectués par le régisseur comptable sont enregistrés sur un livret de caisse.

Ce livret contient sur la page de gauche : 1° l'indication des numéros et des dates des mandats délivrés au nom du régisseur comptable ; 2° l'inscription, de la main de l'agent, du paiement, de la date, de la destination des avances, et du montant en toutes lettres des sommes payées.

La page de droite indique, par ordre chronologique : 1° les dates des paiements successivement effectués par le régisseur ; 2° la nature des dépenses ; 3° le montant des sommes payées ; 4° celui des pièces justificatives produites.

L'agent-voyer d'arrondissement constate, sur le livret de caisse, les résultats des vérifications qu'il doit faire des écritures, des pièces de dépenses et de la caisse du régisseur.

Art. 97. — Le régisseur comptable justifie de l'emploi des avances qui lui sont faites par la production des mémoires des fournisseurs et des rôles des ouvriers employés à la journée ou à la tâche. Ces pièces doivent être revêtues de l'acquit des parties prenantes.

La justification doit être faite dans le mois qui suit l'encaissement du mandat et comprendre, autant que possible, une dépense égale au montant de ce mandat. Les pièces justificatives font l'objet d'un bordereau dressé en double expédition par le régisseur comptable.

Pour les chemins de grande communication et d'intérêt commun, ce bordereau est vérifié par l'agent-voyer en chef et le Préfet. Pour les chemins vicinaux ordinaires, il est vérifié par l'agent-voyer d'arrondissement et visé par le maire.

Les deux expéditions de bordereau sont transmises à l'agent du paiement, qui est tenu de renvoyer immédiatement au régisseur comptable, par l'intermédiaire des agents-voyers, une des expéditions signée pour récépissé.

Art. 98. — Les certificats de paiement délivrés au nom d'un régisseur comptable, sont inscrits sur les livrets de comptabilité comme les autres dépenses ; s'il s'agit d'une régie au compte d'un entrepreneur, les dépenses justifiées sont portées comme acompte délivré à ce dernier.

CHAPITRE VIII. — Comptabilité de l'agent-voyer d'arrondissement.

Art. 99. — L'agent-voyer d'arrondissement centralise, vérifie et coordonne les résultats constatés et produits par les agents placés sous ses ordres.

Art. 100. — Il dresse, au commencement de chaque mois, pour les chemins de grande communication et d'intérêt commun, d'après les pièces de dépenses qui lui ont été transmises par les agents-voyers cantonaux : 1° le décompte mensuel des sommes dues à tous les cantonniers ; 2° l'état récapitulatif des feuilles d'attachements des journées d'ouvriers, des états des travaux à la tâche, des mémoires et des quittances ; 3° des propositions de paiement en faveur des entrepreneurs et les décomptes à l'appui.

Il envoie à l'agent-voyer en chef ces pièces, en y joignant après les avoir revêtues de son visa, celles mentionnées à l'état récapitulatif, le tout accompagné d'un bordereau.

En ce qui concerne les chemins vicinaux ordinaires, il vérifie les pièces qui lui sont adressées par l'agent-voyer cantonal ; il les vise et les renvoie à ce dernier, qui les transmet au maire pour le mandatement.

Art. 101. — Les réceptions de matériaux d'entretien sont constatées sur une formule spéciale et font connaître les quantités de matériaux reçus.

Les procès-verbaux de réception provisoire et de réception définitive pour les travaux neufs et de grosses réparations sont dressés sur les formules *ad hoc*. Ils sont accompagnés du décompte des travaux exécutés.

Tous les procès-verbaux de réception relatifs aux chemins de grande communication et d'intérêt commun sont immédiatement transmis à l'agent-voyer en chef. Les procès-verbaux qui concernent les chemins vicinaux ordinaires sont conservés par l'agent-voyer cantonal, à l'exception de ceux qui doivent être joints à l'appui des paiements.

Les réceptions sont mentionnées avec leur date au carnet.

Art. 102. — Tous les faits de comptabilité concernant le service de l'agent-voyer d'arrondissement sont classés dans un registre désigné sous le nom de : *Livre de comptabilité de l'agent-voyer d'arrondissement*.

Ce livre se compose de trois parties, subdivisées chacune en *réseau subventionné* et *réseau non subventionné*. La première partie est relative aux chemins de grande communication, la deuxième aux chemins d'intérêt commun, et la troisième aux chemins vicinaux ordinaires.

La première et la deuxième parties sont identiques : en tête de chacune d'elles est placé un *répertoire* formant table des matières. Elles comprennent ensuite une série de comptes ouverts indiquant les dépenses faites et les propositions de paiements délivrés. Ces comptes sont groupés de la manière suivante : 1° *Entreprises* : un compte spécial est ouvert à chacune d'elles ; 2° *Travaux en régie* : l'entretien, les grosses réparations et les travaux neufs donnent lieu à l'ouverture de comptes distincts pour chaque chemin ou partie de chemin, s'il y a lieu ; 3° *Cantonniers* ; 4° *Indemnités de terrains* ; 5° *Dommages* ; 6° *Dépenses diverses* : ces quatre derniers comptes comprennent toutes les dépenses faites et les certificats délivrés par chaque arrondissement, mais à chacun d'eux un article est ouvert par chemin ; 7° *Comptes-rendus*, par chemin, de l'emploi des prestations.

La troisième partie comprend : 1° *un répertoire* des communes formant table des matières ; 2° un *résumé*, par commune, des dépenses faites et des visas des certificats de paiement ; 3° un compte *des indemnités de terrains*, dans lequel un article est ouvert par commune.

Art. 103. — A la fin de chaque trimestre, et plus souvent si l'agent-voyer en chef le juge nécessaire, l'agent-voyer d'arrondissement dresse des *états sommaires* des dépenses de son service, pour les chemins de grande communication et d'intérêt commun, et pour les chemins vicinaux ordinaires.

Ces états sont adressés à l'agent-voyer en chef.

Art. 104. — A la fin de l'année, l'agent-voyer d'arrondissement dresse, pour les chemins de grande communication et d'intérêt commun, les décomptes de toutes les entreprises de son service qui n'ont pas fait l'objet d'une réception provisoire ou définitive. Il les notifie aux entrepreneurs dans les formes indiquées au cahier des charges, et les adresse à l'agent-voyer en chef.

Art. 105. — L'agent-voyer d'arrondissement dresse, à la clôture de l'exercice, pour les chemins ou partie de chemins de grande communication et d'intérêt commun dont il est chargé, des états conformes aux modèles.

Ces états établis par ligne, avec distinction entre le réseau subventionné et le réseau non subventionné, sont adressés le 25 mai au plus tard à l'agent-voyer en chef.

CHAPITRE IX. — Comptabilité de l'agent-voyer en chef.

Art. 106. — L'agent-voyer en chef centralise tous les faits de dépenses, tant ceux qui résultent des pièces fournies par les agents-voyers d'arrondissement que ceux dont il rend personnellement compte. Il les inscrit sur un *livre de comptabilité* qui se compose de trois parties : la première partie est relative aux chemins de grande communication ; la deuxième, aux chemins d'intérêt commun ; la troisième, aux dépenses dont il rend personnellement compte.

Les deux premières sont subdivisées chacune en *réseau subventionné* et *réseau non subventionné* ; elles sont identiques et comprennent :

1° La *situation*, à la fin de chaque mois, tant en nature qu'en argent, *des dépenses faites par chemin* et par service d'agent-voyer d'arrondissement ;

2° Le *journal d'inscription des certificats de paiement* délivrés par l'agent-voyer en chef, indiquant le montant des ordonnances de fonds, celui des certificats et leur imputation, la date de la délivrance et de l'envoi des mandats ;

3° *L'état, par chemin, des certificats délivrés* avec distinction de l'objet de la dépense et de son imputation.

La troisième partie comprend :

1° Un *état des dépenses du personnel* des agents-voyers.

2° Un état de dépenses diverses de toute nature dont l'agent-voyer en chef rend personnellement compte. Cet état est dressé dans la forme prescrite par les modèles.

Art. 107. — En ce qui concerne les chemins de grande communication et d'intérêt commun, l'agent-voyer en chef tient, comme annexe de ses livres de comptabilité, un registre où des comptes sont ouverts pour les travaux exécutés par entreprise.

Chacun de ces comptes reçoit toutes les indications qui concernent la comptabilité de l'entreprise ; il fait connaître la situation, les autorisations données, les crédits ouverts, les dépenses faites, les certificats et les mandats délivrés.

Art. 108. — Les certificats de paiement délivrés par l'agent-voyer en chef sont établis conformément aux modèles :

1° Pour les entrepreneurs ;
2° Pour les indemnités de terrains ;
3° Pour le personnel ;
4° Pour les autres dépenses.

Ces certificats, ainsi que ceux relatifs au salaire des cantonniers, au paiement des travaux en régie, sont adressés au Préfet, accompagnés des pièces justificatives et d'un bordereau.

Art. 109. — L'agent-voyer en chef dresse :

A la fin de l'année, pour les chemins de grande communication et d'intérêt commun, un tableau sommaire des certificats de paiement et des mandats délivrés pendant l'année pour les entreprises de travaux neufs et de grosses réparations en cours d'exécution.

A la fin de l'exercice : 1° une situation comparative des crédits ouverts et des dépenses faites pour les chemins de grande communication et d'intérêt commun, avec distinction des chapitres du budget sur lesquels les dépenses ont été imputées ; 2° un état des dépenses dont il rend personnellement compte ; 3° les états spéciaux aux chemins de grande communication et d'intérêt commun. Les états, établis avec distinction entre les réseaux subventionnés et non subventionnés, sont adressés au Préfet qui les soumet dans la session d'octobre au Conseil général conformément au décret du 23 septembre 1875, article 66 ; 4° des états présentant, pour les chemins du département, les ressources et les dépenses de l'exercice, ainsi que la situation de ces chemins à la fin de l'année. Ces derniers états, visés par le Préfet, sont adressés au Gouverneur général.

CHAPITRE X. — COMPTABILITÉ DU MAIRE.

Art. 110. — Le maire est l'ordonnateur de toutes les dépenses relatives aux chemins vicinaux pour lesquels un crédit a été ouvert au budget communal ; mais il ne peut en effectuer aucune par lui-même, et il lui est interdit de disposer, autrement que par mandats sur les receveurs municipaux, des fonds affectés aux travaux des chemins vicinaux, quelle que soit l'origine de ces fonds.

Art. 111. — Tout mandat, pour être valable, devra porter sur un crédit régulièrement ouvert et énoncera l'exercice, le chapitre, les articles et paragraphes du budget auxquels il s'applique, ainsi que le titre et le montant du crédit en vertu duquel il est délivré.

Les mandats seront remis par l'ordonnateur aux créanciers des communes, sur la justification de leur individualité, ou à leurs représentants munis de titres ou de pouvoirs en due forme.

Art. 112. — Les crédits accordés pour le même exercice et le même service seront successivement ajoutés les uns aux autres et formeront, ainsi cumulés, un crédit unique par chapitre, article ou paragraphe, selon le mode d'après lequel ils auront été ouverts.

Art. 113. — Les crédits étant ouverts spécialement pour chaque nature de dépenses, les maires ne devront pas, pour quelque motif que ce soit, en changer l'affectation. Ils ne pourront non plus en outrepasser le montant par la délivrance de leurs mandats.

Art. 114. — Toutes les dépenses d'un exercice devront être mandatées depuis le 1ᵉʳ janvier jusqu'au 15 mars de la seconde année.

Toute créance mandatée qui n'aura pas

été acquittée sur les crédits de l'exercice auquel elle se rapporte, dans les délais de la durée de cet exercice, devra être mandatée à nouveau sur les crédits reportés des exercices clos.

Art. 115. — Tout mandat émis par le maire indiquera le nombre et la nature des pièces justificatives qui s'y trouveront jointes.

Art. 116. — Au fur et à mesure de chaque opération de mandatement, il en sera tenu écriture sur deux registres ouverts à la mairie.

Art. 117. — Le premier sera désigné sous le nom de *Journal des mandats*.

Le maire y inscrira tous les mandats au fur et à mesure de leur délivrance, et indiquera, pour chacun d'eux : 1° son numéro d'ordre ; 2° l'article du budget en vertu duquel il a été délivré ; 3° la date de sa délivrance ; 4° le nom de la partie prenante ; 5° l'objet de la dette ; 6° le montant total du mandat.

Chaque page sera additionnée, et le total obtenu reporté à la page suivante, et ainsi de suite jusqu'à la clôture de l'exercice.

Art. 118. — Le second livre portera le nom de *Livre de détail*.

Dès que le maire recevra le budget approuvé, il ouvrira, dans le livre de détail, un compte à chaque article de crédit porté dans le budget, en suivant le même ordre d'inscription que dans le budget et en maintenant à chaque article le numéro qui lui a été attribué.

Art. 119. — Il indiquera d'abord, pour chacun des crédits, le numéro de l'article du budget ou le titre qui les a ouverts, leur libellé tel qu'il est formulé dans les budgets ou dans les autorisations supplémentaires, la date de leur ouverture et leur montant.

Art. 120. — Les mandats délivrés sur chaque crédit seront ensuite inscrits au fur et à mesure de leur délivrance. Le maire indiquera, pour chacun d'eux, le numéro qui lui aura été donné au journal, sa date, le nom de la partie prenante et le motif de la délivrance ; enfin le montant dans la colonne réservée au chemin auquel il se rapporte.

Art. 121. — Le *livre de détail* sera clos au 16 mars. Les résultats en seront résumés sur la dernière page et devront reproduire le total général des mandatements donnés par le journal.

CHAPITRE XI. — COMPTABILITÉ DES RECEVEURS MUNICIPAUX.

Art. 122. — Les recettes et les dépenses communales relatives aux chemins vicinaux seront effectuées par le receveur municipal, chargé seul, et sous sa responsabilité, de poursuivre la rentrée de tous les revenus de la commune et de toutes les sommes qui lui seraient dues, ainsi que d'acquitter les dépenses mandatées par le maire jusqu'à concurrence des crédits régulièrement accordés.

Tous les rôles de taxes, de sous-répartition et de prestations locales devront parvenir à ce comptable par l'intermédiaire du Directeur des contributions diverses.

Art. 123. — Toute personne autre que le receveur municipal qui, sans autorisation légale, se serait ingérée dans le maniement des deniers de la commune affectés aux chemins vicinaux, sera, par ce seul fait, constituée coupable ; elle pourra, en outre, être poursuivie en vertu de l'article 258 du Code pénal, comme s'étant immiscée sans titre dans des fonctions publiques.

Art. 124. — Les receveurs municipaux recouvreront les divers produits aux échéances déterminées par les titres de perception ou par l'administration et d'après le mode de recouvrement prescrit par les lois et règlements.

Art. 125. — Ils adresseront, le 5 de chaque mois, aux maires des communes de leur circonscription, un état faisant connaître le montant des recouvrements effectués, pendant le mois écoulé, sur les ressources des chemins vicinaux.

Art. 126. — Le recouvrement des produits de chaque exercice devra être terminé le 31 mars de la seconde année, et le receveur municipal pourra être tenu de verser dans sa caisse, sauf à exercer personnellement son recours contre les débiteurs, le montant des restes à recouvrer, pour le recouvrement desquels il ne justifiera pas avoir fait les diligences nécessaires.

Art. 127. — Les ressources créées pour le service des chemins vicinaux, quelle que soit leur origine et qu'elles consistent en argent ou en prestations en nature, ne pourront, sous aucun prétexte, être appliquées soit à des travaux étrangers à ce service, soit à l'entretien, à la réparation ou à la construction de chemins qui n'auraient pas été légalement reconnus et classés comme vicinaux, sauf les cas prévus par les lois des 12 juillet 1865 et 21 juillet 1870.

Tout emploi, soit de fonds, soit de prestations en nature, qui serait effectué contrairement à cette règle, serait rayé des comptes et mis à la charge du comptable ou de l'ordonnateur, suivant le cas.

Art. 128. — Avant de procéder au paiement des mandats délivrés par les maires, les receveurs municipaux devront s'assurer sous leur responsabilité :

1° Que la dépense porte sur un crédit régulièrement ouvert et qu'elle ne dépasse pas le montant de ce crédit ;

2° Que la date de la dépense constate

une dette à la charge de l'exercice auquel on l'impute, et que l'objet de cette dépense ressortit bien au service particulier que le crédit a en vue d'assurer ;

3° Que les pièces justificatives, dont le tableau est donné à l'article 138, ont été produites à l'appui de la dépense.

Tout paiement qui serait effectué sans l'accomplissement de ces formalités resterait à la charge du comptable.

Art. 129. — Les comptables n'ont pas qualité pour apprécier le mérite des faits auxquels se rapportent les pièces produites à l'appui de chaque mandat. Il suffit, pour garantir leur responsabilité, qu'elles soient certifiées et visées par les agents du service vicinal et par les maires et que le mandatement concorde avec elles.

Art. 130. — Les receveurs municipaux, outre les livres généraux dont la tenue est prescrite par les instructions sur la comptabilité communale, tiendront deux registres spéciaux pour la comptabilité des chemins vicinaux.

Art. 131. — Le premier, désigné sous le nom de *Livre de détail* des recettes et des dépenses pour les chemins vicinaux et destiné à présenter d'une manière distincte les opérations relatives à ce service, sera tenu par exercice. Il sera divisé en deux parties.

La première sera relative aux ressources. Le receveur municipal ouvrira un compte spécial à chacun des articles de recette admis par les budgets primitifs ou supplémentaires, ou par des autorisations spéciales en suivant le même ordre d'inscription que dans le budget, et en maintenant à chaque article le numéro qui lui a été attribué. Il y inscrira, au fur et à mesure de leur réception, les différents titres qui lui seront adressés par le Directeur des Contributions diverses, et, jour par jour, les recettes qu'il effectuera en numéraire, en extraits de rôle constatant les travaux effectués, ou en déclarations de retenues pour centimes additionnels. Chaque recette figurera dans la colonne du *Livre de détail* à laquelle elle s'applique.

Les ordonnances de décharge et de réduction figureront en bloc à chaque compte au-dessous des produits constatés.

La deuxième partie sera relative aux dépenses effectuées. Un compte distinct sera également ouvert pour chaque crédit inscrit au budget primitif ou additionnel, ou accordé par des autorisations spéciales, en suivant le même ordre d'inscription que dans le budget et en maintenant à chaque article le numéro qui lui a été attribué. Le receveur municipal y inscrira, jour par jour, les diverses dépenses qu'il aura effectuées, en distinguant les différents chemins auxquels elles se rapportent.

Art. 132. — Le second registre, désigné sous le nom de *Carnet des ordonnances de dégrèvement*, servira à inscrire toutes les réductions et décharges prononcées dans le cours de l'exercice sur les produits relatifs à la vicinalité. Un compte sera ouvert *pour chaque nature de produits*. Il sera totalisé, le 31 mars de la seconde année, et les résultats en seront reportés sur le *Livre de détail*.

Art. 133. — Les receveurs municipaux seront tenus de rendre chaque année un compte spécial par commune, pour les opérations, relatives aux chemins vicinaux, qu'ils auront effectuées.

Ce compte, dressé à la clôture de l'exercice, sera transmis le 5 avril au plus tard, au Directeur des contributions directes, qui, après l'avoir vérifié et certifié, le fera parvenir au Préfet, le 15 avril, pour tout délai.

Art. 134. — Chaque compte, formé d'après les écritures, devra présenter la *situation* du comptable d'après le compte précédent, la *totalité des opérations* faites pendant l'exercice, tant en recettes qu'en paiements, et le *résultat général* des recettes et des paiements à la clôture de l'exercice.

Art. 135. — Le receveur municipal transcrira littéralement sur ces comptes tous les articles de recette et de dépense ouverts par les budgets primitifs ou supplémentaires ou par des autorisations spéciales, et qui sont relatifs aux chemins vicinaux.

Art. 136. — Les recettes et les paiements relatifs aux chemins vicinaux seront justifiés, de la manière suivante, dans les comptes communaux soumis au Conseil de préfecture ou à la Cour des comptes :

Art. 137. — JUSTIFICATION DES RECETTES

§ 1er. — Produit des centimes spéciaux ou des centimes extraordinaires.

Extrait des rôles généraux ou spéciaux des contributions directes délivré par le Receveur, visé par le Maire et le Directeur des contributions diverses.

§ 2. — Prestations.

Avant apurement du rôle, copie de l'exécutoire, et, pour établir le montant des réductions, les ordonnances de décharges ; après apurement, le rôle lui-même.

§ 3. — Subventions spéciales.

Arrêtés de fixation rendus par le Conseil de préfecture ou décision de la Commission départementale, selon que ces subventions auront été réglées dans la forme des expertises ou dans celle des abonnements.

§ 4. — Souscriptions particulières ou provenant d'associations particulières.

Copie ou extrait du titre de souscription, ou le titre lui-même appuyé de l'acceptation donnée par le Préfet, et dans le cas de réduction du titre, les ordonnances de décharge.

§ 5. — Emprunts à la caisse des chemins vicinaux ou à toute autre caisse.

Copie de la délibération du Conseil municipal, de l'arrêté du Préfet, du décret ou de la loi autorisant l'emprunt. Copie certifiée par le Maire des actes qui ont réglé les conditions de l'emprunt.

§ 6. — Aliénation de délaissés d'anciens chemins déclassés.

Arrêté préfectoral autorisant la vente; expéditon T de l'adjudication ou de l'acte de vente à l'amiable; décompte des intérêts, s'il y a lieu. Si le titre n'est pas apuré à la fin de l'exercice, il ne sera produit qu'un extrait sur papier libre, avec mention que le titre T sera produit ultérieurement.

§ 7. — Subvention de l'Etat ou du département.

Certificat du Directeur des contributions diverses, visé par le maire, établissant le montant des subventions accordées.

JUSTIFICATION DES DÉPENSES

Art. 138. — Toutes les pièces justificatives à produire à l'appui des mandats devront être visées par l'ordonnateur.

§ 1er. — Prestations en nature.

Extrait du rôle établissant le relevé des journées ou des tâches effectuées en nature, émargé par le surveillant des travaux, certifié par l'agent-voyer cantonal, visé par l'agent-voyer d'arrondissement et revêtu de l'attestation du maire que les travaux ont été accomplis.

§ 2. — Travaux en régie.

Autorisation du Préfet de faire les travaux en régie, si les travaux à exécuter sur un même chemin s'élèvent à plus de 300 francs.

Et selon le cas :

S'il y a un entrepreneur à la tâche, l'état T de ses travaux ou fournitures, certifié par lui et par l'agent-voyer cantonal, visé par l'agent-voyer d'arrondissement.

S'il n'y a que des fournisseurs et ouvriers employés sous la surveillance du maire ou d'un agent-voyer : 1° les mémoires ou factures T certifiés par les fournisseurs, par l'agent-voyer cantonal et visés par l'agent-voyer d'arrondissement ; 2° les états nominatifs (1) des journées d'ouvriers dûment émargés pour acquit par la signature des ouvriers ou par celle de deux témoins du paiement, certifiés par l'agent-voyer cantonal et visés par l'agent-voyer d'arrondissement ; lesdits états devront indiquer indistinctement, pour chaque ouvrier, le lieu des travaux, le nombre des journées de chacun, leur prix et le total revenant à chaque ouvrier. Les avances faites à un régisseur seront justifiées par lui suivant le cas, par les pièces ci-dessus indiquées ; à l'appui du premier paiement, on produira, en outre, copie de l'arrêté du maire nommant le régisseur.

§ 3. — Travaux à exécuter en vertu d'adjudication ou de marché de gré à gré.

A l'appui du premier acompte, décision approbative des travaux ; copie ou extrait du procès-verbal d'adjudication ou du marché, non timbré, mais avec mention que l'expédition T sera fournie avec le mandat pour solde. Justification de la réalisation du cautionnement par le récépissé du receveur municipal, ou une déclaration de versement, et, suivant le cas, déclaration du maire, approuvée par le Préfet, constatant qu'il n'y a pas eu lieu d'exiger ce cautionnement. Certificat T de l'agent-voyer cantonal, visé par l'agent-voyer d'arrondissement et le maire, constatant l'avancement des travaux et le montant de la somme à payer.

Pour les acomptes subséquents : certificat T de l'agent-voyer cantonal, visé par l'agent-voyer d'arrondissement, rappelant les sommes payées antérieurement et le montant du nouveau mandat à payer.

Quant au solde des travaux, expédition en due forme du procès-verbal d'adjudication ou du marché T, devis estimatif T (1) ; bordereau des prix ; procès-verbal de réception définitive T et décompte général T, dressés par l'agent-voyer d'arrondissement.

Dans le cas d'adjudication à prix ferme, il n'est pas nécessaire de produire un décompte général, mais le procès-verbal de réception définitive seulement.

§ 4. — Indemnités relatives aux acquisitions de terrains.

Dans tous les cas, la décision ou le décret qui prescrit l'élargissement, l'ouverture ou le redressement, et déclare les travaux d'utilité publique ;

Et :

1. *S'il y a eu cession amiable par les propriétaires :*

1° Délibération du Conseil municipal autorisant l'acquisition, approuvée par le

---

(1) T, si la somme à payer à l'un des ouvriers est supérieure à 10 francs.

(1) La soumission tiendra lieu du devis lorsqu'elle énoncera les quantités, les prix et les conditions d'exécution des ouvrages.

CHEMINS VICINAUX

Préfet en Conseil de préfecture ; expédition ou extrait de l'acte de cession amiable relatant la transcription, indiquant les précédents propriétaires et constatant que le vendeur a produit les titres qui établissent sa possession ;

2° Pièces constatant la purge des hypothèques, c'est-à-dire le certificat de publication et affiches de l'acte, et le numéro du journal de l'arrondissement dans lequel l'insertion a été faite. Les publications et l'insertion devront toujours précéder la transcription ;

3° Certificat du conservateur des hypothèques délivré à l'expiration de la quinzaine de la transcription.

Lorsque l'indemnité ne dépassera pas 500 francs, les pièces relatives à la purge des hypothèques et le certificat du conservateur pourront être remplacés par une délibération du Conseil municipal approuvée par le Préfet, dispensant le maire de faire remplir les formalités de la purge des hypothèques ; en outre, l'acte pourra ne pas indiquer les précédents propriétaires et ne pas être soumis à la transcription. (Ord. du 18 avril 1842).

4° Certificat de paiement de l'agent-voyer cantonal visé par l'agent-voyer d'arrondissement.

II. *S'il n'y a pas eu cession amiable par les propriétaires, les pièces indiquées dans le cas précédent, sauf les modifications suivantes* :

1° L'expédition ou l'extrait de l'acte de cession amiable sera remplacé par une expédition de la décision du juge de paix fixant le chiffre de l'indemnité ou par le jugement du Conseil de Préfecture ; la décision qui prescrit l'élargissement sera seule soumise à la transcription. *Si la valeur des terrains ne dépasse pas 500 francs, le Conseil municipal pourra, en vertu du décret du 14 juillet 1866, et avec l'approbation du Préfet, dispenser de l'accomplissement des formalités de purge des hypothèques* ;

2° *Dans le cas où il n'y a pas dispense de purge, on produira les pièces constatant que la purge a eu lieu conformément aux dispositions du Code civil.*

Tous les plans, procès-verbaux, certificats, significations, jugements, contrats, quittances et autres actes seront enregistrés moyennant le droit fixe de 1 franc. (Art. 23 du décret du 5 juillet 1854).

Nota. — Si la propriété vendue appartient en totalité ou en partie à des mineurs, interdits, absents ou incapables, le contrat doit rappeler l'autorisation donnée par le tribunal d'accepter les offres de la commune, ou, dans le cas de cession amiable et si l'immeuble est d'une valeur qui n'excède pas 100 francs, relater la délibération du Conseil municipal acceptant l'offre du tuteur de se porter fort pour le mineur et de faire ratifier la vente à sa majorité.

Pour les immeubles dotaux, on devra exiger l'autorisation donnée par le Tribunal d'accepter les offres de la commune et la justification du remploi lorsqu'il est ordonné.

S'il existe des inscriptions hypothécaires ou oppositions qui empêchent le paiement, le prix de vente sera versé à la Caisse des dépôts et consignations en vertu d'un arrêté du maire qui est produit avec le récépissé T du préposé de la Caisse et toutes les pièces énoncées ci-dessus, à l'exception de l'Etat des inscriptions délivrées par le Conservateur. Cette pièce est remplacée par le reçu du préposé de la Caisse des dépôts, à qui elle est remise.

§ 5. — **Indemnités relatives, soit à des extractions de matériaux, soit à des dépôts ou enlèvements de terre, soit à des occupations temporaires de terrains.**

Si l'indemnité a été fixée à l'amiable :

1° L'accord T fait entre l'Administration et le propriétaire et approuvé par le Préfet ;

2° Certificat de paiement délivré par l'agent-voyer cantonal et visé par l'agent-voyer d'arrondissement.

Si l'indemnité n'a pas été fixée à l'amiable :

1° Extrait de l'arrêté préfectoral qui autorise les extractions de matériaux ou les occupations temporaires de terrains ;

2° Arrêté du Conseil de préfecture qui a fixé l'indemnité.

3° Certificat de paiement délivré par l'agent-voyer cantonal, visé par l'agent-voyer d'arrondissement.

§ 6. — **Contingent de la commune dans les travaux des chemins vicinaux de grande communication et d'intérêt commun, si le contingent doit être acquitté en tout ou en partie en argent.**

Extrait de la décision du Conseil général qui a fixé les contingents ;
Récépissé du Receveur des contributions diverses.

§ 7. — **Concours dans le traitement des agents-voyers.**

Extrait de l'arrêté du Préfet ;
Récépissé du Receveur des contributions diverses.

§ 8. — **Frais de confection de rôles et d'état-matrice.**

Extrait de l'arrêté du Préfet ;
Récépissé du Receveur des contributions diverses.

§ 9. — **Salaire des cantonniers employés sur les chemins vicinaux ordinaires.**

Certificat de paiement dressé par l'agent-voyer cantonal et visé par l'agent-voyer d'arrondissement, indiquant le montant du traitement des cantonniers et le nombre des journées pour le paiement desquelles le mandat est délivré.

§ 10. — **Travaux entrepris en commun par plusieurs communes et salaires y relatifs.**

Extrait de l'arrêté du Préfet ;
Récépissé du Receveur des contributions diverses.
Le tout sans préjudice du titre des parties, suivant les cas.

Art. 139. — Toutes les dépenses autres que celles énoncées ci-dessus seront justifiées comme il est prescrit par les règlements sur la comptabilité communale. Un certificat de paiement délivré par l'agent-voyer cantonal et visé par l'agent-voyer d'arrondissement devra être joint à l'appui de chaque mandat.

CHAPITRE XII. — COMPTABILITÉ DU PRÉFET.

Art. 140. — Les ressources afférentes aux travaux des chemins de grande communication et d'intérêt commun sont rattachées au budget départemental. (Décret du 23 septembre 1875, articles 58 et 60).

Art. 141. — Le Préfet mandate les dépenses relatives aux chemins de grande communication et d'intérêt commun, dans la limite des crédits ouverts au budget départemental et des ordonnances délivrées par le Gouverneur général.

Art. 142. — Les mandats sont délivrés sur des modèles conformes à la formule annexée au règlement ministériel du 30 novembre 1840 sur la comptabilité publique.

Art. 143. — Indépendamment des livres-journaux, du grand-livre et des livres auxiliaires prescrits par les articles 299 à 302 du décret du 31 mai 1862, le Préfet tient, par exercice, pour le service de la vicinalité, un livre de comptabilité divisé en quatre parties.

CHEMINS DE GRANDE COMMUNICATION

La première partie concerne les chemins de grande communication. Elle se divise en trois sections.

La première section se compose d'un journal sur lequel les opérations concernant les produits éventuels en argent, c'est-à-dire la fixation définitive des contingents, la délivrance des titres, des ordonnances et des mandats, et la constatation des recouvrements, sont inscrites par ordre chronologique.

Les titres et les ordonnances sont inscrits en détail sur cette section du livre. Les contingents peuvent y être portés en bloc.

La deuxième section indique pour chaque ligne : 1° le montant détaillé des contingents et des autres ressources à recouvrer en argent ; 2° le montant des titres délivrés avec désignation de la provenance des ressources à recouvrer ; 3° le montant des recouvrements effectués et des mandats délivrés sur produits éventuels ; 4° le montant des subventions allouées et des mandats délivrés sur les fonds départementaux et de l'Etat ; 5° le montant des non-valeurs accordées.

La troisième section comprend le relevé détaillé des titres restant à délivrer à la clôture de l'exercice.

CHEMINS D'INTÉRÊT COMMUN

La seconde partie concerne les chemins d'intérêt commun. Elle est identique à la première.

PRESTATIONS

La troisième partie est relative aux prestations applicables aux chemins de grande communication et d'intérêt commun. Elle indique par commune : 1° le montant des prestations exigibles en argent, à défaut d'option ou d'exécution ; 2° le montant des prestations effectuées en nature ; 3° le montant des titres délivrés sur prestations à recouvrer en argent à défaut d'exécution.

DÉGRÈVEMENTS

La quatrième partie est relative aux dégrèvements. Elle se divise en deux sections.

La première section concerne les dégrèvements accordés sur ressources spécialement applicables aux chemins de grande communication et d'intérêt commun.

La deuxième section indique le montant, par ordonnance, des dégrèvements accordés sur l'ensemble des prestations et sur toutes autres ressources applicables à la petite vicinalité, avec distinction, s'il y a lieu, de la partie des non-valeurs sur prestations qui est afférente aux chemins de grande communication et d'intérêt commun.

Art. 144. — Les titres de perception des ressources éventuelles applicables aux chemins de grande communication et d'intérêt commun sont délivrés par le Préfet. Ils sont dressés par arrondissement et indiquent l'exercice auquel appartiennent les fonds à recouvrer, la section et le paragraphe de la nomenclature des produits départementaux, ainsi que le chapitre et l'article du budget départemental sous lesquels sont inscrites les dépenses que les fonds à recouvrer sont destinés à couvrir.

Lorsqu'il s'agit de prestations à recouvrer en argent à défaut d'exécution, la formule peut être remplacée par l'état, visé par l'agent-voyer en chef et approuvé par le Préfet, que l'agent-voyer d'arrondissement doit dresser en exécution de l'article 35 du présent règlement.

La minute des titres est envoyée au service des contributions diverses chargé de poursuivre le recouvrement des sommes dues. Un extrait ou une expédition, s'il en est besoin, en est adressé à l'agent-voyer en chef.

JUSTIFICATION DES RECETTES

Art. 145. — Le Préfet fournira, à l'appui des titres de recette concernant les chemins de grande communication et d'intérêt commun, les pièces exigées concernant les recettes des produits éventuels départementaux.

JUSTIFICATION DES DÉPENSES

Art. 146. — On produira à l'appui des mandats de paiement, pour les dépenses relatives aux chemins de grande communication et d'intérêt commun, les pièces indiquées pour les dépenses départementales dans la nomenclature annexée au règlement du 30 novembre 1840 sur la comptabilité publique. Les modifications qui pourraient être apportées à ce règlement seront applicables aux dépenses des chemins de grande communication et d'intérêt commun.

CHAPITRE XIII. — COMPTABILITÉ DU DIRECTEUR DES CONTRIBUTIONS DIVERSES.

Art. 147. — Le service des contributions diverses est chargé de recouvrer les divers produits afférents aux chemins de grande communication et d'intérêt commun.

Art. 148. — Le Directeur des contributions diverses tient un livre sur lequel il inscrit, en les distinguant, les produits destinés aux chemins de grande communication et d'intérêt commun.

Il enregistre, *au débit* des comptes relatifs aux chemins de grande communication et d'intérêt commun, le montant des sommes à recouvrer sur chaque fonds, d'après les rôles, états ou titres en vertu desquels les recouvrements doivent être opérés, la nature de ces états ou titres, et le montant des sommes à recouvrer.

Le Directeur des contributions diverses enregistre *au crédit* des comptes le montant des recouvrements effectués.

Ce livre est tenu par exercice.

Art. 149. — Indépendamment de ce livre, le Directeur des contributions diverses tient un carnet supplémentaire sur lequel il indique les opérations, en recette, pour chaque ligne de grande communication et d'intérêt commun.

Art. 150. — Le Directeur des contributions diverses dresse et fait parvenir au Préfet, à la fin de chaque mois, un état comparatif des recouvrements effectués pour les chemins de grande communication, et un état semblable en ce qui touche les chemins d'intérêt commun.

A la suite de ces états, le Directeur des contributions diverses indique le montant des recouvrements effectués pour chaque ligne vicinale.

Le Directeur des contributions diverses joint à cet envoi un relevé détaillé des recouvrements opérés au profit des chemins de grande communication et d'intérêt commun. Ce relevé est distinct du relevé semblable que le Directeur des contributions diverses doit fournir en ce qui concerne les autres produits éventuels départementaux.

Ces états et relevés font connaître l'exercice auquel appartiennent, d'après les titres de perception, les recouvrements effectués.

Art. 151. — Le recouvrement du montant des titres de perception émis au profit des chemins de grande communication et d'intérêt commun doit être opéré au 31 mars de la deuxième année de l'exercice.

S'il existe à cette époque des restes à recouvrer sur quelques-uns des produits le Directeur des contributions diverses rend compte et justifie au Préfet des circonstances qui se sont opposées à la rentrée des reliquats. Il dresse à cet effet, pour chaque catégorie de chemins, un état contenant la désignation des débiteurs, celles des sommes dues par chacun d'eux et les motifs du non-recouvrement.

Le Préfet détermine et fait inscrire sur cet état : 1° les reliquats passés en non-valeurs ; 2° les reliquats à mettre à la charge des comptables ; 3° les restes à reporter à l'exercice suivant.

Art. 152. — Lorsque les états des restes à recouvrer sont définitivement arrêtés, le Directeur des contributions diverses opère sur les titres de perception de l'exercice la réduction des sommes à appliquer à l'exercice suivant, et il en prend charge comme titre de perception de ce dernier exercice.

Art. 153. — Dans la quinzaine qui suit l'époque fixée pour la clôture de l'exercice, au point de vue du paiement des mandats, le Directeur des contributions diverses adresse au Préfet un état indiquant la situation financière de chaque ligne vicinale de grande communication, au moment de cette clôture.

Le Trésorier-payeur adresse au Préfet, un état détaillé des mandats impayés au moment de la clôture de l'exercice.

Des états semblables sont produits pour les chemins d'intérêt commun.

Art. 154. — Le Directeur des contributions diverses fait connaître au Préfet, chaque fois que ce dernier le juge convenable, le montant, pour chaque ligne vicinale, des titres délivrés et des recouvrements effectués.

Le Trésorier-payeur fait connaître au Préfet le montant des dépenses soldées et des mandats restant à payer.

Art. 155. — Toutes les prescriptions du présent règlement relatives à la comptabilité des chemins de grande communication et d'intérêt commun, et notamment celles des articles 140 et 147, sont applicables aux chemins vicinaux ordinaires qui, sans avoir été classés parmi les chemins vicinaux de grande communication ou d'intérêt commun, intéressent plusieurs communes et peuvent bénéficier des dispositions de l'article 72 de la loi du 18 juillet 1837.

CHAPITRE XIV. — INVENTAIRES.

CONSERVATION ET MOUVEMENT DES OBJETS APPARTENANT AU SERVICE.

1° *Agent-voyer cantonal.*

Art. 156. — L'agent-voyer cantonal tient, pour les chemins de grande communication et d'intérêt commun, un registre d'inventaire sur lequel sont inscrits tous les objets appartenant au service vicinal et existant soit dans son bureau, soit dans les divers lieux de dépôt ou magasins.

Ce registre est divisé en quatre parties :

La première partie comprend les outils et machines ;

La deuxième partie comprend les instruments de précision ;

La troisième partie comprend le mobilier des bureaux ;

La quatrième partie comprend les livres, cartes et dessins.

Dans chaque partie, les objets sont classés par ordre alphabétique.

Art. 157. — Les numéros d'ordre de classement des objets se continuent dans les quatre parties de l'inventaire. A cet effet, on réserve, à la suite de chaque partie et de chaque nature d'objets, le nombre de pages et de numéros d'ordre présumés nécessaires pour que le même registre puisse recevoir l'inscription de nouveaux articles pendant une période de dix ans environ.

Art. 158. — Tous les objets appartenant au service seront recensés et inscrits sur l'inventaire lors de la mise en vigueur du présent règlement.

Chaque objet nouveau sera porté ensuite sur l'inventaire au moment de l'acquisition ou de la remise qui en sera faite.

Les objets inscrits sur les trois premières parties seront marqués des lettres S V, incrustées dans le bois ou gravées sur le métal, et, autant que possible, ils porteront leur numéro de classement dans l'inventaire.

Les objets inscrits dans la quatrième partie recevront un timbre de forme circulaire avec encre noire.

Art. 160. — Les objets inscrits sur l'inventaire d'une circonscription cantonale ne peuvent passer dans une autre circonscription que d'après un ordre extrait du registre à souche tenu par l'agent-voyer d'arrondissement ou l'agent-voyer en chef.

L'agent-voyer détenteur de l'objet qui doit être déplacé le remet à la personne désignée contre le reçu annexé à cet ordre et il mentionne dans la colonne d'observations de son registre la date de la remise.

Si l'objet est rendu à l'agent qui l'a délivré, cet agent remet le reçu et constate la rentrée de l'objet par une nouvelle note dans la colonne d'observations.

Art. 161. — Au commencement de l'année, l'agent-voyer cantonal envoie à l'agent-voyer d'arrondissement :

1° Son registre d'inventaire, qui lui est retourné après qu'une copie en a été prise dans le bureau de l'agent-voyer d'arrondissement ;

2° Deux bulletins, l'un pour les chemins de grande communication, l'autre pour les chemins d'intérêt commun, sur lesquels sont les objets usés ou ne pouvant plus être utilisés et dont la vente ou la radiation est proposée.

Lorsque les bulletins sont retournés à l'agent-voyer cantonal avec des annotations indiquant soit l'autorisation de vente, soit l'ordre de faire réparer, soit toute autre mesure à prendre, celui-ci mentionne à l'encre rouge, dans la colonne d'observations de son inventaire, la suite donnée à sa proposition ; puis, au moment où il se dessaisit des objets, il biffe en rouge toutes les inscriptions qui les concernent.

2° *Agent-voyer d'arrondissement.*

Art. 162. — L'agent-voyer d'arrondissement tient, pour l'inscription et le mouvement des objets appartenant au service vicinal, les registres suivants :

1° Un inventaire destiné à l'inscription des objets qui lui sont confiés directement et ne sont point affectés spécialement à une circonscription cantonale. Cet inventaire est composé conformément aux articles 156, 157 et 158 ci-dessus ;

2° Une copie de chacun des inventaires des circonscriptions cantonales de son ressort. Ces copies sont mises à jour au commencement de l'année au moyen des registres originaux communiqués par les agents-voyers cantonaux et qui leur sont renvoyés aussitôt ;

3° Un journal de déplacement des objets portés sur les inventaires, sur la souche duquel il conserve la trace des ordres donnés par lui aux agents-voyers cantonaux.

Art. 163. — Les bulletins des objets dont la vente est proposée et qui dépendent du service des chemins de grande communication et d'intérêt commun, sont vérifiés par l'agent-voyer d'arrondissement et transmis avec ses propositions à l'agent-voyer en chef. L'agent-voyer d'arrondissement fait connaître ultérieurement à l'agent-voyer cantonal les mesures ordonnées au sujet de ces bulletins.

Art. 164. — Les dépôts des objets portés sur les inventaires des agents-voyers cantonaux sont vérifiés par les agents-voyers d'arrondissement, aux époques fixées par l'agent-voyer en chef et au moins une fois par an.

Les résultats de ces vérifications sont adressés à l'agent-voyer en chef, sous forme de procès-verbaux, avec les propositions jugées nécessaires.

Art. 165. — Au commencement de l'année, l'agent-voyer d'arrondissement envoie à l'agent-voyer en chef :

1° Son registre d'inventaire, qui lui est retourné après que la copie en a été prise ;

2° Un bulletin sur lequel sont portés les objets dudit inventaire usés ou ne pouvant être utilisés, et dont la vente ou la radiation est proposée.

3° *Agent-voyer en chef.*

Art. 166. — L'agent-voyer en chef tient, pour l'inscription et le mouvement des objets appartenant au service vicinal, les registres suivants :

1° Un inventaire destiné à l'inscription des objets qui lui sont confiés directement et qui ne sont point affectés spécialement à un arrondissement.

Cet inventaire est composé conformément aux articles 156, 157 et 158 ci-dessus.

2° Une copie de chacun des inventaires des agents-voyers d'arrondissement. Ces copies sont mises à jour au commencement de l'année, au moyen des registres originaux communiqués par les agents-voyers d'arrondissement ;

3° Un journal de déplacement des objets portés par les inventaires, sur la souche duquel il conserve la trace des ordres donnés par lui aux agents-voyers d'arrondissement.

Art. 167. — Les bulletins des objets dont la vente ou la radiation est proposée par les agents-voyers d'arrondissement, et qui dépendent du service des chemins vicinaux de grande communication ou d'intérêt commun, sont visés par l'agent-voyer en chef et adressés avec ses propositions au Préfet.

L'agent-voyer en chef fait connaître ensuite aux agents-voyers d'arrondissement les mesures prises par le Préfet.

Art. 168. — Les dépôts des objets portés sur les inventaires des agents-voyers d'arrondissement et des agents-voyers cantonaux sont visités par l'agent-voyer en chef pendant ses tournées.

MESURES A PRENDRE EN CAS DE REMPLACEMENT OU DE DÉCÈS D'UN AGENT-VOYER.

Art. 169. — Lorsqu'un agent-voyer est remplacé, il doit, avant son départ, procéder à la vérification des objets portés sur l'inventaire, de concert avec son successeur. Il lui en fait en même temps la remise.

Le nouvel agent donne son reçu sur une des dernières pages de l'inventaire. Il y ajoute, s'il y a lieu, des observations qui sont visées par son prédécesseur.

Un procès-verbal dressé contradictoirement entre les deux agents constate la vérification et la remise de l'inventaire et mentionne, le cas échéant, les observations faites. Ce procès-verbal est transmis immédiatement à l'agent-voyer d'arrondissement, si c'est un agent-voyer cantonal qui est remplacé, et à l'agent-voyer en chef, si c'est un agent-voyer d'arrondissement qui est remplacé. Les procès-verbaux dressés lors du remplacement des agents-voyers cantonaux sont communiqués à l'agent-voyer en chef toutes les fois qu'ils contiennent des observations.

Art. 170. — Lorsqu'un agent est obligé de partir avant l'arrivée de son successeur, il fait provisoirement la remise de l'inventaire : si c'est un agent-voyer en chef, à l'un des agents-voyers d'arrondissement ; si c'est un agent-voyer d'arrondissement, à l'un des agents-voyers cantonaux désigné par l'agent-voyer en chef ; et si c'est un agent-voyer cantonal, à un autre agent de même grade désigné par l'agent-voyer d'arrondissement.

Cette remise est, dans tous les cas, constatée par un procès-verbal dressé comme il est dit à l'article précédent.

Art. 171. — En cas de décès d'un agent-voyer, il est procédé sans délai au recolement de l'inventaire de cet agent.

L'opération est faite, savoir : par le successeur, s'il est nommé immédiatement ; sinon par l'agent intérimaire, en attendant la nomination du successeur.

Il est dressé procès-verbal de cette opération, et toutes les mesures sont prises pour que les objets appartenant au service ne se trouvent pas confondus avec ceux qui dépendent de la succession de la famille.

TITRE IV. — CONSERVATION ET POLICE DES CHEMINS.

CHAPITRE 1ᵉʳ. — ALIGNEMENTS ET AUTORISATIONS DIVERSES.

SECTION PREMIÈRE. — *Dispositions générales.*

Art. 172. — Nul ne pourra, sans y être préalablement autorisé, faire aucun ouvrage de nature à intéresser la conservation de la voie publique ou la facilité de la circulation sur le sol ou le long des chemins vicinaux, et spécialement :

1° Faire sur ces chemins ou leurs dépendances aucune tranchée, ouverture, dépôt de pierres, terres, fumiers, décombres ou autres matières;

2° Y enlever du gazon, du gravier, du sable, de la terre ou autres matériaux;

3° Y étendre aucune espèce de produits ou matières;

4° Y déverser des eaux quelconques, de manière à y causer des dégradations;

5° Établir sur les fossés des barrages, écluses, passages permanents ou temporaires;

6° Construire, reconstruire, ou réparer aucun bâtiment, mur ou clôture quelconque à la limite des chemins;

7° Ouvrir des fossés, planter des arbres, bois taillis ou haies le long desdits chemins;

8° Établir des puits ou citernes à moins de 5 mètres des limites de la voie publique.

Toute demande à fin d'autorisation desdits ouvrages ou travaux devra être présentée sur papier timbré.

Art. 173. — Les autorisations en ce qui concerne les chemins vicinaux ordinaires, seront données par le maire, sur l'avis de l'agent-voyer.

Art. 174. — Dans aucun cas, les maires ne pourront donner des autorisations verbales. Les autorisations devront faire l'objet d'un arrêté qui sera soumis à l'approbation du Préfet ou Sous-Préfet. Une expédition en sera ensuite notifiée aux parties intéressées.

Art. 175. — Les autorisations en ce qui concerne les chemins de grande communication et d'intérêt commun, seront données par le Préfet ou le Sous-Préfet, sur le rapport des agents-voyers.

Art. 176. — Toute autorisation, de quelque nature qu'elle soit, réservera expressément les droits des tiers; elle stipulera pour les ouvrages à établir sur la voie publique ou sur ses dépendances, l'obligation d'entretenir constamment ces ouvrages en bon état. Les arrêtés d'autorisation porteront que ces autorisations seront révocables soit dans le cas où le permissionnaire ne remplirait pas les conditions imposées, soit si la nécessité en était reconnue dans un but d'utilité publique.

SECTION II. — *Constructions.*

Art. 177. — Lorsqu'il aura été dressé des plans d'alignement pour les chemins vicinaux, il sera procédé à une enquête, conformément à l'ordonnance du 23 août 1835, s'il s'agit des chemins vicinaux ordinaires, et dans les formes déterminées par l'ordonnance du 18 février 1834, s'il s'agit des chemins de grande communication ou d'intérêt commun. Le Conseil municipal sera toujours appelé à délibérer sur les plans. Les plans seront ultérieurement soumis, comme l'exigent les articles 44 et 85 du décret du 23 septembre 1875, avec le rapport de l'agent-voyer en chef, les observations du Préfet et les documents à l'appui, à l'approbation du Conseil général pour les chemins de grande communication et d'intérêt commun, et à celle de la Commission départementale pour les chemins vicinaux ordinaires.

Art. 178. — Lorsque les chemins vicinaux auront la largeur légale, les alignements à donner pour constructions et reconstructions seront tracés de manière à ce que l'impétrant puisse construire sur la limite séparative de sa propriété et du chemin.

Lorsque les chemins n'auront pas la largeur qui leur aura été attribuée par l'autorité compétente, les alignements pour constructions et reconstructions seront délivrés conformément aux limites déterminées par le plan régulièrement approuvé.

Lorsque les chemins auront plus que la largeur légale, et que les propriétaires riverains seront autorisés, par mesure d'alignement, à avancer leur construction jusqu'à l'extrême limite de cette largeur, ils devront payer la valeur du sol du chemin ainsi concédé et de ses dépendances.

Cette valeur sera réglée, soit à l'amiable entre les propriétaires et l'Administration, soit à dire d'experts, par application de l'article 16 de la loi du 21 mai 1836.

L'arrêté d'alignement devra faire connaître que la prise de possession ne pourra avoir lieu qu'en vertu d'une délibération du Conseil municipal, régulièrement approuvée.

Art. 179. — Tout ce qui concerne le mode d'ouverture des portes et fenêtres et les saillies de toute espèce sur les chemins vicinaux sera déterminé par un règlement spécial arrêté par le Préfet. Jusqu'à ce que ce règlement ait été fait, il y sera pourvu, dans chaque cas particulier, par le maire, s'il s'agit d'un chemin vicinal ordinaire, et par le Préfet, s'il s'agit d'un chemin de grande communication et d'intérêt commun.

Art. 180. — Les travaux à faire à des constructions en saillie, sur les alignements d'un plan régulièrement approuvé, ne seront autorisés que dans le cas où ces travaux n'auront pas pour effet de consolider le mur de face.

Art. 181. — L'arrêté portant autorisation de construire ou de réparer fera connaître, si la demande en est faite par les intéressés et dans les limites nécessaires pour assurer la circulation, l'espace que pourront occuper les échafaudages et les dépôts et la durée de cette occupation.

Art. 182. — Lorsqu'une construction sise le long d'un chemin vicinal menacera ruine, et que la conservation en serait dangereuse pour la sûreté publique, le péril sera constaté par un agent-voyer, dont le rapport sera communiqué au propriétaire avec injonction de démolir dans un délai déterminé. En cas de refus, il sera procédé à une expertise contradictoire, dans la forme prescrite par les déclarations du Roi en date des 18 juillet 1729 et 18 août 1730.

Toutefois, en cas de péril imminent, la démolition d'office des constructions pourra être ordonnée d'urgence.

Art. 183. — Les autorisations de construire ou de reconstruire le long des chemins vicinaux devront stipuler les réserves et conditions nécessaires pour garantir le libre écoulement des eaux, sans qu'il en puisse résulter de dommage pour ces chemins.

Section III. — *Plantations d'arbres.*

Art. 184. — Aucune plantation d'arbres ne pourra être effectuée le long et joignant les chemins vicinaux qu'en observant les distances ci-après qui seront calculées à partir de la limite extérieure, soit des chemins, soit des fossés, soit des talus qui les borderaient :

Pour les arbres fruitiers, 2 mètres au moins ;

Pour les arbres forestiers, 3 mètres au moins ;

Pour les bois taillis, 3 mètres au moins.

La distance des arbres entre eux ne pourra être inférieure à 5 mètres.

Art. 185. — Les plantations faites antérieurement à la publication du présent règlement, à des distances moindres que celles ci-dessus, pourront être conservées, mais elles ne pourront être renouvelées qu'à la charge d'observer les distances prescrites par l'article précédent.

Art. 186. — Les plantations faites par des particuliers sur le sol des chemins vicinaux avant la publication du présent règlement pourront être conservées si les besoins de la circulation le permettent, mais elles ne pourront, dans aucun cas, être renouvelées.

Art. 187. — Si l'intérêt de la viabilité exigeait la destruction des plantations existant sur le sol des chemins vicinaux, les propriétaires seraient mis en demeure par un arrêté du Maire, pour les chemins vicinaux ordinaires, et du Préfet, pour les chemins de grande communication et d'intérêt commun, d'enlever, dans un délai déterminé, les arbres qui leur appartiendraient, sauf à eux à faire valoir le droit qu'ils croiraient avoir à une indemnité. Si les particuliers n'obtempéraient pas à cette mise en demeure, il serait dressé un procès-verbal pour être statué par l'autorité compétente.

Art. 188. — Les communes qui en feront la demande pourront être autorisées par le Préfet à faire des plantations sur le sol des chemins vicinaux. Les conditions auxquelles ces plantations seront faites, l'espacement des arbres entre eux, ainsi que la distance à observer entre les plantations et les propriétés riveraines, seront déterminés par le Préfet dans son arrêté d'autorisation.

Section IV. — *Plantations de haies.*

Art. 189. — Les haies vives ne pourront être plantées à moins de 50 centimètres de la limite extérieure des chemins.

Art. 190. — La hauteur des haies ne devra jamais excéder 1 mètre 33 centimètres, sauf les exceptions exigées par des circonstances particulières et pour lesquelles il sera donné des autorisations spéciales.

Art. 191. — Les haies plantées antérieurement à la publication du présent règlement à des distances moindres que celles prescrites par l'article 189 pourront être conservées, mais elles ne pourront être renouvelées qu'à la charge d'observer cette distance.

Section V. — *Elagage.*

Art. 192. — Les arbres, les branches, les haies et les racines qui avanceraient sur le sol des chemins vicinaux seront coupés à l'aplomb des limites de ces chemins, à la diligence des propriétaires ou des fermiers.

Art. 193. — Si le propriétaire ou le fermier négligeait ou refusait de se conformer aux prescriptions qui précèdent, il en serait dressé procès-verbal pour être statué par l'autorité compétente.

Section VI. — *Fossés appartenant à des particuliers.*

Art. 194. — Les propriétaires riverains ne pourront ouvrir de fossés le long d'un chemin vicinal à moins de 90 centimètres de la limite du chemin. Ces fossés devront avoir un talus de 1 mètre de base au moins pour 1 mètre de hauteur.

Art. 195. — Tout propriétaire qui aura fait ouvrir des fossés sur son terrain, le long d'un chemin vicinal, devra entretenir ces fossés de manière à empêcher que les eaux nuisent à la viabilité du chemin.

Art. 196. — Si les fossés ouverts par des particuliers sur leur terrain, le long d'un chemin vicinal, avaient une profondeur telle qu'elle pût présenter des dangers pour la circulation, les propriétaires seront tenus de prendre les dispositions qui leur seront prescrites pour assurer la sécurité du passage ; injonction leur sera faite, à cet effet, par arrêté du Maire ou du Préfet, selon le cas.

SECTION VII. — *Établissement d'ouvrages divers joignant ou traversant la voie publique.*

Art. 197. — Les autorisations pour l'établissement, par les propriétaires riverains, d'aqueducs et de ponceaux sur les fossés des chemins vicinaux, règleront le mode de construction, les dimensions à donner aux ouvrages et les matériaux à employer ; elles stipuleront toujours la charge de l'entretien par l'impétrant et le retrait de l'autorisation donnée dans le cas où les conditions posées ne seraient pas remplies, ou s'il était reconnu que ces ouvrages nuisent à l'écoulement des eaux ou à la circulation.

Art. 198. — Les autorisations de conduire les eaux d'un côté à l'autre du chemin prescriront le mode de construction et les dimensions des travaux à effectuer par les pétitionnaires.

Art. 199. — Les autorisations pour l'établissement de communications devant traverser les chemins vicinaux indiqueront les mesures à prendre pour assurer la facilité et la sécurité de la circulation.

Art. 200. — Les autorisations pour l'établissement de barrages ou écluses sur les fossés des chemins ne seront données que lorsque la surélévation des eaux ne pourra nuire au bon état de la voie publique. Elles prescriront les mesures nécessaires pour que les chemins ne puissent jamais être submergés. Elles seront toujours révocables, sans indemnité, si les travaux étaient reconnus nuisibles à la viabilité.

CHAPITRE II. — MESURES DE POLICE ET DE CONSERVATION.

Art. 201. — Il est défendu d'une manière absolue :

1° De laisser stationner, sans nécessité, sur les chemins vicinaux et leurs dépendances, aucune voiture, machine ou instrument aratoire, ni aucun troupeau, bête de somme ou de trait ;

2° De mutiler les arbres qui y sont plantés, de dégrader les bornes, poteaux et tableaux indicateurs, parapets des ponts et autres ouvrages ;

3° De les dépaver ;

4° D'enlever les pierres, les fers, bois et autres matériaux destinés aux travaux ou déjà mis en œuvre ;

5° D'y jeter des pierres ou autres matières provenant des terrains voisins ;

6° De les parcourir avec des instruments aratoires, sans avoir pris les précautions nécessaires pour éviter toute dégradation ;

7° De détériorer les berges, talus, fossés, ou les marques indicatives de leur largeur ;

8° De labourer ou cultiver leur sol ;

9° D'y faire ou d'y laisser paître aucune espèce d'animaux ;

10° De mettre rouir le chanvre dans les fossés ;

11° D'y faire aucune anticipation ou usurpation ou aucun ouvrage qui puisse apporter un empêchement au libre écoulement des eaux ;

12° D'établir aucune excavation ou construction sous la voie publique ou ses dépendances.

Art. 202. — Les propriétaires des terrains supérieurs bordant les chemins vicinaux sont tenus d'entretenir toujours en bon état les revêtements ou les murs construits par eux et destinés à soutenir ces terrains.

Art. 203. — Si la circulation sur un chemin vicinal venait à être interceptée par une œuvre quelconque, le maire y pourvoirait d'urgence.

En conséquence, après une simple sommation administrative, l'œuvre serait détruite d'office et les lieux rétablis dans leur ancien état, aux frais et risques de qui il appartiendrait et sans préjudice des poursuites à exercer contre qui de droit.

SECTION II. — *Écoulement naturel des eaux.*

Art. 204. — Les propriétés riveraines situées en contrebas des chemins vicinaux sont assujetties, aux termes de l'article 604 du Code civil, à recevoir les eaux qui découlent naturellement de ces chemins.

Les propriétaires de ces terrains ne pourront faire aucune œuvre qui tende à empêcher le libre écoulement des eaux qu'ils sont tenus de recevoir et à les faire séjourner dans les fossés ou refluer sur le sol du chemin.

Art. 205. — L'autorisation de transporter les eaux d'un côté à l'autre d'un chemin vicinal ne sera donnée que sous la réserve des droits des tiers. Il y sera toujours stipulé, pour l'Administration, la faculté de faire supprimer les constructions faites, si elles étaient mal entretenues ou si elles devenaient nuisibles à la viabilité du chemin.

Section III. — *Mesures ayant pour objet la sûreté des voyageurs.*

Art. 206. — Il est interdit de pratiquer, dans le voisinage des chemins vicinaux, des excavations de quelque nature que ce soit, si ce n'est aux distances ci-après déterminées, à partir de la limite desdits chemins, savoir :

Pour les carrières et galeries souterraines, 10 mètres ;

Les carrières à ciel ouvert, 10 mètres ;

Les mares publiques ou particulières, 3 mètres.

Les propriétaires de toutes excavations pourront être tenus de les couvrir ou de les entourer de clôtures propres à prévenir tout danger pour les voyageurs.

Art. 207. — Les maires veilleront à la solidité des constructions bordant les chemins vicinaux et prendront les mesures nécessaires pour sauvegarder la sécurité des passants.

Le Préfet : Brunel.

Approuvé.

Alger, le 9 mars 1876.

Le Gouverneur général,
Gal Chanzy.

Annexes. — *Loi du 8 juin 1864 relative aux rues formant le prolongement des chemins vicinaux.*

Art. 1er. — Toute rue qui est reconnue, dans les formes légales, être le prolongement d'un chemin vicinal, en fait partie intégrante et est soumise aux mêmes lois et règlements.

Art. 2. — Lorsque l'occupation de terrains bâtis est jugée nécessaire pour l'ouverture, le redressement ou l'élargissement immédiat d'une rue formant le prolongement d'un chemin vicinal, l'expropriation a lieu conformément aux dispositions de la loi du 3 mai 1841, combinées avec celles des cinq derniers paragraphes de l'article 16 de la loi du 21 mai 1836.

Il est procédé de la même manière lorsque les terrains bâtis sont situés sur le parcours d'un chemin vicinal en dehors des agglomérations communales.

Extrait de la loi du 28 juillet 1824
(Acquisitions de terrains pour les chemins vicinaux)

Art. 10. — Les acquisitions, aliénations et échanges ayant pour objet les chemins communaux, seront autorisés par arrêtés des Préfets en Conseil de préfecture, après délibération des Conseils municipaux intéressés et après enquête de *commodo et incommodo*, lorsque la valeur des terrains à acquérir, à vendre ou à échanger n'excédera pas trois mille francs.

Seront aussi autorisés par les Préfets, dans les mêmes formes, les travaux d'ouverture ou d'élargissement desdits chemins, et l'extraction des matériaux nécessaires à leur établissement, qui pourront donner lieu à des expropriations pour cause d'utilité publique, en vertu de la loi du 8 mars 1810, lorsque l'indemnité due aux propriétaires pour les terrains ou pour les matériaux n'excédera pas la même somme de trois mille francs.

§ 2.
Participation des communes aux dépenses des chemins vicinaux de grande communication.

21 janvier 1874. — Circulaire *du Préfet d'Alger.*

La construction et l'entretien des chemins vicinaux de grande communication constituent, vous le savez, une dépense que la loi met à la charge des communes auxquelles ces voies publiques sont utiles.

Le décret du 5 juillet 1854, spécial à l'Algérie, renferme, à cet égard, les mêmes dispositions que la loi du 21 mai 1836 en vigueur en France. Par conséquent, les communes algériennes sont tenues, sous ce rapport, aux mêmes obligations que les communes de la métropole.

Dans le département d'Alger, les chemins appartenant à la grande vicinalité, en vertu des classements effectués, ont été construits, à l'origine, sur les fonds de la colonisation, et, depuis leur création, le budget départemental a pourvu exclusivement à leur entretien.

Il est résulté de cette situation anormale, créée sous l'empire de circonstances impérieuses et du moment, que le principe de la loi a fléchi et que les communes ont été affranchies d'une charge qui leur incombait légalement.

La subvention départementale qui est affectée annuellement aux chemins de cette catégorie n'a jamais été proportionnée aux besoins d'un entretien régulier, et si la position avait dû rester ce qu'elle est depuis 1859, toutes les chaussées seraient inévitablement ruinées dans un temps prochain.

L'administration aurait failli à sa mission si elle n'avait cherché à écarter cette éventualité dont les conséquences seraient surtout désastreuses pour l'agriculture. Elle s'en est sérieusement préoccupée et a dû faire prévaloir le principe de la loi dont l'application peut seule donner les moyens pratiques d'assurer la conservation de nos chemins vicinaux de grande communication ; en effet, on en chercherait vainement ailleurs de plus efficaces.

Pour la première fois, à la session de 1861, le Conseil général fut saisi de la question de savoir si le produit de la prestation devait continuer à être abandonné intégralement aux communes, ou si, rentrant dans la voie tracée par le décret du 5 juillet 1854, le Préfet devait faire usage des dispositions de l'article 14, § 3, de ce décret (article 8, § 4, de la loi de 1836), donnant le droit de prélever les deux tiers des ressources de la prestation, pour la construction et l'entretien des chemins vicinaux de grande communication.

Le Conseil général d'alors s'était prononcé dans le sens du maintien des anciens errements, et depuis, il avait affirmé sa résolution chaque fois qu'il avait été pressenti sur la même question.

Le Conseil général n'avait pu persister dans cette voie qu'en conservant l'espoir que l'État continuerait à venir en aide au département pour combler le déficit de son budget.

Mais les circonstances ont changé. — Les sources où l'État puisait les subventions qu'il accordait au département, sous diverses formes, notamment pour les voies de communication, sont aujourd'hui taries. L'État n'a plus les moyens de continuer les sacrifices qu'il a faits précédemment pour alléger les charges qui incombent sous ce rapport, soit au département, soit aux communes. Il nous faut désormais pourvoir à nos besoins avec nos propres ressources.

En provoquant l'application du principe de la loi, il n'est certes point entré dans la pensée de mes prédécesseurs, de proposer au Conseil général de mettre, dès à présent, la totalité de la dépense d'entretien des chemins vicinaux de grande communication, à la charge des communes. Une semblable mesure dépasserait le but. Dans l'état actuel de leurs finances, le tiers des prestations serait une ressource insuffisante pour leur permettre d'entretenir les chemins vicinaux ordinaires. Il importe, conséquemment, de laisser une plus large part aux communes, au moins jusqu'au moment où les Conseils municipaux pourront se créer de nouvelles ressources par l'imposition de centimes spéciaux en addition au principal de la contribution foncière.

Mais devant l'impuissance du département, résultant du déficit persistant de son budget, dont l'importance s'accroît chaque année, il était de toute nécessité de réclamer aux communes le concours qu'elles doivent pour assurer l'entretien des chemins vicinaux de grande communication.

Les chemins de petite vicinalité ne peuvent d'ailleurs être utiles et rendre de services à l'agriculture, qu'autant qu'ils aboutissent à de grandes lignes vicinales bien entretenues. Or, il était impossible que le département conservât plus longtemps exclusivement à sa charge, la totalité de la dépense qu'exige l'entretien régulier de ces voies publiques.

Le Conseil général a donc été appelé encore une fois à se prononcer sur cette importante question et à déclarer s'il jugeait le moment venu de faire application de l'article 13, §§ 2 et 3, du décret du 5 juillet 1854 (article 7, §§ 2 et 3, de la loi du 21 mai 1836), afin de rentrer dans la règle, d'obliger ensuite les communes à participer, bien entendu, dans la proportion des besoins et de leurs ressources, aux dépenses des chemins vicinaux de grande communication, et, enfin, de restituer, suivant le vœu de la loi, au concours pécuniaire du département son véritable caractère de subvention (article 14, § 1, du décret du 5 juillet 1854, article 8, § 1, de la loi du 21 mai 1836).

Le Conseil général a consacré le principe de la mesure par un vote affirmatif. (Séance du 3 février 1873.)

Statuant en vertu de la loi du 10 août 1871, article 46, n° 7, il a décidé que les communes du département seront appelées à contribuer, conformément à la loi, aux dépenses des chemins vicinaux de grande communication, et a fixé le contingent annuel des communes au *vingtième* du montant de leurs prestations.

Cette mesure sera mise en vigueur à partir de l'année 1874.

Je m'occupe de prendre les dispositions nécessaires pour en assurer l'application. Elles feront l'objet d'une instruction spéciale que vous recevrez prochainement.

En attendant, MM. les Maires devront, dans l'emploi qu'ils feront des prestations portées au rôle de leur commune, tenir en réserve le *vingtième* de ces prestations, afin d'être en mesure de fournir le contingent de leur commune pour l'année 1874, dès qu'ils seront invités à en effectuer le versement à la caisse départementale.

En fixant le contingent annuel des communes au *vingtième* de leurs prestations, le Conseil général a assurément renfermé, dans les limites les plus restreintes, le concours qui est demandé pour la première fois aux communes du département, depuis l'application du décret du 5 juillet 1854.

Les communes comprendront que leur intérêt bien entendu leur commande de fournir une partie de leurs ressources pour conserver en bon état la viabilité des grandes lignes vicinales qui ont été créées pour leur avantage direct et immédiat.

Nous assurerons ainsi l'entretien et probablement aussi l'achèvement des chemins commencés, en attendant que nous puissions entreprendre les constructions neuves qui sont, dès à présent, reconnues indispensables pour la satisfaction des intérêts généraux.

Le Préfet : BRUNEL.

§ 3.
Prestations pour l'entretien des chemins vicinaux.

30 janvier 1875. — CIRCULAIRE du Préfet d'Alger.

Aux termes de l'article 888 de l'instruction générale des finances du 20 juin 1859, les contribuables, imposés au rôle des chemins vicinaux, sont tenus de déclarer, dans le mois qui suit la publication de ce rôle, s'ils entendent se libérer en argent ou en nature.

Les déclarations sont reçues par le Maire ou l'adjoint, s'il est délégué à cet effet. Elles sont, en présence des déclarants, consignées sur un registre ouvert *ad hoc* à la Mairie.

Ce registre doit être clos à l'expiration du mois.

Si la déclaration n'a pas été faite dans le délai prescrit, la cote est de droit exigible en argent.

Dans les dix jours qui suivront le délai d'option, le registre est clos et remis, par les soins du Maire, au Receveur comptable de la commune, chargé de suivre le recouvrement des cotes payables en argent, à défaut de déclaration.

La circulaire ministérielle du 21 juillet 1854 dispose, en outre et d'une manière absolue, que les prestations acquittables en nature doivent toujours être effectuées, si non dans l'année même pour laquelle elles ont été votées, au moins dans les délais fixés pour la clôture de l'exercice, et qu'il est expressément interdit de mettre les prestations en nature, en réserve d'une année sur l'autre.

Il résulte d'un rapport d'inspection opéré par le service des Contributions dans les bureaux des recettes municipales de la banlieue, que quelques Maires n'ont pas observé ces prescriptions et que les déclarations d'option sont, d'habitude, reçues, non-seulement pendant toute l'année pour laquelle les rôles sont établis, mais encore pendant le délai accordé pour compléter les opérations de l'exercice, c'est-à-dire du 1er janvier au 30 mars de l'année suivante.

Outre que ce mode de procéder peut entraîner de graves abus, il a, de plus, l'inconvénient sérieux d'empêcher le Receveur d'assurer la perception des droits et de lui enlever tout moyen de poursuivre les redevables, en lui laissant ignorer ceux qui doivent s'acquitter en nature.

Je ne saurais donc trop recommander à MM. les Maires de se conformer strictement, à l'avenir, aux lois et règlements relatifs à la comptabilité et au recouvrement des prestations pour l'entretien des chemins vicinaux.

Je les engage, à cet effet, à se reporter aux instructions ministérielles en date du 24 juin 1834, qui font suite à la loi du 21 mai de la même année et qui se trouvent dans le formulaire municipal de Miroir, à la page 57 de l'édition de 1842, tome 3.

Le Préfet : BRUNEL.

V. *Infrà* les mots : ROULAGE et VOIRIE.
Et *Ménerville*. v°. CHEMINS VICINAUX. T. 1, 2, 3.

Chevaux. V. ELEVAGE ; FOIRES et MARCHÉS.

Chèvres.

Août 1877. — CIRCULAIRE *du Préfet d'Alger*.

Mon attention a été appelée sur les dommages causés aux héritages ruraux par les chèvres que leurs propriétaires laissent divaguer sur le terrain d'autrui.

La loi du 6 octobre 1791 fournit cependant une arme aux intéressés pour les protéger contre ces dévastations.

L'article 18 du titre 2 de cette loi dispose, en effet, que « dans les lieux qui ne sont sujets ni au parcours, ni à la vaine pâture, pour toute chèvre qui sera trouvée sur l'héritage d'autrui, contre le gré du propriétaire de l'héritage, il sera payé une amende de la valeur d'une journée de travail par le propriétaire de la chèvre.

» Dans les pays de parcours ou de vaine pâture, où les chèvres ne sont pas rassemblées et conduites en troupeau commun, celui qui aura des animaux de cette espèce ne pourra les mener aux champs qu'attachés, sous peine d'une amende de la valeur d'une journée de travail par tête d'animal. En quelque circonstance que ce soit, lorsqu'elles auront fait du dommage aux arbres fruitiers ou autres, haies, vignes, jardins, l'amende sera double, sans préjudice du dédommagement dû au propriétaire. »

La loi du 23 thermidor a modifié ces clauses pénales ; c'est aujourd'hui trois journées de travail ou trois jours de prison.

Le Préfet : BRUNEL.

Chiens (taxe sur les).

6 avril 1877. — *Arrêté*.

Art. 1er. — A partir du 1er janvier 1877, la taxe municipale à percevoir sur les chiens, dans chacune des communes de plein exercice et des communes mixtes du département d'Alger, est réglée conformément aux tarifs suivants, à l'exception des communes mixtes de Berrouaghia et de Saint-Cyprien des Attafs, où cette taxe ne sera perçue qu'à partir du 1er janvier 1878.

Art. 2. — Dans les communes mixtes, tous les Européens et ceux des indigènes qui ne paient pas déjà les centimes additionnels aux impôts arabes sont redevables de cette taxe.

Gal CHANZY.

NOMS des COMMUNES	CATÉGORIES	
	1re Chiens d'agrément ou servant à la chasse	2e Chiens de garde

COMMUNES DE PLEIN EXERCICE
Arrondissement d'Alger.

Aïn-Taya	10 »	1 «
Alger	10 »	2 »
Alma	6 »	1 »
Ameur-el-Aïn	6 »	1 »
Arba	6 »	1 »
Attatba	6 »	1 »
Aumale	6 »	1 »
Baba-Hassen	6 »	1 »
Beni-Méred	6 »	1 »
Berrouaghia	6 »	1 »
Birkadem	6 »	1 »
Birmandreïs	6 »	1 »
Bir-Rabalou	6 »	1 »
Birtouta	6 »	1 »
Blad-Guitoun	6 »	1 »
Blida	8 »	2 »
Boghar	6 »	1 »
Boghari	6 »	1 »
Boufarik	6 »	1 »
Bourkika	6 »	1 »
Bouzaréah	4 »	1 »
Castiglione	6 »	1 »
Chebli	6 »	1 »
Chéragas	6 »	1 »
Cherchell	6 »	1 »
La Chiffa	6 »	1 »
Crescia	6 »	1 »
Dély-Ibrahim	6 »	1 »
Douéra	6 »	1 »
Draria	6 »	1 »
El-Achour	6 »	1 »
El-Afroun	6 »	1 »
El-Biar	6 »	2 »
Fondouk	6 »	1 »
Guyotville	6 »	1 »
Hussein-Dey	6 »	1 »
Koléa	6 »	1 »
Kouba	6 »	1 »
Mahelma	6 »	1 »
Maison-Carrée	6 »	1 »
Marengo	6 »	1 »
Médéa	6 »	1 »
Ménerville	6 »	1 »
Mouzaïaville	6 »	1 »
Mustapha	8 »	1 »
Oued-el-Alleug	6 »	1 »
Rassauta	6 »	1 »
Réghaïa	6 »	1 »
Rouiba	6 »	1 »
Rovigo	6 »	1 »
St-Eugène	6 »	1 »
St-Pierre-St-Paul	6 »	1 »
Sidi-Moussa	6 »	1 »
Souma	6 »	1 »

Arrondissement de Miliana.

Affreville	6 »	1 »
Aïn-Sultan	2 »	1 »
Bou-Medfa	6 »	1 »
Duperré	6 50	
Miliana	10 »	2 »
Vesoul-Benian	6 »	1 »
Teniet-el-Hàad	6 »	1 »

NOMS des COMMUNES	CATÉGORIES	
	1re Chiens d'agrément ou servant à la chasse	2e Chiens de garde

Arrondissement d'Orléansville.

Montenotte	6 »	1 »
Orléansville	7 »	1 50
Ténès	6 »	1 »

Arrondissement de Tizi-Ouzou.

Bordj-Menaïel	6 »	1 »
Dellys	6 »	1 »
Dra-el-Mizan	3 »	1 »
Fort-National	6 »	1 »
Tizi-Ouzou	6 »	1 »

COMMUNES MIXTES
Arrondissement d'Alger.

Berrouaghia	(1) 6 »	(1) 1 »
Palestro	6 »	1 »

Arrondissement de Miliana.

St-Cyprien-des-Attafs	(1) 6 »	(1) 1 »
Adélia	6 »	1 »

Arrondissement d'Orléansville.

Malakoff	6 »	1 »
Oued-Fodda	6 »	2 »
Ténès	6 »	1 »

Arrondissement de Tizi-Ouzou.

Dellys	6 »	1 »
Dra-el-Mizan	6 »	1 »
Les Issers	6 »	1 »
Tizi-Ouzou	6 »	1 »

Chiliens (succession des). V. SUCCESSIONS.

Chocolats. V. DOUANES.

Cimetières. V. INHUMATIONS.

Circonscriptions administratives. V. CIRCONSCRIPTIONS CANTONALES; COMMISSARIATS CIVILS; SOUS-PRÉFECTURES.

Circonscriptions cantonales.

L'essai d'une administration civile embrassant toute la région du Tell, tenté avec une rare hardiesse, sous le gouvernement de M. le vice-amiral de Gueydon, par la création des circonscriptions cantonales et des arrondissements-cercles n'a pas été de longue durée. « Une pa-
» reille et aussi radicale transformation
» ne peut être l'œuvre d'un jour, au mi-
» lieu des obstacles et des difficultés sans
» nombre résultant de l'état même du
» pays, des éléments dont se compose la
» population, des mauvais vouloirs à
» vaincre, des impatiences à contenir et
» par dessus tout de l'insuffisance des
» moyens d'action. Vouloir organiser tout
» le pays à la fois, serait infailliblement
» tout désorganiser au contraire, et com-
» promettre imprudemment le succès
» d'une entreprise difficile et complexe,
» mais qui, conduite avec sagesse, peut
» et doit réussir. »

(1) Chiffres applicables pour les communes de Berrouaghia et St-Cyprien-des-Attafs qu'à partir du 1er janvier 1878.

Ainsi s'exprimait M. de Ménerville (V. son *Dictionnaire*, tome 3, p. 72), et les résultats d'une expérience de quelques mois à peine n'ont pas tardé à lui donner raison.

L'œuvre de M. l'amiral de Gueydon, fort habilement conçue, était prématurée en ce sens que l'administration civile n'avait à sa disposition pour la mettre à exécution ni un personnel administratif assez nombreux, prêt à se substituer immédiatement aux administrateurs militaires, ni une force publique suffisante pour assurer du jour au lendemain, au milieu de ces territoires nouvellement appelés à la vie civile, le fonctionnement de l'administration et de la justice ordinaires.

Un décret du 11 septembre 1873 a mis un terme à cette situation pleine d'embarras, de difficultés et même de périls pour la sécurité publique dans ces territoires peu préparés aux bienfaits de l'administration civile et dont la plupart étaient encore frémissants de l'insurrection la plus terrible qui ait été soulevée contre notre domination par le fanatisme social et religieux des populations musulmanes de l'Algérie. Ce décret a autorisé le Gouverneur général à suspendre provisoirement, partout où ce serait nécessaire, le fonctionnement de l'administration civile. (V. ce décret, *supra*, V° *Administration générale*). Disons que M. le général Chanzy n'a usé qu'avec une extrême réserve du pouvoir que lui a conféré ce décret, et que dans sa sollicitude éclairée pour les besoins de tous, colons et indigènes, il rend progressivement à l'autorité préfectorale, à mesure que les ressources budgétaires et la situation du pays le permettent, les territoires que la force des choses lui ont fait un devoir de replacer momentanément sous le régime du commandement.

Au moment où nous écrivons ces lignes, les circonscriptions cantonales ont complètement disparu de l'organisation administrative de la colonie. Elles ont fait place aux *communes mixtes*. (V. *Infrà*, V° *Communes*.)

DIVISION

§ 1. — Circonscriptions cantonales et arrondissements-cercles :
    1° Dans le département d'Alger ;
    2° Dans le département de Constantine ;
    3° Dans le département d'Oran.

§ 2. — Confirmation des arrêtés qui les ont créés.

---

§ 1. — **Circonscriptions cantonales et arrondissements-cercles.**

1° DÉPARTEMENT D'ALGER

6 janvier 1872. — *Arrêté.*

Vu l'arrêté du 24 novembre 1871, sur l'organisation administrative et communale de la région tellienne (1) ;

Art. 1er. — Les dispositions de l'arrêté du 24 novembre 1871 seront appliquées, à la date de ce jour, aux circonscriptions cantonales de Blida, l'Arba et Tablat. Ces circonscriptions sont provisoirement délimitées conformément au plan ci-annexé.

Art. 2. — Les communes indigènes comprises dans les deux premières circonscriptions seront provisoirement administrées par un même commissaire civil résidant à l'Arba.

Art. 3. — La commune subdivisionnaire et le bureau arabe d'Alger sont supprimés.

Vice-amiral Cte DE GUEYDON.

---

(1) Voir cet arrêté du Gouverneur général dans le *Dictionnaire de la législation algérienne*, de M. de Ménerville, tome 3, page 102. V° COMMUNES.

15 décembre 1871. — *Circulaire du Gouverneur général.*

En exécution d'un décret rendu le 24 décembre 1870, les tribus limitrophes du territoire civil ont été placées au point de vue pénal sous la juridiction des tribunaux ordinaires.

Les chefs indigènes ont néanmoins continué à rendre compte des crimes et délits commis à l'autorité militaire qui en informe, à son tour, les magistrats compétents. Cet intermédiaire, malgré toute la diligence mise dans la transmission, peut quelquefois entraîner des retards préjudiciables à l'instruction.

En me signalant cet inconvénient, M. le Procureur général estime qu'il serait évité si les caïds et cheikhs investis se conformaient à l'art. 29 du Code d'instruction criminelle et prévenaient sur le champ les fonctionnaires de l'ordre judiciaire des faits criminels et délictueux qui parviennent à leur connaissance.

Cette observation m'a paru fondée et je lui ai donné mon adhésion.

L'adoption de la mesure proposée par M. le Procureur général n'enlève point à l'autorité administrative le droit d'exiger et de recevoir tous les renseignements susceptibles de l'éclairer sur l'état des esprits et la situation morale des populations ; elle ne l'empêche point, non plus, de communiquer à la justice, qui sera toujours heureuse de les recevoir, ses propres informations et de lui prêter, comme par le passé, le concours effectif dont elle a besoin pour l'arrestation des malfaiteurs, les transports judiciaires et la remise des assignations.

J'ai l'honneur de vous prier, mon cher général, de vouloir bien adresser des instructions aux chefs des indigènes intéressés pour que, dans les cas prévus par le décret précité, ils correspondent directement avec le parquet ou ses représentants les plus rapprochés.

Dans les circonscriptions cantonales où les présidents des djemaas n'ont point la qualité d'officiers publics, les chefs de circonscriptions et les maires provisoires resteront chargés d'aviser dans le plus bref délai le parquet des crimes ou délits commis dans l'étendue de leur circonscription ; ils devront veiller, par suite, à ce que les agents sous leurs ordres les tiennent constamment au courant des événements qui viendraient à se produire.

Vice-amiral comte de GUEYDON.

Au moment de la création des circonscriptions cantonales, M. le Procureur de la République près le tribunal de 1re instance d'Alger a adressé aux fonctionnaires, nouvellement placés à la tête de ces circonscriptions, une circulaire destinée à les éclairer sur leurs attributions en matière de police judiciaire. Nous croyons devoir en détacher les passages suivants :

26 février 1872. — *Arrêté.*

Vu etc. (comme à l'arrêté ci-dessus).

Art. 1ᵉʳ. — Les circonscriptions administratives cantonales d'Alger, de Douéra, de Boufarik et de Coléa, sont provisoirement délimitées conformément au plan ci-annexé.

Vice-amiral Cᵗᵉ DE GUEYDON.

26 février 1872. — *Arrêté.*

Vu etc. (comme aux arrêtés précédents).

Art. 1ᵉʳ. — Les dispositions de l'arrêté du 24 novembre 1871 seront appliquées, à la date de ce jour, à la circonscription cantonale de Marengo.

Art. 2. — L'administrateur de la commune indigène comprise dans cette circonscription cantonale résidera à Marengo.

Vice-amiral Cᵗᵉ DE GUEYDON.

26 février 1872. — *Arrêté.*

Vu les arrêtés constitutifs des circonscriptions cantonales du Col des Beni-Aïcha, de l'Arba, de Blida, de Tablat, d'Alger, de Douéra, de Boufarik, de Coléa et de Marengo :

Art. 1ᵉʳ. — Les neuf circonscriptions cantonales sus-dénommées sont constituées en un arrondissement qui prendra la dénomination d'*Arrondissement d'Alger*.

Les Chefs de celles de ces circonscriptions cantonales qui renferment des communes indigènes ou mixtes, relèveront directement du Préfet d'Alger, comme les administrations municipales des communes de plein exercice ; celui de ces chefs de canton qui est militaire, continuera à relever de l'autorité militaire pour ce qui est du ressort du commandement, comme il est dit à l'article 5 de l'arrêté sus-visé, du 24 novembre 1871.

Vice-amiral Cᵗᵉ DE GUEYDON.

2 août 1872. — *Arrêté.*

Vu le développement du centre de Bordj-Ménaïel et la création de divers autres centres dans cette circonscription cantonale.

Art. 1ᵉʳ. — La circonscription cantonale des Issers est détachée de l'arrondissement de Tizi-Ouzou et placée sous l'autorité directe du Préfet d'Alger.

Vice-amiral Cᵗᵉ DE GUEYDON.

9 janvier 1872. — *Arrêté.*

Art. 1ᵉʳ. — Les dispositions de l'arrêté du 24 novembre 1871 seront appliquées, à la date de ce jour, aux circonscriptions cantonales de Fort-National, Tizi-Ouzou et Mekla.

Art. 2. — Les communes indigènes comprises dans les deux dernières circonscriptions seront provisoirement administrées par un même chef, résidant à Tizi-Ouzou.

Art. 3. — La commune subdivisionnaire de Dellys, les bureaux arabes de

---

« *Alger, le 31 mai 1872.* — Il m'a paru nécessaire de vous faire connaître exactement, pour éviter les excès de pouvoir si faciles en matière de police judiciaire, l'étendue des attributions que vous confère le décret sus-énoncé.

» Vous êtes officier de police judiciaire, auxiliaire du Procureur de la République.

» Vos attributions en matière de police judiciaire sont dès lors différentes comme celles du Procureur de la République lui-même, suivant que le délit est flagrant ou qu'il n'est pas flagrant.

» L'art. 41 du Code d'instruction criminelle détermine le flagrant délit et comme le pouvoir d'instruire pour ce magistrat, en principe chargé de la poursuite, est exceptionnel, il y a lieu de le renfermer dans les limites strictes qui ont été tracées par la loi.

» Vous n'aurez donc, en règle générale, à faire les actes d'information préliminaire confiés au Procureur de la République et aux officiers de police, ses auxiliaires, que dans les cas de flagrant délit et encore *lorsque le fait sera de nature à entraîner une peine afflictive ou infamante*, c'est-à-dire lorsque un *crime* ou une tentative de crime vous sera dénoncé.

» Vos attributions seront les mêmes toutes les fois que, s'agissant d'un crime ou d'un délit même non flagrant, commis dans l'intérieur d'une maison, le chef de cette maison vous requerra de vous transporter.

» Quant aux actes et opérations auxquels vous avez à procéder, quant aux mesures que vous pouvez avoir à prendre dans ces limites, les art. 32 et suivants du Code d'instruction criminelle les énumèrent en les expliquant.

» Les perquisitions ne peuvent être opérées par vous qu'au domicile du prévenu ; à un juge d'instruction seul appartient le droit d'ordonner des perquisitions chez *des tiers*.

» Si le délit n'est pas flagrant, vos attributions sont limitées aux suivantes :

« 1° Recevoir les dénonciations de crimes ou délits commis dans l'étendue du territoire civil de votre circonscription ;

» 2° Me transmettre sans délai ces dénonciations ;

» 3° Me donner, en outre, avis de tous les crimes et délits qui sont portés à votre connaissance et me transmettre tous les renseignements, procès-verbaux et actes qui y sont relatifs (*).

« *Le Procureur de la République:* Honoré RONSSIN. »

30 septembre 1872. — *Circulaire du Procureur général.*

M. le Procureur de la République, malgré le silence du décret du 30 avril dernier (**), il y a lieu de considérer les adjoints titulaires des chefs de circonscriptions cantonales comme investis des attributions d'officiers de police judiciaire.

Ce décret vise celui du 13 mars 1860, lequel désignait pour ces mêmes fonctions non-seulement les chefs de bureau arabe, mais aussi leurs adjoints titulaires. Dès lors, M. le Gouverneur général et moi avons été amenés à penser que cette extension devait s'appliquer aussi aux adjoints titulaires des chefs des circonscriptions cantonales et des instructions ont été données dans ce sens par M. le Gouverneur général aux trois Préfets de l'Algérie.

Le Procureur général : ROUCHIER.

(*) Aux termes d'un arrêté du 24 décembre 1875 de M. le Gouverneur général, les circonscriptions cantonales ont été remplacées par les communes mixtes, et les chefs de ces circonscriptions ont échangé ce titre contre celui d'administrateur de la commune mixte. Il n'y a eu rien de changé que la dénomination, les attributions sont restées les mêmes.

Voir cet arrêté. V° COMMUNES, SECT. 2°, § 1ᵉʳ.

(**) V. ce décret. V° JUSTICE.

Fort-National et de Tizi-Ouzou sont supprimés.
Vice-Amiral Cte DE GUEYDON.

6 février 1872. — *Arrêté.*

Vu les arrêtés constitutifs des circonscriptions cantonales de Dellys, des Issers, de Drâ-el-Mizan, de Tizi-Ouzou, de Mekla et de Fort-National ;

Considérant qu'il est utile de donner à ces cantons la même direction administrative ;

Art. 1er. — Les six circonscriptions cantonales sus-dénommées sont constituées en arrondissement-cercle, qui prendra la dénomination de : *Arrondissement-cercle de Tizi-Ouzou.*

Les chefs des circonscriptions cantonales relèveront directement de l'administration de l'arrondissement-cercle, pour ce qui est du domaine de l'administration civile ; ceux de ces chefs de canton, qui sont militaires, continueront à relever de l'autorité militaire, pour ce qui est du ressort du commandement, comme il est dit à l'article 5 de l'arrêté sus-visé, du 24 novembre 1871.
Vice-amiral Cte DE GUEYDON.

24 février 1873. — *Arrêté.*

Vu le décret du 20 février 1873, autorisant le Gouverneur général civil de l'Algérie à créer dans la région tellienne de nouvelles circonscriptions cantonales.

Art. 1er. — Les dispositions de l'arrêté du 24 novembre 1871 seront appliquées à la date de ce jour, à la circonscription cantonale de Cherchell.

Toutefois les territoires actuellement administrés en fait par l'autorité militaire ne seront placés sous l'autorité administrative du préfet, qu'alors que la force publique sera devenue suffisante pour assurer l'action régulière de l'autorité administrative et judiciaire de cette circonscription.

Art. 3. — Le présent arrêté, comme tous ceux antérieurs aux circonscriptions cantonales, ne modifie en quoi que ce soit la délimitation des communes et des arrondissements civils établis par décret.

Il ne modifie non plus en aucune manière les circonscriptions judiciaires et n'affecte que les territoires dits militaires.
Vice-amiral Cte DE GUEYDON.

5 mars 1873. — *Arrêté.*

Vu etc. (comme à l'arrêté ci-dessus).

Art. 1er. — Les dispositions de l'arrêté du 24 novembre 1871 seront appliquées, à la date de ce jour, à la circonscription cantonale de Ténès. (Le reste comme à l'arrêté précédent).
Vice-amiral Cte DE GUEYDON.

Suivant décision du Gouverneur général, en date du 13 octobre 1874, la commune indigène de Ténès sera supprimée, à partir du 1er janvier 1875, et les dix tribus ou douars qui la composent seront répartis de la manière suivante :

Tribus ou douars à rattacher à la commune subdivisionnaire d'Orléansville.

1. Beni-Tamou ; 2. Talassa ; 3. Baache ; 4. Beni-Merzoug.

Tribus ou douars à rattacher au territoire civil.

5. Baghdoura ; 6. Heumis ; 7. Maïni : 8. Touirira ; 9. Snifita ; 10. Beni-Haoua.

Tribus et douars-communes placés sous la juridiction des tribunaux de droit commun.

8 décembre 1873. — *Arrêté.*

Art. 1er. — La tribu des Beni-Khalfoun, les douars-communes des Ammals, Bouderbala, Mosbaha, dépendant de la circonscription cantonale du Col des Beni-Aïcha, sont retirés à la juridiction des tribunaux militaires et placés sous celle des tribunaux de droit commun.
Gal CHANZY.

3 janvier 1874. — *Arrêté.*

Art. 1er. — La tribu des Senhadja, comprise dans le territoire militaire de l'annexe d'Alger, est rattachée à la circonscription civile du Col des Beni-Aïcha et à la commune indigène du même nom.

Art. 2. — Elle est retirée à la juridiction des tribunaux militaires, et passe sous celle des tribunaux de droit commun.
Gal CHANZY.

24 décembre 1874. — *Arrêté.*

Art. 1er. — Les douars-communes des Gheraba, Oulad-Brahim et Oulad-Mellal cesseront de faire partie du territoire militaire du cercle de Médéa et seront remis à l'autorité préfectorale, à la date du 1er janvier 1875.

Art. 2. — Le douar-commune d'El-Betham cessera de faire partie du territoire militaire du cercle d'Aumale et sera remis à l'autorité préfectorale à la même date.

Art. 3. — Les quatre douars-communes nommés plus haut, qui relèvent actuellement de la juridiction des tribunaux militaires, seront placés sous la juridiction des tribunaux de droit commun, à dater de la même époque.
Gal CHANZY.

2° DÉPARTEMENT DE CONSTANTINE

31 mars 1872 — *Arrêté.*

Art. 1er. — Les dispositions de l'arrêté du 24 novembre 1871 seront appliquées, à la date de ce jour, aux circonscriptions cantonales de Bône, Mondovi, Aïn-Mokra et La Calle.

Art. 2. — Les administrateurs des communes indigènes, comprises dans ces circonscriptions, résideront à Bône, Mondovi, Aïn-Mokra et La Calle.

Vice-Amiral Cte DE GUEYDON.

31 mars 1872. — *Arrêté*.

Vu l'arrêté constitutif des circonscriptions cantonales de Bône, Mondovi, Aïn-Mokra et La Calle ;

Art. 1er. — Les quatre circonscriptions cantonales sus-dénommées sont constituées en un arrondissement qui prendra la dénomination d'arrondissement de Bône.

Les chefs de ces circonscriptions relèveront directement du Sous-Préfet de Bône, comme les administrations municipales des communes de plein exercice.

Celui de La Calle, qui est militaire, continuera à relever de l'autorité militaire, pour ce qui est du ressort du commandement, et même, eu égard à ce que sa circonscription est frontière, il continuera à relever du Général, pour l'administration de sa commune indigène.

Vice-Amiral Cte DE GUEYDON.

Par décision en date du 17 juillet 1872, le Gouverneur général a rattaché en entier à la circonscription cantonale de Bône, le douar-commune des Ouïchaoua, qui avait été scindé en deux, par l'arrêté du 31 mars 1872, et placé, partie dans la circonscription précitée, partie dans celle d'Aïn-Mokra.

31 mars 1872. — *Arrêté*.

Art. 1er. — Les dispositions de l'arrêté du 24 novembre 1871 seront appliquées, à la date de ce jour, aux circonscriptions cantonales de Philippeville et de Jemmapes. (Le reste comme à l'arrêté ci-dessus relatif aux circonscriptions de Bône, Mondovi, etc.)

Vice-Amiral Cte DE GUEYDON.

31 mars 1872. — *Arrêté*.

Vu, etc. (comme à l'arrêté ci-dessus constitutif de l'arrondissement de Bône.)

Art. 1er. — Les deux circonscriptions cantonales sus-dénommées sont constituées en un arrondissement qui prendra le nom d'arrondissement de Philippeville. (Le reste comme audit arrêté.)

Vice-Amiral Cte DE GUEYDON.

8 avril 1872. — *Arrêté*.

Considérant que la création du personnel du recensement entraînerait des délais préjudiciables aux intérêts des communes mixtes et même des nouvelles communes indigènes, et que l'on peut, sans attendre le moment où ces dernières communes pourront être placées sous l'autorité des Préfets, procéder à la création de certaines circonscriptions cantonales ;

Art. 1er. — Les dispositions de l'arrêté du 24 novembre 1871 seront appliquées, à la date de ce jour, à la circonscription cantonale de Collo.

Toutefois, l'action administrative du Préfet ne sera étendue à la commune indigène, qu'alors que le personnel du recensement aura été constitué dans cette circonscription.

Vice-Amiral Cte DE GUEYDON.

20 avril 1872. — *Arrêté*.

Vu les craintes manifestées par certains concessionnaires de forêts ;

Art. 1er. — Les douars des *Beni-Salah* sont temporairement distraits de la circonscription cantonale et de la commune indigène de Mondovi, et rattachés à titre d'annexe à la circonscription frontière et à la commune indigène de La Calle.

Ces douars seront placés, comme cette dernière circonscription, sous l'autorité militaire.

Vice-Amiral Cte DE GUEYDON.

7 janvier 1873. — *Arrêté*.

Art. 1er. — Les dispositions de l'arrêté du 24 novembre 1871 seront appliquées, à la date de ce jour, à la circonscription cantonale de Constantine.

Art. 2. — Il ne sera pas nommé d'administrateur de la commune indigène de cette circonscription, qui ne comprend que les trois douars-communes des Ouled Braham, Ouled-Sbikha et Sferdjla, destinés à être rattachés à la commune de plein exercice de Condé-Smendou. Ces trois douars-communes seront transitoirement administrés par le Maire de Condé-Smendou, sous l'autorité directe du Préfet. (Le reste comme à l'arrêté ci-dessus constitutif de la circonscription cantonale de Cherchell).

Vice-amiral Cte DE GUEYDON.

10 janvier 1873. — *Arrêté*.

Art. 1er. — Les dispositions de l'arrêté du 24 novembre 1871 seront appliquées, à la date de ce jour, à la circonscription cantonale d'El-Arrouch ; cette circonscription sera provisoirement délimitée conformément au plan ci-annexé. (Le reste comme à l'arrêté constitutif de la circonscription cantonale de Cherchell).

Vice-amiral Cte DE GUEYDON.

31 janvier 1873. — *Arrêté*.

Art. 1er. — Les dispositions de l'arrêté du 24 novembre 1871 sont appliquées, à la date de ce jour, à la circonscription cantonale d'El-Milia ; cette circonscription sera provisoirement délimitée conformément au plan ci-annexé. (Le reste comme à l'arrêté ci-dessus, constitutif de la circonscription cantonale de Cherchell).

Vice-amiral Cte DE GUEYDON.

3 février 1873. — *Arrêté*.

Art. 1er. — Les dispositions de l'arrêté du 24 novembre 1871 sont appliquées, à la date de ce jour, à la circonscription cantonale de Djidjelli ; cette circonscription sera provisoirement délimitée conformément au plan y annexé. (V. pour les autres articles la circonscription de Cherchell, *suprà*).

Vice-amiral Cte DE GUEYDON.

5 février 1873. — *Arrêté*.

Art. 1er. — Les dispositions de l'arrêté du 24 novembre 1871 sont appliquées, à la date de ce jour, à la circonscription cantonale de Takitount ; cette circonscription sera provisoirement délimitée conformément au plan y annexé. (V. *suprà*, circonscription cantonale de Cherchell).

Vice-amiral Cte DE GUEYDON.

10 février 1873. — *Arrêté*.

Art. 1er. — Les dispositions de l'arrêté du 24 novembre 1871 sont appliquées à la date de ce jour, à la circonscription cantonnale de Bougie ; cette circonscription sera provisoirement délimitée conformément au plan y annexé. (V. pour le reste Circonscription de Cherchell, *suprà*.)

Vice-amiral Cte DE GUEYDON.

13 février 1873. — *Arrêté*.

Art. 1er. — Les dispositions de l'arrêté du 24 novembre 1871 sont appliquées, à la date de ce jour, à la circonscription cantonale d'Akbou. Cette circonscription sera délimitée conformément au plan annexé. (V. *suprà* circonscription de Cherchell).

Vice-amiral Cte DE GUEYDON.

30 mars 1873. — *Arrêté*.

Art. 1er. — Les dispositions de l'arrêté du 24 novembre 1871 seront appliquées, à la date de ce jour, à la circonscription cantonale de l'Oued-Zenati. Cette circonscription sera délimitée conformément au plan annexé au décret du 20 février 1873. (Le reste comme à l'arrêté de création de la circonscription cantonale de Cherchell, *suprà*.)

Vice-amiral Cte DE GUEYDON.

30 mars 1873. — *Arrêté*.

Vu le paragraphe 2 de l'article 1 du décret du 20 février 1873 ;

Art. 1er. — La circonscription cantonale de l'Oued-Zenati, créée par notre arrêté de ce jour, est placée sous l'autorité administrative du Préfet du département de Constantine.

Vice-amiral Cte DE GUEYDON.

25 novembre 1873. — *Arrêté*.

Art. 1er. — La circonscription cantonale d'*El-Arrouch*, créée par arrêté du Gouverneur général civil en date du 10 janvier 1873, confirmée par le décret du 20 février 1873, est remise à l'autorité préfectorale, sous les modifications énoncées à l'article 5 et sera administrée par un commissaire civil résidant à El-Arrouch.

Art. 2. — Les populations indigènes qui la composent, et qui ne sont pas comprises dans les communes de plein exercice, conserveront leur budget propre, sous la rubrique : *Budget de la commune indigène de la circonscription cantonale d'El-Arrouch*.

Art. 3. — La circonscription cantonale d'El-Arrouch comprendra, outre les communes de plein exercice d'El-Arrouch avec son annexe d'El-Kantour, de Robertville et de Gastonville, les douars-communes de :

Ahl-Estaïha............	provenant de l'ancien cercle de Collo.
Oum-Ech-Choukh.......	
Beni-bou-Naïm-Sfisifa.....	
Khandek-Asla...........	provenant de l'ancienne tribu des Ouled Atia.
Ouled-Messaoud.........	
Hazabra...............	
Gherazla..............	
Khorfan...............	
Souadek...............	
Ouled-Derradj..........	provenant de l'ancienne tribu des Ouled-Djebara.
Ouled-Habiba..........	
Ouled-Hamza...........	
Beni-Ahmed............	provenant de l'ancienne tribu des Souhalia.
Oued-Refref...........	provenant de l'ancienne tribu des Euima-Maslah.
Oued-Ksob.............	provenant de l'ancienne tribu des Beni-Mehanna.
El-Guedir.............	provenant de l'ancienne tribu des Zardezas.

Art. 4. — Des études seront faites par les soins du Préfet de Constantine pour rattacher les douars-communes d'Ahl-Estaïha, Oum-Ech-Choukh, Beni-bou-Naïm-Sfisifa, Oued-Refref aux communes de Gastonville, de Robertville et d'El-Arrouch.

Art. 5. — Le douar-commune des Beni-Sbihi est rattaché provisoirement à l'annexe d'El-Miliah.

Les douars-communes de Dennaïra, Ouled-Arksib, Beni-Ouelban, sont rattachés provisoirement au commandement de Collo.

Gal CHANZY.

25 février 1874. — *Arrêté*.

Art. 1er. — Les douars-communes de Guelt-Zerga, Medjounès, El-Malha, Guellal, Chaabia, provenant de l'ancienne tribu des Amers-Dahra;

Ouled-Ali-ben-Nasser, Ouled-Adouan, Ouled-Mansour, Ouled-Saber, Guidjel, Ben-Diab, provenant de l'ancienne tribu des Amers-Guebela;

Takoka, El-Matroua, El-Hamama, El-Anini, provenant de l'ancienne tribu des Ouled-Nabet;

Gherazla, provenant de l'ancienne tribu des Gherazla;

La tribu des Ouled-Mosly, cessent de faire partie du territoire militaire du cercle de Sétif et sont rattachés à la circonscription civile de Sétif, pour y former une commune indigène, qui sera administrée directement par le Sous-Préfet de Sétif.

Les douars-communes de Gherazla, Takoka, El-Matroua, El-Hamama, El-Anini, et la tribu des Ouled-Mosly, qui relèvent actuellement de la juridiction des tribunaux militaires, passent sous celle des tribunaux de droit commun.

Art. 2. — Les tribus des Hachem, comprenant les cheikhats de Medjana, Sennada, Sidi-M'bareck-El-Anasser, d'Aïn-Tagrout, comprenant les fractions de Tassera, Ouled-bou-Nab, Sedratas;

La section de Chouïa provenant du douar-commune de Zemmorah, cessent de faire partie du territoire militaire du cercle de Bordj-bou-Arréridj (Hachem, section de Chouïa) et du cercle de Sétif (Aïn-Tagrout), et sont rattachés à la circonscription civile de Bordj-bou-Arréridj, pour y former une commune indigène, qui sera administrée par le commissaire civil de Bordj-bou-Arréridj.

La tribu d'Aïn-Tagrout et la section de Chouïa, qui relèvent actuellement de la juridiction des tribunaux militaires, passent sous celle des tribunaux de droit commun.

Art. 3. — Les douars-communes de Meriout, Bazer, Sekra, El-Bellaa, Tella, provenant de l'ancienne tribu des Eulmas;

Ouled-bel-Aouchat, Ouled-Zaïm, Ouled-Mekhencha, Ouled-Belkhir, provenant de l'ancienne tribu des Ouled-Abd-El-Nour;

Cessent de faire partie du territoire militaire du cercle de Sétif (Eulmas) et du cercle de Constantine (Abd-El-Nour) et sont rattachés à la circonscription civile de Saint-Arnaud, pour y former une commune indigène qui sera administrée par le commissaire civil de Saint-Arnaud.

Les douars-communes de Tella, Ouled-Bel-Aouchat, Ouled-Zaïm, Ouled-Mekchencha, Ouled-Belkhir, qui relèvent actuellement de la juridiction des tribunaux militaires, passent sous celle des tribunaux de droit commun.

Art. 4. — Les douars-communes des Dambers, provenant de l'ancienne tribu des Dambers;

Meghalsa, Aïoun-El-Hadjaz, Ras-Seguin, Teïn-Telacin, provenant de l'ancienne tribu des Telaghma;

Ouled-El-Arbi, Ouled-Raïf, El-Brana, Ouled-Zerga, Ouled-bou-Aoufan, Zaouïa-ben-Zerroug, provenant de l'ancienne tribu des Ouled-Abd-El-Nour;

Serraouias, provenant de l'ancienne tribu des Serraouias;

Cessent de faire partie du territoire militaire du cercle de Constantine et forment avec la tribu de Milah, déjà visée par l'arrêté du 19 février 1874, une commune indigène qui sera administrée directement par le Préfet de Constantine.

Tous ces douars-communes qui relèvent actuellement de la juridiction des tribunaux militaires, passent sous celle des tribunaux de droit commun.

Art. 5. — Les douars-communes de Amer-Srahouia, Ouled-Nasser, provenant des anciennes tribus des Ouled-Cheragas;

Ouled-Aziz, Ouled-Belaguel, provenant de l'ancienne tribu des Berrania;

El-Kouahi, provenant de l'ancienne tribu de Zemouls;

Ouled-Sekhar, Ouled-Djehich, Ouled-Gassen, Ouled-Khaled, provenant de l'ancienne tribu des Segnias;

Dreïd, El-Hazebri, provenant de l'ancienne tribu de Behira-Touila;

Cessent de faire partie du territoire militaire du cercle de Constantine et sont rattachés à la circonscription civile des Ouled-Rahmoun, pour y former une commune indigène qui sera administrée par le commissaire civil des Ouled-Rahmoun.

Art. 6. — Les douars communes de Fedjoudj, Aïn-Rihana, Beni-Addi, Selib, Bou-Hamdan, Taya, provenant de l'ancienne tribu des Beni-Foughal;

Moelfa, provenant de l'ancienne tribu de Moelfa;

Cessent de faire partie du territoire militaire de Guelma, et sont rattachés à la circonscription civile de Guelma, pour y former une commune indigène, qui sera administrée par le commissaire civil de Guelma.

Gal CHANZY.

28 avril 1874. — *Arrêté.*

Art. 1er. — Le douar-commune de Beïda-Bordj (partie de l'ancienne tribu des Ouled-Sellem), cesse de faire partie du territoire militaire de l'annexe de Barika, cercle de Batna, et est rattaché à la circonscription civile de Saint-Arnaud, dans les conditions énoncées à l'article 3 de l'arrêté du 25 février 1873.

Art. 2. — Ce douar-commune, qui relève actuellement de la juridiction des tribunaux militaires, passe dans celle des tribunaux de droit commun.

Gal CHANZY.

17 décembre 1874. — *Arrêté*.

Art. 1er. — Les douars de Djoua et Beni-Amrous, cessent de faire partie du territoire militaire du cercle de Bougie, et sont rattachés à la circonscription civile de ce nom, à partir du 1er janvier prochain. (Le reste comme à l'arrêté qui précède).

Pour le Gouverneur absent,
Le Directeur général : DE TOUSTAIN.

24 décembre 1874. — *Arrêté*.

Art. 1er. — Le douar des Oulad-Ali-Tahamant cesse de faire partie du territoire militaire du cercle de Batna et est rattaché à la circonscription civile de ce nom, à partir du 1er janvier 1875.

Art. 2. — Les douars des Oulad-Sellem, d'El-M'raouna et des Oulad-Zouaï cessent de faire partie du territoire militaire du cercle de Constantine et sont rattachés à la commune mixte d'Aïn-M'lila, à partir du 1er janvier 1875. (Le reste comme à l'arrêté précédent du 28 avril 1874).

Gal CHANZY.

3° DÉPARTEMENT D'ORAN

21 mai 1872. — *Arrêté*.

Art. 1er. — Les dispositions de l'arrêté du 24 novembre 1871 seront appliquées, à la date de ce jour, aux circonscriptions cantonales d'Oran, de Mostaganem, d'Arzew, du Tlélat et d'Aïn-Temouchent.

Art. 2. — Les administrateurs des communes indigènes comprises dans ces circonscriptions résideront à Aïn-En-Naro, Saint-Denis-du-Sig, Ste-Barbe-du-Tlélat, et Aïn-Temouchent.

Art. 3. — La future circonscription cantonale de Nekmaria est aussi délimitée conformément au plan ci-annexé.

La commune indigène de cette circonscription sera constituée aussitôt que le poste de Nekmaria et la route qui le reliera à Mostaganem seront établis. (Le reste comme à l'arrêté ci-dessus du 24 février 1873, constitutif de la circonscription cantonale de Cherchell, art. 3).

Vice-amiral Cte DE GUEYDON.

1er janvier 1873. — *Arrêté*.

Art. 1er. — Les dispositions de l'arrêté du 24 novembre 1871 seront appliquées, à la date de ce jour, à la circonscription cantonale de Sidi-bel-Abbès.

(Le reste comme à l'arrêté ci-dessus constitutif de la circonscription cantonale de Cherchell, art. 3).

Vice-amiral Cte DE GUEYDON.

15 mars 1873. — *Arrêté*.

Art. 1er. — La circonscription cantonale d'Arzew, délimitée provisoirement par l'arrêté du 21 mai 1872 sus-visé, sera partagée en deux circonscriptions cantonales qui prendront les noms de Saint-Cloud et Saint-Denis-du-Sig.

Ces circonscriptions seront délimitées conformément au plan annexé au décret du 20 février 1873 sus-visé.

Art. 2. — L'administrateur de la commune indigène de la circonscription cantonale du Sig résidera à Saint-Denis-du-Sig.

Art. 3. — Le douar-commune d'El-Alaïmia sera rattaché provisoirement à la commune de plein exercice d'Arzew et administré par l'annexe de Saint-Leu, en attendant que cette annexe soit érigée en commune de plein exercice.

Art. 4. — La forêt de Mouley-Ismaël sera rattachée à la commune de plein exercice de Saint-Louis.

(Le reste comme à l'art. 3 de l'arrêté ci-dessus constitutif de la circonscription cantonale de Cherchell).

Vice-amiral Cte DE GUEYDON.

20 mars 1873. — *Arrêté*.

Art. 1er. — L'arrêté du 21 mai 1872, constitutif de la circonscription cantonale de Mostaganem est modifié ainsi qu'il suit :

Cette circonscription est délimitée conformément au plan annexé au décret sus-visé du 20 février 1873.

Art. 2. — L'administrateur de la commune indigène de la circonscription cantonale résidera à Mostaganem.

Vice-amiral Cte DE GUEYDON.

22 mars 1873. — *Arrêté*.

Art. 1er. — Les dispositions de l'arrêté du 24 novembre 1871 seront appliquées, à la date de ce jour, à la circonscription cantonale de Relizane.

(Le reste comme à l'arrêté constitutif de la circonscription cantonale de Cherchell, art. 3, *supra*).

Vice-Amiral Cte DE GUEYDON.

22 mars 1873. — *Arrêté*.

Vu le § 2 de l'article 2 du décret du 20 février 1873 ;

Art. 1er. — La circonscription cantonale de Relizane, créée par notre arrêté de ce jour, est placée sous l'autorité administrative du Préfet du département d'Oran.

Vice-amiral Cte DE GUEYDON.

17 janvier 1874. — *Arrêté*.

Art. 1er. — Le douar-commune de Murdja-el-Guergar, faisant actuellement partie de l'annexe de Mostaganem, est rattachée à la circonscription civile de

Relizane. Il est en conséquence retiré à la juridiction des tribunaux militaires et placé sous le régime judiciaire du droit commun.

Art. 2. — Les douars-communes de Touarès, Oued-el-Hamoul, Oued-el-Djemâa, cesse de faire partie de l'annexe de Mostaganem et sont rattachés, le premier au cercle d'Ammi-Moussa, les deux autres à l'annexe de Zemmorah.

Gal Chanzy.

26 janvier 1874. — *Arrêté.*

Art. 1er. — Les douars-communes de Sfisef, Tilouïn, Oued-Mebtouh, Boudjebaa, de la circonscription de Sidi-bel-Abbès ; et le douar-commune de Aïn-Cheurfa, de la circonscription de Saint-Denis-du-Sig, sont retirés à la juridiction des tribunaux militaires et placés sous celle des tribunaux de droit commun.

Gal Chanzy.

19 juin 1874. — *Arrêté.*

Art. 1er. — Les tribus et douars-communes désignés par l'article 2 de l'arrêté sus-visé, comme destinés à être réunis aux arrondissements de Mascara et de Tlemcen, seront remis à l'administration civile, le 1er juillet 1874.

Art. 2. — Seront remis également et à la même date à l'administration civile la tribu et les douars-communes ci-après, savoir :

1° Les douars-communes des Hadjadja, Guerdjounn, Aïn-Fékan, Sidi-bou-Hanifa et Aïn-Delfa, qui seront rattachés à l'arrondissement de Mascara ;

2° La tribu des Ahl-Zelboun, qui sera réunie à celui de Tlemcen.

Art. 3. — Les tribu et douars-communes désignés par l'article précédent, soumis à la juridiction des tribunaux militaires, seront placés, à dater du 1er juillet prochain, sous le régime judiciaire du droit commun.

Gal Chanzy.

24 décembre 1874. — *Arrêté.*

Art. 1er. — Le douar Oued-Djemâa cessera de faire partie du territoire militaire de l'annexe de Zemmorah et sera remis à l'autorité préfectorale, à la date du 1er janvier 1875.

Art. 2. — La portion des tribus des Beni-Fousèche et Beni-Riman, située sur la rive droite de la Tafna, cessera de faire partie du territoire militaire et sera remise, à la même date, à l'autorité préfectorale.

Art. 3. — Ces agglomérations indigènes qui relèvent actuellement de la juridiction des tribunaux militaires, seront placées sous la juridiction des tribunaux de droit commun, à dater du 1er janvier 1875.

Gal Chanzy.

11 mai 1875. — *Arrêté.*

Art. 1er. — Le village de Franchetti et le douar-commune de Souk-el-Barbata cesseront de faire partie du territoire militaire du cercle de Saïda, et seront remis à l'autorité civile, à la date du 1er juin prochain.

Art. 2. — Les douars-communes de Melrir, de Makta et de Benian cesseront de faire partie du territoire militaire du cercle de Mascara, et seront remis à l'autorité civile à la même date. (Le reste comme à l'arrêté précédent.)

Gal Chanzy.

§ 2. — **Confirmation par le pouvoir exécutif des arrêtés qui ont créé des circonscriptions cantonales dans les trois départements de l'Algérie.**

20 février 1873. — *Décret.*

Art. 1er. — Sont confirmés les divers arrêtés par lesquels le Gouverneur général civil de l'Algérie a créé, dans la région tellienne des trois départements de l'Algérie, des circonscriptions cantonales. Le nom et les limites de ces circonscriptions restent fixés conformément au tableau et au plan figuratif annexés au présent décret.

Art. 2. — Le Gouverneur général civil de l'Algérie est autorisé à créer, dans la même région, de nouvelles circonscriptions cantonales, en se conformant aux délimitations figurées au plan sus-mentionné.

Lesdites circonscriptions cantonales seront placées sous l'autorité administrative des préfets par des arrêtés du Gouverneur général civil.

Art. 3. — Jusqu'à ce qu'il en soit autrement ordonné, dans les circonscriptions limitrophes du Maroc et de la Tunisie, alors même que ces circonscriptions auraient été placées sous les juridictions de droit commun et l'autorité des préfets, les pouvoirs, pour le maintien de l'ordre et l'action de la police, resteront confiés, en ce qui concerne les indigènes, à l'autorité militaire, comme si lesdites circonscriptions étaient en état de siège.

A. Thiers.

Tableau *des circonscriptions cantonales créées par les arrêtés du Gouverneur général civil de l'Algérie.*

Département d'Alger.

L'Arba.	Tablat.
Blida.	Les Issers.
Coléa.	Tizi-Ouzou.
Douéra.	Dellys.
Marengo.	Dra-El-Mizan.
Boufarik.	Fort-National.

Département de Constantine.

Aïn-Mokra.	Jemmapes.
Bône.	Philippeville.
La Calle.	Akbou.
Mondovi	Collo.

COLONISATION

Département d'Oran.

Oran.	Aïn-Temouchent.
Mostaganem.	S‘-Barbe du Tlélat
Arzew.	Nekmaria.

Vu pour être annexé au décret du 20 février 1873.

Le Ministre de l'Intérieur,
E. DE GOULARD.

Circonscriptions électorales.
V. ELECTIONS et CONSEILS GÉNÉRAUX.

Circonscriptions judiciaires.
V. JUSTICE; JUSTICE MUSULMANE.

Circonscriptions militaires.
V. ADMINISTRATION DU TERRITOIRE MILITAIRE ; ARMÉE D'ALGÉRIE ; SERVICE MILITAIRE.

Circonstances atténuantes. V. ARMES ; DÉBIT DE BOISSONS.

Circulaires électorales. V. ELECTIONS.

Circulation des indigènes. V. PASSEPORT.

Cochenille. V. TROMPERIE SUR LA MARCHANDISE.

Colonisation.

DIVISION

§ 1. — Formation de centres.
§ 2. — Décrets, arrêtés et circulaires.
§ 3. — Colonisation par l'initiative privée.
§ 4 — Abris provisoires. — Tentes. — Main-d'œuvre militaire pour venir en aide aux colons.

---

§ 1ᵉʳ. — Formation de centres.

(La date placée en regard du nom du centre est celle de l'arrêté de création.)

A

Adelia (Alger) fermes, 5 septembre 1877.
Aïn-Bessem (Alger), 7 septembre 1876.
Aïn bou Fhaïma, 30 juillet 1872.
Aïn El-Hadjar (Oran), 20 janvier 1876.
A n Fekan, 27 mai 1872.
Aïn Ouillis, 10 février 1874.
Aïn Thaïma, 4 octobre 1872.
Aïn Zaoula, id.
Akbou, 12 avril 1872.
Aomar, 4 octobre 1872.
Arlal (Oran), 7 octobre 1876.
Azerou, 11 septembre 1872.

B

Beni Hannan, 13 avril 1872.
Beni Hassein, id.
Boghni (Alger), 6 octobre 1876.
Bordj Boghni, 4 octobre 1872.
Bordj Bouïra, 7 juin 1872.
Bordj Menaïel, 21 août 1872.
Bou Henni (Oran), 15 novembre 1875.
Id, 5 juillet 1877.
Bou Kanéfis (Oran), 21 juillet 1877.
Bou Khalfa, 1ᵉʳ octobre 1875.
Bou Thaïma, 4 octobre 1872.

D

Darguina, 13 avril 1872.
Daya (Oran), 27 juin 1876.
Dra ben Kedda (Alger), 16 décembre 1875.
Dra el Mizan (agrandissement), 4 octobre 1872.
Dra el Ramel, 27 mai 1872.
Duquesne, 10 avril 1872.
Id. 24 février 1874.

E

El Fedjana, 5 mai 1872.
El Keçal (Oran), 7 septembre 1877.
El Kseur (Constantine), 13 avril 1872.
El Meurad, 3 mai 1872.
El Romsi (Oran), 7 octobre 1876.

F

Froha, 27 mai 1872.

G

Gouraya (Alger), 3 mai 1872.

H

Hammam Rhira (Alger), 20 octobre 1876.
Hassein ben Ali (Alger), 17 février 1876.

I

Iersen, 3 mai 1872.
Il Maten, 13 avril 1872.
Id. 10 mars 1874.
Isserbourg (Alger), 27 mai 1872.
Issers Djedian, 8 juin 1872.
Id. 4 octobre 1872.
Isserville, 5 septembre 1872.
Izzer Amokran, 13 avril 1872.

K

Khenchela (Constantine), 28 février 1876.
Ksour, 26 février 1874.

L

Lamsar (Oran), 3 décembre 1875.

M

Maoussa (Oran), 7 septembre 1876.
Milah (Constantine), 28 février 1876.

N

Nador (Alger), 3 mai 1872.
Nzereig, 27 mai 1872.

O

Oued Amizzour (Constantine), 13 avril 1872.
Oued Amizzour (Constantine), 10 mars 1874.
Oued bou Kader, 14 août 1872.
Oued Djer (agrandissement), 30 juillet 1877
Oued Fodda (Alger), 31 mars 1873.
Oued Kheddache, 11 septembre 1872.
Oued Marja, 13 avril 1872.
Oued Meurad (Alger), 21 février 1876.
Oued R'hir, 13 avril 1872.
Oued Sebt, 3 mai 1872.
Oued Traria, 25 mai 1872.
Oued Zeboudj (Alger), 23 août 1877.
Ouled Mehdjouh, 11 septembre 1872.
Ouggaz (Oran), 26 août 1876.
Oum el Alleg (Alger), 2 octobre 1876.

R

Rebeval (agrandissement), 11 septembre 1872.
Relais-Seigle, 9 avril 1874.
Réunion, 26 février 1874.

S

Saddouk, 13 avril 1872.
Saint-Aimé, 28 mai 1872.
Saint-Lucien (Oran), 31 juillet 1876.
Sebdou (Oran), 2 mai 1872.
Sidi Aïch, 13 avril 1872.
Sidi Ali (Oran), 18 février 1874.
Sidi Ali ben Youd (agrandissement), 29 juillet 1875.
Sidi Rhean, 13 avril 1872.
Slissen (Oran), 30 août 1875.
Strasbourg, 10 avril 1872.
Id. 24 février 1874.

T

Tabia (Oran), 23 août 1877.
Tablat (Alger), 23 octobre 1876.
Tizi-Ouzou (banlieue), 29 juillet 1872.
Id. 8 octobre 1872.

V

Vesoul Benian (agrandissement), 30 juillet 1877.

Y

Yersen (fermes, Alger), 3 décembre 1875.

Z

Zaatra (Alger), 19 juillet 1875.
Zamouri (Alger), id.

§ 2.

Décrets, arrêtés et circulaires sur les demandes de terre, etc., etc. (1).

Commissariat d'immigration et de peuplement.
Abrogation du titre I de l'arrêté du 12 juin 1872.
Modifications au titre II du décret du 10 octobre 1871.
Cession du droit au bail.
Demandes de terre restées sans solution.
Règlement sur les concessions.
Abrogation du titre II du décret du 16 octobre 1871 et du décret du 10 octobre 1872. — Décret du 15 juillet 1874.

12 juin 1872. — *Arrêté.*

Considérant qu'il ne suffit pas, pour qu'un centre de population française prospère, que le territoire qui lui est at-

---

(1) *Circulaire relative aux demandes de terre.*

Un grand nombre de colons s'adressent directement à moi, soit par des demandes écrites, soit verbalement, dans des audiences qu'ils sollicitent, pour obtenir des attributions de terre. Il en résulte souvent des déplacements onéreux et toujours des retards regrettables, puisque je ne puis que renvoyer ces demandes aux Généraux et aux Préfets, seuls chargés de les instruire et de leur donner la suite qu'elles comportent.

Ma circulaire du 6 mars et le règlement sur les concessions de terres en Algérie, qui la complète, indiquent la marche à suivre et les formalités à remplir pour éviter les inconvénients que je viens de signaler.

Je vous invite à donner à ces documents, ainsi qu'à cette dépêche, dans le territoire que vous administrez, la publicité nécessaire pour que les colons sachent que c'est à vous qu'ils doivent adresser directement leurs demandes, et que toutes celles, qui me parviendront à l'avenir, vous seront envoyées purement et simplement. Responsable de la stricte exécution des instructions dont il s'agit, vous êtes seul juge des mesures ou des décisions à prendre, pour obtenir le résultat qui en est le but : donner la terre à ceux qui peuvent la fertiliser et aider au développement sérieux et aussi rapide que possible de la colonisation.

G.ᵃˡ Chanzy.

Circulaire du 14 avril 1874 relative au règlement sur les concessions de terre.

Ma circulaire du 6 mars dernier, le programme de colonisation arrêté pour 1874, et le règlement sur les concessions de terres vous ont indiqué les dispositions à prendre pour assurer la marche de la colonisation, faciliter son développement et aider au peuplement du pays.

Ces instructions qui, pour la plupart, s'appliquent spécialement à la présente année, ne vous sont parvenues que tardivement, parce que je n'ai pu les arrêter d'une manière définitive qu'après avoir réuni et coordonné les renseignements indispensables à leur rédaction.

Il importe, pour réaliser le résultat qu'il s'agit d'atteindre, qu'à l'avenir le programme des travaux de colonisation puisse être complètement arrêté dans le courant du mois de septembre de l'année précédente, de façon à le publier et à préparer sa mise en œuvre en temps opportun.

Dans ce but, je vous prie de prescrire, dès à présent, la recherche des points à coloniser en 1875 et les études nécessaires pour que vous soyez en mesure de m'adresser vos propositions le 1ᵉʳ septembre prochain, *dernier délai*.

Vous voudrez bien vous conformer, pour l'établissement de ce travail, aux instructions que je vous ai données relativement au choix des emplacements des futurs centres, aux conditions qu'ils doivent remplir et aux avantages qu'ils doivent présenter. Je vous recommande tout spécialement la question des communaux, dont il est essentiel de doter largement chacun des centres à créer.

Vous m'adresserez, en même temps, dans la forme adoptée pour cette année, l'état indicatif des terres disponibles à affecter à la colonisation en 1875, en ayant soin de bien indiquer leur situation par rapport aux centres existants, et de mentionner dans la colonne intitulée *renseignements généraux*, tous ceux qui peuvent aider au choix des nouveaux colons, tels que : nature des terres, ressources en eau, cultures devant le mieux réussir, industries possibles, établissements publics existants, communications avec les centres importants du voisinage, origine de la population déjà installée s'il s'agit d'un centre déjà créé, etc., etc.

Dès que vos propositions me seront parvenues, je m'empresserai de les examiner et d'arrêter le programme de colonisation pour 1875, que je vous ferai connaître dans le courant de septembre. Le nouvel état de renseignements pourra être ainsi envoyé à partir du 1ᵉʳ octobre à tous ceux qui feront des demandes.

Vous pourrez, dès cette époque, prescrire les travaux préparatoires à l'assiette des nouveaux centres et faire entreprendre les lotissements, de façon à ce qu'au 1ᵉʳ janvier on puisse mettre immédiatement à exécution les travaux définitifs au moyen des crédits votés par l'Assemblée nationale, pour l'exercice 1875.

G.ᵃˡ Chanzy.

Délivrance des titres définitifs aux colons.

« Aux termes des dispositions contenues à l'article 9 du décret du 15 juillet 1874, sur les concessions de terres domaniales en Algérie, les colons qui se trouvaient, à cette époque, avoir déjà été installés dans les conditions du titre II du règlement du 16 octobre 1871, ont été admis à bénéficier de la réduction de la durée de la résidence obligatoire, dans la proportion de neuf à cinq années.

» Parmi ces attributaires, il convient cependant de distinguer deux catégories :

» 1° Les locataires primitifs, ou leurs ayants-

tribué soit bien choisi, aux divers points de vue de la sécurité, de l'influence politique, de la salubrité, de la propriété, des communications, des eaux, etc. ; qu'il faut encore, qu'il faut surtout que la liste de peuplement comprenne toutes les professions indispensables, et ne renferme que des familles résolues à se fixer sur le sol et à y faire souche ;

Considérant que le projet de loi sur la

---

cause, qui sont arrivés à l'expiration de leur cinquième année de résidence, sans avoir contracté d'emprunts au moyen du transfert de leur droit au bail ;

» 2° Les locataires, qui, usant des facilités accordées par le décret du 10 octobre 1872, ont engagé leur droit au bail, en garantie de prêts que des tiers leur ont consentis.

» Pour les colons de la 1re catégorie il ne saurait y avoir de difficultés; l'Administration est tenue aujourd'hui de leur délivrer leurs titres définitifs de propriété.

» Je me mets en mesure de vous envoyer, sous peu de jours, des formules imprimées de titres définitifs.

» Quant aux colons de la 2° catégorie, l'Administration doit considérer qu'ils ont emprunté, avec son autorisation, sur un bail dont la durée avait été fixée à neuf années. Dans cette occurence, l'autorité préfectorale ne pourra, sans l'assentiment du créancier, changer les conditions du contrat survenu entre celui-ci et l'attributaire, en rendant ce dernier propriétaire incommutable de l'immeuble.

« Mais comme vous connaissez les noms et adresses des créanciers, titulaires d'actes de transfert, il vous sera facile de résoudre la difficulté ; vous aurez à demander à chacun d'eux, s'il acquiesce à la délivrance du titre définitif de propriété en faveur de l'attributaire, son débiteur à l'expiration de la 5e année du bail.

» La réponse à votre communication devra être faite par écrit avec signature dûment légalisée.

» Dans le cas où le prêteur déclarerait ne pas s'opposer à la délivrance du titre définitif, vous auriez à remettre cette pièce au concessionnaire ayant droit, sans autre formalité.

» Tout au contraire, si le bénéficiaire de l'acte de transfert soulève des objections de quelque nature que ce soit, vous n'aurez qu'à attendre jusqu'à ce que la juridiction compétente ait statué sur le différend pouvant exister entre les deux parties.

» En un mot, toute opposition de la part des créanciers, qui ont prêté aux colons avec l'agrément de l'Administration, devra être considérée comme suspensive du droit de ces derniers à bénéficier des dispositions rétroactives du décret du 15 juillet 1874.

Gal CHANZY.

Au sujet du produit des terres sur lesquelles les colons ont été installés après la saison des labours.

A l'occasion d'une réclamation formée par un attributaire qui s'est plaint à moi de la location qui aurait été consentie des terrains dont il a été mis en possession, j'ai répondu à M. le Préfet de Constantine :

« Qu'en principe, les terres comprises dans un périmètre de colonisation et dont la remise a été effectuée par le Domaine ne doivent pas être amodiées par ce service ;

» Que lorsque, par autorisation ou par usurpation, des indigènes ou des Européens s'y trouvent installés au moment de la mise en possession du concessionnaire, les produits de la récolte appartiennent à ce dernier, et doivent être partagés avec lui, d'après la coutume locale. »

J'ai été conduit à prendre cette décision de principe, attendu qu'il ne vous échappera pas, comme à moi, que ces provisions de fourrage, de paille et de grains que l'attributaire trouve sur place au moment de son installation constituent pour lui des avances précieuses, et lui permettent d'entrer de plein pied dans l'exploitation du sol ; il en résulte pour lui et pour la colonisation le gain d'une année.

12 juin 1876. Gal CHANZY.

Les colons installés au titre II ne peuvent couper les arbres.

Des colons installés au titre II du décret du 16 octobre 1871 ont cru avoir le droit de couper, sur les terres qui leur avaient été remises, des oliviers greffés, des figuiers, des caroubiers, etc. Ils ne sont point propriétaires et sont, au contraire, des fermiers de l'Etat, puisque le contrat passé avec eux est qualifié de bail ou de location dans le décret. Ils ne sauraient donc se prévaloir de l'arrêté du Commissaire de la République, en date du 8 mars 1871, qui a abrogé celui du 2 avril 1833, sur les propriétés privées, et le fait, par eux, d'avoir coupé, enlevé ou abattu des arbres sur des terrains loués, en vue de s'approprier ou non le bois qui en provient, constitue un délit.

Ce délit, s'il a lieu dans les bois ou forêts soumis au régime forestier, est prévu et puni par les art. 192 à 208 du Code forestier.

Sur toutes autres plantations, ils tombent sous l'application des art. 36 et 37 du titre II de la loi du 28 septembre 1791, dite Code rural.

Divers arrêts de la Cour de cassation, et entre autres un arrêt du 1er mars 1872, résumant les principes sur la matière, ne laissent subsister aucun doute à cet égard.

Enfin, dans le cas où le fermier a agi par malveillance, et dans le seul but de dégrader, il est atteint par les art. 445 à 448 du Code pénal.

Vérification de la condition de résidence par les attributaires au Titre II.

CIRCULAIRE DU PRÉFET DE CONSTANTINE DU
18 MARS 1875

Un grand nombre de colons, locataires de terres domaniales, sous promesse de propriété définitive à l'expiration du délai fixé par les décrets en vigueur, ne remplissent pas la condition de résidence personnelle qui leur a été imposée et qu'ils ont, d'ailleurs, acceptée.

Ces colons sont, pour la plupart, des anciens Algériens qui ont continué à exercer dans les villes leur profession ou leur commerce et qui paraissent attendre d'être en mesure de profiter du droit de cession stipulé par l'art. 7 du décret du 15 juillet 1874.

L'Administration ne saurait favoriser de pareilles spéculations. Elle a déjà rappelé plusieurs fois aux colons réfractaires les conditions qui leur sont imposées et leur a accordé tous les délais dont ils ont eu besoin pour leur installation effective.

Elle doit s'arrêter dans cette voie et mettre un terme à une situation fâcheuse à tous les points de vue et qui peut avoir pour résultat de décourager les colons soucieux de tenir leurs engagements. Les terres ont été concédées en vue du peuplement par des agriculteurs sérieux et non pour fournir à quelques industriels les moyens de réaliser des bénéfices ou d'augmenter leur bien-être.

Il convient donc de faire constater immédiatement la situation exacte de tous les concessionnaires qui ont été admis jusqu'ici dans votre ressort administratif.

A cet effet, je vous adresse, ci-joint, avec la liste nominative des colons placés sous votre action, un certain nombre d'exemplaires d'un procès-verbal de vérification qui devront être remplis par vous pour chacun des attributaires de terres domaniales.

J'attache la plus grande importance à ce que ce travail soit fait avec soin et exactitude et même avec la plus grande célérité.

Il est, en effet, désirable que nous fassions justice de tous ceux qui n'ont pas craint de tromper l'Administration et que nous rendions disponibles, dans le plus bref délai, des terres qui pourront être attribuées à des cultivateurs de profession, décidés à s'installer, eux et leurs familles, sur les terres.

Huit questions principales sont posées par le modèle de procès-verbal que j'ai l'honneur de vous transmettre.

A chacune d'elles vous aurez à répondre, après avoir vu par vous-même la situation, et vos réponses, je n'ai pas besoin de vous le dire, doivent être le

propriété, soumis en ce moment à l'Assemblée nationale, donne aux capitalistes toutes facilités et toute sécurité pour acquérir et transmettre des biens territoriaux, sans acception de nature, ni limitation de contenance ;

Que, d'ailleurs, le décret du 16 octobre 1871 laisse au domaine la faculté d'aliéner, dans les conditions édictées par les décrets et règlements antérieurs, tous les biens domaniaux que leur nature, leur contenance ou leur situation ne désigne pas pour recevoir l'affectation prévue par le titre 2 dudit décret ;

Considérant, d'autre part, qu'il est d'un intérêt capital d'attirer de France, pour les fixer sur le sol algérien, des familles habituées aux travaux de l'agriculture, et simultanément, de favoriser le développement des familles agricoles déjà établies en Algérie, en facilitant à ces familles ou à leurs descendants les moyens de devenir propriétaires et de prospérer ;

Considérant que des surfaces importantes de terres de culture vont être rendues disponibles pour la colonisation, par suite de conventions réalisées ou en voie de réalisation pour le rachat du séquestre collectif imposé aux douars ou tribus rentrés dans l'obéissance :

TITRE 1er
Des commissariats d'immigration et de peuplement.

Art. 1er. — Il est créé un commissariat central et des commissariats départementaux d'immigration et de peuplement.

Le commissaire central et les commissaires départementaux sont nommés par le Gouverneur général et révocables par lui. La mission qu'ils remplissent ne leur donne droit qu'à des indemnités, dont la quotité est déterminée par le Gouverneur général.

Art. 2. — Le commissaire central d'immigration et de peuplement réside à Alger ; il relève directement du Gouverneur général.

Un commissaire d'immigration et de peuplement réside au chef-lieu de chaque département. Il relève du commissaire central.

Art. 3. — Le commissaire départemental correspond directement avec le Préfet et le Général commandant la division, suivant le territoire pour lequel il opère ; il fournit les renseignements qui lui sont demandés par le Conseil général et par la Commission départementale, et se rend dans leur sein quand il y est appelé.

Art. 4. — La mission des commissaires d'immigration comprend, outre l'instruction des demandes de locations domaniales, ainsi qu'il est dit à l'article 5 ci-après :

1° La recherche et la réunion de tous plans, documents et généralement de tous renseignements utiles aux immigrants et colons en vue du peuplement des terres disponibles ;

2° La réponse à toutes demandes de renseignements adressées verbalement ou par écrit, et la communication, sans déplacement, des plans et documents utiles. (Abrogé par l'arrêté du 20 décembre 1872).

TITRE II
De l'examen des demandes de locations domaniales sous promesse de concession définitive (Exécution du titre II du décret du 16 octobre 1871).

Art. 5. — Les commissaires d'immigration et de peuplement instruisent, au 1er degré, les demandes de locations domaniales sous promesse de concessions définitives, conformément au titre II du décret du 16 octobre 1871.

Ils correspondent, directement, à cet effet, avec les maires ou administrateurs, tant des lieux d'origine des demandeurs que de ceux où les terres demandées en location sont situées.

Le résultat de cette instruction est, quel qu'il soit, soumis à la Commission départementale, à la diligence du Préfet. (Abrogé par l'arrêté du 20 décembre 1872).

Art. 6. — Quand, conformément aux propositions du commissaire d'immigration, la Commission départementale aura conclu à l'admission d'un demandeur, le Préfet ou le Général commandant la division, s'ils ne font point objection à la demande, pourront mettre sans délai le futur locataire en possession provisoire des terres proposées en sa faveur, sous les réserves exprimées en l'article 7.

En cas de dissentiment, le Préfet ou le Général en réfère au Gouverneur général, qui statue sur l'avis du commissaire central d'immigration et de peuplement et la proposition du Directeur général des Affaires civiles. (Abrogé par l'arrêté du 20 décembre 1872).

Art. 7. — Les actes de location sous promesse de concession sont préparés

---

résultat d'appréciations consciencieuses faites en connaissance de cause et sans parti pris.

Dans les observations générales, vous consignerez tout ce qui vous paraîtra être de nature, soit à militer en faveur de l'attributaire qui n'aura pas rempli la condition de résidence, soit, au contraire, à constater son mauvais vouloir et sa résistance à remplir ses engagements.

Vous pourrez y consigner également ce que vous saurez de spécial sur le parti que l'attributaire aura tiré des terres qui lui ont été louées. C'est à cette place que vous indiquerez, notamment, s'il s'est contenté de louer, à prix d'argent, ses terres aux indigènes et le produit qu'il a pu en retirer.

Pour le Préfet :
Le Secrétaire général,
DUNAIGRE.

par le service des domaines, au fur et à mesure des attributions de terre consenties, ainsi qu'il est dit à l'article précédent.

Ils ne sont validés que par l'approbation du Gouverneur général, auquel ils sont transmis avec tous les renseignements propres à établir :

1° Que l'attributaire n'est au plus propriétaire ou concessionnaire que d'une parcelle insuffisante, pouvant donner lieu à augmentation ;

2° Que les lots attribués ne comprennent que la part proportionnelle de terres de diverses qualités qui, dans le centre où elles sont situées, revient à chaque famille, par tête de résident ;

3° Qu'il n'existe sur ces terres aucune construction, de même qu'aucune orangerie, olivette, carrière ou autre richesse naturelle propre à assigner une valeur exceptionnelle à l'immeuble.

TITRE III
Des périmètres de colonisation et de leur peuplement.

Art. 8. — Dans le cas d'annexions territoriales aux centres déjà établis, il est satisfait aux besoins des colons anciens et à ceux de leurs descendants, avant d'introduire de nouvelles familles d'immigrants.

Art. 9. — Dans tout nouveau centre de colonisation, une part est faite aux colons déjà établis en Algérie, ou à leurs descendants, de façon que partout les familles d'immigrants trouvent le contact de l'expérience acquise par leurs devanciers dans le pays, ainsi que des moyens de travail, sur les lieux mêmes, en attendant les premières récoltes.

Art. 10. — Sont, de préférence, admis au bénéfice des dispositions du titre II du décret du 16 octobre 1871, outre les immigrants cultivateurs :

1° Les colons qui, résidant déjà sur les terres qu'ils exploitent, n'en possèdent pas, ou ne possèdent, à quelque titre que ce soit, qu'un nombre d'hectares inférieur à celui qui est alloué par le décret du 16 octobre 1871, en égard au nombre de résidents ; l'attribution est faite dans ce dernier cas, de manière à compléter, sans jamais les dépasser, les surfaces proportionnelles édictées audit décret ;

2° Les descendants des anciens colons formant de nouvelles familles de cultivateurs ; ces jeunes ménages, en vue de leur développement probable, seront comptés pour cinq têtes.

Art. 11. — La surveillance de l'exécution de la clause de résidence habituelle des locataires et de l'entretien par eux, sur les terres attribuées aux conditions du titre II du décret du 16 octobre 1871, du nombre de résidents européens stipulé dans l'acte de location, est confiée à tous les maires ou administrateurs locaux, à tous les agents des Domaines et des Contributions, et notamment aux recenseurs, qui devront mensuellement faire parvenir un rapport sur cet objet aux Préfets, chargés de poursuivre l'annulation des actes, pour cause d'inexécution de la seule charge imposée aux attributaires.

Art. 12. — Toutes dispositions antérieures sont et demeurent abrogées, en ce qu'elles ont de contraire au présent arrêté.

Vice-amiral Cte DE GUEYDON.

20 décembre 1872. — *Arrêté.*

Attendu que le refus du crédit demandé pour solder les dépenses des commissariats d'immigration, frappe, en fait, de nullité, la partie de l'arrêté sus-visé, qui est relative à cette institution ;

Art. 1er. — Le titre I de l'arrêté du 12 juin 1872, constitutif des commissariats d'immigration et de peuplement, ainsi que les articles 5 et 6 du titre II du même arrêté, sont et demeurent rapportés.

Vice-amiral Cte DE GUEYDON.

6 mars 1874. — CIRCULAIRE *au sujet des demandes de terres restées sans solution.*

Par mes circulaires des 4 août et 30 novembre derniers, j'ai appelé votre attention sur la situation fâcheuse dans laquelle a été placée l'administration, en présence des nombreuses demandes de terres dont elle se trouvait saisie et auxquelles, pour différents motifs, elle avait été jusqu'ici dans l'impossibilité de donner une solution favorable.

Dans le but de remédier à cet état de choses et d'assurer en même temps à la colonisation une marche régulière et progressive, je vous ai signalé :

1° La nécessité de préparer à l'avance l'installation des nouveaux villages, afin que les colons puissent y être placés, sans être condamnés à une attente stérile pour le pays et ruineuse pour eux ;

2° Les avantages qu'il y aurait, au point de vue de l'immigration française que nous cherchons à attirer en Algérie, à faire connaître, par toutes les voies de la publicité, les territoires à peupler, leur situation, les conditions économiques et agricoles dans lesquelles ils se trouvent, etc., etc.

Le programme de colonisation que j'ai arrêté pour 1874, et les instructions que je vous ai données le 14 février dernier pour son exécution, vous permettront de remplir la première condition. De mon côté, pour satisfaire à la seconde, j'ai fait imprimer un état de renseignements, destiné à être envoyé à tous les Préfets de France, aux commissions d'immigration, aux journaux et à tous ceux qui manifesteront le désir de venir s'installer comme colons en Algérie.

Je vous adresse, par ce courrier...... exemplaires de cet état, qui renferme trois parties distinctes : la première fait connaître les conditions à remplir pour obtenir des terres ; la seconde, les territoires dont le peuplement a été arrêté pour 1874 ; la troisième, enfin, indique le modèle des soumissions que les pétitionnaires doivent fournir, ainsi que la formule de renseignements qu'ils auront à faire remplir par le Maire de leur commune.

Avant de mettre en œuvre ce nouveau système, il faut, tout d'abord, liquider le passé et se débarrasser de toutes les demandes qui sont restées jusqu'ici sans solution. Ces demandes peuvent être réparties dans les quatre catégories suivantes :

1° Demandes reconnues admissibles ;

2° Demandes régulières, mais portant sur des territoires non encore disponibles ;

3° Demandes qui n'ont pas été accompagnées des certificats réglementaires et dont l'instruction est à compléter ;

4° Demandes à rejeter.

Parmi les premières, il en est dont les auteurs sont déjà arrivés en Algérie et attendent leur placement, en dépensant inutilement leurs ressources. Il faudra distribuer immédiatement à ces immigrants les lots qui sont encore disponibles dans les centres créés, soit qu'ils n'aient pas encore été concédés, soit que les attributaires primitifs en aient été évincés ou les aient abandonnés.

Vous voudrez bien rechercher, avec le plus grand soin, les demandes de cette catégorie, afin de leur donner satisfaction, à l'exclusion de toutes les autres, jusqu'à ce que vous ayez pourvu à ces besoins, qui sont les plus intéressants et les plus urgents.

Il faudra ensuite informer les pétitionnaires, qui ont désigné des territoires non encore livrés à la colonisation, qu'on ne pourra assurer leur placement cette année qu'autant qu'ils reporteraient leurs vues sur un des centres projetés en 1874.

Quant à ceux dont les demandes n'ont pas été produites régulièrement, ils devront être invités à les renouveler, en se conformant aux indications contenues dans l'état de renseignements.

Pour éviter toute perte de temps, il suffira de retourner ces deux dernières catégories de demandes, à leurs auteurs, avec une note marginale, indiquant les motifs du renvoi ; on y joindra un état de renseignements, qui fixera chacun d'eux sur les choix à faire et les formalités à remplir, et le tout sera transmis, sous bande, par l'intermédiaire des Préfets et des Maires, afin de ne pas faire supporter aux pétitionnaires des frais de poste qui occasionnent souvent le refus des plis envoyés directement.

Ce mode de transmission aura, de plus, l'avantage d'initier d'une façon plus étroite, les administrations départementales et communales de France, à notre œuvre de colonisation et peut-être même de les intéresser à son succès.

Enfin, je désire qu'on réponde à tous ceux dont les demandes n'ont pas été admises, en leur faisant connaître les motifs du rejet.

J'ai l'honneur de vous prier de vouloir bien m'adresser, ainsi que je vous l'ai demandé par ma circulaire du 24 janvier dernier, un état résumant pour chacune des catégories ci-dessus indiquées, le nombre des pétitionnaires qui sont actuellement en instance (colons du pays, immigrants, Alsaciens-Lorrains).

L'adoption de ces dispositions ne peut soulever aucune difficulté ; elle vous permettra d'en finir avec ces amas de demandes qui encombrent vos bureaux et de liquider enfin une situation qui ne produit que confusion, retards et récriminations.

Une fois que vous serez débarrassé de toutes les anciennes demandes, et cela peut se faire très-promptement, rien ne s'opposera à ce que le nouveau système puisse fonctionner définitivement. A cet effet, il devra être ouvert, dans votre bureau de Colonisation, un registre spécial indiquant :

1° Les nom, prénoms du demandeur en concession ;

2° Sa profession et sa résidence ;

3° La date de l'envoi de l'état de renseignements ;

4° La date de l'admission du demandeur, s'il remplit les conditions ;

5° Celle du rejet de sa demande, dans le cas contraire ;

6° L'indication de la localité pour laquelle il est admis ;

7° Le numéro et la contenance des lots attribués ;

8° La date de sa mise en possession ;

9° La date de la délivrance du titre définitif ;

10° Celle de son éviction, si elle est prononcée.

Vous aurez à m'adresser, à la fin de chaque trimestre, avec le rapport d'ensemble de colonisation, un état qui devra reproduire toutes les mentions qui auront été consignées sur ce registre.

Vous remarquerez que l'état de renseignements porte qu'un bulletin d'admission sera adressé dans les quinze jours au pétitionnaire dont la demande aura été reconnue susceptible d'être accueillie.

Je vous prie de veiller avec soin à ce que cette prescription soit strictement exécutée ; du reste, les actes provisoires de location, dont le modèle a été adopté par mon prédécesseur, tiendront lieu, jusqu'à nouvel ordre, de bulletin d'admission.

Gal CHANZY.

Quoique le titre II du décret de 1871 et le décret du 10 octobre 1872 aient été abrogés par le décret du 15 juillet 1874, nous les publions avec le rapport du ministre de l'intérieur, attendu qu'il pourra souvent être utile de s'y reporter :

RAPPORT DU MINISTRE DE L'INTÉRIEUR

Le titre II du décret du 16 octobre 1871 a décidé que des terres domaniales pourraient être louées, pour une durée de neuf ans, à tout Français d'origine européenne, et qu'à l'expiration de la neuvième année de résidence continue sur le sol loué, le bail serait converti en propriété définitive. L'attribution des terres correspond ainsi au peuplement effectif et le développe en l'encourageant ; mais on peut regretter que les colons installés au titre de simples locataires et qui n'ont généralement que des ressources très-restreintes, ne puissent, pendant la durée du bail, faire appel au crédit pour se procurer soit des bâtiments d'habitation et d'exploitation, soit le cheptel et les semences nécessaires à la mise en valeur des terres louées. Pour leur en procurer les moyens, j'ai l'honneur de vous proposer de permettre aux locataires de transférer, à titre de garantie conditionnelle du remboursement des sommes par eux empruntées, le droit qui leur appartient, aux termes de l'article 10 du décret du 16 octobre 1871 ; de céder leur bail, et la concession éventuelle qui y est attachée, à tout autre colon européen. Le créancier aurait, ainsi, pour gage, d'abord les avantages résultant du bail lui-même, tel qu'il est accordé par l'administration, ensuite les améliorations de toute nature à effectuer à l'aide de sommes prêtées dont au besoin il surveillerait l'emploi. En cas de non paiement, son gage serait réalisé de manière à sauvegarder, autant que possible, les intérêts du locataire dépossédé qui devrait, en principe, être remplacé par un autre colon assujetti à la résidence effective.

Victor LEFRANC.

16 octobre 1871. — *Décret.*

TITRE II

Art. 6. — Le Gouverneur général est autorisé à consentir, sous promesse de propriété définitive, et aux conditions ci-après exprimées, des locations de terres domaniales, d'une durée de 9 années, en faveur de tous Français d'origine européenne, autres que ceux désignés au titre Ier.

Art. 7. — La location est faite à condition de résidence sur la terre louée.

Le locataire paiera annuellement et d'avance, à la caisse du receveur des Domaines de la situation des biens, la somme de un franc, quelle que soit l'étendue de son lot.

Art. 8. — La contenance de chaque lot est proportionnée à la composition de la famille du locataire, à raison de dix hectares au plus et de trois hectares au moins, par tête de résidant européen (hommes, femmes, enfants ou gens à gage).

L'acte de location déterminera, pour chaque cas particulier, le nombre d'Européens à entretenir sur l'immeuble.

Art. 9. — A l'expiration de la neuvième année de résidence continue dans les conditions exprimées à l'article précédent, le bail est converti en titre définitif de propriété.

Cet acte de propriété, établi par le service des Domaines, est enregistré gratis et transcrit sans autres frais que le salaire du conservateur, le tout à la diligence du service des Domaines et aux frais du titulaire.

Art. 10. — Après deux années de résidence, le locataire a la faculté de céder son droit au bail et, éventuellement, à la concession ultérieure des terres, à tout autre colon européen aux clauses et conditions convenues entre eux, sous la réserve de la notification, en due forme, du contrat de substitution, au receveur des Domaines de la situation des biens.

Le titre définitif de propriété est délivré, en fin de bail, au dernier locataire occupant.

Art. 11. — Le bail est résilié de plein droit pour le fait de l'inexécution des conditions de résidence imposées à l'article 8. En cas de résiliation, l'Etat reprend purement et simplement possession de la terre louée. — Néanmoins, si le locataire a fait sur l'immeuble des améliorations utiles et permanentes, il sera procédé publiquement, par voie administrative, à l'adjudication du droit au bail. Cette adjudication ne pourra être prononcée qu'en faveur d'enchérisseurs européens.

Les prix d'adjudication, déduction faite des frais et compensation faite des dommages, s'il y a lieu, appartiendront au locataire déchu ou à ses ayant-cause.

S'il ne se présente aucun adjudicataire, l'immeuble fait définitivement retour à l'Etat, franc et quitte de toutes charges.

Art. 12. — Pendant trois ans, le locataire sera affranchi de tous impôts qui pourraient être établis sur la propriété immobilière en Algérie.

10 octobre 1872. — Décret.

Art. 1er. — Tout locataire établi dans les conditions du titre II du décret du 16 octobre 1871, est autorisé à transférer, à titre de garantie des prêts qui lui seraient consentis, soit pour édifier ses bâtiments d'habitation ou d'exploitation, soit pour se procurer le cheptel et les semences nécessaires, le droit qui lui est attribué, par l'article 10 dudit décret de céder son bail.

Le transfert devra être accepté par le Préfet et mentionné sur chacun des deux exemplaires du bail lui-même, à peine de nullité. L'acte en vertu duquel il sera consenti sera enregistré au droit fixe de 1 franc et transcrit sans autres frais que le salaire du conservateur.

Art. 2. — A défaut de paiement dans les termes convenus, et un mois après un commandement resté sans effet, le créancier bénéficiaire du transfert aura le droit, soit de requérir de l'administration la vente, par adjudication publique du droit au bail sur une mise à prix correspondant au montant de sa créance, en capital, intérêts et frais, soit de céder le bail à un tiers, réunissant les conditions requises et de se rembourser sur le prix jusqu'à due concurrence. Dans ce cas, il notifiera l'acte de cession au locataire qui, dans les huit jours, pourra, conformément à l'article 11 du décret du 10 octobre 1871, requérir qu'il soit procédé aux enchères publiques, à l'adjudication du droit au bail, sur la mise à prix déterminée par le contrat de cession. S'il ne survient pas d'enchères, la cession demeurera définitive.

Au cas d'adjudication directement requise, s'il ne survient pas d'enchères, le créancier aura le choix ou d'abaisser la mise à prix ou de traiter de gré à gré avec un tiers réunissant les conditions exigées ou de requérir l'attribution définitive des constructions et bâtiments d'exploitation, ainsi que du sol sur lequel ils seront établis, le surplus faisant retour au domaine de l'Etat.

Art. 3. — En cas de déchéance du locataire ou de ses ayants-cause, le droit du créancier de transférer le bail peut être exercé immédiatement sauf l'application, s'il y a lieu, de l'article 11 du décret du 16 octobre 1871.

A. THIERS.

INSTRUCTIONS SUR LE DÉCRET DU 10 OCTOBRE 1872 CI-DESSUS.

Dès que le demandeur a fait son choix dans une des localités désignées ci-contre, il adresse au Préfet si elle est en territoire civil, ou au Général commandant la division, si elle se trouve en territoire militaire, une soumission conforme au modèle A, en y joignant l'état de renseignements modèle B, rempli par le Maire de sa commune. Dans les quinze jours qui suivent la réception de cette pièce, le Préfet ou le Général fait connaître à l'intéressé si sa demande peut être accueillie ou non. Dans le premier cas, celui-ci reçoit un bulletin d'admission, sur le vu duquel la Compagnie Valéry lui délivre le passage de 3e classe, avec vivres, de Marseille au port de débarquement, tant pour lui que pour sa famille et les personnes à son service. Ce bulletin lui donne également le droit de bénéficier des avantages accordés par les Compagnies de chemins de fer aux familles d'agriculteurs de la métropole qui se rendent comme colons en Algérie. Ces avantages consistent dans le transport des personnes à moitié prix de la 3e classe du tarif général, chaque immigrant ayant droit en outre au transport gratuit de 100 kilogrammes de bagages.

Si tous les lots de la localité désignée par le pétitionnaire sont déjà pris lorsque la demande parvient à l'autorité compétente, il en est prévenu immédiatement, afin qu'il puisse porter son choix sur un autre point et renouveler sa demande.

Le pétionnaire admis sur un territoire non livré au peuplement, sera informé de l'époque à laquelle son installation pourra avoir lieu, de façon à ce qu'il n'éprouve aucune perte de temps ou d'argent.

Enfin, l'attributaire qui n'aura pas pris possession de sa concession dans le délai de trois mois, à partir de son admission, sera déchu de ses droits.

N. B. — Cette communication répond à la demande adressée le   à M. le   , par M.   habitant à   , qui est invité à faire connaître son choix et à produire les pièces exigées, dans le délai de deux mois, à partir de la présente notification. Ce délai expiré, si elle n'est pas reproduite dans la forme indiquée, elle sera considérée comme non avenue.

Abrogation du Titre II du décret du 16 octobre 1871 et du décret du 10 octobre 1872.

15 juillet 1874. — Décret.

Considérant que certaines dispositions de ces décrets ont créé, pour l'intallation des colons sur les terres domaniales, des difficultés que l'expérience a révélées et qu'il y a lieu de modifier ces dispositions de manière à satisfaire les intérêts des concessionnaires et à sauvegarder en même temps ceux du peuplement et de la colonisation ;

Art. 1er. — Le titre II du décret du 16 octobre 1871 et le décret du 10 octobre

1872 sont abrogés et remplacés par les dispositions suivantes.

Art. 2. — Le Gouverneur général est autorisé à consentir, sous promesse de propriété définitive, des locations de terres domaniales, d'une durée de cinq années, en faveur de tous Français d'origine européenne ou naturalisés, qui justifieront de la possession de ressources suffisantes pour vivre pendant une année.

A titre de récompense exceptionnelle, la même faveur pourra être accordée, le Conseil de Gouvernement entendu, à tous indigènes non naturalisés, qui auront rendu des services signalés à la France, en servant dans les corps constitués de l'armée de terre et de mer.

La liste des concessionnaires de cette dernière catégorie sera publiée trimestriellement.

Art. 3. — La location est faite, à condition de résidence personnelle sur la terre louée pendant toute la durée du bail.

Art. 4. — Le locataire paiera annuellement et d'avance, à la caisse du receveur de la situation des biens, la somme de 1 franc, quelle que soit l'étendue de son lot.

Art. 5. — La contenance de chaque lot est proportionnée à la composition de la famille, à raison de 10 hectares au plus et de 3 hectares au moins par tête (hommes femmes, enfants — les gens à gages ne comptant pas).

Les célibataires pourront être admis aux concessions ; ils ne jouiront sur leur lot, que d'une superficie maximum de 10 hectares. Le complément leur sera remis après seulement qu'ils auront contracté mariage, et, jusque-là, il restera entre les mains de la commune, qui en aura la jouissance provisoire.

Après le délai de cinq ans, si le concessionnaire n'est pas marié, l'Etat pourra disposer du complément réservé, soit au profit de la commune, soit au profit d'un particulier.

L'étendue d'une concession ne pourra être moindre de 20 hectares ni excéder 50 hectares, si l'attribution est comprise sur le territoire d'un centre de population ; elle pourra atteindre 100 hectares, s'il s'agit de lots de fermes isolées.

Art. 6. — A l'expiration de la cinquième année, le bail sera converti en titre de propriété, sous la simple réserve de ne point vendre, pendant une nouvelle période de cinq ans, à tous indigènes non naturalisés.

En cas de contravention à la défense qui précède, la concession sera résolue de plein droit au profit de l'Etat.

Le titre de propriété, établi par le service des Domaines, est enregistré gratis et transcrit, sans autres frais que le salaire du conservateur, le tout à la diligence du service des Domaines et aux frais du titulaire.

Art. 7. — A l'expiration de la troisième année, si la condition de résidence a été remplie, le locataire pourra céder le droit au bail à tout autre individu remplissant les conditions prévues par le paragraphe 1er de l'article 2, pour obtenir lui-même une concession, et cela avec clauses et conditions convenues entre eux. La même faculté est accordée aux différents cessionnaires du bail qui viendraient à se succéder dans le cours des deux dernières années.

A chaque cession, le contrat de substitution devra être notifié en due forme, au receveur des Domaines de la situation des biens.

Le titre définitif de propriété est délivré, en fin de bail, au dernier cessionnaire occupant.

Art. 8. — Le bail est résilié de plein droit, si, passé un délai de six mois, à partir du jour de sa notification, le titulaire ne s'est jamais conformé aux prescriptions de l'article 3.

En ce cas, l'Etat reprend purement et simplement possession de la terre louée.

Néanmoins, si le locataire a fait sur l'immeuble des améliorations utiles et permanentes, il sera procédé publiquement, par voie administrative, à l'adjudication du droit au bail.

Cette adjudication pourra être tranchée en faveur de tous enchérisseurs et à l'exclusion des indigènes non naturalisés.

Le prix d'adjudication, déduction faite des frais et compensation faite de dommages, s'il y a lieu, appartiendra au locataire déchu ou à ses ayants-cause.

S'il ne se présente aucun adjudicataire, l'immeuble fait définitivement retour à l'Etat, franc et quitte de toute charge.

La déchéance est prononcée par le Préfet du département, ou le Général commandant la division, suivant le territoire, le Conseil de préfecture entendu, trois mois après la mise en demeure adressée au locataire, laquelle vaudra citation d'avoir à fournir, dans ledit délai, ses explications au Conseil.

Art. 9. — Les colons déjà installés, en vertu du titre II du décret du 16 octobre 1871, et dont la durée des baux est de neuf années, jouiront de plein droit du bénéfice des modifications apportées par le présent décret aux prescriptions de ce titre (1).

---

(1) CIRCULAIRE DU PROCUREUR GÉNÉRAL DU 6 SEPTEMBRE 1875.

M. le C... ...ur général a appelé mon attention sur ... ...a remarquée dans la rédaction d'... ... à des cessions de baux faits

Art. 10. — Pendant cinq ans, le concessionnaire, devenu propriétaire, sera affranchi de tous impôts qui, devant être perçus au profit de l'Etat, pourraient être établis sur la propriété immobilière en Algérie.

Art. 11. — Les sociétés qui s'engageraient à construire et à peupler, dans un but d'industrie ou de colonisation, un ou plusieurs villages, pourront recevoir des concessions de terres aux conditions fixées par le présent décret, mais à charge par elles d'en consentir la rétrocession au profit de familles d'ouvriers ou de cultivateurs d'origine française. Les rétrocessions s'effectueront dans les délais qui seront stipulés par l'administration, de concert avec les sociétés.

Art. 12. — Les terres qui ne se prêtent pas à la création de villages et qui sont alloties sous la dénomination de fermes isolées, d'une contenance variant entre les limites extrêmes de 50 à 100 hectares, pourront être vendues aux enchères publiques, dont les indigènes non naturalisés seront exclus.

L'acquéreur ne pourra revendre sa terre, avant dix années, à des indigènes non naturalisés.

En cas de contravention à la défense qui précède, la concession sera résolue, de plein droit, au profit de l'Etat.

Art. 13. — Tout locataire établi dans les conditions du présent décret, est autorisé à transférer, à titre de garantie des prêts qui lui seraient consentis, soit pour édifier ses bâtiments d'habitation ou d'exploitation, soit pour se procurer le cheptel et les semences nécessaires, le droit qui lui est attribué par l'article 7 dudit décret, de céder son bail. Toutefois, et bien que le droit en question ne s'ouvre, pour le locataire, qu'à l'expiration de la troisième année de résidence, le transfert dont il s'agit pourra en être fait dès l'expiration de la seconde année de résidence seulement.

Le transfert devra être accepté par le Préfet du département, ou le Général commandant la division, selon le territoire, et mentionné sur chacun des deux exemplaires du bail lui-même, à peine de nullité.

L'acte en vertu duquel il sera consenti sera enregistré au droit fixe de 1 fr. 50 c. et transcrit, sans autres frais, que le salaire du conservateur et les droits de timbre.

Art. 14. — A défaut de paiement dans les termes convenus, et un mois après un commandement resté sans effet, le créancier bénéficiaire du transfert aura le droit, soit de requérir de l'administration la vente, par adjudication publique, du droit au bail sur une mise à prix correspondant au montant de sa créance, en capital, intérêts et frais, soit de céder le bail à un tiers réunissant les conditions requises par le § 1ᵉʳ de l'article 2, et de se rembourser sur le prix, jusqu'à due concurrence. Dans ce cas, il notifiera l'acte de cession au locataire qui, dans les huit jours, pourra, conformément à l'article 8 du présent décret, requérir qu'il soit procédé, aux enchères publiques, à l'adjudication du droit au bail

par le domaine avec promesse de propriété définitive. Des colons concessionnaires conformément au titre II du décret du 16 octobre 1871 et ayant moins de trois ans de résidence effective ont cru pouvoir profiter du décret du 15 juillet 1874 en cédant leur bail après deux ans de résidence avec stipulation que leur cessionnaire pourrait obtenir la propriété définitive après un délai de cinq ans, à partir de la concession primitive. Il leur est sans aucun doute loisible de bénéficier des dispositions de ce nouveau décret, mais ce ne peut être qu'à la condition de se soumettre aux charges qu'il impose. Il n'est pas admissible, en effet, q. e le législateur ait voulu leur créer une position privilégiée sur celle des nouveaux colons.

M. le Gouverneur général, dans une circulaire du 17 octobre 1874, a formulé ainsi qu'il suit cette interprétation.

« Le décret du 15 juillet a apporté une réelle amé-
» lioration aux règlements antérieurs : son article 9,
» en étendant le bénéfice des nouvelles dispositions
» aux attributaires placés au titre II du décret du 16
» octobre 1871, leur a concédé une véritable faveur.
» Mais il ne vous échappera pas qu'une mesure de
» cette nature tournerait au détriment du pays et de
» la colonisation, si, à leur volonté, les attributaires
» au titre 2 du décret du 16 octobre 1871 pouvaient
» arbitrairement invoquer, suivant les circonstan-
» ces, les dispositions de l'un ou de l'autre règlement.
» On ne peut leur imposer le décret du 15 juillet
» 1874, mais s'ils invoquent l'une de ses clauses, ils
» renoncent, ipso facto, au bénéfice des décrets des
» 16 octobre 1871 et 10 octobre 1872. Néanmoins pour
» éviter toute contestation ultérieure, il conviendra
» de faire établir cette renonciation par écrit. »

L'administration ne délivrera donc pas de titre de propriété définitive dans le cas où la résidence effective aura été inférieure à neuf années, lorsque le cédant n'aura pas lui-même résidé pendant trois ans.

Je vous invite à faire connaître cette interprétation aux notaires de votre arrondissement afin de leur éviter des difficultés qui pourraient mettre leur responsabilité en cause.

Transcription hypothécaire des baux conférant un droit éventuel de propriétaire.

20 août 1875. — *Circulaire du Préfet de Constantine.*

Une circulaire de M. le Gouverneur général, en date du 5 janvier 1874, nᵒ 19, dispose que les baux délivrés sous promesse de propriété définitive, et par application du titre II du décret du 16 octobre 1871, modifié par le décret du 15 juillet 1874, doivent être soumis à la transcription hypothécaire.

Par une nouvelle circulaire du 30 juin 1875, M. le Gouverneur général a décidé qu'il était facultatif à chaque colon de requérir l'accomplissement de cette formalité en prenant à sa charge tous les frais ordinaires de timbre, d'enregistrement et de transcription.

Je vous prie de vouloir bien faire porter ces dispositions à la connaissance des attributaires de terrains domaniaux placés sur le territoire que vous administrez.

Cependant vous devrez leur faire comprendre que les baux qui leur ont été délivrés, leur conférant un droit éventuel de propriété, il est de leur intérêt de les soumettre à la transcription hypothécaire.

Pour le Préfet :
Le Secrétaire général,
DUNAIGRE.

sur la mise à prix déterminée par le contrat de cession. S'il ne survient pas d'enchères, la cession demeurera définitive.

Au cas d'adjudication directement requise, s'il ne survient pas d'enchères, le créancier aura le choix ou d'abaisser la mise à prix, ou de traiter, de gré à gré, avec un tiers réunissant les conditions exigées, ou de requérir l'attribution définitive des constructions et bâtiments d'exploitation, ainsi que le sol sur lequel ils seront établis, le surplus faisant retour au Domaine de l'Etat.

Art. 15. — En cas de déchéance du locataire ou de ses ayants-cause, le droit du créancier de transférer le bail peut être exercé immédiatement, sauf l'application, s'il y a lieu, de l'article 8.

M^{al} DE MAC-MAHON.

§ 3. — **Colonisation par l'initiative privée.**

Instruction au sujet du développement de la colonisation par l'initiative privée.

15 février 1876. — CIRCULAIRE *du préfet d'Oran.*

Au mois d'octobre dernier, dans mon exposé au Conseil général, j'ai rendu compte à l'Assemblée départementale des progrès accomplis par la colonisation dans les deux années qui viennent de s'écouler. Après avoir constaté, par des chiffres, l'importance des résultats obtenus, j'ai émis l'avis que ces résultats seraient bien supérieurs si on avait pu construire à l'avance les maisons destinées aux colons dans les centres de création nouvelle.

Le Conseil général, adoptant ma manière de voir, a bien voulu mettre à ma disposition une somme de 75,000 francs pour tenter une première expérience.

J'ai immédiatement fait étudier des projets de maisons économiques, mais solidement construites, qui offriront aux colons une habitation saine, un abri pour leur bétail et leur matériel agricole. Cinq types m'ont été soumis ; leur prix de revient varie entre 2,000 et 4,500 francs, suivant la superficie couverte. Ils viennent d'être soumis à l'examen de la Commission départementale, et les travaux seront très prochainement mis en adjudication.

Dès le mois de septembre prochain, nous serons en mesure de livrer aux immigrants 25 ou 30 maisons bien bâties, avec un lot de terre de 25 à 30 hectares, moyennant le remboursement du coût de la maison en un certain nombre d'annuités calculées comme pour les remboursements de prêts faits par le Crédit foncier.

Nous sommes donc sur le point de réaliser une amélioration immense dans l'installation des immigrants, et j'en suis heureux, car, lors de mes récentes tournées dans les centres en voie de peuplement, j'ai pu constater une fois de plus les inconvénients qui résultent, principalement pour les immigrants, de l'absence de toute construction pour les abriter dès leur arrivée.

Ces inconvénients sont de deux sortes :

En premier lieu, l'immigrant arrivant sous un climat nouveau est naturellement éprouvé, et c'est alors, surtout, qu'il aurait besoin d'une installation saine pour le préserver contre les maladies; or, jusqu'à ce jour, nous n'avons pu lui offrir que des tentes du campement, c'est-à-dire un abri médiocre et des plus incommodes pour l'installation d'une famille nombreuse où se trouvent des enfants. La médiocrité de l'installation, jointe aux fatigues d'un voyage toujours pénible, et le changement d'habitudes amènent souvent des maladies et des découragements qu'il importe de combattre, car l'immigrant a besoin de sa santé et de toute son énergie pour supporter les premières épreuves qui l'attendent forcément loin de son premier foyer et de ses amis d'enfance.

D'un autre côté, il importe, au point de vue économique, que le colon puisse mettre la main à la charrue dès son arrivée pour préparer la terre qui doit assurer l'existence de sa famille l'année suivante. Si la maison n'est pas construite, ses premiers soins seront tout naturellement de rassembler les matériaux nécessaires à la construction d'un abri. Dans ces conditions, il arrive fréquemment que la saison passe sans qu'il ait été possible de faire les semailles ; c'est donc une année de perdue. Or, pour un agriculteur, une année d'avance constitue, la plupart du temps, l'aisance, de même qu'une année de retard engendre la misère.

Il importe donc, à tous les points de vue, de construire les villages à l'avance, et je crois la chose possible, si tous les vrais colons et les amis sincères de l'Algérie veulent bien prêter leur concours à l'Administration.

C'est dans ce but, Messieurs, que je viens faire appel à tout votre amour pour ce beau pays. Vous connaissez les dispositions déjà prises ; voici celles qu'il y aurait lieu de provoquer, à mon avis, pour donner un nouvel essor à la colonisation.

Ainsi que je l'ai dit, dans mon exposé au Conseil général, dans ma pensée, le département ou l'Etat ne doivent pas entreprendre directement les constructions de villages.

Mais ce que l'Administration ne peut

faire seule avec les ressources nécessairement limitées dont elle dispose, l'initiative privée, puisant de nouvelles forces dans l'association, peut l'entreprendre et le mener à bien.

L'article 11 du décret du 15 juillet 1874, sur les concessions, confère aux sociétés privées les mêmes droits qu'aux particuliers, au point de vue de l'attribution des terres. Il semble qu'une sage application du principe consacré par cet article serait un excellent moyen de faire de la colonisation. L'État fournirait les terres et se chargerait d'exécuter tous les travaux d'utilité publique. La société ferait bâtir les maisons des nouveaux colons et se chargerait de leur installation. Elle ne leur ferait pas don de ses avances; ceux-ci auraient à lui en rembourser le prix, mais à long terme, par voie d'annuités. Le capital engagé trouverait dans une pareille opération sa rémunération légitime.

Je viens donc vous prier, Messieurs, de faire appel à toutes les bonnes volontés, à toutes les personnes désireuses de concourir, à un titre quelconque, à cette œuvre si intéressante et si patriotique de la colonisation. Excitez-les à répandre en France les publications qui font connaître l'Algérie. Engagez-les à écrire à leurs parents et à tous les amis de la métropole, à toutes les personnes avec lesquelles elles ont des relations; qu'elles leur fassent connaître que ceux qui auraient l'intention de s'expatrier trouveront ici des terres allotties, que toutes facilités leur seront données pour effectuer leur voyage, que leur installation dans la Colonie ne subira aucun retard, qu'elle pourra avoir lieu *dans les vingt-quatre heures de leur arrivée*. Qu'on n'omette point de leur dire que partout ils trouveront, avec la sécurité et la protection de leurs intérêts, toutes les institutions nécessaires à la vie civile, la conservation de leurs droits civiques; des écoles pour l'éducation de leurs enfants, et, enfin, la certitude de l'aisance que procurent toujours les ressources si variées du pays aux bras qui les font valoir.

Mais, là ne devront pas se borner nos soins : il faut faire plus. Je vous demande d'user de toute votre influence pour provoquer le groupement des forces isolées en sociétés civiles. Ce que l'effort individuel est impuissant à faire, l'effort collectif souvent le réalise. Je désire donc instamment que vous ne négligiez rien pour obtenir, s'il est possible, la formation de sociétés de colonisation dont l'objet serait l'établissement de nouveaux centres ou l'extension de centres déjà existants, dans les conditions de l'article 11 du décret du 15 juillet 1874. Déjà plusieurs sociétés sérieuses étudient la question, et j'espère que, dans le courant de la présente campagne, au moins un centre sera entrepris dans les conditions que je viens d'indiquer. Vous pourrez en donner l'assurance, mais ne craignez pas d'affirmer que, quelle que soit la combinaison qui me serait proposée, je l'examinerai avec le plus vif intérêt, et que, si elle est pratique, j'en aiderai la réalisation de tout mon pouvoir.

Je suivrai, d'ailleurs, avec un égal intérêt, toutes les communications que vous voudrez bien me faire à l'occasion des présentes instructions.

Le Préfet : NOUVION.

§ 4. — Abris provisoires. — Tentes. — Main-d'œuvre militaire.

5 décembre 1876. — CIRCULAIRE *du Gouverneur général.*

A leur arrivée sur les territoires des nouveaux centres, encore en voie d'exécution, les colons éprouvent souvent de grandes difficultés pour trouver les abris qui leurs sont nécessaires, en attendant qu'ils aient construit leurs maisons d'habitation. Ils sont alors assujettis à des déplacements très-onéreux, ou bien ils demeurent exposés, pendant de longs mois, à toutes les intempéries de la saison, eux et parfois leurs familles.

Dans le but de remédier autant que possible à ces inconvénients, j'ai pensé que, lorsqu'il existera aux environs une forêt appartenant à l'État, il sera d'une bonne administration d'autoriser chaque concessionnaire, qui en fera la demande, à venir y couper les bois et branchages nécessaires pour la confection de cabanes provisoires.

L'Administrateur ou le Maire de la commune, auprès duquel les demandes en autorisation de l'espèce devront être adressées, en informera le représentant du service forestier dans la circonscription. Ce dernier fixera le jour et le lieu où les délivrances seront effectuées sous la surveillance d'un agent préposé à cet effet.

Vous aurez, à votre tour, à réclamer au Service des forêts et à me faire parvenir, avec vos observations personnelles, une expédition de l'état estimatif des bois remis à chaque concessionnaire; sur le vu de ces documents, je déciderai s'il y a lieu de poursuivre le recouvrement des sommes dues, ou, suivant d'autres considérations, j'en prononcerai l'exonération.

Dans les localités, enfin, qui ne sont pas à portée d'une forêt domaniale, les nouveaux colons pourront, s'ils le jugent à propos, se mettre en instance auprès de l'autorité locale pour obtenir le prêt de tentes militaires, pour une durée de dix mois au maximum. Ils devront indiquer, en même temps, s'ils en ont besoin d'une seulement ou de deux.

Sur l'avis de l'Intendance, qui devra toujours être consultée au préalable, les colons seront invités à consigner une somme représentative de la valeur du matériel à emprunter, entre les mains du Receveur des contributions diverses du bureau le plus rapproché.

Munis du certificat constatant ces versements, les colons pourront alors se présenter au magasin du campement où, contre la remise de cette pièce, les tentes leur seront délivrées.

Si, durant la période de dix mois qui a été fixée pour la durée des prêts, le matériel vient à être réintégré au Campement, le comptable du magasin n'aura qu'à notifier au Receveur des contributions diverses, nanti du dépôt, le chiffre des moins-values constatées, et ce dernier en effectuera immédiatement le remboursement au profit du budget de la guerre, par prélèvement sur la somme consignée, le surplus faisant retour à la tierce-partie.

Dans le cas, au contraire, où le matériel ne serait pas rapporté à l'expiration du dixième mois, le comptable du campement le considérera comme étant définitivement sorti et en réclamera le prix intégral au Receveur des contributions.

Grâce à cette combinaison, il sera possible, tout en sauvegardant les intérêts de l'État, de procurer aux colons, à leur arrivée dans les nouveaux centres, les abris provisoires qui leur manquent la plupart du temps.

Vous aurez d'ailleurs à veiller, en ce qui vous concerne, à la stricte exécution de toutes les mesures prescrites par la présente circulaire, pour les délivrances de bois et les prêts de tentes de campement.

Gal Chanzy.

Avril 1877. — Circulaire *du Gouverneur général.*

M. le Ministre de la Guerre à qui j'avais communiqué ma circulaire du 5 décembre 1876, n° 3,973, me fait remarquer qu'aux termes du règlement du 19 novembre 1874, les prêts et les cessions de matériel ne peuvent être faits qu'à des services publics et à charge de réintégration ou de remboursement par ces services des pertes ou des moins-values constatées.

Afin de me conformer aux dispositions de ce règlement et d'éviter, en même temps, les inconvénients que présenteraient, pour l'administration de la guerre, des prêts faits directement aux colons, j'ai cru devoir modifier ma circulaire précitée, en y apportant quelques changements qui, sans altérer sensiblement l'économie du système que j'avais adopté, donneront satisfaction aux observations de M. le général Berthaut.

Les prêts des tentes seront faits pour une durée maximum de 10 mois. Les colons qui voudront profiter de ces prêts devront verser, entre les mains du Receveur des Contributions diverses du bureau le plus rapproché, une somme représentative de la valeur du mobilier à emprunter.

Munis du récépissé qui leur sera délivré, ils se présenteront à l'administrateur du district, qui leur remettra un bon, en échange duquel les tentes seront mises à leur disposition au magasin du campement.

De cette manière, le service de la colonisation qui délivrera les bons sera responsable, vis-à-vis du département de la guerre, des détériorations subies par le matériel prêté et s'assurera à lui-même le remboursement par les détenteurs dudit matériel des sommes qui leur sont imputables.

Gal Chanzy.

Main-d'œuvre militaire. — *Au sujet des troupes mises à la disposition des colons pour les travaux de la moisson.*

2 juin 1874. — Circulaire *du Préfet d'Alger.*

A l'approche de l'ouverture des travaux de la moisson, j'ai cru devoir, dans l'intérêt de nos agriculteurs, m'assurer de la possibilité de leur venir en aide au moyen de la main-d'œuvre militaire.

M. le Général commandant la division vient de me faire connaître que, cette année comme les années précédentes, il fera mettre à la disposition des cultivateurs, qui en auraient besoin, des travailleurs militaires, mais dans la limite du possible et en se renfermant dans les prescriptions des dispositions arrêtées par le Ministre de la guerre et relatées dans la circulaire du 16 mai 1872.

Les demandes de l'espèce devront être adressées directement par vous à MM. les Généraux commandant les subdivisions ou autres autorités militaires locales qui ont déjà reçu des ordres à cet effet, et qui satisferont à ces demandes proportionnellement aux effectifs disponibles et tout autant que MM. les Maires seront d'avis que l'emploi de ces travailleurs ne nuit pas aux intérêts de la main-d'œuvre civile.

Voici les conditions auxquelles devront se soumettre ceux de vos administrés qui voudront employer la main-d'œuvre militaire :

« Ils seront tenus de fournir aux hommes un logement suffisant, et dans le

» cas où ils se chargeraient de les nourrir,
» ils doivent leur donner chaque jour, le
» matin au lever, une ration de 30 gram-
» mes de café et 30 grammes de sucre,
» et deux repas composés de viande et de
» légumes avec un demi litre de vin. Les
» hommes fourniront eux-mêmes leur
» pain ; ils prendront à 4 heures du soir
» leur ration réglementaire de sucre et
» de café.

» Dans ces conditions, ces militaires
» seront payés 0,75 c. par jour ; ceux qui
» ne seront pas nourris recevront 1 fr.
» 50.

» Les chefs de détachement règleront
» tous les dimanches, avec les agricul-
» teurs, les sommes dues à leurs hommes.
» Enfin, toutes les fois qu'il sera possible
» d'employer des détenus, MM. les Com-
» mandants territoriaux ont reçu l'ordre
» de le faire, de préférence à des troupes
» de la garnison. »

J'ai l'honneur de vous prier de vouloir bien porter sans retard ces dispositions à la connaissance de vos administrés, afin que ceux qui désireraient avoir des travailleurs militaires puissent en obtenir, en faisant parvenir leur demande à qui de droit, par votre intermédiaire en temps opportun.

Il demeure bien entendu que toutes les mesures réglementaires, précédemment mises en vigueur au sujet de l'emploi des troupes par les colons, continueront à être appliquées comme par le passé.

     Le Préfet : BRUNEL.

Coloration artificielle des vins
 V. TROMPERIE SUR LA MARCHANDISE.

Comices agricoles. V. AGRICULTURE.

Comités consultatifs et autres. V. *Ménerville.*

Commandants de place (suppression de la juridiction des). V. JUSTICE (art. 6 du décret du 10 août 1875.)

Commandement. V. ADMINISTRATION GÉNÉRALE DU TERRITOIRE MILITAIRE ; ARMÉE D'ALGÉRIE ; PRÉSÉANCES ; SERVICE MILITAIRE.

Commerce.
    DIVISION
§ 1. — Fonds de commerce
§ 2. — Chambres et Bourses de commerce. — Election des membres des Chambres de commerce.
§ 3. — Tribunaux de commerce.
§ 4. — Faillites. — Contrôle de la gestion des syndics. — Baux et privilège du propriétaire.
§ 5. — Sociétés commerciales étrangères (Suède et Norwège).

   § 1. — Fonds de commerce.

  15 septembre 1874. — *Décret.*

Art. 1er. — L'arrêté du 19 décembre 1831, sur les mutations des fonds de commerce, est et demeure abrogé.
    M^{al} DE MAC-MAHON.

§ 2. — CHAMBRES ET BOURSES DE COMMERCE. — *Contribution spéciale pour les dépenses de 1873.*

  26 janvier 1873. — *Décret.*

Art. 1er. — Une contribution spéciale de trente mille francs (30,000 fr.), destinée à l'acquittement des dépenses des Chambres et Bourses de commerce des trois départements de l'Algérie pendant l'année 1873, plus cinq centimes par franc, pour couvrir les non-valeurs et trois centimes aussi par franc, pour subvenir aux frais de perception, sera payée en Algérie, par les patentés inscrits sur les matrices de la dite année et répartie conformément au tableau ci-annexé.

Art. 2. — Le produit de la dite contribution sera mis, au moyen de mandats de remboursement délivrés par les Préfets, à la disposition des Chambres de commerce, qui rendront compte de leur gestion au Gouverneur général civil de l'Algérie.
    A. THIERS.

TABLEAU annexé au décret fixant, pour l'exercice 1873, la contribution spéciale destinée à l'acquittement des dépenses des Chambres et Bourses de commerce de l'Algérie.

DÉSIGNATION des VILLES	DÉSIGNATION des DÉPARTEMENTS	CHAMBRES et BOURSES	PATENTES sur lesquelles ces sommes seront imputées	SOMMES IMPUTÉES (fr.)
Alger	d'Alger	Chambre Bourse	Patentés de tout le département. Patentés de la commune d'Alger.	8.100 1.000
Oran	d'Oran	Chambre id.	Patentés de tout le département. id.	7.200 4.000
Bône Philippeville Constantine	de Constantine	id. id.	Patentés de la circonscription de la dite chambre. id.	3.300 6.400
		TOTAL........		30.000

Vu pour être annexé au décret du 26 janvier 1873.

Le Ministre de l'Intérieur,
E. DE GOULARD.

20 septembre 1873. — *Décret.*

Vu le décret du 5 mars 1855, rendant applicables en Algérie, moyennant certaines modifications, les décrets du 3 septembre 1851 et 30 août 1852, sur l'organisation des chambres de commerce en France ;

Vu le décret du 10 mai 1872, qui rend exécutoire en Algérie la loi du 21 décembre 1871, relative au mode d'élection des membres des tribunaux de commerce ;

Vu le décret du 17 janvier 1872, qui étend aux chambres de commerce les dispositions de la loi précitée.

Art. 1er. — Les listes des électeurs désignés, conformément aux articles 618 et 619 du Code de commerce, modifiés par la loi du 21 décembre 1871 sus-visée, pour nommer les membres des tribunaux de commerce, seront augmentées par la commission désignée en l'article 2 de la dite loi, de négociants musulmans réunissant les conditions de probité, d'esprit, d'ordre et d'économie requises, et dont le nombre pourra atteindre, s'il y a lieu, le 1/10e du total de la liste primitive. Ces listes, ainsi complétées, serviront de base à l'élection des membres des chambres de commerce.

A défaut de tribunal de commerce dans les arrondissements ou cantons compris dans la circonscription d'une chambre de commerce, il sera dressé pour les dits arrondissements et dans les formes prescrites par la loi du 21 décembre 1871, des listes d'électeurs complétées suivant les indications qui précèdent.

Art. 2. — Les conditions d'éligibilité déterminées par l'article 620 du Code de commerce, modifié par la loi susvisée, en ce qui concerne les juges des tribunaux de commerce, sont applicables aux élections des membres des chambres de commerce. Les négociants musulmans réunissant ces conditions, seront, toutefois, éligibles, et le nombre des sièges qui leur seront attribués dans les chambres de commerce, sera de trois pour Alger, de deux pour chacune des autres villes de l'Algérie.

L'élection aura lieu entre les électeurs français et les électeurs indigènes, au scrutin de liste.

Art. 3. — Les assemblées électorales se tiennent dans la ville où siège la chambre de commerce, et, s'il y a lieu, dans les autres localités de la circonscription désignée par le préfet du département.

Il est procédé à la convocation des électeurs et aux opérations électorales, conformément aux dispositions de l'art. 621 du Code de commerce modifié par la loi susvisée, relative à l'élection des juges des tribunaux de commerce.

Le recensement général des votes a lieu dans la ville où siège la chambre de commerce; le président de l'assemblée proclame le résultat de l'élection. Le procès-verbal est rédigé en triple original. Le président transmet immédiatement les trois originaux au préfet, qui en adresse un au gouverneur général de l'Algérie et un au président de la chambre.

Art. 4. — Sont abrogés les décrets du 5 mars 1855 et subsidiairement ceux des 3 septembre 1851 et 30 août 1852, en tout ce qu'ils ont de contraire aux dispositions ci-dessus édictées, et notamment l'art. 2 du décret du 5 mars 1855, en ce qui concerne l'éligibilité des négociants étrangers.

Mal DE MAC-MAHON, DUC DE MAGENTA.

§ 3. — **Tribunaux de commerce** (1).

10 mai 1872. — *Décret.*

Vu la loi du 21 décembre 1871, qui a abrogé le décret du 2 mars 1852 et établi

---

(1) DÉCISIONS RELATIVES AUX ÉLECTIONS POUR LES TRIBUNAUX DE COMMERCE.
(Novembre 1875, mars 1876.)

I. *Listes électorales.* — Les conseillers généraux qui sont désignés pour faire partie de la commission chargée de dresser la liste des électeurs consulaires doivent être choisis, à moins d'impossibilité absolue, parmi les conseillers généraux élus dans les cantons qui composent le ressort du tribunal.
(Lettres au Ministre de l'intérieur et au Procureur général d'Aix, du 6 décembre 1875. — 1031 B 75. — Arrêt du Conseil d'Etat, du 27 novembre 1875.)

II. *Listes électorales.* — Les commissions chargées de réviser les listes électorales consulaires n'ont pas le droit d'augmenter ou de diminuer le nombre des électeurs, sous prétexte que le nombre de commerçants inscrits dans l'arrondissement aurait augmenté ou diminué.
(Lettre au Procureur général de Dijon, du 29 novembre 1875. — 893 B 75. — Dans le même sens, lettre au Préfet de la Meuse, du 1er septembre 1875.)

III. *Listes électorales.* — Les courtiers de marchandises ne peuvent être portés sur les listes électorales consulaires, bien que la loi du 18 juillet 1866 n'ait conservé la qualité d'officiers ministériels qu'aux courtiers interprètes conducteurs de navires et aux courtiers d'assurances.
(Lettre au Préfet de la Gironde, du 25 janvier 1876. — 893 B 75.)

IV. *Listes électorales.* — Les dépenses d'impression et de publication des listes pour les élections consulaires doivent être comprises parmi les dépenses du budget ordinaire de chaque département. (Loi du 10 août 1871, art. 60, §§ 3 et 4.)
(Lettre au Préfet du Gard, du 24 mars 1876. — 229 B 76.)

V. *Convocation des électeurs.* — Le Préfet, en prenant un arrêté de convocation des électeurs consulaires, ne doit pas désigner hypothétiquement le nombre des magistrats à élire.

Par exemple, il ne doit point prévoir dans son arrêté le cas où les suppléants en exercice seraient nommés juges titulaires et devraient être remplacés en qualité de suppléants.
(Lettre au Préfet d'Eure et-Loir, du 23 novembre 1875. — 1198 B 75.)

VI. *Convocation des électeurs.* — Les électeurs consulaires peuvent être convoqués pour un autre jour que le dimanche, si le Préfet trouve plus avantageux de ne pas se conformer à l'usage ordinairement suivi.
(Lettre au Préfet des Ardennes, du 1er avril 1876. — 893 B 75.)

de nouvelles dispositions pour le mode d'élection des membres des tribunaux de commerce.

Art. 1ᵉʳ. — La loi du 21 décembre 1871, sur le mode d'élection des membres des tribunaux de commerce, est rendue exécutoire en Algérie. A cet effet, elle y sera publiée et promulguée à la suite du présent décret, qui sera inséré au *Bulletin des lois*. Il sera procédé, conformément à l'article 3 du décret du 27 octobre 1858.

A. THIERS.

21 décembre 1871. — Loi (1).

Art. 1ᵉʳ. — Le décret du 2 mars 1852 est abrogé.

Art. 2. — Les articles 618, 619, 620 et 621 du Code de commerce seront remplacés par les articles suivants :

» Art. 618. — Les membres du tribunal de commerce seront nommés dans une assemblée d'électeurs pris parmi les commerçants recommandables par leur probité, esprit d'ordre et d'économie. — Pourront aussi être appelés à cette réunion les directeurs des compagnies anonymes de commerce, de finance et d'industrie, les agents de change, les capitaines au long cours et les maîtres au cabotage ayant commandé des bâtiments pendant cinq ans et domiciliés depuis deux ans dans le ressort du tribunal. Le nombre des électeurs sera égal au dixième des commerçants inscrits à la patente ; il ne pourra dépasser mille, ni être inférieur à cinquante ; dans le département de la Seine, il sera de trois mille.

» Art. 619. — La liste des électeurs sera dressée par une commission composée :

» 1° Du président du tribunal de commerce, qui présidera, et d'un juge au tribunal de commerce. Pour la première élection qui suivra la création d'un tribunal, on appellera dans la commission le président du tribunal civil et un juge au même tribunal ;

» 2° Du président et d'un membre de la chambre de commerce ; si le président de la chambre de commerce est en même temps président du tribunal, on appellera un autre membre de la chambre ; dans les villes où il n'existe pas de chambre de commerce, on appellera le président et un membre de la chambre consultative des arts-et-métiers ; à défaut, on appellera un conseiller municipal ;

» 3° De trois conseillers généraux choisis, autant que possible, parmi les membres élus dans les cantons du ressort du tribunal ;

» 4° Du président du conseil des prud'hommes, et, s'il y en a plusieurs, du plus âgé des présidents ; à défaut du conseil des prud'hommes, on appellera dans la commission le juge de paix ou le plus âgé des juges de paix de la ville où siège le tribunal ;

» 5° Du maire de la ville où siège le tribunal de commerce, et à Paris, du président du conseil municipal. — Les juges au tribunal de commerce, les membres de la chambre de commerce, les juges au tribunal civil, les conseillers

---

VII. *Convocation des électeurs. — Opérations électorales.* — Pour satisfaire aux prescriptions de la loi du 21 décembre 1871, il ne suffit pas que l'arrêté de convocation soit pris par le Préfet dans la première quinzaine de décembre pour une époque ultérieure.

La loi exige qu'on procède dès cette époque aux opérations électorales.

(Lettre au Procureur général de Nancy, du 25 février 1876. — 893 B 75.)

VIII. *Opérations électorales.* — Le second tour de scrutin ne peut avoir lieu que huit jours au moins après le premier tour ; et, lorsqu'un arrêté a fixé la date du second scrutin au lendemain du premier, les opérations électorales doivent être annulées.

(Lettre au Procureur général de Lyon, du 7 janvier 1876. — 14 B 76. — Arrêt de la Cour de Lyon, du 11 janvier 1876.)

IX. *Eligibilité.* — L'année d'intervalle qui doit s'écouler avant qu'un juge consulaire, en fonctions depuis quatre ans, puisse être réélu, ne doit pas nécessairement comprendre une période fixe de trois cent soixante-cinq jours.

L'intention du législateur est suffisamment respectée lorsque le délai qui sépare les renouvellements partiels ordonnés par la loi s'est écoulé.

(Lettre au Préfet de la Vienne, du 14 novembre 1875. — Lettre au Procureur général de Rouen, du 29 décembre 1873. — 1224 B. 75.)

X. *Eligibilité.* — Les présidents et juges consulaires qui ont exercé leurs fonctions pendant deux périodes de deux années chacune ne peuvent être réélus, *même en qualité de juges suppléants*, qu'après une année d'intervalle.

(Lettre au Procureur général de Caen, du 3 décembre 1875. — 1210 B 75.)

XI. *Incompatibilités.* — Un *juge* au tribunal de commerce et un *greffier* au même tribunal ne peuvent conserver tous deux ensemble leurs fonctions, lorsqu'ils sont parents ou alliés au degré prévu par le décret du 20 avril 1810.

(Lettre au Procureur général de Rouen, du 27 avril 1875. — 414 B 75.)

XII. *Incompatibilités.* — Les dispositions du décret du 20 avril 1810, qui interdisent aux parents ou alliés, jusqu'au degré d'oncle et de neveu inclusivement, de faire partie simultanément d'un même tribunal, sont applicables aux tribunaux de commerce aussi bien qu'aux tribunaux civils.

(Lettre au Procureur général de Caen, du 8 janvier 1876. — 893 B 75.)

XIII. *Préséance.* — Le rang de préséance des juges consulaires est déterminé par la date de la dernière élection. Ainsi, le magistrat qui occupait avant sa réélection le rang de premier juge ne prend rang, s'il est réélu, qu'après les juges de l'année précédente.

(Lettre au Procureur général de Bastia, du 23 février 1876. — 153 B 76.)

XIV. *Démission.* — Le Gouvernement n'instituant plus les juges consulaires depuis la loi du 21 décembre 1871, il n'appartient pas au Garde des sceaux d'accepter ou de refuser la démission de ces magistrats.

(Lettre au Procureur général de Douai, du 13 novembre 1875. — 893 B 75.)

N. B. — Les lettres citées ci-dessus émanent du Garde des sceaux.

(1) *Bulletin des lois*, n° 782. Voir pour les annotations *Dalloz*, P. 1872, 4, page 3.

municipaux, dans les cas prévus aux paragraphes précédents, seront élus par les corps auxquels ils appartiennent. Chaque année, la commission remplira les vacances provenant des décès ou d'incapacités légales survenues depuis la dernière révision. Elle ajoutera à la liste, en sus du nombre d'électeurs fixé par l'article 619, les anciens membres de la chambre et du tribunal de commerce, et les anciens présidents des conseils des prud'hommes. Ne pourront être portés sur la liste ni participer à l'élection, s'ils y avaient été portés : 1° les individus condamnés soit à des peines afflictives ou infamantes, soit à des peines correctionnelles pour des faits qualifiés crimes par la loi ou pour délit de vol, escroquerie, abus de confiance, usure, attentat aux mœurs, soit pour contrebande, quand la condamnation pour ce dernier délit aura été d'un mois au moins d'emprisonnement ; 2° les individus condamnés pour contraventions aux lois sur les maisons de jeu, les loteries et les maisons de prêts sur gages ; 3° les individus condamnés pour les délits prévus aux articles 413, 414, 419, 420, 421, 423, 430, § 2, du Code pénal, et aux articles 596 et 597 du Code de commerce ; 4° les officiers ministériels destitués ; 5° les faillis non réhabilités, et généralement tous ceux que la loi électorale prive du droit de voter aux élections législatives.

» La liste sera envoyée au Préfet, qui la fera publier et afficher. Un exemplaire, signé par le président du tribunal de commerce, sera déposé au greffe du tribunal de commerce. Tout patenté du ressort aura le droit d'en prendre connaissance et, à toute époque, de demander la radiation des électeurs qui se trouveraient dans un des cas d'incapacité ci-dessus. L'action sera portée sans frais devant le tribunal civil, qui prononcera en la chambre du conseil. En appel, la Cour statuera dans la même forme.

» Art. 620. — Tout commerçant, directeur de compagnie anonyme, agent de change, capitaine au long cours et maître au cabotage porté sur la liste des électeurs, ou étant dans les conditions voulues pour y être inscrit, pourra être nommé juge ou suppléant, s'il est âgé de trente ans, s'il est inscrit à la patente depuis cinq ans et domicilié, au moment de l'élection, dans le ressort du tribunal. — Les anciens commerçants et agents de change seront éligibles, s'ils ont exercé leur commerce pendant le même temps. — Nul ne pourra être nommé juge, s'il n'a été suppléant. — Le président ne pourra être choisi que parmi les anciens juges

» Art. 621. — L'élection sera faite au scrutin de liste pour les juges et les suppléants, et au scrutin individuel pour le président. Lorsqu'il s'agira d'élire le président, l'objet spécial de cette élection sera annoncé avant d'aller au scrutin. — Les élections se feront dans le local du tribunal de commerce, sous la présidence du maire du chef-lieu où siège le tribunal, assisté de quatre assesseurs qui seront les deux plus âgés des électeurs présents — La convocation des électeurs sera faite, dans la première quinzaine de décembre, par le Préfet du département. — Au premier tour de scrutin, nul ne sera élu, s'il n'a réuni la moitié, plus un, des suffrages exprimés, et un nombre égal au quart du nombre des électeurs inscrits. Au deuxième tour, qui aura lieu huit jours après, la majorité relative sera suffisante. La durée de chaque scrutin sera de deux heures au moins. — Le procès-verbal sera dressé en triple original, et le président en transmettra un exemplaire au Préfet et un autre au Procureur général ; le troisième sera déposé au greffe du tribunal. Tout électeur pourra, dans les cinq jours après l'élection, attaquer les opérations devant la Cour d'appel qui statuera sommairement et sans frais. Le Procureur général aura un délai de dix jours pour demander la nullité. »

Art. 3. — Pour les premières élections, auxquelles il sera procédé immédiatement après la promulgation de la présente loi, les juges et juges suppléants en exercice, seront éligibles. — Pour la première élection, la désignation des conseillers généraux, dont il est parlé au 3° paragraphe de l'article 619 ci-dessus, sera faite par la commission départementale.

5 décembre 1876. — *Loi qui modifie les articles 620 et 626 du Code de commerce.*

Art. 1er. — Le premier paragraphe de l'article 620 du Code de commerce est abrogé et remplacé par la disposition suivante :

« Tout commerçant et agent de change
» âgé de trente ans, inscrit à la patente
» depuis cinq ans et domicilié, au mo-
» ment de l'élection, dans le ressort
» du tribunal ; toute personne ayant rem-
» pli pendant cinq ans les fonctions de
» directeur de société anonyme, tout ca-
» pitaine au long cours et maître au ca-
» botage ayant commandé pendant cinq
» ans, justifiant des mêmes conditions
» d'âge et de domicile, porté sur la liste
» des électeurs ou étant dans les condi-
» tions voulues pour y être inscrit, pourra
» être nommé juge ou suppléant. »

2. L'article 626 du Code de commerce est complété comme il suit, conformément au décret du 28 août 1848 :

« Lorsque, par des récusations ou em-

» pêchements, il ne restera pas un nombre suffisant de juges ou de juges suppléants, il y sera pourvu au moyen d'une liste formée annuellement par chaque tribunal de commerce entre les éligibles du ressort, et, en cas d'insuffisance, entre les électeurs, ayant les uns et les autres leur résidence dans la ville où siége le tribunal.

» Cette liste sera de cinquante noms à Paris, de vingt-cinq noms pour les tribunaux de neuf membres, de quinze noms pour les autres tribunaux.

» Les juges complémentaires seront appelés dans l'ordre fixé par un tirage au sort fait en séance publique, par le président du tribunal, entre tous les noms de la liste. »

3. Les jugements des tribunaux de commerce et tous actes en général émanant de la juridiction consulaire, intervenus depuis la loi du 21 décembre 1871, ne peuvent être annulés par le motif que des agents de change, des directeurs de compagnies anonymes, des capitaines au long cours, des maîtres au cabotage ou des commerçants appelés, en cas d'empêchement, à compléter les tribunaux auraient pris part auxdits actes et jugements.

26 janvier 1877. — *Loi qui rend applicables aux élections consulaires les règles de procédure en cassation suivies pour les élections législatives.*

ARTICLE UNIQUE. — Les pourvois en cassation formés en matière d'élections consulaires seront portés directement devant la chambre civile.

Ils seront instruits et jugés dans les formes prescrites par l'article 23 du décret du 2 février 1852, sur les élections législatives.

18 novembre 1872. — *Décret.*

Art. 1er. — Le décret du 15 décembre 1870, qui a créé un tribunal de commerce à Bône (Algérie), est rapporté.

A. THIERS.

§ 4. — Faillites. — Gestion des syndics. — Baux et privilège du propriétaire.

10 juillet 1875. — CIRCULAIRE *de M. le Procureur général d'Alger aux Chefs des parquets de son ressort.*

Monsieur le Procureur de la République, les nombreux et récents désastres financiers dont l'Algérie a été le théâtre, imposent au ministère public une étroite surveillance à l'égard des syndics et un contrôle sévère de leur gestion. C'est ainsi qu'on peut prévenir le retour de faits regrettables constatés dans la liquidation de certaines faillites.

Les états, précédemment exigés, me paraissent insuffisants pour la vérification complète de la gestion des syndics, notamment en ce qui concerne le maniement des fonds qui leur sont confiés.

Je désire donc qu'à l'avenir vous exigiez des syndics, additionnellement aux états actuellement fournis par eux, un tableau conforme au modèle ci-joint, visé et certifié par le juge-commissaire, et permettant ainsi de constater si toutes les prescriptions de l'article 489 du Code de commerce ont été remplies.

Le visa du juge-commissaire ne devra pas être considéré par ce magistrat comme une simple formalité, mais bien comme l'attestation d'un examen scrupuleux, dont il est chargé sous sa responsabilité personnelle. Le tableau que je réclame des syndics sera en un mot un extrait de leur compte de gestion, certifié exact par le juge-commissaire, sans préjudice de la vérification qui vous appartient (art. 483, C. de com.).

Trimestre de 187 .	NOMS des FAILLIS	DATES de la déclaration de la FAILLITE	MONTANT des RECETTES	DATES des RECETTES	MONTANT des dépôts à la Caisse des consignations	DATES des dépôts à la Caisse des consignations	OBSERVATIONS
							NOTA. — Plusieurs comptes de faillites pourront être portés sur le même tableau, mais dans le cas seulement où elles auront le même syndic et le même juge-commissaire.

12 février 1872. — *Loi. Modification des articles 450 et 550 du Code du commerce.*

Art. 1er. — Les articles 450 et 550 du

Code de commerce sont modifiés et remplacés par les dispositions suivantes :

Art. 450. — Les syndics auront, pour les baux des immeubles affectés à l'industrie ou au commerce du failli, y compris les locaux dépendant de ces immeubles et servant à l'habitation du failli et de sa famille, huit jours, à partir de l'expiration du délai accordé par l'article 492 C. comm. aux créanciers domiciliés en France pour la vérification de leurs créances, pendant lesquels ils pourront notifier au propriétaire leur intention de continuer le bail, à la charge de toutes les obligations du locataire.

Cette notification ne pourra avoir lieu qu'avec l'autorisation du juge-commissaire et le failli entendu.

Jusqu'à l'expiration de ces huit jours, toutes voies d'exécution sur les effets mobiliers servant à l'exploitation du commerce ou de l'industrie du failli, et toutes actions en résiliation du bail, seront suspendues, sans préjudice de toutes mesures conservatoires et du droit qui serait acquis au propriétaire de reprendre possession des lieux loués.

Dans ce cas, la suspension des voies d'exécution, établie au présent article, cessera de plein droit

Le bailleur devra, dans les 15 jours qui suivront la notification qui lui serait faite par les syndics, former sa demande en résiliation.

Faute par lui de l'avoir formée dans le dit délai, il sera réputé avoir renoncé à se prévaloir des causes de résiliation déjà existantes à son profit.

Art. 550. — L'art. 2,102. C. civ. est ainsi modifié à l'égard de la faillite :

Si le bail est résilié, le propriétaire d'immeubles affectés à l'industrie ou au commerce du failli aura privilége pour les deux dernières années de location échues avant le jugement déclaratif de faillite, pour l'année courante, pour tout ce qui concerne l'exécution du bail et pour les dommages-intérêts qui pourront lui être alloués par les tribunaux.

En cas de non résiliation, le bailleur, une fois payé de tous les loyers échus, ne pourra pas exiger le paiement des loyers en cours ou à échoir, si les sûretés qui lui ont été données lors du contrat sont maintenues, ou si celles qui lui ont été fournies depuis la faillite sont jugées suffisantes.

Lorsqu'il y aura vente et enlèvement des meubles garnissant les lieux loués, le bailleur pourra exercer son privilége comme au cas de résiliation ci-dessus, et, en outre, pour une année à échoir à partir de l'expiration de l'année courante, que le bail ait ou non date certaine.

Les syndics pourront continuer ou céder le bail pour tout le temps restant à courir, à la charge par eux ou leurs cessionnaires de maintenir dans l'immeuble gage suffisant, et d'exécuter, au fur et à mesure des échéances, toutes les obligations résultant du droit ou de la convention, mais sans que la destination des lieux loués puisse être changée.

Dans le cas où le bail contiendrait interdiction de céder le bail ou de sous-louer, les créanciers ne pourront faire leur profit de la location que pour le temps à raison duquel le bailleur aurait touché ses loyers par anticipation, et toujours sans que la destination des lieux puisse être changée.

Le privilége et le droit de revendication établis par le n° 4 de l'art. 2102 C. civ., au profit du vendeur d'effets mobiliers, ne peuvent être exercés contre la faillite.

Art. 2. — La présente loi ne s'appliquera pas aux baux qui, avant sa promulgation, auront acquis date certaine.

Toutefois le propriétaire qui, en vertu des dits baux, a privilége pour tout ce qui est échu et pour tout ce qui est à échoir, ne pourra exiger par anticipation les loyers à échoir, s'il lui est donné des sûretés suffisantes pour en garantir le paiement.

V. *Dallos*, P. 1872, 4, page 38.

§ 5.

14-20 juin 1872. — *Décret autorisant les sociétés anonymes et autres associations commerciales, industrielles ou financières, légalement constituées dans les royaumes de Suède et de Norwège à exercer leurs droits en France.*

Le Président de la République française,

Sur le rapport du ministre de l'agriculture et du commerce ; — Vu la loi du 30 mai 1857, relative aux sociétés anonymes et autres associations commerciales, industrielles ou financières, légalement autorisées en Belgique et portant qu'un décret rendu en Conseil d'Etat peut en appliquer le bénéfice à tous les autres pays ; — La commission provisoire chargée de remplacer le Conseil d'Etat, entendue,

Art. 1er. — Les sociétés anonymes et autres associations commerciales, industrielles ou financières qui sont soumises, dans les Royaumes-Unis de Suède et de Norwège, à l'autorisation du gouvernement et qui l'ont obtenue, pourront exercer tous leurs droits et ester en justice en France en se conformant aux lois de la République (1).

---

(1) *Bulletin des lois*, n° 1,247 ; voir Dallos P. 1857, 4, page 75 ; idem *Jur. gén.* V° *Société*, n°s 50, 1,588 et suivants.

Commerce d'armes. V. ARMES.
Commissaires-enquêteurs. V. PROPRIÉTÉ INDIGÈNE.
Commissaires de police. V. POLICE.

Commissariats civils.

7 mai 1874. — *Décret.*

Art. 1ᵉʳ. — Il est créé à Milah, département et arrondissement de Constantine, un commissariat civil, dont les limites seront ultérieurement déterminées.
Mᵃˡ DE MAC-MAHON.

17 octobre 1874. — *Décret.*

Art. 1ᵉʳ. — Il est créé à Châteaudun du Rhummel, département et arrondissement de Constantine, un commissariat civil, dont les limites seront ultérieurement déterminées.
Mᵃˡ DE MAC-MAHON.

V. COMMUNES, sect. 3 et pour ce qui concerne l'organisation et la législation spéciale des commissariats civils le *Dictionnaire de la législation algérienne*, t. 1, 2 et 3. Vᵒ COMMISSAIRES CIVILS.

La juridiction des commissaires civils comme juges de paix a été supprimée par le décret du 10 août 1875, art. 6. V. JUSTICE.

Commissionnaires. V. PORTEFAIX.

Commission départementale. V. CONSEILS GÉNÉRAUX.

Commissions disciplinaires.

DIVISION

§ 1. — Commissions disciplinaires.
§ 2. — Réorganisation de la commission disciplinaire supérieure.

§ 1. — **Commissions disciplinaires.**

26 février 1872. — *Arrêté.*

Vu l'article 7 du décret du 10 décembre 1860, qui a remis au Gouverneur général, en ce qui concerne l'administration locale, des pouvoirs égaux à ceux dont disposait le Ministre de l'Algérie et des Colonies ;
Vu l'arrêté, en date du 5 avril 1860, du Ministre de l'Algérie et des Colonies, portant institution d'une commission disciplinaire à Alger, près du Commandant Supérieur et dans chaque chef-lieu de subdivision et de cercle ;
Vu l'arrêté du 24 novembre 1871, sur l'organisation administrative du Tell (1) ;
Considérant que les administrateurs des circonscriptions cantonales et des arrondissements doivent avoir les mêmes pouvoirs, soit qu'ils appartiennent à l'ordre civil ou à l'ordre militaire ;
Considérant que le commandement supérieur et le commandement de l'artillerie ont été supprimés en fait ;
Attendu qu'il importe de pourvoir aux nécessités actuelles, en attendant que la loi ait statué sur l'organisation judiciaire, en ce qui concerne les indigènes non naturalisés :

Art. 1ᵉʳ. — Le Directeur général des Affaires civiles et financières et le Commandant de la Marine, membres du Conseil de Gouvernement, sont substitués au Commandant Supérieur et au Commandant de l'artillerie, dans la composition de la commission supérieure disciplinaire des indigènes non naturalisés citoyens français.

Art. 2. — Les commissions subdivisionnaires sont supprimées.

Art. 3. — Les commissions de cercle prennent la dénomination de commissions cantonales.

Art. 4. — Les commissions disciplinaires cantonales sont composées :
1ᵒ Du Chef civil ou militaire de la circonscription, Président;
2ᵒ Du Juge de Paix du canton, ou, à son défaut, du Juge de Paix du siège le plus voisin, ou de son suppléant ;
3ᵒ Du premier adjoint civil ou militaire du chef de la circonscription.
L'un des secrétaires civils de mairies mixtes ou indigènes remplit les fonctions de greffier, sur la désignation du Chef de la circonscription.

Art. 5. — Lorsqu'un fait passible des commissions disciplinaires a été commis, le Chef de la circonscription cantonale transmet la plainte, avec toutes les pièces à l'appui, au Chef de l'arrondissement, qui, s'il y a lieu, et si le fait n'exige pas une répression supérieure à celle que peut proposer la commission disciplinaire cantonale, saisit directement cette commission.
Si la gravité du fait le réclame, il adresse directement ses propositions au Gouverneur général qui apprécie s'il y a lieu de soumettre l'affaire à la Commission supérieure, ou de la renvoyer, soit au Général commandant la division territoriale, soit au Procureur général.

Art. 6. — Le Président de la commission disciplinaire cantonale saisi d'une affaire, envoie les pièces à l'un des membres de la commission pour faire le rapport.
Devant la Commission supérieure, le rapport est fait par un fonctionnaire civil ou militaire, désigné par le Gouverneur général.

Art. 7. — Les pouvoirs disciplinaires attribués par les articles 17 et 18 de l'arrêté ministériel du 5 avril 1860 aux com-

---
(1) Voir ces divers décrets et arrêtés dans le *Dictionnaire de la législation algérienne* de M. de Ménerville. Vᵒ *Administration générale, Affaires arabes*, tomes 1, 2 et 3.

mandants militaires, sont transférés aux administrateurs civils ou militaires des circonscriptions cantonales des arrondissements ou arrondissements-cercles, mais seulement dans la limite de huit jours de prison et de cinquante francs d'amende pour les chefs de canton, et de quinze jours de prison et de cent francs d'amende pour les chefs d'arrondissement.

Art. 8. — La faculté de prononcer des amendes, maintenue aux chefs indigènes par l'article 19 de l'arrêté du 5 avril 1860, leur est désormais interdite, sous les peines édictées par la loi française contre tout fonctionnaire qui commet un abus de pouvoir.

Art. 9. — Les modifications, apportées par le présent arrêté à celui du 5 avril 1860, ne concernent que les territoires soumis au nouveau régime administratif. Toutefois, les dispositions ci-dessus, relatives à la Commission supérieure d'Alger, sont et restent, dans tous les cas, fixées conformément au présent arrêté.

Vice-amiral Cte DE GUEYDON.

9 juillet 1873. — *Arrêté.*

Art. 1er. — Le chef d'état-major général est nommé membre de la Commission supérieure disciplinaire des indigènes non naturalisés citoyens français.

Il prendra, parmi les membres de la dite Commission appartenant aux armées de terre et de mer, le rang que lui assigne sa position militaire, après les membres de l'ordre civil.

Gal CHANZY.

21 septembre 1873. — *Arrêté.*

Art. 1er. — En l'absence du Directeur général des affaires civiles et financières, la Commission sera présidée par le membre titulaire présent à Alger, qui occupe la position la plus élevée dans l'ordre des préséances.

Art. 2. — Les membres absents seront suppléés par les fonctionnaires ou officiers qui, par leur position, sont appelés à exercer l'intérim de leurs fonctions normales.

Art. 3. — Les membres suppléants prendront rang après les membres titulaires dans l'ordre de préséance des titulaires qu'ils suppléent.

Gal CHANZY.

§ 2. — Réorganisation de la Commission disciplinaire supérieure d'Alger

14 novembre 1874. — *Arrêté.*

Vu l'article 7 du décret du 10 décembre 1860, et l'arrêté du 5 avril 1860, du Ministre de l'Algérie et des colonies.

Vu l'arrêté du 26 février 1872, portant organisation des commissions disciplinaires cantonales et modifiant la commission diciplinaire supérieure d'Alger;

Vu les décrets du 4 août 1870, ceux du 23 avril 1874, portant création de justices de paix en Algérie ;

Vu le décret du 10 juin 1873, reconstituant le Gouvernement général civil de l'Algérie et donnant au Gouverneur général le titre de commandant en chef des forces de terre et de mer ;

Vu l'arrêté du Gouverneur général en date du 9 juillet 1873, celui du 21 septembre 1873, relatif à la composition de la commission disciplinaire supérieure d'Alger ;

Vu le décret du 11 septembre 1873, qui permet de suspendre partiellement l'application du décret du 24 décembre 1870, et les divers arrêtés pris en exécution de ce décret ;

Art. 1er. — Une commission disciplinaire est instituée à Alger, près du Gouverneur général, et dans chaque chef-lieu de subdivision, de cercle ou d'annexe.

Art. 2. — La commission siégeant à Alger, prend le nom de commission disciplinaire supérieure des indigènes non naturalisés citoyens français.

Elle est présidée par le Gouverneur général et composée des membres suivants :

1° Le Directeur général des Affaires civiles et financières, vice-président ;
2° Le Chef du Parquet de la Cour d'appel ;
3° Le Chef d'état-major général ;
4° L'Amiral commandant de la marine ;
5° Le Général commandant du génie ;

Art. 3. — En cas d'absence ou d'empêchement du Directeur général des Affaires civiles et financières, le Gouverneur général empêché, désigne celui des membres titulaires qui doit exercer la présidence.

Art. 4. — Les membres absents sont suppléés par les fonctionnaires ou officiers qui, par leurs positions, sont appelés à exercer l'intérim de leurs fonctions normales.

Art. 5. — Les membres suppléants prendront rang après les membres titulaires :

Les membres civils, dans l'ordre de préséance des titulaires qu'ils suppléent, les membres militaires, dans l'ordre que leur assignent leur grade et leur ancienneté.

Art. 6 — Les commissions disciplinaires de subdivision sont composées : du Commandant de la subdivision, président, d'un membre du parquet ou du juge de paix ;

De deux officiers supérieurs de la garnison, désignés par le commandant de la subdivision.

Art. 7. — Les commissions disciplinaires de cercle ou d'annexe sont composées du commandant du cercle ou d'annexe, président, du juge de paix ou de son suppléant, d'un officier de la garnison, autant que possible du grade de capitaine, ou au moins, commandant de compagnie ou de détachement.

Un second officier est désigné d'avance comme membre suppléant pour siéger, soit en cas d'absence simultanée du juge de paix et de son suppléant, soit en cas d'absence du commandant supérieur ou du chef d'annexe.

Art. 8. — Dans les chefs-lieux de cercle qui sont à la fois chefs-lieux de subdivision, la commission disciplinaire est présidée par un officier supérieur, délégué par le commandant de la subdivision.

Art. 9. — Un officier titulaire des affaires indigènes du cercle ou de l'annexe, où le délit a été commis, instruit l'affaire et adresse son rapport au commandant supérieur ou au chef d'annexe qui, si le fait n'exige pas une répression supérieure à celle que peut proposer la commission disciplinaire locale, soumet directement l'affaire à cette commission.

Si le fait exige une punition plus forte, le rapport est adressé au commandant de la subdivision qui, selon le cas, saisit la commission subdivisionnaire ou envoie les pièces de l'instruction au Général commandant la division.

Art. 10. — Le rapport est fait :
Devant la commission disciplinaire supérieure, par un fonctionnaire civil ou un officier désigné par le Gouverneur général ;
Devant les commissions de subdivision, de cercle ou d'annexe, par un officier du service des affaires indigènes, et, de préférence, par celui qui a fait le rapport.

Art. 11. — Les fonctions de greffier sont remplies, dans chaque commission, sur la désignation du président :
A Alger, par un employé civil ou un officier ;
Dans les chefs-lieux de subdivisions, par un officier ; dans les chefs-lieux de cercle ou d'annexe, par un sous-officier ou par un des secrétaires civils ou militaires des mairies des communes mixtes ou indigènes.

Art. 12. — Un interprète est désigné par le président pour faire le service près de chaque commission.

Art. 13. — Les commissions disciplinaires connaissent des actes d'hostilité, crimes et délits commis en territoire militaire par des indigènes de ces mêmes territoires non naturalisés citoyens français, et qu'il est impossible de déférer aux tribunaux civils ou militaires.

Toutefois, ces commissions ne peuvent connaître des affaires où un citoyen français, un européen, un israélite ou un indigène résidant en territoire civil, se trouvera partie intéressée.

Art. 14. — La commission disciplinaire supérieure propose l'éloignement de l'Algérie ou l'internement des indigènes signalés comme dangereux pour le maintien de la domination française ou de l'ordre public, et les peines supérieures à celles spécifiées à l'article 16 ci-après.

Art. 15. — Les commissions disciplinaires de subdivision, de cercle et d'annexe prononcent :
1° La détention dans un pénitencier indigène ;
2° L'amende.

Elles formulent, le cas échéant, des propositions relatives aux dommages-intérêts à allouer et à leur répartition.

Les peines de prison datent du jour de la décision et reçoivent une exécution provisoire immédiate ; mais elles ne sont définitives qu'après approbation du Gouverneur général.

Art. 16. — Le maximum de peines à infliger est :
Pour les commissions de subdivision :
Un an de prison et 1,000 fr. d'amende.
Pour les commissions de cercle et d'annexe :
Deux mois de prison et 200 fr. d'amende.

Art. 17. — Les commissions disciplinaires siégeant dans les chefs-lieux d'annexe, de cercle et de subdivision, tiennent audience à des jours déterminés à l'avance.

La commission supérieure est convoquée par le président, toutes les fois qu'il est nécessaire.

Art. 18. — Les délibérations des commissions disciplinaires sont valables, pourvu que trois membres soient présents.

En cas d'absence ou d'empêchement, le président d'une commission autre que la commission supérieure, désigne pour le remplacer un des membres titulaires présents.

Les officiers ne peuvent être désignés que d'après leur ordre de grade et d'ancienneté.

Art. 19. — Le prévenu doit comparaître en personne devant les commissions disciplinaires.

Il a le droit de se faire assister d'un défenseur, et, sur sa demande, la commission peut l'autoriser à faire entendre des témoins.

Pour les affaires renvoyées après une première décision, devant les commissions subdivisionnaires ou devant la commission supérieure, le président décide s'il sera statué sur le rapport et la production des pièces, sans comparution du prévenu.

Art. 20. — Les décisions sont prises à la majorité des voix, le président exprimant son avis le dernier.

En cas de partage des voix, la décision de la commission est interprétée dans le sens le plus favorable au prévenu.

Art. 21. — Si la commission reconnaît que le crime ou délit qui lui est déféré entraîne une peine excédant ses pouvoirs, elle consigne au procès-verbal son avis motivé sur les causes qui l'empêchent de se prononcer et sur la suite qui lui paraît devoir être donnée à l'affaire.

Art. 22. — Le procès-verbal contient :
1° Les noms et qualités des membres de la commission présente ;
2° Les noms, l'âge, la profession du prévenu ; sa position au point de vue du statut personnel ; l'indication de sa tribu et la mention que cette tribu est en territoire militaire ;
3° L'indication sommaire des motifs de sa comparution ;
4° Le libellé de la décision avec l'avis motivé ou non de chaque membre sur la culpabilité ou la peine prononcée, ou sur la suite à donner à l'affaire ;
5° Les propositions relatives aux dommages-intérêts.

Art. 23. — Le procès-verbal signé par les membres présents, le rapport et les pièces à l'appui sont, dans tous les cas, transmis par la voie hiérarchique, au Gouverneur général, après que le Général commandant la subdivision et le Général commandant la division ont émis leur avis sur la suite à donner à la décision rendue et aux propositions faites.

Art. 24. — Le procès-verbal revêtu du visa approbatif ou des observations du Gouverneur général, est renvoyé, par la voie hiérarchique, aux commandants de subdivision, de cercle ou d'annexe, pour servir à ce que de droit et être conservé aux archives locales.

Art. 25. — En dehors de la juridiction des tribunaux ordinaires des conseils de guerre et en dehors des commissions disciplinaires, les indigènes musulmans non naturalisés français et résidant sur les territoires militaires, peuvent être punis directement par les commandants militaires ou leurs délégués :
1° Pour contravention de police, conformément aux règlements existants;
2° Pour fautes commises dans le service militaire ou administratif ;
3° Pour des méfaits et des délits dont l'importance ne dépasse pas une valeur de 50 francs.

Art. 26. — Dans les cas prévus à l'article précédent, les chefs militaires chargés de l'administration des territoires militaires, peuvent infliger aux indigènes musulmans non naturalisés de ces territoires :

Le commandant de la division, deux mois de prison et 300 francs d'amende.

Le commandant de la subdivision, un mois de prison et 100 francs d'amende.

Les commandants de cercle ou d'annexe, 15 jours de prison et 50 francs d'amende.

Le commandant supérieur ou chef d'annexe peut déléguer aux officiers de son bureau arabe et aux chefs de postes avancés le droit de prononcer des punitions dans la limite de 8 jours de prison et 30 francs d'amende.

Ces délégations sont toutefois réservées pour le cas où ces officiers sont envoyés en mission, hors du chef-lieu du cercle ou de l'annexe.

Art. 27. — A quelque degré de la hiérarchie qu'ils appartiennent, les chefs indigènes ne pourront infliger la peine de l'emprisonnement.

Quand ils auront à procéder de leur propre initiative à une arrestation, en cas de flagrant délit ou pour des causes intéressant immédiatement l'ordre public, ils devront en rendre compte sans délai, à l'autorité française dont ils relèvent et lui faire immédiatement conduire les prévenus.

Les chefs indigènes, relevant directement de l'autorité française, pourront frapper des amendes jusqu'à concurrence de 20 francs, pour les contraventions de police et les manquements de minime importance.

Les amendes infligées par les chefs indigènes ne sont perçues qu'après visa approbatif de l'autorité française dont ils relèvent.

Art. 28. — En cas de troubles ou d'insurrection, les attributions des Commissions disciplinaires peuvent être exercées dans leur entier par les commandants de subdivision, de cercle ou d'annexe, après décision du Général commandant la division qui rend compte au Gouverneur général, avec pièces à l'appui.

Art. 29. — Toutes les dispositions contraires au présent arrêté sont abrogées.

Gal CHANZY.

Commission mixte des travaux publics. — V. SERVITUDES MILITAIRES.

Commissions municipales. — V. COMMUNES, SECT. 2 ET 3.

Commissions rogatoires.

8 février 1873. — CIRCULAIRE *de M. le Procureur général d'Alger aux Procureurs de la République près les tribunaux de son ressort.*

M. le Procureur de la République, M. le Ministre des affaires étrangères a fait connaître à M. le Garde des sceaux qu'en vertu d'une loi votée au mois de mai dernier, le Gouverneur de Malte peut dorénavant donner suite aux commissions rogatoires qui lui sont adressées au nom des autorités étrangères compétentes, en faisant procéder par un magistrat de police judiciaire à l'interrogatoire des témoins.

Je m'empresse de vous en donner avis, pour que vous puissiez utiliser, le cas échéant, ce mode de procéder.

Le Procureur général : ROUCHIER.

Communes.

Au point de vue municipal, le territoire de l'Algérie, au moins en ce qui concerne la région du Tell, se divise actuellement en communes qui prennent selon les cas la dénomination de *communes de plein exercice*, de *communes mixtes* et de *communes indigènes*.

Les communes de la première catégorie sont celles qui jouissent dans toute leur plénitude des droits que le législateur confère aux communes de la métropole et qui ne diffèrent de celles-ci, quant à leur organisation, que par la composition des conseils municipaux.

Les communes mixtes sont celles sur les « territoires desquelles, pour emprun-
« ter les expressions mêmes du rapport
« du maréchal Niel (V. *Ménerville*. t. 3,
« p. 93), la population européenne n'est
« pas assez agglomérée, assez compacte,
« assez dense, pour former une commu-
« ne de plein exercice, mais cependant
« assez nombreuse pour qu'il y ait lieu
« de l'admettre à prendre une part à la
« gestion des intérêts communs et de la
« préparer, ainsi que les indigènes qui
« vivent à côté d'elle, à notre organisa-
« tion communale. »

Les communes de la troisième catégorie sont celles qui, ainsi que leur nom l'indique suffisamment, sont peuplées presque exclusivement d'indigènes, Arabes et Kabyles, et qui ne pourront être appelées que dans un avenir plus ou moins lointain à l'exercice complet de la vie municipale, après avoir passé par ce second degré d'initiation de la commune mixte, lorsque leurs intérêts et leurs ressources auront acquis le développement nécessaire.

En résumé, communes de plein exercice, communes mixtes, communes indigènes, telles sont aujourd'hui les trois institutions communales qui fonctionnent en Algérie.

On le voit, pendant les six dernières années, le régime municipal algérien a subi une nouvelle modification qu'il importe de signaler parce que, insignifiante en apparence, elle constitue en définitive à nos yeux un progrès réel.

C'est ainsi que la commune mixte, créée par le décret du 20 mai 1868, pour le territoire militaire seulement, est venue prendre en territoire civil la place des circonscriptions cantonales instituées sous le gouvernement de M. l'amiral de Gueydon, et que la commune indigène organisée par un arrêté du même gouverneur général, en date du 24 novembre 1871, a été partout ensuite en territoire de commandement substituée aux communes subdivisionnaires, dont les limites étaient trop étendues pour qu'on pût utilement les soumettre à une organisation municipale quelconque.

DIVISION

SECTION 1re. — *Communes de plein exercice*.
§ 1. — Organisation des communes de plein exercice. — Composition des Conseils municipaux :
  1° Dans le département d'Alger ;
  2° Dans le département de Constantine ;
  3° Dans le département d'Oran.
§ 2. — Dispositions spéciales à diverses communes de plein exercice de l'Algérie. — Délimitation de quelques communes.

SECTION 2e. — *Communes mixtes*.
§ 1. — Dispositions générales.
§ 2. — Organisation des communes mixtes. — Composition des Commissions municipales :
  1° Dans le département d'Alger ;
  2° Dans le département de Constantine ;
  3° Dans le département d'Oran.

SECTION 3e. — *Communes indigènes*.
§ 1. — Suppression des communes subdivisionnaires et création des communes indigènes.
§ 2. — Organisation de la Kabylie en communes indigènes.
§ 3. — Formation du cercle spécial et de la commune indigène de Fort-National et de Mékla.

SECTION 1re. — *Communes de plein exercice*.

§ 1er.

Organisation des communes de plein exercice. — Composition de Conseils municipaux.

1° DÉPARTEMENT D'ALGER.
Commune d'Aïn-Taya.

13 septembre 1875. — *Décret*.

Art. 1er. — Il est créé dans la commune d'Aïn-Taya une section municipale qui prendra le nom de Section du Cap, et sera délimitée conformément au plan annexé au présent décret.

Art. 2. — Le nombre des adjoints au maire de la commune d'Aïn-Taya est porté à deux, dont un pour la section chef-lieu et un pour la section du Cap (1).

Mal DE MAC-MAHON.

---

(1) Les textes législatifs visés dans les motifs ou considérants sur lesquels se basent les auteurs des divers décrets et arrêtés que nous publions, V° *Communes*, sect. 1re, sont ceux : 1° de la loi du 18 juillet 1837 (art. 1, 2 et 3) sur l'administration municipale de la métropole ; 2° de l'ordonnance royale du 28 septembre 1847; 3° des décrets du 27 octobre 1858, du 10 décembre 1860, du 27 décembre 1866, des 18 août et 19 décembre 1868 et 29 mars 1871, relatifs soit à l'administration générale, soit à l'organisation municipale, soit aux affaires arabes, en Algérie. Nous n'avons pas cru nécessaire de reproduire, en tête de chaque décret ou arrêté, l'indication des textes visés qu'on trouvera dans le *Dictionnaire* de M. de Ménerville.

Commune d'Aïn-Sultan.
3 août 1876. — Décret.

Art. 1ᵉʳ. — Le douar Oued-Deurdeur, délimité conformément au plan ci-annexé, est rattaché définitivement à la commune de plein exercice d'Aïn-Sultan, dont il formera une section administrée, sous l'autorité du Maire, par un adjoint indigène.

Mᵃˡ DE MAC-MAHON.

Commune d'Affreville.
3 août 1876. — Décret.

Art. 1ᵉʳ. — Le douar Sbahia, délimité conformément au plan ci-annexé, est rattaché définitivement à la commune de plein exercice d'Affreville dont il formera une section administrée, sous l'autorité du Maire, par un Adjoint indigène.

Mᵃˡ DE MAC-MAHON.

Commune de l'Arba.
5 novembre 1875. — Décret.

Art. 1ᵉʳ. — Le douar de Sidi Naceur est définitivement rattaché à la commune de plein exercice de l'Arba dont il formera, conformément au plan ci-annexé, une section administrée, sous l'autorité du Maire, par un adjoint spécial.

Mᵃˡ DE MAC-MAHON.

10 février 1874. — Arrêté.

Art. 1ᵉʳ. — Les trois douars communes de Sidi-Namouda, Sidi-Naceur et Arbatach, de la circonscription cantonale de l'Arba, sont provisoirement rattachés à des communes de plein exercice, savoir :

Le douar de Sidi-Namouda, à la commune de Rovigo ;

Le douar de Sidi-Naceur, à la commune de l'Arba ;

Le douar d'Arbatach, à la commune du Fondouck.

Art. 2. — Sans préjuger la délimitation entre les communes de plein exercice à intervenir par décret, après les enquêtes légales, et en attendant qu'un acte du pouvoir exécutif vienne rendre définitive la précédente disposition, le Maire de chaque commune est chargé de l'administration du douar, qui y est rattaché, avec l'aide du président de la djemâa, qui remplira les fonctions d'adjoint indigène (1).

Gᵃˡ CHANZY.

Communes de Baba-Hassen et de Crescia.
10 mai 1875. — Décret.

Art. 1ᵉʳ. — Les sections de Baba-Hassen et de Crescia sont distraites de la commune de Douéra et érigées chacune en commune de plein exercice.

Art. 2. — Les nouvelles communes de Baba-Hassen et de Crescia conserveront les limites des anciennes sections du même nom, conformément aux indications des plans ci-annexés.

Art. 3. — Il y aura un adjoint au maire, au chef-lieu de chaque commune.

Mᵃˡ DE MAC-MAHON.

5 juillet 1875. — Arrêté.

Art. 1ᵉʳ. — Le conseil municipal de Baba-Hassen est composé de neuf membres, savoir : sept français et deux étrangers.

Le conseil municipal de Crescia est composé de neuf membres, savoir : sept français et deux musulmans.

Gᵃˡ CHANZY.

Commune de Beni-Mered.
8 novembre 1873. — Décret.

Art. 1ᵉʳ. — La section de Beni-Mered est distraite de la commune de Blida et érigée en commune de plein exercice.

Art. 2. — La commune de Beni-Mered conservera les limites de l'ancienne section du même nom, conformément au plan ci-annexé.

Art. 3. — Il y aura un adjoint au chef-lieu de la commune.

Art. 4. — Il ne sera pourvu à l'établissement du budget spécial de cette commune qu'à partir du 1ᵉʳ janvier 1874. Jusqu'à cette époque, les dépenses continueront à être imputées au budget de la commune de Blida.

Art. 5. — Des arrêtés du Préfet du département d'Alger fixeront les détails d'exécution du présent décret, en ce qui concerne les élections municipales, l'établissement des budgets, ainsi que le partage à faire, entre les deux communes intéressées, des bonis ou des créances à payer.

Mᵃˡ DE MAC-MAHON.

Communes de Birkadem et de Souma.
24 octobre 1874. — Arrêté.

Art. 1ᵉʳ. — Les conseils municipaux de Birkadem et de Souma sont composés chacun de douze membres, dont neuf français, deux indigènes musulmans et un étranger.

Le Gouverneur général, absent,
Le Directeur général : DE TOUSTAIN.

Commune de Birtouta.
19 août 1875. — Arrêté.

Art. 1ᵉʳ. — Le conseil municipal de Birtouta est composé de neuf membres, dont sept français et deux indigènes musulmans.

Le Gouverneur général, absent,
Le Directeur général : DE TOUSTAIN.

---

(1) Cette disposition se retrouve dans la plupart des arrêtés rattachant des douars-communes à des communes de plein exercice. C'est pourquoi nous ne croyons pas nécessaire de la reproduire dans les arrêtés de cette nature que nous publions à la suite de l'arrêté ci-dessus.

Commune de Bir-Rabalou.
28 novembre 1874. — *Décret*.

Art. 1er. — Le village de Bir-Rabalou est distrait de la commune d'Aumale et érigé en commune de plein exercice, conformément au plan annexé au présent décret. La nouvelle commune sera administrée par un maire et deux adjoints résidant, l'un au chef-lieu et l'autre au village des Trembles.
M^{al} DE MAC-MAHON.

24 décembre 1874. — *Arrêté*.

Art. 1er. — Le conseil municipal de Bir-Rabalou est composé de neuf membres, dont sept français et deux indigènes musulmans. Gal CHANZY.

Communes de Blad-Guitoun et du Col des Beni-Aïcha (1).
30 novembre 1874. — *Décret*.

Art. 1er. — Les centres du Col des Beni-Aïcha et de Blad-Guitoun sont détachés de la commune de l'Alma et érigés en communes de plein exercice, sous les noms de Beni-Aïcha et de Blad-Guitoun.
La commune de Beni-Aïcha comprend :
1° Une section chef-lieu se composant du village et du territoire dits jusqu'à présent : Col des Beni-Aïcha ;
2° La section annexe de Souk-El-Haad, se composant du village et du territoire de ce nom ;
3° La section annexe de Bellefontaine, se composant du village et du territoire en dépendant, lequel s'étendra jusqu'à la rive droite de l'Oued-Corso.
La commune de Blad-Guitoun comprend :
1° Le village et le territoire de ce nom formant section chef-lieu ;
2° Le village et le territoire de Zaatra, formant section annexe.
Ces deux communes et celle de l'Alma, ainsi que les diverses sections dont elles se composent, sont délimitées conformément aux indications des plans ci-annexés.
Art. 3. — Il y aura un adjoint au maire pour chacune des communes et sections sus-mentionnées.
M^{al} DE MAC-MAHON.

26 décembre 1874. — *Arrêté*.

Art. 1er. — Le Conseil municipal de Blad-Guitoun est composé de neuf membres, dont sept français et deux indigènes musulmans.
Art. 2. — Le Conseil municipal de Beni-Aïcha est composé de douze membres, dont neuf français et trois indigènes musulmans. Gal CHANZY.

6 août 1875. — *Décret*.

Art. 1er. — La commune de plein exercice de Blad-Guitoun, d'une superficie totale de 12,529 hectares, est délimitée conformément au plan ci-annexé, et divisée en cinq sections, savoir :
La 1re section comprendra le village et le territoire de Blad-Guitoun ;
La 2e section comprendra le village et le territoire de Zaâtra ;
La 3e section comprendra le village et le territoire de Zamouri ;
La 4e section comprendra le douar Isser-El-Ouïdan ;
La 5e section comprendra le village d'Isserbourg et les fermes d'El-Ouïdan.
Art 2. — Il y aura un Adjoint au Maire pour chacune des sections susmentionnées.
Art. 3. — Par suite de l'augmentation ainsi donnée au territoire de la commune de plein exercice de Blad-Guitoun, les deux arrondissements d'Alger et de Tizi-Ouzou, ont pour limite l'Oued-Isser, depuis son embouchure jusqu'à sa rencontre avec la commune mixte de Palestro, conformément au plan ci-annexé.
M^{al} DE MAC-MAHON.

13 novembre 1875. — *Arrêté*.

Art. 1er. — Le Conseil municipal de Blad-Guitoun est composé de douze membres, dont neuf conseillers français et trois conseillers indigènes musulmans.
Gal CHANZY.

Commune de Blida.
10 février 1874. — *Arrêté*.

Art. 1er. — Les douars-communes de Ferrouka, Ghellaïe et Hammam-Melouan, de la circonscription cantonale de Blida, sont provisoirement rattachés à des communes de plein exercice, savoir :
Les douars de Ferrouka et de Ghellaïe à la commune de Blida.
Le douar d'Hammam Melouan à la commune de Boufarik (annexe de Bouïnan). Gal CHANZY.

26 juin 1874. — *Arrêté*.

Art. 1er. — Le Conseil municipal de Blida est composé de 18 membres, savoir :
12 Français, 4 indigènes musulmans et 2 étrangers. Gal CHANZY.

3 décembre 1875. — *Décret*.

Art. 1er. — Les douars Sidi el-Kebir et Sidi el-Fodhil sont définitivement rattachés à la commune de plein exercice de Blida, dont ils formeront chacun une section, conformément au plan ci-annexé.
M^{al} DE MAC-MAHON.

---

(1) **Par** décret en date du 2 janvier 1877, rendu sur la proposition de M. le Gouverneur général Chanzy, **M. le Président de la République a donné le nom de** *Ménerville* à la commune du Col des Beni-Aïcha.

21 septembre 1876. — *Décret.*

Art. 1ᵉʳ. — Sont rattachés, conformément aux deux plans ci-annexés :
1° A la commune de Blida, le douar Ghellaïe ;
2° A la commune de Souma, le douar Ferouka.

Art. 2. — Il sera formé, dans chacune de ces deux communes, une section composée du territoire annexé et administrée, sous l'autorité du Maire, par un adjoint indigène. Mᵃˡ DE MAC-MAHON.

Communes de Boghar et de Boghari.

1ᵉʳ octobre 1875. — *Décret.*

Art. 1ᵉʳ. — Sont rattachés : 1° à la commune de Boghari la partie du douar des Ouled Hamza, située sur la rive droite du Chéliff ;
2° A la commune de Boghar la partie située sur la rive gauche.
Le tout conformément au plan ci-annexé.

Art. 2. — Chacune de ces parties de douar forme, dans la commune à laquelle elle est rattachée, une section administrée sous l'autorité du maire par un adjoint. Mᵃˡ DE MAC-MAHON.

Commune de Bordj-Menaïel.

6 août 1875. — *Décret.*

Art. 1ᵉʳ. — La commune de plein exercice de Bordj-Menaïel, d'une superficie totale de 12,885 hectares, est délimitée conformément au plan ci-annexé et divisée en trois sections, savoir :
La première section comprendra le territoire actuel de la commune et les agrandissements nord et sud ;
La deuxième section comprendra le territoire d'Isserville ;
La troisième section comprendra le douar de Beni-Mekla.

Art. 2. — Il y aura un adjoint au Maire pour chacune des sections sus-mentionnées. Mᵃˡ DE MAC-MAHON.

13 novembre 1875. — *Arrêté.*

Art. 1ᵉʳ. — Le Conseil municipal de Bordj-Menaïel est composé de 12 membres dont 9 conseillers français et 3 conseillers musulmans indigènes.
Gᵃˡ CHANZY.

Commune de Boufarik.

20 novembre 1875. — *Décret.*

Art. 1ᵉʳ. — Sont rattachées :
1° A la section de Boufarik (section de Bouinan), la partie du douar Hammam-Melouan, située sur la rive gauche de l'Harrach ;
2° A la commune de Rovigo, la partie de ce douar située sur la rive droite de la même rivière.
Mᵃˡ DE MAC-MAHON.

Commune de Bourkika.

25 mars 1874. — *Décret.*

Art. 1ᵉʳ. — La section de Bourkika, telle qu'elle est délimitée sur le plan ci-annexé, est distraite de la commune de Marengo et érigée en commune de plein exercice qui sera administrée par un maire et un adjoint.
Mᵃˡ DE MAC-MAHON.

11 avril 1874. — *Arrêté.*

Art. 1ᵉʳ. — Le conseil municipal de la commune de Bourkika est composé de neuf membres, dont sept français et deux indigènes musulmans.
Pour le Gouverneur général en tournée,
Le Directeur général : DE TOUSTAIN.

Commune de Dra-el-Mizan.

21 mai 1875. — *Arrêté.*

Art 1ᵉʳ. — La commune de plein exercice de Dra-el-Mizan est délimitée conformément au plan ci-annexé et partagée en deux sections : celle du chef-lieu et celle de Bou-Phaïma.

Art. 2. — Elle est administrée par un Maire, assisté de deux adjoints, dont l'un pour la section chef-lieu et l'autre pour celle de Bou-Phaïma et par un Conseil municipal composé de neuf membres, dont sept français et deux indigènes musulmans.
Gᵃˡ CHANZY.

Commune de Duperré.

14 juillet 1874. — *Arrêté.*

Art. 1ᵉʳ. — Les douars-communes ci-après désignés, qui ont été distraits du cercle de Miliana par notre arrêté susvisé du 20 décembre 1873, sont provisoirement rattachés aux communes de plein exercice ci-après désignées, savoir :
Les douars Bou-Zéhar et Arib à la commune de Duperré ;
Le douar Ibahia à la commune d'Affreville ;
Le douar Ouled-Deurdeur à la commune d'Aïn-Sultan. Gᵃˡ CHANZY.

3 août 1876. — *Décret.*

Art. 1ᵉʳ. — Les douars Bou Zehar et Arib, délimités conformément au plan ci-annexé, sont définitivement rattachés à la commune de plein exercice de Duperré dont ils formeront chacune une section administrée, sous l'autorité du Maire, par un adjoint indigène.
Mᵃˡ DE MAC-MAHON.

Commune d'El-Achour.

21 novembre 1876. — *Décret.*

Art. 1ᵉʳ. — La section d'El-Achour, telle qu'elle est délimitée sur le plan ci-annexé, est distraite de la commune de Dély-Brahim et érigée en commune de plein exercice. Mᵃˡ DE MAC-MAHON.

Communes d'El-Affroun, Bou-Roumi, Sourk-el-Mitou, Sidi-Lhassen, Tessala et des Trembles.

25 mars 1874. — Décret.

Art. 1er. — Les sections d'El-Affroun et Bou-Roumi, dépendant de la commune de Mouzaïaville ;

La section de Sourk-el-Mitou, dépendant de la commune d'Aïn-Tédelès ;

Les sections de Sidi-Lhassen, du Tessala et des Trembles, dépendant de la commune de Sidi-bel-Abbès, telles qu'elles sont délimitées sur les cinq plans ci-annexés, sont érigées en communes de plein exercice (1).   M^{al} DE MAC-MAHON.

1er mai 1874. — Arrêté.

Art. 1er. — Le Conseil municipal de la commune d'El-Affroun et de Bou-Roumi est composé de neuf membres, dont sept français, un indigène et un étranger.
Gal CHANZY.

Commune de Guyotville.

28 novembre 1874. — Décret.

Art. 1er. — La section de Guyotville est distraite de la commune de Chéragas et érigée en commune de plein exercice, conformément aux indications du plan ci-annexé.

La nouvelle commune sera administrée par un maire et un adjoint.
M^{al} DE MAC-MAHON.

22 décembre 1874. — Arrêté.

Art. 1er. — Le conseil municipal de Guyotville est composé de neuf membres, savoir :

Sept français et deux étrangers.
Gal CHANZY.

Commune de Marengo.

10 février 1874. — Arrêté.

Art. 1er. — Les quatre douars-communes de l'Oued-Djer, Sahel, Beni-Merit, El-Hammam, de la circonscription cantonale de Marengo, sont rattachés provisoirement à des communes de plein exercice, savoir :

Le douar de l'Oued-Djer à la commune d'Ameur-El-Ain ;

Le douar du Sahel à la commune de Marengo ;

Le douar de Beni-Merit à la commune de Marengo ;

Le douar d'El-Hamman à la commune de Vesoul-Benian (annexe de Bourkika).
Gal CHANZY.

24 décembre 1874. — Arrêté.

Art. 1er. — Le Conseil municipal de Marengo est composé de douze membres, dont neuf français, deux indigènes musulmans et un étranger.   Gal CHANZY.

---

(1) Les communes d'Aïn-Tédelès et de Sidi-bel-Abbès font partie du département d'Oran.

Commune de Médéa.

30 octobre 1875. — Décret.

Art. 1er. — Le douar Timesguida est rattaché définitivement à la commune de plein exercice de Médéa dont il formera une section, conformément au plan ci-annexé.   M^{al} DE MAC-MAHON.

Commune de Rovigo.

20 novembre 1875. — Décret.

Art. 1er. — Le douar de Sidi-Hamouda est définitivement rattaché à la commune de plein exercice de Rovigo, dont il formera, conformément au plan ci-annexé, une section administrée, sous l'autorité du Maire, par un adjoint spécial.
M^{al} DE MAC-MAHON.

Commune de Saint-Pierre Saint-Paul.

31 décembre 1873. — Arrêté.

Art. 1er. — Le douar commune de *Bou-Zegza* est distrait de la circonscription du Col des Beni-Aïcha et provisoirement rattaché à la commune de Saint-Pierre-Saint-Paul.   Gal CHANZY.

Communes de Ténès et de Montenotte.

17 octobre 1874. — Décret.

Art. 1er. — Les communes de Ténès et de Montenotte sont distraites de l'arrondissement administratif d'Alger et rattachées à celui de Miliana.
M^{al} DE MAC-MAHON.

Commune de Téniet-el-Hâad.

13 avril 1876. — Décret.

Art. 1er. — Le douar de Beni-Meharez est rattaché définitivement à la commune de plein exercice de Téniet-el-Hâad, dont il formera une section administrée, sous l'autorité du maire, par un adjoint.
M^{al} DE MAC-MAHON.

Commune de Tizi-Ouzou.

3 juin 1875. — Arrêté.

Art. 1er. — La commune de plein exercice de Tizi-Ouzou est limitée conformément au plan ci-annexé et divisée en deux sections : celle du chef-lieu et celle de Bou-Khalfa, d'une superficie totale de 4,639 hectares, 32 ares, 40 centiares.

Art. 2. — Elle sera administrée par un maire, assisté de deux adjoints, dont l'un pour la section chef-lieu, l'autre pour celle de Bou-Khalfa, et par un conseil municipal, composé de neuf membres, dont sept français et deux indigènes musulmans.   Gal CHANZY.

4 juillet 1876. — Arrêté.

Art. 1er. — Le douar Belloua, compris entre le Sebaou et la limite septentrionale de la commune de plein exercice de Tizi-Ouzou, est distrait de la commune mixte de ce nom, pour être rattaché à la dite commune de pleia exercice, dont il formera une section qui sera administrée, sous l'autorité du maire, par un adjoint indigène. G⁰ˡ CHANZY.

2ᵉ DÉPARTEMENT DE CONSTANTINE.

Commune d'Aïn-Smara.

23 octobre 1874. — *Arrêté.*

Art. 1ᵉʳ. — Le conseil municipal d'Aïn-Smara est composé de neuf membres, dont six français et trois indigènes musulmans. G⁰ˡ CHANZY.

Commune de Bizot.

14 octobre 1874. — *Arrêté.*

Art. 1ᵉʳ. — Le douar des *Ouled-Braham* est provisoirement rattaché à la commune de plein exercice de *Bizot*.
Le Gouverneur général absent,
Le Directeur général : DE TOUSTAIN.

Commune de Condé-Smendou.

14 octobre 1874. — *Arrêté.*

Art. 1ᵉʳ. — Les douars de l'*Oued-Sbikha* et de *Sferdjela* sont provisoirement rattachés à la commune de *Condé-Smendou*.
Le Gouverneur général absent,
Le Directeur général : DE TOUSTAIN.

Communes de Clauzel et de l'Oued-Seguin.

18 mars 1874. — *Décret.*

Art. 1ᵉʳ. — La section de Clauzel, dépendant de la commune de Guelma, et la section de l'Oued-Seguin, dépendant de la commune d'Aïn-Smara, telles qu'elles sont délimitées sur les deux plans ci-annexés, sont érigées en communes de plein exercice
Mᵃˡ DE MAC-MAHON.

13 avril 1874. — *Arrêté.*

Art. 1ᵉʳ. — Les conseils municipaux des communes de Clauzel et de l'Oued-Seguin sont composés chacun de neuf membres, dont six français et trois indigènes musulmans.
Pour le Gouverneur général, en tournée,
Le Directeur général : DE TOUSTAIN.

Commune de Djidjelli.

17 octobre 1874. — *Décret.*

Art. 1ᵉʳ. — Le douar-commune des Beni-Caïd, délimité au plan ci-annexé, est détaché de la circonscription cantonale de Djidjelli et rattaché à la commune de plein exercice de Djidjelli, dont il formera une section administrée, sous l'autorité du maire, par un adjoint spécial.
Mᵃˡ DE MAC-MAHON.

Commune d'El-Arrouch.

14 octobre 1874. — *Arrêté.*

Art. 1ᵉʳ. — Le douar de Ref-Ref est provisoirement rattaché à la commune de plein exercice d'El-Arrouch.
Le Gouverneur général, absent,
Le Directeur général : DE TOUSTAIN.

Commune d'El-Kantour.

14 octobre 1874. — *Arrêté.*

Art. 1ᵉʳ. — Le douar d'Oum-el-Chouk est provisoirement rattaché à la commune de plein exercice d'El-Kantour.
Le Gouverneur général absent,
Le Directeur général : DE TOUSTAIN.

Commune d'Enchir-Saïd.

12 novembre 1874. — *Arrêté.*

Art. 1ᵉʳ. — Le Conseil municipal d'Enchir-Saïd est composé de neuf membres, dont six français et trois indigènes musulmans. G⁰ˡ CHANZY.

Commune de Gastonville.

14 octobre 1874. — *Arrêté.*

Art. 1ᵉʳ. — Le douar de l'Oued-Ksob est provisoirement rattaché à la commune de plein exercice de Gastonville.
Le Gouverneur général absent,
Le Directeur général : DE TOUSTAIN.

Commune de Guelaa-bou-Sba.

5 juillet 1875. — *Décret.*

Art. 1ᵉʳ. — La section de Guelaa-bou-Sba, dépendant de la commune d'Héliopolis (département de Constantine), telle qu'elle est délimitée sur le plan ci-annexé, est érigée en commune de plein exercice, administrée par un maire et un adjoint.
Mᵃˡ DE MAC-MAHON.

31 juillet 1875. — *Arrêté.*

Art. 1ᵉʳ. — Le conseil municipal de Guelaa-bou-Sba est composé de neuf membres, dont six français, un étranger et deux indigènes musulmans.
G⁰ˡ CHANZY.

Commune de Guettar el-Aïch.

3 décembre 1877. — *Arrêté.*

Art. 1ᵉʳ. — Le territoire de Guettar el-Aïch (département et arrondissement de Constantine), est distrait de la commune du Kroub. Il formera, à l'avenir, une commune distincte dont le chef-lieu est fixé à Guettar el-Aïch et qui en portera le nom.
La limite entre les communes du Kroub et de Guettar el-Aïch est déterminée par la ligne orange indiquée sur le plan annexé à ce décret.
Art. 2. — Le nombre des adjoints est fixé à un.
Mᵃˡ DE MAC-MAHON.

Par arrêté du 21 décembre 1877, du Gouverneur général, le conseil municipal de Guettar el-Aïch est composé de neuf membres, dont sept français et deux indigènes musulmans.

Commune de l'Oued-Atménia.
7 novembre 1876. — *Décret.*

Art. 1er. — Le douar des Dambers est distrait de la commune mixte de Châteaudun et rattaché définitivement à la commune de plein exercice de l'Oued-Atménia dont il formera une section.

Mal DE MAC-MAHON.

Commune de Petit.

Par décret, en date du 15 mars 1877, la section de Petit a été distraite de la commune de Millésimo, pour former une commune distincte.

16 avril 1877. — *Arrêté.*

Art. 1er. — Le conseil municipal de Petit est composé de six conseillers français et de trois conseillers musulmans.

Gal CHANZY.

Commune de Philippeville.
31 octobre 1874. — *Arrêté.*

Art. 1er. — Le douar d'Arb-Filfila est provisoirement rattaché à la commune de plein exercice de Philippeville.

Gal CHANZY.

Commune de Robertville.
14 octobre 1874. — *Arrêté.*

Art. 1er. — Les douars d'Arb-Estahia et de Bou-Naïm-Sfifsa sont provisoirement rattachés à la commune de plein exercice de Robertville.

Le Gouverneur général absent,
Le Directeur général: DE TOUSTAIN.

20 novembre 1874. — *Arrêté.*

Art. 1er. — Le Conseil municipal de Robertville est composé de douze membres, dont huit français et quatre indigènes musulmans.

Le Gouverneur général absent,
Le Directeur général: DE TOUSTAIN.

Commune de Rouffach.

Par décret du 7 mai 1874, le territoire de l'ancienne section d'Aïn-Kerma, dépendant de la commune du Hamma (département de Constantine), a été érigé en commune de plein exercice, sous le nom de commune de Rouffach, avec une annexe qui conservera le nom d'Aïn-Kerma.

Cette commune sera administrée par un maire et deux adjoints, l'un pour le chef-lieu, l'autre pour l'annexe.

Par arrêté du Gouverneur général civil de l'Algérie, commandant en chef des forces de terre et de mer, en date du 3 juin 1874, la composition du Conseil municipal de la commune de Rouffach a été fixée à 12 membres, dont 8 français et 4 indigènes musulmans.

Commune de Saint-Arnaud.
1er décembre 1874. — *Arrêté.*

Art. 1er. — Le douar de Guelt-Zerga est provisoirement rattaché à la commune de plein exercice de Saint-Arnaud, conformément au plan ci-annexé.

Gal CHANZY.

21 novembre 1876. — *Décret.*

Art. 1er. — Le douar de Guelt-Zerga est rattaché définitivement à la commune de Saint-Arnaud (département de Constantine), dont il formera une section.

Mal DE MAC-MAHON.

Commune de Saint-Charles.
31 octobre 1876. — *Arrêté.*

Art. 1er. — Le douar d'Aïn-Ghorab est provisoirement rattaché à la commune de plein exercice de Saint-Charles.

Gal CHANZY.

Rattachement définitif de divers douars aux communes de Bizot, Condé-Smendou, El-Arrouch, El-Kantour, Gastonville et Robertville.

3 novembre 1874. — *Décret.*

Art. 1er. — Les douars dont les noms suivent, sont définitivement rattachés aux communes de plein exercice désignées ci-dessous, dont ils formeront chacun une section, conformément aux plans annexés au présent décret.

Département de Constantine :

Communes	Douars
Bizot	Ouled Braham.
Condé Smendou	Oued Khikha. Sferdjela.
El-Arrouch	Refref.
El-Kantour	Oum el-Chouk.
Gastonville	Oued el-Ksob.
Robertville	Arb Estahia. Bou Naïm Sfifsa.

Mal DE MAC-MAHON.

3° DÉPARTEMENT D'ORAN (1).

Communes d'Hennaya et de la Sénia.

Par décret du 26 janvier 1874, les sections communales de la Sénia et d'Hennaya ont été érigées en communes de plein exercice.

Par arrêté du Gouverneur général de l'Algérie, en date du 25 mars 1874, le Conseil municipal de la Sénia est composé de six membres français et de trois membres étrangers.

Le Conseil municipal d'Hennaya est composé de six membres français, de deux membres indigènes musulmans et d'un membre étranger.

---

(1) V. ci-dessus, p. 138, 1re colonne, un décret du 25 mars 1874 qui a érigé en communes de plein exercice, dans le département d'Oran, les sections de Souk-el-Mitou, Sidi-Lhassen, du Thessala et des Trembles.

14 avril 1874. — *Arrêté.*

Art. 1er. — La tribu des Ouled Alaa, de l'ancien aghalik des Gossel, faisant actuellement partie du cercle de Tlemcen, est rattachée à la commune de plein exercice de Hennaya, de l'arrondissement de Tlemcen.

La délimitation de cette tribu est arrêtée provisoirement, conformément aux travaux d'application des deux premières opérations du sénatus-consulte du 22 avril 1863, qui y ont été exécutés, mais n'ont pas été l'objet d'un décret, et d'après lesquels elle devait constituer le douar-commune dit des Ouled-Alaa.

Gal CHANZY.

Commune de Mascara.
12 novembre 1874. — *Arrêté.*

Art. 1er. — Le Conseil municipal de Mascara est composé de douze membres, dont neuf français, deux indigènes musulmans et un étranger.

Gal CHANZY.

Commune de Misserghin.
30 septembre 1875. — *Arrêté.*

Art. 1er. — Le grand Lac-Salé ou *Sebka* est rattaché, provisoirement, à la commune de plein exercice de Misserghin.

Le Gouverneur général absent,
Le directeur général : DE TOUSTAIN.

Commune de Lourmel.
17 janvier 1876. — *Décret.*

Art. 1er. — Le centre de population d'Er'Rahel est érigé en section de la commune de Lourmel, conformément au plan annexé au présent décret.

Art. 2. — Cette section sera administrée, sous l'autorité du maire de la commune, par un adjoint spécial.

M^{al} DE MAC-MAHON.

Communes de Saint-Louis, Sainte-Barbe-du-Tlélat, Tamzoura et Lourmel.
4 novembre 1874. — *Arrêté.*

Art. 1er. — Les conseils municipaux de Saint-Louis et de Sainte-Barbe-du-Tlélat sont composés chacun de neuf membres, dont sept français, un indigène musulman et un étranger.

Art. 2. — Le conseil municipal de la commune de Tamzoura est composé de neuf membres, dont sept français et deux indigènes musulmans.

Art. 3. — Le conseil municipal de la commune de Lourmel est composé de neuf membres, dont sept français et deux étrangers.

Gal CHANZY.

§ 2. — Dispositions spéciales.
Commune d'Alger.
27 mars 1874. — *Loi.*

Art. 1er. — La commune d'Alger est autorisée à emprunter, à un taux d'intérêt qui n'excèdera pas six et demi pour cent, une somme de 620,000 francs.

Cette somme sera appliquée à l'acquittement de ses dettes exigibles, telles qu'elles auront été constatées à l'expiration de l'exercice 1872.

Cet emprunt remboursable en quinze années, à partir du 1er juin 1875, pourra être réalisé soit avec publicité et concurrence, soit par voie de souscription, soit de gré à gré, avec faculté d'émettre des obligations au porteur ou transmissibles par voie d'endossement, soit directement à la caisse des dépôts et consignations, aux conditions de cet établissement.

Les conditions des souscriptions à ouvrir ou des traités à passer seront préalablement soumises à l'approbation du Ministre des Finances.

Art. 2. — Pour assurer le remboursement de l'emprunt ci-dessus mentionné, la commune d'Alger est autorisée à s'imposer extraordinairement d'une somme de 64,406 fr. 98 cent. au moyen d'une taxe portant sur le revenu net de la propriété foncière.

La durée de cette imposition est fixée à quinze années à partir du 1er janvier 1874.

Elle cessera, d'ailleurs, d'être perçue sous cette forme, dès qu'elle pourra être remplacée, comme en France, par des centimes additionnels aux contributions directes. Les rôles seront établis d'après les matrices cadastrales, et le versement s'effectuera comme en matière de contributions directes.

Art. 3. — Il sera ajouté au principal de la dite imposition cinq centimes par franc pour décharges, réductions, remises et modérations, et pour frais de confection des matrices et des rôles.

Art. 4. — Sont abrogées les dispositions des décrets des 17 et 31 janvier 1871.

En conséquence, sont et demeurent annulés les rôles dressés en 1871, 1872 et 1873, en vue du recouvrement de la contribution foncière, telle qu'elle avait été établie par le décret du 18 janvier 1871.

10 avril 1877. — *Décret.*

Vu l'ordonnance du 10 juillet 1816 ;

Vu la délibération en date du 21 février dernier, par laquelle le Conseil municipal d'Alger a adopté le vœu exprimé par le Conseil supérieur de l'Algérie, dans sa séance du 30 novembre 1876, en vue de faire donner le nom de feu M. le premier Président de Ménerville à l'une des rues qui doivent entourer le nouveau palais de justice à Alger ;

Sur la proposition du Ministre de l'Intérieur, d'après les propositions du Gouverneur général civil de l'Algérie,

Art. 1er. — Est approuvée la délibération susvisée du Conseil municipal d'Alger.   M^{al} DE MAC-MAHON.

Commune de Blidah.

19 novembre 1875. — Arrêté du Gouverneur général qui déclare d'utilité publique la formation, sur la rive gauche de l'Oued-El-Kébir, d'un périmètre de protection, destiné à assurer la conservation des sources de la Fontaine-Fraiche, du Château-d'eau et de la conduite d'amenée servant à l'alimentation de la ville de Blidah en eau potable — V. *Bulletin officiel des actes du Gouvernement*, novembre 1875.

Commune de Bouffarik.

13 novembre 1875. — Arrêté du Gouverneur général qui autorise la commune de Bouffarik à aliéner aux enchères par voie d'adjudication publique un terrain de 18 hectares que lui avait concédé un décret du 3 novembre 1869, à la condition que la somme provenant de cette aliénation sera employée aux frais de construction d'une école communale de filles. — V. même *Bulletin*.

Commune d'Oran.

Par décision du 3 mars 1874, M. le Gouverneur général a approuvé diverses modifications au plan général de la ville d'Oran pour la partie comprise dans les hauts quartiers, entre la rue de la Révolution (ex-rue Napoléon), la place d'armes rectifiée, le boulevard Séguin, la rue de Vienne, le village Nègre, etc., conformément au plan d'alignement et de nivellement de cette zône, arrêté à la la même date du 3 mars 1874.

11 juin 1874. — Arrêté du Préfet d'Alger portant délimitation de la commune de St-Pierre et St-Paul.

8 février 1875. — Arrêté du Préfet d'Alger déterminant les limites des communes d'Alger, de St-Eugène, d'El-Biar et de Mustapha.

V. ces arrêtés au *Recueil des actes administratifs* du département d'Alger, années 1874 et 1875.

SECTION 2e. — *Communes mixtes.*

§ 1. — Dispositions générales.

22 juillet 1874. — *Arrêté.*

Vu l'arrêté du 24 novembre 1871,

Art. 1er. — La composition des commissions municipales des communes mixtes en territoire civil sera réglée par l'arrêté de création, en tenant compte des besoins locaux, et, notamment, du nombre des sections à établir.

Art. 2. — Toutes dispositions contraires de l'arrêté sus-visé sont et demeurent rapportées (1).   Gal CHANZY.

24 décembre 1875. — *Arrêté.*

Considérant que la circonscription cantonale a disparu de l'organisation administrative de l'Algérie, pour faire place à la commune mixte, et qu'il importe de donner aux fonctionnaires, chargés d'administrer les communes mixtes, la qualification qui leur appartient.

Art. 1er. — La dénomination de circonscription cantonale est supprimée et sera, désormais, remplacée par celle de commune mixte.

Art. 2. — Le fonctionnaire placé à la tête d'une commune mixte prendra le titre d'administrateur de la commune mixte. Il pourra faire précéder ce titre de la qualité de commissaire civil, s'il exerce, actuellement, ses fonctions administratives en ladite qualité.   Gal CHANZY.

30 décembre 1876. — *Arrêté* (2).

Art. 1er. — Les Administrateurs de communes mixtes sont choisis parmi les

---

(1) V *Suprà* (*Communes*, sect. 1re), la note placée sous le décret du 13 septembre 1875, qui crée la section du Cap dans la commune d'Aïn-Taya. Nous ferons la même observation pour les décrets ou arrêtés relatifs à la création et à l'organisation des *communes mixtes*, en ajoutant, aux textes législatifs mentionnés dans cette note, le décret du 11 septembre 1873 (V° *Adm. génér.*) et des arrêtés G. G. du 20 mai 1868, 24 novembre 1871, 20 décembre 1873, 22 juillet 1874 et 24 décembre 1875 qu'on trouvera soit dans le *Dictionnaire* de Ménerville, soit dans notre *Code algérien*.

(2)   Alger, le 30 décembre 1876.

RAPPORT AU GOUVERNEUR GÉNÉRAL CIVIL

Une des premières institutions administratives de l'Algérie fut celle des Commissariats.

Appropriée à un pays nouveau, dans lequel la division des attributions aurait été difficilement comprise et appliquée, elle formait, pour employer les termes d'un rapport du Ministre de la Guerre « une transition efficace entre le régime militaire et le régime communal. »

Le Commissaire civil était à la fois Administrateur, Maire, Juge et Officier de police judiciaire.

L'arrêté ministériel du 18 décembre 1852 fixa les attributions multiples de ces fonctionnaires. Il se préoccupa également d'assurer leur bon recrutement.

L'art. 5 était ainsi conçu : « Nul ne peut être Commissaire civil et Secrétaire de Commissariat civil s'il n'est âgé de 25 ans révolus et s'il n'est en outre licencié en droit, ou s'il n'a rempli pendant deux années au moins, soit en France, soit en Algérie, des fonctions administratives. »

Depuis cette époque, les institutions administratives de l'Algérie ont subi les transformations que devait nécessairement amener le mouvement progressif de la population européenne et des intérêts civils dans la Colonie.

Deux décrets, en date des 11 octobre 1873 et 10 août 1875, ont retiré aux Commissaires civils leurs attributions judiciaires : ces fonctionnaires ont, dès lors, cessé d'exister.

Mais en même temps le Gouvernement faisait passer en territoire civil un grand nombre de tribus ara-

employés de l'administration civile de l'Algérie, de préférence licenciés en droit, comptant au moins dix ans de service, qui justifient de la connaissance de la langue arabe et qui sont proposés par le Directeur général des affaires civiles et financières ou par les Préfets des départements.

Les adjoints aux administrateurs doivent avoir au moins quatre ans de services et justifier de la connaissance de la langue arabe.

bes et kabyles à l'administration desquelles il devenait nécessaire de pourvoir dans des conditions spéciales.

C'est alors que les Administrateurs ont été créés, d'abord, avec le titre d'Administrateurs de circonscriptions cantonales ; plus tard sous le nom d'Administrateurs de communes mixtes. La législation locale n'ayant point consacré la hiérarchie établie entre eux ni indiqué les conditions qu'ils doivent remplir, j'ai l'honneur de soumettre à votre approbation un projet d'arrêté destiné à combler cette lacune.

Le Directeur général des affaires civiles.
DE TOUSTAIN.

Extrait d'une circulaire de M. le Procureur général d'Alger, en date du 24 septembre 1877.

« .... Toutes ces difficultés seront d'ailleurs facilement aplanies lorsque vous vous rendrez bien compte des devoirs judiciaires des administrateurs des communes mixtes. Ces fonctionnaires sont officiers de police judiciaire. Le décret du 30 avril-8 mai 1872 a conféré cette qualité aux chefs des circonscriptions cantonales. Or, l'arrêté du 24 décembre 1875 en substituant la dénomination de commune mixte à celle de circonscription cantonale n'a pas modifié les attributions des administrateurs dont le nom seul a été changé. M. le Gouverneur général a bien voulu me faire connaître que telle était son interprétation de l'arrêté de 1875 ; il ne saurait donc y avoir sur ce point aucune hésitation. Vous devez dès lors considérer les administrateurs des communes mixtes de votre arrondissement comme officiers de police judiciaire et leur reconnaître les droits que leur confère en cette qualité le Code d'instruction criminelle en leur imposant les devoirs corrélatifs à ces droits.

» Un certain nombre de ces administrateurs remplissent les fonctions de maire. Cette qualité les astreint en certains cas à remplir les fonctions du ministère public près le tribunal de simple police, aux termes de l'art. 144 du Code d'instruction criminelle.

» Néanmoins, ils peuvent se faire remplacer par leur adjoint et il sera à propos, pour ne pas les détourner de leurs fonctions administratives, de ne les requérir pour le service que dans des cas de nécessité absolue.

» Lorsque l'administrateur ou son adjoint remplira les fonctions du ministère public, les gardes-champêtres et les présidents de douars devront lui remettre directement les procès-verbaux des contraventions qu'ils auront constatées afin qu'il en requière lui-même la répression.

Le Procureur général : J. FOURCADE.

Déjà, le 30 août précédent, M. le Gouverneur général avait adressé de Buzancy aux Préfets algériens une circulaire dans le même sens, de laquelle nous croyons utile d'extraire ce qui suit :

« Le décret du 8 mai 1872, art. 1, décide que les chefs de circonscriptions sont officiers de police judiciaire et auxiliaires du Procureur de la République. Mon arrêté du 24 décembre 1875 ne pouvait annuler ces prescriptions qui ont force de loi dans la colonie ; il s'est contenté de changer la dénomination de la circonscription et le titre du fonctionnaire.

« Par conséquent, les administrateurs des communes mixtes sont des officiers de police judiciaire... il leur appartient de poursuivre la répression des contraventions devant les tribunaux de simple police ; c'est à eux que seront remis les procès-verbaux dressés par les agents.

« Comme dans la pratique, l'administrateur ne pourrait pas toujours se rendre aux audiences du juge de paix, vous voudrez bien me faire des propositions, que je communiquerai à M. le Procureur général, pour déléguer spécialement comme ministère public l'adjoint de la commune qui, n'étant pas désigné dans le décret réglementaire, n'a qualité d'officier de police judiciaire qu'en l'absence de son chef.

» En cas de crimes et de délits, c'est le juge de paix qui est chargé d'instruire ; il devra donc être prévenu immédiatement et directement par tous les agents administratifs.

» Je n'ai pas besoin de vous recommander, M. le Préfet, de prêter, ainsi que vos coopérateurs, le concours le plus actif à la justice pour la recherche des coupables. C'est un devoir pour nous, et notre intérêt s'y trouve directement engagé puisque nous sommes responsables de la sécurité publique.

Le Gouverneur général : Gal CHANZY.

ROLE DES PRÉSIDENTS DE DJEMAA

10 novembre 1874. — *Circulaire du Gouverneur général.*

Monsieur le Préfet,

Une circulaire du 9 décembre 1871 avait prescrit que dans les territoires militaires visés par le décret du 24 décembre 1870, les chefs indigènes devaient prévenir directement les autorités judiciaires de tous les crimes et délits commis dans les limites de leur commandement. Cette circulaire toutefois n'étendait pas cette obligation aux présidents de djemâa dans les circonscriptions cantonales alors en création.

Les titres et fonctions des caïds et des cheiks ayant été supprimés aujourd'hui à peu près dans tous les territoires de droit commun et étant remplacés dans les communes mixtes ou indigènes par celui de président de djemâa, les anciens errements se sont continués et partout lesdits présidents de djemâa renseignent seulement les administrateurs dont ils relèvent, et ceux-ci à leur tour préviennent les parquets ou leurs délégués, c'est-à-dire le juge de paix.

Il en résulte que jusqu'ici l'autorité judiciaire en territoire civil est très imparfaitement et surtout très lentement renseignée sur les infractions de toute nature qui y sont commises. Il arrive quotidiennement que le ministère public n'est informé d'un crime ou d'un délit qu'une semaine ou deux après son accomplissement, c'est-à-dire à un moment où les recherches sont devenues inutiles, où les pièces à conviction, les prévenus et parfois même les témoins ont disparu.

En me signalant ces inconvénients, M. le Procureur général estime qu'ils seraient évités, si les présidents de djemâa se conformaient à l'article 29 du Code d'instruction criminelle qui enjoint à *toute autorité constituée,* tout fonctionnaire ou officier public de donner sur le champ avis au Procureur de la République et exécutent cet article 29, en prévenant *directement* et sans délai les juges de paix de toutes les infractions parvenues à leur connaissance.

L'adoption de cette mesure n'enlèvera point à l'autorité administrative le droit d'exiger et de recevoir tous les renseignements susceptibles de l'éclairer sur l'état des esprits et la situation morale des populations.

Les présidents de djemâa sont avant tout des agents de l'administration politique et communale, ce ne sont pas des officiers de police auxiliaires du Procureur de la République ou du juge de paix : les magistrats de l'ordre judiciaire ne sauraient donc prétendre imposer aux présidents de djemâa des constatations, rapports, enquêtes ou déplacements

Art. 2. — Peuvent également être nommés administrateurs ou adjoints aux administrateurs de communes mixtes les officiers ou anciens officiers de l'armée d'Afrique, parlant l'arabe et présentés par les Généraux commandant les divisions.

Art. 3. — Les administrateurs de commune mixte portent l'uniforme attribué aux Commissaires civils par l'arrêté ministériel du 27 avril 1846.

Les adjoints aux administrateurs ont l'uniforme que le même arrêté donne aux secrétaires de commissariats civils.

Art. 4. — Les traitements des administrateurs et adjoints aux administrateurs sont fixés ainsi qu'il suit :

Administrateur de 1re classe.	5.000 fr.
Id. 2e —	4.500
Id. 3e —	4.000
Adjoints aux administrateurs de 1re classe..............	3.000
Adjoints aux administrateurs de 2e classe..............	2.700
Adjoints aux administrateurs de 3e classe..............	2.400

Art. 5. — Les dispositions de l'arrêté du 16 avril 1862, sur l'avancement et la discipline des employés des services départementaux, sont applicables aux administrateurs et aux adjoints aux administrateurs.

Gal CHANZY.

§ 2. — Organisation des communes mixtes. — Composition des commissions municipales.

1° DÉPARTEMENT D'ALGER.

Commune mixte d'Adélia.

14 juillet 1874. — Arrêté.

Art. 1er. — Les deux douars-communes d'Adélia et de Bou-Hallouan, distraits du cercle de Miliana par notre arrêté susvisé du 20 décembre 1873 et délimités au plan ci-annexé, forment sous le nom d'*Adélia* une commune mixte, dont le chef-lieu sera ultérieurement déterminé et qui sera administrée par un maire, sous la direction immédiate du Sous-Préfet de Miliana, avec l'assistance d'une commission municipale, composée de sept membres, dont trois européens et quatre indigènes.

Gal CHANZY.

30 septembre 1875. — Arrêté.

Art. 1er. — Les douars-communes de l'Oued-Sebt et d'El-Hammam sont rattachés à la commune mixte d'Adélia, conformément au plan ci-annexé.

Art. 2. — Ces douars, ainsi que ceux d'Adélia et de Bou-Hallouan, formeront chacun, dans la dite commune mixte, une section administrée, sous l'autorité du maire, par un adjoint indigène qui fera partie de la commission municipale, composée de sept membres, dont trois européens et quatre indigènes.

Art. 3. — La commune mixte d'Adélia sera placée sous l'autorité d'un administrateur, assisté d'un premier adjoint et résidant à Vesoul-Benian.

Le Gouverneur général absent,
Le Directeur général: DE TOUSTAIN.

Commune mixte de Berrouaghia.

1er juin 1875. — Arrêté.

Art. 1er. — Sont constitués en une commune mixte, dont ils formeront chacun une section :

1° La partie du douar Gheraba, non comprise dans le territoire du village des Hasseïn-ben-Ali ;
2° Le douar Ouled-Brahim ;
3° Le douar Ouled-Mellal.

Le tout conformément au plan ci-annexé.

Art. 2. — Le nombre des membres de la commission municipale de cette commune, qui prendra le nom de Berrouaghia, son centre administratif, est fixé ainsi qu'il suit :

Le commissaire civil, Maire ;
Le secrétaire du commissariat civil, premier adjoint ;
Trois membres français ;
Trois membres indigènes musulmans, faisant respectivement fonctions d'adjoints dans chacune des sections.

Le centre de colonisation, Hasseïn-ben-Ali, dont le territoire est prélevé sur celui des Ouzera et sur le douar Gheraba, sera remis par l'autorité militaire à l'autorité civile, le 1er janvier 1876, pour former une section de la dite commune, administrée sous la direction du commissaire civil, Maire, par un adjoint français, qui sera membre de la commission municipale.

Gal CHANZY.

Commune mixte de Ben-Chicao.

14 décembre 1877. — Arrêté.

Art. 1er. — Les douars-communes d'Ouled-Ferguen, d'Ouled-Térif, de Mérachda, de Beni-bou-Yacoub, des Ouzera et de

Zaatit, désignés par une teinte verte au plan ci-annexé, seront distraits, à partir du 1er janvier 1878, de la commune indigène de Médéa (département d'Alger), et réunis à la commune mixte de Berrouaghia, dont ils formeront six sections distinctes.

Art. 2. — La commune mixte portera à l'avenir le nom de Ben-Chicao, et son chef-lieu, fixé actuellement à Berrouaghia, sera transporté dans ce village.

Art. 3. — Les douars ci-dessus désignés seront représentés, au sein de la commission municipale de la commune mixte, par six membres pris en sus du nombre fixé par l'arrêté du 1er juin 1875.

Ces membres seront chargés des fonctions d'adjoint spécial dans leurs sections respectives. Gal CHANZY.

Commune mixte de Bouïra.
22 septembre 1874. — *Arrêté.*

Art. 1er. — Le centre de *Bouïra* est constitué en commune mixte, avec les douars-communes des Ouled-Bellil, de Sidi-Zouika, de Sidi-Khelifa, d'Aïn-Tiziret, qui sont détachés de la commune indigène d'Aumale, et dont chacun formera une section communale, le tout conformément au plan ci-annexé.

Art. 2. — Cette commune mixte relèvera du cercle d'Aumale.

Art. 3. — Le nombre des membres de la commission municipale de la commune mixte de Bouïra est fixé ainsi qu'il suit :

Un maire et un adjoint français ;
Six membres français ;
Quatre membres indigènes, dont chacun représentera un des douars des Ouled-Bellil, de Sidi-Zouika, de Sidi-Khelifa, et d'Aïn-Tiziret.

Le Gouverneur général absent,
Le Directeur général : DE TOUSTAIN.

Commune mixte de Charon.
2 juillet 1877. — *Arrêté.*

Art. 1er. — Le territoire, indiqué par une teinte jaune au plan annexé, est distrait de la commune indigène d'Orléansville (territoire de commandement du département d'Alger), et formera, à l'avenir, une commune mixte distincte dont le chef-lieu est fixé à Charon et qui en portera le nom.

Art. 2. — Cette commune sera divisée en trois sections, savoir :

N° 1, le village de Charon.
N° 2, douar-commune de Taflout (partie).
N° 3, douar-commune de Zeboudj el-Oust.

Art. 3. — La commission municipale sera composée de neuf membres ;

Le maire, Président ;

Un adjoint français, deux adjoints indigènes pour les sections de Taflout et de Zeboudj, trois membres français et deux membres indigènes.

Gal CHANZY.

Communes mixtes de Cherchell et de Ténès (1).
20 avril 1876. — *Arrêté.*

Art. 1er. — Le centre de Gouraya, ainsi que les tribus de Gouraya, des Larhat, des Zatima et des Beni Zioui seront distraits du territoire militaire et remis à l'autorité civile pour former une commune mixte dont le chef-lieu sera Cherchell.

Art. 2. — Les douars Heumis (n° 85), Beni Tamoun (n° 95), Bagdoura (n° 96), Maïn (n° 97), Touira (n° 98), Beni Haoua (n° 107), Sinfita (n° 108), Baâche (n° 136), Talana (n° 138) et Beni Mazoug (n° 138), seront distraits du territoire militaire et remis à l'autorité civile pour former une commune mixte dont le chef-lieu sera Ténès.

Art. 3. — Les modifications territoriales sus-mentionnées s'accompliront le 1er mai prochain.

Celles des populations désignées, qui sont placées sous la juridiction des tribunaux militaires, passeront, à la même époque, sous la juridiction des tribunaux de droit commun.

Art. 4. — Des arrêtés ultérieurs pourvoiront à l'organisation administrative des différentes communes mixtes dénommées au présent arrêté.

Gal CHANZY.

Commune mixte de Dellys.
15 décembre 1875. — *Arrêté.*

Art. 1er. — Sont érigés en commune mixte les douars-communes de Beni Slyem, Beni Ouaguenoun, Makouda, Yaskren et Sidi Naman, délimités conformément au plan annexé.

Art. 2. — Cette commune mixte prendra le nom de Dellys, son centre administratif.

Chacun des douars-communes susmentionnés en forme une section, placée sous la direction d'un adjoint indigène, relevant de l'administration de la commune mixte.

Art. 3. — La commission municipale de la commune mixte de Dellys est présidée par l'administrateur ou par son délégué ; elle est composée des adjoints des sections. Gal CHANZY.

Commune mixte de Dra-el-Mizan.
24 janvier 1876. — *Arrêté.*

Art. 1er. — Il est constitué une commune mixte qui aura pour centre admi-

---
(1) V. ci-dessous COMMUNE MIXTE DE TÉNÈS.

nistratif Dra-el-Mizan et qui prendra le nom de ce centre.

Elle sera divisée, conformément au tableau ci-annexé, en 15 sections, savoir :

N° 1 Territoire de colonisation de Bordj-Boghni ;
2 Id. d'Aïn-Zaouïa ;
3 Douar Nezlioua ;
4 Id. Beni-Maaned ;
5 Id. Archaoua et partie septentrionale du douar Ouled-Aziz ;
6 Id. Frikat ;
7 Id. Beni-S'maïl ;
8 Id. Beni-Koufi ;
9 Id. Beni-Mendès ;
10 Id. Beni-bou-Gherdan ;
11 Id. Beni-bou-Addou ;
12 Id. Cheurfa et Ighil ou Moula ;
13 Id. Mechtras ;
14 Id. M'kira et Abid (forêt de Bou-Mani) ;
15 Id. Flissas-M'zala et Tizi-bou-R'ennif.

Art. 2. — L'administrateur de cette commune sera assisté d'un administrateur adjoint et d'une Commission municipale de 17 membres dont 1 adjoint municipal et 1 membre français pour chacun des centres d'Aïn-Zaouïa et de Bordj-Boghni et 13 membres indigènes musulmans remplissant les fonctions d'adjoint municipal dans leur section respective.

Le Gouverneur général absent,
Le Directeur général: DE TOUSTAIN.

Commune mixte de Gouraya.

27 avril 1876. — *Arrêté*.

Art. 1er. — Sont constitués en commune mixte, dont ils formeront chacun une section, le centre de Gouraya, ainsi que les tribus de Gouraya, des Larhat, des Zatima et des Beni-Zioui, conformément au plan ci-annexé.

Art. 2. — L'Administrateur de cette commune mixte qui prendra le nom de Gouraya, son centre administratif, sera assisté d'un adjoint à l'administrateur et d'une commission municipale de neuf membres, dont cinq français et quatre indigènes musulmans, remplissant les fonctions d'adjoints indigènes dans chacune de leurs tribus respectives.

Gal CHANZY.

27 juin 1877. — *Arrêté*.

Art. 1er. — Les dispositions de l'article 2 de l'arrêté susvisé du 27 avril 1876 sont modifiées ainsi qu'il suit, en ce qui concerne uniquement la composition de la commission municipale de la commune mixte de Gouraya :

« L'administration de cette commune
» mixte sera assistée d'une commission
» municipale composée de onze mem-
» bres dont sept français et quatre indi-
» gènes. »
Gal CHANZY.

Commune mixte des Issers.

28 août 1875. — *Arrêté*.

Art. 1er. — Sont érigés en commune mixte les centres de colonisation d'Azib Zamoun, du Camp du Maréchal, de Bois-Sacré, de Kouanin et du cap Djinet, ainsi que de la partie du territoire de Dra ben Kedda, située sur la rive gauche de l'oued Bouguedoura, et les douars de Bouberac, d'Aïn Mouder, des Ouled Smir, de Raïcha, des Ouled Aïssa, de Sebaou el Kedim, de Kaf Aogab, de Si Ali ben Nab, partie située sur la rive gauche de l'oued Bouguedoura, de Tala Imedran, des Beni Chennacha, de l'oued Chender et de Rouafa, d'une superficie totale de 45,991 hectares environ, délimités conformément au plan ci-annexé.

Cette commune mixte, qui prendra le nom des Issers, sera divisée en quatorze sections, savoir :

N° 1. Territoire d'Azib Zamoun, du Camp du Maréchal et de la partie de Dra ben Khedda, située sur la rive gauche de l'oued Bouguedoura ;
N° 2. Kouanin, Sebaou el Kédim et Kaf Aogab ;
N° 3. Bois-Sacré ;
N° 4. Douar Bouberac ;
N° 5. Douar Aïn Mouder ;
N° 6. Territoire du cap Djinet ;
N° 7. Douar des Ouled Smir ;
N° 8. Douar des Ouled Aïssa ;
N° 9. Douar Raïcha ;
N° 10. Douar Rouafa ;
N° 11. Douar Oued Chender ;
N° 12. Douar Beni Chennacha :
N° 13. Douar Si Ali bou Nab (partie située sur la rive gauche de l'oued Bouguedoura) ;
N° 14. Douar de Tala Imedran.

Art. 2. — La Commission municipale de la commune mixte des Issers sera composée comme il suit ;
L'administrateur président ;
Un premier adjoint ;
Quatre adjoints français pour les sections n°^s 1, 2, 3 et 6 ,
Dix adjoints indigènes pour les sections 4, 5 et 7 à 14 (un par douar).

Le Gouverneur général absent,
Le Directeur général: DE TOUSTAIN.

Commune mixte de Malakof.

14 juillet 1874. — *Arrêté*.

Art. 1er. — Les quatre douars-communes d'El-Adjeraf, de Sidi-El-Aroussi, d'Oum-El-Drou et de Chembel, distraits du territoire du cercle d'Orléansville, par notre arrêté susvisé du 20 décembre 1873, et délimités au plan ci-annexé, forment une commune mixte, qui portera le nom de *Malakof*, et sera administrée par le Commissaire civil du district d'Orléansville, assisté d'une Commission municipale composée de neuf membres dont cinq européens et quatre indigènes (un pour chaque douar).

Art. 2. — Le chef-lieu de la dite commune est fixé à Orléansville.

Gal Chanzy.

14 août 1875. — *Arrêté.*

Art. 1er. — La commune mixte de Malakoff est divisée en cinq sections, dont la première comprend le village de Malakoff ;
La 2e le douar El-Adjeraf ;
La 3e le douar Sid El-Aroussi ;
La 4e le douar Chembel ;
La 5e le douar Oum-el-Drou.

Art. 2. — Cette commune mixte, dont le siège est maintenu à Orléansville, sera administrée directement par le Sous-Préfet de l'arrondissement, assisté d'un premier adjoint (le secrétaire de la sous-préfecture) et d'une commission municipale de neuf membres, savoir :

Un adjoint français pour le centre de Malakoff, quatre notables français, quatre notables indigènes, remplissant les fonctions d'adjoints dans leurs douars respectifs.

Le Gouverneur général absent,
Le Directeur général : DE TOUSTAIN.

Commune mixte de l'Oued-Fodda.

8 avril 1874. — *Arrêté.*

Art. 1er. — Le centre de l'Oued-Fodda est constitué en commune mixte avec les douars-communes de Fodda et de Tiberkanin, qui sont, par suite, détachés de la commune subdivisionnaire de Miliana.

Art. 2. — Cette commune mixte relèvera du cercle d'Orléansville, dans lequel passent les deux douars de Fodda et de Tiberkanin.

Art. 3. — Le nombre des membres de la commission municipale de la commune mixte de l'Oued-Fodda est fixé ainsi qu'il suit :

Un maire et un adjoint français;
Trois conseillers français ;
Deux conseillers indigènes, dont l'un pour le douar de l'Oued-Fodda et l'autre pour le douar de Tiberkanin.

Le maire, l'adjoint et les conseillers seront nommés pour trois ans par le Général commandant la division.

Art. 4. — La commune mixte de l'Oued Fodda est constituée à dater du 1er mai 1874.

Gal Chanzy.

23 octobre 1875. — *Arrêté.*

Art. 1er. — La commune mixte de l'Oued-Fodda, placée sous l'administration du Général commandant la Division, sera remise à l'autorité civile, pour être rattachée à l'arrondissement d'Orléansville, le 1er janvier 1876.

Gal Chanzy.

14 décembre 1877. — *Arrêté.*

Art. 1er. — Les douars-communes de Tharia, de Chemla, des Beni-Boukni, des Harrar, du Chélif et des Beni-Ghomerian, désignés par une teinte verte au plan annexé, seront distraits, à partir du 1er janvier 1878, de la commune indigène de Miliana (département d'Alger), et réunis à la commune mixte de l'Oued-Fodda (département d'Alger), dont ils formeront cinq sections distinctes.

Art. 2. — Les douars ci-dessus désignés seront représentés, au sein de la Commission municipale de la commune mixte, par cinq membres pris en sus du nombre fixé par l'arrêté du 8 avril 1874.

Ces membres seront chargés des fonctions d'adjoint spécial dans leur section respective.

Gal Chanzy.

Commune mixte de Palestro.

26 décembre 1872. — *Arrêté.*

Art. 1er. — Le centre de Palestro est détaché de la commune mixte de Dra-el-Mizan et constitué en commune mixte, à partir du 1er janvier 1873.

Art. 2. — Il sera procédé, sans retard, à l'établissement du plan définitif de la commune mixte de Palestro.

Art. 3. — La commission municipale de cette commune sera composée de sept membres.

Vice-amiral Cte DE GUEYDON.

23 avril 1875. — *Arrêté.*

Art. 1er. — Le territoire de Palestro est érigé en commune mixte, dont le centre administratif est Palestro, et qui se divise en huit sections, savoir :

La 1re dite de Palestro et comprenant le village et son territoire de colonisation ;
La 2e dite des Ammals ;
La 3e dite des Khachna-El-Djebel, et comprenant le hameau du Col des Beni-Amram ;
La 4e des Ouled-Medjkam ;
La 5e des Beni-Khalfoun ;
La 6e de Senedja ;
La 7e de Mosbah ;
La 8e de Bou-Derbala ;
Le tout conformément au plan ci-annexé.

Art. 2. — La commune mixte a pour maire l'administrateur de Palestro, qui est assisté d'une commission municipale, composée de :

Un adjoint français pour la section de Palestro;
Un adjoint français pour le hameau du Col des Beni-Amram;

Six membres français;
Sept membres indigènes musulmans, faisant fonctions d'adjoint dans chacune des sept dernières sections.
Pour le Gouverneur général en tournée :
Le Directeur général : DE TOUSTAIN.

Commune mixte de St-Cyprien-des-Attafs.

24 octobre 1874. — *Arrêté*.

Art. 1ᵉʳ. — Le douar de Rouïna est érigé en commune mixte, dont le centre adminisiratif est placé au village de Saint-Cyprien-des-Attafs.

Art. 2. — La composition de la commission municipale de cette commune mixte, qui prendra le nom de son centre administratif, est fixé ainsi qu'il suit :
Le maire, président ;
Un adjoint français ;
Un adjoint indigène ;
Deux membres français ;
Deux membres indigènes, pris parmi les habitants du douar.
Le Gouverneur général absent :
Le Directeur général : DE TOUSTAIN.

29 novembre 1876. — *Arrêté*.

Art. 1ᵉʳ. — A partir du 1ᵉʳ janvier 1877, la commune mixte de Saint-Cyprien-des-Attafs cessera de faire partie du territoire de commandement et sera rattachée au territoire civil (arrondissement de Miliana). Gᵃˡ CHANZY.

Commune mixte de Ténès (1).

27 avril 1876. — *Arrêté*.

Art. 1ᵉʳ. — Sont constitués en commune mixte, dont ils formeront chacun une section, les douars Heumis, Beni-Tamoun, Bagdoura, Maïn, Touïra, Beni-Haoua, Sinfita, Baache, Talana et Beni-Mazoug, conformément au plan ci-annexé.

Art. 2. — L'administrateur de cette commune mixte, qui prendra le nom de Ténès, son centre administratif, sera assisté d'un adjoint à l'administrateur et d'une commission municipale de quinze membres, dont cinq français et dix indigènes musulmans, remplissant les fonctions d'adjoints indigènes dans leurs douars respectifs. Gᵃˡ CHANZY.

Commune mixte de Tizi-Ouzou.

16 juin 1875. — *Arrêté*.

Art. 1ᵉʳ. — Les douars-communes de Bétrouna, Beni-Khélifa, Maatka, Belloua (partie), Beni-Zemenzer, Beni-Aïssi, Oulad-Aïssa-Mimoun, Sik ou Meddour, Dra-ben-Kedda (partie), Douala et Beni-Mahmoud sont érigés en une commune mixte, ayant pour centre administratif Tizi-Ouzou, et dont ils formeront, chacun, une section.

Art. 2. — Cette commune prendra le nom de son centre administratif et sera divisée en onze sections, délimitées conformément au plan ci-annexé.

Art. 3. — Elle sera administrée par le Sous-Préfet, assisté d'un délégué et d'une commission municipale, composée d'un adjoint français et de onze adjoints indigènes (un pour chaque section).
Gᵃˡ CHANZY.

2° DÉPARTEMENT DE CONSTANTINE

Commune mixte d'Aïn-Abessa.

1ᵉʳ décembre 1874. — *Arrêté*.

Art. 1ᵉʳ. — Sont constitués en commune mixte les villages d'Aïn-Abessa, de Faucigny et d'Aïn-Rouah, ainsi que les douars El-Anini, Takoka, El-Hammama, Matroua et Gherazla.

Cette commune mixte, dont le centre administratif sera Aïn-Abessa, prendra le nom de ce village et sera divisée en huit sections, le tout conformément au plan ci-annexé.

Art. 2. — Le nombre des membres de la commission municipale de la commune mixte d'Aïn-Abessa est fixé ainsi qu'il suit :
Le maire, président ;
Trois adjoints et trois conseillers français (un par village) ;
Cinq conseillers indigènes, remplissant les fonctions d'adjoints dans leurs douars respectifs.
Le Gouverneur général, absent,
Le Directeur général : DE TOUSTAIN.

12 janvier 1876. — *Arrêté*.

Art. 1ᵉʳ. — La Commission municipale de la commune mixte d'Aïn-Abessa est augmentée d'un membre français qui y représentera la section du chef-lieu.
DE TOUSTAIN.

26 octobre 1877. — *Arrêté*.

Art. 1ᵉʳ. — Le douar-commune de Cherfa, teinté en vert, sur le plan ci-annexé, sera distrait, à partir du 1ᵉʳ janvier 1878, de la commune indigène de Sétif et réuni à la commune mixte d'Aïn-Abessa (département de Constantine), dont il formera une section.

Art. 2. — Il sera représenté au sein de la Commission municipale d'Aïn-Abessa par un membre choisi parmi les habitants de la section.

Ce membre, pris en sus du nombre fixé par l'arrêté du 1ᵉʳ décembre 1874, sera chargé des fonctions d'adjoint spécial.
Gᵃˡ CHANZY.

---

(1) Voir plus haut : Commune mixte de Cherchell.

Commune mixte d'Aïn-M'lila.

28 novembre 1874. — *Arrêté*.

Art. 1ᵉʳ. — Sont érigés en commune mixte le centre d'Aïn-M'lila et les douars-communes dont les noms suivent, savoir :

Douar des Ameur-Srahouïa ; Ouled-Nasseur : Ouled-Aziz ; Ouled-Belaguel ; El-Kouachi ; Ouled-Sekhar ; Ouled-Djehich ; Ouled-Gassem ; Ouled-Khaled ; Dreïd-El-Hezebri ;

Conformément au plan ci-annexé.

Art. 2. — Cette commune mixte aura pour centre administratif le village d'Aïn-M'lila, dont elle prendra le nom.

Chaque douar formera une section de commune.

Art. 3. — La commune d'Aïn-M'lila sera administrée par un maire, avec l'assistance d'une commission municipale composée de quatorze membres, savoir :

Un adjoint français à Aïn-M'lila ;
Deux membres français ;
Onze membres indigènes faisant fonction d'adjoints dans leurs douars respectifs.

Le Gouverneur général, absent :
Le Directeur général: DE TOUSTAIN.

15 février 1875. — *Arrêté*.

Art. 1ᵉʳ. — L'arrêté sus-visé du 28 novembre 1874 est modifié ainsi qu'il suit :

La commune mixte d'Aïn-M'lila est délimitée conformément au plan annexé au présent arrêté.

Art. 2. — Le nombre des sections et celui des membres indigènes de la commission municipale sont portés de onze à quatorze.

Gᵃˡ CHANZY.

Commune mixte d'Aïn-Mokra.

30 septembre 1875. — *Arrêté*.

Art. 1ᵉʳ. — Le douar des Ouïchaoua cesse de faire partie de la circonscription cantonale de Bône et est rattaché au district d'Aïn-Mokra.

Art. 2. — Le district d'Aïn-Mokra est constitué en commune mixte, qui aura pour centre administratif Ouled-el-Aneb et qui sera divisée en quatre sections, délimitées conformément au plan ci-annexé.

La 1ʳᵉ section comprendra les douars Beni-M'hamed et Fedj-Moussa.

La 2ᵉ comprendra le douar Treat.

La 3ᵉ comprendra les douars Senhadja, Beni-Merouan et Aïn-Nechma.

La 4ᵉ comprendra les Ouïchaoua et Ouled-Atia.

Art. 3. — L'administration de la commune mixte d'Aïn-Mokra sera assistée d'un 1ᵉʳ adjoint et d'une Commission municipale de 11 membres, dont 3 français et 8 indigènes, ces derniers faisant fonctions d'adjoints dans leurs douars respectifs.

Le Gouverneur général absent :
Le Directeur général: DE TOUSTAIN.

Commune mixte d'Akbou.

6 janvier 1875. — *Arrêté*.

Art. — Le village d'Akbou, celui de Tazemalt et le douar de ce nom sont constitués en une commune mixte dont ils formeront chacun une section, et dont le centre administratif sera Akbou, le tout conformément au plan ci-annexé.

Art. 2. — Le nombre des membres de la commission municipale de cette commune mixte est fixé ainsi qu'il suit :

Le Commandant supérieur du cercle, faisant fonctions de maire, président ;

Deux adjoints français, un pour chacune des sections européennes d'Akbou et de Tazemalt, et un adjoint indigène pour le douar de Tazemalt ;

Deux membres français ;
Un membre indigène.

Gᵃˡ CHANZY.

8 février 1876. — *Arrêté*.

Art. 1ᵉʳ. — La Commission municipale de la commune mixte d'Akbou est augmentée de deux membres français.

Le Gouverner général absent,
Le Directeur général : DE TOUSTAIN.

27 avril 1877. — *Arrêté*.

Art. 1ᵉʳ. — Le territoire d'Ighzer Amokran, lavé en vert sur le plan ci-annexé, est distrait de la commune indigène d'Akbou et réuni à la commune mixte de ce nom, dont il formera une nouvelle section.

Art. 2. — Un membre choisi parmi les habitants de cette section la représentera au sein de la Commission municipale.

Le membre, pris en sus du nombre fixé par les arrêtés précités des 6 janvier 1875 et 8 février 1876, sera chargé dans ladite section des fonctions d'adjoint spécial.

Gᵃˡ CHANZY.

Commune mixte de Batna.

5 mai 1875. — *Arrêté*.

Art. 1ᵉʳ. — Le district de Batna est constitué en commune mixte, dont le centre administratif est au chef-lieu du district. Elle est divisé en neuf sections, savoir :

La 1ʳᵉ section dite des Ouled-Si-Ali-Tahament ;
La 2ᵉ — dite Ouled-Zaïd ;
La 3ᵉ — dite Ouled-Alsman ;
La 4ᵉ — dite Ouled-Herman (El-Kherareb) :
La 5ᵉ — dite Ouled-Boudjema ;

La 6ᵉ section dite Haracta - Djerma-Dhara ,
La 7ᵉ — dite Haracta - Djerma-Guebala ;
La 8ᵉ — dite d'Ain-El-Hasseur ;
La 9ᵉ — dite El-Kasseriou.

Art. 2. — Le nombre des membres de la commission municipale de cette commune est fixé ainsi qu'il suit :

Le commissaire civil, maire, président ;

Le secrétaire du commissaire civil, faisant fonctions d'adjoint ;

Un membre français, faisant fonctions d'adjoint pour le territoire du centre européen d'Aïn-Yggout ;

Neuf membres indigènes musulmans, faisant respectivement fonctions d'adjoints indigènes dans les neuf sections.

Pour le Gouverneur général en tournée,
Le Directeur général : DE TOUSTAIN.

21 décembre 1875. — *Arrêté*.

Art. 1ᵉʳ. — Le village d'Aïn-Touta, délimité au plan ci-annexé, cessera de faire partie du territoire militaire et sera rattaché, à partir du 1ᵉʳ janvier 1876, à la commune mixte de Batna, dont il formera une section, administrée, sous l'autorité de l'administrateur, par un adjoint français.
Gᵃˡ CHANZY.

Commune mixte de Bône.
13 avril 1876. — *Arrêté*.

Art 1ᵉʳ. — Sont constitués en une commune mixte, dont ils formeront chacun une section, les douars Merdès, Beni Urgine, Oulhaça, Eulma Kechikcha, Cheurfa, Oued Dardara, El-Aouara, Dragmena, Talha et Oued Serim (partie située sur la rive gauche de la Seybouse), le tout conformément au plan annexé.

Art. 2. — Cette commune mixte, qui prendra le nom de Bône, son centre administratif, sera administrée par le sous-préfet de l'arrondissement, qui aura pour 1ᵉʳ adjoint le secrétaire de la Sous-Préfecture, et sera assistée d'un 2ᵉ adjoint français résidant à Mondovi, d'un 1ᵉʳ adjoint indigène, et d'une Commission municipale composée de 2 notables français, et de 10 membres indigènes musulmans, remplissant les fonctions d'adjoints indigènes dans leurs douars respectifs.
Gᵃˡ CHANZY.

3 mai 1877. — *Arrêté*.

Art. 1ʳᵉ. — Les dispositions de l'article 2 de l'arrêté sus-visé, du 13 avril 1876, sont abrogées et remplacées par les dispositions suivantes :

« Art. 2. — Cette commune mixte, dont
» le chef lieu est placé à Bône et qui en
» portera le nom, sera administrée par
» une commission municipale composée
» de quinze membres, savoir :

» Le Sous-Préfet, président ;
» Le Secrétaire de la sous-préfecture,
» 1ᵉʳ adjoint ;
» Un adjoint français ;
» Deux membres français ;
» Un adjoint indigène pour chacune
» des sections. »
Gᵃˡ CHANZY.

Commune de Bordj-bou-Arréridj.
13 novembre 1874. — *Arrêté*.

Art. 1ᵉʳ. — Le district de Bordj-bou-Arréridj est constitué en commune mixte, divisée en six sections et dont le centre administratif est au chef-lieu de ce district

La première section comprendra la partie du territoire d'Aïn-Tagrout, affectée au village européen de ce nom ;

La seconde, le douar commune d'Aïn-Tagrout, les fractions de Chouira et de Cédrata ;

La troisième, les douars communes de Sidi-Embarek et de Bir-Aïssa ;

La quatrième, le douar commune d'El-Anassar, les fractions de Gemmour et de Tassera ;

La cinquième, le douar de Sennada ;

La sixième, les douars de la Medjana et d'Aïn-Sultan.

Le tout conformément au plan ci-annexé.

Art. 2. — Le nombre des membres de la Commission municipale de Bordj-bou-Arréridj est fixé ainsi qu'il suit :

Le Commissaire civil, maire, président ;

Le secrétaire du commissariat civil faisant fonctions d'adjoint français pour la section européenne d'Ain-Tagrout ; deux membres français ;

Cinq membres indigènes musulmans faisant fonctions d'adjoints dans les cinq sections indigènes.
Gᵃˡ CHANZY.

Commune mixte de Bougie.
31 mars 1874. — *Arrêté*.

Art. 1ᵉʳ. — Les 4 douars d'Aït-Amer ou Ali, Aït-Timsit, Madala, Oued-Summam, les territoires des cinq villages de Réunion, Oued-Amizour, Kseur, El-Maten, Oued-Marsa, la partie du territoire de la tribu des Ouled-Si-Mhamed-Amokran, enclavée entre la Réunion et les douars communes de l'Oued-Summam et de Madala, cessent de faire partie du territoire de Bougie et sont rattachés à la circonscription civile de Bougie, pour former une commune mixte, qui sera administrée par le commissaire civil de Bougie.

Art. 2. — Des instructions ultérieures fixeront la division de cette commune en sections, le ressort de chacune d'elles, ainsi que la composition de la commission municipale.

Art. 3. — Tous les territoires mentionnés à l'article 1er, qui relèvent actuellement de la juridiction des tribunaux militaires, passent sous celle des tribunaux de droit commun. Gal CHANZY.

4 juillet 1874. — Arrêté.

Art. 1er. — La commune mixte de Bougie est divisée en huit sections, dont la 1re comprend le village de la Réunion ;
La 2e, les villages d'El-Kseur et d'El-Maten ;
La 3e, le village de l'Oued-Amizour ;
La 4e, le douar de l'Oued-Marsa ;
La 5e, le douar-commune d'Aït-Ameur ou Ali ;
La 6e, le douar-commune d'Aït-Timsit ;
La 7e, le douar-commune de Madala ;
La 8e, le douar-commune de l'Oued-Soumam ;
Le tout, conformément au plan ci-annexé.

Art. 2. — Le commissaire civil, chargé d'administrer cette commune mixte, est assisté d'une commission municipale de onze membres, composée ainsi qu'il suit :
Trois adjoints et trois membres français, choisis parmi les habitants des trois premières sections ;
Cinq adjoints indigènes, un pour chacune des cinq dernières sections.

Art. 3. — La commune mixte aura son centre administratif à Bougie, chef-lieu du district. Gal CHANZY.

29 janvier 1877. — Arrêté.

Art. 1er. — La commune mixte de Bougie est divisée en dix sections, conformément au plan ci-annexé :
La 1re section comprend le village de la Réunion.
La 2e, les villages de El-Kseur et d'Ilmaten.
La 3e, le village de l'Oued-Amizour.
La 4e, le village de l'Oued-Marsa.
La 5e, le douar-commune des Beni-Amrous.
La 6e, le douar-commune de Djoua.
La 7e, le douar-commune des Beni-Messaoud.
La 8e, le douar-commune de Madala.
La 9e, le douar-commune de Sidi-Timzit.
La 10e, le douar-commune de Aït-Ameur ou Ali.

Art. 2. — Cette commune mixte aura son centre administratif à Bougie.
Elle sera administrée par le Sous-Préfet, assisté d'une Commission municipale composée de 14 membres, savoir :
1° Le Secrétaire de la Sous-Préfecture, 1er adjoint ;
2° Un adjoint spécial et un membre français pour chacune des trois premières sections ;
3° Un Adjoint spécial français pour la quatrième section ;
4° Un Adjoint spécial indigène pour chacune des six dernières sections.

Le Gouverneur général absent,
Le Directeur général : DE TOUSTAIN.

Commune mixte de Châteaudun

7 novembre 1874. — Arrêté.

Art. 1er. — Le district de Châteaudun est constitué en commune mixte, divisée en huit sections :
La première comprend les douars de Dambers et de Megalsa ;
La deuxième, le douar d'Aïoun-El-Hadjez ;
La troisième, les douars de Ras-Seguin et de Tim-Telacin ;
La quatrième, le douar des Ouled-bou-Haouían ;
La cinquième, le douar de Zaouïa-ben-Zaroug ;
La sixième, le douar des Ouled el Brana ;
La septième, les douars des Ouled-Haïf et des Ouled-El-Arbi, avec le territoire du village de Saint-Donat ;
La huitième, le douar des Ouled-Zerga et les territoires des villages de Châteaudun, d'Aïn-Mellouk et du centre en création au moulin Gassiot.

Le tout conformément au plan ci-annexé.

Art. 2. — Cette commune mixte, ayant son centre administratif à Châteaudun, sera administrée par le Commissaire civil, qui aura pour premier adjoint le Secrétaire du Commissariat civil, et sera assisté d'une commission municipale composée de onze membres, savoir :
Trois adjoints français, l'un pour Châteaudun et le Moulin Gassiot, l'autre pour Aïn-Mellouk et le douar des Ouled-Zerga, le troisième pour Saint-Donat.
Un membre français ;
Sept membres musulmans remplissant les fonctions d'adjoint indigène pour chacune des sept premières circonscriptions, le village de Saint-Donat excepté.

Gal CHANZY.

18 juin 1875. — Décret.

Art. 1er. — La section de l'Oued-Dekri est distraite de la commune de plein exercice de l'Oued-Atménia, pour être ultérieurement rattachée, par un arrêté du Gouverneur général civil de l'Algérie, à la commune mixte de Châteaudun.

M^{al} DE MAC-MAHON.

3 juillet 1875. — Arrêté.

Art. 1er. — La section de l'Oued-Dekri, détachée de la commune de plein exercice de l'Oued-Atménia par le décret sus-visé du 18 juin 1875, est rattachée à la commune mixte de Châteaudun, conformément au plan ci-annexé.

Gal CHANZY.

Commune mixte de Collo.
29 avril 1874. — *Arrêté.*

Art. 1ᵉʳ. — La commune mixte de Collo, comprenant les trois douars-communes de Collo, Arb-Sidi-Achour, Ouled-Mazouz, est rattachée au territoire civil du département de Constantine, et relèvera, en cette qualité, de l'arrondissement de Philippeville.

Art. 2. — Les agglomérations indigènes précitées, qui relèvent actuellement de la juridiction des tribunaux militaires, passent sous celle des tribunaux de droit commun.
Gᵃˡ CHANZY.

Commune mixte de Duquesne.
25 novembre 1874. — *Arrêté.*

Art. 1ᵉʳ. — Le centre de Duquesne est institué en commune mixte, avec les villages de Cheddia et de Strasbourg et la partie restante des douars Marabot-Moussa et Djendjen, conformément au plan ci-annexé. Chacun de ces territoires formera une section de la commune mixte qui, jusqu'à nouvel ordre, restera placée sous l'autorité du commandement militaire.

Art. 2. — Le nombre des membres de la commission municipale de Duquesne est fixé ainsi qu'il suit :

Le Commandant supérieur du cercle de Djidjelli, faisant fonctions de maire, président ;
3 adjoints français (un pour chacun des centres de Duquesne, Cheddia et Strasbourg) ;
2 adjoints indigènes pour les sections de Marabot-Moussa et Djendjen ;
Deux membres français.
Gᵃˡ CHANZY.

4 juin 1875. — *Arrêté.*

Art. 1ᵉʳ. — La commune mixte de Duquesne, placée provisoirement sous l'administration du Général commandant la division, est remise à l'autorité civile.
Gᵃˡ CHANZY.

18 décembre 1876. — *Arrêté.*

Art. 1ᵉʳ. — A partir du 1ᵉʳ janvier 1877, le territoire du village projeté à Taher, et qui est délimité par les lettres A, B, C, D, sur le plan annexé au présent arrêté, cessera de faire partie de la commune indigène de Djidjelli et sera rattaché à la commune mixte de Duquesne.
Gᵃˡ CHANZY.

23 juin 1877. — *Arrêté.*

Art. 1ᵉʳ. — La commune mixte de Duquesne est divisée en quatre sections, conformément au plan ci-annexé.
La 1ʳᵉ section comprend les villages de Duquesne et de Cheddia ;
La 2ᵉ, le village de Strasbourg ;
La 3ᵉ, le village de Taher, avec le territoire de Djenden ;
La 4ᵉ, le douar de M'rabot-Moussa.

Art. 2. — La Commission municipale de cette commune sera composée, savoir :
1° De l'Administrateur-Maire, Président ;
2° De trois adjoints français pour les sections de Duquesne, de Strasbourg et de Taher, et d'un adjoint indigène pour la section de M'rabot-Moussa ;
3° De quatre membres français, pour les centres de Duquesne, de Cheddia, de Strasbourg et de Taher, et d'un membre indigène pour la section de Taher.
Gᵃˡ CHANZY.

Commune mixte d'El-Arrouch.
5 janvier 1875. — *Arrêté.*

Art. 1ᵉʳ. — Le district d'El-Arrouch est constitué en une commune mixte, dont le centre administratif est au chef-lieu de ce district. Elle est divisée en dix sections, savoir :

La 1ʳᵉ section, dite du Djebel-Ghédire ; la 2ᵉ, dite des Oulad-Messaoud ; la 3ᵉ, dite Krandezala ; la 4ᵉ, dite Azabra ; la 5ᵉ, dite des Oulad-Hamza ; la 6ᵉ, dite des Oulad-Habeba ; la 7ᵉ, dite de Korfan ; la 8ᵉ, dite de Rerazla ; la 9ᵉ, dite des Oulad-Derradj ; la 10ᵉ, dite des Beni-Hamed.

Art. 2. — Le nombre des membres de la commission municipale de cette commune mixte est fixé ainsi qu'il suit :
Le commissaire civil, maire, président ;
Le secrétaire du commissariat, faisant fonctions d'adjoint ;
Deux membres français ;
Dix membres indigènes musulmans, faisant respectivement fonctions d'adjoints dans les dix sections.
Gᵃˡ CHANZY.

Communes mixtes de Guelma et de Mondovi.
27 octobre 1875. — *Arrêté.*

Art. 1ᵉʳ. — Les douars Beni Marmi, Beni Mezzeline, Khezara, Ouled Senan, Ouled Harrid et Beni Ourzeddin, cesseront de faire partie du territoire militaire du cercle de Guelma et seront rattachés à la commune mixte du même nom, à partir du 1ᵉʳ janvier 1876.

Art. 2. — Le douar des Ouled Serim (partie située sur la rive gauche de la Seybouse), cessera de faire partie du territoire militaire du cercle de Bône et sera rattaché à la commune mixte de Mondovi, à partir du 1ᵉʳ janvier 1876.

Art. 3. — Celles des agglomérations indigènes sus-désignées, qui sont placées sous la juridiction des tribunaux militaires, passeront, le même jour, sous celles des tribunaux de droit commun.
Gᵃˡ CHANZY.

Commune mixte de Khenchela.
4 décembre 1874. — *Arrêté.*

Art. 1er. — Le centre de Khenchela, subdivision de Batna, est constitué en commune mixte avec le douar-commune du même nom, conformément au plan ci-annexé.

Art. 2. — La commune mixte de Khenchela sera administrée par le commandant supérieur du cercle, assisté d'une commission municipale ainsi composée :

Pour le centre de Khenchela :
Un adjoint français, quatre membres européens et un membre indigène.

Pour le douar-commune du même nom :
Un adjoint indigène.

Le Gouverneur général, absent :
Le Directeur général : DE TOUSTAIN.

Commune mixte de Milah.
31 mars 1874. — *Arrêté.*

Art. 1er. — Les azels domaniaux d'El-Fouïni et Selarrel, compris actuellement dans la tribu des Mouïas ; les azels El-Beïda et Beni-Aroun, la partie de la tribu de Zouagha, frappée de séquestre et située sur la rive droite de l'Oued-Endja, l'ancien douar-commune Kermouda, comprenant les azels Kermouda, Ben-Djerar, Seragna, Ouled-Ahmed, Redjaz, El-Ferada, Aïn-Smara, cessent de faire partie du territoire militaire et sont, à l'exception de l'azel d'El-Fouïni, rattachés à la circonscription civile de Milah, pour former avec la tribu de Milah, déjà visée par les arrêtés des 19 et 25 février 1874, une commune mixte qui sera administrée par M. le Commissaire civil de Milah. — L'azel d'El-Fouïni est rattaché provisoirement au douar-commune de l'Oued-Braham, pour être annexé, définitivement avec lui, à la commune de plein exercice de Bizot (1).

Gal CHANZY.

19 février 1874. — *Arrêté.*

Art. 1er. — La tribu de Milah, délimitée conformément au plan ci-annexé et comprenant les fractions dites Milah-Chergui et Milah-Gharbi, cesse de faire partie du territoire militaire de la division de Constantine et est rattachée au territoire civil du département.

Art. 2. — Elle relèvera directement de la préfecture de Constantine.

Gal CHANZY.

21 avril 1874. — *Arrêté.*

Art. 1er. — La tribu des Mouïas, la zone des azels des Serraouïas et le douar-commune des Serraouïas cessent de faire partie du territoire militaire du cercle de Constantine et sont rattachés à la circonscription civile de Milah, dans les conditions énoncées par l'article 1er de l'arrêté du 31 mars 1874.

L'azel domanial de Selassel, désigné par l'article précité pour être annexé provisoirement au douar-commune des Ouled-Braham, est également rattaché à la circonscription civile de Milah.

Art. 2. — Les différentes agglomérations indigènes mentionnées ci-dessus, qui relèvent actuellement de la juridiction des tribunaux militaires, passent sous celle des tribunaux de droit commun.

Gal CHANZY.

4 juillet 1874. — *Arrêté.*

Art. 1er. — Le district sus-mentionné (Milah) est constitué en commune mixte, divisée en huit sections et dont le centre administratif est à Milah.

La 1re section comprend la ville de Milah et sa banlieue ;
La 2e section, les villages de Sidi-Khalifa et d'Aïn-Tin, les azels et le douar de *Serraouïas* ;
La 3e section, les Ouled-bou-Hallouf ;
La 4e le douar de Kermouda ;
La 5e Sidi-Mérouan ;
La 6e les Beni-Haroun ;
La 7e le douar d'Abdel-Meleck ;
La 8e le douar de Guettara et l'azel Fouïni.

Le tout conformément au plan ci-annexé.

Art. 2. — Cette commune mixte sera administrée par le commissaire civil, avec l'assistance d'une commission municipale, composée de onze membres, savoir :

Deux adjoints français, l'un à Milah, l'autre à Sidi-Khalifa ;
Un adjoint indigène à Milah ;
Un membre français ;
Sept membres indigènes, faisant fonctions d'adjoints dans les douars respectifs.

Gal CHANZY.

Commune mixte de l'Oued-Zenati.
5 avril 1876. — *Arrêté.*

Art. 1er. — Sont constitués en commune mixte, sous le nom de l'Oued-Zenati, les douars et azels ci-après, dépendant de l'ancienne circonscription cantonale du même nom, telle qu'elle a été déterminée par les arrêtés du Gouverneur général, en date des 30 mars et 23 novembre 1873.

Ces douars et azels sont divisés en huit sections, savoir :

1re section, le douar des Zenatia ;
2e — le douar Merachda et l'azel Sacrania ;
3e — le douar El-Ahsasna ;
4e — — Aïn-Melouk ;

---

(1) V. page 139, 1re colonne, l'arrêté du 14 octobre 1874 relatif à la commune de Bizot.

5° section, le douar Sidi Marh ;
6°   —   —   Bir-Mouten ;
7°   —   —   Sellaoua Anouna ;
8°   —   les douars Kanguet, Sabat, Ouled Ahmed et Ouled Sassi, le tout conformément au plan ci-joint.

Art. 2. — L'administrateur de cette commune mixte, dont le centre sera au village de l'Oued-Zenati, aura pour adjoint le secrétaire de ce district, et sera assisté d'une Commission municipale composée de 12 membres français et de 8 membres indigènes musulmans ; ces derniers rempliront les fonctions d'adjoints dans leurs sections respectives.

Gal CHANZY.

21 juin 1877. — *Arrêté.*

Art. 1er — Le chef-lieu de la commune mixte de l'Oued-Zenati, actuellement fixé au village de l'Oued-Zenati, est transporté à Aïn-Regada.   Gal CHANZY.

Commune mixte de Philippeville

30 septembre 1875. — *Arrêté.*

Art. 1er. — Sont constitués en commune mixte les douars des Oulad-Nouar, M'sala, Zéramna et Medjadja. Cette commune mixte, dont le chef-lieu administratif sera Philippeville, prendra le nom de ce chef-lieu et sera divisée en quatre sections, conformément au plan ci-joint.

Art. 2. — La commune mixte de Philippeville sera administrée par le Sous-Préfet de l'arrondissement, qui sera assisté d'une Commission municipale de cinq membres dont un notable français et quatre conseillers indigènes remplissant les fonctions d'adjoints dans leurs sections respectives.

Le Gouverneur général absent,
Le Directeur général : DE TOUSTAIN.

Commune mixte de Saint-Arnaud ou des Eulmas.

7 novembre 1874. — *Arrêté.*

Art. 1er. — Le district sus-mentionné (St-Arnaud) est constitué en commune mixte, divisée en neuf sections, dont le centre administratif est Saint-Arnaud.

La première section comprend le village de Bir El-Arch ;
La deuxième, les douars Sakra et Tella ;
La troisième, le douar de Bellaa ;
La quatrième, le douar de Bazer ;
La cinquième, le douar de Mériout ;
La sixième, le douar des Ouled-Bel-Aouchat ;
La septième, le douar des Ouled-Zaïm ;
La huitième, les douars des Ouled-Bel-Kheir et Mekrancha ;
La neuvième, le douar de Beïda-Bordj ;
Le tout conformément au plan ci-annexé.

Art. 2. — Cette commune mixte, qui prendra le nom des Eulmas, sera administrée par le commissaire civil, qui aura pour premier adjoint le secrétaire du commissariat civil et sera assistée d'une commission municipale, composée de dix membres, savoir :
Un adjoint français à Bir-el-Arch ;
Un membre français représentant la population européenne de Beïda-Bordj ;
Huit membres indigènes faisant fonctions d'adjoints dans les huit dernières sections.   Gal CHANZY.

Commune mixte de Sétif.

18 mars 1875. — *Arrêté.*

Art. 1er. — Sont constitués en commune mixte les douars : Ouled-Adouan, Ouled-Mansour et Chabia, réunis ; Ouled-Ali-Nacer, Medjounès, Ouled-Sabor, Guidjel, Ben-Diab, Guellal, Malha et la tribu des Ouled-Mosly.

Cette commune mixte, dont le centre sera Sétif, prendra le nom de son chef-lieu et sera divisée en neuf sections, conformément au plan annexé au présent arrêté.

Art. 2. — La commune mixte de Sétif sera administrée par le Sous-Préfet de l'arrondissement, qui aura pour premier adjoint le secrétaire de la sous-préfecture ; pour deuxième adjoint, un agent à la nomination du Préfet, et qui sera assisté d'une commission municipale de onze membres : deux notables français, neuf conseillers indigènes, remplissant les fonctions d'adjoints dans leurs sections respectives.   Gal CHANZY.

3° DÉPARTEMENT D'ORAN.

Commune mixte d'Aïn-Témouchent.

23 septembre 1874. — *Arrêté.*

Art. 1er. — Les centres de population de Chabat-El-Leham et de Hammam-bou-Hadjar, ainsi que les dix douars : Sidi-bou-Amoud, Sidi-ben-Adda, Sidi-Dahou, Aoub-El-Lil, Aghlal, Souf-El-Fell, Oued-Berkèche, Oued-Sebbah, Bou-Hadjar et Sidi-Borkti, forment une commune mixte dont le chef-lieu est *Aïn-Temouchent*.

Cette commune mixte, qui prendra le nom de son chef-lieu, sera administrée par le Commissaire civil du district, assisté d'un premier adjoint (le secrétaire du commissariat civil) et d'une commission municipale de dix-sept membres, savoir :

Deux adjoints français, pour les centres de Chabat-El-Leham et de Hammam-bou-Hadjar, cinq notables français, dix adjoints indigènes.

Le Gouverneur général absent,
Le Directeur général : DE TOUSTAIN.

28 juillet 1875. — *Arrêté*.

Art. 1ᵉʳ. — L'annexe de Hammam-bou-Hadjar, comprise dans la commune mixte d'Aïn-Témouchent, se composera du centre de colonisation de Hammam-bou-Hadjar et des douars-communes d'Oued-Berkèche, Oued-Sebba et Hammam-bou-Hadjar, conformément aux plans ci-annexés.

Art. 2. — L'administrateur de la commune mixte d'Aïn-Témouchent sera assisté d'un adjoint spécial chargé de l'administration de cette annexe.

Gᵃˡ CHANZY.

Commune mixte d'Ammi-Moussa.

6 mars 1877. — *Arrêté*.

Art. 1ᵉʳ. — La commune mixte d'Ammi-Moussa et la commune indigène (1) du Rihoù sont réunies en une seule commune mixte, dont le chef-lieu est fixé à Ammi-Moussa et qui en portera le nom.

Art. 2. — Cette commune est divisée en vingt-trois sections, conformément au plan ci-annexé, savoir :

Le centre d'Ammi-Moussa ;

Les quatorze douars-communes des Ouled-El-Abbès, Ouled-bou-Ikni, Mariouna, Oulad-Defelten, Menkoura, Oulad-Ismeur, Oulad-Mondjeur, El-Adjama, Touarès, Oulad-bou-Riah, Ouled-Yaïch, Oulad-Sabeur, Chekkala, Mekenessa ;

Les huit tribus de Matmata, Hallouya-Chéragas, Hallouya-Gharaba, Massem, Oulad-Berkan, Ouled-Bakhta, Kheraïch-Chéraga, Kheraïch-Gharaba.

Art. 3. — La commission municipale sera composée de vingt-neuf membres, savoir :

Le commandant supérieur du cercle, président ;

Le chef du bureau des affaires indigènes, premier adjoint ;

Un adjoint et deux membres français pour la section d'Ammi-Moussa ;

Un adjoint indigène pour chacune des autres sections ;

L'agha des Beni-Ouragh ;

Le caïd des caïds des Beni-Meslem.

Gᵃˡ CHANZY.

Commune mixte des Beni-Saf (2).

2 octobre 1874. — *Arrêté*.

Art. 1ᵉʳ. — Le centre des Beni-Saf est constitué en commune mixte, avec les tribus des Beni-Fouzèche et des Beni-Riman, conformément au plan ci-annexé.

Art. 2. — Chacune de ces tribus formera une section de la dite commune mixte, qui aura pour chef-lieu le village des Beni-Saf.

Art. 3. — La composition de la commission municipale de la commune mixte des Beni-Saf est fixée ainsi qu'il suit :

Un maire et un adjoint français ;

Cinq membres européens ;

Un adjoint et un membre indigène pour chacune des sections des Beni-Fouzèche et des Beni-Riman.

Le Gouverneur général absent,

Le Directeur général : DE TOUSTAIN.

Commune mixte de Bou-Kanéfis.

10 juillet 1875. — *Arrêté*.

Art. 1ᵉʳ. — Les centres de colonisation de Bou-Kanéfis et de Sidi-Ali-ben-Youb, ainsi que les douars de Messer-Tifilès, Tirénat et Sidi-Yacoub, forment, suivant le plan ci-annexé, une commune mixte dont le chef-lieu est Bou-Kanéfis.

Art. 2. — Cette commune mixte, qui prendra le nom de son chef-lieu, sera administrée par un fonctionnaire civil, assisté d'un premier adjoint et d'une commission municipale de huit membres, savoir : un adjoint et un notable français pour chaque centre de colonisation, et un notable indigène, faisant fonctions d'adjoint pour chaque douar.

Gᵃˡ CHANZY.

Commune mixte de Cassaigne.

30 décembre 1875. — *Arrêté*.

Art. 1ᵉʳ. — Sont constitués en commune mixte les centres de colonisation de Cassaigne, Renault, Aïn-Ouillis et Bosquet, ainsi que la tribu de Mazouna et les douars-communes de Chouachi, des Ouled-Khelouf-Souhalia, de Zerrifa, d'Achacha, de Nekmaria, des Ouled-Khelouf-Djebailia, de Tazgaït, des Ouled-Maallah, de M'zila, de Guerouaou, d'Ahl-el-Gorin, d'Ouarizan, des Ouled-Slama, de Taghria, des Beni-Zenthis et de Mediouna.

Art. 2. — Cette commune mixte, qui prend le nom de *Cassaigne*, son centre administratif, est divisée en *deux groupes* : celui de *Cassaigne* et celui de *Renault*, délimités conformément aux deux plans ci-annexés.

Il est placé dans chacun de ces groupes un *administrateur adjoint*, sous l'autorité de l'administrateur de la commune.

Art. 3. — Les centres de colonisation de Cassaigne, Renault, Aïn-Ouillis et Bosquet, seront administrés par des adjoints municipaux nommés par le Préfet et choisis dans la population du groupe auquel ils appartiennent.

Art. 4. — La commission municipale de la commune mixte de Cassaigne est composée ainsi qu'il suit :

---

(1) V. *infrà*, *Communes indigènes*.

(2) Cette commune mixte a été supprimée par arrêté du Gouverneur général, en date du 27 avril 1875, et son territoire a été réparti entre la commune mixte et la commune indigène de Tlemcen. V. cet arrêté ci-dessous, *Commune mixte de Tlemcen*.

L'administrateur, président ;
Les deux administrateurs-adjoints ;
L'adjoint municipal et deux notables français pour Cassaigne ;
L'adjoint municipal et un notable français pour Bosquet ;
L'adjoint municipal et un notable français pour Aïn-Ouillis ;
L'adjoint et deux notables français pour Renault ;
Dix-sept adjoints indigènes (un pour chaque douar-commune).

Gal Chanzy.

Commune mixte de Daya.

30 décembre 1875. — *Arrêté.*

Art. 1er. — Les centres de population de Daya et Magenta, les trois douars-communes de l'Oued-Sefioun, de l'Oued-Taourira et de l'Oum el-Doud, ainsi que les trois tribus des Oulad-Athia et des Oulad-Balagh forment une commune mixte dont le chef-lieu est Daya.

Cette commune mixte, qui prendra le nom de son chef-lieu, sera administrée par le commandant supérieur du cercle, assisté d'un premier adjoint (le chef du bureau des affaires indigènes) et d'une commission municipale de neuf membres, savoir :

Deux adjoints français, un notable français et six adjoints indigènes.

Gal Chanzy.

Commune mixte de Frendah.

30 décembre 1875. — *Arrêté.*

Art. 1er. — Les centres de population de Frendah et de Cacherou, les quatre douars-communes Haboucha, El-Bordj, Temaznia, et Haddad, ainsi que les seize tribus M'hamid, Oulad-Aïssa-Bel-Abbès, Oulad-bou-Ziri, Chelog, Oulad-Sidi-ben-Halima, Mahoudia, Khallafa-el-Gheraba, Khallafa-el-Cheraga, Beni-Ouindjel, Haouarets, Keselna, Oulad-Zeïan-el-Gheraba, Dehalsa, Ghouadi, Merabtin el-Gheraba et Hassinat forment une commune mixte dont le chef-lieu est Mascara.

Le centre de Frendah forme une section de la commune mixte.

Cette commune mixte, qui prendra le nom de Frendah, sera administrée par le Général commandant la subdivision, ayant pour premier adjoint le chef du bureau des affaires indigènes de Mascara et avec l'assistance d'une commission municipale de vingt-cinq membres, savoir :

Le bach-agha de Frendah, l'agha d'El-Bordj, l'agha des Hachem, un adjoint français pour chacun des centres de Frendah et de Cacherou et vingt adjoints indigènes.

Gal Chanzy.

Commune mixte de Géryville.

30 décembre 1875. — *Arrêté.*

Art. 1er. — Le centre de Géryville et les dix-huit tribus des Oulad Ziad Ech-Cheraga, Oulad Ziad El-Gheraba, Derraga El-Cheraga, Derraga El-Gheraba, Oulad Ma'Alla, Akerma, Oulad Abd El-Kerim, Oulad Serour, Oulad Sidi El-Hadj ben Amar, Stitten, Mecheria, Ghassoul, Brezina, El-Arbaouat, El-Abiod Sidi Cheikh, Chellala Dahrouïa, Chellala Gueblia et Bou Semghoun forment une commune mixte dont le chef-lieu est Géryville.

Cette commune mixte, qui prendra le nom de son chef-lieu, sera administrée par le Commandant supérieur du cercle, assisté d'un premier adjoint (le chef du bureau des affaires indigènes), et d'une Commission municipale de dix-neuf membres, savoir :

Un adjoint français pour le centre de Géryville, et dix-huit adjoints indigènes.

Gal Chanzy.

Commune mixte d'Inkermann.

31 juillet 1872. — *Arrêté.*

Art. 1er. — Le centre d'Inkermann (Oued-Rihou) est détaché de la commune mixte d'Ammi-Moussa et constitué en commune mixte avec les douars-communes de *Merdja-el-Gargar* et *d'Abd-el-Goui*, qui, par suite, sont détachés de la commune subdivisionnaire d'Oran.

A cette commune mixte sera rattaché provisoirement le territoire du centre européen de *Saint-Aimé*, actuellement en création.

Art. 2. — Il sera procédé, sans retard, à l'établissement du plan délimitatif de la commune mixte d'Inkermann.

Art. 3. — La commission municipale de cette commune sera composée de sept membres, dont quatre européens et trois indigènes.

Ces membres seront nommés par le Général commandant la division.

Vice-Amiral Cte de Gueydon.

30 juillet 1875. — *Arrêté.*

Art. 1er. — Les centres de population d'Inkermann et de Saint-Aimé, ainsi que les six douars-communes : Kaïba, Oulad-Addi, Djerara, Hamadena, Abd-el-Gouï et Merdja-el-Gargar forment une commune mixte, dont le chef-lieu est Inkermann, le tout conformément au plan ci-annexé.

Art. 2. Cette commune mixte, qui prendra le nom de son chef-lieu, sera administrée par un fonctionnaire civil, assisté d'un premier adjoint et d'une commission municipale, composée de douze membres, savoir :

Un adjoint et deux notables français

pour chacun des deux centres de colonisation ; six adjoints indigènes (un pour chaque douar.)
Gal CHANZY.

Commune mixte de Lamoricière.

23 septembre 1874. — *Arrêté.*

Art. 1er. — Le centre de population d'Aïn-Ferra, ainsi que les 4 douars de la tribu des Ahl-el-Oued-Djebel et le douar des Ouled-Mimoun, forment une commune mixte, dont le chef-lieu est *Lamoricière.*

Cette commune mixte, qui prendra le nom de son chef-lieu, sera administrée par le commissaire civil du district, assisté d'un premier adjoint (le secrétaire du commissariat civil), et d'une commission municipale de 10 membres, savoir :

1 adjoint français pour le centre d'Aïn-Ferra, 4 notables français, 3 adjoints indigènes et 2 notables indigènes.

Le Gouverneur général absent,
Le Directeur général : DE TOUSTAIN.

23 juin 1875. — *Décret.*

Art. 1er. — La section de Lamoricière est distraite de la commune de plein exercice de Tlemcen, pour être ultérieurement rattachée par un arrêté du Gouverneur général de l'Algérie à la commune mixte de Lamoricière.

M^{al} DE MAC-MAHON.

10 juillet 1875. — *Arrêté.*

Art. 1er. — La section de Lamoricière, détachée de la commune de plein exercice de Tlemcen, par le décret sus-visé du 23 juin 1875, est rattachée à la commune mixte de Lamoricière.

Gal CHANZY.

2 août 1875. — *Arrêté.*

Art. 1er. — La section de Lamoricière sera représentée, dans la commission municipale de la commune mixte de ce nom, par trois membres français, dont l'un remplira les fonctions d'adjoint spécial.
Gal CHANZY.

Commune mixte de Maghnia.

30 décembre 1875. — *Arrêté.*

Art. 1er. — Les centres de population de Maghnia et de Gar-Rouban, les quatre douars-communes de Zemmora, Djouïdat, Oulad-Sidi-Medjahed et Maaziz, ainsi que les huit tribus des Beni-Ouassin, Beni bou Saïd, Oulad-Riah, Ahl-Bel-Gafer, Ahl-Tameksalet, Oulad-Hammou, Oulad-Addou et Zaouïa-Sidi-Ahmed, forment une commune mixte dont le chef-lieu est Maghnia.

Cette commune mixte, qui prendra le nom de son chef lieu, sera administrée par le Commandant supérieur du cercle, assisté d'un premier adjoint (le chef du bureau des affaires indigènes) et d'une Commission municipale de dix-huit membres, savoir :

L'agha des Oulad Riah, deux adjoints français pour les centres de Maghnia et de Ghar-Rouban, trois notables français et douze adjoints indigènes.
Gal CHANZY.

Commune mixte de Mascara.

23 septembre 1874. — *Arrêté.*

Art. 1er. — Les centres de population de l'Oued-Traria, d'Aïn-Fekan, de Froha et de Palikao, ainsi que les 18 douars : Guerdjourm, Fekan, Froha, Zellaïa, Sidi-Ben-Moussa, Aïn-Defla, Sidi-Ben-Hanifia, Guertna, Bahourat, Ben-Khemis, Ouled-Saïd, Ferraguig, Beni-Necighr, Sedjerara, Tirrenifine, Maoussa, Sidi-Dahou, Hadjadja, forment une commune mixte dont ils constituent chacun une section et dont le chef-lieu est *Mascara.*

Cette commune mixte, qui prendra le nom de son chef-lieu, sera administrée par le sous-préfet de l'arrondissement qui aura pour premier adjoint le secrétaire de la sous-préfecture, pour deuxième adjoint un agent à la nomination du Préfet, et qui sera assisté d'une commission municipale de 22 membres, savoir :

4 adjoints français pour les centres de l'Oued-Traria, d'Aïn-Fekan, de Froha et de Palikao, 18 adjoints indigènes.

Le Gouverneur général absent,
Le Directeur général : DE TOUSTAIN.

30 juillet 1875. — *Arrêté.*

Art. 1er. — Sont détachés de la commune mixte de Mascara les centres de colonisation de Oued-Traria et d'Aïn-Fekan, ainsi que les deux douars Guerdjourm et Fekan.

Art. 2. — La commune mixte de Mascara, dont le siège administratif est maintenu dans cette ville, comprendra les centres de population de Froha et de Palikao, ainsi que les seize douars dont les noms suivent : Beni-N'cighr, Feraguig, Sedjerara, Ouled-Saïd, Beni-Khémis, Bahourat, Gueïna, Hadjadja, Ouled Sidi-Daho, Maoussa, Ternifine, Bou-Hanifia, Froha, Sidi-Ben-Moussa, Zellaga, Aïn-Defla, le tout conformément au plan ci-annexé.

Art. 3. — Cette commune mixte sera administrée par le Sous-Préfet de l'arrondissement, assisté d'un premier adjoint et d'une commission municipale de vingt membres, savoir : un adjoint local et un notable français pour chaque centre de colonisation, et les adjoints présidents de djemâas des seize douars.
Gal CHANZY.

22 septembre 1877. — *Arrêté.*

Art. 1er. — Les communes mixtes de Mascara et de l'Oued Traria sont réunies en une seule commune dont le chef-lieu est fixé à Mascara et qui en portera le nom.

Art. 2. — Cette commune est divisée en 27 sections, conformément au plan ci-annexé, savoir :

Les centres de Palikao, de Froha, d'Aïn Fekan, d'Oued Taria et de Franchetti ;

Les douars-communes de Sedjirara, des Beni N'cigh, des Ferraguig, des Hadjadja, des Ouled Sidi Daho, des Ouled Saïd, des Beni Khemis, de Bahourat, de Tirennifine, de Maoussa, d'Aïn-Defla, de Sidi ben Moussa, de Zellaga, de Froha, de Fekan, de Sidi ben Hanéfia, d'El-Gueithna, de Makda, de Benian, de Guerdjoun, de Melr'rir, de Souk el-Barbata.

La commission municipale se composera de 35 membres :

Le Sous-Préfet de l'arrondissement de Mascara, président ;

Le secrétaire de la sous-préfecture, 1er adjoint.

Un employé de la sous-préfecture, 2e adjoint, 5 adjoints et 5 membres français pour les sections de Palikao, de Froha, d'Aïn Fekan, d'Oued Taria et de Franchetti ; un adjoint indigène pour chacune des autres sections.

Le Gouverneur général absent,
Le Conseiller d'Etat, Directeur général,
LE MYRE DE VILERS.

Commune mixte de la Mekerra

28 septembre 1874. — *Arrêté.*

Art. 1er. — Les centres de population de Bou-Kanéfis, de Sidi-Ali-ben-Youb, de la Tenira, de Zéroucla et de Sfizef, ainsi que les quinze douars : Tifiles, Sidi-Yacoub, Tirenat, Mezfer, Ouled-Riah, Némaïcha, Atamnia, Ouled-Ghazi, Mehahid, Telmouni, Tiliouin, Oued-Mettone, Zfisef, Bou-Djebaâ et Ahmians, forment une commune mixte, dont le chef-lieu est *Sidi-bel-Abbès*.

Cette commune mixte, qui prendra le nom de *la Mekerra*, sera administrée par le commissaire civil du district, assissé d'un premier adjoint (le secrétaire du commissariat civil), et d'une commission municipale de vingt-deux membres, savoir :

Quatre adjoints français (un pour chacun des centres de Bou-Kanéfis, de Sidi-Ali-ben-Youb, de la Ténira et de Zéroucla), trois notables français et quinze adjoints indigènes.

Le Gouverneur général absent,
Le *Directeur général* : DE TOUSTAIN.

30 juillet 1875. — *Arrêté.*

Art. 1er — La composition territoriale de la commune mixte de la Mekerra, fixée conformément au plan ci-annexé, comprend les centres de colonisation et les douars dont les noms suivent :

1° Le village français de la Tenira, y compris une partie de la forêt de ce nom, qui appartenait précédemment au douar de Meser, le village de Zéroucla et les douars Ouled-Riah, Nemaïcha, Atamnia, Ouled-Ghazzi, M'haddid, Hamyans, Timouni.

Ces villages et douars sont placés sous l'action directe de l'administration de la commune mixte ;

2° Le village français Zfizef et les douars Oued-Mebtouch, Tiliouïn, Bou-Djebaa, Zfizef.

Ces villages et ces douars formeront une annexe placée sous l'action d'un adjoint spécial, résidant à Zfizef.

Art. 2. — La commune de la Mekerra est administrée par un fonctionnaire civil, résidant à Sidi-bel-Abbès, et assisté d'un premier adjoint.

La commission municipale comprendra dix-neuf membres, savoir : un adjoint et un notable français, pour chacun des trois centres de colonisation, un notable français, pris, autant que possible, dans les isolés de chaque section, et un adjoint indigène pour chacun des onze douars. Gal CHANZY.

Commune mixte de Mostaganem.

23 septembre 1874. — *Arrêté.*

Art. 1er. — Le centre de population de Scira ainsi que les seize douars : Oulad-Saoussi, Kadadra, Beni-Yahyi, Ahl-El-Ossian, Sahouïra, Sefafa, et terrains : Hels, Hassaïnia, Oulad-bou-Abca, Oulad-Chafa, Oulad-Dani, Chelafa, Oulad-Sidi-Brahim, Oulad-bou-Kamel, Oulad-Si-Youcef, Gonfirat-Sficifa, forment une commune mixte dont le chef-lieu est *Mostaganem*.

Cette commune mixte, qui prendra le nom de son chef-lieu, sera administrée par le Sous-Préfet de l'arrondissement, assisté d'un premier adjoint (le secrétaire de la sous-préfecture), d'un second adjoint à la nomination du Préfet, et d'une commission municipale de vingt-trois membres, savoir :

Sept notables français ;
Quinze adjoints indigènes.

Le Gouverneur général absent,
Le *Directeur général* : DE TOUSTAIN.

Commune mixte de Nemours.

30 décembre 1875. — *Arrêté.*

Art. 1er. — Les cinq douars-communes de Nédroma, Beni-Menir, Beni-Mishel, Souhalia, Zaouïet-El-Mira, ainsi que les onze tribus de Djebala, M'sirda, Achache, Oulad-Athia, Beni-Mengouch-El-Tahta, Oulad-Dedouch, Beni-Ouarsous, Nousf-Achour, Abegaïn, Beni-Abed et Oulhassa-El-Gheraba, forment une commune mixte dont le chef-lieu est Nemours.

Cette commune mixte, qui prendra le nom de son chef-lieu, sera administrée par le chef de l'annexe, assisté d'un premier adjoint (l'adjoint du chef-lieu de l'annexe), et d'une commission municipale de dix-huit membres, savoir :

Seize adjoints indigènes ;

Deux notables français ou européens, représentant la population française ou européenne de la commune mixte.

Gal Chanzy.

10 février 1876. — *Arrêté.*

Art. 1er. — La commission municipale de la commune mixte de Nemours est augmentée d'un adjoint français qui représentera la section de Nédroma.

Gal Chanzy.

Commune mixte de Oued-Traria (1).

30 juillet 1875. — *Arrêté.*

Art. 1er. — Les centres de colonisation d'Oued-Traria, d'Aïn-Fekan et de Franchetti, ainsi que les six douars Guerdjoun, Fekan, Melghir, Souk-el-Barbata, Benian et Makda forment une commune mixte, dont ils constituent chacun une section, conformément au plan ci-annexé.

Art. 2. — Cette commune mixte, rattachée à l'arrondissement de Mascara, aura pour chef-lieu le village de Oued-Traria, dont elle prendra le nom. Elle sera administrée par un fonctionnaire civil, assisté d'un premier adjoint et d'une commission municipale, composée de douze membres, savoir :

Un adjoint et un notable français, pour la section d'Oued-Traria ;

Un adjoint et un notable français, pour la section d'Aïn-Fekan ;

Un adjoint et un notable français, pour la section de Franchetti ;

Six adjoints indigènes (un pour chaque douar formant section).

Gal Chanzy.

Commune mixte de Relizane.

23 septembre 1874. — *Arrêté.*

Art. 1er. — Les centres de population d'Inkermann et de Saint-Aimé, ainsi que les dix-sept douars : Merdjet-el-Guergas, Abd-el-Gouï, Hamadna, Djérara, Ouled-Addi, Kiliba, Kiaïba, Bel-Acel, El-Guettar, Zeguier, Tehamda, Sahari, Mesalehia, Guerbouça, Geraïria, Ghoualize, Sidi-Sahada et Ghormi, forment une commune mixte dont le chef-lieu est Relizane.

Cette commune mixte, qui prendra le nom de son chef-lieu, sera administrée par le commissaire civil du district, assisté d'un premier adjoint (le secrétaire du commissariat civil) et d'une commission municipale de vingt-quatre membres, savoir :

Deux adjoints français, pour les centres d'Inkermann et de Saint-Aimé ;

Cinq notables français ;

Dix-sept adjoints indigènes.

Le Gouverneur général absent,

Le Directeur général : de Toustain.

27 avril 1875. — *Arrêté.*

Art. 1er. — Le douar des Ouled-Djemaa est rattaché à la commune mixte de Relizane, dont il formera une section représentée dans la commission municipale par un adjoint indigène.

Pour le Gouverneur général, en tournée,

Le Directeur général : de Toustain.

30 juillet 1875. — *Arrêté.*

Art. 1er. — Sont détachés de la commune mixte de Relizane les centres d'Inkermann, de Saint-Aimé et les six douars-communes Kiaïba, Oulad-Addi, Hamadena, Djerara, Abd-El-Gouï, Merdja-El-Gargar.

Art. 2. — La commune mixte de Relizane est formée des douze douars dénommés ci-après : Ghomeri, Sidi-Saada, Guerbouça, Guereïria, Goualise, Tahamda, Messabahis, Mina, Zgaïer, El Guettar, Bel Hacel, Oued Djemaa, conformément au plan ci-annexé.

Art. 3. — Cette commune, dont le siège administratif est maintenu à Relizane, sera administrée par un fonctionnaire civil, assisté d'un premier adjoint et d'une commission municipale de quatorze membres, savoir : deux notables français et douze adjoints indigènes (un pour chaque douar).

Gal Chanzy.

Commune mixte de Saïda.

30 décembre 1875. — *Arrêté.*

Art. 1er. — Les centres de population de Saïda et de Nazereug et les trois douars-communes des Douï-Thabet, Tafrent et Nazereug, forment une commune mixte dont le chef-lieu est Saïda.

Cette commune mixte qui prendra le nom de son chef-lieu sera administrée par le commandant supérieur du cercle, assisté d'un premier adjoint et d'une commission municipale de dix membres, savoir :

Deux adjoints français pour les centres de Saïda et de Nazereug, trois notables français, trois adjoints indigènes et deux notables indigènes. Gal Chanzy.

Commune mixte de Saint-Denis-du-Sig.

23 septembre 1874. — *Arrêté.*

Art. 1er. — Les huit douars : Hel-El-

---

(1) Cette commune mixte a été réunie à la commune mixte de Mascara par arrêté du Gouverneur général, du 22 septembre 1877. V. cet arrêté ci-dessus : *Commune mixte de Mascara.*

Aïd, Louggaz, Sidi-Ali-Chérif, Le Krouf, Ferraga, Otba-Djillaba, Otba-Djemmala et Aïn-Cheurfa, forment une commune mixte, dont le chef-lieu est *Saint-Denis-du-Sig*.

Cette commune mixte, qui prendra le nom de son chef-lieu, sera administrée par le commissaire civil du district, assisté d'un premier adjoint (le secrétaire du commissariat civil) et d'une commission municipale composée de dix membres, savoir :

Deux notables français, huit adjoints indigènes.

Le Gouverneur général absent,
Le Directeur général : DE TOUSTAIN.

30 septembre 1875, — *Arrêté.*

Art. 1ᵉʳ. — Le douar des Alaïmia et la forêt de Muley-Ismaël sont rattachés à la commune mixte de Saint-Denis-du-Sig, dont ils formeront chacun une section, administrée sous l'autorité du Commissaire civil par un adjoint indigène.

Gᵃˡ CHANZY.

Commune mixte de Sainte-Barbe-du-Tlélat.

23 septembre 1874. — *Arrêté.*

Art. 1ᵉʳ. — Les neuf douars : Mefta, Tenazet, Sidi-Ghalem, Tenia, El-Keçar, El-Gada, Telilat, Toumiat, Oum-El-Ghelaz, forment une commune mixte, dont le chef-lieu est *Sainte-Barbe-du-Tlélat*.

Cette commune mixte, qui prendra le nom de son chef-lieu, sera administrée par le commissaire civil du district, assisté d'un premier adjoint (le secrétaire du commissariat civil) et d'une commission municipale de 15 membres, savoir :

Six notables français, neuf adjoints indigènes.

Le Gouverneur général absent,
Le Directeur général : DE TOUSTAIN.

Commune mixte de Sebdou.

30 décembre 1875. — *Arrêté.*

Art. 1ᵉʳ. — Le centre de population de Sebdou, les deux douars communes d'Aïn Ghoraba et de Sebdou, ainsi que les vingt-huit tribus du Khemis, El-Azaïl, El-Kef, Oulad El-Nehar, Angad, Beni Smiel, Akerma, Oulad Mansourah, El Bekraka, Beni Metaref, Oulad Serour, Oulad Messaoud, Oulad Ahmed, Megan, Meghaoulia, Oulad Toumi, El Ferada, Oulad Embarek, Oulad Farès, Sendan, Oulad Sidi-Ahmed-ben-Medjedoul, Cheurfa, Aïn Sefissifa, Aïn Sefra, Thyout, Asla, Moghar El Fougani, Moghar El Tatani forment une commune mixte dont le chef-lieu est Sebdou.

Cette commune mixte, qui prendra le nom de son chef-lieu, sera administrée par le commandant supérieur du cercle, assisté d'un premier adjoint (le chef du bureau des affaires indigènes) et d'une commission municipale de trente-trois membres, savoir :

L'agha des Beni Snous, un adjoint français pour le centre de Sebdou, un notable français et trente adjoints indigènes. Cᵃˡ CHANZY.

Commune mixte de Tlemcen.

23 septembre 1874. — *Arrêté.*

Art. 1ᵉʳ. — Les centres de population de Sidi-Amara, de Remchi et de Tekbalet, ainsi que les douars : Ahl-Zelboun, Beni-Mester, Beni-Mélilia, Zenata, El-Fehoul, Seban-Chioukh, Sidi-Ali-Chaïd, Tafna, Ouled-Sidi-Abdelli et Beni-Ouazan, forment une commune mixte, dont le chef-lieu est *Tlemcen*.

Cette commune mixte, qui prendra le nom de son chef-lieu, sera administrée par le Sous-Préfet de l'arrondissement, assisté d'un premier adjoint (le secrétaire de la sous-préfecture), d'un second adjoint à la nomination du Préfet et d'une commission de 10 membres, savoir :

3 adjoints français pour les centres de Sidi-Amara, de Remchi et de Tekbalet, 2 notables français, 6 adjoints indigènes.

Le Gouverneur général absent,
Le Directeur général : DE TOUSTAIN.

27 avril 1875. — *Arrêté.*

Art. 1ᵉʳ. — La commune mixte des Beni-Saf est supprimée.

La partie de son territoire, située sur la rive droite de la Tafna, est rattachée à la commune mixte de Tlemcen ; l'autre partie est réunie à la commune indigène de Tlemcen (territoire militaire).

Art. 2. — Le village des Beni-Saf et la portion des tribus des Beni-Fouzech et des Beni-Riman, sise sur la rive droite de la Tafna, formeront trois sections de la commune mixte de Tlemcen. La première sera représentée au sein de la commission municipale par un adjoint français et chacune des deux autres par un adjoint indigène.

Pour le Gouverneur général, en tournée,
Le Directeur général : DE TOUSTAIN.

25 juillet 1875. — *Arrêté.*

Art. 1ᵉʳ. — Les sections de la commune mixte de Tlemcen, dites des Beni-Saf, des Beni-Fouzech et des Beni-Riman, sont réunies, sous le nom des Beni-Saf, en une seule section, qui sera représentée dans la commission municipale de la commune mixte de Tlemcen, par deux adjoints, dont l'un, français, chargé d'administrer la population européenne, et l'autre, indigène musulman, chargé d'administrer ses coréligionnaires.

Le Gouverneur général absent,
Le Directeur général : DE TOUSTAIN.

28 août 1877. — *Arrêté*.

Art. 1ᵉʳ. — Le douar des Ouled Alaa, indiqué par une teinte jaune au plan ci-annexé, sera distrait, à partir du 1ᵉʳ janvier 1878, de la commune d'Hennaya, et réuni à la commune mixte de Tlemcen dont il formera une nouvelle section.

Art. 2. — Un membre, choisi parmi les indigènes musulmans de cette section, la représentera au sein de la commission municipale.

Ce membre pris en sus du nombre fixé par les arrêtés précités des 23 septembre 1874, 27 avril et 25 août 1875, sera chargé, dans sa section, des fonctions d'adjoint.

Le Gouverneur général absent,
Le Conseiller d'Etat, Directeur général :
Le Myre de Vilers.

Commune mixte de Zemmorah.

6 mars 1877. — *Arrêté*.

Art. 1ᵉʳ. — La commune mixte de Zemmorah et la commune indigène des Flittas sont réunies en une seule commune mixte, dont le chef-lieu est fixé à Zemmorah, et qui en portera le nom (1).

Art. 2. — Cette commune est divisée en vingt-trois sections conformément au plan ci-annexé, savoir :

Les centres de Zemmorah et de Mendez ;
Les douze douars-communes de Harartsa, Oulad Rafa, Dar ben Abdallah, Beni Issad, El-Habecha, Ouled Barkat, Oued-el-Hamoul, Beni Dergoun, Amamra, Ouled Souïd, Ouled Zid, Ben Aouda ;
Les neuf tribus des Oulad Sidi-el-Azreug, Chouala, Beni Louma, Oulad Rached, Oulad Ameur, Oulad bel Haïd, Oulad Sidi Yahia ben Hamed, Oulad Sidi Ahmed ben Mohamed et El-Anatra.

Art. 3. — La Commission municipale sera composée de vingt-huit membres :
Le Chef d'annexe, président ;
L'adjoint de première classe du bureau des affaires indigènes, premier adjoint ;
Deux adjoints et deux membres français pour les sections de Zemmorah et de Mendez ;
Un adjoint indigène pour chacune des autres sections ;
Le Caïd des Caïds des Flittas.

Gᵃˡ Chanzy.

Nouvelle organisation des communes mixtes du département d'Oran.

13 novembre 1875 — *Arrêté*.

Art. 1ᵉʳ. — A partir du 1ᵉʳ janvier 1876, la commune indigène de Mostaganem, dépendant actuellement du commandement militaire, formera une commune mixte, relevant de l'autorité préfectorale et administrée par un agent de l'administration civile.

La dénomination de cette commune mixte dont le territoire comprendra les centres de Cassaigne, de Renault, d'Aïn Nouillis et de Bosquet, sera ultérieurement indiquée.

Art. 2. — A partir du 1ᵉʳ janvier 1876, les douars de Kalaa, douairs Flittas et Ouled Bou Ali cesseront de faire partie du territoire militaire de la commune indigène de Mascara (section chef-lieu) et seront remis à l'autorité civile pour être rattachés à la commune mixte de Relizane.

Art. 3. — Le surplus des douars, constituant actuellement la commune indigène de Mascara, y compris la section annexe de Frendah, formeront, à partir du 1ᵉʳ janvier 1876, une commune mixte qui prendra le nom de Frendah.

Cette commune mixte est et demeurera rattachée au territoire de commandement ; elle relèvera directement de l'autorité du commandant de la subdivision de Mascara.

Art. 4. — A partir du 1ᵉʳ janvier 1876, le village de Nazereg, les douars de Nazereg et de Tafrent seront distraits de la commune indigène de Saïda et rattachés à la commune mixte du même nom, laquelle est et demeurera sous l'autorité du commandement militaire.

Art. 5. — A partir du 1ᵉʳ janvier 1876, la section de Géryville, annexe de la commune indigène de Saïda, sera distraite de ladite commune et érigée en commune mixte.

Cette commune mixte, comprenant le centre européen du même nom, sera administrée par le commandant supérieur et résidant.

Art. 6. — A partir du 1ᵉʳ janvier 1876, la commune indigène de Tlemcen sera supprimée ; les douars constituant actuellement son territoire et celui de ses diverses sections seront répartis de la manière suivante :

1° Les douars, constituant actuellement les sections de Sebdou et de Daya, seront rattachés aux communes mixtes du même nom ;

2° Les douars, constituant actuellement la section de Lalla-Maghnia, seront rattachés à la commune mixte du même nom, laquelle s'augmentera des Ouled Riah, Ouled Addou, Ouled Hammou, Zaouïet-Si-Ahmed, Ahl-Tamek-Salet, Ahl-Bel-Gafer, à provenir, tous les six, de la commune indigène de Tlemcen (section chef-lieu) ;

3° La section de Nemours sera érigée en commune mixte, avec les douars Ahl-el-Oued, Ahl-el-Hammam, Abeghaïn, Nousf-Achour, Beni-Abed, Ouled-Deddouch, à provenir, tous les six, de la commune indigène de Tlemcen (section chef-lieu) ;

La commune mixte de Nemours et les

---

1) V. *infrà* : Communes indigènes.

communes mixtes ainsi agrandies, Sebdou, Daya et Lalla-Maghnia demeureront sous l'autorité du commandant militaire ;

4° La tribu des Beni-Ournid, provenant de la commune indigène de Tlemcen (section chef-lieu), sera rattachée à l'arrondissement de Tlemcen et à la commune mixte du même nom ;

5° Celle des Oulhassa-Ghéraba (Beni-Fouzech et Beni-Riman, de la rive gauche de la Tafna), à provenir de la commune indigène sus-nommée, sera rattachée à la commune mixte de Nemours.

Art. 7. — Celles des agglomérations indigènes ci-dessus désignées, qui sont placées sous la juridiction des tribunaux militaires et qui seront remises à l'autorité civile, passeront également, le 1er janvier 1876, sous la juridiction des tribunaux de droit commun.

Art. 8. — Des arrêtés ultérieurs pourvoiront à l'organisation administrative des différentes communes mixtes dénommées au présent arrêté. Gal CHANZY.

SECTION III. — *Communes indigènes.*

§ 1er. — **Suppression des communes subdivisionnaires créées par l'arrêté du 20 mai 1868.**

13 novembre 1874. — *Arrêté.*

Considérant que les communes subdivisionnaires, créées par l'arrêté du 20 mai 1868, ont une étendue trop vaste pour qu'il soit possible de leur assurer tous les bienfaits de l'organisation municipale ;

Considérant que les unités administratives existant actuellement, sous la dénomination de *cercles* ou *annexes*, réunissent des conditions territoriales et financières appropriées à l'application du régime communal institué en territoire militaire par l'arrêté organique du 20 mai 1868.

Art. 1er les communes subdivisionnaires, organisées par l'arrêté sus-visé du 20 mai 1868, sont supprimées, à partir du 1er janvier 1875.

Art. 2. — Les circonscriptions territoriales et administratives existant, sous la dénomination de cercles ou annexes, seront érigées successivement en communes indigènes ayant leur autonomie et leur budget distinct.

Les cercles ou annexes qui, par l'insuffisance de leurs ressources financières et administratives, ne pourraient pas immédiatement être érigés en communes indépendantes, formeront provisoirement des sections de communes indigènes.

Sont, dès ce moment, érigées en communes indigènes du territoire militaire les circonscriptions administratives dénommées dans le tableau ci-après :

SUBDIVISIONS	DÉSIGNATION DES CERCLES OU ANNEXES érigés en communes indigènes	CHEF-LIEU de chaque nouvelle commune indigène	OBSERVATIONS
	DIVISION D'ALGER		
MÉDÉA	Médéa. Boghar. Djelfa. Laghouat.	Médéa. Boghar. Djelfa. Laghouat.	NOTA. — Les communes indigènes, déjà instituées en territoire militaire par des décisions antérieures, sont les suivantes :
ORLÉANSVILLE	Miliana. Teniet-el-Hâad. Orléansville.	Miliana. Teniet-el-Hâad. Orléansville.	Province d'Alger { Annexe d'Alger, chef-lieu l'Arba. Fort-National et Mekla. Cherchell. Ténès.
AUMALE	Aumale, avec Beni-Mansour pour section. Bousaâda.	Aumale. Bousaâda.	
	DIVISION D'ORAN		
ORAN	Mostaganem. Zemmora. Ammi-Moussa.	Mostaganem. Zemmora. Ammi-Moussa.	
MASCARA	Mascara, avec Frendah, pour section. Tiaret, avec Aflou, id. Saïda, avec Géryville. id.	Mascara. Tiaret. Saïda.	Province d'Oran { Néant.
TLEMCEN	Tlemcen, avec Sebdou, Daya, Nemours et Lalla-Maghnia pour sections.	Tlemcen.	
	DIVISION DE CONSTANTINE		
CONSTANTINE	Constantine. Aïn-Beïda. Tebessa.	Constantine. Aïn-Beïda. Tebessa.	
BÔNE	Bône. Guelma. Soukharas.	Bône. Guelma. Soukharas.	Province de Constantine { Djidjelli. El-Milia. La Calle. Takitount. Akbou. Bougie. Collo.
BATNA	Batna, avec Barika pour section. Khenchela. Biskra.	Batna. Khenchela. Biskra.	
SÉTIF	Sétif. Bordj-bou Arréridj, avec Msila pour section.	Sétif. Bordj-bou-Arréridj.	

Art. 3. — Les nouvelles communes, provenant de la désagrégation des communes subdivisionnaires, restent soumises au régime du commandement, en conformité des dispositions de l'arrêté du 20 mai 1868.

Art. 4. — Elles sont administrées, suivant le cas, par le commandant supérieur du cercle ou par le chef de l'annexe, assistés, l'un et l'autre, d'une commission municipale.

L'administrateur de la commune indigène est, en sa qualité de maire, ordonnateur des dépenses de la commune, sauf l'exception prévue à l'article 5 du présent arrêté.

Dans les communes indigènes dotées de ressources suffisantes, il pourra être institué, auprès de l'administrateur militaire, un adjoint civil qui remplira les fonctions de secrétaire de la commune indigène.

Les adjoints civils nommés par le gouverneur général, et rétribués sur les fonds de l'Etat, pourront recevoir une indemnité sur le budget de la commune indigène.

Dans les communes où il ne sera pas créé un emploi spécial d'adjoint civil, les fonctions de secrétaire de la commune indigène pourront être confiées à l'instituteur.

Art. 5. — Le service du génie demeure chargé, jusqu'à nouvel ordre, des travaux des communes indigènes et de l'ordonnancement des dépenses qui s'y rapportent.

En vue de préparer une remise ultérieure de ces travaux aux commissions municipales, des agents-voyers pourront être nommés par le Général commandant la division, sur la proposition du Directeur du génie, dans les communes possédant les ressources nécessaires et une étendue territoriale suffisante pour justifier cette création.

Ces agents seront sous les ordres des officiers du génie, et contribueront à l'étude et à l'exécution des travaux de toute nature payés sur les fonds de la commune.

Art. 6. - Les budgets et comptes administratifs des communes indigènes du territoire militaire seront réglés dans la province par le Général commandant la division (bureau civil).

Une copie du compte administratif de chaque commune indigène sera fournie, en fin d'exercice, au Gouverneur général de l'Algérie.

Art. 7. — Les comptes des communes subdivisionnaires seront arrêtés le 31 décembre 1874 et le boni constaté, à cette date, sera réparti suivant les règles et usages établis entre les nouvelles communes indigènes dont le fonctionnement devra être assuré à partir du 1er janvier 1875.

Art. 8. — Les dispositions de l'arrêté du 20 mai 1868 sont maintenues et deviennent applicables aux communes indigènes du territoire militaire, notamment en ce qui concerne :

1° La définition du domaine communal ;

2° Le mode d'administration des biens communaux ;

3° La nomenclature des recettes et des dépenses ;

4° Enfin les règles de comptabilité et le mode de présentation des comptes.

Art. 9. — Conformément aux dispositions de l'article 45 de l'arrêté précité et de l'article 2 de l'arrêté du 2 janvier 1874, les communes indigènes du territoire militaire continueront à alimenter, par voie de contingent, les divers budgets du fonds commun de chaque division (dépenses générales, pénitenciers, medersa, etc.), et le budget du fonds commun général de l'Algérie. Ces contingents seront fixés annuellement par arrêté du Gouverneur général, sur les propositions respectives des Généraux commandant les divisions.

Art. 10. — Sont abrogées toutes dispositions contraires à celles du présent arrêté. Gal CHANZY.

§ 2. — **Organisation de la Kabylie du département d'Alger en arrondissement administratif, et en communes indigènes.**

11 septembre 1873. — *Décret*.

Art. 1er. — Il est créé dans la Kabylie du département d'Alger un arrondissement administratif dont la ville de Dellys est provisoirement le chef-lieu.

Cet arrondissement sera administré par un Sous-Préfet, sous l'autorité du Préfet d'Alger.

SECTION 1re. — *De l'arrondissement et de sa division.*

Art. 2. — L'arrondissement de Dellys comprend les circonscriptions cantonales de Dellys, Tizi-Ouzou, Dra-el-Mizan et des Issers (Bordj-Menaïel), délimitées et inscrites sous les numéros 47, 46, 43 et 45 du plan général, joint au décret du 20 février 1873, et dont un extrait au 1/200,000° est annexé au présent décret.

Art 3 — La circonscription de Dellys sera directement administrée par le Sous-Préfet : les trois autres circonscriptions seront administrées par des *Commissaires civils*, sous l'autorité du Sous-Préfet.

Les attributions des Commissaires civils sont celles qui ont été définies par l'arrêté ministériel du 18 décembre 1852, sauf les pouvoirs judiciaires et les pouvoirs qui, sous leur surveillance, appartiennent aux Maires dans les communes de plein exercice de leur circonscription.

Les Commissaires civils administrent les communes mixtes de leur circonscription, avec l'assistance d'une Commission municipale.

Art. 4. — Les communes mixtes de *Drâ-el-Mizan*, de *Tizi-Ouzou* et de *Fort-National* sont érigées en communes de plein exercice.

La commune de Fort-National est rattachée provisoirement à la circonscription cantonale de Tizi-Ouzou.

Des arrêtés du Gouverneur général civil, pris en Conseil de Gouvernement, détermineront les limites de ces communes et la composition des corps municipaux.

Section II. — *De la commune indigène.*

Art. 5. — Les populations indigènes de chaque circonscription, non comprises dans le périmètre d'une commune de plein exercice, forment une unité administrative, sous le titre de *Commune indigène de la circonscription cantonale*.

Le Commissaire civil est Maire de la commune indigène de sa circonscription. Celle-ci peut être divisée en autant de sections qu'elle comporte de douars régulièrement constitués, ou de *feurka* (fractions).

Chaque section a sa djemâa ou assemblée locale, organe des intérêts et des besoins de la section, et dont les membres sont choisis parmi les anciens, conformément aux usages du pays.

Le Président de la djemâa est nommé par le Préfet, sur la proposition du Sous-Préfet.

Art. 6. — Les Présidents de djemâa sont tenus :

De fournir au Commissaire civil tous les renseignements qui intéressent le maintien de la tranquillité et la police du pays, et d'exécuter ses prescriptions dans l'intérêt de l'ordre public ;

D'assister les agents du Trésor et de l'Administration pour les opérations de recensement en matière de taxes et d'impôts ;

De prêter, à toute réquisition, leur concours à la justice et aux agents du recouvrement des deniers publics.

Art. 7. — Les réunions ordinaires des djemâas de section ont lieu quatre fois par an, quinze jours avant celles de la Commission municipale de la commune indigène, dont il sera parlé ci-après.

Les djemâas ne peuvent se réunir extraordinairement qu'en vertu d'un ordre ou d'une autorisation du Sous-Préfet.

Un arrêté du Gouverneur général civil, le Conseil de Gouvernement entendu, réglera tout ce qui concerne la division de la commune indigène en sections, la composition des djemâas de section et leur fonctionnement.

Art. 8. — La réunion des Présidents de djemâa au chef-lieu du district, sous la présidence du Commissaire civil, forme la Commission municipale de la commune indigène.

Les attributions de cette Commission sont celles conférées aux Conseils municipaux des communes de plein exercice par la législation en vigueur en Algérie.

Toutefois, aucune de leurs délibérations n'est exécutoire qu'après approbation de l'autorité supérieure.

Art. 9. — Les Commissions municipales se réunissent en session ordinaire, quatre fois par an, aux mois de février, mai, août et novembre.

Chaque session peut durer cinq jours.

Les Commissions municipales ne peuvent se réunir extraordinairement qu'en vertu d'un ordre ou d'une autorisation du Sous-Préfet.

Section III. — *Du budget des communes indigènes.*

Art. 10. — Il ne sera dressé qu'un seul budget des recettes et dépenses municipales, pour les communes indigènes de l'arrondissement.

Toutefois, ce budget sera établi dans une forme qui permettra de dégager distinctement les recettes et les dépenses afférentes à chacune des quatre communes indigènes de l'arrondissement.

Art. 11. — Le budget des communes indigènes est établi, chaque année dans le courant du mois d'octobre, par le Sous-Préfet, sur le vu des propositions des Commissions municipales et des délibérations des djemâas.

Il est réglé définitivement par le Gouverneur général civil, sur les propositions du Préfet.

Art. 12. — Il sera prélevé, sur l'ensemble des recettes de toute nature prévues au budget des communes indigènes, un dixième pour la formation d'un fonds commun destiné à subvenir à des dépenses d'utilité générale et d'intérêt commun.

Il ne pourra être disposé du fonds commun qu'en vertu de décisions du Gouverneur général, sur les propositions motivées du Préfet.

Art. 13. — Le Sous-Préfet est ordonnateur du budget des communes indigènes.

Les fonctions de receveur de la commune indigène sont dévolues au receveur des Contributions diverses résidant au chef-lieu de district.

Section IV. — *De la force publique.*

Art. 14. — Pour assurer la sécurité publique et pour la police générale des indigènes, il pourra être placé au chef-lieu de chaque circonscription cantonale un officier chargé, sous les ordres du Commandant de la subdivision, du commandement de la force publique, et investi, à ce titre, des fonctions d'officier de police judiciaire. Ses rapports avec les autorités administratives ou judiciaires seront ceux déterminés par les règlements sur le service de la gendarmerie.

SECTION V. — *Du territoire placé en dehors de l'arrondissement.*

Art. 15. — La partie de la Kabylie du département d'Alger laissée en dehors de l'arrondissement de Dellys, reste transitoirement placée sous l'administration militaire, responsable du maintien de l'ordre et de la sécurité.

Ce territoire formera, provisoirement, un *cercle spécial*, relevant pour le commandement du Général commandant la subdivision de Fort-National.

Ce cercle aura son budget particulier alimenté au moyen des ressources dites communales et administré, sous l'autorité du Commandant de la subdivision, par un *adjoint civil*, assisté d'une commission municipale, dont la composition sera réglée par un arrêté du Gouverneur général civil, le Conseil de Gouvernement entendu.

Sont applicables à la formation, au règlement et à la gestion du budget dont il s'agit, les dispositions de la section 3, relatives au budget des communes indigènes ; sauf que les attributions du Sous-Préfet et du Préfet sont dévolues aux Généraux commandant la subdivision et la division et que l'adjoint civil est l'ordonnateur du budget.

Art. 16. — Des arrêtés du Gouverneur général, délibérés en Conseil de Gouvernement, détermineront les portions du cercle spécial qui en pourront être successivement détachées, soit pour être réunies aux circonscriptions cantonales limitrophes, soit pour former de nouvelles circonscriptions.

SECTION VI. — *Des juridictions judiciaires.*

Art. 17. — Tout le territoire compris dans le périmètre de l'arrondissement relèvera judiciairement des tribunaux de droit commun. Les ressorts des justices de paix de Dellys et de Tizi-Ouzou sont maintenus, jusqu'à nouvel ordre, tels qu'ils ont été déterminés par les décrets d'institution.

Il n'est rien innové à cet égard, en ce qui concerne le territoire du cercle spécial.

Art. 18. — Sont abrogées toutes dispositions antérieures, contraires au présent décret.

M^{al} DE MAC-MAHON.

§ 3. — **Constitution des territoires de Fort-National et de Mekla en cercle spécial et en commune indigène.**

25 décembre 1873. — *Arrêté.*

Art. 1er. — Les territoires du Fort-National et de Mekla sont, transitoirement, réunis sous le titre de cercle spécial de Fort-National ; ils forment une commune indigène, divisée en 14 sections, conformément au tableau ci-annexé. Cette commune est administrée par le Général commandant la subdivision, assisté d'un adjoint civil et d'une commission municipale.

Art. 2. — Chaque section a sa djemâa, ou assemblée locale, organe des intérêts et des besoins de la section, et dont les membres sont choisis, parmi les notables du pays, en nombre égal à celui des *toufiks*.

Ils sont nommés, pour trois ans, par le Général commandant la division.

Art. 3. — Le président de la djemâa est un agent rétribué du commandement ; il transmet ses ordres et en assure l'exécution.

Il est spécialement chargé :
De la présidence de la djemâa ;
De la surveillance du pays ;
Du maintien de la sécurité.

Il est nommé, pour trois ans, par le Gouverneur général civil.

Art. 4. — Dans chaque toufik, un amin exerce les fonctions de la police administrative ; il assiste et renseigne les agents chargés de l'assiette et de la perception de l'impôt.

L'amin est nommé, pour trois ans, par le Général commandant la division.

Art. 5. — Ni le président de la djemâa, ni l'amin de toufik, n'ont le droit d'appliquer des peines ; ils se bornent à livrer ou à signaler au commandement les indigènes présumés auteurs de crimes, délits ou contraventions.

Art. 6. — Le président de la djemâa et l'amin de toufik ont le droit de requérir les gens de leur circonscription pour l'exécution des ordres de l'autorité, pour l'arrestation des malfaiteurs et de tous les individus qui troublent la tranquillité.

Tout refus d'obéissance à ces réquisitions est puni conformément aux dispositions de l'arrêté ministériel du 5 avril 1860, et de l'arrêté du Gouverneur général du 26 février 1872.

Art. 7. — La djemâa de chaque section se réunit, soit à des époques fixées, soit en vertu d'autorisations spéciales du commandement, dans le lieu de la résidence de son président.

Elle élit un ou deux suppléants au commencement de chaque session.

Lorsque le commandement juge convenable de désigner un officier pour assister aux délibérations de la djemâa, cet officier en a la présidence.

Un khodja, pris en dehors des membres de la djemâa, sera chargé de consigner, sur un registre, ses délibérations et d'en conserver le dépôt.

La djemâa de section est chargée d'exprimer des vœux relativement à la gestion des biens appartenant à la section ou aux toufiks qui en dépendent, et à l'emploi des centimes additionnels ou autres recettes provenant de la section.

Art. 8. — La commission municipale instituée par l'article 15, paragraphe 3, du décret du 11 septembre 1873, se compose :

Du Général commandant la subdivision, président ;
Du juge de paix de Fort-National ;
De l'adjoint civil ;
Du commandant du génie ;
De l'officier chargé, sous les ordres du Général commandant la subdivision, de la direction des affaires indigènes ;
Et d'un nombre de notables égal à celui des sections nommés par le Général commandant la division.

Art. 9. — Les sections 3, 4, 5 et 6 du titre 2 de l'arrêté du 20 mai 1868 (articles 24 à 54), sur l'organisation municipale du territoire militaire, sont applicables à l'organisation municipale du cercle spécial de Fort-National, sauf la dérogation apportée à l'article 52 de cet arrêté, par l'article 15, paragraphe 4, du décret du 11 septembre 1873.

Art. 10. — Sont également applicables au budget dudit cercle spécial, sous la réserve du paragraphe 4 de l'article 15, les articles 11, 12 et 13 du même décret relatif au budget des communes indigènes de l'arrondissement de Dellys.

Le budget du cercle spécial sera établi dans une forme qui permettra de dégager distinctement les recettes et dépenses afférentes à chacune des 14 sections indiquées à l'article 1er ci-dessus.

Gal CHANZY.

Composition des quatorze sections formant le cercle de Fort-National.

Sections.	Tribus.	Sections.	Tribus.
1re	Flisset-El-Bahr.	9.	Beni-Fraoucen.
2.	Beni-Djenaad.		— Beni-Khelili
3.	Zerkh-Faoua.		— Beni-Bou-Chaïb.
	— Beni-Flik.	10.	Beni-Iraten.
4	Tegrin.	11.	Akhbil.
	— Beni-Haceïn.		— Attaf.
	— Azzouza.		— Beni-Bou-Akkach.
	— Iril-Nzekrl.		— Beni-Bou-Drar.
5.	Beni-Ghobri.	12.	Beni-Yenni.
6.	Beni-Idjeur.		— Beni-Ouassif.
	— Illoula-ou-Malou.	13.	Tagmount-El-Djedid
	— Beni-Zikki.		— Ouadhia.
7.	Illilten.		— Beni-Bou-Chenacha.
	— Beni-Ittouragh.	14.	Beni-Chebla.
8.	Beni-Bou-Youcef.		— Beni-Irguen.
	— Beni-Yahia.		— Beni-Ahmed.
	— Beni-Menguellet.		— Ouled Ali-ou-Illoul.
			— Oghdal.

24 janvier 1874. — *Arrêté.*

Art. 1er. — Les douars-communes de Tikobain et de Mekla, précédemment visés par le décret du 24 décembre 1870, sont rattachés, provisoirement et jusqu'à ce qu'ils puissent être remis à l'administration civile, au cercle spécial de Fort-National, dont ils formeront la 15e section.

Gal CHANZY.

20 mai 1876. — *Arrêté.*

Art. 1er. — L'article 8 de l'arrêté du 25 décembre 1873, fixant la composition de la Commission municipale de la commune indigène du cercle spécial de Fort-National, est modifié ainsi qu'il suit :

La Commission municipale instituée par l'article 15 § 3 du décret du 11 septembre 1873, se compose :
Du Général commandant la subdivision, président ;
Du Commandant supérieur du cercle de Fort-National, vice-président ;
Du Juge de paix de Fort-National ;
De l'Adjoint civil ;
Du Commandant du Génie ;
De l'officier chargé, sous les ordres du Commandant du cercle, de la direction des affaires indigènes, et d'un nombre de notables égal à celui des sections, nommés par le Général commandant la Division.

Gal CHANZY.

7 septembre 1876. — *Arrêté.*

Art. 1er. — La commune indigène du cercle spécial de Fort-National, comprenant actuellement dix-sept sections, suivant les dispositions de l'arrêté sus-visé, sera répartie en dix-huit sections, dont la composition est déterminée ainsi qu'il suit :

Sections.	Tribus.	Sections.	Tribus.
1.	Flisset-El-Behar.	9.	Beni-Fraoucen ; Beni-Khelili.
2.	Beni-Djennad de l'Est ; Beni-Djennad de l'Ouest ; Beni-Djennad-El-Behar.	10.	Illoula ou Malou ; Beni-Ziki.
		11.	Beni-Attaf ; Beni-bou-Akkach ; Beni-bou-Drar.
3.	Zerkhfaoua ; Beni-Flik.	12.	Beni-Yenni.
4.	Tigrin ; Beni-Hassaïn ; Azzouza ; Iril Nzekri.	13.	Beni-Ouassif ; Beni-Sedka ; Ogdal.
5.	Beni-Ghobri.	14.	Beni-Seaka Chenacha ; Ouadia.
6.	Beni-Idjeur-Sahel ; Beni-Idjeur-Djebel.	15.	Douar de Tikobaïn ; douar de Mekla.
		16.	Beni-Iraten-bou-Adda.
7.	Illiten ; Beni-Itourar	17.	Beni-Iraten ou Fella.
8.	Beni-Yahia ; Beni-Menguellat ; Beni-bou-Chaïb.	18.	Akbil ; Beni-bou-Youssef.

Le Gouverneur général absent,
Le Directeur général : DE TOUSTAIN.

Compétence.

12 avril 1873. — CIRCULAIRE *de M. le Garde des Sceaux relative à la compétence des tribunaux français dans les procès entre Français et Suisses.*

Monsieur le Procureur général, une convention conclue le 16 juin 1869 entre la France et la Suisse, reproduisant et complétant les dispositions d'un précédent traité portant la date du 18 juillet 1828, a déterminé les règles relatives à la compétence judiciaire et à l'exécution des jugements en matière civile.

L'article 11 de cette convention est ainsi conçu :

« Le tribunal suisse ou français devant
» lequel sera portée la demande qui, d'a-
» près les articles précédents, ne serait
» pas de sa compétence, *devra d'office,*
» *et même en l'absence du défendeur,*
» renvoyer les parties devant les juges
» qui devront en connaître. »

L'article 1ᵉʳ de la même convention dispose que « dans les contestations en ma-
» tière mobilière et personnelle, civile
» ou de commerce, qui s'élèveront, soit
» entre Français et Suisses, soit entre
» Suisses et Français, le demandeur sera
» tenu de poursuivre son action devant
» les juges naturels du défendeur. »

Il résulte de la combinaison de ces deux articles qu'en matière personnelle les juges du domicile du défendeur sont, d'une manière absolue, seuls compétents pour connaître de la demande, et que tout autre tribunal qui aurait été saisi doit, d'office, déclarer son incompétence.

Les conférences qui ont précédé le traité et le protocole explicatif qui y a été annexé, les instructions qui ont été adressées par les deux gouvernements ne peuvent laisser aucun doute sur la portée de l'article 11, dont le sens a été nettement précisé par une circulaire de l'un de mes prédécesseurs du 7 février 1870.

Cette règle, qu'en matière personnelle, civile et commerciale, le juge naturel du défendeur doit seul connaître des contestations entre Français et Suisses, avait déjà été adoptée par le traité du 18 juillet 1828 et consacrée par la jurisprudence. Un arrêt de la Cour de cassation du 12 novembre 1832 a annulé, dans l'intérêt de la loi, un jugement du tribunal de commerce de Montpellier, rendu dans un procès intenté par un Français contre un commerçant du canton de Neuchâtel, et ce principe a été de nouveau proclamé par un arrêt de la chambre civile de la même cour, du 26 août 1835.

Cependant j'ai pu me convaincre, par des exemples récents, que la disposition de l'article 11 était souvent méconnue, surtout en matière commerciale. Un assez grand nombre de Suisses, se croyant protégés par cette disposition, avaient négligé de comparaître devant les tribunaux français ; ils ont été condamnés par défaut et obligés de former opposition ou d'interjeter appel des décisions incompétemment rendues contre eux.

La convention du 15 juin 1869 a été conclue avec un pays auquel nous sommes unis par des relations traditionnelles d'amitié. C'est un devoir pour nos tribunaux de la respecter, et je suis convaincu qu'il suffira de la leur rappeler pour que désormais elle soit strictement observée.

Je n'ai pas besoin d'ajouter que la violation de l'article 11 a non seulement pour conséquence de contraindre les Suisses défendeurs à plaider en France malgré les stipulations formelles du traité mais encore, qu'elle cause, en réalité, un préjudice à nos nationaux eux-mêmes, puisque les frais de ces instances irrégulièrement engagées doivent, en définitive, rester à leur charge........

Le Garde des Sceaux: J. DUFAURE.

16 août 1873. — LETTRE *de M. le Ministre de la guerre à M. le Gouverneur général.*

Monsieur le Gouverneur général,

A la suite des jugements d'incompétence rendus successivement par les deux conseils de guerre de la division d'Oran dans l'affaire des nommés Ch..., soldat du 1ᵉʳ bataillon d'Afrique, et B..., sujet espagnol, prévenus le premier de vol commis la nuit, dans une maison habitée, avec escalade, et le second de complicité de ce vol, par recel, M. le Général commandant la province d'Oran m'a demandé, avant de soumettre la dite affaire aux tribunaux civils, si l'ordonnance du 26 septembre 1842 et le décret du 15 mars 1860 sont encore applicables en Algérie.

MM. les Ministres de l'intérieur et de la justice que j'ai consultés à ce sujet sont d'avis qu'il y a lieu de procéder comme en matière de droit commun à l'égard des Européens établis en Algérie, qui sont inculpés de complicité avec des militaires, et que la connaissance des faits appartient par suite à la juridiction civile.

M. le Garde des Sceaux est entré à ce sujet dans les explications suivantes dont je crois devoir vous donner ci-après connaissance *in extenso.*

» Le deuxième conseil de guerre d'Oran,
» saisi de cette affaire, s'est déclaré in-
» compétent en se fondant sur l'article 4
» du décret du 15 mars 1860. Le conseil
» de révision a annulé ce jugement pour
» violation de l'article 77 du Code de
» justice militaire. Le premier conseil de
» guerre, devant qui la cause a été ren-
» voyée, a suivi la décision des premiers
» juges. Cette dernière solution me paraît
» seule juridique. L'ordonnance du 26
» septembre 1842 est toujours en vigueur
» en Algérie, ainsi que le décret du 15
» mars 1860 dont l'article 5 attribue ex-
» pressément aux tribunaux ordinaires
» la connaissance des délits commis par
» des Européens ou des israélites de com-
» plicité avec un militaire. Cette disposi-

» tion contient évidemment une déro-
» gation à l'article 77 du Code de justice
» militaire dont la promulgation est an-
» térieure à celle du décret du 15 mars
» 1860. Elle consacre le retour au prin-
» cipe de droit commun écrit dans l'ar-
» ticle 76 du Code de justice militaire.
» Elle a pour objet d'assimiler tous les
» colons au point de vue des règles de la
» compétence, quelle que soit leur
» nationalité. Spécialement décrétée en
» vue des infractions commises en terri-
» toire militaire, elle s'applique à plus
» forte raison à celles qui se produisent
» en territoire civil.

« Dans ces circonstances, j'estime que
» le deuxième et le premier conseils de
» guerre ont à bon droit décliné leur
» compétence et que la connaissance
» de cette affaire apppartient exclusive-
» ment aux tribunaux ordinaires. » .....

Le Ministre de la guerre,
G^{al} DU BARRAIL.

10 décembre 1873. — CIRCULAIRE *de M. le Procureur général d'Alger.*

Monsieur le Procureur de la République, la vérification des états des jugements correctionnels rendus par les juges de paix à compétence étendue, m'a permis de constater que quelques juges de paix se croient compétents en matière de vagabondage. Cependant, la peine de la surveillance de la haute police édictée par l'article 271 du Code pénal ne pourrait être appliquée que par les tribunaux correctionnels ordinaires. Il importe d'ailleurs que l'identité des vagabonds soit sérieusement constatée et les juges de paix ne disposent pas des moyens d'investigations suffisants pour arriver à ce résultat. Je vous prie donc de veiller à ce que cette usurpation de compétence ne se renouvelle pas dans votre ressort et d'avertir MM. les juges de paix qu'ils doivent vous adresser directement tous les individus inculpés de vagabondage.

Le Procureur général,
ROUCHIER.

20 novembre 1875. — LETTRE *de M. le Ministre de la guerre à M. le Gouverneur général de l'Algérie.*

Vous m'avez fait connaître que les sieurs M... et E..., nés à Oran en 1854, et inscrits sur les listes du recrutement dans les départements de la Côte-d'Or et de l'Hérault, lieux du dernier domicile de leurs familles en France, ont adressé aux tribunaux civils des demandes tendant à obtenir leur radiation des listes sur lesquelles ils prétendent avoir été indûment portés.

Les tribunaux civils sont incompétents pour statuer sur les demandes de cette nature qui, aux termes de la loi du 27 juillet 1872, comme aux termes des lois antérieures sur le recrutement, rentrent exclusivement dans les attributions des conseils de révision.

Si, d'ailleurs, quelques doutes se sont élevés sur la validité de l'inscription en France, sur les tableaux de recensement de la classe de 1874 et des classes précédentes des jeunes gens nés et domiciliés en Algérie, ces doutes ne sont plus permis aujourd'hui.

L'article 33 de la loi votée le 6 novembre 1875, par l'Assemblée nationale, est, en effet, ainsi conçu : « Les jeunes gens
» de vingt à trente ans, remplissant les
» conditions déterminées par l'article
» 1er de la présente loi, qui ont concouru
» en France au tirage au sort et qui sont
» compris dans la portion du contingent
» appelée à passer cinq années sous les
» drapeaux, seront, sur leur demande,
» renvoyés dans leurs foyers après une
» année de service et inscrits sur les
» contrôles de la réserve de l'Algé-
» rie. »

En présence de ce texte, il n'est pas possible d'admettre que les hommes nés en 1854, en Algérie, comme les sieurs M... et E..., ont été indûment inscrits sur les listes de la classe de 1874, puisque la seule réclamation que la loi nouvelle leur permette de formuler, en raison de leur situation spéciale, est une demande de renvoi au bout d'un an de leur présence sous les drapeaux et d'inscription dans la réserve de l'Algérie.

Je vous prie donc de donner des ordres pour que les sieurs M... et E..., au départ desquels vous avez fait surseoir, soient, comme leurs camarades, incorporés dans un régiment d'Algérie, dans les conditions déterminées par l'article 33 de la loi précitée, loi au sujet de laquelle j'aurai l'honneur de vous écrire, dès qu'elle aura été promulguée.

Le Ministre de la guerre : CISSEY.

V. JUSTICE ; PRÉSÉANCE ; SERVICE MILITAIRE.

Comptables. — V. CAUTIONNEMENT DES FONCTIONNAIRES ; COMMUNES.

Compte-rendu des procès de presse. — V. PRESSE.

Condamnations pécuniaires. — V. AMENDE.

Conducteurs. — V. PONTS ET CHAUSSÉES.

Conducteurs indigènes de bêtes de somme ou de bétail. V. INDIGÉNAT.

Concessions. — V. ALSACIENS-LORRAINS ; COLONISATION.

Concessions de terrains dans les cimetières. — V. INHUMATIONS.

Congés (baux, location). — V. APPENDICE.

Congés des fonctionnaires. — V. DÉLÉGATIONS DE POUVOIRS ; EMPLOIS ADMINISTRATIFS.

Connaissements. — V. ENREGISTREMENT ; TIMBRE.

Conscription des chevaux. — V. SERVICE MILITAIRE.

Conseil de droit musulman (suppression du). — V. JUSTICE MUSULMANE.

Conseils généraux.

La composition et les attributions des Conseils généraux de l'Algérie ont été définitivement réglées par le décret du 23 septembre 1875. Une loi antérieure à ce décret, celle du 22 novembre 1872, n'avait fait que consacrer le *statu quo* anormal, tel qu'il est exposé par M. de Ménerville dans son *Dictionnaire* (t. 3, page 109), résultant de l'abrogation du décret du 11 juin 1870, prononcée par la délégation du Gouvernement de la Défense nationale, dans son décret de Bordeaux du 28 décembre suivant, et de l'application aux Conseils généraux algériens, à titre d'essai seulement, de la loi du 10 août 1871, qui avait été votée sous la réserve faite par le Ministre de l'intérieur qu'elle ne serait pas applicable à l'Algérie, dont les Conseils généraux ne pouvaient être composés des mêmes éléments que ceux de la métropole.

La loi promise dans cette circonstance par le Ministre n'a jamais vu le jour. C'est le décret du 23 septembre 1875 qui est venu définitivement organiser les Conseils généraux algériens. Ce décret, pour la majeure partie conforme à la loi du 10 août 1871 sur les Conseils généraux de France, s'en écarte en ce sens qu'il consacre le concours des assesseurs musulmans et qu'il leur attribue formellement la voix délibérative qu'ils tenaient de la législation précédente, mais que le Conseil général d'Alger n'avait pas consenti à leur reconnaître.

Les Conseils généraux algériens procèdent donc, non point de la loi du 10 août 1871, mais du décret organique du 23 septembre 1875, qui seul est exécutoire dans la colonie.

De cette organisation particulière découle cette conséquence que les lois qui sont venues depuis modifier ou compléter la loi du 10 août 1871 n'ont été rendues exécutoires en Algérie qu'en vertu d'une promulgation spéciale. C'est ainsi, par exemple, qu'une loi du 19 décembre 1876 modificative de l'art. 70 de la loi organique du 10 août 1871 ayant décidé que les fonctions de membre de la commission départementale sont incompatibles avec celles de maire du chef-lieu du département et avec le mandat de député ou de sénateur, cette incompatibilité n'a pu être rendue applicable à l'Algérie que lorsqu'un décret est venu, le 6 mars 1877, le déclarer expressément.

Il a fallu de même qu'un décret, portant la date du 3 mars 1876, ait déclaré applicable à l'Algérie la loi du 7 juin 1873, aux termes de laquelle sont réputés démissionnaires les conseillers généraux et municipaux qui, sans excuse valable, refusent de remplir une de leurs fonctions.

Par suite, la loi du 15 février 1872, relative au rôle éventuel des Conseils généraux de France dans des circonstances exceptionnelles, qui n'a pas été promulguée en Algérie, n'est en aucune manière applicable aux Conseils généraux algériens et ne saurait trouver place dans cet ouvrage.

DIVISION

§ 1. — Organisation transitoire.
§ 2. — Organisation définitive. — Dispositions générales.
§ 3. — Organisation définitive. — Dispositions particulières.
§ 4. — Annulations de délibérations.

§ 1er. — Organisation transitoire.

22-27 novembre 1872. — *Loi relative aux Conseils généraux de l'Algérie.*

Art. 1er. — Les électeurs du département d'Alger sont convoqués pour le dimanche qui suivra le quinzième jour après la promulgation de la présente loi en Algérie.

Le nombre des membres et la formation des circonscriptions restent tels qu'ils ont été fixés par le décret du 12 octobre 1871.

Art. 2. — Le Gouverneur général civil de l'Algérie règlera par un arrêté spécial l'ouverture et la durée du scrutin, ainsi que les formes du dépouillement et du recensement des votes.

Art 3. — Le deuxième tour de scrutin, dans les circonscriptions où il sera nécessaire d'y procéder, aura lieu le dimanche qui suivra celui où aura eu lieu le premier tour.

Art. 4. — Jusqu'à la loi sur la réorganisation de l'Algérie, les assesseurs musulmans conserveront la voix délibérative que leur donne le décret du 28 décembre 1870.

Cette disposition est commune aux Conseils généraux des trois départements de l'Algérie.

26 juillet 1873. — *Loi relative à l'ouverture de la seconde session des Conseils généraux algériens.*

Article unique. — En Algérie, la session des Conseils généraux, fixée au premier lundi qui suit le 15 août par l'art. 23 de la loi du 10 août 1871, commencera désormais de plein droit le premier lundi du mois d'octobre.

§ 2. — Organisation définitive. — Dispositions générales.

RAPPORT AU PRÉSIDENT DE LA RÉPUBLIQUE

Paris, le 23 septembre 1875.

L'établissement prochain de l'impôt foncier devant permettre de constituer d'une manière normale les budgets départementaux de l'Algérie à l'aide de centimes additionnels, le moment paraît venu d'organiser les Conseils généraux de la colonie d'après les principes qui ont prévalu dans la métropole. Une promulgation spéciale des lois des 10 août 1871 et 31 juillet 1875 est, dès lors, nécessaire, car, bien que la loi organique leur ait été appliquée en fait dans ses parties essentielles, les Conseils généraux des trois départements algériens n'en demeurent pas moins, en droit, régis par leur législation particulière, c'est-à-dire :

Pour leur composition, par les décrets des 28 septembre 1870 et 12 octobre 1871, et par la loi du 22 novembre 1872 (art. 4);

Pour l'époque des sessions, par la loi du 26 juillet 1873 ;

Et pour le fonctionnement et les attributions, par le décret du 27 octobre 1858 dont les dispositions à cet égard n'ont été ni abrogées, ni remplacées (1).

En vue de placer dans une situation régulière les assemblées départementales de la colonie, j'ai préparé un projet de décret qui est, pour ainsi dire, calqué sur les lois des 10 août 1871 et 31 juillet 1875; les modifications que je propose d'y apporter sont empruntées à la législation actuelle de l'Algérie ou sont motivées, soit par l'organisation administrative du pays, soit par la composition de sa population qui comprend, en très grande majorité, des indigènes musulmans, soumis, sous quelques rapports, à un régime transitoire. Les plus importantes de ces modifications ont trait :

1° A la participation du Général commandant la division aux travaux du Conseil général pour les affaires concernant le territoire de commandement (art. 2, 27, 57 et 76 du projet);

2° A la présence au sein des Conseils généraux d'assesseurs musulmans conservant la voix délibérative qu'ils tiennent du décret du 28 décembre 1870 et de la loi du 22 novembre 1872 (art. 1, 5, 26, 69 et 91 du projet).

D'accord avec M. le Gouverneur général civil de l'Algérie, j'ai l'honneur de vous prier, Monsieur le Président, de vouloir bien revêtir ce projet de décret de votre approbation.

Le Ministre l'intérieur : BUFFET.

23 septembre 1875. — *Décret.*

Vu les lois des 10 août 1871 et 31 juillet 1875, sur les Conseils généraux de la métropole ;

Vu les dispositions du décret du 28 décembre 1870 et de la loi du 22 novembre 1872, concernant les assesseurs musulmans des Conseils généraux de l'Algérie ;

Vu la loi du 26 juillet 1873, relative aux sessions desdits Conseils généraux ;

Vu l'article 4 de l'ordonnance du 22 juillet 1834 ;

TITRE PREMIER. — *Dispositions générales.*

Art. 1ᵉʳ. — Il y a dans chaque département de l'Algérie un Conseil général composé de membres français et d'assesseurs musulmans.

Art. 2. — Le Conseil général élit dans son sein une Commission départementale.

Art. 3. — Le préfet est le représentant du pouvoir exécutif dans le territoire civil du département.

Il est, en outre, chargé de l'instruction préalable des affaires, ainsi que de l'exécution des décisions du Conseil général et de la Commission départementale.

Les pouvoirs administratifs du général commandant la division sont limités au territoire de commandement.

Le général exerce dans ce territoire toutes les attributions dévolues à l'autorité préfectorale.

TITRE II. — *De la formation des Conseils généraux.*

Art. 4. — Un arrêté du Gouverneur général, en Conseil de gouvernement, désigne le chef-lieu et la composition des circonscriptions appelées à élire chacune un conseiller général français, en tenant compte du chiffre de la population et de la superficie du territoire de chaque circonscription.

Pour toutes les opérations électorales, le chef-lieu de la circonscription tient lieu du chef-lieu de canton de France.

Art. 5. — L'élection des conseillers généraux français se fait au suffrage universel, dans chaque commune, sur les listes des électeurs français dressées pour les élections municipales.

Les assesseurs musulmans sont choisis parmi les notables indigènes domiciliés dans le département et y possédant des propriétés. Ils sont nommés par le Gouverneur général et siégent au même titre que les membres élus.

---

(1) **Avis du Conseil d'Etat des 28 janvier et 4 février 1875.**

Art. 6. — Sont éligibles au Conseil général tous les citoyens inscrits sur une liste d'électeurs ou justifiant qu'ils devaient y être inscrits avant le jour de l'élection, âgés de vingt-cinq ans accomplis, qui sont domiciliés dans le département, et ceux qui, sans y être domiciliés, y sont inscrits au rôle d'une des contributions directes au 1er janvier de l'année dans laquelle s'est fait l'élection, ou justifient qu'ils devaient y être inscrits à ce jour ou qu'ils ont acquis dans le département, par héritage ou autrement, une propriété foncière avant le jour fixé pour l'élection.

Toutefois, le nombre des conseillers généraux non domiciliés ne pourra dépasser le quart du nombre total dont le conseil doit être composé.

Art. 7. — Ne peuvent être élus au Conseil général les citoyens qui sont pourvus d'un conseil judiciaire.

Art. 8. — Ne peuvent être élus membres des Conseils généraux de l'Algérie :

1° Les membres du Conseil de gouvernement, les préfets, sous-préfets, secrétaires généraux et conseillers de préfecture, les commissaires civils ;

2° Le procureur général, les avocats généraux et substituts du procureur général près la cour d'Alger ;

3° Les présidents, vice-présidents, juges titulaires et suppléants salariés, juges d'instruction et membres du parquet des tribunaux de première instance, dans l'arrondissement du tribunal ;

4° Les juges de paix et les suppléants salariés, dans leur circonscription ;

5° Les officiers de l'armée de terre et de mer en activité de service en Algérie ;

6° Les commissaires et agents de police ;

7° Les ingénieurs des ponts et chaussées et des mines ;

8° Le recteur et les inspecteurs d'académie, les inspecteurs des écoles primaires ;

9° Les ministres des différents cultes, dans les circonscriptions de leur ressort ;

10° Les employés des bureaux de la Direction générale des affaires civiles et financières et généralement les employés de l'administration rétribués sur les fonds de l'Etat.

Art. 9. — Le mandat de conseiller général est incompatible, dans le département, avec les fonctions d'architecte départemental, d'agent-voyer, et généralement de tous les agents salariés ou subventionnés sur les fonds départementaux.

Art. 10. — La même incompatibilité existe à l'égard des entrepreneurs des services départementaux, y compris les voies ferrées pour lesquelles le département assure des garanties d'intérêt.

Art. 11. — Nul ne peut être membre de plusieurs conseils généraux.

Art. 12. — Les collèges électoraux sont convoqués par le pouvoir exécutif.

Il doit y avoir un intervalle de quinze jours francs, au moins, entre la date du décret de convocation et le jour de l'élection, qui sera toujours un dimanche. Le scrutin est ouvert à sept heures du matin et clos le même jour à six heures. Ce dépouillement a lieu immédiatement.

Lorsqu'un second tour de scrutin est nécessaire, il y est procédé le dimanche suivant.

Art. 13. — Immédiatement après le dépouillement du scrutin, les procès-verbaux de chaque commune, arrêtés et signés, sont envoyés au chef lieu de la circonscription par les membres du bureau. Le recensement général des votes est fait par le bureau du chef-lieu et le résultat est proclamé par son président, qui adresse tous les procès-verbaux et les pièces au préfet.

Art. 14. — Nul n'est élu membre du conseil général au premier tour du scrutin, s'il n'a réuni :

1° La majorité absolue des suffrages exprimés ;

2° Un nombre de suffrages égal au quart de celui des électeurs inscrits.

Au second tour de scrutin, l'élection a lieu à la majorité relative, quel que soit le nombre des votants. Si plusieurs candidats obtiennent le même nombre de suffrages, l'élection est acquise au plus âgé.

Art. 15. — Les élections pourront être arguées de nullité par tout électeur de la circonscription, par les candidats et par les membres du Conseil général. — Si la réclamation n'a pas été consignée dans le procès-verbal, elle doit être déposée dans les dix jours qui suivent l'élection, soit au secrétariat de la section du contentieux du Conseil d'Etat, soit au secrétariat général de la préfecture du département où l'élection a eu lieu. Il en sera donné récépissé.

La réclamation sera, dans tous les cas, notifiée à la partie intéressée dans le délai d'un mois à compter du jour de l'élection. Le préfet transmettra au Conseil d'Etat, dans les dix jours qui suivront leur réception, les réclamations consignées au secrétariat général de la préfecture. Le préfet aura, pour réclamer contre les élections, un délai de vingt jours à partir du jour où il aura reçu les procès-verbaux des opérations électorales : il enverra sa réclamation au Conseil d'Etat ; elle ne pourra être fondée que sur l'inobservation des conditions et formalités prescrites par les lois.

Art. 16. — Les réclamations seront examinées au Conseil d'Etat suivant les formes adoptées pour le jugement des affaires contentieuses. Elles seront jugées sans frais, dispensées du timbre et du ministère des avocats au Conseil d'Etat; elles seront jugées dans le délai de trois mois à partir de l'arrivée des pièces au secrétariat du Conseil d'Etat. Lorsqu'il y aura lieu à renvoi devant les tribunaux, le délai de trois mois ne courra que du jour où la décision judiciaire sera devenue définitive. Le débat ne pourra porter que sur les griefs relevés dans les réclamations, à l'exception des moyens d'ordre public qui pourront être produits en tout état de cause. Lorsque la réclamation est fondée sur l'incapacité légale de l'élu, le Conseil d'Etat surseoit à statuer jusqu'à ce que la question préjudicielle ait été jugée par les tribunaux compétents, et fixe un bref délai dans lequel la partie qui aura élevé la question préjudicielle doit justifier de ses diligences. S'il y a appel, l'acte d'appel doit, sous peine de nullité, être notifié à la partie dans les dix jours du jugement, quelle que soit la distance des lieux. Les questions préjudicielles seront jugées sommairement par les tribunaux et conformément au paragraphe 4 de l'article 33 de la loi du 19 avril 1831.

Art. 17. — Le conseiller général élu dans plusieurs circonscriptions est tenu de déclarer son option au président du Conseil général dans les trois jours qui suivront l'ouverture de la session, et, en cas de contestation, à partir de la notification de la décision du Conseil d'Etat.

A défaut d'option dans ce délai, le Conseil général déterminera, en séance publique et par la voie du sort, à quelle circonscription le conseiller appartiendra. Lorsque le nombre des conseillers non domiciliés dans le département dépasse le quart du conseil, le Conseil général procède de la même façon pour désigner celui ou ceux dont l'élection doit être annulée. Si une question préjudicielle s'élève sur le domicile, le Conseil général surseoit, et le tirage au sort est fait par la Commission départementale pendant l'intervalle des sessions.

Art. 18. — Tout conseiller général qui, par une cause survenue postérieurement à son élection, se trouve dans un des cas prévus par les articles 7, 8, 9 et 10, ou se trouve frappé de l'une des incapacités qui font perdre la qualité d'électeur, est déclaré démissionnaire par le Conseil général, soit d'office, soit sur les réclamations de tout électeur.

Art. 19. — Lorsqu'un conseiller aura manqué à une session ordinaire sans excuse légitime admise par le conseil, il sera déclaré démissionnaire par le Conseil général dans la dernière séance de la session.

Art. 20. — Lorsqu'un conseiller général donne sa démission, il l'adresse au président du Conseil général ou au président de la Commission départementale, qui en donne immédiatement avis au Préfet.

Art. 21. — Les conseillers généraux sont nommés pour six ans; ils sont renouvelés par moitié tous les trois ans et indéfiniment rééligibles. En cas de renouvellement intégral, à la session qui suit ce renouvellement, le Conseil général divise les circonscriptions du département en deux séries, en répartissant, autant que possible, dans une proportion égale, les circonscriptions de chaque arrondissement dans chacune des séries, et il procède ensuite à un tirage au sort pour régler l'ordre du renouvellement des séries.

Les assesseurs musulmans sont nommés pour six ans, renouvelables par moitié aux mêmes époques que les conseillers généraux élus.

Art. 22. — En cas de vacance par décès, option, démission, par une des causes énumérées aux articles 17, 18 et 19, ou par toute autre cause, les électeurs devront être réunis dans le délai de trois mois.

Toutefois, si le renouvellement légal de la série à laquelle appartient le siège vacant doit avoir lieu avant la prochaine session ordinaire du Conseil général, l'élection partielle se fera à la même époque.

La Commission départementale est chargée de veiller à l'exécution du présent article. Elle adresse ses réquisitions au Préfet, et, s'il y a lieu, au Gouverneur général civil de l'Algérie.

TITRE III. — *Des sessions des conseils généraux.*

Art. 23. — Les Conseils généraux ont chaque année deux sessions ordinaires.

La session dans laquelle sont délibérés le budget et les comptes, commence de plein droit le premier lundi qui suit le 1er octobre et ne pourra être retardée que par un décret.

L'ouverture de l'autre session a lieu au jour fixé par le Conseil général dans la session du mois d'octobre précédent. Dans le cas où le Conseil général se serait séparé sans avoir pris aucune décision à cet égard, le jour sera fixé et la convocation sera faite par la Commission départementale, qui en donnera avis au Préfet et au Général commandant la division (1).

---

(1) V. *infrà* un décret du 30 septembre 1876 qui a modifié ce paragraphe.

La durée de la session d'octobre ne pourra excéder un mois; celle de l'autre session ordinaire ne pourra excéder quinze jours.

Art. 24. — Les Conseils généraux peuvent être réunis extraordinairement :

1° Par décret du Chef du pouvoir exécutif ;

2° Si les deux tiers des membres en adressent la demande écrite au président.

Dans ce cas, le président est tenu d'en donner avis immédiatement au Préfet, qui devra convoquer d'urgence et informer le Général commandant la division.

La durée des sessions extraordinaires ne pourra excéder huit jours.

Art. 25. — A l'ouverture de la session d'octobre, le Conseil général, réuni sous la présidence du doyen d'âge des conseillers généraux élus, le plus jeune membre élu faisant fonctions de secrétaire, nomme au scrutin secret et à la majorité absolue son président, un ou plusieurs vice-présidents et ses secrétaires.

Leurs fonctions durent jusqu'à la session d'octobre de l'année suivante.

Art. 26. — Le Conseil général fait son règlement intérieur. Toutefois, lorsque le Conseil général nomme des commissions pour l'examen des affaires qui lui sont soumises, un assesseur musulman au moins fait partie de chaque commission. A défaut de désignation par le Conseil général d'un assesseur musulman par commission, cette désignation est faite d'office par le Préfet du département.

Art. 27. — Le Préfet du département et le Général commandant la Division ont entrée au Conseil général ; ils sont entendus quand ils le demandent et assistent aux délibérations, excepté lorsqu'il s'agit de l'apurement du compte administratif. Le Général commandant la Division peut toujours se faire représenter au Conseil général par le Directeur des fortifications.

Art. 28. — Les séances des Conseils généraux sont publiques.

Néanmoins, sur la demande de cinq membres, du Président ou du Préfet, le Conseil général, par assis et levé, sans débats, décide s'il se formera en comité secret.

Art. 29. — Le Président a seul la police de l'assemblée.

Il peut faire expulser de l'auditoire ou arrêter tout individu qui trouble l'ordre.

En cas de crime ou de délit, il en dresse procès-verbal, et le Procureur de la République en est immédiatement saisi.

Art. 30. — Le Conseil général ne peut délibérer, si la moitié, plus un, des membres dont il doit être composé, n'est présente.

Les votes sont recueillis au scrutin public, toutes les fois que le sixième des membres présents le demande. En cas de partage, la voix du Président est prépondérante.

Néanmoins, les votes sur les nominations ont toujours lieu au scrutin secret.

Le résultat des scrutins publics, énonçant les noms des votants, est reproduit au procès-verbal.

Art. 31. — Les Conseils généraux devront établir, jour par jour, un compte-rendu sommaire et officiel de leurs séances, qui sera tenu à la disposition de tous les journaux du département, dans les quarante-huit heures qui suivront la séance.

Les journaux ne pourront apprécier une discussion du Conseil général, sans reproduire, en même temps, la portion du compte-rendu afférente à cette discussion.

Toute contravention à cette disposition sera punie d'une amende de cinquante à cinq cents francs.

Art. 32. — Les procès-verbaux des séances, rédigés par un des secrétaires, sont arrêtés au commencement de chaque séance et signés par le Président et le Secrétaire.

Ils contiennent les rapports, les noms des membres qui ont pris part à la discussion et l'analyse de leurs opinions.

Tout électeur ou contribuable du département a le droit de demander la communication sans déplacement et de prendre copie de toutes les délibérations du Conseil général, ainsi que des procès-verbaux des séances publiques, et de les reproduire par la voie de la presse.

Art. 33. — Tout acte et toute délibération d'un Conseil général, relatifs à des objets qui ne sont pas légalement compris dans ses attributions, sont nuls et de nul effet.

La nullité est prononcée par un décret rendu dans la forme des règlements d'administration publique.

Art. 34. — Toute délibération prise hors des réunions du Conseil, prévues ou autorisées par le présent décret, est nulle et de nul effet.

Le Préfet, par un arrêté motivé, déclare la réunion illégale, prononce la nullité des actes, prend toutes les mesures nécessaires pour que l'Assemblée se sépare immédiatement, et transmet son arrêté au Procureur général, pour l'exécution des lois et l'application, s'il y a lieu, des peines déterminées par l'article 258 du Code pénal. En cas de condamnation, les membres condamnés sont déclarés par le jugement exclus du Conseil et inéligibles pendant les trois années qui suivront la condamnation.

Art. 35. — Pendant les sessions de l'Assemblée nationale, la dissolution d'un conseil général ne peut être prononcée par le Chef du pouvoir exécutif que sous l'obligation expresse d'en rendre compte à l'Assemblée, dans le plus bref délai possible. En ce cas, une loi fixe la date de la nouvelle élection et décide si la Commission départementale doit conserver son mandat jusqu'à la réunion du nouveau Conseil général, ou autorise le pouvoir exécutif à en nommer provisoirement un autre.

Art. 36. — Dans l'intervalle des sessions de l'Assemblée nationale, le Chef du pouvoir exécutif peut prononcer la dissolution d'un Conseil général, pour des causes spéciales à ce conseil.

Le décret de dissolution doit être motivé.

Il ne peut jamais être rendu par voie de mesure générale. Il convoque, en même temps, les électeurs du département, pour le quatrième dimanche qui suivra sa date. Le nouveau Conseil général se réunit de plein droit, le deuxième lundi après l'élection, et nomme sa commission départementale.

TITRE IV. — *Des attributions des Conseils généraux.*

Art. 37. — Le Conseil général répartit chaque année, à sa session d'octobre, les contributions directes, conformément aux règles établies par les lois.

Avant d'effectuer cette répartition, il statue sur les demandes délibérées par les conseils compétents en réduction de contingent.

Art. 38. — Le Conseil général prononce définitivement sur les demandes en réduction de contingent formées par les communes et préalablement soumises au conseil compétent.

Art. 39. — Si le Conseil général ne se réunissait pas, ou s'il se séparait sans avoir arrêté la répartition des contributions directes, il y serait pourvu par le Gouverneur général, en Conseil de gouvernement.

Art. 40. — Le Conseil général vote les centimes additionnels, dans les conditions déterminées par la loi relative à l'établissement de l'impôt direct en Algérie.

Il peut voter également les emprunts départementaux remboursables dans un délai qui ne pourra excéder quinze années, sur les ressources ordinaires et extraordinaires.

Art. 41. — Dans le cas où le Conseil général voterait une contribution extraordinaire ou un emprunt au delà des limites déterminées dans l'article précédent, cette contribution ou cet emprunt ne pourrait être autorisé que par une loi.

Art. 42. — Le Conseil général arrête, chaque année, à sa session d'octobre, dans les limites fixées annuellement par la loi de finances, le maximum du nombre des centimes extraordinaires que les conseils municipaux sont autorisés à voter, pour en affecter le produit à des dépenses extraordinaires d'utilité communale.

Si le Conseil général se sépare sans l'avoir arrêté, le maximum fixé pour l'année précédente est maintenu jusqu'à la session d'octobre de l'année suivante.

Art. 43. — Chaque année, dans sa session d'octobre, le Conseil général, par un travail d'ensemble comprenant toutes les communes du département, procède à la révision des sections électorales et en dresse le tableau.

Art. 44. — Le Conseil général opère la reconnaissance, détermine la largeur et prescrit l'ouverture et le redressement des chemins vicinaux de grande communication et d'intérêt commun.

Les délibérations qu'il prend à cet égard produisent les effets spécifiés aux articles 15 et 16 de la loi du 21 mai 1836.

Art. 45. — Le Conseil général, sur l'avis motivé du Directeur et de la Commission de surveillance pour les écoles normales, du proviseur ou du principal et du bureau d'administration pour les lycées ou collèges, du chef d'institution pour les institutions d'enseignement libre, nomme et révoque les titulaires des bourses entretenues sur les fonds départementaux.

L'autorité universitaire, ou le chef d'institution libre, peut prononcer la révocation dans les cas d'urgence ; ils en donnent avis immédiatement au président de la Commission départementale et en font connaître les motifs.

Le Conseil général détermine les conditions auxquelles seront tenus de satisfaire les candidats aux fonctions rétribuées exclusivement sur les fonds départementaux et les règles d'après lesquelles les nominations devront être faites.

Néanmoins sont maintenus les droits des archivistes paléographes, tels qu'ils sont réglés par le décret du 4 février 1850.

Art. 46. — Le Conseil général statue définitivement sur les objets ci-après désignés, savoir :

1° Acquisition, aliénation et échange des propriétés départementales, mobilière ou immobilière, quand ces propriétés ne sont pas affectées à l'un des services énumérés au n° 4 ;

2° Mode de gestion des propriétés départementales ;

3° Baux de biens donnés ou pris à ferme ou à loyer, quelle qu'en soit la durée ;

4° Changements de destination des propriétés et édifices départementaux autres que les hôtels de préfecture et de sous-préfecture, et des locaux affectés aux cours d'assises, aux tribunaux, aux écoles normales, au casernement de la gendarmerie et aux prisons ;

5° Acceptation ou refus de dons et de legs faits au département, quand ils ne donnent pas lieu à réclamation ;

6° Classement et direction des routes départementales ;

Projets, plans et devis des travaux à exécuter pour la construction, la rectification ou l'entretien desdites routes ;

Désignation des services qui seront chargés de leur construction et de leur entretien ;

7° Classement et direction des chemins vicinaux de grande communication et d'intérêt commun ; désignation des communes qui doivent concourir à la construction et à l'entretien desdits chemins, et fixation du contingent annuel de chaque commune : le tout sur l'avis des conseils compétents ;

Répartition des subventions accordées, sur les fonds de l'Etat ou du département, aux chemins vicinaux de toute catégorie ;

Désignation des services auxquels sera confiée l'exécution des travaux sur les chemins de grande communication et d'intérêt commun, et mode d'exécution des travaux à la charge du département ;

Taux de la conversion en argent des journées de prestation ;

8° Déclassement des routes départementales, des chemins vicinaux de grande communication et d'intérêt commun ;

9° Projets, plans et devis de tous autres travaux à exécuter sur les fonds départementaux et désignation des services auxquels ces travaux seront confiés ;

10° Offres faites par les communes, les associations ou les particuliers pour concourir à des dépenses quelconques d'intérêt départemental ;

11° Concessions à des associations, à des compagnies ou à des particuliers de travaux d'intérêt départemental ;

12° Direction de chemins de fer d'intérêt local, mode et conditions de leur construction ; traités et dispositions nécessaires pour en assurer l'exploitation ;

13° Etablissement et entretien des bacs et passages d'eau sur les routes et chemins à la charge du département ; fixation des tarifs de péage ;

14° Assurances des bâtiments départementaux ;

15° Actions à intenter ou à soutenir au nom du département, sauf les cas d'urgence, dans lesquels la Commission départementale pourra statuer ;

16° Transactions concernant les droits des départements ;

17° Recettes de toute nature et dépenses des établissements d'aliénés appartenant au département ; approbation des traités passés avec des établissements privés ou publics pour le traitement des aliénés du département ;

18° Service des enfants assistés ;

19° Part de la dépense des aliénés et des enfants assistés qui sera mise à la charge des communes, et bases de la répartition à faire entre elles ;

20° Créations d'institutions départementales d'assistance publique et service de l'assistance publique dans les établissements départementaux ;

21° Etablissement et organisation des caisses de retraite ou tout autre mode de rémunération en faveur des agents salariés sur les fonds départementaux ;

22° Part contributive du département aux dépenses des travaux qui intéressent à la fois le département et les communes ;

23° Difficultés élevées relativement à la répartition de la dépense des travaux qui intéressent plusieurs communes du département ;

24° Délibérations des Conseils municipaux, ayant pour but l'établissement, la suppression ou les changements de foires et marchés ;

25° Changements à la circonscription des communes des mêmes arrondissements ou districts et à la désignation de leurs chefs-lieux, lorsqu'il y a accord entre les Conseils municipaux.

Art. 47. — Les délibérations, par lesquelles les Conseils généraux statuent définitivement, sont exécutoires si, dans le délai de vingt jours, à partir de la clôture de la session, le Préfet n'en a pas demandé l'annulation pour excès de pouvoir ou pour violation d'une disposition légale.

Le recours formé par le Préfet doit être notifié au Président du Conseil général et au Président de la Commission départementale. Si dans le délai de deux mois, à partir de la notification, l'annulation n'a pas été prononcée, la délibération est exécutoire.

Cette annulation ne peut être prononcée que par un décret rendu dans la forme des règlements d'administration publique.

Art. 48. — Le Conseil général délibère :

1° Sur l'acquisition, l'aliénation et l'échange des propriétés départementales affectées aux hôtels de préfecture et de sous-préfectures, aux écoles normales, aux cours d'assises et tribunaux, au casernement de la gendarmerie et aux prisons.

2° Sur le changement de destination des propriétés départementales affectées à l'un des services ci-dessus énumérés

3° Sur la part contributive à imposer au département dans les travaux exécutés par l'Etat qui intéressent le département ;

4° Sur tous les autres objets sur lesquels il est appelé à délibérer par les lois et règlements, et généralement sur tous les objets d'intérêt départemental dont il est saisi, soit par une proposition du Préfet, soit sur l'initiative d'un de ses membres.

Art. 49. — Les délibérations, prises par le Conseil général sur les matières énumérées à l'article précédent, sont exécutoires si, dans le délai de trois mois à partir de la clôture de la session, un décret motivé n'en a pas suspendu l'exécution.

Art. 50. — Le Conseil général donne son avis :

1° Sur les changements proposés à la circonscription du territoire du département, des arrondissements, des districts et des communes, et la désignation des chefs-lieux, sauf le cas où il statue définitivement, conformément à l'article 46, n° 25 ;

2° Sur l'application des dispositions de l'article 90 du Code forestier, relatives à la soumission au régime forestier des bois, taillis ou futaies appartenant aux communes, et à la conversion en bois de terrains en pâturages ;

3° Sur les délibérations des conseils municipaux, relatives à l'aménagement, au mode d'exploitation, à l'aliénation et au défrichement des bois communaux ;

Sur les modifications à apporter au tarif de perception de l'octroi de mer, et généralement sur tous les objets sur lesquels il est appelé à donner son avis, en vertu des lois et règlements, ou sur lesquels il est consulté par les ministres compétents ou par le Gouverneur général.

Art. 51. — Le Conseil général peut adresser directement au ministre compétent ou au Gouverneur général, par l'intermédiaire de son président, les réclamations qu'il aurait à présenter dans l'intérêt spécial du département, ainsi que son opinion sur l'état et les besoins des différents services publics, en ce qui touche le département.

Il peut charger un ou plusieurs de ses membres de recueillir sur les lieux les renseignements qui lui sont nécessaires pour statuer sur les affaires qui sont placées dans ses attributions.

Tous vœux politiques lui sont interdits. Néanmoins il peut émettre des vœux sur toutes les questions économiques, d'administration générale et de colonisation.

Art. 52. — Les chefs de service des administrations publiques dans le département sont tenus de fournir verbalement ou par écrit tous les renseignements qui leur seraient réclamés par le Conseil général, sur les questions qui intéressent le département.

Art. 53. — Le Préfet accepte ou refuse les dons et legs faits au département, en vertu, soit de la décision du Conseil général, quand il n'y a pas de réclamations des familles, soit de la décision du Gouvernement, quand il y a réclamation.

Le Préfet peut toujours, à titre conservatoire, accepter les dons et legs. La décision du Conseil général ou du Gouvernement, qui intervient ensuite, a effet du jour de son acceptation.

Art. 54. — Le Préfet intente les actions en vertu de la décision du Conseil général, et il peut, sur l'avis conforme de la Commission départementale, défendre à toute action intentée contre le département.

Il fait tous actes conservatoires et interruptifs de déchéance.

En cas de litige entre l'Etat et le département, l'action est intentée ou soutenue, au nom du département, par un membre de la Commission départementale désigné par elle.

Le Préfet, sur l'avis conforme de la Commission départementale, passe les contrats au nom du département.

Art. 55. — Aucune action judiciaire, autre que les actions possessoires, ne peut, à peine de nullité, être intentée contre un département qu'autant que le demandeur a préalablement adressé au Préfet un mémoire exposant l'objet et les motifs de sa réclamation.

Il lui en est donné récépissé.

L'action ne peut être portée devant les tribunaux que deux mois après la date du récépissé, sans préjudice des actes conservatoires.

La remise du mémoire interrompra la prescription, si elle est suivie d'une demande en justice dans le délai de trois mois.

Art. 56. — A la session d'octobre, le Préfet rend compte au Conseil général, par un rapport spécial et détaillé, de la situation du département et de l'état des différents services publics.

A l'autre session ordinaire, il présente au Conseil général un rapport sur les affaires qui doivent lui être soumises pendant cette session.

Ces rapports sont imprimés et distribués à tous les membres du Conseil général huit jours au moins avant l'ouverture de la session.

TITRE V. — *Du budget et des comptes du département.*

Art. 57. — Le projet de budget du département est préparé par le Préfet, de concert avec le Général commandant la division, et présenté par le Préfet, qui est tenu de le communiquer à la Commission départementale, avec les pièces à l'appui, dix jours au moins avant l'ouverture de la session d'octobre. Le budget comprend les recettes et dépenses des deux territoires du département.

Le budget, délibéré par le Conseil général, est définitivement réglé par décret.

Il se divise en budget ordinaire et budget extraordinaire.

Art. 58. — Les recettes du budget ordinaire se composent :

1° Du produit des centimes ordinaires additionnels, dont le nombre est fixé annuellement par la loi de finances ;

2° Du produit des centimes autorisés pour les dépenses des chemins vicinaux et de l'instruction primaire par les lois des 21 mai 1836, 15 mars 1850 et 10 avril 1867, dont l'affectation spéciale est maintenue ;

3° Du produit des centimes spéciaux affectés à la confection du cadastre par la loi du 2 août 1839 ;

4° Du revenu et du produit des propriétés départementales ;

5° Du produit des expéditions d'anciennes pièces ou d'actes de la préfecture déposés aux archives ;

6° Du produit des droits de péage des bacs et passages d'eau sur les routes et chemins à la charge du département, des autres droits de péage et de tous autres droits concédés au département par les lois ;

7° Des contingents de l'État et des communes pour le service des aliénés et des enfants assistés, et de toute autre subvention applicable au budget ordinaire ;

8° Du contingent des communes et autres ressources éventuelles pour le service vicinal et pour les chemins de fer d'intérêt local.

Art. 59. — Les recettes du budget extraordinaire se composent :

1° Du produit des centimes extraordinaires votés annuellement par le Conseil général, dans les limites déterminées par des lois spéciales ;

2° Du produit des emprunts ;

3° Des dons et legs ;

4° Du produit des biens aliénés ;

5° Du remboursement des capitaux exigibles et des rentes rachetées ;

6° De toutes autres recettes accidentelles.

Art. 60. — Le budget ordinaire comprend les dépenses suivantes :

1° Loyer des hôtels de préfecture et de sous-préfecture ; ameublement et entretien du mobilier desdits hôtels, ameublement des bureaux des affaires civiles du territoire de commandement dans les chefs-lieux de division et de subdivision ; loyer, mobilier et entretien du local nécessaire à la réunion du Conseil départemental d'instruction publique et du bureau de l'Inspecteur de l'Académie ;

2° Casernement ordinaire des brigades de gendarmerie ;

3° Loyer, entretien, mobilier et menues dépenses des cours d'assises, tribunaux civils, tribunaux de commerce et tribunaux musulmans, et menues dépenses des justices de paix ;

4° Frais d'impression et de publication de listes pour les élections consulaires, frais d'impression des cadres pour la formation des listes électorales et des listes du jury ;

5° Dépenses ordinaires d'utilité départementale ;

6° Dépenses imputées sur les centimes spéciaux établis en vertu des lois des 2 août 1829, 21 mai 1826, 15 mars 1850 et 10 avril 1867.

Néanmoins, les départements qui, pour assurer le service des chemins vicinaux et de l'instruction primaire, n'auront pas besoin de faire emploi de la totalité des centimes spéciaux, pourront en appliquer le surplus aux autres dépenses de leur budget ordinaire. L'affectation de l'excédant du produit des trois centimes spéciaux de l'instruction primaire à des dépenses étrangères à ce service ne pourra avoir lieu qu'à l'une des sessions de l'année suivante, et lorsque cet excédant aura été constaté en fin d'exercice.

Art. 61. — Si un Conseil général omet d'inscrire au budget un crédit suffisant pour l'acquittement des dépenses énoncées aux n°° 1, 2, 3 et 4 de l'article précédent, ou pour l'acquittement des dettes exigibles, il y est pourvu au moyen d'une contribution spéciale portant sur les quatre contributions directes et établie par un décret, si elle est dans les limites du maximum fixé annuellement par la loi des finances, ou par une loi, si elle doit excéder ce maximum.

Le décret est rendu dans la forme des règlements d'administration publique et inséré au *Bulletin des lois*.

Aucune autre dépense ne peut être inscrite d'office dans le budget ordinaire, et les allocations qui y sont portées par le Conseil général ne peuvent être ni changées ni modifiées par le décret qui règle le budget.

Art. 62. — Le budget extraordinaire comprend les dépenses qui sont imputées sur les recettes énumérées à l'article 59.

Art. 63. — Les fonds qui n'auront pu recevoir leur emploi dans le cours de l'exercice seront reportés, après clôture, sur l'exercice en cours d'exécution, avec l'affectation qu'ils avaient au budget voté par le Conseil général.

Les fonds libres provenant d'emprunts, de centimes ordinaires et extraordinaires recouvrés ou à recouvrer dans le cours de l'exercice, ou de toute autre recette, seront cumulés, suivant la nature de leur origine, avec les ressources de l'exercice en cours d'exécution, pour recevoir l'affectation nouvelle qui pourra leur être donnée par le Conseil général dans le budget rectificatif de l'exercice courant.

Les Conseils généraux peuvent porter au budget un crédit pour dépenses imprévues.

Art. 64. — Le comptable chargé du recouvrement des ressources éventuelles est tenu de faire, sous sa responsabilité, toutes les diligences nécessaires pour la rentrée de ces produits.

Les rôles et états des produits sont rendus exécutoires par le préfet et par lui remis au comptable.

Les oppositions, lorsque la matière est de la compétence des tribunaux ordinaires, sont jugées comme affaires sommaires.

Art. 65. — Le comptable chargé du service des dépenses départementales ne peut payer que sur les mandats délivrés par le préfet, dans la limite des crédits ouverts par les bugets du département.

Art. 66. — Le Conseil général entend et débat les comptes d'administration qui lui sont présentés par le Préfet, concernant les recettes et les dépenses du budget départemental.

Les comptes doivent être communiqués à la Commission départementale, avec les pièces à l'appui, dix jours au moins avant l'ouverture de la session d'octobre.

Les observations du Conseil général sur les comptes présentés à son examen sont adressées directement par son président au Gouverneur général civil de l'Algérie.

Ces comptes, provisoirement arrêtés par le Conseil général, sont définitivement réglés par décret.

A la session d'octobre, le Préfet soumet au Conseil général le compte annuel de l'emploi des ressources municipales affectées aux chemins de grande communication et d'intérêt commun.

Art. 67. — Les budgets et les comptes du département définitivement réglés sont rendus publics par la voie d'impression.

Art. 68. — Les secours pour travaux concernant les églises et presbytères ;

Les secours généraux à des établissements et institutions de bienfaisance ;

Les subventions aux communes pour acquisition, construction et réparation de maisons d'école et de salles d'asile ;

Les subventions aux comices et associations agricoles, ne pourront être allouées par le Gouverneur général civil de l'Algérie que sur la proposition du Conseil général du département.

A cet effet, le Conseil général dressera un tableau collectif des propositions, en les classant par ordre d'urgence.

TITRE VI. — *De la Commission départementale.*

Art. 69. — La commission départementale est élue chaque année, à la fin de la session d'octobre.

Elle se compose de cinq membres français et d'un membre musulman désigné par le Gouverneur général civil de l'Algérie : elle comprend un membre choisi, autant que possible, parmi les conseillers élus ou domiciliés dans chaque arrondissement.

Les membres de la Commission sont indéfiniment rééligibles.

Art. 70. — Les fonctions de membre de la commission départementale sont incompatibles avec celles de maire du chef-lieu du département et avec le mandat de député. (1).

Art. 71. — La commission départementale est présidée par le plus âgé des membres élus. Elle élit elle-même son secrétaire. Elle siège à la préfecture, et prend sous l'approbation du Conseil général et avec le concours du Préfet toutes les mesures nécessaires pour assurer son service.

Art. 72. — La commission départementale ne peut délibérer si la majorité de ses membres n'est présente.

Les décisions sont prises à la majorité absolue des voix.

En cas de partage, la voix du président est prépondérante.

Il est tenu procès-verbal des délibérations. Les procès-verbaux font mention du nom des membres présents.

Art. 73. — La commission départementale se réunit au moins une fois par mois, aux époques et pour le nombre de jours qu'elle détermine elle-même, sans préjudice du droit qui appartient à son président et au Préfet de la convoquer extraordinairement.

Art. 74. — Tout membre de la commission départementale qui s'absente des séances pendant deux mois consécutifs, sans excuse légitime admise par la commission, est réputé démissionnaire.

Il est pourvu à son remplacement à la plus prochaine session du Conseil général

Art 75. — Les membres de la commission départementale ne reçoivent pas de traitement.

Art. 76. — Le Préfet ou son représentant assiste aux séances de la commis-

---

(1) V. *infrà* un décret du 6 mars 1877 qui a modifié cet article.

sion ; ils sont entendus quand ils le demandent. Il en est de même du Général commandant la Division ou de son représentant lorsque la Commission départementale est saisie d'une affaire concernant le territoire de commandement.

Les chefs de service des administrations publiques dans le département sont tenus de fournir, verbalement ou par écrit, tous les renseignements qui leur seraient réclamés par la Commission départementale, sur les affaires placées dans ses attributions.

Art. 77. — La commission départementale règle les affaires qui lui sont renvoyées par le Conseil général, dans les limites de la délégation qui lui est faite.

Elle délibère sur toutes les questions qui lui sont déférées par la loi, et elle donne son avis au Préfet sur toutes les questions qu'il lui soumet ou sur lesquelles elle croit devoir appeler son attention dans l'intérêt du département.

Art. 78. — Le préfet est tenu d'adresser à la commission départementale, au commencement de chaque mois, l'état détaillé des ordonnances de délégation qu'il a reçues et des mandats de paiement qu'il a délivrés pendant le mois précédent, concernant le budget départemental.

La même obligation existe pour les ingénieurs en chef, sous-ordonnateurs délégués.

Art. 79. — A l'ouverture de chaque session ordinaire du Conseil général, la Commission départementale lui fait un rapport sur l'ensemble de ses travaux et lui soumet toutes les propositions qu'elle croit utiles.

A l'ouverture de la session d'octobre, elle lui présente dans un rapport sommaire ses observations sur le budget proposé par le Préfet.

Ces rapports sont imprimés et distribués à moins que la commission n'en décide autrement.

Art. 80. — Chaque année, à la session d'octobre, la commission départementale présente au Conseil général le relevé de tous les emprunts communaux et de toutes les contributions extraordinaires communales qui ont été votées depuis la précédente session d'octobre, avec indication du chiffre total des centimes extraordinaires et des dettes dont chaque commune est grevée.

Art. 81. — La Commission départementale, après avoir entendu l'avis ou les propositions du Préfet :

1° Répartit les subventions diverses portées au budget départemental, et dont le Conseil général ne s'est pas réservé la distribution, les fonds provenant des amendes de police correctionnelle et les fonds provenant du rachat des prestations en nature sur les lignes que ces prestations concernent ;

2° Détermine l'ordre de priorité des travaux à la charge du département, lorsque cet ordre n'a pas été fixé par le Conseil général ;

3° Fixe l'époque et le mode d'adjudication ou de réalisation des emprunts départementaux, lorsqu'ils n'ont pas été fixés par le Conseil général ;

4° Fixe l'époque de l'adjudication des travaux d'utilité départementale.

Art. 82. — La commission départementale vérifie l'état des archives et celui du mobilier appartenant au département.

Art. 83. — La commission départementale peut charger un ou plusieurs de ses membres d'une mission relative à des objets compris dans ses attributions.

Art. 84. — En cas de désaccord entre la Commission départementale et le Préfet, l'affaire peut être renvoyée à la plus prochaine session du Conseil général qui statuera définitivement.

En cas de conflit entre la Commission départementale et le préfet, comme aussi dans le cas où la commission aurait outre-passé ses attributions, le Conseil général sera immédiatement convoqué conformément aux dispositions de l'article 24 du présent décret et statuera sur les faits qui lui auront été soumis.

Le Conseil général pourra, s'il le juge convenable, procéder dès lors à la nomination d'une nouvelle commission départementale.

Art. 85. — La Commission départementale prononce, sur l'avis des Conseils municipaux, la déclaration de vicinalité, le classement, l'ouverture et le redressement des chemins vicinaux ordinaires, la fixation de la largeur et de la limite desdits chemins.

Elle exerce, à cet égard, les pouvoirs conférés au Préfet par les articles 15 et 16 de la loi du 21 mai 1836.

Elle approuve les abonnements relatifs aux subventions spéciales pour la dégradation des chemins vicinaux, conformément au dernier paragraphe de l'article 14 de la même loi.

Art. 86. — La Commission départementale approuve le tarif des évaluations cadastrales, et elle exerce à cet égard les pouvoirs attribués au Préfet en Conseil de préfecture par la loi du 15 septembre 1807 et le règlement du 15 mars 1827.

Elle nomme les membres des commissions syndicales, dans le cas où il s'agit d'entreprises subventionnées par le département, conformément à l'article 23 de la loi du 21 juin 1865.

Art. 87. — Les décisions prises par la Commission départementale, sur les matières énumérées aux articles 85 et 86 du présent décret, seront communiquées aux Préfets en même temps qu'aux Conseils municipaux et aux autres parties intéressées.

Elles pourront être frappées d'appel devant le Conseil général, pour cause d'inopportunité ou de fausse appréciation des faits, soit par le Préfet, soit par les Conseils municipaux ou par toute autre partie intéressée. L'appel doit être notifié au président de la commission, dans le délai d'un mois, à partir de la communication de la décision. Le Conseil général statuera définitivement à sa plus prochaine session.

Elles pourront aussi être déférées au Conseil d'Etat, statuant au contentieux, pour cause d'excès de pouvoir ou de violation de la loi ou d'un règlement d'administration publique.

Le recours au Conseil d'Etat doit avoir lieu dans le délai de deux mois, à partir de la communication de la décision attaquée. Il peut être formé sans frais, et il est suspensif dans tous les cas.

TITRE VII. — *Des intérêts communs à plusieurs départements.*

Art. 88. — Deux ou plusieurs Conseils généraux peuvent provoquer entre eux, par l'entremise de leurs présidents, et après en avoir averti les Préfets, une entente sur les objets d'utilité départementale compris dans leurs attributions et qui intéressent à la fois leurs départements respectifs.

Ils peuvent faire des conventions à l'effet d'entreprendre ou de conserver à frais communs des ouvrages ou des institutions d'utilité commune.

Art. 89. — Les questions d'intérêt commun seront débattues dans des conférences où chaque Conseil général sera représenté, soit par sa Commission départementale, soit par une commission spéciale nommée à cet effet.

Les Préfets des départements intéressés pourront toujours assister à ces conférences.

Les décisions qui y sont prises ne seront exécutoires qu'après avoir été ratifiées par tous les Conseils généraux intéressés, et sous les réserves énoncées aux articles 47 et 49 du présent décret.

Art. 90. — Si des questions autres que celles que prévoit l'article 88 étaient mises en discussion, le Préfet du département où la conférence a lieu déclarerait la réunion dissoute.

Toute délibération, prise après cette déclaration, donnerait lieu à l'application des dispositions et pénalités énoncées à l'article 34 du présent décret.

Art. 91. — Lors de l'ouverture de chaque session, le Préfet du département désigne un interprète qui assiste aux séances du Conseil général et de la Commission départementale.

L'interprète désigné, avant d'entrer en fonctions, prête serment entre les mains du Président.

Dispositions spéciales ou transitoires.

Art. 92. — Sont et demeurent abrogées les dispositions du décret du 27 octobre 1858, relatives aux Conseils généraux et généralement toutes les dispositions contraires au présent décret.

Art. 93. — Pour les élections qui ont eu lieu avant le présent décret, les réclamations pourront être faites par les électeurs de la circonscription, les candidats, les membres du Conseil général et le Préfet, dans les vingt jours, à partir de la promulgation.

Art. 94. — Les Conseils généraux sont dessaisis des réclamations qui ont été portées devant eux dans les sessions précédentes.

Les ayants droit pourront se pourvoir au Conseil d'Etat dans les délais de l'article précédent.

M^{al} DE MAC-MAHON.

§ 3. — Dispositions particulières.

3 mars 1876. — *Décret.*

Art. 1er. — La loi du 7 juin 1873, susvisée, est rendue applicable en Algérie, en ce qui concerne les membres des Conseils généraux et des Conseils municipaux, et sera insérée, à la suite du présent décret, au *Bulletin officiel* du gouvernement général.

M^{al} DE MAC-MAHON.

7 juin 1873. — *Loi.*

Art. 1er. — Tout membre d'un Conseil général de département, d'un Conseil d'arrondissement ou d'un Conseil municipal qui, sans excuse valable, aura refusé de remplir une des fonctions qui lui sont dévolues par les lois, sera déclaré démissionnaire.

Art. 2. — Le refus résultera soit d'une déclaration expresse, adressée à qui de droit ou rendue publique par son auteur, soit de l'abstention persistante, après avertissement de l'autorité chargée de la convocation.

Art. 3. — Le membre ainsi démissionnaire ne pourra être réélu avant le délai d'un an.

Art. 4. — Les dispositions qui précèdent seront appliquées par le Conseil d'Etat.

Sur avis transmis au préfet par l'autorité qui aura donné l'avertissement, suivi de refus, le ministre de l'intérieur saisira le Conseil d'Etat, dans le délai de trois mois, à peine de déchéance.

La contestation sera instruite et jugée, sans frais, dans le délai de trois mois.

30 septembre 1876. — Décret.

Art. 1er. — Le paragraphe 3 de l'article 23 du décret sus-visé, du 23 septembre 1875, est modifié ainsi qu'il suit :

« L'ouverture de la première session
» annuelle aura lieu, de plein droit, le
» second lundi qui suit le jour de Pâ-
» ques. »   Mal DE MAC-MAHON.

6 mars 1877. — Décret.

Art. 1er. — L'article 70 du décret sus-visé du 23 septembre 1875 est abrogé et remplacé par la disposition suivante :

« Les fonctions de membre de la com-
» mission départementale sont incompa-
» tibles avec celles de maire du chef-lieu
» du département et avec le mandat de
» député ou de sénateur. »
Mal DE MAC-MAHON.

§ 4. — Annulations de délibérations du Conseil général d'Alger.

20 février 1873. — Décret.

Vu l'article 28 du décret du 27 octobre 1858 ;

Vu la loi du 22 novembre 1872 ;

Vu la délibération en date du 7 janvier 1873, par laquelle le Conseil général du département d'Alger proteste contre l'intervention des assesseurs musulmans dans l'opération de la vérification des pouvoirs comme portant une atteinte outrageante au suffrage universel et blessant la dignité des citoyens français, et, néanmoins, pour déjouer les efforts qui tendraient à affaiblir la colonisation en cherchant à la diviser, déclare en être réduit à subir leur vote, comme contraint et forcé (1) ;

Considérant que, dans cette délibération, le Conseil général a dépassé les limites de ses attributions ;

Art. 1er. — La délibération sus-visée du Conseil général d'Alger est déclarée nulle et de nul effet.   A. THIERS.

V. le *Tableau des circonscriptions électorales*. — V° ELECTIONS.

Conseils de Gouvernement et Supérieur.

DIVISION

§ 1. — Application et modification du décret du 7 octobre 1871.
§ 2. — Réorganisation du Conseil de gouvernement et du Conseil supérieur de gouvernement.

§ 1. — Application et modification du décret du 7 octobre 1871 (2).

11 septembre 1873. — Décret.

Vu le décret du 10 décembre 1860, portant organisation du Gouvernement et de la haute administration de l'Algérie ;

Vu le décret du 7 octobre 1871, portant reconstitution du Conseil de Gouvernement ;

Art. 1er. — Le chef d'état-major du Commandant en chef des forces de terre et de mer, ayant la haute direction des affaires indigènes, est membre de droit du Conseil de Gouvernement. Il y prend rang dans l'ordre que lui assigne sa position militaire.

Art. 2. — Les Préfets des départements et les Officiers généraux commandant les divisions territoriales pourront être appelés par le Gouverneur général à assister aux séances du Conseil de Gouvernement ; ils y auront voix délibérative et siégeront dans l'ordre de préséance qui leur appartient ; ils feront partie du Conseil supérieur de Gouvernement.

Art. 3. — Le titre de conseiller-secrétaire et celui de secrétaire-adjoint sont supprimés.

Il est créé deux emplois de conseiller-rapporteur près le Conseil de Gouvernement, avec voix délibérative. Les titu-

---

(1) Le Conseil général d'Alger ayant refusé, en 1871, d'admettre au droit de vote les assesseurs musulmans auxquels il ne voulait reconnaître que la voix consultative, un décret présidentiel, en date des 20-31 décembre, rendu sur la proposition du Ministre de l'Intérieur, annula toutes les délibérations prises au cours de la session et prononça la dissolution du Conseil général. — V. *Ménerville*, tome 3, p. 113.

RAPPORT AU PRÉSIDENT DE LA RÉPUBLIQUE.
Versailles, le 16 mars 1873.

J'ai l'honneur de vous proposer d'annuler, en vertu de l'article 28 du décret du 27 octobre 1858, une délibération du Conseil général d'Alger, en date du 13 janvier 1873, qui a prononcé l'érection en communes de plein exercice des villages de *El-Afroun* et de *Bou-Roumi*, sections annexes de la commune de Mouzaïaville.

Aux termes de l'article 1er de l'ordonnance du 28 septembre 1847, sur l'organisation municipale en Algérie, il n'appartient qu'au Chef de l'Etat d'ériger les centres de population en communes, lorsqu'ils auront acquis le développement nécessaire ; il est donc manifeste que par la décision précitée, le Conseil général a excédé la mesure de ses attributions.

Il est vrai que ce Conseil a cru pouvoir exercer le droit accordé aux Conseils généraux de la métropole par l'article 46, 26e de la loi du 10 août 1871, mais, d'abord, cette loi n'a pas été promulguée en Algérie, ensuite, si elle était applicable en Algérie, il y aurait encore excès de pouvoirs de la part du Conseil général, puisque, d'après la récente jurisprudence du Conseil d'Etat, formulée dans son avis du 18 octobre dernier, l'article 4 de la loi du 18 juillet 1837 continue de régir les créations de communes.
Le *Ministre de l'Intérieur*,
E. DE GOULARD.

Conformément au rapport qui précède, un décret rendu, en Conseil d'Etat, le 16 mars 1873, a annulé pour excès de pouvoirs la délibération du Conseil général d'Alger du 13 janvier précédent qui avait prononcé l'érection en communes de plein exercice des villages *d'El-Afroun* et de *Bou-Roumi*.

(2) Voir ce décret dans le *Dictionnaire de la législation algérienne*, de M. de Ménerville, V° ADMINISTRATION GÉNÉRALE, tome 3.

laires de ces emplois prendront rang après le Recteur de l'Académie, dans l'ordre de leur nomination.

Art. 4. — Un secrétaire, nommé par décret et placé sous les ordres du Directeur général des affaires civiles et financières, rédigera les procès-verbaux et tiendra les archives du Conseil de Gouvernement.

Art. 5. — Les traitements des conseillers-rapporteurs et du secrétaire sont fixés ainsi qu'il suit :

Conseillers-rapporteurs.

1re classe	12.000 fr.
2e classse	10.000
Secrétaire	6.000

M^{al} DE MAC-MAHON.

8 octobre 1873. — *Décret.*

Vu l'article 3 du décret du 7 octobre 1871 ;
Vu le décret du 11 septembre 1873 ;
Art. 1er. — Le nombre des délégués au Conseil supérieur, que les Conseils généraux de l'Algérie sont appelés à élire, est porté de cinq à six.

M^{al} DE MAC-MAHON.

20 juillet 1875. — *Décret.*

Vu l'article 20 de la loi du 26 juillet 1873, relative à l'établissement et à la conservation de la propriété en Algérie ;
Art. 1er. — Il est créé près le Conseil de gouvernement un troisième emploi de conseiller-rapporteur.
Ce conseiller n'aura voix délibérative que dans les affaires dont le rapport lui aura été confié. M^{al} DE MAC-MAHON.

§ 2. — **Réorganisation du Conseil de gouvernement et du Conseil supérieur de gouvernement.**

11 août 1875. — *Décret.*

Vu les décrets des 10 décembre 1860, 30 avril 1861 et 7 juillet 1864, et l'arrêté du Chef du pouvoir exécutif, en date du 29 mars 1871, sur le gouvernement et la haute administration de l'Algérie ;
Vu l'arrêté du chef du pouvoir exécutif, en date du 6 mai 1871, relatif au budget du Gouvernement général de l'Algérie ;

TITRE Ier. — *Conseil de gouvernement.*

Art. 1er. — Le Gouverneur général civil de l'Algérie est assisté d'un Conseil de gouvernement.
Sont membres de ce Conseil :
Le Gouverneur général, président ;
Le Directeur général des affaires civiles et financières, vice-président ;
Le Premier Président de la Cour d'appel ;
L'Archevêque d'Alger ;
Le Procureur général près la Cour d'appel ;
Le Général chef d'état-major général ;
L'Amiral commandant supérieur de la marine ;
Le Général commandant supérieur du génie ;
L'Inspecteur général des travaux civils ;
L'Inspecteur général des finances ;
Le Recteur de l'Académie ;
Les Conseillers rapporteurs.

Art. 2. — Les Préfets des départements et les officiers généraux commandant les divisions territoriales peuvent être appelés par le Gouverneur général à assister aux séances du Conseil de gouvernement.
Ils y ont voix délibérative et siègent dans l'ordre de préséance qui leur appartient.

Art. 3. — En cas d'absence simultanée du Gouverneur général et du Directeur général des affaires civiles et financières, vice-président du Conseil de gouvernement, la présidence du Conseil appartient au membre titulaire placé le premier dans l'ordre hiérarchique.
Le membre du Conseil de gouvernement absent ou empêché est remplacé par le fonctionnaire qui le supplée dans la direction du service et qui, résidant à Alger, vient immédiatement après lui dans l'ordre hiérarchique.
Le membre suppléant prend rang au Conseil après les membres titulaires.

Art. 4. — Un Secrétaire, nommé par décret et placé sous les ordres du Directeur général des Affaires civiles et financières, rédige les procès-verbaux et tient les archives du Conseil de gouvernement.
Il peut suppléer les Conseillers rapporteurs absents ou empêchés. Il n'a toutefois, dans ce cas, que voix consultative.

Art. 5. — Les attributions du Conseil de gouvernement restent fixées par les décrets des 10 décembre 1860 et 30 avril 1861 (1).

TITRE II. — *Conseil supérieur de Gouvernement.*

Art. 6. — Le Conseil supérieur de Gouvernement se compose :
Des membres du Conseil de Gouvernement ;
Des Officiers généraux commandant les divisions territoriales ;
Des Préfets des départements ;
De six délégués du Conseil général de chaque département.
Les délégués des Conseils généraux sont nommés pour trois ans, à l'élection, dans la section d'octobre.

---

(1) **V.** ces décrets dans le *Dictionnaire* de M. de Ménerville, le premier tome 2, page 4. V° *Administration générale*, le second tome 2, page 53. V. *Conseil de gouvernement.*

L'élection a lieu au scrutin de liste et à la majorité absolue des suffrages.

Art. 7. — Le Conseil supérieur de Gouvernement est chargé d'examiner le projet de budget, l'assiette et la répartition des impôts préparés par les soins du Gouverneur général.

Art. 8. — Le Conseil supérieur de Gouvernement se réunit en session ordinaire, après la session dans laquelle les Conseils généraux ont été appelés à voter le budget.

Le Gouverneur général le convoque, en session extraordinaire, toutes les fois qu'il y a lieu.

Art. 9. — La durée des sessions est fixée par le Gouverneur général. Elle ne peut dépasser vingt jours.

Art. 10. — Les membres du Conseil supérieur sont convoqués par lettres closes du Gouverneur général.

Art. 11. — A l'ouverture de chaque session, le Conseil supérieur élit un deuxième vice-président.

Art. 12. — Le Conseil supérieur ne peut délibérer qu'autant qu'il réunit la majorité des membres, soit dix-neuf membres au moins.

Les délibérations sont prises à la majorité des membres présents.

Les votes ont lieu par assis et levé.

Toutefois, il est recouru au scrutin secret, si ce mode est demandé par quatre membres au moins.

Art. 13. — Les procès-verbaux présentent l'analyse des discussions, sans désigner nominativement les membres qui y ont pris part.

Art. 14. — Les procès-verbaux peuvent être publiés après la session, en vertu d'un vote du Conseil supérieur de Gouvernement, et avec l'approbation du Gouverneur général.

Pendant la session et sous les mêmes conditions, un résumé sommaire des délibérations peut être communiqué à la presse locale. M^{al} DE MAC-MAHON.

7 mars 1876. — *Décret.*

Art. 1er. — Les membres des Conseils généraux délégués au Conseil supérieur de gouvernement de l'Algérie reçoivent une indemnité.

Art. 2. — Cette indemnité est fixée à vingt francs par jour de présence à Alger, pendant la durée de la session.

Indépendamment de l'indemnité ci-dessus, les délégués, qui ont leur résidence hors d'Alger, reçoivent les frais de déplacement fixés à trois francs par myriamètre, tant pour se rendre aux convocations que pour rejoindre leur domicile. M^{al} DE MAC-MAHON.

Conseils de guerre. V. JUSTICE MILITAIRE ; COMPÉTENCE.

Conseils municipaux.

3 mars 1876. — *Décret.*

Aux termes de ce décret, la loi du 7 juin 1873 relative aux conséquences du refus des membres des Conseils municipaux de remplir certaines fonctions est rendue applicable à l'Algérie.

V. ce décret et cette loi V° CONSEILS GÉNÉRAUX.

8 mars 1876. — Circulaire du Préfet d'Alger contenant des instructions au sujet des Baux des communes. On trouvera cette circulaire au *Recueil des Actes administratifs*, n° 21 de l'année 1876, p. 271.

Nous en détachons, toutefois, le document qui suit :

ENQUÊTES ADMINISTRATIVES *de commodo et incommodo pour ventes, acquisitions, échanges, etc.*

Paris, le 25 août 1825. — *Le Ministre de l'Intérieur (Comte Corbière), aux Préfets.*

Les enquêtes administratives de *commodo et incommodo*, auxquelles il est procédé sur les demandes des Conseils municipaux en autorisation d'aliéner les propriétés communales, ont pour objet de constater l'opinion des tiers intéressés au sort de cette propriété et d'éclairer l'autorité supérieure sur le mérite des projets qui lui sont soumis.

Il importe donc que les habitants, qui sont les tiers intéressés à la conservation des propriétés communales dont ils jouissent par des voies plus ou moins directes, soient mis à même de s'expliquer librement sur les inconvénients et les avantages des aliénations projetées, et que leurs déclarations soient assez motivées pour qu'on puisse y trouver le moyen de les apprécier à leur véritable valeur.

Cependant ces conditions sont rarement remplies.

Le Comité de l'intérieur a remarqué, et j'ai eu souvent occasion d'observer que les enquêtes de commodo, trop négligées et presque toujours irrégulières dans les communes rurales, n'offrent aucune des garanties qu'on y cherche, et se réduisent alors à une vaine formalité. Les unes sont rédigées par le Maire sous les yeux des déclarants, qu'ont dû gêner la présence de ce fonctionnaire et la crainte de blâmer un projet qui est ordinairement sa pensée : d'autres ne contiennent que des déclarations sans motifs, ou dont le nombre, insignifiant par rapport à la masse des intéressés, ne peut être considéré comme l'expression du vœu général. Souvent même on voit figurer dans une série de votes déjà insuffisante, les noms des membres du Conseil municipal qui ont délibéré sur le projet en question, et qui, formant ici double emploi, ne servent qu'à dissimuler le vide réel de l'enquête.

Il n'est pas rare, non plus, que des informations de commodo, effectuées sans avoir été annoncées, ne renferment que des votes émis par un choix de personnes nominativement appelées, et dont le dire est bien moins l'effet de la conviction personnelle que d'une complaisance convenue. De pareils actes ne peuvent ni éclairer la religion, ni mériter la confiance de l'autorité, et je les signale ici comme autant de vices qu'on doit s'attacher à écarter d'une information franche et légale.

Les règles à suivre en cette circonstance, sont d'ailleurs simples, et n'ont rien qui puisse gêner l'administration dans aucune localité.

L'enquête dont il s'agit est faite par les moyens propres à l'autorité administrative, et ordinairement sans frais, surtout lorsque l'objet de cet acte n'est pas de nature à justifier ou à nécessiter, par son importance, des formalités onéreuses.

Elle doit être annoncée huit jours à l'avance, à son de trompe ou de tambour, et par voie d'affiches placardées au lieu principal de réunion publique, afin que les intéressés ne puissent en ignorer, et parce que cette publicité autorise à compter le silence des absents comme un vote affirmatif.

J'ajouterai que l'annonce doit toujours être faite le dimanche, qui est le jour où les intéressés se trouvent habituellement réunis ; et qu'à l'égard de l'exécution, le moment préférable est celui où la suspension du travail laisse plus de liberté à ceux qui doivent y prendre part.

Il est essentiel que le préambule du procès-verbal, dont il est donné communication aux déclarants, contienne un exposé exact de la nature, des motifs et des fins du projet annoncé.

Tous les habitants appelés et admis sans distinction à émettre leur vœu sur l'objet de l'enquête, doivent expliquer librement ce qu'ils en pensent et déduire les motifs de leur opinion, principalement quand elle est opposée aux vues de l'Administration qui les consulte.

Les déclarations sont individuelles et se font successivement ; elles sont signées des déclarants ou certifiées conformes à la déposition orale, pour ceux qui ne savent point écrire, par la signature du Commissaire-enquêteur qui les reçoit et en dresse immédiatement procès-verbal.

Lors même que les déclarations sont identiques, elles doivent être consignées distributivement dans le procès-verbal, indépendamment les unes des autres, avec leurs raisons respectives, et, autant qu'il est possible, dans les termes propres aux déclarants.

Quant au Commissaire-enquêteur, l'inconvénient qui s'attache au choix du Maire, dans bien des circonstances, est facile à sentir, et vous apprécierez l'observation que j'en ai déjà faite. D'un autre côté, rien n'empêche que le soin de l'enquête ne soit confié au Juge de paix, non pas comme juge, mais comme personne capable et habituée à ces sortes de fonctions.

Dans les communes où il n'y a pas de justice de paix, c'est aux Sous-Préfets à déléguer tout autre fonctionnaire dont la capacité et le désintéressement personnel dans la cause, lui sont assez connus pour garantir l'exactitude de sa mission.

Quoique la formalité de l'enquête ne soit strictement nécessaire que dans le cas où la commune dispose de ses droits de propriété, qui appartiennent au corps des habitants, il est des circonstances où ces derniers peuvent être utilement consultés sur des projets d'acquisition, soit à raison de l'importance de l'acte, soit parce que la publicité du projet ferait naître une concurrence avantageuse pour l'Administration, entre plusieurs propriétaires qui offriraient également de traiter avec elle. Mais l'utilité de cette précaution n'étant que relative, c'est à vous à l'apprécier dans votre sagesse, et à n'ordonner l'information, qu'autant qu'elle vous paraîtra propre à fortifier les garanties que présente l'instruction ordinaire en matière d'acquisitions communales. Alors il devra y être procédé dans les formes ci-dessus établies. Je vous invite à rappeler ces règles aux Maires des communes de votre département.

V. COMMUNES ; ÉLECTIONS.

Conseils de préfecture. V. *Ménerville.*

Conseils de révision. V. JUSTICE MILITAIRE ; COMPÉTENCE ; SERVICE MILITAIRE.

Conseiller-rapporteur. V. CONSEIL DE GOUVERNEMENT.

Conservateur des hypothèques. V. CAUTIONNEMENT DES FONCTIONNAIRES ; HYPOTHÈQUES.

Consignations. V. DÉPÔT ; PARTIES CIVILES.

Consignation des aliments. V. CONTRAINTE PAR CORPS.

Consistoires. V. CULTES.

Consuls étrangers. V. SUCCESSIONS ; TAXES MUNICIPALES.

Contrainte par corps.

SOMMAIRE
Instructions sur la contrainte par corps.
Recommandation.
Recouvrement des frais dus à l'Etat.
Lieu où elle doit s'exercer (1).

10 mai 1872. — *Décret.*

Vu la loi du 19 décembre 1871, abrogeant l'article 3, § 3 de la loi du 22 juillet 1867, qui a interdit l'exercice de la contrainte par corps pour le recouvrement des frais dus à l'Etat en vertu des condamnations prévues dans l'article 2 de la même loi, et remettant en vigueur les dispositions légales abrogées par l'article 18, § 1er de la loi du 22 juillet 1867;

Art. 1er. — La loi du 19 décembre 1871 est rendue exécutoire en Algérie ; à cet effet, elle y sera publiée et promulguée à la suite du présent décret, qui sera inséré au *Bulletin des lois*. — Il sera procédé conformément à l'article 3 du décret du 27 octobre 1858.

A. Thiers.

19 décembre 1871. — *Loi.*

Art. 1er. — Est abrogé l'article 3, paragraphe 3, de la loi du 22 juillet 1867, qui a interdit l'exercice de la contrainte par corps pour le recouvrement des frais dus

---

(1) 16 juillet 1872. — *Circulaire de M. le Procureur général d'Alger aux Chefs des parquets de son ressort.*

M. le Procureur de la République, M. le Ministre des finances et plusieurs procureurs généraux ont consulté M. le Garde des sceaux sur le point de savoir si la loi du 19 décembre 1871 qui a rétabli la contrainte par corps pour le recouvrement des frais dus à l'Etat en vertu des condamnations prononcées en matière criminelle, correctionnelle ou de police, doit s'appliquer aux jugements passés en force de chose jugée antérieurement à sa date. Il lui a été demandé encore si la contrainte ne doit pas au moins s'exercer pour les condamnations aux frais résultant de jugements rendus avant la loi du 22 juillet 1867.

Sur ces deux questions, M. le Garde des sceaux a été d'avis de la négative.

Dans le système de notre législation criminelle, la condamnation aux frais est un accessoire de la peine ; c'est le caractère que lui attribuent l'exposé des motifs de la loi de 1867 et le rapport sur la loi du 19 décembre 1871.

Or, il est de principe que les lois pénales n'ont pas d'effet rétroactif.

D'un autre côté, la contrainte par corps a été abolie par l'article 19 de la loi du 22 juillet 1867 pour les jugements antérieurs à sa date, et le législateur se serait expliqué s'il avait voulu retirer le bénéfice de cet article.

M. le Ministre des finances, à qui cette double décision a été communiquée, y a adhéré et a invité, en conséquence, M. le Directeur général des domaines à donner des instructions dans ce sens aux agents de son département.

Dans le cas dont il s'agit, vous aurez soin de vous refuser à requérir la force publique pour l'exécution des condamnations aux frais par la voie de la contrainte par corps.

Le Procureur général : Rouchier.

15 juin 1877. — *Circulaire de M. le Garde des sceaux*

Monsieur le Procureur général, les maisons centrales renferment un certain nombre de détenus qui, à l'expiration de leur peine, demeurent assujettis à la contrainte par corps, en vertu de décisions judiciaires portant condamnation à des amendes, frais, restitutions ou dommages-intérêts.

Le Conseil d'Etat, par un avis du 15 novembre 1832, a reconnu que la contrainte devait s'exercer, non dans les maisons centrales, mais, à défaut de prisons spéciales, dans les maisons d'arrêt. Si une recommandation a été faite au greffe d'une maison centrale, elle a pour effet de permettre d'y maintenir les condamnés, qui ont achevé de subir leur peine, pendant le temps strictement nécessaire pour préparer leur transfèrement dans la maison d'arrêt la plus voisine.

Conformément à cet avis, M. le Ministre de l'intérieur a décidé, par une instruction en date du 17 juin 1874, que, lorsqu'une recommandation est faite au greffe d'une maison centrale, maison de détention ou établissement assimilé, contre un détenu passible de la contrainte par corps, cet individu doit, à l'expiration de sa peine, être placé dans une cellule d'isolement pour y être maintenu pendant quarante-huit heures au plus. Si, à l'expiration de ce délai, il n'a pas été réclamé pour être conduit dans une maison d'arrêt, il est rendu à la liberté.

Lorsqu'une demande est adressée au Parquet, deux jours avant l'expiration de la peine, soit par le trésorier général (art. 25, loi du 29 décembre 1873) soit par un particulier en vue de faire ordonner, conformément aux articles 3 et 4 de la loi du 27 juillet 1867, la recommandation d'un individu détenu dans une maison centrale, le Procureur de la République peut formuler, dès ce moment, les réquisitions nécessaires pour faire extraire, à jour et à heures fixes, le contraignable par corps ; dans ce cas aucune occasion d'erreur ou d'oubli ne peut se présenter. Mais il arrive fréquemment que la recommandation est faite longtemps avant le terme de la peine en cours d'exécution, ou que le moment de la libération se trouve avancé par l'effet d'une décision gracieuse ; dans ces deux cas, il peut advenir que, par suite d'un oubli du Parquet, le condamné, quoique recommandé, soit élargi quarante-huit heures après l'expiration de sa peine.

Afin de parer à cet inconvénient, j'ai décidé qu'à l'avenir les chefs de Parquets, qui ordonneront la recommandation d'individus détenus dans une maison centrale, devront en donner immédiatement avis au Procureur de la République de l'arrondissement dans lequel se trouve situé cet établissement ; ils devront, en outre, informer leur collègue des décisions gracieuses concernant les individus recommandés à leur requête, aussitôt que l'avis de ces décisions leur sera parvenu. Il sera tenu, par chacun des parquets dans lesquels une centralisation de cette nature devra avoir lieu, *un registre ou état des détenus recommandés* ; on ne manquera pas d'y mentionner, le cas échéant, à côté de la date normale de la libération, les modifications apportées à cette date par suite de la grâce.

En consultant le registre, les chefs de ces parquets se mettront en mesure de requérir, dans les quarante-huit heures au plus tard de la libération, le transfèrement, à la maison d'arrêt de leur siège, des individus recommandés.

Le registre prescrit devra être tenu avec soin, en vue des recommandations émanant non-seulement de particuliers, mais aussi des agents du Trésor. La tenue de ce registre aura, en effet, même dans ce dernier cas, un intérêt réel, par rapport aux libérations anticipées résultant des décisions gracieuses dont l'autorité judiciaire est informée avant qu'elles parviennent à la connaissance de l'Administration.

Je vous rappelle à ce sujet, M. le Procureur général, que, conformément aux articles 158 et 181 du règlement du 4 août 1864 sur la comptabilité des maisons centrales, c'est au greffe de ces derniers établissements, et non pas à la maison d'arrêt où le débiteur subira la contrainte, que la consignation des aliments doit être faite lorsque la recommandation s'applique à un condamné détenu dans une maison centrale.

Le Garde des Sceaux : Broglie.

à l'Etat, en vertu des condamnations prévues dans l'article 2 de la même loi.

Art. 2. — Sont, en conséquence, remises en vigueur les dispositions légales abrogées par l'article 18, § 1er, de la loi du 22 juillet 1867.

Contraventions spéciales à l'indigénat. — V. INDIGÉNAT.

Contributions directes.

DIVISION

§ 1. — Organisation du service des Contributions directes et des recensements. — Recenseurs.
Création de trois directions.
Répartiteurs ; leur organisation.
Dépenses du service.

§ 2. — Réclamations en matière de Contributions directes. — Expertises.

§ 1. — RECENSEURS. — Classification et traitement des recenseurs.

14 mars 1872. — *Arrêté.*

Art. 1er. — L'article 8 de l'arrêté précité du 22 août 1871 est modifié ainsi qu'il suit :

Art. 8. — La classification et le traitement des recenseurs sont déterminés de la manière suivante :

Recenseurs principaux :

1re classe à 3,000 fr. de traitement fixe.
2e classe à 2,700   id.
3e classe à 2,400 fr.   id.

Recenseurs ordinaires :

1re classe à 2,100 fr. de traitement fixe.
2e classe à 1,800   id.
3e classe à 1,500   id.

Recenseurs adjoints :

Classe unique à 1,200 fr. de traitement fixe.

Chaque recenseur a droit, en outre, aux indemnités ci-après :

1° A une première mise de 500 fr. pour achat de cheval et d'équipement. Cette somme une fois payée, le recenseur n'aura à réclamer aucune indemnité, soit pour perte de cheval, soit à titre de changement de résidence, ou pour tout autre motif ;

2° A une indemnité annuelle de 1,200 francs pour frais de tournée ;

3° A des indemnités variables, calculées à raison de 0 fr. 05 par hectare de la superficie des territoires recensés et de 0 fr. 10 c. par bulletin de recensement de chef de famille.

Vice-amiral Cte DE GUEYDON.

Modifications apportées à la classification des recenseurs.

22 mars 1872. — *Arrêté.*
(Extrait)

Art. 3. — La liquidation de la solde et des émoluments variables, tels que les a déterminés l'arrêté du 14 courant, aura lieu, à savoir : pour les agents déjà en fonctions, à partir du 1er avril prochain ; pour les recenseurs nouvellement nommés, à dater de leur entrée en fonctions, qui devra avoir lieu dans le plus bref délai.

Vice-amiral Cte DE GUEYDON.

Organisation du service des contributions directes et des recensements en Algérie.

8 mai 1872. — *Décret.*

TITRE Ier. — *Organisation.*

Art. 1er. — Il est institué, en Algérie, un service des contributions directes et des recensements.

Toutes les dispositions des lois, ordonnances, décrets et règlements qui régissent en France l'organisation du personnel et les attributions de l'administration des contributions directes, sont déclarés applicables en Algérie, sauf les modifications qui résultent du présent décret.

Art. 2. — Le service des contributions directes et des recensements comprend deux catégories d'agents :

1° Les agents des contributions directes, empruntés au Ministère des Finances (Direction générale des Contributions directes), dont ils continuent, d'ailleurs, à faire partie, avec les droits et obligations inscrits à cet égard dans l'ordonnance du 15 avril 1845 (articles 10 à 17);

2° Des recenseurs, agents secondaires de l'assiette des impôts, recrutés dans la colonie.

TITRE II. — *Agents des contributions directes.*

Art. 3. — La Direction du service des contributions directes et des recensements est exercée, à Alger, sous l'autorité du Directeur général des Affaires civiles et financières, par un Directeur central, et, dans chaque département, par un Inspecteur chef de service.

Le Directeur central, établi à Alger, pourra remplir les fonctions de chef de service pour le département d'Alger.

Art. 4. — Les relations des chefs de service départementaux avec le Directeur central et les Préfets seront les mêmes que celles qui existent en France entre les Directeurs, les Préfets et le Directeur général des contributions directes ; mais seulement en ce qui concerne l'assiette de l'impôt et les recensements.

Art. 5. — Des inspecteurs des travaux extérieurs, ou des contrôleurs principaux en remplissant les fonctions, des contrôleurs du service actif et des commis de direction, dont le nombre est déterminé par le Gouverneur général, sont chargés :

1° De seconder le Directeur central et les chefs de service départementaux;

2° Avec l'assistance des municipalités, des classificateurs ou répartiteurs et des djemâas, de l'assiette des impôts directs de toute nature et des expertises cadastrales.

TITRE III. — *Recenseurs.*

Art. 6. — Les recenseurs ont pour attributions, sur tous les points du territoire où leur action paraîtra utile, la préparation des listes des redevables que le contrôleur vérifie ensuite et fait arrêter par les djemâas ou commissions municipales ; ils concourent à tous les travaux se rattachant à l'assiette de l'impôt arabe, dans les formes et les conditions qui sont indiquées par le Gouverneur général ; ils sont placés sous les ordres du chef de service des contributions directes et des recensements, et soumis aux vérifications des inspecteurs et des contrôleurs.

Art. 7. — Les rôles d'impôts arabes, homologués, seront déposés et publiés, comme cela se pratique dans la métropole pour les contributions directes.

Des avertissements, traduits en arabe, seront, transitoirement, remis aux contribuables par les soins des recenseurs.

Art. 8. — Le personnel des recenseurs est à la nomination du Gouverneur général, qui détermine le mode de recrutement et d'avancement de ces employés, leurs traitements et indemnités, etc., sur la proposition du Directeur central.

TITRE IV. — *Comptabilité.*

Art. 9. — Les chefs de service des contributions directes et des recensements remplissent, dans chaque département, les fonctions de sous-ordonnateurs secondaires. Ils délivrent, pour toutes les dépenses du service, des mandats en vertu des ordonnances de délégation du Gouverneur général.

TITRE V. — *Dispositions transitoires.*

Art. 10. — Le nouveau mode de recensement et d'assiette de l'impôt arabe ne pouvant être appliqué que graduellement, au fur et à mesure de la création des nouvelles circonscriptions cantonales, les états statistiques des matières imposables, dressés sous la surveillance des officiers des bureaux arabes, seront, pour les territoires non encore soumis à ce régime, transmis, dans chaque département, au chef de service des contributions directes, chargé, à l'avenir, de la confection des rôles des impôts directs de toute nature.

Art. 11. — Sont abrogées toutes dispositions antérieures contraires.

A. THIERS.

21 novembre 1874. — *Décret.*

Art. 1er. — Il est créé une Direction des contributions directes dans chacun des départements d'Alger, d'Oran et de Constantine.

Art. 2. — Au personnel continental attaché à chaque Direction sont adjoints des agents coloniaux spécialement chargés des opérations relatives à l'assiette de l'impôt arabe dans les territoires non cadastrés.

Art. 3. — Les relations des Directeurs des contributions directes avec le Directeur général des Affaires civiles et financières, et, suivant les territoires, avec les Préfets des départements et les Généraux commandant les divisions, sont les mêmes que celles qui existent dans la métropole entre ces Directeurs et le Directeur général et les Préfets.

Art. 4. — Les dispositions des lois, ordonnances, décrets et règlements qui régissent en France l'organisation du personnel et les attributions des contributions directes, sont applicables en Algérie, sauf les exceptions résultant de l'organisation administrative du pays, particulièrement en ce qui concerne les travaux d'art du cadastre, qui continueront à être préparés par le service spécial de la topographie.

Art. 5. — Le Gouverneur général réglera les détails et moyens d'exécution du présent décret. Il statuera sur le mode de recrutement et de nomination des agents coloniaux.

Art. 6. — Le décret du 8 mai 1872, portant création d'un service central des contributions directes et du recensement, est et demeure rapporté.

M^{al} DE MAC-MAHON.

21 décembre 1874. — *Arrêté.*

TITRE Ier.

Art. 1er. — Les agents coloniaux adjoints au personnel continental des Contributions directes en Algérie, conformément à l'article 2 du décret précité du 21 novembre 1874, pour être spécialement chargés des opérations relatives à l'assiette de l'impôt arabe, dans les territoires non cadastrés, sont désignés sous la dénomination de répartiteurs.

Ils sont nommés par le Directeur général des Affaires civiles et financières, au nom du Gouverneur général.

Art. 2. — Le personnel des répartiteurs est recruté par la voie du concours, dans les conditions déterminées par le titre II du présent arrêté.

Art. 3. — Le personnel de ce service comprend des répartiteurs adjoints et des répartiteurs titulaires, ces derniers divisés en six classes.

Nul ne peut être nommé répartiteur titulaire, s'il n'a été au moins une année répartiteur-adjoint et si, après ce stage, il n'a été reconnu apte à entrer définitivement dans les cadres du service.

Le nombre des emplois de chacune des catégories sera ultérieurement fixé, d'après les besoins du service.

Art. 4. — Le traitement affecté à chaque classe de répartiteurs est fixé ainsi qu'il suit :

1re classe	....	3.600 fr.
2e —	....	3.000
3e —	....	2.700
4e —	....	2.400
5e —	....	2.100
6e —	....	1.800

Ces traitements sont soumis aux retenues réglementaires pour les pensions de retraite.

Les répartiteurs-adjoints reçoivent une indemnité annuelle de 1,500 fr., non sujette à retenue.

Art. 5. — Il est alloué, en outre, aux répartiteurs titulaires une indemnité de douze cents francs par an, pour frais de tournées.

Les répartiteurs-adjoints ont droit à cette même indemnité quand ils gèrent une circonscription à titre d'intérimaires.

Art. 6. — La durée du stage, dans chaque classe de répartiteurs, est de deux ans au moins.

Titre II.

Art. 7. — Tout candidat à l'emploi de répartiteur-adjoint doit justifier qu'il a eu vingt ans au moins et trente ans au plus au 1er janvier de l'année du concours.

Toutefois, les anciens militaires et les employés civils ayant au moins cinq ans de stage dans un service de l'Etat, d'un département ou d'une commune, peuvent être autorisés à prendre part au concours, jusqu'à l'âge de 36 ans accomplis.

Art. 8. — Les candidats doivent se faire inscrire à la Direction générale des affaires civiles et financières, deux mois au moins avant la date fixée pour l'ouverture des examens.

Tout postulant est tenu de produire, à l'appui de sa demande d'admission au concours :

1° Une expédition, dûment légalisée, de son acte de naissance ;

2° Un certificat des autorités locales constatant qu'il est français ou naturalisé français et qu'il est de bonnes vie et mœurs.

Si le candidat a été militaire, il produira, en outre, son congé de libération ; s'il est ou s'il a été employé dans une administration civile, il produira un certificat délivré par le chef du service, attestant qu'il a bien rempli ses fonctions et faisant connaître les motifs de sa sortie de cette administration.

3° Un certificat du médecin désigné par l'administration, constatant qu'il jouit d'une bonne constitution et qu'il n'est atteint d'aucune infirmité qui le rende impropre à un service essentiellement actif.

Art. 9. — Le Directeur général des affaires civiles et financières arrête la liste des candidats admis à concourir aux emplois de répartiteurs-adjoints.

Art. 10. — Le programme de l'examen pour l'admission dans le service des répartiteurs est arrêté ainsi qu'il suit :

Epreuves écrites.

1° Une page d'écriture faite sous la dictée, sur papier non réglé. Le candidat pourra en corriger l'orthographe sur le champ, sans toutefois recourir à aucun livre ni secours étranger ;

2° La même page recopiée à main posée ;

3° Analyse grammaticale d'une partie du texte de la dictée ;

4° Etablissement d'états et de tableaux conformes à un modèle indiqué ;

5° Solution de problèmes sur les éléments de l'arithmétique et de la géométrie ;

6° Solution de questions sur la géographie de la France et de l'Algérie ;

7° Rédaction d'une lettre ou d'une note sur un sujet donné ;

8° Traduction d'une lettre arabe facile ;

9° Dessin et lavis d'un plan.

Epreuves orales.

Les épreuves orales portent sur :

1° Les éléments de la grammaire française ;
2° — de l'arithmétique, — fractions anciennes et décimales, proportions et système métrique ;
3° — de la géométrie et de l'arpentage ;
4° — de la comptabilité ;
5° — de la langue arabe, notions de grammaire et conversation.

Art. 11. — Les examens ont lieu au chef-lieu de chaque département, devant une commission composée ainsi qu'il suit :

Le Directeur des contributions directes et du cadastre, président ;

Un chef de bureau de la Préfecture ;

Un inspecteur ou un contrôleur principal des Contributions directes ;

Un vérificateur du service topographique ;

Un interprète judiciaire ou militaire, pour la langue arabe.

Le premier commis de Direction des contributions directes remplira les fonctions de secrétaire, avec voix consultative.

Art. 12. — Les appréciations de la

commission sur le résultat de l'examen des candidats pour chacune des épreuves de l'examen écrit et chaque paragraphe de l'examen oral, sont exprimées par des chiffres qui ont, respectivement, la signification ci-après :

0 Néant.
1 Très-mal.
2 Mal.
3-4 Médiocrement.
5—6—7 Asssez-bien.
8—9 Bien.
10 Très-bien.

Ces résultats sont consignés dans des procès-verbaux auxquels sont annexées les épreuves écrites de chaque candidat, sa demande avec les pièces justificatives qui y ont été jointes, et, si le postulant est bachelier ès-lettres ou ès-sciences, une copie de son diplôme.

Le Comité d'examen dresse, en outre, par ordre de mérite, la liste des candidats qu'il juge susceptibles d'être admis, et sur laquelle sont indiquées les notes obtenues par chacun d'eux sur les diverses parties de l'examen écrit ou oral.

Toutes ces pièces, ainsi que les dossiers concernant les sujets jugés inadmissibles, sont adressés au Directeur général des Affaires civiles et financières, qui fixe le classement et arrête la liste des candidats admissibles.

Art. 13. — Les candidats, qui ont échoué à un premier examen, peuvent-être autorisés à se présenter une seconde fois. Après deux échecs, ils sont radiés des listes d'admission au concours.

Titre III. — *Dispositions transitoires.*

Art. 14. — Les agents du service des recenseurs, supprimé par l'article 6 du décret du 21 novembre, susvisé, qu'il ne sera pas nécessaire de replacer dans les cadres du Service topographique dont ils faisaient précédemment partie et qui rempliront les conditions exigées, passent, avec leur traitement actuel, dans le cadre des répartiteurs.

Toutefois, les recenseurs-adjoints ne seront titularisés dans les fonctions de répartiteurs qu'à la condition qu'ils justifieront, devant le comité d'examen mentionné à l'article 11 ci-dessus, de la connaissance des éléments de la langue arabe.

Art. 15. — Si le nombre des candidats déclarés, à la suite des plus prochains concours, admissibles à l'emploi de répartiteurs-adjoints, n'est pas suffisant pour pourvoir aux besoins du service, les candidats qui ayant, d'ailleurs, satisfait à toutes les autres conditions du programme, ne posséderaient pas les notions de la langue arabe requises par le règlement, pourront, à titre exceptionnel, être admis en qualité de répartiteurs-adjoints, sous la réserve qu'ils ne seront titularisés comme répartiteurs de 6ᵉ classe, que lorsqu'ils auront subi avec succès l'examen réglementaire sur cette partie du programme. Gᵃˡ Chanzy.

27 mars 1877. — *Arrêté.*

Art. 1ᵉʳ. — A partir du 1ᵉʳ avril 1877, les recenseurs actuellement en fonctions dans les trois départements de l'Algérie, prendront le titre de répartiteurs, en exécution de l'arrêté du 21 décembre 1874.

A dater de cette même époque, les répartiteurs recevront, à titre provisoire, en sus des traitements fixes et de l'allocation pour frais de tournées déterminés par le présent arrêté, les indemnités ci-après :

1° Une indemnité fixe de 150 fr. par an, à l'abonnement, pour loyer et fournitures de bureau ;

2° 0 fr. 0025ᵐ par hectare de superficie recensée ;

3° 0 fr. 05ᶜ par article de rôles des impôts *Zekkat, Achour* et *Lezma* ;

4° 0 fr. 03ᶜ par avertissement distribué aux indigènes dans les territoires civils où la recette est encore confiée aux chefs collecteurs.

Art. 2. — Sont maintenues les dispositions contenues dans l'arrêté du 21 décembre 1874, en ce qu'elles n'ont pas de contraire au présent arrêté.

Gᵃˡ Chanzy.

Ordonnancement des dépenses du service des contributions directes.

4 janvier 1875. — *Arrêté.*

Art. 1ᵉʳ. — Les directeurs du service des Contributions directes des départements d'Alger, d'Oran et de Constantine, sont institués ordonnateurs secondaires, à partir du 1ᵉʳ janvier 1875, pour l'acquittement des dépenses de ce service, imputables sur les fonds du budget du Gouvernement général de l'Algérie.

Art. 2. — Ampliation de cet arrêté, qui sera inséré au *Bulletin officiel du Gouvernement général de l'Algérie*, sera adressée à M. le Ministre des Finances, ainsi qu'à MM. les trésoriers-payeurs de l'Algérie.

Art. 3. — L'arrêté du 29 juin 1872, instituant ordonnateur secondaire le Directeur central du Service des Contributions directes et des recensements de l'Algérie, est et demeure rapporté.

Gᵃˡ Chanzy.

§ 2. — **Réclamations sur contributions directes. — Frais d'expertise. — Nouveau mode de liquidation et de paiement.**

12 février 1874. — Circulaire *du Gouverneur général.*

La liquidation aux experts des frais de la vérification par voie d'expertise contradictoire des réclamations sur contributions directes, a, jusqu'à ce jour, à défaut d'une instruction règlementaire, été effectuée en Algérie d'une façon peu uniforme : le paiement aux experts de leurs honoraires, abandonné en réalité à la bonne volonté des communes ou des particuliers déboutés de leurs prétentions, a eu lieu avec si peu d'exactitude que l'administration éprouverait bientôt une réelle difficulté pour trouver des experts capables consentant à se charger de la défense de ses intérêts ou de ceux des communes. Il y a donc urgence, au moment de la publication des rôles de 1874, de régler cette matière de façon à ce que la liquidation et le paiement des frais d'expertise sur contributions directes aient lieu désormais avec une uniformité et une ponctualité qu'il est de notre intérêt comme de notre devoir d'assurer.

Je rappellerai d'abord sommairement les principes posés à cet égard dans les lois des 2 messidor an VII (art. 221, 222, 224 et 225), 26 mars 1831 (art. 28), et 21 avril 1832 (art. 29) ; dans l'arrêté des consuls du 24 floréal an VIII (art. 17 à 21) ; l'instruction ministérielle du 30 septembre 1831 ; le règlement du 10 mai 1849 (art. 83, 87, 88) ; et l'instruction générale du 20 juin 1859 (art. 139) ;

Les contribuables qui, pendant le dépôt légal de dix jours au secrétariat de la sous-préfecture du dossier de leurs demandes en décharge ou réduction sur contributions directes, contestent les conclusions des agents de l'instruction, sont admis à prouver le bien fondé de leurs prétentions par voie d'expertise contradictoire. Le réclamant désigne son expert ; le sous-préfet, sur la proposition du contrôleur des contributions directes, désigne celui de l'administration ou de la commune. Les experts se rendent sur les lieux au jour indiqué par le contrôleur, vérifient les faits et dressent un procès-verbal à la suite duquel les agents des contributions directes consignent leurs observations et conclusions. Le conseil de préfecture statue et met les frais d'expertise à la charge de la partie condamnée, Etat, commune ou contribuable. Le Préfet règle lesdits frais, sur le rapport du directeur, par un arrêté au vu duquel le receveur municipal fait immédiatement avance aux experts des sommes qui leur ont été allouées, et il en est remboursé soit par l'Etat, soit par la commune, soit par le redevable, lequel peut y être contraint par voie de poursuites comme en matière de contributions directes, dans le délai d'un mois, à partir de la notification de l'arrêté.

Toutes ces prescriptions légales et règlementaires s'adaptent parfaitement à l'organisation actuelle de l'Algérie ; elles sont, d'ailleurs, implicitement applicables à la colonie : 1º en vertu de la disposition générale insérée à l'article 43 du décret du 30 décembre 1862, sur l'organisation des conseils de préfecture, rendu exécutoire en Algérie par le décret du 16 avril 1863 ; 2º en exécution du décret du 8 mai 1872 (art. 1). Il me suffira de régler quelques détails secondaires d'application, pour que la liquidation et le paiement des frais d'expertise puissent, à l'avenir, aussi bien que l'exécution même de l'opération, être effectués d'une façon rigoureusement conforme aux principes qui régissent la matière dans la métropole.

Exécution de l'expertise.

Le mode d'exécution de l'opération en elle-même étant réglé par des lois commentées par de nombreux arrêts du Conseil d'Etat, je dois simplement me référer à cet égard à la législation en vigueur et à la jurisprudence qui la complète.

Liquidation des frais.

La mise des frais d'expertise, à la charge de l'une ou de l'autre des parties en présence, une fois prononcée par le conseil de préfecture, c'est à vous, Monsieur le Préfet, qu'il appartient d'en régler le montant pour les réclamations relatives au territoire civil

La législation continentale sur les contributions directes n'a pas fixé de tarif spécial pour les expertises y relatives ; il est généralement fait usage, dans la Métropole, du tarif déterminé pour les expertises devant les tribunaux de l'ordre judiciaire, par le décret du 16 février 1807 (chap. VI, art. 159, 160, 161 et 162). Les experts désignés par le contentieux des contributions directes sont d'ailleurs, sauf de rares exceptions, considérés comme architectes ou artistes dans le sens de ce décret, et non comme laboureurs ou artisans, et il leur est, à ce titre, fait application du tarif de rétribution de première catégorie. En effet, le contentieux des contributions directes porte généralement sur des évaluations d'immeubles, des appréciations d'actes commerciaux, des vérifications d'écritures, etc., qui exigent des connaissances que l'on trouve rarement réunies chez les individus de la classe sociale désignée, par le législateur de 1807, sous la qualification générique de *laboureurs* ou *d'artisans.*

Le décret du 16 février 1807 présente, toutefois, une obscurité ou plutôt une lacune que l'usage a comblée de deux façons différentes, entre lesquelles l'Administration peut opter : au-dessous de deux myriamètres, ce décret n'a pas prévu de frais de transport en faveur des experts. Doit-on induire de là que le législateur n'a entendu leur accorder aucune rétribution pour tout déplacement n'atteignant pas 20 kilomètres ? Ou bien, plutôt qu'il a voulu laisser au président la latitude, soit de traduire en *vacations* le temps qu'ils ont consacré au transport sur les lieux et au retour à la résidence, soit d'appliquer aux parcours inférieurs à 20 kilomètres les tarifs de 6 fr., 4 fr. 50 c. et 3 fr. par myriamètre (ou 60 cent., 45 cent. ou 30 cent. par kilomètre) indiqués pour les parcours plus considérables ? C'est cette deuxième interprétation que les tribunaux de l'ordre judiciaire admettent dans la pratique, et ils tiennent compte aux experts de leurs frais de voyage, tantôt sous forme de vacations, tantôt sous forme d'indemnité kilométrique.

Le remboursement, aux experts de l'administration des contributions directes, de leurs frais de transport sous forme d'indemnité kilométrique me paraît devoir être adopté de préférence ; il est conforme aux règles en usage dans le service et il permet de proportionner exactement la rétribution aux débours effectués ; d'autre part, les experts étant généralement choisis dans la localité même où ils doivent opérer ou à proximité de cette localité, il arriverait fréquemment, si les frais de transport étaient traduits en une vacation supplémentaire, qu'en allouant à l'expert, pour un parcours de 5 à 6 kilomètres, la taxe d'une vacation entière (les vacations sont indivisibles), on lui attribuerait une rétribution supérieure à ses débours véritables.

Le décret de 1807 fixe des rétributions différentes : 1° pour le département de la Seine ; 2° pour les autres départements. Il me reste à vous indiquer de laquelle de ces deux rétributions il conviendra de faire usage. Il ne me paraît pas que, d'après ce qui se passe pour les honoraires des officiers ministériels et pour les frais même des expertises devant les tribunaux de l'ordre judiciaire, on puisse hésiter à faire application, pour les frais d'expertise des contributions directes en Algérie, du tarif du département de la Seine, sauf, bien entendu, les conventions contraires du contribuable avec son expert, en tant qu'il en résulterait une rétribution moins onéreuse Vous n'en demeurez pas moins en droit, Monsieur le Préfet, conformément aux principes posés dans l'article 162 (3° alinéa) du décret du 16 février 1807, d'avoir égard, dans le règlement des frais d'expertise, aux circonstances spéciales qui pourraient vous faire trouver excessif le nombre des vacations réclamé par les experts dans leurs décomptes.

Payement des frais d'expertise.

Les frais d'expertise une fois réglés, le payement devra, dans tous les cas, avoir lieu d'une façon immédiate au vu de votre arrêté ; mais le comptable qui en fera d'abord avance sera un receveur municipal ou un receveur des contributions diverses, suivant qu'il s'agira d'une taxe municipale ou de droits perçus au profit du Trésor ; cette distinction, qui n'existe pas en France, est importante en Algérie, en raison de certains détails de comptabilité dans lesquels il me paraît superflu d'entrer.

En matière de réclamations sur taxes municipales, l'avance sera faite par le receveur municipal de la commune au rôle de laquelle figure la cotisation objet de l'expertise, ou, pour son compte, par le receveur des contributions diverses de la localité où réside l'expert, si ce dernier en a exprimé le désir, auquel cas, le receveur des contributions diverses se couvrira immédiatement de son avance provisoire dans les formes ordinaires, c'est-à-dire par bordereaux de virement de fonds. Votre arrêté, dont le receveur municipal deviendra ainsi, dans tous les cas, finalement détenteur, portera injonction, soit au maire de la commune, soit au redevable (suivant que la commune ou le réclamant aura été condamné aux frais), d'avoir, dans le délai d'un mois, à couvrir le receveur municipal de son avance ; dans le premier cas, à l'expiration de ce délai, votre arrêté tiendra lieu de mandat au comptable pour la régularisation de son opération, suivant qu'il est dit à l'article 68 de l'ordonnance du 28 septembre 1847 ; dans le second cas, à l'expiration du même délai, il sera, par application des dispositions de la loi du 2 messidor an VII (art. 225) et de l'arrêté des Consuls du 24 floréal an VIII (art. 19), procédé, sous la responsabilité du receveur, contre le redevable par voie de poursuites, comme en matière de contributions directes, votre arrêté constituant, dans ce cas, titre de perception.

En matière de droits de patente et de redevance sur les mines, l'avance sera faite par le receveur des contributions de la résidence de l'expert, lequel, si c'est l'administration qui a succombé, sera immédiatement couvert au moyen d'un mandat émis à son nom par son chef de service sur le crédit ouvert au budget du Gouvernement général de l'Algérie : *Restitution de taxes et droits indûment perçus* (chap. VIII, Services financiers, art. 4 ; Contributions diverses § 2 ; Matériel, ligne 11 du budget de l'exercice courant). Si c'est, au contraire, le réclamant qui a été condamné au payement des frais, le receveur procédera aussitôt contre lui, par voie de poursuites, comme en matière de contributions directes, soit directement, si le redevable réside dans sa circonscription, soit, dans le cas contraire, par voie de contrainte extérieure.

En matière d'impôt arabe, les frais d'expertise, quand l'administration aura succombé, seront nécessairement répartis entre les budgets au profit desquels avait été établie la cotisation annulée ou réduite, c'est-à-dire entre les budgets de l'Etat et du département, ou entre ces deux budgets et celui de la commune subdivisionnaire ou indigène ; la répartition aura nécessairement lieu suivant les quotités fixées pour le rôle auquel la cotisation se rapporte.

Enfin, en matière de jury médical, le département, quand le réclamant aura obtenu gain de cause, devra dans le délai d'un mois, rembourser au receveur le montant de son avance.

Telles sont, M. le Préfet, les règles qui m'ont paru propres à assurer la ponctualité et l'uniformité désirables dans un détail de service qui intéresse d'une façon si directe la marche régulière du contentieux des contributions publiques ; il m'a paru bon, pour atteindre plus sûrement ce résultat, d'établir un modèle dont je désire que, sauf des cas exceptionnels, il soit fait exclusivement usage pour la liquidation et le paiement des frais d'expertises.

Je vous prie de faire part des instructions contenues dans la présente dépêche à M. le Chef du service des contributions diverses de votre département, qui aura à les communiquer aux agents sous ses ordres.

M. le directeur central des contributions directes est, de son côté, chargé de notifier aux agents d'assiette les dispositions que je viens d'arrêter.

Gal CHANZY.

Contributions diverses.

15 février 1875. — LOI *relative aux crédits et escomptes en matière de douanes et de contributions indirectes.*

Art. 1er. — A partir de la promulgation de la présente loi, tous les droits recouvrés par l'administration des douanes et par celle des contributions indirectes devront être payés au comptant sans escompte.

Art. 2. — Néanmoins, pour ceux de ces droits auxquels a été accordée la faculté d'acquittement en obligations ou l'allocation d'un escompte en cas de payement au comptant, c'est-à-dire les droits d'importation, les taxes de fabrication et de consommation sur les sels, les sucres, les bières, les papiers, les allumettes, la chicorée, les huiles de toute espèce, la bougie, les savons et aussi pour le droit sur les cartes à jouer, et le montant du papier filigrané et de moulage des cartes à jouer, le redevable pourra être admis à présenter des obligations dûment cautionnées à quatre mois d'échéance, lorsque la somme à payer, d'après chaque décompte, s'élèvera à trois cents francs (300 fr.) au moins.

Art. 3. — Ces obligations donneront lieu à un intérêt de retard et à une remise spéciale dont le taux et le montant seront fixés par des arrêtés du Ministre des Finances.

La remise spéciale ne pourra pas dépasser 1/3 de franc p. 100.

5 août 1876. — *Arrêté.*

Art. 1er. — Les Directeurs des Contributions diverses, à Alger, à Oran et à Constantine, sont institués ordonnateurs secondaires, à partir du 1er octobre 1876, pour l'acquittement des dépenses de ce service, imputables sur le budget du Gouvernement général civil de l'Algérie.

P. le Gouverneur général absent,
Le Directeur général : DE TOUSTAIN.

Contrôle de la garantie. — V. GARANTIE.

Convention internationale. — V. ALSACIENS-LORRAINS ; COMPÉTENCE ; COMMERCE ; ÉTAT-CIVIL ; EXTRADITION ; POSTES ET SUCCESSIONS.

Convocation aux cérémonies. — V. PRÉSÉANCES.

Corail. — V. PÊCHE.

Corporations religieuses. — V. CULTES.

Corps d'armée. — V. SERVICE MILITAIRE ; ARMÉE D'ALGÉRIE.

Corps spéciaux. — V. SERVICE MILITAIRE ; ARMÉE D'ALGÉRIE.

Corse (transmission des actes judiciaires destinés à la). V. ACTES JUDICIAIRES.

Correspondance administrative.

RAPPORT *à M. le Président de la République.*

Versailles, le 12 juin 1873.

Monsieur le Président,

Un grand nombre de Préfets se plaignent de la tendance qu'ont certaines municipalités à s'affranchir des liens de la hiérarchie, en s'adressant directement aux différents Ministères.

Cet usage abusif, contraire à tous les principes, loin d'activer la marche des affaires, en retarde la solution, puisque le Ministre, qui en est saisi, en dehors de l'intervention du Préfet, est obligé de renvoyer le dossier à la Préfecture, pour instruction ou pour avis.

Un de mes prédécesseurs en avait déjà fait l'observation, et, par une circulaire du 18 septembre 1871, il avait formellement invité les Préfets à rappeler les fonctionnaires municipaux de leur département au respect des règles de la subordination administrative.

Cet avertissement n'a pas été partout écouté, et, souvent encore, les Préfets sont tardivement informés que des affaires, quelquefois importantes, ont été engagées à leur insu et portées par les Maires des communes intéressées devant le Ministre compétent.

Si tous les départements ministériels ne s'imposaient pas comme règle absolue le devoir de renvoyer à leurs auteurs ou de laisser sans réponse les communications qui leur sont ainsi adressées en dehors de la voie hiérarchique, l'autorité des représentants du pouvoir central se trouverait amoindrie au grand préjudice de l'influence gouvernementale.

Il me paraît donc indispensable d'appeler, sur ce point, l'attention des différentes administrations publiques et de leur recommander de s'abstenir rigoureusement de toute correspondance directe avec les fonctionnaires municipaux.

Il importe également que les administrations qui ont, dans les départements, des agents placés sous l'autorité des préfets, donnent à ces agents l'ordre exprès de se tenir constamment en rapport avec le Préfet et de ne pas traiter en dehors de lui les affaires qui concernent leur service.

L'observation de ces règles de convenance et de bonne administration est plus que jamais nécessaire aujourd'hui ; j'ai, en conséquence, l'honneur de vous proposer, Monsieur le Président, d'approuver le présent rapport qui sera transmis, en votre nom, à tous les départements ministériels, chaque Ministre demeurant chargé d'adresser des instructions conformes aux fonctionnaires placés sous ses ordres.

Veuillez agréer, etc

Le Ministre de l'Intérieur : BEULÉ.

Approuvé :
Le Président de la République,
M^{al} DE MAC-MAHON.

CIRCULAIRE de M. le Gouverneur général.

Alger, le 14 juillet 1873.

Monsieur le Préfet,

J'ai l'honneur de vous transmettre, ci-jointe, copie d'un rapport de M. le Ministre de l'Intérieur, approuvé par M. le Président de la République.

Ce rapport signale les tendances de certaines municipalités à s'affranchir des règles de la hiérarchie, en s'adressant directement aux Ministres, et la nécessité de rappeler les administrations locales à la stricte observation des règles de la subordination administrative dans leurs rapports avec l'autorité supérieure.

Le Gouvernement général, recevant presque journellement des correspondances émanant directement des autorités municipales, trouve une occasion de rappeler à MM. les Maires de l'Algérie qu'ils ne doivent correspondre avec le Gouverneur général que par votre intermédiaire, à moins de circonstances graves ou imprévues, généralement fort rares.

Mon intention étant de tenir strictement la main à l'observation des règles de convenance et de subordination rappelées dans le rapport de M. le Ministre de l'Intérieur, je vous invite, M. le Préfet, à en faire l'objet d'une communication spéciale à MM. les Maires de votre département, en même temps que vous le ferez insérer au *Recueil officiel* de la Préfecture.   Gal CHANZY.

CIRCULAIRE *de M. le Gouverneur général aux Préfets de l'Algérie relative à la salutation officielle.*

Alger, le 6 novembre 1873.

Monsieur le Préfet,

J'ai remarqué qu'on emploie dans quelques municipalités de l'Algérie, au bas des dépêches officielles les mots : « *Salut et Fraternité* » comme terme unique de salutation.

Je vous prie de vouloir bien donner des instructions pour que MM. les Maires se servent, dans la correspondance administrative, des formules consacrées par l'usage et par l'observation des règles hiérarchiques qui n'ont jamais cessé d'être en vigueur.   Gal CHANZY.

18 juin 1875. — CIRCULAIRE *de M. le Préfet d'Alger.*

Dans certaines localités du département, les maires apposent, au bas des lettres adressées à la préfecture, une *griffe* au lieu de leur signature *à la main*.

Cette manière de procéder n'est pas régulière. Elle est en opposition avec les instructions de M. le Gouverneur général qui ont été notifiées le 5 septembre 1867, dans les termes ci-après :

« M. le Gouverneur général croit devoir rappeler à cette occasion que la
» griffe, n'ayant rien de personnel, ne
» saurait être considérée comme l'équi-
» valent d'une signature. Elle n'a donc
» aucun caractère d'authenticité et n'est
» pas susceptible d'être légalisée.

» Le ministre de l'intérieur, par ses ins-
» tructions des 6 juillet et 1er août 1843, a
» formellement interdit aux Sous-Pré-

» fets, Maires et autres délégués de l'au-
» torité administrative de faire emploi
» d'une signature griffée pour les actes
» émanés d'eux.
» La même règle doit être observée en
» Algérie et les autorités doivent se con-
» former strictement à ces instructions. »
Il ne vous échappera pas, d'ailleurs,
que l'obligation de la signature à la main
est imposée dans le but d'éviter qu'il soit
fait un usage illicite de la griffe.

Le Préfet : BRUNEL.

Correspondance officielle entre fonctionnaires français et étrangers. V. POSTES.

Correspondance des transportés. V. ETABLISSEMENTS PÉNITENCIAIRES.

Cours d'eau. V. *Ménerville*.

Courses de chevaux et de salon. V. JEUX DE HASARD.

Courtiers.

DIVISION

§ 1. — Courtiers maritimes. — Droits de courtage et de traduction. — Conditions d'admission.

§ 2. — Courtiers de commerce. — Règlement des droits et vacations.

---

§ 1. — COURTIERS MARITIMES. — Modification du tarif des droits de courtage pour la conduite des navires dans le port d'Alger et la traduction des pièces écrites en langues étrangères.

RAPPORT AU GOUVERNEUR GÉNÉRAL CIVIL.

Un arrêté du Gouverneur général, en date du 14 janvier 1863, a fixé le tarif des droits de courtage pour la conduite des navires dans le port d'Alger et la traduction des pièces écrites en langues étrangères.

Cet arrêté, dont les dispositions ont été successivement étendues aux autres ports de la province d'Alger, ainsi qu'à ceux des départements d'Oran et de Constantine, oblige les navires à voiles étrangers à payer, par tonneau de jauge, un droit de courtage de 0 fr. 35 à l'entrée et de 0 fr. 17 c. 1/2 à la sortie, alors que les navires français ne payent que 0 fr. 25 à l'entrée et 0 fr. 12 c. 1/2 à la sortie.

De même, le droit de courtage imposé aux bateaux à vapeur est de 40 francs ou de 50, suivant qu'ils sont français ou étrangers.

Cette différence de traitement a donné lieu à une réclamation de la part de M. le Ministre d'Italie, qui a fait observer qu'elle constituait une véritable surtaxe différentielle, en opposition avec les dispositions de la convention de navigation du 13 juin 1862, intervenue entre la France et l'Italie, et dont l'art. 1ᵉʳ assure le traitement national aux pavillons des deux pays dans les ports respectifs.

M. le Ministre de l'Agriculture et du Commerce, en transmettant cette réclamation, fait observer que des plaintes analogues ayant été faites en 1870, par divers représentants des puissances, il a été décidé, après une instruction approfondie et sur l'avis de la section compétente du Conseil d'Etat, que la rétribution supplémentaire perçue, pour interprétation orale, par les courtiers de certains ports de la métropole, sur les navires de ces puissances, était non-seulement contraire aux traités internationaux, mais en opposition avec l'esprit de la loi du 19 mai 1866, sur la marine marchande.

Cette décision a été notifiée à tous les Préfets de France par une circulaire en date du 27 janvier 1870.

Ces traités et la loi du 19 mai sont applicables à la colonie qui a été la première à bénéficier de toutes les franchises douanières qui en ont été la conséquence.

Il me paraît donc indispensable de supprimer, dans la législation algérienne, comme cela a été fait en France, les dispositions qui imposent aux navires étrangers des droits de courtage supérieurs à ceux qui sont appliqués aux bâtiments français.

En conséquence, j'ai l'honneur de soumettre à l'approbation de M. le Gouverneur général civil de l'Algérie un projet d'arrêté ayant pour but de modifier dans ce sens celui du 14 janvier 1863.

Le Directeur général des affaires civiles et financières : DE TOUSTAIN.

Vu et approuvé : Gᵃˡ CHANZY.

31 octobre 1873. — Arrêté.

Art. 1ᵉʳ. — Les droits de courtage pour la conduite des navires étrangers dans tous les ports de l'Algérie seront désormais les mêmes que pour les navires français.

Art. 2. — Sont supprimées, en conséquence, toutes les dispositions de l'art. 1ᵉʳ des arrêtés des 14 janvier 1863, 30 août 1864 et 19 janvier 1870, qui sont spéciales aux navires étrangers à voiles ou à vapeur.

Gᵃˡ CHANZY.

17 janvier 1876. — Décret.

Art. 1ᵉʳ. — Nul ne sera admis désormais aux fonctions de courtier maritime, s'il n'est Français et ne remplit les conditions exigées par les paragraphes 2, 3, 4 et 5 de l'article 14 de l'arrêté ministériel du 6 mai 1844.

Art. 2. — Les courtiers maritimes ont la faculté de recourir, pour l'exercice de celles de leurs attributions qui nécessitent la connaissance de langues étrangères, à l'intermédiaire d'interprètes qui, après avoir justifié de leur aptitude devant les chambres de commerce, auront prêté serment devant le tribunal de commerce.

Lesdits courtiers peuvent exercer leur ministère à l'égard de tous navires, à quelque nation qu'ils appartiennent.

Art. 3. — Le nombre des offices de courtier maritime est fixé ainsi qu'il suit, pour chaque port de l'Algérie.

Département d'Alger :

Alger................	4
Dellys................	1
Cherchell............	1
Ténès................	1

Département de Constantine :

Bougie...............	2
Djidjelli.............	1
Philippeville........	4
Bône.................	3
La Calle.............	2

Département d'Oran :

Mostaganem........	2
Arzew...............	2
Oran.................	4
Nemours.............	1

Il sera procédé, par voie d'extinction, à la réduction du nombre des offices de courtier, dans les localités où ce nombre excède actuellement les limites des cadres fixés par le présent article.

Art. 4. — Sont abrogées les dispositions de l'arrêté ministériel du 6 mai 1844, qui sont contraires à celles du présent décret.

M^{al} DE MAC-MAHON.

§ 2. — *Courtiers de commerce* (1).

15 avril 1876. — *Arrêté.*

Art. 1er. — Les courtiers inscrits près le tribunal de commerce d'Alger, désignés pour procéder aux ventes publiques des marchandises en toute matière, y compris les faillites, percevront pour leurs honoraires un droit de 2 0/0 sur le montant de la vente jusqu'à mille francs, et 1 0/0 sur le surplus.

Ce droit sera supporté par l'acheteur.

Art. 2. — Seront à la charge des vendeurs, les frais de publicité et autres préliminaires à la vente ; le coût du timbre et de l'enregistrement du procès-verbal restent à la charge de l'acheteur, en exécution de l'art. 31 de la loi du 22 frimaire, an VII.

Art. 3. — En cas de non vente faute d'enchérisseur ou pour toute autre cause non imputable au courtier, les propriétaires ou détenteurs de marchandises devront payer une vacation de huit francs au courtier, indépendamment des frais indiqués à l'art. 2 ci-dessus.

Art. 4. — Si le produit du droit à percevoir de l'acheteur par le courtier est inférieur au montant d'une vacation, le vendeur devra tenir compte de la différence au courtier.

Art. 5. — L'estimation des marchandises déposées dans les magasins généraux sera payée au courtier inscrit, chargé de procéder à cette opération, à raison de huit francs par vacation.

Art. 6. — L'arrêté du 10 mars 1869 est rapporté en ce qu'il a de contraire aux dispositions qui précèdent.

Gal CHANZY.

Crédit foncier.

28 août 1877. — CIRCULAIRE *de M. le Préfet d'Alger.*

Par décision du 6 juin dernier, le conseil d'administration du crédit foncier avait abaissé à 5 1/2 pour cent, sans commission, le taux d'intérêts des prêts consentis aux départements, aux communes et aux établissements publics de France.

Le taux des prêts étant précédemment de 6 0/0, cette décision avait donc consacré un abaissement de un demi pour cent.

Je m'empresse de vous informer que le conseil d'administration du Crédit foncier a étendu cette mesure à l'Algérie, dans sa séance du 18 juillet dernier, en décidant que le taux des prêts qui était fixé à 7 0/0 depuis l'origine ne serait plus que 6 1/2 0/0.

J'ai l'honneur de prier MM. les Maires et Administrateurs de porter ces renseignements à la connaissance des assemblées municipales de leurs communes.

Le Préfet : BRUNEL.

Criquets. — V. SAUTERELLES.

Cultes.

DIVISION

§ 1. — Culte catholique.
§ 2. — — protestant.
§ 3. — — israélite.
§ 4. — Corporations religieuses.
§ 5. — Subventions communales pour les dépenses du culte.

———

§ 1. — CULTE CATHOLIQUE. — *Création de succursales.*

Par décret du 28 mars 1872, rendu sur le rapport du Ministre de l'Instruction publique et des Cultes, les églises de *Palestro*, de *Rouiba* et de l'*Agha* ont été érigées en succursales.

---

(1) Les courtiers ont émis la prétention en Algérie de remplir les fonctions d'agents de change et ont prétendu s'opposer à la vente publique d'actions de la Banque de l'Algérie qui devait être opérée par le ministère d'un notaire. Cette prétention a été repoussée par un arrêt de la Cour d'Alger du 24 mai 1872, qui déclare que les attributions des agents de change n'appartiennent pas aux courtiers. « Attendu que la nouvelle législation sur l'exercice de la profession de courtier en marchandises, rendue appli-

Par décrets du Président de la République, en date du 14 août 1873, rendus sur le rapport du Ministre de l'Instruction publique et des cultes, d'après les propositions du Gouverneur général civil de l'Algérie, ont été érigées en succursales les églises dénommées ci-après :
1° Inkermann, diocèse et département d'Oran ;
2° Aïn-Fécân, mêmes diocèse et département.

Par décret du 13 octobre 1873, rendu sur le rapport du Ministre de l'Instruction publique et des Cultes, d'après les propositions du Gouverneur général de l'Algérie, l'église de Zemmorah, diocèse et département d'Oran, a été érigée en succursale.

Par décret du 14 août 1873, rendu sur le rapport du Ministre des Cultes, l'église de *Randon*, diocèse et département de Constantine, a été érigée en succursale.

Par décrets du 10 avril 1874, rendus sur le rapport du Ministre de l'Instruction publique et des Cultes, d'après les propositions du Gouverneur général de l'Algérie, ont été érigées en succursales :
1° L'église d'Herbillon, diocèse et département de Constantine ;
2° L'église de Clauzel, diocèse et département de Constantine ;
3° L'église de Daya, diocèse et département d'Oran.

Par décret du 16 juin 1874, ont été érigées en succursales :
1° L'église de St-Cyprien des Attafs, département d'Alger ;
2° L'église de l'Oued-Fodda, département d'Alger.

Par décret en date du 23 octobre 1874, rendu sur le rapport du Ministre de l'instruction publique et des cultes, et d'après les propositions du Gouverneur général de l'Algérie, les églises de Traria et de Blad-el-Hadjadj (division d'Oran), ont été érigées en succursales du culte catholique.

Par décret, en date du 8 mars 1875, rendu sur le rapport du Ministre de l'instruction publique et des cultes, et d'après les propositions du Gouverneur général civil de l'Algérie, l'église de Bordj-Bouïra (division d'Alger), a été érigée en succursale du culte catholique.

Par décret du 3 juin 1876, ont été érigées en succursale du culte catholique les églises de Sainte-Monique, de Charron, de Boghni et du Col des Beni-Aïcha (Ménerville), département d'Alger.

Par décret en date du 18 décembre 1876, rendu sur les rapports de M. le Ministre de la justice et des cultes, d'après les propositions de M. le Gouverneur général civil de l'Algérie, les églises de Cassaigne, Sidi Ali ben Youb (département d'Oran), et de Renault (division d'Oran), ont été érigées en succursales du culte catholique.

Par décret du 31 janvier 1877, les églises de Milah, de Sidi Mirouan, d'Aïn Tinn, de Rouffach, de Duquesne et de Bled Youssef (dép. de Constantine), sont érigées en surcursales du culte catholique.

Par décret, en date du 21 juin 1877, les églises de Bois-Sacré, de Blad-Guitoun, de Birtouta (dép. d'Alger), et de St-Aimé (dép. d'Oran), ont été érigées en succursales du culte catholique.

14 août 1877. — *Décret*.

Transfèrement à l'église de Sebdou du titre de succursale, qui appartient à l'église de Gar-Rouban (dép. d'Oran).

§ 2. — Culte protestant.

23 novembre 1875. — *Décret*.

Art. 1er. — Une place de pasteur du culte de la confession d'Augsbourg est créée à Boufarik, église consistoriale protestante d'Alger.
Art. 2 — Le traitement du titulaire de cette place est fixé à 3,000 francs.
Mal DE MAC-MAHON.

26 janvier 1876. — *Décret*.

Art. 1er. — Une place de pasteur du culte réformé est créée à Mascara, église consistoriale protestante d'Oran.
Art. 2. — Le traitement du titulaire de cette place est fixé à 3,000 fr.
Mal DE MAC-MAHON.

3 mars 1877. — *Décret*.

Art. 1er. — Sont portés de 3,000 à 3,500 fr., à partir du 1er janvier 1877, les traitements des pasteurs de Blida, de Douéra, de Cherchell et de Boufarik (église consistoriale d'Alger), de Tlemcen, de Mostaganem et de Mascara (église consistoriale d'Oran) et de Bône, Philippeville, d'Aïn Arnat et de Guelma (église consistoriale de Constantine).

M^{al} DE MAC-MAHON.

Indemnité de logement des trois pasteurs d'Alger.

14 juillet 1877. — *Arrêté du Préfet d'Alger.*

Art. 1er. — L'indemnité à payer pour le logement des trois pasteurs d'Alger est fixée à 3,600 francs par an, soit 1,200 fr. par pasteur.

Art. 2. — Cette indemnité sera à la charge des communes ci-après désignées et réparties entre elles dans la proportion suivante :

Alger	2.304	50	pour les trois pasteurs.
Mustapha	633	»	—
Saint-Eugène	72	»	—
L'Arba	90	»	—
Birkadem	72	»	—
Fondouk	24	»	—
Birmandreïs	33	»	—
Bouzaréa	21	»	—
El-Biar	42	»	—
Kouba	60	»	—
Hussein-Dey	60	»	—
Maison-Carrée	21	»	—
Rassauta	12	»	—
Rouïba	22	50	
Rovigo	36	»	—
St-Pierre-St-Paul	15	»	—
Sidi-Moussa	12	»	—
Guyotville	12	»	—
Aïn-Taya	58	»	
Total	3.600	»	pour les trois pasteurs.

Art. 3. — Les Conseils municipaux des communes ci-dessus désignées sont mis en demeure de voter, s'ils ne l'ont déjà fait, la somme incombant à leur commune respective, faute de quoi la dépense sera inscrite d'office à leurs budgets.

Le Préfet : BRUNEL.

Indemnité de logement du pasteur de Boufarik.

4 juillet 1877. — *Arrêté du Préfet d'Alger.*

Art. 1er. — L'indemnité de logement du pasteur de Boufarik est fixée à la somme de 800 fr. par an.

Art. 2. — Cette indemnité sera payée par les communes composant ladite paroisse dans la proportion suivante :

Boufarik	375 fr.
Coléa	125
Oued-el-Alleug	125
Souma	50
Chebli	50
Castiglione	50
Birtouta	25
Total égal	800 fr.

Art. 3. — Les Conseils municipaux de Boufarik, Coléa, Oued-el-Alleug, Souma, Chebli, Castiglione et Birtouta, sont mis en demeure de voter la somme incombant à leur commune respective ; faute de quoi la dépense sera inscrite d'office à leurs budgets.

Le Préfet : BRUNEL.

§ 3. — **Culte israélite.**

12 décembre 1872. — *Décret.*

Art. 1er. — Les membres laïques des Consistoires israélites de l'Algérie et le membre laïque appelé à représenter chacun d'eux au Consistoire central siégeant à Paris, sont nommés par les électeurs des circonscriptions consistoriales.

Art. 2. — Sont électeurs : 1° tous les Israélites portés sur les listes électorales à titre de Français, d'indigènes ou d'étrangers, s'ils ont vingt-cinq ans accomplis et s'ils contribuent à l'entretien du culte ou font partie d'une société de bienfaisance placée sous l'autorité des Consistoires ; 2° les Ministres du culte rétribués par l'État, les fonctionnaires de l'ordre administratif, civil ou militaire, en activité ou en retraite, les titulaires d'un grade universitaire ou académique et les décorés de la Légion d'honneur ou de la Médaille militaire.

Art. 3. — Les étrangers ne sont pas éligibles.

Art. 4. — Les Consistoires feront dresser dans les diverses communautés de leur ressort des listes partielles d'électeurs qui, après avoir été révisées par ces Consistoires, seront affichées pendant un mois.

A l'expiration de ce délai, la liste générale des électeurs consistoriaux sera arrêtée par le Préfet.

Les listes des électeurs sont permanentes : elles seront révisées, lorsqu'il y aura lieu de procéder à de nouvelles élections et toutes les fois que les Consistoires jugeront nécessaire d'y faire des additions ou des radiations.

Art. 5. — Les Consistoires israélites de l'Algérie peuvent être dissous par le Ministre des cultes.

Le cas échéant, l'administration des affaires est déléguée, jusqu'à l'installation d'un nouveau Consistoire, à une commission composée du grand rabbin et de quatre membres laïques désignés par le Consistoire central.

Art. 6. — Lorsqu'il y aura lieu de procéder à l'élection d'un grand rabbin du Consistoire central, les électeurs israélites désigneront dans chaque circonscription deux délégués pour prendre part à cette élection.

Art. 7. — Le décret du 16 septembre 1867 continuera à être observé dans celles de ses dispositions qui ne sont pas contraires au présent décret.

A. THIERS.

Nomination des Rabbins en Algérie.

15 novembre 1876. — *Décret.*

Art. 1ᵉʳ. — Les rabbins de l'Algérie seront nommés par le Consistoire central des israélites.

Ils seront choisis parmi les israélites de France et d'Algérie, âgés de 25 ans au moins et pourvus du diplôme rabbinique délivré par le Consistoire central.

Leur nomination sera soumise à l'approbation du Ministre des cultes.

Mᵃˡ DE MAC-MAHON.

26 février 1876. — *Décret.*

Art. 1ᵉʳ. — Il est créé un Rabbinat à Médéa, circonscription israélite d'Alger (Algérie).

Art. 2. — Le traitement du titulaire de cette place est fixé à 3.000 fr.

Mᵃˡ DE MAC-MAHON.

26 février 1876. — *Décret.*

Art. 1ᵉʳ. — Il est créé un Rabbinat à Tlemcen, circonscription israélite d'Oran (Algérie).

Art. 2. — Le traitement du titulaire de cette place est fixé à 3,000 francs.

Mᵃˡ DE MAC-MAHON.

26 février 1876. — *Décret.*

Art. 1ᵉʳ. — Il est créé un Rabbinat à Bône, circonscription israélite de Constantine (Algérie).

Art. 2. — Le traitement du titulaire de cette place est fixé à 3,000 francs.

Mᵃˡ DE MAC-MAHON.

§ 4. — Corporations religieuses.

6 juillet 1875. — *Décret.*

Art. 1ᵉʳ. — L'association religieuse des sœurs de la Mission d'Afrique, existant de fait à Kouba (province d'Alger), est autorisée comme congrégation hospitalière et enseignante à supérieure générale, exclusivement propre au diocèse d'Alger, à la charge de se conformer aux statuts approuvés par ordonnance du 30 août 1842, pour la congrégation des sœurs de la Compassion de la Sainte-Vierge, à Saint-Denis (Seine), et que cette association a déclaré adopter.

Mᵃˡ DE MAC-MAHON.

§ 5. — Subventions communales.

1ᵉʳ mars 1873. — CIRCULAIRE *du Préfet de Constantine.*

Aux termes des art. 43, 49, 93 et 101 du décret du 30 décembre 1809 et de l'art. 30, n° 14, de la loi du 18 juillet 1837, les fabriques des églises paroissiales qui ne peuvent payer les dépenses ordinaires du culte, ont le droit de recourir au Conseil municipal et de réclamer une subvention communale, en justifiant, par leurs comptes et budgets, de l'insuffisance de leurs revenus.

De leur côté, les communes sont tenues de venir en aide aux fabriques, et de leur accorder des secours que la loi du 18 juillet 1837 (en Algérie, l'ordonnance du 28 septembre 1847, art. 40, § 7) range au nombre de leurs dépenses obligatoires.

Ces règles, établies par la législation dans l'intérêt du culte et des édifices paroissiaux, sont consacrées par la jurisprudence administrative ; mais leur application a soulevé, pendant les deux dernières années, de fréquentes difficultés entre les Conseils de fabrique et quelques municipalités du département de Constantine.

Des Conseils municipaux, un très petit nombre, il est vrai, opposent un refus systématique de pourvoir à l'insuffisance des ressources, des fabriques et des consistoires.

J'ai pu constater, d'un autre côté, que les Conseils de fabrique ou presbytériaux mettaient une certaine négligeance dans la production des justifications nécessaires aux Conseils municipaux pour apprécier, avec connaissance de cause, les besoins des divers cultes.

Aussi, ai-je dû, en diverses circonstances et à mon grand regret, faire usage des pouvoirs que me confère la loi, et inscrire d'office aux budgets des communes, pour les ordonnancer de même, les sommes destinées aux cultes. Je n'ai pas cessé, d'autre part, d'appeler l'attention de qui de droit sur l'absolue nécessité d'appuyer les demandes de subventions de tous les documents dont la production est obligatoire pour les fabriques.

Pour rentrer dans la règle de laquelle on n'aurait jamais dû s'écarter, autant que pour faciliter à l'avenir l'examen des demandes qui pourront être faites par les fabriques et les consistoires, il m'a paru utile de réunir et de rappeler, par la présente circulaire, les principales dispositions législatives et d'indiquer sommairement le droit et le devoir réciproque des communes et des fabriques ou consistoires.

Dans un traité de l'administration du culte catholique, M. Vuillefroy, ancien conseiller d'État, a publié la législation sur la matière avec les décisions interprétatives prises par le Conseil d'État. Je ne saurais donc mieux faire que d'emprunter à cet ouvrage tout ce qui a trait à la question qui nous occupe.

En ce qui concerne les subventions communales, la législation peut se résumer ainsi :

« Les charges des communes relative-
» ment au culte sont : 1° de suppléer à
» l'insuffisance des ressources de la fa-
» brique pour les dépenses énumérées

» par l'art. 37 du décret du 30 décembre
» 1809, savoir : *les ornements, les vases
» sacrés*, le linge, le luminaire, le pain,
» le vin, l'encens, le paiement des sacris-
» tains, des chantres, organistes, son-
» neurs, suisses, bedeaux et autres em-
» ployés au service du culte, selon la con-
» venance et les besoins des cultes ; 2°
» de payer l'honoraire des prédicateurs
» de l'Avent, du Carême et autres solen-
» nités ;
« 2° De fournir au desservant un pres-
» bytère, un logement ou une indemnité
» pécuniaire ;
» 3° De fournir aux grosses réparations
» et à l'embellissement intérieur des édi-
» fices consacrés au culte, conformément
» à l'art 92 du décret précité.
« Lorsque les communes sont appe-
» lées à suppléer à l'insuffisance des re-
» venus des fabriques pour les dépenses
» des deux premiers numéros, le budget
» de la fabrique doit être soumis au Con-
» seil municipal pour y être délibéré ce
» qu'il appartient.
« Aux termes de l'art. 93 du décret du
» 30 décembre 1809, la fabrique qui solli-
» citait de la commune un secours des-
» tiné à suppléer à l'insuffisance de ses
» ressources, ne devait communiquer au
» Conseil municipal que son budget. Mais
» l'art. 21 de la loi du 18 juillet 1837 veut
» que le Conseil municipal donne son
» avis sur les budgets et comptes des fa-
» briques et autres administrations (pré-
» posées à l'entretien des cultes dont les
» ministres sont salariés par l'Etat, lors-
» que, bien entendu, elles reçoivent des
» secours sur les fonds communaux.
« Il s'ensuit que toutes les fois qu'une
» fabrique reçoit une allocation sur les
» fonds de la commune, le Conseil mu-
» nicipal émet son avis sur les budgets
» et sur les comptes de cet établissement,
» qu'il peut présenter ces observations,
» examiner les articles de dépenses,
» et signaler les irrégularités qu'il pour-
» rait remarquer.
» Il résulte, en outre, d'un avis du
» Conseil d'Etat du 20 novembre 1839,
» que les Conseils municipaux ont le
» droit de demander, à l'appui des comp-
» tes des fabriques, la production *de cel-
» les des pièces justificatives* qu'ils ju-
» geront nécessaires pour éclairer leur
» opinion sur l'insuffisance des reve-
» nus.
» Ainsi, lorsqu'une fabrique s'adresse-
» ra au Conseil municipal, à l'effet de
» solliciter la subvention que la loi du
» 18 juillet 1837 (art. 14 et 30), déclare
» obligatoire pour la commune, du mo-
» ment où il est prouvé que les dépenses
» nécessaires à l'établissement paroissial
» excèdent ses ressources, le Conseil mu-
» nicipal aura à examiner si les comptes
» et budgets, mis sous ses yeux, présen-
» tent les renseignements propres à faire
» apprécier la nature et l'étendue des
» besoins qui motivent la demande : ce
» n'est que dans le cas où ces document
» ne lui fourniraient pas de lumières
» suffisantes à cet égard, qu'il serait au-
» torisé à réclamer la production des
» pièces justificatives à l'appui des comp-
» tes, sans toutefois que les investiga-
» tions, quant aux dépenses faites et
» comptes arrêtés, puissent avoir pour
» résultats d'infirmer l'approbation qu'y
» aurait donnée l'autorité diocésaine.
» Le seul but, en un mot, que doit se
» proposer le Conseil municipal, dans
» l'appréciation des dépenses faites, est
» de s'éclairer sur l'exigence des besoins
» réels et futurs, et de s'assurer si les
» subventions qui pourraient être ulté-
» rieurement demandées, n'auraient rien
» d'exagéré, relativement à l'importance
» des charges imposées à la fabrique,
» ainsi qu'aux sacrifices imposés à la
» commune. »

Telles sont, Monsieur le Maire, les dispositions qui régissent la matière et dont l'interprétation ne saurait donner lieu à aucun doute. Je ne puis donc que vous engager à vous y conformer scrupuleusement et à en donner communication à MM. les Présidents de fabrique, de manière qu'ils puissent eux-mêmes les suivre.

Aux termes du décret de 1809, les Conseils de fabrique doivent arrêter les comptes et établir leur budget, le dimanche de Quasimodo ; il leur sera donc facile, dans le cas où ils auraient à réclamer l'intervention municipale pour parer à l'insuffisance de leurs ressources, de fournir au Conseil, avant la session ordinaire de mai, toutes les pièces nécessaires à l'appui de leur demande.

Les Maires auront alors à soumettre cette demande au Conseil municipal, et ensuite, quelle que soit la délibération intervenue, à m'adresser tous les documents qui auront été produits.

Le Préfet : Desclozeaux.

Une loi du 20 mai 1874, a organisé le service religieux dans l'armée de terre, pour les différents cultes reconnus, et a conféré aux ministres de ces cultes, attachés temporairement à ce service, le titre d'*Aumôniers militaires*. On trouvera le texte de cette loi, dans *Dalloz* P. 1874, 4, p. 87.

Culte musulman (fonctionnaires du). V. Délégations de pouvoirs.

Curateurs aux successions vacantes. V. Successions.

D

Débit de boissons (1).
Aubergistes, restaurateurs, cabaretiers. Circonstances atténuantes (2).

26 juillet 1873. — Loi.

Article unique. — La disposition suivante sera insérée à la fin de l'article 401 du Code pénal :

« Quiconque, sachant qu'il est dans
» l'impossibilité absolue de payer, se sera
» fait servir des boissons ou des aliments
» qu'il aura consommés, en tout ou en
» partie, dans des établissements à ce
» destinés, sera puni d'un emprisonne-
» ment de six jours au moins et de six
» mois au plus, et d'une amende de 16
» francs au moins et de 200 francs au
» plus. »

Décès des étrangers. — V. Successions.

Décès des décorés et médaillés. — V. Légion d'honneur.

Décès des officiers supérieurs ou généraux. — V. Successions.

Décorations françaises et étrangères. — V. Légion d'honneur.

Défenseurs. — V. Officiers ministériels.

Défrichements. — V. Ménerville.

Délégations de pouvoirs.
Abrogation des dispositions portant délégation de pouvoirs.

22 mars 1872. — Arrêté.

Vu les arrêtés de nos prédécesseurs, portant délégation de pouvoirs, et notamment ceux en date des 20 mars 1865, 10 mai 1869 et 11 juin 1870 (3) ;

Considérant que toute délégation de pouvoirs ou d'attributions, dans les cas mêmes où elle est autorisée par la loi, est un acte essentiellement personnel et qui ne saurait survivre à celui qui a fait la délégation ;

Considérant que, parmi les délégations faites, il en est qui changent l'ordre des juridictions ;

Art. 1er. — Sont abrogées toutes les dispositions antérieures portant délégation de pouvoirs du Gouverneur général aux Préfets et autres fonctionnaires relevant de son autorité.

Art. 2. — Il sera statué ultérieurement sur celle des délégations qu'il pourrait y avoir intérêt à rétablir.

Vice-amiral Cte DE GUEYDON.

Délégations de pouvoirs aux autorités départementales.

31 décembre 1873. — Arrêté.

Vu l'arrêté du Gouverneur général, en date du 21 juin 1870, portant délégation de pouvoirs aux autorités départementales, abrogé par l'arrêté du 22 mars 1872 ;

Considérant qu'il convient de rétablir le principe de décentralisation administrative consacré par le premier arrêté et d'en régler de nouveau l'application :

Art. 1er. — Les Préfets nomment dans leur département, en notre nom et en vertu de notre délégation, aux fonctions et emplois suivants :

1° Les receveurs municipaux des communes, quel que soit le chiffre du budget ;

2° Les fonctionnaires et agents du culte musulman, les muphtis exceptés.

Art. 2. — Les Préfets délivrent des congés aux fonctionnaires, employés et agents de tout grade, relevant de leur autorité, à l'exception des Sous-Préfets, Secrétaires généraux et Commissaires civils, ainsi que des Chefs de service.

---

(1) 18 juillet 1877. — Circulaire *du Garde des sceaux relative aux débitants de boissons.*

Monsieur le Procureur général, une circulaire de ma chancellerie, en date du 18 juin 1872 a prescrit l'envoi mensuel par les juges de paix aux Procureurs de la République de l'état des condamnations prononcées contre les débitants de boissons pour contravention aux lois et règlements spéciaux à cette profession. La communication de ces états faite par les chefs de parquets aux Préfets a pour but de mettre l'administration à même d'user, le cas échéant, du droit qui lui est imparti en l'article 2 du décret du 29 décembre 1851.

La mise en pratique de ce procédé n'offre pas toute l'efficacité désirable. Il peut arriver, en effet, que la condamnation ne soit connue de l'autorité administrative qu'un mois après la date à laquelle elle est intervenue.

J'ai décidé, en conséquence, qu'à l'avenir, toute condamnation prononcée, soit par les tribunaux correctionnels, soit par les juges de simple police du chef des infractions spéciales dont il s'agit, serait, *aussitôt qu'elle aura acquis un caractère définitif,* consigné sur un bulletin sommaire indiquant le nom et le domicile du contrevenant, la nature et la date tant de l'infraction que de la condamnation prononcée.

Les Procureurs de la République adresseront ces bulletins, au fur et à mesure de leur réception, au Préfet du département. Les bulletins mensuels cesseront d'être fournis.

Le Garde des sceaux : BROGLIE.

(2) *Loi du 11 mars 1872* qui modifie celle du 29 décembre 1851 sur les débits de boissons.

Dans les cas prévus par la loi du 29 décembre 1851, sur les débits de boissons, les tribunaux sont autorisés à appliquer l'art. 463 C. P.

Art. 3 du décret-loi du 29 décembre 1851 : « Tout individu qui ouvrira un café, cabaret ou débit de boissons à consommer sur place, sans autorisation préalable ou contrairement à un arrêté de fermeture pris en vertu de l'art. précédent, sera poursuivi devant les tribunaux correctionnels et puni d'une amende de 25 à 500 fr. et d'un emprisonnement de 6 jours à 6 mois. L'établissement sera fermé immédiatement. »

(3) *V.* ces arrêtés dans le *Dictionnaire de la législation algérienne* de M. de Ménerville. V° administration générale.

Ils règlent la quotité du traitement à allouer aux porteurs de ces congés, pendant la durée de leur absence, dans les limites déterminées par les paragraphes 1, 2, 3, 4, 5, 6 et 7 de l'article 16 du décret du 9 novembre 1873.

Art. 3. — Sont déléguées par nous aux Préfets, dans les limites de leur département, les attributions suivantes :

1° Délivrance des autorisations d'exercer les professions d'imprimeur et de libraire ;

2° Composition des chambres syndicales des courtiers maritimes ;

3° Approbation de locations de gré à gré d'immeubles domaniaux, dont la durée ne dépasse pas trois années, et le prix annuel, après estimation de la valeur locative, 3,000 francs ;

4° Autorisation de cession de baux approuvés en vertu du paragraphe précédent ;

5° Approbation du cahier des charges, pour vente aux enchères publiques d'immeubles domaniaux ;

6° Approbation des ventes de gré à gré d'immeubles domaniaux d'une valeur n'excédant pas 2,000 fr., mais dans les conditions déterminées par le décret du 25 juillet 1860 ;

7° Création de bureaux de débit de tabacs de la régie et de poudres à feu ;

8° Approbation des délibérations des Conseils municipaux de chef-lieu de département, portant vote de crédits supplémentaires, jusqu'à la somme de 3,000 francs, et ouverture de ces crédits aux budgets des communes, à charge d'en rendre compte au Gouverneur général ;

9° Création d'adjoints indigènes, nomination de ces adjoints et fixation de leur traitement, dans les conditions déterminées par les décrets des 27 décembre 1866 et 18 août 1868 ;

10° Fixation du tarif des droits à percevoir dans les abattoirs ;

11° Règlement des budgets et comptes administratifs des communes indigènes ;

12° Admission des colons, établissement, approbation et délivrance des baux de location, avec promesse de concession, conformément au titre II du décret du 16 octobre 1871 et dans les conditions indiquées par l'art. 8 du dit décret;

13° Liquidation définitive des états des sommes restant à recouvrer à la fin de chaque exercice dans les bureaux des contributions diverses, sauf les cas où il y a lieu de prononcer des dégrèvements.

Art. 4. — Tous les pouvoirs, délégués aux Préfets par les articles 1, 2 et 3 ci-dessus, sont attribués aux Généraux commandant les divisions, pour les territoires dont ils ont l'administration.

Art. 5. — Les Préfets et les Généraux commandant les divisions rendront compte au Gouverneur général de toutes les mesures qu'ils auront prises en exécution du présent arrêté, au moyen d'états collectifs, par nature d'affaires, dressés à la fin de chaque trimestre.

Art. 6. — Toutes les dispositions contraires au présent arrêté sont abrogées.

Gal CHANZY.

16 juin 1875. — *Arrêté.*

Le premier paragraphe de l'article 2 de l'arrêté précité du 31 décembre 1873, est modifié ainsi qu'il suit :

« Les Préfets délivrent des congés aux
» fonctionnaires, employés et agents de
» tous grades relevant de leur autorité,
» à l'exception des Sous-Préfets, Secré-
» taires généraux, Conseillers de préfec-
» ture, Commissaires civils, Adminis-
» trateurs des communes mixtes, ainsi
» que des chefs de service. »

Gal CHANZY.

Délégués au Conseil supérieur. — V. CONSEIL DE GOUVERNEMENT.

Délégués des Conseils municipaux. — V. LOIS CONSTITUTIONNELLES.

Délits électoraux. — V. ELECTIONS.

Dellal. — V. *Ménerville.*

Demandes de concessions. — V. COLONISATION.

Démolition pour sûreté publique. — V. *Ménerville.*

Dénombrement. — V. RECENSEMENT.

Dénominations des voies publiques. — V. VOIRIE.

Départements. — V. CIRCONSCRIPTIONS CANTONALES ; V. AUSSI *Ménerville.*

Dépêches télégraphiques. — V. TÉLÉGRAPHIE.

Dépôts et consignations.

Un décret du 14 octobre 1851 (V. *Ménerville*, t. I, p. 270, v° *Dépôts et consignations*) a rendu applicables en Algérie les règles de comptabilité et d'administration qui régissent en France la Caisse des dépôts et consignations, créée par la loi du 28 avril 1816. Aux termes de ce décret (art. 5) toutes les sommes et valeurs que cette Caisse est autorisée à recevoir seront versées aux trésoriers-payeurs et encaissés par eux comme préposés de la dite Caisse. Depuis le 1er janvier 1852, le service de la Caisse des dépôts et consignations a fonctionné en Algérie dans les mêmes conditions qu'en France.

Une loi du 28 juillet 1875, se conformant aux transformations de la richesse publique, a étendu, en ce qui concerne les valeurs mobilières ou au porteur et les titres et valeurs trouvés dans les successions, les attributions de la Caisse des dépôts et consignations qui, jusqu'alors, n'avait été destinée qu'à recevoir les sommes en deniers.

Cette loi, que nous publions ci-dessous et qui dans aucun de ses articles, soit expressément, soit implicitement, n'exclue l'Algérie du bénéfice de ses dispositions, a été formellement déclarée inapplicable en Algérie par un décret portant règlement d'administration publique, en date du 15 décembre suivant.

Il est difficile de comprendre quelles sont les considérations qui ont déterminé le Pouvoir exécutif à interdire, quant à présent, aux préposés de la Caisse des dépôts en Algérie de recevoir les consignations des valeurs mobilières. Le décret vise la loi du 28 juillet dont il règle les détails d'exécution, les lois des 28 nivôse an XIII et 28 avril 1816, enfin l'ordonnance royale du 3 juillet 1816. Or, aucun de ces textes législatifs, dans ses termes comme dans son esprit, n'est de nature à motiver une semblable interdiction. Non-seulement les dispositions de la loi du 28 juillet 1875 sont générales et s'appliquent à toutes les parties du territoire français où sont établis des préposés de la Caisse des dépôts, mais encore l'article 2 de cette loi qui charge le Pouvoir exécutif de régler, par décret, son fonctionnement, limite expressément la mission qu'il attribue à ce règlement « aux mesures à prendre pour le dépôt, la conservation et le retrait des valeurs mobilières, ainsi qu'au mode de rémunération de la Caisse. »

Il est vrai que ce règlement vise encore un avis de la Commission de surveillance établie près la Caisse des dépôts, mais il tombe sous le sens que cette Commission, quel qu'ait été son avis, n'avait pas qualité pour attribuer à l'auteur du règlement un pouvoir que la loi elle-même ne lui avait pas donné, celui d'exclure l'Algérie du bénéfice de ses dispositions nouvelles.

La richesse publique en Algérie se compose des mêmes éléments que la richesse publique en France; il y a donc ici comme là-bas utilité à ce que la Caisse des dépôts reçoive la consignation des valeurs mobilières. Nous croyons, en conséquence, que malgré les termes du décret du 15 décembre 1875, les préposés de la Caisse en Algérie ne pourraient se refuser à recevoir les valeurs et des titres de cette nature, et que les tribunaux devraient en ordonner le versement dans cette Caisse toutes les fois qu'il serait nécessaire.

28 juillet 1875. — *Loi relative aux Consignations judiciaires* (1).

(Promulguée au *Journal officiel* du 31 juillet 1875.)

Art. 1er. — Les titres et valeurs mobilières, sous forme nominative ou au porteur, dont la consignation serait prescrite, soit par une disposition de loi ou un règlement, soit par une décision judiciaire ou administrative, devront être déposés à la Caisse des dépôts et consignations.

Il en sera de même des titres et valeurs trouvés dans les successions, lorsque les

---

(1) 4 février 1876. — Circulaire *de M. le Procureur général d'Alger aux Chefs des parquets de son ressort transmissive d'une circulaire de M. le Garde des sceaux, ainsi conçue* :

« Monsieur le Procureur général,

« L'Assemblée nationale a voté, le 28 juillet 1875, » une loi qui impose à la Caisse des dépôts et con-
» signations l'obligation de recevoir en dépôt les
» valeurs mobilières ou au porteur, dont la con-
» signation est prescrite, soit par une disposition de
» loi ou de règlement, soit par une décision judi-
» ciaire ou administrative, et même les titres et
» valeurs trouvés dans les successions, à la condi-
» tion toutefois, dans ce dernier cas, que les parties
» ou l'une d'elles en fassent la demande.

» Jusqu'ici le législateur n'avait pensé qu'aux
» dépôts effectués en espèce. Les lois des 28 nivôse
» an XIII, 28 avril 1816 et l'ordonnance du 3 juillet
» 1816 ne s'occupaient que des consignations de
» deniers ; il en devait être ainsi à une époque où
» les valeurs mobilières étaient sans importance ;
» mais à mesure que le développement de la richesse
» publique a amené la formation de nombreuses
» sociétés qui ont émis une grande quantité de
» titres, on a pu constater que la mission de la Caisse
» des dépôts et consignations était trop limitée ; que
» les considérations qui avaient motivé l'organisa-
» tion de cet établissement s'appliquaient également
» à la consignation des titres, soit nominatifs, soit
» au porteur, et qu'il importait de procurer à ces
» valeurs litigieuses ou indivises la garantie d'un
» dépôt public dont les deniers comptants avaient
» seuls le bénéfice.

» Tel est le but de la loi du 28 juillet 1875.

» Par suite le dépôt pour les valeurs mobilières,
» comme pour les deniers comptants, n'est obliga-
» toire que quand la consignation est prescrite par
» une disposition de loi ou par un règlement, par
» une décision judiciaire ou administrative.

» Les tribunaux et les administrations devront
» s'abstenir d'autoriser ou d'ordonner des dépôts de
» valeurs en d'autres caisses publiques ou particu-
» lières, et même d'autoriser les dépositaires à con-
» server les titres mobiliers sous le nom de séques-
» tre ou autrement.

» Dans toutes les autres hypothèses, les dépôts à
» la Caisse des consignations sont facultatifs et
» doivent être demandés par les parties ou au moins
» par l'une d'elles.

» Un règlement d'administration publique, portant
» la date du 15 décembre 1875, et déterminant les
» mesures relatives au dépôt, à la conservation et
» au retrait des valeurs mobilières, a été publié au
» *Journal officiel* du 21 décembre. Vous pourrez vous
» y reporter.

» Je vous prie de vouloir bien recommander la
» stricte application de la loi nouvelle, non-seule-
» ment à vos substituts et aux juges de paix, mais
» encore aux chambres de *notaires* et d'*avoués* (en
» Algérie *défenseurs*) de votre ressort, ces officiers
» publics et ministériels devant avoir fréquemment
» l'occasion de prêter leur concours à son exécu-
» tion. » *Le Procureur général* : J. Fourcade.

parties intéressées ou l'une d'elles, en feront la demande.

Ces dépôts auront lieu dans les conditions fixées par les lois du 28 nivôse, an XIII et du 28 avril 1816, pour les dépôts d'espèces.

Art. 2. — Un règlement d'administration publique déterminera les mesures à prendre pour le dépôt, la conservation et le retrait des valeurs dont il s'agit, ainsi que le mode de rémunération de la caisse.   (*Bulletin des lois*, n° 262).

15 décembre 1875. — *Décret portant règlement d'administration publique pour l'exécution de la loi du 28 juillet 1875, relative aux Consignations judiciaires.*

Vu la loi du 28 juillet 1875, notamment l'article 2, qui porte qu'un règlement d'administration publique déterminera les mesures à prendre pour le dépôt, la conservation et le retrait des valeurs mobilières dont la consignation devrait être faite à la Caisse des dépôts et consignations, ainsi que le mode de rémunération de la caisse ;

Vu les lois des 28 nivôse an XIII et 28 avril 1816 et l'ordonnance royale du 3 juillet 1816 ;

Vu l'avis de la Commission de surveillance, du 27 octobre 1875 ;

Art. 1ᵉʳ. — La consignation à la Caisse des dépôts et consignations, des titres et valeurs mobilières, sous forme nominative ou au porteur, dans les cas prévus par la loi du 28 juillet 1875, est effectuée comme les dépôts de numéraire, à Paris, entre les mains du caissier général ; dans les départements, aux caisses des trésoriers-payeurs généraux et des receveurs particuliers des finances, préposés de la caisse.

Jusqu'à ce qu'il en soit autrement ordonné, la consignation de ces valeurs ne sera pas reçue, ni en Algérie, ni dans les colonies.

Art. 2. — Les valeurs consignées donnent lieu à la délivrance de récépissés contenant l'indication, dans leur ordre, des numéros des titres. Cette indication n'est pas nécessaire en ce qui concerne les rentes au porteur sur l'Etat, qui sont immatriculées, sans délai, au nom de la Caisse des dépôts et consignations.

Il est délivré autant de récépissés qu'il y a de natures de valeurs.

Ces récépissés sont libératoires et forment titre envers la caisse des dépôts, à la charge, toutefois, par les déposants, de les faire viser et séparer du talon, à Paris, immédiatement, par le contrôleur près la caisse des dépôts et consignations, et, dans les départements, dans les vingt-quatre heures de leur date, par les préfets et sous-préfets.

3. Les préfets et sous-préfets mentionnent sur un registre spécial le nombre et la nature des valeurs comprises en chaque récépissé, et adressent tous les mois un relevé de ce registre à la direction générale de la caisse.

4. Les valeurs mobilières sont centralisées à Paris entre les mains du caissier général, qui en a la garde et la responsabilité.

5. Les versements complémentaires qui seraient nécessaires pour libérer les titres consignés ne sont effectués par la caisse des dépôts qu'autant que des provisions ont été faites ou que les ressources disponibles de la consignation ont été affectées à cet emploi par le déposant.

6. La caisse est chargée de recevoir aux diverses échéances les arrérages, intérêts ou dividendes dus sur les titres consignés ; elle encaisse également, lorsqu'il y a lieu, les sommes provenant du remboursement total ou partiel des titres et des lots et primes qui leur ont été attribués.

Elle n'encaisse les arrérages, dividendes ou intérêts des valeurs étrangères qu'autant que le payement en est effectué en France par des représentants accrédités. En ce qui concerne le capital des valeurs étrangères mentionnées aux paragraphes précédents, la caisse demeure chargée de faire le nécessaire pour en toucher le montant, mais sans qu'elle puisse être, en aucun cas, responsable du non-recouvrement.

7. La caisse n'est tenue d'opérer le recouvrement des effets de commerce consignés, que lorsqu'ils ont été régulièrement endossés à son nom ou acceptés par qui de droit, à moins qu'ils ne soient payables au porteur sans endossement.

A défaut de payement à l'échéance, elle se borne à faire le protêt et à le dénoncer aux endosseurs, souscripteurs ou autres, dans les délais de la loi.

Il est immédiatement donné avis de l'accomplissement de ces formalités au déposant, et les parties intéressées demeurent chargées des suites de la procédure.

8. Dans le cas où la négociation des valeurs consignées serait demandée par les parties intéressées ou prescrite par une décision judiciaire passée en force de chose jugée, il y est procédé par le ministère d'un agent de change.

L'ordre de la négociation est donné le lendemain du jour de l'enregistrement de la demande ou de la notification de la décision judiciaire au secrétariat de l'administration.

9. La restitution à qui de droit des titres et des fonds est opérée dans les con-

ditions de la loi du 28 nivôse an XIII et de l'ordonnance du 3 juillet 1816, au lieu même où le dépôt est effectué.

10. Les sommes dont la caisse opère le recouvrement, soit comme revenu, soit comme réalisation de capitaux, produisent intérêt à trois pour cent l'an, à partir du soixante et unième jour de chaque encaissement, jusques et non compris le jour du remboursement, par application des articles 2 de la loi du 28 nivôse an XIII et 44 de l'ordonnance du 3 juillet 1816.

11. Le droit de garde annuel à percevoir par la caisse des dépôts et consignations est fixé par arrêté du directeur général, pris sur l'avis de la commission de surveillance et approuvé par le ministre des finances.

Ce droit ne pourra, en aucun cas, s'élever au-delà de vingt-cinq centimes pour cent de la valeur de chaque titre déposé.

Le droit est perçu, savoir : pour les titres non côtés en bourse, sur la valeur nominale, et, pour tous les autres, sur la valeur déterminée par le cours moyen de la veille du jour du dépôt, et, à défaut de cours à cette date, par celui de la précédente cote. Si les titres sont cotés tout à la fois à la bourse de Paris et dans celles des départements, il est tenu compte exclusivement du cours de la première.

Toutefois, le montant du droit de garde pourra être abaissé par des arrêtés du directeur général, pour les valeurs improductives. Le droit est dû, pour chaque année de garde, tel qu'il a été fixé au moment de la consignation, la première année commencée comptant comme année entière ; pour les années subséquentes, le droit est liquidé par trimestre.

12. Le montant du droit de garde est prélevé sur les premiers fonds disponibles de la consignation, et, à défaut, il est réclamé des parties intéressées préalablement au retrait de ceux des titres qui n'auraient donné lieu à aucun encaissement.

15. Le présent décret recevra son exécution à partir du 1ᵉʳ janvier 1876.

Mᵃˡ DE MAC-MAON.

(*Bulletin des Lois*, n° 280).

Députés. V. LOIS CONSTITUTIONNELLES.

Déserteurs de la marine. V. NAVIGATION.

Dessèchements. V. *Ménerville*.

Détenus (jeunes). V. ETABLISSEMENTS PÉNITENCIAIRES.

Dia (prix du sang). V. INSURRECTION ARABE.

Diplômes appartenant aux bibliothèques publiques (vente et échange des). V. BIBLIOTHÈQUES PUBLIQUES.

Discipline des cours et tribunaux. V. JUSTICE.

Discipline des décorés et médaillés. V. LÉGION D'HONNEUR.

Dispensaires. V. *Ménerville*.

Distances légales. V. *Idem*.

Divorce. V. INDIGÉNAT ; ISRAÉLITES.

Djemmaa. V. COMMUNES ; JUSTICE ; ADMINISTRATION DU TERRITOIRE MILITAIRE.

Documents judiciaires des Alsaciens-Lorrains. V. ALSACIENS-LORRAINS ; LÉGALISATION.

Domaine (1).

DIVISION

§ 1. — Remise de terres au Domaine pour la colonisation.
§ 2. — Domaine départemental.
§ 3. — Domaine communal.
§ 4. — Domaine public maritime.
§ 5. — Circulaires sur l'affectation des immeubles domaniaux à la colonisation et aux services publics.

§ 1ᵉʳ. — Remise de terres pour la colonisation.

(Nous indiquons seulement le nom de la parcelle remise au Domaine, et la date de l'arrêté paru au Bulletin officiel).

A

Addudès, 27 septembre 1872.
Aguellou, 30 juin 1876.
Arb El-Gouffi, 9 juillet 1876.

B

Beni Amrous, 23 janvier 1877.
Beni Mimoun, 23 janvier 1877.
Blad Touaria, 20 septembre 1875.
Bou Ghaïda, 24 juin 1876.
Bou Thama, 27 avril 1874.
Bou Yetas, 8 mai 1875.

C

Chabat El-Ham, 25 octobre 1874.
Chettaba, 19 juin 1872.

D

Dar Chouachi, 27 avril 1874.
Djebel M'Cid, 8 septembre 1874.
Djebel M'Cid, 7 juin 1876.
Dorsa, 25 novembre 1873.

---

(1) *Jurisprudence* — Déchéance du droit des revendiquants contre le domaine.

« Attendu que l'expropriation avait été consommée dès avant le 1ᵉʳ octobre 1844, par une occupation du Domaine, et qu'aucune réclamation n'ayant été élevée dans les délais prescrits par la législation en vigueur (ordonnances du 1ᵉʳ octobre 1844, 5 mai 1845, arrêtés du 5 mai et 1ᵉʳ juillet 1848), les demandeurs eussent-ils été propriétaires dans l'origine, se trouveraient frappés d'une déchéance absolue. »
(Arrêt de la Cour d'Alger du 18 décembre 1876). — (*Robe*, 1876.)

Les mosquées et les zaouïas publiques sont la propriété de l'Etat. Ces propriétés ont été revendiquées plusieurs fois ; mais plusieurs arrêts ont tranché la question dans ce sens.

DOMAINE

E
El-Merbah, 16 février 1877.
G
Guetharnia, 13 octobre 1874.
H
Hassen ben Ali, 9 juillet 1876.
K
Keroulis, 25 octobre 1874.
M
Macta, 17 septembre 1874.
Macta, 11 février 1876.
Mouley Ismaël, 30 août 1876.
M'Silah, 10 avril 1875.
O
Oued Cham, 15 octobre 1875.
Ouled Anteur, 31 mai 1872.
S
Sgag, 10 avril 1875.
Sidi Ali ben Youb, 18 décembre 1875.
T
Taourira, 30 septembre 1876.
Z
Zemmorah, 25 novembre 1873.

§ 2. — Domaine départemental.

Diverses concessions ont été faites dans cette période aux départements d'Oran, de Constantine et d'Alger. Il ne nous a pas paru utile de reproduire in extenso les décrets ; nous indiquons seulement leur date.

Département d'Oran.
10 août 1875.
31 janvier 1877.
22 février 1877.
11 juillet 1877.
9 août 1877.

Département de Constantine.
26 octobre 1875.
19 mars 1877.
23 novembre 1877.

Département d'Alger.
23 novembre 1877.

§ 3. — Domaine communal.

(Nous indiquons le nom des communes qui, dans cette période ont reçu des concessions, ainsi que la date du décret.)

A
Aïn Noussy, 20 mars 1875.
Aïn Temouchent, 10 avril 1875.
Alger, 16 mai 1877.
Arzew, 20 mars 1875.
Arzew, 9 octobre 1875.
Assi-Ameur, 23 juillet 1875.
Attatba, 22 octobre 1875.
Aumale, 27 avril 1875.

B
Bir Rabalou, 24 décembre 1877.
Blad Touaria, 24 juin 1875.
Bône, 24 mars 1875.
Bosquet, 21 octobre 1876.
Bougie, 27 avril 1877.
Bou Tlélis, 14 septembre 1875.

C
Castiglione, 12 décembre 1877.
Chéragas, 6 août 1875,
Coléah, 28 décembre 1876.
Coléah, 22 février 1877.
Coléah, 19 mars 1877.
Coléah, 7 août 1877.
Coléah, 2 octobre 1877.
Constantine, 26 octobre 1875.

D
Djidjelli, 15 octobre 1875.
Duvivier, 31 janvier 1877.

E
El-Arrouch, 15 décembre 1877.

F
Fleurus, 14 mai 1875.

G
Gastu, 12 juillet 1875.
Guyotville, 28 novembre 1877.

K
Kléber, 30 avril 1875.
Kroub, 24 décembre 1877.

L
Lalla Maghrnia, 26 octobre 1875.

M
Maison-Carrée, 10 décembre 1877.
Mangin, 30 juillet 1875.
Mascara, 9 octobre 1875.
Mazagran, 20 novembre 1875.
Milianah, 14 janvier 1875.

O
Oued Atmenia, 23 novembre 1877.

P
Philippeville, 20 mars 1875.

R
Réghaïa, 5 juillet 1877.
Relizane, 23 juillet 1875.
Relizane, 16 mai 1877.
Rivoli, 23 août 1875.

S
Saint-Cloud, 23 juillet 1875.
Saint-Louis, 30 avril 1875.

T
Tiaret, 10 mai 1875.
Tlemcen, 19 juillet 1877.

Noms des communes qui ont été autorisées à aliéner certaines parcelles de leur domaine, et date de l'arrêté.

Aïn Beïda, 6 février 1877.
Bugeaud, 19 janvier 1877.
Perrégaux, 13 janvier 1877.
St-Denis-du-Sig, 10 février 1877.

Parcelles de forêts communales distraites du régime forestier et date de l'arrêté.

Commune d'Aïn Beïda, forêt de Sgag, 7 décembre 1876.

Forêt communale des Arb El Goufi, le canton de Medjez Zana, 12 décembre 1874.
Commune de Cherchell, bois de l'Oued Bellah, 26 juin 1875.
Commune de Lamoricière, forêt du Djebel Mies, 24 novembre 1877.
V. Forêts.

§ 4. — Domaine public maritime.

20 mars 1875. — *Décret*.

Art. 1er. — L'article 2 de la loi de Finances, du 20 décembre 1872, est rendu exécutoire en Algérie, en ce qui concerne les redevances auxquelles sont assujettis, au profit de l'Etat, tant les établissements de pêche fondés sur le domaine maritime ou sur des propriétés privées alimentées par l'eau de la mer, que les occupations, à titre précaire, des plages ou toutes autres dépendances du domaine public maritime.

Art. 2. — Un arrêté du Gouverneur général civil de l'Algérie déterminera les formes et conditions dans lesquelles pourront être accordées les concessions d'établissement de pêches ou d'occupations temporaires sur le domaine maritime.

Mal DE MAC-MAHON.

20 décembre 1872. — *Loi*.

Art. 2. — Est autorisée au profit de l'Etat, la perception de redevances à titre d'occupation temporaire ou de location des plages, ou de toutes autres dépendances du Domaine maritime.

13 avril 1875. — *Arrêté*.

Art. 1er. — Les autorisations : 1° pour la création d'établissements de pêche, de quelque nature qu'ils soient, à fonder sur le domaine public maritime ou sur les propriétés privées recevant l'eau de la mer ; 2° pour occupations temporaires du Domaine public maritime et de ses dépendances, sont accordées par le Gouverneur général, à titre précaire et révocable, sans indemnité, à la première réquisition de l'administration.

Art. 2. — Tout établisssement de pêche, fondé sur le domaine public maritime ou sur une propriété privée, alimentée par l'eau de la mer, de même que toute occupation temporaire du Domaine public maritime, sont soumis au paiement d'une redevance fixée conformément à l'article 3 ci-après.

Toutefois, pourront être exemptées de cette redevance les concessions de pêcheries faites exclusivement dans l'intérêt des inscrits maritimes, de leurs femmes, veuves ou enfants mineurs, à moins que ces concessions ne soient commanditées par les non-inscrits, ou exploitées à la fois par des inscrits et des non-inscrits, auquel cas elles supporteront une redevance proportionnée à la participation des non-inscrits dans l'entreprise.

Art. 3. — Le montant des redevances est fixé, savoir :

Par le Directeur des Domaines, lorsque le chiffre de cette redevance est de 500 fr. et au-dessous ;

Par le Gouverneur général, lorsque la redevance est supérieure à cette somme de 500 fr.

L'adhésion du concessionnaire ou du permissionnaire est constatée par un simple engagement, dont copie reste jointe au dossier de la demande, ainsi qu'il est dit aux articles 1 et 6 ci-après.

La redevance court à partir du premier jour du second mois qui suit la notification de l'autorisation au concessionnaire ou au permissionnaire.

Ampliation de l'arrêté de concession ou d'autorisation, revêtue d'une mention indiquant la date de la notification aux intéressés est adressée par le Préfet au Directeur des Domaines, pour servir à la consignation et au recouvrement de la redevance, laquelle sera payable à la caisse du receveur du bureau des Domaines, dans la circonscription duquel sont situés les établissements, par semestre ou annuellement, suivant son importance, à l'échéance des 1er janvier et 1er juillet, en tenant compte au concessionnaire ou permissionnaire, pour le premier terme, du temps pendant lequel la concession a couru.

Art. 4. — Tous les cinq ans, la redevance peut être révisée par le Domaine.

Les établissements, concédés exclusivement à des inscrits, sont assujettis à la redevance, dès la constatation de cette commandite ou de l'exploitation par des non-inscrits.

Art. 5. — Toutes les demandes d'occupation, à quelque titre que ce soit, d'une partie quelconque du Domaine public maritime, seront adressées, suivant les territoires, aux Préfets ou aux Généraux commandant les divisions, qui les communiqueront, pour avis, tant au représentant de l'autorité maritime qu'à l'ingénieur en chef des ponts-et-chaussées, chargé du service.

Dans le cas où l'occupation, même temporaire, serait de nature à intéresser la défense du territoire, l'avis des officiers du génie sera pris également.

Le demandeur devra souscrire un engagement de payer la redevance qui sera fixée, provisoirement, après avis des services des ponts-et chaussées et de la marine, par le receveur des Domaines, sous la réserve de la décision du directeur des Domaines, ou, suivant le cas, du Gouverneur général.

Art. 6. — Le dossier, après cette instruction préliminaire, sera adressé au

Gouverneur général, par le Préfet, ou le Général commandant la Division, avec son avis et tous les renseignements de nature à permettre de déterminer la redevance ou à justifier de la gratuité de la permission.

Art. 7. — En cas de révocation de la concession ou de l'autorisation d'occupation temporaire par le Gouverneur général, la redevance cesse à partir du jour où la concession a pris fin. Dans ce cas, la partie de redevance restée due devient immédiatement exigible.

Art. 8. — Il sera dressé, avant le 1ᵉʳ juillet 1875, par les soins du service de la marine ou des ponts-et-chaussées, chacun en ce qui le concerne, un état de tous les établissements de pêche existants et de toutes les permissions autorisées sur le Domaine public maritime de l'Algérie, avec ou sans redevances.

Cet état sera adressé au Gouverneur général : il fera connaître, pour les établissements de pêche, les points de la côte sur lesquels ils sont situés, la date de l'autorisation, le nom des détenteurs, leur qualité d'inscrits ou de non-inscrits et les produits approximatifs de l'établissement.

Art. 9. — Tout détenteur, concessionnaire ou occupant actuel d'établissements ou de terrains spécifiés par l'article 2, et soumis à la redevance, conformément à l'article 3, sera prévenu par l'administration de la marine, s'il s'agit d'établissements de pêche, et par le service des ponts-et-chaussées, dans tous les autres cas, qu'il doit souscrire, entre les mains du receveur des Domaines du lieu d'où dépend l'établissement ou le terrain occupé, l'engagement de payer cette redevance, qui courra à partir du 1ᵉʳ juillet 1875.

Dans le cas où l'engagement dont il s'agit ne serait pas souscrit, l'autorisation d'exploiter ou la concession de jouissance sera retirée. Gᵃˡ CHANZY.

Interdiction d'enlever du sable, galet ou gravier sur la partie du littoral à l'Ouest d'Alger.

25 octobre 1875. — *Arrêté du Préfet d'Alger.*

Art. 1ᵉʳ. — Est et demeure maintenue l'interdiction générale et absolue d'enlever du sable, galet ou gravier pour un usage public ou privé quelconque, sur la partie du littoral à l'ouest d'Alger, dite plage Bab-el-Oued, comprise entre la fortification et l'extrémité ouest du mur de la Salpêtrière, telles que ces limites sont déterminées au plan ci-annexé.

Art. 2. — Les contraventions au présent arrêté seront constatées, poursuivies et réprimées comme en matière de grande voirie. *Le Préfet* : BRUNEL.

§ 5. — CIRCULAIRES au sujet des immeubles domaniaux destinés à la colonisation.

15 novembre 1878. — CIRCULAIRE *du Gouverneur général.*

L'article 3 de l'ordonnance du 1ᵉʳ septembre 1847 porte que « les immeubles » concessibles seront mis à la disposition du Directeur des Affaires civiles, » pour les territoires civils, et du Lieutenant-général commandant la province, pour les territoires mixtes, par » le Chef du Service des Domaines. Chaque remise sera constatée par un procès-verbal, auquel seront toujours joints « le plan, etc. »

En outre, une circulaire du Ministre de la guerre, du 3 novembre 1851, a prescrit, entre autres mesures, l'établissement, dans chaque bureau des Domaines, d'un sommier de consistance des immeubles domaniaux, remis par l'administration au Service de la colonisation.

Ces dispositions se sont trouvées implicitement abrogées par suite du décret du 31 décembre 1864, qui a modifié le Service de la colonisation proprement dit, substitué à la concession gratuite le système des ventes à prix fixe et à bureau ouvert, et attribué, comme conséquence, au service des Domaines, le soin de procéder aux aliénations.

Depuis, le décret du 16 octobre 1871 a eu pour effet d'inaugurer un système nouveau, en conférant au Gouverneur général le droit, soit de concéder gratuitement, soit de louer, sous promesse de propriété définitive, les immeubles destinés à la colonisation. Ces immeubles sont prélevés sur ceux reconnus disponibles entre les mains du Domaine de l'Etat, mais sans que la mise à la disposition de l'autorité administrative en soit jamais régulièrement constatée.

Il en résulte :

1° Que cette autorité ignore les ressources qu'elle peut utiliser en vue de l'installation des colons, d'où des hésitations, des retards, et, parfois, des erreurs dans les attributions;

2° Que les immeubles réservés ou à réserver n'en figurent pas moins sur le sommier des biens de l'Etat non affectés, bien que le Domaine, tout en conservant la responsabilité, n'ait pas, cependant, à s'immiscer dans leur gestion ;

3° Qu'en présence de cette confusion, tout contrôle sérieux devient matériellement impossible dans la mise en produit des terrains qui doivent continuer à être administrés par le service compétent;

4° Qu'enfin, des délais assez longs s'écoulant, le plus souvent, entre le moment où les immeubles réservés échappent à l'action du Domaine et celui où l'autorité administrative est à même d'en disposer, ces immeubles sont exposés à des usurpations ou à des empiètements, qu'une surveillance effective et réelle, à défaut d'occupant, peut seule permettre d'éviter.

Afin de remédier à ces inconvénients et de compléter ainsi les dispositions contenues dans ma circulaire du 22 octobre dernier, n° 17, j'ai arrêté les mesures suivantes :

1° Aucun immeuble domanial ne sera distrait du Domaine de l'Etat, à quelque titre que ce soit, par l'autorité administrative, avant d'avoir fait l'objet d'un procès-verbal de remise de la part du service des Domaines, en exécution de l'art. 3 de l'ordonnance précitée du 1er septembre 1847, et dans la forme prescrite au dit article. Un double du procès-verbal de remise sera transmis par le Directeur des Domaines au Directeur général des Affaires civiles et financières ;

2° Les immeubles remis seront immédiatement radiés sur le sommier de consistance n° 1 des biens de l'Etat non affectés, et reportés, par le service des Domaines, au sommier n° 3, ainsi que le prescrit la circulaire ministérielle du 3 novembre 1851 ;

3° Il sera ouvert immédiatement, dans les bureaux des divisions et préfectures, un registre correspondant à ce sommier sur lequel seront inscrits, en bloc, tous les immeubles remis, à raison d'un article par procès-verbal ;

4° Toutes les fois qu'un article comprendra des immeubles allotis ou destinés à être divisés en plusieurs parcelles, toutes les parcelles seront portées distinctement, à la suite de l'article, dans un tableau en 6 colonnes, indiquant : 1° le n° du plan pour chaque parcelle ; 2° la nature ; 3° la contenance ; 4° les noms et profession de l'attributaire ; 5° la date et la nature des titres d'attribution ; 6° observations ;

5° Dans les dix premiers jours de chaque trimestre, le Général commandant la division et le Préfet m'adresseront un extrait certifié de leur sommier de consistance, présentant, ainsi qu'il suit, la situation pour chaque article :

Article   Territoire de   Lieu dit
Contenance remise suivant procès-verbal du   » » »
A déduire pour le Domaine public   » » »

Restait disponible.......   » » »
Attribué pendant les trimestres antérieurs..   » » » } » » »
Attribué pendant le dernier trimestre...............   » » »

Reste disponible au dernier jour du trimestre de   187   » » »
comprenant   parcelles.

Cet extrait devra être terminé par un tableau récapitulatif faisant connaître le nombre total des parcelles disponibles au dernier jour du trimestre et leur contenance.

Je tiens à ce que ces documents soient établis avec le plus grand soin et me parviennent très-exactement ;

6° Dès que le périmètre d'un centre de colonisation aura été déterminé et approuvé, le service des Domaines aura à procéder, sans délai, à la reconnaissance des terrains compris dans ce périmètre.

La contenance disponible appartenant à l'Etat fera immédiatement l'objet d'un procès-verbal de remise à la colonisation et devra être allotie, de suite, à la diligence du Général commandant la division ou du Préfet, qui poursuivront, en outre, sans désemparer, l'acquisition, soit de gré à gré, s'il est possible, soit par voie d'expropriation, des parcelles désignées par le service des Domaines comme appartenant à des particuliers et *indispensables à la création projetée*, c'est-à-dire pouvant gêner, par leur situation, l'établissement des travaux d'utilité publique.

Les articles 1er du décret du 11 juin 1858 et 19 de la loi du 15 juin 1851 permettant de recourir à l'expropriation d'urgence pour la fondation des villes, villages ou hameaux, ou pour l'agrandissement de leur enceinte ou de leur territoire ; ce mode de procéder offrant, en outre, plus de garantie pour la sauvegarde des intérêts du Trésor et plus de facilités pour la rapide installation des centres de population et l'exécution des travaux préparatoires, les acquisitions de gré à gré ne devront être tentées que dans des circonstances exceptionnelles.

Dès qu'une acquisition sera devenue définitive, une copie de l'acte ou du jugement la constatant sera adressée, avec plan à l'appui, au Directeur des Domaines, qui fera consigner, d'abord, au sommier de consistance n° 1, les immeubles qui en feront l'objet, puis en effectuera la remise ainsi qu'il est dit plus haut.

Si la contenance ou la répartiton des terrains domaniaux compris dans un périmètre ne permettait pas de les allotir et d'en disposer, à bref délai, sans attendre la réalisation des acquisitions jugées nécessaires à la constitution du centre, il devrait être sursis à la remise et le service des Domaines conserverait provisoirement la gestion et la responsabilité de ces terrains, jusqu'à ce que toutes les parcelles destinées à la colonisation aient été rendues disponibles.

Telles sont les règles qui devront être rigoureusement suivies pour l'avenir et je tiens d'autant plus à leur stricte exécution, que la liquidation du séquestre va rendre disponibles des surfaces considérables.

En ce qui concerne la période écoulée depuis le décret du 16 octobre 1871 et les centres créés ou en voie de création, il y a lieu de régulariser la prise de possession par la colonisation, au moyen de procès-verbaux de remise en la forme ordinaire.

Messieurs les Généraux commandant les divisions et les Préfets voudront bien, à cet effet, se concerter immédiatement avec Messieurs les Directeurs des Domaines ; chaque propriété domaniale devra faire l'objet d'un procès-verbal distinct et d'un article correspondant sur les sommiers de consistance du Domaine, des Divisions et des Préfectures.

Ces articles devront figurer sur le premier extrait qui me sera fourni, *dans les dix premiers jours du mois de janvier prochain*, de façon à ce que le tableau récapitulatif à la suite présente la situation exacte au 31 décembre 1873, tant de tous les immeubles déjà attribués depuis le 16 octobre 1871, que de ceux disponibles entre les mains de la colonisation.

Gal CHANZY.

23 décembre 1874. — CIRCULAIRE *du Gouverneur général.*

J'ai rappelé, à différentes reprises, les dispositions qui régissent tant l'affectation des immeubles domaniaux à la colonisation ou aux services publics, que les attributions respectives de l'autorité administrative et des Directeurs des Domaines.

Aux termes de ces dispositions, aucun immeuble ne peut être distrait, même provisoirement ou à titre de réserve, du domaine de l'État, sans une décision du Gouverneur général.

Il est arrivé cependant que l'autorité administrative a cru pouvoir disposer, sans remise préalable du service des Domaines et sans autorisation, de parcelles dont la disponibilité et même la domanialité n'étaient pas suffisamment constatées.

Ce mode de procéder peut présenter le grave inconvénient d'occasionner des instances, de compromettre les intérêts du Trésor et d'engager, par suite, la responsabilité de l'administration. Il a eu plusieurs fois pour conséquence d'éparpiller sans ordre les travaux de colonisation.

On a pu, dans des circonstances exceptionnelles, faire fléchir momentanément la rigueur des principes, mais ces principes doivent reprendre aujourd'hui tout leur empire et je tiens essentiellement à ce qu'ils soient respectés.

Je ne saurais trop insister pour que vous teniez la main à ce qu'aucun prélèvement ne soit effectué sur les immeubles dont le service des Domaines a la gestion sous sa responsabilité sans qu'une décision préalable du Gouverneur ait autorisé ce prélèvement. Je suis, d'ailleurs, tout disposé à examiner avec intérêt et à résoudre promptement toutes les questions ou propositions que vous aurez à me soumettre.

Gal CHANZY.

V. DÉLÉGATION DE POUVOIRS.

Douanes.

SOMMAIRE

Surtaxes de pavillon.
Monnaies de cuivre.
Chocolats et cacaos.
Sucres et cafés.
Tarif.
Importation des bestiaux.
Écorces de tan.
Entrepôts réels.
Crédits et escomptes en matière de douanes.
Mesures de surveillance et de répression.
Les douaniers font partie des forces militaires.

—

Par décret du 14 juin 1872, rendu sur le rapport du Ministre de l'Agriculture et du Commerce et l'avis du Ministre des Finances, a été rapporté le décret du 7 août 1867, qui a ouvert les bureaux de douanes de Bône et de Philippeville à l'importation et à l'acquittement des tissus taxés à la valeur.

30 janvier 1872. — *Loi.*

Art. 1er. — Les marchandises importées par navires étrangers, autres que celles provenant des colonies françaises, seront passibles de surtaxes de pavillon fixées par 100 kilog. comme ci-après :

Des pays d'Europe et du bassin de la Méditerranée, 75 c. ;
Des pays hors d'Europe, en deçà des caps Horn et de Bonne Espérance, 1 fr. 50.
Des pays au-delà des caps, 2 fr. ;

Art. 2. — Les surtaxes de l'art. 1 ne sont pas applicables au guano.

Art. 3. — Les marchandises des pays hors d'Europe seront passibles, à leur importation des entrepôts d'Europe, d'une surtaxe de 3 fr. par 100 kilog. Cette disposition n'est pas applicable aux marchandises que les lois actuellement en vigueur assujettissent à des surcharges plus élevées.

Art. 4. — Les dispositions des art. 1 et 3 sont applicables aux relations de l'Algérie avec l'étranger.

29 mars 1873. — *Décret*.

Art. 1ᵉʳ. — Les monnaies de cuivre et de billon étrangères sont prohibées à l'entrée en Algérie et seront, à ce titre, ajoutées au tableau C annexé à la loi du 17 juillet 1867.

Les monnaies qui seront brisées, coupées ou martelées, de manière à ne pouvoir servir que pour la refonte, seront admises aux mêmes conditions que la matière brute dont elles sont formées.

A. Thiers.

28 juillet 1873. — *Loi*.

Art. 1ᵉʳ. — Les articles 1 et 2 de la loi du 30 janvier 1872 sont et demeurent abrogés à partir du 1ᵉʳ octobre prochain.

Art. 2. — Le Gouvernement fera étudier, par une commission nommée par lui, les moyens les plus efficaces de venir en aide à la marine marchande et d'assurer sa prospérité.

31 juillet 1873. — *Décret*.

Art. 1ᵉʳ. — Les chocolats et cacaos broyés, de provenance étrangère, importés en Algérie, paieront les droits du tarif métropolitain.

Les chocolats et cacaos broyés, importés d'Algérie en France, seront soumis aux droits d'importation ci-après :

Chocolats, 89 fr. 25 les 100 kilogrammes.

Cacaos broyés, 116 fr. 66 les 100 kilogrammes, décimes compris.

Art. 2. — Continueront d'être en vigueur les dispositions de l'article 12 de la loi du 9 février 1832, relatives à la présentation aux bureaux de deuxième ligne des marchandises expédiées en transit et au visa, par les employés, des acquits-à-caution, délivrés pour ces marchandises.

Le visa aux bureaux de deuxième ligne sera également obligatoire pour les passavants concernant des marchandises provenant d'admission temporaire.

Mᵃˡ DE MAC-MAHON.

29 août 1873. — *Loi*.

Art. 1ᵉʳ. — Jusqu'à ce qu'il soit autrement ordonné, les grains et farines importés soit par terre, soit par navires français ou par navires étrangers, sont exemptés de la surtaxe de pavillon, et de la surtaxe d'entrepôt édictées par les art. 1 et 3 de la loi du 30 janvier 1872.

29 septembre 1873. — *Décret*.

Art. 1ᵉʳ. — Les droits fixés par le tableau A, annexé à la loi du 17 juillet 1867 sus-visé, pour l'importation en Algérie des sucres bruts et raffinés, et des cafés, sont modifiés ainsi qu'il suit :

Sucres bruts de toute origine.. 20 fr. les 100 k.
Sucres raffinés   id.   30 fr. id.
Cafés...................   30 fr. id.

Mᵃˡ DE MAC-MAHON.

28 avril 1874. — *Décret*.

Art. 1ᵉʳ. — L'oasis de Biskra, jusqu'à l'étendue d'un rayon de 50 kilomètres en arrière de la place, est déclarée pays franc pour les sucres et cafés, quel que soit le chiffre des droits fixés pour ces marchandises.

Ar. 2. — L'exportation pour Biskra et le pays franc continuera à être contrôlée conformément aux dispositions de l'article 2 du décret du 15 janvier 1870.

Mᵃˡ DE MAC-MAHON.

7 juin 1876. — *Arrêté*.

Art. 1ᵉʳ. — Le tarif annexé à l'arrêté du 20 mars 1837, est remplacé par le tarif suivant :

Acides, 25 c. les 100 kilos, les dangereux exceptés.
Albâtre ouvré, 1 fr. 50 par mètre cube d'encombrement.
Alpiste et millet, 10 c. les 100 kilos bruts.
Ambre gris, 1 fr. 50 les 100 kilos bruts.
Amidon, 10 c. les 100 kilos bruts.
Antimoine, 10 c. les 100 kilos bruts.
Argent brut en masse, lingots en ouvrages détruits, 25 c. pour 100 fr.
Argent battu, tiré, filé ou laminé, 25 c. pour 100 fr.
Argent vif (mercure natif), 50 c. les 100 kilos bruts.
Armes de guerre, de chasse, de luxe, 50 c. les 100 kilos bruts.
Baumes de toute espèce, 50 c. les 100 kilos bruts.
Beurre salé, 25 c. les 100 kilos bruts.
Bijouterie d'or et d'argent, 25 c. pour 100 fr.
Bimbeloterie, 1 fr. 50 par mètre cube d'encombrement.
Bleu de Prusse, 50 c. les 100 kilos bruts.
Boissons distillées (eau-de-vie de toutes sortes, liqueurs), 50 c. les 100 kilos bruts en fût.
Boissons fermentées : vins, vinaigre, autres, 20 c. les 100 kilos bruts en fût.
Boissons fermentées : vins en caisse, 50 c. les 100 kilos bruts.
Bonbons, 1 fr. 50 les 100 kilos bruts.
Bougies et cierges de toutes sortes, 50 c. les 100 kilos bruts.
Cacao, 50 c. les 100 kilos bruts.
Café, 30 c. les 100 kilos bruts.
Camphre, 50 c. les 100 kilos bruts.
Cannelle, 50 c. les 100 kilos bruts.
Caractères d'imprimerie, 25 c. les 100 kilos bruts.
Carmin, 50 c. les 100 kilos bruts.
Cartes de toutes sortes, 50 c. les 100 kilos bruts.
Cartons de toutes sortes, 50 c. les 100 kilos bruts.
Cassia lignea, 1 fr. 50 les 100 kilos bruts.
Chandelle, 25 c. les 100 kilos bruts.
Chapeaux de paille et d'écorce, 1 fr. 50 par mètre cube d'encombrement.
Chicorée moulue, 30 c. les 100 kilos bruts.
Chocolat, 50 c. les 100 kilos bruts.
Cire brute, 25 c. les 100 kilos bruts.
Cire ouvrée, 25 c. les 100 kilos bruts.
Cochenille, 2 fr. les 100 kilos bruts.
Confitures, 1 fr. les 100 kilos bruts.
Corail brut ou taillé, 1 fr. les 100 kilos bruts.
Couleurs à dénommer, 25 c. les 100 kilos bruts.
Coutellerie, 1 fr. les 100 kilos bruts.
Crayons, 1 fr. les 100 kilos bruts.
Encre à écrire ou à imprimer, 50 c. les 100 kilos bruts.

Epices préparées, 1 fr. les 100 kilos bruts.
Eponges, 1 fr. 50 par mètre cube d'encombrement.
Espèces médicales (végétaux), 50 c. les 100 kilos bruts.
Fils de chanvre ou de lin, 25 c. les 100 kilos bruts.
Fils de coton, 30 c. les 100 kilos bruts.
Fils autres, 30 c. les 100 kilos bruts.
Fromages, 25 c. les 100 kilos bruts.
Fruits de table, secs ou confits, 50 c. les 100 kilos bruts.
Gingembre, 50 c. les 100 kilos bruts.
Girofle, 50 c. les 100 kilos bruts.
Gomme, 50 c. les 100 kilos bruts.
Grains durs à tailler, 25 c. les 100 kilos bruts.
Gravures et lithographies, 1 fr. 50 les 100 kilos bruts.
Horlogerie, 1 fr. 50 le mètre cube à l'encombrement.
Indigo, 1 fr. les 100 kilos bruts.
Instruments aratoires, 1 fr. 50 le mètre cube à l'encombrement.
Instruments musique, 1 fr. 50 c. le mètre cube à l'encombrement.
Instruments autres, 1 fr. 50 c. le mètre cube à l'encombrement.
Kermès, 25 c. les 100 kilos bruts.
Liège brut, 50 c. les 100 kilos bruts.
Liège ouvré, 60 c. les 100 kilos bruts.
Limes et râpes, 30 c. les 100 kilos bruts.
Livres, 30 c. les 100 kilos bruts.
Machines et mécaniques, 1 fr. 50 c. le mètre cube à l'encombrement.
Médicaments composés, 1 fr. les 100 kilos bruts.
Mélasse, 25 c. les 100 kilos bruts.
Mercerie, 50 c. les 100 kilos bruts.
Meubles, 1 fr. 50 c. le mètre cube à l'encombrement.
Modes, 1 fr. 50 c. le mètre cube à l'encombrement.
Monnaies d'or et d'argent, 25 c. par cent francs.
Muscades, 50 c. les 100 kilos bruts.
Nattes, 50 c. les 100 kilos bruts.
Objets de collection, 1 fr. 50 c. le mètre cube à l'encombrement.
Or brut, battu, en feuilles, tiré ou filé, 25 c. pour cent francs.
Orfèvrerie, 25 c. pour cent francs.
Outils, 25 c. les 100 kilos bruts.
Ouvrages en bois, 25 c. les 100 kilos bruts.
Ouvrages en fer et en acier, 20 c. les 100 kilos bruts.
Ouvrages en cuivre, 30 c. les 100 kilos bruts.
Ouvrages en poils, 30 c. les 100 kilos bruts.
Parfumerie, 1 fr. les 100 kilos bruts.
Pâtes diverses, 20 c. les 100 kilos bruts.
Peaux préparées ou ouvrées, 25 c. les 100 kilos bruts.
Pelleteries, 50 c. les 100 kilos bruts.
Perles, 4 fr. les 100 kilos bruts.
Piment, 25 c. les 100 kilos bruts.
Plaques, 25 c. pour cent francs.
Plumes à écrire, 50 c. les 100 kilos bruts.
Plumes de parures, 1 fr. les 100 kilos bruts.
Plumes à lit, 50 c. les 100 kilos bruts.
Poivre, 20 c. les 100 kilos bruts.
Produits chimiques non dénommés, 50 c. les 100 kilos bruts.
Riz, 10 c. les 100 kilos bruts.
Savons, 20 c. les 100 kilos bruts.
Sellerie, 40 c. les 100 kilos bruts.
Sirop, 50 c. les 100 kilos bruts.
Sucre, 25 c. les 100 kilos bruts.
Soies, 50 c. les 100 kilos bruts.
Tabacs en fûts et Amérique, 25 c. par quintal et par mois.
Tabacs en balles pressées, 30 c. par quintal et par mois.
Tabacs cubant plus d'un tiers de mètre cube par 100 kilos, 40 c. par quintal et par mois.
Tabacs fabriqués, en caisse, 50 c. par quintal et par mois.
Tabletteries, 1 fr. 50 c. le mètre cube à l'encombrement.
Thé, 50 c. les 100 kilos bruts.
Tissus de coton, 30 c. les 100 kilos bruts.
Tissus de soie, 1 fr. les 100 kilos bruts.
Tissus de fil de chanvre, 30 c. les 100 kilos bruts.
Tissus de laines, 50 c. les 100 kilos bruts.
Tissus non dénommés, 50 c. les 100 kilos bruts.
Vanille, 2 fr. les 100 kilos bruts.
Vannerie, 40 c. les 100 kilos bruts.
Verres et cristaux, 40 c. les 100 kilos bruts.
Voitures, 1 fr. 50 le mètre cube à l'encombrement.

Art. 2. — Les articles non dénommés au tarif ci-dessus seront taxés par assimilation avec ceux dont ils se rapprocheront le plus.

Gal CHANZY.

19 mars 1875. — *Loi.*

Art. 3. — Est ratifié et converti en loi le décret du 29 septembre 1873, aux termes duquel :

Les droits fixés par le tableau A, annexé à la loi du 17 juillet 1867, pour l'importation en Algérie des sucres et des cafés, sont modifiés ainsi qu'il suit :

Sucres bruts de toute origine, 20 fr. les 100 kilogrammes.

Sucres raffinés de toute nature, 30 fr. les 100 kilogrammes.

Cafés, 30 fr. les 100 kilogrammes.

Art. 4. — Est ratifié et converti en loi le décret du 31 juillet 1873, aux termes duquel :

Les chocolats et cacaos broyés de provenance étrangère importés en Algérie, payeront les droits du tarif métropolitain ;

Les chocolats et cacaos broyés importés d'Algérie en France, seront soumis aux droits d'importation ci-après, décimes compris :

Chocolats, 89 fr. 25 les 100 kilogrammes.

Cacaos broyés, 116 fr. 66 les 100 kilogrammes.

27 novembre 1872. — *Arrêté.*

Vu l'arrêté du 28 février 1871, interdisant provisoirement l'importation de France en Algérie, des bestiaux appartenant à la race bovine et des dépouilles vertes de ces animaux ;

Considérant que les circonstances exceptionnelles qui avaient motivé cette prohibition, n'existent plus aujourd'hui, puisque la peste bovine est complètement éteinte en France, depuis le mois de juin dernier ;

Art. 1er. — L'arrêté précité du 28 février 1871, est et demeure rapporté.

Vice-amiral Cte DE GUEYDON.

14 avril 1875. — *Décret.*

Art. 1er. — Jusqu'à ce qu'il en soit autrement ordonné, l'importation en Algérie, par voie de terre, des écorces à tan de provenance tunisienne, est et demeure prohibée.

M^{al} DE MAC-MAHON.

6 novembre 1876. — *Décret*.

Vu la loi du 8 floréal an XI ;
Vu les ordonnances des 11 novembre 1835, 16 décembre 1843, 17 janvier et 2 décembre 1845 ;
Vu la loi du 17 juillet 1867, sur le régime commercial de l'Algérie ;

Art. 1ᵉʳ. — Les dispositions des ordonnances susvisées, relatives à l'admission, dans les entrepôts réels, des marchandises étrangères et des productions des colonies françaises, sont étendues aux marchandises provenant de France et passibles des droits d'octroi de mer, les boissons exceptées.

Mᵃˡ DE MAC-MAHON.

15 mai 1877. — *Arrêté*.

Art. 1ᵉʳ. — Les droits suivants sont ajoutés à ceux qui figurent au tarif établi par l'arrêté du 7 juin 1876, savoir :

1° Prime d'assurance contre l'incendie, par mois et par valeur de mille francs............	0 fr. 35 c.
2° Droit de reconnaissance par 100 kil. ou au mètre cube, pour les colis encombrants..................................	0 25
3° Taxe sur les transferts, sans déplacement par 1,000 kilog..............	0 20

Cette dernière taxe ne pourra dépasser un maximum de 5 francs, ni descendre au-dessous de 1 franc.

Art. 2. — Les intéressés auront la faculté d'assurer eux-mêmes leurs marchandises, à charge par eux de justifier de l'assurance dans les 24 heures ; de leur côté, les entreposeurs seront tenus de contracter des polices flottantes de contre-assurance, en rapport avec l'importance de l'établissement.

Gᵃˡ CHANZY.

15 février 1875. — *Loi*.

Art. 1ᵉʳ. — A partir de la promulgation de la présente loi, tous les droits recouvrés par l'administration des douanes et par celle des contributions indirectes devront être payés au comptant, sans escompte.

V. les art. 2 et 3 de cette loi Vᵒ CONTRIBUTIONS DIVERSES, *suprà*.

2 juin 1875. — *Loi*.

Art. 1ᵉʳ. — Les articles 41, 42, 43, 52 et 53 du titre V de la loi du 28 avril 1816, section des douanes, et 37, titre VI, de la loi du 21 avril 1818, seront appliqués en cas d'importation sans déclaration, par les bureaux de terre ou de mer, de marchandises prohibées et de celles qui sont taxées à vingt francs (20 fr.) et plus les cent kilogrammes (100 kil.) ou soumises à des taxes de consommation intérieure.

2° Tout versement frauduleux, toute tentative de versement frauduleux des mêmes marchandises, effectués soit dans l'enceinte des ports, soit sur les côtes, seront poursuivis et punis conformément aux articles 34 et 37, titre VI de la loi du 21 avril 1818, et aux articles 51, 52 et 53, titre V, de la loi du 28 avril 1816.

3° Le transport en contrebande, par voiture, de marchandises prohibées et de celles qui sont taxées à vingt francs (20 fr.) et plus les 100 kilogrammes ou soumises à des taxes de consommation intérieure donnera lieu à l'application des articles 48, 51, 52 et 53 du titre V de la loi du 28 avril 1816, section des douanes, et 37, titre VI, de la loi du 21 avril 1818.

4° Dans tous les cas d'application des articles 41 à 53 de la loi du 28 avril 1816, titre V, section des douanes, et 37 de la loi du 21 avril 1818, prévus tant par la présente loi que par les lois antérieures, les marchandises servant à masquer la fraude seront confisquées avec l'objet de contrebande et les moyens de transport.

5° Toutes les dispositions des lois de douane relatives aux marchandises prohibées sont applicables aux poudres à feu et aux produits qui y sont assimilés.

6° Seront soumis aux décimes établis par la législation actuelle les droits de douanes, de contributions indirectes et de timbre existant avant 1870 et qui, depuis cette époque, n'ont pas été augmentés en principal ou en décimes.

Cette disposition ne s'appliquera pas à la vente de poudres de mine ni à celle des poudres de commerce extérieur.

23 octobre 1876. — *Décret*.

Art. 1ᵉʳ. — Conformément aux dispositions de l'article 6 de la loi du 27 juillet 1872, de l'article 8 de la loi du 24 juillet 1873 et de celle du 6 novembre 1875, le personnel du service actif des douanes employé en Algérie entre dans la composition des forces militaires du pays.

A dater de l'ordre de mobilisation, aucune démission donnée par un fonctionnaire, un officier, un sous-officier ou préposé dudit service actif, n'est valable qu'après avoir été acceptée par le ministre de la guerre.

2. Le personnel à pied du service actif des douanes, y compris les matelots, employé dans la division militaire d'Alger, forme deux compagnies, et dans chacune des divisions d'Oran et de Constantine, une compagnie et une section.

Le personnel des brigades à cheval de la même administration employé dans chacune des divisions militaires d'Oran et de Constantine forme un peloton de cavalerie.

3. La première de ces deux compagnies de la division d'Alger et la compagnie de chacune des divisions d'Oran et de Constantine seront composées des hommes propres au service de campagne et dites *compagnies actives*; elles sont destinées à seconder les opérations de l'armée active. La deuxième compagnie de la division d'Alger et la section de chacune des divisions d'Oran et de Constantine, comprenant tous les autres préposés et matelots valides, sont dites *territoriales*, et appelées à concourir au service de l'armée territoriale.

Dans cette formation des compagnies et sections, les préposés et matelots restent, autant que possible, sous les ordres de leurs chefs du temps de paix.

4. Les cadres des compagnies, sections et pelotons de douanes sont pris dans le personnel de cette administration. Le cadre d'une compagnie comprendra : un capitaine commandant, deux lieutenants, un sergent-major, un sergent-fourrier, sept sergents, quatorze caporaux, deux clairons. Les cadres d'une section comprendront : un lieutenant commandant, un sergent ou caporal fourrier, trois sergents, six caporaux, un clairon.

Les cadres de chaque peloton de cavalerie comprendront : un lieutenant commandant, deux maréchaux des logis, quatre brigadiers, un trompette.

5. L'assimilation suivante sera observée pour les différents grades :

DOUANES	ARMÉE
Sous-brigadier.	Caporal ou brigadier de cavalerie.
Brigadier.	Sous-officier
Lieutenant.	Lieutenant.
Capitaine.	Capitaine.

Les préposés, matelots et cavaliers auront rang de soldat de première classe.

Les dispositions des articles 43 et 57 de la loi du 13 mars 1875, sur les cadres de l'armée, seront applicables aux officiers de douanes.

6. Le lieu de rassemblement de chaque compagnie, section ou peloton sera déterminé à l'avance, afin que les officiers chargés de les commander puissent les réunir au premier ordre.

7. Dès que l'ordre de mobilisation de l'armée aura été donné, les compagnies, sections et pelotons de douanes seront à la disposition du Gouverneur général de l'Algérie pour être employés ainsi qu'il est dit à l'article 3 ci-dessus.

Il en sera de même en cas d'ordre de mobilisation totale ou partielle donné par le Gouverneur général, en vertu des pouvoirs qui lui sont conférés par l'article 29 de la loi du 6 novembre 1875.

La mobilisation des compagnies, sections ou pelotons et leur mise en activité seront opérées par les soins du directeur des douanes en Algérie.

8. A dater du jour de leur appel à l'activité, les compagnies, sections et pelotons de douanes feront partie intégrante de l'armée et jouiront des mêmes droits, honneurs et récompenses que les corps de troupes qui la composent.

Sous le rapport des pensions pour infirmités et blessures et des pensions de veuves, les officiers, sous-officiers, caporaux, brigadiers, soldats et cavaliers jouiront notamment de tous les droits attribués aux militaires de même grade dans l'armée active.

Les lois et règlements qui régissent cette dernière leur sont applicables.

Conformément aux dispositions de l'article 35 de la loi du 24 juillet 1873, les compagnies, sections et pelotons de douanes appelés à l'activité seront assimilés à l'armée active, pour la solde et les prestations, allocations et indemnités de toute nature.

La solde et les prestations des cavaliers de pelotons de douanes seront les mêmes que celles des gendarmes à cheval de la trente et unième légion.

9. L'uniforme et les insignes de grade resteront tels qu'ils existent actuellement.

Le département de la guerre pourvoira à l'armement des compagnies, sections et pelotons de douanes. Il leur fera distribuer les divers objets de campement, dès que l'ordre de mobilisation aura été donné.

Le département des finances continuera à assurer l'habillement et le petit équipement des préposés, ainsi que l'entretien des armes, en temps de paix.

10. Les compagnies, sections et pelotons de douanes, seront soumis, dans la période de paix, à des inspections générales dans la forme déterminée par le ministre de la guerre, de concert avec le ministre des finances.

L'époque de ces inspections sera fixée par le Gouverneur général, de concert avec le directeur des douanes de l'Algérie.

Les réunions de troupes de douanes appelées à être inspectées auront lieu par fractions assez réduites pour ne pas occasionner de déplacement onéreux et ne pas compromettre le service spécial des douanes.

11. L'organisation de guerre visée par le présent décret sera préparée sans retard par l'administration des douanes.

Cette organisation comprendra la constitution des compagnies, sections et pelotons, l'établissement des propositions pour les grades d'officiers, l'indication de l'emplacement des compagnies, sections et pelotons et du lieu de leur rassemblement en cas de mobilisation.

12. Les officiers seront nommés par le Président de la République, sur la présentation du ministre de la guerre et d'après les propositions du ministre des finances.

Après la première formation, il ne sera plus conféré de grade qu'en remplacement d'officiers promus ou qui auront quitté le service actif des douanes. Les lettres de service de ces officiers seront renvoyées au ministre de la guerre en même temps qu'un nouvel état des propositions.

13. Dès que les contrôles des compagnies, sections et pelotons seront arrêtés, le directeur des douanes adressera aux commandants des bureaux de recrutement les hommes faisant partie de ces compagnies et astreints au service dans l'armée active ou dans l'armée territoriale.

Il tiendra ensuite ces officiers au courant de toutes les mutations concernant ces hommes et ceux de la même catégorie qui seraient admis ultérieurement dans les compagnies, sections et pelotons de la direction.

Les commandants des bureaux de recrutement n'affecteront ces hommes à aucun corps de l'armée active ou de l'armée territoriale, tant qu'ils resteront dans le service actif des douanes.

Ils conserveront les feuilles mobiles qui les concernent.

V. NAVIGATION.

Douar. — V. ADMINISTRATION DU TERRITOIRE MILITAIRE ; CIRCONSCRIPTIONS CANTONALES ; COMMUNES ; INDIGÉNAT ; JUSTICE.

Douar-commune. — V. *Mêmes mots.*

Drainage. — V. *Ménerville.*

Droits de capture. — V. ETABLISSEMENTS PÉNITENCIAIRES.

Droits de chancellerie. — V. LÉGION D'HONNEUR.

Droits de greffe. — V. CASIER JUDICIAIRE ; OFFICIERS MINISTÉRIELS.

Droits de poste en matière criminelle, correctionnelle et de police. — V. FRAIS DE JUSTICE CRIMINELLE.

Droits de quai. — V. NAVIGATION.

Dynamite. — V. POUDRES A FEU.

E

Eaux (écoulement naturel des). V. CHEMINS VICINAUX.

Eaux Thermales.

10 juillet 1876. — CIRCULAIRE *du Préfet d'Alger.*

Des demandes me sont fréquemment adressées par des personnes qui désirent être admises à l'hôpital thermal militaire d'Hammam-Rira.

Je vous prie de faire connaître à vos administrés qu'il ne m'appartient pas de statuer sur ces demandes qui doivent être adressées, par l'intermédiaire du maire de la commune, directement à M. l'Intendant militaire de la Division d'Alger.

Pour éviter des retards préjudiciables aux intéressés, chaque demande devra être accompagnée d'un certificat médical constatant la nécessité pour le malade de faire usage de ces eaux et d'un certificat du maire indiquant la catégorie dans laquelle le malade doit être classé.
Le Préfet : BRUNEL.

Instructions relatives à l'envoi des demandes d'hospitalisation.

19 juillet 1877. — CIRCULAIRE *du Gouverneur général.*

Monsieur le Préfet, afin de faciliter la répartition des places à accorder aux agents civils qui désirent être admis dans les hôpitaux militaires, je vous prie de vouloir bien m'adresser à l'avenir vos propositions aux époques suivantes :

Hospitalisation dans les hôpitaux thermaux de la Métropole.

Avant le 1er mars, pour les deux premières saisons de tous les établissements, excepté la deuxième de Bourbonne. Avant le 1er mai, pour les dernières saisons de tous les établissements, y compris la deuxième saison de Bourbonne.

Hospitalisation dans les établissements thermaux de l'Algérie.

Avant le 1er mars, pour les deux premières saisons de tous les établissements. Avant le 1er août, pour la 3e saison de tous les établissements.

Je désire qu'un état nominatif soit établi séparément pour chaque saison, savoir :

FRANCE

1re *répartition.*

1re saison : un état spécial comprenant tous les établissements ;
2e saison : un état spécial comprenant tous les établissements (excepté la 2e de Bourbonne).

2e *répartition.*

3e saison : un état spécial comprenant tous les établissements (plus la 2e de Bourbonne) ;
4e saison : un état spécial comprenant Amélie-les-Bains, Plombières et Vichy ;
5e saison : un état spécial comprenant Vichy.

ECOLE POLYTECHNIQUE

ALGÉRIE
1re répartition.

1re saison : un état spécial comprenant tous les établissements ;
2e saison : un état spécial comprenant tous les établissements.

2e répartition.

3e saison : un état pour tous les établissements.

La durée de chaque saison thermale est fixée ainsi qu'il suit :

1° France.

INDICATIONS		DURÉE DE CHAQUE SAISON					CLOTURE
DES ÉTABLISSEMENTS	des divisions qui envoient des militaires aux eaux	1re SAISON	2e SAISON	3e SAISON	4e SAISON	5e SAISON	THERMALE
Amélie-les-Bains (1)	Toutes.	Du 15 avril au 31 mai.	Du 1er juin au 14 juillet.	Du 15 juillet au 31 août.	Du 1er septembre au 15 octobre.	....	15 octobre.
Barèges.	Toutes.	1er juin au 9 juillet.	10 juillet au 19 août.	20 août au 30 septembre.	....	....	30 septembre.
Bourbonne.	Toutes.	15 mai au 14 juillet.	15 juillet au 15 septembre.	....	....	....	15 septembre.
Bourbon l'Archambault	Toutes.	15 mai au 24 juin.	25 juin au 4 août.	5 août au 15 septembre.	....	....	15 septembre.
Guagno.	La 17e division et l'Algérie.	1er juin au 9 juillet.	10 juillet au 19 août.	20 août au 30 septembre.	....	....	30 septembre.
Plombières.	Toutes.	15 mai au 14 juillet.	15 juillet au 14 août.	15 août au 14 août.	15 août au 15 septembre.	....	15 septembre.
Vichy.	Toutes.	1er au 31 mai.	1er au 30 juin.	1er au 31 juillet.	1er au 31 août.	1er au 30 septembre.	30 septembre.

(1) En outre, à l'hôpital thermal d'Amélie-les-Bains, il y a deux saisons d'hiver : La première, ouvrant le 15 novembre et fermant le 14 janvier ; la deuxième, ouvrant le 15 janvier et fermant le 15 mars.
L'établissement reste fermé entre la période d'été et celle d'hiver pendant un mois, chaque fois, du 15 octobre au 15 novembre et du 15 mars au 15 avril, de manière à permettre d'exécuter les travaux de réparation et de nettoyage.

2° Algérie.

INDICATIONS		DURÉE DE CHAQUE SAISON			CLOTURE
DES ÉTABLISSEMENTS	des divisions qui envoient des militaires aux eaux	1re SAISON	2e SAISON	3e SAISON	THERMALE
Hammam Rirah.	Division d'Alger	Du 15 avril au 24 mai.	Du 25 mai au 30 juin.	Du 15 septembre au 31 octobre.	31 octobre.
Hammam-Melouane.	Id.	Id.	Id.	Id.	Id.
Bains de la Reine.	Division d'Oran	Id.	Id.	Id.	Id.
Hammam-Es-Koutine.	Division de Constantine	Id.	Id.	Id.	Id.

En ce qui concerne les hospitalisations en Algérie, il y a lieu de remarquer que les fonctionnaires et agents ne sont autorisés à suivre un traitement thermal que dans les hôpitaux de la province où ils résident.

Je vous prie de notifier ces dispositions aux chefs de services sous vos ordres et de veiller à leur exécution.

Gal CHANZY.

Echantillons. — V. POSTES.

Ecoles. — V. INSTRUCTION PUBLIQUE.

Ecoles arabes-françaises. — V. *Idem*.

Ecole forestière. — V. SERVICE MILITAIRE.

Ecole de médecine. — V. INSTRUCTION PUBLIQUE.

Ecoles musulmanes. — V. *Idem*.

Ecole polytechnique. — V. SERVICE MILITAIRE.

Écorces de tan. — V. Douanes.
Écrits électoraux. — V. Élections; Presse.
Élagage. — V. Chemins vicinaux.

Effets publics.

15 juin, — 5 juillet 1872. — *Loi relative aux titres au porteur* (1).

Art 1ᵉʳ. — Le propriétaire de titres au porteur, qui en est dépossédé par quelque événement que ce soit, peut se faire restituer contre cette perte dans la mesure et sous les conditions déterminées dans la présente loi.

Art. 2. — Le propriétaire dépossédé fera notifier par huissier à l'établissement débiteur un acte indiquant : le nombre, la nature, la valeur nominale, le numéro, et, s'il y a lieu, la série des titres.

Il devra aussi, autant que possible, énoncer :

1° L'époque et le lieu où il est devenu propriétaire, ainsi que le mode de son acquisition ;

2° L'époque et le lieu où il a reçu les derniers intérêts ou dividendes ;

3° Les circonstances qui ont accompagné sa dépossession. Le même acte contiendra une élection de domicile dans la commune du siège de l'établissement débiteur.

Cette notification emportera opposition au payement tant du capital que des intérêts ou dividendes échus ou à échoir.

Art. 3. — Lorsqu'il se sera écoulé une année depuis l'opposition, sans qu'elle ait été contredite, et que, dans cet intervalle, deux termes au moins d'intérêts ou de dividendes auront été mis en distribution, l'opposant pourra se pourvoir auprès du président du tribunal civil du lieu de son domicile, afin d'obtenir l'autorisation de toucher les intérêts ou dividendes échus ou à échoir, au fur et à mesure de leur exigibilité, et même le capital des titres frappés d'opposition dans le cas où ledit capital serait ou deviendrait exigible.

Art. 4. — Si le président accorde l'autorisation, l'opposant devra, pour toucher les intérêts ou dividendes, fournir une caution solvable dont l'engagement s'étendra au montant des annuités exigibles, et de plus, à une valeur double de la dernière annuité échue. Après deux ans écoulés depuis l'autorisation sans que l'opposition ait été contredite la caution sera de plein droit déchargée.

---

(1) *Bulletin des lois*, n° 1229. — Voir pour les annotations et la discussion de cette loi, Dalloz, P. 1872. 4. page 112 et suivantes.
Il résulte de cette discussion que, en cas de perte de ces titres dans un sinistre, il n'y aurait pas lieu de recourir à cette loi mais simplement à l'application de l'art. 1348 du Code civil.

Si l'opposant ne veut ou ne peut fournir la caution requise, il pourra, sur le vu de l'autorisation, exiger de la compagnie, le dépôt à la caisse des dépôts et consignations des intérêts ou dividendes échus et de ceux à échoir, au fur et à mesure de leur exigibilité. Après deux ans écoulés depuis l'autorisation, sans que l'opposition ait été contredite, l'opposant pourra retirer de la caisse des dépôts et consignations les sommes ainsi déposées et percevoir librement les intérêts et dividendes à échoir, au fur et à mesure de leur exigibilité.

Art. 5. — Si le capital des titres frappés d'opposition est devenu exigible, l'opposant qui aura obtenu l'autorisation ci-dessus pourra en toucher le montant, à charge de fournir caution. Il pourra s'il le préfère, exiger de la compagnie, que le montant du dit capital soit déposé à la caisse des dépôts et consignations.

Lorsqu'il se sera écoulé dix ans depuis l'époque de l'exigibilité et cinq ans au moins à partir de l'autorisation sans que l'opposition ait été contredite, la caution sera déchargée, et, s'il y a eu dépôt, l'opposant pourra retirer de la caisse des dépôts et consignations les sommes en faisant l'objet.

Art. 6. — La solvabilité de la caution à fournir en vertu des dispositions des articles précédents sera appréciée comme en matière commerciale. S'il s'élève des difficultés, il sera statué en référé par le président du tribunal du domicile de l'établissement débiteur.

Il sera loisible à l'opposant de fournir un nantissement au lieu et place d'une caution. Ce nantissement pourra être constitué en titres de rente sur l'État. Il sera restitué à l'expiration des délais fixés pour la libération de la caution.

Art. 7. — En cas de refus de l'autorisation dont il est parlé en l'art. 3, l'opposant pourra saisir, par voie de requête, le tribunal civil de son domicile, lequel statuera après avoir entendu le ministère public. Le jugement obtenu dudit tribunal produira les effets attachés à l'ordonnance d'autorisation.

Art. 8. — Quand il s'agira de coupons au porteur détachés du titre, si l'opposition n'a pas été contredite, l'opposant pourra, après trois années à compter de l'échéance et de l'opposition, réclamer le montant des dits coupons de l'établissement débiteur, sans être tenu de se pourvoir d'autorisation.

Art. 9. — Les payements faits à l'opposant suivant les règles ci-dessus posées, libèrent l'établissement débiteur envers tout tiers-porteur qui se présenterait ultérieurement. Le tiers-porteur, au préjudice duquel les dits payements auraient été faits, conserve seulement une action personnelle contre l'opposant qui aurait formé son opposition sans cause.

Art. 10. — Si, avant que la libération de l'établissement débiteur ne soit accomplie, il se présente un tiers-porteur des titres frappés d'opposition, ledit établissement doit provisoirement retenir ces titres contre un récépissé remis au tiers-porteur ; il doit de plus avertir l'opposant par lettre chargée de la présentation du titre, en lui faisant connaître le nom et l'adresse du tiers-porteur. Les effets de l'opposition restent alors suspendus jusqu'à ce que la justice ait prononcé entre l'opposant et le tiers-porteur.

Art. 11. — L'opposant, qui voudra prévenir la négociation ou la transmission des titres dont il a été dépossédé, devra notifier par exploit d'huissier au syndicat des agents de change de Paris une opposition renfermant les énonciations prescrites par l'art. 2 de la présente loi ; l'exploit contiendra réquisition de faire publier les numéros des titres.

Cette publication sera faite un jour franc au plus tard, par les soins et sous la responsabilité du syndicat des agents de change de Paris, dans un bulletin quotidien établi et publié dans les formes et sous les conditions déterminées par un règlement d'administration publique.

Le même règlement fixera le coût de la rétribution annuelle due par l'opposant pour frais de publicité. Cette rétribution annuelle sera payée d'avance à la caisse du syndicat, faute de quoi la dénonciation de l'opposition ne sera pas reçue ou la publication ne sera pas continuée à l'expiration de l'année pour laquelle la rétribution aura été payée.

Art. 12. — Toute négociation ou transmission postérieure au jour où le bulletin est parvenu, ou aurait pu parvenir par la voie de la poste, dans le lieu où elle a été faite, sera sans effet vis-à-vis de l'opposant, sauf le recours du tiers-porteur contre son vendeur et contre l'agent de change par l'intermédiaire duquel la négociation aura eu lieu. Le tiers-porteur pourra également, au cas prévu par le précédent article, contester l'opposition faite irrégulièrement ou sans droit.

Sauf le cas où la mauvaise foi serait démontrée, les agents de change ne seront responsables des négociations faites par leur entremise qu'autant que les oppositions leur auront été signifiées personnellement ou qu'elles auront été publiées dans le *Bulletin* par les soins du syndicat.

Art. 13. — Les agents de change doivent inscrire sur leurs livres les numéros des titres qu'ils achètent ou qu'ils vendent. — Ils mentionneront sur les numéros d'achat les numéros livrés. Un règlement d'administration publique déterminera le taux de la rémunération qui sera allouée à l'agent de change pour cette inscription des numéros.

Art. 14. — A l'égard des négociations ou transmissions de titres antérieures à la publication de l'opposition, il n'est pas dérogé aux dispositions des art. 2279 et 2280 du code civil.

Art. 14. — Lorsqu'il se sera écoulé dix ans depuis l'autorisation obtenue par l'opposant, conformément à l'art. 3, et que pendant le même laps de temps l'opposition aura été publiée sans que personne se soit présenté pour recevoir les intérêts ou dividendes, l'opposant pourra exiger de l'établissement débiteur qu'il lui soit remis un titre semblable et subrogé au premier. Ce titre devra porter le même numéro que le titre originaire, avec la mention qu'il est délivré par duplicata.

Le titre délivré en duplicata conférera les mêmes droits que le titre primitif et sera négociable dans les mêmes conditions.

Le temps pendant lequel l'établissement n'aurait pas mis en distribution de dividendes ou d'intérêts ne sera pas compté dans le délai ci-dessus.

Dans le cas du présent article, le titre primitif sera frappé de déchéance, et le tiers-porteur qui le représentera après la remise du nouveau titre à l'opposant, n'aura qu'une action personnelle contre celui-ci au cas où l'opposition aurait été faite sans droit.

L'opposant qui réclamera de l'établissement un duplicata, payera les frais qu'il occasionnera. Il devra de plus garantir par un dépôt ou par une caution que le numéro du titre frappé de déchéance sera publié pendant dix ans, avec une mention spéciale, au bulletin quotidien.

Art. 16. — Les dispositions de la présente loi sont applicables aux titres au porteur émis par les départements, les communes et les établissements publics, mais elles ne sont pas applicables aux billets de la banque de France, ni aux billets de même nature émis par des établissements également autorisés, ni aux rentes et autres titres au porteur émis par l'Etat, lesquels continueront à être régis par les lois, décrets et règlements en vigueur.

Toutefois, les cautionnements exigés par l'administration des finances pour la délivrance des duplicata de titres perdus, volés ou détruits, seront restitués si, dans les vingt ans qui auront suivi, il n'a été formé aucune demande de la part des tiers-porteurs, soit pour les arrérages, soit pour capital. Le Trésor sera définitivement libéré envers le porteur des titres primitifs, sauf l'action personnelle de celui-ci contre la personne qui aura obtenu le duplicata.

10 avril 1873 — 27 juin 1874. — *Décret portant règlement d'administration publique pour l'exécution de la loi du 15 juin 1872 sur les titres aux porteurs.* (1)

Art. 1er. — L'exploit, signifié au syndicat des agents de change de Paris en exécution de l'art. 11 de la loi du 15 juin 1872, mentionnera en toutes lettres et en chiffres les numéros des titres dont la publication sera requise.

Art. 2. — Le recueil quotidien que publiera la compagnie des agents de change de Paris, conformément au même article de loi, portera pour titre : *Bulletin officiel des oppositions sur les titres au porteur, publié par le syndicat des agents de change de Paris*.

Art. 3. — Le prix de l'insertion sera de 50 centimes par numéro de valeur et par an. — En cas de main-levée de l'opposition avant l'échéance de l'année, le prix payé restera acquis au syndicat.

Art. 4. — Le bulletin publiera les oppositions par catégories de valeurs. — Tous les numéros d'une même valeur seront inscrits à la suite les uns des autres par ordre augmentatif et en chiffres.

Art. 5. — Il ne pourra être inséré dans le *Bulletin* ni annonce, ni réclame, ni article quelconque.

Art. 6. — Les parties intéressées ne pourront cesser la publication des numéros frappés d'opposition qu'en justifiant de la main-levée de l'opposition dans l'une des trois formes suivantes :

1° Par acte notarié ;

2° Par la remise de l'original de l'opposition ou de sa notification au syndicat avec mention de la main levée, la dite mention légalisée soit par un agent de change près la Bourse de Paris, soit par le président du tribunal civil, par le préfet ou le juge de paix du domicile de l'opposant ;

3° Par la signification d'un décision judiciaire devenue définitive.

Néanmoins, lorsqu'il s'agira d'une main-levée partielle, l'opposant pourra arrêter la publication partielle de son opposition par un simple acte extra-judiciaire, mais à la condition de représenter au syndicat l'original de l'opposition à restreindre ou de sa notification et d'inscrire sur ledit original, qui continuera de rester en ses mains, mention de la main-levée partielle par lui consentie.

Art. 7. — Le prix de l'abonnement au *Bulletin* ne pourra pas dépasser 70 fr. par an : le prix du numéro ne pourra pas dépasser 50 centimes. — Ces deux maxima sont fixés pour toute la France continentale, les droits de poste compris (2). Pour les colonies et l'étranger, les droits de poste seront perçus en sus.

Art. 8. — Le syndicat sera tenu de donner à tout requérant communication gratuite, sans déplacement, des numéros du *Bulletin* dont le tirage serait épuisé.

Art. 9. — L'opposant et les tiers-porteurs successifs du titre frappé d'opposition ou leurs ayants-causes pourront obtenir du syndicat une copie certifiée ou un extrait des actes d'opposition ou de main-levée les intéressant, moyennant un droit de 1 fr. en sus du timbre.

Art. 10. — Toute personne pourra obtenir, moyennant un droit de 50 centimes, l'indication du nom et du domicile de l'opposant, aussi bien que la date de l'opposition.

Art. 11. — Le taux de la rémunération allouée aux agents de change pour mentionner sur les bordereaux d'achat les numéros livrés est fixé à 5 centimes par titre.

Art. 12. — Les prix et tarifs fixés par le présent règlement seront révisés, s'il y a lieu, après la première année de leur mise à exécution.

Effets publics des gouvernements étrangers. — V. ENREGISTREMENT.

Élections.

DIVISION

§ 1. — Electorat départemental.
§ 2. — 1° Electorat municipal ; listes électorales.
    2° Indigènes et étrangers.
    3° Sections électorales municipales.
§ 3. — Elections des maires et adjoints.
§ 4. — Placards et manifestes électoraux.

§ 1er. — Electorat départemental.

20 août 1877. — *Arrêté.*

Art. 1er. — Le chef-lieu et la composition de chacune des circonscriptions électorales des départements d'Alger, d'Oran et de Constantine, sont déterminés respectivement par les tableaux ci-annexés.

Le Gouverneur général absent,
Le Directeur général :
LE MYRE DE VILERS.

---

(1) *Bulletin des lois*, n° 3118. V. aussi *Dalloz*, P. 1875, 4, p. 8.

(2) Ces prix de 70 fr. et de 50 centimes, droits de poste compris, s'appliquent évidemment aussi bien à l'Algérie qu'à la France continentale, par le double motif que l'Algérie ne saurait être comprise dans les mots : les *colonies* et l'*étranger*, et que les droits de poste sont les mêmes entre la Métropole et l'Algérie, qu'entre deux bureaux de poste de la métropole.

ÉLECTIONS

CIRCONSCRIPTIONS ÉLECTORALES

Département d'Alger

1. *Alger*.
1re partie du canton nord et faubourg Bab-el-Oued (1).

2. *Alger*.
2e partie du canton nord.

3. *Alger*.
1re partie du canton sud, intra-muros (2).

4. *Alger*.
2e partie du canton sud.

5. *Mustapha*.
Commune de Mustapha.
— d'El-Biar.

6. *St-Eugène*.
Commune de St-Eugène.
— de la Bouzaréa.

7. *Chéragas*.
Commune de Chéragas.
— de Guyotville.
— de Dély-Ibrahim.
— d'El-Achour.
— de Draríah.

8. *Hussein-Dey*.
Commune d'Hussein-Dey.
— de Birkadem.
— de Birmandreïs.
— de Kouba.

9. *Douéra*.
Commune de Douéra.
— de Baba-Hassen.
— de Crescia.
— de Mahelma.

10. *Maison-Carrée*.
Commune de la Maison-Carrée.
— d'Aïn-Taya.
— de l'Alma.
— du Fondouck, et douar Arbatache.
— de Rouïba.
— de Réghaïa.
— de Rassauta.
— de Ménerville.
— de Blad-Guitoun (*moins les villages d'Isserbourg et Zamouri et le douar d'Isser-el-Ouidan*).
— de St-Pierre St-Paul et douar Bou-Zegza.

11. *L'Arba*.
Commune de l'Arba.
— de Rovigo (*moins la partie du douar Hammam-Melouan située sur la rive droite de l'Harrach*).
— de Sidi-Moussa.

12. *Dellys*.
Commune de Dellys.
— mixte de Dellys.
Village de Bois-Sacré (*de la commune mixte des Issers*).

13. *Bordj-Ménaïel*.
Commune de Bordj-Ménaïel.
— mixte des Issers (*moins le village de Bois-Sacré*).
— de Tizi-Ouzou.
— mixte de Tizi-Ouzou.

Commune de Dra-el-Mizan.
— de Fort-National.
— indigène de Fort-National.
— mixte de Palestro.
— mixte de Dra-el-Mizan.
Zamouri (*village*).
Isserbourg (*fermes isolées*).
Isser-el-Ouidan (*douar*), section de la commune de Blad-Guitoun.

14. *Aumale*.
Commune d'Aumale.
— de Bir-Rabalou et douar d'El-Betham.
— mixte de Bou-Saâda.
— mixte de Bordj-Bouïra.
— indigène de l'Arba.
— de Bou-Saâda.
— d'Aumale.

15. *Blidah*.
Commune de Blidah.
— de Beni-Méred.
Douar de Feroukha (*de la commune de Souma*).

16. *Boufarik*.
Commune de Boufarik.
— de Birtouta.
— de Chebli.
— de Souma (*moins le douar de Feroukha*).
Partie du douar Hammam Melouan (*rive droite de l'Harrach*).

17. *Koléa*.
Commune de Koléa.
— de Castiglione.
— d'Attatba.

18. *Mouzaïaville*.
Commune de Mouzaïaville.
— d'El-Affroun.
— de la Chiffa.
— d'Oued-el-Alleug.

19. *Marengo*.
Commune de Marengo.
— de Bourkika.
— de Bou-Medfa.
— de Vesoul-Bénian.
— d'Ameur-el-Aïn.
— de Meurad.
Douar Oued-Sebt et El-Hammam (*de la commune mixte d'Adélia*).

20. *Cherchel*.
Commune de Cherchel.
— mixte de Gouraya.

21. *Miliana*.
Commune de Miliana.
— mixte d'Adélia (*moins les douars Oued-Sebt et El-Hammam*).

22. *Orléansville*.
Commune d'Orléansville.
— mixte de Malakoff.
— mixte d'Oued-Fodda.
— mixte de Charon.
— indigène d'Orléansville.

23. *Affreville*.
Commune d'Affreville.
— d'Aïn-Sultan.
— de Duperré.
— de Téniet-El-Haâd.
— indigène de Miliana.
— mixte de St-Cyprien.
— indigène de Téniet-El-Haâd.

---

(1) A partir de la porte de France, rue de la Marine (côté nord) jusqu'à sa rencontre avec la rue Bab-el-Oued, au coin de l'hôtel de la Régence, rue Bab-el-Oued sur les deux côtés jusqu'à la place Bab-el-Oued, enceinte du Lycée, boulevard et rampe Vallée; faubourg Bab-el-Oued, cité Bugeaud comprise, jusqu'à la mer.

(2) Rue de la Marine (côté sud), place du Gouvernement jusqu'à l'entrée de la rue Vialar; rue Vialar (côté sud) jusqu'à sa rencontre avec la rue de la Lyre; rue de la Lyre, jusqu'à sa rencontre avec la rue Porte-Neuve; rue Porte-Neuve jusqu'aux anciens remparts; de ceux-ci à la rue du Centaure, place de la Lyre; descente de l'escalier monumental du théâtre; rue Corneille, place Bresson, jusqu'à l'escalier qui conduit à la mer.

24. *Ténès.*

Commune de Ténès.
— de Montenotte.
— mixte de Ténès.

25. *Médéa.*

Commune de Médéa.
— de Berrouaghia.
— mixte de Berrouaghia.
— indigène de Médéa (*moins le douar de Beni-Hassein*).

26. *Boghari.*

Commune de Boghari.
— de Boghar.
— indigène de Boghar.
— mixte et indigène de Djelfa.
— — — de Laghouat.

Douar de Beni-Hassein, *section de la commune indigène de Médéa.*

Département d'Oran

1. *Oran.*

Quartier de la Blanca, quartier de la Marine et banlieue.

2. *Oran.*

Quartier de la République, quartier Philippe et banlieue.

3. *Oran.*

Quartier de Karguentah, commune de la Sénia.

4. *Mers-el-Kebir.*

Commune de Mers-el-Kebir.
— d'Aïn-el-Turc.
— de Bousfer.

5. *Valmy.*

Commune de Valmy.
— de Sidi-Chami.
— de Mangin.
— de Ste-Barbe-du-Tlélat.
— de Tamzourah.
— mixte de Ste-Barbe-du-Tlélat.

6. *Misserghin.*

Commune de Misserghin.
— de Bou Tlélis.
— de Lourmel.

7. *St-Cloud.*

Commune de St-Cloud.
— de Fleurus.
— d'Assi-Ameur.
— d'Assi-ben-Ogba.
— d'Assi-bou-Nif.
— de St-Louis.

8. *Arzew.*

Commune d'Arzew.
— de Kléber.

9. *Aïn-Temouchent.*

Commune d'Aïn-Temouchent.
— d'Aïn-el-Arba.
— mixte d'Aïn-Temouchent.

10. *St-Denis-du-Sig.*

Commune de Saint-Denis-du-Sig.
— de Perrégaux.
— de Mocta-Douz.
— mixte de St-Denis-du-Sig.

17. *Sidi-bel-Abbès* (ville).

Commune de Sidi-bel-Abbès (moins les sections de Sidi-Khaled et Sidi-Brahim).

12. *Sidi-bel-Abbès.*

Sidi-Khaled } Sections de la commune de Sidi-bel-
Sidi-Brahim } Abbès.
Commune de Sidi-Lhassen.
— de Tessala.
— d s Trembles.
Commune mixte de la Mekerra.
— de Daya.
— de Bou-Kanéfis.

13. *Mostaganem.*

Commune de Mostaganem (la ville).

14. *Aboukir.*

Commune de Mostaganem (moins la ville).
— de Mazagran.
— d'Aboukir.
— de Blad-Thouariat.
— d'Aïn-Nouïssy.
— de la Stidia.
— mixte de Mostaganem.

15. *Pélissier.*

Commune de Pélissier.
— d'Aïn-bou-Dinar.
— de Tounin.
— d'Aïn-Tédelès.
— de Souk-El-Mitou.

Partie de la commune mixte de Cassaigne, comprise dans le canton de Cassaigne.
Commune de Rivoli.

16. *Relizane.*

Commune de Relizane.
— de Bouguirat.
Commune mixte de Relizane.
— d'Inkermann.
— de Cassaigne, partie comprise dans le canton d'Inkermann.
— de Zemmorah (moins le centre de la Rahouïa et tribu des Ouled Rached).
— d'Ammi-Moussa.

17. *Mascara.*

Commune de Mascara (moins les sections de St-André, de St-Hippolyte et d'Oued-El-Hammam).

18. *St-André de Mascara.*

St-André
St-Hippolyte } Sections de la commune de Mascara.
Oued-El-Hammam
Commune mixte de Mascara.
— d'Oued-Traria.
— de Frendah-Mascara (moins le centre de Frendah).
— de Géryville.
Communes mixte et indigène de Saïda.

19. *Tiaret.*

Commune de Tiaret.
— indigène de Tiaret-Aflou.
Centre de Frendah (section de la commune mixte de Frendah-Mascara).
Ouled-Rached et centre de la Rahouïa (section de la commune mixte de Zemmorah).

20. *Tlemcen.*

Tlemcen, ville et faubourgs.

21. *Hennaya.*

Commune de Tlemcen (moins la ville et les faubourgs).
— mixte de Tlemcen.
— — de Lamoricière.
— — de Sebdou.

22. *Nemours.*

Commune de Nemours.
— mixte de Nemours.
— de Lalla-Maghnia.

Département de Constantine

1. *Constantine.*

Toute la partie *intrà-muros* de l'ancien canton Est.

2. *Constantine.*

Toute la partie *intrà-muros* de l'ancien canton Ouest.

3. *Constantine.*

Les faubourgs et la banlieue.

4. *Hamma.*

Commune du Hamma.
— de Bizot.
— de Condé.

Commune de Rouffach.
— mixte de Milah.
— indigène d'El-Milia.
— indigène de Constantine (partie située à l'Ouest de Constantine).

5. Khroub.
Commune du Khroub.
— des Ouled Rahmoun.
— de l'Oued Zenati.
— d'Aïn Smara.
— de l'Oued Seguin.
— de l'Oued Atménia.
— mixte d'Aïn M'lila.
— — de Chateaudun.
— — de l'Oued Zenati.
— indigène de Constantine (partie située au Sud de Constantine).

6. Batna.
Commune de Batna.
— de Lambèze.
— mixte de Batna.
— indigène de Batna.
— mixte et indigène de Biskra.

7. Aïn-Beïda.
Commune d'Aïn-Beïda.
— indigène d'Aïn-Beïda.
— mixte et indigène de Tébessa.
— — — de Khenchela.

8. Philippeville.
Philippeville, commune (moins ses annexes et ses sections).
Commune mixte de Collo.

9. Stora.
Commune de Stora.
— de St-Charles.
St-Antoine, Damrémont, Valée et annexes de Philippeville.
Douar Arb Filfila.
Commune indigène de Collo.
— mixte de Philippeville.

10. El-Arrouch.
Commune d'El-Arrouch.
— d'El-Kantour.
— de Robertville.
— de Gastonville.
— mixte d'El-Arrouch.

11. Jemmapes.
Commune de Jemmapes.
— de Gastu.
— mixte de Jemmapes.

12. Djidjelli.
Commune de Djidjelli.
— mixte de Duquesne.
— indigène de Djidjelli.

13. Bône (Nord).
Nord. — Ligne partant de la mer passant par le Chateau-d'Eau, contournant le théâtre, longeant la place Strasbourg, traversant les rues Mesguier et Bugeaud pour rejoindre la rue Négrier où elle suit jusqu'à la porte des Karézas la route départementale n° 1 pour gagner la limite de la commune.

14. Bône (Sud).
Sud. — Toute la partie de la ville et de la banlieue, au Sud de la ligne désignée dans la circonscription de Bône (Nord).

15. Bugeaud.
Commune de Bugeaud.
— d'Herbillon.
— de Duzerville.
— d'Aïn Mokra.
— de Randon.
— mixte d'Aïn Mokra.
Beni Urdjine et Merdès (douars de la commune mixte de Bône).

16. Mondovi.
Commune de Mondovi.
— de Barral.
— de Penthièvre.
— de Nechmeya.
— mixte de Bône (moins les douars des Beni Urdjine et des Merdès).
— indigène de Bône.

17. La Calle.
Commune de La Calle.
— indigène de La Calle.

18. Soukahras.
Commune de Soukahras.
— de Duvivier.
— indigène de Soukahras.

19. Guelma.
Commune de Guelma.
— de Clauzel.

20. Héliopolis.
Commune d'Héliopolis
— de Guelaât bou Sba.
— de Millésimo.
— de Petit.
— d'Enchir Saïd.
— mixte de Guelma.

21. Sétif.
Commune de Sétif.

22. St-Arnaud.
Commune de St-Arnaud.
— de Bouhira.
— d'El-Ouricia.
— mixte de Sétif.
— mixte d'Aïn Abessa.
— mixte des Eulma.
— indigène de Takitount.
— indigène de Sétif.

23. Bordj-bou-Arréridj.
Commune de Bordj-bou-Arréridj.
— mixte de Bordj-bou-Arréridj.
— indigène de Bordj-bou-Arréridj.

24. Bougie.
Commune de Bougie.
— mixte de Bougie.
— indigène de Bougie.
— mixte et indigène d'Akbou.

§ 2. — Electorat municipal. — Listes électorales.

1ᵉʳ août 1874. — *Décret.*

Art. 1ᵉʳ. — La loi du 7 juillet 1874, susvisée, est rendue exécutoire en Algérie. A cet effet, elle sera publiée et promulguée à la suite du présent décret, qui sera inséré au *Bulletin officiel du Gouvernement général civil de l'Algérie.*

Art. 2. — En outre des conditions déterminées par la loi du 7 juillet 1874, l'inscription depuis un an au rôle de la taxe municipale sur les loyers donne droit, en Algérie, à l'inscription sur la liste des électeurs municipaux.

Art. 3. — Le Gouverneur général civil de l'Algérie fixera, par un arrêté spécial, les délais pour la confection des nouvelles listes électorales municipales.

Mᵃˡ DE MAC-MAHON.

7 juillet 1874. — *Loi.*

Art. 1ᵉʳ. — A partir de la promulgation de la présente loi, une liste électorale relative aux élections municipales sera dressée dans chaque commune par une commission composée du maire, d'un délégué de l'administration désigné par le Préfet, et d'un délégué choisi par le Conseil municipal.

Dans les communes qui auront été divisées en sections électorales, la liste sera dressée dans chaque section par une commission composée : 1° du maire ou adjoint ou d'un conseiller municipal dans l'ordre du tableau ; 2° d'un délégué de l'administration désigné par le Préfet ; 3° d'un délégué choisi par le Conseil municipal.

Lorsque la commune est divisée en plusieurs cantons, le sectionnement devra être opéré de telle sorte qu'une section électorale ne puisse comprendre des portions de territoire appartenant à plusieurs cantons.

A Paris et à Lyon, la liste sera dressée, dans chaque quartier ou section, par une commission composée du maire de l'arrondissement ou d'un adjoint délégué, du conseiller municipal élu dans le quartier ou la section, et d'un électeur désigné par le Préfet du département.

Il sera dressé, en outre, d'après les listes spéciales à chaque section ou quartier, une liste générale des électeurs de la commune, par ordre alphabétique.

A Paris et à Lyon, cette liste générale sera dressée par arrondissement.

Art. 2. — Les listes seront déposées au secrétariat de la mairie, communiquées et publiées conformément à l'article 2 du décret réglementaire du 2 février 1852.

Les demandes en inscription ou en radiation devront être formées dans le délai de vingt jours à partir de la publication des listes ; elles seront soumises aux commissions indiquées dans l'article 1er, auxquelles seront adjoints deux autres délégués du Conseil municipal.

A Paris et à Lyon, deux électeurs domiciliés dans le quartier ou la section et nommés, avant tout travail de révision, par la commission instituée en l'article 1er, seront adjoints à cette commission.

Art. 3. — L'appel des décisions de ces commissions sera porté devant le juge de paix, qui statuera conformément aux dispositions du décret organique du 2 février 1852.

Art. 4. — L'électeur qui aura été l'objet d'une radiation d'office de la part des commissions désignées à l'article 1er, ou dont l'inscription aura été contestée devant lesdites commissions, sera averti sans frais par le maire et pourra présenter ses observations.

Notification de la décision des commissions sera, dans les trois jours, faite aux parties intéressées par écrit et à domicile, par les soins de l'administration municipale ; elles pourront interjeter appel dans les cinq jours de la notification.

Les listes électorales seront réunies en un registre et conservées dans les archives de la commune.

Tout électeur pourra prendre communication et copie de la liste électorale.

Art. 5. — Sont inscrits sur la liste des électeurs municipaux tous les citoyens âgés de vingt-et-un ans, jouissant de leurs droits civils et politiques, et n'étant dans aucun cas d'incapacité prévu par la loi :

1° Qui sont nés dans la commune ou ont satisfait à la loi du recrutement, et, s'ils n'y ont pas conservé résidence, sont venus s'y établir depuis six mois au moins ;

2° Qui, même n'étant pas nés dans la commune, y auront été inscrits depuis un an au rôle d'une des quatre contributions directes ou au rôle des prestations en nature, et, s'ils ne résident pas dans la commune, auront déclaré vouloir y exercer leurs droits électoraux. Seront également inscrits, aux termes du présent paragraphe, les membres de la famille des mêmes électeurs compris dans la cote de la prestation en nature, alors même qu'ils n'y sont pas personnellement portés, et les habitants qui, en raison de leur âge ou de leur santé, auront cessé d'être soumis à cet impôt ;

3° Qui se sont mariés dans la commune et justifieront qu'ils y résident depuis un an au moins ;

4° Qui, ne se trouvant pas dans un des cas ci-dessus, demanderont à être inscrits sur la liste électorale, et justifieront d'une résidence de deux années consécutives dans la commune. Ils devront déclarer le lieu et la date de leur naissance.

Tout électeur inscrit sur la liste électorale pourra réclamer la radiation ou l'inscription d'un individu omis ou indûment inscrit ;

5° Qui, en vertu de l'article 2 du traité de paix du 10 mai 1871, ont opté pour la nationalité française et déclaré fixer leur résidence dans la commune, conformément à la loi du 19 juin 1871 ;

6° Qui sont assujettis à une résidence obligatoire dans la commune, en qualité soit de ministre des cultes reconnus par l'Etat, soit de fonctionnaires publics.

Seront également inscrits les citoyens qui, ne remplissant pas les conditions d'âge et de résidence ci-dessus indiquées lors de la formation des listes, les rempliront avant la clôture définitive.

L'absence de la commune résultant du service militaire ne portera aucune atteinte aux règles ci-dessus édictées pour l'inscription sur les listes électorales.

Art. 6. — Ceux qui, à l'aide de déclarations frauduleuses ou de faux certificats, se seront fait inscrire ou auront tenté de se faire inscrire indûment sur une liste électorale ; ceux qui, à l'aide des mêmes moyens, auront fait incrire ou rayer, tenté de faire inscrire ou rayer indûment un citoyen, et les complices de ces délits, seront passibles d'un emprisonnement de six jours à un an, et d'une amende de cinquante à cinq cents francs.

Les coupables pourront, en outre, être privés pendant deux ans de l'exercice de leurs droits civiques.

L'article 463 du Code pénal est dans tous les cas applicable.

Art. 7. — Les dispositions des lois antérieures ne sont abrogées qu'en ce qu'elles ont de contraire à la présente loi.

Art. 8. — Pour l'année 1874, les listes seront dressées immédiatement après la promulgation de la présente loi, et les délais déterminés par les décrets du 2 février 1852 seront observés.

10 août 1874. — *Arrêté relatif à la confection des listes électorales.*

Art. 1ᵉʳ. — Les listes électorales relatives aux élections municipales seront immédiatement dressées dans toutes les communes par les commissions instituées conformément à l'art. 1ᵉʳ de la loi du 7 juillet 1874.

Art. 2. — Ces listes seront déposées au secrétariat de la mairie, au plus tard le 15 septembre 1874.

Avis du dépôt sera, le même jour, donné par affiches aux lieux accoutumés.

Copie de la liste et du procès-verbal, constatant l'accomplissement des formalités ci-dessus, sera en même temps transmise au sous-préfet de l'arrondissement qui l'adressera dans les deux jours, avec ses observations, au préfet du département.

Art. 3. — Les demandes en radiation ou en inscription devront être déposées au secrétariat de la mairie, le 5 octobre suivant, au plus tard. Il devra y être fait droit dans un délai qui ne pourra dépasser le 10 du même mois.

Art. 4. — Le 5 novembre 1874, les commissions désignées à l'art. 1ᵉʳ de la loi, arrêteront définitivement les listes après y avoir apporté les rectifications régulièrement ordonnées, tant par les commissions désignées en l'art. 2 de la loi, que par les décisions des juges de paix.

La minute de la liste restera déposée au secrétariat de la commune ; une expédition en sera immédiatement transmise au préfet, pour être déposée au secrétariat général du département.

Dans les communes divisées en sections électorales, les listes des diverses sections, telles qu'elles auront été arrêtées par les commissions spéciales, seront, en outre, réunies en une seule liste alphabétique pour toute la commune ; cette liste restera déposée au secrétariat de la mairie.

Art. 5. — Les seules modifications qui pourront être apportées après le 5 novembre aux listes ainsi arrêtées, sont celles qui résulteraient, soit de décisions rendues par les juges de paix sur des réclamations régulièrement introduites, soit de décès ou de jugements passés en force de chose jugée et entraînant la privation des droits civils et politiques.

Le Gouverneur général absent,
Le Directeur général : DE TOUSTAIN.

2° INDIGÈNES ET ÉTRANGERS

10 septembre 1874. — *Décret.*

Art. 1ᵉʳ. — Les habitants indigènes, musulmans et étrangers de l'Algérie, devront, pour être admis à l'électorat municipal, remplir, outre toutes les conditions exigées par l'article 10 du décret du 27 décembre 1866, celle d'une résidence de deux années consécutives dans la commune.

Ils n'y seront inscrits sur la liste électorale qu'après en avoir fait la demande et avoir déclaré le lieu et la date de leur naissance.

Tout électeur inscrit sur la liste électorale pourra réclamer l'inscription ou la radiation, sur cette liste, d'un indigène musulman ou d'un étranger qui y serait omis ou indûment inscrit.

Art. 2. — Un arrêté du Gouverneur général civil de l'Algérie règlera les détails d'application du présent décret.

Mᵃˡ DE MAC-MAHON.

25 septembre 1874. — *Arrêté.*

Art. 1ᵉʳ. — Les habitants indigènes, musulmans ou étrangers de l'Algérie, devront, pour être inscrits sur la liste électorale municipale, en faire parvenir la demande au Maire, dans les dix premiers jours du mois d'octobre prochain, en justifiant qu'ils remplissent ou rempliront, avant la clôture définitive de cette liste, les conditions exigées par les décrets des 27 décembre 1866 et 10 septembre 1874, et en déclarant le lieu et la date de leur naissance.

Les demandes de l'espèce seront mentionnées, par ordre de date, sur le registre tenu dans chaque mairie, conformément à l'article 19 du décret organique du 2 février 1852, et il en sera donné récépissé par l'autorité municipale.

Elles pourront être formées par lettre signée ou verbalement ; mais, dans ce dernier cas, la mention qui en sera faite au dit registre devra être signée par le postulant, qui, s'il ne sait pas signer, tracera une croix en regard de cette mention.

L'examen de ces demandes sera confié, dans chaque commune, à une commission, composée du Maire, d'un délégué de l'Administration, désigné par le Préfet, et d'un délégué choisi par le Conseil municipal.

Dans les communes divisées en sections électorales, l'examen des demandes d'inscription sera confié, dans chaque section, à une commission, composée :

1° Du Maire ou d'un adjoint, ou d'un conseiller municipal, dans l'ordre du tableau ;

2° D'un délégué de l'Administration, désigné par le Préfet ;

3° D'un délégué choisi par le Conseil municipal.

Pour les communes ayant plusieurs justices de paix, le sectionnement devra être opéré de telle sorte, qu'une section électorale ne puisse comprendre des portions de territoire appartenant à plusieurs circonscriptions judiciaires.

Art. 2. — La liste des électeurs sera dressée par chacune de ces commissions, puis déposée au secrétariat de la mairie, pour être communiquée à tout requérant et publiée dès le 11 octobre prochain par voie d'affiches aux lieux accoutumés.

Copie de la liste et du procès-verbal constatant l'accomplissement des formalités ci-dessus énoncées, sera, en même temps, transmise au Sous-Préfet de l'arrondissement, qui l'adressera, dans les deux jours, avec ses observations, au Préfet du département.

Les réclamations tendant à l'inscription ou à la radiation, sur cette liste, d'un indigène musulman ou d'un étranger, devront, pour recevoir la suite qu'elles pourront comporter, parvenir au Maire, du 11 au 20 du même mois, inclusivement.

Il devra y être fait droit dans un délai, qui ne pourra dépasser le 25 octobre prochain, par la commission indiquée en l'article 1er, et à laquelle seront adjoints deux autres délégués du Conseil municipal.

Dans les trois jours suivants, le Maire notifiera, par écrit et à domicile, la décision intervenue à la partie intéressée, qui pourra en interjeter appel dans les cinq jours de cette notification.

Art. 3. — L'appel des décisions de la commission chargée du jugement des réclamations sera porté devant le juge de paix, qui statuera conformément aux dispositions du décret organique du 2 février 1852 et donnera avis des infirmations, par lui prononcées, au Préfet et au Maire, dans un délai de trois jours, en exécution du décret réglementaire du 2 février 1852.

Art. 4. — *Le 18 novembre prochain*, les commissions, désignées en l'article 1er, arrêteront définitivement la liste des électeurs indigènes musulmans ou étrangers, après y avoir apporté les rectifications régulièrement ordonnées, tant par la commission chargée de juger les réclamations, que par les décisions du juge de paix.

La minute de cette liste sera conservée dans les archives de la commune, et tout électeur pourra en prendre communication et copie. Une expédition en sera immédiatement transmise au Préfet, pour être déposée au Secrétariat général de la préfecture.

Dans les communes divisées en sections électorales, les listes des diverses sections, telles qu'elles auront été arrêtées par les commissions spéciales, seront, en outre, réunies en une seule liste alphabétique pour toute la commune ; cette liste restera déposée au Secrétariat de la mairie.

Art. 5. — Les seules modifications qui pourront être apportées, après le 18 novembre prochain, aux listes ainsi arrêtées, sont celles qui résulteraient soit de décisions rendues par les juges de paix, sur des réclamations régulièrement introduites, soit de décès ou de jugements passés en force de chose jugée et entraînant la privation des droits civils et politiques.

Le Gouverneur général absent,
Le Directeur général : DE TOUSTAIN.

3° SECTIONS ÉLECTORALES MUNICIPALES.

21 décembre 1876. — CIRCULAIRE *du Préfet d'Alger.*

Vous trouverez ci-après le tableau des sections électorales que le Conseil général a dressé dans la séance du 27 octobre dernier, en exécution de l'article 43 du décret du 23 septembre 1875.

Dans les communes divisées en sections, chaque section élira, lors du renouvellement intégral des Conseils municipaux, le nombre de conseillers français indiqué dans la troisième colonne.

Quant aux conseillers indigènes musulmans ou étrangers, ils continueront à être élus, sans division de votes, par tous les électeurs de la commune compris dans chacune de ces deux catégories d'habitants.

Néanmoins, les listes électorales devront être dressées par *section électorale*, aussi bien pour les indigènes musulmans et les étrangers que pour les Français. (§ 2 de l'article 1er de la loi du 7 juillet 1874 et articles 1 et 2 de l'arrêté de M. le Gouverneur général civil de l'Algérie en date du 25 septembre 1874.)

Le Préfet : BRUNEL.

ÉLECTIONS

COMMUNES	SECTIONS ÉLECTORALES	Français	Musulmans	Étrangers	Totaux
\multicolumn{6}{c}{ARRONDISSEMENT D'ALGER}					
Aïn-Taya	Aïn-Taya	3	1	»	9
	Le Cap	3		2	
Alger		18	3	3	24
Alma		8	3	1	12
Ameur-el-Aïn		6	3	»	9
Arba	Arba (chef-lieu)	7	2	2	12
	Rivet	1			
Attaba		6	3	»	9
Aumale		9	2	1	12
Baba-Hassen		7	»	2	9
Beni-Aïcha	Col (chef-lieu)	4	»	»	12
	Belle-Fontaine	3			
	Souk-El-Haâd	2			
Beni-Méred		9	»	»	9
Berrouaghia		6	3	»	9
Birkadem	Birkadem (ch.-l.)	5	2	1	9
	Saoula	1			
Birmandreïs		6	1	2	9
Bir-Rabalou	Bir-Rabalou (ch.l)	4	2	»	9
	Les Trembles	3			
Birtouta		7	2	»	9
Blad-Guitoun	Blad-Guitoun (ch.)	3	3	»	12
	Zaatra	2			
	Zamouri	2			
	Isserbourg	2			
Blidah	Blidah (chef-lieu)	9	4	2	18
	Dalmatie	1			
	Joinville	1			
	Montpensier	1			
Boghar		6	2	1	9
Boghari		7	2	»	9
Boufarik	Boufarik (ch-lieu)	7	3	1	12
	Bouïnan	1			
Bourkika		7	2	»	9
Bouzaréa		6	2	1	9
Castiglione	Castiglione (ch-l.)	3	1	2	9
	Bérard	1			
	Tefeschoun	2			
Chebli		8	3	1	12
Chéragas	Chéragas (chef-l.)	5	»	2	12
	Sidi-Ferruch	3			
	Staouéli	1			
	Zéralda	1			
Cherchel	Cherchel (chef-l.)	5	3	1	12
	Novi	3			
	Zurich	1			
La Chiffa		6	2	1	9
Crescia		7	2	»	9
Dély-Ibrahim	Dély-Ibrahim (c-l)	2	1	2	9
	El-Achour	2			
	Ouled-Fayet	2			
Douéra	Douéra (chef-lieu)	4	3	1	12
	Ste-Amélie	2			
	St-Ferdinand	2			
Draria		6	2	1	9
El-Affroun		7	1	1	9
El-Biar		6	1	2	9
Fondouck		8	3	1	12
Guyotville		7	»	2	9
Hussein-Dey		6	1	2	9
Coléa	Coléa (chef-lieu)	6	2	2	12
	Douaouda	1			
	Fouka	1			
Kouba		6	1	2	9
Mahelma		6	3	»	9
Maison-Carrée		6	2	1	9
Marengo	Marengo (chef-l.)	7	2	1	12
	Montebello	1			
	Tipaza	2			
Médéa	Médéa (chef-lieu)	5	3	1	12
	Damiette	1			
	Lodi	2			
Mouzaïaville		8	3	1	12
Mustapha		9	1	2	12

COMMUNES	SECTIONS ÉLECTORALES	Français	Musulmans	Étrangers	Totaux
Oued-el-Alleug		8	3	1	12
La Rassauta		6	1	2	9
La Réghaïa		6	1	2	9
Rouïba		6	2	1	9
Rovigo		6	3	»	9
St-Eugène		7	1	1	9
St-Pierre St-Paul	St-Pierre	2	3	»	9
	St-Paul	4			
Sidi-Moussa		6	2	1	9
Souma		9	2	1	12
\multicolumn{6}{c}{ARRONDISSEMENT DE MILIANA}					
Affreville	Affreville (chef-l.)	4	3	»	9
	Lavarande	2			
Aïn-Sultan		6	3	»	9
Bou-Medfa		6	3	»	9
Duperré		6	3	»	9
Miliana		9	2	1	12
Téniet-el-Haâd		7	»	2	9
Vesoul-Benian		9	»	»	9
\multicolumn{6}{c}{ARRONDISSEMENT D'ORLÉANSVILLE}					
Montenotte		8	4	»	12
Orléansville	Orléansville (c-l.)	6	2	1	12
	La Ferme	2			
	Pontéba	1			
Ténès		8	3	1	12
\multicolumn{6}{c}{ARRONDISSEMENT DE DELLYS}					
Bordj-Menaïel	Bordj-Menaïel	6	3	»	12
	Isserville	3			
Dellys	Dellys (chef-lieu)	9	3	2	18
	Rebeval	2			
	Ben N'choud et Oulad-Keddach	2			
Dra-el-Mizan	Dra-el-Mizan	5	2	»	9
	Bou-Faïma	2			
Fort-National		9	»	»	9
Tizi-Ouzou	Tizi-Ouzou	6	2	»	9
	Bou-Khalfa	1			

SECTIONS DU DÉPARTEMENT D'ORAN

COMMUNES ET SECTIONS	Français	Musulmans	Étrangers	TOTAL
Oran	18	2	4	24
Aboukir	4	2	»	9
Aïn-Sidi-Chérif	6	3	»	9
Aïn-Boudinar	6	»	3	9
Aïn-el-Turck	6	2	1	9
Aïn-el-Arba	6	3	»	9
Aïn-Nouissy	6	2	»	9
Aïn-Tédelès	5	2	»	9
Pont-du-Chélif	5	»	»	
Aïn-Temouchent	1	1	1	9
Aïn-Kial	1			
Rio-Salado	1			
Arzew	5	»	»	
Damesme	1	»	»	
Saint-Leu	1	»	1	12
Hamyans	»	2		
Bettioua	1			
Sainte-Léonie	1			
Assi-Ameur	9	»	»	9
Assi-ben-Okba	9	»	»	9
Assi-bou-Nif	9	»	»	9
Blad-Touaria	6	3	»	9
Bouguirat	9	»	»	9

COMMUNES ET SECTIONS	CONSEILLERS A ÉLIRE			TOTAL
	Français	Musulmans	Étrangers	
Bou-Sfer............	6	2	1	12
Andalouses (Les)........	3			9
Bou-Tlélis............	6	2	1	9
Fleurus............	6	»	3	9
Hennaya............	6	2	1	9
Kléber............	9	»	»	9
Lourmel............	5	»	2	9
Er-Rahel............	1			9
Mangin............	9	»	»	9
Mascara............	6			9
Saint-André...........	1	2	1	12
Saint-Hippolyte..........	1			
Oued-el-Hammam.........	1			
Mazagran............	6	2	1	9
Mers-el-Kebir............	6	»	3	9
Misserghin............	9	2	1	12
Mocta-Douz............	6	1	2	9
Mostaganem............	13	3	2	18
Nemours............	7	1	1	9
Pélissier............	7	2	»	9
Perrégaux............	7	1	1	9
Relizane............	8	1	1	12
L'Billil............	2			
Rivoli............	6	3	»	9
Sainte-Barbe-du-Tlélat.....	5		1	9
Tafaraoui............	2			

COMMUNES ET SECTIONS	CONSEILLERS A ÉLIRE			TOTAL
	Français	Musulmans	Étrangers	
Saint-Cloud............	5	2	1	9
Mefessour............	1			
Saint-Denis-du-Sig........	9	1	2	12
Saint-Louis............	5	1	1	9
Assi-ben-Ferréah.........	2			
Sénia (La)............	6	»	3	9
Sidi-bel-Abbès..........	7			
Sidi-Brahim............	1	1	2	12
Sidi-Khaled............	1			
Sidi-Chami............	5	1	2	9
Arcole............	1			
Sidi-Lhassen............	6	»	3	9
Sourk-el-Mitou...........	6	3	»	9
Stidia (La)............	6	»	3	9
Tamzourah............	7	2	»	9
Thessalah (Le)..........	6	3	»	9
Tiaret............	7	1	1	9
Tlemcen............	8			
Bréa............	1			
Mansourah............	1	4	1	18
Négrier............	1			
Saf-Saf............	1			
Pont-de-l'Isser..........	1			
Trembles (Les)..........	6	1	2	9
Tounin............	6	3	»	9
Valmy............	6	2	1	9

29 décembre 1877. — *Arrêté.*

Vu le décret du 27 décembre 1866, sur l'organisation municipale de l'Algérie ;

Vu le décret du 24 octobre 1870, sur la naturalisation collective des indigènes israélites, et l'instruction gouvernementale du 17 octobre 1871 ;

Vu les nouveaux états de population déclarés authentiques, à partir du 1er janvier 1878, par le décret du 3 décembre 1877;

Art. 1er. — Est fixée, à partir du 1er janvier 1878, conformément au tableau ci-annexé, la composition des conseils municipaux des communes de l'Algérie, dans lesquelles il y a lieu d'appliquer les dispositions des décrets sus-visés, par suite des résultats du dénombrement de 1876.

Gal CHANZY.

TABLEAU des Communes dans lesquelles la composition des Conseillers municipaux a été modifiée.

COMMUNES	POPULATION NORMALE ou MUNICIPALE				NOMBRE LÉGAL des Conseillers municipaux	PART AFFÉRENTE à chaque catégorie d'habitants		
	Français	Étrangers	Musulmans	TOTAL		Conseillers français	Conseillers étrangers	Conseillers musulmans
DÉPARTEMENT D'ALGER								
Ameur-el-Aïn............	331	105	607	1.043	9	6	1	2
Attatba............	178	121	1.195	1.494	9	6	1	2
Beni-Méred............	504	169	30	503	9	8	1	»
Berrouaghia............	238	14	241	493	9	8	»	1
Bir-Rabalou............	240	40	4.675	4.955	12	9	»	3
Birtouta............	306	199	1.208	1.713	9	7	1	1
Boghar............	308	120	1.695	2.123	12	9	1	2
Boghari............	215	155	1.335	1.706	9	7	1	1
Chebli............	304	520	1.133	1.957	9	6	1	2
Crescia............	156	101	262	519	9	7	1	1
Dély-Ibrahim............	368	187	97	652	9	7	2	»
Douéra............	1.075	466	1.106	2.647	12	9	1	2
Hussein-Dey............	443	1.214	352	2.009	12	8	3	1
Mahelma............	307	111	451	869	9	6	1	2
Maison-Carrée............	385	831	923	2.139	12	8	2	2
Médéa............	3.135	544	8.775	12.454	18	14	1	3

COMMUNES	POPULATION NORMALE ou MUNICIPALE				NOMBRE LÉGAL des Conseillers municipaux	PART AFFÉRENTE à chaque catégorie d'habitants		
	Français	Musulmans	Étrangers	TOTAL		Conseillers français	Conseillers étrangers	Conseillers musulmans
Ménerville	563	185	3.925	4.673	12	9	1	2
Mouzaïaville	900	174	2.019	3.093	12	9	1	2
Oued-el-Alleug	579	344	1.615	2.538	12	9	1	2
Rassauta (la)	216	922	887	2.025	12	8	3	1
Rovigo	206	239	4.883	5.328	12	8	1	3
St-Pierre et St-Paul	185	118	3.545	3.848	12	8	1	3
Affreville	783	209	2.223	3.215	12	8	1	3
Aïn-Sultan	186	24	1.953	2.163	12	9	»	3
Duperré	372	89	2.193	2.654	12	9	»	3
Ténîet-el-Haâd	676	175	1.956	2.807	12	9	1	2
Tizi-Ouzou	854	57	3.600	4.511	12	9	»	3
DÉPARTEMENT D'ORAN								
Mascara	3.096	2.680	6.654	12.430	18	15	1	2
Aboukir	378	18	2.256	2.652	12	9	»	3
Aïn-Tédelès	528	81	1.639	2.248	12	9	»	3
Pélissier	162	61	1.802	2.025	12	9	»	3
Tiaret	843	1.147	623	2.613	12	9	2	1
Aïn-Temouchent	1.071	1.317	546	2.934	12	9	2	1
Assi-ben-Okba	176	143	»	319	9	8	1	»
Assi-bou-Nif	175	106	57	338	9	8	1	»
Kléber	188	101	28	317	9	8	»	»
Perrégaux	614	897	589	2.100	12	9	2	1
Saint-Cloud	910	876	614	2.460	12	9	1	2
Sidi-bel-Abbès	2.754	7.728	1.510	11.992	18	13	3	2
Nemours	633	835	597	2.065	12	9	2	1
DÉPARTEMENT DE CONSTANTINE								
Aïn-Mokra	361	679	1.175	2.215	12	8	2	2
Barral	363	97	120	580	9	8	«	1
Duvivier	331	133	685	1.149	9	6	1	2
Mondovi	474	183	432	1.089	9	7	1	1
Randon	286	129	4.131	4.546	12	8	1	3
Aïn-Beïda	873	158	1.414	2.445	12	8	1	3
Aïn-Smara	173	35	1.827	2.035	12	8	»	4
Hamma (le)	173	90	2.602	2.865	12	8	»	4
Oued Zenati	248	102	7.988	8.338	12	8	1	3
Guélaat bou Sba	117	77	432	626	9	7	»	2
El-Kantour	204	20	1.870	2.094	12	8	»	4
Gastonville	253	39	2.563	2.855	12	8	»	4
Saint-Arnaud	256	111	2.150	2.517	12	8	1	3
Bouhira	52	89	989	1.130	9	6	»	3
Saint-Charles	364	53	2.871	3.288	12	9	»	3

§ 3. — Elections des Maires et Adjoints.

10 septembre 1876. — Circulaire du Ministre de l'Intérieur (extrait).

La loi du 12 août 1876 a décidé que désormais les Conseils municipaux éliront parmi leurs membres les Maires et les Adjoints dans toutes les communes qui ne sont point chefs-lieux de département, d'arrondisssement ou de canton...

La nouvelle loi pose deux principes : l'un absolu : les Maires et les Adjoints devront, dans toutes les communes, être pris parmi les membres du Conseil municipal ; l'autre admet une exception : ce n'est plus que dans les chefs-lieux de département, d'arrondissement ou de canton que la nomination de ces fonctionnaires est réservée au Pouvoir exécutif. La discussion qui a eu lieu au sein des Chambres a expliqué les motifs de cette distinction ; je n'ai pas à y revenir.

L'article 17 de la loi du 5 mai 1855 est applicable à la réunion du Conseil municipal, qui a pour objet la nomination d'un Maire En conséquence, il ne pourrait être procédé à l'élection si la majorité des membres en exercice n'était pas présente à la séance. (Conseil d'État, 15 novembre 1872, Pressy-sous-Dondin.) Doivent être considérés comme assistant à la réunion, les membres qui, quoique présents au moment de l'ouverture du scrutin, s'abstiennent de voter. (Conseil d'État, 5 décembre 1873, él. de Soueix.)

Si les élections complémentaires qui vont avoir lieu sont l'objet de protestations devant le Conseil de préfecture, et que la décision ne soit pas encore intervenue avant le 8 octobre, les conseillers nouvellement nommés compteront néanmoins parmi les membres en exercice et pourront prendre part au vote. En effet, tout membre d'un corps électif exerce, aussitôt après son élection et tant qu'elle n'a point été invalidée, tous les droits que les lois confèrent aux membres de ces corps. Ce principe est consacré par l'article 9 de la loi des 15-27 mars 1791, qui a décidé que l'exercice provisoire demeurera à ceux dont l'élection est attaquée.

Il en résulte que la nullité des élections complémentaires, prononcée postérieurement au 8 octobre, ne saurait avoir pour effet d'entraîner la nullité de l'élection du Maire et des Adjoints à laquelle auraient participé les Conseillers déclarés non élus. (Conseil d'Etat, 27 juin 1873, Goulier-et-Olbier.)

Mais si, avant le 8 octobre, le Conseil de préfecture a annulé une élection complémentaire, les Conseillers municipaux atteints par cette décision ne compteront plus parmi les membres du Conseil et ne pourront participer à la nomination du Maire, alors même qu'ils se seraient pourvus devant le Conseil d'Etat. En cette matière, le recours n'a point d'effet suspensif. La conséquence est qu'il y aura lieu de compléter à nouveau le Conseil municipal ; vous me signalerez ces cas qui certainement seront rares.

En sens inverse, le pourvoi formé contre un arrêté du Conseil de préfecture qui aurait validé, malgré des protestations, une élection complémentaire, ne ferait point obstacle à ce que le Conseiller validé émît son vote...

La présidence de l'Assemblé est dévolue formellement, par la loi du 12 août 1876 (art. 2, § 4), au plus âgé des membres du Conseil municipal. Pour présider, le Maire devra donc être à la fois membre du Conseil municipal et doyen d'âge. S'il n'a pas cette dernière qualité, il se bornera à prendre part aux opérations comme simple Conseiller.

Les fonctions de secrétaire seront remplies, selon la règle contenue dans l'article 9, § 3, de la loi du 5 mai 1855, par un des membres du Conseil nommé au scrutin secret et à la majorité des membres présents.

Je crois inutile de dire que cette séance comme du reste toutes les autres réunions des Conseils municipaux, ne devra pas être publique. Elle sera consacrée exclusivement à l'élection du Maire et des Adjoints.

L'Assemblée constituée, il devra être procédé d'abord au choix du Maire. L'élection, porte l'article 2, aura lieu au scrutin secret et à la majorité absolue.

Les Conseillers pourront écrire leur bulletin en séance ou hors séance ; dans tous les cas, ils devront le remettre fermé au président. Si un bulletin contenait deux ou plusieurs noms, il ne serait tenu compte que du premier.

La majorité absolue est nécessaire aux deux premiers tours de scrutin. Si après deux scrutins, aucun candidat n'a obtenu cette majorité, il est procédé au ballotage entre les deux candidats qui ont obtenu le plus de suffrages. (Loi du 12 août 1876, article 2, § 3.) Les votants devront donc limiter leur choix aux deux noms qui auront recueilli le plus de voix. Les bulletins désignant un autre candidat seraient considérés comme bulletins blancs.

Si les voix se partagent également au troisième tour, la nomination est acquise au plus âgé. (Loi du 12 août 1876, art. 2, § 3.) En ce cas, la voix du président n'est pas prépondérante.

L'élection sera terminée par le scrutin de ballotage. Il ne devra jamais être procédé à un quatrième tour de scrutin. (Conseil d'Etat, 6 mars 1872, Damery.)

Les fonctions de scrutateur seront confiées aux trois Conseillers les plus âgés. C'est la règle qui a été déjà adoptée sous le régime de la loi du 14 avril 1871. (V. circulaire du 29 avril 1871.)

Aussitôt après l'élection du Maire, le Conseil municipal procédera à l'élection des adjoints...

Les Adjoints seront élus dans les mêmes formes et aux mêmes conditions que les Maires. Lorsque la commune aura droit à deux Adjoints, il ne sera point procédé cependant au scrutin de liste ; la nomination de chacun de ces fonctionnaires devra faire l'objet d'un vote distinct.

Les Adjoints prendront rang selon l'ordre de leur nomination ; mais si la place du premier Adjoint devenait ensuite vacante, le second Adjoint passerait au premier rang, et le Conseil municipal aurait à élire non un premier, mais un nouvel Adjoint qui prendrait le second rang. Cette règle a été constamment pratiquée pour l'ordre à garder entre ces fonctionnaires.

En vertu de l'arrêté du 18 floréal an X et de la loi du 5 mai 1855 (art. 3), le Gouvernement peut décider l'institution d'un Adjoint spécial pour remplir les fonctions d'officier de l'état civil dans une section de commune. La nomination de cet officier municipal sera faite par le Conseil dans les communes où les municipalités sont électives. Il sera choisi parmi les Conseillers municipaux domiciliés dans la section. Si la section n'est pas représentée au Conseil municipal, le choix peut porter sur un électeur qui y est domicilié. (V. circulaire du 29 avril 1871.)

Le procès-verbal de la séance sera dressé sur le champ par le secrétaire du Conseil ; il relatera les noms des membres présents et le nombre des suffrages obtenus par chacun des candidats à chaque scrutin. Ce procès-verbal sera transcrit sur le registre des délibérations du Conseil municipal ; tous les membres présents le signeront, ou mention sera faite de la cause qui les aura empêchés de signer. (Loi du 5 mai 1855, art. 22.) Une copie dans la même forme vous sera immédiatement adressée.

La loi exige que les Maires et Adjoints soient pris dans le sein du Conseil municipal. De là découlent les conditions de capacité suivantes : ces fonctionnaires devront jouir de leurs droits civils et politiques, être âgés de vingt-cinq ans, inscrits sur la liste municipale de la commune ou y payer une des quatre contributions directes. (Dispositions combinées des lois des 14 avril 1871 et 7 juillet 1874.)

Aux termes de l'article 2 de la loi du 5 mai 1855, les Maires et Adjoints devraient être, dans tous les cas, inscrits dans la commune au rôle d'une des contributions directes.

Le Conseil d'Etat a jugé que cette disposition n'était plus applicable sous l'empire de la loi du 14 avril 1871. Un Conseiller municipal peut donc être élu Maire ou Adjoint dans une commune où il ne paie aucune des contributions directes, pourvu qu'il soit électeur. (Conseil d'Etat, 21 novembre 1871, él. de Mios.)

En ce qui concerne les cas d'incompatibilité, l'article 5 de la loi du 5 mai 1855 est toujours en vigueur ; vous voudrez bien vous y référer.

Bien que la loi du 14 avril 1871 soit muette à cet égard, il est de jurisprudence que les dispositions des articles 45 et suivants de la loi du 5 mai 1855, relatifs aux réclamations formées contre l'élection des Conseillers municipaux, doivent être étendues par analogie à l'élection des Maires et Adjoints. (Conseil d'Etat, 28 mai 1872, él. de Dammartin.)

Par conséquent tout Conseiller municipal a le droit d'arguer de nullité les opérations auxquelles il a été procédé dans la commune pour la nomination de ces fonctionnaires. Cette faculté a été étendue à tous les électeurs municipaux, même ne faisant point partie du Conseil. (Conseil d'Etat, 6 décembre 1872, él. du Croisic, et 14 février 1873, él. de Loiré.)

Le Conseil d'Etat a jugé, en effet, que tout électeur avait qualité pour attaquer la validité des élections municipales de sa commune, et qu'aucune disposition de loi ne restreignait l'exercice de ce droit en ce qui concerne l'élection du Maire.

Les réclamations doivent être ou consignées au procès-verbal, ou déposées, à peine de nullité, au secrétariat de la mairie dans le délai de cinq jours, à dater de l'élection. Le Maire vous les adressera immédiatement par l'intermédiaire du Sous-Préfet. Les protestations peuvent aussi être directement déposées à la Sous-Préfecture dans le même délai de cinq jours ; il en sera donné récépissé.

Il est statué par le Conseil de préfecture, sauf recours au Conseil d'Etat.

Si le Conseil de préfecture n'a pas prononcé dans le délai d'un mois, à compter de la réception des pièces à la Préfecture, la réclamation est considérée comme rejetée. Les réclamants peuvent alors se pourvoir au Conseil d'Etat dans le délai de trois mois.

En cas de recours au Conseil d'Etat, le pourvoi est jugé sans frais.

Le Préfet, s'il estime que les conditions et les formes légalement prescrites n'ont pas été remplies, peut également, dans le délai de quinze jours, à dater de la réception du procès-verbal, déférer les opérations électorales au Conseil de préfecture. (Conseil d'Etat, 13 décembre 1871, él. de Montagagne.)

Le recours au Conseil d'Etat contre la décision du Conseil de préfecture est ouvert, soit au Préfet, soit aux parties intéressées, dans les délais et les formes réglés par l'article 45 de la loi du 5 mai 1855.

Dans tous les cas où une réclamation implique la solution préjudicielle d'une question d'Etat, le Conseil de préfecture renvoie les parties à se pourvoir devant les juges compétents et fixe un bref délai dans lequel la partie qui aura élevé la question préjudicielle doit justifier de ses diligences.

Lorsque les municipalités issues de l'élection seront organisées, vous m'adresserez, sous le timbre du cabinet, la liste des Maires et Adjoints dans la forme accoutumée. Vous compléterez ensuite par des envois supplémentaires ces listes, qui doivent être tenues au courant. A cet effet, je vous recommande de me transmettre, comme par le passé, à la fin de chaque trimestre, un état des mutations survenues parmi ces fonctionnaires.

Avant de terminer, je dois encore vous rappeler que les Maires et Adjoints, nommés à l'élection, seront révocables par décret, et que ces fonctionnaires, en cas de destitution ultérieure, ne seront pas rééligibles pendant une année. (Loi du 14 avril 1871, article 9.)

Les Maires et Adjoints peuvent aussi être suspendus par arrêté du Préfet ; mais cet arrêté cesse d'avoir effet, s'il n'est confirmé dans le délai de deux mois par le Ministre de l'intérieur. (Loi du 5 mai 1855, article 2.)

Le Ministre de l'intérieur,
De Marcère.

§ 4.

14 février 1876. — Circulaire *du Garde des sceaux.* — *Dépôt des placards et manifestes électoraux (art. 3, loi du 30 novembre 1875 ; art. 14, loi du 21 octobre 1814).*

Aux termes de l'art. 3 de la loi du 30 novembre 1875, « pendant la durée de la
» période électorale, les circulaires ou
» professions de foi, signées des candi-
» dats, les placards et manifestes électo-
» raux, signés d'un ou plusieurs électeurs,
» pourront, après dépôt au parquet du
» procureur de la République, être affi-
» chés et distribués sans autorisation
» préalable. » Cet article a eu pour seul objet d'étendre aux écrits électoraux publiés par les simples électeurs les immunités que la loi de 1850 accordait déjà aux professions de foi et aux circulaires signées des candidats.

Mais, pas plus que l'article 10 de la loi de 1850, dont il est la reproduction presque littérale, l'article 3 de la loi de 1875 ne déroge à l'article 14 de la loi du 21 octobre 1814, qui prescrit le dépôt administratif de tous imprimés sans distinction.

Toutefois, l'échange d'observations qui a eu lieu, lors de la discussion de la loi de 1875, entre le rapporteur et un autre membre de l'Assemblée nationale, a pu faire naître à cet égard quelques doutes dans l'esprit des imprimeurs. M. le rapporteur a déclaré, en effet, que la commission avait voulu « que, pendant la
» période électorale, un seul et unique
» dépôt fût imposé au candidat, comme
» à l'imprimeur, le dépôt au parquet du
» procureur de la République. » (*Journal officiel* du 24 novembre 1875).

Le Garde des Sceaux : J. Dufaure.

Élections des députés. V. Lois Constitutionnelles.

Élections des membres des Chambres et tribunaux de commerce. — V. Commerce.

Élections du Sénat. — V. Lois Constitutionnelles.

Élevage de la race chevaline.

Projet de règlement pour l'institution de primes d'encouragement à l'élevage de la race chevaline.

19 octobre 1875.

Art. 1er. — Dans le but d'encourager l'élève du cheval barbe en Algérie, le Ministre de la Guerre autorise le prélèvement d'une somme de 30,000 fr. sur le crédit affecté par le budget aux achats d'étalons.

Art. 2. — Cette somme devra être répartie, par voie de concours, en prime de 150 francs et 100 francs, aux éleveurs Européens ou Indigènes qui auront présenté les meilleurs produits.

Art. 3. — Chaque province sera divisée pour la distribution de ces primes en cercles.

Tous les ans, dans le courant du mois de mai, à l'époque fixée par M. le Gouverneur général civil de l'Algérie, les réunions de concours auront lieu simultanément pour toute l'Algérie aux chefs-lieux de cercle.

Art. 4. — Les poulains entiers et les pouliches de race barbe, de 3 ans, élevés chez les Indigènes d'un cercle, concourront pour les primes.

Ces primes seront réparties entre les différents cercles, en raison du nombre de juments qui auront été saillies à la monte de l'année précédente.

Art. 5. — Le Commandant de la Division nommera pour chaque cercle une Commission de cinq membres composée ainsi qu'il suit :

1° Le commandant du cercle (président) ;
2° Un officier de cavalerie ;
3° Un officier de bureau arabe ;
4° Deux chefs indigènes.

Dans le cas où l'officier du bureau arabe n'appartiendrait pas à l'arme de la cavalerie, un des deux chefs sera remplacé par un deuxième officier de cavalerie ou par un vétérinaire.

Il est essentiel que les membres de cette Commission appartenant à la cavalerie soient au nombre de deux au moins.

Nul ne pourra être membre d'une Commission s'il a un ou plusieurs animaux présentés.

Art. 6. — Les Commissions jugent sans appel. Si des circonstances imprévues les réduisaient, au moment d'opérer, aux nombre de quatre, la voix du président deviendrait prépondérante ; une plus grande réduction forcerait les membres restant à s'adjoindre sur le champ, des commissaires pris sur les lieux.

Art. 7 — Les primes seront de 150 à 100 francs : celles de 150 fr. ne devront être accordées exclusivement qu'aux produits accompagnés de leur mère et du propriétaire possesseur de la carte de saillie. Ces conditions sont de rigueur pour l'obtention de cette prime.

Les primes ne devront, en aucun cas, être scindées

Art. 8. — Les Commissions chargées de classer les animaux présentés, qui devront tous avoir trois ans, peuvent délivrer exceptionnellement des certificats de mentions honorables, pour les animaux d'élite qui n'auraient pu être primés en raison du chiffre limité des primes.

Ces mentions auront, auprès des officiers acheteurs, les mêmes priviléges que les certificats remis aux propriétaires des sujets primés.

Art. 9. — Les primes sont payées publiquement, séance tenante (*en espèces aux Indigènes*). Un certificat rédigé en français et en Arabe portant le signalement de l'animal primé, son origine, le nom du propriétaire, est remis au propriétaire qui sera prévenu, par le Président de la Commission, qu'il a le plus grand intérêt à conserver ce certificat pour le présenter à la remonte lors de la vente, parce que les officiers acheteurs ont ordre de rémunérer les soins donnés aux élèves par une augmentation sensible dans le prix d'achat.

Art. 10. — Un état signalétique des animaux primés, indiquant le nom de leurs ascendants, les noms, qualités et domicile des propriétaires, sera adressé par les soins du Président de la Commission au Général commandant la Division qui en donnera communication au Commandant du Dépôt de remonte de la province.

Ce dernier officier fera transcrire ces renseignements sur un registre *ad hoc* déposé aux archives du Dépôt.

Art. 11. — Chaque Commission joindra à cet état un procès-verbal en double expédition, de son opération, indiquant le nombre par sexe des animaux présentés, ses appréciations sur l'ensemble de leurs qualités, de leur état d'entretien, enfin, sur l'effet moral des primes sur les éleveurs.

Une des expéditions de ce procès-verbal sera adressée, par la voie hiérarchique, à M. le Gouverneur général.

Gal CHANZY.

Versailles, le 31 octobre 1875.

Approuvé :
Le Ministre de la Guerre : DE CISSEY.

Embarquement. — V. PASSAGES MARITIMES.

Emigration.

12 janvier 1874. — CIRCULAIRE *de M. le Garde des Sceaux*.

Monsieur le Procureur général, depuis la dernière guerre, l'émigration a pris des proportions qui ont dû éveiller l'attention du gouvernement.

Un grand nombre de jeunes gens appartenant à nos populations rurales, séduits par les promesses trompeuses des agents d'émigration, se rendent en Amérique, où ils ne trouvent le plus souvent que la misère et des déceptions. Ces faits ne sont pas seulement regrettables pour les émigrants, ils le sont aussi au point de vue des intérêts généraux du pays ; car certains départements tendent à se dépeupler d'une manière sensible.

Il importe de faire observer plus rigoureusement la législation sur l'émigration et d'exercer sur les agents de propagande une active surveillance.

M. le Ministre de l'intérieur, en me communiquant une circulaire qu'il adresse à ce sujet à MM. les Préfets, me fait savoir que, depuis quelques années, de nombreux agents se sont livrés à des opérations d'engagement d'émigrants, sans y avoir été autorisés par le gouvernement.

Une telle violation de la loi ne saurait être tolérée.

L'article 1er de la loi du 18 juillet 1860 dispose que nul ne peut entreprendre les opérations d'engagement ou de transport des émigrants sans autorisation du Ministre de l'agriculture et du commerce.

Aux termes de l'article 10, toute infraction aux dispositions des articles 1 et 4 de la loi est punie d'une amende de 50 à 5,000 francs. En cas de récidive dans l'année, l'amende est portée au double.

L'article 4 du décret du 9 mars 1861 exige en outre que les agents des compagnies autorisées soient munis d'une procuration authentique. M. le Ministre de l'intérieur estime, et je pense avec lui que les agents qui ne justifient pas d'un pouvoir régulier doivent être considérés comme des agents non autorisés et sont, en conséquence, passibles de l'amende édictée par le paragraphe 1er de l'article 10 de la loi de 1860.

Le Garde des Sceaux: O. DEPEYRE.

V. aussi V^o PASSEPORTS.

Emplois administratifs.

DIVISION

§ 1. — Demandes d'emploi.
§ 2. — Emplois réservés aux anciens sous-officiers de terre et de mer.
§ 3. — Admission, avancement et service des employés civils du gouvernement.
§ 4. — Cadres du personnel administratif.

§ 1. — Demandes d'emploi.

21 mars 1872. — *Arrêté*.

Article unique. — Un comité permanent composé de :
MM. le Directeur général des Affaires civiles et financières, Président;
Le Procureur général;
L'inspecteur général des finances ;
Les Préfets d'Alger, d'Oran et de Constantine ;
Le Chef du 2e bureau du Cabinet militaire du Gouverneur général;

Est chargé :

1° De l'examen de toutes les demandes d'emploi, dans les administrations coloniales ;

2° De l'appréciation des titres et de l'aptitude de chacun des postulants ;

3° D'établir un tableau d'appel aux divers emplois dans l'ordre de préférence résultant des titres et de l'aptitude.

Le comité siègera deux fois par an pour statuer sur les nouvelles demandes et remanier le tableau d'appel.

A l'issue de chaque session, il remettra au Gouverneur le tableau d'appel à des fonctions publiques, tel qu'il l'aura rectifié.

La première session aura lieu incessamment.

Vice-amiral Cte DE GUEYDON.

§ 2.

24 juillet - 3 août 1873. — *Loi sur les emplois réservés aux anciens sous-officiers des armées de terre et de mer* (1).

(Extrait.)

Art. 1er. — Les emplois civils et militaires désignés aux états annexés à la présente loi sont exclusivement attribués, dans la proportion des vacances annuelles et dans les conditions d'admissibilité déterminées aux dits états, aux sous-officiers ayant passé douze ans sous les drapeaux dans l'armée active, dont quatre avec le grade de sous-officier.

Art. 2. — Tout sous-officier en situation de remplir, à l'expiration de son rengagement, les conditions déterminées en l'article précédent et qui veut obtenir un des emplois portés aux états annexés à la présente loi, en fait, dans les 12 mois qui précèdent le terme de son rengagement, la demande par écrit à son chef de corps, en indiquant par ordre de préférence les divers emplois auxquels il pourrait être appelé et les localités dans lesquelles il désire être placé.

Art. 3. — Un règlement d'administration publique déterminera le mode de l'examen destiné à constater l'aptitude professionnelle du candidat.

Le chef de corps transmet au Ministre

---

(1) V. le texte complet de cette loi et les états y annexés au *Bulletin des lois* n° 2250. Voir également *Dalloz*, P. 1874, 4, p. 1.

Un décret rendu en exécution de l'art. 3 de cette loi, les 28 octob. - 4 novembre 1874, a fixé le programme de l'examen destiné à constater l'aptitude professionnelle des sous-officiers candidats (*Bulletin des lois* n° 3585. *Dalloz*, P. 1875, 4, p. 54.

Extrait des États annexés à la loi des 24 juillet et 8 août 1873 sur les emplois réservés aux anciens sous-officiers des armées de terre et de mer

EMPLOIS	CONDITIONS D'APTITUDE pour tous les emplois MORALITÉ IRRÉPROCHABLE		LIMITE D'ÂGE	PROPORTIONS réservées aux sous-officiers
Administration provinciale, départementale et cantonale.	Ministère de l'Intérieur. Gouvernement de l'Algérie.	Belle écriture, dictée, rédaction française, arithmétique élémentaire, géographie de la France et de l'Algérie.	36 ans	1/2
Commis				

EXTRAIT *de l'état annexé au décret du 28 octobre 1874, portant règlement d'administration, et relatif aux emplois réservés aux anciens sous-officiers des armées de terre et de mer.*

MINISTÈRE DE L'INTÉRIEUR. — GOUVERNEMENT DE L'ALGÉRIE

Administration centrale.

3e Catégorie. — Commis.
Belle écriture, dictée, rédaction française, arithmétique élémentaire, géographie de la France et de l'Algérie. — 36 ans (limite d'âge). — La moitié des emplois.

4e catégorie. — Huissiers, concierges, garçons de bureau.
Bonne tenue. — 36 ans. — Totalité.

Administration provinciale, départementale et cantonale.

3e Catégorie. — Commis.
Mêmes conditions que pour les commis de l'administration centrale. — 36 ans. — La moitié.

4e catégorie. — Huissiers, garçons de bureau.
Bonne tenue. — 36 ans. — Totalité.

Prisons.

4e catégorie. — Maisons centrales. — Gardiens, concierges.
Santé robuste. — 36 ans. — Les trois quarts.
4e catégorie. — Prisons civiles. — Gardiens-chefs.
Santé robuste. — 36 ans. — La moitié.

Télégraphie.

1re catégorie. — Employés.
Mêmes conditions que pour les employés du télégraphe à l'intérieur. — 33 ans. — La moitié.

3e catégorie. — Chefs surveillants.
Mêmes conditions que pour les chefs surveillants du télégraphe à l'intérieur, et savoir monter à cheval. — 36 ans. — Totalité.

4e catégorie. — Surveillants.
Mêmes conditions que pour les surveillants du télégraphe à l'intérieur et savoir monter à cheval. — 36 ans. — Les trois-quarts.

Enregistrement.

4e catégorie. — Timbreurs, tourne-feuilles. — 36 ans. — Totalité.

de la guerre, à la suite de la revue trimestrielle, la demande du candidat, le résultat de l'examen précité et ses propres observations. La demande est classée et transmise immédiatement à la commission établie en exécution de l'art. 8 ci-dessous.

Art. 4. — Lorsque l'emploi demandé exige un surnumérariat, le sous-officier peut être mis en subsistance dans un corps et autorisé à travailler dans un des bureaux de l'administration dans laquelle il a été admis. Un règlement du Ministre de la guerre détermine les conditions dans lesquelles cette autorisation peut être accordée.

Art. 5. — Tout sous-officier remplissant les conditions déterminées à l'art. 71 de la loi du 27 juillet 1872, qui quitte son corps sans avoir demandé un des emplois portés aux états annexés, reçoit, s'il le réclame, le certificat mentionné audit article, après avoir été examiné conformément à l'art. 3 ci-dessus. S'il désire ultérieurement obtenir un de ces emplois, il en adresse la demande au Ministre de la guerre, par l'intermédiaire du commandant de la gendarmerie du département dans lequel il est domicilié. Le sous-officier subit alors l'examen prescrit par l'art. 3, et sa demande est classée à sa date.

Art. 6. — Peuvent profiter du bénéfice de la présente loi, quel que soit le temps passé par eux au service, les sous-officiers et les officiers mariniers réformés ou retraités par suite de leurs blessures ou pour infirmités contractées au service, s'ils remplissent d'ailleurs les conditions d'âge et d'aptitude déterminées aux états annexés.

§ 3.

Rapport, sur l'admission, l'avancement et le service dans les bureaux de l'administration centrale de l'Algérie, à M. le Gouverneur général.

Alger, le 12 janvier 1875.

Avant la création du Ministère spécial de l'Algérie et des colonies, la haute administration de l'Algérie était centralisée au Ministère de la guerre, et le personnel de la Direction des affaires de l'Algérie faisait partie de l'administration centrale de ce ministère.

Plus tard, ce personnel ayant passé au Ministère de l'Algérie et des Colonies, deux arrêtés des 24 décembre 1858 et 10 novembre 1859 ont continué à y régler les grades et les traitements d'après les principes adoptés dans les autres administrations centrales.

Lors de la suppression du Ministère spécial et de la centralisation à Alger du Gouvernement et de la haute administration de l'Algérie, une décision impériale du 26 décembre 1860 a conservé au personnel de la Direction générale des services civils les traitements des administrations centrales de la métropole. Un décret du 15 octobre 1864, portant nouvelle organisation des bureaux du Gouvernement général, a consacré une fois de plus cet ordre de choses.

Le décret du 29 mars 1871, portant rétablissement de la Direction générale des Affaires civiles et financières, n'a rien modifié à l'organisation du personnel. Le décret du 15 octobre 1864 constitue toujours ainsi la règle, en ce qui concerne la fixation des traitements qui sont, com-

---

Contributions directes.
2ᵉ catégorie. — Recenseurs.
Connaître la comptabilité. — Parler l'arabe et avoir des notions d'arpentage. (Emplois à donner de préférence à d'anciens sous-officiers du génie et de l'artillerie. — 36 ans. — Les trois quarts.

Forêts.
3ᵉ catégorie. — Gardes actifs et sédentaires.
Mêmes conditions que pour les gardes forestiers à l'intérieur. (Voir à l'état du Ministère des finances.) La préférence sera donnée aux sous-officiers de cavalerie. — 36 ans. — Les trois quarts.

Postes.
3ᵉ catégorie. — Receveurs de bureaux. — 36 ans. — Le tiers.
3ᵉ catégorie. — Commis ordinaires. — 36 ans. — Les deux tiers.
4ᵉ catégorie. — Brigadiers facteurs. — 36 ans. — Les deux tiers.

Poids et mesures.
1ʳᵉ catégorie. — Vérificateurs.
Mêmes conditions qu'à l'intérieur. (Voir l'état du Ministère de l'agriculture et du commerce.) — 36 ans. — Le quart.

Service sanitaire.
3ᵉ catégorie. — Capitaine de santé.
Être capable de rédiger un rapport. — 36 ans. — Totalité.

4ᵉ catégorie. — Gardes sanitaires. — 36 ans. — Totalité.

Travaux publics.
1ʳᵉ catégorie. — Conducteurs des ponts-et-chaussées.
Mêmes conditions qu'à l'intérieur. (Voir à l'état du Ministère des Travaux publics.) 36 ans. — La moitié.
4ᵉ catégorie. — Agents secondaires.
Enseignement primaire. — Un peu de dessin et d'arithmétique. — 36 ans. — Les deux tiers.

Mines et forages.
1ʳᵉ catégorie. — Gardes-mines.
Mêmes conditions qu'à l'intérieur. (Voir à l'état du ministère des travaux publics.) — 36 ans. — La moitié.

Phares.
4ᵉ catégorie. — Gardiens de phares et fanaux. — 36 ans. — Totalité.

Police.
3ᵉ catégorie. — Police centrale d'Alger (Inspecteurs et sous-inspecteurs).
Santé robuste. — 36 ans. — La moitié.
4ᵉ catégorie. — Agents français.
Santé robuste. — 36 ans. — La moitié.
3ᵉ catégorie. — Commissaires de police des communes autres que les chefs-lieux de département et d'arrondissement.
Santé robuste. — 36 ans. — Le tiers.

me par le passé, les traitements des ministères.

Toutefois, l'organisation du personnel de la haute administration de l'Algérie s'est relâchée. Il est devenu nécessaire de revenir aux principes d'un bon recrutement, pour conserver des cadres en rapport avec l'importante mission d'un personnel placé à la tête des services administratifs.

A la suite de l'avis émis, dans sa séance du 27 décembre 1873, par le Conseil supérieur de Gouvernement, vous m'avez chargé de préparer un projet de réorganisation du personnel de la Direction générale des Affaires civiles et financières.

J'ai cru devoir m'inspirer, pour ce travail, du rapport fait à l'Assemblée nationale par l'honorable M. Jozon, rapporteur de la commission de révision des services administratifs (*Journal officiel* des 8 et 9 novembre 1873), à la suite de longues et laborieuses études. J'espère que le projet d'arrêté, que j'ai l'honneur de soumettre à votre signature, maintiendra le personnel de l'administration centrale à la hauteur des devoirs qui lui sont imposés.

Le Directeur général : DE TOUSTAIN.

12 janvier 1875. — *Arrêté*.

Vu les décrets des 10 décembre 1860 et 7 juillet 1864 et l'arrêté du Chef du Pouvoir exécutif de la République française, en date du 29 mars 1871, sur le Gouvernement et la haute administration de l'Algérie ;

Vu le décret du 15 octobre 1864, portant organisation des bureaux du Secrétariat général du Gouvernement de l'Algérie ;

Vu l'avis émis par le Conseil supérieur de Gouvernement, dans sa séance du 27 décembre 1873 ;

CHAPITRE Ier. — *Du Conseil d'administration.*

Art. 1er. — Il est institué, à la Direction générale des Affaires civiles et financières de l'Algérie, un conseil d'administration composé, sous la présidence du Directeur général, d'un Conseiller de Gouvernement, vice-président, des chefs de bureau de la Direction générale, membres.

Art. 2. — Le Conseiller de Gouvernement, vice-président du Conseil d'administration, est désigné, chaque année, par le Gouverneur général et peut être indéfiniment renommé.

Les fonctions de secrétaire sont remplies par un sous-chef de bureau, à la désignation du Directeur général des Affaires civiles et financières (1).

Art. 3. — Le Conseil d'administration délibère sur les questions dont il est saisi par le Gouverneur général ou par le Directeur général des Affaires civiles et financières ;

Il prépare les règlements d'ordre intérieur ;

Il donne avis sur l'admission des postulants qui se présentent pour subir le concours d'entrée, ainsi que sur les conditions et les formes des examens ;

Il dresse le tableau annuel d'avancement des employés.

CHAPITRE II. — *Des cadres et de l'admission dans les cadres.*

Art. 4. — Les cadres du personnel de la Direction générale des Affaires civiles et financières sont fixés par le Gouverneur général, suivant les besoins du service.

Art. 5. — Les catégories des emplois sont divisées en classes, ainsi qu'il suit (2) :

CHEFS DE BUREAU.

De 1re classe...........	9.000 fr.
De 2e classe...........	8.000
De 3e classe...........	7.000

SOUS-CHEFS DE BUREAU.

De 1re classe...........	6.000 fr.
De 2e classe...........	5.500
De 3e classe...........	5.000

COMMIS PRINCIPAUX.

De 1re classe...........	4.000 fr.
De 2e classe...........	3.500
De 3e classe...........	3.000

COMMIS RÉDACTEURS.

De 1re classe...........	2.400 fr.
De 2e classe...........	2.100
De 3e classe...........	1.800

COMMIS ORDINAIRES

De 1re classe...........	2.000 fr.
De 2e classe...........	2.700
De 3e classe...........	2.400
De 4e classe...........	2.100
De 5e classe...........	1.800
De 6e classe...........	1.500

Art. 6. — Les chefs et sous-chefs de bureau sont nommés par le Gouverneur général, sur la proposition du Directeur général des Affaires civiles et financières.

Ils sont choisis dans le personnel supérieur de la Direction générale et dans

---

(1) Un arrêté du 20 novembre 1876 a modifié en ces termes les art. 1 et 2 ci-dessus : « Art. 1er. — Il est institué pour les bureaux de l'Administration centrale un conseil d'Administration composé ainsi qu'il suit : — Le Directeur général des Affaires civiles et financières, président, le Directeur des travaux publics, le Directeur des finances. — Art. 2. — Les fonctions de secrétaire du Conseil d'Administration sont remplies par le secrétaire du Conseil de gouvernement. »

(2) Décret du 15 octobre 1864. V. *Ménerville*, t. 2, p. 12.

le personnel supérieur des services administratifs provinciaux de l'Algérie.

CHAPITRES III. — *Recrutement des employés.*

Art. 7. — Tout aspirant à un emploi de début dans les bureaux de la Direction générale des Affaires civiles et financières, doit justifier :

Qu'il est français ou naturalisé français ;

Qu'il a plus de 18 ans, et moins de 30 ans, s'il est candidat à un emploi de commis-rédacteur ; moins de 36 ans, s'il est candidat à un emploi de commis-ordinaire.

Il adresse sa demande au Directeur général des Affaires civiles et financières, et y joint les pièces propres à établir sa situation et à faire connaître ses antécédents.

COMMIS RÉDACTEURS

Art. 8. — Les candidats aux emplois de commis-rédacteur doivent justifier d'un diplôme de bachelier ès-lettres ou de bachelier ès-sciences.

Art. 9. — Les commis-rédacteurs sont admis par la voie du concours.

Art. 10. — Le programme du concours est fixé par le Gouverneur général, qui désigne les membres du jury et le nombre des emplois mis au concours.

Ce programme est déposé au Secrétariat de la Direction générale des Affaires civiles et financières, au moins deux mois avant l'ouverture du concours, qui a lieu, tous les ans, au mois d'octobre.

Art. 11. — Le Gouverneur général arrête la liste des candidats agréés à subir les épreuves du concours.

Art. 12. — Le jury du concours, présidé par un conseiller de Gouvernement, est désigné par le Gouverneur général.

Art. 13. — Les candidats déclarés admissibles à la suite du concours sont attachés en qualité d'employés stagiaires, soit à la Direction générale des Affaires civiles et financières, soit à l'une des préfectures de l'Algérie, suivant leur ordre de classement.

Ils touchent une indemnité mensuelle de cent cinquante francs (150 fr.), non susceptible de retenue pour le service des pensions civiles.

Art. 14. — Après une année de stage et sur le rapport qui est fait de leur aptitude, le Gouverneur général prononce sur les points suivants :

1° Si le stagiaire doit être conservé et pourvu d'un emploi de commis-rédacteur titulaire dans l'administration algérienne ;

2° S'il doit être congédié ;

3° S'il doit être astreint à un nouveau stage d'un an, après lequel il sera pris, à son égard, une décision définitive.

Art. 15. — L'employé stagiaire, reconnu apte à être titulaire, reçoit du Gouverneur général une commission de commis-rédacteur de 3° classe.

Art. 16. — Sont dispensés du stage les candidats pourvus d'un diplôme de licencié en droit ou d'un certificat constatant qu'ils ont subi, avec succès, l'examen institué par le décret du 4 décembre 1849 pour l'obtention de la prime de la langue arabe, et ceux appartenant déjà à une administration publique et soumis à la retenue réglementaire pour le service des pensions civiles.

COMMIS ORDINAIRES.

Art. 17. — Les aspirants aux emplois de commis ordinaire sont soumis à un examen dont les formes et les conditions sont déterminées par le Directeur des Affaires civiles et financières.

Ils sont nommés par le Directeur général, au vu des résultats de l'examen.

Art. 18. — La moitié des emplois de commis ordinaire est réservée aux sous-officiers des armées de terre et de mer, remplissant les conditions prévues par la loi du 24 juillet 1873.

Art. 19. — Les commis ordinaires, qui remplissent, d'ailleurs, les conditions déterminées par l'article 8 ci-dessus, peuvent toujours concourir pour l'emploi de commis rédacteur.

S'ils sont reconnus admissibles, à la suite du concours, ils passent dans la catégorie des commis rédacteurs, avec le traitement dont ils sont en possession.

CHAPITRE IV. — *De l'avancement.*

Art. 20. — L'avancement des employés a lieu par grade et par classe de traitement dans chaque grade. Il est donné, au vu du tableau d'avancement, dressé par le Conseil d'administration, non à l'ancienneté de l'employé dans le grade ou la classe, mais à la capacité, aux services rendus et aux services que l'Etat peut attendre dans l'avenir.

Toutefois, aucun employé ne peut, même à titre exceptionnel, recevoir plus d'un avancement chaque année.

Art. 21. — Il est expressément tenu compte aux employés, portés au tableau d'avancement, des connaissances en langue arabe dont ils justifieront.

Art. 22. — Le grade de commis principal dans les bureaux de la Direction générale des Affaires civiles et financières est donné au concours.

Art. 23. — Sont admis à concourir pour le grade de commis principal dans les bureaux de la Direction générale :

1° Les commis rédacteurs de 1re classe et les commis ordinaires de 1re classe de la Direction générale ;

2° Les employés des administrations

publiques rétribués sur les fonds de l'Etat ;
3° Les interprètes titulaires de l'armée ;
4° Les anciens élèves des écoles spéciales du Gouvernement ;
5° Les licenciés en droit.

Les candidats des quatre dernières catégories doivent, au préalable, être agréés par le Conseil d'administration et par décision spéciale du Gouverneur général, rendue sur le rapport du Directeur général des affaires civiles et financières.

Art. 24. — Le programme des connaissances et des épreuves pour le grade de commis principal est arrêté par le Gouverneur général et publié au moins deux mois à l'avance.

L'époque du concours et le nombre des places à attribuer sont fixés en même temps.

Le jury du concours est formé comme il est dit à l'article 12.

Art. 25. — Les commis rédacteurs et les commis principaux de la Direction générale des affaires civiles et financières peuvent être appelés, sur leur demande, aux emplois dont le Gouverneur général a la nomination, dans les services administratifs provinciaux de l'Algérie.

Art. 26. — Les employés titulaires des services administratifs provinciaux de l'Algérie (Préfectures et bureaux civils des Généraux commandant les divisions), peuvent être admis avec le traitement attaché à leur grade, dans les bureaux de la Direction générale des affaires civiles et financières, par décision du Gouverneur général, sur l'avis du Conseil d'administration (1).

Art. 27. — A la fin de chaque année, le Conseil d'administration, en établissant le tableau d'avancement, dresse la liste des chefs, sous-chefs et employés de la Direction générale aptes à exercer des fonctions publiques et qui se font inscrire comme candidats à ces fonctions.

Cette liste est jointe aux tableaux établis, dans le même but, par les Préfets, et en ce qui concerne les territoires de commandement, par les Généraux commandant les divisions, pour le personnel des services administratifs provinciaux.

Art. 28. — Les employés appelés à satisfaire à la loi du 27 juillet 1872, sur le service militaire, conservent leur position dans les cadres de la Direction générale des affaires civiles et financières, pendant toute la durée de leur présence sous les drapeaux. Toutefois, leur traitement demeure suspendu.

---

(1) Un arrêté du 15 février 1876 a ajouté à l'art. 26 ci-dessus le paragraphe suivant : « Les employés titulaires des Ministères sont également admis par décision spéciale et directe du Gouverneur général.»

CHAPITRE V. — *De la discipline.*

Art. 29. — Les employés de tous grades de la Direction générale des Affaires civiles et financières ne peuvent contracter mariage qu'après l'autorisation du Gouverneur général.

Tout employé qui contrevient à la disposition qui précède est considéré comme démissionnaire.

Art. 30. — Les infractions aux règles de service et les écarts de la conduite privée donnent lieu, contre les employés, aux peines disciplinaires suivantes :
1° Réprimande ;
2° Retenue disciplinaire de 1 à 30 jours de solde ;
3° Retrait d'un grade ou d'une classe ;
4° Révocation.

Les peines des deux premières catégories sont infligées par le Directeur général des Affaires civiles et financières ; celles des deux autres, par le Gouverneur général.

CHAPITRE VI. — *Des congés.*

Art. 31. — Les congés sont accordés par décision du Gouverneur général pour les chefs et sous-chefs de bureau, et par le Directeur général des Affaires civiles et financières, pour les autres employés.

Art. 32. — Sont abrogées toutes les dispositions antérieures contraires au présent arrêté.

Gal CHANZY.

Modification au règlement du 12 janvier 1875.

11 décembre 1876. — *Arrêté.*

Art. 1er. — Sont admis à passer au grade de commis principal, sans condition de nouvel examen, les commis rédacteurs de 1re classe pourvus du diplôme de licencié en droit, ou de la prime pour connaissance de la langue arabe.

Art. 2. — Les commis rédacteurs et les commis ordinaires chargés spécialement de travaux de comptabilité et qui se distinguent par des services exceptionnels peuvent, par des arrêtés du Gouverneur général, rendus sur l'avis du Conseil d'administration et sur la proposition du Directeur général des Affaires civiles et financières, être dispensés des épreuves du concours pour être promus au grade de commis principal.

Art. 3. — Les traitements attachés aux emplois de commis principal, sont fixés ainsi qu'il suit :

Commis principal chef de sect. 4.500 fr.
— de 1re classe 4.000
— de 2e classe 3.500
— de 3e classe 3.000

Gal CHANZY.

11 Février 1875. — Circulaire du Gouverneur général.

Monsieur le Préfet, l'examen des états du personnel administratif a fait constater que des admissions dans les cadres ont encore eu lieu l'année dernière, en dehors des prescriptions du règlement du 16 avril 1862.

Il importe d'éviter le retour d'infractions que l'administration supérieure ne saurait plus longtemps consacrer sous la pression des faits accomplis.

A partir de ce jour, toute admission faite contrairement aux conditions réglementaires ou en dépassement des crédits, sera considérée comme nulle et non avenue.

A cet effet, je fais promulguer au *Bulletin des actes du Gouvernement* l'arrêté réglementaire du 16 avril 1862, complété par l'arrêté du 12 janvier 1874 et par la loi du 7 août 1873, sur les vacances à réserver aux sous-officiers présentés par le département de la guerre.

Gal Chanzy.

Règlement du 16 avril 1862.

TITRE Ier. — DE LA HIÉRARCHIE ET DES TRAITEMENTS.

Art. 1er. — La hiérarchie et les traitements de l'administration provinciale sont réglés de la manière suivante :

Chefs de bureau	1re classe.	5.400 fr.
—	2e classe.	4.800
—	3e classe.	4.200
Sous-chefs	1re classe.	3.600
—	2e classe.	3.300
Commis principaux	1re classe.	3.000
—	2e classe.	2.700
Commis ordinaires	1re classe.	2.400
—	2e classe.	2.100
—	3e classe.	1.800
—	4e classe.	1.500
Commis auxiliaires		1.200
Surnuméraires		»

GENS DE SERVICE

Huissiers	1re classe.	1.200 fr.
—	2e classe.	1.000
Concierges, garçons de bureau et chaouchs	1re classe.	900
	2e classe.	800

Les chefs de bureau de 1re et de 2e classe ne pourront respectivement dépasser le tiers du cadre de ce grade.

Pour les sous-chefs, les commis principaux et les commis ordinaires, la première classe ne pourra pas dépasser la moitié du cadre de ce grade.

Il n'y aura qu'un sous-chef par bureau. Le nombre des commis principaux ne pourra dépasser le QUART de l'effectif total du cadre du service.

Le cadre des bureaux civils des Généraux commandant les divisions, ne comporte point de sous-chefs.

Art. 2. — Les secrétaires de sous-préfectures ont le rang et le traitement des sous-chefs de bureau.

Les adjoints aux bureaux arabes départementaux pourront être pris indistinctement parmi les sous-chefs de bureau, les commis principaux ou les commis ordinaires qui seront reconnus aptes à remplir ces fonctions.

Les secrétaires de commissariat civil ont rang de commis ordinaires, mais ils peuvent être exceptionnellement pris parmi les commis principaux.

TITRE II. — DE L'ADMISSION DANS LES CADRES.

Art. 3. — Tous les aspirants aux emplois dans l'administration provinciale auront à justifier qu'ils sont français ou naturalisés, qu'ils ont satisfait à la loi du recrutement ou qu'ils sont dégagés des obligations qu'elle impose.

Toutefois, ces conditions ne sont pas exigées des indigènes, ni des fils d'étrangers domiciliés en Algérie depuis plus de dix ans et y possédant un établissement. Mais ces derniers ne seront admis qu'à la condition de se mettre immédiatement en mesure d'obtenir la naturalisation, suivant les formes et dans les délais déterminés par la loi.

Les candidats devront, en outre, justifier d'une incontestable moralité par pièces authentiques. Leur instruction et leur capacité seront constatées par un examen subi devant une commission spéciale.

Tout nouvel employé sera soumis à un stage qui ne pourra être de moins d'un an, et à l'expiration duquel il sera maintenu dans les cadres ou congédié, sur un rapport motivé de son chef de service.

Art. 4. — Pourront être admis dans les cadres des bureaux de l'administration provinciale, sans conditions d'examen et au grade qu'il conviendra à l'autorité compétente de leur donner :

1° Les anciens élèves des écoles spéciales. — Les licenciés en droit ayant au moins un an de pratique chez un notaire ou un avoué. — Les avocats ayant un an de stage, pourvu qu'ils n'aient pas dépassé l'âge de trente ans (1);

---

(1) Circulaire du Gouverneur général *interprétative de l'art. 4 ci-dessus.*
Alger, le 1er décembre 1875.

Monsieur le Préfet,
J'ai été consulté sur la question de savoir si les *licenciés en droit*, admis dans l'administration départementale avec un grade inférieur à celui de commis principal, devaient subir l'examen réglementaire pour être promus au principalat.

Aux termes de l'article 4 du règlement du 16 avril 1862, les *licenciés en droit* ayant un an de stage comme avocat ou un an de pratique chez un notaire ou

2° Les anciens employés titulaires des administrations générales, préfectorales ou communales de la métropole, ayant cinq ans de services et moins de quarante ans d'âge.

Art. 5. — DES SURNUMÉRAIRES. — Des surnuméraires âgés de dix-huit ans au moins et de vingt-cinq ans au plus, et qui auront justifié de leur aptitude par les épreuves qu'il conviendra à l'administration de leur faire subir, pourront être admis dans les cadres. Leur nombre n'excèdera pas un par bureau. Ils devront, d'ailleurs, satisfaire aux conditions déterminées par les trois premiers paragraphes du titre II, article 3, et prouver que, par eux-mêmes ou par leurs familles, ils possèdent les moyens de pourvoir à leur entretien pendant leur surnumérariat.

Les candidats qui justifieront de sept années au moins de services militaires, pourront être admis jusqu'à l'âge de trente ans (1).

Art. 6. — Le surnumérariat étant un temps d'épreuve pendant lequel le titulaire doit acquérir les connaissances nécessaires pour remplir convenablement l'emploi de commis, les jeunes gens admis à ce titre passeront successivement, pendant la durée de leur stage, dans les divers services de l'administration. Ils seront, tous les six mois, l'objet d'un rapport spécial, dans lequel leurs chefs donneront sur leur conduite, leur application au travail et leur aptitude, des renseignements d'après lesquels le chef de service compétent pourra, si ces renseignements sont défavorables, prononcer leur licenciement.

Aucune indemnité ne sera due aux surnuméraires licenciés pour le temps qu'ils auront passé dans l'administration.

La durée du stage des surnuméraires est de deux ans au moins.

Art. 7. — Après un an de stage, les surnuméraires pourront être admis à recevoir une gratification de cent francs par mois. Ils prendront, dans ce cas, le titre de *commis auxiliaires*.

Ce titre sera mis au concours, chaque année, comme prix d'aptitude, d'application et d'assiduité.

Le nombre des surnuméraires admis à la gratification mensuelle ne pourra dépasser la moitié du cadre.

Art. 8. — Les chefs de bureau sont nommés par le Gouverneur général.

Les sous-chefs, les secrétaires de sous-préfectures, les commis principaux, les secrétaires de commissariat civil, les adjoints aux bureaux arabes départementaux sont nommés par le Directeur général, par délégation du Gouverneur général.

Les Généraux commandant les divisions et les Préfets des départements nomment les commis ordinaires et les surnuméraires de leurs bureaux.

Les commis ordinaires et les surnuméraires seront nommés par les Sous-Préfets; néanmoins, les Préfets pourront toujours, à l'égard de ce personnel, prononcer d'office les mutations et changements de résidence qui leur paraîtront nécessités par l'intérêt du service.

La même faculté est réservée au Gouverneur général pour tous les employés de l'administration provinciale.

TITRE III. — DE L'AVANCEMENT

Art. 9. — Les commis ordinaires, pour passer au grade de commis principal, subiront un examen de capacité devant une commission nommée spécialement à cet effet dans chaque préfecture.

Le Gouverneur général fixera annuellement le programme des connaissances et épreuves à exiger des candidats, ainsi que le mode et l'époque des examens.

---

un avoué peuvent *être admis, sans condition d'examen*, à tous les grades de la hiérarchie du personnel départemental.

Si l'on s'en tenait à la lettre de cet article, la question qui m'a été posée ne pourrait être résolue qu'affirmativement; le règlement, en effet, ne paraît affranchir les licenciés en droit de l'examen qu'*au moment de l'admission*. — Ils perdraient donc le bénéfice des dispositions exceptionnelles de l'art. 4, s'ils étaient admis avec un grade inférieur à celui de commis principal.

Mais il m'a paru que l'application rigoureuse de ce principe irait précisément à l'encontre du but que s'est proposé l'Administration en introduisant dans le règlement les exceptions énumérées en l'art. 4. — Ces exceptions, faites en vue d'un bon recrutement du personnel, sont basées uniquement sur les garanties de capacité qu'offrent à l'Administration certaines catégories de candidats, au nombre desquelles figurent les licenciés en droit.

La nomination d'un licencié à un grade inférieur à celui de commis principal ne saurait diminuer en rien la somme des garanties qu'il présente à l'Administration.

Bien au contraire, lorsqu'après avoir franchi les degrés qui le séparent du principalat, le licencié en droit aspirera à cette position, il possédera des aptitudes d'autant plus sérieuses qu'il joindra à celles résultant de ses études spéciales l'instruction et la pratique administratives acquises par lui dans les grades intermédiaires.

En conséquence, les licenciés en droit admis dans les cadres de l'administration départementale avec un grade inférieur à celui de commis principal ne doivent pas être considérés comme déchus du bénéfice des dispositions de l'art. 4 du règlement du 16 avril 1862.

Général CHANZY.

(1) Un arrêté de M. le général Chanzy, du 12 décembre 1876, a modifié ainsi qu'il suit le dernier § de l'article 5 ci-dessus : « Les candidats qui justifieront » de 5 années au moins de services militaires, pour- » ront être admis jusqu'à l'âge de 30 ans. — Pour- » ront également être admis jusqu'à l'âge de 30 ans, » par dispense spéciale du Gouverneur général de » l'Algérie, les jeunes gens qui, après avoir contracté » un engagement conditionnel d'un an, justifieront » qu'ils ont satisfait aux examens prescrits par l'art. » 56 de la loi du 27 juillet 1872. »

La commission dressera un état des candidats déclarés admissibles à l'emploi de commis principal. Cet état, après avoir été arrêté définitivement par le Gouverneur général, servira de base aux propositions du Préfet, lorsqu'il y aura lieu de faire des nominations (1).

Art. 10. — L'avancement est donné en totalité au choix ; il a lieu par classe dans le même grade, et, subséquemment, par promotion à la dernière classe du grade immédiatement supérieur à celui dont le candidat est titulaire.

Pour les employés à la nomination du Gouverneur général ou du Directeur général, les Préfets adresseront des propositions au Gouverneur général. Dans leurs présentations pour le grade de commis principal, ils ne devront faire figurer que des candidats inscrits sur le tableau arrêté conformément à l'article précédent. Toutefois, ils ne seront pas tenus de présenter les candidats dans l'ordre de classement, ce classement étant uniquement basé sur la capacité constatée par les épreuves. Mais ils devront, en outre, tenir compte de la durée et du mérite des services, de la bonne conduite et de l'aptitude des candidats.

Nul ne peut être proposé pour une classe supérieure qu'après deux ans au moins d'exercice dans la classe immédiatement inférieure. Toutefois, par exception, dans l'intérêt du service et pour des cas extraordinaires, un employé pourra être promu avant l'expiration du délai réglementaire, pourvu qu'il ait plus d'un an de classe ou de grade. — Tout avancement exceptionnel devra être soumis à l'approbation du Gouverneur général.

TITRE IV. — DES CONGÉS ET ABSENCES.

Art. 11. — Les congés sont accordés par les chefs de service.

Art. 12. — Lorsqu'un employé en congé se trouvera retenu chez lui pour cause de maladie, et qu'il ne pourra rejoindre son poste dans le délai qui lui a été fixé, il devra immédiatement en prévenir son chef de service et faire constater sa maladie par un médecin assermenté, ou attaché à un service public, militaire ou civil.

Art. 13. — Sont applicables aux titulaires de congés les dispositions des articles 16 et 17 du décret du 9 novembre 1853, portant règlement général pour l'exécution de la loi du 9 juin 1853, sur les pensions civiles.

La quotité du traitement à allouer aux porteurs de congé, par application des dispositions ci-dessus mentionnées, est déterminée par le Gouverneur général, sur la proposition de l'autorité qui a délivré le congé.

TITRE V. — DE LA DISCIPLINE.

Art. 14. — Les peines disciplinaires pour les cas d'inconduite on d'infraction à l'ordre et à la discipline, sont les suivantes :

1° Un ou plusieurs services extraordinaires, de jour ou de nuit, hors tours ;
2° Retenue d'un à trente jours de traitement ;
3° Réprimande simple ;
4° Réprimande avec mise à l'ordre du jour ;
5° Retenue de plus de trente jours de traitement ;
6° Retrait d'un grade ou d'une classe ;
7° Révocation.

Les quatre premières peines pourront être infligées aux employés de tout grade par le chef de service.

Les trois dernières ne pourront être infligées que par le Gouverneur général, ou, en son nom, par le Directeur général des Services civils, pour les employés qui sont à leur nomination.

Dans ce cas, les inculpés pourront être admis à présenter leur défense par écrit.

Si la peine proposée par le chef de service devait être la révocation, le Gouverneur général, s'il ne se trouvait pas suffisamment éclairé, pourrait prescrire une enquête administrative, par une commission spéciale, dont il déterminerait la composition.

---

(1) DÉCISION DU GOUVERNEUR GÉNÉRAL, *autorisant les commis ordinaires de toutes classes à se présenter à l'examen pour le grade de commis principal.*

Alger, le 24 mai 1869.

Monsieur le Préfet,

J'ai l'honneur de vous informer qu'à la date de ce jour et en exécution de l'art. 9 du règlement du 16 avril 1862, j'ai décidé que l'examen des commis ordinaires qui aspirent au grade de commis principal aura lieu dans les conditions déterminées par l'arrêté de mon prédécesseur, en date du 17 avril 1862.

Toutefois, par dérogation l'article 3 de l'arrêté précité et pour entretenir dans le personnel des bureaux une émulation utile au bien du service, j'autorise les commis ordinaires de toutes classes à se présenter à cet examen. — Ceux de 2e, 3e ou 4e classe qui, à la suite des épreuves réglementaires, auront été reconnus admissibles au grade de commis principal, seront considérés comme ayant satisfait aux prescriptions de l'article 9 du règlement du 16 avril 1862 et pourront, par conséquent, être ultérieurement promus à ce grade, sans être astreints à l'obligation de subir un nouvel examen.

M^{al} DE MAC-MAHON, DUC DE MAGENTA.

ARRÊTÉ DU GOUVERNEUR GÉNÉRAL *du 27 février 1874, autorisant les employés de la Topographie et des Contributions diverses à subir l'examen réglementaire pour l'admissibilité au grade de commis principal dans l'administration départementale.*

Art. 1er. — Les Préfets de l'Algérie auront, par exception et dans l'intérêt du service, la faculté d'autoriser les employés des services de la Topographie et des Contributions diverses, dont le grade correspondra à celui de commis ordinaire de préfecture, à subir l'examen de capacité prescrit par l'art. 9 du règlement suss-visé, pour être reconnu admissible au grade de commis principal dans l'administration départementale.

Gal CHANZY.

TITRE VI. — DISPOSITIONS DIVERSES ET TRANSITOIRES.

Art. 15. — Sur les fonds mis, chaque année, à la disposition des chefs de service, au titre du personnel de l'administration provinciale, un crédit pourra être spécialement affecté à la rémunération des travaux extraordinaires de rédaction ou d'expédition. Les chefs de service justifieront de l'emploi de ce crédit conformément aux règles de la comptabilité publique.

Les employés auxiliaires, qu'ils prendront dans le cas de travaux extraordinaires et urgents, seront payés au mois, à la journée ou à la tâche. Ils seront congédiés dès que les circonstances qui auront rendu leur concours nécessaire auront cessé.

Art. 16. — L'uniforme des employés des bureaux de l'administration provinciale reste fixé conformément aux dispositions de l'article 11 de l'arrêté du Ministre de la Guerre, en date du 17 mars 1854.

Le costume n'est obligatoire que pour les chefs de bureau, les adjoints aux bureaux arabes, les secrétaires de Sous-Préfecture et de Commissariat civil.

Art. 17. — Tous les six mois, à la fin de juin et à la fin de décembre, les chefs de service adresseront au Gouverneur général un tableau de leur personnel, avec une feuille signalétique ou rapport particulier sur chaque employé, conforme au modèle qui leur sera prescrit par l'administration centrale.

Le tableau et les feuilles signalétiques dressés par les Sous-Préfets seront visés par les Préfets.

Art. 18. — Les employés actuels de l'administration provinciale sont classés, dans la hiérarchie, d'après les bases des traitements dont ils jouissent en ce moment.

Ceux des chefs de bureau qui auraient un traitement supérieur au traitement *maximum* fixé par le présent arrêté, continueront à en jouir exceptionnellement. Mais à l'avenir, aucun dépassement ne devra être proposé.

Les employés et gens de service dont le traitement se trouverait augmenté par le classement établi à l'article 1er, ne recevront l'augmentation qui pourrait leur être attribuée qu'au fur et à mesure des vacances ou des suppressions d'emploi laissant des fonds libres au budget.

Art. 19. — Dans le mois qui suivra la notification du présent arrêté, les Généraux, les Préfets et les Sous-Préfets adresseront des propositions pour la fixation des cadres de leurs bureaux.

Les propositions des Sous-Préfets parviendront par l'intermédiaire des Préfets et accompagnées de leurs observations.

Les réductions de personnel qui pourraient résulter de la nouvelle fixation des cadres, ne seront opérées que par voie d'extinction.

Art. 20. — Sont rapportées toutes les dispositions antérieures, contraires au présent arrêté.

M^{al} PELISSIER, duc DE MALAKOFF.

12 janvier 1874. — *Arrêté.*

Art. 1er. — Les traitements des employés des préfectures, sous-préfectures, commissariats civils et bureaux civils des divisions sont fixés de la manière suivante :

Chefs de bureau de 1re classe..	5.500 fr.
— de 2e classe..	5.000
— de 3e classe..	4.500
Sous-chefs de bureau et secrétaires de sous-préfectures de 1re classe................	4.000
Sous-chefs de bureau et secrétaires de sous-préfectures de 2e classe................	3.500
Secrétaires de sous-préfectures de 3e classe et commis principaux................	3.000
Commis-rédacteurs, commis vérificateurs et secrétaires de commissariats civils de :	
1re classe................	2.700
2e classe................	2.400
3e classe................	2.100
4e classe................	1.800
Commis expéditionnaires de :	
1re classe................	2.700
2e classe................	2.400
3e classe................	2.100
4e classe................	1.800
5e classe................	1.500

Art. 2. — Pourront recevoir un traitement exceptionnel de six mille francs (6,000 fr.), par décision spéciale du Gouverneur général, les chefs de bureau de 1re classe, comptant cinq années d'exercice dans ce grade et que les besoins du service commanderont de maintenir dans les Préfectures.

Art. 3. — Une commission composée dans chaque préfecture, comme il est dit à l'article 1er du règlement du 17 avril 1863 : du Secrétaire général, président, d'un conseiller de Préfecture et d'un chef de bureau, opérera le classement des employés dans les deux catégories établies par l'article 1er du présent arrêté, savoir :

1° Commis-rédacteurs et commis-vérificateurs ;
2° Commis expéditionnaires.

Les Préfets arrêteront le programme de l'examen à faire subir aux employés à classer parmi les rédacteurs et les vérificateurs.

Art. 4. — Les employés actuellement en possession de traitements, fixés par l'arrêté du 16 avril 1862, jouiront de ces traitements jusqu'à ce que des décisions spéciales leur aient attribué, s'il y a lieu, les émoluments déterminés par l'article 1er du présent arrêté. Gal CHANZY.

Un arrêté du Gouverneur général, du 30 décembre 1876, détermine les conditions exigées des candidats aux emplois ou fonctions d'Administrateur de commune mixte et d'Adjoint à l'Administrateur. V. cet *arrêté* V° COMMUNES, sect. 2°, § 1er.

§ 4.
Fixation des cadres du personnel de l'Administration départementale de l'Algérie.

31 décembre 1877. — Arrêté (1).

Art. 1er. — Les cadres du personnel des fonctionnaires de l'Administration départementale de l'Algérie sont fixés ainsi qu'il suit :

3 Préfets : 1 (Alger) à 25,000 fr. — 2 (Oran et Constantine) à 20,000. — (Loi de finances du 20 décembre 1872).	3
12 Sous-Préfets : 3 de 1re classe ; 3 de 2e classe ; 3 de 3e classe ; et 3 de 4e.	12
3 Secrétaires généraux de Préfectures : 1 de 1re classe ; 2 de 2e classe.	3
13 Conseillers de préfectures : 4 de 1re classe ; 4 de 2e classe ; et 5 de 3e.	13
30 Administrateurs de communes mixtes : 6 de 1re classe ; 10 de 2e classe ; et 14 de 3e classe	30
30 Adjoints aux administrateurs de communes mixtes : 6 de 1re classe ; 10 de 2e classe ; et 14 de 3e classe.	30
Total	91

Sauf en ce qui concerne les préfets, la classe est inhérente à la personne et non à la résidence.

ART. 2. — Sont fixés comme il suit les cadres du personnel appartenant aux préfectures, aux sous-préfectures et aux bureaux civils des divisions et des subdivisions :

I. PRÉFECTURES

Chefs de bureau	15
Sous-chefs de bureau	15
Commis principaux	21
Commis rédacteurs ou vérificateurs	47
Commis expéditionnaires	42
Surnuméraires appointés ou commis auxiliaires	7
Surnuméraires non appointés	8

II. SOUS-PRÉFECTURES

Secrétaires de sous-préfecture	12
Commis rédacteurs ou vérificateurs	12
Commis expéditionnaires	6
Khodjas (secrétaires indigènes)	12

III. BUREAUX CIVILS DES DIVISIONS

Chefs de bureau	3
Commis principaux	3
Commis rédacteurs	3
Commis expéditionnaires	5

IV. BUREAUX CIVILS DES SUBDIVISIONS

Sous-chefs de bureau, dirigeant le bureau	9
Commis rédacteurs	9
Total	229

ART. 3. — Ce personnel est réparti entre les services administratifs ci-dessus désignés, suivant le *tableau* A joint au présent.

ART. 4. — Les membres de ce personnel, dont l'art. 8 du règlement sus-visé, du 16 avril 1862, réserve la nomination au Gouverneur Général ou au Directeur Général délégué, concourent à l'avancement sur l'ensemble des vacances d'emploi dans les trois départements.

Les Préfets des départements et les Généraux commandant les divisions continuent, chacun en ce qui le concerne et en se renfermant dans la limite des cadres, à user du droit de nomination qui leur a été conféré par le règlement précité (Art. 8, § 3).

Provisoirement, les employés attachés aux bureaux civils des subdivisions sont à la désignation du Gouverneur Général.

ART. 5. — Le nombre des employés,

---

(1) Les textes législatifs et actes administratifs visés dans les considérants qui précèdent les articles de l'arrêté ci-dessus du 31 décembre 1877 sont énumérés plus bas ; on les trouvera reproduits, suivant qu'ils sont antérieurs ou postérieurs à l'année 1872, soit dans le *Dictionnaire de Ménerville*, soit dans notre *Code algérien*, savoir :
Décision impériale du 13 novembre 1858, *Ménerville*, t. 1, p. 47.
Décret du 21 décembre 1861, id , t. 2, p. 16.
Arrêté du Gouverneur général du 9 février 1863, id., t. 2, p. 35.
Arrêté du Gouverneur général du 17 avril 1863, id., t. 2, p. 17.
Décret du 25 mars 1865, id., t. 2, p. 62.
Décision impér. du 19 décembre 1868, id., t. 2, p. 3.
Arrêté du Gouv. gén. du 11 juin 1870, id., t. 3, p. 4.

Décret du 27 juillet 1875. — *Code algérien.* V° *Sous-préfectures.*
Arrêté du Gouv. gén. du 18 août 1875, id. id.
— du 10 mai 1876 (*) id, V° *Administration du territoire militaire.*
Arrêté du Gouv. gén. du 30 décembre 1876, id V° *Communes, sect. 2.*

(*) Une décision du 15 octobre 1877, modifiant l'institution des adjoints civils près les Généraux commandant les subdivisions établie par l'arrêté du 10 mars 1876, a créé en principe un bureau civil dans chaque subdivision. Le personnel de ce bureau, pris dans les cadres de l'administration départementale dont il continue à faire partie, est fixé ainsi qu'il suit : 1° un sous-chef de bureau, dirigeant le bureau ; 2° un commis rédacteur, secrétaire.

dans les diverses classes de chaque grade, ne peut, en aucun cas, excéder celui fixé par le *tableau* B, ci-annexé.

ART. 6. — En cas de vacances dans les emplois de chefs, de sous-chefs de bureau et de secrétaires de sous-préfecture, et à défaut de candidats réunissant les conditions réglementaires, des employés du grade immédiatement inférieur pourront être appelés à ces postes, en qualité de *faisant fonctions*. — Une indemnité *pour services exceptionnels* leur sera accordée, et, dès qu'ils rempliront les conditions d'ancienneté voulues pour justifier une promotion, ils prendront rang, dans le grade (ou la classe) pour lequel ils auront acquis des titres, en conformité de l'art. 10 du règlement du 16 avril 1862.

ART. 7. — Chaque année, dans le courant du mois de janvier, des examens d'admissibilité au grade de commis principal auront lieu à Alger pour les candidats des trois départements. *Il sera accordé des frais de route* aux candidats qui auront à se déplacer.

ART. 8. — Les commis principaux sont répartis entre les trois préfectures suivant les besoins du service, sans que leur nombre puisse excéder celui de 21 fixé par le tableau A, ci-annexé.

Dans le cas où le personnel d'une préfecture compterait plus ou moins de 7 commis principaux, le nombre des commis rédacteurs de cette préfecture devrait être diminué ou augmenté dans la même proportion.

ART. 9. — A défaut de commis rédacteurs de 1re classe ayant satisfait aux examens, le grade de commis principal pourra être conféré aux commis rédacteurs de 2e classe reconnus admissibles et comptant au moins trois ans d'exercice dans leur classe.

ART. 10. — Sont et demeurent rapportées toutes dispositions antérieures, contraires à celles du présent arrêté.

Jusqu'à ce que l'effectif actuel des fonctionnaires et des employés de l'administration départementale ait été ramené aux chiffres fixés par les articles 1 et 2 qui précèdent, il ne sera fait qu'une nomination ou qu'une promotion sur deux vacances dans chaque emploi, grade ou classe, en surnombre.   Gal CHANZY.

TABLEAU A. — Répartition entre les préfectures, les sous-préfectures et les bureaux civils des divisions et des subdivisions du personnel de l'administration départementale de l'Algérie. (Annexe de l'article 3 de l'arrêté du 31 décembre 1877).

1° Préfectures

DÉSIGNATION DES SERVICES et CATÉGORIE D'EMPLOYÉS	PRÉFECTURE d'Alger	d'Oran	de Constantine	TOTAL
CABINET				
Commis principaux, chefs de cabinet	1	1	1	3
Commis rédacteurs ou vérificateurs	1	1	1	3
Commis expéditionnaires	1	1	1	3
BUREAUX				
Chefs de bureau	5	5	5	15
Sous-chefs de bureau	5	5	5	15
Commis principaux	5	5	5	15
Commis rédacteurs ou vérificateurs	15	14	15	44
Commis expéditionnaires	12	12	12	36
Surnuméraires appointés ou commis auxiliaires	3	2	2	7
Surnuméraires non appointés	3	2	3	8
GREFFES DES CONSEILS DE PRÉFECTURE				
Commis principaux, secrétaires-greffiers	1	1	1	3
Commis expéditionnaires	1	1	1	3
TOTAUX	53	50	52	155

2° Sous-Préfectures

CATÉGORIE D'EMPLOYÉS	Dép. d'Alger Sous-préfect.			Départ. d'Oran Sous-préfectures				Départ. de Constantine Sous-préfectures				TOTAL
	Miliana	Orléansville	Tizi-Ouzou	Mascara	Mostaganem	Sidi-bel-Abbès	Tlemcen	Bône	Bougie	Guelma	Philippeville	Sétif	
Secrétaires	1	1	1	1	1	1	1	1	1	1	1	1	12
Commis rédacteurs ou vérificateurs	1	1	1	1	1	1	1	1	1	1	1	1	12
Commis expéditionnaires	»	»	»	1	1	»	»	2	»	»	1	1	6
Khodjas (secrétaires indigènes)	2	2	2	3	3	2	2	4	2	2	3	3	30
	1	1	1	1	1	1	1	1	1	1	1	1	12
TOTAUX	3	3	3	4	4	3	3	5	3	3	4	4	42

EMPLOIS ADMINISTRATIFS

III° Bureaux civils des divisions

CATÉGORIE D'EMPLOYÉS	BUREAU CIVIL de la DIVISION			TOTAUX
	d'Alger	d'Oran	de Constantine	
Chefs de bureau...........................	1	1	1	3
Commis principaux........................	1	1	1	3
Commis rédacteurs ou vérificateurs.......	1	1	1	3
Commis expéditionnaires..................	2	1	2	5
TOTAUX........................	5	4	5	14

IV° Bureaux civils des subdivisions

CATÉGORIE D'EMPLOYÉS	Département d'Alger				Départ. d'Oran		Département de Constantine			TOTAL
	Aumale	Dellys	Médéah	Orléansville	Mascara	Tlemcen	Batna	Bône	Sétif	
Sous-chefs de bureau dirigeant le bureau...	1	1	1	1	1	1	1	1	1	9
Commis rédacteurs........................	1	1	1	1	1	1	1	1	1	9
TOTAUX........................	2	2	2	2	2	2	2	2	2	18

TABLEAU B. — *Effectif par grade et par classe dans le grade des employés composant le personnel de l'administration départementale de l'Algérie* (Annexe de l'article 5 de l'Arrêté du 31 décembre 1877).

NOMBRE des employés	GRADES	CLASSES et traitements		EFFECTIF par classe	OBSERVATIONS
18	Chefs de bureau.......	Hors classe..	6.000	3	(1) Répartition par classe entre les préfectures ou sous-préfectures et les bureaux civils des divisions des commis-rédacteurs ou vérificateurs et des commis expéditionnaires, dont la nomination appartient, selon le territoire, aux Préfets ou aux Généraux commandant les divisions — (Les 9 commis-rédacteurs, secrétaires des bureaux civils subdivisionnaires, sont provisoirement à la nomination du Gouverneur général).
		1re classe.	5.500	4	
		2e —	5.000	4	
		3e —	4.500	7	
24	Sous-chefs de bureau.	1re classe.	4.000	11	
		2e —	3.500	13	
12	Secrétaires de sous-préfectures........	1re classe	4.000	2	
		2e —	3.500	3	
		3e —	3.000	3	
		4e —	2.700	4	
24	Commis principaux...	Classe unique.	3.000	24	
71(1)	Commis-rédacteurs ou vérificateurs......	1re classe.	2.700	12	
		2e —	2.400	16	
		3e —	2.100	21	
		4e —	1.800	22	
53(1)	Commis expéditionnaires............	1re classe.	2.700	7	
		2e —	2.400	8	
		3e —	2.100	11	
		4e —	1.800	13	
		5e —	1.500	14	
15	Surnuméraires......	appointés ou commis auxiliaires	» 1.200	7	
		non appointés.	» »	8	
217				217	
12(2)	Khodjas (secrétaires indigènes)........	1re classe.	1.200	2	
		2e —	1.180	3	
		3e —	1.000	3	
		4e —	900	4	
				12	
229				229	

CLASSES et TRAITEMENTS	Effectif dans chaque classe	PRÉFECTURES			BUREAUX CIVILS des divisions			TOTAL ÉGAL à l'effectif
		Alger	Oran	Constantine	Alger	Oran	Constantine	
COMMIS RÉDACTEURS OU VÉRIFICATEURS								
1re classe 2.700	12	3	3	3	1	1	1	12
2e — 2.400	12	4	4	4	1	»	»	12
3e — 2.100	16	5	5	6	»	»	»	16
4e — 1.800	22	7	7	8	»	»	»	22
	62	19	19	21	1	1	1	62
COMMIS EXPÉDITIONNAIRES								
1re classe 2.700	7	2	2	3	»	»	»	7
2e — 2.400	8	2	2	2	»	1	1	8
3e — 2.100	11	3	3	3	1	»	1	11
4e — 1.800	13	3	4	4	1	»	1	13
5e — 1.500	14	4	5	5	»	»	»	14
	53	14	16	18	2	1	2	53

(2) Répartition par classe, entre les trois départements, des khodjas (secrétaires indigènes) attachés aux sous-préfectures, et dont la nomination appartient aux Préfets.

CLASSES et TRAITEMENTS	Effectif dans chaque classe	DÉPARTEMENT			TOTAL ÉGAL à l'effectif
		d'Alger	d'Oran	de Constantine	
1re classe 1.200	2	1	»	1	2
2e — 1.100	3	»	2	1	3
3e — 1.000	3	1	1	1	3
4e — 900	4	1	1	2	4
	12	3	4	5	12

Vu pour être annexé à l'arrêté de ce jour.
A Alger, le 31 décembre 1877.

Le Gouverneur général : Gal CHANZY.

Employés municipaux (caisse de retraite des). — V. PENSIONS CIVILES ET MILITAIRES.

Emprunts des départements, des communes et des établissements publics.

7 juin 1876. — CIRCULAIRE *du Préfet d'Alger.*

Les lois des 5 juin 1850, 16 septembre 1871, 29 juin 1872 et 21 juin 1875 imposent aux départements, aux communes et aux établissements publics l'obligation d'acquitter aux caisses des Receveurs de l'Enregistrement, soit définitivement, soit à titre d'avance pour le compte des porteurs de titres :

1° Un droit de timbre au comptant ou par abonnement sur le capital des titres négociables de leurs emprunts ;

2° Un droit au comptant ou une taxe annuelle de transmission sur la valeur négociée des mêmes titres, selon qu'ils sont nominatifs ou au porteur ;

3° Une taxe de 3 0/0 sur les arrérages et intérêts annuels de leurs emprunts et obligations ;

3° Une taxe semblable de 3 0/0 sur les lots et primes de remboursement payés aux créanciers et aux porteurs d'obligations et tous autres titres d'emprunt

L'Administration de l'Enregistrement est mise en mesure de liquider ces divers impôts et d'en assurer la perception : 1° en ce qui concerne le droit de timbre, par la présentation des titres ou par la déclaration d'abonnement ; 2° à l'égard des taxes de transmission et de 3 0/0, par les déclarations et communications écrites des redevables.

Le contrôle de ces éléments de perception s'effectue au moyen de l'examen des registres à souche d'obligation et des registres de transfert ou conversion des titres, livres ou pièces comptables, ainsi que des écritures et documents relatifs aux lots et primes dont les agents peuvent requérir la communication sans déplacement.

M. le Ministre des finances a signalé l'insuffisance de ces moyens d'action qui ne sauvegardent pas entièrement les droits du Trésor, surtout en ce qui touche les emprunts des communes et des établissements publics.

Parfois des déclarations sont omises ou ne sont faites qu'incomplètement. D'un autre côté, les receveurs de l'Enregistrement et les employés supérieurs de cette administration, en raison de la multiplicité de leurs attributions et du nombre considérable des points sur lesquels doivent porter leurs investigations, se trouvent dans l'impossibilité d'exercer un contrôle efficace.

Pour assurer l'entière perception des taxes énumérées plus haut, il est indispensable que l'administration de l'Enregistrement soit informée de tous les emprunts émis et qu'elle puisse dresser pour chaque emprunt un document de contrôle des déclarations et des perceptions auxquelles l'opération doit donner lieu.

Cette administration connaît toujours les emprunts contractés, soit à la caisse des dépôts et consignations, soit au Crédit foncier, et des mesures concertées avec ces établissements assurent le paiement des diverses taxes dues au Trésor. Mais il n'en est pas de même des autres emprunts réalisés à l'aide des capitaux privés : les conditions, le montant, le mode de réalisation et de remboursement de cette catégorie d'emprunts peuvent échapper à la connaissance de l'administration.

Afin d'éviter les pertes qui pourraient résulter pour le Trésor de cet état de choses, je dois adresser désormais au Directeur de l'Enregistrement et des Domaines, pour tous les emprunts contractés par le département, les communes et les établissements publics, soit avec publicité et concurrence, soit de gré à gré avec des particuliers, des états sommaires indiquant le montant et la durée de chaque emprunt, la date de l'autorisation, l'époque de la réalisation, le mode de remboursement et, en cas de tirage, la liste des obligations désignées par le sort.

Je vous prie de vouloir bien me fournir un état contenant ces indications pour chacun des emprunts qui seront contractés avec des particuliers.

Pour le Préfet :
Le Secrétaire général : R. GOUVET.

Emprunts des gouvernements étrangers. V. ENREGISTREMENT.

Enfants assistés.

Service des dépenses. — Frais de séjour à l'hôpital.

7 juin 1875. — *Décret.*

Art. 1ᵉʳ. — La loi du 5 mai 1869, susvisée, est déclarée applicable en Algérie et sera insérée, à la suite du présent décret, au *Bulletin officiel* des actes du Gouvernement.

Mᵃˡ DE MAC-MAHON.

5 mai 1869. — *Loi.*

Art. 1ᵉʳ. — Les dépenses du service des enfants assistés se divisent en :

Dépenses intérieures ;
Dépenses extérieures ;
Dépenses d'inspection et de surveillance.

Art. 2. — Les dépenses intérieures comprennent :

1° Les frais occasionnés par le séjour des enfants à l'hospice ;
2° Les dépenses de nourrices sédentaires ;
3° Les layettes.

Art. 3. — Les dépenses extérieures comprennent :
1° Les secours temporaires destinés à prévenir ou à faire cesser l'abandon ;
2° Le prix de pension et les allocations réglementaires ou exceptionnelles concernant les enfants placés à la campagne ou dans les établissements spéciaux ; les primes aux nourriciers ; les frais d'école, s'il y a lieu, et les fournitures scolaires ;
3° Les frais de vêtures ;
4° Les frais de déplacement, soit des nourrices, soit des enfants, et, au besoin, les frais relatifs à l'engagement des nourrices ;
5° Les registres et imprimés de toute nature, les frais de livrets et les signes de reconnaissance établis par les règlements ;
6° Les frais de maladie et d'inhumation des enfants placés en nourrice ou en apprentissage.

Art. 4. — Les dépenses d'inspection comprennent les traitements et frais de tournées des inspecteurs et sous-inspecteurs, et généralement les frais occasionnés par la surveillance du service.

Art. 5. — Les dépenses intérieures et extérieures sont payées dans chaque département, sur :
1° Le produit des fondations, dons et legs spéciaux faits à tous les hospices du département au profit des enfants assistés ;
2° Le produit des amendes de police correctionnelle ;
3° Le budget départemental ;
4° Le contingent des communes ;
Ce contingent est réglé chaque année par le Conseil général ; il ne peut excéder le cinquième des dépenses extérieures ;
5° La subvention de l'État égale au cinquième des dépenses intérieures.

Le prix des layettes et les frais de séjour dans les hospices dépositaires sont réglés tous les cinq ans par un arrêté du Préfet, sur la proposition des commissions administratives desdits hospices et après avis du Conseil général du département.

Art. 6. — Les frais d'inspection et de surveillance sont à la charge de l'État.

7 juin 1875. — Décret.

Art. 1er. — La surveillance des enfants assistés est confiée, dans chaque département, à un inspecteur qui prend le titre d'Inspecteur du Service des Enfants assistés.

Art. 2. — Les Inspecteurs relèvent directement des Préfets et reçoivent sur le budget de l'Algérie un traitement correspondant à une des classes établies par le présent décret et des indemnités de déplacement fixées suivant les nécessités du service.

Art. 3. — Le Gouverneur général civil de l'Algérie nomme ces fonctionnaires ; il pourvoit à leur classement et à leur avancement ; il fixe le taux de leurs frais de tournées.

Art. 4. — Le cadre général du personnel comprend six classes.

Art. 5. — Les classes sont personnelles. Les traitements fixes, correspondant à chacune d'elles, sont fixés ainsi qu'il suit :

1re classe............	5.000 fr.
2e classe............	4.500
3e classe............	4.000
4e classe............	3.500
5e classe............	3.000
6e classe............	2.500

Art. 6. — Les Inspecteurs ne pourront être promus à une classe supérieure qu'après trois ans au moins d'exercice dans la classe immédiatement inférieure.

Art. 7. — Nul ne pourra être nommé aux fonctions d'Inspecteur s'il n'est âgé de trente ans au moins.

Art. 8. — Les Inspecteurs sont choisis de préférence dans les catégories suivantes :
Parmi les Inspecteurs départementaux de l'Assistance publique ;
Parmi les fonctionnaires et employés des diverses Administrations publiques, comptant au moins huit ans de services,
Parmi les docteurs en médecine ayant au moins cinq années d'exercice et notamment parmi ceux qui auront été attachés à un service d'assistance, tels que : hôpitaux, bureaux de bienfaisance, médecine de colonisation, service des épidémies.

Mal DE MAC-MAHON.

31 décembre 1875. — Arrêté du Préfet d'Alger.

Art. 1er. — Les frais de séjour des enfants assistés, dans l'hospice dépositaire de Mustapha, sont réglés ainsi qu'il suit :
A 64 centimes par jour pour les filles de tout âge.
A 74 centimes par jour pour les garçons de tout âge.

Art. 2. — Le présent tarif est arrêté pour une période de cinq ans, qui commencera le premier janvier 1876 et finira le 31 décembre 1880.

Art. 3. — Les frais de séjour seront remboursés à l'hospice, par trimestre, sur production de mémoires dressés en double expédition.

Le Préfet : BRUNEL.

Enfants naturels. V. SUCCESSIONS.

Enfants du premier âge. V. PROTECTION DE L'ENFANCE.

Engagements volontaires. V. CASIER JUDICIAIRE ; SERVICE MILITAIRE; SERVICE MARITIME.

Enquêteurs. V. PROPRIÉTÉ INDIGÈNE.

Enregistrement.

DIVISION.

§ 1. — Organisation du service de l'Enregistrement, des Domaines et du Timbre.
Dépenses. — Traitement — Création de bureaux.

§ 2. — Lois et décrets sur l'enregistrement et le timbre promulgués en Algérie.

§ 1. — Organisation du service de l'enregistrement.

18 avril 1873. — *Décret*.

Art. 1er. — Les rapports des chefs départementaux du service de l'enregistrement, des domaines et du timbre, avec les Préfets et les Généraux chargés de l'administration des territoires dits militaires, seront, à l'avenir, ceux qui sont organisés par les lois et règlements de la métropole, entre les directeurs départementaux de ces mêmes services et les Préfets.

Art. 2. — Dans tous les cas où les directeurs départementaux correspondent en France avec le Directeur général de l'enregistrement, des domaines et du timbre, les chefs de service départementaux d'Algérie correspondront avec le Directeur des Affaires civiles et financières, chargé, sous l'autorité du Gouverneur général civil, de la centralisation du service.

Art. 3. — L'article 18 du décret du 7 juillet 1864 est abrogé, dans ce qu'il a de contraire aux dispositions qui précèdent.

A. THIERS.

16 juin 1873. — *Arrêté*.

Art. 1er. — Les chefs départementaux du service de l'Enregistrement, des Domaines et du Timbre à Alger, à Oran et à Constantine, sont institués ordonnateurs secondaires, à partir du 1er juillet 1873, pour l'acquittement des dépenses de ce service imputables sur le budget du Gouvernement général civil de l'Algérie.

2 avril 1874. — *Arrêté*.

Art. 1er. Le traitement fixe des receveurs-conservateurs en Algérie est déterminé par la classe du bureau de l'Enregistrement et des Domaines dont ils ont la gestion.

Art. 2. — Le minimum du traitement fixe cumulé avec les remises et salaires afférents à l'emploi de receveur-conservateur est fixé à 4,000 fr., non compris l'indemnité coloniale.

Art. 3. — Les dispositions qui précèdent ne seront appliquées qu'au fur et à mesure des vacances ou des changements ou promotions de classe des titulaires actuels.

Art. 4. — L'article 2 de l'arrêté ministériel du 30 décembre 1842 est abrogé.

Gal CHANZY.

Par décision du Gouverneur général, en date du 12 mai 1874, le bureau de l'Enregistrement, des Domaines et du Timbre, établi à Douéra, sera transféré à Boufarik, à partir du 1er juillet 1874.

La circonscription de ce bureau comprendra les deux cantons de Boufarik et de Douéra.

Par arrêté du 15 mai 1874, il est créé à Collo (département de Constantine), un bureau de l'Enregistrement, des Domaines et du Timbre, qui fonctionnera à partir du 1er juillet 1874.

Le ressort de ce bureau comprend le cercle de Collo et le cercle annexe d'El-Miliah.

Par arrêté du 30 juin 1874, le Gouverneur général a créé au Col des Beni-Aïcha (département d'Alger), un bureau de l'Enregistrement, des Domaines et du Timbre, qui fonctionnera à partir du 1er janvier 1875.

Le ressort de ce bureau comprend toute la circonscription du canton judiciaire du Col des Beni-Aïcha.

Par arrêté du 4 juillet 1877, M. le Gouverneur général a créé, à partir du 1er janvier 1878, un bureau de l'Enregistrement, des Domaines et du Timbre dans chacun des centres de Téniet-el-Haad et Dra-el-Mizan (dans le département d'Alger), l'Oued-Athménia, le Kroub et Milah (dans le département de Constantine).

Le ressort des bureaux de Téniet-el-Haad, Dra-el-Mizan, l'Oued-Athménia et Milah comprend la circonscription des cantons de même nom, tels qu'ils ont été délimités par le décret du 10 août 1875.

Le bureau du Kroub aura dans ses attributions les circonscriptions des deux justices de paix des Ouled-Rahmoun et de l'Oued-Dekri, telles qu'elles ont été délimitées par le décret précité du 10 août 1875.

Par arrêté du 20 août 1877, M. le Gouverneur général a créé, à partir du 1ᵉʳ janvier 1878, un bureau de l'Enregistrement, des Domaines et du Timbre à Boghari (département d'Alger.)

Le ressort de ce bureau comprend, tels qu'ils ont été délimités par le décret du 10 août 1875 : le canton judiciaire de Laghouat pour l'enregistrement des actes seulement, et les cantons de Boghari et de Laghouat pour toutes les parties de service (enregistrement, domaines et timbre).

Le receveur des contributions diverses à Laghouat continuera, jusqu'à ce qu'il en ait été autrement décidé, à être chargé de la gestion des immeubles domaniaux dans ce canton et de la vente des papiers timbrés.

§ 2. — Lois et décrets sur l'enregistrement promulgués en Algérie.

Prorogation du délai pour les déclarations de locations verbales.

23 mars 1872. — Décret.

Art. 1ᵉʳ. — L'article 6 de la loi du 28 février 1872 est rendu applicable à l'Algérie, à partir du 1ᵉʳ avril prochain. Il y sera, à cet effet, publié et promulgué à la suite du présent décret, qui sera inséré au *Bulletin des Lois*.

Art. 2. — Est prorogé jusqu'au 30 juin 1872, le délai accordé aux bailleurs, pour effectuer les déclarations de locations verbales. A. THIERS.

Promulgation en Algérie des lois des 28 février et 30 mars 1872.

22 juin 1872. — Décret.

Art. 1ᵉʳ. — La loi d'enregistrement du 28 février 1872, dont l'art. 6 a déjà été rendu exécutoire par décret du 23 mars 1872, est applicable, en Algérie, à partir du 1ᵉʳ août prochain, sous le bénéfice de la modération de droits accordée par l'ordonnance du 19 octobre 1841.

La loi du 30 mars 1872, sur le timbre, est également rendue exécutoire dans les départements algériens, à partir de la même époque, ainsi que les règlements d'administration publique pris pour son exécution.

Ces deux lois seront, à cet effet, publiées et promulguées en Algérie, à la suite du présent décret qui sera inséré au *Bulletin des lois*. (1).

A. THIERS.

---

(1) A la suite de ce décret, le *Bulletin officiel des Actes du Gouvernement* publie le texte des lois du 28 février et 30 mars 1872 sur l'enregistrement et le timbre que nous ne croyons pas devoir reproduire, car on les trouvera, s'il est nécessaire, dans ledit *Bulletin* n° 423, p. 370 et suiv. année 1872 et dans tous les recueils de lois.

Fixation du droit d'enregistrement pour les constatations des conventions à intervenir au sujet des Alsaciens-Lorrains.

20 avril 1874. — Décret.

Art. 1ᵉʳ. — Les actes destinés à constater les conventions à intervenir, dans le but de régler les engagements réciproques des parties, en la Société de protection des Alsaciens-Lorrains demeurés français, présidée par M. le comte d'Haussonville, et les colons que la dite Société se propose d'installer en Algérie, sur les territoires qui lui ont été attribués à cet effet, ne seront assujettis, quelle que soit leur forme, qu'à un droit fixe d'enregistrement de un franc cinquante centimes, lorsque la formalité sera accomplie en Algérie.

Mᵃˡ DE MAC-MAHON.

18 mai 1874. — Décret.

Art. 1ᵉʳ. — Sont rendus exécutoires en Algérie :
1° L'article 3, § 3, de la loi du 11 mai 1868 ;
2° L'article 4 de la loi du 27 juillet 1870 ;
3° L'article 11 de la loi du 16 septembre 1871 ;
4° Les articles 1 à 4 de la loi du 30 mars 1872 ;
5° Le décret portant règlement d'administration publique, du 24 mai 1872 ;
6° La loi du 25 mai 1872 ;
7° Le décret portant règlement d'administration publique, du 24 juillet 1872 ;
8° La loi du 29 juin 1872 ;
9° Le décret du 6 décembre 1872, portant règlement d'administration publique sur l'exécution de cette loi ;
10° L'article 3 de la loi du 20 décembre 1872.

A cet effet, les articles de lois, lois et décrets sus-visés y seront publiés et promulgués à la suite du présent décret, qui sera inséré au *Journal officiel de la République française* et au *Bulletin officiel du Gouvernement général de l'Algérie*.

Art. 2. — Continueront à être exécutés, en ce qui concerne les nouveaux droits d'enregistrement ou de transmission par décès, les articles 2 et 4 de l'ordonnance du 19 octobre 1841 (1).

Mᵃˡ DE MAC-MAHON.

---

(1) A la suite de ce décret, le *Bulletin officiel des Actes du Gouvernement* publie le texte des divers décrets, lois et articles de lois rendus applicables à l'Algérie, en vertu dudit décret. Nous ne croyons pas nécessaire de reproduire ici ces différents textes qu'on trouvera facilement, en cas de besoin, dans le *Bulletin officiel des actes du Gouvernement*, année 1874, n° 547, p. 342 et suivantes et dans tous les recueils de lois.

Le délai fixé par l'art. 20 de la loi du 22 frimaire, an VII, sur l'enregistrement, est porté de quatre à quinze jours.

23 août 1875. — Décret.

Art. 1ᵉʳ. — Est porté de quatre à quinze jours, à partir de la date de la promulgation du présent décret, le délai fixé par l'art. 20 de la loi du 22 frimaire, an VII, pour l'enregistrement :

1° Des actes des huissiers et autres ayant pouvoir de faire des exploits et procès-verbaux et résidant dans des localités où il n'existe pas de bureau de l'Enregistrement ;

2° Des actes des agents remplissant les fonctions d'huissier, en territoire militaire, alors même que ces agents ont leur domicile dans une ville où un bureau de l'Enregistrement est installé.

Mᵃˡ DE MAC-MAHON.

8 février 1876. — Décret.

Art. 1ᵉʳ. — Est déclarée exécutoire en Algérie, à partir du 1ᵉʳ février 1876, la loi du 21 juin 1875, sous la réserve toutefois des modifications et exceptions résultant des articles 2 et 4 de l'ordonnance du 19 octobre 1841 sus-visée. Cette loi y sera, à cet effet, publiée et promulguée à la suite du présent décret, qui sera inséré au *Bulletin des lois*.

Art. 2. — Le décret du 19 mars 1850 est abrogé (1).

Mᵃˡ DE MAC-MAHON.

16 mai 1877. — Décret.

Art. 1ᵉʳ. — Un délai de 6 mois, à compter de la date du présent décret, est accordé pour soumettre au visa pour Timbre et à l'Enregistrement sans droits en sus ou amendes, les actes sous-seing privé entre Indigènes musulmans, les actes ou jugements passés devant les Cadis, qui emportent transmission de propriété ou d'usufruit, de biens immeubles, de droits réels susceptibles d'hypothèques, les baux à ferme, à loyer, où à rente, les sous-baux, cessions ou subrogations de baux et les engagements de biens de même nature.

Art. 2. — Cette disposition ne s'applique qu'aux contraventions existantes au jour de la date du présent décret.

Mᵃˡ DE MAC-MAHON.

Voir DOMAINES et TIMBRE.

---

(1) V. Ce décret concernant l'Enregistrement des baux et autre contrats dans *Ménerville*, T. 1. p 314.
Nous ne croyons pas devoir reproduire la loi du 21 juin 1875, rendue applicable en Algérie, par le décret ci-dessus du 8 février 1876. On la trouvera à la suite de ce décret dans le *Bulletin officiel du Gouvernement*, année 1876, p. 86 et suivantes et dans tous les recueils de lois.

Entrepôts réels. V. DOUANES.

Entrepreneurs. V. CAUTIONNEMENT DE FONCTIONNAIRES.

Envoi en possession. — V. SUCCESSION.

Epizootie.

SOMMAIRE

Peste bovine.
Animaux atteints de maladie contagieuse.
Ile de Malte.
Importations.

14 février 1875. — ARRÊTÉ *de M. le Préfet d'Alger*.

Vu les lois des 16-24 août 1790, 19-22 juillet 1791 ;

Vu les renseignements fournis constatant l'existence de la peste bovine à Malte ;

Vu la dépêche de M. le Gouverneur général, en date du 12 février 1875.

Art. 1ᵉʳ. — A partir de ce jour et jusqu'à nouvel ordre, il est interdit d'importer dans le département d'Alger des animaux de race bovine et des dépouilles vertes de ces mêmes animaux, provenant de l'île de Malte.

Le Préfet : BRUNEL.

17 mars 1876. — ARRÊTÉ *de M. le Préfet d'Alger*.

Considérant qu'il résulte des renseignements donnés par M. le Consul général de France à Malte, que la peste bovine, dont la présence avait été signalée l'année dernière dans cette île, a disparu ; que dès lors, l'interdiction dont avait été frappée l'importation des bestiaux de cette provenance peut être levée ;

Considérant, toutefois, que l'île de Malte étant en relations libres avec la Russie et d'autres contrées où règne encore la peste bovine, il y a lieu, par mesure de précaution et jusqu'à nouvel ordre, de n'autoriser le débarquement d'animaux susceptibles d'apporter la contagion, qu'après leur visite par un vétérinaire agréé par l'Administration.

Art. 1ᵉʳ. — Est levée l'interdiction dont avait été frappée par nos arrêtés des 14 février, 13 avril et 8 mai 1875, l'importation dans le département d'Alger (en outre des animaux de races bovine, caprine et ovine) des chevaux, ânes et mulets, ainsi que des dépouilles vertes de ces mêmes animaux provenant de l'île de Malte.

Art. 2. — Toutefois et jusqu'à nouvel ordre, le débarquement de tous animaux de cette provenance ne sera autorisé qu'après visite par un vétérinaire agréé par l'administration.

Art. 3. — Sont rapportés nos arrêtés des 14 février, 13 avril et 8 mai 1875.

Le Préfet : BRUNEL.

Escorte de prévenus et accusés (frais d'). V. GENDARMERIE.

Espions.

En temps de paix la connaissance des faits d'espionnage n'appartient pas à l'autorité militaire.

24 mars 1876 — LETTRE *du Garde des Sceaux au Ministre de la guerre.*

L'article 206 du Code de justice de l'armée n'est applicable qu'en temps de guerre ; en dehors de ce temps, l'autorité militaire ne peut agir contre les personnes suspectes d'espionnage, ni prescrire à leur égard aucune mesure.

L'action appartient exclusivement, selon le cas, à l'autorité administrative ou à la magistrature du parquet.

Si l'étranger arrêté n'est inculpé d'aucun délit, la détention ne peut être prescrite que par ordre administratif et comme préliminaire d'un arrêté d'expulsion, en vertu de l'article 7 de la loi de 1849. C'est donc à la disposition du sous-préfet de l'arrondissement que doit être mis alors l'individu arrêté. L'autorité administrative peut, du reste, lorsque, sans avoir commis de méfait, un individu voyageant hors de son canton est dépourvu de papiers et ne justifie pas de son domicile, le retenir pendant vingt jours, aux termes des articles 6 et 7, non abrogés, de la loi du 10 vendémiaire an IV, pour s'éclairer sur son identité et sur sa véritable situation.

Si l'étranger est inculpé de vagabondage ou d'un autre délit, il y a lieu d'observer les formes prescrites par le Code d'instruction criminelle et de le conduire immédiatement devant le procureur de la République. Ce magistrat décide s'il convient de requérir une information ou de mettre l'individu qui lui est déféré à la disposition du sous-préfet de l'arrondissement.

Mais, dans aucun cas, les individus soupçonnés d'espionnage ne sauraient être maintenus, pendant un intervalle de temps quelconque, à la disposition de l'autorité militaire.

Etablissements insalubres, dangereux ou incommodes.

DIVISION

§ 1. — Pétrole, schiste, usines à gaz.
§ 2. — Porcheries.

§ 1.

16 juin 1873. — *Décret.*

Vu le décret du 24 mars 1868, qui rend exécutoires en Algérie les décrets et ordonnances concernant les établissements insalubres, dangereux ou incommodes ;

Vu les décrets des 31 décembre 1866 et 10 août 1868 sur les classements des établissements réputés insalubres, dangereux ou incommodes ;

Vu le décret du 31 janvier 1872, portant addition à la nomenclature annexée au règlement d'administration publique du 31 décembre 1866 ;

Art. 1er. — Notre décret susvisé, du 31 janvier 1872, et le tableau de classement y annexé sont promulgués en Algérie.

M^{al} DE MAC-MAHON.

31 janvier 1872. — *Décret.*

Art. 1er. — Les établissements compris dans le tableau annexé au présent décret, ne pourront être créés qu'après accomplissement des formalités prescrites pour les ateliers insalubres, dangereux ou incommodes (1). A. THIERS.

11 juillet 1873. — *Décret.*

Art. 1er. — Le décret sus-visé du 9 février 1867 est promulgué en Algérie (2).

M^{al} DE MAC-MAHON.

8 décembre 1873. — *Décret.*

Art. 1er. — Le décret susvisé du 19 mai 1873 est rendu exécutoire en Algérie et y sera promulgué à cet effet (3).

M^{al} DE MAC-MAHON.

§ 2.

17 juillet 1873. — CIRCULAIRE *du Préfet de Constantine.*

Je suis informé que, dans certaines communes du département, quelques habitants se livrent à l'élève des porcs dans l'intérieur des centres, sans que, la plupart du temps, ils se soient munis d'une autorisation à cet effet.

Cette situation donne lieu à de très graves inconvénients. En premier lieu, des exhalaisons, contraires à la salubrité publique, sont répandues par ces animaux parqués, le plus souvent, dans des locaux fort mal entretenus. En outre, il arrive que les troupeaux de porcs laissés en toute liberté occasionnent des dégâts aux récoltes, aux canaux d'irrigation.

Il importe de faire cesser des abus aussi regrettables qui ont motivé des plaintes nombreuses.

Je crois devoir vous rappeler les règles à suivre en pareille matière.

---

(1) A ce décret est joint un tableau des établissements insalubres, dangereux ou incommodes additionnel à la nomenclature annexée au décret du 31 décembre 1866. V. ce tableau au *Bulletin officiel du Gouvernement*, n° 489, p. 340, année 1873.

(2) V. au *Bulletin officiel des actes du Gouvernement*, année 1873, p. 401 et suivantes, le décret du 9 février 1867 sur les usines à gaz, et une circulaire du Ministre de l'agriculture, M. de Forcade, explicative de ce décret. On trouvera également ce décret dans *Dalloz* et dans tous les recueils de lois.

(3) V. ce décret concernant le pétrole, le schiste et autres hydrocarbures au *Bulletin officiel du Gouvernement*, année 1873, n° 511, p. 627 et suivantes, dans *Dalloz* et dans tous les recueils de lois.

Les porcheries proprement dites sont rangées dans la première classe des établissements insalubres, par le décret du 15 octobre 1810 et par l'ordonnance du 14 octobre 1815.

Elles ne peuvent être établies en Algérie qu'en vertu d'une décision du Préfet, prise en Conseil de préfecture. Les demandes en autorisation doivent être accompagnées du plan des lieux, d'un procès-verbal d'enquête de *commodo et incommodo* et de l'avis du Maire.

Une délibération du Conseil d'hygiène, dans les localités où les assemblées de cet ordre fonctionnent, doit être également fournie à l'appui.

Le Maire doit déterminer, en outre, à quelle distance des habitations les établissements de l'espèce doivent être placés.

Vous devez donc mettre en demeure les personnes qui ont établi des porcheries, sans autorisation, d'avoir à se munir d'une autorisation régulière, et déférer les contrevenants aux tribunaux compétents.

Ces prescriptions s'appliquent surtout aux porcheries proprement dites, ainsi qu'aux villes et centres de quelque importance et à population agglomérée dans lesquels les exigences de l'hygiène excluent l'élevage du porc d'une manière absolue.

Dans les hameaux et les centres agricoles où la présence de ces animaux n'entraîne pas les mêmes inconvénients, il est d'usage que les habitants entretiennent un petit nombre de porcs pour la consommation de leurs familles.

Il est évident que les prescriptions relatives aux porcheries ne sauraient leur être imposées et que les habitudes qui sont communes à la plupart des populations rurales peuvent être tolérées par l'autorité locale, pourvu qu'elles ne dégénèrent pas en abus, et qu'au besoin, elles soient maintenues dans de justes limites par des règlements appropriés aux besoins de chaque localité et qui sont du ressort de l'autorité municipale.

Il vous appartient, Messieurs, d'apprécier les mesures à prendre à cet égard. Vous pouvez notamment défendre d'élever ces animaux et de les tenir renfermés dans une partie quelconque des maisons, dans les villes; et dans les communes rurales, interdire de les laisser vaguer sur les voies publiques, où ils ne peuvent qu'occasionner des dégradations ou même des accidents de plus d'un genre.

L'art. 475, n° 7 du Code pénal, arme suffisamment les autorités locales à cet égard.

Le préfet : Desclozeaux.

V. aussi v° Poudres a feu.

Etablissements pénitentiaires.

SOMMAIRE

Régime des prisons.
Prime accordée pour la capture des condamnés évadés.
Transport de prisonniers.
Correspondance des transportés indigènes.

18 décembre 1874. — *Décret.*

Art. 1er. — Le service des prisons et établissements pénitentiaires de l'Algérie est placé sous l'autorité directe du Ministre de l'Intérieur.

Art. 2. — Les lois, ordonnances et décrets concernant les établissements similaires de la métropole sont exécutoires en Algérie. Toutefois, le Ministre de l'intérieur pourra, sur l'avis du Gouverneur général civil, maintenir, à titre transitoire, pendant un laps de temps qu'il déterminera, les dispositions spéciales actuellement en vigueur dans la colonie (1).

Mal de Mac-Mahon.

Primes aux capteurs de condamnés évadés.

22 novembre 1872. — *Arrêté.*

Vu l'arrêté des Consuls, en date du 18 ventôse an XII, qui détermine les gratifications accordées pour la reprise des condamnés évadés ;

Vu la décision d'un de nos prédécesseurs, en date du 21 septembre 1863, qui a prescrit l'application en Algérie des dispositions de l'arrêté sus-visé ;

Vu le décret du 19 septembre 1866, fixant les gratifications dues pour la reprise des condamnés évadés des maisons centrales, au chiffre uniforme de cinquante francs, et abrogeant l'arrêté du 18 ventôse en ce qu'il a de contraire à cet arrêté ;

Art. 1er. — La décision précitée du 21 septembre 1863, est rapportée.

Art. 2. — Les dispositions du décret du 19 septembre 1866, ci-dessus visé, sont applicables à l'Algérie (2).

Le Gouverneur général civil de l'Algérie,
Vice-amiral Cte de Gueydon.

Frais de transport de prisonniers indigènes.

21 juin 1875. — Circulaire *du Préfet d'Alger.*

L'examen des feuilles de réquisition pour transport de prisonniers indigènes,

---

(1) V. dans *Dalloz*, P. 1872, 4e partie, p. 121, un décret du 25 mai 1872 sur le régime des prisons.

(2) V. au *Bulletin officiel du Gouvernement*, année 1872, n° 449, p. 699, le décret du 19 septembre 1866 qui alloue une prime de 50 francs à celui qui arrêtera et amènera un condamné évadé d'une maison centrale ou d'un pénitencier agricole.

par voie de terre ou de mer, a donné occasion, à M. le Gouverneur général, de remarquer que les renseignements qu'elles contiennent ne permettent pas toujours de déterminer d'une manière précise à quel budget la dépense doit incomber. En effet, parmi les feuilles qui sont adressées à M. le Gouverneur général, les unes portent cette seule mention : « Indigènes escortés par la gendarmerie, » les autres renferment l'indication suivante : « Indigènes arrêtés pour vagabondage et conduits sous escorte pour être rapatriés. »

Afin d'arriver à une répartition équitable des frais de transport, il devient évidemment indispensable d'avoir sur les individus arrêtés pour un motif quelconque des renseignements plus complets que ceux qui ont été fournis jusqu'à ce jour. Il conviendrait notamment d'indiquer, sur la réquisition, les motifs de l'arrestation, la nature précise de la condamnation judiciaire ou de la mesure administrative sur laquelle s'appuient les ordres de transfert.

A l'aide de ces indications, il deviendra possible de classer les détenus en plusieurs catégories et, par suite, d'éviter toute erreur dans l'imputation de la dépense.

Ainsi, d'un côté, les frais de transport des individus qui doivent être traduits devant les tribunaux ordinaires ou les conseils de guerre seraient mis à la charge des budgets de la justice ou de la guerre ; de l'autre, ce serait au budget de l'Algérie, à celui des communes indigènes ou du fonds commun général qu'incomberait le soin de solder les frais de transfert des indigènes à rapatrier dans leur pays d'origine ou à reconduire à la frontière.

Le Préfet: BRUNEL.

Correspondance en Algérie des transportés.

29 mars 1877. — CIRCULAIRE *du Gouverneur général.*

M. le Ministre de la Marine et des Colonies a bien voulu m'adresser, en communication, un rapport de M. le Directeur du service pénitentiaire à la Guyane, relatif aux correspondances échangées entre les transportés arabes et leurs familles domiciliées en Algérie.

Les propositions formulées dans ce document se résument ainsi :

1° Les lettres provenant de la Guyanne seraient adressées sous bordereau, par le service pénitentiaire, au Ministre de la Marine et des Colonies, et transmises, par les soins de ce département, au Gouvernement général de l'Algérie, qui les ferait distribuer gratuitement aux intéressés, par l'intermédiaire des autorités administratives locales.

2° Les lettres originaires de l'Algérie, pour les transportés de la Guyanne, seraient remises par les expéditeurs aux mêmes autorités et me parviendraient par votre intermédiaire (Etat-major général. Affaires indigènes), pour être transmises, par mes soins, à M. le Ministre de la Marine, qui les ferait tenir aux intéressés.

En me communiquant ces propositions, M. le Ministre me demande de vouloir bien prêter mon concours à une combinaison qui, en facilitant l'échange d'une correspondance entre les déportés et leurs familles, est susceptible d'exercer une salutaire influence sur le moral de ces condamnés.

Je ne puis qu'approuver entièrement cette mesure. En conséquence, vous voudrez bien porter ces dispositions si bienveillantes à la connaissance des indigènes de votre département dont les parents se trouvent dans la catégorie de condamnés précités ; les lettres reçues par les autorités locales me seront ensuite transmises par vos soins, en une seule fois, chaque mois et par un simple bordereau d'envoi qui signalera toutefois celles de ces lettres contenant des mandats.

Cet envoi devra me parvenir avant le 23 de chaque mois, terme de rigueur imposé par l'utilité qu'il y a à se servir, pour le transport de cette correspondance, du courrier partant de France le 6 du mois suivant.

De mon côté, je vous transmettrai, en ce qui concerne les indigènes relevant de votre administration, les envois qui me seront faits par le département de la Marine, et que vous ferez parvenir aux intéressés par l'entremise des autorités locales (1). Gal CHANZY.

Etablissements scientifiques.
V. INSTRUCTION PUBLIQUE.

Etat-civil.

DIVISION

§ 1. — Reconstitution des actes de l'état-civil de Paris.

§ 2. — Mariage des Italiens.

§ 3. — Actes concernant les étrangers.

§ 4. — Mariages musulmans.

§ 5. — Livrets de familles.

---

(1) Une circulaire du Préfet de Constantine, en date du 10 juillet 1877, fait connaître que « les dispositions bienveillantes, prises par le Ministre de la Marine en faveur des transportés de la Guyane en ce qui concerne la transmission de leurs correspondances privées, seront désormais étendues aux détenus arabes de la Nouvelle-Calédonie. »

§ 1.

Prorogation jusqu'au 1ᵉʳ janvier 1874 du délai fixé par l'article 6 de la loi du 12 février 1872, sur la reconstitution des actes de l'état-civil de Paris, et du délai fixé par l'article 14, § 3 de la même loi.

13 février 1873 — Loi.

Art. 1ᵉʳ. — Le délai fixé par l'article 6 de la loi du 12 février 1872, sur la reconstitution des actes de l'état-civil, est prorogé jusqu'au 1ᵉʳ janvier 1874.

Art. 2. — Les déclarations ordonnées par l'article 13, § 2 de ladite loi, seront reçues jusqu'à la même époque.

Art. 3. — Ce délai et tous autres, déterminés par la loi du 12 février 1872, pourront être prorogés par des règlements d'administration publique.

Art. 4. — La loi du 12 février 1872 et la présente loi sont applicables à l'Algérie et aux colonies (1).

§ 2. — Mariages des sujets italiens.

26 janvier 1876. — CIRCULAIRE *du Ministre de la justice.*

Mon attention a été appelée, à différentes reprises, sur les difficultés auxquelles donnent lieu les mariages que des sujets italiens demandent à contracter en France devant nos officiers de l'état civil.

Le Code italien, qui a emprunté à notre code civil beaucoup de ses dispositions, s'en est écarté sur des points spéciaux, et notamment en n'admettant pas la formalité des actes respectueux. Il a seulement réservé aux ascendants le droit de former opposition au mariage, lorsque le fils majeur de 25 ans et la fille majeure de 21 ans ne sont plus tenus de justifier du consentement de leurs auteurs.

Il m'a paru qu'un intérêt sérieux s'attachait à ce que les Italiens ne pussent être admis à contracter mariage en France, sans qu'au préalable leurs ascendants eussent été avertis et mis à même d'user des moyens que leur propre législation leur offre pour former opposition à l'union projetée.

J'ai entretenu de cette pensée M. le Ministre des affaires étrangères, qui a bien voulu en référer au Gouvernement italien.

Nous avons reconnu que la loi italienne nous offre un seul moyen de garantir dans une certaine mesure, les droits des ascendants : l'art. 100 du Code civil italien prescrit aux sujets de ce royaume, qui veulent se marier à l'étranger, de faire procéder, dans le lieu de leur dernier domicile, en Italie, aux publications prescrites par les articles 70 et 71 du même Code. Cette obligation subsiste, quel que soit l'âge des époux, et quel que soit le temps depuis lequel ils ont pris résidence à l'étranger.

Nos officiers de l'état-civil devront, avant de procéder au mariage, exiger un certificat en due forme, constatant que cette obligation a été remplie ; ils s'assureront ainsi que, par ce moyen, les ascendants auront pu, dans beaucoup de cas, être avertis.

Les Consuls italiens faciliteront à leurs nationaux la délivrance et la production de ces certificats.

§ 3. — Actes de l'état-civil concernant les étrangers.

27 novembre 1876. — CIRCULAIRE *du Préfet d'Alger.*

J'ai l'honneur de vous adresser ci-après le texte d'une convention que vient de m'adresser M. le Ministre de l'intérieur au sujet de l'échange des actes de l'état-civil entre la France et la Belgique.

Ce traité est presque identique à ceux qui existent déjà entre la France, d'une part, l'Italie et le Grand-Duché de Luxembourg, d'autre part. Je me borne donc à me référer, en principe, aux instructions ministérielles des 30 juin, 7 octobre et 27 décembre 1875, qui indiquent les obligations imposées par ces actes aux autorités administratives.

Je dois cependant appeler votre attention sur certaines dispositions de la nouvelle convention qui s'écartent des précédentes.

1º Aux termes de l'art. 1, les deux gouvernements s'obligent à se communiquer non-seulement les actes de naissance, de décès et de mariage, mais encore les actes de reconnaissance d'enfants naturels, dans le cas où ils auront été reçus par l'officier de l'état civil. (Les actes de reconnaissance reçus par d'autres personnes ne sont point compris dans l'échange).

2º La transmission des actes de décès s'applique tant aux personnes nées en Belgique qu'à celles qui, d'après les renseignements fournis aux autorités locales, avaient leur domicile dans ce pays. (Art. 2).

Le traité conclu entre les gouvernements français et belge, ne produisant ses effets qu'à partir du 1ᵉʳ octobre dernier, le premier envoi ne comprendra que les actes dressés pendant le dernier trimestre 1876.

J'ai l'honneur de vous prier de vouloir bien m'adresser les actes dont il s'agit

---

(1) V. cette loi au *Bulletin officiel du Gouvernement*, année 1873 p. 130 et suivantes. On trouvera encore le texte de cette loi ainsi que celui des lois du 25 mai 1872 et 3 août 1875 relatives au même objet dans *Dalloz* et dans tous les recueils de lois ; aussi ne croyons-nous pas nécessaire de les publier ici.

dans le courant de janvier et de juillet de chaque année.

Le Préfet : BRUNEL.

3 septembre 1876. — *Décret.*

Art. 1er. — Une déclaration ayant été signée à Bruxelles, le 25 août 1876, entre la France et la Belgique, pour assurer la communication des actes intéressant l'état civil de leurs ressortissants respectifs, ladite déclaration, dont la teneur suit, est approuvée et sera insérée au *Journal officiel.*

Déclaration.

Le gouvernement de la République française et le gouvernement de Sa Majesté le roi des Belges, désirant assurer la communication des actes intéressant l'état civil de leurs ressortissants respectifs, sont convenus de ce qui suit :

Art. 1er. — Les deux gouvernements contractants s'engagent à se soumettre réciproquement, aux époques déterminées et sans frais, des expéditions dûment légalisées, des actes de naissance, des actes de reconnaissance d'enfants naturels, lorsque ces actes auront été reçus par un officier de l'état-civil, des actes de mariage et des actes de décès dressés sur leur territoire et concernant des citoyens de l'autre état.

Art. 2. — La transmission des actes de décès s'étendra, en outre, aux personnes mortes en France et qui étaient nées ou qui avaient, d'après les renseignements fournis aux autorités locales, leur domicile en Belgique.

Il en sera de même pour les actes de décès des personnes mortes en Belgique et qui étaient nées ou qui avaient, d'après les renseignements fournis aux autorités locales, leur domicile en France.

Art. 3. — Les officiers de l'état-civil en France et en Belgique se donneront mutuellement avis, par voie diplomatique des reconnaissances et légitimations d'enfants naturels, inscrits dans les actes de mariage.

Art. 4. — Tous les six mois, les expéditions desdits actes dressés pendant le semestre précédent, seront remises par le gouvernement français à la légation de Belgique à Paris et par le gouvernement belge à la légation de France à Bruxelles.

Par dérogation à ce qui précède, la première remise d'actes ne comprendra que le dernier trimestre de l'année 1876.

Art. 5. — Il est expressément entendu que la délivrance ou l'acceptation des expéditions des dits actes ne préjugera pas les questions de nationalité.

Les actes de l'état-civil demandés, de part et d'autre, à la requête des particuliers non pourvus d'un certificat d'indigence, resteront soumis au paiement des droits exigibles dans chacun des deux pays.

Art. 6. — La présente déclaration sortira ses effets à dater du 1er octobre 1876.

Mal DE MAC-MAHON.

Conventions internationales (Instructions).

7 juin 1877. — CIRCULAIRE *du Préfet d'Alger.*

Les instructions ministérielles relatives à l'échange des actes de l'état-civil entre la France, d'une part, et l'Italie, la Belgique et le grand duché de Luxembourg, d'autre part, recommandent d'indiquer autant que possible :

1° *Pour les actes de décès*, le lieu de naissance ou le dernier domicile à l'étranger de la personne décédée ;

2° *Pour les actes de mariage*, le lieu de naissance ou le domicile, soit du conjoint, soit de ses père ou mère ;

3° *Pour les actes de naissance*, le lieu d'origine ou le dernier domicile des père ou mère.

Je vous prie de me faire parvenir, en un seul envoi et *régulièrement, dans le courant de la quinzaine qui suit le semestre écoulé*, tous les actes intéressant les individus d'une même nationalité, et de joindre à chaque liasse un bordereau conforme au modèle ci-annexé. Vous veillerez à ce que les actes concernant des personnes de nationalités différentes ne soient pas confondus.

Le Préfet : BRUNEL.

§ 4. — Mariages musulmans.

29 mai 1876. — CIRCULAIRE *du Gouverneur général.*

Jusqu'à ce jour, aucune réglementation n'est intervenue pour assurer une garantie quelconque aux mariages contractés entre musulmans. Les indigènes ont bien, il est vrai, la faculté de faire établir par un cadi un contrat fixant les conditions pécuniaires du mariage, mais cet acte qui sauvegarde les intérêts privés des parties contractantes n'établit pas légalement le mariage au point de vue de l'état civil. Le ministère du cadi ou notaire est d'ailleurs, en droit musulman comme en droit français, absolument facultatif ; et j'ai dû, dernièrement, par respect pour la légalité, refuser mon approbation à des amendes infligées par des commandants supérieurs à des Kabyles qui avaient refusé de se marier devant le cadi.

Au moment où la loi du 26 juillet 1873 nous impose le devoir de nous occuper de l'état civil des indigènes, il importe de faire un pas en avant et de régulariser une situation dont le moindre défaut est de laisser privé de toute protection légale un des actes les plus importants de la vie civile.

Après avoir pris sur cette grave question l'avis de M. le Premier Président de la Cour d'appel et celui de M. le Procureur général, j'ai pensé que nous pouvions commencer à prendre des mesures provisoires qui nous permettront, si elles réussissent, d'arriver plus tard à une réglementation définitive.

Ces mesures consisteraient :

1° A généraliser, dans tous les cheikhats et sections indigènes des communes de toute espèce, la tenue des registres de l'état civil par des secrétaires de djemâa touchant une légère indemnité sur les fonds de la commune;

2° A porter sur ces registres, outre les naissances et les décès, les mariages successifs contractés par l'indigène.

Le premier point sera obtenu facilement, puisque ce n'est que l'extension et la généralisation de ce qui se fait déjà dans les douars-communes organisés par les décrets rendus en exécution du sénatus-consulte. La dépense très minime qui en résultera sera facilement supportée par les budgets des communes.

Le second point constitue une innovation qui ne saurait soulever aucune difficulté. En effet, si bon nombre d'indigènes, de Kabyles surtout, refusent de se marier devant le cadi. c'est que cela entraîne pour eux des dépenses qu'ils préfèrent éviter. Mais ils ne verraient rien de vexatoire dans la mesure qui les obligerait à déclarer au cheikh ou président de djemâa ce qui est de notoriété publique, et vient d'être conclu devant la djemâa entière, comme cela est l'habitude.

L'acte de mariage ne devra, bien entendu, contenir comme renseignements, que les noms et âges des deux conjoints, les contractants restant libres d'aller devant le cadi ou le notaire, passer tel acte qu'ils voudront. Afin d'assurer l'inscription des différents mariages successivement contractés par un indigène, il sera réservé un certain nombre de cases en regard de chaque nom d'indigène contractant un premier mariage. Les mariages subséquents seront, en outre, inscrits à leur ordre chronologique, et des numéros de rappel indiqueront les mariages précédents.

Il ne sera pas tenu de registre de divorce, la loi française ne reconnaissant pas cet acte, au point de vue de l'état civil, pas plus qu'elle ne reconnaît, à ce titre, la séparation de corps prononcée par les tribunaux.

Cependant, comme ici, la question peut influer sur la légitimité des mariages contractés, mention sera faite, en marge de l'acte de mariage, du divorce qui le rompt. Cette inscription ne sera faite que sur la présentation d'un acte du cadi prononçant le divorce, et mention sera faite de la date, du numéro de l'acte de divorce, ainsi que du nom et de la qualité du magistrat qui l'a prononcé, le divorce ne pouvant être régulier, qu'autant qu'il est prononcé par un juge compétent.

Dans les communes de plein exercice, où les actes de l'état civil sont tenus régulièrement, en ce qui concerne les naissances et les décès des musulmans, un registre spécial serait ouvert pour les mariages musulmans dans les conditions énoncées ci-dessus.

Je désire que les prescriptions de la présente circulaire soient mises en vigueur à compter du 1ᵉʳ juillet 1875.

Gal CHANZY.

V. ALSACIENS-LORRAINS ; ISRAÉLITES.

§ 5. — Livrets de famille.

9 mai 1877. — CIRCULAIRE *du Préfet d'Alger, relative aux livrets de famille applicables aux actes de l'état-civil.*

M. le Préfet de la Seine, accédant à un vœu exprimé par la Commission de reconstitution des actes de l'état-civil de Paris, a pris l'initiative d'une mesure qui consiste à remettre gratuitement aux époux, lors de la célébration du mariage, un livret de famille dont vous trouverez ci-après un spécimen.

Ce livret est destiné à recevoir par extrait les énonciations principales des actes de l'état-civil intéressant chaque famille ; il sera représenté toutes les fois qu'il y aura lieu de faire dresser un acte de naissance ou de décès.

A chaque nouvelle déclaration, l'officier de l'Etat-civil opposera, à la suite de la mention sommaire consignée sur le livret, sa signature et le cachet de la mairie.

Cette mesure, surtout si elle peut être généralisée, est appelée à rendre d'importants services. Les livrets constitueront en quelque sorte un troisième dépôt des actes de l'état-civil confié à la garde des intéressés et seront une source de renseignements précieux, pour le cas où les registres viendraient à être détruits. De plus, en se reportant au livret pour la rédaction de chaque acte nouveau intéressant la famille, on évitera les erreurs qui se glissent trop fréquemment dans l'indication des prénoms ou l'orthographe des noms et prénoms.

J'appelle votre attention sur les avantages de cette mesure dont l'application n'imposerait aux officiers de l'état-civil que l'obligation de porter gratuitement, chaque fois qu'ils en seraient requis, sur les livrets qui leur seraient présentés, la mention des actes reçus en leur mairie.

Le prix du livret est de 12 centimes environ, et, comme il ne s'agit point de donner à la mesure un effet rétroactif, le nombre des livrets à fournir ne dépassera pas le nombre des mariages annuellement contractés dans la commune.

Le Préfet : BRUNEL.

Etat de siège.

29 mars 1874. — *Arrêté*.

Vu la loi du 9 août 1849 ;

Vu les attaques et les injures auxquelles certains journaux se livrent journellement contre la municipalité d'Alger ;

Considérant qu'il importe de faire respecter ceux qui ont entre les mains les intérêts de la cité et d'assurer le fonctionnement de l'administration municipale, telle qu'elle est constituée en vertu de la loi, en prenant les mesures propres à mettre un terme à un état de choses qui trouble l'ordre et discrédite la colonie.

Art. 1er. — La commune d'Alger est déclarée en état de siège.

Gal CHANZY.

5 janvier 1875. — *Loi*.

Article unique. — La mise en état de siège prononcée par le Gouverneur général civil de l'Algérie, à l'égard de la commune d'Alger, est maintenue.

Levée de l'état de siège à Alger.

29 décembre 1875. — *Loi*.

Art. 10. — L'état de siège est levé dans tous les départements qui y sont soumis, à l'exception des départements de la Seine, de Seine-et-Oise, du Rhône et des Bouches-du-Rhône.

V. PRESSE, *infrà*.

Étrangers. V. ETAT-CIVIL ; PASSEPORT.

Évasion. V. ETABLISSEMENTS PÉNITENTIAIRES.

Évêques. V. PRÉSÉANCES.

Expertises en matière d'impôt. V. CONTRIBUTIONS DIRECTES.

Exportation. V. DOUANES.

Expropriation. V. DOMAINE. SÉQUESTRE.; V. aussi *Ménerville*.

Extradition des malfaiteurs.

12 octobre 1875. —*Circulaire de M. le Garde des Sceaux.*

Monsieur le Procureur général, la procédure suivie jusqu'à ce jour en matière d'extradition présente des inconvénients graves sur lesquels mon attention a été récemment appelée. En fait, l'extradition est accordée sur la demande des Gouvernements étrangers, avant que l'individu qui en est l'objet ait été arrêté, avant même qu'on sache où il est réfugié. Si la demande qui m'est transmise par le Ministre des affaires étrangères paraît conforme aux stipulations du traité, un décret est immédiatement préparé, soumis à la signature du Président de la République et notifié au ministre de l'intérieur, qui prescrit alors seulement les mesures nécessaires pour en assurer l'exécution. Cette pratique est défectueuse en ce qu'elle ne permet pas au gouvernement de provoquer les explications de l'individu arrêté, ni même de vérifier son identité, avant de statuer définitivement sur la demande d'extradition.

Dans d'autres pays voisins de la France, où la procédure d'extradition est réglée par une loi, la pratique est toute différente. En Belgique notamment et dans les Pays-Bas, l'autorité judiciaire intervient toujours pour donner son avis, et elle ne le fait qu'après avoir entendu l'individu arrêté. Le gouvernement n'est pas lié par cet avis ; mais la décision qu'il prend, sous sa responsabilité, est une décision toujours éclairée, et l'étranger, qui en est l'objet ne peut se plaindre d'avoir été livré sans avoir pu faire entendre ses réclamations, ni présenter ses moyens de défense.

En attendant qu'une loi vienne déterminer les formes à observer dans l'intérêt de la liberté individuelle, j'ai pensé que les inconvénients de la pratique actuelle pouvaient être en partie corrigés. Après m'être concerté avec M. le Ministre de l'intérieur et M. le Ministre des affaires étrangères, j'ai décidé qu'à l'avenir aucun décret autorisant l'extradition d'un étranger ne serait proposé à la signature de M. le Président de la République avant que cet individu ait été arrêté. La demande d'extradition sera examinée au ministère de la justice ; si elle me paraît régulière, je transmettrai à M. le Ministre de l'intérieur le mandat d'arrêt ou le jugement de condamnation, ainsi que toutes les pièces qui m'auront été communiquées par le ministre des affaires étrangères. Mon collègue de l'intérieur prescrira les mesures nécessaires pour l'arrestation de l'étranger recherché. Cette arrestation opérée, l'étranger sera immédiatement conduit devant le procureur de la République de l'arrondissement où elle a eu lieu. Ce magistrat recevra en même temps communication de toutes les pièces jointes à la demande d'extradition ; il procédera à l'interrogatoire de l'individu accusé et en dressera procès-verbal. Si cet individu prétend qu'il appartient à la nationalité française ou que la demande d'extradition s'applique à un autre individu, s'il allègue un fait qui serait de nature à établir son innocence, ou enfin s'il demande à prouver que l'infraction dont il s'est rendu coupable ne rentre pas dans les termes du traité, le procureur de la République devra vérifier, par tous les moyens qui sont à sa disposition, l'exactitude de ces allégations. Dans le cas où l'individu arrêté réclamerait le secours d'un interprète ou les conseils d'un défenseur, le procureur de la République lui accordera toutes les facilités nécessaires et au besoin désignera lui-même un interprète, dont les honoraires seront payés comme frais urgents de justice criminelle. Pendant le temps qu'exigera cette enquête sommaire, l'étranger ne sera pas placé sous mandat de dépôt, mais restera consigné à la disposition de l'Administration. Le procureur de la République vous transmettra : 1° le mandat d'arrêt ou le jugement de condamnation et les documents joints ; 2° l'interrogetoire ; 3° les renseignements qu'il aura recueillis ; 4° son avis motivé. Vous y joindrez votre appréciation et m'adresserez le tout dans le plus bref délai. Sur le vu de ces pièces, je proposerai, s'il y a lieu, à M. le président de la République d'autoriser l'extradition.

Lorsque l'individu arrêté déclarera qu'il consent à être livré sans aucune formalité au gouvernement qui le réclame, votre substitut devra se borner à dresser procès-verbal de cette déclaration en double original. L'un de ces originaux sera remis à l'autorité administrative qui se chargera de transférer l'étranger à la frontière et de le remettre aux autorités du pays étranger ; l'autre me sera adressé par votre intermédiaire.

Les mesures que je viens d'indiquer suffiront, je l'espère, à prévenir désormais toute erreur sur l'identité des individus qui sont livrés à la justice étrangère. Pour éviter des confusions du même genre, en ce qui concerne les individus arrêtés à la suite d'une condamnation rendue en France par défaut ou par contumace, je crois devoir prescrire des mesures analogues. Il arrive parfois qu'une personne, portant le nom d'un individu condamné par défaut, est arrêtée dans un arrondissement éloigné de celui où la condamnation a été prononcée. S'il s'élève des doutes sur l'identité de la personne arrêtée, il importe que ce doute soit éclairci dans le plus bref délai. En conséquence, et d'accord avec M. le Ministre de l'intérieur, j'ai décidé que tout individu arrêté en vertu d'un mandat d'arrêt ou d'une ordonnance de prise de corps, serait conduit sur le champ devant le Procureur de la République de l'arrondissement où a eu lieu l'arrestation. Ce magistrat vérifiera l'identité et consignera dans un procès-verbal les explications de l'individu arrêté ; si ces explications lui paraissent de nature à motiver la mise en liberté de la personne arrêtée, ou à faire ajourner son transfèrement jusqu'à ce que de nouveaux renseignements aient été obtenus, il délivrera un ordre écrit auquel se conformeront les agents de l'administration. En cas de difficulté, il vous en sera immédiatement référé...

Le Garde des sceaux : J. DUFAURE.

Un décret du 30 avril 1873 approuve une déclaration signée entre la France et le Portugal à la date du 30 décembre 1872 pour assurer l'exécution du traité d'extradition conclu le 13 juillet 1854.

V. ce décret au *Bulletin des lois*, n° 2005, et le traité d'extradition dans *Dalloz*, P. 1854, 4, p. 181.

Un autre décret du 24 juillet 1873 approuve une déclaration signée entre la France et l'Italie, à la date du 16 du même mois, pour fixer le sens du traité d'extradition du 12 mai 1870.

V. ce décret au *Bulletin des lois*, n° 2187, et le traité d'extradition dans *Dalloz*, P. 1870, 4, p. 51.

Un décret du 3 avril 1875 promulgue une convention d'extradition conclue entre la France et la Belgique à la date du 15 août 1874.

V. ce décret et cette convention au *Bulletin des lois*, n° 251, p. 411 et suivantes et dans le recueil périodique de *Dalloz*, année 1875.

Par décret du 12 janvier 1876, rendu en exécution de la loi du 18 décembre 1875 (*Bulletin des lois* n° 281) M. le Président de la République a ratifié une convention d'extradition conclue le 12 septembre 1875 entre la France et le Grand duché de Luxembourg.

Un autre décret du 22 janvier de la même année rendu en exécution d'une loi votée également le 18 décembre 1875 (*Bulletin des lois*, n° 281) a ratifié une convention d'extradition conclue le 30 septembre 1874 entre la France et le Pérou.

Enfin par un décret du 27 février 1877, rendu en exécution de la loi du 1ᵉʳ février même année (*Bulletin des lois*, n° 332) M. le Président de la République a ratifié une convention d'extradition conclue entre la France et la principauté de Monaco.

Les cas où ces diverses conventions peuvent recevoir exécution en Algérie sont tellement rares que nous ne croyons pas nécessaire d'en reproduire le texte dans cet ouvrage. S'il arrivait toutefois qu'on eût besoin d'y recourir, on le trouverait pour le traité avec le Luxembourg dans le n° 290, XII° série, du *Bulletin des lois* ; pour le traité avec le Pérou, dans le même numéro du *Bulletin des lois* ; pour le traité avec Monaco, dans le n° 333, même série du même *Bulletin*.

F

Faillites. V. COMMERCE.
Falsifications. V. TROMPERIE SUR LA MARCHANDISE.
Fanaux. V. NAVIGATION.
Foires et marchés.

14 août 1875. — *Arrêté du Préfet d'Alger.*

Vu la demande formée par la Société hippique d'Alger, dans le but d'obtenir la création, à Mustapha, d'une foire à chevaux, mulets et ânes, qui serait tenue sur le Champ-de-Manœuvres, le lendemain des Courses d'automne, qui ont lieu au mois d'octobre ;

Vu les avis favorables émis par les Conseils municipaux des communes de l'arrondissement d'Alger ;

Vu la délibération, en date du 21 avril 1875, par laquelle le Conseil général du département d'Alger a autorisé, par application de l'article 46, § 24 de la loi du 10 août 1871, l'établissement d'une foire à chevaux, mulets et ânes, à Mustapha.

Art. 1er. — En exécution de la décision sus-visée du Conseil général, en date du 21 avril 1875, une foire annuelle à chevaux, mulets et ânes, se tiendra dans la commune de Mustapha, sur le Champ-de-Manœuvres, le lundi de la troisième semaine d'octobre.

Pour le Préfet, en congé,
Le Secrétaire général : R. GOUVET.

28 décembre 1873. — *Arrêté du Préfet de Constantine.*

Vu la délibération, en date du 5 septembre dernier, par laquelle le Conseil municipal de Constantine a adopté les dispositions suivantes, en ce qui concerne le mesurage des blés apportés sur le marché de la commune, savoir :

A partir du 1er janvier 1874, le mesurage des blés sera fait au moyen de chevalets et de mesures qui seront construits dans les conditions ci-dessous indiquées :

1° Les chevalets mis en usage auront une ouverture d'écoulement de 80 millimètres de diamètre pratiquée dans une planchette (figure 4 du plan-type), qui se glisse dans une coulisse AB au dessous de la trémie (figure 2 du plan) ;

2° La hauteur du chevalet, à l'orifice d'écoulement, est de 57 centimètres 5 millimètres ;

3° La mesure employée est le double décalitre dont la radoire est une lame de fer de 37 millimètres de hauteur tournant sur un pivot et munie aux deux bouts de galets en fer roulant sur l'arête supérieure de la mesure (figure 5 du plan) ;

4° La mesure doit être posée sous le chevalet de manière à laisser tomber le grain sur le centre de la radoire qui sera sur un plan horizontal. Pour rader, la radoire fera deux tours complets ;

5° Chaque chevalet, muni de deux doubles décalitres, sera servi par un mesureur de la commune, dont le rôle se bornera à placer la mesure, à ouvrir et à fermer l'ouverture de la trémie, à rader et à passer la mesure pleine qui sera reçue par un portefaix ;

6° Deux manœuvres au plus sont nécessaires à chaque chevalet pour remplir la trémie et recevoir la mesure pleine des mains du mesureur. Ces deux hommes sont à la charge de l'acheteur.

Considérant que ces instruments ont été reconnus, par le service des poids et mesures, propres à assurer la parfaite légalité et la régularité des opérations ;

Considérant qu'en vue d'établir partout l'uniformité du mesurage et mettre fin aux abus signalés, il convient d'appliquer à tous les marchés du département le système adopté par la commune de Constantine ;

Vu loi du 18 juillet 1837, l'ordonnance du 16 juin 1839 et le décret du 27 octobre 1858 ;

Article premier. — Le système de mesurage des grains adopté pour la commune de Constantine, suivant le détail donné plus haut, est rendu applicable à tous les marchés du Département de Constantine, à partir du 1er février 1874.

Le Préfet : DESCLOZEAUX.

1er septembre 1874. — *Arrêté du Préfet de Constantine.*

Vu notre arrêté du 28 décembre 1873, relatif au mesurage des céréales sur les marchés, notamment le n° 5 ainsi conçu :

« 5° Chaque chevalet, muni de deux
» décalitres, sera servi par un mesureur
» de la commune dont le rôle se bornera
» à placer la mesure, à ouvrir et à fer-
» mer l'ouverture de la trémie, à rader et
» à passer la mesure pleine qui sera re-
» çue par un portefaix. »

Considérant que la mesure rasée sous

le chevalet, conformément aux dispositions qui précèdent, ne donne pas la même quantité que celle employée sur le marché de Marseille, et qu'il résulte de cette différence une perturbation dans les transactions commerciales.

Considérant qu'à la suite d'expériences faites de concert entre la municipalité de Constantine et M. le chef de service des poids et mesures, sur le marché de cette commune, il a été constaté qu'en ne rasant la mesure qu'après l'avoir tirée de dessous le chevalet d'environ 75 centimètres, on obtient une quantité de grain à peu près équivalente à celle que donne la mesure de Marseille.

Article premier. — Le paragraphe 5 du dispositif de notre arrêté de 28 décembre 1873 est modifié ainsi qu'il suit :

« Chaque chevalet, muni de deux doubles décalitres, sera servi par un mesureur de la commune dont le rôle se bornera à placer la mesure, à ouvrir et à fermer l'ouverture de la trémie, à tirer à lui la mesure de 0^m75 centimètres, sans lui imprimer de secousse, à la rader et à la passer ensuite pleine à un portefaix. »

Art. 2. — Toutes les autres dispositions de notre arrêté précité sont maintenues.

Le Préfet : DESCLOZEAUX.

Fonds de commerce. V. COMMERCE.

Forêts.

DIVISION

§ 1. — Service forestier. Supplément colonial. Dépenses. Indemnités.

§ 2. — Le personnel des forêts entre dans la composition des forces militaires.

§ 3. — Terrains soumis au régime forestier. Droits d'usage.

§ 4. — Attribution des Généraux en territoire militaire, en matière forestière.

---

§ 1. — Service forestier.

Par décision de M. le Gouverneur général civil, en date du 27 décembre 1872 (promulguée au *Journal officiel de l'Algérie* du 1er janvier 1873), le supplément colonial attribué aux agents et préposés du service forestier de l'Algérie, a été réduit du *tiers* au *quart* de leur traitement, à partir du 1er janvier 1873.

27 septembre 1873. — Décret.

Art. 1er. — Le service forestier de l'Algérie demeure rattaché au Gouvernement général.

Il est centralisé à Alger, entre les mains d'un conservateur, qui exerce, sous l'autorité du Directeur général des affaires civiles et financières, toutes les attributions dévolues aux conservateurs de France.

Les chefs des services départementaux des forêts correspondent directement avec lui.

Art. 2. — Il sera procédé, dans un délai aussi rapproché que possible, à la reconnaissance définitive et à la délimitation du sol forestier, ainsi qu'à la soumission au régime forestier des forêts ou portions de forêts, qui seront reconnues exploitables ou nécessaires pour assurer le régime des eaux.

Art. 3. — Des arrêtés du Gouverneur général civil, délibérés en Conseil de gouvernement, peuvent suspendre, temporairement, la soumission au régime forestier des forêts situées sur des territoires où l'état politique des populations ne comporte pas l'application ou le maintien de ce régime.

M^{al} DE MAC-MAHON.

15 octobre 1873. — *Arrêté*.

Art. 1er. — Le conservateur des forêts à Alger et les inspecteurs départementaux aux résidences d'Alger, d'Oran et de Constantine sont institués ordonnateurs secondaires, à partir du 1er novembre 1873, pour l'acquittement des dépenses de ce service imputables sur le budget du Gouvernement général civil de l'Algérie.

Gal CHANZY.

21 octobre 1876. — *Arrêté*.

Art. 1er. — Les fonctions d'Ordonnateur secondaire, confiées par notre arrêté sus-visé, du 15 octobre 1873, à l'Inspecteur des forêts, en résidence à Alger, lui seront retirées à partir du 1er novembre prochain, pour être exercées par M. le Conservateur des forêts de l'Algérie.

Gal CHANZY.

Indemnité annuelle allouée aux brigadiers et gardes forestiers.

10 décembre 1874. — *Arrêté*.

Art. 1er. — Le montant de l'indemnité annuelle représentative des frais d'entretien de cheval, allouée aux brigadiers et gardes forestiers de l'Algérie dépendant du service de la métropole, est porté de quatre cents à cinq cents francs (500 fr.), à partir du 1er janvier 1875.

Gal CHANZY.

Augmentation de l'indemnité de logement allouée aux préposés sédentaires du service forestier de l'Algérie.

16 décembre 1875. — *Arrêté*.

Art. 1er. — Le montant de l'indemnité annuelle, allouée aux préposés sédentaires du service forestier de l'Algérie, est porté de quatre cents à cinq cents francs (500 fr.), à partir du 1er janvier 1876.

Gal CHANZY.

24 décembre 1875. — *Décision du Gouverneur général.*

Aux termes de cette décision, une indemnité de 5 francs par journée de présence sur le terrain est accordée aux représentants de l'autorité administrative qui prendront part aux opérations de reconnaissance et de délimitation du sol forestier prescrites par l'art. 2 du décret du 27 septembre 1873, s'ils ne jouissent pas, à titre d'abonnement, d'une allocation spéciale pour frais de tournées.

§ 2. — Le personnel de l'Administration des forêts, employé en Algérie, entre dans la composition des forces militaires du pays.

11 novembre 1876. — *Décret.*

Art. 2 — Les agents et préposés sont organisés par département en escadrons, qui prennent la dénomination d'escadrons de chasseurs forestiers.

Art. 3. — Ces escadrons, destinés à seconder les opérations militaires en Algérie, ne forment qu'une seule catégorie, quel que soit l'âge des hommes qui les composent, et sont appelés à concourir au service de l'armée territoriale. Ils peuvent aussi être chargés d'accompagner les colonnes de l'armée active comme guides et éclaireurs.

Dans cette formation des escadrons, les hommes resteront, autant que possible, sous les ordres de leurs chefs du temps de paix.

Art. 4. — Les cadres des escadrons seront pris dans le personnel forestier et comprendront :

Un capitaine commandant ;
Un capitaine en second ;
Deux lieutenants ;
Deux sous-lieutenants ;
Un maréchal des logis chef ;
Un maréchal des logis fourrier ;
Un brigadier fourrier ;
Cinq maréchaux des logis ;
Dix brigadiers ;
Deux trompettes.

Toutefois le cadre de l'escadron de Constantine comprendra :

Trois sous-lieutenants ;
Huit maréchaux des logis ;
Seize brigadiers.

Art. 5. — Les sous-officiers seront pris parmi les brigadiers forestiers, et les brigadiers parmi les brigadiers ou les gardes forestiers de 1re classe.

Les gardes auront rang de cavalier de 1re classe.

L'assimilation suivante sera observée pour les différents grades d'officier qui peuvent être donnés aux agents du service forestier, qu'ils sortent ou non de l'École forestière :

Conservateur....	Lieutenant-colonel.
Inspecteur......	Chef d'escadron.
Sous-Inspecteur.	Capitaine.
Garde général de 1re et de 2e classe..	Lieutenant.
Garde général de 3e classe et garde général en stage et adjoint..........	Sous-lieutenant.

Les fonctionnaires et agents non compris dans les cadres des escadrons pourront recevoir toute autre destination.

Les dispositions des articles 43 et 57 de la loi du 13 mars 1875, sur les cadres de l'armée, seront applicables aux officiers de chasseurs forestiers.

Art. 9. — L'uniforme des escadrons de chasseurs forestiers est fixé par le Gouverneur général.

Les insignes de grade seront ceux qui ont été adoptés pour les chasseurs forestiers de la métropole.

Le département de la guerre pourvoira à l'armement, au grand équipement et au harnachement des escadrons de chasseurs forestiers ; il leur fera distribuer également les divers objets de campement, dès que l'ordre de mobilisation leur aura été donné.

Le Gouvernement général de l'Algérie assurera l'habillement, le petit équipement et l'entretien des armes en temps de paix.

Art. 12. — Les officiers seront nommés par le Président de la République, sur la présentation du Ministre de la guerre, et d'après les propositions du Gouverneur général.

Leur titre de nomination mentionnera leur affectation à un escadron déterminé.

Dans le cas où le Gouverneur général les ferait passer dans une autre résidence, située en dehors de la circonscription de leur escadron ou peloton, leur nomination d'officier se trouvera annulée de plein droit, et leur lettre de service sera renvoyée au Ministre de la guerre. Ils ne pourront être pourvus d'un grade dans l'escadron ou peloton de leur nouvelle résidence que si un emploi de ce grade s'y trouve vacant, et ils recevront, dans ce cas, une nouvelle lettre de service (1).

Mal DE MAC-MAHON.

§ 3. — Régime forestier.

Un décret et divers arrêtés du Gouverneur général ont, depuis 1872, soumis au

---

(1) Nous ne reproduisons point les art. 1, 6, 7, 8, 10, 11 et 13 de ce décret qui ne sont que la copie textuelle des mêmes articles du décret du 23 octobre 1876 qu'on trouvera *suprà* V° *Douanes*, p. 212, 2e colonne. V. au surplus le décret ci-dessus au *Bulletin officiel* du gouvernement, année 1876, p. 782.

régime forestier les terrains et parcelles indiqués dans le tableau suivant :

DATE des décrets et arrêtés	DÉSIGNATION		
	NATURE ET ÉTENDUE	COMMUNE	DÉPARTEMENT
9 février 1875 (A)	Communal, 63 h. 87 a.	Duquesne.	Constantine.
28 février 1876 (A)	Terrains boisés de la réserve domaniale, 558 hect. 45 a. 20 c.	Tiaret.	Oran.
24 août 1876 (D)	Terrains boisés (dunes), 556 h. 57 a. 30 c.	Douar-commune de Beni Caïd (Djidjelli).	Constantine.
28 mai 1877 (A)	Communal, parcelles boisées, 326 h. 67 a. 30 c.	Gouraya.	Alger.

Par décret du 14 juin 1876, les parcelles boisées de la partie de la forêt domaniale de Bled-Touaria (département d'Oran), déclassées, sous réserve, par arrêté du 20 septembre 1873, d'une contenance totale de 165 h. 11 a. 05 c., sont maintenues sous l'action du service forestier, en vue de leur attribution comme bois communal.

Trois arrêtés du Gouverneur général ont, au contraire, distrait du régime forestier et remis au service des Domaines les terrains et parcelles indiqués dans le tableau qui suit :

DATE des ARRÊTÉS	DÉSIGNATION		
	NATURE ET ÉTENDUE	LOCALITÉ	DÉPARTEMENT
28 juillet 1877	Forêt domaniale 15 h. 36 a.	Haractas (Fourn-el-Kebir).	Constantine
7 septembre 1877	Forêt domaniale 26 h. 17 a. 50 c.	Hanout-el-Kebir.	Id.
7 septembre 1877	Forêt domaniale 25 h.	Ténirah.	Oran.

On trouvera les décret et arrêtés indiqués dans les tableaux qui précèdent au *Bulletin officiel* du Gouvernement.

5 avril 1877. — Circulaire du Gouverneur général.

Mon attention a été appelée sur les difficultés que rencontrerait, dans la pratique, l'application des dispositions contenues dans ma circulaire du 8 mars 1872, n° 513, qui a réglé les conditions dans lesquelles doit s'exercer le droit d'usage des indigènes dans les forêts de l'Algérie.

L'obligation de dresser, par douar ou par tribu, la liste nominative des indigènes, avec l'indication de la quantité et de la nature des bois dont chacun d'eux a besoin, a rendu l'établissement de ces listes long et difficile, sans que ce travail ait répondu à une nécessité bien démontrée. Après avoir consulté le service des forêts, il m'a paru que l'opération incombant aux administrateurs locaux au point de vue de la réglementation des droits d'usage pouvait être simplifiée sans inconvénient, et que la production d'états collectifs dressés par douar ou par tribu, avec l'indication en bloc des quantités et des natures de bois nécessaire, serait suffisante.

Je vous prie donc, Monsieur le Préfet, de faire substituer dans les territoires soumis à notre autorité, ce mode de procéder à celui que prescrivait ma circulaire précitée du 8 mars dernier, dont les autres dispositions devront, d'ailleurs, continuer à être observées, notamment en ce qui concerne les précautions à prendre pour que les indigènes n'usent pas de leurs droits d'usage dans des proportions exagérées.

Gal Chanzy.

Réglementation de l'exercice des droits d'usage dans les forêts de l'Algérie.

8 février 1876. — Circulaire du Gouverneur général.

En attendant qu'il ait été statué sur le projet de loi relatif au rachat des droits d'usage dans les massifs boisés de l'Algérie, il m'a paru utile de soumettre l'exercice de ces droits à des conditions qui, tout en satisfaisant aux besoins légitimes des populations indigènes, permettent de mettre un terme à des abus possibles.

J'ai, en conséquence, décidé qu'à l'avenir les indigènes usagers adresseront à l'autorité de laquelle ils relèvent des demandes indiquant la nature et la quantité des bois qui leur seront nécessaires, ainsi que le nom de la forêt dans laquelle ils désirent les prendre.

Ces demandes seront vérifiées par les administrateurs locaux, qui les feront figurer, par douar ou fraction de douar, sur un état collectif indiquant :

1° Le nom des indigènes demandeurs ;
2° Leur domicile et le nom du douar auquel ils appartiennent ;
3° La quantité et la nature des produits dont ils ont besoin ;
4° Le nom de la forêt et du canton où il conviendrait d'effectuer les délivrances.

Ces états, qui devront vous être remis au 1er février et au 1er août de chaque année, seront transmis par vos soins, avec les observations dont vous jugerez devoir les accompagner, à l'inspecteur des forêts de la circonscription qui les rendra exécutoires, s'il y a lieu, et désignera les forêts où les exploitations devront être effectuées.

Dans le cas où les renseignements du service forestier démontreraient l'exagération des demandes, ou bien si la possibilité des forêts ne permettait pas la délivrance de la totalité des produits demandés, il vous en serait rendu compte et vous statueriez sur les mesures à adopter.

Le service forestier procèdera dans le courant des mois de mars et de septembre de chaque année, à l'assiette et au martelage des coupes dont les produits sont destinés à donner satisfaction aux besoins des usagers, et fixera l'époque de leur exploitation suivant la nature des produits.

Sur l'avis qui lui en sera donné par le service forestier, l'Administration locale informera les indigènes du jour où ils pourront commencer, sous la surveillance des gardes, l'exploitation des bois qui leur seront nécessaires. Ils procèderont à cette exploitation collectivement, sous la conduite du chef de la fraction, qui sera responsable des dégâts commis dans la coupe, ou à l'ouïe de la cognée, et tout usager qui ne se présentera pas au jour indiqué pour l'abattage des bois, sera rayé de la liste et exclu pour l'année, des délivrances autorisées.

On ne saurait admettre que les indigènes, sous prétexte de se procurer les bois nécessaires à leurs besoins, puissent obtenir des quantités considérables de produits forestiers, pour se procurer des bénéfices en les vendant.

Une trop grande facilité à consentir les délivrances usagères aurait pour résultat de compromettre l'avenir de nos forêts. Il serait à craindre d'un autre côté que, lors de la réglementation ou du rachat des droits d'usage, les indigènes ne fussent portés à soulever des prétentions exagérées en se fondant sur la tolérance dont l'Administration aurait usé à leur égard.

Gal CHANZY.

§ 4. — Attributions des Généraux commandant les divisions à l'égard des délits, en matière forestière, commis en territoire de commandement.

3 janvier 1876. — *Arrêté*.

Vu le décret du 27 septembre 1873, organisant le service forestier de l'Algérie ;

Vu l'arrêté gouvernemental du 29 décembre 1875, délibéré en Conseil de gouvernement, prescrivant la suspension du régime forestier dans les forêts du territoire militaire portées sur l'état joint à cet arrêté, et le maintien de ce régime sur les autres forêts domaniales et communales de ce territoire ;

Vu les ordonnances des 10 août 1834, 28 février 1841, 26 septembre 1842, et les décrets des 29 avril 1854 et 15 mars 1860, attribuant aux tribunaux militaires la connaissance des délits commis en territoire militaire par des indigènes non naturalisés, habitant ces territoires ;

Considérant qu'il importe de soumettre à une réglementation spéciale les transactions sur la poursuite des délits en matière forestière, commis par les indigènes non naturalisés du territoire militaire dans les forêts de ces territoires, qui sont maintenues sous l'action du service forestier ;

Considérant qu'au point de vue de la rapidité de la décision à intervenir et de l'appréciation des circonstances qui caractérisent le délit, il convient d'attribuer aux autorités locales le droit d'approuver les transactions ;

Art. 1er. — Est attribuée aux Généraux commandant les divisions, avec faculté de délégation aux Généraux commandant les subdivisions, la détermination du chiffre des amendes, des dommages-intérêts et des restitutions, moyennant lesquels les indigènes, justiciables des Conseils de guerre, seront admis, à titre de transaction, avant ou après jugement, à se libérer des condamnations encourues ou prononcées contre eux, pour délit ou contravention constaté en matière forestière, par le service forestier, dans les bois soumis à l'action de ce service.

Art. 2. — Les décisions seront rendues au vu des propositions des Inspecteurs des forêts. Elles seront formulées sur des états qui seront adressés, avec les procès-verbaux de délit, par les inspecteurs des forêts, les 5, 15 et 25 de chaque mois.

Ces états indiqueront le nom des délinquants, leur résidence, leur moralité, le nom de la forêt domaniale ou communale où a eu lieu le délit, celui de la tribu où la forêt est située, la valeur des produits enlevés, l'évaluation du dommage causé à la forêt, la nature et la quotité des condamnations encourues et des propositions de transactions correspondantes.

Art. 3. — Dans les vingt jours suivants, le Général commandant la Division ou son délégué, après avoir consigné sur les états les chiffres qui formeront le montant de la transaction, les renverra avec les procès-verbaux aux inspecteurs chargés des mesures d'exécution.

Art. 4. — Les inspecteurs porteront immédiatement ces décisions à la connaissance du Directeur des Contributions diverses de leur département, au moyen d'un bulletin, qui servira de pièce comptable au Receveur de ce Service pour l'encaissement de la somme fixée.

L'Inspecteur transmettra, en même temps, au chef de cantonnement les avertissements destinés à la partie intéressée. Ces avertissements seront notifiés, sans retard, par les brigadiers et gardes forestiers, à l'autorité militaire locale chargée du commandement des populations indigènes.

Art. 5. — Sera réputée non avenue toute transaction dont le montant n'aura pas été acquitté dans les 60 jours qui suivront la décision.

Art. 6. — Dans les 5 jours après l'expiration de ce délai, le Receveur chargé du recouvrement fera connaître à l'Inspecteur des Forêts, par l'entremise du Directeur des Contributions diverses, si le délinquant a payé ou non le montant des sommes mises à sa charge.

Art. 7. — A défaut de paiement, l'Inspecteur adressera aussitôt au Général commandant la division, à qui appartient l'exercice des poursuites, le procès-verbal de délit et le certificat du Receveur.

Dans le cas contraire, il inscrira sur son sommier des procès-verbaux, transactions et jugements, le montant des sommes recouvrées.

Art. 8. — La décision sur la demande à fin de transaction, après jugement définitif, laquelle ne peut porter que sur l'amende et les réparations civiles, sera notifiée au délinquant par l'Inspecteur, au moyen d'un avertissement remis à l'autorité militaire locale, chargée du commandement des populations indigènes, et avis en sera donné par l'Inspecteur au Directeur des Contributions diverses du département, qui, après en avoir consigné le montant sur son sommier, transmettra le bulletin au Receveur de son service, chargé d'en assurer le recouvrement.

Art. 9. — Toutes les dispositions et instructions antérieures, concernant le mode d'instruction et de fixation des transactions en territoire militaire, sont rapportées. Gal CHANZY.

V. INCENDIES.

Formules de salutation. V. CORRESPONDANCE ADMINISTRATIVE.

Fortifications. V. SERVITUDES MILITAIRES.

Fournisseurs. V. CAUTIONNEMENT DE FONCTIONNAIRES.

Fourrières publiques. V. Ménerville.

Frais de capture. V. GENDARMERIE.

Frais dus à l'Etat. V. CONTRAINTE PAR CORPS.

Frais de Justice criminelle.

24-27 juillet 1873. — *Décret approbatif de la déclaration signée entre la France et l'Italie sur l'audition des témoins appelés d'un pays dans l'autre.*

Extrait de cette déclaration :

1° Si, dans une cause pénale, la comparution personnelle d'un témoin est nécessaire, le gouvernement du pays auquel appartient le témoin l'engagera à se rendre à l'invitation qui lui sera faite. Si le témoin requis consent à partir, une indemnité de voyage et de séjour lui sera accordée et payée d'avance par l'Etat requérant, conformément aux dispositions suivantes :

a. Il sera alloué au témoin 2 fr. pour chaque jour pendant lequel il aura été détourné de son travail ou de ses affaires;

b. Les témoins du sexe féminin et les enfants de l'un ou de l'autre sexe au-dessous de l'âge de 15 ans recevront pour chaque jour 1 fr. 50 c.

c. Si les témoins sont obligés de se transporter hors du lieu de leur résidence, il leur sera alloué des frais de voyage et de séjour. Cette indemnité est fixée pour chaque myriamètre parcouru, en allant et en venant, à 2 fr. Lorsque la distance sera égale ou supérieure au demi-myriamètre (5 kilomètres) il sera accordé au témoin le montant entier de l'indemnité fixée pour le myriamètre ; si la fraction est au dessous du demi-myriamètre, il n'en sera pas tenu compte. L'indemnité de 2 fr. sera portée à 2 fr. 50 c. pendant les mois de novembre, décembre, janvier et février.

d. Lorsque les témoins seront arrêtés dans le cours du voyage par force majeure, ils recevront en indemnité, pour chaque jour de séjour forcé, 3 fr. Ils seront tenus de faire constater par le Maire ou, à son défaut, par un autre magistrat donnant les garanties voulues, la cause forcée du séjour en route, et d'en représenter le certificat à l'appui de leur demande en taxe.

e. Si les témoins sont obligés de prolonger leur séjour dans la ville où se fera l'instruction de la procédure et qui ne sera point celle de leur résidence, il leur sera alloué pour chaque jour une indemnité de 3 fr. 50 c.

f. La taxe des indemnités de voyage et de séjour sera double pour les enfants mâles au dessous de 15 ans et pour les filles au dessous de l'âge de 30 ans, lorsqu'ils seront appelés en témoignage et qu'ils seront accompagnés dans leur route et séjour par leur père, tuteur ou curateur, à la charge par ceux-ci de justifier de leur qualité.

L'indemnitée mentionnée aux lettres *a* et *b* sera due en tout état de cause et cumulativement avec celles que stipulent les alinéas *c, d, e, f.*

2° Le Gouvernement auquel appartient le témoin lui fera, si ce témoin le demande, l'avance des émoluments qui lui sont alloués par le tarif convenu pour son voyage au lieu où il est appelé, sous réserve de restitution de la part du gouvernement requérant. Les indemnités qui lui sont dues, au contraire, pour son séjour dans le lieu où il est appelé à déposer, et pour son retour, lui seront acquittées par les soins du gouvernement requérant.

3° Pour l'exécution de la clause précédente, le gouvernement requis fera mentionner sur une feuille de route régulière, ou sur la citation, le montant de l'avance qu'il aura faite et l'indication en myriamètres de la distance du lieu du domicile du témoin à la frontière de l'Etat requérant... (1).

6 octobre 1873. — CIRCULAIRE de M. le Procureur général d'Alger.

Monsieur le Procureur de la République, l'article 18 de la loi de finances du 5 mai 1855 fixe le tarif du port des lettres et paquets compris par le § 11 de l'article 2 du décret du 18 juin 1811 dans les frais de justice criminelle, sans distinction des frais d'instruction et de poursuite en matière de police correctionnelle et de simple police.

Le tarif des droits de poste étant déterminé en raison, non des juridictions, mais de la nature des affaires, ces droits doivent être les mêmes pour les contraventions et délits de la compétence des tribunaux correctionnels et jugés par les juges de paix à compétence étendue en vertu du décret du 19 août 1854.

Comme conséquence, les appels devant les tribunaux de première instance des jugements rendus en matière correctionnelle par les juges de paix doivent être soumis au tarif fixé pour les appels des jugements correctionnels ordinaires.

Le service de l'Enregistrement et des Domaines a signalé cependant que ces règles ne sont pas toujours observées, que les droits de poste à rembourser au trésor sont généralement liquidés d'après les juridictions qui en connaissent sans tenir compte de la nature des contraventions.

Je vous prie de bien veiller à l'avenir à ce que les droits de poste soient liquidés d'après les observations qui précèdent tant dans les justices de paix à compétence étendue que dans les tribunaux de première instance jugeant sur appel...

Frais de transfèrement de détenus. V. GENDARMERIE.

Frais urgents de justice criminelle. V. EXTRADITION.

Franchise postale. V. POSTES; PROPRIÉTÉ INDIGÈNE; SÉQUESTRE; TOPOGRAPHIE.

Franchise télégraphique. V. TÉLÉGRAPHIE.

Francisation de navires. V. Ménerville.

Frippiers-brocanteurs. V. APPENDICE.

G

Garantie (1).

SOMMAIRE

Contrôle de la garantie.
Matières d'or et d'argent.
Droits de garantie.
Contrôles secondaires.

11 juin 1872. — *Décret.*

Art. 1er. — La loi du 30 mars 1872, relative à l'élévation des droits de garantie des matières d'or et d'argent, est rendue exécutoire en Algérie; elle y sera publiée à la suite du présent décret qui sera inséré au *Bulletin des lois.*

A. THIERS.

30 mars 1872. — *Loi.*

Art. 1er. — Le droit de garantie perçu au profit du Trésor, sur les ouvrages d'or et d'argent de toute sorte, fabriqués à neuf, est fixé à :

Trente francs par hectogramme d'or;
Un franc soixante centimes par hectogramme d'argent, non compris les frais d'essai ou de touchant.

Art. 2. — La totalité des droits de garantie perçus sur les objets d'or et d'argent fabriqués en France sera restituée, lorsque ces objets seront exportés.

Art. 3. — Le Ministre des Finances fixera le prix des essais des matières d'or et d'argent applicable à tous les bureaux de garantie. Ce prix ne pourra, dans aucun cas, excéder le prix fixé par l'art. 62 de la loi du 19 brumaire, an VI.

Le paragraphe 2 de l'art. 1er et l'art. 25 de la loi du 19 brumaire, an VI, sont abrogés.

11 septembre 1874. — *Décret.*

Art. 1er. — La loi du 30 décembre 1873, portant rétablissement de taxes additionnelles aux impôts indirects, est, en

---

(1) *Bulletin des lois* n° 2188. — Voir convention du 12 mai 1870 dans *Dalloz* P. 1870, 4, page 51.

(1) Les procès-verbaux rapportés pour contravention en matière de garantie doivent être adressés aux directeurs des Contributions diverses.

ce qui concerne les droits de garantie des matières d'or et d'argent, rendue exécutoire en Algérie ; elle y sera publiée à la suite du présent décret, qui sera inséré au *Bulletin des Lois*.

M^{al} DE MAC-MAHON.

Extrait de la loi du 30 décembre 1873.

Art. 1er. — Sont établis, à titre extraordinaire et temporaire, les augmentations d'impôts et les impôts énumérés dans la présente loi.

Art. 2. — Il est ajouté aux impôts et produits de toute nature déjà soumis aux décimes par des lois en vigueur :

Cinq pour cent du principal, pour les impôts et produits dont le principal seul est déterminé par la loi.

Etablissement de deux contrôles secondaires à Tlemcen et à Mostaganem.

28 janvier 1875. — *Décret.*

Art. 1er. — Il est établi, dans les villes de Tlemcen et de Mostaganem, des contrôles secondaires de la garantie, pour faire l'essai et la marque des ouvrages de lingots d'or et d'argent qui y seront présentés.

Art. 2. — La circonscription de chacun de ces contrôles est fixée ainsi qu'il suit :

Contrôle de Tlemcen.

L'arrondissement de Tlemcen, la subdivision militaire de Tlemcen comprenant les cercles de Sebdou, Lalla-Maghnia et Nemours.

Contrôle de Mostaganem.

L'arrondissement de Mostaganem, l'annexe de Mostaganem, le cercle d'Ammi-Moussa et l'annexe de Zémora.

Art. 3. — Les dispositions du décret du 24 juillet 1857 sont et demeurent applicables aux deux bureaux de garantie de Tlemcen et de Mostaganem.

M^{al} DE MAC-MAHON.

Gardes-champêtres. V. COMMUNES ; — V. aussi *Ménerville*.

Garde-colonial. V. OFFICIERS MINISTÉRIELS ; — V. aussi *Ménerville*.

Gendarmerie.

3 mars 1874. — CIRCULAIRE *du Procureur général transmissive d'une instruction du Garde des sceaux.*

« .... Jusqu'à ces derniers temps, écrit
» M. le Garde des Sceaux, les frais de
» retour ne devaient être payés directe-
» ment par le ministère de la justice que
» pour les translations de prévenus faites
» par les voies ferrées dans la circons-
» cription d'un département. Mais les
» dispositions de l'article 317 du décret
» du 18 février 1863, qui laissaient au
» ministère de la guerre, dans tous les
» autres cas, le soin de pourvoir, à titre
» d'avance, aux frais de retour des gen-
» darmes chargés d'escorter des préve-
» nus ayant présenté certaines difficultés
» d'application, lorsque les transfère-
» ments sont effectués par mer, je me
» suis entendu récemment avec M. le
» Ministre de la guerre et M. le Gouver-
» neur général de l'Algérie pour que les
» frais en question fussent désormais
» l'objet d'un règlement direct entre mon
» département et la Compagnie Valéry,
» concessionnaire du service des trans-
» ports. Il a été convenu en même temps
» que, quant aux indemnités personnel-
» les dues aux agents d'escorte, elles fe-
» raient l'objet de mémoires dressés par
» eux et dont le paiement serait ordon-
» nancé à leur profit par les magistrats. »

6 octobre 1874. — CIRCULAIRE *de M. le Garde des Sceaux relative aux indemnités dues aux gendarmes appelés comme témoins devant la justice civile.*

Monsieur le Procureur général, j'ai été informé que les gendarmes appelés en témoignage devant les tribunaux civils cumulaient fréquemment les indemnités qui leur sont acccordées sur les fonds du ministère de la justice, en vertu de l'article 3 du décret du 7 avril 1813, avec les allocations attribuées, sur le budget du ministère de la guerre, par le décret du 12 juin 1867, aux militaires voyageant isolément.

J'ai dû me préoccuper des moyens de faire cesser un abus qui est d'autant plus préjudiciable aux intérêts du Trésor public que les magistrats ne sont sans doute jamais avisés des indemnités payées aux gendarmes par l'autorité militaire, et que ces indemnités ne peuvent, par conséquent, être comprises dans la liquidation des frais à recouvrer sur les condamnés.

M. le Ministre de la guerre, à qui j'en ai référé, a bien voulu consentir, à ma sollicitation, à ce que les sous-officiers, brigadiers et soldats de la gendarmerie soient à l'avenir *exclusivement indemnisés de leurs frais de déplacement par les soins de l'administration militaire*, qui se fera ultérieurement rembourser par mon département les avances qu'elle aura faites à ce titre. MM. les intendants militaires feront, au surplus, connaître aux parquets le chiffre de ces avances, afin que les états de liquidation des frais de procédure puissent être dressés avec toute l'exactitude désirable. Ils ont reçu à cet égard les instructions les plus précises de M. le Ministre de la guerre. L'autorité judiciaire devra se borner à faire payer aux gendarmes, lorsqu'il y aura lieu, l'indemnité attribuée aux militaires par l'article 31 du décret du 18 juin 1811, pour leur séjour forcé hors de leur garnison ou cantonnement.

Il n'est rien changé, d'ailleurs, aux anciennes dispositions, relativement à l'indemnité de comparution déterminée par l'article 27 du même décret. Elle continuera à être accordée sur le crédit des frais de justice à tout gendarme qui sera entendu dans le lieu de sa résidence ou dans un rayon de 10 kilomètres...

Le Garde des Sceaux: A. TAILHAND.

10 juillet 1875. — CIRCULAIRE de *M. le Procureur général d'Alger aux Procureurs de la République du ressort relative aux indemnités dues aux gendarmes d'Afrique.*

Monsieur le Procureur de la République, j'ai consulté M. le Garde des Sceaux sur la question de savoir si les indemnités de 1 fr. 25 c. et de 1 franc accordées aux brigadiers et gendarmes de la métropole pour les translations de prévenus ou d'accusés dans la circonscription d'un département étaient applicables aux gendarmes de l'Algérie.

Je vous transmets ci-après la réponse qui m'a été adressée par M. le Garde des Sceaux :

« L'indemnité de déplacement que l'art. 138 du décret du 18 février 1863 refuse aux gendarmes d'Afrique, en raison des avantages particuliers dont ils jouissent, est tout à fait distincte, en effet, de l'indemnité d'escorte extraordinaire réglée par les art. 314 et 322 du même décret.

» La première est acquise, dans certains cas, aux gendarmes exécutant leur service ordinaire et journalier, tandis que celle d'escorte extraordinaire est accordée en raison de la nature particulière du service fait. Elle a une affectation toute spéciale et si l'art. 322 stipule que dans la circonscription d'un département elle est égale à l'indemnité de service extraordinaire, cette stipulation n'a d'autre but que d'en déterminer la quotité et ne peut avoir pour conséquence d'établir que dans ce cas l'indemnité de déplacement doive être substituée à celle d'escorte extraordinaire.

» Il est à considérer en outre que la restriction édictée par l'art. 138, en ce qui concerne l'indemnité de déplacement en Algérie, n'est reproduite nulle part dans les dispositions concernant les droits aux indemnités d'escortes extraordinaires.

» On doit donc en conclure que les gendarmes d'Afrique, chargés d'escorter des prévenus dans la circonscription de leur département, ne sont pas exclus du droit aux dites indemnités, et qu'il n'y a pas lieu, dès lors, de leur accorder par surcroît le transport gratuit au retour.

» Je vous rappelle à ce sujet les circulaires ministérielles des 1er juin 1865 et 18 avril 1867 qui sont applicables aussi bien en Algérie que dans la métropole. »

Pour le Procureur général en congé :
L'avocat général chargé du service,
H. PIETTE.

12 septembre 1877. — CIRCULAIRE de *M. le Garde des Sceaux relative au service des extractions de détenus.*

Monsieur le Procureur général, l'usage s'est établi, depuis quelque temps, de confier exclusivement à la gendarmerie le service des extractions de détenus. Il est vrai que le service *d'extraction* proprement dit, dont les huissiers sont chargés en principe, sauf rémunération (décret du 18 juin 1811) est distinct de la *main-forte*, qui dans le cas seulement où elle paraît nécessaire peut être requise de la gendarmerie pour concourir à ce service (décret du 1er mars 1854). Mais, quoique l'extraction ne se confonde pas avec la main-forte, qui en est seulement l'accessoire accidentel, le service des extractions sans assistance de l'huissier était, en pratique et dans un but d'économie, confié le plus souvent aux gendarmes, qui n'ont droit à aucune rétribution pour l'exécution des mesures coercitives. Dans une circulaire du 14 août 1876, mon prédécesseur avait cru devoir, en conséquence, recommander le maintien de cette pratique.

M. le Ministre de la Guerre m'a fait savoir qu'il ne pouvait s'associer à un arrangement dont le résultat est d'augmenter le nombre des attributions d'un corps déjà surchargé de service. En vue de concilier, dans cette question, les vues des deux départements intéressés, j'ai proposé à mon collègue la combinaison suivante qu'il a adoptée et qui devra désormais servir de règle à vos substituts.

Le service d'extraction ne pourra être confié à la gendarmerie que dans le cas seulement où, si un huissier était chargé de ce service, la main-forte serait indispensable et devrait être requise ; par exemple, si les détenus à extraire sont des hommes valides, robustes ou d'ailleurs signalés comme dangereux. D'une part, la présence d'un huissier ferait alors double emploi et entraînerait des frais inutiles ; d'autre part, le service de la gendarmerie ne se trouvera pas augmenté, puisqu'en pareille éventualité la main-forte serait requise, quel que fût le procédé suivi. L'extraction se confondant avec la main-forte dans une seule et même action, les gendarmes n'auront pas droit à l'indemnité aux lieu et place des huissiers.

Dans tous les cas, au contraire, où la main-forte de la gendarmerie ne sera pas nécessaire, par exemple, s'il s'agit de femmes, d'enfants, d'hommes âgés, faibles ou infirmes, le service des extractions sera fait exclusivement par les huissiers.

Les huissiers et la gendarmerie ne seront dès lors jamais employés simultanément pour l'extraction des détenus.

Les réquisitions adressées à la gendarmerie, en vue d'extractions, devront mentionner lisiblement le nom du magistrat requérant et détailler les motifs qui s'opposent à ce que le service soit confié à un huissier. M. le Ministre de la Guerre a prescrit que la copie des réquisitions auxquelles il aura été déféré soit transmise, par la voie hiérarchique, au chef de légion, et soumise, s'il y a lieu, à l'administration centrale de son département, qui, exerçant la plus active surveillance sur cette partie du service, signalera à ma chancellerie tout abus qui se produirait.

Mon collègue insiste, d'ailleurs, tout particulièrement, pour que les gendarmes auxquels cette mission est confiée ne soient retenus, soit au parquet, soit dans le cabinet du juge d'instruction, que pendant le temps où leur assistance est rigoureusement nécessaire...

Le Garde des Sceaux : BROGLIE.

M. le Président de la République a rendu le 24 juillet 1875 un décret qui modifie le chapitre 5 du titre 4 du décret du 1ᵉʳ mars 1854 sur l'organisation et le service de la gendarmerie. Nous ne croyons pas devoir reproduire ce décret qui est tout entier relatif au service de la gendarmerie aux armées. On le trouvera, en cas de besoin, au *Bulletin des lois* 273, n° 4608, p. 607.

Géomètres. V. TOPOGRAPHIE.

Goums et Maghzen. V. ARMES.

Gouvernement général. V. ADMINISTRATION GÉNÉRALE.

Graveurs. V. IMPRIMERIE.

Greffiers. V. CASIER JUDICIAIRE ; OFFICIERS MINISTÉRIELS.

Griffe (interdiction aux fonctionnaires de faire usage d'une). V. CORRESPONDANCE ADMINISTRATIVE.

H

Habous. V. *Ménerville*.

Hammam - Rira (établissement hospitalier et militaire d'). V. EAUX THERMALES.

Hokor. V. IMPÔT ARABE.

Honneurs. V. PRÉSÉANCES.

Honoraires des cadis et autres fonctionnaires ou agents de la justice musulmane. V. JUSTICE MUSULMANE.

Hôpitaux.

SOMMAIRE

Organisation du service.
Admission des malades et remboursement des frais.
Vieillards et incurables.

23 décembre 1874. — *Décret.*

Vu le décret du 27 octobre 1858, ensemble l'ordonnance du 21 février 1841, le décret du 13 juillet 1859 et le décret du 23 mars 1852, promulgué en Algérie par un arrêté ministériel du 16 mai 1856.

TITRE PREMIER. — DISPOSITIONS ADMINISTRATIVES.

Art. 1ᵉʳ. — Les hôpitaux et hospices civils de l'Algérie, qui ne sont pas propriété communale ou privée, sont, à titre d'établissements coloniaux, placés sous l'administration supérieure du Préfet.

Art. 2. — Ils sont gérés par un receveur économe, sous la direction d'une commission administrative, ou par un directeur responsable, assisté d'un receveur-économe et d'une commission consultative.

Ils peuvent également être régis au moyen de marchés à forfait, sous le contrôle d'une commission de surveillance et avec le concours du receveur municipal de la commune comme comptable.

Art. 3. — Le Gouverneur général détermine en Conseil de Gouvernement, et sur la proposition des Préfets, le mode auquel est soumis chaque établissement. Il règle les cadres du personnel, ainsi que le traitement et le mode de nomination des agents.

Art. 4. — Les commissions administratives des hospices et hôpitaux surveillent et dirigent le service intérieur et extérieur des établissements auprès desquels elles fonctionnent ; elles sont composées de cinq membres nommés par le Préfet et du Maire de la commune.

La présidence appartient au Maire. Il

a voix prépondérante en cas de partage. En cas d'absence du Maire, la présidence appartient au plus ancien des membres présents, et, à défaut d'ancienneté, au plus âgé.

Les fonctions des commissions administratives sont gratuites.

Les commissions administratives sont renouvelées chaque année par cinquième. Le renouvellement est déterminé par le sort pendant les quatre premières années, et ensuite par l'ancienneté. Les membres sortant sont rééligibles.

Lesdites commissions peuvent être dissoutes par le Gouverneur général, sur la proposition ou l'avis du Préfet.

Les membres de ces commissions peuvent être individuellement relevés de leurs fonctions dans la même forme.

Art. 5. — Les commissions administratives règlent par leurs délibérations les objet suivants :

Le mode d'administration des biens et revenus des établissements hospitaliers ; les conditions des baux et fermes de ces biens, lorsque leur durée n'excède pas dix-huit ans pour les biens ruraux et neuf pour les autres ; le mode et les conditions des marchés pour fournitures et entretien, dont la durée n'excède pas une année ; les travaux de toute nature dont la dépense ne dépasse pas 3,000 francs.

Toute délibération sur l'un de ces objets est exécutoire trente jours après la notification officielle, si le Préfet ne l'a pas annulée soit d'office pour violation de la loi ou d'un règlement d'administration publique, soit sur la réclamation de toute partie intéressée.

Les commissions administratives arrêtent également, mais avec l'approbation du Préfet, les règlements du service tant intérieur qu'extérieur et de santé, et les contrats à passer avec les congrégations hospitalières.

Les commissions administratives délibèrent sur les objets ci-après énoncés, savoir :

1° Les budgets et comptes, en général, toutes les recettes et dépenses des établissements ;

2° Les acquisitions, aliénations et échanges de propriété des établissements et tout ce qui intéresse leur conservation, leur amélioration et leur affectation au service.

3° Les projets de travaux pour constructions, grosses réparations, et démolitions dont la valeur excède 3,000 francs ;

4° Les conditions ou cahier des charges des adjudications de travaux et marchés pour fournitures ou entretien dont la durée excède une année ;

5° L'acceptation des dons et legs ;

6° Les placements de fonds et les emprunts ;

7° Les actions judiciaires et les transactions.

Le président de la commission administrative peut toujours, à titre conservatoire, accepter en vertu de la délibération de la commission, des dons et legs faits à l'établissement. Le décret du pouvoir exécutif ou l'arrêté du Préfet qui interviendra, aura effet à partir du jour de cette acceptation.

Les commissions administratives soumettent au Préfet le compte rendu moral et administratif de leur administration.

Art. 6. — Dans les établissements confiés à un directeur responsable, ce directeur est, sous les ordres et le contrôle directs du Préfet, chargé de l'administration intérieure. Il exerce la gestion des biens et revenus de l'établissement. Il assure l'exécution des lois et règlements.

Art. 7. — Les commissions consultatives sont formées de trois membres nommés par le Préfet et du Maire de la commune. Le directeur assiste aux séances, avec voix délibérative, sauf lorsqu'il s'agit de l'examen de ses comptes.

Les règles portées en l'article 4 ci-dessus sont applicables à ces commissions.

Les commissions consultatives donnent leur avis sur les objets soumis aux délibérations des commissions administratives, tels qu'ils sont énumérés en l'article 5 ci-dessus.

Elles délibèrent, en outre, sur les comptes tant en deniers qu'en matières, et sur les comptes moraux des directeurs, ainsi que sur toutes les mesures relatives au régime intérieur et au service économique.

Leurs délibérations sont directement transmises au Préfet, par le président.

Art. 8. — Les commissions de surveillance placées auprès des établissements régis par marché à forfait, sont formées de quatre membres nommés par le Préfet et du Maire de la commune. Les règles portées en l'article 4 ci-dessus leur sont applicables. Elles donnent leur avis sur les objets soumis à leur examen par le Préfet, et s'assurent de la bonne et loyale exécution du marché en cours. Elles signalent, dans des rapports trimestriels, adressés au Préfet par le Président, leurs observations sur la marche du service et les améliorations qui leur paraissent nécessaires.

Art. 9. — La comptabilité et le régime économique de chaque établissement non géré à forfait sont confiés à un receveur-économe, astreint à fournir un cautionnement, dont le taux est fixé par l'arrêté de nomination.

Lorsque l'importance d'un établissement le comportera, les fonctions d'économe pourront être séparées de celles de receveur. Dans ce cas, l'économe sera également soumis à un cautionnement.

Art. 10. — Le service des médecins de colonisation forme une branche du service d'assistance hospitalière.

Les circonscriptions médicales sont déterminées par le Gouverneur général, sur la proposition du Préfet, qui nomme les titulaires.

TITRE II. — DISPOSITIONS FINANCIÈRES.

Budgets particuliers des hôpitaux et hospices.

Art. 11. — Chacun des hôpitaux et hospices, compris dans le service des établissements coloniaux, a son budget particulier.

Art. 12. — Ce budget, délibéré ainsi qu'il est dit dans l'article 6, est arrêté par le Préfet.

Il comprend au titre des recettes :

Comme *recettes ordinaires*:

Les produits à provenir du remboursement du prix de la journée de traitement des malades:

1° Par les communes de toutes catégories (de plein exercice, mixtes et indigènes), en ce qui concerne les indigents ayant acquis le domicile de secours en Algérie ;

2° Par le budget du Gouvernement général de l'Algérie (dépenses sur ressources spéciales), pour les indigents n'ayant pas acquis le domicile de secours ;

3° Par les divers budgets en cause, pour les militaires et marins, ainsi que pour les détenus ;

4° Par les particuliers et les corporations ;

Les produits des biens, revenus, rentes et fermages.

Les produits divers, provenant de la vente des objets hors de service, débris et vidanges.

Comme *recettes extraordinaires* :

Les dons et legs ;

Les subventions pour constructions et grosses réparations aux bâtiments, pour achat et renouvellement de matériel et de linge.

Comme *recettes spéciales* :

Les subventions provisoires mises à la disposition de l'établissement à titre de fonds de roulement et à charge de remboursement ultérieur.

Il pourvoit aux dépenses suivantes :

Dépenses ordinaires.

1° Personnel de l'établissement ;
2° Nourriture des malades ;
3° Médicaments ;
4° Entretien des bâtiments, du matériel, du mobilier et de la lingerie :
5° Blanchissage, chauffage et éclairage ;
6° Frais d'assurance, tant des bâtiments que du matériel et du mobilier ;
7° Menus frais divers.

Dépenses extraordinaires.

1° Dépenses de constructions et de grosses réparations.
2° Achat et renouvellement du matériel et de la lingerie.

Dépenses spéciales.

Remboursement au budget de l'Algérie (ressources spéciales) des subventions provisoires pour fonds de roulement.

Art. 13. — Le budget particulier de chaque hôpital ou hospice est soumis aux règles de la comptabilité communale.

Les fonctions d'ordonnateur sont remplies suivant le mode d'administration de l'établissement par un membre de la commission administrative ou par le directeur.

Pour l'établissement régi à forfait, le Préfet reste directement chargé du mandatement des dépenses.

Budget sur ressources spéciales à l'Algérie.

Art. 14. — Les recettes et les dépenses de l'assistance coloniale hospitalière, ci-dessous mentionnées, forment un chapitre au budget de l'Algérie (Ressources spéciales).

1re PARTIE. — *Recettes*.

Les recettes afférentes au chapitre précité se composent des produits suivants :

1° Montant des centimes additionnels spéciaux, réglés par les lois annuelles des finances, en addition au principal des contributions directes ;

2° Part à prélever sur le contingent des centimes additionnels ajoutés à l'impôt arabe.

Cette part est annuellement déterminée par le Gouverneur général, en Conseil de Gouvernement ;

3° Recouvrement des avances faites au nom et pour le compte des communes, pour rembourser au budget de la guerre le prix des journées de traitement des malades civils domiciliés, admis dans les hôpitaux militaires ;

4° Recouvrement des subventions provisoires comme fonds de roulement à la disposition des hôpitaux et hospices.

2e PARTIE. — *Dépenses*.

Les crédits inscrits annuellement au budget des dépenses, sur les ressources spéciales pour le service de l'assistance coloniale hospitalière, auront à pourvoir aux dépenses ci-après :

1° Remboursement aux établissements hospitaliers des frais de traitement des immigrants et des malades indigents n'ayant pas acquis le domicile de secours en Algérie ;

3° Avances pour remboursement au budget du Ministère de la Guerre, et pour le compte des communes, des frais de journées de traitement des malades domiciliés, admis dans les hôpitaux militaires ;

3° Subventions provisoires à la disposition des hôpitaux et hospices à titre de fonds de roulement ;

4° Subventions aux communes de récente création, dont les ressources sont encore notoirement insuffisantes pour solder intégralement les journées des malades qui leur incombent ;

5° Subventions aux institutions charitables concourant à l'assistance hospitalière et particulièrement à celles qui sont chargées des soins à domicile ou des asiles de vieillards ;

6° Traitement des médecins de colonisation ;

7° Subventions aux hôpitaux et hospices pour achat de matériel et pour constructions et grosses réparations de bâtiments ;

8° Assistance des indigènes musulmans qui recevaient des secours ou des subsides sur les biens *habous* des anciennes fondations charitables.

Art. 15. — Les subventions provisoires mises à la disposition des hôpitaux et hospices, à titre de fonds de roulement, pour les débuts du fonctionnement, sont déterminées par le Gouverneur général, sur la proposition des Préfets.

Art. 16. — Les évaluations de recettes et de dépenses sont arrêtées provisoirement par le Gouverneur général, en Conseil de Gouvernement, et définitivement réglées par la loi de finances portant fixation du budget général de l'exercice.

Art. 17. — Les recettes rattachées au budget de l'Algérie (ressources spéciales) sont versées dans les caisses des trésoriers-payeurs), au titre du service de l'assistance hospitalière.

TITRE III. — DISPOSITIONS GÉNÉRALES.

Art. 18. — Le remboursement des frais de journées de traitement de leurs indigents malades ayant le domicile de secours constitue, pour les communes, une dépense obligatoire.

Ce remboursement s'effectue mensuellement au budget particulier de chaque établissement hospitalier. Il doit avoir lieu dans le courant du mois qui suit la notification des décomptes mensuels.

Il en est de même en ce qui concerne les sommes à réclamer à l'assistance coloniale et aux particuliers.

Art. 19. — En cas de retard dans les remboursements par les communes, les Préfets sont autorisés à procéder à l'ordonnancement d'office, conformément aux règles sur la matière.

Art. 20. — Le tarif du prix de remboursement des journées de malades est arrêté chaque année, au mois de janvier, par le Préfet, en Conseil de préfecture.

Il est fixé, pour chaque établissement séparément, en prenant pour base le montant des dépenses de l'année précédente, divisé par le produit du nombre des journées de malades pendant la même période.

Ne sont pas comprises dans les éléments de ce calcul, les dépenses de constructions et de grosses réparations, non plus que les dépenses d'achat du matériel et du linge.

En ce qui concerne les hôpitaux militaires, le taux de remboursement est fixé par le Ministre de la guerre.

Art. 21. — Il ne sera rien changé à l'affectation des immeubles concédés antérieurement par l'Etat aux départements pour les divers services hospitaliers.

Art. 22. — Sont rapportées les dispositions :

1° Du paragraphe 14 de l'article 44 du décret du 27 octobre 1858, en ce qui concerne les dépenses des malades civils indigents dans les hôpitaux civils ou militaires ;

2° Des paragraphes 12 et 15 dudit décret, en ce qui a trait au service médical de colonisation et aux services d'assistance des indigènes ;

3° Du paragraphe 4 de l'article 38 du décret du 27 octobre précité, attribuant aux provinces le cinquième du produit net de l'octroi municipal de mer perçu dans les ports de l'Algérie, tant que les budgets de ces provinces resteraient spécialement chargés des dépenses relatives aux hôpitaux et hospices civils ;

4° Du décret du 26 août 1865 sur la fixation de la part des communes dans les dépenses d'assistance.

Art. 23. — Le Gouverneur général pourvoit, par des règlements particuliers, aux détails d'application du présent décret (1).

---

(1) Dans une circulaire portant la date du 31 mai 1875 qu'on trouvera dans le *Recueil des actes administratifs* de la Préfecture d'Alger (année 1875, n° 31, p. 233 et suiv.) M. le Gouverneur général trace aux Préfets les règles à suivre pour l'admission des malades dans les hôpitaux et pour le remboursement des frais qu'ils occasionnent.

Ces règles que nous résumons ici sont les suivantes :

Malades domiciliés non indigents. Ils seront reçus

Art. 24. — Le Ministre de l'Intérieur, le Ministre des Finances et le Gouverneur général civil de l'Algérie sont chargés, chacun en ce qui le concerne, de l'exécution du présent décret.

M^{al} DE MAC-MAHON, DUC DE MAGENTA.

23 décembre 1874. — *Décret.*

Art. 1er. — Il est affecté temporairement, au service de l'assistance hospitalière, un dixième de l'impôt arabe à prélever sur les cinq dixièmes de cet impôt concédés aux départements algériens et qui se trouvent ainsi ramenés à quatre dixièmes.

Le dixième affecté au service de l'assistance hospitalière sera versé au Trésor public au compte dudit service, à partir de l'année 1875.

M^{al} DE MAC-MAHON.

18 juillet 1874. — ARRÊTÉ *du Préfet d'Alger déclarant l'hôpital civil de Mustapha hospice dépositaire.*

Art. 1er. — L'hôpital civil de Mustapha est déclaré hospice dépositaire des enfants assistés du département.

Art. 2. — L'orphelinat de Mustapha-Supérieur est placé sous la surveillance et direction de la commission administrative de l'hôpital, en ce qui concerne notamment le patronage des enfants assistés.

Le Préfet : BRUNEL.

moyennant le dépôt, entre les mains du receveur de l'établissement, d'une somme représentant quinze jours de frais de traitement ; ils paieront le surplus de quinzaine en quinzaine et d'avance, jusqu'à leur sortie. Les sommes perçues en trop leur seront remboursées ou à leurs héritiers en cas de décès. Si l'établissement est un hôpital militaire, l'admission des malades de cette catégorie sera autorisée par le maire sur caution reconnue solvable.

Malades domiciliés indigents. L'habitant qui demandera à être admis gratuitement dans un hôpital civil ou militaire du département devra, au préalable, être visité par un médecin qui attestera la maladie ; sur cette attestation, le maire délivrera un certificat d'indigence qui entraînera pour la commune où le malade a son domicile de secours le remboursement des frais de traitement.

En cas d'urgence, les malades de cette catégorie seront toujours admis immédiatement sans aucune justification préalable. L'administration de l'hôpital fera ensuite régulariser leur situation par qui de droit.

Immigrants sans domicile de secours. Les sous-préfets, administrateurs ou maires délivrent des billets d'admission aux malades de cette catégorie. Tous les renseignements indispensables pour connaître leur véritable situation seront recueillis et figureront sur le billet d'entrée.

Malades dont les frais de traitement sont remboursés par des services publics. Dans cette catégorie figurent les employés et ouvriers des chemins de fer. Ils sont reçus dans les hôpitaux sur un certificat des compagnies.

Les admissions des militaires, marins et des détenus ont lieu sur des certificats des autorités compétentes ; celles des membres appartenant à des associations, sur des certificats délivrés par les administrateurs. Les frais de traitement sont au compte desdites associations.

Hospitalisation (demandes d'). V. EAUX THERMALES.

Huiles minérales. V. ETABLISSEMENTS DANGEREUX.

Huissiers. V. OFFICIERS MINISTÉRIELS.

Hypothèques.

Création d'une conservation des hypothèques à Bougie et à Tizi-Ouzou.

20 mars 1874. — *Arrêté.*

Art. 1er. — Il est créé dans chacune des villes de Bougie (département de Constantine), et de Tizi-Ouzou (département d'Alger), un bureau de conservation des hypothèques, dont la circonscription comprendra tout le territoire soumis à la juridiction du tribunal de 1re instance. Cette création aura son effet à dater du jour de l'entrée en exercice desdits tribunaux.

Art. 2. — Les conservations des hypothèques de Bougie et de Tizi-Ouzou seront réunies au bureau de l'Enregistrement, des Domaines et du Timbre existant déjà dans chacune de ces localités.

Le cautionnement à fournir par les titulaires de ces conservations, soit en immeubles, soit en rentes sur l'Etat, pour garantie envers le public, est fixé à la somme de douze mille cinq cents francs (12,500 fr.).

Gal CHANZY.

2 juin 1877.—CIRCULAIRE *du Gouverneur général sur le service des vieillards et incurables.* — Pour arriver à diminuer, dans un temps donné, le nombre de lits de vieillards et incurables à la charge de l'assistance hospitalière dans votre département, je désire que vous entriez résolument dans la voie des rapatriements et des secours à domicile.

Dans un département, le budget de l'assistance hospitalière partage les frais de l'entretien des incurables domiciliés avec les communes. C'est là un abus qui conduirait ces dernières à faire supporter par le budget des ressources spéciales des sommes qui ne lui incombent pas. Je tiens à ce que ces faits ne se produisent pas dans votre département.

En règle générale, si un incurable indigent se trouve dans les conditions déterminées par ma dépêche du 30 avril 1875, n° 1212, c'est au budget de l'assistance hospitalière à supporter les frais de son entretien.

S'il est incurable domicilié, c'est à la commune où il a acquis son domicile de secours, à supporter obligatoirement la charge de son entretien, soit à l'asile, soit où elle jugera à propos d'assurer son existence. Cette commune devra donc toujours recevoir avis de l'incurabilité du malade, aussitôt que cette position sera attestée par le médecin traitant, et aura à se prononcer dans un délai de sept jours, qui courra de la réception de cet avis, sur la destination à donner à l'incurable. Faute par elle de s'exécuter, l'incurable sera dirigé aux frais de la commune sur l'hospice du département et l'entretien sera à la charge de ladite commune jusqu'au jour où elle aura fait connaître ses intentions.

En ce qui concerne les vieillards valides indigents, ils ne seront admis dans un hospice qu'à l'âge de 70 ans, et s'ils sont domiciliés, après le consentement de la commune où ils auront acquis le domicile de secours, de payer pour eux leurs frais d'entretien.

Gal CHANZY.

I

Identité des accusés et prévenus (reconnaissance d'). V. Extradition.

Immatriculation des armes. V. Armes.

Immeubles. — V. Enregistrement.

Immeubles domaniaux. V. Délégations de pouvoirs ; Domaine.

Immigrants. V. Passages maritimes ; Colonisation.

Importations. V. Douanes ; Épizootie.

Impôts. V. Israélites.

Impôt arabe.

DIVISION

§ 1. — Recouvrement ; Conversion en argent ; Centimes additionnels ; Prestations en nature.

§ 2. — Établissement d'un impôt semblable sur le cultivateur arabe du territoire civil et du territoire militaire.
Impôts des indigènes naturalisés.

§ 3. — Répression des fraudes en matière d'impôts arabes.

§ 4. — Impôts des Algériens établis en Tunisie.

§ 1er.

18 avril 1877. — *Arrêté* (1).

Art. 1er. — La quotité des centimes additionnels ordinaires aux impôts Zekkat, Achour, Hokor, Lezma et à l'impôt de capitation établi en Kabylie, à percevoir au profit des communes mixtes ou indigènes, qui ne sont pas encore assujetties aux taxes municipales en vigueur dans les communes de plein exercice, est fixée, pour 1877, à dix-huit centimes par franc, du principal, y compris le contingent de huit centimes, spécialement affecté aux dépenses de l'assistance hospitalière, par notre arrêté sus-visé du 8 mars 1877.

Gal Chanzy.

13 avril 1877. — *Arrêté*.

Art. 1er. — Le tarif de conversion en argent de l'impôt Zekkat, est fixé comme il suit, pour l'année 1877 :

Chameaux, par tête	4 fr.	»
Bœufs, id	3 fr.	»
Moutons, id	0 fr.	20
Chèvres, id	0 fr.	25

---

(1) Le Gouverneur général détermine chaque année par des arrêtés spéciaux le quantum des centimes additionnels et la conversion en argent des impôts arabes. Nous ne publions que les arrêtés concernant l'année 1877. On trouvera ceux des années précédentes au *Bulletin officiel* du gouvernement.

Art. 2. — Sont exemptés de l'impôt les animaux nés depuis le 1er janvier 1877.

Gal Chanzy.

29 juin 1877. — *Arrêté*.

Art. 1er. — Les Impôts Hokor et Achour, continueront à être perçus, en 1877, dans le département de Constantine, en vertu des titres actuellement existants, et d'après les mêmes tarifs.

(Hokor 20 fr., achour 25 fr.).

Gal Chanzy.

6 juillet 1877. — *Arrêté*.

Art. 1er. — Le tarif de conversion en argent de l'Impôt Achour à percevoir, en 1877, dans les départements d'Alger et d'Oran, est fixé ainsi qu'il suit :

Par quintal métrique de blé... 22 fr.
— d'orge... 11 fr.

Gal Chanzy.

25 avril 1874. — *Arrêté*.

Art. 1er. — Les tribus et douars rattachés au territoire civil des trois départements de l'Algérie continueront à fournir, en 1874, les prestations auxquelles ils ont été imposés pour cette année, conformément aux dispositions de l'arrêté sus-visé du 29 avril 1865 ;

Art. 2. — Toutefois, à l'égard des prestataires qui ne se présenteront pas aux jours, lieux et heures indiqués dans les réquisitions qui leur seront faites par les autorités civiles, sous l'administration desquelles ils se trouvent placés, ou qui ne se seront pas fait remplacer, conformément à l'article 5 du même arrêté, le recouvrement des prestations par eux dues sera poursuivi en argent, conformément à l'article 10 du décret du 5 juillet 1854 et d'après le tarif de conversion arrêté pour l'année courante dans chaque département, en exécution de l'article 5 du même décret.

Art. 3. — Les dispositions qui précèdent seront appliquées :

1° Dans les communes indigènes qui seront transitoirement maintenues ou instituées en territoire civil, ainsi que dans les douars-communes du même territoire, rattachés provisoirement à des communes de plein exercice, après avoir été détachés des communes indigènes existantes, ou par suite de la suppression des circonscriptions cantonales dont ils dépendaient ;

2° Aux douars-communes détachés du territoire militaire, pour être réunis, provisoirement, à des communes de plein exercice, ou qui seront constitués en communes mixtes.

Art. 4. — A partir du 1er janvier 1875, le décret du 5 juillet 1854 sera seul exécutoire en territoire civil, sans distinction de nationalité, sauf à l'égard des tribus et douars communes qui y seront annexés ultérieurement et auxquels seront appliquées les dispositions des articles qui précèdent, jusqu'au 1ᵉʳ janvier de l'année qui suivra celle de leur annexion.

Gal CHANZY.

Modification à l'arrêté du 29 avril 1865 sur les prestations en nature en territoire de commandement.

4 janvier 1877. — *Arrêté.*

Vu l'arrêté du 29 avril 1865, autorisant l'établissement de prestations en nature pour les travaux d'utilité communale dans les tribus ;

Vu l'arrêté du 13 novembre 1874, portant création de communes indigènes dans les territoires soumis au régime de commandement.

Art. 1ᵉʳ. — La prestation en nature, imposée en exécution des articles 2, 4 et 5 de l'arrêté, en date du 29 avril 1865, sera appréciée en argent, conformément à la valeur qui aura été attribuée annuellement par la commune, à chaque espèce de journées, par le Général commandant la division.

Art. 2. — Le prestataire est libre d'acquitter en argent la moitié des journées de prestation imposées, à la condition de faire connaître son option dans les délais prescrits par l'autorité locale. L'autre moitié doit être acquittée en journées de travail.

Art. 3. — Ceux des contribuables portés sur un des rôles d'impôt qui prétendraient ne devoir pas être soumis à la prestation, devront justifier de leurs moyens d'exemption devant la Djemâa de leur douar, et ce, dans un délai d'un mois, à partir du dépôt desdits rôles d'impôts.

La liste de ces réclamations sera soumise aux décisions d'une Commission désignée par le Général commandant la division, et présidée par le président de la Commission municipale de la commune indigène.

Art. 4. — Le recouvrement des prestations, rachetées en argent, sera poursuivi comme en matière d'impôt ; les demandes de dégrèvement seront instruites par le Service des Contributions ; elles seront communiquées à la Commission dont il est question à l'article précédent pour avoir son avis.

Il sera statué à leur égard comme en matière d'impôt.

Art. 5. — Sont abrogées les dispositions de l'arrêté du 29 avril 1865, contraires aux dispositions ci-dessus.

Gal CHANZY.

§ 2.

22 mars 1872. — *Arrêté.*

Vu la résolution adoptée par le Conseil de Gouvernement, dans sa séance du 5 mars 1849 et qui est ainsi conçue :

« 1° En matière d'impôt arabe, il n'y a aucune différence à établir entre le cultivateur arabe en territoire civil et le cultivateur arabe en territoire militaire ;

» 2° Le propriétaire européen, qui loue des terres à des familles arabes, ne saurait les exempter de l'impôt arabe ;

» 3° Le khammès doit être considéré et traité, pour l'assiette de l'impôt, à l'instar des fermiers et métayers, sauf le cas où il est établi sur une terre de propriété européenne, exploitée par son propriétaire ou par un fermier européen, habitant les uns et les autres un corps de ferme, fournissant les instruments de travail, et dirigeant la culture en personne ;

» 4° Pour l'établissement de l'*achour* à percevoir sur la part revenant aux khammès dans le produit de leur travail, cette part ne pourra être évaluée au-dessous du cinquième de la récolte, au brut. »

Vu la décision ministérielle du 25 août 1858, portant exemption de l'*achour* en faveur des arabes cultivant, à un titre quelconque, une terre européenne, ensemble la circulaire du 2 septembre suivant, relative à l'exécution de cette décision ;

Vu l'arrêté ministériel du 4 décembre de la même année, et les instructions y afférentes, des 4 décembre 1858 et 8 janvier 1859 ;

Vu la délibération du Conseil supérieur du Gouvernement de l'Algérie, en date du 14 février 1872 ;

Considérant que l'intérêt dominant de la colonisation est le peuplement, par des colons français, de toutes les terres de colonisation ;

Art. 1ᵉʳ. — Est remise en vigueur la résolution ci-dessus mentionnée du Conseil de Gouvernement de l'Algérie, du 5 mars 1849.

Art. 2. — Toutes dispositions contraires à la présente décision sont et demeurent abrogées.

Vice-amiral Cte DE GUEYDON.

Les indigènes naturalisés français sont-ils exemptés, par suite de la naturalisation, du paiement des impôts arabes et des prestations imposées à leurs coréligionnaires non naturalisés ?

Cette question est résolue négativement par M. le Gouverneur général, dans une circulaire du mois d'août 1877 dont on trouvera le texte dans le *Recueil des ac-*

tes administratifs de la Préfecture d'Alger, année 1877, p. 378 et s.

Les Européens qui sont venus s'établir en Algérie ont dû être affranchis de tout impôt territorial pour encourager l'immigration et la dédommager des difficultés de son installation dans la colonie. Tel n'est point le cas pour les indigènes. Les décrets de naturalisation confèrent des droits civils et politiques, mais ne touchent en rien à la matière fiscale qui reste soumise à ses lois particulières. Enfin il ne faut pas que l'exonération de l'impôt soit une prime offerte aux indigènes pour les amener à solliciter la naturalisation.

Tels sont les motifs sur lesquels s'appuie la circulaire pour adopter une solution négative de la question posée ci-dessus.

§ 3.

16 avril 1872. — *Arrêté.*

Art. 1er. — Les indigènes sont tenus de faire aux agents, chargés du recensement, la déclaration exacte des matières soumises à l'impôt arabe.

Art. 2. — Toute omission volontaire ou dissimulation sera frappée d'une double taxe à titre d'amende.

Art. 3. — La taxe sera portée au triple, si le contribuable s'est opposé aux vérifications des recenseurs, s'il a soustrait ou cherché à soustraire les matières imposables à ces vérifications.

Vice-amiral Cte DE GUEYDON.

§ 4.

7 avril 1876. — CIRCULAIRE *du Préfet d'Alger.*

L'attention du Gouvernement tunisien a été attirée sur le grand nombre d'indigènes algériens qui viennent s'établir dans la Régence en abandonnant notre Colonie et en se soustrayant, eux et leurs familles, à toutes les obligations qu'entraîne la qualité de Français, tandis que, d'un autre côté, ils arguent de leur origine pour éviter de se soumettre aux lois et règlements qui régissent les Tunisiens, notamment en matière d'impôt.

Consulté à cet égard, M. le Gouverneur général n'a vu aucun inconvénient à ce que les indigènes algériens qui s'établissent définitivement en Tunisie soient traités désormais pour la perception des impôts sur le même pied que les habitants de ce dernier pays ; mais il lui a paru nécessaire de spécifier que ceux d'entre eux qui ne font qu'y résider temporairement pour leurs affaires ou leur négoce, dont le séjour a pour résultat de développer les relations commerciales entre les deux Etats, continueront à jouir de toutes les immunités qui se rattachent à la protection française.

En conséquence, le premier ministre de S. A. le Bey, d'accord avec M. le chargé d'affaires de France à Tunis, vient de décider que tout indigène algérien qui se sera fait régulièrement inscrire au Consulat de France et renouvellera chaque année son certificat de nationalité, sera exempt de tout impôt personnel et traité en Tunisie sur le même pied que les Français et les sujets des autres puissances. Ceux qui ne rempliront pas cette formalité seront soumis à toutes les charges que supportent les habitants originaires de la contrée où ils sont venus s'installer.

J'ai l'honneur de vous prier de donner à ces dispositions, qui viennent d'être publiées au *Mobacher*, la plus grande publicité possible au milieu des populations indigènes qui relèvent de votre administration.

M. le Gouverneur général désire être fixé sur le chiffre de nos indigènes qui, jusqu'à présent, ont émigré en Tunisie sans esprit de retour. Afin de permettre de satisfaire à cette demande, je vous serai obligé de m'envoyer pour le 1er mai, un état indiquant par commune de plein exercice ou mixte, et dans chacune des susdites communes, par tribu ou douar-commune, un relevé numérique par hommes, femmes, enfants, des émigrations accomplies jusqu'à ce jour et qui pourront être constatées par vos soins.

Le Préfet : BRUNEL.

Impôt de capitation. V. IMPÔT ARABE.

Imprimerie et librairie.

Nécessité d'une autorisation pour exercer la profession d'imprimeur et de libraire.

9 juillet 1872. — CIRCULAIRE *du Gouverneur général.*

Un décret du Gouvernement de la Défense nationale, en date du 10 septembre 1870, a déclaré libres les professions d'imprimeur et de libraire ; il n'a imposé d'autre condition à ceux qui voudraient exercer l'une ou l'autre de ces professions que d'en faire la déclaration au Ministre de l'Intérieur.

Ce décret n'a point été promulgué en Algérie ; il n'y est donc point exécutoire.

M. le Ministre de l'Intérieur, à qui des déclarations de l'espèce ont été adressées par des personnes domiciliées en Algérie, me les a renvoyées, en me faisant observer qu'il n'a pas à les recevoir, attendu que le décret qui a prescrit cette formalité a été rendu spécialement en vue de la France.

Il estime, dès lors, que la police de l'imprimerie et de la librairie, en ce qui touche la délivrance des brevets ou autorisations pour l'exercice de ces industries, doit continuer d'être pratiquée en Algérie, conformément aux errements en usage avant le décret du 10 septembre 1870.

Je viens, à cette occasion, Monsieur le Préfet, vous rappeler que les règles observées pour l'exercice des professions d'imprimeur et de libraire en Algérie ont toujours été les suivantes :

1° Nul ne peut ouvrir une imprimerie ou une librairie qu'en vertu d'une autorisation délivrée par le Gouverneur général ;

Cette autorisation tient lieu du brevet spécifié par l'article 11 de la loi du 21 octobre 1814 ;

2° L'autorisation n'est délivrée qu'aux postulants qui justifient :

Qu'ils sont majeurs et en possession de leurs droits civils, politiques et de famille ;

Qu'ils sont de bonnes vie et mœurs, attestées par un certificat de l'autorité municipale du lieu de leur résidence ;

Qu'ils possèdent la capacité professionnelle, en produisant un certificat émané d'au moins deux imprimeurs ou libraires établis dans le département où ils veulent exercer, suivant qu'il s'agit de la profession d'imprimeur ou de libraire ;

3° La demande d'autorisation doit me parvenir par l'intermédiaire de l'autorité préfectorale, et accompagnée de son avis ;

4° Sont soumis à la formalité de l'autorisation :

Les imprimeurs lithographes et les imprimeurs en taille-douce ;

Ceux qui font le commerce de vente et de location de livres, c'est-à-dire les personnes tenant des cabinets de lecture et les bouquinistes établis en boutique ;

5° L'autorisation délivrée aux fins d'exercer la profession de libraire ou d'imprimeur est personnelle et locale ; elle ne peut servir que pour celui qui l'a obtenue et que pour le lieu où l'impétrant a demandé à s'établir.

L'autorisation doit être enregistrée au greffe du tribunal civil de l'arrondissement où la profession doit être exercée.

Je vous prie, Monsieur le Préfet, de veiller à ce que les règles que je viens de rappeler soient remises en vigueur dans l'étendue de votre juridiction administrative.

Si, dans votre département et à la faveur du décret du 10 septembre 1870, des imprimeries ou librairies avaient été ouvertes sur simple déclaration, vous auriez à mettre les possesseurs de ces établissements en demeure de se pourvoir d'une autorisation, que j'accorderai d'ailleurs sans difficulté à ceux qui feront les justifications indiquées au paragraphe 2 des présentes instructions.

Vice-amiral Cte DE GUEYDON.

V. ÉLECTIONS ; PRESSE.

Incapacités électorales. V. CONSEILS GÉNÉRAUX ; ÉLECTIONS ; LOIS CONSTITUTIONNELLES.

Incendies dans les forêts.

28 juin 1873. — CIRCULAIRE *du Gouverneur général.*

M. le Gouverneur général, mon prédécesseur, avait soumis à l'examen du Conseil de Gouvernement une demande de M. le Général commandant la division de Constantine, tendant à l'application de la responsabilité collective aux villages de Dekkara et d'El-Oudja, du cercle d'El-Miliah, à propos de l'incendie d'une forêt domaniale.

Après avoir pris connaissance des pièces du dossier, les membres du Conseil ont constaté que, s'il n'était pas établi que le feu avait été mis intentionnellement par les habitants, il était démontré que ceux-ci n'avaient rien fait pour l'éteindre.

Il leur a paru nécessaire, à cette occasion, que les indigènes fussent bien avertis qu'ils seraient infailliblement punis chaque fois qu'ils porteraient l'incendie dans une forêt ou qu'ils ne s'emploieraient pas à arrêter les progrès du feu.

Le Conseil a émis, en conséquence, l'avis qu'il y avait lieu de donner suite à la proposition de M. le Général commandant la division de Constantine et de rappeler aux indigènes les dispositions de l'arrêté du 24 juillet 1861.

Dans cet ordre d'idées, j'ai prescrit que les dispositions de l'arrêté précité du 24 juillet soient rappelées par un avis qui sera inséré dans le plus prochain numéro du journal le *Mobacher* ; je vous prie, de votre côté, de donner la plus grande publicité aux dispositions qu'il édicte et d'inviter, en même temps, les chefs de tribu à signaler à l'autorité supérieure ceux de leurs administrés qui, en cas d'incendie, refuseraient leur concours.

Des mesures particulières de répression devront être prises à l'égard de ces derniers, dans la limite des pouvoirs dont est armée l'administration.

Gal CHANZY.

24 juillet 1861. — *Décision.*

Son Exc. le Gouverneur général a décidé en principe, le 24 juillet 1861 :

1° Que des amendes collectives, équivalant à quatre fois le montant de la *zekkat*, seront imposées aux tribus ou fractions de tribus reconnues coupables d'avoir allumé ou laissé propager des incendies dans les forêts ;

2° Que les troupeaux de ces tribus ou fractions seront à tout jamais exclus des pâturages dans les forêts incendiées ;

3° Que des mesures particulières seront prises envers les chefs et les membres des djemâas ;

4° Que, néanmoins, les indigènes pourront, en vertu de permissions expresses, brûler les broussailles croissant sur les terrains dont ils jouissent, mais que ces opérations ne pourront avoir lieu que sur les points désignés dans les permissions et sous la direction et la surveillance des agents du service forestier.

M^{al} PÉLISSIER, duc de MALAKOFF.

19 septembre 1873. — CIRCULAIRE *du Gouverneur général.*

Mon télégramme du 3 septembre courant vous a exposé succinctement l'ensemble des mesures qui me paraissent devoir être adoptées pour atteindre par une sévère répression les auteurs des derniers incendies lorsqu'ils pourront être découverts, et pour prévenir le retour de ces sinistres qui menacent d'anéantir une des plus précieuses sources de richesses de la colonie.

Je crois devoir revenir, aujourd'hui, avec de plus amples détails, sur cette question qui a été l'objet de la constante sollicitude de mes prédécesseurs et sur laquelle je viens à mon tour appeler toute votre attention.

Les enquêtes qui vont être faites par les commissions dont j'ai prescrit l'institution nous amèneront, je n'en doute pas, à établir les causes auxquelles peuvent être attribués ces sinistres. Toutes les fois qu'il sera prouvé qu'ils ont été provoqués par la malveillance des indigènes, il y aura lieu de mettre en œuvre tous les moyens qui sont en notre pouvoir pour arriver à livrer à la justice compétente les vrais coupables. Si ces derniers échappent à nos recherches, vous n'hésiterez pas à me proposer l'application du principe de la responsabilité collective aux tribus ou fractions de tribus chez lesquelles les incendies se seront déclarés et cela sans distinction de territoire.

L'édiction du décret qui vient d'être pris à la date du 11 septembre courant et qui supprime les entraves, apportées à l'exercice de cette pénalité spéciale par l'acte législatif du 24 décembre 1870, nous permet d'atteindre, en les replaçant sous le régime d'exception dont on les avait distraites prématurément, les populations qui auront refusé leur concours pour arrêter le progrès du feu ou qui ne l'auront prêté qu'avec mauvaise volonté et d'une manière insuffisante.

Comme mesures préventives, je ne crois pouvoir mieux faire que de vous rappeler les dispositions de la circulaire de M. le maréchal de Mac-Mahon, en date du 8 mai 1866 ; elle résume toutes les précautions qui peuvent être prises utilement pour sauvegarder la situation.

« Interdire, sous quelque prétexte que ce soit, de mettre le feu aux bois, broussailles, herbes sur pied, sans une autorisation spéciale délivrée par l'autorité supérieure. Défense, à partir du 1er juin jusqu'au 15 octobre, de porter ou d'allumer du feu dans l'intérieur et à distance de 200 mètres des forêts et broussailles, d'y fumer, d'y tirer des coups de fusil, etc., etc. ; établissement des postes-vigies sur les points culminants et des patrouilles correspondant entre elles et avec les guetteurs fixes, rondes fréquentes par les chefs indigènes, les officiers des Affaires arabes, les agents de l'administration et ceux des forêts ; du 15 juillet au 15 septembre, envoi des troupes dans les bassins forestiers les plus importants, enfin, mise en demeure des concessionnaires forestiers ou de leurs fermiers d'exécuter les conditions de leur cahier de charges en ce qui concerne les précautions contre l'incendie. »

Il me paraît nécessaire de renouveler *in extenso* ces prescriptions à MM. les commandants supérieurs et administrateurs des circonscriptions cantonales, et vous voudrez bien leur adresser, en même temps qu'une copie de la présente circulaire, un double de celle de M. le maréchal de Mac-Mahon ; ils devront parcourir tous les cantons forestiers de leur territoire ; réunir dans chaque tribu les djemâas, les cheiks, les caïds ; leur donner connaissance de la responsabilité qui pèse sur eux, du concours que le gouvernement attend de leur initiative, et de sa ferme résolution de traiter avec la dernière sévérité les populations qui persisteraient dans leurs errements de destruction, ainsi que les chefs indigènes dont l'activité et la surveillance feraient défaut. Ces dispositions seront prises chaque année, à partir du 1er juin et sans attendre de nouvelles instructions.

Gal CHANZY.

———

Par arrêté du 4 novembre 1873, M. le Gouverneur général a institué pour le département de Constantine une haute Commission dite des incendies de forêts. On trouvera cet arrêté au *Bulletin officiel du gouvernement*, année 1873, p. 572.

Mesures à prendre en vue de prévenir les incendies dans les régions boisées de l'Algérie.

17 juillet 1874. — *Loi.*

Art. 1ᵉʳ. — Dans toute l'étendue du territoire de l'Algérie, pendant la période du 1ᵉʳ juillet au 1ᵉʳ novembre de chaque année, nul ne pourra, hors des habitations, apporter ou allumer du feu dans l'intérieur ou à 200 mètres des bois et forêts, même pour la fabrication du charbon, l'extraction du goudron et la distillation de la résine. Cette interdiction est applicable même aux propriétaires des bois et forêts.

L'emploi du feu dans les gourbis et autres abris, compris dans la même zone, sera soumis aux prescriptions du règlement d'administration publique, des arrêtés et règlements à intervenir en exécution de la présente loi.

Art. 2. — Nul ne pourra, pendant la même période, et dans un rayon de quatre kilomètres des massifs forestiers, mettre le feu aux broussailles, herbes ou végétaux sur pied, s'il n'a obtenu la permission expresse de l'autorité administrative locale.

L'arrêté d'autorisation déterminera le jour et l'heure de la mise du feu.

Cet arrêté sera publié et affiché dans les communes limitrophes, au moins quinze jours à l'avance ; s'il s'applique à des terrains situés à moins de un kilomètre des forêts, l'avis de l'administration forestière sera préalablement réclamé.

Jusqu'à ce que la loi ait réglé, par des dispositions nouvelles, l'obligation et le mode d'établissement des tranchées entre les terrains des divers propriétaires, l'arrêté imposera spécialement toutes les mesures de précaution à prendre, et, s'il y a lieu, l'ouverture préalable de tranchées, destinées à empêcher la communication du feu.

Art. 3. — Le Gouverneur général pourra désigner un ou plusieurs officiers ou sous-officiers, commandant une force publique auxiliaire, pour concourir, avec les agents forestiers, à l'exécution des mesures légalement prises contre les incendies.

Les officiers et sous-officiers délégués seront placés auprès de l'autorité administrative locale et investis des attributions de police judiciaire qui appartiennent à la gendarmerie. Les règlements de cette arme leur seront applicables dans leurs rapports avec les autorités administratives et judiciaires.

Art. 4. — Les populations indigènes dans les régions forestières seront, pendant la même période, astreintes, sous les pénalités édictées par l'article 8, à un service de surveillance qui sera réglé par arrêtés du Gouverneur général.

Tout européen ou indigène requis pour un service de secours organisé contre l'incendie et qui aura refusé son concours, sans motifs légitimes, sera puni des peines portées en l'art. 8 ci-après, sans préjudice, aux regards des usagers, de l'art. 149 du Code forestier, relatif à la privation des droits d'usage, laquelle sera prononcée par le juge de paix.

Art. 5. — En tout territoire, civil ou militaire, indépendamment des condamnations individuelles encourues par les auteurs ou complices des crimes et délits ou contraventions, en cas d'incendies de forêts, les tribus et les douars pourront être frappés d'amendes collectives, dans les formes et suivant les conditions ci-après.

Art. 6. — Ces amendes seront prononcées par le Gouverneur général, en Conseil de Gouvernement, sur le vu des procès-verbaux, rapports et propositions de l'autorité administrative locale, les chefs de tribu ou de douar préalablement entendus par ladite autorité.

Le produit des amendes sera versé au Trésor ; il pourra être affecté, en tout ou en partie, à la réparation du préjudice causé par les incendies. Dans ce cas, le Gouverneur général dressera l'état de répartition et le notifiera aux parties lésées ; le recours au Conseil d'État sera ouvert à celles-ci, dans le délai de deux mois, à partir de la notification, contre les décisions prises par le Gouverneur général à leur égard.

Lorsque les incendies, par leur simultanéité ou leur nature, dénoteront de la part des indigènes un concert préalable, ils pourront être assimilés à des faits insurrectionnels, et, en conséquence, donner lieu à l'application du séquestre, conformément aux dispositions actuellement en vigueur, de l'ordonnance royale du 31 octobre 1845.

Art. 7. — Tout pâturage au profit des usagers est interdit, d'une manière absolue, pendant six ans au moins, sur toute l'étendue des bois et forêts incendiés, sous les peines portées par l'article 199, § 2 du Code forestier.

Art. 8. — Toutes contraventions aux prescriptions de la présente loi et à celles des règlements et arrêtés rendus pour son exécution, notamment en vertu de l'art. 11, seront punies d'une amende de 20 à 500 francs, et pourront l'être, en outre, d'un emprisonnement de six jours à six mois.

L'article 463 du Code pénal sera applicable.

Art 9. — Les gardes-forestiers domaniaux ou communaux auront le droit, concurremment avec tous les officiers de police judiciaire, de rechercher ou constater, dans tous les bois et forêts des particuliers, les délits et contraventions prévus par les lois et règlements applicables à l'Algérie.

Art. 10. — Les procès-verbaux dressés par tous préposés forestiers, en exécution de l'article qui précède, sont dispensés de l'affirmation et enregistrés en débet ; ils feront foi jusqu'à inscription de faux dans les conditions prévues par les art. 177 et suivants du Code forestier.

Ils sont, après l'accomplissement des formalités prescrites par le Code forestier et par le décret du 19 janvier 1856, transmis par l'inspecteur des forêts, dans les vingt jours de leur date, au procureur de la République, qui, seul, exerce les poursuites et traduit les inculpés, suivant les cas, devant le tribunal correctionnel ou devant le juge de paix, dont la compétence spéciale en matière de délits forestiers, est déterminée par les décrets des 14 mai 1850 et 19 août 1854.

Dans les territoires maintenus transitoirement sous l'autorité militaire, le Général commandant la division exercera les poursuites devant les juridictions militaires compétentes.

Art. 11. — Un règlement d'administration publique fixera le mode et les détails d'exécution des dispositions qui précèdent.

Des arrêtés du Gouverneur général détermineront également les mesures de police qui seront jugées nécessaires pour assurer l'exécution de la loi.

Chaque année, pendant la période du 1ᵉʳ juillet au 1ᵉʳ novembre, le *Journal officiel de l'Algérie* publiera un rapport mensuel relatant les mesures prises ou à prendre dans chaque province, en conformité des prescriptions de la présente loi.

Incompatibilités électorales.
V. CONSEILS GÉNÉRAUX.

Incompétence. V. COMPÉTENCE.

Incurables. V. HÔPITAUX.

Indemnités aux délégués au Conseil supérieur. V. CONSEIL DE GOUVERNEMENT.

Indemnités aux gendarmes. V. GENDARMERIE.

Indemnités aux colons. V. INSURRECTION ARABE.

Indemnités d'expropriation. V. SERVITUDES MILITAIRES.

Indigénat.

DIVISION

§ 1. — Application à toute l'Algérie, en ce qui concerne les infractions spéciales à l'indigénat, du décret sur l'organisation judiciaire en Kabylie.

§ 2. — Arrêtés des Préfets d'Alger, de Constantine et d'Oran.

§ 1.

11 septembre 1874. — *Décret.*

Vu le décret du 29 août 1874, relatif à l'organisation de la justice en Kabylie, et notamment l'article 17, relatif à la répression des infractions spéciales à l'indigénat, commises en territoire civil et non prévues par la loi française (1).

Art. 1ᵉʳ. — Les dispositions de l'article 17 du décret du 29 août 1874, sus-visé, sont déclarées applicables dans tous les territoires civils de l'Algérie.

Mᵃˡ DE MAC-MAHON.

§ 2.

9 février 1875. — ARRÊTÉ *du Préfet d'Alger.*

Vu le décret du 11 septembre 1874 qui déclare applicables, dans tous les territoires civils de l'Algérie, les dispositions de l'art. 17 du décret du 29 août 1874 ;

Art. 1ᵉʳ. — Sont considérés comme infractions spéciales à l'indigénat et, comme telles, passibles des peines édictées par les art. 465 et 466 du Code pénal, les faits et actes ci-après déterminés, savoir :

1° Omission ou retard de plus de 8 jours dans les déclarations de naissance et de décès, dans les circonscriptions territoriales où cette mesure est prescrite par l'autorité administrative, en attendant que les dispositions des chapitres II et IV du livre premier du code civil soient rendues applicables aux indigènes ;

2° Négligence par les agents indigènes de toute catégorie (adjoints, gardes, cheikhs, oukafs, kebirs de douars) à prévenir des crimes ou délits, commis dans leur circonscription, le juge de paix de leur canton ou le procureur de la République lorsque le siège du tribunal est au chef-lieu du canton ;

3° Négligence à fournir des renseignements sur un crime ou un délit dont les auteurs soupçonnés ne sont point de ceux à l'égard desquels la déposition du témoin n'est pas reçue en justice, et qui sont énumérés dans les 5 premiers paragraphes de l'art. 322 du Code d'instruction criminelle ;

4° Négligence à comparaître sur simple invitation, même verbale, devant le juge de paix procédant à une information ;

5° Négligence à se présenter devant l'administrateur ou le Maire de la commune, après convocation remise par un agent de l'autorité administrative ;

6° Acte irrespectueux ou propos offensant vis-à-vis d'un représentant ou agent

---

(1) V. ce décret *infrà.* Vᵒ *Justice,* § 1ᵉʳ.

de l'autorité, même en dehors de ses fonctions, et alors même que cet acte ou ce propos ne réunirait pas les caractères voulus pour constituer le délit ou la contravention d'injure ;

7° Propos tenus en public dans le but d'affaiblir le respect dû à l'autorité.

8° Refus ou inexécution des services de garde, patrouille et poste-vigie, placés en vertu d'un ordre de l'autorité ; abandon d'un poste ou négligence dans les mêmes services ;

9° Refus à l'égard des prestations de transport et des gardes de camp autorisées pour les commissaires-enquêteurs chargés de l'application de la loi du 26 juillet 1873 ;

10° Refus de fournir, contre remboursement, aux prix du tarif établi par arrêté du Préfet, les vivres, les moyens de transport ou les agents auxiliaires (gardiens de nuit, jalonneurs, guides), aux fonctionnaires ou agents dûment autorisés ;

11° Refus ou manque d'optempérer aux convocations des commissaires enquêteurs pour assister comme témoins ou comme parties intéressées aux opérations relatives à l'application de ladite loi ;

12° Refus de fournir les renseignements statistiques, topographiques ou autres, demandés par des agents de l'autorité française en mission, ou mensonge dans les renseignements donnés ;

13° Négligence habituelle dans le paiement des impôts et dans l'exécution des prestations en nature ; manque d'obtempérer aux convocations des receveurs lorsqu'ils se rendent sur les marchés pour percevoir les contributions ;

14° Dissimulation et connivence dans les dissimulations en matière de recensement des animaux et objets imposables ;

15° Infractions aux instructions portant réglementation sur l'immatriculation des armes ;

16° Habitation isolée sans autorisation en dehors de la *mechta* ou du douar ; campement sur des lieux prohibés ;

17° Départ du territoire de la commune sans avoir, au préalable, acquitté les impôts et sans être muni d'un permis de voyage ;

18° Infractions aux instructions portant réglementation sur le mode d'émigration des nomades ;

19° Asile donné, sans en prévenir le chef de douar, à des vagabonds, gens sans aveu ou étrangers sans papiers ;

20° Réunions sans autorisation pour *zerda*, *ziara* ou autres fêtes religieuses ; coups de feu sans autorisation dans des fêtes ;

21° Labour partiel ou total des chemins non classés, mais consacrés par l'usage ;

22° Infractions aux règlements d'eaux et aux usages locaux pour l'affectation des fontaines ;

23° Détention, pendant plus de vingt-quatre heures, d'animaux égarés, sans avis donné à l'autorité ;

24° Abattage de bétail et dépôt d'immondices hors des lieux destinés à cet effet ; abattage de vaches ou de brebis pleines ; non enfouissement des animaux (domestiques ou sauvages, morts ou tués) au moins à 600 mètres d'un chemin ou d'une habitation ;

25° Inhumation hors du lieu consacré ou à une profondeur inférieure à celle déterminée par l'autorité locale ;

26° Mendicité hors du douar, même pour les infirmes et les invalides, sauf le cas d'autorisation ;

27° Plainte ou réclamation sciemment inexacte ou réclamation renouvelée après solution régulière.

Le *Préfet*: BRUNEL.

5 avril 1875. — ARRÊTÉ *du Préfet d'Alger*

Art. 1ᵉʳ. — Est considérée comme infraction spéciale à l'indigénat et comme telle passible des peines édictées par les articles 465 et 466 du Code pénal et par l'article 17 du décret du 29 août 1874, la négligence habituelle dans le paiement : 1° des soultes de rachat du séquestre ; 2° du prix des locations consenties collectivement à des fractions d'indigènes constituées.

31 juillet 1876. — ARRÊTÉ *du Préfet d'Alger*.

Art. 1ᵉʳ. — Est considérée comme infraction spéciale à l'indigénat, et comme telle passible des peines édictées par les art. 465 et 466 du Code pénal et par l'art. 17 du décret du 29 août 1874, le refus ou le défaut de déclaration de mariage ou de divorce à la mairie du domicile du contractant, à l'expiration d'un délai de 10 jours.

Pour le Préfet en congé,
Le *Secrétaire général* : R. GOUVET.

23 juillet 1877. — ARRÊTÉ *du Préfet d'Alger*.

Article unique. — L'art. 11 de l'arrêté préfectoral du 9 février 1875, mentionné ci-dessus, est complété ainsi qu'il suit :

§ 2. — Défaut d'assister en personne ou de se faire représenter lors du bornage de sa propriété.

§ 3. — Défaut d'avoir indiqué les limites de sa propriété, avant le passage du commissaire-enquêteur, au moyen de *redjem* en pierres ou d'autres signes apparents.

§ 4. — Défaut d'avoir transporté sur

son champ, en temps utile, les pierres nécessaires au bornage (1).

Le Préfet : BRUNEL.

10 février 1875. — ARRÊTÉ *du Préfet de Constantine.*

Vu le décret du 11 septembre 1874 qui déclare applicables, dans tous les territoires civils de l'Algérie, les dispositions de l'art. 17 du décret du 29 août 1874.

Art. 1er. — Sont considérés comme infractions spéciales à l'indigénat et comme telles passibles des peines édictées par les articles 465 et 466 du Code pénal, les faits et actes ci-après déterminés, savoir :

1° Omission ou retard de plus de huit jours dans les déclarations de naissances ou de décès, dans les circonscriptions territoriales où cette mesure est prescrite par l'autorité administrative, en attendant que les dispositions des chapitres 2 et 4 du livre 1er du Code civil soient rendues applicables aux indigènes ;

2° Négligence par les agents indigènes de toute catégorie (adjoints, gardes, cheiks, oukaffs, kebir de douars) à prévenir des crimes ou délits, commis dans leur circonscription, le juge de paix de leur canton ou le Procureur de la République, lorsque le siège du tribunal est au chef-lieu du canton ;

3° Négligence à fournir des renseignements sur un crime ou un délit dont les auteurs soupçonnés ne sont point de ceux à l'égard desquels la déposition du témoin n'est pas reçue en justice et qui sont énumérés dans les cinq premiers paragraphes de l'art. 322 du code d'instruction criminelle ;

4° Négligence à comparaître sur simple invitation, même verbale, devant le juge de paix, procédant à une information ;

5° Négligence à se présenter devant l'Administrateur ou le Maire de la commune après convocation remise par un agent de l'autorité administrative ;

6° Acte irrespectueux ou propos offensant vis-à-vis d'un représentant ou agent de l'autorité même en dehors de ses fonctions et alors même que cet acte ou ce propos ne réunirait pas les caractères voulus pour constituer le délit ou la contravention d'injure ;

7° Propos tenus en public dans le but d'affaiblir le respect dû à l'autorité ;

8° Refus ou inexécution des services de garde, patrouille et poste-vigie placés en vertu d'un ordre de l'autorité ; abandon d'un poste ou négligence dans les mêmes services ;

9° Refus à l'égard des prestations de transport et des gardes de camp autorisées pour les commissaires-enquêteurs chargés de l'application de la loi du 26 juillet 1873 ;

10° Refus de fournir, contre remboursement au prix du tarif établi par arrêté du Préfet, les vivres, les moyens de transport ou les agents auxiliaires (gardiens de nuit, jalonneurs, guides), aux fonctionnaires ou agents dûment autorisés ;

11° Refus ou manque d'obtempérer aux convocations des commissaires-enquêteurs pour assister comme témoins ou comme parties intéressées aux opérations relatives à l'application de ladite loi ;

12° Refus de fournir les renseignements statistiques, topographiques ou autres, demandés par des agents de l'autorité française en mission, ou mensonge dans les renseignements donnés ;

13° Négligence habituelle dans le paiement des impôts et dans l'exécution des prestations en nature ; manque d'obtempérer aux convocations des Receveurs lorsqu'ils se rendent sur les marchés pour percevoir les contributions ;

14° Dissimulation et connivence dans les dissimulations en matière de recensement des animaux et objets imposables ;

15° Infractions aux instructions portant règlement sur l'immatriculation des armes ;

16° Habitation isolée sans autorisation en dehors de la *Mechta* ou du douar ; campement sur des lieux prohibés ;

17° Départ du territoire de la commune sans avoir, au préalable, acquitté les impôts et sans être muni d'un permis de voyage ;

18° Infractions aux instructions portant réglementation sur le mode d'émigration des nomades ;

19° Asile donné, sans en prévenir le chef de douar, à des vagabonds, gens sans aveu, ou étrangers sans papiers ;

20° Réunions sans autorisation pour *Zerda, Ziara* ou autres fêtes religieuses; coups de feu sans autorisation dans des fêtes ;

21° Labour partiel ou total des chemins non classés, mais consacrés par l'usage ;

22° Infractions aux règlements d'eau et aux usages locaux pour l'affectation des fontaines ;

23° Détention pendant plus de vingt-quatre heures d'animaux égarés, sans avis donné à l'autorité ;

24° Abattage de bétail et dépôt d'immondices hors des lieux destinés à cet effet ; abattages de vaches ou de brebis pleines ; non enfouissement des animaux (domestiques ou sauvages, morts ou tués)

---

(1) V. *suprà* l'arrêté du 9 février 1875. Cet arrêté n'a pas d'article 11, mais un article 1er divisé en 27 paragraphes, et c'est seulement le 11e paragraphe de cet article que l'arrêté du 23 juillet 1877 a entendu compléter.

au moins à 500 mètres d'un chemin ou d'une habitation ;

25° Inhumation hors du lieu consacré ou à une profondeur inférieure à celle déterminée par l'autorité locale ;

26° Mendicité, hors du douar, même pour les infirmes et les invalides, sauf le cas d'autorisation ;

27° Plainte ou réclamation sciemment inexacte, ou réclamation renouvelée après solution régulière.

Pour le Préfet en mission :
Le Secrétaire général : DUNAIGRE.

8 septembre 1876. — *Arrêté du Préfet de Constantine.*

Art. 1er. — Est considéré comme contravention spéciale à l'indigénat et comme telle passible des peines édictées par les articles 465 et 466 du code pénal, le défaut, par les indigènes, de déclarer, dans un délai de 10 jours, à la mairie de leur domicile, les mariages qu'ils contractent ou les divorces prononcés à leur égard.

Le Préfet : D'ORGEVAL.

1er décembre 1874. — ARRÊTÉ *du Préfet d'Oran.*

Vu les rapports qui nous sont parvenus sur les inconvénients graves et l'insécurité pour les personnes résultant de l'éparpillement des tentes arabes s'isolant, sans motif plausible et sans autorisation, des douars partiels dont elles font partie ; considérant que cette situation rend la police des territoires arabes à peu près nulle, et favorise la perpétration des crimes et des délits ;

Vu le décret du 11 septembre 1874, etc.

Art. 1er. — Tous les indigènes vivant sous la tente dans le département d'Oran, qu'ils appartiennent à une commune de plein exercice ou mixte, doivent être compris dans l'un des douars partiels existant dans leur circonscription administrative.

Toutefois, les familles indigènes déjà établies isolément pourront être exceptées de cette obligation.

Art. 2. — Les douars partiels sont constitués dans les communes mixtes par les Commissaires civils et Administrateurs, après avis des djemaâs des douars-communes ; dans les communes de plein exercice, cette attribution sera remplie par les Sous-Préfets, sur la proposition des Maires, et dans les communes ressortissant au chef-lieu du département, par le Préfet, sur la proposition des mêmes fonctionnaires.

Art. 3. — Il y a, dans chaque douar partiel, un chef qui porte le nom de Kebir-ed-Douar. Il est chargé, sous l'autorité du président de la djemâa du douar-commune dont il dépend ou de l'adjoint indigène dans les communes de plein exercice, de la surveillance et de la police du territoire occupé par son douar partiel. Il y exerce les attributions conférées aux gardes champêtres indigènes par l'article 11 du décret du 18 août 1868.

Il ne touche, à ce titre, aucun traitement fixe, mais il peut lui être alloué, en fin d'année, une gratification si ses services le comportent.

Art. 4. — Le Kebir-ed-Douar aura droit à un burnous d'investiture dont la dépense sera supportée par le budget communal. En cas de cessation de ses fonctions, il remettra ce burnous à son successeur. Il sera pourvu d'une nomination écrite en langue française et arabe. A ce titre de nomination sera annexé un état nominatif en français et en arabe de tous les chefs de tente composant le groupe. Ces deux pièces seront établies suivant un modèle conforme pour tout le département.

Art. 5. — Le douar partiel étant ainsi formé et constitué, il est interdit aux chefs de tentes de s'en séparer pour camper isolément, sous quelque prétexte que ce soit, à moins d'en avoir obtenu l'autorisation écrite du maire de la commune ou du chef de la circonscription cantonale. Cette autorisation devra être motivée.

Art. 6. — Toute installation isolée ou de moins de 10 tentes est interdite.

L'indigène ne peut faire sortir sa tente du groupe dont il fait partie, qu'après avoir avisé son kebir-ed-douar, soit du nouveau groupe où il va camper, soit de la localité et des personnes françaises ou indigènes chez lesquelles il va s'installer.

Art. 7. — Le kebir-ed-douar signalera de suite au président de la djemâa ou à l'adjoint les mutations survenues dans son groupe ; il lui signalera également sans retard :

1° Les contraventions au présent arrêté ;

2° La présence d'indigènes quelconques campés isolément sur le territoire dont il a la surveillance ;

3° La présence ou le passage des indigènes non munis de papiers réguliers ou n'ayant pas de répondants susceptibles d'être agréés.

Il procédera à l'arrestation des criminels surpris en flagrant délit et à celle des vagabonds et gens sans aveu et les conduira à l'adjoint ou au président de la djemâa de son douar-commune.

Art. 8. — Le kebir-ed-douar montrera aux agents de l'autorité, et à toutes réquisitions, la liste nominative des tentes placées sous sa surveillance et leur fournira tous les renseignements de nature à faciliter la police du pays, l'assiette et la perception des impôts.

Art. 9. — Les contraventions à l'article 5 du présent arrêté seront déférées à la justice ordinaire, et leurs auteurs passibles des peines édictées par la loi.

Le Préfet : B. NOUVION.

30 mars 1875. — ARRÊTÉ *du Préfet d'Oran.*

Art. 1er. — Sont considérés comme infractions spéciales à l'indigénat et, comme telles, passibles des peines édictées par les articles 464, 465 et 466 du Code pénal, les faits et actes ci-après désignés, savoir :

1° Omission ou retard de plus de huit jours dans les déclarations de naissance et de décès ;

2° Négligence apportée dans le règlement des impôts et dans l'exécution des prestations en nature ; manque de se rendre aux convocations des receveurs, lorsqu'ils se rendront sur les marchés pour percevoir les contributions ;

3° Refus de se présenter devant le commissaire civil, l'administrateur de la commune mixte ou le maire de la commune de plein exercice, sur une convocation régulière, remise par un agent de l'autorité administrative ;

4° Réunion sans autorisation pour zierda ou ziara (pèlerinage, repas public) ; réunion sans autorisation de plus de vingt-cinq personnes du sexe masculin ; coups de feu sans autorisation dans une fête, un mariage, une naissance, une circoncision ;

5° Tout acte irrespectueux ou propos offensant vis-à-vis d'un représentant ou agent de l'autorité, même en dehors de ses fonctions et alors même que cet acte ou ce propos ne réunirait pas les caractères voulus pour constituer le délit ou la contravention d'injure ;

6° Dissimulation de la matière imposable et connivence dans les soustractions ou tentatives de soustraction au recensement des animaux et objets imposables ;

7° Départ de la localité, représentée par le territoire de la commune de plein exercice, indigène ou mixte, sans avoir, au préalable, acquitté les impôts et sans être muni d'un passeport, permis de voyage, carte de sûreté ou livret d'ouvrier ;

8° Refus ou inexécution des services de garde, patrouille et poste-vigie, placés exceptionnellement en vertu d'ordres de l'autorité compétente ; abandon d'un poste ou négligence dans les mêmes services.

9° Refus de fournir contre remboursement, aux prix du tarif arrêté par l'autorité municipale, les vivres, les moyens de transport, l'eau potable, le combustible, ainsi que les agents auxiliaires (gardiens de nuit, jalonneurs, guides) aux fonctionnaires ou agents dûment autorisés et porteurs de leur autorisation ; il en serait de même à l'égard des prestations de transport et de gardes de camp autorisées, dans des conditions spéciales, pour les commissaires enquêteurs chargés de l'application de la loi du 26 juillet 1873 ;

10° Refus ou manque d'obtempérer aux convocations faites directement par les commissaires enquêteurs, pour assister comme témoins ou comme parties intéressées aux opérations relatives à l'application de la dite loi ;

11° Inobservation des décisions administratives portant attribution de terres *arch*, après avis de la djemâa consultée ;

12° Labour partiel ou total des chemins non classés, mais consacrés par un usage de plusieurs années ;

13° Infractions aux instructions portant réglementation sur le mode d'émigration des nomades ;

14° Infractions aux instructions portant réglementation sur l'immatriculation des armes ;

15° Asile donné, sans en prévenir le chef de douar ou le président de djemâa ou adjoint au maire, à des vagabonds, gens sans aveu, khouans, étrangers sans papiers, internés en rupture de ban ;

16° Destruction, enlèvement ou déplacement des jalons, tas de pierres, témoins, signaux topographiques, bornes, limites, placés par l'autorité ou ses agents, sans préjudice des dommages-intérêts, s'il y a lieu ;

17° Détention, pendant plus de vingt-quatre heures, d'animaux égarés, sans en avoir prévenu le kebir-ed-douar ;

18° Infractions aux règlements d'eau et usages locaux pour l'affectation des fontaines ;

19° Abatage du bétail et dépôt d'immondices hors des lieux consacrés ou à moins de deux cents mètres des habitations ; non-enfouissement des animaux (domestiques ou sauvages, morts ou tués) à moins de cinq cents mètres d'un chemin ou d'une habitation ;

20° Vol de crin sur les animaux vivants ou destruction de la queue d'un cheval ou d'un mulet (sans préjudice de peines plus sévères en cas de mutilation) ;

21° Inhumation hors du lieu consacré ou à une profondeur inférieure à celle déterminée par l'autorité locale, et telle qu'il y a émanation malsaine ou danger de violation de sépulture par les animaux sauvages ;

22° Réclamation calomnieuse ;

23° Réclamation renouvelée après une réclamation identique ayant reçu une solution régulière ;

24° Mendicité hors du douar-commune,

même pour les infirmes et les invalides, sauf le cas d'autorisation ;

25° Discours et propos tenus en public dans le but d'affaiblir le respect dû à l'autorité française ou à des fonctionnaires ;

26° Abatage de vaches ou brebis pleines ;

27° Refus de fournir les renseignements statistiques, topographiques ou autres, demandés par des agents de l'autorité française en mission, ou mensonges volontaires dans les renseignements donnés ;

28° Refus ou négligence de rembourser les grains prêtés provenant des silos de réserve ;

29° Négligence, de la part des adjoints indigènes, présidents de djemaas, chefs de douars partiels, dans la déclaration immédiate au juge de paix de leur canton ou au procureur de la République, lorsque le siège du tribunal sera au chef-lieu du canton, des crimes ou délits commis dans la circonscription de ces agents indigènes ;

30° Refus de comparaître, sur simple invitation, même verbale, devant le juge de paix procédant à une information criminelle ;

31° Refus de fournir des renseignements sur un crime ou un délit dont les auteurs ne seront point de ceux à l'égard desquels leur déposition n'est point reçue en justice et qui sont énumérés dans les cinq premiers paragraphes de l'article 322 du Code d'instruction criminelle ;

32° Refus ou négligence de faire les travaux, le service ou de prêter le secours dont ils auraient été requis dans les circonstances d'accidents, tumultes, naufrages, inondations, incendies, invasions de sauterelles ou autres calamités, ainsi que dans les cas de brigandage, pillage, flagrant délit, clameur publique ou exécution judiciaire. — Demeure, néanmoins, réservé le refus de secours ou de concours en cas d'incendie, prévu et puni par les articles 4 et 8 de la loi du 26 juillet 1874.

Art. 2. — Les contraventions aux présentes dispositions seront constatées par les magistrats, fonctionnaires et agents de l'autorité dont les fonctions auraient été entravées par suite des refus, manquements, omissions ou négligences prévus dans cet arrêté, et déférées directement par eux au juge de simple police du lieu de l'infraction, chargé d'en poursuivre la répression.

Le Préfet : B. NOUVION.

12 septembre 1876. — ARRÊTÉ *du Préfet d'Oran.*

Art. 1ᵉʳ. — Tout mariage ou divorce entre indigènes musulmans devra, dans la huitaine dans laquelle il sera pro- noncé, être déclaré et inscrit sur les registres spéciaux tenus, à cet effet, par les maires ou par les adjoints français et indigènes de la commune de plein exercice ou mixte de la résidence des parties, et ce à leur diligence.

Art. 2. — Toute contravention à ces dispositions sera constatée et poursuivie conformément à l'article 17 du décret du 29 août 1874.

Le Préfet en congé,
Le Secrétaire général : H. LE GÉNISSEL.

15 mai 1877. — ARRÊTÉ *du Préfet d'Oran.*

Vu le décret du 11 septembre 1874, etc. ;

Considérant que les habitants de plusieurs localités nous ont exprimé le désir de voir prendre des mesures de police générale à l'égard des indigènes conducteurs de bêtes de somme et de bétail, afin de pouvoir s'assurer que ces animaux ne proviennent pas de vols.

Art. 1ᵉʳ. — Tout indigène conducteur de bêtes de somme, de trait ou destinées à servir de montures, ainsi que de gros et petit bétail, destinés à être conduits sur d'autres marchés que ceux de la commune où réside leur propriétaire, devra se munir, au départ, d'un certificat dans la forme déterminée à la suite de cet arrêté. Cette pièce lui sera délivrée gratuitement, sur sa demande, par l'administrateur, le maire ou les adjoints français de la commune à laquelle il appartient.

Art. 2. — Les conducteurs et les toucheurs qui, conduisant des animaux, ne seraient pas munis de la pièce sus-mentionnée, seront poursuivis conformément aux dispositions de l'article 17 du décret du 29 août 1874, ainsi que les indigènes propriétaires des animaux confiés à leurs soins.

Le Préfet : B. NOUVION.

FORME DU CERTIFICAT

—

DÉPARTEMENT D'ORAN

Arrondissement d
COMMUNE D
Douar-commune d
Douar partiel d

Le   certifie, d'après les déclarations qui lui ont été faites, que le nommé   est chargé de conduire à   les animaux dont la désignation suit :

Chevaux,	Juments,
Mulets,	Anes,
Bœufs,	Vaches,
Veaux,	Génisses,
Moutons.	Chèvres,

A   le   187

Le

Industries dangereuses. V. ÉTABLISSEMENTS INSALUBRES ; PROTECTION DE L'ENFANCE.

Inhumations. V. *Ménerville.*

Instruction publique.

DIVISION

§ 1. — Organisation du service.
§ 2. — Instruction primaire.— Création d'une École normale à Milliana.
§ 3. — Enseignement secondaire et supérieur. Baccalauréat. — Langue arabe. — Lycée de Constantine. — Collège de Médéa. — Observatoire d'Alger.
§ 4. — Écoles arabes-françaises.
§ 5. — Écoles musulmanes. — Administration. — Enseignement. — Conditions d'admission.

---

§ 1. — Organisation du service de l'Instruction publique (1).

15 août 1875. — *Décret*.

Art. 1er. — Les établissements d'instruction, publics ou libres, en Algérie, sont placés dans les attributions du Ministre de l'Instruction publique.

Néanmoins, les écoles arabes-françaises situées en territoire militaire, et les écoles musulmanes dans toute l'Algérie, restent placées sous l'autorité du Gouverneur général.

Art. 2. — La législation qui régit actuellement l'instruction publique en France est applicable à l'Algérie, sauf les modifications résultant du présent décret.

Art. 3. — L'Algérie forme une circonscription académique, dont le chef-lieu est à Alger.

Art. 4. — Le conseil académique d'Alger se compose :

Du Recteur, président ;
Du Directeur général des affaires civiles ;
De l'Archevêque d'Alger ou de son délégué ;
Des Inspecteurs d'académie de la circonscription ;
Des doyens des facultés ou directeurs d'établissements d'enseignement supérieur ;
De six membres choisis par le Ministre de l'Instruction publique, pour trois ans, savoir :
Quatre, parmi les membres du clergé catholique et les représentants des cultes non catholiques reconnus en Algérie ;
Deux, parmi les membres de la Cour d'appel ;
De deux membres choisis par le Gouverneur général, pour trois ans, parmi les fonctionnaires ou personnes notables de la circonscription.

Art. 5. — Le conseil académique exerce, en ce qui concerne les affaires disciplinaires et contentieuses relatives aux établissements libres d'instruction secondaire, les attributions déférées aux conseils départementaux par l'art. 7 de la loi du 14 juin 1854.

Art. 6. — Le conseil départemental de l'instruction publique, pour chacun des départements de l'Algérie, se compose :

Du Préfet, président ;
De l'Inspecteur d'académie ;
De l'Évêque ou de son délégué ;
D'un ecclésiastique désigné par l'évêque ;
Du Procureur général près la Cour d'appel dans le département d'Alger, et

---

(1) A qui appartient le choix des instituteurs et des institutrices des écoles communales ?

Un arrêté du Préfet, en date du 27 octobre 1870, portant approbation d'une délibération du Conseil municipal d'Alger du 9 novembre précédent, ainsi conçue : « Dès ce jour, *il sera notifié aux frères des écoles chrétiennes que la commune n'a plus besoin de leur concours dès le 1er janvier 1871 ; une semblable notification sera adressée aux sœurs de la doctrine chrétienne ;* » ayant été annulé par un second arrêté du 21 mars 1872 pris par M. le Gouverneur général de Gueydon, le Maire d'Alger s'est pourvu auprès du Conseil d'État qui a rejeté ce pourvoi aux termes d'une décision prise à la date du 23 mai 1873.

Nous croyons devoir reproduire les principaux motifs de cette décision :

« Considérant qu'aucune disposition des décrets et règlements spéciaux à l'Algérie ne confère aux Conseils municipaux le pouvoir de décider le changement des instituteurs communaux en exercice ;

» Qu'en admettant même, ainsi que le fait le Ministre de l'instruction publique, qu'à défaut d'une législation spéciale, celle de la métropole soit applicable à l'Algérie en matière d'instruction primaire, le Conseil municipal d'Alger qui aurait pu émettre un vœu ou exprimer un avis sur la substitution d'instituteurs et d'institutrices laïques ou congréganistes était sans droit pour prononcer lui-même cette substitution et pour notifier à des instituteurs communaux régulièrement investis de leurs fonctions l'époque à laquelle ils doivent les cesser ;

» Qu'il suit de là que le Conseil municipal d'Alger est sorti de ses attributions et que la délibération précitée du 9 novembre 1870 est nulle de plein droit, aux termes de l'art. 23 de la loi du 5 mai 1855 rendue applicable à l'Algérie par l'art. 15 de l'ordonnance du 27 décembre 1866 ;

» Considérant que l'approbation donnée par le Préfet d'Alger à cette délibération n'a pu en changer la nature ni la valider ;

» Qu'aux termes des art. 5 et 7 du décret du 24 novembre 1870, qui a institué en Algérie les fonctions de Gouverneur général civil, le gouvernement et la haute administration de l'Algérie sont centralisés à Alger dans les mains de ce haut fonctionnaire et que les Préfets exercent sous son autorité supérieure les attributions conférées aux Préfets des départements de la République ;

» Qu'en déclarant nulle et non avenue la décision d'un fonctionnaire placé sous son autorité supérieure, le Gouverneur général civil a fait, dans la limite de ses pouvoirs, un acte d'administration qui n'est pas de nature à être déféré au Conseil d'État, par application des lois des 7-14 octobre 1790 et 24 mai 1872 ;

» Décide : Art. 1er. — La requête présentée par le Maire d'Alger, au nom du Conseil municipal, est rejetée. »

Une décision semblable du Conseil d'État, en date du 27 juin 1873, a rejeté, en se fondant sur les mêmes motifs, une requête présentée par le Maire de Constantine contre un arrêté du Gouverneur général du 27 mars 1872 qui avait rapporté un arrêté préfectoral approbatif d'une délibération du Conseil municipal de Constantine tendant aux mêmes fins que la délibération du Conseil municipal d'Alger rappelée ci-dessus.

V. ces décisions au *Bulletin officiel du Gouvernement*, année 1873.

du Procureur de la République près le Tribunal de première instance du chef-lieu dans les autres départements ;

De membres nommés, pour trois ans, par le Ministre de l'instruction publique, savoir :

Un ministre de l'une des deux églises protestantes dans le département où il existe une église légalement établie ;

Un membre du consistoire israélite dans les départements où il existe un consistoire légalement établi;

Un musulman;

Un membre de la Cour d'appel dans le département d'Alger ;

Un président ou juge titulaire du tribunal civil du chef-lieu dans les autres départements ;

Quatre fonctionnaires ou personnes notables, dont un inspecteur de l'enseignement primaire.

Art. 7. — Le Gouverneur général est membre de droit du Conseil académique d'Alger et des Conseils départementaux de l'instruction publique en Algérie. Quand il assiste à une séance, il la préside.

Art. 8. — Le Gouverneur général peut, dans les délais prévus par les articles 28 et 64 de la loi du 15 mars 1850, s'opposer à l'ouverture des établissements d'enseignement libre, dans l'intérêt de l'ordre public en Algérie.

L'opposition est portée directement devant le Conseil supérieur de l'instruction publique, qui sera saisi dans sa plus prochaine session.

Art. 9. — Sous l'autorité du Ministre de l'instruction publique, le recteur exerce :

En ce qui concerne l'enseignement secondaire libre, les attributions déléguées aux inspecteurs d'académie par le second paragraphe de l'article 9 de la loi du 14 juin 1854;

En ce qui concerne l'enseignement primaire public ou libre, l'autorité conférée aux recteurs par la loi du 15 mars 1850 ;

En outre, il nomme et révoque les instituteurs et institutrices publics et les directrices des salles d'asile, sur le rapport de l'inspecteur d'académie du département ; il les choisit soit sur la liste d'admissibilité et d'avancement dressée par le conseil départemental, soit sur la présentation des supérieurs des associations religieuses vouées à l'enseignement et autorisées par la loi ou reconnues comme établissements d'utilité publique.

Les consistoires jouissent du droit de présentation pour les instituteurs et les institutrices appartenant aux cultes non catholiques.

En ce qui concerne les écoles arabes-françaises établies dans les territoires civils et les écoles israélites *midrashim*,
des arrêtés pris par le Ministre de l'instruction publique détermineront le régime spécial de ces établissements et les attributions du recteur.

Le recteur adresse au Gouverneur général, pour être soumis au Conseil supérieur du gouvernement, un rapport annuel sur la situation de l'instruction publique de l'Algérie.

Art. 10. — Les professeurs et fonctionnaires de l'instruction publique autres que les instituteurs et institutrices reçoivent, en Algérie, le traitement accordé en France à leurs fonctions et à leur classe ; ils jouissent, en outre, du supplément colonial.

Art. 11. — Un règlement d'administration publique déterminera les charges des départements et des communes en ce qui concerne l'enseignement primaire public.

Jusqu'à la promulgation de ce règlement, l'arrêté ministériel du 30 décembre 1853 reste en vigueur.

Le minimum obligatoire des traitements des instituteurs et des institutrices des écoles publiques sera provisoirement celui qui est déterminé par les paragraphes 1er et 2 de l'article 1er de l'arrêté du 30 décembre 1853, pour les instituteurs et institutrices établis dans les localités de l'Algérie non érigées en communes.

Art. 12. — Dans les écoles musulmanes de tout ordre et dans les écoles arabes-françaises situées en territoire militaire, l'autorité du gouvernement général s'exerce par l'intermédiaire du recteur et des généraux chargés de l'administration du pays.

L'organisation du service est réglée par arrêtés du Gouverneur général.

Art. 13. — Un règlement d'administration publique déterminera les dispositions de la loi du 12 juillet 1875 qui seront applicables à l'Algérie.

M^{al} DE MAC-MAHON.

1er juillet 1876. — DÉCRET *qui modifie celui du 15 août 1875, portant organisation de l'Instruction publique en Algérie.*

Art. 1er. — L'article 11 du décret du 15 août 1875 est modifié de la manière suivante :

Art 11. — Un règlement d'administration publique déterminera les charges des départements et des communes en ce qui concerne l'enseignement primaire public.

Jusqu'à la promulgation de ce décret, les charges continueront à être réglées par l'arrêté ministériel du 30 décembre 1853.

Le traitement des instituteurs et des institutrices des écoles publiques sera provisoirement, pour toutes les localités de l'Algérie, érigées ou non en communes, celui qui est établi spécialement pour les localités non érigées en communes par l'article 1er de la décision du Gouverneur général en date du 31 mai 1866.

M^{al} DE MAC-MAHON.

§ 2. — Création d'une Ecole normale d'institutrices à Miliana.

18 décembre 1874. — Décret.

Art. 1er. — Une école normale d'institutrices est créée à Miliana (département d'Alger), pour les européennes et les indigènes.

Art. 2. — Un arrêté du Ministre de l'Instruction publique, concerté avec le Ministre de l'Intérieur et le Gouverneur général civil de l'Algérie, réglera tout ce qui se rapporte au personnel des maîtres et élèves, à l'enseignement et à l'administration de la nouvelle école.

M^{al} de MAC-MAHON.

§ 3. — Enseignement secondaire et supérieur.

10 novembre 1875. — Arrêté ministériel.

Vu les arrêtés des 26 décembre 1874 et 27 mai 1875.

Art. 1er. — Les candidats aux grades de bacheliers ès-lettres et de bacheliers ès-sciences, qui subiront leurs examens en Algérie, pourront demander que l'épreuve relative à la connaissance d'une langue vivante porte sur la langue arabe.

L'épreuve écrite pour l'un et l'autre baccalauréat devra, dans ce cas, porter sur un texte en arabe littéraire.

Art. 2. — Les épreuves arabes comprendront :

1° Des questions sur la grammaire ;
2° L'explication, à livre ouvert, d'un texte pris dans les morceaux choisis des *Mille et une Nuits* et dans les *Fables de Bidpay* ;
3° Des exercices de conversation en langue vulgaire.

Art. 3. — Les dispositions des article 1 et 2 ci-dessus sont applicables à l'examen pour l'obtention du diplôme d'études de l'enseignement secondaire spécial.

Art. 4. — Les candidats au brevet de capacité pour l'enseignement primaire (partie facultative), pourront demander à subir un examen sur l'arabe vulgaire.

Cet examen comprendra :

1° Des exercices de conversation ;
2° Une question de grammaire ;
3° Un thème et une version.

Art. 5. — Le présent règlement sera exécutoire à partir de l'année scolaire 1875-1876.

Le Ministre de l'Instruction publique,
H. WALLON.

30 décembre 1876. — Décret.

Art. 1er. — Le Collège de Constantine est déclaré Lycée national.

Art. 2. — Le Lycée de Constantine sera organisé après qu'il aura été reconnu, contradictoirement par les délégués de l'administration municipale et par ceux du Ministère de l'instruction publique et des Beaux-Arts, que les bâtiments sont complètement achevés, conformément aux plans approuvés, et garnis du mobilier usuel et scientifique déterminé par les règlements.

Art. 3. — Les prix de pension et d'externat sont fixés ainsi qu'il suit :

Répartition de l'enseignement.	Pension.	1/2 Pension.	Frais d'études.
Division élémentaire...	800 fr.	500 fr.	60 fr.
— de grammaire.	800	500	80
— supérieure....	800	500	100

M^{al} DE MAC-MAHON.

3 janvier 1877. — Décret.

Art. 1er. — La ville de Médéah (Algérie), est autorisée à créer, en vue de l'enseignement secondaire classique et secondaire spécial, un Collège communal, aux clauses et conditions énoncées dans les délibérations du Conseil municipal susvisées.

M^{al} DE MAC-MAHON.

OBSERVATOIRE D'ALGER

26 décembre 1873. — Décret.

Art. 1er. — L'Observatoire d'Alger, dépendant actuellement du Gouvernement général civil de l'Algérie, est placé dans les attributions du Ministre de l'Instruction publique et des Cultes.

Art. 2. — Le décret du 13 février 1873, sur l'organisation et le service des Observatoires de l'Etat, est applicable à l'Observatoire d'Alger.

Art. 3. — Les crédits inscrits au budget du Ministère de l'Intérieur (*Gouvernement général civil de l'Algérie*), pour l'Observatoire d'Alger, sont transportés au Ministère de l'Instruction publique (chap. XIV, art. 8).

Art. 4. — Le décret du 6 juillet 1861 est abrogé.

M^{al} DE MAC-MAHON.

§ 4. — Ecoles arabes-françaises.

25 février 1876 — Arrêté.

Art 1er — L'enseignement primaire est gratuit dans les écoles arabes-françaises des territoires de commandement. Il comprend : les éléments de la langue française ; la lecture et l'écriture du français ; les éléments du calcul et le système légal des poids et mesures ; la lecture et l'écriture de la langue arabe.

Art. 2. — Le personnel de chaque école se compose au moins d'un directeur français et d'un maître-adjoint musulman.

Art. 3. — Le directeur et les maîtres-adjoints sont nommés par le Recteur et révoqués par le Gouverneur général, sur la proposition du Recteur.

Art. 4. — Nul ne peut être nommé Directeur, à titre définitif, s'il n'est pourvu du brevet de capacité pour l'enseignement primaire.

Art. 5. — Les Directeurs sont divisés en quatre classes, et les adjoints en trois classes. — Leur traitement est fixé ainsi qu'il suit :

Directeurs.

1re classe	2.100 fr.
2e classe	1.900
3e classe	1.700
4e classe	1.500

Adjoints français.

1re classe	1.500
2e classe	1.300
3e classe	1.200

Adjoints indigènes.

1re classe	1.400
2e classe	1.200
3e classe	1.000

Les augmentations de traitement, spécifiées dans les articles 3, 4 et 5 de la loi du 19 juillet 1875, sur le traitement des instituteurs en France, seront applicables aux instituteurs placés dans les écoles arabes-françaises, à dater du 1er janvier 1877.

Art. 6. — Une somme de 500 fr. sera allouée, au moment de la création de chaque école, pour l'achat du mobilier classique.

Art. 7. — Chaque école sera également pourvue, à l'usage du Directeur, d'un mobilier particulier, dont la valeur est fixée à 600 francs. Toutes rétributions ou prestations autres que celles mentionnées ci-dessus sont supprimées.

Art. 8. — Un règlement dressé par le Recteur, après avis des Conseils départementaux, déterminera tout ce qui tient au régime intérieur et à la discipline des Écoles arabes-françaises. Ce règlement sera soumis à l'approbation du Gouverneur général.

Gal CHANZY.

6 mars 1876. — *Arrêté.*

Art. 1er. — Une école arabe-française est créée à El-Maïn, commune indigène de Bordj-bou-Arréridj, subdivision de Sétif.

Art. 2. — Les dépenses nécessaires pour le fonctionnement de ladite école seront supportées par le budget de la commune indigène de Bordj-bou-Arréridj.

Gal CHANZY.

§ 5. — **Écoles musulmanes d'enseignement supérieur (Médreças).** — **Administration et enseignement.**

16 février 1876. — *Arrêté.*

Art. 1er. — Dans les écoles musulmanes d'enseignement supérieur (Médreças) d'Alger, de Tlemcen et de Constantine, l'autorité du Gouverneur général sera exercée par l'intermédiaire :

1° Des Généraux commandant les divisions, pour la surveillance politique et administrative;

2° Du Recteur de l'Académie, en ce qui concerne la direction des études et la discipline intérieure de ces établissements.

Art. 2. — Les écoles musulmanes d'enseignement supérieur ont pour but de former des candidats aux emplois du culte musulman, de la justice et de l'instruction publique musulmanes, ainsi qu'aux emplois qui peuvent, en vertu du décret du 21 avril 1866, être occupés par des Musulmans non naturalisés.

Art. 3. — Chaque année, le Gouverneur général détermine, d'après les besoins présumés des divers services, et les limites des ressources affectées à ces établissements, le nombre d'élèves à recevoir dans les écoles musulmanes d'enseignement supérieur.

Aucun candidat n'est admis, s'il ne justifie, devant une Commission d'examen, nommée à cet effet par le Gouverneur général, sur la proposition du Recteur, qu'il possède les connaissances nécessaires pour suivre les cours de 1re année ; il devra justifier, en outre, qu'il est musulman indigène, âgé de 18 ans au moins et de 25 ans au plus.

Le programme de l'examen est arrêté par le Gouverneur général, sur la proposition du Recteur de l'Académie. Pour s'y présenter, le candidat devra se faire inscrire, un mois à l'avance, dans les bureaux du Recteur de l'Académie, pour la Médreça d'Alger, et dans ceux de l'Inspection académique, pour les deux autres Médreças ; il aura à justifier de son indigénat, de son âge et de sa moralité.

Une liste, par ordre de mérite, sera dressée par la Commission d'examen, et le Gouverneur général désignera sur cette liste les élèves admis.

Art. 4. — La durée des cours, dans les écoles musulmanes d'enseignement supérieur, est fixée à trois ans. Ces cours embrassent :

1° L'enseignement de la langue française, de l'histoire, de la géographie, de l'arithmétique, des principes du droit français (droit civil, droit pénal, droit administratif) ;

2° L'enseignement de la langue et de la littérature arabes, de la théologie et du droit musulman.

Art. 5. — Un règlement, préparé par le Recteur de l'Académie, et approuvé par le Gouverneur général, fixe, pour chaque année scolaire, la distribution des matières à enseigner.

Nul n'est admis aux cours de la 2° et successivement de la 3° année, s'il ne justifie devant la Commission dont il est parlé à l'article 3, qu'il est apte à suivre le cours supérieur. Néanmoins, les indigènes pourvus du diplôme d'études pour l'enseignement spécial, pourront être admis à suivre les cours de 2° année.

Art. 6. — A la fin de la troisième année, un examen de sortie détermine le numéro de classement définitif des élèves ayant terminé leurs études. Ceux-ci font connaître, parmi les emplois disponibles qui leur sont attribués, celui dont ils font choix, et, en cas de non vacance actuelle, la nature de celui qu'ils désirent obtenir. A cet effet, leur sont naturellement réservés, de préférence à tous autres musulmans, ceux des emplois énumérés dans la première partie de l'art. 2 du présent arrêté, qui viendraient à vaquer.

Il est fait droit à ces demandes suivant l'ordre du numéro de classement.

Les élèves maintenus en dehors du classement perdent tout droit à un emploi.

Art. 7. — Les élèves des Médreças sont entretenus sur les fonds des centimes additionnels, ajoutés aux impôts arabes, perçus sur les indigènes des deux territoires.

Les départements, les communes et les chefs de famille peuvent prendre à leur charge la pension d'élèves indigènes, sous la réserve par ceux-ci de justifier des conditions d'âge, d'aptitude et de moralité exigées par l'article 2.

Art. 8. — Les Ecoles supérieures musulmanes sont soumises à des inspections. L'inspecteur, ainsi que les professeurs, tant français qu'indigènes, sont nommés par le Gouverneur général ; l'inspecteur est placé sous les ordres du directeur, auquel il adresse ses rapports.

Les agents inférieurs sont nommés par le général commandant la Division, sur la désignation du directeur de l'école.

Art. 9. — Jusqu'à ce qu'il en soit autrement décidé, les traitements de l'Inspecteur et du personnel des écoles supérieures musulmanes, demeurent ainsi fixés :

Inspecteur des écoles supérieures musulmanes.................. 8.000 fr.
Frais de tournées.......... 4.000

Directeur de 1re classe...... 3.000 fr.
— de 2e classe...... 2.700
— de 3e classe...... 2.400
Professeur de 1re classe...... 1.800
— de 2e classe...... 1.500
— de 3e classe...... 1.200
Oukkaf de 1re classe....... 1.000
— de 2e classe........ 800
— de 3e classe....... 600

Art. 10. — Il est pourvu aux dépenses des écoles musulmanes d'enseignement supérieur, à l'aide tant des crédits ouverts au budget de l'Algérie, que de ceux inscrits au budget du fonds commun général et des fonds communs divisionnaires des communes indigènes de l'Algérie.

Art. 11. — Des externes libres, quelle que soit leur nationalité, agréés par le recteur de l'Académie, pourront être admis à suivre les cours, sur les conditions qui seront déterminées par des règlements ultérieurs.

Art. 12. — Toutes dispositions contraires au présent arrêté sont rapportées.

Gal CHANZY.

29 juillet 1876 — ARRÊTÉ *du Gouverneur général réglant les conditions d'admission dans les Ecoles supérieures musulmanes dites Médreças.*

Art. 1er. — Les cours s'ouvrent chaque année, dans les Ecoles supérieures musulmanes, la deuxième semaine du mois d'octobre, et se terminent l'avant-dernière semaine de juillet.

Dans l'intervalle, et en dehors des jours de congé fixés par l'autorité académique, à l'occasion des fêtes musulmanes, les élèves ne peuvent rentrer dans leurs familles sans une autorisation du Recteur de l'Académie, autorisation qui ne leur est accordée que pour des motifs graves.

Art. 2. — Les candidats aux Ecoles supérieures musulmanes subissent deux épreuves :

1° Un examen d'admissibilité qui est passé au chef-lieu de la subdivision militaire dont relèvent les territoires du domicile ou de la résidence des candidats ;

2° Un examen définitif qui est passé dans les villes où sont situées les Medreças.

Art. 3. — Pour y prendre part, les candidats doivent s'être fait inscrire avant le 15 août, soit directement dans les bureaux de l'Académie, soit dans ceux des Medraça, soit enfin au chef-lieu de leurs communes respectives, si ces communes ne sont pas chef-lieu de département ou siège d'une Medraça.

L'inscription doit être accompagnée des pièces ci-après :

1° Acte de naissance ou de notoriété établissant que le candidat est âgé de 18 ans au moins et de 25 ans au plus ;

2° Certificat de bonne conduite et de moralité délivré par l'autorité française du lieu où le candidat a son domicile ou sa résidence depuis un an au moins.

En échange du dépôt de ces pièces, il est délivré à l'intéressé un récépissé ou certificat d'inscription.

Les commandants supérieurs, administrateurs, maires ou directeurs des Medreças réunissent dans un bordereau relatant la date de la demande d'inscription, les pièces déposées par les candidats et les envoient sans délai, selon les territoires, au général ou au Préfet qui les fait parvenir à l'Inspecteur d'Académie avant le 1er septembre.

Art. 4. — L'examen d'admissibilité est passé le 15 septembre (ou le 16 si le 15 tombe un dimanche) au chef-lieu de chaque subdivision, devant une sous-commission composée de :

Un officier, au moins du grade de capitaine et désigné par le général commandant la subdivision, *Président*.

Un Juge de paix ou son suppléant.

Un interprète militaire ou judiciaire.

Un membre de l'Université désigné par l'autorité académique.

Un cadi ou bach-adel.

Sont admis à subir cet examen tous les indigènes porteurs du certificat d'inscription relaté à l'article précédent.

Art. 5. — L'examen d'admissibilité porte sur les matières suivantes :

1° Dictée d'un texte arabe ;
2° Exercice épistolaire en arabe ;
3° Lecture, écriture et exercices oraux en français ;
4° Numération décimale.

Un certificat d'aptitude à subir l'examen définitif est délivré à chacun des candidats qui ont satisfait, d'une manière passable aux épreuves précitées.

La liste des candidats reconnus admissibles est envoyée par le général commandant la subdivision à l'Inspecteur d'Académie.

Art. 6. — L'examen définitif a lieu le premier lundi du mois d'octobre, dans les villes où sont situées les Medreças.

Il comprend les épreuves suivantes :

1° Dictée arabe et analyse grammaticale sur la dictée ;
2° Interprétation d'un passage du Coran ;
3° Exercice épistolaire en arabe ;
4° Lecture, écriture et exercices oraux en français ;
5° Numération décimale.

Ne sont admis à subir les examens définitifs que les candidats qui ont été reconnus admissibles ou ceux qui pourraient être exceptionnellement autorisés par l'autorité académique.

Art. 7. — Nul ne peut être nommé élève boursier dans une École supérieure musulmane, après l'ouverture des cours, et sans avoir subi convenablement l'examen définitif.

Art. 8. — Les Commissions, chargées de l'examen définitif des candidats aux Écoles supérieures musulmanes, sont composées comme il suit :

L'Inspecteur d'Académie, président.

Un officier titulaire du service des Affaires indigènes.

Un magistrat ou membre du parquet, connaissant la langue arabe.

Le professeur de la chaire d'arabe, et, à son défaut, un professeur de la Medraça.

Un interprète militaire principal ou titulaire, et, à défaut, un interprète judiciaire.

Le Directeur de la Medraça, et, à défaut, un de ses professeurs.

L'Inspecteur des Écoles supérieures musulmanes est de droit président, au lieu et place de l'Inspecteur d'Académie, de la Commission réunie dans la localité où il se trouve au moment des examens.

Art. 9. — Les Commissions chargées des examens définitifs se réunissent, en outre, une deuxième fois chaque année, sur la convocation de M. le Recteur, pour examiner les élèves de la Medraça, autoriser ou refuser leur passage dans la division supérieure, arrêter le classement des élèves sortants et leur délivrer des brevets de capacité.

Art. 10. — Chaque élève admis à la Medraça devra être pourvu de 1 haïk, 2 burnous, 4 chemises ou gandouras, 6 paires de chaussettes et 2 paires de souliers.

P. le Gouverneur : Gal OSMONT.

Insurrection arabe. — Indemnités. — Dia (prix du sang).

Cessation du fonctionnement des Commissions locales d'évaluation pour indemnités.(1)

9 février 1872. — DÉCISION *du Gouverneur général.*

A partir du 15 février courant, les Commissions locales d'évaluation cesseront de fonctionner.

Les Présidents de ces Commissions transmettront immédiatement au Directeur général des Affaires civiles et finan-

---

(1) Les Commissions d'indemnités instituées par l'arrêté du Gouverneur général du 13 mars 1871, pour apprécier et répartir les indemnités dues aux propriétaires par suite des faits insurrectionnels de la susdite année, avaient le pouvoir de régler définitivement les indemnités dues et réclamées ; par conséquent, les propriétaires qui se sont adressés à ces Commissions et ont reçu, sans réserves, le montant de l'indemnité accordée, sont irrecevables à actionner ultérieurement les indigènes pour obtenir une indemnité complémentaire.

(Arrêt du 18 février 1875. — V. *Robe*, p. 20, 1875.)

cières, pour être remises à la Commission centrale, les délibérations prises à cette date, et non encore expédiées, ainsi que les dossiers et tous documents relatifs aux demandes sur lesquelles il n'aurait pas encore été statué.

Vice-amiral Cte DE GUEYDON.

Liquidation des indemnités.

14 juin 1873. — *Arrêté.*

Art. 1er. — A partir du 14 juin 1873, aucune réclamation en matière d'indemnité ne pourra être admise. La commission centrale, instituée à Alger par l'arrêté du 9 mai 1871, entreprendra à cette date la liquidation des dernières demandes dont elle se trouvera régulièrement saisie.

Vice-amiral Cte DE GUEYDON.

4 août 1874. — *Arrêté.*

Art. 1er. — Toute indemnité pour prix du sang, allouée antérieurement au présent arrêté, et qui n'aura pas été retirée par les ayants-droits, dans un délai de trois mois, sera, à l'expiration de ce délai, annulée de plein droit.

Art. 2. — Le montant des dites indemnités annulées restera à la disposition de l'administration, pour être affecté, s'il y a lieu, à des travaux d'utilité publique sur le territoire des communes où résidaient les victimes.

Gal CHANZY.

Attribution à diverses communes du département d'Alger des sommes non réclamées pour prix du sang.

14 juin 1876. — *Arrêté.*

Art. 1er. — Sont attribuées aux communes du département d'Alger ci-après dénommées, dans lesquelles résidaient les victimes de l'insurrection de 1871, dont le prix du sang versé n'a pas été valablement réclamé, les indemnités annulées en vertu de notre arrêté du 4 août 1874 et versées à la Caisse des dépôts et consignations, savoir :

Commune de Palestro	219.998 30
— de Dellys	19.999 90
— de Beni-Aïcha	14.999 90
— de Cherchell (p^r la section de Zurich)	19.999 65
— d'Aumale	499 90
Total	275.497 65

Art. 2. — Les sommes sus-indiquées seront retirées de la Caisse des dépôts et consignations et payées aux communes dans la forme des subventions allouées par l'Etat ; elles recevront les affectations spéciales indiquées au tableau ci-annexé.

Les ouvrages mentionnés audit tableau seront faits conformément aux projets spéciaux présentés et approuvés à cette fin. Ils seront mis en adjudication publique.

Art. 3. — Les intérêts produits par les sommes consignées seront également acquis aux communes sus-mentionnées, dans la proportion de la somme principale leur revenant. Ces intérêts, ainsi que les bonis auxquels les adjudications ouvertes pourraient donner lieu, seront inscrits d'office au budget de chaque commune, section des ressources spéciales, et affectés aux travaux d'utilité générale, qui seront désignés par M. le Préfet du département d'Alger, sur les propositions formées par les Municipalités intéressées.

Gal CHANZY.

19 novembre 1876. — *Arrêté portant attribution aux communes de Batna et de Borj-bou-Arréridj d'indemnités pour prix du sang non réclamées.*

Art. 1er. — Sont attribuées aux communes du département de Constantine ci-après dénommées dans lesquelles résidaient les victimes de l'insurrection de 1871, dont le prix du sang n'a pas été valablement réclamé, les indemnités annulées en vertu de notre arrêté du 4 août 1874, et versées à la Caisse des Dépôts et Consignations, savoir :

Commune de Batna	90.000 fr.
Commune de Bordj-bou-Arréridj	10.000
Total	100.000 fr.

Art. 2. — Les sommes sus-indiquées seront retirées de la Caisse des Dépôts et Consignations et payées aux communes dans la forme des subventions allouées par l'Etat ; elles seront exclusivement affectées à pourvoir, en partie, au paiement des dépenses devant résulter de l'exécution des travaux ci-après :

1° *Commune de Batna.* — Construction d'un Hôtel-de-Ville, d'une Justice de paix et d'un Commissariat de police, suivant le devis estimatif arrêté à 140,000 fr. ;

2° *Commune de Bordj-bou-Arréridj.* — Construction d'une conduite d'eau.

Les ouvrages mentionnés ci-dessus, seront effectués conformément aux projets qui sont déjà ou seront approuvés à cette fin. Ils seront mis en adjudication publique.

Art. 3. — Les intérêts produits par les sommes consignées seront également acquis aux communes sus-mentionnées, dans la proportion de la somme principale leur revenant. Ces intérêts seront affectés aux mêmes ouvrages que le principal et viendront, par suite, en déduction des sommes que les communes auront à y consacrer respectivement sur les ressources propres.

Gal CHANZY.

Voir SÉQUESTRE.

Intérêts communs à plusieurs départements. V. CONSEILS GÉNÉRAUX.

Internes des hôpitaux. V. ART MÉDICAL.

Interprètes.

Création d'offices.

Par décret en date du 17 avril 1874, ont été créés :
Deux offices d'interprète judiciaire, l'un près le tribunal de Tizi-Ouzou et l'autre près celui de Bougie.

Dispense de cautionnements.

14 février 1876. — *Décret.*

Art. 1er. — L'article 6 de l'arrêté ministériel du 29 mai 1846 est abrogé.

En conséquence, les interprètes judiciaires et les interprètes traducteurs assermentés sont dispensés de fournir le cautionnement exigé par l'article précité.

M^{al} DE MAC-MAHON.

Inventaire. V. SUCCESSIONS.

Invitation aux cérémonies publiques. V. PRÉSÉANCES.

Irrigations. V. *Ménerville.*

Israélites.

Impôt. — Mariage. — Divorce (1).

5 octobre 1877. — CIRCULAIRE *de M. le Préfet d'Alger aux Sous-Préfets, Administrateurs et Maires de son département.*

Messieurs,

Pour faire suite à ma circulaire du 9 août dernier, relative aux indigènes naturalisés français et à laquelle je vous prie de vouloir bien vous reporter, j'ai l'honneur de vous faire connaître que M. le Gouverneur général a décidé que les israélites indigènes se trouvant, sous le rapport du régime impositaire, dans les mêmes conditions que les musulmans indigènes qui ont obtenu la naturalisation, il y a lieu de les maintenir sur les rôles des impôts arabes.

Le *Préfet*: BRUNEL.

Italie (convention d'extradition avec l'). V. EXTRADITION.

Italiens. V. ASSISTANCE JUDICIAIRE; ÉTAT-CIVIL.

Ivresse publique.

Promulgation en Algérie de la loi du 23 janvier 1873, pour la répression de l'ivresse publique.

11 février 1873. — *Décret.*

Vu la loi du 23 janvier 1873, tendant à réprimer l'ivresse publique et à combattre les progrès de l'alcoolisme ;

Art. 1er. — La loi du 23 janvier 1873, sus-visée, est rendue exécutoire en Algérie ; à cet effet, elle y sera publiée et promulguée à la suite du présent décret, qui sera inséré au *Bulletin des lois*.

A. THIERS.

V. cette loi du 23 janvier 1873 au *Journal officiel* du 4 février 1873 et dans tous les recueils de lois ou codes français.

J

Jeux de hasard.

22 mai 1876. — LETTRE *de M. le Garde des sceaux à M. le Procureur général d'Alger.*

Monsieur le Procureur général, la Cour de cassation, par arrêt du 18 juin 1875 (*Bulletin* n° 195), a reconnu que les agences dans lesquelles le public est admis à engager, sous diverses formes, des paris relatifs aux courses de chevaux, tombent sous le coup de la loi du 21 mai 1836 et de l'art. 410 du Code pénal.

La jurisprudence se trouvant ainsi fixée, j'ai pensé qu'il importait de faire disparaître, par une action simultanée des autorités judiciaires et administratives, l'industrie des Bookmakers et les agences qui, sous des noms divers et en employant des moyens différents entretiennent et exploitent la passion du public pour les paris sur des chevaux engagés dans des courses. L'influence pernicieuse de cette industrie sur la moralité publique s'accuse, en effet, chaque jour davantage.

Sur ma demande, M. le Ministre de l'intérieur a invité les Préfets à transmettre aux agents placés sous leur autorité

---

(1) Depuis le décret du 24 octobre 1870 qui a naturalisé tous les israélites indigènes, le mariage *more judaïco* entre ceux-ci est devenu indissoluble, et toute action en divorce est irrecevable, même pour des mariages de cette nature contractés antérieurement à ce décret.

D'où il suit que les israélites indigènes mariés depuis ce décret sans contrat sont mariés sous le régime de la communauté légale. Un arrêt de cassation du 5 janvier 1876 (V. *Robe*) est allé plus loin en décidant qu'il en était de même pour les mariages entre israélites indigènes célébrés devant l'officier de l'état-civil, sans contrat, antérieurement au décret du 24 octobre 1870.

les instructions nécessaires pour faire surveiller efficacement les champs de courses et les locaux spéciaux où sont débattus et reçus les enjeux. Des ordres sont donnés pour que le montant des mises soit saisi immédiatement, ainsi que les meubles, ustensiles et objets quelconques pouvant servir à l'exploitation de cette industrie. Des procès-verbaux seront dressés contre les délinquants pour être transmis aux officiers du ministère public.

D'après les renseignements qui me sont fournis par mon collègue, des courses de chevaux ont lieu dans votre ressort, d'une manière plus ou moins périodique et suivie à Bône. Je vous prie de vouloir bien inviter votre substitut à exercer la surveillance la plus active sur les Bookmakers et sur les agences qui seraient organisées dans cette ville. Sans s'arrêter à aucune considération particulière, ce magistrat traduira les délinquants devant le tribunal de police correctionnelle ou, selon les circonstances, les renverra devant le tribunal de simple police, qui leur fera application de l'article 475, n° 5, du Code pénal...

Le Garde de sceaux : J. DUFAURE.

12 octobre 1876. — CIRCULAIRE *de M. le Garde des sceaux relative au jeu de hasard dit* : « *Courses de salon.* »

Monsieur le Procureur général, j'ai appris que depuis quelque temps un jeu de hasard, connu sous le nom de *Courses de salon*, avait été organisé dans certaines villes, principalement dans celles qui sont habituellement fréquentées par les étrangers. Les paris s'engagent sur de petits chevaux de carton qu'un mouvement d'horlogerie fait courir sur une table munie de rails. La partie est gagnée par le joueur qui a parié pour le cheval arrivé le premier au but. Le gagnant recueille la totalité des mises, déduction faite d'une fraction prélevée par le banquier.

Toléré d'abord par l'Administration, autorisé quelquefois par les Préfets, sous conditions restrictives, ce jeu n'a pas tardé à prendre une singulière extension ; les mises se sont graduellement accrues, et les joueurs ont été entraînés à des pertes parfois considérables.

De concert avec M. le Ministre de l'intérieur, j'ai résolu de faire cesser la tolérance accordée jusqu'ici à cette industrie dangereuse. Mon collègue a, en conséquence, invité MM. les préfets à interdire formellement dans les départements le jeu dit *Courses de salon* et tout autre jeu similaire, où les chances de gain seraient représentées par une somme d'argent quelconque, et à faire surveiller activement les établissements publics dans lesquels ce jeu pourrait être pratiqué. Les autorisations qui auraient pu être accordées, à titre exceptionnel, par l'autorité préfectorale, devront être immédiatement rapportées.

Vous voudrez bien, Monsieur le Procureur général, tenir la main, pour ce qui vous concerne, à l'exécution de ces mesures, qui intéressent hautement la moralité publique. Vos substituts devront faire constater avec soin les infractions qui pourront être commises, et déférer les délinquants, suivant les cas, soit aux tribunaux correctionnels, soit aux tribunaux de simple police, par application des articles 410 ou 475, n° 5, du Code pénal...

Le Garde des sceaux : J. DUFAURE.

Journal officiel de l'Algérie (suppression du). V. *Bulletin officiel.*

Journaux et imprimés. V. PRESSE ET POSTES.

Journaux non cautionnés. V. PRESSE.

Journées de travail. V. IMPÔT ARABE ; TAXES MUNICIPALES ; V. aussi *Ménerville.*

Juges de paix à compétence étendue. V. JUSTICE ; PRÉSÉANCES.

Jury.

25 octobre 1872. — CIRCULAIRE *de M. le Procureur général d'Alger aux chefs des parquets de son ressort* (1).

Monsieur le Procureur de la République, les Commissions chargées de procéder à l'établissement des listes du jury

---

(1) L'établissement du jury en Algérie est dû au décret du 24 octobre 1870. Avant cette époque, c'était sans l'assistance du jury que fonctionnaient les Cours d'assises. Le décret précité du 24 octobre 1870, tenant compte de la situation administrative particulière au territoire algérien, a édicté des dispositions spéciales qui n'ont pas cessé d'être en vigueur, bien que l'institution du jury ait été de nouveau réglementée par la loi des 21-24 novembre 1872.

Nous ne croyons pas devoir publier ici cette dernière loi, dont on trouvera le texte, en cas de besoin, dans tous les codes français et notamment dans *Dalloz*, P. 1872, 4, pages 132 et suiv., par le motif qu'il a été jugé par la Cour de cassation (arrêt du 4 mai 1876. V. *Bulletin* des arrêts de la Cour de cassation, matière criminelle, 1876, p. 219) que la loi du 21 novembre 1872 n'ayant pas été promulguée en Algérie n'y est pas applicable, et que par suite la formation des listes du jury y est encore sous l'empire des décrets du 24 octobre 1870 et 7 août 1848.

Cette décision ne nous paraît pas de nature à résoudre la difficulté. On peut répondre, en effet, que la loi du 21 novembre 1872 n'est qu'une modification des lois générales sur le jury en vigueur non-seulement en France, mais encore en Algérie ; et que dès lors elle n'avait pas besoin d'être promulguée dans cette colonie pour y devenir immédiatement applicable ; qu'à la vérité cette loi ne pourrait être exécutée en Algérie dans toutes ses dispositions par suite de l'organisation administrative de ce pays,

pour l'année 1873, vont bientôt se réunir.

Les listes de l'année courante m'ont donné lieu de constater qu'on y a induement fait figurer un grand nombre d'individus se trouvant dans un des cas d'exclusion, d'incapacité, d'incompatibilité ou de dispenses prévus par le décret du 7 août 1848 qui régit aujourd'hui la matière. Il peut en résulter, à divers points de vue, les plus graves conséquences.

Les retranchements que les Cours d'assises ont dû faire subir aux listes des jurés, tant titulaires que supplémentaires, lors de leurs sessions, ont parfois été si nombreux que ces listes ne renfermant plus, au moment du tirage du jury de jugement, le nombre minimum exigé par la loi, il a fallu recourir à des tirages extraordinaires. De là, des retards dans l'expédition des affaires et introduction dans la liste d'individus dont on n'a même pas eu le temps de vérifier l'aptitude et les antécédants. Est-il besoin de rappeler que la participation au tirage de ces individus comme de tous ceux sur lesquels la Cour d'assises est souvent dans l'impossibilité de se procurer des renseignements, présente un véritable danger, puisque s'il en est parmi eux qui se trouvent dans un des cas d'incapacité ou d'exclusion prévus par la loi, l'arrêt à intervenir est inévitablement frappé de nullité.

Ces nombreux et si graves inconvénients peuvent être évités si les commissions procèdent à l'avenir avec plus de soin à l'établissement des listes.

Je crois devoir signaler ici les points principaux sur lesquels il conviendrait que leur attention fut spécialement appelée :

1. Les noms, prénoms, âge, domicile et profession des individus portés sur les listes, sont souvent donnés incomplètement ou d'une manière inexacte (on a vu figurer cette année, sur les listes, des militaires ou marins en activité de service). Ces divers renseignements peuvent être facilement recueillis dans les listes électorales devant, aux termes de l'arrêté de M. le Gouverneur général du 29 août 1871, indiquer la date et le lieu de naissance de tous ceux qui y sont portés.

2. D'après l'article 4 du décret de 1848, les fonctions de juré sont incompatibles avec celles de préposé du service actif. Le tableau n° 2, annexe de l'article 5 de la loi du 9 juin 1853 sur les pensions civiles, indique des fonctions rentrant dans cette catégorie. Les listes de 1872 ont compris à tort des contrôleurs du service des contributions diverses. Tous les agents de ce service en Algérie sont classés par la nature de leurs fonctions dans le service actif, à l'exception : 1° des Directeurs chefs de service et 2° des Receveurs entreposeurs ou Receveurs particuliers sédentaires. — Des facteurs de la poste ont été aussi portés induement sur les listes. Bien des fonctions qui ne figurent pas au tableau précité doivent être cependant rangées par analogie parmi les emplois du service actif.

« Il tombe sous le sens, m'écrivait M.
« le Garde des Sceaux, à la date du 5 fé-
» vrier 1872, que les fonctionnaires dont
» les devoirs sont de tous les instants ou
» que leurs fonctions obligent à changer
» de résidence ou de local fréquemment
» ne doivent pas faire partie du jury. »

Les employés du service télégraphique par exemple, ne doivent pas par ce motif figurer sur les listes.

Il ne faut pas oublier d'ailleurs, que le décret du 7 août 1848, qui n'a été fait que pour la France, n'a pu prévoir tous les cas d'incompatibilité que la situation spéciale de l'Algérie pourrait faire naître. C'est ainsi que les Commissaires civils et leurs secrétaires, les administrateurs, chefs ou adjoints des circonscriptions cantonales, les recenseurs, les employés du service topographique exercent évidemment des fonctions incompatibles avec

---

mais qu'il en est de même de toutes les lois précédentes sur le jury, notamment du décret du 7 août 1848.

Comme dans ce décret, il existe dans la loi du 21 novembre 1872 des dispositions de deux natures différentes : celles qui ont trait aux conditions requises pour être juré, aux incapacités, aux incompatibilités, à la composition de la liste du jury pour chaque session, aux amendes à infliger aux jurés réfractaires ; celles qui règlementent le travail de la confection des listes. Les premières sont aussi facilement applicables à l'Algérie qu'à la métropole, et les motifs d'application sont les mêmes; les secondes, au contraire, ne pourront matériellement être appliquées en Algérie que lorsque son organisation administrative cadrera parfaitement avec celle de la France.

Quel a été le but que s'est proposé le décret du 24 octobre 1870? Assurément d'établir le jury en Algérie tel qu'il fonctionnait en ce moment-là dans la métropole, sous les modifications nécessitées par l'organisation administrative de l'Algérie. Rien de plus, rien de moins. Sous l'empire de quel texte législatif se trouvait alors placé le jury de France? Sous le décret du 7 août 1848 qui venait d'être remis en vigueur par un décret du 14 octobre 1870.

Quel est le but de la loi du 21 novembre 1872? Evidemment d'abroger le décret du 7 août 1848 et de le remplacer par des dispositions nouvelles. Son article 21 le déclare expressément. Or, peut-on sérieusement soutenir que le législateur a entendu conserver pour le jury algérien des dispositions qu'il juge nécessaire de détruire pour le jury français? N'est-il pas plus exact de penser le contraire? Et n'est-il pas possible de concilier la loi du 21 novembre 1872 avec le décret du 24 octobre 1870?

Nous nous rangerons quant à nous à ce dernier parti. A notre avis, la loi du 21 novembre 1872 doit être appliquée en Algérie, sans qu'elle ait eu besoin d'une promulgation spéciale, sous les modifications du décret du 24 octobre 1870 qu'elle n'a abrogées ni explicitement ni implicitement, si ce n'est en ce qui concerne celles de ses dispositions relatives au décret du 7 août 1848.

celles de juré. Il convient également d'éviter que les interprêtes des Cours, tribunaux et justices de paix, qui par la nature de leurs fonctions ont pu concourir à une information, soient portés sur les listes.

3. — Les individus, se trouvant dans l'une des catégories ci-après, en doivent également être exclus : 1° les étrangers ; 2° les citoyens qui ne savent pas lire et écrire en français ; 3° ceux qui sont privés de leurs droits civils et politiques ; 4° ceux âgés de moins de 30 ans et de plus de 70 ; 5° les domestiques et les serviteurs à gages ; 6° ceux qui ont besoin pour vivre de leur travail journalier et qui ne peuvent, par suite, supporter les charges résultant des fonctions de juré...

Le Procureur général : ROUCHIER.

Justice.

Au cours des six dernières années, une modification profonde a été apportée par le décret du 29 août 1874 à la situation judiciaire des indigènes de la Kabylie. Tandis que les autres algériens musulmans continuent à être régis par la législation antérieure (décret du 13 décembre 1866) qui les soustrait, au moins en ce qui concerne le premier degré de juridiction et quant à leurs intérêts civils et de famille, à l'examen et à la décision des magistrats français, — les Kabyles doivent, aux termes du décret précité du 29 août 1874, porter toutes leurs contestations devant nos juges de paix et nos tribunaux de 1re instance. Le cercle de Fort-National et de Mékla seul a été provisoirement tenu en dehors du bienfait de cette organisation nouvelle pour les motifs exposés en l'art. 18 dudit décret.

Pour assurer le fonctionnement de cette organisation, il a été créé dans la Kabylie du département d'Alger le tribunal de Tizi-Ouzou et dans la Kabylie du département de Constantine le tribunal de Bougie. De nouvelles justices de paix ont été également établies : celles de Bordj-Menaïel, Dra-el-Mizan et Fort-National ressortissant au tribunal de Tizi-Ouzou ; celles d'Akbou et de Takitount ressortissant au siége de Bougie.

Des assesseurs musulmans, arabes et Kabyles, ont été attachés à chacune de ces juridictions qui, dans les procès entre indigènes, appliquent à ceux-ci leur droit coutumier. L'expérience faite a pleinement réussi, et les heureux fruits qu'on en recueille actuellement sont un gage certain que, dès que les ressources budjétaires le permettront, tous les indigènes habitants du Tell, sans exception, seront appelés comme leurs corréligionnaires de Kabylie à bénéficier de cette innovation judiciaire.

Nous devons encore signaler pendant cette période de six années la suppression de la juridiction des Commissaires civils et des Commandants de place qui, jusqu'au décret du 10 août 1875, avaient conservé des attributions judiciaires.

DIVISION

§ 1. — **Dispositions générales.**
  1° Discipline des cours et tribunaux.
  2° Modification du Code d'Instruction criminelle en ce qui concerne les tribunaux de police.
  3° Institution des attachés aux parquets.

§ 2. — **Dispositions spéciales.** — Attributions d'officiers de police judiciaire conférées aux chefs de circonscriptions cantonales (aujourd'hui administrateurs de communes mixtes) aux commandants de brigades de gendarmerie et aux officiers des bureaux arabes.

§ 3. — **Organisation judiciaire.**
  1° Organisation de la justice en général.
  2° Etablissement de la justice française en Kabylie.
  3° Circonscriptions judiciaires en Kabylie.
  4° Fixation de la rétribution des assesseurs indigènes et des aouns près les justices de paix de Kabylie.

§ 4. — **Cour d'appel d'Alger et tribunaux de 1re instance.** — Création de tribunaux et d'emplois judiciaires.

§ 5. — **Justices de paix.** — Création de justices de paix. — Fixation de leur compétence et du ressort de leur juridiction. — Création d'emplois judiciaires. — Classement des justices de paix à compétence étendue.

§ 1er. — Dispositions générales

1° *Discipline des Cours et Tribunaux.*

10-19 novembre 1872. — *Décret.*

Vu le décret du 30 mars 1808, contenant règlement pour la police et la discipline des cours et tribunaux ; — Vu le décret du 2 juillet 1870 ;

Art. 1er. — Le décret du 2 juillet 1870 est abrogé. Les art. 59, 60, 61 et 62 du décret du 30 mars 1808, sont modifiés ainsi qu'il suit :

« Art. 59 (ancien article 61). — Les affaires autres que celles qui seront énumérées dans l'article suivant seront distribuées par le président du tribunal entre les chambres, sur le rôle général, de la manière qu'il trouvera le plus convenable pour l'ordre du service et l'accélération des affaires. Il renverra aussi à chaque chambre les affaires dont elle doit connaître pour motif de litispendance ou de connexité.

» Art. 60. — Les contestations relatives aux avis de parents, aux interdictions, à l'envoi en possession des biens des absents, à l'autorisation des femmes pour absence ou refus de leurs maris, à la réformation d'erreurs dans les actes de l'état-civil et autres de même nature, seront, ainsi que les affaires qui intéresseront le Gouvernement, les communes et les établissements publics, réservées à la chambre où le président siège habituellement.

» Il en sera de même des renvois de référés à l'audience, sauf au président à renvoyer à une autre chambre, s'il y a lieu.

» Art. 61 (ancien art. 62). — Il sera extrait pour chaque chambre sur le rôle général un rôle particulier des affaires qui lui auront été distribuées ou renvoyées. Ce rôle particulier sera remis au greffier de la chambre qu'il concerne.

» Art. 62 (ancien art. 59). — A chaque chambre, au jour où l'on se présentera, l'huissier audiencier fera successivement l'appel des causes dans l'ordre de leur placement au rôle particulier de la chambre.

» Sur cet appel seront donnés les défauts sur les conclusions signées de l'avoué qui le requerra, et déposées sur le bureau, en se conformant au code de procédure. » (1)

2° *Modification et abrogation de divers articles du Code d'instruction criminelle, en ce qui concerne l'organisation des tribunaux de police.*

27 janvier 1873. — Loi.

Art. 1er. — Les articles 138, 144 et 178 du Code d'instruction criminelle sont modifiés ainsi qu'il suit :

« Art. 138. — La connaissance des contraventions de police est attribuée exclusivement au juge de paix du canton, dans l'étendue duquel elles ont été commises ;

» Art. 144. — Les fonctions du ministère public, pour les faits de police, seront remplies par le commissaire du lieu où siégera le tribunal ;

» S'il y a plusieurs commissaires de police au lieu où siège le tribunal, le procureur général nommera celui ou ceux d'entre eux qui feront le service ;

» En cas d'empêchement du commissaire de police du chef-lieu, ou s'il n'en existe point, les fonctions du ministère public seront remplies, soit par un commissaire résidant ailleurs qu'au chef-lieu, soit par un suppléant du juge de paix, soit par le maire ou l'adjoint du chef-lieu, soit par un des maires ou adjoints d'une autre commune du canton, lequel sera désigné à cet effet par le procureur général pour une année entière, et sera, en cas d'empêchement, remplacé par le maire, par l'adjoint ou par un conseiller municipal du chef-lieu de canton ;

» Art. 178. — Au commencement de chaque trimestre, les juges de paix transmettront, etc. » (Le reste de l'article n'est pas modifié.)

Art. 2. — Sont abrogés les articles 139, 140, 166, 167, 168, 169, 170, 171 du Code d'instruction criminelle.

3° *Attachés à la chancellerie et aux parquets.*

29 mai 1876. — Décret qui règle l'institution des attachés, détermine leur nombre et les conditions d'admissibilité.

V. *Journal officiel* du 7 juin 1876, et *Bulletin des lois* n° 302.

24 juillet 1876. — Arrêté du Garde des Sceaux, M. Dufaure, aux termes duquel deux attachés sont attribués au parquet de la Cour d'appel d'Alger, et un au parquet du tribunal de 1re instance de la même ville.

V. *Bulletin officiel* du Ministère de la Justice, 3e livraison, juillet-septembre 1876.

§ 2. — Dispositions spéciales.

Attributions d'officiers de police judiciaire conférées aux chefs de circonscriptions cantonales (aujourd'hui administrateurs de communes mixtes), aux commandants de brigades de gendarmerie et aux officiers des bureaux arabes.

30 avril 1872. — Décret.

Art. 1er. — Dans les nouvelles circonscriptions cantonales du Tell, les chefs de ces circonscriptions et les sous-officiers ou commandants de brigade de gendarmerie, sont officiers de police judiciaire, auxiliaires du Procureur de la République, pour la partie du territoire comprise dans leurs circonscriptions, et du Général commandant la division pour la partie du territoire militaire comprise dans ces mêmes circonscriptions.

Art. 2. — Les fonctionnaires, sous-officiers ou commandants de brigade de gendarmerie, désignés en l'article précédent, transmettent, sans délai, au Procureur de la République ou au Général de division, suivant le cas, les procès-verbaux, actes, pièces et instruments dressés ou saisis par eux, et, en cas d'arrestation de l'inculpé, ils le mettent à leur disposition. A. THIERS.

1er février — 24 mars 1874. — Décret.

Art. 1er. — Dans les territoires administrés par l'autorité militaire où il n'existe pas d'officiers de police judiciaire ordinaire, les officiers chefs des affai-

---

(1) *Bulletin des Lois,* n° 1539. Voir *Dalloz, Jur. gén.* V° *Organisation judiciaire,* page 1494, et P. 1870. 4, page 54.

res indigènes et leurs adjoints sont officiers de police judiciaire auxiliaires du Procureur de la République, en ce qui concerne les crimes, délits et contraventions commis par des Européens.

Art. 2. — Les officiers titulaires des affaires indigènes, désignés en l'article précédent, transmettent, sans délai, au Procureur de la République, les procès-verbaux, actes, pièces et instruments dressés ou saisis par eux, et, en cas d'arrestation de l'inculpé, ils le mettent à sa disposition.

(*Bulletin des lois*, n° 2,780.)

§ 3. — Organisation judiciaire.

1° *Organisation de la justice en général.*

10 août 1875. — *Décret.*

Art. 1er. — L'organisation judiciaire en Algérie comprend :

1° Une Cour d'appel siégeant à Alger ;

2° Des tribunaux de première instance, siégeant : dans la province d'Alger, à Alger, Blida et Tizi-Ouzou ; dans la province de Constantine, à Bône, Bougie, Constantine, Philippeville et Sétif ; dans la province d'Oran, à Mostaganem, Oran et Tlemcen ;

3° Des tribunaux de commerce siégeant à Alger, Constantine et Oran ;

4° Des tribunaux de paix, siégeant : dans la province d'Alger, à Alger (canton nord), à Alger (canton sud), à l'Arba, Aumale, Boufarik, Bouçâada (place créée), Col des Beni-Aïcha (1) et Coléa, ressortissant au tribunal d'Alger, à Blida, Boghari, Cherchell, Djelfa (place créée), Duperré, Laghouat (place créée), Marengo, Médéa, Miliana, Orléansville, Ténès et Téniet-el-Hâad, ressortissant au tribunal de Blida ; à Bordj-Ménaïel, Dellys, Dra-el-Mizan, Fort-National et Tizi-Ouzou, ressortissant au tribunal de Tizi-Ouzou ; dans la province de Constantine, à Aïn-Mokra (Oued-el-Aneb), Bône, Guelma, La Calle, Mondovi et Souk-Ahras, ressortissant au tribunal de Bône ; à Akbou, Bougie, Djidjelly et Takitount, ressortissant au tribunal de Bougie ; à Aïn-Beïda, Batna, Biskra, Constantine, Khenchela (place créée), Milah, Oued Atménia, Oued-Zénati, Ouled-Rahmoun et Tébessa (place créé), ressortissant au tribunal de Constantine ; à Collo, El-Arrouch, Jemmapes et Philippeville, ressortissant au tribunal de Philippeville ; à Bordj-bou-Arréridj, St-Arnaud et Sétif, ressortissant au tribunal de Sétif : dans la province d'Oran, à Inkermann, Mascara, Mostaganem, Perrégaux, Relizane, Saïda et Tiaret, ressortissant au tribunal de Mostaganem ; à Aïn-Temouchent, Daya (place créée) (1), Oran, Saint-Cloud, Saint-Denis-du-Sig, Sainte-Barbe-du-Tlélat et Sidi-bel-Abbès, ressortissant au tribunal d'Oran ; à Lamoricière, Nemours et Tlemcen, ressortissant au tribunal de Tlemcen ;

5° Des juges suppléants rétribués près la justice de paix d'Akbou, d'Aumale, de Boufarik, de Dra-el-Mizan, de Guelma, de Mascara, de Miliana et de Sidi-bel-Abbès ;

6° Des tribunaux musulmans déterminés par le Gouverneur général.

Art. 2. — Le ressort des tribunaux de première instance et de paix est déterminé conformément au tableau et au plan annexés au présent décret.

Il n'est en rien dérogé aux règles de compétence établies par la législation actuelle de l'Algérie, soit en ce qui concerne les français et étrangers, soit en ce qui concerne les indigènes dans l'un et l'autre territoire civil et militaire.

Art. 3. — La justice de paix de Douéra, créée par l'ordonnance du 30 novembre 1844, et les justices de paix d'El-Miliah et Mansourah, créées par le décret du 23 avril 1874, sont supprimées.

Art. 4. — Les notaires établis à Boufarik et à Douéra, auront le droit d'instrumenter dans tout le ressort du canton de Boufarik.

Art. 5. — Il est créé un deuxième office d'huissier près la justice de paix de Boufarik. L'office d'huissier créé à Douéra, par l'arrêté ministériel du 15 janvier 1845, est supprimé.

Art. 6. — Les juridictions spéciales des commissaires civils et des commandants de place créés en vertu de l'article 3 de l'ordonnance du 31 octobre 1838, sont supprimées.

Dans les cantons judiciaires qui comprendront plusieurs cercles militaires, le nombre des suppléants du juge de paix pourra être supérieur à celui qui a été fixé par l'article 3 de la loi du 29 ventôse an IX.

Jusqu'à l'établissement de justices de paix à Géryville et Sebdou, un officier de l'armée pourra être, sur la proposition du Procureur général et par arrêté du Gouverneur général, provisoirement investi, dans toute l'étendue du cercle, des attributions conférées aux juges de paix.

La compétence de ce fonctionnaire, en premier et dernier ressort, reste déterminée par les articles 12 de l'ordonnance du 26 septembre 1842 et 2 du décret du 14 mai 1850. Il connaîtra, en outre, en matière commerciale, de toutes affaires, savoir : 1° en dernier ressort, jusqu'à la

---

(1) Le village du Col des Beni-Aïcha a reçu depuis lors le nom de *Ménerville*.

(1) Cette justice de paix a été supprimée. V. art. 4 du décret du 7 février 1877 *infrà*.

valeur de 100 fr. ; 2° en premier ressort, jusqu'à la valeur de 500 fr. Les appels de ces décisions, en toute matière, seront portés devant le tribunal de l'arrondissement. Un sous-officier remplira, auprès du fonctionnaire juge de paix, l'office de greffier.

Art. 7. — Le siège de la justice de paix de l'Oued-el-Aneb, créé par le décret du 23 avril 1874, est transféré à Aïn-Mokra.

Art. 8. — Le juge de paix du canton sud d'Alger tiendra, tous les quinze jours, une audience au village de la Maison-Carrée, et une fois par mois, une audience au village de Rouïba.

Le juge de paix du canton nord d'Alger tiendra, tous les quinze jours, une audience au village de Chéragas.

Le juge de paix du Col des Beni-Aïcha tiendra, tous les quinze jours, une audience au village de l'Alma.

Le juge de paix de l'Arba tiendra, tous les quinze jours, une audience au village du Fondouck.

Le juge de paix d'Aumale tiendra, une fois par mois, une audience au village de Bouïra et à celui de Bir-Rabalou.

Le juge de paix de Bouffarik tiendra, une fois par mois, une audience à Douéra.

Art. 9. — Le juge de paix de Milianah tiendra, tous les quinze jours, une audience au village de Bou-Medfa.

Art. 10. — Le juge de paix de Constantine tiendra, tous les quinze jours, une audience au village de Condé-Smendou.

Le juge de paix de Milah tiendra, une fois par mois, une audience au village de Rouffach.

Le juge de paix d'Oued-Athménia tiendra, une fois par mois, une audience au village d'Aïn-Smara.

Le juge de paix des Ouled-Rahmoun tiendra, tous les quinze jours, une audience au village du Kroubs.

Art. 11. — Le juge de paix de Sétif tiendra, une fois par mois, une audience au village de Bouhira.

Art. 12. — Le juge de paix de Bougie tiendra, tous les quinze jours, une audience au village d'El-Kseur.

Le juge de paix d'Akbou tiendra, une fois par mois, une audience au village d'Ighil-Ali et à celui de Bou-Hamza.

Le juge de paix de Djidjelli tiendra, tous les quinze jours, une audience au village de Chekfa.

Le juge de paix de Takitount tiendra, une fois par mois, une audience au village de Kherrata.

Art. 13. — Le juge de paix d'Aïn-Temouchent tiendra, tous les quinze jours, une audience au village d'Aïn-el-Arba.

Art. 14. — Le juge de paix de Nemours tiendra, tous les quinze jours, une audience au village de Lalla-Maghnia.

Art. 15. — A l'avenir, des audiences foraines pourront être installées par arrêtés du Garde des Sceaux, Ministre de la Justice, à la charge par les communes, où elles seront tenues, de supporter les droits et indemnités accordés aux juges de paix, greffiers et interprètes par les articles 88, 89, 90 et 91 du décret du 18 juin 1811.

Dans ce cas, les juges de paix, greffiers et interprètes devront, pour obtenir le payement de leurs droits et indemnités, fournir des mémoires conformes aux modèles numéros 11 et 21 annexés à l'instruction générale du 30 septembre 1826 et revêtus des réquisitoire et exécutoire exigés par l'article 3 de l'ordonnance du 28 novembre 1838.

L'exécutoire sera délivré sur la caisse du receveur municipal.

M^{al} DE MAC-MAHON, duc DE MAGENTA.

2° *Etablissement de la justice française en Kabylie.*

29 août 1874. — *Décret.*

TITRE PREMIER

SECTION 1re. — *Justice civile.*

Art. 1er. — Les tribunaux de Tizi-Ouzou et de Bougie, et les juges de paix de leur ressort, statuant sur les actions civiles et commerciales autres que celles qui intéressent exclusivement les indigènes kabyles ou arabes, ou musulmans étrangers, appliqueront la loi française, d'après les règles établies pour les autres tribunaux et justices de paix de l'Algérie, et sauf les modifications qui résultent du présent décret.

Un arrêté du Gouverneur général délimitera les circonscriptions dans lesquelles doit s'exercer la juridiction de chacun des juges de paix créés par le décret du 23 avril 1874.

Si, dans quelques-unes de ces circonscriptions, des mahakmas ou des djemâas de justice sont maintenues pour le jugement des contestations entre indigènes ou musulmans étrangers, le même arrêté fixera les limites dans lesquelles elles continueront d'exercer leur juridiction. Dans ce dernier cas, les articles 19, 20, 21, 22, 23, 24 et 25 du présent décret seront appliqués.

Art. 2. — Le droit musulman ou kabyle continue à régir les conventions civiles ou commerciales entre indigènes arabes ou kabyles, ou musulmans étrangers, ainsi que les questions religieuses et d'Etat, sauf les modifications qui ont pu ou pourront y être apportées.

Toutefois, la déclaration faite par les parties, lors de la convention ou depuis, qu'elles entendent se soumettre à la loi française, entraîne l'application de cette loi.

Art. 3. — Entre indigènes arabes ou kabyles, ou musulmans étrangers, soumis à des lois différentes quant à l'objet de la convention ou de la contestation, la loi applicable sera : en matière réelle, celle du lieu de la situation de l'immeuble, et en matière personnelle et mobilière, celle du lieu où s'est formé le contrat, ou, à défaut de convention, la loi du lieu où s'est accompli le fait qui a donné naissance à l'obligation. Si les parties ont indiqué, lors du contrat, à quelle loi elles entendaient se soumettre, cette loi sera appliquée.

Art. 4. — Entre toutes personnes autres que les indigènes, arabes ou kabyles, ou musulmans étrangers, les juges de paix des deux arrondissements de la Kabylie, y compris ceux des deux chefs-lieux d'arrondissement, connaîtront :

1° Des matières spéciales attribuées aux juges de paix de France, par les lois des 25 mai 1838, 20 mai 1854 et 2 mai 1855, dans les limites du premier ressort fixées par les dites lois, et, en dernier ressort, jusqu'à la valeur de 500 fr. ;

2° Des actions purement personnelles et mobilières, civiles ou commerciales, à savoir : en dernier ressort, jusqu'à celles de 1,000 fr.

Ils exercent, en outre, à l'exception des juges de paix de Tizi-Ouzou et de Bougie :

1° Les fonctions de présidents des tribunaux de première instance, comme juges de référés en toute matière, et pourront, comme eux, ordonner toutes mesures conservatoires ;

2° Toutes les attributions conférées par la loi française au président du tribunal, en ce qui concerne *l'exequatur* à donner aux sentences arbitrales.

Entre indigènes arabes ou kabyles, ou musulmans étrangers, les juges de paix de ces deux arrondissements connaîtront :

En premier ressort :

1° De toutes contestations relatives aux matières religieuses ou d'Etat, qui sont énumérées par l'article 24 du décret du 13 décembre 1866 ;

2° De toutes les autres actions personnelles ou mobilières, civiles ou commerciales ;

3° De toutes les actions immobilières, jusqu'à 60 fr. de revenu déterminé, soit en rentes, soit par prix de bail.

En dernier ressort :

De toutes actions personnelles et mobilières, dans les limites fixées par les deux premiers paragraphes du présent article.

En cas d'arbitrage d'après la coutume indigène, le juge de paix, qui serait compétent pour connaître de la contestation, désignera le tiers arbitre à défaut d'accord entre les parties, dans tous les cas où cette désignation appartenait à la djemâa ou à l'amin.

Art. 5. — Dans les contestations entre arabes, le juge de paix sera assisté d'un assesseur arabe ; dans les contestations entre kabyles, d'un assesseur kabyle ; dans les contestations entre arabes et kabyles, de l'assesseur arabe et de l'assesseur kabyle. Les assesseurs des juges de paix ont voix consultative ; dans les matières religieuses et d'Etat, ainsi que dans toutes les causes sujettes à appel, leur avis sur le point de droit sera toujours mentionné dans le jugement.

L'assesseur ou les deux assesseurs sont nommés, suspendus ou révoqués par arrêté du Gouverneur général, rendu sur la proposition du premier Président et du Procureur général. Ils ne peuvent être poursuivis qu'après l'autorisation du Gouverneur général. En cas d'autorisation, ils sont traduits : en matière correctionnelle, devant la première chambre de la Cour d'appel d'Alger ; en matière criminelle, devant la Cour d'assises de leur département.

Un arrêté du Gouverneur général déterminera le mode et l'importance de la rétribution des assesseurs de justice de paix (vacations).

Art. 6. — Seront applicables en justices de paix, entre indigènes arabes ou kabyles, ou musulmans étrangers, les articles 15, 25, 27, 30 et 32 du décret du 13 décembre 1866.

Les obligations, imposées dans ces articles au cadi ou à l'adel, incombent au juge de paix ou à son greffier.

Les juges de paix pourront, exceptionnellement, en cas d'urgence spécifiée dans le jugement, et en exigeant une caution, ordonner l'exécution provisoire de leurs décisions, nonobstant appel.

Art. 7. — Entre toutes personnes autres que les indigènes, arabes ou kabyles, ou musulmans étrangers, les tribunaux de première instance de Tizi-Ouzou et de Bougie connaîtront en premier ressort :

1° De toutes les actions personnelles et mobilières qui, à raison soit de leur nature, soit de leur valeur indéterminée ou supérieure au taux de la compétence générale ou spéciale des juges de paix, ne sont pas de la compétence de ces derniers ;

2° Des actions immobilières.

En dernier ressort :

1° Des actions personnelles et mobilières jusqu'à la valeur de 2,000 fr.;

2° Des actions immobilières jusqu'à 60 fr. de revenu, déterminé en rentes ou par prix de bail.

En appel :

De tous jugements rdus en premier ressort par les juges de paix.

Entre indigènes, arabes et kabyles, ou musulmans étrangers, les tribunaux de Tizi-Ouzou et de Bougie connaîtront : en premier ressort, des actions immobilières d'une valeur indéterminée ou supérieure à 60 fr. de revenu, déterminé en rentes ou par prix de bail ; en appel, de tous jugements rendus en premier ressort par les juges de paix et les djemâas ou mahakmas organisées par le présent décret.

Art. 8. — L'appel des décisions rendues en premier ressort par les tribunaux de Tizi-Ouzou et de Bougie, entre toutes personnes autres que les indigènes arabes ou kabyles, ou musulmans étrangers, est porté devant la Cour d'appel d'Alger.

Les appels des jugements rendus en premier ressort entre indigènes, arabes ou kabyles, ou musulmans étrangers, par le tribunal de Tizi-Ouzou, sont portés à la Cour d'Alger : ceux du tribunal de Bougie, au tribunal de Constantine.

Entre indigènes, arabes ou kabyles, le tribunal civil, siégeant soit en première instance, soit en appel, sera composé de deux magistrats français et d'un assesseur musulman ou kabyle, si le litige existe entre arabes ou kabyles seulement ; si le litige existe entre arabes et kabyles, le tribunal sera composé de trois magistrats français et, soit de deux assesseurs arabes ou kabyles, soit d'un assesseur arabe et d'un assesseur kabyle, selon les distinctions établies au paragraphe précédent.

Les assesseurs près la cour et les tribunaux auront voix délibérative. Ils sont nommés par décret du Président de la République, sur la proposition du Garde des Sceaux, Ministre de la Justice, le Gouverneur général consulté. Ils peuvent être suspendus par un arrêté ministériel et révoqués par un décret.

Ils ne peuvent être poursuivis en justice que dans les formes établies au chapitre 3 du titre IV du livre II du Code d'instruction criminelle.

Ils sont rétribués conformément à l'article 9 du décret du 13 décembre 1866 (1).

Art. 9. — Sont applicables devant les juridictions d'appel, entre indigènes, kabyles ou arabes, ou musulmans étrangers, les articles 33, 34, 35, §§ 1, 2, 3 et 4 du décret du 13 décembre 1866.

Le désistement de l'appel sera reçu et notifié à qui de droit, dans les mêmes formes que la déclaration d'appel.

Art. 10. — Les décisions en dernier ressort, rendues par les juges de paix, les tribunaux civils et la Cour d'appel, appliquant le droit musulman ou kabyle, ne sont pas susceptibles de recours en cassation.

Lorsque le droit français a été appliqué, le recours est ouvert conformément aux règles de la législation française.

Art. 11. — Les jugements ou arrêts définitifs, rendus entre indigènes, ou musulmans étrangers, par les juges de paix, les tribunaux et la Cour, s'exécutent, selon les règles et usages actuellement en vigueur, par les soins des cadis entre musulmans, et entre kabyles, par les soins du chef de la djemâa de section ou de son suppléant.

Art. 12. — Le ministère des défenseurs n'est pas obligatoire devant les tribunaux, ni devant la Cour pour les affaires entre arabes et kabyles. Mais, si leur ministère est requis, ils ont droit à des honoraires, et ont action pour le recouvrement. Ces honoraires restent, dans tous les cas, à la charge de la partie qui a requis l'assistance du défenseur. Ils sont taxés en un seul chiffre pour tous les soins donnés à l'affaire et pour la plaidoirie, par l'un des juges qui auront connu de l'affaire. Il pourra être délivré exécutoire par le greffier ; cet exécutoire sera susceptible d'opposition.

L'opposition sera formée dans les trois jours de la signification à personne ou à domicile ; il y sera statué sommairement par le tribunal en chambre du conseil, sans appel ni recours en cassation.

Art. 13. — Il est créé trois emplois de défenseurs près chacun des tribunaux de Tizi-Ouzou et de Bougie, et un emploi d'interprète judiciaire près chaque tribunal et chaque justice de paix. Il sera pourvu à ces emplois selon le mode en vigueur en Algérie.

Toutefois, transitoirement, le diplôme de licencié en droit ne sera pas exigé de ceux des aspirants aux emplois de défenseurs près lesdits tribunaux, qui justifieront :

1° Du certificat de capacité ;

2° De cinq années de cléricature dans une étude d'avoué en France ou de défenseur en Algérie.

Art. 14. — Il sera créé, au fur et à mesure des besoins, des emplois de notaire et d'huissier.

Il y sera pourvu selon le mode en vigueur en Algérie ; leur résidence sera fixée par l'acte de nomination, ainsi que leur ressort.

Les notaires résidant au chef-lieu de chaque arrondissement pourront instrumenter dans toute l'étendue de cet arrondissement, sans exception.

Dans les cantons judiciaires où il n'existera pas de notaire, les greffiers de justice de paix pourront être désignés par le Garde des Sceaux pour en remplir les fonctions.

---

(1) Cet article a été modifié par un décret du 10 octobre 1874. V. *infrà*, p. 300, 2me col.

Art. 15. — Les cadis existant dans les deux arrondissements judiciaires de la Kabylie sont maintenus.

Ils continuent à exercer les fonctions de notaire entre musulmans, concurremment avec les notaires français. Dans les circonscriptions judiciaires où les cadis ne conservent pas les attributions du juge, ils continuent d'exercer celles qui leur sont conférées par les articles 38 et 40 du décret du 13 décembre 1866.

Dans le cas où il s'élèverait des difficultés quelconques, soit dans l'exécution des jugements, soit sur le partage et la liquidation des successions, le cadi sera tenu d'en saisir le juge de paix, qui statuera en premier ou en dernier ressort, comme en matière de référé, avec assistance d'assesseurs et suivant les distinctions établies par le présent décret.

SECTION 2ᵉ. — *Justice répressive.*

Art. 16. — En ce qui touche la poursuite et la répression des crimes, délits et contraventions prévus et punis par le Code pénal français, ainsi que par les lois, décrets et arrêtés locaux, les deux arrondissements de Tizi-Ouzou et de Bougie seront soumis aux mêmes règles que les autres territoires civils de l'Algérie.

Les crimes commis dans le ressort de Tizi-Ouzou sont déférés à la Cour d'assises d'Alger ; ceux commis dans le ressort de Bougie sont portés devant la Cour d'assises de Constantine.

Est réservée aux conseils de guerre la connaissance des crimes et délits commis par des musulmans non naturalisés, en dehors du territoire civil. Est également maintenue en territoire militaire, à l'égard des mêmes personnes, l'organisation des commissions disciplinaires et des pouvoirs inhérents au commandement.

Art. 17. — En territoire civil, les indigènes non naturalisés pourront être poursuivis et condamnés aux peines de simple police fixées par les articles 464, 465 et 466 du Code pénal, pour infractions spéciales à l'indigénat, non prévues par la loi française, mais déterminées dans des arrêtés préfectoraux, rendus sur les propositions des commissaires civils, des chefs de circonscription cantonale ou des maires.

La peine de l'amende et celle de la prison pourront être cumulées, et s'élever au double, en cas de récidive prévue par l'article 483 du Code pénal.

Les juges de simple police statueront en cette matière, sans frais et sans appel (1).

---

(1) Les dispositions de cet article ont été étendues à toute l'Algérie. V. *indigénat.*

TITRE II. — CERCLE SPÉCIAL DE FORT-NATIONAL.

SECTION 1ʳᵉ. — *Justice civile.*

Art. 18. — Jusqu'à l'incorporation au territoire civil de Tizi-Ouzou de la totalité, ou de portions détachées du cercle de Fort-National, les dispositions ci-dessus n'y seront appliquées que sous les modifications suivantes :

Art. 19. — Le juge de paix de Fort-National statuera, conformément aux règles établies ci-dessus, sur les litiges autres que ceux qui intéressent exclusivement les kabyles.

Il ne jugera les contestations entre kabyles que sur la déclaration de toutes les parties qu'elles entendent se soumettre à sa juridiction. Cette déclaration sera reçue par le greffier de la justice de paix ; elle pourra aussi être faite, lors de la convention ou depuis, devant la djemâa ou le notaire français. Elle sera irrévocable. Elle ne pourra pas être faite après la décision de la djemâa.

Les dispositions de l'article (1) du présent décret seront applicables en justice de paix, après la déclaration d'option. L'appel sera reçu et jugé selon les distinctions établies par les articles 7 et 8.

Art. 20. — En l'absence de cette déclaration, la justice, rendue au nom du peuple français, sera provisoirement administrée au premier degré seulement, dans le territoire du cercle, par les djemâas judiciaires, réorganisées et fonctionnant d'après le mode ci-après déterminé.

Art. 21. — Dans chacune des sections de la commune indigène de Fort-National, il est institué une djemâa de justice, composée de douze membres, choisis parmi les notables de la section, par le Général commandant la subdivision, qui pourra les suspendre ou les révoquer.

Leurs fonctions sont gratuites.

Art. 22. — La djemâa élit dans son sein un président et un vice-président.

La djemâa ne peut statuer qu'au nombre de cinq membres au moins.

La voix du président est prépondérante, en cas de partage.

Art. 23. — Les parties sont appelées et procèdent, et la djemâa rend ses décisions dans les formes prescrites par la coutume.

Toutefois, ses décisions devront être motivées.

---

(1) L'article dont s'agit ici n'est pas indiqué dans le texte publié par le *Bulletin des lois.* De quel article le décret veut-il parler ? Ce ne peut être que de l'art. 2, ou de l'article 3, ou même de l'art. 6. L'esprit général du décret indique suffisamment que le mieux dans ce cas est d'observer les dispositions de chacun de ces trois articles.

Art. 24. — Le khodja de chaque section fait office de greffier ; il écrit les décisions, sous l'autorité du président ; elles sont toutes consignées sur un registre spécial.

Elles sont revêtues de la signature et du cachet du président, et du cachet de la djemâa.

Art. 25. — Les décisions des djemâas sont susceptibles d'appel, si l'objet du litige est d'une valeur supérieure à 200 fr. de capital, pour les actions personnelles et mobilières, et pour les actions immobilières supérieures à 30 fr. de revenu, soit en rentes, soit par prix de bail.

Art. 26. — L'appel des décisions des djemâas, portant sur un litige supérieur à ce taux, ou d'une valeur indéterminée, ou concernant les matières religieuses ou d'état civil, sera porté devant le tribunal de Tizi-Ouzou, statuant comme il est dit en l'article 9 ci-dessus.

Les articles 10, 11 et 12, sont également applicables dans ce cas.

Art. 27. — La déclaration d'appel sera reçue par le khodja de la section ou le greffier de la justice de paix.

L'appel sera non-recevable, s'il n'est interjeté dans le mois du prononcé de la décision, si elle est contradictoire, et, si elle est par défaut, dans le mois de l'avis donné au défaillant par le khodja.

Le désistement d'appel sera reçu par le khodja qui aura reçu la déclaration d'appel.

Art. 28. — Il sera donné suite à la déclaration d'appel et procédé sur l'appel, comme il est dit en l'article 6 ci-dessus.

Art. 29. — Les jugements définitifs des djemâas sont exécutés selon les usages actuellement en vigueur, en tant qu'il n'y est pas dérogé par le présent décret, ou selon les dispositions d'un règlement qui pourra être rendu par le Gouverneur général, sur les propositions des chefs de la Cour d'Alger.

SECTION 2ᵉ. — *Justice répressive.*

Art. 30. — Les crimes, délits et contraventions quelconques, prévus par les lois françaises, les décrets et arrêtés locaux, seront poursuivis et réprimés selon les règles appliquées au territoire militaire.

Art. 31. — Les djemâas sont investies du droit de prononcer, pour les infractions spéciales à l'indigénat, prévues par la coutume, et qui ne sont réprimées par aucune loi ou par aucun règlement de l'autorité française, une peine qui ne pourra excéder 100 francs d'amende.

Leurs décisions, portant condamnation d'une amende supérieure à 50 fr., seront susceptibles d'appel devant le tribunal de Tizi-Ouzou.

Le produit des amendes sera versé dans la caisse de la commune indigène.

La déclaration d'appel sera soumise aux formes et délais établis par le dernier paragraphe de l'article 62 de l'ordonnance du 26 septembre 1842.

Mᵃˡ DE MAC-MAHON, duc de Magenta.

Modification de l'article 8 du décret précédent.

10 octobre 1874. — *Décret.*

Art. 1ᵉʳ. — L'article 8 du décret du 29 août 1874, sur l'organisation de la justice en Kabylie, est complété ainsi qu'il suit :

Entre indigènes arabes ou kabyles, les tribunaux de Tizi-Ouzou et de Bougie, siégeant, soit en première instance, soit en appel, seront composés de deux magistrats français et d'un assesseur arabe ou kabyle, si le litige existe entre arabes ou kabyles seulement. Si le litige existe entre arabes et kabyles, ces tribunaux seront composés de trois magistrats français, d'un assesseur arabe et d'un assesseur kabyle.

Pour les appels des jugements rendus par ces tribunaux, la Cour et le tribunal de Constantine seront composés de trois magistrats français et de deux assesseurs arabes ou kabyles, si le litige existe entre arabes ou kabyles seulement ; si le litige existe entre arabes et kabyles, de trois magistrats français, d'un assesseur arabe et d'un assesseur kabyle.

Mᵃˡ DE MAC-MAHON, duc de Magenta.

3ᵉ *Circonscriptions judiciaires en Kabylie*

29 décembre 1874. — *Arrêté.*

Délimitation des circonscriptions judiciaires des ressorts des tribunaux de Tizi-Ouzou et de Bougie.

Art. 1ᵉʳ. — Le territoire compris dans le ressort des tribunaux de première instance de Tizi-Ouzou et de Bougie est divisé, pour l'administration de la justice en matières civile, musulmane et kabyle, en circonscriptions judiciaires, dont les ressorts et les dénominations sont indiquées ci-après :

§ 1. — **Arrondissement judiciaire de Tizi-Ouzou.**

1ᵉʳ *Canton de Dellys.*

Circonscription soumise à la juridiction du juge de paix de Dellys (ancienne 8ᵉ circonscription judiciaire de la province d'Alger) :

Commune : Dellys.

Centres : Rebeval, Nchoud, Aboville, Oulad-Keddach.

Douars et tribus : Bouberak, Sebaou-el-Kedim, Taourga, Aïn-Mouder, Beni-

Slyem, Oulad-Aïssa, Beni-Tour, Beni-Ouaguennoun, El-Djedian, Sidi-Naaman.

2° Canton de Tizi-Ouzou.

Circonscription soumise à la juridiction du juge de paix de Tizi-Ouzou :
Commune : Tizi-Ouzou.
Centre : Azib-Zamoun (1).
Douars et tribus : Oulad-Aïssa-Mimoun, Zemenzer, Beni-Mahmoud, Drâ-ben-Khedda, Sik ou Meddour, Beni-Aïssi, Belloua, Beni-Khelifa, Maatka, Bétrouna, Douéla.

3° Canton de Bordj-Menaïel.

Circonscription soumise à la juridiction du juge de paix de Bordj-Menaïel (ancienne 9° circonscription judiciaire de la province d'Alger) :
Commune : Bordj-Menaïel.
Centres : Isserbourg, Isserville, Zemouri.
Douars et tribus : Isser-El-Ouidane, Raïcha, Rouafa, Tala-Imdran, Isser-Oulad-Smir, Ouled-Chender, El-Guïouss, Sidi-Slimane, Sidi-Ali-bou-Nab, Teurfa, Beni-Mekla, Beni-Chennacha.

4° Canton de Dra-el-Mizan.

Circonscription soumise à la juridiction du juge de paix de Dra-el-Mizan (ancienne 10° circonscription judiciaire de la province d'Alger) :
Commune : Dra-el-Mizan.
Douars et tribus : Beni-Maned, Flissa-Mekira, Nezlioua, Flissa-Mezala, Guechtoula, Abid, Archaoua.
Circonscription soumise à la juridiction du cadi de Bouïra (28° circonscription judiciaire de la province d'Alger) :
Commune mixte de Bouïra, comprenant le centre de Bouïra et les douars-communes d'Oulad-Bellil, Sidi-Zouika, Sidi-Khelifa, Aïn-Tiziret.
Douars et tribus : Koudiet-El-Hamra, Beni-Yala (partie), Metennan, Aïn-Bessein, Oued-El-Berdi, Oulad-Sidi-Salem, Oulad-El-Aziz, Oulad-Selim, Beni-Meddour.
Circonscription soumise à la juridiction des djemâas de l'annexe des Beni-Mansour :
Douars et tribus : Beni-Mançour, Beni-Ouarour, Beni-Yala (partie), Mechdala, Ahl-El-Ksar, Cheurfa, Beni-Aïssi, Beni-Intacen, Beni-Kani, Sedka.

5° Canton de Fort-National.

Circonscription soumise à la juridiction des djemaas du cercle de Fort-National :
Commune : Fort-National.
Douars et tribus : Flisset-El-Bhar, Beni-Djennad, Zekhfaoua, Beni-Flik, Tigrin, Beni-Hoceïn, Azouza, Iril-Nzekri, Beni-Ghobri, Beni-Idjer-Sahel, Beni-Idjer-Djebel, Illiten, Beni-Itouragh, Beni-bou-Youcef, Beni-Yahia, Beni-Menguellat, Beni-Fraoucen, Beni-Khelili, Beni-bou-Chaïb, Illoula ou Malou, Beni-Zekki, Akbil, Beni-Attaf, Beni-bou-Akkach, Beni-bou-Drar, Beni-Yenni, Beni-Ouassif, Beni-Sedka-Ogdal, Beni-Sedka-Chouacha, Ouadia, Tikobaïn, Mekla, Beni-Iraten-bou-Adda, Beni-Iraten-ou-Fella.

§ 2. — Arrondissement judiciaire de Bougie.

1° Canton de Bougie.

Circonscription soumise à la juridiction du juge de paix de Bougie (ancienne 19° circonscription de la province de Constantine) :
Commune : Bougie.
Commune mixte de Bougie, comprenant les villages de la Réunion, d'El-Kseur, de l'Oued-Amizour et d'El-Maten, les douars de l'Oued-Marsa, d'Aït-Amer-ou-Ali, d'Aït-Temsit, de Madalla, d'Oued-Soummam.
Ancienne 59° circonscription judiciaire de la province de Constantine :
Douars et tribus : Beni-Mimoun, Beni-Amrous, Aït-Ouaret-ou-Ali, Beni-Melloul, Beni-ben-Aïssa, Beni-Mhammed, Beni-Hassen, Aokas.
Partie de la 60° circonscription judiciaire de la province de Constantine :
Fenaïa, Aït-Ahmed-Garets, Beni-Amran, Toudja.
Partie de la 61° circonscription judiciaire de la province de Constantine :
Oulad-Sidi-Mohammed-Amokran.
Circonscription soumise à la juridiction du cadi des Beni-Oughlis (anciennement de Toudja).
Partie de la 60° et de la 61° circonscription de la province de Constantine :
Douars et tribus : Aït-Sidi-Abbou, Beni-Ksila, Mzala, Aït-Amer, Aït-Acif-el-Hammam, Beni-Mansour, Beni-Oughlis-Imzalen, Beni-Oughlis-Açameur.
Circonscription soumise à la juridiction du cadi des Oulad-Abd-el-Djebbar (anciennement Senhadja).
Partie de la 61° circonscription judiciaire de la province de Constantine :
Tribu des Oulad-Abd-el-Djebbar.

2° Canton de Takitount.

Circonscription soumise à la juridiction du juge de paix de Takitount (ancienne 55° circonscription judiciaire de la province de Constantine) :
Douars et tribus : Takitount, Kalaoun, Mentano, Guergour, Teniet-et-Tin.
Partie de la 56° circonscription judiciaire de la province de Constantine :

---

(1) Ce centre a été rattaché à la justice de paix de Bordj-Menaïel. V. arrêté du 16 janvier 1875 *infrà*.

Beni-Sliman, Beni-Tizi, Djermouna, Beni-Ismaïl, Beni-Meraï.

Circonscription soumise à la juridiction du cadi du Babor, anciennement Takitount et Oued-Agrioun (partie de la 55° circonscription judiciaire de la province de Constantine) ;

Douars et tribus : Dehemcha, Babor, Beni-Felkaï, Beni-bou-Youssef.

Partie de la 56° circonscription judiciaire de la province de Constantine :
Beni-Segoual, Oulad-Salah.

3° Canton de Djidjelli.

Circonscription soumise à la juridiction du juge de paix de Djidjelli (ancienne 31° circonscription de la province de Constantine) :

Commune : Djidjelli, territoires de Duquesne et Strasbourg.

Douars et tribus : Beni-Caïd, Beni-Ahmed, Oum-Tletin, Bekkada, Beni-Djendjen, Cheddia, Tazia, Tabellout, Oulad-bel-Affou, Mrabot-Moussa.

Partie de la 30° circonscription judiciaire de la province de Constantine :
Beni-Siar, Beni-Mammar, Oulad-bou-Youcef.

Partie de la 32° circonscription judiciaire de la province de Constantine :
El-Aouana.

Circonscription soumise à la juridiction du cadi de Chekfa (30° circonscription judiciaire de la province de Constantine) :

Douars et tribus : El-Djenah, Hayen, Oum-Aghioun, Beni-Idder, Beni-Afer, Oulad-Asker, Beni-Djemla.

Circonscription soumise à la juridiction du cadi de Selma (32° circonscription de la province de Constantine) :

Douars et tribus: Beni-Foughal, Tababort, Beni-Ouarzeddin, Beni-Medjaled, Beni-Hadjis.

4° Canton d'Akbou.

Circonscription soumise à la juridiction du juge de paix d'Akbou (partie de la 59° circonscription judiciaire de la province de Constantine) :

Douars et tribus : Akbou, Illoula, Beni-Aïdel.

Ancienne 58° circonscription judiciaire de la province de Constantine :

Mougua, Tazmalt, Tigrin, Aït-Rzin, Boni, Beni-Mellikech.

Circonscription soumise à la juridiction du cadi d'El-Arach, anciennement d'Akbou, (partie de l'ancienne 57° circonscription judiciaire de la province de Constantine) :

Douars et tribus : El-Arach, Meisna, Ouzellaguen.

Circonscription soumise à la juridiction du cadi du Sahel-Guebli (47° circonscription judiciaire de la province de Constantine) :

Douars et tribus : Chabet-Cheurfa, Sahel-Guebli, Aïn-el-Turk.

Circonscription soumise à la juridiction du cadi de Bou-Sellam (48° circonscription judiciaire de la province de Constantine) :

Douars et tribus : Beni-Yala, Beni-Ourtilan, Beni-Chebbana, Guergour.

Art. 2. — Les mahakmas de Dellys, Bordj-Menaïel et Dra-el-Mizan (8°, 9° et 10° circonscriptions judiciaires de la province d'Alger) ; celles de Bougie, des Beni-Mimoun, de Takitount, Tazmalt et de Djidjelli (19°, 59°, 55°, 58° et 31° circonscriptions judiciaires de la province de Constantine) sont supprimées.

Conformément aux dispositions de l'article 15 du décret du 29 août 1874, les cadis de ces mahakmas sont maintenus pour exercer les fonctions de notaire entre musulmans, concurremment avec les notaires français ; ils conservent, en outre, les attributions qui leur sont conférées par les articles 38 et 40 du décret du 13 décembre 1866, c'est-à-dire l'exécution des jugements émanant d'une juridiction française, la liquidation et le partage des successions.

Ces cadis n'ayant plus de traitement fixe, leurs émoluments s'accroîtront des parts proportionnelles réservées aux adels par le tarif du 21 mars 1868, sauf à eux à rétribuer les agents et témoins dont le secours leur serait indispensable pour la rédaction de leurs actes.

Art. 3. — Les cadis notaires sont tenus d'inscrire tous leurs actes sur leurs registres sans interposition ni interligne, et doivent transmettre ces registres à l'interprète judiciaire, qui en opérera la traduction, le tout sous la surveillance du juge de paix du canton.

Art. 4. — La compétence territoriale des cadis de l'arrondissement de Tizi-Ouzou est étendue ainsi qu'il suit : celle du cadi de Bordj-Ménaïel aux cantons de Bordj-Ménaïel et de Tizi-Ouzou ; celles des cadis de Dellys et de Dra-el-Mizan aux circonscriptions soumises à la juridiction des juges de paix de Dellys et de Dra-el-Mizan.

Il demeure entendu que, dans ces territoires, l'exécution des jugements aura lieu suivant les distinctions de l'article 11 du décret du 29 août 1874, soit par les cadis, soit par les présidents de djemaas, ou à défaut, par le chef de douar.

Art. 5. — Dans l'arrondissement de Bougie, un seul cadi est maintenu pour le territoire soumis à la juridiction de chaque juge de paix. La résidence de ce cadi est au siège de la justice de paix, à Bougie, Takitount, Djidjelli et Akbou.

En conséquence, sont entièrement supprimés : le personnel de la mahakma des Beni-Mimoun (59° circonscription judiciaire de la province de Constantine), dont les attributions extra-judiciaires passent à la mahakma de Bougie (19ᵉ circonscription judiciaire) ; celui de la mahakma de Tazmalt (58ᵉ circonscription judiciaire de la province de Constantine), dont les attributions extra-judiciaires passent à la mahakma d'Akbou (57ᵉ circonscription judiciaire).

Art. 6. — Les mahakmas de Toudja, des Senhadja et d'Akbou (60ᵉ 61ᵉ et 57ᵉ circonscriptions judiciaires de la province de Constantine), modifiées ainsi qu'il a été dit à l'article 1ᵉʳ, prennent le nom des Beni-Ouglis, Oulad-Abd-el-Djebbar et El-Arach.

Il sera formé avec le personnel des mahakmas de Takitount et d'Oued-Agrioun (55ᵉ et 56ᵉ circonscriptions judiciaires de la province de Constantine), une nouvelle mahakma, dite du Babor, dont le ressort est fixé ainsi qu'il est dit à l'article 1ᵉʳ.

Art. 7. — Dans les territoires soumis à la juridiction des djemaâs, c'est-à-dire dans le cercle spécial de Fort-National, et dans l'annexe des Beni-Mansour, les décisions définitives des djemaâs seront exécutées selon les usages actuellement en vigueur (art. 29 du décret du 29 août 1874) ; les décisions rendues sur appel par le tribunal de Tizi-Ouzou seront exécutées conformément aux articles 26 et 11 du même décret.

Art. 8. — Les mesures qui précèdent sont exécutoires à partir du 1ᵉʳ janvier 1875.
Gᵃˡ CHANZY.

4° *Fixation de la rétribution des assesseurs indigènes et des aouns près les justices de paix de Kabylie.*

3 septembre 1874. — *Arrêté.*

Art. 1ᵉʳ. — Les assesseurs kabyles ou arabes, attachés aux justices de paix de Kabylie, percevront à titre de présence et de vacation, une somme de cinq francs par chacune des audiences auxquelles ils auront assisté.

Art. 2. — Le montant de cette indemnité leur sera payé tous les trois mois, sur les fonds du trésor public, par les receveurs de l'Enregistrement et des Domaines et sur un état taxé par le magistrat français qui aura présidé les audiences pour lesquelles l'indemnité sera due.

Le Gouverneur général absent :
Le Directeur général: DE TOUSTAIN.

31 août 1875. — *Arrêté.*

Art. 1ᵉʳ. — Il est créé deux emplois d'aoun au siège de chacune des justices de paix des deux arrondissements judiciaires de Tizi-Ouzou et de Bougie, à l'exception de Fort-National, pour les besoins du service de la justice française dans ses rapports avec les musulmans arabes ou kabyles.

Ces aouns sont nommés, suspendus et révoqués par le procureur général.

Art. 2. — Les aouns devront être pourvus d'une monture et déférer à toute réquision du procureur de la République ou du juge de paix pour la remise aux intéressés des avis de comparution devant les diverses juridictions françaises ou des expéditions des jugements rendus par défaut.

Art. 3. — Il est alloué aux aouns, savoir :

Pour la remise des avis de comparaître devant les tribunaux de Tizi-Ouzou, de Bougie ou de Constantine, ou devant la Cour d'Alger ; ou pour la remise des expéditions des jugements de défaut rendus en premier ressort par les tribunaux de Tizi-Ouzou et de Bougie :

1° Dans l'intérieur de la ville ou dans un rayon de 1,000 mètres........ 1 fr.
2° Au-delà de 1,000 mètres..... 2 fr.

Art. 4. — Les frais de remise des avis de comparution et de notification seront consignés par les demandeurs ou appelants au greffe de la justice de paix du canton du domicile des défendeurs ou intimés, ou des parties défaillantes.

Les avis seront établis sur papier non timbré, rédigés en français et en arabe, et remis, dûment formalisés par les greffiers, aux aouns qui devront leur faire connaître ultérieurement la date exacte de la remise des avis aux intéressés.

Art. 5. — Les greffiers devront avoir, à ces divers effets, un registre non timbré coté et paraphé par le juge de paix, sur lequel ils inscriront le montant de la consignation faite pour les avis de comparution et la date de la remise des avis aux aouns et celle de la remise par ceux-ci aux intéressés. Ils délivreront, en fin de tout, un certificat qui sera transmis à la juridiction saisie de l'affaire et joint au dossier de la procédure.

Art. 6. — Il sera prélevé sur les allocations destinées aux aouns, un quart réservé au greffier et à l'interprète, savoir : 3/5 pour le greffier et 2/5 pour l'interprète.

Art. 7. — La répartition de ces différentes allocations aura lieu à la fin de chaque mois par le greffier. Il sera fait masse de celles afférentes aux aouns, qui seront partagées entre eux par moitié ; toutefois, si un seul aoun avait fait le service pendant une partie ou la totalité du mois, sans que l'autre justifiât d'un empêchement légitime pour le sien, il aurait droit, pour la même période de temps, à la totalité des allocations.

Le Gouverneur général absent ;
Le Directeur général: DE TOUSTAIN.

§ 4. — Cour d'appel d'Alger et tribunaux de première instance. — Création de tribunaux et d'emplois judiciaires.

15 décembre 1872. — *Décret.*

Art. 1er. — Il est créé un troisième emploi de substitut du Procureur général près la Cour d'appel d'Alger.

A. THIERS.

10 mars 1873. — *Décret.*

Art. 1er. — Des tribunaux de première instance sont créés à Tizi-Ouzou (département d'Alger), et à Bougie (département de Constantine).

Ces tribunaux sont composés d'un président, de quatre juges, dont un chargé de l'instruction, d'un Procureur de la République, d'un substitut, d'un greffier et d'un commis-greffier.

Art. 2. — Le ressort judiciaire de ces tribunaux est le même que le ressort de l'arrondissement administratif.

A. THIERS.

23 avril 1874. — *Décret.*

Art. 1er. — Le ressort du tribunal de première instance de Tizi-Ouzou comprend le territoire de l'arrondissement administratif de Dellys, créé par le décret du 11 septembre 1873, du cercle spécial de Fort-National, placé transitoirement en dehors de cet arrondissement par l'article 15 dudit décret, et des circonscriptions cantonales de Bordj-Bouïra et Beni-Mansour, délimitées et inscrites sous les n°s 40 et 41 du plan général joint au décret du 20 février 1873.

Art. 2. — Le ressort du tribunal de 1re instance de Bougie comprend le territoire des circonscriptions cantonales de Bougie, Akbou, Bou-Sellam, Takitount et Djidjelli, délimitées et inscrites sous les n°s 49, 50, 54, 55 et 61 du plan général joint au décret du 20 février 1873.

M^{al} DE MAC-MAHON.

12 décembre 1874. — *Décret.*

Art. 1er. — Le personnel des tribunaux de 1re instance d'Oran et de Constantine est augmenté :

D'un vice-président, dont le traitement est fixé à 4,000 francs ; d'un substitut ; d'un commis-greffier.

Art. 2. — Chacun de ces tribunaux est divisé en deux chambres.

M^{al} DE MAC-MAHON, DUC DE MAGENTA.

18 janvier 1877. — *Décret.*

Art. 1er. — Le traitement des magistrats des tribunaux de première instance d'Oran et de Constantine est fixé comme il suit, à partir du 1er janvier 1877 :

Président	6.000 fr.
Vice-Président	4.200
Juge d'instruction	4.000
Juges	3.300
Procureur de la République	6.000
Substituts	3.300

M^{al} DE MAC-MAHON.

11 novembre 1875. — *Décret.*

Art. 1er. — Deux emplois de juge suppléant rétribué, au traitement de 2,400 fr., sont créés, l'un au tribunal de 1re instance d'Alger, l'autre au tribunal de première instance de Bône.

M^{al} DE MAC-MAHON.

§ 5. — Justices de paix. — Création de justices de paix. — Fixation de leur compétence et du ressort de leur juridiction. — Création d'emplois judiciaires. — Classement des justices de paix à compétence étendue.

23 avril 1874. — *Décret.*

Art. 1er. — Des justices de paix sont créées :

Dans le département d'Alger :

A Bordj-Ménaïel, Dra-el-Mizan et Fort-National, ressortissant, ainsi que celles de Tizi-Ouzou et de Dellys, au tribunal de Tizi-Ouzou.

Dans le département de Constantine :

A Akbou et à Takitount, ressortissant, ainsi que celles de Bougie et de Djidjelli, au tribunal de Bougie.

Art. 2. — Un emploi de suppléant rétribué est créé près les justices de paix de Fort-National, de Dra-el-Mizan (1) et d'Akbou.

Art. 3. — Le ressort de ces justices de paix est le même que celui des circonscriptions cantonales du même nom, délimitées au plan général annexé au décret du 20 février 1873.

Toutefois, la juridiction du juge de paix de Tizi-Ouzou comprend en outre le canton de Mekla ; celle du juge de paix de Dra-el-Mizan, les cantons de Bordj-Bouïra et de Beni-Mansour ; celle du juge de paix d'Akbou, le canton de Bou-Sellam.

Art. 4. — Un décret ultérieur déterminera la compétence de ces justices de paix.

M^{al} DE MAC-MAHON.

23 avril 1874. — *2e Décret.*

Art. 1er. — Des justices de paix sont créées :

Dans le département d'Alger :

A l'Arbah, ressortissant au tribunal d'Alger ; à Duperré, à Teniet-el-Haad et à Boghari, ressortissant au tribunal de Blida.

---

(1) Ces deux emplois de suppléant rétribué ont été supprimés par décrets des 10 décembre 1874 et 25 janvier 1876 *infrd.*

Dans le département de Constantine :
A Milah, à El-Miliah (1), à l'Oued-Atménia, aux Ouled-Rahmoun et à l'Oued-Zenati, ressortissant au tribunal de Constantine ; à l'Oued-El-Aneb, ressortissant au tribunal de Bône ; à Collo, ressortissant au tribunal de Philippeville ; à Bordj-bou-Arréridj, à Saint-Arnaud et à Mansourah (2), ressortissant au tribunal de Sétif.

Dans le département d'Oran :
A Aïn-Témouchent et au Tlélat, ressortissant au tribunal d'Oran ; à Perrégaux et à Inkermann, ressortissant au tribunal de Mostaganem ; à Nemours et à Lamoricière, ressortissant au tribunal de Tlemcen.

Art. 2. — Le ressort des justices de paix ci-dessus créées, à l'exception de celle de Perrégaux, est le même que celui des circonscriptions cantonales délimitées au plan général joint au décret du 20 février 1873. Le ressort de la justice de paix de Perrégaux est délimité conformément au plan annexé au présent décret.

Art. 3. — La compétence étendue telle qu'elle est déterminée par le décret du 19 août 1854, est attribuée aux juges de paix de ces localités.

Art. 4. — La justice de paix du canton est de Constantine, créée par décret du 21 novembre 1860, est supprimée.

La juridiction du juge de paix du canton ouest de cette ville comprend le territoire de la circonscription cantonale de Constantine, délimitée au plan général annexé au décret du 20 février 1873.

Art. 5. — Le siège de la justice de paix de l'Alma est transféré au Col des Beni-Aïcha.

Art. 6. — La justice de paix de Misserghin, créée par décret du 3 mai 1865, est supprimée.

Art. 7. — Les justices de paix de Coléa et de Boufarik, dans le département d'Alger, ressortiront désormais au tribunal d'Alger.

Art. 8. — Les justices de paix de Ténès et d'Orléansville, ressortiront désormais au tribunal de Blida.

Art. 9. — Le ressort de toutes les justices de paix existant actuellement en Algérie sera le même que celui des circonscriptions cantonales, délimitées au plan général annexé au décret du 20 février 1873, sous la réserve des modifications résultant de la création de la justice de paix de Perrégaux, dont le ressort est fixé comme il est dit en l'article 2 du présent décret.

M^{al} DE MAC-MAHON.

27 octobre 1876. — *Décret*.

Art. 1er. — La compétence étendue, telle qu'elle est déterminée par le décret du 19 août 1854, est attribuée aux juges de paix de Bou-Saada, de Djelfa et de Laghouat, dans la province d'Alger, de Tébessa et de Khenchela, dans la province de Constantine, de Daya, dans la province d'Oran. M^{al} DE MAC-MAHON.

7 février 1877. — *Décret*.

Art. 1er. — Il est créé à Cassaigne (département d'Oran), une justice de paix ressortissant au Tribunal de Mostaganem.

Art. 2. — Le ressort de cette justice de paix, comprendra les centres européens de Cassaigne, Bosquet, Aïn-Ouilis et les douars Achacha, Chouachi, M'zila, Nekmaria, Oulad-Khelouf, Oulad-Maallah, Tazgaït et Zerifa, qui dépendaient antérieurement de la justice de paix de Mostaganem.

Art. 3. — La compétence étendue, telle qu'elle est déterminée par le décret du 19 août 1854, est attribuée au juge de paix de Cassaigne.

Art. 4. — La justice de paix de Daya, créée par le décret du 10 août 1875, est supprimée, et son ressort est réuni à celui de la justice de paix de Sidi-bel-Abbès.

Art. 5. — Jusqu'au rétablissement, s'il y a lieu, de la justice de paix de Daya, il pourra être pourvu provisoirement aux besoins du service, dans les formes prévues par l'article 6 du décret du 10 août 1875. M^{al} DE MAC-MAHON.

6 juin 1874. — *Décret*.

Art. 1er. — La juridiction du juge de paix de Bordj-bou-Arréridj comprend provisoirement, outre la circonscription cantonale de ce nom, la circonscription cantonale de Mansourah, délimitée et inscrite sous le n° 51 du plan général joint au décret du 20 février 1873.

M^{al} DE MAC-MAHON.

30 juin 1874. — *Décret*.

Art. 1er. — La portion occidentale du cercle de Bouçada, comprenant la commune mixte de Bouçada et le caïdat de Bouçada, ainsi que les territoires occupés par les tribus des Beni-Brahim, des Ouled-Ameur, des Ouled-Terradj, des Ouled-Aïssa, des Ouled-Ahmed, des Ouled-Khaled, des Ouled-Sidi-Zian, des Ouled-Seliman et d'El-Haoumed, teintée en rose sur le plan ci-annexé, est détachée de l'arrondissement de Sétif (département de Constantine) et rattachée, pour

---

(1) La justice de paix d'El-Miliah a été supprimée. V. art. 3 du décret du 10 août 1875 *supra*.

(2) La justice de paix de Mansourah a été supprimée. V. Décret du 10 août 1875, art. 3, *supra*.

l'administration de la justice civile ordinaire, au canton d'Aumale (département et arrondissement d'Alger).
(*Bulletin des lois*, n° 3261).

8 août 1874. — *Décret*.

Art. 1er. — La juridiction du juge de paix de Milah comprend, provisoirement, avec la circonscription cantonale de ce nom, la circonscription cantonale d'El-Miliah, telle qu'elle est délimitée sur le plan général joint au décret du 20 février 1873.

Mal DE MAC-MAHON, DUC DE MAGENTA.

16 janvier 1875. — *Arrêté*.

Art. 1er. — Le centre d'Azib-Zamoun qui, aux termes de l'article 1er de l'arrêté du 29 décembre 1874, se trouvait compris dans le ressort de la justice de paix de Tizi-Ouzou, est rattaché à la circonscription soumise à la juridiction du juge de paix de Bordj-Menaïel.

Gal CHANZY.

31 octobre 1876. — *Décret*.

Art. 1er. — Le douar Ferrouka est rattaché au canton judiciaire de Boufarik, arrondissement d'Alger.

Mal DE MAC-MAHON.

10 décembre 1874. — *Décret*.

Art. 1er. — Une place de suppléant rétribué est créée à la justice de paix de Milianah.

Art. 2. — La place de suppléant rétribué, créée à la justice de paix de Fort-National, par décret du 23 avril 1874, est supprimée.

Mal DE MAC-MAHON.

25 janvier 1876. — *Décret*.

Art. 1er. — Une place de suppléant rétribué est créée à la justice de paix de Bordj-Menaïel, arrondissement de Tizi-Ouzou.

Art. 2. — La place de suppléant rétribué créée à la justice de paix de Dra-el-Mizan, par décret du 23 avril 1874, est supprimée.

Mal DE MAC-MAHON, DUC DE MAGENTA.

Classement des justices de paix à compétence étendue.

6 avril 1877. — *Décret*.

Vu le vœu émis par le Conseil supérieur de Gouvernement de l'Algérie dans sa session de 1875;

Art. 1er. — Les Justices de paix à compétence étendue sont divisées en quatre classes, comprenant:

La 1re classe, les cantons de Sidi-bel-Abbès, Mascara, Guelma, Médéa, Orléanville, Bordj-Menaïel et Aumale;

La 2e classe, les cantons de Miliana, Dellys, Boufarik, Batna, Dra-el-Mizan, Saint-Denis-du-Sig, Akbou, Aïn-Témouchent et Relizane.

La 3e classe, les cantons de l'Oued-Atménia, Jemmapes, l'Arba, El-Harrouch, Mondovi, Saint-Arnaud, Bordj-bou-Arréridj, La Calle, Sainte-Barbe-du-Tlélat, Souk-Ahras, Nemours, Djidjelly, Col des Beni-Aïcha, Aïn-Beïda, Ténès, Inkermann, Saint-Cloud, Oued-Zenati, Tiaret, Boghari, Cherchell et Saïda;

La 4e classe, les cantons de Coléah, Bou-Saada, Duperré, Teniet-el-Haad, Marengo, Djelfa, Laghouat, Fort-National, Perrégaux, Lamoricière, Biskra, Milah, Ouled-Rhamoun, Tébessa, Kenchela, Collo, Aïn-Mokra, Takitount et Cassaigne.

Art. 2. — Le traitement des titulaires de ces justices de paix est fixé pour la 1re classe à 4,000 fr ; pour la 2e classe à 3,500 ; pour la 3e classe à 3,000 et pour la 4e classe à 2,700.

Art. 3. — Le présent décret recevra son exécution à partir du 1er avril 1877.

Mal de MAC-MAHON.

Justice militaire.

DIVISION

§ 1. — Coordination des lois nouvelles sur l'organisation, la composition et le recrutement de l'armée avec le Code de justice militaire.

§ 2. — Conseils de guerre et de révision en Algérie.

---

§ 1.

18 novembre 1875. — Loi *ayant pour objet de coordonner les lois des 27 juillet 1872, 24 juillet 1873, 13 mars, 19 mars et 6 novembre 1875, avec le Code de Justice militaire.*

Art. 1er. — Sont assujétis aux obligations spéciales imposées par la présente loi, lorsqu'ils ont été laissés dans leurs foyers ou lorsqu'ils y ont été renvoyés après avoir passé sous les drapeaux :

1° Les hommes de tous grades appartenant à un titre quelconque à la disponibilité ou à la réserve de l'armée active ;

2° Ceux appartenant à l'armée territoriale ou à sa réserve, ainsi qu'aux cadres et aux divers services de cette armée ;

3° Ceux appartenant aux corps organisés ou qui peuvent être organisés en vertu de l'art. 8 de la loi du 24 juillet 1873;

4° Et, en général, en dehors des hommes de l'armée active en activité de service, tous ceux mis à la disposition du ministre de la guerre par les lois qui régissent l'armée.

TITRE PREMIER. — OBLIGATIONS.

Art. 2. — Les hommes désignés à l'art. 1er qui précède sont tenus, lorsqu'ils changent de domicile, d'en faire la déclaration dans les formes prescrites par les art. 34 et 35 de la loi du 27 juillet 1872. Il leur est délivré, au point de départ et point d'arrivée, récépissé de leur déclaration.

Ils devront également, au point de départ et au point d'arrivée, faire viser par le commandant de la gendarmerie le titre qui leur aura été délivré, ainsi qu'il est dit à l'art. 5 de la présente loi.

Lorsqu'après s'être établis à l'étranger ils reviennent se fixer en France, ils sont tenus aux mêmes déclarations.

Art. 3. — Lorsqu'ils changent de résidence sans changer de domicile, ils sont tenus d'en faire la déclaration, dans un délai de deux mois, verbalement ou par écrit, au commandant de la gendarmerie de la localité où ils sont venus résider. Il leur en est donné récépissé.

Lorsque, sans changer de domicile ou de résidence, ils se déplacent pour voyager pendant plus de deux mois, leur déclaration doit être faite au commandant de la gendarmerie de la localité qu'ils quittent.

A l'étranger, les déclarations de changement de résidence ou de déplacement pour voyager sont faites aux agents consulaires.

Pour des absences de moins de deux mois, toutes ces déclarations sont facultatives.

Art. 4. — En cas d'appel à l'activité ou de convocation pour des manœuvres, exercices ou revues, des délais supplémentaires pour rejoindre sont accordés, en raison de la distance à parcourir, aux hommes qui ont fait les déclarations prévues par les art. 2 et 3 qui précèdent.

Ceux qui n'ont point fait ces déclarations sont considérés comme n'ayant pas changé de domicile ou de résidence. Dans aucun cas, ils ne peuvent invoquer leur absence pour se justifier de n'avoir pas obéi aux ordres de l'autorité militaire.

A l'étranger, ces ordres leur sont transmis par les soins des agents consulaires.

Art. 5. — Les hommes désignés à l'art. 1ᵉʳ de la présente loi sont tenus, sur toute réquisition, soit de l'autorité militaire, soit des autorités civiles ou judiciaires, de représenter le certificat dont il est parlé à l'art. 38 de la loi du 27 juillet 1872, ou le titre quel qu'il soit, constatant leur position, au point de vue du service militaire, qui leur aura été délivré.

En cas d'appel à l'activité ou de convocation pour des manœuvres, exercices ou revues, la représentation de l'une des pièces dont il s'agit doit avoir lieu dans les vingt-quatre heures de la réquisition.

En tout autre cas, le délai est de huit jours.

Art. 6. — Ils doivent s'éloigner de tout rassemblement tumultueux et contraire à l'ordre public.

Le fait seul de s'y trouver en armes ou revêtus d'effets d'uniforme et d'y demeurer, contrairement aux ordres des agents de l'autorité ou de la force publique, les constitue en état de rébellion et les rend passibles des peines édictées à l'art. 225 du code de justice militaire.

Art. 7. — Lorsqu'ils sont revêtus d'effets d'uniforme, ils doivent à tout supérieur hiérarchique en uniforme les marques extérieures de respect prescrites par les règlements, et sont considérés, sous tous les rapports, comme des militaires en congé.

Art. 8. — En temps de paix, des dispenses de se rendre aux manœuvres, exercices ou revues peuvent être accordées par le Ministre de la guerre aux hommes fixés ou voyageant à l'étranger lorsqu'ils ont fait les déclarations prescrites par les art. 2 et 3 de la présente loi.

Les demandes de dispense sont faites avant le départ ou transmises par les agents consulaires au commandant de la circonscription militaire à laquelle appartiennent les intéressés.

Les dispenses sont accordées pour une durée déterminée. Elles peuvent être renouvelées.

Art. 9. — Ceux des hommes désignés à l'art. 1ᵉʳ de la présente loi qui sont employés dans les services publics et dans les chemins de fer, ou qui font partie des compagnies de sapeurs-pompiers, des places fortes, sont dispensés de rejoindre immédiatement en cas de convocation par voie d'affiches et de publications sur la voie publique.

En cas de mobilisation, ils attendent au poste qu'ils occupent les ordres de l'autorité militaire. Ils sont alors soumis à la juridiction des tribunaux militaires, par application des dispositions de l'art. 57 du code de justice militaire, sauf les exceptions déterminées par le Ministre de la guerre.

TITRE II. — JURIDICTIONS.

Art. 10. — Sont justiciables des tribunaux militaires, en temps de paix comme en temps de guerre, pour tous crimes et délits commis pendant la durée de leurs fonctions, les officiers, sous-officiers, brigadiers et caporaux appartenant à l'effectif permanent et soldé à l'armée territoriale, prévu par le 3ᵉ paragraphe de l'art. 29 de la loi du 24 juillet 1873, et dont la composition est déterminée par le tableau I annexé à la loi du 13 mars 1875.

Art. 11. — Sont également justiciables des tribunaux militaires, en temps de paix comme en temps de guerre, pour tous crimes et délits, les hommes désignés à l'art. 1ᵉʳ de la présente loi :

1° En cas de mobilisation, à partir du jour de leur appel à l'activité jusqu'à celui où ils sont renvoyés dans leurs foyers ;

2° Hors le cas de mobilisation, lorsqu'ils sont convoqués pour des manœuvres, exercices ou revues, depuis l'instant de leur réunion en détachement pour rejoindre, ou de leur arrivée à destination s'ils rejoignent isolément, jusqu'au jour où ils sont renvoyés dans leurs foyers ;

3ᵉ Lorsqu'ils sont placés dans les hôpitaux militaires ou dans les salles des hôpitaux civils affectées aux militaires et lorsqu'ils voyagent, comme militaires, sous la conduite de la force publique ou qu'ils se trouvent détenus dans les établissements, prisons et pénitenciers militaires.

Art. 12. — Ils sont toujours justiciables des tribunaux militaires :

1° Pour les faits d'insoumission ;

2° Pour tous les crimes et délits prévus au titre II du livre IV du code de justice militaire, lorsqu'ils se trouvent dans les cas prévus par l'art. 9 de la présente loi, ou lorsque, au moment où les faits incriminés ont été commis, les délinquants étaient revêtus d'effets d'uniforme.

Art. 13. — Ils sont encore justiciables des tribunaux militaires, en temps de paix comme en temps de guerre pour les crimes et délits prévus par les articles du code de justice militaire énumérés à l'article 18 de la présente loi, lorsqu'après avoir été appelés sous les drapeaux ils ont été renvoyés dans leurs foyers.

Toutefois, les hommes appartenant à l'armée territoriale ou à la réserve de cette armée, ne sont plus justiciables des tribunaux militaires, en temps de paix, pour les crimes ou délits prévus par le paragraphe précédent, lorsqu'ils ont été renvoyés dans leurs foyers depuis plus de six mois, à moins que, au moment où les faits incriminés ont été commis, les délinquants fussent revêtus d'effets d'uniforme.

Art. 14. — Les dispositions des articles précédents, en vertu desquelles est établie la compétence des tribunaux militaires, s'appliquent selon les distinctions établies et sous la réserve des exceptions portées au livre II du code de justice militaire.

Art. 15. — En temps de paix comme en temps de guerre, les hommes désignés à l'article 1ᵉʳ de la présente loi sont, en dehors des cas spécifiés aux articles 11, 12 et 13 ci-dessus, justiciables des tribunaux ordinaires, pour tous crimes et délits prévus et punis par les lois pénales, ainsi que pour les infractions contre les obligations spéciales qui leur sont imposées par le titre Iᵉʳ et par l'article 24 de la présente loi, lorsque ces infractions constituent des délits.

Art. 16. — Sont laissées à la répression directe de l'autorité militaire, pour être l'objet de punitions disciplinaires prononcées par les officiers généraux ou supérieurs dans le commandement desquels les délinquants sont placés, les infractions contre le devoir militaire ci-après énumérées, lorsqu'elles ne constituent ni crime ni délit :

1° Les infractions contre les obligations spéciales imposées par la présente loi, aux hommes désignés à l'art. 1ᵉʳ ;

2° Leur retard non justifié, en cas de convocation pour des manœuvres, exercices ou revues ;

3° Les infractions qu'ils commettent contre la discipline, lorsqu'ils sont revêtus d'effets d'uniforme ;

4° Tout acte de désobéissance aux ordres de l'autorité militaire donnés en exécution des lois qui les régissent.

Les dispositions relatives à ces diverses infractions feront l'objet d'un règlement spécial approuvé par le Président de la République.

TITRE III. — PÉNALITÉS.

Art. 17. — Toutes les dispositions contenues au titre IV du Code de justice militaire, sont applicables :

1° Au personnel désigné à l'art. 10 de la présente loi ;

2° Aux hommes désignés à l'art. 1ᵉʳ de la présente loi, lorsque, en vertu des art. 11 et 12 de cette loi, ils sont justiciables des tribunaux militaires.

Toutefois, des circonstances atténuantes pourront être admises, alors même que le code de justice militaire ne les prévoit pas, en faveur des hommes qui, n'ayant pas trois mois de présence sous les drapeaux, se trouveront dans l'une des positions indiquées aux deux derniers paragraphes de l'art. 11, ou dans les cas prévus par l'art. 12.

Art. 18. — Les crimes et délits dont il est parlé à l'art. 13 ci-dessus, sont ceux prévus et punis par les articles du Code de justice militaire énumérés dans le tableau ci-après.

L'application de ces articles est faite aux inculpés, sous la réserve des dispositions spéciales indiquées audit tableau.

En cas de déclaration de culpabilité, des circonstances atténuantes peuvent être admises, alors même que le Code de justice militaire ne les prévoit pas, en faveur des hommes ayant moins de trois mois de présence sous les drapeaux ou qui auraient été renvoyés dans leurs foyers depuis plus de six mois.

Tableau *des articles du Code de justice militaire (Livre IV, Titre II) applicables dans les cas prévus par l'article 13 de la présente loi.*

Art. 204, 205, 206, 208. — *Trahison, espionnage et embauchage.*

Art. 219 (paragraphe 1ᵉʳ). — *Violation de consigne.*

Art. 220. — *Violence envers une sentinelle.* — L'art. 220 ne sera applicable aux hommes renvoyés dans leurs foyers depuis plus de six mois que s'ils étaient, au moment du fait incriminé, revêtus d'effets d'uniforme.

Art. 223 et 224. — *Voies de fait et outrages envers un supérieur.* — Pour l'application du premier paragraphe de chacun de ces articles, le fait incriminé ne sera considéré comme ayant eu lieu à l'occasion du service que s'il est le résultat d'une vengeance contre un acte d'autorité légalement exercé.

Le deuxième paragraphe de ces mêmes articles ne sera applicable, par dérogation à l'art. 12 de la présente loi, que dans les cas où le supérieur et l'inférieur seraient l'un et l'autre revêtus d'uniforme.

Art. 225. — *Rébellion.* — Cet article n'est applicable qu'aux hommes en armes ou revêtus d'effets d'uniforme, et, en outre, dans les cas prévus par l'article 77 du Code de justice militaire.

Art. 226, 228, 229. — *Abus d'autorité.* — Pour l'application de l'article 229, il est nécessaire, par dérogation à l'article 12 de la présente loi, que le supérieur et l'inférieur soient, l'un et l'autre, revêtus d'effets d'uniforme.

Art. 242 (1ᵉʳ paragraphe). — *Provocation à la désertion.*

Art. 248. — *Vol.* — L'avant-dernier paragraphe de cet article n'est applicable que si le délinquant était logé militairement dans la maison où il a commis le vol.

Art. 249. — *Blessures faites à un blessé pour le dépouiller.*

Art. 250, 251, 252, 253, 254, 255. — *Pillage, destruction, dévastation d'édifices.*

Art. 256. — *Meurtre chez l'habitant.* — Cet article est applicable sous la réserve indiquée ci-dessus pour l'article 248.

Art. 266. — *Port illégal d'insignes.* — Cet article n'est applicable qu'en cas de port illégal, soit d'effets d'uniforme militaire, soit d'insignes, décorations ou médailles sur des effets d'uniforme militaire.

Art. 19. — Lorsque, par application de la faculté accordée par les articles 17 et 18 de la présente loi, les tribunaux militaires auront admis des circonstances atténuantes en faveur des inculpés de crimes ou délits pour lesquels le code de justice militaire ne les prévoit pas, les peines prononcées par ce code seront modifiées ainsi qu'il suit :

Si la peine prononcée par la loi est celle de la mort, le conseil de guerre appliquera la peine des travaux forcés à perpétuité ou celle des travaux forcés à temps, sauf dans les cas prévus par les articles 209, 210, 211, 213, 217, 218, 220, 222, 223, 226, 227 et 228, où la peine appliquée sera celle de la détention.

Dans le cas de l'article 221, la peine appliquée sera celle des travaux forcés à perpétuité, des travaux forcés à temps, ou de la détention, suivant les circonstances.

Si la peine est celle des travaux forcés à perpétuité, le conseil de guerre appliquera la peine des travaux forcés à temps ou celle de la réclusion.

Si la peine est celle des travaux forcés à temps, le conseil de guerre appliquera la peine de la réclusion, de la dégradation militaire ou un emprisonnement de deux ans à cinq ans.

Si la peine est celle de la détention ou de la réclusion, le conseil de guerre appliquera la peine de la dégradation militaire ou un emprisonnement de un à cinq ans.

Toutefois, si la peine prononcée par la loi est le maximum d'une peine afflictive, le conseil de guerre pourra toujours appliquer le minimum de cette peine.

Si la peine est celle de la dégradation militaire, le conseil de guerre appliquera un emprisonnement de trois mois à deux ans.

Si la peine est celle des travaux publics, le conseil de guerre appliquera un emprisonnement de deux mois à cinq ans.

Dans tous les cas où la peine de l'emprisonnement est prononcée par le code de justice militaire, le conseil de guerre est autorisé à faire l'application de l'article 463 du code pénal, sans toutefois que la peine de l'emprisonnement puisse être remplacée par une amende.

Nonobstant toute réduction de peine par suite d'admission circonstance atténuantes la peine de la destitution sera toujours appliquée par le conseil de guerre dans les cas où elle est prononcée par le code de justice militaire.

Art. 20. — Les infractions contre les obligations spéciales imposées par le titre Iᵉʳ de la présente loi, dont la répression est attribuée par l'article 15 aux tribunaux ordinaires, sont punies de la manière suivante, sauf pour les hommes appartenant à l'armée territoriale ou à la réserve de cette armée, à l'égard desquels les peines sont abaissées ainsi qu'il est dit à l'article 21 ci-après :

1· Les infractions aux prescriptions relatives aux changements de domicile (article 2 de la présente loi) sont punies d'une amende de seize francs (16 fr.) à deux cents francs (200 fr.). Le délinquant peut, en outre, être condamné à un emprisonnement de quinze jours à trois mois ;

2° Les infractions aux prescriptions relatives aux changements de résidence et aux déplacements pour voyager (article 3 de la présente loi), sont punies d'une amende de seize francs (16 fr.) à cinquante francs (50 fr.) et d'un emprisonnement de six jours à un mois, ou de l'une de ces peines seulement.

3° Le retard non justifié, en cas de convocation pour des manœuvres, exercices ou revues, est puni d'un emprisonnement de six jours à un mois, si le retard a été de plus de huit jours, sans constituer cependant le délit d'insoumission.

En cas de récidive ou en temps de guerre, toutes ces peines peuvent être doublées.

En outre, tout homme qui n'a pas rejoint au jour indiqué pour des manœuvres, exercices ou revues, peut être astreint par l'autorité militaire à passer ou à compléter, dans un corps ou dans un dépôt, le temps de service pour lequel il était appelé.

Art. 21. — Pour les hommes appartenant à l'armée territoriale ou à la réserve de cette armée, les peines édictées à l'article précédent seront réduites de la manière suivante :

Dans le premier cas : amende de seize à cinquante francs (16 à 50 fr.) ; durée de l'emprisonnement, de six jours à un mois ;

Dans le deuxième cas : amende de seize à vingt-cinq francs (16 à 25 fr.) ; durée de l'emprisonnement, de six jours à quinze jours ;

Dans le troisième cas : durée de l'emprisonnement, de six jours à quinze jours.

Ces réductions de peine auront lieu sous la réserve des dispositions contenues aux deux derniers paragraphes de l'article précédent.

Art. 22. — L'article 463 du code pénal est applicable aux délits prévus et punis par les articles 20 et 21 qui précèdent.

Art. 23. — Les infractions, laissées par l'article 16 de la présente loi à la répression directe de l'autorité militaire, seront l'objet de punitions déterminées par le règlement dont il est parlé au même article 16.

Ces punitions, qui ne devront pas dépasser un mois de prison, seront réduites au maximum de quinze jours de prison pour les hommes ayant moins de trois mois de présence sous les drapeaux, et pour ceux appartenant à l'armée territoriale ou à la réserve de cette armée lorsqu'ils auront été renvoyés dans leurs foyers depuis plus de six mois.

L'autorité militaire sera chargée d'en assurer l'exécution, soit dans les prisons des corps de troupe de la garnison la plus voisine, soit dans les lieux de détention militaire, soit dans les prisons civiles, sous la réserve que les hommes ainsi punis ne seront jamais confondus avec les prévenus ou les détenus criminels ou correctionnels.

Il sera tenu note de ces punitions par l'autorité militaire.

TITRE IV. — DISPOSITIONS TRANSITOIRES.

Art. 24. — Tout homme faisant partie, soit de la réserve de l'armée active, comme appartenant aux classes de 1867, 1868, 1869, 1870, 1871, soit de l'armée territoriale ou de sa réserve, comme appartenant aux classes de 1855, 1856, 1857, jusques et y compris celle de 1866, qui ne serait pas encore inscrit sur les contrôles, devra, dans un délai de trois mois, à partir de la promulgation de la présente loi, faire au commandant de la gendarmerie de la localité où il réside, la déclaration nécessaire à la constatation de sa résidence. Il lui en sera donné récépissé.

Le défaut de déclaration sera puni d'une amende de seize francs à deux cents francs (16 fr. à 200 fr.) et d'un emprisonnement de quinze jours à trois mois, ou de l'une de ces peines seulement. Il pourra être fait application à l'inculpé de l'article 463 du code pénal.

Art. 25. — Tout homme compris sur les contrôles de l'armée territoriale, bien qu'il ait été précédemment exempté ou réformé pour infirmités, sera affranchi du service sur la justification faite à l'autorité militaire de son exemption ou de sa réforme.

Il en sera de même des hommes de l'ancienne garde nationale mobile, inscrits sur les contrôles de la réserve de l'armée active, en vertu de la loi du 27 juillet 1872, qui justifieraient avoir été définitivement exemptés du service pour infirmités.

§ 2.

12 janvier 1875. — *Décret.*

Considérant que les causes qui avaient motivé la création d'un conseil de révision à Oran ont cessé d'exister ;

Art. 1er. — Le conseil de révision d'Oran est supprimé.

2. Les affaires pendantes devant ce conseil seront de plein droit déférées au conseil de révision d'Alger, dont le ressort comprendra à l'avenir la division d'Alger et la division d'Oran.

3. Les archives du conseil de révision d'Oran, supprimé, seront versées au greffe du premier conseil de guerre de la division d'Oran. M^{al} DE MAC-MAHON.

10 juillet 1875. — *Décret.*

Art. 1er. — Le deuxième conseil de guerre de la division de Constantine, séant à Bône, est transféré à Constantine.
M^{al} DE MAC-MAHON.

Justice musulmane.

Nous n'aurons à signaler, pendant la période de six années qu'embrasse notre travail, que deux modifications apportées à l'organisation de la justice musulmane.

La plus importante, sans contredit, est la suppression pure et simple du Conseil de droit musulman, institution critiquée si vivement et avec tant de raison par la généralité des praticiens et des magistrats et notamment par l'auteur du *Dictionnaire de la législation algérienne.* (V *Ménerville* t. 3, p. 197). L'autre est la répartition en trois classes des cadis, auparavant divisés en deux classes, et la réduction du nombre de ces magistrats indigènes. C'est là sans doute, il est du moins permis de l'espérer, un premier pas fait vers la suppression complète de la justice musulmane que beaucoup de bons esprits réclament comme un bienfait pour les plaideurs indigènes et le meilleur moyen de nous attacher le peuple vaincu. L'expérience tentée en Kabylie, dans cet ordre d'idées, et qui a réussi pleinement est un argument décisif en faveur de l'application à tout le Tell algérien de notre justice, telle qu'elle fonctionne dans les arrondissements de Bougie et de Tizi-Ouzou. (V. *suprà.* V° *justice*).

DIVISION

§ 1. — Dispositions générales.
  1° Classement et traitement des Cadis. — Partage du produit des actes entre les agents de la justice musulmane.
  2° Suppression du Conseil de droit musulman.
  3° Conditions d'aptitude exigées des candidats aux fonctions de la justice musulmane.

§ 2. — Circonscriptions judiciaires. — Création d'emplois.
  1° Département et division d'Alger.
  2° Département et division de Constantine.
  3° Département et division d'Oran.
  4° Rattachement de Mahakmas à des Mahakmas voisines.

§ 1. — Dispositions générales.

1° *Classement et traitement des cadis — Partage du produit des actes entre les agents de la justice musulmane.*

8 août 1874. — *Décret.*

Art. 1er. — Le paragraphe de l'article 1er du décret du 5 février 1868, fixant les deux classes et les traitements des cadis, est modifié de la manière suivante :

Art. 1er, § 1er. — Les cadis sont répartis en trois classes, dont l'effectif et le traitement sont fixés ainsi qu'il suit :

22 de première classe, au traitement de.................. 1.500 fr.
22 de deuxième classe, au traitement de............... 1.200
115 de troisième classe, au traitement de.............. 1.000

Art. 2. — A dater du 1er janvier 1875, le nombre des cadis de troisième classe sera réduit à 101.
M^{al} DE MAC-MAHON.

23 octobre 1875. — *Arrêté.*

Art. 1er. — Dans les mahakmas annexes, les sommes perçues conformément au tarif établi par l'arrêté sus-visé du 21 mars 1868, pour le prix des actes dressés par les bach-adels et autres agents de la justice musulmane sont partagées dans les proportions suivantes :
Le bach-adel reçoit 5/10es.
Les adouls reçoivent chacun 2/10es.
L'aoun reçoit 1/10e.
Il est procédé audit partage, distraction faite des frais de tournée et d'inspection du cadi de la circonscription à laquelle la mahakma est annexée.

Art. 2. — Les cadis font, une fois chaque mois, l'inspection des mahakmas annexées à leur circonscription.
Il leur est alloué, à titre de frais de tournée et d'inspection, une indemnité fixe de vingt francs.

Art. 3. — Cette somme est délivrée au cadi par l'adel chargé de la perception et de la distribution du prix des actes, contre un reçu qui sera annexé à l'acte dressé conformément à l'article 3 de l'arrêté du 21 mars 1868, sus-visé, et indiquant le total des sommes encaissées pendant le mois et la part de chacun des membres de la mahakma. Gal CHANZY.

2° *Suppression du conseil de droit musulman.*

11 novembre 1875. — *Décret.*

Art. 1er. — Le Conseil de droit musulman, institué par l'article 24 du décret du 13 décembre 1866, est supprimé.
Sont, en conséquence, abrogées les dispositions des paragraphes 4, 5 et 6 dudit article. M^{al} DE MAC MAHON.

3° *Conditions d'aptitude exigées des candidats aux fonctions de la justice musulmane.*

3 août 1877. — *Arrêté.*

Art. 1er. — L'arrêté et le règlement du 1er août 1869, sur les *Examens* des candidats aux fonctions de la justice musulmane sont remplacés par les dispositions suivantes.

Art. 2. — Les candidats qui aspirent aux fonctions d'*adel, de bach-adel et de cadi*, sont tenus de se présenter devant une des *commissions d'examen*, fonctionnant dans chacune des trois provinces.

Art. 3. — Les commissions tiendront annuellement une session à l'époque et dans la ville qui sera indiquée par le Gouverneur général.

Art. 4. — Chaque commission sera composée :

D'un magistrat français, président ;
D'un second magistrat français, vice-président ;
De l'inspecteur des établissements d'instruction publique indigène, ou, à son défaut, du professeur de la chaire d'arabe ;
D'un officier des affaires arabes ;
D'un interprète militaire ou judiciaire de 1re classe ;
De trois savants musulmans.

Le secrétaire sera choisi par le Gouverneur général, parmi les membres français de la commission.

Art. 5. — Les membres des commissions d'examen seront nommés, chaque année, par l'arrêté qui détermine le lieu et l'époque de l'ouverture de la session.

Les magistrats qui doivent en faire partie seront désignés sur la proposition du Premier président et du Procureur général.

Cet arrêté sera publié par les soins de l'autorité compétente en territoire civil et en territoire militaire, 40 jours au moins avant l'ouverture de la session.

Art. 6. — Nul ne sera admis aux examens, s'il ne justifie :

1° Qu'il est de bonne vie et mœurs.
2° Pour le candidat à l'emploi d'adel, s'il n'est âgé de 21 ans ;
3° Pour le candidat à l'emploi de bach-adel, s'il n'a exercé, pendant un an, les fonctions d'adel, et, pour l'emploi de cadi, s'il n'a exercé, pendant un an, les fonctions de bach-adel.

Art. 7. — Les *justifications* exigées par l'article précédent seront faites au secrétaire de la commission et avant l'ouverture de la session.

Art. 8. — Les candidats produiront, à cet effet :

1° Un certificat de moralité dressé par le Maire en territoire civil, et par le commandant supérieur en territoire militaire. Ce certificat pourra être délivré, pour les élèves des medersa, par les directeurs de ces établissements ;

2° L'extrait du casier judiciaire les concernant (bulletin n° 2.) ;

3° Leur acte de naissance ou un acte de notoriété, régulièrement dressé, pour en tenir lieu.

Les candidats aux fonctions de *bach-adel* ou *de cadi* auront, en outre, à produire un *certificat de fonctions*, délivré en territoire civil par le Procureur de la République, et, en territoire militaire, par le Commandant supérieur.

Art. 9. — Les *examens* comprendront des *épreuves écrites* et des *épreuves orales*.

Art. 10. — Les *épreuves écrites* seront arrêtées par la commission à l'ouverture de la session et commenceront séance tenante.

Les examens de *bach-adel* et de *cadi* comportant *deux épreuves écrites*, ainsi qu'il est dit en l'article 12 ci-après, le sujet de la seconde épreuve sera arrêté par la commission, au moment où cette partie de l'examen commencera.

Art. 11. — Les *épreuves écrites* comprendront :

Pour les candidats adels :

Un acte constatant une obligation (vente, location, association, etc...), un acte de notoriété, une procuration ou décharge, ou une lettre traitant une question de Droit.

Pour les candidats bach-adels, deux épreuves composées :

L'une d'un jugement ;
L'autre d'un acte (donation, habous, etc...), ou d'une lettre traitant un point d'organisation judiciaire musulmane ou une question de législation musulmane algérienne.

Pour les candidats cadis, deux épreuves comprenant :

La première, un jugement ;
La deuxième, une dissertation sur une question de Droit comprise dans le programme.

Art. 12. — Il sera accordé trois heures aux candidats pour chaque épreuve écrite, avec faculté de se servir de dictionnaires, de grammaires, du texte de Sidi-Khalil, du *Dictionnaire de la législation algérienne* et du *Recueil* des actes du Gouvernement.

Art. 13. — Les candidats seront divisés en catégories, suivant la nature des fonctions auxquelles ils aspirent, et placés dans des salles séparées.

Art. 14. — Pendant la durée de l'épreuve, la commission sera représentée, dans chacune des salles, par un de ses membres au moins.

Art. 15. — Le président indiquera le jour et l'heure auxquels auront lieu les secondes épreuves écrites des aspirants bach-adels et cadis.

Art. 16. — Les dispositions des articles

13, 14 et 15 sont applicables à cette seconde épreuve.

Art. 17. — Les épreuves écrites seront examinées à divers points de vue, savoir :

Pour les aspirants adels, aux points de vue :
De la calligraphie,
De l'orthographe,
Du droit.

Pour les aspirants bach-adels, aux points de vue :
De la calligraphie,
De la grammaire,
Du droit.

Pour les aspirants cadis, aux points de vue :
De la grammaire,
Du style,
Du droit.

Art. 18. — Les épreuves écrites recevront, pour chacune des divisions ci-dessus indiquées, un nombre de points compris entre 0 et 20.

Art. 19. — Les candidats dont l'épreuve écrite n'aura pas *obtenu 10 points au moins*, dans chacune de ces divisions, ne seront pas admis aux épreuves orales.

Art. 20. — Les *épreuves orales* auront lieu aux jour et heure fixés par le président.

Elles seront subies devant la commission composée au moins de 5 membres, dont 2 musulmans.

Art. 21. — Les épreuves porteront :

Pour les candidats adels, sur :

1° La lecture raisonnée d'un imprimé ou d'un acte manuscrit récent ;
2° L'arithmétique élémentaire ;
3° Les principes élémentaires du droit musulman, de l'organisation judiciaire musulmane et de la législation musulmane de l'Algérie.

Pour les candidats bach-adels, sur :

1° La lecture raisonnée d'actes anciens ;
2° L'arithmétique, principalement appliquée aux successions ;
3° Le droit musulman, l'organisation judiciaire musulmane et la législation musulmane de l'Algérie.

Pour les candidats cadis, sur :

1° L'analyse grammaticale ;
2° Le droit musulman ;
3° L'organisation judiciaire musulmane et la législation musulmane de l'Algérie.

Art. 22. — Chaque épreuve orale aura une durée de une demi-heure au moins.

Art. 23. — Les candidats recevront, pour chaque partie de leurs épreuves orales, un nombre de points compris entre 0 et 20, et ceux d'entre eux qui, dans toutes les matières, auront *obtenu 10 points* au moins, seront déclarés admissibles et recevront un certificat d'aptitude.

Art. 24. — La commission dressera, à l'issue des examens, et pour chaque catégorie de candidats, le tableau de ceux qui auront *droit au certificat d'aptitude*. Ce tableau comprendra le nombre de points obtenus par chaque candidat dans ses épreuves écrites et orales ; il sera établi par ordre de mérite et la Commission tiendra compte, s'il y a lieu, pour la fixation de cet ordre, de la connaissance que les candidats peuvent avoir de la langue française, de la géographie et de toute matière non comprise dans l'examen.

Le tableau sera dressé conformément aux modèles ci-annexés.

Art. 25. — *Les certificats d'aptitude seront délivrés par le Gouverneur général*. Ils porteront la signature du président et du secrétaire de la commission.

Art. 26. — A partir du 1er janvier 1880, les épreuves orales comprendront, outre les matières ci-dessus spécifiées, et pour les trois catégories de canditats :

Des éléments d'histoire et de géographie algérienne ;
Des éléments de droit français ;
Des éléments de langue et de conversation française.

A partir de la même époque, les candidats auront à répondre sur tout le programme d'arithmétique sus-énoncé.

Art. 27. — Il sera procédé pour le nombre de points à donner, comme il est dit en l'article 24, et le tableau à dresser par la commission d'examen contiendra trois colonnes nouvelles destinées à recevoir le nombre de points obtenus par les candidats pour les matières alors exigées.

Art. 28. — Des programmes détaillés des matières comprises dans les examens des aspirants aux fonctions de la justice musulmane sont annexés au présent arrêté.

Gal CHANZY.

§ 2. — Circonscriptions judiciaires.

1° *Division et département d'Alger.*

19 mai 1874. —*Arrêté.*

Art. 1er. — Le territoire de la province d'Alger, à l'exception de la Kabylie et de la région en dehors du Tell, qui demeurent régies, l'une par ses coutumes actuelles, l'autre par la juridiction des cadis, telle qu'elle est réglée par le décret du 8 janvier 1870, est divisé, pour l'administration de la justice, en cinquante-sept circonscriptions judiciaire, dont les ressorts et les dénominations sont indiqués ci-après :

NOMS DES CIRCONSCRIPTIONS judiciaires	NUMÉROS des circonscriptions	CANTONS, COMMUNES, DOUARS ET TRIBUS qui forment les circonscriptions	TRIBUNAUX auxquels ressortissent les circonscriptions
		DÉPARTEMENT D'ALGER	
ALGER (rite malekite)......	1	Communes. — Alger, El-Biar, la Bouzaréa, Ché-	
ALGER (rite hanefite).......	2	raga, Déli-Brahim, Mustapha, Birkadem, Bir- mandreys, Hussein-Dey, Kouba, Douéra, Maëlma.	Alger.
L'ARBA..................	3	Communes. — L'Arba, Sidi-Moussa, Maison-Car- rée, Rovigo, la Rassauta, Saint-Pierre et Saint- Paul, le Fondouk. Douars. — Bouzegza, Arbatache, Sidi-Nasseur, Sidi-Hammouda, Hammam-Melouane.	Alger.
COL DES BENI-AÏCHA.......	4	Communes. — Col des Beni-Aïcha, l'Alma, Palestro, Rouïba, Regbaïa, Aïn-Taya. Douars.— Khachnna de la montagne, Ammal, Oued- Medjekan, Bou-Derbala, Mosbaha. Tribu. — Senadja.	Alger.
AUMALE.................	5	Commune. — Aumale.	Alger.
TÉNÈS..................	6	Communes. — Ténès, Montenotte.	Alger.
ORLÉANSVILLE............	7	Commune. — Orléansville. Douars. — El-Hadjerat, Chembel, Oum-ed-Drou, Sidi-el-Aroussi.	Alger.
DELLYS.................	8	Commune. — Dellys. Douars. — Bouberak, Aïn-Mouder, El-Djedian.	Tizi-Ouzou.
BORDJ-MENAÏEL..........	9	Commune. — Bordj-Menaïel. Douars — El-Guious, Teurfa, El-Ouidan.	Tizi-Ouzou.
DRA-EL-MIZAN...........	10	Commune. — Dra-el-Mizan. Douar. — Ighil-ou-Malou.	Tizi-Ouzou.
BLIDA..................	11	Communes. — Blida, Beni-Méred, la Chiffa, Mou- zaïaville, Oued-el-Alleug, Boufarik, Souma, Che- bly, Col a, Castiglione, Attatba. Douars. — Sid-el-Fedhil, Sid-el-Kebir, Ferroukha, Ghellaie.	Blida.
MARENGO...............	12	Communes. — Marengo, Ameur-el-Aïn, Cherchell et ses annexes, Zurich et Novi. Douars. — Sahel, Beni-Merit, El-Hammam, Oued- Djer.	Blida.
MÉDÉA.................	13	Commune. — Médéa. Douar. — Tamesguida.	Blida.
BOGHAR................	14	Communes. — Boghar, Boghari. Douar. — Oulad-Hamza.	Blida.
VESOUL-BENIAN...........	15	Communes. — Vesoul-Benian, Bou-Medfa. Douars. — Bou-Hallaouan, Adélia, Oued-Sebt.	Blida.
MILIANA................	16	Communes. — Miliana, Affreville. Douars. — Oued-Derdeur, Sbahia.	Blida.
DUPERRÉ...............	17	Commune. — Duperré. Douars. — Arib, Bou-Zehar.	Blida.
		SUBDIVISION D'ALGER. — ANNEXE D'ALGER	
TIARA..................	18	Douars. — Beni-Miscera, Baata, Tourtatsine, Tiara.	Alger.
OULAD-M'SELLEM.........	19	Douars. — El-Ouzana, Oulad-M'sellem, Ahl-el- Euch, Mezrenna.	Alger.
BOU-KERMA.............	20	Douars. — Tablat, Bou-Keram, Guerouma.	Alger.
CHEURFA...............	21	Douars. — Cheurfa du Sud, Beni-bel-Hassen.	Alger.
		CERCLE D'AUMALE	
EL-BETTAM..............	22	Douar. — El-Bettam. Tribus. — Oulad-Zenin, Oulad Soultan, Oulad- Taan.	Alger.
DECHMIA...............	23	Douars. — Oulad-Ferha, Oulad-bou-Arif Tribus. — Oulad-Mériem, Oulad-Dris, Djouab.	Alger.
ADAOURA...............	24	Douars. — Oued-Mamora, Oued-Ridan. Tribus. — Adaoura-Gharaba, Adaoura-Cheraga, Oulad-Barka.	Alger.
OULAD-SIDI-AÏSSA........	25	Tribus. — Oulad-Sidi-Aïssa, Oulad-Ali-ben Daoud, Oulad-Abdallah, Oulad Si-Amer, Oulad-Sidi- Hadjerès, Selamat	Alger.
OUED-OKBRIS...........	26	Douars. — Aïn-Hazem, Oued-el-Berdi. Tribus. — Oulad Selama et Beni-Iddou, Oulad- M'sellem, Beni-Intacen, Oulad-Salem.	Alger.
BEL-KHERROUB..........	27	Tribus. — Oulad-Sidi-Salem, Metennan, Oulad- Selim.	Alger.
BOUÏRA................	28	Douars. — Oulad-Bellil, Sidi-Zouikia, Aïn-Tiziret, Sidi-Khalifa, Aïn-Bessem, Koudiet-el-Hamra. Tribus. — Oulad-el-Aziz et Beni-Meddour.	Alger.

JUSTICE MUSULMANE

NOMS DES CIRCONSCRIPTIONS judiciaires	NUMÉROS des circonscriptions	CANTONS, COMMUNES, DOUARS ET TRIBUS qui forment les circonscriptions	TRIBUNAUX auxquels ressortissent les circonscriptions
		SUBDIVISION DE MÉDÉA. — CERCLE DE MÉDÉA.	
Ouzir	29	Douars. — Zaatit, Ouzera, Beni-bou-Yacoub.	Blida.
Amoura	30	Douars. — Ouamri, Hannacha, Ghrib.	Blida.
Aïn-Makhlouf	31	Douars. — Oulad-Seghouan, Oulad-Oughat, Houara, Beni-Hassen.	Blida.
Hassen-ben-Ali	32	Douars. — Gharaba, Oulad-Brahim, Oulad-Ferguen, Oulad-Mellal, Oulad-Trif, Mérachda, Oued-Chaïr, Oulad-Deïd, Retal. Tribu. — Rebaïa.	Blida.
Titteri	33	Tribus. — Oulad-Mareuf, Oulad-Allan-Zekri, Oulad-Allan, Bechich, Titteri, Souari, Deïmat.	Blida.
Birin	34	Tribus. — Oulad-Mokhtar-Cheraga, Mouïdat-Chéraga, Sahari-Oulad-Brahim, Oulad-Sidi-Aïssa-el-Ahdab.	Blida.
		CERCLE DE BOGHAR	
Oulad-Anteur	35	Douars. — Oulad-Anteur, Oulad-Hellal, Oum-el-Djellil, M'fatah. Tribu. — Zenakhra-el-Gourt.	Blida.
Aïn-Oussera	36	Douar. — Bou-Ghzoul. Tribus. — Oulad-Mokhtar-Gharaba, Mouïdat-Gharaba, Abaziz, Rahman-Gharaba, Rahman-Chéraga, Abadlia.	Blida.
Ksar-Chellala	37	Tribus. — Oulad-Si-Daoud, Oulad-Tabet, Oulad-Sidi-Aïssa-Souagui, Oulad-Sidi-Aïssa-el-Ouerk, Oulad-Ahmed-Recheïga, Oulad-Cheikh, Ksar-Chellala.	Blida.
		SUBDIVISION D'ORLÉANSVILLE. — CERCLE DE MILIANA	
Zakkar	38	Douars. — Zakkar, Bou-Maad. Tribu. — Beni-Frah.	Blida.
Djendel	39	Douars. — Djendel, Doui-Hasseni, Oued-Telbenet, Beni-Fatem.	Blida.
Oued-Massin	40	Douars. — Oued-Djelida, Oued-Ouagueney. Tribus. — Haraouat, Matmata, Ahl-el-Oued, Oulad-Cheikh.	Blida.
Braz	41	Douars. — Bou-Rached, Beni-Ghomerian, Harar du Chéliff, Chemla, Beni-Boukni. Tribus. — Beni-Merahba, Beni-Seliman.	Blida.
Chelif et Fodda	42	Douars. — Taria, Oued-Fodda, Tiber-Kanin, Oued-Rouina, Zeddin.	Blida.
Tafrent	43	Tribus. — Beni-bou-Attab, Beni-bou-Douan, Bettaya, Khobbaza et Tiabin.	Blida.
		CERCLE DE CHERCHELL	
Beni-Menasser	44	Douars. — Sidi-Simian, El-Gourin. Tribu. — Gouraya.	Blida.
Zatima	45	Tribus. — Larhat, Beni-Zioui, Zatima, Beni-bou-Milek, Zougara, Tachta.	Blida.
		CERCLE DE TENIET-EL-HAAD	
Toukria	46	Commune. — Teniet-el-Hâad. Douars. — El-Khemaïs, Ighoud, Ben-Naouri, Beni-Meharez.	Blida.
Oued-Sebt	47	Douar. — El-Meddad. Tribus. — Beni-Chaïb, Beni-Lahssen, Oulad-Bessam-Chéraga, Oulad-Bessam-Gharaba.	Blida.
Tissemsil	48	Tribus. — Beni-Lent, Oulad-Ammar, Beni-Maïda, Doui-Hasseni.	Blida.
Oued-Boukmouri	49	Douars. — Aïn-el-Anseur, Taza. Tribus. — Siouf, Aziz.	Blida.
		CERCLE D'ORLÉANSVILLE	
Medinet-Medjadja	50	Douars. — Medjadja, Beni-Rached, Beni-Djerdjin.	Alger.
Sobah	51	Douars. — Oulad-Farés, Sobah, Oulad-Ziad, Zeboudj-el-Ouest, Taflout.	Alger.
Sendjès	52	Douars. — Oued-Sli, Guerboussa, Tsighaout, Har choun.	Alger.
Dahra	53	Tribus. — Hérenfa, Mchaia, Oulad-Abdallah-Dahra, Oulad-Younès.	Alger.
Chouchaoua	54	Douars. — Chouchaoua, Tendrara. Tribus. — Beni-Ouazzan, Beni-Bou-Khennous.	Alger.
Ouarsenis	55	Tribus. — Oulad-Bou-Sliman, Tamelahat, Beni-Hindel, Oulad-Ghalia.	Alger.
		CERCLE DE TÉNÈS	
Beni-Merzoug	56	Douars. — Beni-Tamou, Talassa, Baach, Baghdoura. Tribu — Beni-Merzoug.	Alger.
Heumis	57	Douars. — Heumis, Maïn, Sinfita, Beni-Haoua, Taourira.	Alger.

G.ᵃˡ CHANZY.

28 juillet 1874. — *Arrêté.*

Art. 1ᵉʳ. — Les circonscriptions judiciaires, nᵒˢ 6, 7 et de 50 à 57 inclusivement, qui figurent sur l'arrêté du 19 mai, comme dépendant de l'arrondissement d'Alger, ressortissent à celui de Blida.

La circonscription judiciaire nᵒ 28 (Bouïra), portée en l'arrêté du 19 mai, comme dépendant de l'arrondissement d'Alger, ressortit à celui de Tizi-Ouzou.

Les douars Oulad-Smir, Raïcha et Sidi-Sliman, qui n'ont été rattachés à aucun tribunal musulman par l'arrêté du 19 mai, ressortissent à la 9ᵉ circonscription judiciaire (Bordj-Menaïel).

La commune de la Maison-Carrée, portée en l'arrêté du 19 mai, comme faisant partie de la circonscription judiciaire nᵒ 3 (l'Arba), est rattachée à la mahakma malékite de la ville d'Alger.

La tribu des Zénakra-el-Gourt, portée en l'arrêté du 19 mai, comme ressortissant à la 35ᵉ circonscription judiciaire (Ouled-Anteur), est rattachée à la 37ᵉ circonscription (Ksar-Chellala), dont elle est plus rapprochée que de la précédente.

Gᵃˡ CHANZY.

25 janvier 1875. — *Arrêté.*

Art. 1ᵉʳ. — Les douars Gheraba, Oulad-Brahim et Oulad-Mellal, passent de la 32ᵉ circonscription judiciaire (Hassen-ben-Ali), à celle de Médéa (13ᵉ circonscription judiciaire).

Gᵃˡ CHANZY.

13 février 1875. — *Arrêté.*

Art. 1ᵉʳ. — La fraction des Beni-Yala qui, aux termes de l'arrêté du 29 décembre 1874, relève de la juridiction du cadi de Bouïra, est rattachée à la fraction des Beni-Yala, soumise à la juridiction des djemâas de l'annexe des Beni-Mançour.

Les Beni-Intacen, portés en l'arrêté précité comme appartenant à l'annexe des Beni-Mançour et le douar Oued-el-Berdi, indiqué comme faisant partie du canton judiciaire de Dra-el-Mizan, relèvent de la 26ᵉ circonscription judiciaire du cercle d'Aumale.

Les Beni-Sedka, portés comme relevant de l'annexe des Beni-Mançour, relèvent du cercle de Fort-National.

Gᵃˡ CHANZY.

31 août 1875. — *Arrêté.*

Art. 1ᵉʳ. — Il est créé dans la division d'Alger, cercle de Laghouat, une circonscription judiciaire qui prendra le nom de Larba et le nᵒ 67 *bis* (hors Tell).

Pour le Gouverneur général absent :
Gᵃˡ OSMONT.

23 décembre 1875. — *Arrêté.*

Art. 1ᵉʳ. — L'arrêté du 19 mai 1874 est modifié ainsi qu'il suit, en ce qui concerne les 30ᵉ, 31ᵉ et 32ᵉ circonscriptions judiciaires de la province d'Alger :

La tribu des Beni-bou-Yacoub est distraite de la 32ᵉ circonscription judiciaire (Hassen-ben-Ali) et rattachée à la 31ᵉ (Aïn-Maklouf).

La tribu des Righa est distraite de la 31ᵉ circonscription judiciaire et réunie à la 30ᵉ (Amoura).

Gᵃˡ CHANZY.

2 août 1875. — *Arrêté.*

Art. 1ᵉʳ. — Les trois circonscriptions judiciaires du cercle de Bouçâada (hors Tell), sont constituées comme il suit :

1ᵒ La 74ᵉ circonscription, comprenant : Bouçâada, commune mixte, le caïdat des Ouled-Sidi-Brahim, le grand caïdat du Djebel-Meharga ; le siège de la mahakma est à Bouçâada ;

2ᵒ La 75ᵉ circonscription comprenant : l'aghalik des Ouled-Feradj, le grand caïdat des Ouled-Ameur ; le siège de la mahakma est à El-Hamel ;

3ᵒ La 76ᵉ circonscription, comprenant : l'aghalik de l'Oued-Ech-Chaïr, le grand caïdat des Ouled-Aïssa ; le siège de la mahakma est à Aïn-Malah.

Gᵃˡ CHANZY.

2ᵒ Département et division de Constantine.

Par arrêté du Gouverneur général civil de l'Algérie, en date du 31 janvier 1872, le siège de la 32ᵉ circonscription judiciaire (zaouïa Sidi-Abid), de la division de Constantine, est placé dorénavant à Zouï, point central du campement d'été des Ouled-Rechaïch.

19 mai 1874. — *Arrêté.*

Art. 1ᵉʳ. — Le territoire de la province de Constantine, à l'exception de la région en dehors du Tell, qui demeure régie par la juridiction des cadis, telle qu'elle est réglée par le décret du 8 janvier 1870, est divisé, pour l'administration de la justice, en soixante-et-une circonscriptions judiciaires, dont le ressort et la dénomination sont indiqués ci-après :

JUSTICE MUSULMANE

NOMS DES CIRCONSCRIPTIONS judiciaires	NUMÉROS des circonscriptions	CANTONS, COMMUNES, DOUARS ET TRIBUS qui forment les circonscriptions	TRIBUNAUX auxquels ressortissent les circonscriptions
		DÉPARTEMENT DE CONSTANTINE	
Constantine (ville).......	1	Commune. — Constantine (*intra-muros*).	Constantine.
Constantine (banlieue)....	2	Banlieue de Constantine. Communes. — Khoubs, Smendou, Condé, Hamma et ses annexes, Bizot. Douars. — Sferdjla, Oulad-Sbika, Oulad-Braham.	Constantine.
Milah..................	3	Douars. — Serraoma. Tribus. — Milah, Mouïa, azel Beni-Aroun, partie des Zouagha, située sur la rive droite de l'Oued-Endja, jusques et y compris le douar de Kermouda.	Constantine.
Ouled-Rahmoun..........	4	Commune. — Oulad-Rahmoun. Douars. — Ameur-Drahouïa, Oulad-Nasseur, Oulad-Djaïch, Oulad-Gassem, Oulad-Seghar, Oulad-Khaled, Drid, Hazebri, Oulad-Aziz, Oulad-Belaguel, El-Kouihi.	Constantine.
Oued-Zenati............	5	Commune. — Oued-Zenati. Douars. — Zenatia, Merachda, Hassasna, Oulad-Ahmed, Oulad-Sassi, Khanguet-Sabat. Tribus. — Sellaoua, azels de la rive gauche de l'Oued-Cherf.	Constantine.
Oued-Athmenia..........	6	Communes. — Oued-Athmenia, Oulad-Dekris et annexes. Douars. — Damber, Ras-Seguen, Tim-Telassine, Meghalsa, Aïoun-El-Adjez, Ouled-El-Arbi, Oulad-El-Haif, El-Brana, Oulad-Zerga, Oulad-bou-Laoufan, Zaouïa Ben-Zerroug.	Constantine.
Batna................	7	Communes. — Batna, Lambèse. Douars. — Haracta, Djerma, Guebala, Dahra, Oulad-Zid, Oulad-Assnan, Oulad-Hernan, Oulad-bou-Djemâa. Section d'Aïn-Assafer, du douar d'El-Ksour. Section de Kasserou, du douar de Zouï.	Constantine.
Philippeville...........	8	Communes. — Philippeville, St-Charles et communes suburbaines. Douars. — Msala, Oulad-Nouar, Zeramna, Medjadjela, Aïn-Ghorab, Filfila.	Philippeville.
Jemmapes..............	9	Communes. — Jemmapes, Gastu, Inchir-Saïd. Douars. — Oulad-Gherara, Méziet-El-Grar, Ghezala, Bou-Taïeb, Tengout, Oum-en-Nahal, Mellila.	Philippeville.
El-Arrouch............	10	Communes.— El-Arrouch, El-Kantour, Gastonville, Robertville. Douars.— Oued-Ksob, El-Ghedir, Oulad-Messaoud, Khandet-Assela, Azebra, Oulad-Hamza, Khorfan, Gherazla, Oulad-Djerradj, Oulad-Abeba, Beni-Ahmed.	Philippeville.
Bône.................	11	Communes. — Bône, Bugeaud, Duzerville, Drean, Randon, annexe de l'Oued-Besbès. Douars. — Beni-Urgine, Merdès. Tribu. — Ouichaoua.	Bône.
Aïn-Mokra............	12	Commune. — Aïn-Mokra. Douars. — Abd-El-Selam, Aïn-Nechma. Tribus. — Beni-Mhamed, Beni-Guecha, Guerbès, Senhadja, Djendel, Beni-Merouan, Tebika, Feldj-Moussa, Tréat, annexe de Takkouch.	Bône.
Mondovi..............	13	Communes. — Mondovi, Barral, Duvivier, Medjesfa, Penthièvre, Mechmeya. Douars. — Oulad-Dardara, El-Ouara, Drâamena, Talha, Oulad-Selim, Reguegna. Tribus. — Oulhassa, Cheurfa, Eulma-Kricha.	Bône.
Guelma...............	14	Communes.— Guelma et annexe de Medjez-Ammar, Héliopolis et annexe de Guelma-Bou-Slaa, Millésimo et annexe de Petit. Douars. — Mouelfa, Feldjoudj, Aïn-Rihana, Beni-Addi, Selib, Hamdan, Taya.	Bône.
Sétif................	15	Communes. — Sétif et communes suburbaines. Douars. — Guelt-Zerga, Medjounès, Guellal, Ghaabia, Oulad-Ali-ben-Nacer, Oulad-Adouan, Oulad-Mansour, Oulad-Sabor, Guidjel, Ben-Diab.	Sétif.
Saint-Arnaud..........	16	Commune. — Saint-Arnaud. Douars. — Meriout, Bazer, El-Bellaa, Sekra, Tella, Oulad-bou-Aouchat, Zaïm, Oulad-Mekhencha, Oulad-bel-Kheïr, Beïda-Bordj.	Sétif.
Aïn-Messaoud..........	17	Commune. — Messaoud. Douars. — Takoka, Metroua, Hamama, El-Aniïni, Gherazla, Guergour. Tribus. — Oulad-Mosli, Chabet-Cheurfa.	Sétif.

NOMS DES CIRCONSCRIPTIONS judiciaires	NUMÉROS des circonscriptions	CANTONS, COMMUNES, DOUARS ET TRIBUS qui forment les circonscriptions	TRIBUNAUX auxquels ressortissent les circonscriptions
		DÉPARTEMENT DE CONSTANTINE (suite)	
Bordj-bou-Arréridj......	18	Communes. — Bordj et banlieue. Douars — Tassera, Oulad-bou-Nab, Sedrata, section de Chouïa, du douar de Zemmora. Tribus — Medjana, Senada, El-Anasser, Ouled-Sidi-Embarek.	Sétif.
Bougie..................	19	Commune. — Bougie et banlieue, la commune mixte de Bougie comprenant les quatre douars d'Aït-Ameur-ou-Ali, Aït-Temsit, Madala et Oued-Summam, ainsi que les territoires de colonisation des cinq villages de Réunion, Kseur, Oued-Amizour, Il-Maten et Oulad Marsa, plus une petite enclave des Beni-bou-Messaoud, comprise entre le territoire de colonisation et les douars de Madala et Oued-Summam.	Bougie.
		SUBDIVISION DE CONSTANTINE. — CERCLE DE CONSTANTINE	
Ferdjioua...............	20	Tribus. — Ferdjioua, Oulad-Kebbeb, Oued-Bousselah, Zouagha, moins les *azels* et l'*arch* de la rive droite de l'Oued-Endja	Constantine.
Khercha................	21	Douars. — Oulad-Sellem, Oulad-Zouaï, Meraouna, Oulad-Acheur, Oulad-Msaad, Oulad-Seba, Oulad-Si-Younès.	Constantine.
		CERCLE D'AIN-BEIDA	
Aïn-Beïda..............	22	Commune. — Aïn-Beïda et annexe de Meskiana. Douars. — Oulmen, Ez-Zerg, El-Hassi, Fekrima, Oulad-Nini, Aïn-Diss, Touzzeline, Sidi-Regheïs, Medfoun, Aïn-Zitoun, Ras-Zebar, Dala, Mtoussa, Baghaï, Am-Touila.	Constantine.
Settara................	23	Douars. — Mouladheïn, Terraguelt, Mesloula, Rahia, Guern, Omar, El-Mechtab, El-Gourn, Ouessa, Aïn-Snob, Bou-Aouch. Tribus. — Fraction des Sedrata (Oulad-bou-Afia et Beni-Oudjana), Oulad-Daoud, Ouled-Sidi-Khelifa.	Constantine.
		CERCLE DE TEBESSA	
Tébessa................	24	Commune mixte de Tebessa. Tribus — Oulad-Sidi-Abid, Sidi-Yahia et village d'Youks.	Constantine.
Cheria.................	25	Tribus. — Brarcha, Allaouna, moins le village d'Youks, oasis de Ferkan et Negrin.	Constantine.
		CERCLE DE COLLO	
Collo...................	26	Commune mixte de Collo. Douars. — Arb-el-Goufi, Afensou, Oulad-Djama, Ziabra-Djezia, Beni-Zid, Elli-Zeggar, El-Ouldja, Oulad Mrabot, Oulad-Ahmidech.	Philippeville.
Tamalous...............	27	Douars — Guerguera, Demnia, Tokla, Taabna, El-Atba, Aïn-Tabia, Oulad-Arksib, Denaïra, Beni-Ouelbane.	Philippeville.
		ANNEXE D'EL-MILIAH	
El-Miliah..............	28	Douars. — Oulad-Debab, Oulad-Kacem, Bou-Cherf, Oulad-M'barek, Beni-Caïd, Beni-Tlilen, Beni-Sbihi.	Philippeville.
Oulad-Ali..............	29	Douars. — Oulad-Ali, Oulad-Aouat, Taïlma, Oulad-bou-Taa, Mchat, Oulad-Yahia, Yamiden, Oulad-Rebah, Beni-Ftah, Mecid, Tamendjar. Tribu. — Oued-Zhour.	Philippeville.
		CERCLE DE DJIDJELLI	
Chekfa.................	30	Douars. — Beni-Mammar, Oulad-bou-Youcef, El-Djenah, Hayen, Oum-Aghioum, Oulad-Askeur. Tribus. — Beni-Iller, Beni-Djemla, Beni-Siar.	Philippeville.
Djidjelli...............	31	Communes — Djidjelli, territoires de Duquesne, et de Strasbourg. Douars.— Beni-Caïd, Mrabot-Moussa, Oum-Tlatin, Rekkada, Tabellout, Tazia, Oulad-bel-Afou.	Philippeville.
Selma..................	32	Tribus. — Beni-Foughal, Tababert, El-Aouana.	Philippeville.
		SUBDIVISION DE BATNA. — CERCLE DE BATNA	
Achèche................	33	Douars. — Oulad-Si-Ali-Tahammet, Zoui, moins la section de Casserou, Telt, Oulad-Chelih, El-Briket, El-Ksour, moins les sections d'Aïn-Assafer, Tilatou, Saggana. Tribus. — Achèche, Oulad-Fedala, Beni-Mohafa.	Constantine.
Ngaous.................	34	Tribu. — Oulad-Soltan.	Constantine.
Belezma................	35	Tribu. — Oulad-bou-Aoun.	Constantine.
Bouzina................	36	Tribus. — Oued-Abdi, Daoud.	Constantine.

JUSTICE MUSULMANE

NOMS DES CIRCONSCRIPTIONS judiciaires	NUMÉROS des circonscriptions	CANTONS, COMMUNES, DOUARS ET TRIBUS qui forment les circonscriptions	TRIBUNAUX auxquels ressortissent les circonscriptions
		ANNEXE DE BARIKA	
Barika................	37	Tribu. — Tribu du Hodna.	Constantine.
Ras-El-Aouïn...........	38	Tribus. — Oulad-Sellem, Oulad-Ali-ben-Sabor, moins le douar-commune de Beïda-Bordj.	Constantine.
		CERCLE DE KHENCHELA	
Khenchela.............	39	Tribus. — Village de Khenchela, Amamra, Beni-Oudjana.	Constantine.
Oulad-Rechaïch........	40	Tribu. — Oulad-Rechaïch.	Constantine.
		SUBDIVISION DE BÔNE. — CERCLE DE GUELMA	
Oued-Fetouch	41	Douars. — Beni-Mezzeline, Beni-Marmi, Khezara, Beni-Ourzeddine, Oulad-Senan, Oulad-Harrid. Tribus. — N'baïl, Beni-Yahi, Oulad-Si-Afif, Oulad-Daan, Beni-Guecha, Beni-Oudjana, Achèche, Oulad-Ali, Achèche-Atatfa.	Bône.
		CERCLE DE SOUKAHRAS	
Soukahras.............	42	Commune. — Soukahras. Douars. — Hanencha, Zaouria, Tifech. Tribus — Hammama, Aïaïda, Oulad-Souhias, Arara, Beni-Berber, Merahna, Oulad-Si-Moussa, Oulad-Si-Saïd, Oulad-el-Hadj, Oulad-Belkassem, Oulad-Ahmed, Oulad-Rezkallah, Oulad-Sbaa.	Bône.
Medjerda..............	43	Douars. — Aouaïd, Mahia-Megana, Mechâala, Arab Dahaoura, Haddada, Khedara, Oulad-Moumen, Deïra. Tribus. — Oulad-Driss, Oulad-Zaïd, Oulad-Bechia, Oulad-Taleb, Oulad-Khaled, Oulad-Troudi, Kselma, Oulad-Ghenim, Beni-Yahi.	Bône.
		CERCLE DE LA CALLE	
Oued-bou-Hadjar.......	44	Tribus. — Oulad-Messaoud, Tiebna, Oulad-Naceur, Cheffia.	Bône.
La Calle..............	45	Communes. — La Calle et annexe d'Oum-Teboul. Douars. — Souarakh, Nehed, Khanguet-Aoun, Beni-Amar, Aïn-Khiar, Oulad-Dieb, Seba, Brabtia. Tribus. - Oulad-Amor, Ben-Ali, Oulad-Youb, Oulad-Ali-Achicha.	Bône.
		SUBDIVISION DE SÉTIF. — CERCLE DE SÉTIF	
Ksar-et-Tir...........	46	Douars. — Larbaa, Gueblet-Zedim, Chot-el-Malah, Oulab-bou-Tara, Oulad-Braham, Oulad-Mahalla, Aïn-Titest, Oulad-Abd-El-Ouahed, Kherbet, Ksar-el-Thir, Ras-el-Ma, Oulad-Tebban, Mahdjouba, Aïn-Ksar, Oulad-Si-Ahmed. Tribus. — Bou-Taleb (douars Righa et Dahra, Righa-Guebala).	Sétif.
Sahel-Guebli..........	47	Tribus. — Sahel-Guebli, Aïn-el-Turk.	Sétif.
Bou-Sellam............	48	Tribus. — Beni-Yala, Beni-Ourtilan, Beni-Cheban.	Sétif.
		CERCLE DE BORJ-BOU-ARRÉRIDJ	
Zemmora..............	49	Douars. — Zemmora, moins la section de Chouïa, Tassameurt, Oulad-Taïr, Hasnaoua, Oulad-Dahman, Oulad Hanech (Nord).	Sétif.
Colla.................	50	Tribus. — Tafreg, Colla, Bounda, Djaafra, El-Maïne, Djanits, Djebaïlia, Biban.	Sétif.
Rabta.................	51	Tribus. — Raïlassa, Zmala, Rabta, Mekarta, El-Ksour, Dréat, Zeggueur.	Sétif.
Mansoura.............	52	Tribus. — Mansoura, Oulad-Mhammed, Oulad-Ali, Oulad-Sidi-Brahim-bou-Beker, Oulad-Tifret, Oulad-Taïr, Oulad-Shari, Kherabcha, Melouza, Beni-Ilman.	Sétif.
		ANNEXE DE M'SILA	
M'sila................	53	Tribus. — Msila, Oulad-Madi, Oulad-Mansour.	Sétif.
Oulad-Adi.............	54	Douars. — Mrabtin-El-Djorf, Hibel-Eddin, Coudiet-Ouillen, Selman, Braktia, Oued-Ouelha, Oulad-Guesmia, Mtarfa-Dahra, Mtarfa-Guebala, Oulad-Dehim. Tribus. — Maadid, Oulad-Hanech.	Sétif.
		ANNEXE DE TAKITOUNT	
Takitount	55	Tribus. — Takitount, Kalaoun, Mentanon, Guergour, Téniet-et-Tin, Dehamcha (du cercle de Sétif).	Bougie.
Oulad-Agrioun........	56	Tribus. — Beni-Sliman, Beni-Tiri, Djermouna, Beni-Ismaël, Beni-Mraï, Beni-Felkaï, Beni-bou-Youcef, Beni-Segoual, Oulad-Salah.	Bougie.

NOMS DES CIRCONSCRIPTIONS judiciaires	NUMÉROS des circonscriptions	CANTONS, COMMUNES, DOUARS ET TRIBUS qui forment les circonscriptions	TRIBUNAUX auxquels ressortissent les circonscriptions
		ANNEXE D'AKBOU	
AKBOU....................	57	Tribus. — Akbou, Illoula, Mcisna, Ourzellaguen, Beni-Aïdel, El-Arrach.	Bougie.
TAZMALT.................	58	Douars. — Monga, Tazmalt, Tigrin, Oulad-Rezin, Boni, Beni-Mellikeuch.	Bougie.
		CERCLE DE BOUGIE	
BENI-MIMOUN.............	59	Tribus. — Beni-Mimoun, Beni-Amran, Aït-Ouaretts-ou-Ali, Beni-Melloul, Beni-ben-Aïssa, Beni-Mhamed, Beni-Hassen.	Bougie.
TOUDJA....................	60	Tribus. — Fenaïa, Beni-Mansour, Aït-Aclf-El-Hammam, Aït-Amer, Aït-Ahmed-Garets, Aït-Sidi-Abdou, Beni-Ksila, Beni-Amran, Toudja.	Bougie.
SENHADJA................	61	Tribus. — Oulad-Abd-el-Djebbar, Beni-Oughlis-Iszmalen, Beni-Oughlis-Açameur.	Bougie.

Gal CHANZY.

30 octobre 1874. — *Arrêté.*

Art. 1er. — La tribu des Oulad-Sidi-Khelifa, portée à l'arrêté du 19 mai, comme faisant partie de la *mahakma* de Settara (23e circonscription judiciaire), est rattachée à la *mahakma* de l'Oued-Zenati (5e circonscription judiciaire).

Le douar El-Malah, qui n'a été rattaché à aucun tribunal musulman par l'arrêté du 19 mai, est compris dans le ressort d'Aïn-Messaoud (17e circonscription judiciaire).

La tribu de Guergour et le douar de Chabet-Cheurfa, portés à l'arrêté du 19 mai dans le ressort d'Aïn-Messaoud (17e circonscription judiciaire), sont rattachés à la *mahakma* du Sahel-Guebli (47e circonscription judiciaire).

Gal CHANZY.

7 février 1875. — *Arrêté.*

Art. 1er. — Le douar des Oulad-Si-Ali-Tahamment passe de la 33e circonscription judiciaire (Achèche), à celle de Batna (7e).

Les douars Oulad-Sellam, Oulad-Zouaï, M'raouna, passent de la 21e circonscription judiciaire (Kercha), à celle des Oulad-Rahmoun (4e).

Gal CHANZY.

22 février 1875. — *Arrêté.*

Art. 1er. — La tribu du Guergour qui, aux termes de l'arrêté du 29 décembre 1874, fait partie de la 48e circonscription judiciaire (Bou-Sellam), est rattachée à la 4e circonscription judiciaire (Sahel-Guebli).

Gal CHANZY.

27 septembre 1875. — *Arrêté.*

Art. 1er. — Les deux circonscriptions judiciaires, hors Tell, de la province de Constantine, numéros 80 (Tkouts) et 87 (Oulach), sont réunies en une seule, qui prend le n° 80 et le nom de Chenoura, lieu où siégera la mahakema.

Art. 2. — Il est créé dans la province de Constantine (cercle de Biskra), une circonscription judiciaire, qui prend le n° 87 et le nom de Ourlana, lieu où siégera la Mahakma.

Art. 3. — Le ressort de la 80e circonscription judiciaire (Chenoura) comprend les tribus d'Ahmar-Khaddou et Beni bou Sliman, et les douars-communes de Rassira et M'chounech.

Le ressort de la 87e circonscription judiciaire (Ourlana) comprend les villages de l'Oued-R'ir, dont les noms suivent : Tamerna-Djedida, Tamerna-Guedima, Sidi-Yahia, Sidi-Amran, Tiguedidinn, Djamaa, Ourlana, Nazer, Zaouiet-Riheb, Tinedla et Barid, Sidi-Khelil, M'raïr, Oulad-Moulet.

Pour le Gouverneur général absent :
Gal OSMONT.

4 janvier 1876. — *Arrêté.*

Art. 1er. — Les modifications suivantes sont apportées à l'arrêté du 19 mai 1874 :

La tribu du Nadhor, Melh du Bled-Guerfa, sont distraites de la 41e circonscription judiciaire de la province de Constantine et placées : la première, dans la 42e circonscription judiciaire (Soukharras) ; la deuxième, dans la 23e (Settara).

Gal CHANZY.

27 janvier 1876. — *Arrêté.*

Art. 1er. — La 41e circonscription judiciaire de la province de Constantine (Oued Fetouch), est supprimée, et les douars-communes désignés ci-dessous, qui la composaient, sont rattachés à la 14e (Guelma), savoir : El-Khezara, Beni-

JUSTICE MUSULMANE

Marmi, Oulad-Senau, Ouled-Harrid, Beni-Mezelline et Beni-Ourzeddine.

Art. 2. — Il est créé à la 14° circonscription judiciaire un second emploi de bach-adel et d'amin.

P. le Gouverneur général absent :
Gal OSMONT.

Par arrêté du Gouverneur général civil de l'Algérie, commandant en chef des forces de terre et de mer, en date du 15 juin 1875, un office de cadi-notaire a été créé dans la circonscription soumise à la juridiction directe du juge de paix de Takitount (département de Constantine).

3° *Département et Division d'Oran.*

2 juin 1872. — *Arrêté.*

Art. 1er. — La tribu de Rezaïna, du district de Saïda, est rattachée à la circonscription judiciaire des Djafra-Cheraga (65° circonscription, région en dehors du Tell).

Art. 2. — Il est créé, dans cette circonscription, un deuxième emploi de bach-adel.

Vice-amiral Cte DE GUEYDON.

10 février 1873. — *Arrêté.*

Art. 1er. — Les Laghouat du Kcel formant actuellement les tribus des Rezeïgat et des Ouled-Moumen comprises provisoirement dans le ressort de la 52° circonscription judiciaire (Ouled-Sidi-Kraled), seront dorénavant rattachés à la 50° circonscription (Ahl-Ouiakel).

Vice-amiral Cte DE GUEYDON.

19 mai 1874. — *Arrêté.*

Art. — 1er. — Le territoire de la province d'Oran, à l'exception de la région située en dehors du Tell, qui demeure régie par le décret du 8 janvier 1870, est divisé, pour l'administration de la justice, en quarante-et-une circonscriptions judiciaires, dont les ressorts et les dénominations sont indiqués ci-après :

NOMS DES CIRCONSCRIPTIONS judiciaires	NUMÉROS des circonscriptions	CANTONS, COMMUNES, DOUARS ET TRIBUS qui forment les circonscriptions	TRIBUNAUX auxquels ressortissent les circonscriptions
		DÉPARTEMENT D'ORAN	
ORAN	1	Communes. — Oran, Valmy, Mangin, Sidi-Chami, Mers-el-Kebir, Aïn-el-Turk, Bousfer, Misserghin, Bou-Tlelis, Lourmel.	Oran.
SAINT-CLOUD	2	Communes. — Saint-Cloud, Arzew, Kléber, Hassi-ben-Okba, Fleurus, Hassi-Ameur, Hassi-bou-Nif, Saint-Louis. Douar-commune. — Alaïmia.	Oran.
AÏN-EL-ARBA	3	Commune. — Aïn-el-Arba. Douars. — Bou-Hadjar, Oued-Sebbah, Oued-Berkech, Sidi-Bakhti.	Oran.
AÏN-TEMOUCHENT	4	Commune. — Aïn-Temouchent. Douars. — Sidi-Ali-bou-Ahmoud, Sidi-Ali-bou-Hadda, Sidi-Daho, Souf-et-Tell, Arhlal, Aoubellil.	Oran.
LE TLÉLAT (séances au Tlélat et un jour par semaine à Et-Ténia).	5	Communes. — Le Tlélat, Tamzourah. Douars. — Tenazet, Neftah, Oum-el-Ghelaz, Toumiat, Tlilat, Sidi-Ghalem, Et-Tenia, El-Ksar, El-Gada.	Oran.
LE SIG	6	Communes. — Saint-Denis-du-Sig, Mokta-Douz. Douars. — Ahl-el-Aïd, Oggaz, Khrouf, Sidi-Ali-Chérif, Aïn-Cheurfa, Atba-Djemmala, Atba-Djellaba, Ferraga.	Oran.
SIDI-BEL-ABBÈS (séances à Sidi-bel-Abbès et un jour par semaine à Bou-Djebâa)	7	Commune. — Sidi-bel-Abbès. Commune mixte. — La Mekerra. Douars. — Hamyan, Tilmouni, Messer, Sidi-Yakoub, Tirenat, Tifilès, Oulad-Riah, Nemaïcha, Atamnia, Oulad-Ghazi, Mahdid.	Oran.
TLEMCEN (séances à Tlemcen et à Lamoricière tous les lundis)	8	Commune. — Tlemcen. Sections de commune. — Hennaya, Bréa, Mansourah, Négrier, Saf-Saf, Lamoricière. Tribus. — Mililia, Beni-Mester, Aïn-Douz, Ahl-el-Oued, Oulad-Mimoun, Ahl-Zelboun.	Tlemcen.
PONT-DE D'ISSER	9	Commune. — Section du Pont-de-l'Isser. Douars. — Beni-Ouazzan, Oulad-Sidi-el-Abdeli. Tribus. — Oulad-Alaa, Zenata, Tafna, Fehoul, Seba-Chioukh, Sidi-Ali-ben Chaïb.	Tlemcen.
MOSTAGANEM (séances à Mostaganem et à Aïn-Tédelès).	10	Communes. — Mostaganem, Mazagran, Pélissier, Tounin, Aïn-bou-Dinar, Rivoli, La Stidia, Aïn-Tédelès et ses annexes, Pont du Chélif et Souk-el-Mitou, Aboukir et son annexe, Aïn-Sidi-Chérif, Blad-Touaria. Douars — Oulad-bou-Kamel, Chelafa, Oulad-Sidi-Brahim.	Mostaganem.

JUSTICE MUSULMANE

NOMS DES CIRCONSCRIPTIONS judiciaires	NUMÉROS des circonscriptions	CANTONS, COMMUNES, DOUARS ET TRIBUS qui forment les circonscriptions	TRIBUNAUX auxquels ressortissent les circonscriptions
\multicolumn{4}{c}{DÉPARTEMENT D'ORAN (suite)}			
BOUGUIRAT (séances, le mercredi, à Aïn-Nouissi)	11	Communes. — Bouguirat, Aïn-Nouissi. Douars. — Oulad-Senoussi, El-Kedadra, Beni-Yahi, Ahl-el-Hassian, Sfafah, Sahouria, Hassaïna, Oulad-Sidi-Youcef, Oulad-bou-Abça, Oulad-Chafa, Sfissifa, Oulad-Dani.	Mostaganem.
RELIZANE	12	Communes. — Relizane et son annexe, Hillil, Inkermann et son annexe, Saint-Aimé. Douars. — Aïn-el-Guettar, Zgaïer, Tahamda, Mina, Kiaïba, Bel-Assel, Oulad-Addi, Hamadena, Djerara, Ghoualis, Guereiria, Garboussa, Abd-el-Goui, Merdjet-el-Guergar, El-Msabeah.	Mostaganem.
PERRÉGAUX	13	Commune. — Perrégaux. Douars. — Oulad-Saïd, Beni-Khemis, Babourat, Beni-Ncigh, Ferraguig, El-Ghomri, Sidi-Saada, Sedjrara, Oulad-Sidi-Daho, Hadjadja.	Mostaganem.
MASCARA	14	Communes. — Mascara et ses annexes, Saint-André et Saint-Hippolyte, village de Palikao. Douars. — Ternifin, Maoussa.	Mostaganem.
BOU-HANIFIA	15	Commune. — Oued-el-Hamman. Douars. — Bou-Hanifia, Guetna.	Mostaganem.
FEKAN	16	Village d'Aïn-Fekan. Douars. — Fekan, Frora, Zellaga, Guerdjour, Sidi-ben-Moussa, Aïn-Deña.	Mostaganem.
\multicolumn{4}{c}{SUBDIVISION D'ORAN. — ANNEXE DE MOSTAGANEM}			
KOUBBA-SIDI-ABDALLA	17	Douars. — Chouachi, Mzila, Oulad-Maallah, Beni-Zentis, Taghia.	Mostaganem.
NEKMARIA	18	Douars. — Mediouna, Nekmaria. Tribus. — Achaacha, Zerrifa, Oulad-Khelouf-Souhablia, Oulad-Khelouf-Djebaïlia, Tazgaït.	
MAZOUNA	19	Douars. — Bou Halloufa; Bou Mata, Kasba, Guerouaou, Ahl-El-Gorin, Ouarizan, Oulad-Slama.	Mostaganem.
\multicolumn{4}{c}{ANNEXE D'AMMI-MOUSSA}			
OULAD-ALI	20	Commune mixte. — Ammi-Moussa. Douars. — Oulad-el-Abbès, Oulad-bou-Ikni, Marioua, Oulad-Defelten, Menkoura, Oulad-Ismeur, Oulad-Moudjeur, El-Adjama, Touarès.	Mostaganem.
KARNAOUCH	21	Douars. — Oulad-bou-Riah, Oulad-Yaïch, Oulad-Sabeur, Chekkala, Meknessa. Tribu. — Matmata.	Mostaganem.
SIDI-SNOUSSI	22	Tribus. — Hallouya-Chéraga, Hallouya-Gharaba, Massem, Oulad-Berkan, Oulad-Bakhta, Keraich-Chéraga, Keraich-Gharaba.	Mostaganem.
\multicolumn{4}{c}{ANNEXE DE ZEMMORA}			
ZEMMORA	23	Commune mixte. — Zemmora. Douars. — Harartsa, Oulad-Rafa, Amamra, Beni-Dergoun, Oued-el-Hamoul, Oued-el-Djemaa, Oulad-Souid, Oulad-Zid, Ben-Aouda, Dar-ben-Abdallah, Beni-Issad. Tribu. — Oulad-Sidi-el-Azreug.	Mostaganem.
RAHOUIA	24	Douars. — Habcha, Oulad-Barkat. Tribus. — Chouala, Beni-Louma, Oulad-Rached, Oulad-Ameur, Oulad-bel-Haia, Oulad-Sidi-Yahia-ben-Ahmed, Oulad-Sidi-Ahmed-ben-Mohammed, El-Anatra.	Mostaganem.
\multicolumn{4}{c}{SUBDIVISION DE MASCARA. — CERCLE DE MASCARA}			
KALAA	25	Douars. — Oulad-bou-Ali, Kalaa, Douair, Flita, El-Bordj, Temaznia, Haboucha.	Mostaganem.
HADDAD	26	Douar. — Oued-Haddad. Tribus. — Mhamid, Oulad-Aïssa-bel-Abbès.	Mostaganem.
BÉNIAN	27	Douars. — Makda, Benian, Melghir.	Mostaganem.
ST-EL-DJILLALI-BEN-AMAR	28	Tribus. — Chellog, Oulad-bou-Ziri.	Mostaganem.
FRENDA	29	Tribus. — Khallafa, Cheraga, Khallafa-Gharaba, Haouarets.	Mostaganem.
BOU-NOUAL	30	Tribus. — Kselna, Oulad-Sidi-Ben-Helima, Mahoudia, Beni-Ouindjel.	Mostaganem.
\multicolumn{4}{c}{CERCLE DE SAIDA}			
OUIZERT	31	Douars. — Oulad-Hounet, Ouizert, Tafrent, Souk-el-Barbata.	Mostaganem.
SAÏDA	32	Commune mixte. — Saïda. Douars. — Doui-Tsabet, Nazereug, Oumed-Debab, Aïn-Soultan, Tifrit.	Mostaganem.
BAHLOUL	33	Douars. — Aouzalel, Ahnaïdja, Tircin, Aïoun-el-Berranis,	Mostaganem.

JUSTICE MUSULMANE

NOMS DES CIRCONSCRIPTIONS judiciaires	NUMÉROS des circonscriptions	CANTONS, COMMUNES, DOUARS ET TRIBUS qui forment les circonscriptions	TRIBUNAUX auxquels ressortissent les circonscriptions
		CERCLE DE TIARET	
TAKDEMPT..............	34	Commune. — Tiaret. Douars.—Torich, Guertoufa, Takdempt, Azouania, Mechra-Sfa, Oulad-ben-Afan, Bechtout.	Mostaganem.
AOUISSAT..............	35	Douars. — Tiguiguest, Oulad-Lekrend, Aouissat, Oulad-bou-Gheddou.	Mostaganem.
		SUBDIVISION DE TLEMCEN. — CERCLE DE TLEMCEN	
BENI-RIMAN.............	36	Tribus. — Beni Fouzech, Beni-Riman, Ahl-el-Oued, Ahl-el-Hammam, Oulad Deddouch, Nousf-Achour, Abeghain, Beni Abed.	Tlemcen.
OULAD-RIAH.............	37	Douar. — Terni. Tribus. — Oulad Riah, Ahl-bel-Ghafer, Alh-Tameksalet, Zaouia, Sidi-Ahmed, Oulad-Addon, Oulad-Hammou.	Tlemcen.
		CERCLE DE NEMOURS	
NÉDROMA...............	38	Commune. — Nemours. Douars. — Nédroma, Beni-Menir, Beni-Misrel. Tribu. — Djebala.	Tlemcen.
ZAOUÏET-EL-MIRA.........	39	Douars. — Souahlia, Zaouïet-el-Mira. Tribus. — Achache, M'sirda, Athia, Beni-Mengouch.	Tlemcen.
		CERCLE DE LALLA-MARNIA	
BENI-OUASSIN...........	40	Communes mixtes. — Lalla-Marnia, Ghar-Rouban. Douars. — Oulad-Sid-el-Medjahed, Djouidat, Zemmara, Maaziz. Tribus. — Beni Ouassin, Beni-bou-Saïd.	Tlemcen.
		CERCLE DE SEBDOU	
SEBDOU................	41	Commune mixte. — Sebdou. Douars. — Sebdou, Aïn-Ghoraba. Tribus. — Kef, Khamis, Azaïl, Beni-Semiel.	Tlemcen.

Gal CHANZY.

15 janvier 1875. — *Arrêté*.

Art. 1er. — Le douar Oued-Djemâa passe de la Mahakma de Zemmora (23e circonscription judiciaire de la province d'Oran), à celle de Relizane (12e circonscription judiciaire).

Art. 2. — La portion des tribus des Beni-Fouzech et Beni-Riman, située sur la rive droite de la Tafna, passe de la mahakma des Beni-Riman (36e circonscription), à celle du Pont-de-l'Isser (9e circonscription).

Gal CHANZY.

23 janvier 1876. — *Arrêté*.

Art. 1er. — Le douar-commune de Terni est distrait de la 37e circonscription judiciaire de la province d'Oran (Oulad-Riah) et rattaché à la 8e circonscription (Tlemcen).

Les douars-communes de Kalaa, Douair Flittas et Oulad-bou-Ali sont séparés de la 25e circonscription judiciaire et rattachés à la 12e (Relizane).

La 25e circonscription judiciaire, dont le siège était à Kalaa, prend le nom de El-Bordj où se transporte la mahakma.

Pour le Gouverneur général absent :
Gal OSMONT.

4° *Rattachement de mahakmas à des mahakmas voisines.*

31 décembre 1874. — *Arrêté*.

Art. 3. — Les mahakmas d'El-Bettam, d'Ouzir, de Chélif et Fodda (22e, 29e et 42e circonscriptions judiciaires de la province d'Alger), et celle de Bou-Hanifa (15e circonscription judiciaire de la province d'Oran), sont supprimées.

En ce qui concerne le ressort de la circonscription d'El-Bettam, le douar d'El-Bettam est rattaché à la mahakma d'Aumale (5e circonscription judiciaire) ; les Oulad-Taan, Oulad-Soultan et Oulad-Zenin sont rattachés à la mahakma de Dechmia (23e circonscription judiciaire).

Relativement au ressort de la circonscription d'Ouzir, le douar des Beni-bou-Yakoub est rattaché à la mahakma des Hassen-ben-Ali (32e circonscription judiciaire) ; ceux de Zaat.t et d'Ouzera, à la mahakma d'Aïn-Makhlouf (31e circonscription judiciaire).

Relativement au ressort de Chéliff et Fodda, les douars de Fodda et de Tiberkanin sont rattachés à la mahakma de Medinet Medjadja (50e circonscription judiciaire) ; ceux de Tariat, Oued-Rouina et Zeddin à la mahakma de Braz (41e circonscription judiciaire).

En ce qui concerne le ressort de la circonscription de Bou-Hanifia, la commune d'Oued-el-Hamman et le douar de Gueltna sont rattachés à la mahakma de Mascara (14° circonscription judiciaire) ; le douar de Bou-Hanifa est rattaché à la mahakma de Fékan (16° circonscription judicaire)...

Art. 4.— La mahakma de Vesoul-Benian (15° circonscription judiciaire de la province d'Alger), est annexée à celle de Miliana (16° circonscription); la mahakma de St-Cloud (2° circonscription de la province d'Oran), est annexée à la Mahakma d'Oran (1re circonscription).

Le ressort des mahakmas annexées ne subit aucun changement : elles sont administrées par un bach-adel, assisté de deux adels ; le cadi dont ils relèvent n'a d'autre droit, à leur égard, qu'un droit de *visa* sur les actes émanant de la mahakma annexée, et ne partage point, avec eux, les émoluments qui sont alloués aux membres de la mahakma, par l'arrêté du 21 mars 1868...

Art. 5. Il est créé, à Coléa, une mahakma annexe, relevant de la 1re circonscription judiciaire d'Alger (malékite), composée des deux cantons de Bouffarik et de Coléa. Le bach-adel siégera à poste fixe, à Coléa, où il recevra les actes des justiciables des deux cantons, et, tous les lundis, le cadi d'Alger se transportera, en audience foraine, au marché de Bouffarik.

Le territoire de ces deux cantons est, en conséquence, distrait du ressort de la mahakma de Blida.

Art. 6. — Les mesures qui précèdent sont exécutoires à partir du 1er janvier 1875 (1).

Gal CHANZY.

K

Kabylie (organisation de la). V. COMMUNES, sect. 3 ; JUSTICE.

Kadis. V. JUSTICE MUSULMANE.

Kebir-Karta ou Kebir-Ed-Douar. V. INDIGÉNAT.

Khammès. V. PROPRIÉTÉ INDIGÈNE.

Khodja. V. ADMINISTRATION DU TERRITOIRE MILITAIRE ; COMMUNES, sect. 3.

---

(1) Les articles et les paragraphes que nous avons supprimés dans la reproduction de cet arrêté pourvoient à la nomination de certains cadis.

L

Laines. V. *Ménerville.*
Langue arabe.

Primes. — Modification de l'article 1er du décret du 4 décembre 1849.

14 mai 1875. — *Décret.*

Art. 1er. — L'article 1er du décret du 4 décembre 1849, est modifié de la manière suivante :

« Les fonctionnaires et employés de
» tout grade de l'administration civile de
» l'Algérie, ainsi que les Agents des di-
» vers services désignés dans les décrets
» des 4 avril 1851, 13 octobre 1855, 10
» septembre 1859 et 25 juin 1860, sus-vi-
» sés, qui justifieront devant un jury
» d'examen qu'ils remplissent les condi-
» tions d'aptitude exigées des interprètes
» militaires de 3e classe, recevront en ou-
» tre de leur traitement, une indemnité
» annuelle de trois cents francs.

» Cette indemnité sera de cinq cents
» francs pour ceux qui justifieront qu'ils
» remplissent les conditions d'aptitude
» exigées des interprètes militaires de 1re
» classe. »

Art. 2. — Le bénéfice de la disposition édictée par l'article précédent est et demeure acquis aux fonctionnaires et employés, actuellement en possession de la prime pour connaissance de la langue arabe.

Mal DE MAC-MAHON.

10 juin 1876. — *Décret.*

Art. 1er. — L'indemnité de 200 fr. et de 400 fr. allouée par le décret du 25 mars 1860 aux fonctionnaires et employés du service judiciaire de l'Algérie désignés par ledit décret, est portée à 300 fr. et à 500 fr., en conformité du décret du 14 mai 1875.

Art. 2. — Le bénéfice des dispositions édictées par l'article précédent est acquis aux fonctionnaires et employés de l'ordre judiciaire qui jouissent actuellement de l'indemnité établie par le décret du 25 mars 1860.

Mal DE MAC-MAHON.

Légalisation.

15 septembre 1874. — CIRCULAIRE *du Procureur général d'Alger, transmissive d'une circulaire de M. le Garde des Sceaux ainsi conçue :*

« Aux termes d'une convention signée,
» le 14 juin 1872, entre la France et
» l'Allemagne, et relative à la légalisa-
» tion des actes de l'état-civil, documents

» judiciciaires et autres analogues déli-
» vrés en France et en Alsace-Lorraine,
» les actes délivrés en Alsace-Lorraine et
» produits en France ou délivrés en
» France et produits en Alsace-Lorraine,
» doivent être admis par les autorités
» compétentes des deux pays, lorsqu'ils
» ont été légalisés soit par le président
» du tribunal, soit par le juge de paix ou
» son suppléant. Aucune autre légalisa-
» tion ne doit être exigée, hormis le cas
» où il y aurait lieu de mettre en doute
» l'authenticité des pièces produites.

» M. le Ministre des affaires étrangères
» me fait connaître que, d'après les ren-
» seignements qui lui ont été fournis par
» notre chargé d'affaires à Berlin, il ar-
» rive fréquemment que, dans ces con-
» ditions, des actes ne sont pas acceptés
» par les autorités françaises qui récla-
» ment la légalisation de l'ambassadeur
» de France en Allemagne.

» Je vous prie de vouloir bien rappeler
» à vos substituts les termes de la con-
» vention du 14 juin 1872, et les inviter,
» le cas échéant, à en assurer l'exécu-
» tion (1). »

Légion d'Honneur.

14 avril 1874. — DÉCRET *relatif à la discipline des membres de la Légion d'Honneur.*

Aux termes de ce décret, les peines disciplinaires dont les membres de la Légion d'honneur sont passibles pour les actes, qui quoique portant atteinte à l'honneur ne peuvent être l'objet d'aucune poursuite devant les tribunaux ou les conseils de guerre, sont : la censure ; la suspension totale ou partielle de l'exercice des droits, prérogatives et du traitement attachés à cette décoration ; et l'exclusion de la Légion. Ce décret indique en outre la procédure à suivre en pareil cas.

Bulletin des lois n° 2923, et *Dalloz*, P. 1874, 4. p. 75.

22 mars 1875. — Décret qui élève les droits de chancellerie en ce qui concerne la Légion d'Honneur et les ordres étrangers.

Journal officiel du 31 mars 1875. — *Bulletin des lois,* n° 249.

9 janvier 1873. — Circulaire du Minis-

tre de la guerre au sujet des avis de décès des décorés de la Légion d'honneur et de la médaille militaire que les maires doivent adresser à la gendarmerie ou aux généraux commandant les subdivisions.

Lettres. V. POSTES.
Levés généraux. V. TOPOGRAPHIE.
Lezma. V. IMPÔT ARABE.
Librairie. V. IMPRIMERIE.
Licence (droits de). V. CONTIBUTION DIVERSES.
Liquides inflammables. V. ETABLISSEMENTS INSALUBRES ; SALUBRITÉ PUBLIQUE.
Listes électorales. V. CONSEILS GÉNÉRAUX ; ÉLECTIONS ; LOIS CONSTITUTIONNELLES ; MAIRES ET ADJOINTS.
Lithographie. V. IMPRIMERIE.
Livres appartenant aux bibliothèques publiques (vente et échange de). V. BIBLIOTHÈQUES PUBLIQUES.
Locations. V. COLONISATION ; PROPRIÉTÉ INDIGÈNE ; DÉLÉGATIONS DE POUVOIRS ; ENREGISTREMENT ET TIMBRE.

Lois constitutionnelles.

DIVISION

§ 1. — Sénat. — Organisation. — Elections. — Indemnité aux délégués municipaux pour les élections du Sénat.
§ 2. — Chambre des Députés. — Elections.

§ 1. — Sénat.

24 février 1875. — LOI *relative à l'organisation du Sénat* (2).

Art. 1er. — Le Sénat se compose de trois cents membres :

Deux cent vingt-cinq élus par les départements et les colonies et soixante-quinze élus par l'Assemblée nationale.

Art. 2. — Les départements de la Seine et du Nord éliront chacun cinq sénateurs.

Les départements de la Seine-Inférieure, Pas-de-Calais, Gironde, Rhône, Finistère, Côtes-du-Nord, chacun quatre sénateurs.

Les départements de la Loire-Inférieure, Saône-et-Loire, Ille-et-Vilaine, Isère, Seine-et-Oise, Puy-de-Dôme, Somme, Bouches-du-Rhône, Aisne, Loire, Manche, Maine-et-Loire, Morbihan, Dordo-

---

(1) *Bulletin des lois* n° 1303, année 1872. Voir aussi *Dalloz*, P. 1872. 4, page 121.

(2) Les lois constitutionnelles sont au nombre de cinq : 1° la loi du 25 février 1875 relative à l'organisation des pouvoirs publics ; 2° la loi du 16 juillet 1875 sur les rapports des pouvoirs publics entre eux ; 3° les trois lois relatives à l'organisation et à la composition des Chambres et à l'élection des Sénateurs et des Députés.

Nous nous bornerons à publier ici les trois dernières qui seules sont de nature à pouvoir être appliquées, ou, pour mieux dire, exécutées en Algérie.

Les deux premières ne peuvent fonctionner en réalité qu'au lieu où fonctionnent les pouvoirs publics eux-mêmes. On les trouvera, en cas de besoin, au *Bulletin officiel du Gouvernement*, année 1875, n°s 594 et 614 et dans tous les recueils de lois.

gne, Haute-Garonne, Charente-Inférieure, Calvados, Sarthe, Hérault, Basses-Pyrénées, Gard, Aveyron, Vendée, Orne, Oise, Vosges, Allier, chacun trois sénateurs.

Tous les autres départements, chacun deux sénateurs.

Le territoire de Belfort, les trois départements de l'Algérie, les quatre colonies de la Martinique, de la Guadeloupe, de La Réunion et des Indes françaises, éliront chacun un sénateur.

Art. 3. — Nul ne peut être sénateur, s'il n'est Français, âgé de quarante ans au moins et s'il ne jouit de ses droits civils et politiques.

Art. 4. — Les sénateurs des départements et des colonies sont élus à la majorité absolue, et, quand il y a lieu, au scrutin de liste, par un collège réuni au chef-lieu du département ou de la colonie et composé :

1° Des députés ;
2° Des conseillers généraux ;
3° Des conseillers d'arrondissement ;
4° Des délégués élus, un par chaque conseil municipal, parmi les électeurs de la commune.

Dans l'Inde française, les membres du conseil colonial ou des conseils locaux, sont substitués aux conseillers généraux, aux conseillers d'arrondissement et aux délégués des conseils municipaux.

Ils votent au chef-lieu de chaque établissement.

Art. 5. — Les sénateurs nommés par l'Assemblée sont élus au scrutin de liste et à la majorité absolue des suffrages.

Art. 6. — Les sénateurs des départements et des colonies sont élus pour neuf années et renouvelables par tiers, tous les trois ans.

Au début de la première session, les départements seront divisés en trois séries, contenant chacune un nombre égal de sénateurs ; il sera procédé, par la voie du tirage au sort, à la désignation des séries qui devront être renouvelées à l'expiration de la première et de la deuxième période triennale.

Art. 7. — Les sénateurs élus par l'Assemblée sont inamovibles.

En cas de vacance, par décès, démission ou autre cause, il sera, dans les deux mois, pourvu au remplacement par le Sénat lui-même.

Art. 8. — Le Sénat a, concurremment avec la Chambre des députés, l'initiative et la confection des lois.

Toutefois, les finances doivent être, en premier lieu, présentées à la Chambre des députés et votées par elle.

Art. 9. — Le Sénat peut être constitué en cour de justice pour juger, soit le Président de la République, soit les Ministres, et pour connaître des attentats commis contre la sûreté de l'Etat.

Art. 10 — Il sera procédé à l'élection du Sénat, un mois avant l'époque fixée par l'Assemblée nationale, pour sa séparation.

Le Sénat entrera en fonctions et se constituera le jour même où l'Assemblée nationale se séparera.

16 juillet — 2 août 1875. — Loi organique sur les élections des Sénateurs.

Art. 1er. — Un décret du Président de la République, rendu au moins six semaines à l'avance, fixe le jour où doivent avoir lieu les élections pour le Sénat et en même temps celui où doivent être choisis les délégués des conseils municipaux.

Il doit y avoir un intervalle d'un mois au moins entre le choix des délégués et l'élection des sénateurs.

Art. 2. — Chaque conseil municipal élit un délégué. L'élection se fait sans débat, au scrutin secret, à la majorité absolue des suffrages. Après deux tours de scrutin, la majorité relative suffit, et en cas d'égalité de suffrages, le plus âgé est élu. Si le maire ne fait pas partie du conseil municipal, il présidera, mais il ne prendra pas part au vote.

Il est procédé le même jour et dans la même forme à l'élection d'un suppléant qui remplace le délégué en cas de refus ou d'empêchement.

Le choix des conseils municipaux ne peut porter ni sur un député, ni sur un conseiller général, ni sur un conseiller d'arrondissement.

Il peut porter sur tous les électeurs de la commune, y compris les conseillers municipaux, sans distinction entre eux.

Art. 3. — Dans les communes où il existe une commission municipale, le délégué et le suppléant seront nommés par l'ancien conseil.

Art. 4. — Si le délégué n'a pas été présent à l'élection, notification lui en est faite dans les vingt-quatre heures par les soins du maire. Il doit faire parvenir au Préfet, dans les cinq jours, l'avis de son acceptation. En cas de refus ou de silence, il est remplacé par le suppléant, qui est alors porté sur la liste comme délégué de la commune.

Art. 5. — Le procès-verbal de l'élection du délégué et du suppléant est transmis immédiatement au Préfet ; il mentionne l'acceptation ou le refus des délégués et suppléants, ainsi que les protestations élevées contre la régularité de l'élection, par un ou plusieurs membres du conseil municipal. Une copie de ce procès-verbal est affichée à la porte de la mairie.

Art. 6. — Un tableau du résultat des élections des délégués et suppléants est dressé, dans la huitaine, par le Préfet; ce tableau est communiqué à tout requérant ; il peut être copié et publié.

Tout électeur a, de même, la faculté de prendre dans les bureaux de la préfecture communication et copie de la liste par commune des conseillers municipaux du département, et dans les bureaux des sous-préfectures de la liste par commune des conseillers municipaux de l'arrondissement.

Art. 7. — Tout électeur de la commune peut, dans un délai de trois jours, adresser directement au Préfet une protestation contre la régularité de l'élection.

Si le Préfet estime que les opérations ont été irrégulières, il a le droit d'en demander l'annulation.

Art. 8. — Les protestations relatives à l'élection du délégué ou du suppléant sont jugées, sauf recours au Conseil d'Etat, par le Conseil de préfecture, et, dans les colonies, par le Conseil privé.

Le délégué dont l'élection est annulée parce qu'il ne remplit pas une des conditions exigées par la loi, ou pour vice de forme, est remplacé par le suppléant.

En cas d'annulation de l'élection du délégué et de celle du suppléant, comme au cas de refus ou de décès de l'un et de l'autre après leur acceptation, il est procédé à de nouvelles élections par le conseil municipal, au jour fixé par un arrêté du Préfet.

Art. 9. — Huit jours au plus tard avant l'élection des sénateurs, le Préfet, et, dans les colonies, le Directeur de l'intérieur, dresse la liste des électeurs du département, par ordre alphabétique. La liste est communiquée à tout requérant et peut être copiée et publiée. Aucun électeur ne peut avoir plus d'un suffrage.

Art. 10. — Les députés, les membres du conseil général ou des conseils d'arrondissements qui auraient été proclamés par les commissions de recensement, mais dont les pouvoirs n'auraient pas été vérifiés, sont inscrits sur la liste des électeurs et peuvent prendre part au vote.

Art. 11. — Dans chacun des trois départements de l'Algérie, le collège électoral se compose : 1° des députés; 2° des membres citoyens français du conseil général; 3° des délégués élus par les membres citoyens français de chaque conseil municipal parmi les électeurs citoyens français de la commune.

Art. 12. — Le collège électoral est présidé par le président du tribunal civil du chef-lieu du département ou de la colonie. Le président est assisté des deux plus âgés et des deux plus jeunes électeurs présents à l'ouverture de la séance. Le bureau, ainsi composé, choisit un secrétaire parmi les électeurs.

Si le président est empêché, il est remplacé par le vice-président, et, à son défaut, par le juge le plus ancien.

Art. 13. — Le bureau répartit les électeurs par ordre alphabétique, en sections de vote, comprenant au moins cent électeurs. Il nomme les présidents et scrutateurs de chacune de ces sections. Il statue sur toutes les difficultés et contestations qui peuvent s'élever au cours de l'élection, sans pouvoir, toutefois, s'écarter des décisions rendues en vertu de l'article 8 de la présente loi.

Art. 14. — Le premier scrutin est ouvert à huit heures du matin et fermé à midi. Le second est ouvert à deux heures et fermé à quatre heures. Le troisième, s'il y a lieu, est ouvert à six heures et fermé à huit heures. Les résultats des scrutins sont recensés par le bureau et proclamés le même jour par le président du collège électoral.

Art. 15. — Nul n'est élu sénateur à l'un des deux premiers tours de scrutin, s'il ne réunit : 1° la majorité absolue des suffrages exprimés ; 2° un nombre de voix égal au quart des électeurs inscrits. Au troisième tour de scrutin, la majorité relative suffit, et, en cas d'égalité de suffrages, le plus âgé est élu.

Art. 16. — Les réunions électorales pour la nomination des sénateurs pourront avoir lieu en se conformant aux règles tracées par la loi du 6 juin 1868, sauf les modifications suivantes :

1° Ces réunions pourront être tenues depuis le jour de la nomination des délégués jusqu'au jour du vote inclusivement;

2° Elles doivent être précédées d'une déclaration faite la veille, au plus tard, par sept électeurs sénatoriaux de l'arrondissement et indiquant le local, le jour et l'heure où la réunion doit avoir lieu, et les noms, profession et domicile des candidats qui s'y présenteront ;

3° L'autorité municipale veillera à ce que nul ne s'introduise dans la réunion, s'il n'est député, conseiller général, conseiller d'arrondissement, délégué ou candidat.

Le délégué justifiera de sa qualité, par un certificat du maire de sa commune; le candidat, par un certificat du fonctionnaire qui a reçu la déclaration mentionnée au paragraphe précédent.

Art. 17. — Les délégués qui auront pris part à tous les scrutins recevront, sur les fonds de l'Etat, s'ils le requièrent, sur la présentation de leur lettre de convocation, visée par le président du collège électoral, une indemnité de déplacement qui leur sera payée sur les mêmes bases et de la même manière que celle accordée aux jurés par les articles 35, 90 et suivants du décret du 18 juin 1811.

Un règlement d'administration publique déterminera le mode de taxation et de payement de cette indemnité.

Art. 18. — Tout délégué qui, sans cause légitime, n'aura pas pris part à tous les scrutins ou, étant empêché, n'aura point averti le suppléant en temps utile, sera condamné à une amende de 50 fr. par le tribunal civil du chef-lieu, sur les réquisitions du ministère public.

La même peine peut être appliquée au délégué suppléant qui, averti par lettre, dépêche télégraphique ou avis à lui personnellement délivré en temps utile, n'aura pas pris part aux opérations électorales.

Art. 19. — Toute tentative de corruption par l'emploi des moyens énoncés dans les articles 177 et suivants du Code pénal, pour influencer le vote d'un électeur ou le déterminer à s'abstenir de voter, sera punie d'un emprisonnement de trois mois à deux ans et d'une amende de 50 à 500 fr., ou de l'une de ces peines seulement.

L'article 463 du Code pénal est applicable aux peines édictées par le présent article.

Art. 20. — Il y a incompatibilité entre les fonctions de sénateur et celles :

De conseiller d'État et maître des requêtes, préfet et sous-préfet, à l'exception du préfet de la Seine et du préfet de police ;

De membre des Parquets des Cours d'appel et des tribunaux de première instance, à l'exception du Procureur général près la Cour de Paris ;

De trésorier-payeur général, de receveur particulier, de fonctionnaire et employé des administrations centrales des ministères.

Art. 21. — Ne peuvent être élus par le département ou la colonie compris en tout ou en partie dans leur ressort, pendant l'exercice de leurs fonctions et pendant les six mois qui suivent la cessation de leurs fonctions par démission, destitution, changement de résidence ou de toute autre matière :

1° Les premiers présidents, les présidents et les membres des Parquets des Cours d'appel ;

2° Les présidents, les vice-présidents, les juges d'instruction et les membres des parquets des tribunaux de première instance ;

3° Le préfet de police, les préfets et sous-préfets et secrétaires généraux des préfectures, les gouverneurs, directeurs de l'intérieur et secrétaires généraux des colonies ;

4° Les ingénieurs en chef et d'arrondissement, et les agents-voyers chefs d'arrondissement ;

5° Les recteurs et inspecteurs d'Académie ;

6° Les inspecteurs des écoles primaires ;

7° Les archevêques, évêques et vicaires-généraux ;

8° Les officiers de tous grades de l'armée de terre et de mer ;

9° Les intendants divisionnaires et les sous-intendants militaires ;

10° Les trésoriers-payeurs généraux et les receveurs particuliers des finances ;

11° Les directeurs des Contributions directes et indirectes, de l'Enregistrement et des Domaines, et des Postes ;

12° Les conservateurs et inspecteurs des forêts.

Art. 23. — Le sénateur élu dans plusieurs départements doit faire connaître son option au président du Sénat, dans les dix jours qui suivent la déclaration de la validité de ces élections. A défaut d'option, dans ce délai, la question est décidée par la voie du sort et en séance publique.

Il est pourvu à la vacance dans le délai d'un mois et par le même corps électoral.

Il en est de même dans le cas d'invalidation d'une élection.

Art. 23. — Si par décès ou démission, le nombre des sénateurs d'un département est réduit de moitié, il est pourvu aux vacances dans le délai de trois mois, à moins que les vacances ne surviennent dans les douze mois qui précèdent le renouvellement triennal.

A l'époque fixée pour le renouvellement triennal, il sera pourvu à toutes les vacances qui se seront produites, quel qu'en soit le nombre et qu'elle qu'en soit la date.

Art. 24. — L'élection des sénateurs nommés par l'Assemblée nationale est faite en séance publique, au scrutin de liste, et à la majorité absolue des votants, quel que soit le nombre des épreuves.

Art. 25. — Lorsqu'il y a lieu de pourvoir au remplacement des sénateurs nommés en vertu de l'article 7 de la loi du 24 février 1875, le Sénat procède dans les formes indiquées par l'article précédent.

Art. 26. — Les membres du Sénat reçoivent la même indemnité que ceux de la Chambre des députés.

Art. 27. — Sont applicables à l'élection du Sénat toutes les dispositions de la loi électorale relatives :

1° Aux cas d'indignité et d'incapacité ;

2° Aux délits, poursuites et pénalités ;

3° Aux formalités de l'élection en tout ce qui ne serait pas contraire aux dispositions de la présente loi.

DISPOSITIONS TRANSITOIRES.

Art. 28. — Pour la première élection des membres du Sénat, la loi qui déterminera l'époque de la séparation de l'Assemblée nationale fixera, sans qu'il soit nécessaire d'observer les délais établis par l'article premier, la date à laquelle se réuniront les conseils municipaux, pour choisir les délégués, et le jour où il sera procédé à l'élection des sénateurs.

Avant la réunion des conseils municipaux, il sera procédé, par l'Assemblée nationale, à l'élection des sénateurs dont la nomination lui est attribuée.

Art. 29. — La disposition de l'article 21, par laquelle un délai de six mois doit s'écouler entre le jour de la cessation des fonctions et celui de l'élection, ne s'appliquera pas aux fonctionnaires, autres que les préfets et les sous-préfets, dont les fonctions auront cessé, soit avant la promulgation de la présente loi, soit dans les vingt jours qui la suivront.

Mode de taxation et de paiement de l'indemnité de déplacement allouée aux délégués des Conseils municipaux.

26 décembre 1875. — Décret.

Art. 1er. — L'indemnité de déplacement allouée aux délégués des Conseils municipaux qui auront pris part à tous les scrutins, est fixée à 2 fr. 50 par myriamètre parcouru, tant en allant qu'en revenant.

Art. 2. — L'indemnité est réglée par myriamètre et demi-myriamètre.

Les fractions au-dessus de 7 kilomètres sont comptées pour 1 myriamètre. et celles de 3 à 7 kilomètres, pour 1 demi-myriamètre.

Il n'y a lieu à aucune indemnité lorsque la distance n'atteint pas 3 kilomètres.

Art. 3. — La distance se compte, quel que soit le domicile du délégué, du chef-lieu de la commune qui a élu au chef-lieu du département.

Art. 4. — Le décompte se fait d'après le tableau officiel des distances dressé par le préfet, en conformité de l'article 93 du décret du 18 juin 1811.

Des copies de ce tableau seront déposées au secrétariat général de la préfecture et sur la table du bureau électoral.

Art. 5. — Les délégués qui désireront obtenir l'indemnité de déplacement devront en faire la demande expresse au président du collège électoral, avant la clôture de la séance.

Ils lui présenteront, à cet effet, leur lettre de convocation, au dos de laquelle ils déclareront requérir la taxation.

Le président certifiera sur la même feuille qu'ils ont participé à tous les scrutins et la revêtira d'un exécutoire établissant le décompte de la somme due.

Il fera, en même temps, dresser par un des assesseurs un bordereau des sommes ainsi mises en paiement ; ce bordereau, certifié par lui, sera remis au préfet avec le procès-verbal de l'élection.

Art. 6. — Au vu de la lettre de convocation revêtue de l'exécutoire, le paiement de l'indemnité sera fait entre les mains de l'ayant-droit, soit par le trésorier-payeur général, soit avec son visa par les receveurs particuliers et les percepteurs du département.

Les bureaux de la trésorerie générale resteront ouverts pendant toute la durée du dernier scrutin et deux heures au moins après la clôture des opérations, afin que les délégués qui désireraient recevoir leur indemnité le jour même puissent s'y présenter.

Ceux qui préféreraient être payés dans la commune de leur résidence déposeront leurs lettres de convocation, revêtues de l'exécutoire du président, entre les mains du receveur particulier ou du percepteur, qui en acquittera le montant après les avoir fait viser par le trésorier-payeur général.

Art. 7. — Le trésorier-payeur général dressera des états nominatifs où seront compris tous les paiements effectués, soit à sa caisse, soit à celle des receveurs particuliers ou des percepteurs. Ces états, certifiés par le trésorier-payeur général, seront transmis au préfet qui émettra un ou plusieurs mandats collectifs de régularisation sur les crédits qui lui auront été délégués par le ministre de l'intérieur.

Mal DE MAC-MAHON.

§ 2.

30 novembre 1875. — Loi *organique sur l'élection des députés.*

Art. 1er. — Les députés seront nommés par les électeurs inscrits :

1° Sur les listes dressées en exécution de la loi du 7 juillet 1874 ;

2° Sur la liste complémentaire comprenant ceux qui résident dans la commune depuis six mois.

L'inscription sur la liste complémentaire aura lieu conformément aux lois et règlements qui régissent actuellement les listes électorales politiques, par les commissions et suivant les formes établies dans les articles 1, 2, 3 et 4 de la loi du 7 juillet 1874.

Les pourvois en cassation, relatifs à la formation et à la révision de l'une et l'autre liste, seront portés directement devant la chambre civile de la Cour de cassation.

Les listes électorales arrêtées au 31 mars 1875 serviront jusqu'au 31 mars 1876.

Art. 2. — Les militaires et assimilés de tous grades et toutes armes des armées de terre et de mer, ne prennent part à aucun vote, quand ils sont présents à leur corps, à leur poste ou dans l'exercice de leurs fonctions. Ceux qui, au moment de l'élection, se trouvent en résidence libre, en non-activité ou en possession d'un congé régulier, peuvent voter dans la commune, sur les listes de laquelle ils sont régulièrement inscrits. Cette dernière disposition s'applique également aux officiers et assimilés qui sont en disponibilité ou dans le cadre de réserve.

Art. 3. — Pendant la durée de la période électorale, les circulaires et professions de foi signées des candidats, les placards et manifestes électoraux signés d'un ou de plusieurs électeurs pourront, après dépôt au parquet du procureur de la République, être affichés et distribués sans autorisation préalable.

La distribution des bulletins de vote n'est point soumise à la formalité du dépôt du parquet.

Il est interdit à tout agent de l'autorité publique ou municipale de distribuer des bulletins de vote, professions de foi et circulaires des candidats.

Les dispositions de l'article 19 de la loi organique du 2 août 1875, sur les élections des sénateurs, seront appliquées aux élections des députés.

Art. 4. — Le scrutin ne durera qu'un seul jour. Le vote a lieu au chef-lieu de la commune ; néanmoins, chaque commune peut être divisée par arrêté du préfet en autant de sections que l'exigent les circonstances locales et le nombre des électeurs. Le second tour de scrutin continuera d'avoir lieu le deuxième dimanche qui suit le jour de la proclamation du résultat du premier scrutin, conformément aux dispositions de l'article 65 de la loi du 15 mars 1849.

Art. 5. — Les opérations du vote auront lieu conformément aux dispositions du décret organique et réglementaire du 2 février 1852.

Le vote est secret.

Les listes d'émargement de chaque section, signées du président et du secrétaire, demeureront déposées pendant huitaine, au secrétariat de la mairie, où elles seront communiquées à tout électeur requérant.

Art. 6. — Tout électeur est éligible, sans condition de cens, à l'âge de 25 ans accomplis.

Art. 7. — Aucun militaire ou marin faisant partie des armées actives de terre ou de mer ne pourra, quels que soient son grade ou ses fonctions, être élu membre de la Chambre des députés.

Cette disposition s'applique aux militaires et marins en disponibilité ou en non activité, mais elle ne s'étend ni aux officiers placés dans la seconde section du cadre de l'état-major général, ni à ceux qui, maintenus dans la première section, comme ayant commandé en chef devant l'ennemi, ont cessé d'être employés activement, ni aux officiers qui, ayant des droits acquis à la retraite, sont envoyés ou maintenus dans leurs foyers en attendant la liquidation de leur pension.

La décision par laquelle l'officier aura été admis à faire valoir ses droits à la retraite deviendra, dans ce cas, irrévocable.

La disposition contenue dans le premier paragraphe du présent article, ne s'applique pas à la réserve de l'armée active ni à l'armée territoriale.

Art. 8. — L'exercice des fonctions publiques rétribuées sur les fonds de l'État, est incompatible avec le mandat de député.

En conséquence, tout fonctionnaire élu député sera remplacé dans ses fonctions si, dans les huit jours qui suivront la vérification des pouvoirs, il n'a pas fait connaître qu'il n'accepte pas le mandat de député.

Sont exceptées des dispositions qui précèdent les fonctions de ministre, sous-secrétaire d'État, ambassadeur, ministre plénipotentiaire, préfet de la Seine, préfet de police, premier président de la Cour de cassation, premier président de la Cour des comptes, premier président de la Cour d'appel de Paris, procureur général près la Cour de cassation, procureur général près la Cour des comptes, procureur général près la Cour d'appel de Paris, archevêque et évêque, pasteur président de consistoire dans les circonscriptions consistoriales dont le chef-lieu compte deux pasteurs et au-dessus, grand-rabbin du consistoire central, grand-rabbin du consistoire de Paris.

Art. 9. — Sont également exceptés des dispositions de l'article 8 :

1° Les professeurs titulaires de chaires qui sont données au concours ou sur la présentation des corps où la vacance s'est produite ;

2° Les personnes qui ont été chargées d'une mission temporaire. Toute mission qui a duré plus de six mois cesse d'être temporaire et est régie par l'article 8 ci-dessus.

Art. 10. — Le fonctionnaire conserve les droits qu'il a acquis à une pension de retraite et peut, après l'expiration de son mandat, être remis en activité.

Le fonctionnaire civil qui, ayant eu 20 ans de services à la date de l'acceptation de son mandat de député, justifiera de 50 ans d'âge à l'époque de la cessation de ce mandat, pourra faire valoir ses droits à une pension de retraite exceptionnelle.

Cette pension sera réglée conformément au 3ᵉ paragraphe de l'article 12 de la loi du 9 juin 1853.

Si le fonctionnaire est remis en activité après la cessation de son mandat, les dispositions énoncées dans les articles 3, paragraphe 2, et 28 de la loi du 9 juin 1853 lui seront applicables.

Dans les fonctions où le grade est distinct de l'emploi, le fonctionnaire, par l'acceptation du mandat de député, renonce à l'emploi et ne conserve que le grade.

Art. 11. — Tout député, nommé ou promu à une fonction publique salariée, cesse d'appartenir à la Chambre par le fait même de son acceptation ; mais il peut être réélu si la fonction qu'il occupe est compatible avec le mandat de député.

Les députés nommés ministres ou sous-secrétaires d'Etat ne sont pas soumis à la réélection.

Art. 12. — Ne peuvent être élus par l'arrondissement ou la colonie compris en tout ou en partie dans leur ressort, pendant l'exercice de leurs fonctions et pendant les six mois qui suivent la cessation de leurs fonctions par démission, destitution, changement de résidence ou de toute autre manière :

1° Les premiers présidents, présidents et les membres des parquets des cours d'appel ;

2° Les présidents, vice-présidents, juges titulaires, juges d'instruction et membres du parquet des tribunaux de première instance ;

3° Le préfet de police, les préfets et les secrétaires généraux des préfectures, les gouverneurs, directeurs de l'intérieur et secrétaires généraux des colonies ;

4° Les ingénieurs en chef et d'arrondissement ; les agents-voyers en chef et d'arrondissement ;

5° Les recteurs et inspecteurs d'Académie ;

6° Les inspecteurs des écoles primaires ;

7° Les archevêques, évêques et vicaires généraux ;

8° Les trésoriers-payeurs généraux et les receveurs particuliers des finances ;

9° Les directeurs des contributions directes et indirectes, de l'enregistrement et des domaines et des postes ;

10° Les conservateurs et inspecteurs des forêts.

Les sous-préfets ne peuvent être élus dans aucun des arrondissements du département où ils exercent leurs fonctions.

Art. 13. — Tout mandat impératif est nul et de nul effet.

Art. 14. — Les membres de la Chambre des députés sont élus au scrutin individuel. Chaque arrondissement administratif nommera un député. Les arrondissements dont la population dépasse cent mille habitants nommeront un député de plus par cent mille ou fraction de cent mille habitants. Les arrondissements, dans ce cas, seront divisés en circonscriptions dont le tableau sera établi par une loi et ne pourra être modifié que par une loi.

Art. 15. — Les députés sont élus pour quatre ans.

La Chambre se renouvelle intégralement.

Art. 16. — En cas de vacance par décès, démission ou autrement, l'élection devra être faite dans le délai de trois mois, à partir du jour où la vacance se sera produite. En cas d'option, il est pourvu à la vacance dans le délai d'un mois.

Art. 17. — Les députés reçoivent une indemnité.

Cette indemnité est réglée par les articles 96 et 97 de la loi du 15 mars 1849 et par les dispositions de la loi du 16 février 1872.

Art. 18. — Nul n'est élu, au premier tour de scrutin, s'il n'a réuni :

1° La majorité absolue des suffrages exprimés ;

2° Un nombre de suffrages égal au quart des électeurs inscrits.

Au deuxième tour, la majorité suffit. En cas d'égalité de suffrages, le plus âgé est élu.

Art. 19. — Chaque département de l'Algérie nomme un député.

Art. 20. — Les électeurs résidant en Algérie dans une localité non érigée en commune seront inscrits sur la liste électorale de la commune la plus proche.

Lorsqu'il y aura lieu d'établir des sections électorales, soit pour grouper des communes mixtes dans chacune desquelles le nombre des électeurs serait insuffisant, soit pour réunir les électeurs résidant dans des localités non érigées en communes, les arrêtés pour fixer le siège de ces sections seront pris par le Gouverneur général, sur le rapport du préfet ou du général commandant la division.

Art. 21. — Les quatre colonies auxquelles il a été accordé des sénateurs par la loi du 24 février 1875, relative à l'organisation du Sénat, nommeront chacune un député.

Art. 22. — Toute infraction aux dispositions prohibitives de l'article 3, § 3 de la présente loi, sera punie d'une amende de seize francs à trois cents francs. Néanmoins, le tribunal de police correctionnelle pourra faire application de l'article 463 du code pénal.

Les dispositions de l'article 6 de la loi du 7 juillet 1874, seront appliquées aux listes électorales politiques.

Le décret du 29 janvier 1871 et les lois du 10 avril 1871, du 2 mai 1871 et du 18 février 1873 sont abrogés.

Demeure également abrogé le paragraphe 11 de l'article 15 du décret organique du 2 février 1852 en tant qu'il se réfère à la loi du 21 mai 1836 sur les loteries, sauf aux tribunaux à faire aux condamnés l'application de l'article 42 du code pénal.

Continueront d'être appliquées les dispositions des lois et décrets en vigueur auxquelles la présente loi ne déroge pas.

Art. 23. — La disposition de l'article 12 par laquelle un délai de six mois doit s'écouler entre le jour de la cessation des fonctions et celui de l'élection, ne s'appliquera pas aux fonctionnaires autres que les préfets et les sous-préfets, dont les fonctions auront cessé, soit avant la promulgation de la présente loi, soit dans les vingt jours qui la suivront.

Luxembourg (traité d'extradition avec le Grand-Duché de). V. EXTRADITION.

Lycées. V. INSTRUCTION PUBLIQUE.

M

Machines à vapeur et appareils à vapeur. V. *Ménerville.*

Maghzen. V. ARMES. V. aussi *Ménerville.*

Magistrats. V. JUSTICE; JUSTICE MUSULMANE.

Mahakmas. V. JUSTICE MUSULMANE.

Main-d'œuvre militaire. V. COLONISATION; SAUTERELLES.

Main-forte. V. GENDARMERIE.

Maires et adjoints.

12 février 1874. — *Décret.*

Art. 1er. — Les maires et adjoints de l'Algérie seront nommés par le Président de la République, dans les chefs-lieux de département, d'arrondissement ou de tribunaux de première instance; dans les autres communes, ils seront nommés par le préfet.

Art. 2. — Dès la promulgation du présent décret, et sans qu'il y ait lieu de pourvoir aux vacances qui existeraient dans les conseils municipaux, il sera procédé à la nomination des maires et adjoints; ils seront pris, soit dans le Conseil municipal, soit en dehors; mais, dans ce dernier cas, la nomination des maires et adjoints des chefs-lieux de département, d'arrondissement ou de tribunaux de première instance, sera faite par décret délibéré en Conseil des ministres, et celle des maires et adjoints des autres communes, sera faite par arrêté du gouverneur général civil de l'Algérie.

Art. 3. — Les maires et adjoints devront être citoyens français ou naturalisés français, âgés de 25 ans accomplis, membres du conseil municipal ou électeurs dans le département. Toutefois, dans les communes qui n'auront pas une existence communale d'au moins dix ans, les maires et adjoints pourront être pris en dehors des électeurs du département; mais, dans ce cas, ils devront être résidents, propriétaires ou chefs d'établissement en Algérie, et leur nomination sera faite par arrêté du Gouverneur général civil, en Conseil de gouvernement.

Mal DE MAC-MAHON, DUC DE MAGENTA.

12 août 1876. — *Loi.*

Art. 1er. — Les articles 1 et 2 de la loi du 20 janvier 1874, relatifs à la nomination des maires et des adjoints, sont abrogés.

Art. 2. — Provisoirement, et jusqu'au vote de la loi organique municipale, il sera procédé à la nomination des maires et adjoints, conformément aux règles suivantes:

Le Conseil municipal élit le maire et les adjoints parmi ses membres, au scrutin secret et à la majorité absolue. Si, après deux scrutins, aucun candidat n'a obtenu la majorité, il est procédé à un scrutin de ballottage entre les deux candidats qui ont obtenu le plus de suffrages. En cas d'égalité de suffrages, le plus âgé est nommé.

La séance dans laquelle il est procédé à l'élection du maire, est présidée par le plus âgé des membres du Conseil municipal.

Dans les communes, chefs-lieux de département, d'arrondissement et de canton, les maires et adjoints sont nommés parmi les membres du Conseil municipal, par décret du Président de la République.

Art. 3. — La présente loi est applicable à l'Algérie, sous réserves des dispositions du décret du 27 décembre 1866, relatives à la nomination des adjoints indigènes musulmans.

Malte (commissions rogatoires à destination de). V. COMMISSIONS ROGATOIRES.

Mandats de postes. V. POSTES.

Manuscrits (vente et échanges des). V. Bibliothèques publiques

Marchandises dangereuses. V. Salubrité publique.

Marchandises falsifiées (vente des). V. Tromperie sur la marchandise.

Marchandises neuves. V. Ménerville.

Marchés. V. Foires et marchés.

Mariage des Israélites. V. Israélites.

Mariage des Italiens. V. Etat-civil.

Mariage des Musulmans. V. Etat-civil et indigénat.

Marine. V. Service maritime ; Navigation.

Marques de fabrique et de commerce.

7 Août 1874. — *Décret.*

Vu l'article 8 de la loi du 26 novembre 1873, lequel est ainsi conçu :

« La présente loi sera applicable dans » les colonies françaises et en Algérie. »

Vu le décret du 25 juin 1874, portant règlement d'administration publique sur le territoire continental de la France, en exécution de ladite loi (1) ;

Art. 1er. — Le décret sus-visé du 25 juin 1874, est rendu exécutoire en Algérie.

Art. 2. — Pour l'application de l'art. 5 dudit décret concernant l'apposition du timbre, le territoire de l'Algérie est divisé en trois circonscriptions, conformément au tableau ci-après :

NUMÉROS de la circonscription	CHEF-LIEU de la circonscription	INDICATION des départements composant chaque circonscription
1	Alger........	Départ. d'Ager.
2	Oran........	— d'Oran
3	Constantine...	— de Constantine

Mecque (voyage à la). V. Passeport.

Médaille militaire. V. Légion d'honneur.

Médailles (vente, échange des). V. Bibliothèques publiques.

Médecins de l'armée territoriale. V. Art médical.

Médecins de colonisation. V. *Idem.*

Médecins des hôpitaux. V. *Idem.*

Mekla (cercle spécial et commune indigène des). V. Communes, sect. 3.

Mendicité.

Interdiction de la mendicité dans le département d'Alger.

20 janvier 1875. — *Arrêté du Préfet d'Alger.*

Art. 1er. — A partir du 1er mars 1875, la mendicité est interdite dans toute l'étendue du département d'Alger. Tout individu, valide ou non, qui aura été trouvé mendiant, sera arrêté et mis à la disposition de l'autorité judiciaire.

Art. 2. — Le procès-verbal d'arrestation sera rédigé en double expédition, dont l'une sera adressée au Procureur de la République et l'autre au Sous-Préfet de l'arrondissement.

Il indiquera les nom, prénoms, âge, profession, lieu de naissance et de domicile, ainsi que le signalement du mendiant.

Il contiendra la désignation exacte des papiers, de l'argent et de tous les effets ou objets dont le mendiant aura été trouvé porteur.

Il fera connaître, en outre, si le mendiant a été arrêté sur le territoire de la commune où il a le domicile de secours ;

S'il a usé de menaces ou exercé des violences à l'égard des personnes ;

S'il s'est introduit, sans la permission des habitants, soit dans une maison, soit dans un enclos en dépendant ;

S'il a mendié en réunion ; s'il a été trouvé travesti d'une manière quelconque ;

S'il a simulé des plaies ou des infirmités ;

S'il a été trouvé porteur d'armes ou d'instruments pouvant servir à commettre des vols ou d'autres délits.

Art. 3. — Les mendiants, dont la qualité d'étrangers et la nationalité auront été dûment constatées, pourront être, à l'expiration de leur peine, l'objet d'une proposition d'expulsion du département.

Art. 4. — Le dépôt de mendicité établi aux Beni-Messous, près Cheragas, remplira, pour le département d'Alger, la destination indiquée dans le décret du 5 juillet 1808.

---

(1) V. au *Bulletin officiel du Gouvernement*, année 1874, n° 560, p. 551 et s. et dans tous les recueils de lois, le texte des lois et décret sus-visés du 26 novembre 1873 et 25 juin 1874, sur les marques de fabrique ou de commerce.

Les individus, qui auront subi une condamnation pour délit de mendicité, y seront détenus, jusqu'à ce qu'il en soit autrement ordonné par l'autorité préfectorale.

Ce dépôt pourra être également ouvert aux indigents qui, sans être complètement infirmes, sont cependant hors d'état de pourvoir entièrement à leurs besoins, et à ceux que des circonstances fâcheuses ou l'imprévoyance obligeraient à réclamer l'assistance temporaire en échange du travail qui leur serait imposé.

Les individus qui solliciteront leur admission comme rentrant dans la première de ces deux catégories devront présenter leur demande au Maire de leur commune qui s'adressera au Préfet, pour en régler les conditions

Les individus valides compris dans la dernière catégorie, pourront être reçus, *sans délai*, par le Directeur de l'établissement, aux conditions prévues dans le règlement du service intérieur.

Art. 5. — Les mendiants de toute catégorie, internés au dépôt, y seront astreints à un travail réglé d'après leur âge, leur aptitude et leurs forces.

Ceux de la première catégorie seront maintenus dans l'établissement jusqu'à ce qu'ils aient donné des preuves d'amendement et réalisé par le travail un pécule qui leur permette de vivre pendant une quinzaine de jours.

Les reclus volontaires pourront être conservés jusqu'à ce qu'ils aient du travail assuré.

Art. 6. — Il est formellement interdit aux parents de livrer leurs enfants à la mendicité. Ils sont civilement responsables des délits de mendicité commis par eux.

Art. 7. — De concert avec les bureaux de bienfaisance et les sociétés de charité, les Maires prendront toutes les mesures en leur pouvoir :

1° Pour procurer du travail aux indigents et aux nécessiteux valides, ayant acquis le domicile de secours dans la commune ;

2° Pour distribuer des secours aux pauvres, afin de suppléer, s'il y a lieu, à l'insuffisance du travail ;

3° Enfin, pour assurer des secours où un aide aux habitants que l'âge ou les infirmités mettraient hors d'état de travailler.

Art. 8. — Par les soins de MM. les Maires, il sera placé aux entrées de chaque commune et aux limites du département, une inscription portant : « *La mendicité est interdite dans le département d'Alger.* »

Art. 9. — Le présent arrêté sera publié dans chaque commune, affiché en placard au lieu le plus apparent et inséré au *Recueil des actes administratifs*.

Il sera transmis à M. le Procureur général, aux Procureurs de la République et au Commandant de la Légion de gendarmerie.

Le Préfet : BRUNEL.

27 janvier 1875.

Vu et approuvé : Gal CHANYY.

Ménerville (commune de). V. COMMUNES.

Milah (création d'un commissariat civil à). V. COMMISSARIATS CIVILS.

Milice.

2 octobre 1874. — *Arrêté.*

Vu le décret du 9 novembre 1859, sur l'organisation des milices algériennes ;

Vu l'arrêté du Gouverneur général de l'Algérie, par *intérim*, en date du 10 septembre 1870, concernant la désignation des grades ;

Considérant que, dans les circonstances actuelles, les dispositions édictées d'urgence, par cet arrêté, n'ont plus de raison d'être ;

Art. 1er. — L'arrêté sus-visé du 10 septembre 1870 est et demeure rapporté, et les dispositions du décret du 9 novembre 1859 sont remises en vigueur.

Gal CHANZY.

Dissolution des Milices de diverses communes et versement des armes dans les arsenaux de l'Etat.

6 juillet 1876. — *Arrêté.*

Vu l'article 34 de la loi du 6 novembre 1875. déterminant les conditions suivant lesquelles les Français domiciliés en Algérie, seront soumis au service militaire (1).

Art. 1er. — Les milices actuellement existantes dans les communes d'Alger, Mustapha, St-Eugène, Bouzaréa, El-Biar, Blida, Médéa, Miliana, Orléansville, Oran, Mostaganem, Tlemcen, Mascara, Sidi-bel-Abbès, Arzew, Constantine, Bône, Philippeville, Batna, Sétif et Guelma sont dissoutes.

Les milices des communes qui ne sont pas visées ci-dessus seront dissoutes par des arrêtés ultérieurs.

Art. 2. — Les armes de toute nature, qui sont entre les mains de ces milices, seront versées dans les arsenaux de l'Etat, sauf indemnité pour celles qui seront

---

(1) Voir la loi du 6 novembre 1875. V° SERVICE MILITAIRE *infrà*.

reconnues la propriété des départements ou des communes.

Art. 3. — Sont seuls exceptés de la dissolution les corps des sapeurs-pompiers, dont l'organisation est réglée par le décret du 29 décembre 1875, rendu applicable, à l'Algérie, par celui du 2 février 1876. Gal CHANZY.

23 juin 1877. — *Arrêté.*

Art. 1er. — Les milices actuellement existantes dans les communes des départements d'Alger, d'Oran et de Constantine non visées dans l'arrêté du 6 juillet 1876, sont dissoutes.

Art. 2. — Les armes de toute nature qui sont entre les mains de ces milices seront versées dans les arsenaux de l'Etat, sauf indemnité pour celles qui seront reconnues la propriété des départements ou des communes.

Art. 3. — Sont seuls exceptés de la dissolution les corps de sapeurs-pompiers dont l'organisation est réglée par le décret du 29 décembre 1875, rendu applicable à l'Algérie par celui du 2 février 1876. Gal CHANZY.

Mines.

Réorganisation du personnel secondaire.

10 juin 1876. — *Arrêté.*

Art. 1er. — Les agents du service des Mines, attachés au service des bureaux des Ingénieurs comme expéditionnaires-dessinateurs, prendront à l'avenir le titre d'agents secondaires des Mines.

Art. 2. — Ils seront divisés en 5 classes pour chacune desquelles le traitement annuel est fixé ainsi qu'il suit :

1re Classe	2.800 fr.
2e Classe	2.400
3e Classe	2.100
4e Classe	1.800
5e Classe	1.500

Ces traitements, non susceptibles d'augmentation à titre de supplément colonial, sont soumis aux retenues prescrites par la loi du 9 juin 1853, sur les pensions civiles.

Art. 3. — Le cadre du personnel des agents secondaires comprend un expéditionnaire-dessinateur pour le bureau de chaque ingénieur des Mines.

Ce cadre pourra être modifié, en cas de besoin, par le Gouverneur général de l'Algérie, sur la proposition de l'Inspecteur général des Mines.

Art. 4. — Les employés secondaires des Mines sont nommés par le Préfet sur la proposition de l'Ingénieur en chef.

Art. 5. — Nul ne peut être nommé employé secondaire des Mines, s'il n'a été reconnu apte à en remplir les fonctions, à la suite d'un examen sur les connaissances ci-après :

Ecriture,
Principes de la langue française,
Arithmétique élémentaire, exposition du système métrique, des poids et mesures,
Notions de géométrie relatives à la mesure des angles, des surfaces et des solides,
Dessin et coloriage avec des teintes conventionnelles des plans, cartes géographiques ou géologiques, machines et chaudières à vapeur,
Ou s'il n'a été déclaré, par décision de M. le Ministre des Travaux publics, admissible au grade de garde-mines.

L'examen relaté ci-dessus aura lieu devant un Ingénieur des Mines de l'Algérie.

Les anciens militaires, porteurs d'un congé régulier et d'un certificat de bonne conduite, seront admis de préférence, à mérite égal, à la condition d'avoir au moment de leur examen, moins de 35 ans.

A défaut de candidats anciens militaires, tous autres candidats devront être âgés de plus de 18 ans et de moins de 28 ans au moment de l'examen. Ils devront être de nationalité française.

Art. 6. — Les candidats reconnus aptes à remplir les fonctions d'employés secondaires peuvent être nommés dans la 5e ou la 4e classe, d'après les résultats de leur examen et eu égard à leur âge, à leurs antécédents, à leurs charges de famille, à la cherté de la vie dans chaque localité et au degré d'utilité des services qu'ils peuvent rendre.

Les candidats déclarés admissibles au grade de garde-mines peuvent être nommés employés secondaires de 3e ou 4e classe.

L'ingénieur en chef fait, à ce sujet, des propositions auxquelles il annexe le procès-verbal d'examen ou la décision ministérielle déclarant l'admission du candidat au grade de garde-mines.

Art. 7. — La promotion des employés secondaires à une classe supérieure est prononcée par le préfet, sur la proposition de l'ingénieur en chef, dans les limites du cadre arrêté conformément aux dispositions de l'article 3.

Art. 8. — Les employés secondaires ne peuvent passer à une classe supérieure qu'après 3 ans de service dans le grade qu'ils occupent.

Art. 9. — A chaque service d'ingénieur en chef ne peut être attaché qu'un employé secondaire de 1re classe.

Ces employés sont pris parmi les employés de 2e classe ayant au moins 10 ans de service depuis leur première promotion, et porteurs d'un certificat d'aptitude délivré par l'ingénieur en chef. Ce certificat doit en outre constater qu'ils ont acquis les connaissances suivantes :

Pratique du lever des plans de surface, des plans souterrains de mines et du nivellement.

Mise au net de ces divers plans.

Art. 10. — En cas de négligence dans le service ou d'actes répréhensibles, les punitions encourues par ces agents sont:

1° La retenue d'une partie ou de la totalité du traitement du mois, pendant lequel la faute a été commise ;

2° L'abaissement d'une classe ;

3° La révocation ;

La retenue du traitement et l'abaissement d'une classe sont prononcés par le préfet, sur le rapport de l'Ingénieur en chef;

La révocation est prononcée par le gouverneur général, sur le rapport de l'ingénieur en chef et l'avis du préfet et de l'inspecteur général des Mines.

Art. 11. — Les dispositions qui précèdent ne s'appliquent pas aux agents employés momentanément, par suite de circonstances exceptionnelles, soit sur les travaux, soit dans les bureaux des ingénieurs.

L'emploi de ces agents essentiellement temporaires ne peut avoir lieu qu'en vertu d'une décision spéciale du gouverneur général, prise sur l'avis du préfet et de l'inspecteur général des Mines qui règle leur nombre, leur salaire mensuel et le temps pendant lequel ils doivent être employés.

Art. 12. — Les expéditionnaires dessinateurs actuellement en fonctions seront répartis, à partir de la date du présent arrêté, dans les cinq classes instituées par l'article 2, d'après le traitement dont ils jouissent aujourd'hui. Des décisions spéciales du gouverneur général fixeront leur classement définitif pour l'année 1876, sur les propositions et avis de l'ingénieur en chef, du préfet et de l'inspecteur général des Mines, conformément aux prescriptions des articles 3, 7 et 9 ci-dessus.
Gal CHANZY.

Redevance proportionnelle des mines.

7 mai 1874. — Décret.

Vu le décret du 11 février 1874, qui modifie celui du 6 mai 1811, relatif à l'établissement de la redevance proportionnelle des mines ;

Vu l'article 5 de la loi du 16 juin 1851, sur la propriété en Algérie ;

Vu les décrets organiques des 27 octobre 1858, 10 décembre 1860 et 7 juillet 1864 ;

Art. 1er. — Le décret susvisé, du 11 février 1874, sera promulgué en Algérie, pour y recevoir son application.
M^{al} DE MAC-MAHON.

11 février 1874. — Décret.

Art. 1er. — Les dispositions du décret du 6 mai 1811, relatives à l'établissement de la redevance proportionnelle des mines, continueront d'être appliquées, sauf les modifications ci-après :

En cas de désaccord sur l'appréciation du produit net imposable, entre le comité d'évaluation institué par le décret du 6 mai 1811 et l'Ingénieur des Mines ou le directeur des contributions directes, il est statué par le préfet, sur avis motivé du directeur des contributions directes.

Si le préfet n'adopte pas les conclusions du directeur des contributions directes, il en est référé au ministre des travaux publics, qui statue après s'être concerté avec le ministre des finances.

Le préfet arrête ensuite les rôles et les rend exécutoires, sauf le recours des contribuables.

Art. 2. — Les soumissions d'abonnement sont présentées, acceptées ou rejetées dans les formes tracées par le décret du 6 mai 1811.

Les abonnements sont approuvés par le préfet, sur l'avis de l'Ingénieur des Mines, du Directeur des Contributions directes et du comité d'évaluation, quand le taux de l'abonnement ne dépasse pas mille francs (1,000 fr.).

Dans le cas de désaccord entre le comité d'évaluation et l'ingénieur des Mines ou le directeur des contributions directes, il en est référé au ministre des travaux publics, qui statue, après s'être concerté avec le ministre des finances.

Au-dessus de mille francs (1,000 fr.) jusqu'à trois mille francs (3,000 fr.), les abonnements sont approuvés par le ministre des travaux publics, qui se concerte, préalablement, avec le ministre des finances.

Les abonnements au-dessus de trois mille francs (3,000 fr.), et ceux pour lesquels un accord ne se serait pas établi entre les deux ministres, dans les cas prévus par les paragraphes précédents, sont approuvés par un décret rendu en conseil d'Etat.

L'abonnement peut toujours être refusé par l'administration ; toutefois, le refus d'une soumission d'abonnement ne peut, en aucun cas, être prononcé que par une décision du ministre des travaux publics, prise de concert avec le ministre des finances, après avis du conseil général des mines et des sections réunies des travaux publics et des finances du conseil d'Etat.

Art. 3. — Sont et demeurent abrogées toutes les dispositions des décrets antérieurs qui sont contraires au présent décret.
M^{al} DE MAC MAHON.

Mobilisation. V. Service militaire
Monaco (traité d'extradition avec). V. Extradition.
Monnaies de cuivre. V. Douanes.
Mont-de-piété. V. *Ménerville*.
Monuments publics. V. *Idem*.
Mouillage des vins. V. Tromperie.
Mousses. V. Service maritime.
Municipalités. V. Communes, Maires et adjoints.
Munitions de guerre. V. Armes.
Mustapha (délimitation de la commune de). V. Communes, § 1.

N

Nationalité. V. Alsaciens-Lorrains.
Naturalisation. V. *Ménerville*.
V. aussi une circulaire du Préfet d'Alger, en date du 7 septembre 1877, et une circulaire du Préfet d'Oran, du 26 février précédent, rapportées dans le *Recueil administratif des actes* de ces préfectures, la première, année 1877, p. 443 ; la seconde, même année, n° 3, p. 37.
Naufrage. V. *Ménerville*.
Navigation.

SOMMAIRE

Cabotage et pilotage. — Droits de quai.
Ports de Bône, de Philippeville, de Beni-Saf.
Déserteurs de la marine.
Phares et fanaux.

Conditions de la navigation au cabotage.

9 juillet 1874. — Décret.

Art. 1ᵉʳ. — Les limites du petit cabotage en Algérie, par bâtiments à voiles, sont étendues, mais sans que le détroit de Gibraltar puisse être dépassé, aux côtes du Maroc et à celles de l'Espagne, y compris les Baléares, à l'Ouest, et celles de la Tunisie et de la Sardaigne, à l'Est.

Art. 2. — Tout marin, domicilié en Algérie, qui voudra obtenir le commandement des bâtiments à voiles du commerce français en Algérie ou dans les limites désignées ci-dessus, devra réunir les conditions suivantes :

1° Etre âgé de 24 ans révolus ;
2° Etre français ou naturalisé français ;
3° Avoir, au moment de l'examen, 60 mois de navigation ;
4° Faire preuve des connaissances voulues devant le jury d'examen institué dans les ports d'Alger, de Stora et de Mers-el-Kébir, par le décret du 7 septembre 1856, et dans celui de Bône, par le décret du 21 janvier 1873.

Art. 3. — Pour obtenir le brevet étendu aux côtes d'Espagne et du Maroc, à l'Ouest, et à celles de la Tunisie et de la Sardaigne, à l'Est, les candidats devront, en outre des conditions énoncées dans l'article précédent, savoir lire et écrire, soit en français, soit dans leur langue naturelle, et répondre aux questions d'un programme arrêté par le Ministre de la Marine, et portant sur la théorie et la pratique de la navigation.

Art. 4. — Les marins étrangers naturalisés français, porteurs de diplômes de capitaines au long cours ou de maîtres au cabotage, émanant de leurs anciens gouvernements respectifs, pourront, ainsi qu'il est dit à l'article 6 du décret du 7 septembre 1856, être dispensés des examens et recevoir des brevets étendus aux limites fixées à l'article 1ᵉʳ du présent décret.

Art. 5. — Les marins illettrés, ou qui ne justifieraient que de connaissances pratiques, ne pourront obtenir que des brevets spéciaux à la côte de l'Algérie et dans les limites que ces brevets désigneront.

Ils devront préalablement être reconnus, dans un examen, aptes à exercer ces commandements dans les conditions du décret de septembre 1856, et réunir les qualités énoncées en l'article 2.

Art. 6. — Des certificats de capacité pourront être accordés, exceptionnellement, aux indigènes, avec dispense d'examen, s'ils font preuve des connaissances pratiques suffisantes pour commander dans le parcours restreint qu'ils demanderont.

Art. 7. — Les droits des anciens patrons, qui, sous l'empire du décret d'octobre 1867, ont obtenu des brevets de commandement dans le bassin de la Méditerranée, depuis Malte jusqu'à Gibraltar, sont maintenus.

Art. 8. — Le commandement des bâtiments à vapeur et l'exercice du cabotage, dans les limites plus étendues que celles fixées par l'article 1ᵉʳ du présent décret, sont et demeurent réservés aux capitaines au long cours et aux maîtres au cabotage.

Art. 9. — Les étrangers non naturalisés ne pourront entrer que pour 1/4 dans la composition des équipages des bâtiments armés dans les conditions du présent décret, conformément à l'acte de navigation du 21 septembre 1793.

Toutefois, cette proportion pourra être exceptionnellement élevée à la 1/2 pour les bâtiments commandés par les patrons porteurs de brevets spéciaux à la côte de l'Algérie, dont il est question à l'article 5.

Art. 10. — A moins d'impossibilité

absolue, dont l'autorité maritime sera juge, il sera embarqué un mousse, ou, à défaut, un novice, sur tout bâtiment armé, ayant au moins 4 hommes d'équipage. — De même, il sera embarqué un second mousse sur tout bâtiment de même nature, ayant 20 hommes d'équipage, non compris le premier mousse.

Art. 11. — Les examens mentionnés aux articles 3 et 5 du présent décret auront lieu, simultanément, chaque année, du 1er au 15 janvier, dans les ports de Bône, de Stora, d'Alger et de Mers-el-Kébir. — Leur date sera annoncée dans le courant du mois de décembre.

Les jurys d'examen pourront être, cependant, réunis exceptionnellement dans le mois qui suivra la promulgation du présent décret.

Art. 12. — Pour pouvoir se présenter aux examens dont il est parlé ci-dessus, les candidats devront se faire inscrire, avant le 31 décembre, au bureau de l'Inscription maritime du port où ils demanderont à subir leurs examens.

Art. 13. — Ils produiront à l'appui de leur demande, qui devra être faite sur papier timbré et être écrite par eux, s'il y a lieu :

1° Leur acte de naissance ;
2° Leur acte de francisation, s'il y a lieu ;
3° L'état de leurs services ;
4° Un certificat de bonne vie et mœurs, délivré par le commissaire de police du lieu de leur domicile, et visé par le commissaire de l'inscription maritime de leur quartier ;
5° Leur diplôme étranger, s'il y a lieu.

La dite demande devra indiquer le parcours dans lequel le candidat désire commander.

M^{al} DE MAC-MAHON.

Modification des droits de quai en Algérie.

20 mars 1875. — Loi.

Art. 1er. — Le droit de quai de cinquante centimes ou d'un franc par tonneau de jauge, établi par la loi du 20 janvier 1872, sera perçu dans les ports de l'Algérie par tonneau d'affrètement sur les marchandises débarquées.

Art. 2. — Le droit de quai sera également perçu proportionnellement au nombre de passagers débarqués et fixé comme suit :

1° Un tonneau par chaque passager débarqué, chaque enfant, quel que soit son âge, étant compté pour un passager ;
2° Deux tonneaux pour un cheval ;
3° Trois tonneaux par voiture à deux roues, et quatre tonneaux par voiture à plus de deux roues.

Les bagages des passagers, y compris les petites provisions de voyage qu'ils ont avec eux, ne seront pas comptés dans l'évaluation des marchandises débarquées.

12 mars 1877. — Loi.

Article unique. — Le droit de quai perçu en Algérie, en vertu des articles 1er et 2 de la loi du 20 mars 1875, ne pourra dans aucun cas excéder la somme qui aurait été perçue d'après le taux fixé par la loi du 20 janvier 1872.

Port de Bône.

21 janvier 1873. — Décret.

Art. 1er. — Le port de Bône est ajouté à ceux d'Alger, de Mers-el Kebir et de Stora, désignés par l'article 6 du décret susvisé, du 7 septembre 1856, comme sièges des jurys spéciaux, appelés à constater l'aptitude des candidats au brevet de commandant sur le littoral de l'Algérie.

A. THIERS.

5 avril 1873. — Arrêté.

Art. 1er. — Un service de pilotes-lamaneurs est créé à Bône. Le nombre des pilotes est fixé à deux, parmi lesquels le Commandant supérieur de la marine désignera le chef pilote. Il pourra y avoir en outre un aspirant pilote, si les besoins constatés du service l'exigent.

Art. 2. — Le salaire mensuel des pilotes est fixé comme il suit :

Chef pilote .... 175 fr.
Pilote 150
Aspirant pilote (s'il y a lieu). 125

La commission administrative, instituée par le décret du 16 juillet 1852, réglera le salaire des matelots de manœuvre. Ces matelots devront être, autant que possible, français ou indigènes algériens, et, pour ces derniers, la préférence sera donnée à ceux qui parlent français.

Art. 3. — Le caissier chargé de la perception des produits du pilotage, tiendra un journal livre de caisse, qui sera coté et paraphé par le président du tribunal de commerce, et sur lequel il inscrira, par ordre de date, les recettes et les dépenses du service. Il constatera l'entrée et la sortie de tout navire soumis au pilotage, son tonnage et le nom du pilote qui l'aura fait entrer dans le port. L'excédant des recettes sur les dépenses sera versé, chaque mois, au compte de la caisse du pilotage, à la caisse d'épargne, au même titre que les fonds provenant des Sociétés de secours mutuels. Les fonds déposés ne pourront être retirés que par autorisation écrite du président de la commission administrative du pilotage. Le compte annuel des produits du pilotage et des dépenses de ce service, présenté à la commission administrative, sera transmis par le Commandant supérieur de la marine au Gouverneur général civil, pour être soumis à son approbation.

Art. 4. — Le chef pilote devant rendre compte au Directeur du port de tous les évènements de mer qui intéressent le pilotage, les pilotes et aides sont tenus de l'informer des faits qui parviendront à leur connaissance. Le chef pilote sera également chargé, sous sa responsabilité, de signaler les fautes et négligences du personnel placé sous ses ordres.

Art. 5. — Les pilotes-lamaneurs seront tenus d'avoir deux chaloupes bien équipées.

Art. 6. — Le bateau pilote, qui se dirigera sur un navire pour le piloter, sera tenu de hisser et d'amener, à plusieurs reprises, son pavillon pendant le jour et un feu pendant la nuit, pour indiquer audit navire qu'il cherche à l'aborder.

Art. 7. — Tout capitaine qui arrivera de nuit devra indiquer sa présence dans la baie par le placement d'un feu au mât de misaine.

Art. 8. — Chaque pilote en exercice sera tenu d'avoir un carnet paraphé par le président de la commission administrative, disposé en colonnes, de manière à faire inscrire par le capitaine qu'il aura piloté, sa provenance, sa nation, le nom du navire, son tonnage, le jour et l'heure que le pilote est monté à bord et la distance du port. Pour les cas où il ne pourrait monter à bord, la déclaration en serait faite, par le capitaine, sur le livret particulier qui lui sera présenté par le pilote.

Art. 9. — Tout pilote de service, qui aura conduit au port un bâtiment, sera tenu de se présenter au chef pilote pour lui rendre compte et recevoir ses ordres.

Art. 10. — Pour les postes d'amarrage à donner aux navires qui entrent dans le port, les pilotes se conformeront aux ordres qui leur seront donnés à cet égard.

Art. 11. — Tout pilote forcé par les circonstances de monter à bord d'un navire venant d'un pays suspecté de contagion, ou qui aura été visité par navire suspect, interdira de suite toute communication, jusqu'à ce que l'autorité ait statué. Il lui sera payé, par le capitaine, 6 francs par vingt-quatre heures, et, en outre, il sera nourri; le tout pendant que le navire ne sera pas admis en libre pratique.

Art. 12. — Lorsqu'un pilote sera requis par le capitaine de séjourner à bord d'un navire, il lui sera payé par ledit capitaine 3 francs par jour et 3 francs par nuit; il recevra en outre la ration du bord.

Art. 13. — Tout capitaine qui aura à reclamer auprès du directeur du port, relativement au pilotage, devra faire son rapport dans les vingt-quatre heures de son arrivée, et dans les quarante-huit heures, s'il est en quarantaine. Ces délais expirés, la réclamation ne sera pas admise.

Art. 14. — Dans le cas où il y aurait lieu de payer la conduite d'aller et de retour aux pilotes qui auront été employés par les bâtiments de commerce, elle sera de 2 francs par myriamètre.

Art. 15. — Les pilotes auront toujours un grelin dans leurs chaloupes, pour être prêts à le porter à tous les bâtiments qui pourraient en avoir besoin.

Art. 16. — Les pilotes-lamaneurs ne monteront à bord des bâtiments de l'Etat que lorsqu'ils y seront appelés par le signal prescrit par l'art. 20 du décret du 12 décembre 1806.

Vice-amiral Cte DE GUEYDON.

30 avril 1874. — *Décret.*

Art. 1er. — Le tarif des droits de pilotage à percevoir dans la rade et le port de Bône, sur les bâtiments de commerce et navires de guerre français et étrangers, est fixé comme il suit :

Bâtiments du commerce : à l'entrée, 11 centimes par tonneau; à la sortie, 5 centimes par tonneau.

Bâtiments de guerre, à l'entrée et à la sortie :

Vaisseaux de ligne de tout rang	50 fr.
Frégates à voiles de tout rang..	40 »
Corvettes de guerre ou de charge à trois mâts, de tout rang....	30 »
Gabarres à voiles et à trois-mâts	25 »
Bricks de guerre et bâtiments légers, à voiles, de toute grandeur et de tout rang	20 »

Les bâtiments mixtes paieront comme les bâtiments à voiles.

Les bâtiments à vapeur ne paieront que la moitié des droits de pilotage.

Les bâtiments étrangers paieront, provisoirement, les mêmes droits que les bâtiments français.

Tout bâtiment qui, après avoir mouillé en rade, entrera dans le port, paiera le demi-droit d'entrée.

Les caboteurs immatriculés dans les divers ports de l'Algérie sont exempts de tous droits.

M^{al} DE MAC-MAHON.

Port de Philippeville.

3 octobre 1874. — Arrêté du Gouverneur général qui crée un service de pilotes-lamaneurs à Philippeville.

20 mars 1875. — Décret qui établit le tarif des droits de pilotage dans la rade et le port de Philippeville sur les bâtiments de commerce et navires de guerre français et étrangers.

L'arrêté du 3 octobre 1874 sur le service des pilotes-lamaneurs à Philippeville est, dans ses dispositions et ses termes, identique avec celui du 5 avril 1873 ci-dessus qui a établi le même service à Bône.

Nous en dirons autant du décret du 20 mars 1875 sur les droits de pilotage à Philippeville, qui ne fait que reproduire les dispositions de celui du 30 avril 1874 ci-dessus sur les droits de pilotage à Bône, sauf toutefois en ce qui concerne le § 1er de son art. 2, lequel est ainsi conçu :

« Art. 2. — Les bâtiments mixtes paieront comme les bâtiments à voiles, lorsqu'ils manœuvreront à la voile, et comme les bâtiments à vapeur, lorsqu'ils manœuvreront à la vapeur. »

V. au surplus l'arrêté du 3 octobre 1874 et le décret du 20 mars 1875, *Bulletin officiel* du Gouvernement, année 1875, p. 294 et s.

17 décembre 1875. — Loi.

Art. 1er. — Le Gouverneur général civil de l'Algérie est autorisé à accepter, au nom de l'Etat, l'offre faite par la Chambre de commerce de Philippeville, ainsi qu'il résulte de ses délibérations des 4 mars et 9 juin 1875, d'avancer à l'Etat la somme de deux millions de francs (2,000,000 fr.), à l'effet de hâter l'achèvement des travaux du port de Philippeville.

Art. 2. — La Chambre de commerce de Philippeville est autorisée à emprunter, à un taux qui n'excédera pas six pour cent (6 p. 100), la somme de deux millions de francs (2,000,000 fr.) montant des avances faites à l'Etat.

Cet emprunt pourra être réalisé, soit avec publicité et concurrence, soit par voie de souscription, soit de gré à gré, avec faculté d'émettre des obligations au porteur ou transmissibles par voie d'endossement.

Si l'emprunt est contracté auprès d'un établissement public de crédit, la Chambre de commerce devra se conformer aux conditions statutaires de cet établissement, sans toutefois que la commission perçue en sus de l'intérêt puisse dépasser quarante-cinq centimes pour cent francs (0, 45 p. 100).

Art. 3. — La Chambre de commerce de Philippeville effectuera entre les mains de l'Etat des versements annuels variant de quatre cent mille à six cent mille francs (400,000 à 600,000 fr.) à la volonté de la Chambre de commerce, pourvu toutefois que le versement total soit opéré en quatre années à partir du 1er janvier 1876.

Il demeure entendu que ladite Chambre ne sera tenue à ces versements annuels qu'après l'épuisement du crédit alloué par l'Etat.

Les fonds successivement versés par la Chambre de commerce de Philippeville jusqu'à concurrence de ladite somme de deux millions (2,000,000 fr.) porteront intérêt au taux de quatre et demi pour cent (4 1/2 pour 100) à dater de leur versement.

L'amortissement calculé au même taux de quatre et demi pour cent (4 1/2 p. 0/0) pourra s'effectuer en quinze annuités, payables par termes semestriels, à partir de la date du premier versement. Toutefois, l'administration réduira, autant qu'elle le jugera convenable, la période d'amortissement en accroissant la quotité des payements semestriels.

Art. 4. — Il sera établi au port de Philippeville, à partir du 1er janvier 1876, un droit de vingt-cinq centimes (0 fr. 25) par tonneau de jauge sur tout navire français ou étranger ayant pour provenance ou pour destination la France et l'étranger qui entrera chargé, ou viendra prendre charge dans le port de Philippeville ou celui de son annexe, Stora.

Le matériel naval de l'Etat sera exempt du droit de tonnage.

Art. 5. — La perception du droit susmentionné est concédée à la Chambre de commerce pour couvrir la différence entre le taux de l'intérêt payé par l'Etat à la chambre de commerce et celui qu'elle aura elle-même payé aux souscripteurs de l'emprunt qu'elle est autorisée à contracter. Cette perception cessera après l'entier remboursement de la somme formant cette différence.

Port de Beni-Saf.

14 juin 1876. — Décret.

Art. 1er. — Sont déclarés d'utilité publique les travaux de construction à Beni-Saf (département d'Oran) d'un port pouvant recevoir des navires de 1,000 à 1,500 tonneaux.

Art. 2. — La Compagnie des mines de Soumah et de la Tafna est autorisée à établir ce port à ses frais, risques et périls, sans subvention ni garantie d'intérêt du Gouvernement, conformément aux dispositions générales du plan présenté par elle et aux conditions du cahier des charges.

Ce plan et ce cahier des charges resteront annexés au présent décret.

Mal DE MAC-MAHON.

Voir le cahier des charges au *Bulletin officiel* du Gouvernement, n° 662, année 1876, p. 371.

15 mars 1877. — *Décret.*

Art. 1ᵉʳ. — Le port de Beni-Saf, arrondissement de Tlemcen, département d'Oran, est ouvert aux opérations du commerce avec les pays étrangers et avec les Ports occupés de l'Algérie.

Art. 2. — Le même port est ajouté aux ports désignés par les articles 3 et 4 de la loi du 9 juin 1845, tant pour l'exportation des marchandises de l'Algérie, expédiées sur la France, que pour l'importation des marchandises expédiées de France sur l'Algérie.

Mᵃˡ DE MAC-MAHON.

15-29 novembre 1872. — *Décret approbatif d'une déclaration entre la France et l'Italie relative aux déserteurs de la Marine.*

Déclaration :

Les gouvernements de France et d'Italie voulant fixer de concert l'interprétation qui doit être donnée à l'article 14 de la convention consulaire du 26 juillet 1862, concernant les déserteurs de la marine, sont convenus de ce qui suit :

Les dispositions de l'article 14 précité sont applicables aux marins de tous grades embarqués sur les bâtiments de guerre, comme aux marins faisant partie des équipages de commerce.

Bulletin des lois, n° 1524.

Phares et fanaux.

7 octobre 1877. — *Décision du Gouverneur général.*

Les gardiens des phares de l'Algérie, qui ne sont pas logés aux frais de l'Etat, recevront une indemnité mensuelle de 15 fr., et ceux auxquels l'Etat ne fournit pas de mobilier recevront une indemnité mensuelle de 5 fr.

V. COMMERCE.

Notaires et greffiers-notaires.
V. OFFICIERS MINISTÉRIELS.

Notices sur les condamnés. V. CASIERS JUDICIAIRES.

Notifications aux indigènes.
V. OFFICIERS MINISTÉRIELS (Huissiers).

Nourrices et nourrissons. V. PROTECTION DE L'ENFANCE.

O

Objets recommandés. V. POSTES.
Obligations. V. ENREGISTREMENT.

Observatoire d'Alger. V. INSTRUCTION PUBLIQUE.

Octroi de mer.

Fixation de la proportion pour laquelle les indigènes israélites sont comptés dans la répartition du produit de l'octroi de mer revenant aux communes.

23 juin 1873. — *Arrêté.*

Vu l'arrêté du 2 avril dernier, portant fixation des états de population dressés en 1872, à la suite des opérations du dénombrement quinquennal de la population de l'Algérie, ensemble le tableau annexé à cet arrêté ;

Considérant que les ordonnances, décrets et règlements en vigueur sur la répartition de la taxe de l'octroi de mer en ont fixé les bases, sans tenir aucun compte de la question de nationalité, en se préoccupant seulement des habitudes économiques des divers éléments de la population ; que, par ce motif et sous ce rapport, les étrangers européens ont été entièrement assimilés aux français, de même que les indigènes israélites aux musulmans ;

Considérant que le décret du 24 octobre 1870, qui a accordé collectivement la naturalisation française aux israélites indigènes, n'a pu avoir pour effet de changer subitement les conditions économiques dans lesquelles ils vivaient antérieurement ; qu'ainsi aucune augmentation sensible n'ayant été constatée dans leur apport à la taxe de l'octroi de mer, la proportion, pour laquelle ils comptent dans sa répartition, doit encore rester telle qu'elle a été fixée par l'article 16 du décret du 18 août 1868, aux dispositions duquel il n'a été nullement dérogé, ni par le décret précité du Gouvernement de la Défense nationale, ni par aucun décret ou règlement postérieur ;

Considérant, dès lors, que si, quant à l'exercice des droits civils et politiques, les indigènes israélites doivent être classés avec la population française, dans les états de dénombrement, il n'est pas moins indispensable, au point de vue de la répartition de l'octroi de mer, de fixer séparément leur effectif dans chaque commune ;

Art. 1ᵉʳ. — Le tableau joint à l'arrêté susvisé, du 2 avril dernier, est complété conformément au tableau rectificatif ci-annexé ayant pour objet de fixer le contingent afférent à l'élément israélite indigène dans le chiffre de la population inscrite comme française aux états du dernier dénombrement quinquennal.

Pour le Gouverneur absent :
Le Directeur général : CH. TASSIN.

OCTROI DE MER

Département d'Alger

NOMS des COMMUNES	Français et Israélites indigènes naturalisés	NOMBRE des Israélites indigènes naturalisés compris dans le total ci-contre
Arrondissement d'Alger.		
Aïn-Taya	122	»
Alger	23.109	6.947
Alma	853	11
Ameur-El-Aïn	277	4
Arba	733	18
Attatba	186	»
Aumale	1.348	250
Berrouaghia	176	7
Birkadem	379	4
Birmandreïs	223	»
Blida	4.070	572
Boghar	283	8
Boghari	205	63
Bord-Menaïel	170	»
Boufarik	1.805	60
Bouzaréa	202	»
Castiglione	559	»
Chebli	738	»
Chéragas	1.098	9
Cherchell	1.190	47
Chiffa (La)	386	»
Dellys	1.160	257
Dély-Ibrahim	512	»
Douéra	1.539	18
Draria	177	»
El-Biar	419	16
Fondouk	241	11
Koléah	1.461	45
Kouba	355	»
Hussein-Dey	475	2
Mahelma	315	»
Maison-Carrée (La)	419	»
Marengo	1.105	21
Médéah	2.904	1.025
Montenotte	264	»
Mouzaïaville	1.319	»
Mustapha	4.526	32
Oued-El-Alleug	511	5
Rassauta	198	3
Reghaïa	66	»
Rouïba	142	2
Rovigo	257	»
Saint-Eugène	830	221
St.-Pierre et St.-Paul	166	»
Sidi-Moussa	166	»
Souma	289	»
Ténès	654	33
Palestro	145	2
Arrondissement de Miliana.		
Affreville	593	22
Aïn-Sultan	164	«
Bou-Medfa	237	12
Duperré	384	4
Miliana	2.096	841
Orléansville	1.527	187
Téniet-el-Hâad	541	148
Vesoul-Bénian	229	11
Arrondissement cercle de Tizi-Ouzou (communes mixtes).		
Dra-El-Mizan	367	»
Fort-National	135	»
Tizi-Ouzou	905	4
Communes mixtes du territoire militaire.		
Djelfa	269	44
Laghouat	377	211

Département d'Oran

NOMS des COMMUNES	Français et Israélites indigènes naturalisés	NOMBRE des Israélites indigènes naturalisés compris dans le total ci-contre
Arrondissement d'Oran.		
Aïn-El-Arba	200	28
Aïn-El-Turck	94	»
Aïn-Temouchent	818	189
Arzew	810	7
Assi-Ameur	198	»
Assi-ben-Okba	199	»
Assi-bou-Nif	225	»
Bou-Sfer	249	»
Bou-Tlélis	418	»
Fleurus	200	7
Kléber	169	»
Lourmel	247	17
Mangin	143	»
Mascara	3.618	1.009
Mers-El-Kebir	235	4
Missergbin	614	11
Mocta-Douz	138	»
Nemours	570	56
Oran	17.837	7.622
Perrégaux	586	19
Sainte-Barbe-du-Tlélat	211	»
Saint-Cloud	842	8
Saint-Denis-du-Sig	1.417	284
Saint-Louis	633	»
Sidi-bel-Abbès	3.289	337
Sidi-Chami	441	»
Tamzoura	234	»
Tiaret	691	8
Tlemcen	6.097	3.256
Valmy	259	»
Arrondissement de Mostaganem.		
Aboukir	374	»
Aïn-Boudinar	144	»
Aïn-Nouïssy	244	»
Aïn-Tédelès	693	20
Blad-Touaria	261	7
Rouguirat	238	»
Mazagran	358	«
Mostaganem	2.891	694
Pelissier	173	»
Relizane	1.347	223
Rivoli	245	»
Stidia (La)	89	»
Tounin	105	»
Communes mixtes.		
Ammi-Moussa	362	83
Zemmorah	142	19
Saïda	538	90
Daya	110	8
Mekerra	406	»
Lalla-Maghrnia	369	134
Sebdou	45	»

Département de Constantine

NOMS des COMMUNES	Français et Israélites indigènes naturalisés	NOMBRE des Israélites indigènes naturalisés compris dans le total ci-contre
Arrondissement de Bône.		
Aïn-Mokra	118	»
Barral	315	»
Bône	5.714	644
Bugeaud	232	»
Duvivier	264	»
Duzerville	161	»
Herbillon	30	»
La Calle	717	80
Mondovi	520	»
Nechmeya	37	»
Penthièvre	124	»
Randon	142	»
Souk-Ahras	781	142
Arrondissement de Constantine.		
Aïn-Beïda	761	487
Aïn-Smara	190	»
Batna	1.686	323
Bizot	275	»
Condé	286	»
Constantine	13.249	4.503
Le Hamma	714	»

Département de Constantine (Suite)

NOMS des COMMUNES	Français et Israélites indigènes naturalisés	NOMBRE des Israélites indigènes naturalisés compris dans le total ci-contre
Le Kroub	341	1
Lambèse	321	»
Oued-Atménia	562	»
Ouled-Rahmoun	104	»
Oued-Zenati	103	6
Arrondissement de Guelma.		
Enchir-Saïd	45	«
Guelma	1.541	405
Héliopolis	405	»
Millésimo	368	»
Arrondissement de Philippeville.		
Collo	157	»
Djidjelly	428	6
El-Arrouch	391	5
El-Kantour	153	»
Gastonville	268	»
Gastu	96	»
Jemmapes	947	»
Roberville	360	»
Saint-Charles	189	»
Stora	257	a
Philippeville	5.207	113
Arrondissement de Sétif.		
Bordj-bou-Arréridj	361	60
Bougie	1.542	348
Bouhira	35	»
El-Ouricia	220	»
Saint-Arnaud	156	»
Sétif	2.790	780
Communes mixtes.		
Tébessa	236	76
Boussâda	423	340
Biskra	190	22

Fixation de la part des communes mixtes dans la répartition du produit net.

19 janvier 1875. — Décret.

Vu l'art. 16 du décret du 18 août 1868, d'après lequel la part de l'élément indigène dans les communes est fixée, pour la répartition de l'octroi de mer, au huitième de l'effectif de cette population ;

Considérant que des douars-communes, jusqu'ici administrés par l'autorité militaire, vont passer en territoire civil, qu'ils y seront généralement répartis dans des communes mixtes ;

Considérant que les populations de ces douars-communes n'apportent encore qu'un faible tribut à la consommation des produits soumis aux taxes de l'octroi municipal de mer ; qu'elles ne sauraient équitablement être comprises dans la répartition de ce produit pour une proportion égale à celle qui est appliquée aux habitants indigènes des communes de plein exercice;

Art. 1ᵉʳ. — Jusqu'à ce qu'il en soit autrement ordonné, la part des communes mixtes dans la répartition du produit net de l'octroi municipal de mer sera basée, quant à l'élément indigène, sur le quarantième de l'effectif de cette population.
La part de l'élément indigène dans les communes de plein exercice reste fixée au huitième de l'effectif de cette population.
Mᵃˡ DE MAC-MAHON.

Officiers ministériels.

DIVISION

§ 1. — Défenseurs. — Création d'offices. — Organisation spéciale aux tribunaux de Kabylie.
§ 2. — Greffiers. — Fonctions notariales qui leur sont conférées en Algérie. — Droits d'expédition spécialement accordés aux greffiers en Kabylie.
§ 3. — Huissiers. — Création d'offices.
§ 4. — Notaires. — Création d'offices.
§ 5. — Vente des objets mobiliers aux enchères publiques. — Déclaration préalable des officiers ministériels.

---

§ 1. — Défenseurs.

16 mai 1874. — Décret.

Il est créé trois offices de défenseurs près chacun des tribunaux de Tizi-Ouzou et de Bougie.
Mᵃˡ DE MAC MAHON.

14 novembre 1874. — Décret.

Art. 1ᵉʳ. — Les défenseurs près les tribunaux civils de Tizi-Ouzou et de Bougie peuvent être admis, sur la demande expresse des parties, à représenter les indigènes arabes ou kabyles, ou musulmans étrangers, et à défendre leurs intérêts, concurremment avec les oukils, devant les justices de paix de ces arrondissements, soit en premier, soit en dernier ressort, en se conformant, d'ailleurs, aux prescriptions des articles 15, 25 et suivants du décret du 13 décembre 1866 et 12 du décret du 29 août 1874.
Mᵃˡ DE MAC-MAHON.

§ 2. — Greffiers.

Exercice des fonctions notariales par les greffiers des justices de paix.

18 janvier 1875. — Décret.

Art. 1ᵉʳ. — Les dispositions du paragraphe 4 de l'article 14 du décret du 29 août 1874 sont applicables à toute l'Algérie (1).

Art. 2. — Les greffiers de paix de l'Algérie, autorisés par le garde des sceaux, à exercer les attributions notariales dans les cantons où il n'existera pas de notaire, n'exerceront que concurremment avec les notaires ayant compétence pour instrumenter dans tout l'arrondissement judiciaire, dans les limites et sous les réserves et conditions ci-dessous énoncées.

---

(1) V. JUSTICE.

Section Iʳᵉ. — *Exercice entier des fonctions notariales par les Greffiers.*

Art. 3. — La plénitude des attributions notariales pourra être conférée aux greffiers de paix, lorsqu'ils auront obtenu un certificat de capacité délivré, soit conformément à l'article 45 de la loi du 25 ventôse an XI, par la chambre de discipline des notaires de leur dernière résidence en France, soit par une commission formée au chef-lieu de chaque département de l'Algérie. Cette commission sera composée et procèdera conformément à l'article 6 de l'arrêté ministériel du 30 décembre 1842.

Art. 4. — Tout greffier investi de la plénitude des attributions notariales sera soumis, outre son cautionnement de greffier, à un cautionnement supplémentaire de 1,500 fr.

La totalité des deux cautionnements demeurera affectée, par privilège, à la garantie des condamnations pour lui encourues à l'occasion de l'exercice de ces doubles fonctions.

Avant d'entrer en fonctions, il prêtera le serment professionnel devant le juge de paix ; mais il ne sera admis à prêter le serment qu'après avoir produit le récépissé constatant le versement du supplément de son cautionnement.

Art. 5. — Il sera soumis à tous les règlements en vigueur sur le notariat.

Ses actes produiront le même effet que ceux des notaires, et il aura droit aux mêmes honoraires et émoluments.

Section II. — *Exercice restreint des fonctions notariales par les greffiers.*

Art. 6. — Lorsque le greffier de paix ne justifiera pas de l'obtention de l'un des deux certificats de capacité énoncés en l'article 3, la plénitude des attributions notariales ne lui sera jamais dévolue.

Il pourra seulement être autorisé à recevoir et rédiger, en la forme des actes notariés, les conventions des parties qui requerront son ministère à cet effet, à l'exception des actes dont la réception est exclusivement réservée aux notaires.

Les actes ainsi rédigés ne vaudront que comme écrits sous signatures privées. Néanmoins, et sauf les cas où ces actes pourraient être délivrés en brevet par les notaires, il en sera conservé minute, qui restera déposée au greffe de la justice de paix.

Art. 7. — Le greffier pourra être également autorisé à recevoir et à rédiger, en la forme des actes notariés, des procurations qui auront même efficacité et authenticité, comme si elles avaient été reçues et rédigées par un notaire.

Art. 8. — Il pourra aussi être autorisé à recevoir les testaments en présence de deux témoins, et les reconnaissances d'enfants naturels, dans la même forme. Néanmoins, ces testaments et reconnaissances seront nuls et non avenus si, en cas de survie du testateur ou de l'auteur de la reconnaissance, ils n'ont pas été renouvelés dans les six mois, avec les formalités ordinaires, devant les officiers publics compétents. Avis devra être donné aux parties de cette disposition lors de la réception de l'acte, et mention en sera faite dans ledit acte, sous peine de 100 fr. d'amende contre le greffier. Cette contravention sera constatée et poursuivie en la même forme que les autres contraventions en matière de notariat.

Art. 9. — Le greffier pourra encore, dans les cas prévus par les articles 928 et 942 du Code de procédure civile, être désigné par le juge de paix pour représenter à la levée des scellés ou à l'inventaire les intéressés non présents.

Il pourra également dresser les inventaires conformément aux articles 942 du Code de procédure civile. Dans ce cas, comme dans celui où le greffier aura la plénitude des attributions notariales, le juge de paix pourra ordonner qu'il sera passé outre à l'inventaire, en l'absence d'un officier public pour représenter les intéressés non présents.

Art. 10. — Le greffier sera soumis, pour tout ce qui sera relatif à ses fonctions notariales, aux règlements en vigueur sur le notariat. Il aura droit, pour les actes par lui reçus, pour l'expédition des actes dont la minute sera déposée au greffe de la justice de paix, et pour les vacations, à la moitié des honoraires ou rétributions allouées aux notaires de l'Algérie. Il lui sera alloué les mêmes indemnités qu'en matière de justice de paix.

Section III.

Art. 11. — Les attributions conférées aux greffiers de paix, en matière notariale, cesseront de plein droit lorsqu'un notaire sera institué dans le canton, et, en ce cas, les minutes et répertoires seront remis à cet officier public.

Mᵃˡ DE MAC-MAHON.

Droit d'expédition alloué aux greffiers des arrondissements judiciaires de Tizi-Ouzou et de Bougie.

4 mars 1875. — *Arrêté.*

Le Gouverneur général civil de l'Algérie, commandant en chef des forces de terre et de mer,

Vu les arrêtés des 13 décembre 1866 (articles 29 et 38) et du 29 août 1874 (art. 6) ;

Vu les arrêtés du 22 octobre 1861 (art. 4) et du 21 mars 1868 (art. 1, n° 48);

Sur les propositions du Procureur général près la Cour d'appel d'Alger ;

Le Conseil de Gouvernement entendu,
Arrête :

Art. 1er. — Il est alloué aux greffiers de justice de paix des deux arrondissements judiciaires de Tizi-Ouzou et de Bougie, en matière de justice arabe ou kabyle, lorsque l'expédition du jugement sera réclamée par les parties, un droit d'expédition de 0 fr. 75 par rôle.

Est maintenu au profit desdits greffiers le droit fixe de 0 fr. 75 déterminé par l'arrêté du 22 octobre 1861.

Art. 2. — Il est alloué aux greffiers des tribunaux de 1re instance de Tizi-Ouzou et de Bougie et à celui de la Cour d'Alger, 0 fr. 75 par rôle d'expédition réclamée par les parties. Il leur est alloué en outre, en sus du droit d'expédition, un droit fixe de 3 francs, à titre de rémuration. — Ce droit sera supporté par la partie qui aura succombé et compris dans les dépens. Toutefois, si l'expédition du jugement est réclamée avant la consignation de ce droit au greffe du tribunal, il pourra être perçu, lors de la remise de l'expédition et compris dans le coût de celle-ci. Il ne pourra dans tous les cas être perçu qu'une seule fois.

Gal CHANZY.

§ 3. — Huissiers.

14 août 1873. — Décret portant création d'un office d'huissier près la justice de paix d'Aïn-Beïda.

17 avril 1874. — Décret portant création d'un office d'huissier près le tribunal de 1re instance de Tizi-Ouzou.

11 mai 1874. — *Décret.*

Art. 1er. — Il est créé un office d'huissier près de chacune des justices de paix de l'Arba, Teniet-el-Haad, Boghari, Nemours, Aïn-Temouchent, Perrégaux, Inkermann (Ammi-Moussa), Oued-Zénati, Ouled-Rahmoun, Oued-Aténia et Bordj-bou-Arréridj.

L'office d'huissier créé près la justice de paix de l'Alma est transféré au Col des Beni-Aïcha.

Art. 2. — Ces officiers ministériels auront exclusivement le droit d'instrumenter dans le ressort des justices de paix, tel qu'il a été délimité par le décret précité du 23 avril 1874. Néanmoins, en cas d'absence ou d'empêchement de ces huissiers, le Procureur général pourra pourvoir à leur remplacement provisoire par la désignation d'un autre huissier appartenant au même arrondissement judiciaire.

Art. 3. — Dans les cantons judiciaires où il n'existera pas d'office d'huissier ou d'emploi de garde colonial, les fonctions d'huissier seront provisoirement exercées par le commandant de brigade de gendarmerie, conformément aux dispositions de l'arrêté du Gouverneur général du 29 mai 1846. Toutefois, il sera toujours permis aux parties de requérir le ministère des huissiers des cantons limitrophes ou des chefs-lieux d'arrondissement. Dans ce cas, les frais de transport de l'huissier requis, en tant qu'ils seront supérieurs à ceux du fonctionnaire-huissier, resteront à la charge de la partie requérante.

Art. 4. — L'huissier nommé près le tribunal de Tizi-Ouzou aura exclusivement le droit d'instrumenter dans le ressort de la justice de paix du même nom, délimité par le décret du 23 avril 1874. Néanmoins, en cas d'absence ou d'empêchement de cet huissier, le Procureur général pourra pourvoir à son remplacement provisoire par la désignation d'un autre huissier, appartenant à l'arrondissement judiciaire de Tizi-Ouzou ou d'Alger.

4 novembre 1874. — Décret portant création d'un office d'huissier près la justice de paix d'Akbou.

2 avril 1875. — Décret portant création de deux offices d'huissier dans l'arrondissement judiciaire de Tizi-Ouzou, l'un à Bordj-Menaïel, l'autre à Dra-el-Mizan.

§ 4. — Notaires.

11 mai 1874. — Décret portant création d'un office de notaire à la résidence d'Aïn-Temouchent.

14 juillet 1874. — Décret portant création d'un office de notaire à la résidence de Saint-Cloud.

V. *Suprà*, un décret du 18 janvier 1875, qui confère aux greffiers des justices de paix les fonctions notariales.

§ 5. — Déclaration des officiers ministériels préalable à chaque vente d'objets mobiliers aux enchères publiques.

27 février 1875. — *Arrêté.*

Vu les articles 2 et 3 de la loi du 22 pluviôse an VII, relatifs aux obligations imposées aux officiers ministériels chargés de procéder à la vente d'objets mobiliers aux enchères publiques ;

Considérant qu'il importe de faciliter à ceux de ces officiers ministériels résidant dans des localités, où il n'existe pas de bureau de l'Enregistrement, les moyens d'effectuer la déclaration qu'ils doivent souscrire préalablement à chaque vente ;

Art. 1er. — Les officiers ministériels résidant dans une localité autre que celle où se trouve le bureau de l'Enregistrement dont dépend leur office, pourront ne pas se transporter à ce bureau pour y souscrire la déclaration préalable aux ventes aux enchères d'objets mobiliers qu'ils sont chargés d'effectuer.

Art. 2. — Cette déclaration sera remplacée, le cas échéant, par une déclaration établie sur papier timbré et rédigée dans les formes déterminées par l'article 3 de la loi du 22 pluviôse an VII, susvisée ; le déclarant devra l'adresser au receveur de l'Enregistrement de la circonscription, assez à temps pour qu'elle lui parvienne un jour au moins avant la vente.

Après l'avoir transcrite sur le registre à ce destiné, le receveur la renverra à l'officier ministériel expéditeur, revêtue de la mention du numéro sous lequel elle aura été transcrite.

Art. 3. — Tous arrêtés ou décisions contraires sont abrogés.

Gal CHANZY.

V. *Ménerville*. V° COMMISSAIRES PRISEURS.

Officiers de police judiciaire. V. JUSTICE ; COMMUNES ; CIRCONSCRIPTIONS CANTONALES ; ADMINISTRATION DU TERRITOIRE MILITAIRE.

Officiers de santé. V. ART MÉDICAL.

Oléron (actes judiciaires à destination des îles d'). V. ACTES JUDICIAIRES.

Opposition. V. EFFETS PUBLICS.

Option de nationalité. V. ALSACIENS-LORRAINS.

Or et argent. V. GARANTIE.

Oran (plan d'alignement de la ville d'). V. COMMUNES, sect. 1re.

Ordonnateurs. V. ADMINISTRATION GÉNÉRALE ; DOMAINE ; ENREGISTREMENT ET TIMBRE ; FORÊTS ; CONTRIBUTIONS ; POSTES. V. aussi *Ménerville*.

Ordres civils et militaires. V. LÉGION D'HONNEUR.

Organisation administrative. V. ADMINISTRATION GÉNÉRALE DU TERRITOIRE MILITAIRE ; COMMUNES, etc.

Organisation judiciaire. V. JUSTICE, etc.

Organisation militaire. V. SERVICE MILITAIRE, etc.

Orphelinats. V. *Ménerville*.

Oukaff. V. INDIGÉNAT.

Ouvrages dramatiques. V. THÉÂTRES. V. aussi *Ménerville*.

Ouvrages utiles sur l'Algérie (subventions aux). V. SUBVENTIONS.

Ouvroirs musulmans. V. *Ménerville*.

P

Pacage. V. CHÈVRES.

Papiers de commerce. V. POSTES.

Papiers timbrés. V. TIMBRE.

Pari sur chevaux. V. JEUX DE HASARD.

Parquet (attachés aux). V. JUSTICE.

Passages maritimes. V. *Ménerville*.

Passeports.

1874. — CIRCULAIRE *du Gouverneur général.*

Je viens de recevoir de M. le vice-consul de France à Djeddah la dépêche dont la teneur suit :

« Par lettre du 3 octobre 1873, M. le Ministre des affaires étrangères a bien voulu m'informer que, conformément à ma demande, les pèlerins algériens seraient mis dorénavant dans la nécessité de faire viser leurs passeports au vice-consulat de France à Djeddah.

» J'ai remarqué que

» 1° Beaucoup de ces passeports ne portent pas l'inscription de cette formule ;

» 2° Cette formule elle-même offre, sur les passeports où je l'ai trouvée transcrite, quelques défectuosités ; elle dit en substance que *les pèlerins algériens feront viser leurs passeports au vice-consulat de France à Djeddah, à leur retour de la Mecque.* Ces termes paraissent trop absolus. En effet, beaucoup de pèlerins ont l'habitude de se rapatrier par Jambo, port où n'habite aucun européen ; je ne les vois donc pas, à leur retour de la Mecque, et ne puis viser leurs passeports : je ne pourrais alors voir que ceux qui, passant d'abord par Jambo, viennent se rembarquer à Djeddah.

» J'ai l'honneur de vous proposer de remplacer la première formule par celle-ci : *Les pèlerins algériens sont tenus de faire viser leurs passeports au vice-consulat de France à Djeddah, soit à l'aller, soit au retour.*

» Il importe aussi bien de voir ces Algériens, dans un cas comme dans l'autre, afin de s'assurer de leur état sanitaire et de leurs ressources exactes, quand ils arrivent ou quand ils repartent.

» Un moyen de les empêcher de se soustraire à cette formalité serait, ce me semble, de faire inscrire sur les passeports de ces pèlerins, qu'ils seront soumis à une forte amende s'ils ne se conforment pas aux ordres donnés... »

Nous ne saurions, monsieur le Préfet, entourer de trop de précautions les autorisations de pèlerinage à la Mecque; aussi je vous prie de prescrire de satisfaire à l'avenir à la demande de M. le vice-consul de France à Djeddah.

Les indigènes sont tenus de se présenter, eux-mêmes, dans chaque localité, pour demander leurs passeports; il sera donc très facile de leur donner connaissance des instructions ci-dessus, dont reproduction aura lieu sur les permis de voyage. Il faudra qu'au retour chaque pèlerin se présente à son chef de cercle ou de circonscription, qui s'assurera par lui-même que les ordres donnés ont été exécutés.

Gal CHANZY.

V. *Ménerville*.

3 août 1877. — CIRCULAIRE *du Préfet d'Alger relative à la suppression du passeport*.

J'ai l'honneur de vous faire connaître que M. le ministre de l'intérieur a décidé que les Italiens, Suisses, Suédois, Norvégiens et Danois seront désormais, à titre de réciprocité, admis à entrer et à circuler en Algérie sans passeport.

Le bénéfice de cette mesure est étendu, à titre de tolérance exceptionnelle, aux voyageurs de nationalité austro-hongroise.

Je vous prie de vouloir bien assurer, en ce qui vous concerne, l'exécution de cette décision.

Vous ne perdrez pas de vue, toutefois, que l'adoption de la nouvelle mesure ne doit pas, d'une part, faire négliger les dispositions que doivent prendre les compagnies de transports maritimes, pour que les listes des passagers soient exactement établies et remises à l'administration, ni, d'autre part, préjudicier au droit qui appartient aux agents de la police administrative d'exiger des voyageurs, s'il y a lieu, la justification de leur origine et de leur identité.

Le Préfet: BRUNEL.

Aux termes d'une décision de même nature prise par le ministre de l'intérieur, les citoyens américains sont dorénavant admis en Algérie à une semblable faveur.

(Voir *Recueil des actes administratifs* des préfectures d'Alger et d'Oran, année 1877).

Pasteurs. V. CULTES.

Patentes. V. *Ménerville*.

Pavillon (surtaxe de). V. DOUANES.

Pêche.

Réglementation de l'emploi des engins servant à la pêche du corail.

15 décembre 1876. — *Arrêté.*

Vu l'arrêté de l'intendant civil, du 31 mars 1832, portant règlement général sur la pêche du corail, et le décret du 1er juin 1864, relatif à la même industrie;

Considérant que l'article 15 dudit arrêté, portant « défense à tout coralleur » d'employer pour la pêche d'autres filets ou engins que ceux d'usage, » n'a pas spécifié ceux de ces engins dont l'emploi pourrait être autorisé;

Qu'il importe, au point de vue de la conservation des bancs de corail, de combler la lacune que la législation de 1832 a laissé subsister, et d'interdire les engins dont l'expérience a condamné l'emploi;

Art. 1er. — A compter du 1er janvier 1877, il est fait défense à tout coralleur, d'employer pour la pêche d'autre engin que celui qui consiste en une croix de bois garnie de filets de chanvre et munie, à son extrémité, d'un poids suffisant pour la faire descendre au fond.

Les bras de cette croix ne devront être munis d'aucune armature métallique, de quelque forme qu'elle puisse être.

Les instruments en fer ou autre métal, tels que grattes, dragues, casseroles, grappins, cercles, etc., sont prohibés.

Art. 2. — L'emploi du scaphandre continue à être autorisé. Tout instrument nouveau pourra être autorisé également, après essai et examen, s'il est reconnu ne pas nuire à la conservation des bancs. Cette autorisation devra faire l'objet d'un arrêté spécial, après avis favorable de l'administration maritime.

Art. 3. — Les infractions au présent arrêté seront punies par les commissaires de l'inscription maritime et les directeurs de port en faisant fonctions, après avoir été constatées, soit par ces officiers ou leurs agents, soit par les bâtiments chargés de la surveillance de la pêche du corail.

Art. 4. — Les peines à infliger seront, selon la gravité du délit, l'interdiction *temporaire* ou *définitive* pour la saison commencée, de pêcher dans les parages algériens. Dans le cas de l'interdiction définitive, si le coralleur est étranger, il lui sera fait retrait de sa patente, dont les droits demeureront néanmoins définitivement acquis à l'Etat; s'il est Français ou navigue dans les conditions prévues à l'article 3 du décret du 1er juin 1864, son rôle d'équipage lui sera retiré.

Dans tous les cas, les engins prohibés seront confisqués.

Gal CHANZY.

Règlementation de l'exercice de la pêche du corail en Algérie.

19 décembre 1876. — *Décret.*

Art. 1er. — Le décret susvisé du 1er juin 1864 est rapporté, sauf en ce qui concerne le taux de la patente qui reste provisoirement fixé à 800 fr., sous la réserve des modifications pouvant résulter des conventions internationales.

Art. 2. — Il n'y aura plus à l'avenir que deux catégories de pêcheurs de corail : les français indigènes ou naturalisés exonérés de tous droits, et les étrangers payant patente.

Art. 3. — Pour être admis à la gratuité de la pêche, les bateaux devront avoir été construits en France ou en Algérie, ou être francisés et appartenir à des français ou naturalisés ; le patron et les trois quarts au moins de leurs équipages devront être français indigènes ou naturalisés.

Art. 4. — Sont et demeurent abrogées les dispositions des ordonnances, décrets et règlements antérieurs qui sont contraires au présent décret.

Mal DE MAC-MAHON.

8 mai 1877. — *Décret.*

Art. 1er. — Les dispositions du décret précité du 19 décembre 1876, ne seront appliquées qu'à compter du 1er octobre 1877.

Mal DE MAC-MAHON.

Un décret, en date du 29 septembre 1877, suspend pour la seconde fois et jusqu'au 6 juillet 1878 l'application des dispositions du décret du 19 décembre 1876, relatif à l'exercice de la pêche du corail sur les côtes de l'Algérie.

Voir DOMAINE.

Pèlerins. — V. PASSEPORTS.

Pensions civiles et militaires.

Employés municipaux.

10 décembre 1873. — Délibération du Conseil municipal d'Alger qui approuve le projet de statuts pour l'établissement d'une caisse obligatoire de retraite en faveur des employés et agents des services municipaux de la commune d'Alger.

19 décembre 1873. — Arrêté du préfet d'Alger portant création de cette caisse de retraite et approuvant les statuts annexés à la délibération du 10 décembre.

26 décembre 1873. — Arrêté du Gouverneur général approuvant l'arrêté préfectoral du 19 décembre et les statuts de la caisse de retraite des employés municipaux de la commune d'Alger.

V. Ces arrêtés et ces statuts au *Bulletin officiel* du gouvernement, année 1873, p. 673 et s.

2 mars 1876. — Délibération du Conseil municipal de Constantine qui approuve le projet de statuts d'une caisse de retraite des employés et agents municipaux de cette commune.

19 juillet 1876. — Arrêté du Gouverneur général approuvant la création de cette caisse de retraite et les statuts la concernant.

V. *Bulletin officiel* du gouvernement, année 1876, p. 539.

Militaires blessés ou amputés.

Une loi du 4 décembre 1872, qu'on trouvera dans *Dalloz*, P. 1872, 4. p. 135, règle les pensions à accorder aux militaires blessés devant l'ennemi ou amputés à la suite d'une campagne.

Un décret du 11 janvier 1873 organise la *Caisse des offrandes nationales* en faveur des armées de terre et de mer sur les bases de la loi précitée du 4 décembre 1872.

Une décision du Président de la République, en date du 3 avril suivant, approuve diverses résolutions adoptées par le comité supérieur de la *Caisse des offrandes nationales.*

V. Ces documents dans *Dalloz*, P. 1875, 4, p. 26 et 62.

Pensions et indemnités de réforme.

30 mars 1872. — *Loi* (1).

Art. 1er. — Les fonctionnaires et employés civils ayant subi une retenue, qui du 12 février 1871 au 31 décembre 1872, auront été réformés pour cause de suppression d'emploi, de réorganisation, ou pour toute autre mesure administrative qui n'aurait pas le caractère de révocation ou de destitution, pourront obtenir pension, s'ils réunissent vingt ans de services. Cette pension sera calculée, pour chaque année de service civil, à raison d'un soixantième du traitement moyen des quatre dernières années d'exercice. En aucun cas elle ne devra excéder le maximum de la pension de retraite affectée à chaque emploi.

Art. 2. — Ceux desdits fonctionnaires et employés réformés, qui ne compteront pas la durée des services exigée par l'article précédent, obtiendront une indemnité temporaire du tiers de leur traitement moyen des quatre dernières années, pour un temps égal à la durée de leurs services, sans pouvoir excéder cinq ans.

Néanmoins, si les fonctionnaires et

---

(1) Voir pour les annotations, Dalloz P. 1872, 4, page 74.

employés ont plus de dix années de services, la jouissance de l'indemnité sera limitée à la moitié de la durée des services.

Art. 3. — Si ces fonctionnaires et employés sont ultérieurement replacés dans une administration de l'Etat, les pensions ou indemnités accordées conformément aux art 1 et 2 ci-dessus ne se cumuleront pas avec leur nouveau traitement.

Art. 4. — Les pensions concédées en vertu de l'art. 1er seront éventuellement reversibles sur la tête des veuves et des enfants, aux conditions de la loi du 9 juin 1853.

Permis de chasse. V. CHASSE.

Permis de circulation. V. PASSEPORT.

Permutations entre l'armée de terre et l'armée de mer. V. SERVICE MILITAIRE.

Pérou (traité d'extradition avec le). V. EXTRADITION.

Perte des effets publics. V. EFFETS PUBLICS.

Pesage public. V. POIDS ET MESURES.

Peste bovine. V. EPIZOOTIE.

Pétrole. V. ETABLISSEMENLS INSALUBRES ; SALUBRITÉ PUBLIQUE.

Pétitions. V. TIMBRE.

Phares et fanaux. V. NAVIGATION.

Pharmaciens. V. ART MÉDICAL.

Photographie. V. IMPRIMERIE.

Phylotacca ou baies de Portugal. V. TROMPERIE.

Phylloxéra. V. AGRICULTURE.

Pièces de conviction. V. TIMBRE.

Pièces judiciaires. V. LÉGALISATION.

Pilotage. V. NAVIGATION.

Placards. V. ELECTIONS.

Places de guerre. V. SERVITUDES MILITAIRES.

Plages. V. DOMAINE.

Plantations. V. *Ménerville*.

Poids et mesures.

21 août 1874. — Décret qui range l'appareil automatique dit *Mesureur-compteur* au nombre des instruments légaux de pesage et de mesurage.

28 décembre 1874. — Décret qui fixe à 5 centimes la taxe de vérification première du *mètre* et du demi-mètre.

7 juillet 1875. — Décret qui autorise l'emploi du bois de frêne dans la construction des mesures de capacité en bois.

16 novembre 1875. — Décret qui place l'*hectolitre* servant à mesurer les liquides au nombre des instruments légaux de mesurage.

On trouvera ces décrets au *Bulletin des lois*, n°ˢ 3318, 3608, 4306 et 4727, années 1874 et 1875.

V. *Ménerville*.

Police.

SOMMAIRE
Commissariat central d'Alger.
Police d'Alger et communes suburbaines.
Création de commissariats.

Constitution du Commissariat central d'Alger.

23 septembre 1872. — *Décret.*

Art. 1er. — La police administrative et la police générale, telle qu'elle est définie par la section II de l'arrêté des Consuls, du 12 messidor an VIII, sont exercées à Alger et dans les communes suburbaines de Mustapha, El-Biar, La Bouzaréa, Saint-Eugène et la Pointe-Pescade, par un commissaire central, sous les ordres du gouverneur général civil et du préfet.

Le commissaire central et les agents sous ses ordres sont nommés par le gouverneur général civil de l'Algérie.

Art. 2. — L'organisation du commissariat central, ses attributions, le cadre du personnel affecté au service et les traitements des agents composant ce personnel, seront réglés, dans la limite des allocations portées au budget de l'Etat, par des arrêtés du gouverneur général civil.

Art. 3. — Les commissaires de police d'arrondissement et ceux des localités suburbaines seront tenus de remettre au commissariat central un double des rapports qu'ils adressent à l'autorité municipale.

Ils sont également tenus d'obtempérer aux réquisitions du commissaire central pour l'exécution du service qui lui est confié.

Art. 4. — Les décrets des 19 décembre 1868 et 8 août 1869 sont abrogés en ce qu'ils ont de contraire au présent décret.

A. THIERS.

Organisation du Commissariat central d'Alger.

30 novembre 1872. — *Arrêté.*

Art. 1er. Le cadre du personnel affecté au service du commissariat central, et les traitements des agents composant ce personnel sont réglés ainsi qu'il suit :

Le commissaire central...............	5.000 fr.
Un Commissaire spécial pour les délégations judiciaires......................	3.000

Service sédentaire.

1 Secrétaire en chef........	2.400 fr.	
2 Secrétaires à 2.000 fr......	4.000	} 9.400
1 Comptable et interprète....	1.800	
1 Expéditionnaire...........	1.200	

A reporter........ 17.400 fr.

Report	17.400 fr.	
Service actif.		
1 Inspecteur de police de 1re classe	2.000 fr.	
1 Id. de 2e classe	1.800	
2 Sous-inspecteurs, à 1.500 fr.	3.000	29.300
5 Agents de 1re classe, à 1.300 fr.	6.500	
10 Id. de 2e classe, à 1.200 fr.	12.000	
4 Agents maures à 1.000 fr.	4.000	
Total	46.700 fr.	

Matériel et dépenses diverses.

Frais de bureau, chauffage, éclairage du commissariat central	2.500 fr.
Id. du commissaire spécial	600
Entretien du mobilier du commissariat central	400
Frais de tournées	800
Habillement des agents du service actif (23 à 130 fr.)	2.990
Réserve pour dépenses imprévues	1.010
Total	8.300 fr.

Art. 2. — La police municipale continuera d'être assurée au moyen des ressources des communes, conformément aux lois et règlements sur la matière.

Vice-amiral Cte DE GUEYDON.

Organisation du service de la police à Alger et dans les communes suburbaines.

28 octobre 1873. — Décret.

Vu le décret du 23 septembre 1872, sur la constitution du commissariat central de police d'Alger;

Considérant que l'exécution de ce décret a fait naître, entre l'administration supérieure et l'autorité municipale, des difficultés et des conflits d'attributions auxquels il est urgent de remédier;

Considérant que des faits récents ont donné lieu de reconnaître que le défaut d'unité dans la direction de la police d'Alger nuit à l'efficacité de son action; que la séparation du service en deux branches soumises à des directions différentes, outre l'antagonisme regrettable qu'elle peut faire naître entre les deux polices, enlève à chacune d'elles des moyens d'action qui, réunis, assureraient plus énergiquement le maintien du bon ordre;

Art. 1er. — Le Préfet d'Alger remplit dans la commune d'Alger et dans les communes suburbaines de Mustapha, El-Biar, la Bouzaréa, Saint-Eugène et Pointe-Pescade, les fonctions de préfet de police, telles qu'elles sont réglées par les dispositions actuellement en vigueur de l'arrêté des Consuls du 12 messidor, an VIII.

Art. 2. — Toutefois, les maires des communes ci-dessus désignées restent chargés, sous la surveillance du Préfet, et sans préjudice des attributions tant générales que spéciales qui leur sont conférées par les lois :

1° De tout ce qui concerne l'établissement, l'entretien et la conservation des édifices communaux, cimetières, promenades, plans, rues et voies publiques ne dépendant pas de la grande voirie, l'établissement et la réparation des fontaines, aqueducs, pompes et égouts;

2° De la police municipale, en tout ce qui a rapport à la sûreté et à la liberté de passage sur la voie publique, à l'éclairage, au balayage, aux arrosements, à la solidité et à la salubrité des constructions privées, aux inhumations, aux mesures propres à prévenir et à arrêter les accidents et fléaux calamiteux, tels que les incendies, les épidémies, les débordements; à la surveillance des bains publics, écoles de natation et abreuvoirs; aux secours à donner aux noyés; à l'inspection de la salubrité des denrées, boissons, comestibles et autres marchandises mises en vente publique et de la fidélité de leur débit;

3° De la fixation des mercuriales;

4° Des adjudications, marchés et baux.

Art. 3. — Un commissaire central est chargé, sous l'autorité immédiate du Préfet, de l'exécution des mesures de police placées dans les attributions du Préfet par l'article 1er du présent décret.

Le commissaire central est, en même temps, chef de la police municipale de la commune d'Alger; à ce titre, et pour les attributions de police dévolues au Maire, il est placé sous l'autorité de ce fonctionnaire; il reçoit ses ordres et en assure l'exécution.

Art. 4. — Le Gouverneur général civil de l'Algérie, sur la proposition du Préfet, règle par des arrêtés les dispositions relatives à la formation des cadres tant du service de la police centrale que du service de la police municipale. Pour ce dernier service, le Conseil municipal est consulté et le Maire appelé à présenter ses observations.

Art. 5. — Les dépenses affectées aux divers services de police sont obligatoires pour la commune. Si le Conseil refusait de les voter, ou n'allouait qu'une somme insuffisante, l'allocation nécessaire serait inscrite au budget par un arrêté du Gouverneur général.

Toutefois, sont mis à la charge de l'État :

Le traitement du Commissaire central de police d'Alger;

Les dépenses d'une brigade de sûreté placée sous les ordres directs du Commissaire central;

Les dépenses relatives au logement de ce fonctionnaire, à l'installation de ses bureaux, au costume des agents de la brigade de sûreté et autres dépenses matérielles de même service;

Le tout, dans les limites des crédits

annuellement alloués au budget législatif.

Art. 6. — Le Commissaire central et les Commissaires de police sont nommés par le Gouverneur général civil de l'Algérie.

Les employés et agents de tout ordre sont nommés par le Préfet.

Art. 7. — Les arrêtés préfectoraux, pris en exécution de l'article 1er du présent décret, ne sont exécutoires qu'après avoir été revêtus de l'approbation du Gouverneur général civil.

Art. 8. — Des arrêtés du Gouverneur général pourront étendre la juridiction du Commissaire central de police d'Alger à d'autres localités du département que celles désignées dans l'article 1er.

Tous règlements d'attribution entre le Préfet du département et le Maire d'Alger, pour les objets intéressant à la fois la police générale et la police municipale, seront édictés par des arrêtés du Gouverneur général civil.

Art. 9. — Sont abrogés le décret du 23 septembre 1872 et toutes dispositions antérieures contraires à celles du présent décret.   Mal DE MAC-MAHON.

Création de Commissariats.

24 août 1875. — *Arrêté.*

Art. 1er. — Le commissariat de police institué au Kroub, par arrêté préfectoral du 3 octobre 1868 et supprimé par décision du Gouverneur général, en date du 5 juillet 1874, est rétabli.

Il sera composé ainsi qu'il suit :
Un commissaire de police de 4e classe,
Un agent indigène, interprète.

Pour le Gouverneur,
Le *Directeur général*: DE TOUSTAIN.

1er février 1876. — *Arrêté.*

Art. 1er. — Il est créé un commissariat de police de 4e classe dans la commune d'Aïn-Beïda.

Pour le Gouverneur,
Le *Directeur général*: DE TOUSTAIN.

Police des bains de mer. V. BAINS DE MER.

Police des chemins de fer. V. CHEMINS DE FER.

Police sanitaire. V. PORTS.

Polygones. V. SERVITUDES MILITAIRES.

Ponts-et-chaussées.

SOMMAIRE

Traitement des fonctionnaires.
Circonscriptions d'ingénieurs.
Indemnités de déplacements.

Fixation des traitements et accessoires de traitement des fonctionnaires, agents et employés des ponts-et-chaussées et mines.

21 décembre 1872. — *Arrêté.*

Art. 1er. — Les traitements et accessoires de traitement des ingénieurs et des conducteurs des ponts-et-chaussées, ainsi que des ingénieurs des mines et des gardes-mines, employés en Algérie, sont fixés, conformément au tableau ci-après, à partir du 1er janvier 1873, savoir :

GRADES	Traitement de France	Supplément colonial d'un quart	INDEMNITÉS POUR frais de tournées de déplacements et autres	INDEMNITÉS POUR frais de loyers et d'installation de bureau	TOTAL
Ingénieurs en chef............ 1re classe	8.000	2.000	4.500	3.000	17.500
2e classe	7.000	1.750	4.500	3.000	16.250
Ingénieurs ordinaires faisant fonctions d'ingénieur en chef....... 1re classe	6.000	1.500	4.500	3.000	15.000
2e classe	4.500	1.125	4.500	3.000	13.125
Ingénieurs ordinaires........ 1re classe	3.500	875	4.500	3.000	11.875
2e classe	4.500	1.125	3.000	2.000	10.625
3e classe	3.500	875	3.000	2.000	9.375
Élèves Ingénieurs de 1re, 2e et 3e classe	2.500	625	2.500	2.000	8.125
	1.800	450	2.500	2.000	6.750
Conducteur ou garde-mines principal.... 1re classe	2.800	700	600		4.100
2e classe	2.400	600	600		3.600
Conducteur ou garde-mines......... 1re classe	2.100	525	600		3.225
2e classe	1.800	450	600		2.850
3e classe	1.600	400	600		2.600
4e classe	1.400	350	600		2.350
Conducteurs auxiliaires de 5e classe ou garde-mines					

Vice-amiral Cte DE GUEYDON.

Par arrêté du Gouverneur général, en date du 29 août 1874, la province de Constantine est divisée, au point de vue du service des ponts-et-chaussées, en trois circonscriptions d'ingénieurs en chef, dont les limites sont respectivement celles des trois circonscriptions qui existaient antérieurement au 1er janvier 1873.

Indemnités de déplacements.

16 juin 1876. — *Arrêté.*

Art. 1er. — Les indemnités de toute nature à allouer pour frais de tournées et de déplacements aux conducteurs et employés secondaires du Service des Ponts-et-Chaussées de l'Algérie, seront réglées, à partir du 1er juillet 1876, conformément aux dispositions ci-après :

1° *Déplacements simples, sans découchers.*

Déplacements sans découchers, mais avec parcours à pied d'au moins 20 kilomètres ou stationnement de plus de 9 heures sur un chantier à plus de 4 kilomètres de la résidence habituelle des agents, par jour :

    Pour les conducteurs.......... 3 f. 50
    Pour les employés secondaires. 3 00

2° *Déplacements avec découchers, sans séjour prolongé sur un point déterminé.*

Déplacements avec découchers, relatifs aux tournées, aux études et à toute opération ne permettant pas aux agents un séjour prolongé sur un point déterminé, par jour :

    Pour les conducteurs.......... 5 f. 00
    Pour les employés secondaires. 4 00

3° *Déplacements avec séjour prolongé sur un point déterminé.*

Déplacements relatifs à la surveillance d'un travail spécial éloigné de la résidence habituelle des agents, avec séjour prolongé sur un point déterminé :

    Pour les conducteurs. 1 f. à 3 f. 50
    Pour les employés secondaires.......... 1 f. à 2 f. 50

4° *Transports rapides.*

Remboursement intégral aux agents des frais de transports rapides, par chemins de fer, par voitures publiques ou à dos de mulet, quand les transports rapides auront été autorisés régulièrement par les Ingénieurs.

Art. 2. — Pour les déplacements en pays arabe, loin des villages et des lieux habités, l'Ingénieur en chef fera fournir aux agents les objets de campement qui leur seront indispensables, ou à défaut, leur fera rembourser les dépenses qu'ils auront prises à leur charge pour ces objets de campement.

Art. 3. — Aucune indemnité au titre de l'art. 1er, § 3, ne sera attribuée aux agents qui ne seront pas déplacés de leur résidence habituelle pour un travail spécial.

Dans le cas où, en raison des circonstances locales, l'Ingénieur en chef jugerait équitable de faire accorder exceptionnellement une allocation supplémentaire de frais de résidence à quelques-uns des agents de son service, il en ferait la proposition dans un rapport motivé qui serait soumis à l'examen de l'Administration centrale.

Art. 4. — Quand, par mesure exceptionnelle, les Ingénieurs auront autorisé la location de voitures particulières, le prix de location sera remboursé aux agents. Dans le cas où un conducteur aurait un cheval et une voiture lui appartenant, une allocation spéciale pourrait lui être accordée chaque fois qu'il serait autorisé à s'en servir pour ses tournées ; mais, en aucun cas, cette allocation ne devrait dépasser celle qui aurait été attribuée au conducteur dans les conditions habituelles.

Art. 5. — Le maximum des indemnités extraordinaires qui pourront être allouées chaque année au titre de l'art. 1er, est fixé, savoir :

1° *Frais de déplacement et de tournées.*

    Pour les conducteurs......... 500 fr.
    Pour les employés secondaires. 400

2° *Transports rapides.*

    Pour les conducteurs et employés secondaires......... 350 fr.

Toutes les fois que ce maximum sera dépassé, une autorisation spéciale devra être réclamée de l'administration supérieure dans un rapport motivé, pour le paiement, s'il y a lieu, des excédants de dépenses aux divers agents.

Art. 6. — En dehors des allocations pour frais de tournées et de déplacements ci-dessus définis, les conducteurs des ponts-et-chaussées continueront à recevoir, à titre d'indemnité pour frais fixes, les 600 fr. qui leur ont été accordés par la décision du 27 mars 1863.

Art. 7. — MM. les Ingénieurs se conformeront, pour l'application des dispositions du présent règlement, à toutes les prescriptions contenues dans les circulaires de M. le Ministre des travaux publics en date des 31 août 1852, 28 août 1862 et 1er juin 1865.

Gal Chanzy.

Population. V. Recensement.

Porcheries. V. Etablissements insalubres ; Salubrité publique.

Portefaix-commissionnaires.

20 janvier 1875. — Arrêté *du préfet d'Alger réglementant l'exercice de la profession de portefaix-commissionnaire dans la commune d'Alger.*

Art. 1er. — Tout individu qui voudra se livrer, dans la commune d'Alger, à l'exercice de la profession de portefaix-commissionnaire, devra se présenter devant le commissaire central de police, pour obtenir une autorisation spéciale. A cet effet, il sera tenu de faire une déclaration où seront énoncés ses nom, prénoms, âge, demeure, lieu de naissance et signalement.

La déclaration indiquera aussi l'époque depuis laquelle l'impétrant réside dans la commune et le lieu où il désire stationner. Elle devra être appuyée d'un certificat de bonne conduite, délivré par le commissaire de police de l'arrondissement dans lequel il a son domicile.

Art. 2. — Il sera ouvert au commissariat de police centrale un registre matricule sur lequel seront inscrits les nom, prénoms, âge, profession antérieure, demeure et signalement des portefaix-commissionnaires.

Art. 3. — Chaque portefaix-commissionnaire devra se munir d'une plaque en cuivre dont le modèle sera déterminé par le commissaire central de police et qu'il devra présenter à la police centrale pour recevoir le numéro d'enregistrement et l'indication du lieu de stationnement

Art. 4. — Les portefaix-commissionnaires devront être constamment porteurs de la plaque ; elle sera portée au bras gauche, d'une manière ostensible, de sorte qu'il sera toujours facile d'en prendre le numéro.

Art. 5. — La plaque ne pourra, sous aucun prétexte, être portée, échangée, louée ou transmise des uns aux autres. Si un portefaix-commissionnaire brise ou perd sa plaque, il sera tenu d'en faire aussitôt la déclaration au commissariat central, où il lui en sera délivré une autre, à ses frais, et après que les mesures auront été prises pour qu'une plaque, déclarée faussement brisée ou perdue, ne puisse être employée.

Art. 6. — Il est défendu à tout portefaix-commissionnaire de s'immiscer dans un travail quelconque entrepris par d'autres, sans en avoir été requis par ceux qui ont commandé ce travail.

Art. 7. — Il est défendu à tout portefaix-commissionnaire de stationner sur un point de la voie publique, autre que celui qui lui aura été assigné en dernier lieu et indiqué sur la plaque.

Art. 8. — Tout portefaix-commissionnaire qui voudra occuper une nouvelle station devra se munir de l'autorisation prescrite par l'article 1er.

Art. 9. — Lorsqu'un portefaix-commissionnaire changera de demeure, il en fera sur le champ la déclaration au commissariat central, où il en sera tenu note.

Art. 10. — Tout portefaix-commissionnaire qui renoncera à sa profession ou quittera temporairement la commune, déposera sa plaque au commissariat central. Dans le dernier cas, la plaque pourra être remise au retour.

Art. 11. — Les portefaix-commissionnaires ne pourront exercer leurs travaux que pendant la durée du jour et ne pourront faire des transports de nuit qu'avec des autorisations spéciales du service de la police.

Art. 12. — Les portefaix-commissionnaires ne devront stationner aux abords des marchés, de la douane et sur les quais, que dans les endroits qui leur seront assignés par le service de la police ; aucun d'eux ne devra pénétrer dans les marchés, avant l'heure de leur ouverture, et ils ne devront y circuler que lorsqu'ils seront employés par les acheteurs. Il leur est aussi expressément défendu de pénétrer dans la salle des bagages, à la gare, sans y être appelés par le service de la police ou par les voyageurs, et seulement au nombre indiqué.

Art. 13. — Les portefaix-commissionnaires devront se conformer au tarif suivant :

Ville basse, jusqu'aux portes d'Isly et de Bab-el-Oued :

Colis jusqu'à 25 kilos............ 0f 25
— de 25 kilos et au-dessus... 0f 75

Ville haute, jusqu'à la porte du Sahel :

Colis jusqu'à 25 kilos............ 0f 30
— de 25 kilos et au-dessus... 1f »

Art. 14. — Il est expressément défendu aux portefaix-commissionnaires de monter à bord des courriers et autres navires pour y solliciter des voyageurs le transport de leurs bagages.

Il est interdit aux bateliers, dits de passage, et à tous autres, d'embarquer des portefaix-commissionnaires pour les transporter à bord des navires arrivants. Le transport des voyageurs et de leurs bagages, des navires à terre, devra être fait, suivant les règlements, par les seuls bateliers dits de passage, aux prix fixés par le tarif du 8 mars 1836 (1).

Art. 15. — Les bateliers dits de passage devront maintenir libre l'accès de l'escalier du navire et ne jamais l'encom-

---

(1) *Arrêté du 8 mars 1836 réglementant la corporation des bateliers du port d'Alger* (Extrait).

....

Art. 3. — Les prix des courses des bateaux de passage pour l'aller et le retour, sont fixés ainsi qu'il suit, quand ils ne porteront pas plus de 3 passagers, savoir :

1° Dans l'enceinte du port, c'est-à-dire en deçà du môle, de la Santé et du stationnaire......... 0 30
2° A bord des bâtiments placés en dehors du stationnaire.................................. 0 50
3° En grande rade ou à l'une des extrémités de l'enceinte bâtie de la ville................. 0 80
4° A Mustapha-Pacha ou au Fort des Anglais 1 20
5° Pour chaque quart d'heure accompli de retenue à bord d'un navire ou sur un point de la côte...................................... 0 15

Art. 4. — Toutes les courses, hors des limites indiquées à l'article précédent, seront payées de gré à gré.

brer, en y amarrant leurs embarcations ou de toute autre manière.

Art. 16. — Les portefaix-commissionnaires devront se tenir à quatre mètres de distance au moins des bords des quais et ne s'approcher des colis déposés que sur l'ordre qui leur en sera donné par le service de la police ou par les voyageurs, et au nombre seulement qui leur sera indiqué.

Art. 17. — Le retrait temporaire ou définitif de l'autorisation d'exercer sera prononcé administrativement contre tout portefaix-commissionnaire qui aura prêté, loué ou échangé sa plaque, qui se sera rendu à bord d'un courrier ou de tout autre navire arrivant, qui aura commis des actes d'improbité, d'inconduite, de violence ou d'insistance importune, qui se sera emparé de tout ou partie des bagages d'un voyageur sans son consentement, qui aura désobéi aux ordres de l'autorité, sans préjudice des poursuites, s'il y a lieu, devant les tribunaux compétents.

Art. 18. — Le présent arrêté sera imprimé sous forme de livret et distribué, sans frais, à chaque portefaix commissionnaire, qui devra toujours en être porteur, le représenter à toute réquisition aux agents de l'autorité et à toute personne qui voudra les employer.

Chaque livret indiquera, en outre, les nom, prénoms, demeure, etc. du porteur, ainsi que le numéro matricule indiqué sur la plaque. Si le portefaix perd son livret, il lui en sera remis un duplicata à ses frais.

Art. 19. — Les contraventions au présent arrêté seront constatées par des procès-verbaux, et les contrevenants poursuivis conformément à la loi.

Le *Préfet* : BRUNEL.

Ports. V. NAVIGATION.

Portugal (traité d'extradition avec le). V. EXTRADITION.

Postes.

DIVISION

§ 1. — Taxes postales.
§ 2. — Ordonnateurs secondaires.
§ 3. — Franchise postale.
§ 4. — Correspondance officielle avec les fonctionnaires étrangers.

§ 1.

25 janvier — 16 février 1873. — LOI *sur le service des postes.*

Art. 1ᵉʳ. — Le public est admis à recommander les lettres, les cartes postales, les échantillons, les papiers de commerce et d'affaires, les journaux, les imprimés et généralement tous les objets rentrant dans le monopole de la poste, ou dont le transport peut lui être confié en vertu des lois en vigueur.

Art. 2 — Les lettres recommandées ne sont assujetties à aucun mode spécial de fermeture.

Les cartes postales, les échantillons, les papiers de commerce et d'affaires, les journaux et autres objets circulant à prix réduit, restent, en cas de recommandation, soumis aux conditions spéciales qui leur sont imposées.

Art. 3. — Les objets recommandés sont déposés aux guichets des bureaux de poste. L'administration en est déchargée, en ce qui concerne les lettres, par leur remise, contre reçu, soit au destinataire, soit à une personne attachée au service du destinataire ou demeurant avec lui.

Art. 4. — L'administration des postes n'est tenue à aucune indemnité soit pour détérioration, soit pour spoliation des objets recommandés. La perte, sauf le cas de force majeure, donnera seul droit, au profit du destinataire, à une indemnité de 25 francs.

Art. 5. — Les objets recommandés payeront, en sus de la taxe qui leur est applicable, selon la classe à laquelle ils appartiennent, un droit fixe. Ce droit sera de 50 centimes pour les lettres et de 25 centimes pour les autres objets. Taxe et droit fixe seront acquittés d'avance par l'expéditeur.

Art 6. — La faculté donnée par l'art. 7 de la loi du 4 juin 1859 relative à l'insertion des valeurs au porteur dans les lettres chargées, sans déclaration de valeur, s'appliquera aux lettres recommandées.

Art. 7. — L'expéditeur d'un objet recommandé peut en réclamer l'avis de réception, moyennant la taxe fixée par l'art. 6 de la loi du 24 août 1871.

Art. 8. — Les bijoux et objets précieux circulant jusqu'à présent par la poste sous le titre de *valeurs cotées*, sont assimilés aux lettres renfermant des valeurs déclarées, quant aux formalités relatives au dépôt, à la déclaration, à la remise au destinataire, à la responsabilité de l'administration, et circuleront, à l'avenir, sous le titre de *valeurs déclarées*.

Ils sont déposés à la poste dans des boîtes closes d'avance, dont les parois doivent avoir une épaisseur d'au moins 8 millimètres, et dont les dimensions ne peuvent excéder 5 centimètres de hauteur, 8 centimètres de largeur et 10 centimètres de longueur.

En cas de perte ou de détérioration résultant de la fracture des boîtes ne réunissant pas ces conditions, la poste n'est tenue à aucune indemnité.

Ces objets acquittent le droit fixe de chargement de 50 centimes et une taxe de 1 pour cent de leur valeur jusqu'à 100 francs et de 50 centimes par chaque 100 francs ou fraction de 100 fr. en plus jusqu'à 10,000 fr. suivant la déclaration faite par l'expéditeur. Cette valeur ne peut être inférieure à 50 fr.

Le droit de timbre auquel les reconnaissances de valeurs cotées sont assujetties par l'art. 2 de la loi du 23 août 1871 est aboli.

Art. 9. — Il est interdit sous les peines édictées par l'art. 9 de la loi du 4 juin 1859 : 1° d'insérer dans les lettres ou autres objets recommandés des pièces de monnaie, des matières d'or ou d'argent, des bijoux ou autres objets précieux ; 2° d'insérer dans les objets recommandés, affranchis au prix du tarif réduit, des billets de banque ou valeurs payables au porteur ; 3° d'expédier, dans des boîtes, comme valeurs déclarées, des monnaies françaises ou étrangères.

Il est, en outre, défendu, sous les peines édictées par l'arrêté du 27 prairial an 9 et la loi du 22 juin 1854, d'insérer des lettres dans les boîtes contenant les bijoux ou autres objets précieux confiés à la poste. L'administration peut vérifier le contenu de ces boîtes en présence du destinataire, lorsqu'elle le juge convenable.

Art. 10. — La limite de garantie des valeurs déclarées contenues dans une même lettre ou dans une même boîte est portée à 10,000 francs (1).

§ 2.

28 décembre 1876. — *Arrêté.*

Art. 1er. — A partir de ce jour, le contrôleur des postes du département d'Alger est institué ordonnateur secondaire des dépenses postales effectuées dans ce département. Les crédits restant disponibles à cette date, au compte du directeur des Postes de l'Algérie, sont mis à la disposition du contrôleur de ce service dans le département d'Alger, qui prend la suite des ordonnancements de ce fonctionnaire.

Art. 2. — Ampliation du présent arrêté, qui sera inséré au *Bulletin officiel* des actes du Gouvernement général, sera adressée à M. le Ministre des Finances et à MM. les Trésoriers-Payeurs de l'Algérie.

Gal CHANZY.

§ 3.

Par décision du Ministre des Finances, en date du 8 avril 1874 :

A été admise à circuler en franchise, sous bandes, la correspondance de service échangée : 1° entre l'inspecteur du service topographique de l'Algérie et les géomètres en chef départementaux de l'Algérie ; 2° entre le même inspecteur en tournée et le Directeur général des Affaires civiles et financières.

31 mai 1875. — CIRCULAIRE *de M. le Garde des Sceaux.*

Monsieur le Procureur général, en vue de faciliter l'application de la loi du 24 juillet 1873 sur les emplois civils réservés aux anciens sous-officiers, M. le Ministre des finances a décidé qu'à l'avenir la franchise postale sera attribuée à la correspondance de service échangée entre les Procureurs de la République et les Commandants des brigades actives, des bureaux de mobilisation, des corps d'armée, des corps militaires, des dépôts de recrutement, des divisions actives, de la 20° division territoriale (Paris), des divisions territoriales d'Alger, Constantine et Oran, et des subdivisions de régions militaires.

Cette franchise s'exercera sous bandes ou en cas de nécessité, sous plis cachetés, dans l'étendue du territoire de la République.....

Le *Garde des Sceaux*: J. DUFAURE.

30 septembre 1875. — CIRCULAIRE *de M. le Procureur général d'Alger aux chefs de parquets de son ressort transmissive d'une circulaire de M. le Garde des Sceaux, ainsi conçue:*

Monsieur le Procureur général, la circulaire du 17 mars 1874 vous a fait connaître que les greffiers jouiraient à l'avenir de la franchise postale avec les trésoriers-payeurs généraux, à qui ils devaient transmettre désormais les extraits de jugements formant titre au profit du Trésor pour le recouvrement des amendes et des frais. Aux termes de l'article 25 de la loi de finances du 29 décembre 1873, les trésoriers-payeurs généraux sont en effet chargés de ce recouvrement au lieu et place des receveurs de l'enregistrement. Par la même circulaire les parquets ont été invités à s'adresser aux trésoriers-payeurs généraux pour connaître la situation des condamnés vis-à-vis du Trésor lors de l'instruction des recours en grâce, mais la franchise postale n'avait pas été accordée formellement à cette correspondance. Sur ma réclamation, M. le Ministre des finances vient de combler cette lacune par un arrêté en date du 15 de ce mois ainsi conçu :

« Article unique. — Est admise en franchise sous bandes, dans l'étendue du département, la correspondance de service échangée entre les Procureurs de la République et les trésoriers-payeurs généraux des finances. »

---

(1) *Bulletin des lois*, n° 1741. Voir pour les annotations et les recherches. *Dalloz*, P. 1873. 4. page 22.

29 octobre 1875. — CIRCULAIRE de M. le Garde des Sceaux.

Monsieur le Procureur général, aux termes d'une décision prise par M. le Ministre des finances le 6 octobre courant, pour l'exécution de l'article 3 du règlement d'administration publique du 28 août 1875 :

« Art. 1er. — Sont assimilés à la correspondance de service et admis à circuler en franchise, sous chargement, dans le ressort de la Cour d'appel, les registres de dépôt des actes ou des bordereaux à transcrire, à mentionner ou à inscrire, adressés par les conservateurs des hypothèques aux greffiers des tribunaux civils, et les récépissés de ces envois adressés par les greffiers aux conservateurs des hypothèques.

» Art. 2. — Les dépêches sus désignées porteront, sur la suscription, les mots : *article 3 du décret du 28 août 1875.* Les registres des conservateurs d'hypothèques seront expédiés sous plis fermés ; les récépissés délivrés par les greffiers seront placés sous bandes. »

Je vous prie de vouloir bien porter ces dispositions à la connaissance des titulaires des greffes des tribunaux civils désignés par M. le premier-président de votre Cour pour être dépositaires des doubles registres des conservateurs des hypothèques.

Le Garde des Sceaux : J. DUFAURE.

31 janvier 1876. — CIRCULAIRE de M. le Garde des Sceaux sur la franchise postale accordée aux Premiers Présidents.

Monsieur le Premier-Président,

M. le Ministre des finances a pris, sur ma demande, et conformément à l'art. 2, § 2, de l'ordonnance du 17 nov. 1844, la décision suivante :

« Est admise à circuler en franchise, sous bandes, avec faculté de fermer en cas de nécessité, la correspondance de service échangée dans toute la République entre les Premiers Présidents des Cours d'appel. »

Le Garde des Sceaux : J. DUFAURE.

§ 4.

31 mars 1876. — LETTRE de M. le Garde des Sceaux contenant décision sur la correspondance officielle des fonctionnaires français et étrangers.

En vertu du règlement postal du 10 décembre 1875 et de l'instruction générale n° 181, les correspondances officielles entre les fonctionnaires français et étrangers doivent être revêtues de l'affranchissement exigé par le tarif. Le receveur des postes en fait l'avance et en obtient le dégrèvement en produisant un bordereau établi au moment de l'expédition et constatant exactement le nombre et le poids des dépêches déposées. Cette feuille de contrôle doit être remplie par le fonctionnaire expéditeur ou son délégué, et vérifiée contradictoirement entre le déposant et le préposé de l'administration des postes, entre les mains duquel cette pièce demeurera.

(*Bulletin officiel* du Ministère de la justice, 1876. 1re livraison, page 57.)

Poudres à feu.

Dynamite. — Vente. — Fabrication.

17 janvier 1876. — *Décret.*

L'article 1er du décret du 31 mars 1875, dont le texte est reproduit ci-après, est rendu exécutoire en Algérie :

Les prix de vente par l'Administration des Contributions indirectes, des trois sortes de dynamites qui sont mises à la disposition des consommateurs, sont fixés ainsi qu'il suit :

Qualité la plus forte, désignée sous le n° 1...............	7 f. 50
Qualité intermédiaire, désignée sous le n° 2...........	5 50
Qualité la moins forte, désignée sous le n° 3...........	4 »

Mal DE MAC-MAHON.

La loi du 8 mars 1875 et le règlement d'administration publique du 24 août 1875 sont rendus applicables à l'Algérie.

17 mai 1876. — *Décret.*

Vu l'ordonnance du 4 septembre 1844, qui règle les dispositions relatives à la fabrication, à l'importation et à la vente des poudres à feu en Algérie ;

Vu le décret du 4 octobre 1873, qui rend exécutoires, en Algérie, les décrets des 21 décembre 1872 et 31 mai 1873, portant réglementation de la vente de la dynamite en France ;

Vu le décret du 31 mars 1875, relatif au prix de vente de la dynamite, formant les approvisionnements actuels des magasins de l'Etat ;

Vu la loi du 8 mars 1875, qui autorise l'industrie privée à fabriquer et à vendre des poudres dynamites, et le décret du 24 août suivant portant règlement d'administration publique pour l'application de ladite loi. (1).

Art. 1er. — La loi du 8 mars 1875, et le décret y relatif du 24 août suivant,

---
(1) V. la loi du 8 mars 1875 et le décret du 24 août même année portant règlement d'administration publique pour l'exécution de cette loi au *Bulletin officiel* du gouvernement, année 1876, n° 660, pages 339 et s. et dans tous les recueils de lois.

dont les textes sont reproduits ci-après sont rendus exécutoires en Algérie, sous les réserves et instructions suivantes.

Toutefois, la vente de la dynamite sera limitée aux entrepreneurs de travaux publics ou aux carriers, qui les alimentent, et aux exploitants de mines ou carrières, sur demandes visées par les ingénieurs chargés de la surveillance des travaux ou exploitations et revêtues de l'autorisation du maire de la commune sur le territoire de laquelle auront lieu lesdits travaux ou exploitations.

Art. 2. — Les attributions conférées par la loi du 8 mars et le règlement du 24 août 1875, au Service de Contributions indirectes, seront exercées en Algérie par le Service des Contributions diverses.

Art. 3. — Ne sont pas considérés comme exportés, et donnant lieu à la décharge de l'impôt prévue par l'art. 5, § 3, les poudres dynamites et les explosifs à base de nitro-glycérine fabriqués en France et transportés en Algérie.

M^{al} DE MAC-MAHON.

Pourvoi en cassation.

Matière criminelle. — Matière civile. — Au sujet des élections consulaires.

28-30 juin 1877. — *Loi qui modifie les art. 420 et 421. C. inst. crim. relatifs aux pourvois en cassation.*

Article unique. — Les art. 420 et 421 C. inst. crim. sont modifiés ainsi qu'il suit :

Art. 420. — Sont dispensés de l'amende : 1° les condamnés en matière criminelle ; 2° les agents publics, pour affaires qui concernent directement l'administration et les domaines de l'État.

A l'égard de toutes autres personnes, l'amende sera encourue par celles qui succomberont dans leur recours. Seront néanmoins dispensés de la consigner : 1° les condamnés en matière correctionnelle et de police à une peine emportant privation de la liberté ; 2° les personnes qui joindront à leur demande en cassation : premièrement, un extrait du rôle des contributions constatant qu'elles payent moins de 6 fr. ou un certificat du percepteur de leur commune portant qu'elles ne sont point imposées; et deuxièmement, un certificat constatant qu'elles sont, à raison de leur indigence, dans l'impossibilité de consigner l'amende. Ce certificat leur sera délivré par le Maire de la commune de leur domicile ou par son adjoint, approuvé par le sous-préfet de l'arrondissement, ou dans l'arrondissement du chef-lieu du département par le Préfet.

Art. 421. — Seront déclarés déchus de leur pourvoi en cassation les condamnés à une peine emportant privation de la liberté pour une durée de plus de six mois, qui ne seront pas en état ou qui n'auront pas été mis en liberté provisoire avec ou sans caution.

L'acte de leur écrou ou de leur mise en liberté sera produit devant la cour de cassation au plus tard au moment où l'affaire y sera appelée.

Il suffira au demandeur, pour que son recours soit reçu, de justifier qu'il s'est actuellement constitué dans la maison de justice du lieu où siège la cour de cassation ; le gardien de cette maison pourra l'y recevoir sur la représentation de sa demande adressée au procureur général près cette cour et visée par ce magistrat.

(*Bulletin des lois* n° 6080. — *Dalloz*, P. 1877, 4. p. 51, annotations).

26 janvier 1877. — LOI *qui rend applicables aux élections consulaires les règles de procédure en cassation suivies pour les élections législatives.*

Article unique. — Les pourvois en cassation formés en matière d'élections consulaires seront portés directement devant la chambre civile.

Ils seront instruits et jugés dans les formes prescrites par l'article 23 du décret du 2 février 1852, sur les élections législatives.

M^{al} DE MAC-MAHON.

Pouvoirs publics. V. LOIS CONSTITUTIONNELLES.

Préséances.

DIVISION

§ 1. — Autorités militaires.
§ 2. — Juges de paix à compétence étendue.
§ 3. — Cérémonies publiques religieuses.
§ 4. — Visites du 1er janvier.

§ 1.

28 décembre 1875. — Décret relatif aux cérémonies publiques, aux rangs, préséances, honneurs militaires et civils des autorités militaires.

V. ce décret au *Journal officiel* du 7 janvier 1876 et au *Bulletin officiel* du Ministère de la Justice, année 1876, p. 32.

On trouvera dans ce *Bulletin*, même année, p. 27, une circulaire du Garde des sceaux, en date du 21 février 1876, relative à l'exécution de ce décret qui a pour but de mettre le décret du 24 messidor an XII en harmonie avec la nouvelle organisation de l'armée.

29 septembre 1876. — Décret qui règle les honneurs civils à rendre aux commandants de corps d'armée et aux vice-amiraux, préfets maritimes.

V. tous les recueils de lois.

§ 2.

30 décembre 1873. — Lettre de M. le Gouverneur général de l'Algérie à M. le Procureur général d'Alger.

Monsieur le Procureur général, conformément aux conclusions de votre lettre du 15 décembre courant, j'ai décidé que les juges de paix à compétence étendue prendront rang immédiatement après les commissaires civils dans les cérémonies publiques. Cette décision est notifiée à MM. les préfets d'Algérie, ainsi qu'à MM. les généraux commandant les divisions territoriales, avec invitation d'en assurer l'exécution, chacun en ce qui le concerne.

Le Gouverneur général : Gal Chanzy

§ 3.

15 janvier 1876. — Lettre de M. le Procureur général d'Alger aux chefs des parquets de son ressort transmissive d'une circulaire de M. le Garde des Sceaux.

Monsieur le Procureur de la République, je reçois de M. le Garde des Sceaux la circulaire suivante, à laquelle je vous prie de vouloir bien vous conformer :

« *L'article 1er de la constitution du 16 juillet dernier dispose que, chaque année, le dimanche qui suivra la rentrée des deux Chambres, des prières publiques seront adressées à Dieu dans les églises et dans les temples pour appeler son secours sur les travaux des assemblées.*

» La cérémonie des prières, par cela même qu'elle est ordonnée par la Constitution, a évidemment le caractère d'une cérémonie publique, et les différents corps et autorités sont tenus d'y assister.

» Un doute s'est élevé sur le point de savoir à qui, en pareil cas, appartient le droit d'adresser les invitations.

» La question est formellement tranchée par l'article 5 du décret du 24 messidor an XII, aux termes duquel la convocation doit être faite par les Archevêques et Evêques, quand il s'agit d'une cérémonie publique religieuse »

Le Procureur général : J. Fourcade.

§ 4.

Visites du 1er janvier.

30 juin 1876. — Circulaire du Préfet de Constantine.

Je reçois de M. le Gouverneur général la dépêche suivante :

« La question avait été posée de savoir si les visites de corps à l'occasion du jour de l'an devaient être considérées comme obligatoires, en ce qui concerne les fonctionnaires civils. Une dépêche de M. le Ministre de la guerre, du 13 mai dernier, l'a résolue en ces termes :

« J'ai l'honneur de vous faire connaître que la question de principe, concernant les visites du jour de l'an, se trouve définitivement tranchée par un avis émis par le Conseil d'Etat (section des Finances, de la Guerre et de la Marine), en date du 16 février 1876.

« Aux termes de cet avis l'obligation des visites de corps, à l'occasion du jour de l'an, éventuellement imposées par l'art. 392 du décret du 13 octobre 1863, ne s'applique pas aux fonctionnaires civils des divers ordres dénommés dans les décrets qui règlent les rangs, préséances et honneurs.

« J'ai invité M. le Président de la Commission chargée de la révision du décret du 13 octobre 1863, à modifier en conséquence l'art. 392 dudit décret, mais je vous prie de vouloir bien, en attendant que le règlement révisé sur le service des places de guerre et villes de garnison ait été promulgué, donner à qui de droit, en temps utile, des instructions dans le sens de l'avis émis par le Conseil d'Etat, afin de prévenir toute cause d'incident.

Veuillez porter ces dispositions à la connaissance des Chefs de Service placés sous vos ordres. Le moment venu, vous aurez à vous y conformer.

Le Préfet : Desclozeaux.

Presse.

12-15 février 1872. — Loi *portant abrogation du § 1er de l'art. 17 du décret du 17 février 1852*.

Article unique. — Est abrogé le § 1er de l'art. 17 du décret du 17 février 1852 qui interdit de rendre compte des procès de presse (1).

---

(1) *Bulletin des lois*, n° 898. Voir dans *Dalloz*, P. 1872, 4. page 24, le rapport de M. Bottieau, auteur de ce projet de loi et rapporteur de la Commission.
Une question qui n'a jamais été soulevée, à ce que nous croyons du moins, mais qui pourrait l'être, est celle de savoir si la loi du 11 mai 1868 qui n'a pas cessé d'être en vigueur dans la métropole et qui n'a jamais été en Algérie l'objet d'une promulgation spéciale est applicable à la presse algérienne Voici quels sont, en peu de mots, les motifs qui nous font pencher pour l'affirmative.

La loi du 11 mai 1868 est une loi de police et de sûreté qui modifie une législation existant déjà en Algérie et à laquelle elle se réfère expressément dans son article 16. A ce double titre, aux termes d'une jurisprudence unanime et constante, cette loi est devenue exécutoire de plein droit en Algérie par le seul fait de sa promulgation en France.
En effet la loi du 11 mai 1868 ne fait que modifier le décret du 17 février 1852 rendu applicable à l'Algérie par un autre décret du 14 mars 1855. On peut même dire qu'elle n'a fait que modifier les art. 367

Répression des délits qui peuvent être commis par la voie de la presse ou par tout autre moyen de publication et levée de l'état de siège.

29 décembre 1875. — Loi (1).

L'Assemblée nationale a adopté la loi dont la teneur suit :

TITRE PREMIER.

Art. 1er. — Toute attaque par l'un des moyens énoncés en l'article 1er de la loi du 17 mai 1819, soit contre les lois constitutionnelles, soit contre les droits et les pouvoirs du Gouvernement de la République qu'elles ont établis, sera punie des peines édictées par l'article 1er du décret du 11 août 1848.

L'article 463 du Code pénal sera applicable dans les cas prévus par le paragraphe précédent.

Art. 2. — Quiconque se sera rendu complice par l'un des moyens énoncés en l'article 60 du Code pénal des infractions prévues par l'article 6 de la loi du 27 juillet 1849, sera puni des peines portées en cet article.

Art. 3. — L'interdiction de vente et de distribution sur la voie publique ne pourra plus être édictée par l'autorité administrative comme mesure particulière contre un journal déterminé.

TITRE II.

Art. 4. — La poursuite en matière de délits commis par la voie de la presse ou par les moyens de publicité prévus par l'article 1er de la loi du 17 mai 1819, continuera d'avoir lieu conformément au chapitre 3, articles 16 à 23, de la loi du 27 juillet 1849, sauf les restrictions suivantes :

Art. 5. — Les tribunaux correctionnels connaîtront :

1° Des délits de diffamation, d'outrage et d'injure publique, contre toute personne et tout corps constitué ;

2° Du délit d'offense envers le Président de la République ou l'une des deux Chambres, ou envers la personne d'un souverain ou du chef d'un gouvernement étranger ;

3° De tous délits de publication ou reproduction de nouvelles fausses, de pièces fabriquées, falsifiées ou mensongèrement attribuées à des tiers ;

4° Du délit de provocation à commettre un délit, suivie ou non suivie d'effet (article 3 de la loi du 17 mai 1819) ;

5° Du délit d'apologie de faits qualifiés crimes ou délits par la loi (article 5 de la loi du 25 mai 1849) ;

6° Des délits commis contre les bonnes mœurs par la publication, l'exposition, la distribution et la mise en vente d'écrits, dessins ou images obscènes ;

7° Des cris séditieux publiquement proférés ;

8° Des infractions purement matérielles aux lois, décrets et règlements sur la presse.

Art. 6. — Dans le cas d'offense envers les Chambres ou l'une d'elles et de diffamation ou d'injures contre les Cours, Tribunaux ou autres corps constitués, la poursuite aura lieu d'office ; elle aura lieu pour diffamation ou injures contre tous dépositaires ou agents de l'autorité publique, soit sur la plainte de la partie offensée, soit d'office sur la demande adressée au Ministre de la justice par le Ministre dans le département duquel se trouve le fonctionnaire diffamé ou injurié.

En cas d'offense contre la personne des souverains ou chefs des gouvernements étrangers, la poursuite aura lieu soit à la requête des souverains ou chefs des gouvernements étrangers, soit d'office sur leur demande adressée au Ministre des affaires étrangères et par celui-ci au Ministre de la justice.

Art. 7. — La preuve des faits diffamatoires, dans le cas où elle est autorisée par la loi, aura lieu devant le tribunal correctionnel, conformément aux articles 20 à 25 de la loi du 26 mai 1819.

Les délais prescrits par ces articles courront à partir du jour où la citation aura été donnée.

Art. 8. — Tout crime ou délit commis par la voie de la presse sera porté devant la cour d'assises du département où le dépôt de l'écrit doit être effectué, si la session est ouverte et si les délais permettent de donner la citation en temps utile.

Dans le cas contraire, les crimes et dé-

à 372, 374, 375 et 377 du Code pénal, car ces articles ont été remplacés par la loi du 17 mai 1819, qui elle-même a été modifiée par celle du 25 mars 1822 dont le décret précité du 17 février 1852 et par suite la loi du 11 mai 1868 ne sont que des modifications. Or, il est de principe que les modifications du Code pénal sont applicables à l'Algérie sans qu'il soit besoin d'une promulgation spéciale.

Mais il y a plus : la loi du 15 avril 1871 a été promulguée en Algérie dans toutes ses dispositions ; elle y est par suite applicable d'un bout à l'autre. Son article dernier dispose que « sont abrogées » toutes les dispositions contraires à la présente loi » contenues dans tous les actes législatifs antérieurs » et notamment dans le décret du 17 février 1852 et » la loi du 11 mai 1868. » Il suit de là que dans tous les cas la loi du 11 mai 1868 a été rendue exécutoire en fait et en droit en Algérie, au moins en ce qui concerne ses dispositions non abrogées par la loi du 15 avril 1871 par la promulgation même de cette dernière loi.

Une conséquence semblable découle de la promulgation en Algérie des art. 4 et suivants de la loi du 6 juillet 1871 et des termes mêmes de l'art. 6 de cette loi.

(1) V. *Dalloz*, P. 1876, 4, p. 30 pour les annotations.

lits seront déférés à la cour d'assises du ressort de la cour d'appel qui sera ouverte ou s'ouvrira le plus prochainement, et si deux cours d'assises sont ouvertes en même temps dans le même ressort, à la cour d'assises la plus rapprochée.

En cas de défaut, la compétence sur opposition sera réglée conformément aux dispositions qui précèdent.

Art. 9. — L'appel contre les jugements ou le pourvoi contre les arrêts des cours d'appel et des cours d'assises, qui auront statué tant sur des questions de compétence que sur tous autres incidents, ne seront formés, à peine de nullité, qu'après le jugement ou l'arrêt définitif et, en même temps que l'appel ou le pourvoi contre lesdits jugements ou arrêts.

Les tribunaux et les cours passeront outre au jugement du fond, sans s'arrêter ni avoir égard aux appels ou pourvois formés contrairement aux prescriptions du présent article.

TITRE III.

Art. 10. — L'état de siège est levé dans tous les départements qui y sont soumis, à l'exception des départements de la Seine, de Seine-et-Oise, du Rhône et des Bouches-du-Rhône.

Art. 11. — L'état de siège sera levé de plein droit dans ces quatre départements à partir du 1ᵉʳ mai 1876, s'il n'a été, avant cette époque, confirmé par une loi nouvelle.

Prestations. V. Chemins vicinaux et impôt arabe.

Prières publiques. V. Préséances.

Primes. V. Animaux nuisibles; élevage; établissements pénitentiaires; langue arabe.

Prisonniers et prisons. V. Etablissements pénitentiaires.

Prix du sang. V. Insurrection arabe.

Procédure civile.

Abrogation de l'art. 4 de l'ordonnance du 16 avril 1843.

18 novembre 1876. — *Décret.*

Art. 1ᵉʳ. — L'article 4 de l'ordonnance du 16 avril 1843, est abrogé. A l'avenir, lorsque le lieu du domicile ou de la résidence de la partie citée ne sera pas connu, les formalités prescrites par l'article 69, paragraphe 8 du Code de procédure civile seront observées.

Mᵃˡ de Mac-Mahon.

Professions ambulantes. V. Protection de l'enfance.

Professions de foi. V. Elections.

Propriété indigène.

La propriété individuelle, établie dans les tribus Berbères, y a depuis longtemps porté ses fruits; le sol y est cultivé avec le soin que l'homme apporte toujours et partout à la conservation et à l'amélioration d'un bien dont il est le propriétaire incommutable; tandis que chez les arabes, la jouissance de la terre en commun n'a produit que des friches, des broussailles rabougries, de vastes espaces de parcours et quelques rares champs d'orge et de blé, occupant à peine la dixième partie du sol cultivable. L'ancienne puissance productive de l'Algérie, une répartition égale de la terre entre ses habitants et les émigrants européens, tel est le but qu'a cherché à atteindre la loi de 1873. — Déjà en 1844, en 1851, en 1863, diverses dispositions législatives avaient réglementé la propriété arabe, mais sans succès; les espérances conçues dès le début avaient toujours été déçues. — La loi de 1851 laissait une telle incertitude sur l'assiette de la propriété qu'elle fût la cause d'un grand nombre de réclamations et n'amena aucun résultat. — Le Sénatus-consulte de 1863 ne permit non plus aucune transaction entre les indigènes et les colons; l'expérience démontra que l'espoir dont on s'était bercé n'était qu'une illusion.

L'idée du *royaume arabe* fût enfin abandonnée. La constitution de la propriété individuelle s'offrait aux yeux comme une chose indispensable. Or, en Algérie comme dans la plupart des états musulmans, le souverain avait un droit supérieur de libre disposition sur la presque totalité du sol et les attributions collectives ou individuelles, qu'il avait pu consentir, n'engageaient pas son successeur; une seule exception était faite pour les aliénations régulières, à prix d'argent, de la part du *Beït-el-Mal* ou domaine turc, qui n'était pas soumis à la ratification des princes régnants. — Tout en respectant les droits légitimes des indigènes, la nouvelle loi a eu pour objet :

De soumettre la propriété foncière en Algérie à une législation qui la régisse d'une manière uniforme, *la législation française* ;

De constituer partout la propriété individuelle, afin que la loi édictée puisse être appliquée et produise ses effets;

De tracer des règles d'exécution, dégagées de toute complication inutile, mais protectrices de tous les droits, pour que l'affranchissement du sol s'opère facilement et promptement;

D'édicter des mesures transitoires, afin que les transactions immobilières entre indigènes et européens ne soient pas suspendues en attendant la délivrance d'un nouveau titre français.

DIVISION

§ 1. — Loi du 26 juillet 1873.
§ 2. — Dépenses résultant de son application.
§ 3. — Application de la loi dans divers territoires.
§ 4. — Homologation des opérations d'enquête.
§ 5. — Locations consenties par des indigènes. — Contestations entre propriétaires et khammès.
§ 6. — Franchise postale des commissaires-enquêteurs.

§ 1. — Constitution de la propriété indigène.

26 juillet 1873. — Loi (1)

TITRE Ier. — DISPOSITIONS GÉNÉRALES.

Art. 1er. — L'établissement de la propriété immobilière en Algérie, la conservation et la transmission contractuelle des immeubles et droits immobiliers, quels que soient les propriétaires, sont régis par la loi française.

En conséquence, sont abolis tous droits réels, servitudes ou causes de résolution quelconques, fondés sur le droit musulman ou kabyle, qui seraient contraires à la loi française.

Le droit réel de chefâa ne pourra être opposé aux acquéreurs qu'à titre de retrait successoral par les parents successibles d'après le droit musulman et sous les conditions prescrites par l'art 841 du Code civil.

Art. 2 — Les lois françaises et notamment celle du 23 mars 1855, sur la transcription, seront appliquées aux transactions immobilières :

1° A partir de la promulgation de la présente loi, pour les conventions qui interviendront entre individus régis par des statuts différents ;

2° A partir de la même époque, pour les conventions entre musulmans, relatives à des immeubles situés dans les territoires qui ont été soumis à l'application de l'ordonnance royale du 21 juillet 1846, et dans ceux où la propriété a été constituée par voie de cantonnement.

3° Au fur et à mesure de la délivrance des titres de propriété, pour les conventions relatives aux immeubles désignés à l'article 3 ci-après.

Art. 3. — Dans les territoires où la propriété collective aura été constatée au profit d'une tribu ou d'une fraction de tribu, par application du sénatus-consulte du 22 avril 1863, ou de la présente loi, la propriété individuelle sera constituée par l'attribution d'un ou plusieurs lots de terre aux ayants droit et par la délivrance de titres de propriété opérée conformément à l'article 20 ci-après.

La propriété du sol ne sera attribuée aux membres de la tribu que dans la mesure des surfaces dont chaque ayant droit a la jouissance effective ; le surplus appartiendra, soit au douar comme bien communal soit à l'Etat comme biens vacants ou en déshérence, par application de l'article 4 de la loi du 16 juin 1851.

Dans tous les territoires autres que ceux mentionnés au paragraphe 2 de l'article précédent, lorsque l'existence de droits de propriété privée non constatés par acte notarié ou administratif aura été reconnue par application du titre II ci-après, des titres nouveaux seront délivrés aux propriétaires.

Tous les titres délivrés formeront, après leur transcription, le point de départ unique de la propriété, à l'exclusion de tous autres.

Art. 4. — Le maintien de l'indivision est subordonné aux dispositions de l'article 815 du Code civil.

Art. 5. — L'enregistrement des titres délivrés en exécution de l'article 3 aura lieu au droit fixe de 1 franc. La transcription sera opérée sans autres frais que le salaire du conservateur.

Art. 6. — Il sera, en exécution de l'article 3 de la présente loi et sous la réserve expresse du recours devant les tribunaux stipulé à l'article 18 ci-après, procédé administrativement à la reconnaissance de la propriété privée et à sa constitution, partout où le sol est possédé à titre collectif par les membres d'une tribu ou d'un douar.

Art. 7. — Il n'est point dérogé par la présente loi au statut personnel, ni aux règles de succession des indigènes entre eux.

TITRE II. — DE LA PROCÉDURE RELATIVE A LA CONSTATATION DE LA PROPRIÉTÉ PRIVÉE ET A LA CONSTITUTION DE LA PROPRIÉTÉ INDIVIDUELLE.

CHAPITRE 1er. — *De la procédure relative à la constatation de la propriété privée.*

Art. 8. — Le Gouverneur général civil de l'Algérie, les Conseils généraux préalablement consultés, désignera par des arrêtés les circonscriptions territo-

---

(1) 6 octobre 1873 — *Arrêté du Gouverneur général.* Considérant que la mise à exécution de la loi du 26 juillet 1873, sur l'établissement et la conservation de la propriété en Algérie, soulève de graves questions d'interprétation juridique et d'organisation administrative, qui devront être élucidées dans les instructions générales destinées aux agents et fonctionnaires chargés de l'application des mesures nouvelles.

Art. 1er. — Il est institué à Alger une Commission spéciale, qui aura pour mission d'examiner l'avant-projet des instructions désignées ci-dessus, de proposer, au besoin, toute organisation de personnel, et, en un mot, tout moyen de nature à assurer la rapide et bonne exécution des travaux.

Art. 2. — Composition de cette Commission. On trouvera cet arrêté dans le *Bulletin officiel du Gouvernement*, année 1873, p. 487.

riales qui doivent être soumises aux opérations prévues par l'article 6 ci-dessus et le délai dans lequel elles seront entreprises. Ce délai ne pourra être moindre d'un mois, à dater du jour de l'insertion de l'arrêté dans le *Mobacher* et l'un des journaux de l'arrondissement ou, à défaut, du département où se trouvent comprises lesdites circonscriptions territoriales.

Le même arrêté sera publié dans les principaux marchés de la tribu, affiché en français et en arabe à la mairie de la commune et partout où besoin sera.

Ces insertions et publications constitueront pour tous les intéressés une mise en demeure d'avoir à réunir tous documents ou témoignages utiles pour établir leurs droits et les limites des terres qu'ils possèdent.

Art. 9. — A l'expiration du délai fixé par l'article 8, il sera procédé par le Gouverneur général civil à la nomination d'un commissaire-enquêteur.

Art. 10. — Au vu de l'arrêté qui l'aura nommé, le commissaire-enquêteur requerra tous les dépositaires des états de population, des états statistiques, listes individuelles et autres documents ayant servi, pendant les cinq dernières années, à l'assiette et au recouvrement des rôles d'impôt, de mettre à sa disposition, dans le délai de quinzaine, tous registres, pièces et renseignements qui lui seront nécessaires pour l'accomplissement de sa mission ; il rendra ensuite une ordonnance indiquant le jour où il se transportera sur les lieux.

Cette ordonnance sera publiée et affichée en français et en arabe dans les mêmes conditions et aux mêmes endroits que l'arrêté rendu en exécution de l'article 8.

Art. 11. — Au jour indiqué par son ordonnance, le commissaire-enquêteur se rendra sur les lieux, assisté d'un géomètre et, si cela est nécessaire, d'un interprète.

En présence du maire et de deux délégués du conseil municipal ou du président et de deux délégués de la djemâa et dans tous les cas, si besoin est, du cadi ou autres dépositaires des actes ou contrats, il recevra toutes demandes, requêtes, témoignages et pièces justificatives relatifs à la propriété ou à la jouissance du sol. Il rapprochera les revendications des documents en sa possession et des limites indiquées sur le terrain par les prétendants droit aux parcelles occupées, soit indivisément par un groupe, soit privativement par un seul individu.

Cette première opération faite, il constatera les droits de chaque copropriétaire ou cooccupant, sans déterminer les éléments du partage qui ne pourra être poursuivi qu'après la délivrance des titres français de propriété, en vertu de l'article 815 du Code civil, comme il a été dit à l'article 4 de la présente loi.

Les mineurs, les interdits et toutes parties non présentes, seront représentés par leurs tuteurs légaux ou datifs, leurs mandataires, les cadis et toutes autres personnes ayant la représentation légale, suivant le droit musulman.

Art. 12. — Le commissaire-enquêteur mentionnera dans son procès-verbal et signalera à l'administration du domaine tous les immeubles vacants, conformément aux dispositions de l'article 3 ci-dessus.

Art. 13. — Les opérations terminées, un double du procès-verbal, dressé par le commissaire-enquêteur, sera déposé entre les mains du juge de paix ou, à défaut, du maire ou de l'administrateur français de la circonscription.

Une traduction en langue arabe de ce même procès-verbal sera également déposée entre les mains du président de la djemâa ou de l'adjoint indigène et, à défaut, entre les mains du cadi.

Ces dépôts seront portés à la connaissance des intéressés par des insertions et publications semblables à celles énoncées en l'article 8.

Art. 14. — Pendant trois mois, à partir des insertions et publications sus-mentionnées, tout intéressé pourra, par lui-même ou par mandataire, prendre connaissance du procès-verbal et y faire les observations qu'il jugera convenables.

Art. 15. — Les réclamations de nature à affecter les constatations du commissaire-enquêteur seront reçues par les dépositaires du procès-verbal pendant ce délai et immédiatement transcrites à la suite du dit acte sur un registre coté et paraphé par le dit commissaire enquêteur.

Art. 16. — A l'expiration du délai fixé par l'article 14, le commissaire enquêteur se transportera de nouveau sur les lieux, tous intéressés dûment prévenus au moins quinze jours à l'avance, par les moyens de publicité indiqués à l'article 8, à l'effet de vérifier l'objet des réclamations, de concilier les parties, si faire se peut, et d'arrêter définitivement ses conclusions.

Art 17. — Pour tout ce qui se rapporte à la constatation, à la reconnaissance et à la confirmation de la propriété possédée à titre privatif et non constaté par acte notarié ou administratif, le service des Domaines, sur le vu des conclusions du commissaire enquêteur, procédera à l'établissement des titres provisoires de propriété au nom des individus dont les droits ne seront pas contestés.

Ces titres indiqueront, avec un plan à

l'appui, la situation et deux au moins des tenants de chaque immeuble ; en cas d'indivision, ils énonceront les noms de tous les héritiers copropriétaires, ainsi que la quote part à laquelle chacun d'eux a droit.

Chaque titre contiendra l'adjonction d'un nom de famille aux prénoms ou surnoms sous lesquels est antérieurement connu chaque indigène déclaré propriétaire, au cas où il n'aurait pas de nom fixe. Le nom choisi par l'indigène ou, à défaut, par le service des Domaines, sera, autant que possible, celui de la parcelle de terre à lui attribuée.

Avis de ces opérations sera donné par insertions et publications, comme il a été dit à l'article 8.

Art. 18. — Trois mois sont accordés à dater de cette publication, à toute partie intéressée, pour contester devant les tribunaux français de l'ordre judiciaire les opérations du commissaire enquêteur et les attributions faites sur ses conclusions par le service des Domaines, en vertu de l'article 17, mais en tant seulement que ces attributions porteraient atteinte à des droits réels.

A l'expiration de ce nouveau délai, les titres non contestés deviennent définitifs; ils sont immédiatement enregistrés et transcrits aux frais des titulaires par les soins du service des Domaines.

Ils forment, à dater du jour de leur transcription, le point de départ unique de la propriété, à l'exclusion de tous droits réels antérieurs, comme il est dit à l'article 3.

Aussitôt qu'il aura été statué définitivement sur les contestations, les titres sur lesquels elles auront porté seront ou maintenus ou rédigés à nouveau, en prenant pour base les décisions intervenues ; puis ils seront transcrits et délivrés de la même manière que ceux pour lesquels il n'y aura pas eu de contestation. A partir de ces transcriptions, la loi du 23 mars 1855 produira tous ses effets.

Art. 19. — Tout créancier hypothécaire ou tout prétendant à un droit réel sur l'immeuble devra, à peine de déchéance, faire inscrire ou transcrire ses titres au bureau des hypothèques de la situation des biens, avant la transcription du titre français.

Ces inscriptions, transcriptions ou renouvellements des inscriptions précédemment prises devront contenir les prénoms et noms de famille portés dans les titres provisoires, établis conformément à l'article 17.

Le conservateur des hypothèques ne pourra transcrire aucun acte translatif de propriété postérieur à la délivrance des titres français, s'il ne contient pas les noms de famille des parties contractantes.

CHAPITRE II. — *De la procédure relative à la constitution de la propriété individuelle.*

Art. 20. — Dans tous les cas où il s'agira de constituer la propriété individuelle sur les territoires occupés par les tribus ou par les douars à titre collectif, il sera procédé suivant les formes prescrites par les articles 8, 9, 10 et 11 ci-dessus. Le procès-verbal du commissaire-enquêteur, accompagné de tout le dossier de l'enquête, d'un plan parcellaire et d'un registre terrier, sera soumis à l'approbation du Gouverneur général civil en Conseil de gouvernement.

L'arrêté d'homologation sera pris dans le délai de deux mois, à partir de la réception du dossier au secrétariat du Conseil de Gouvernement.

Immédiatement après l'approbation du Gouverneur général civil, il sera procédé, par le service des Domaines, à l'établissement des titres nominatifs de propriété. Ces titres seront accompagnés de plans ; en cas d'indivision constatée, les titres exprimeront en regard du nom de chaque copropriétaire, la quote-part à laquelle il aura droit, sans appliquer néanmoins cette quote-part à aucune des parties de l'immeuble.

Art. 21. — Les titres français sont enregistrés et transcrits aux frais des titulaires, par les soins du service des domaines, dans les conditions exprimées en l'article 5.

Art. 22. — L'administration des domaines inscrit au sommier de consistance des immeubles appartenant à l'Etat tous les biens déclarés vacants ou en déshérence, en vertu des articles 3 et 12, quand ils n'auront pas fait l'objet de revendications régulières dans le délai imparti par l'article 15.

Art. 23. — La présente loi ne s'applique pas aux biens séquestrés ; cependant, si le séquestre est levé sur tout ou partie de ces biens, des titres individuels sont immédiatement délivrés aux intéressés, dans les formes ci-dessus prescrites.

Art. 24. — Les dépenses de toute nature nécessitées par la constatation et la constitution de la propriété individuelle indigène sont, dans chaque département, à la charge du budget des centimes additionnels des tribus.

TITRE III. — DISPOSITIONS TRANSITOIRES (1).

Art. 25. — A partir de la promulgation

---

(1) V. au *Recueil des actes administratifs* de la Préfecture d'Alger, année 1875, n° 53, p. 393 et suiv., une circulaire du Gouverneur général du 9 novembre 1875, déterminant les dispositions à observer par l'Administration pour la régularisation des contrats dont s'occupe le Titre III ci-dessus de la loi sur la propriété indigène.

de la présente loi, et jusqu'à la délivrance des titres provisoires énoncés à l'article 17, toute transmission d'immeubles indigènes à des Européens devra être signifiée à l'administration des Domaines, en vue de l'obtention ultérieure d'un titre français, après l'accomplissement des formalités suivantes.

Art. 26. — Indépendamment de la transcription à laquelle il est soumis par la loi du 23 mars 1855 et, s'il y a lieu, des purges prévues et ordonnées par le Code civil, tout tiers détenteur ou nouveau possesseur fera insérer à ses frais, deux fois au moins et à un mois d'intervalle, extrait de son contrat en français et en arabe, dans le *Mobacher* et dans l'un des journaux de l'arrondissement, ou, à défaut, du département où se trouveront situés les biens acquis.

L'acquéreur transmettra un pareil extrait au procureur de la République du dit arrondissement, lequel en fera opérer le dépôt, comme il est dit en l'article 13, dans les mêmes conditions de publicité et aux mêmes fins.

Art. 27. — Dans le délai de trois mois à partir de l'avis public du dépôt, toute personne ayant à revendiquer tout ou partie de la propriété vendue, ayant, d'après le droit musulman, un droit réel sur l'immeuble, ou prétendant l'un des droits énoncés en l'article 2 de la loi du 23 mars 1855, tout vendeur ou acquéreur à réméré sera tenu de former sa réclamation entre les mains de l'un des dépositaires de l'extrait du contrat de vente, lequel inscrira cette réclamation, à la date même où elle sera faite, sur le registre à ce destiné.

Art. 28. — Avis de la réclamation est donné, sans délai, au procureur de la République, qui le porte à la connaissance des parties intéressées, au domicile indiqué dans l'extrait publié.

Art. 29. — Dans le cas où les droits révélés ainsi qu'il vient d'être dit affecteraient, non le prix, mais les conditions mêmes du contrat, et où ils seraient reconnus fondés par le vendeur, l'acquéreur aura la faculté soit de persister dans son acquisition en demeurant soumis aux charges et conditions qui se sont manifestées, soit d'y renoncer, sauf son recours contre le vendeur pour les frais et loyaux coûts exposés et tous dommages-intérêts, s'il y a lieu.

Si, au contraire, les droits qui se sont révélés sont contestés par le vendeur, celui-ci sera tenu d'introduire, dans le délai d'un mois, l'instance destinée à en purger l'immeuble, à peine de résiliation de la vente, le tout à ses risques et périls.

Art. 30. — Si aucune réclamation ou revendication ne s'est produite dans le délai prescrit à l'article 27, les réclamations ou revendications ultérieures n'ouvriront plus au prétendant droit qu'une action sur le prix, s'il n'a pas été payé, et, s'il a été payé, qu'une action directe et personnelle contre le vendeur.

Dans ce cas, le procureur de la République délivrera à l'acquéreur, sur sa demande, un certificat négatif sur papier libre.

Au vu de ce certificat, le service des Domaines délivrera le titre français, lequel, enregistré par duplicata et mentionné en marge de la transcription de l'acte de vente notarié, formera le point de départ unique de la propriété, à l'exclusion de tous droits antérieurs.

Le contrat de vente notarié demeurera annexé au titre français.

Art. 31. — La présente loi ne sera provisoirement appliquée qu'à la région du Tell algérien délimité au plan annexé au décret du 20 février 1873, sur les circonscriptions cantonales.

En dehors du Tell, des décrets spéciaux détermineront successivement les territoires où elle deviendra exécutoire.

Art. 32. — Sont abrogées toutes dispositions antérieures contraires à la présente loi.

§ 2. — **Dépenses résultant de l'exécution de la loi du 26 juillet 1873.**

13 juillet 1874. — *Décret*.

Vu l'article 24 de la loi du 26 juillet 1873, qui met à la charge du budget des centimes additionnels des tribus les dépenses de toute nature nécessitées par la constitution et la constatation de la propriété individuelle indigène en Algérie;

Art. 1er. — Les dépenses résultant de l'exécution de la loi du 26 juillet 1873 seront couvertes par des centimes extraordinaires, perçus par voie d'addition au principal de l'impôt arabe et indépendants des centimes additionnels ordinaires déjà établis.

Art. 2. — Ces nouveaux centimes seront fixés ainsi qu'il suit, pour toutes les populations inscrites au rôle de l'impôt arabe, savoir :

1° Pour les populations des douars constitués en communes subdivisionnaires et en communes indigènes assujetties aux impôts *achour*, *zekkat* et *hokor*, ainsi que pour les populations des douars et fractions de douar compris dans les communes mixtes et de plein exercice, et qui restent soumis aux dits impôts, à *deux centimes par franc*;

2° Pour les populations soumises à l'impôt *lezma*, quel que soit le régime communal auquel elles appartiennent à *dix centimes par franc*, qui seront calculés sur le montant total des taxes de lezma actuellement fixées pour les dites populations.

Art. 3. — En regard de ces recettes spéciales, il sera établi dans chaque budget des communes subdivisionnaires, indigènes, mixtes, de plein exercice, un compte des dépenses corrélatives, destiné à permettre le reversement au Trésor de toutes les sommes réalisées au titre particulier ci-dessus.

Un compte-courant sera établi au Trésor, pour le service spécial des recettes et des dépenses relatives aux opérations de la constitution de la propriété.

Les excédants de recettes à la fin d'une année seront reportés, de plein droit, à l'exercice suivant et viendront en atténuation des charges nouvelles de l'exercice subséquent.

M^{al} DE MAC-MAHON.

27 juillet 1875. — *Décret*.

Art. 1er. — A partir de l'exercice 1875, le taux des centimes extraordinaires affectés à l'exécution de la loi du 26 juillet 1873, est fixé comme il suit :

1° A quatre centimes par franc pour les populations des communes indigènes, mixtes ou de plein exercice, assujetties au paiement des impôts *achour*, *zekkat* et *hokor* ;

2° A vingt centimes par francs pour les populations kabyles soumises à l'impôt *lezma*, quel que soit le régime communal auquel appartiennent ces populations.

Art. 2. — Le service des contributions diverses est chargé de la perception des centimes additionnels extraordinaires établis par le présent décret. Ces produits sont versés dans les caisses du Trésor, au profit du budget des ressources spéciales du Gouvernement général de l'Algérie, à un compte spécial, intitulé : centimes additionnels extraordinaires affectés à la constitution de la propriété indigène.

Les excédants de recettes à la fin d'une année seront reportés, de plein droit, à l'exercice suivant, et viendront en atténuation des charges nouvelles de l'exercice subséquent.

Art. 3. — Sont et demeurent abrogées les dispositions des articles 2 et 3 du décret sus-visé, du 13 juillet 1874.

M^{al} de MAC-MAHON.

§ 3. — Application de la loi du 26 juillet 1873.

Désignation des biens où la loi sur la constitution de la propriété indigène est en cours d'application et date de l'arrêté qui ordonne les opérations.

NOM DU TERRITOIRE	DÉPARTEMENT	DATE DE L'ARRÊTÉ
A		
Tribu des Abid Cheraga.........................	Oran.	14 juin 1877.
Commune d'Affreville (territoires indigènes).........	Alger.	20 juin 1877.
Douar Aïn Bessem.............................	Id.	9 décembre 1873.
— Aïu Ghorab..............................	Constantine.	3 id.
— Akba-Djemmala..........................	Oran.	28 novembre 1873.
Commune de l'Alma (territoires indigènes).........	Alger.	20 juin 1877.
Douar des Amarous............................	Oran.	28 novembre 1873.
Commune d'Ameur-el-Aïn (territoires indigènes).....	Alger.	20 juin 1877.
Douar Arb Estaïa.............................	Constantine.	19 janvier 1877.
— Arb Filfila..............................	Id.	4 août 1877.
Commune d'Attatba (territoires indigènes).........	Alger.	20 juin 1877.
Douar des Ayaidas............................	Oran.	28 novembre 1873.
B		
Douar Bab Trouch.............................	Constantine.	3 décembre 1873.
— Belloua.................................	Alger.	29 août 1877.
— Ben Ameïdan............................	Constantine.	3 décembre 1873.
— Beni Boukni.............................	Alger.	31 octobre 1874.
— Beni Caïd...............................	Constantine.	4 août 1877.
Tribu des Beni Foutsèch........................	Oran.	28 novembre 1873.
— Beni Misra..............................	Alger.	9 décembre 1873.
— Beni Moussa............................		Id.
Douar Beni Rached............................	Oran.	28 novembre 1873.
— Beni Thour..............................	Alger.	29 août 1877.
— Betiouna................................	Oran.	28 novembre 1873.
— Birouela................................	Constantine.	3 décembre 1873.
Commune de Blad Guitoun (territoires indigènes)...	Alger.	20 juin 1877.
Douar de Bordjias (Aïn Noussy).................	Oran.	14 novembre 1874.
— Bou Hadjar.............................	Id.	Id.
— Bou Ksaïba M'ta el Djidjelli................	Constantine.	3 décembre 1873.
Commune de Bourkika (territoires indigènes).......	Alger.	20 juin 1877.
C		
Commune de Castiglione (territoires indigènes).....	Alger.	20 juin 1877.
Douar Chelafa................................	Oran.	28 novembre 1873.
— Chemla.................................	Alger.	31 octobre 1874.
— Cheurfa................................	Constantine.	3 décembre 1873.
— Cheurfa-Hammalia.......................	Oran.	28 novembre 1873.
Commune de la Chiffa (territoires indigènes).......	Alger.	20 juin 1877.

NOM DU TERRITOIRE	DÉPARTEMENT	DATE DE L'ARRÊTÉ
D		
Douar Damber	Constantine.	4 août 1877.
— Drabeb	Oran.	28 novembre 1873.
— Dramena	Constantine.	3 décembre 1873.
Commune de Duperré (territoires indigènes)	Alger.	20 juin 1877.
E		
Commune d'El-Affroun (territoires indigènes)	Alger.	20 juin 1877.
Douar El-Ghari	Constantine.	3 décembre 1873.
— El-Ouara	»	»
— Eulma-Kihicha	»	»
F		
Fraction de Fehoul	Oran.	28 novembre 1873.
Douar Ferouka	Alger.	9 décembre 1873.
— Ferraguig	Oran.	28 novembre 1873.
— Froha	id.	»
G		
Douar Ghelaï	Alger.	9 décembre 1873.
— Gherazla	Constantine.	19 décembre 1874.
— Guelt Zerga	»	4 août 1877.
— Guertoufa	Oran.	28 novembre 1873.
H		
Douar des Hachem	Alger.	28 novembre 1873.
— Hachem-Darough	Oran.	id.
— Hadjadja	»	14 novembre 1874.
— Hamyanes	»	28 novembre 1873.
— Haoura	Alger.	9 décembre 1873.
— Harrar	»	31 octobre 1874.
— Hazedj	Oran.	28 novembre 1873.
Commune d'Hennaya (territoires indigènes)	Oran.	27 octobre 1877.
K		
Douar Karkara	Constantine.	3 décembre 1873.
— Kedadra	Oran.	14 juin 1877.
— Khanguet Sabath	Constantine.	3 décembre 1873.
— Khorfan	»	19 décembre 1874.
M		
Douar Maoussa	Oran.	28 novembre 1873.
Commune de Marengo (territoires indigènes)	Alger.	20 juin 1877.
— Médéah	»	»
Douar Medjabria	Constantine.	3 décembre 1873.
— Megiet	»	»
Commune de Ménerville (territoires indigènes)	Alger.	20 juin 1877.
Douar Messer	Oran.	19 mai 1874.
Commune de Milianah (territoires indigènes)	Alger.	20 juin 1877.
— Montenotte	»	9 décembre 1873 et 31 octobre 1874.
Douar de Mouzaïa	Alger.	9 décembre 1873.
Commune de Mouzaïaville (territoire indigène)	Id.	20 juin 1877.
Douar M'Salla	Constantine.	3 décembre 1873.
— M'Souna	»	»
O		
Douar Ouel Dardara	Constantine.	3 décembre 1873.
— Oulassa	»	»
— Oulad Abdel Nour	»	5 juin 1877.
— Oulad Aiaa	Oran.	27 octobre 1877.
— Oulad Ali (Aïn Tibana)	Constantine.	19 janvier 1877.
— Oulad bel Aouchat	»	5 juin 1877.
— Oulad El Arbi	Constantine.	id.
— Oulad Senoussi	Oran.	14 juin 1877.
— Ouled Ahmed	Constantine.	3 décembre 1873.
— Ouled Arema	»	4 août 1877.
— Ouled Bakta	Alger.	28 novembre 1873.
— Ouled bou Khamel	Oran.	id.
— Ouled Brahim	Alger.	9 décembre 1873.
— Ouled Chafa	Oran.	28 novembre 1873.
— Ouled Derradj	Constantine.	19 décembre 1874.
— Ouled Habbeba	»	»
— Ouled Malef	Oran.	28 novembre 1873.
— Ouled Mira	Alger.	»
— Ouled Nouar	Constantine.	3 décembre 1873.
— Ouled Sassi	»	»
— Ouled Sidi Daho	Oran.	28 novembre 1873.
— Oum ech Chouk	Constantine.	19 janvier 1877.
— Oum el Ghelaz	Oran.	28 novembre 1873.
— Oum el Nebal	Constantine.	3 décembre 1873.

NOM DU TERRITOIRE	DÉPARTEMENT	DATE DE L'ARRÊTÉ
R		
Douar Ref-Ref................................	Constantine.	19 janvier 1877.
S		
Douar Sahouria..............................	Oran.	14 novembre 1874.
— des Sbeah du Sud........................	Alger.	28 novembre 1873.
— Sehaia....................................	»	»
— Sefafa....................................	Oran.	14 novembre 1874.
— Sidi Daho.................................	id.	28 novembre 1873.
— Sidi Khalifa..............................	Alger.	9 décembre 1873.
— Sidi Yacoub..............................	Oran.	19 mai 1874.
— Souadek..................................	Constantine.	3 décembre 1873.
T		
Douar Talha.................................	Constantine.	3 décembre 1873.
— Taourga...................................	Alger.	29 août 1877.
— Telilat (Gharabas)........................	Oran.	28 novembre 1873.
— Temgout..................................	Constantine.	3 décembre 1873.
Commune de Ténès (territoires indigènes).....	Alger.	9 décembre 1873 et 31 octobre 1874.
Douar Tenia................................	Oran.	14 novembre 1874.
Commune de Teniet-el-Hâad (territoire indigène).....	Alger.	21 septembre 1877.
Douar Tharia...............................	Alger.	31 octobre 1874.
— Tirenat...................................	Oran.	19 mai 1874.
— Toumiat..................................	»	28 novembre 1873.
Z		
Douar Zellaya..............................	Oran.	28 novembre 1873.
— Zenaïla..................................	Constantine.	3 décembre 1873.

§ 4. — Homologation des opérations faites en conformité de la loi du 26 juillet 1873.
Désignation des lieux où ont été faites ces opérations et date de l'arrêté d'homologation.

NOM DU TERRITOIRE	DÉPARTEMENT	DATE DE L'ARRÊTÉ
Douar Bab Trouch............................	Constantine.	23 août 1877.
— Mehadid..................................	Oran.	9 avril 1877.
— Sahouria.................................	»	20 mars 1877.
— Sefafa...................................	»	16 octobre 1877.
— Tenia....................................	»	17 août 1877.

§ 5. — Locations consenties par des indigènes en terre *arch*.

25 janvier 1873. — CIRCULAIRE *du Gouverneur.*

Mon attention a été appelée sur un certain nombre de locations à long terme consenties par des indigènes, *en terre arch*, et j'ai, par suite, à me prononcer sur une question qui a été posée à l'administration supérieure, dans les termes suivants :

Un indigène a-t-il le droit de louer lui-même à un européen ou à un indigène étranger à la tribu les terres collectives de culture qu'il détient à titre d'usufruitier, ou cette location ne peut-elle être consentie qu'avec l'autorisation de la djemaâ ?

Dans l'une et l'autre hypothèse, je n'hésite point à répondre par la négative ; en voici les raisons :

1° Dans les terres collectives de culture, telles qu'elles ont été déterminées par l'application du sénatus-consulte, il n'existe au profit d'aucun des membres d'une tribu *arch* ou *sabega*, un droit privé et défini d'usufruit. La preuve en ressort avec évidence, notamment :

Du rapport de M. Casabianca au Sénat : « ..... Nous avons cru devoir interdire *le trafic prématuré des droits* » *éventuels* afférents aux Arabes sur les » territoires à répartir jusqu'à ce que la » propriété nouvelle soit régulièrement » constituée par la délivrance des titres. »

De l'article 5 du sénatus-consulte du 22 avril 1863 : « La propriété indivi- » duelle qui sera établie au profit des » membres des douars, ne pourra être » aliénée que du jour où elle aura été » régulièrement constituée par la déli- « vrance des titres. »

Enfin, des règles tracées par le titre v des instructions générales du 11 juin 1863, pour la constitution ultérieure de la propriété individuelle. Tout en affirmant, d'une façon générale, le respect dû aux occupations de fait, les dispositions de ce titre consacrent effectivement bon nombre d'exceptions, tantôt à l'encontre et tantôt au profit de certaines catégories de personnes.

En résumé, on peut dire, avec l'autorité de textes précis, que jusqu'à la constitution de la propriété individuelle, tous les droits particuliers au partage de la terre collective de culture, comme tous les faits de possession, restent en l'état et sans sanction ; il est clair qu'une telle situation ne comporte, sous l'autorité de la loi, aucune transaction privée.

2° La djemâa, pas plus que les particuliers, n'a le droit de traiter pour les terres collectives de cultures : le titre IV, dernier alinéa, des instructions générales précitées du 11 juin 1863, est formel sous ce rapport ; il y est dit :

« La restriction, apportée par l'article 24 du règlement d'administration publique du 23 mai 1863 au droit d'aliénation des douars, découle de l'interprétation de l'article 3 du sénatus-consulte, combinée avec celle de l'article 6 ; elle s'applique spécialement aux terres de culture. La propriété de ces terres a été consacrée collectivement, il est vrai, au profit du douar ; mais, en réalité, les familles en usent à titre privatif, et si celles-ci étaient dépossédées par le douar, elles devraient être indemnisées, soit en argent, soit par des compensations en nature.

» Or, l'attribution d'une indemnité en argent aux détenteurs dépossédés *préjugerait des droits qui ne peuvent être déterminés que par le partage,* et, d'un autre côté, une compensation en nature troublerait l'assiette de la possession des autres occupants. »

Les djemâas, pas plus que les particuliers, n'ont donc la faculté de disposer des terres collectives de culture, qu'il ne faut pas confondre avec les communaux, pour l'amodiation ou l'aliénation desquels les djemâas sont, au contraire, investies de droits analogues à ceux des conseils municipaux en France.

On a quelquefois émis l'opinion que si le sénatus-consulte prohibait effectivement l'aliénation des terres collectives de culture, jusqu'à leur partage en propriétés individuelles, il restait muet, quant au droit de location, et, dans cet ordre d'idées, on a invoqué l'article 595 du Code civil, qui permet à l'usufruitier de donner son droit à ferme.

L'article 595 du Code civil n'a pas d'application dans les terres collectives de culture, où il ne se rencontre pas d'usufruitier, dans l'acception légale du mot. Aucun droit privé, je ne puis trop le répéter, n'est reconnu dans les périmètres dont il s'agit ; il n'existe, à l'heure actuelle, que des occupations de fait, *des droits éventuels* et des compétitions, qu'à défaut du sénatus-consulte, la loi projetée sur la propriété indigène aura pour objet de déterminer et de régler.

Je vous prie de vouloir bien rappeler les principes qui précèdent partout où besoin est, afin d'éviter que les intérêts particuliers ne s'engagent dans un mouvement de transactions vers lequel ils pourraient être entraînés, et où ils ne rencontreraient pas la sanction de la loi.

Je saisis cette occasion pour appeler votre attention sur un autre point très-important. Je suis informé que quelques fractions de tribus auraient été, sur leur demande et avec l'adhésion des djemâas, placées sur des terres collectives de culture appartenant à d'autres tribus.

Vous n'ignorez pas que dans l'esprit du sénatus-consulte, qui ne saurait d'ailleurs s'appliquer, en ceci, aux diverses mesures proposées ou édictées, en matière de séquestre, *les indigènes non originaires d'un douar ou qui n'y sont pas domiciliés* (titre V des instructions générales), n'ont généralement pas droit au partage ultérieur des terres de culture de ce douar ; d'un autre côté, si la future loi sur la propriété indigène est votée telle qu'elle a été présentée, l'État sera fondé à revendiquer, dans les tribus *arch*, à titre de biens vacants, les surfaces qui excéderaient à la fois l'état des possessions, les moyens d'exploitation réels et les besoins de subsistance des habitants.

C'est donc avec la plus grande circonspection que les déplacements de populations, auxquels je fais allusion, doivent être sanctionnés par l'autorité française, et je désire qu'en raison de l'importance des intérêts qu'elle engage, cette sanction soit toujours réservée au Gouverneur général, en Conseil de Gouvernement : on ne saurait, en pareille matière, tracer des règles inflexibles ; mais l'écueil à éviter est de créer, par des mesures partielles, des droits qui, sans nécessité absolue, auraient indirectement pour résultat d'accroître encore la libéralité avec laquelle le sénatus-consulte a été appliqué aux populations indigènes.

Vice-amiral Cte DE GUEYDON.

Contestations des propriétaires et des khammès au sujet des moissons.

18 mars 1875. — CIRCULAIRE *du Préfet d'Alger.*

Plusieurs propriétaires indigènes ont demandé que des mesures de répression fussent prises pour empêcher que les khammès ne quittent leurs patrons, au moment de la récolte, sans avoir tenu leurs engagements, alors qu'ils ont reçu des avances en argent, en semences et en vivres.

De leur côté, les khammès ont protesté contre les plaintes dont ils sont l'objet, en demandant à être traités comme le sont les fermiers français.

M. le procureur général, que j'ai consulté, a émis l'avis que les conventions des khammès avec les propriétaires sont des contrats purement civils, qu'il appartient à la justice civile seule de faire respecter.

« Une sanction pénale, ajoute-t-il, ne
» me paraît pas possible ; elle dénature-
» rait complètement le caractère des con-
» ventions intervenues et romprait l'éga-
» lité qui doit être maintenue entre les
» parties contractantes. Je ne pense pas
» que les faits qui vous sont signalés
» puissent jamais être assimilés à des es-
» croqueries ou à des abus de confiance,
» ni qu'ils puissent donner lieu à un
» arrêté spécial qui les assimilerait aux
» infractions spéciales à l'indigénat. »

Par suite, les propriétaires n'ont d'autres ressources que de prendre les précautions nécessaires pour éviter les abus dont ils se plaignent et de poursuivre leurs khammès déloyaux devant le tribunal civil compétent, en vue d'obtenir la réparation du préjudice causé ou la restitution des sommes indûment payées.

Ils ne doivent pas hésiter à recourir à ce dernier parti, car quelques poursuites de cette nature rendront certainement les indigènes plus circonspects à l'avenir et plus soucieux de leurs obligations.

Le *Préfet*: BRUNEL.

§ 6. — **Franchise accordée aux commissaires-enquêteurs.**

Par décision du 12 mars 1874, M. le Ministre des finances a autorisé MM. les commissaires-enquêteurs, chargés de préparer la constitution de la propriété individuelle, et les présidents des commissions de séquestre à correspondre en franchise avec les fonctionnaires et agents désignés au tableau ci-après :

DÉSIGNATION DES FONCTIONNAIRES Entre lesquels la correspondance valablement contresignée peut circuler en franchise		FORME sous laquelle la correspondance devra être présentée	CIRCONSCRIPTION dans laquelle la correspondance pourra circuler
Commissaires enquêteurs pour la constitution de la propriété indigène en Algérie.	Administrateurs chefs de circonscriptions cantonales en Algérie..........	S. B.	Algérie
	Chefs du service télégraphique en Algérie..............	S. B.	—
	Commandants.. { des cercles militaires en Algérie.......	S. B.	—
	{ des divisions militaires en Algérie......	S. B.	—
	{ des subdivisions militaires en Algérie...	S. B.	—
	Commissaires civils en Algérie...............	S. B.	—
	Contrôleurs..... { des Contributions directes en Algérie...	S. B.	—
	{ des Contributions diverses en Algérie...	S. B.	—
	Directeurs....... { des Contributions directes en Algérie...	S. B.	—
	{ des Contributions diverses en Algérie ..	S. B.	—
	{ de l'Enregistrement, des Domaines et du Timbre en Algérie.	S. B.	—
	Directeur général des Affaires civiles et financières, à Alger.	S. B.	—
	Gardes généraux des forêts en Algérie................	S. B.	—
	Gouverneur général civil de l'Algérie.................	S. B.	—
	Inspecteurs des forêts en Algérie......................	S. B.	—
	Id. de l'Enregistrement, des Domaines et du Timbre, en Algérie.	S. B.	—
	Maires en Algérie.....................................	S. B.	—
	Préfets en Algérie....................................	S. B.	—
	Receveurs...... { des Contributions directes en Algérie...	S. B.	—
	{ des Contributions diverses en Algérie...	S. B.	—
	{ de l'Enregistrement, des Domaines et du Timbre en Algérie.	S. B.	—
	Sous-Inspecteurs en Algérie..........................	S. B.	—
	Sous-Préfets en Algérie...............................	S. B.	—
	Vérificateurs de l'Enregistrement, des Domaines et du Timbre en Algérie.	S. B.	—
Présidents des commissions de séquestre en Algérie	Exercent les mêmes droits de franchise et de contre-seing que les Commissaires-enquêteurs pour la constitution de la propriété en Algérie.....................	S. B.	—

Protection de l'Enfance.

7-20 décembre 1874. — LOI *relative à la protection des Enfants employés dans les professions ambulantes* (1).

Art. 1er. — Tout individu qui fera exécuter par des enfants de moins de 16 ans des tours de force périlleux ou des exercices de dislocation ;

Tout individu, autre que les père ou mère, pratiquant les professions d'acrobate, saltimbanque, charlatan, mon-

---

(1) *Bulletin des lois* n° 3.622. V. *Dalloz* P. 1875. 4 p. 55 pour les annotations.
Cette loi, quoique n'ayant pas été spécialement promulguée en Algérie, y est cependant, à notre avis, devenue exécutoire par le seul fait de sa promulgation en France. En effet, elle complète le code péna

montreur d'animaux, ou directeur de cirque, qui emploiera dans ses représentations des enfants âgés de moins de 16 ans,

Sera puni d'un emprisonnement de 6 mois à 2 ans et d'une amende de 16 fr. à 200 fr.

La même peine sera applicable aux père et mère exerçant les professions ci-dessus désignées, qui emploieraient dans leurs représentations leurs enfants âgés de moins de 12 ans.

Art. 2. — Les pères, mères, tuteurs ou patrons qui auront livré, soit gratuitement, soit à prix d'argent, leurs enfants, pupilles ou apprentis, âgés de moins de 16 ans, aux individus exerçant les professions ci-dessus spécifiées, ou qui les auront placés sous la conduite de vagabonds, de gens sans aveux ou faisant métier de la mendicité, seront punis des peines portées en l'art. 1er.

La même peine sera applicable à quiconque aura déterminé des enfants âgés de moins de 16 ans à quitter le domicile de leurs parents ou tuteur pour suivre des individus des professions susdésignées.

La condamnation entraînera de plein droit, pour les tuteurs, la destitution de la tutelle ; les pères et mères pourront être privés des droits de la puissance paternelle.

Art. 3. — Quiconque emploiera des enfants âgés de moins de 16 ans à la mendicité habituelle, soit ouvertement, soit sous l'apparence d'une profession, sera considéré comme auteur ou complice du délit de mendicité en réunion, prévu par l'art. 276 du Code pénal et sera puni des peines portées audit article.

Dans le cas où le délit aurait été commis par les pères, mères ou tuteurs, ils pourront être privés des droits de la puissance paternelle ou être destitués de la tutelle.

Art. 4. — Tout individu exerçant l'une des professions spécifiées à l'art. 1er de la présente loi devra être porteur de l'extrait des actes de naissance des enfants placés sous sa conduite, et justifier de leur origine et de leur identité par la production d'un livret ou d'un passeport.

Toute infraction à cette disposition sera punie d'un emprisonnement d'un mois à six mois et d'une amende de 16 fr. à 50 fr.

Art. 5. — En cas d'infraction à l'une des dispositions de la présente loi, les autorités municipales seront tenues d'interdire toutes représentations aux individus désignés en l'art. 1er.

Ces dites autorités seront également tenues de requérir la justification, conformément aux dispositions de l'art. 4, de l'origine et de l'identité de tous les enfants placés sous la conduite des individus susdésignés. A défaut de cette

---

qui, dans ses art. 345 à 354, énumère plusieurs délits ou crimes contre la personne des enfants et prévoit aussi le délit de mendicité.

Le législateur français s'est inspiré de la législation étrangère qui nous a devancé sur ce point et notamment de la législation italienne.

Nous croyons devoir reproduire ici les instructions données aux préfets algériens par M. le Gouverneur général dans une circulaire en date du 22 avril 1874, plusieurs mois avant le vote de la loi française.

On trouvera le résumé des dispositions de la loi italienne dans le rapport de M. Talon à l'Assemblée nationale, reproduit par extrait dans *Dalloz*.

CIRCULAIRE.

« Une loi votée par le parlement italien et promulguée dans le royaume, à la date du 21 décembre 1873, prohibe l'exploitation des enfants, comme bateleurs, saltimbanques ou musiciens ambulants. Elle édicte des peines sévères contre ceux qui se livrent à cette honteuse spéculation.

« M. le consul général d'Italie vient de me communiquer les instructions qu'il a reçues de son gouvernement, pour assurer, dans l'étendue de son ressort consulaire, l'exécution de cette loi morale. Il me prie de lui procurer, dans ce but, le concours des autorités locales de l'Algérie, et je considère comme un devoir de déférer à sa demande.

« Aux termes de la circulaire de M. le Ministre des Affaires étrangères d'Italie, en date du 10 mars dernier, la tâche des agents consulaires et diplomatiques de cette nation consiste :

« 1° A surveiller attentivement ceux de leurs nationaux qui font métier à l'étranger d'exploiter, pour les professions ci-dessus désignées, les enfants de leur pays ; à les dénoncer aux tribunaux du royaume ; à rédiger contre les délinquants tous procès-verbaux, rapports et autres documents propres à établir leur culpabilité, et à transmettre ces documents à qui de droit ;

« 2° A dénoncer aux autorités judiciaires locales les délits prévus et punis par les lois du pays où résident les agents consulaires et diplomatiques, tels que mauvais traitements à l'égard des mineurs, privation d'aliments, soustraction des enfants, à l'aide de violence ou de manœuvres frauduleuses, afin que les coupables soient atteints des peines prononcées par la loi étrangère, sans préjudice de celles qu'ils auront encourues devant les tribunaux du royaume, pour infractions à la loi italienne ;

« 3° A prendre les mesures les plus expédientes pour faire rentrer dans leur pays d'origine le plus grand nombre des enfants qu'ils sauront être employés aux professions prohibées par la loi du 23 octobre 1873 ;

« 4° A inviter tous ceux de leurs nationaux, parents ou conducteurs des enfants dont il s'agit, à se présenter aux chancelleries consulaires, pour y faire les déclarations prescrites par la loi ; à inscrire d'office, sur un registre tenu aux dites chancelleries, les enfants qui seraient visés par la dite loi, et dont les parents ou patrons négligeraient ou refuseraient de faire spontanément la déclaration ;

« 5° A dresser, pour être transmis à leur gouvernement, des états nominatifs des enfants nomades, états, où seront consignés avec soin, les nom, prénoms, filiation, âge et profession de chaque enfant, avec tous autres renseignements utiles qu'il sera possible de recueillir sur la situation de l'enfant, et sur les conditions et circonstances de son arrivée et de son séjour à l'étranger.

« Je vous prie, Monsieur le Préfet, de faciliter autant qu'il dépendra de vous la tâche de M. le consul général d'Italie, en recommandant, tant aux autorités municipales qu'aux commissaires de police de lui fournir, à cet effet, soit par votre intermédiaire, soit directement, tous renseignements et indications se rapportant à l'objet des instructions que je viens d'analyser.

G¹ CHANZY.

justification, il en sera donné avis immédiat au parquet.

Toute infraction à la présente loi commise à l'étranger à l'égard de Français, devra être dénoncée, dans le plus bref délai, par nos agents consulaires aux autorités françaises ou aux autorités locales, si les lois du pays en assurent la répression.

Ces agents devront, en outre, prendre les mesures nécessaires pour assurer le rapatriement en France des enfants d'origine française.

Art. 6 — L'article 463 du C. p. est applicable aux délits prévus et punis par la présente loi.

8 février 1876. — *Décret.*

Art. 1er. — La loi du 23 décembre 1874 sus-visée, est applicable en Algérie, et sera insérée, à la suite du présent décret, au *Bulletin officiel* du Gouvernement (1).

Art. 2. — Les attributions dévolues au Ministre de l'Intérieur par les articles 5 et 15 de ladite loi, seront exercées, en Algérie, par le Gouverneur général. Pour l'exécution de l'article 5, les comités départementaux seront préalablement consultés.

Mal DE MAC-MAHON.

23 décembre 1874. — *Loi.*

Art. 1er. — Tout enfant, âgé de moins de deux ans, qui est placé, moyennant salaire, en nourrice, en sevrage ou en garde, hors du domicile de ses parents, devient, par ce fait, l'objet d'une surveillance de l'autorité publique, ayant pour but de protéger sa vie et sa santé.

Art. 2. — La surveillance instituée par la présente loi est confiée, dans le département de la Seine, au préfet de police, et, dans les autres départements, aux préfets.

Ces fonctionnaires sont assistés d'un comité ayant pour mission d'étudier et de proposer les mesures à prendre, et composé comme il suit :

Deux membres du conseil général, désignés par ce conseil ;

Dans le département de la Seine, le directeur de l'Assistance publique, et, dans les autres départements, l'inspecteur du service des enfants assistés ;

Six autres membres nommés par le préfet, dont un pris parmi les médecins membres du conseil départemental d'hygiène publique et trois pris parmi les administrateurs des sociétés légalement reconnues qui s'occupent de l'enfance, notamment des sociétés protectrices de l'enfance, des sociétés de charité maternelle, des crèches ou des sociétés des crèches, ou, à leur défaut, parmi les membres des commissions administratives des hospices et des bureaux de bienfaisance.

Des commissions locales sont instituées par un arrêté du préfet, après avis du comité départemental, dans les parties du département où l'utilité en sera reconnue, pour concourir à l'application des mesures de protection des enfants et de surveillance des nourrices et gardeuses d'enfants.

Deux mères de famille font partie de chaque commission locale.

Les fonctions instituées par le présent article sont gratuites.

Art. 3. — Il est institué près le ministère de l'intérieur un comité supérieur de protection des enfants du premier âge, qui a pour mission de réunir et coordonner les documents transmis par les comités départementaux, d'adresser chaque année au ministre un rapport sur les travaux de ces comités, sur la mortalité des enfants et sur les mesures les plus propres à assurer et étendre les bienfaits de la loi, et de proposer, s'il y a lieu, d'accorder des récompenses honorifiques aux personnes qui se sont distinguées par leur dévouement et leurs services.

Un membre de l'Académie de médecine, désigné par cette académie, les présidents de la société protectrice de

---

(1) Indépendamment de la loi du 7 décembre 1874 et de la loi du 23 du même mois relatives, la première aux enfants employés dans les professions ambulantes, la seconde aux enfants du premier âge, il en est une troisième portant la date du 19 mai 1874 relative au travail des garçons et des filles mineurs employés dans l'industrie.

Cette loi, qui est non moins importante que les deux autres puisqu'elle a pour but de prohiber l'emploi des enfants dans certaines industries dangereuses, et d'interdire aux patrons de leur imposer un travail au dessus de leurs forces, n'a pas été promulguée en Algérie et n'y est pas applicable, à notre avis du moins.

En effet, d'une part, cette matière n'a jamais été réglementée dans notre colonie algérienne, et, d'autre part, le décret du 15 février 1875 qui détermine les circonscriptions territoriales des inspecteurs créés le pour assurer son fonctionnement, a soin dans sa nomenclature, qui embrasse tous les départements de la métropole, y compris la Corse,

de laisser en dehors le territoire de l'Algérie. Peut-être pourrait-on soutenir que cette loi ne fait que modifier et compléter la loi du 22 février 1851 relative aux contrats d'apprentissage promulguée en Algérie le 17 mars suivant (V. *Ménerville*, t. 1, p. 93, v° *Apprentissage*). Nous ne le pensons pas, car tous les enfants employés dans les manufactures ne le sont pas en vertu d'un contrat d'apprentissage. Mais en serait-il ainsi que la loi du 19 mai 1874 pour être légalement parlant *exécutoire* en Algérie y serait en fait inexécutable, le service d'inspection n'y étant pas organisé.

Pour tous ces motifs nous ne croyons pas devoir publier ici le texte de cette loi qu'on trouvera au *Bulletin des lois*, n° 3094, et dans *Dalloz*, P. 1874, 4. p. 88 et suivantes, et nous appelons de tous nos vœux le moment où le gouvernement prendra les mesures nécessaires pour étendre au territoire algérien le bénéfice de cette loi éminemment protectrice de l'enfance.

l'enfance de Paris, de la société de charité maternelle et de la société des crèches, font partie de ce comité.

Les autres membres, au nombre de sept, sont nommés par décret du Président de la République.

Les fonctions de membre du comité supérieur sont gratuites.

Art. 4. — Il est publié, chaque année, par les soins du ministre de l'intérieur, une statistique détaillée de la mortalité des enfants du premier âge et, spécialement, des enfants placés en nourrice, en sevrage ou en garde.

Le ministre adresse, en outre, chaque année, au Président de la République, un rapport officiel sur l'exécution de la présente loi.

Art. 5. — Dans les départements où l'utilité d'établir une inspection médicale des enfants en nourrice, en sevrage ou en garde est reconnue par le ministre de l'intérieur, le comité supérieur consulté, un ou plusieurs médecins sont chargés de cette inspection.

La nomination de ces inspecteurs appartient aux préfets.

Art. 6. — Sont soumis à la surveillance instituée par la présente loi : toute personne ayant un nourrisson ou un ou plusieurs enfants en sevrage ou en garde, placés chez elle moyennant salaire ; les bureaux de placement et tous les intermédiaires qui s'emploient au placement des enfants en nourrice, en sevrage ou en garde.

Le refus de recevoir la visite du médecin inspecteur, du maire de la commune ou de toutes autres personnes déléguées ou autorisées en vertu de la présente loi est puni d'une amende de cinq à quinze francs (5 fr. à 15 fr.).

Un emprisonnement de un à cinq jours peut être prononcé si le refus dont il s'agit est accompagné d'injures ou de violences.

Art. 7. — Toute personne qui place un enfant en nourrice, en sevrage ou en garde, moyennant salaire, est tenue, sous les peines portées par l'article 346 du Code pénal, d'en faire la déclaration à la mairie de la commune où a été faite la déclaration de naissance de l'enfant, et de remettre à la nourrice ou à la gardeuse un bulletin contenant un extrait de l'acte de naissance de l'enfant qui lui est confié.

Art. 8. — Toute personne qui veut se procurer un nourrisson ou un ou plusieurs enfants en sevrage ou en garde, est tenue de se munir préalablement des certificats exigés par les règlements pour indiquer son état civil et justifier de son aptitude à nourrir ou à recevoir des enfants en sevrage ou en garde.

Toute personne qui veut se placer comme nourrice sur lieu est tenue de se munir d'un certificat du maire de sa résidence, indiquant si son dernier enfant est vivant et constatant qu'il est âgé de sept mois révolus, ou, s'il n'a pas atteint cet âge, qu'il est allaité par une autre femme remplissant les conditions qui seront déterminées par le règlement d'administration publique prescrit par l'article 12 de la présente loi.

Toute déclaration ou énonciation reconnue fausse dans lesdits certificats entraîne l'application au certificateur des peines portées au paragraphe 1er de l'article 155 du Code pénal.

Art. 9. — Toute personne qui a reçu chez elle, moyennant salaire, un nourrisson ou un enfant en sevrage ou en garde, est tenue, sous les peines portées à l'article 346 du Code pénal :

1° D'en faire la déclaration à la mairie de la commune de son domicile dans les trois jours de l'arrivée de l'enfant, et de remettre le bulletin mentionné en l'article 7 ;

2° De faire, en cas de changement de résidence, la même déclaration à la mairie de sa nouvelle résidence ;

3° De déclarer, dans le même délai, le retrait de l'enfant par ses parents ou la remise de cet enfant à une autre personne, pour quelque cause que cette remise ait lieu ;

4° En cas de décès de l'enfant, de déclarer ce décès dans les vingt-quatre heures.

Après avoir inscrit ces déclarations au registre mentionné à l'article suivant, le maire en donne avis, dans le délai de trois jours, au maire de la commune où a été faite la déclaration prescrite par l'article 7.

Le maire de cette dernière commune donne avis, dans le même délai, des déclarations prescrites par les n°s 2, 3, 4 ci-dessus, aux auteurs de la déclaration de mise en nourrice, en sevrage ou en garde.

Art. 10. — Il est ouvert dans les mairies un registre spécial pour les déclarations ci-dessus prescrites.

Ce registre est coté, paraphé et vérifié tous les ans par le juge de paix. Ce magistrat fait un rapport annuel au procureur de la République, qui le transmet au préfet, sur les résultats de cette vérification.

En cas d'absence ou de tenue irrégulière du registre, le maire est passible de la peine édictée à l'article 50 du Code civil.

Art. 11. — Nul ne peut ouvrir ou diriger un bureau de nourrices, ni exercer la profession d'intermédiaire pour le placement des enfants en nourrice, en sevrage ou en garde et le louage des nourrices, sans en avoir obtenu l'autorisation préalable du préfet de police, dans le département de la Seine, ou du préfet, dans les autres départements.

Toute personne qui exerce sans autorisation l'une ou l'autre de ces professions, ou qui néglige de se conformer aux conditions de l'autorisation ou aux prescriptions des règlements, est punie d'une amende de seize à cent francs (16 fr. à 100 fr.). En cas de récidive, la peine d'emprisonnement prévue par l'article 480 du Code pénal peut être prononcée.

Ces mêmes peines sont applicables à toute sage-femme et à tout autre intermédiaire qui entreprend, sans autorisation, de placer des enfants en nourrice, en sevrage ou en garde.

Si par suite de la contravention, ou par suite d'une négligence de la part d'une nourrice ou d'une gardeuse, il est résulté un dommage pour la santé d'un ou de plusieurs enfants, la peine d'emprisonnement de un à cinq jours peut être prononcée.

En cas de décès d'un enfant, l'application des peines portées à l'article 319 du code pénal peut être prononcée.

Art. 12. — Un règlement d'administration publique déterminera :

1° Les modes d'organisation du service de surveillance institué par la présente loi ; l'organisation de l'inspection médicale, les attributions et devoirs des médecins inspecteurs, le traitement de ces inspecteurs, les attributions et devoirs de toutes les personnes chargées des visites ;

2° Les obligations imposées aux nourrices, aux directeurs des bureaux de placement et à tous les intermédiaires du placement des enfants ;

3° La forme des déclarations, registres, certificats des maires et des médecins et autres pièces exigées par les règlements (1).

Le préfet peut, après avis du comité départemental, prescrire, par un règlement particulier des dispositions en rapport avec les circonstances et les besoins locaux.

Art. 13. — En dehors des pénalités spécifiées dans les articles précédents, toute infraction aux dispositions de la présente loi et des règlements d'administration publique qui s'y rattachent est punie d'une amende de cinq à quinze francs (5 fr. à 15 fr.).

Sont applicables à tous les cas prévus par la présente loi le dernier paragraphe de l'article 463 du Code pénal et les articles 482, 483 du même code.

Art. 14. — Les mois de nourrice dus par les parents ou par toute autre personne font partie des créances privilégiées et prennent rang entre les n°° 3 et 4 de l'article 2101 du Code civil.

Art. 15. — Les dépenses auxquelles l'exécution de la présente loi donnera lieu sont mises, par moitié, à la charge de l'Etat et des départements intéressés.

La portion à la charge des départements est supportée par les départements d'origine des enfants et par ceux où les enfants sont placés en nourrice, en sevrage ou en garde, proportionnellement au nombre desdits enfants.

Les bases de cette répartition sont arrêtées tous les trois ans par le ministre de l'intérieur.

Pour la première fois, la répartition sera faite d'après le nombre des enfants en nourrice, en sevrage ou en garde existant dans chaque département au moment de la promulgation de la présente loi

Q

Quais. V. Navigation.

Quittances. V. Timbre.

R

Rabbins. V. Cultes.

Raisins. V. Agriculture.

Rapporteur (conseiller). V. Conseil de Gouvernement.

Ré (actes destinés à l'île de). V. Actes judiciaires.

Recensement.

Dénombrement quinquennal de la population de l'Algérie.

27 avril 1872. — Décret.

Art. 1er. — Il sera procédé, dans le cours de la présente année, au dénombrement des populations de l'Algérie.

Le dénombrement de la population nomade ou résidant en dehors du Tell pourra être fait d'une manière sommaire, dans les formes qui seront déterminées par le Gouverneur général civil.

Art. 2. — Ne seront pas comptés dans le chiffre de la population servant de base

---

(1) V. *Bulletin des lois*, année 1877, n° 334, p. 121, et *Journal officiel* du 28 février 1877, le décret du 27 février 1877 portant règlement d'administration publique, ainsi qu'il est dit en l'art. 12 ci-dessus.

à l'assiette de l'impôt ou à l'application de la loi sur l'organisation municipale, les catégories suivantes :
Corps de troupes de terre et de mer ;
Maisons centrales de force et de correction ;
Maisons d'arrêt, de justice et de correction ;
Hospices et orphelinats ;
Lycées nationaux et collèges communaux ;
Ecoles spéciales ;
Séminaires ;
Maisons d'éducation et écoles avec pensionnats ;
Communautés religieuses ;
Réfugiés à la solde de l'Etat ;
Marins du commerce, absents pour les voyages de long cours.

Art. 3. — Les frais des opérations de recensement seront supportés, suivant les localités ou territoires qu'elles concerneront, par les budgets communaux et par ceux des communes mixtes, des communes subdivisionnaires et des communes indigènes.

A. Thiers.

V. au *Bulletin officiel du Gouvernement*, année 1872, n° 433, p. 503 et suiv. une circulaire du Gouverneur général, en date du 26 août 1872, contenant des instructions sur les opérations du recensement en Algérie (1).

3 décembre 1877. — *Décret*.

Art. 1er. — Les tableaux de la population ci-annexée :
1° Des départements de l'Algérie ;
2° Des arrondissements et des communes ;
Seront considérés comme seuls authentiques pendant cinq ans, à partir du 1er janvier 1878.

Mal De Mac Mahon.

DÉNOMBREMENT DE LA POPULATION EN ALGÉRIE
TABLEAU DE LA POPULATION PAR DÉPARTEMENT

DÉPARTEMENTS	TERRITOIRES administrés par l'autorité civile			TERRITOIRES de Commandement		POPULATION		TOTAL
	NOMBRE			NOMBRE		des territoires administrés par l'autorité civile	du territoire de commandement	
	des arrondissements	des communes de pleir exercice	des communes mixtes	des communes mixtes	des communes indigènes			
Alger	4	69	12	5	11	484.771	587.836	1.072.607
Oran	5	49	13	9	4	416.465	236.716	653.181
Constantine	6	49	18	4	17	414.714	727.124	1.141.838
Totaux	15	167	43	18	32	1.315.950	1.551.676	2.867.626

V. Taxes municipales.
Recenseurs. V. Contributions directes.
Receveurs municipaux. V. Communes ; Maires ; Conseils municipaux ; Timbre.

Recommandations. V. Contrainte par corps ; Postes.
Reconnaissance des prévenus et condamnés. V. Extradition.
Recrutement. V. Armée d'Algérie ; Compétence ; Service militaire.

---

(1) *Instructions supplémentaires pour le dénombrement quinquennal de la population.*
Alger, le 14 septembre 1872.
Pour éviter tout retard et toute incertitude, j'ai reconnu la nécessité de préciser, par quelques instructions complémentaires, l'instruction générale insérée au n° 433 du *Bulletin officiel du Gouvernement*, concernant le dénombrement quinquennal de la population en Algérie.
1° En ce qui concerne la population *inscrite en bloc*, vous avez dû remarquer que le modèle d'état qui accompagne cette instruction ne s'accorde pas complétement avec les feuilles imprimées que je vous ai adressées. Ce sont ces feuilles qui doivent être prises comme modèle.
On pourra négliger la récapitulation par canton, cette division territoriale n'existant en Algérie qu'à l'état d'exception.
2° Les Israélites indigènes naturalisés individuellement ou collectivement, doivent être classés parmi les *Européens français*, mais on les reportera dans les colonnes 46 à 56, en prenant soin d'y inscrire, à l'encre rouge, les chiffres déjà portés dans les colonnes 18 à 27, afin qu'il n'en soit pas tenu compte dans la récapitulation et d'éviter ainsi un double emploi.
3° Les Israélites marocains ou tunisiens continueront d'être inscrits au titre *étranger*, mais on aura soin d'indiquer, lorsqu'il y aura lieu, la nationalité dans la colonne des *observations*.
Il n'y a pas à se préoccuper des conséquences de ces inscriptions au point de vue de l'octroi de mer ; elles ne pourraient avoir quelque importance que dans les communes frontières. On y pourvoira, s'il en est besoin, par des mesures spéciales.
4° La destination particulière de la colonne 45 devra être respectée avec le plus grand soin : il y a un intérêt de statistique à séparer, en ce qui concerne les Israélites, l'élément *indigène* de l'élément non indigène.
5° Les Musulmans *non indigènes* seront inscrits numériquement à la colonne 42, comme étrangers.
L'observation que j'ai faite ci-dessus (n° 3), à l'égard des Israélites, en ce qui concerne l'octroi de mer, s'applique également aux *Musulmans*. C'est une question dont nous n'avons pas à nous préoccuper dans le travail du dénombrement.

Pour le Gouverneur,
Le Directeur général : Ch. Tassin.

SALUBRITÉ PUBLIQUE

Redjem (signes apparents du bornage). V. INDIGÉNAT.
Référés. V. JUSTICE.
Réforme (indemnités de). V. PENSIONS.
Refus de remplir ses fonctions. V. CONSEILS GÉNÉRAUX ; CONSEILS MUNICIPAUX.
Régime forestier. V. FORÊTS.
Région Tellienne. V. CIRCONSCRIPTIONS CANTONALES.
Rengagement. V. ARMÉE D'ALGÉRIE ; SERVICE MILITAIRE.
Rentes sur l'État. V. CAUTIONNEMENT DES FONCTIONNAIRES ; ENREGISTREMENT.
Répartiteurs. V. CONTRIBUTIONS DIRECTES.
Réquisitions militaires. V. SERVICE MILITAIRE.
Réserve. V. *Idem*.
Responsabilité. V. INCENDIES ; TIMBRE.
Restaurants. V. DÉBITS DE BOISSONS.
Retraites. V. PENSIONS CIVILES ET MILITAIRES.
Réunions électorales. V. ÉLECTIONS.
Réunions officielles. V. PRÉSÉANCES.
Réunions publiques.

10 octobre 1872. — *Décret.*

Art. 1er. — La loi du 6 juin 1868, relative aux réunions publiques, est rendue exécutoire en Algérie ; elle y sera publiée à la suite du présent décret, qui sera inséré au *Bulletin des lois* (1).

A. THIERS.

Revendeurs. V. APPENDICE.
Revenus et dividendes. V. ENREGISTREMENT.
Rôle général et particulier des chambres. V. JUSTICE.
Roulage.

4 juin 1877. — ARRÊTÉ *du préfet d'Oran.*

Vu les plaintes qui nous sont parvenues au sujet du défaut d'éclairage des voitures d'agriculture circulant sur les chemins de grande communication, vicinaux ou autres, servant d'accès aux divers centres de population du département ;

Vu l'art. 14 de l'arrêté ministériel du 3 novembre 1855, sur la police du roulage, disposant qu'aucune voiture, marchant isolément ou en tête d'un convoi, ne peut circuler, pendant la nuit, sans être pourvue d'un falot ou d'une lanterne allumée ;

Art. 1er. — Les voitures d'agriculture marchant isolément ou en tête d'un convoi, ne pourront circuler sur les chemins de grande communication, vicinaux et autres, pendant la nuit, sans être pourvues d'un falot ou d'une lanterne allumée. *Le Préfet :* B. NOUVION.

V. *Ménerville.* V° ROULAGE, t. 1, 2 et 3.

Rues. V. CHEMINS VICINAUX.

S

Sages-femmes. V. ART. MÉDICAL.
Salubrité publique.

Application à l'Algérie des dispositions du règlement du 30 décembre 1873, relatif aux dangers d'incendie dans les ports de commerce.

13 mars 1874. — *Arrêté.*

Vu la circulaire et le règlement général de police de M. le Ministre des travaux publics, en date du 30 décembre 1873, relatifs aux dangers d'incendie dans les ports maritimes de commerce par le pétrole et autres matières inflammables ;

Considérant qu'il y a lieu de faire application, aux ports de l'Algérie, des mesures de précautions qui viennent d'être prises pour les ports de France ;

Art. 1er. — Sont déclarées applicables à l'Algérie, les dispositions générales arrêtées par la circulaire et le règlement général précités, qui seront insérés au *Moniteur de l'Algérie* et au *Bulletin officiel des actes du Gouvernement*.

Art. 2. — Des arrêtés spéciaux, émanant de l'autorité préfectorale de chaque département, qui se concertera avec les Chambres de commerce, détermineront les mesures spéciales à prendre pour assurer, dans chaque port, l'exécution des dispositions renfermées dans le règlement général de police, du 30 décembre 1873 (2). Gal CHANZY.

---

(1) V. la loi du 6 juin 1868 sur les réunions publiques au *Bulletin officiel du gouvernement*, année 1872, n° 441, p. 639, et dans tous les recueils de lois.

(2) V. la circulaire et le règlement général de police précités du Ministre des travaux publics, du 30 décembre 1873, au *Bulletin officiel du gouvernement* année 1874, p. 141 et suivantes.

V. aussi la loi du 18 juin 1870 sur le transport des marchandises dangereuses par eau et par voies de terre autres que les chemins de fer, et les décrets du 12 août et du 2 septembre 1874 portant règlement d'administration publique pour l'exécution de cette loi, dans *Dalloz* et tous les recueils de lois.

Salutation officielle. V. CORRESPONDANCE ADMINISTRATIVE.

Sapeurs-pompiers.

SOMMAIRE
Organisation. — Propositions au grade d'officier. — Habillement.

2 février 1876. — *Décret*.

Art. 1ᵉʳ. — Le décret du 29 décembre 1875 sur l'organisation des corps de sapeurs-pompiers en France est déclaré applicable à l'Algérie. A cet effet, il y sera publié et promulgué à la suite du présent décret qui sera inséré au *Bulletin des lois* (1). — Mᵃˡ DE MAC-MAHON.

20 septembre 1877. — CIRCULAIRE de *M. le préfet d'Oran*.

M. le ministre de l'intérieur, consulté sur la question de savoir si l'on pouvait comprendre, dans les propositions pour les grades d'officiers dans les corps de sapeurs-pompiers, des candidats qui ne figureraient pas sur les contrôles des compagnies ou subdivisions, arrêtés conformément à l'art. 10 du décret du 29 décembre 1875, a fait connaître que l'affirmative ne pouvait être douteuse et que, lorsque les hommes inscrits sur les contrôles ne paraîtraient pas offrir des garanties suffisantes de capacité ou d'indépendance, les préfets étaient autorisés à désigner des candidats pris en dehors de ces listes.

En portant cette décision à votre connaissance, je crois devoir vous recommander de hâter, autant que possible, le travail de réorganisation des corps de sapeurs-pompiers de votre circonscription administrative que vous croiriez convenable de maintenir ou de créer.

Le Préfet : B. NOUVION.

10 août 1877. — ARRÊTÉ *du Ministre de l'Intérieur*.

Art. 1ᵉʳ. — Les compagnies de sapeurs-pompiers de l'Algérie sont autorisées à remplacer par une vareuse la tunique prescrite par le décret du 14 juin 1852.

Sauterelles et criquets.

SOMMAIRE
Moyens de destruction. — Travailleurs militaires employés à cette destruction ; leur rémunération. Arrêtés préfectoraux.

30 mai 1874. — ARRÊTÉ *du Préfet d'Alger*.

Art. 1ᵉʳ. — Les Maires des communes infestées par l'invasion des sauterelles devront requérir tous les habitants, européens et indigènes, de détruire par tous les moyens en leur pouvoir les sauterelles vivantes.

Art. 2. — A cet effet, tous les habitants valides de la commune seront astreints, à tour de rôle et alternativement entre européens et indigènes, à un service journalier de ronde, afin de rechercher les emplacements où se seront abattues les sauterelles pour y déposer leurs œufs.

Art. 3. — Les corvées seront, chaque jour, désignées par le maire sur une liste qui sera dressée immédiatement et contiendra les noms des familles habitant le territoire. Le maire indiquera, en même temps, l'itinéraire à suivre par les corvées.

Art. 4. — Un registre sera ouvert à la mairie pour y recevoir les observations et renseignements recueillis par les rondes sur les emplacements infestés par les sauterelles, et y consigner les quantités détruites.

Art. 5. — Les habitants seront tenus de se transporter, à tour de rôle et à première réquisition, avant le lever et le coucher du soleil, sur les points de la commune qui leur seront désignés, et où les sauterelles se sont abattues, pour pouvoir les ramasser au moment où elles sont engourdies et les détruire. Les amas de couples seront écrasés à terre par tous moyens quelconques.

Art. 6. — Les cadavres des locustes devront être enlevés de la surface du sol et enfouis dans des fosses à une profondeur d'au moins cinquante centimètres. Ils seront recouverts d'un lit de chaux, pour éviter le dégagement des émanations putrides et prévenir ainsi toute épidémie.

Art. 7. — Des recherches devront être faites sur tous les points de la commune où les sauterelles se seront abattues pour faire leur ponte. Les terres devront être remuées pour arriver à mettre à découvert les œufs et les détruire.

Art. 8. — Dans le cas où, malgré les précautions prises, une éclosion viendrait à se produire sur un point, les habitants seront tenus, à première réquisition, de pourchasser les criquets jusqu'à complète destruction. Des corvées seront commandées pour diriger la marche des criquets sur tel point préparé pour les anéantir, soit par le feu, soit par l'enfouissement.

Art. 9. — Les habitants seront tenus de couvrir leurs puits, leurs norias, sources, abreuvoirs, etc., de manière à empêcher leur accès aux locustes, et l'empoisonnement des eaux par l'accumulation de leurs cadavres.

Art. 10. — Tout refus de concours, toute contravention aux dispositions du

---
(1) V. ce décret au *Bulletin officiel du Gouvernement*, année 1876, n° 653, p. 222 et suiv. et dans tous les recueils de lois.

présent arrêté, seront poursuivis conformément aux prescriptions des lois ci-dessus visées.

Art. 11. — Les conseils municipaux sont autorisés à se réunir extraordinairement à l'effet de déterminer le taux des primes à allouer, s'il y a lieu, pour la destruction des sauterelles, des œufs et des criquets, et de voter les fonds nécessaires pour parer à la dépense, soit pour l'octroi de primes, soit pour l'achat de tous engins et agents de destruction. Les délibérations prises seront immédiatement approuvées.

Le préfet: BRUNEL.

Des arrêtés semblables ont été pris par les préfets d'Oran et de Constantine.

13 juin 1874. — ARRÊTÉ *du Préfet d'Alger.*

Art. 1er. — Le taux de la rémunération de la main-d'œuvre des militaires employés à la destruction des sauterelles, de leurs œufs et des criquets, est fixé à 0,40 centimes par homme et par jour, y compris les sous-officiers et caporaux. Cette allocation sera payée pour le jour de l'arrivée et celui du départ.

Le Préfet: BRUNEL.

Invasion des sauterelles — Signalement de divers moyens de destruction des sauterelles et criquets.

29 juin 1874. — CIRCULAIRE *du Préfet d'Oran.*

L'invasion des sauterelles, qui, au début, n'inspirait que des craintes vagues, en donne aujourd'hui de très sérieuses à l'Administration.

Bien que ces insectes n'aient séjourné que peu de temps sur les différents points du département où ils se sont abattus, ils y ont déposé des œufs qui éclosent de toutes parts et produisent des quantités considérables de criquets.

D'immenses quantités de sauterelles ont fait leur apparition dans le Sud du département, où elles causent de grands dégâts, et prennent la direction du Nord.

Il convient donc de ne négliger aucun moyen de destruction de ces insectes et de donner à ceux, dont l'efficacité a été reconnue par des expériences faites par leurs auteurs, la plus grande publicité possible.

Les méthodes préconisées par MM. Masson, pharmacien à Lyon, et Boissy, colon à Bourkika, me semblent particulièrement dignes d'être portées à la connaissance des populations agricoles.

La première de ces méthodes, celle due à l'initiative de M. Masson, consiste en un mélange d'oxyde de calcium (chaux vive), de fleur de soufre sublimé et de sulfate de chaux (plâtre ordinaire).

Chacune de ces matières entre dans la composition dans la proportion suivante, savoir :

Oxyde de calcium pulvérisé (chaux vive)................. 125 kil.
Fleur de soufre sublimé.... 20
Sulfate de chaux (plâtre ordinaire)................ 600

Le mélange de la chaux vive et du soufre doit avoir lieu tout d'abord : le plâtre est ajouté ensuite et mêlé de même par un pelletage actif.

Cette opération doit être pratiquée en plein air, à l'aide d'ustensiles en fer ; ces matières, une fois mêlées, développent une chaleur intense qui dure quelques heures. Dès qu'elles se sont refroidies au point d'être maniables, on doit les répandre en quantités analogues à celles de la poudrette qu'on sème comme engrais.

Cette dernière opération doit avoir lieu le matin avant le lever du soleil. Elle pourrait être pratiquée avec le plus grand succès la nuit, au clair de la lune.

Les sauterelles ne résistent pas à l'action de cette composition, qui, sous l'influence de l'humidité, forme du sulfure de calcium et constitue un engrais chimique dont l'influence se fait sentir pendant trois ou quatre ans.

La seconde méthode a été employée avec succès par M. Boissy, colon à Bourkika. Elle consiste à saupoudrer les agglomérations de criquets avec de la chaux vive en poudre qu'on arrose ensuite avec un arrosoir à pomme.

Le Préfet : B. NOUVION.

Sauvetage. V. *Ménerville.*
Secours mutuels. V. *Ménerville.*
Seigle ergoté. V. ART MÉDICAL.
Sénat. V. LOIS CONSTITUTIONNELLES.
Sépulture. V. INHUMATIONS.
Séquestre.

DIVISION

§ 1. — Commissions de séquestre. — Régisseurs comptables.
§ 2. — Apposition du séquestre.
§ 3. — Main-levée du séquestre. — Faculté de rachat.

§ 1.

3 avril 1872. — Arrêté du Gouverneur général instituant une commission de séquestre dans chacune des provinces d'Alger et de Constantine et déterminant les attributions de cette commission.

27 avril 1872. — Instruction du Gouverneur général pour les commissions de séquestre (1).

---

(1) *Circulaire du Gouverneur général.*
Alger, le 12 avril 1873.
Un journal d'Alger raconte, en joignant à l'énon-

On trouvera ces documents dans le *Dictionnaire de Ménerville*, t. 3, p. 270 et s. V° SÉQUESTRE.

8 août 1874. — *Arrêté.*

Art. 1ᵉʳ. — Le journal officiel le *Mobacher* est désigné pour recevoir toutes les insertions dont la publication est prescrite par l'ordonnance du 31 octobre 1845, portant règlement sur le séquestre.

Gᵃˡ CHANZY.

31 octobre 1876. — *Arrêté.*

Vu les articles 23 de l'ordonnance royale du 2 janvier 1846 et 10 du décret du 31 mai 1862, sur la comptabilité publique;

Considérant que la liquidation définitive du séquestre collectif peut entraîner le paiement, au profit des indigènes dépossédés au-delà de leur part contributive, d'indemnités à la charge de l'Etat, en tout ou en partie ;

Considérant que l'établissement de mandats individuels par chaque partie prenante serait de nature à retarder le paiement des sommes dues aux intéressés d'après les états de répartition ;

Considérant qu'il importe dans l'intérêt, tant de la colonisation que des ayants-droit, d'assurer ce paiement dans le plus bref délai possible ;

Art. 1ᵉʳ. — Les préfets sont autorisés à désigner, par arrêtés spéciaux, des régisseurs comptables chargés de toucher au Trésor et de répartir, entre les ayants-droit, les sommes à prélever sur les soultes de rachat du séquestre, encaissées à titre de fonds de concours et destinées à indemniser les indigènes dépossédés au-delà de leur part contributive.

Art. 2. — Le paiement aux ayants-droit sera justifié vis-à-vis du Trésor par la remise, dans le délai réglementaire, d'un double dûment certifié de l'état de répartition émargé par chacune des parties prenantes.

Gᵃˡ CHANZY.

§ 2.

La date placée en regard du nom de la tribu ou de la propriété séquestrée est celle de l'arrêté de séquestre, qu'on trouvera au Bulletin officiel du Gouvernement.

A

Tribu des Abid, 11 janvier 1872.
— Aïn Turc, 19 septembre 1871.
— Aïn Tagrout, id.
— Aït Amboub, 8 janvier 1872.
— Aït Yahia, id.
— Aghbal, 4 juin 1872.
— Ahl el-Roufi, 16 juillet 1872.
Le sieur Ahmed ben Khedine, 4 juin 1872.
Commune de l'Alma, 19 février 1872.
Tribu des Ameraouas, 17 août 1871.
— Amer-Dahra, 21 septembre 1871.
— Ameur-Dahra, 19 septembre 1871.
— Amouchas, id.
— Aribs, 11 décembre 1871.
Cercle d'Aumale, 27 juin 1871.

B

Tribu des Babor, 19 septembre 1871.
Village de Bahalil, 8 janvier 1872.
Village de Barlia, 14 septembre 1871.
District de Batna, 16 juillet 1872.
Le sieur Belkassem ben El-Hadj, 9 septembre 1874.
Tribu des Beni Aïcha, 16 juin 1873.
— Beni Aïssa, 8 janvier 1872.
— Beni Amran Djeballah, 1ᵉʳ juillet 1872.
— Beni bou Mileuk, 4 juin 1872.
— Beni Caïd, 1ᵉʳ décembre 1871.
— Beni Chabana, 19 septembre 1871.
— Beni Ferah, 11 décembre 1871.
— Beni Ghomerian, id.

---

ciation de faits inexacts toutes les amplifications que l'esprit de malveillance suggère, les rigueurs qui auraient suivi l'apposition du séquestre dans une des tribus de la Kabylie, où les indigènes auraient été dépouillés de leurs récoltes, de leurs bestiaux, et où des femmes mêmes se seraient vu enlever les bijoux qu'elles portaient.

Quelque éloigné de la vérité que, toutes informations prises, soit ce récit, il appelle mon attention sur certaines sévérités que pourrait déterminer, sans que j'en eusse connaissance, l'étroite interprétation de l'ordonnance du 31 octobre 1845, dans ses effets relatifs au séquestre individuel, qu'il ne faut pas confondre avec le séquestre collectif autorisé par le décret du 15 juillet 1871, lequel n'atteint que les immeubles sis dans le périmètre territorial frappé de séquestre.

Je crois donc devoir vous faire connaître, à ce sujet, la pensée du Gouvernement, en des termes qui excluent toute incertitude. Bien qu'en droit le séquestre individuel s'applique indistinctement à la totalité des biens meubles et immeubles, il est néanmoins nécessaire de respecter les moyens de subsistance, les instruments de travail. Les créances et autres droits incorporels, les troupeaux, dans la mesure où ils commencent à constituer les éléments d'une richesse, sont justement soumis au séquestre; mais les objets et approvisionnements usuels, le bœuf qui tire la charrue, y échappent, parce que le séquestre, en restant un châtiment suprême, ne saurait devenir un instrument de famine; parce que nous avons intérêt à ce que les terres ne cessent pas, même pendant une seule année, d'être cultivées ; parce qu'en mettant, dans ce but, ces terres en location partout où elles ne sont point nécessaires pour les besoins de la colonisation, l'Etat doit nécessairement laisser à ses locataires arabes les moyens de rouvrir leurs sillons.

C'est de haut, en un mot, et avec cette ampleur, que doivent être envisagés et réglés les effets d'un séquestre aussi étendu que celui qui a suivi la rébellion de 1871. Je confie à votre vigilance personnelle le soin de surveiller exactement l'exécution des recommandations contenues dans la présente circulaire.

Vice-amiral Cᵗᵉ DE GUEYDON.

SÉQUESTRE 379

Tribu des Beni Ider, 1ᵉʳ décembre 1871.
— Beni Inthacen, 31 mars 1872.
— Beni Kani, 8 janvier 1872.
— Beni Khelifa, 3 juillet 1875.
— Beni Kheuzeur, 29 avril 1874.
— Beni Maaned, 23 décembre 1872
— Beni Mansour, 8 janvier 1872.
— Beni Meddour, id.
— Beni Menad, 4 juin 1872.
— Beni Menasser, 22 mars 1872.
— Beni Meraï, 19 septembre 1871.
— Beni Ouagenoun, 5 août 1872.
— Beni Ouakkour, 8 janvier 1872.
— Beni Ourtilan, 19 septembre 1871.
— Beni Ouzzedin, 27 et 30 avril 1874.
— Beni Rhaten Rahtarin, 20 février 1875.
— Beni Sekfal, 1ᵉʳ avril 1874.
— Beni Sliman, 19 septembre 1871.
— Beni Smaël, id.
— Beni Thour, 27 juin 1871.
— Beni Yala, 19 septembre 1871.
— Beni Zioui, 4 juin 1872.
— Betrouna, 31 mars 1872.
Commune de Bordj-bou-Arréridj, 11 janvier 1872.
Commune de Bordj-Ménaïel, 7 juin 1872.
District de Bougie, 6 septembre 1871 et 22 mai 1872.
Le sieur Boukhatem ben Khédine, 4 juin 1872.
Cercle de Bou Saâda, 26 mai 1872.

C

District de La Calle, 4 juin 1872.
Cercle de Cherchell, 12 janvier 1872.
Tribu des Cheurfa, 8 janvier 1872.
Cercle de Collo, 3 juillet 1872.
Département de Constantine (20 tribus), 20 juillet 1872.
District de Constantine (8 tribus), 16 juillet 1872.

D

Tribu des Dehemchas, 19 septembre 1871.
Cercle de Djidjelli, 13 janvier 1872.
Le sieur Si Djilali ben Khedine, 4 juin 1872.
Circonscription de Dra-el-Mizan, 11 janvier 1872

E

Le sieur El-Grebissi, 4 septembre 1871.
Tribu d'El-Harmelia, 21 septembre 1871.
Cercle d'El-Miliah, 3 juillet 1872 et 2 janvier 1872.

F

Tribu des Flissa, 2 février 1872.
Commune du Fondouk, 27 juin 1871.
Cercle de Fort-National, 5 avril 1872.

G

Tribus des Gouraya, 4 juin 1872.
— Guergour, 19 septembre 1871.

H

Le sieur El Haddad.
Le sieur Hadj Amar ben Djemaa.
Tribu des Hannenchas, 11 décembre 1871.
Territoire du Hodna, 26 mai 1872.

I

Village d'Iril-Hammad, 8 janvier 1872
Circonscription des Issers, 18 juillet 1872.
Tribu des Issers-Droëh, 22 juillet 1871.
— Issers el Ouïdan, 19 février 1872.

K

Tribu des Khachenas, 19 février 1872.
Territoire de Koléah (Embarek), 21 septembre 1871.

L

Douar Larba, 29 avril 1874.
Tribu des Larhat, 4 juin 1872.

M

Tribu des Markalla, 8 janvier 1872.
— Mechna, 11 janvier 1872.
Cercle de Médéah, 6 février 1873.
Bach-agha de la Medjana, 25 mars 1871.
Circonscription de Ménerville, 7 septembre 1872.
Tribu des Meraheba, 11 novembre 1871.
— M'Karta, 11 janvier 1872.
Territoire de Montenotte, 4 juin 1872.
Le sieur Mouley Ech Chekfa, 27 mai 1872.
Caïdat de M'Sila, 26 mai 1872 ; 16, 17 octobre 1874 ; 31 décembre 1874 ; 5, 7, 16 janvier 1875.

N

Tribu des Nezlioua, 11 janvier 1872.

O

Caïdat de l'Oued Chaïr, 26 mai 1872.
Tribu de l'Oued el Bordi, 8 janvier, 23 décembre 1872.
Le sieur Oulad bou Bekeur, 13 mars 1866.
Le sieur Oulad Sidi Cheick, id.
Caïdat des Ouled Aïssa, 26 mai 1872.
Tribu des Ouled Abdel Djebar, 22 septembre 1871.
Caïdat des Ouled Ameur, 26 mai 1872.
Tribu des Ouled Azziz, 8 janvier 1872.
— Ali ben Daoud, 31 mars 1872.
— Bellil, 23 décembre 1872.
— Bou Yacoub, 13 août 1874.
— Daoud, 8 janvier 1872.
Caïdat des Ouled Ferradj, 26 mai 1872.
Tribu des Ouled Khebbeb, 1ᵉʳ mars 1873.
— Madhi, 26 mai 1872
— M'hamed, 1ᵉʳ avril 1874 et 1ᵉʳ mai 1874
Les Ouled Mokran, 21 septembre 1871, 23 août 1873 et 26 mai 1872.
Tribu des Ouled Mosly, 19 septembre 1871.
Tribu des Ouled Moussa, 8 janvier 1872

Caïdat des Ouled Nabet, 21 septembre 1871.
Tribu des Ouled Nabet, 27 mars 1874.
— Rechich, 7 juin 1872.
— Salah, 19 septembre 1871.
— Salem, 23 décembre 1872.
— Slama, 11 janvier 1872.
— Sidi Hadjeres, 23 décembre 1872.
Caïd des Ouled Sidi Sliman, 31 décembre 1875.
Village des Ouled Zian, 8 janvier 1872.

P

Territoire de Palestro, 3 juillet 1872.

R

Tribu des Ramanias, 29 avril 1874.
— Righas, 11 décembre 1871.
— Righas-Dahra, 19 septembre 1871 et 30 mars 1874.
— Righas-Guebalas, id.

S

Commune de St-Pierre et St-Paul, 19 février 1872.
Tribu du Sahel-Guebli.
Village de Selloum, 8 janvier 1872.
Tribu de Senhadja, 29 novembre 1871.
District de Sétif, 24 juillet 1872.
Commune de Sidi Rached, 27 juin 1872.
Tribu des Souamas, 26 mai 1872.
District de Souk-Arrhas, 4 juin 1872.

T

Tribu des Tababort, 21 et 22 avril 1874.
Annexe de Takitount, 24 juillet 1872 et 27 avril 1874.
Tribu de Tala, 30 et 31 mars, 2, 13, 14, 18, 27, 29 avril et 4 mai 1874.
Cercle de Tebessa, 7 juin 1872.
Territoire de Ténès, 19 août 1872.
Circonscription de Tizi-Ouzou, 24 juin 1872.
Annexe de Tuggurth, 9 août 1873, 17, 18, 19, 20 septembre 1874.

Z

Tribu des Zatima, 4 juin 1873.
— Ziabra, 6 octobre 1871.
— Zioui, 6 février 1875.
— Zouagha, 16 juin 1873.
— Zouggara, 4 juin 1872.

§ 3.

Exonération du séquestre a été faite dans les tribus dont les noms suivent. La date est celle de l'arrêté d'exonération qu'on trouvera au Bulletin officiel du Gouvernement.

Douar des Beni Chennacha, 22 juin 1874.
Territoire des Beni Slyem, 15 juin 1874.
Douar de Bou-Barak, 20 juin 1874.
Caïd Lounas ben Ahmed ben Mahieddin, 22 mars 1872.
Douar Oulad Aïssa, 20 mai 1874.
Douar de Touafa, 20 juin 1874.

30 juin 1877. — *Décret.*

Considérant que le service des Domaines a déjà procédé à la reconnaissance et à la prise de possession de la majeure partie des propriétés mobilières et immobilières d'une certaine valeur réunies au Domaine de l'Etat, en vertu des arrêtés de séquestre pris à la suite de l'insurrection de 1871 :

Considérant que les immeubles restant à reconnaître et à appréhender consistent généralement en fractions peu importantes et indivises de parcelles inutilisables pour la colonisation ;

Considérant qu'il y a tout intérêt à ce que la liquidation du séquestre nominatif ne se prolonge pas au-delà du temps présumé nécessaire pour la liquidation du séquestre collectif ;

Art. 1er. — Les indigènes séquestrés nominativement à la suite de l'insurrection de 1871, et sur les biens desquels le domaine n'a pas encore exercé de main mise, et leurs héritiers ou ayants-droit, peuvent être admis à se racheter par voie de transaction des effets de séquestre, moyennant le paiement d'une somme égale à la valeur de ces biens, meubles et immeubles, telle qu'elle sera déterminée d'office par l'Administration.

Art. 2. — Le Gouverneur général est autorisé à donner, par arrêtés spéciaux, la main-levée totale ou partielle du séquestre à tous ceux des indigènes admis au rachat qui se seront intégralement libérés des sommes dues de ce chef à l'Etat.

Art. 3. — Les prix de rachat, payables entre les mains du service des Domaines, seront encaissés par le Trésor, à titre de fonds de concours, et feront l'objet de délégations de crédits additionnels au profit du Gouverneur général, pour le montant en être affecté aux dépenses relatives à la liquidation du séquestre et à des rachats de terres pour la colonisation.

Art. 4. — Un délai d'un an, à dater de la promulgation du présent décret, est accordé aux indigènes séquestrés ou à leurs ayants-droit, pour bénéficier de la faculté de rachat. Passé ce délai, cette faculté leur sera retirée et les règles et les effets de séquestre nominatif reprendront tout leur empire.

Mal DE MAC-MAHON.

Séquestre judiciaire. V. Dépôts et consignations.

Service journalier du Gouvernement général. V. Administration générale.

Service maritime.

Un décret du 18 juin 1873 règle les engagements et rengagements dans l'armée de mer.

Nous reproduisons en partie l'art. 6 qui est spécial à l'Algérie :

Art. 6. — Muni du certificat qui constate son acceptation par l'autorité maritime ou militaire le contractant se présente, en France, devant le maire d'un chef-lieu de canton; en Algérie devant le maire de l'une des villes désignées ci-après :

Province d'Alger : Alger, Aumale, Blida, Boufarik, Cherchell, Dellys, Douéra, Coléa, Marengo, Médéah, Miliana, Or-Orléansville, Ténès.

Province d'Oran : Aïn-Témouchent, St-Cloud, St-Denis-du-Sig, Mascara, Mostaganem, Nemours, Oran, Sidi-bel-Abbès, Tlemcen.

Province de Constantine : Batna, Bône, Bougie, Constantine, Djidjelli, Guelma, Jemmapes, La Calle, Philippeville, Sétif, Soukarras.

Aucun engagement ne peut être reçu en Algérie pour le corps des équipages de la flotte sans une décision du Ministre de la marine (1).

Service militaire.

DIVISION

§ 1. — Organisation de l'armée. — Constitution des cadres et effectifs.
§ 2. — Recrutement en Algérie. — Français et Étrangers.
§ 3. — Engagements volontaires.
§ 4. — Coordination des lois sur l'armée.
§ 5. — Examen des candidats au grade d'officier dans l'artillerie de l'armée territoriale.
§ 6. — Frais de route des militaires.
§ 7. — Conscription des chevaux.
§ 8. — Réquisitions militaires. — Grandes manœuvres. — Indemnités.

§ 1.

24 juillet - 7 août 1873. — Loi sur l'organisation générale de l'armée.
V. *Bulletin des lois*, n° 2249, et *Dalloz*, P. 1873. 4. p. 81 et suivantes.

28 septembre 1873. — Décret qui, en exécution de la loi ci-dessus, crée 15 corps d'armée destinés à occuper les 18 régions territoriales de la France.

Un second décret du même jour crée un 19° corps d'armée en Algérie et place ce corps d'armée sous le commandement du commandant supérieur des forces de terre et de mer. V. ce dernier décret *suprà*. V° ARMÉE D'ALGÉRIE.

19 mars 1875 — Loi qui complète l'article 22 de la loi du 24 juillet 1873 sur l'organisation générale de l'armée en disposant que la mobilisation peut avoir lieu par voie d'affiches et de publications sur la voie publique.

---

(1) V. ce décret au *Bulletin des lois* n° 2170, et *Dalloz*, P. 1873, 4. p. 78.

20 mars 1876. — Décret portant règlement d'administration publique sur les assimilations de grades à donner aux anciens élèves des écoles polytechnique et forestière, en exécution de l'art. 36 de la loi ci-dessus du 24 juillet 1873.

V. *Bulletin officiel du Gouvernement général*, année 1876, p. 231 et suivantes.

13 mars 1875. — Loi relative à la constitution des cadres et des effectifs de l'armée active et de l'armée territoriale.

15 décembre 1875. — Loi qui modifie les art. 3, 9, 28, 29, 35 et 39 de la loi qui précède.

30 juillet 1875. Décret qui en exécution de l'art. 4 de la loi ci-dessus rappelée du 13 mars 1875, crée 19 escadrons d'éclaireurs volontaires dont l'un spécialement affecté à la cavalerie du 19° corps d'armée (Algérie), et détermine la composition des cadres de chaque escadron. V. ce décret et la décision ministérielle du 22 mars 1876 relative à son exécution au *Bulletin officiel du Gouvernement*, année 1876, n° 655, p. 254.

On trouvera les lois des 13 mars et 15 décembre 1875 au *Bulletin des lois*, n°° 257, p. 605, et 287, p. 1317, ainsi que dans *Dalloz* et les autres recueils de lois.

§ 2.

27 juillet - 17 août 1872. — Loi relative au recrutement de l'armée.

V. cette loi, la plus importante de notre nouvelle organisation militaire, au *Bulletin des lois*, n° 1337. V. aussi pour la discussion de cette loi et les annotations, *Dalloz* P. 1872. 4. p. 47 et suiv.

Diverses lois sont venues successivement modifier ou compléter les art. 37, 53, 54, 57 et 79 de la loi du 27 juillet 1872 sur le recrutement.

Ces lois dont deux portent la date du 31 décembre 1875 et les autres la date des 4 décembre et 9 décembre même année ont été publiées au *Bulletin des lois* n°° 278 et 282. On les trouvera aussi dans *Dalloz* et tous les autres recueils.

6 novembre 1875. — LOI *qui détermine les conditions suivant lesquelles les Français domiciliés en Algérie seront soumis au service militaire* (1).

Art. 1er. — Les Français nés en Algérie et qui y ont conservé leur domicile, ceux qui, n'y étant pas nés, y sont domiciliés, ou qui, ayant leurs parents domiciliés sur le territoire continental de la

---

(1) On trouvera au *Recueil des actes administratifs* de la préfecture d'Alger, année 1875, n° 63, une instruction ministérielle très détaillée sur les opérations préliminaires de l'appel des classes que les maires et administrateurs pourront consulter avec fruit.

France, ont fixé en Algérie leur résidence habituelle et prennent devant le Maire, avant leur inscription sur le tableau de recensement, l'engagement d'y résider dix ans, sont soumis à l'obligation du service militaire personnel imposé à tout Français par la loi du 27 juillet 1872, dans les conditions déterminées par la présente loi.

Art. 2. — Chaque année, les tableaux de recensement des Français ayant atteint l'âge de vingt ans révolus pendant l'année précédente et domiciliés dans la commune, sont dressés par le Maire ou par le fonctionnaire qui en tient lieu :

1° Sur la déclaration à laquelle sont tenus les jeunes gens, leurs parents ou leurs tuteurs ;

2° D'office, d'après les registres de l'état civil et tous autres documents et renseignements.

Ces tableaux mentionnent, dans une colonne d'observations, la profession de chacun des jeunes gens inscrits.

Ils sont publiés et affichés dans les formes prescrites par les articles 63 et 64 du Code civil. La dernière publication doit avoir lieu le 15 janvier au plus tard.

Art. 3. — Les individus qui se trouvent dans les conditions de l'article 9 du Code civil, de l'article 2 de la loi du 7 février 1851, ou de l'article 1ᵉʳ de la loi du 16 décembre 1874, sont portés sur les tableaux de recensement dans l'année qui suit celle de la majorité, lorsqu'ils ont acquis la qualité de Français.

Après avoir passé sous les drapeaux le temps déterminé par l'article 28 de la présente loi, ces jeunes gens ne sont plus assujettis qu'aux obligations de service restant à accomplir à la classe à laquelle ils appartiennent par leur âge.

Art. 4. — Sont considérés comme domiciliés dans la commune :

1° Les jeunes gens, même émancipés, engagés, absents ou en état d'emprisonnement, si, d'ailleurs, leurs père, mère ou tuteur y ont leur domicile ;

2° Les jeunes gens mariés dont le père, ou la mère à défaut du père, sont domiciliés dans la commune, à moins qu'ils ne justifient de leur domicile réel dans une autre commune ;

3° Les jeunes gens mariés et domiciliés dans la commune, alors même que leur père ou leur mère n'y seraient pas domiciliés ;

4° Les jeunes gens nés en Algérie et résidant dans la commune, qui n'ont ni père, ni mère, ni tuteur.

Art. 5. — Sont, d'après la notoriété publique, considérés comme ayant l'âge requis, les jeunes gens qui ne peuvent produire ou n'ont pas produit, avant les opérations du conseil de révision, un extrait des registres de l'état civil constatant un âge différent, ou qui, à défaut de registres, ne peuvent prouver ou n'ont pas prouvé leur âge, conformément à l'article 46 du Code civil.

Art. 6. — Si, dans les tableaux de recensement, des jeunes gens ont été omis, ils sont inscrits sur les tableaux de recensement de la classe qui est appelée après la découverte de l'omission, à moins qu'ils n'aient trente ans accomplis à l'époque de la publication de ces tableaux. Après cet âge, ils sont soumis aux obligations de la classe à laquelle ils appartiennent.

Art. 7. — Les tableaux de recensement dressés en exécution de l'article 2 de la présente loi sont envoyés en double expédition, par les maires ou par les fonctionnaires qui en tiennent lieu, au préfet du département, qui est chargé de recevoir et d'instruire toutes les réclamations des jeunes gens.

Art. 8. — Les exemptions prévues par l'article 16 et les dispenses du service d'activité en temps de paix aux divers titres énumérés dans l'article 17 de la loi du 27 juillet 1872, sont applicables aux jeunes gens appelés à satisfaire au service militaire, dans les conditions de la présente loi.

Art. 9. — Sont à titre conditionnel, dispensés du service militaire :

1° Les membres de l'instruction publique, les élèves de l'Ecole normale supérieure de Paris (1) ;

2° Les professeurs des institutions nationales des sourds-muets et des institutions nationales des jeunes aveugles ;

3° Les membres et novices des institutions religieuses vouées à l'enseignement et reconnues comme établissements d'utilité publique, et les directeurs, maîtres-adjoints, élèves-maîtres des écoles fondées ou entretenues par les associations laïques, lorsqu'elles remplissent les mêmes conditions, et qu'elles existent depuis plus de deux ans ou renferment trente élèves au moins ;

4° Les jeunes gens qui, sans être compris dans les paragraphes précédents, se trouvent dans les cas prévus par l'art. 79

---

(1) « Je suis informé que quelques élèves de l'Ecole normale supérieure, non pourvus d'un engagement décennal légalement accepté, éprouvent des difficultés à faire régler leur position au point de vue militaire... Je vous prie de vouloir bien donner des ordres pour que les jeunes gens dont s'agit soient admis exceptionnellement à contracter ledit engagement, afin d'être dispensés du service... sous la condition toutefois d'être inscrits de nouveau sur les contrôles de l'une ou l'autre armée s'ils venaient à abandonner la carrière de l'enseignement. » Dépêche du Ministre de la guerre au Gouverneur général. Mars 1876.

de la loi du 15 mars 1850 et par l'art. 18 de la loi du 10 avril 1867.

Ces jeunes gens devront, avant les opérations du conseil de révision, contracter devant le recteur de l'académie l'engagement de se vouer pendant dix ans à la carrière de l'enseignement.

Cet engagement peut être réalisé par les instituteurs et par les instituteurs-adjoints mentionnés au paragraphe 3 du présent article, tant dans les écoles publiques que dans les écoles libres désignées à cet effet par le ministre de l'instruction publique, après avis du conseil départemental ;

5° Les artistes qui ont remporté les grands prix de l'Institut, à la condition qu'ils passeront à l'école de Rome les années réglementaires, et rempliront toutes leurs obligations envers l'Etat ;

6° Les élèves pensionnaires de l'Ecole des langues orientales vivantes et les élèves de l'Ecole des Chartes, nommés après examen, à la condition de passer dix ans tant dans lesdites écoles que dans un service public ;

7° Les élèves ecclésiastiques désignés à cet effet par les archevêques et par les évêques, et les jeunes gens autorisés à continuer leurs études pour se vouer au ministère dans les cultes salariés par l'Etat, sous la condition qu'ils seront assujettis au service militaire, s'ils cessent les études, en vue desquelles ils auront été dispensés, ou si, à vingt-six ans les premiers ne sont pas entrés dans les ordres majeurs, et les seconds n'ont pas été consacrés ou reçus rabbins.

Art. 10. — Les jeunes gens dispensés, à titre conditionnel, du service militaire, qui cessent d'être dans une des positions indiquées à l'article précédent, avant d'avoir accompli les conditions qu'il leur impose, sont tenus :

1° D'en faire la déclaration au maire de la commune, dans les deux mois, et de retirer copie de leur déclaration ;

2° De passer sous les drapeaux le temps déterminé par la présente loi, et de satisfaire ensuite aux obligations restant à accomplir à la classe à laquelle ils appartiennent.

Faute par eux de faire la déclaration ci-dessus et de la soumettre au visa du préfet dans le délai d'un mois, ils sont passibles des peines édictées par l'art. 60 de la loi du 27 juillet 1872. Ils sont rétablis dans la première classe appelée après la cessation de leurs services, fonctions ou études ; mais le temps écoulé depuis la cessation de leurs services, fonctions ou études, jusqu'au moment de leur déclaration, ne leur est pas compté.

Art. 11. — Les élèves de l'école polytechnique et les élèves de l'école forestière sont considérés comme présents sous les drapeaux pendant le temps par eux passé dans lesdites écoles.

Ceux de ces jeunes gens qui ont satisfait aux examens de sortie et ne sont pas placés dans les armées de terre ou de mer, reçoivent l'application de l'art. 36 de la loi du 24 juillet 1873 et de l'art. 39 de la loi du 13 mars 1875.

Ceux qui ne satisfont pas aux examens de sortie desdites écoles et qui conservent leur domicile en Algérie ne sont pas appelés sous les drapeaux, mais restent assujettis aux autres obligations imposées aux jeunes gens de la classe sur les tableaux de recensement de laquelle ils figurent.

Art. 12. — Peuvent être ajournés, deux années de suite, à un nouvel examen, les jeunes gens qui, au moment de la réunion du conseil de révision, n'ont pas la taille de 1 m. 54 ou sont reconnus trop faibles de complexion pour un service armé.

Les jeunes gens ainsi ajournés sont tenus, à moins d'une autorisation spéciale, de se représenter au conseil de révision devant lequel ils ont comparu.

Après l'examen définitif, ils sont ou exemptés ou classés, soit dans le service armé, soit dans le service auxiliaire. Ceux qui ont été classés dans le service armé sont appelés à passer sous les drapeaux le temps fixé par l'article 28 de la présente loi, et ils suivent ensuite le sort de leur classe.

Art. 13. — Peuvent être dispensés à titre provisoire, conformément à l'article 22 de la loi du 27 juillet 1872, comme soutiens indispensables de famille, les jeunes gens qui en remplissent effectivement les devoirs.

La liste est présentée au conseil de révision par le Maire.

Ces dispenses peuvent être accordées par département jusqu'à concurrence de huit pour cent du nombre des jeunes gens reconnus propres au service, et compris dans la première partie de la liste arrêtée par le conseil de révision en vertu de l'article 21 de la présente loi.

Pourront être renvoyés dans leurs foyers après six mois de service, par décision du Gouverneur général, les jeunes gens habitant les fermes et les agglomérations rurales isolées.

Art. 14. — En temps de paix, il peut être accordé des sursis d'appel aux jeunes gens qui en font la demande un mois avant l'époque fixée pour la réunion du conseil de révision.

A cet effet, ils doivent établir que, soit pour les besoins de l'exploitation agricole, industrielle ou commerciale à laquelle ils se livrent pour leur compte ou pour celui de leurs parents, il est indispensable qu'ils ne soient pas enlevés immédiatement à leurs travaux.

Ce sursis d'appel ne confère ni exemption, ni dispense ; il n'est accordé que pour un an et peut néanmoins être renouvelé pour une seconde année.

Le jeune homme qui a obtenu un sursis d'appel est tenu, à l'expiration de ce sursis, de satisfaire à toutes les obligations imposées par l'art. 28 de la présente loi.

Art. 15. — Les demandes de sursis adressées au maire sont instruites par lui. Elles sont remises au conseil de révision par le préfet, qui y joint, avec ses observations, tous les documents nécessaires.

Les sursis d'appel peuvent être accordés pour chaque département et par classe, jusqu'à concurrence de quatre pour cent du nombre des jeunes gens reconnus propres au service et compris dans la première partie des listes du recrutement.

Art. 16. — Il est institué dans chaque département de l'Algérie un conseil de révision composé :

Du préfet, président, ou, à son défaut, du secrétaire général, ou d'un conseiller de préfecture délégué par le préfet :

D'un conseiller désigné par le préfet ;

D'un membre du conseil général ;

D'un deuxième membre du conseil général, remplaçant le conseiller d'arrondissement, jusqu'à ce que les conseils d'arrondissement soient institués en Algérie ;

Les deux conseillers généraux désignés par la commission permanente du conseil général, conformément à l'art. 82 de la loi du 10 août 1871 et à l'art. 77 du décret du 23 septembre 1875 ;

Et d'un officier général ou supérieur désigné par l'autorité militaire.

Un membre de l'Intendance, un officier remplissant les fonctions de commandant du dépôt de recrutement, et un médecin militaire, ou, à son défaut, un médecin civil désigné par l'autorité militaire, assistent aux opérations du conseil de révision.

Le membre de l'Intendance est entendu, dans l'intérêt de la loi, toutes les fois qu'il le demande, et peut faire consigner ses observations au registre des délibérations.

Le Gouverneur général civil de l'Algérie déterminera, en conseil de gouvernement, les localités où, dans chaque département, le conseil de révision devra se transporter et les portions du territoire qui ressortent de chacune de ces localités.

Les maires des communes, auxquelles appartiennent les jeunes gens appelés, assistent aux séances et peuvent être entendus.

Toutes les décisions sont rendues en séance publique, à la majorité des voix des membres présents.

En cas de partage, la voix du président est prépondérante.

Art. 17. — Les jeunes gens portés sur les tableaux de recrutement, ainsi que les jeunes gens des classes précédentes qui ont été ajournés conformément à l'art. 12 ci-dessus, sont convoqués, examinés et entendus par le conseil de révision.

S'ils ne se rendent pas à la convocation, ou s'ils n'obtiennent pas un délai, il est procédé comme s'ils étaient présents.

Art. 18. — Le conseil de révision statue sur les réclamations auxquelles donne lieu l'établissement des tableaux de recensement.

Il prononce la radiation desdits tableaux :

1° Des jeunes gens qui se trouvent dans un des cas d'exclusion des rangs de l'armée prévus par l'art. 7 de la loi du 27 juillet 1872 ;

2° Des jeunes qui auraient été inscrits contrairement aux prescriptions de l'article 1ᵉʳ de la présente loi.

Il statue sur les demandes d'exemption ou de dispense présentées en exécution de l'art. 8 ci-dessus.

Dans le cas d'exemption, le Conseil ne prononce qu'après avoir entendu le médecin désigné pour l'assister.

Les cas de dispense sont jugés sur la production de documents authentiques et sur des certificats dressés par le maire ou celui qui en fait fonction, assistés de deux témoins domiciliés dans la même commune que le réclamant.

Art. 19. — Lorsque les jeunes gens portés sur les tableaux de recensement ont fait des réclamations dont l'admission ou le rejet dépend des décisions à intervenir sur des questions judiciaires relatives à leur état ou à leurs droits civils, le conseil de révision ajourne sa décision ou ne prend qu'une décision conditionnelle.

Les questions sont jugées contradictoirement avec le préfet, à la requête de la partie la plus diligente. Les tribunaux statuent sans délai, le ministère public entendu.

Art. 20. — Hors les cas prévus par l'article précédent, les décisions du conseil de révision sont définitives. Elles peuvent néanmoins être attaquées devant le conseil d'État pour incompétence et excès de pouvoir.

Elles peuvent aussi être attaquées pour violation de la loi, mais par le Ministre de la guerre seulement et dans l'intérêt de la loi. Toutefois l'annulation profite aux parties lésées.

Art. 21. — Après que le conseil de révision a statué sur les questions auxquelles peut donner lieu l'examen des tableaux de recensements sur les cas d'exemption et sur ceux de dispense, la liste du recrutement par commune est définitivement arrêtée et signée par tous les membres du conseil.

Cette liste, divisée en cinq parties, comprend :

1° Tous les jeunes gens déclarés propres au service militaire et qui ne doivent pas être classés dans les catégories suivantes ;

2° Tous les jeunes gens dispensés du service d'activité en temps de paix, en exécution de l'art. 8 de la présente loi ;

3° Tous les jeunes gens conditionnellement dispensés en vertu de l'art. 9, les élèves des écoles politechnique et forestière, ainsi que les jeunes gens liés au service en vertu d'un engagement volontaire, d'un brevet ou d'une commission et les inscrits maritimes.

4° Les jeunes gens qui, pour défaut de taille ou pour toute autre cause, ont été dispensés du service dans l'armée active, mais ont été reconnus aptes à faire partie d'un des services auxiliaires de l'armée ;

5° Enfin, les jeunes gens qui ont été ajournés à un nouvel examen du conseil de révision.

Art. 22. — Quand les listes du recrutement de toutes les communes ont été arrêtées conformément aux prescriptions de l'article précédent, le conseil de révision, auquel sont adjoints deux autres membres du Conseil général également désignés par la commission permanente du Conseil général, prononce sur les demandes de dispense pour soutiens de famille et sur les demandes de sursis d'appel.

Les dispositions de l'art. 25 de la loi du 27 juillet 1872 sont du reste applicables aux jeunes gens dispensés ou qui ont obtenu des sursis d'appel en vertu du présent article.

Art. 23. — Il est tenu par département ou par circonscriptions déterminées, dans chaque département, par le Gouverneur général civil de l'Algérie, un registre matricule dressé au moyen des listes mentionnées en l'art. 21 ci-dessus, et sur lequel sont portés tous les jeunes gens qui n'ont pas été déclarés impropres à tout service militaire ou qui n'ont pas été ajournés à un nouvel examen du conseil de révision.

Ce registre matricule mentionne l'incorporation de chaque homme inscrit, ou la position dans laquelle il est laissé, et successivement tous les changements qui peuvent survenir dans sa situation jusqu'à ce qu'il passe dans l'armée territoriale.

Art. 24. — Tout homme inscrit sur le registre matricule, qui change de domicile, est tenu de faire la déclaration à la mairie de la commune qu'il quitte et à la mairie du lieu où il vient s'établir.

Le maire de chacune des communes, ou celui qui en remplit les fonctions, transmet, dans les huit jours, copie de ladite déclaration au bureau du registre matricule de la circonscription dans laquelle se trouve la commune.

Art. 25. — Tout homme inscrit sur le registre matricule, qui entend se fixer en pays étranger, est tenu, dans sa déclaration à la mairie de la commune où il réside, de faire connaître le lieu où il va établir son domicile, et, dès qu'il y est arrivé, d'en prévenir l'agent consulaire de France.

Le maire de la commune transmet, dans les huit jours, copie de ladite déclaration au bureau du registre matricule de la circonscription dans laquelle se trouve sa commune.

L'agent consulaire, dans les huit jours de la déclaration, en envoie copie au ministre de la guerre.

Le Français domicilié en Algérie qui quitte la colonie sans esprit de retour avant l'âge de vingt-neuf ans, ou avant d'avoir rempli les conditions de l'engagement prévu par l'article 1er de la présente loi, est tenu d'accomplir le temps de service actif prescrit par la loi du 27 juillet 1872, déduction faite du temps qu'il aura déjà passé sous les drapeaux.

Il reste ensuite assujetti aux obligations que la classe dont il fait partie par son âge a encore à remplir aux termes de la loi du 27 juillet 1872.

Art. 26. — Tout homme qui n'est pas déclaré impropre à tout service militaire fait partie de l'armée active ou de la réserve de l'armée active pendant neuf années, à l'expiration desquelles il est tenu de servir dans l'armée territoriale, conformément aux prescriptions des 4°, 5°, 8° et 9° alinéas de l'article 36 de la loi du 27 juillet 1872.

Art. 27. — Pour l'organisation de l'armée territoriale, l'Algérie sera divisée par des arrêtés du Gouverneur général en circonscriptions de région.

Les hommes au-dessus de quarante ans pourront, en cas d'insurrection et si les ressources fournies par la réserve de l'armée active et par l'armée territoriale sont insuffisantes, être appelés au service et incorporés dans l'armée territoriale.

Art. 28. — La durée du service compte du 1er avril de l'année où les jeunes gens ont été inscrits sur les tableaux de recensement.

Le temps de présence effective sous les drapeaux est d'une année à partir de l'appel, qui ne pourra être retardé au-delà du 1er septembre de la même année.

Les jeunes soldats font leur service dans les corps stationnés en Algérie. Exceptionnellement et par mesure d'ordre, le Ministre de la guerre, sur la proposition du Gouverneur général, pourra envoyer dans les corps de troupe du Midi de la France pour y faire leur année de service un certain nombre de ces jeunes gens d'origine indigène.

A l'expiration de leur année de service effectif, les jeunes gens sont renvoyés dans leurs foyers et inscrits sur les contrôles de la réserve.

Toutefois, le militaire qui, après l'année de service ci-dessus mentionnée, ne sait pas lire et écrire et ne satisfait pas aux examens déterminés par le Ministre de la guerre, peut être maintenu au corps pendant une seconde année.

Ceux qui auront justifié d'une capacité suffisante, c'est-à-dire qui auront subi avec succès les examens de fin d'année exigés des volontaires d'un an, pourront obtenir des brevets de sous-officiers ou des commissions équivalentes.

Les jeunes gens compris dans la catégorie déterminée par le paragraphe précédent, pourront, en restant une année de plus, soit dans l'armée active, soit dans une école désignée par le Ministre de la guerre, et après avoir subi les examens mentionnés dans l'article 38 de la loi du 24 juillet 1873, obtenir un brevet de sous-lieutenant auxiliaire ou une commission équivalente.

Art. 29. — Les hommes envoyés dans la réserve sont immatriculés, d'après le mode prescrit par la loi d'organisation du 24 juillet 1873, dans les corps ou portions de corps qui sont le plus spécialement destinés à la défense de la colonie.

L'appel de la réserve peut être fait par classe, en commençant par la moins ancienne.

Le Gouverneur général de l'Algérie règle par des arrêtés et suivant les localités et les circonstances les manœuvres auxquelles les hommes de la réserve en Algérie doivent prendre part.

En cas d'urgence, le Gouverneur général civil de l'Algérie peut prendre l'initiative des ordres à donner pour la mobilisation.

Art. 30. — Les hommes de la réserve peuvent se marier sans autorisation.

Les hommes mariés restent soumis aux obligations de service imposées aux classes auxquelles ils appartiennent.

Toutefois, les hommes de la réserve qui sont pères de quatre enfants vivants passent de droit dans l'armée territoriale.

Art. 31. — Les dispositions des articles 46, 47, 50 et 51 de la loi du 27 juillet 1872, relatifs aux engagements volontaires et aux rengagements, sont applicables aux jeunes gens dont il est fait mention à l'article 1er (1).

Le temps de service exigé par la présente loi leur sera compté à partir du jour de leur engagement.

Néanmoins, les jeunes gens, qui n'ont pas encore satisfait à la loi sur le recrutement, pourront contracter en Algérie, au titre des corps qui s'y trouvent stationnés, un engagement volontaire pour la durée d'une année, s'ils remplissent les conditions de l'article 1er de la présente loi.

Ils feront leur année de service dans les conditions de la classe appelée au moment de leur incorporation.

Ces engagements ne pourront se contracter qu'au moment de l'appel d'une classe.

Pour ceux de ces jeunes gens qui termineront leur engagement avant d'avoir été inscrits sur les tableaux du recensement de leur classe, le temps dans la réserve commencera à courir de l'expiration dudit engagement.

Les dispositions des lois des 27 juillet 1872 et 24 juillet 1873, concernant le volontariat d'un an, sont également applicables à l'Algérie.

Art. 32. — Les dispositions pénales de la loi du 27 juillet 1872 et de l'article 230 du Code de justice militaire, modifié par la loi du 18 mai 1875, sont applicables aux hommes que concerne la présente loi, en tant qu'elles n'y sont pas contraires.

Les délais d'insoumission déterminés par le paragraphe 3 de l'article précité, sont modifiés de la manière suivante :

1° Un mois, si l'homme au domicile duquel un ordre d'appel a été notifié demeure en Algérie ;

2° Deux mois, s'il demeure en France, dans les îles voisines des contrées limitrophes ou en Europe ;

3° Six mois, s'il demeure dans tout autre pays.

En temps de guerre ou en cas de mobilisation par voie d'affiches et de publication sur la voie publique, les délais ci-dessus sont réduits.

1° A quatre jours pour les hommes habitant l'Algérie ;

2° A un mois, pour les hommes habitant la France, les îles voisines des contrées limitrophes ou l'Europe ;

3° Trois mois pour ceux qui habitent dans tout autre pays.

Art. 33. — Les jeunes gens de vingt à

---

(1) Cette disposition est applicable aux israélites indigènes qui peuvent contracter un engagement spécial d'un an « au titre non seulement des corps stationnés en Algérie mais aussi de ceux de France désignés pour recevoir leurs coréligionnaires faisant partie du contingent. » Circulaires du Préfet d'Alger des 11 et 30 août 1877.

trente ans, remplissant les conditions déterminées par l'article premier de la présente loi, qui ont concouru en France au tirage au sort et qui sont compris dans la portion du contingent appelé à passer cinq années sous les drapeaux, seront, sur leur demande, renvoyés dans leurs foyers après une année de service et inscrits sur les contrôles de la réserve de l'Algérie.

Les hommes âgés de moins de quarante ans, qu'ils aient ou n'aient pas figuré sur le tableau de recensement de leur classe en France, seront inscrits dans l'armée territoriale.

Art. 34. — Le décret du 9 novembre 1859, relatif à l'organisation des milices en Algérie, est abrogé.

Ces milices seront dissoutes par des arrêtés du Gouverneur général civil et leurs armes déposées dans les arsenaux de l'Etat, sauf indemnités pour celles qui seront reconnues la propriété des départements ou des communes.

Sont exceptées de cette mesure les compagnies de sapeurs-pompiers, qui continueront à être régies par le décret précité du 9 novembre 1859, jusqu'à ce qu'un décret ait pourvu à leur réorganisation.

Tout corps organisé en armes est soumis aux lois militaires, fait partie de l'armée et relève de celui qui la commande (1).

Art. 35. — Il sera remis chaque année aux deux chambres, par le Ministre de la guerre, un compte-rendu détaillé de l'application de la présente loi au recrutement de l'armée en Algérie pendant l'année précédente.

Art. 36. — La présente loi est exécutoire à partir du 1ᵉʳ janvier 1876.

8 avril 1876. — CIRCULAIRE de M. le Préfet d'Alger, relative au recrutement des jeunes gens d'origine étrangère.

Messieurs, j'ai l'honneur de vous informer que M. le Ministre vient de faire connaître à M. le Gouverneur général que lorsque des jeunes gens excipent de leur extranéité pour ne pas être portés sur les tableaux de recrutement, on doit se conformer aux règles suivantes:

« Lorsque des jeunes gens qui se pré-
» tendent étrangers produisent des piè-
» ces authentiques établissant leur ori-
» gine étrangère, telles, par exemple,
» que des actes de naissance ou des cer-
» tificats signés par des agents diploma-
» tiques ou consulaires accrédités par un
» gouvernement étranger, et lorsque la
» notoriété publique n'est pas en contra-
» diction avec les énonciations portées
» sur ces documents, les maires doivent
» s'abstenir d'inscrire les réclamants sur
» les tableaux de recensement. Dans le
» cas contraire, c'est-à-dire lorsqu'ils ne
» présentent à l'appui de leur dire aucu-
» ne pièce authentique, ou quand, malgré
» la production de pièces, des doutes s'é-
» lèvent au sujet de leur nationalité, il
» convient de les inviter à s'adresser aux
» tribunaux civils, à l'effet de faire
» constater judiciairement qu'ils ne sont
» pas Français. »

Le Préfet: BRUNEL.

Sujets anglais.

7 janvier 1876. — CIRCULAIRE du Garde des Sceaux.

Monsieur le Préfet, aux termes de l'article 1ᵉʳ de la loi du 16 décembre 1874, l'individu né en France d'un étranger qui lui-même y est né, doit, lorsqu'il se présente devant l'autorité municipale du lieu de sa résidence pour réclamer sa qualité d'étranger, produire une attestation en due forme de son gouvernement, constatant qu'il a conservé sa nationalité d'origine.

Le gouvernement anglais a communiqué à M. le Ministre des affaires étrangères la formule du certificat qu'il se propose de faire délivrer à ses nationaux par le Secrétaire d'Etat de l'intérieur.

Cette formule, dont vous trouverez ci-joint la copie et la traduction, remplit toutes les conditions nécessaires pour être admise par les autorités françaises.

Je vous prie de vouloir bien la faire publier au *Recueil des actes administratifs*, et d'inviter tous les officiers de l'état-civil de votre département à accepter, sans hésitation et sans retard, les attestations anglaises ainsi libellées, dûment légalisées par le secrétaire d'Etat ou le sous-secrétaire d'Etat des affaires étrangères et par l'agent britannique en France chargé de remettre le certificat à la partie intéressée.

Je vous prie, en outre, de vouloir bien recommander aux maires de vous envoyer, et je vous recommande de me transmettre une copie de chacune de ces déclarations, dont la centralisation, au ministère de la justice, pourra offrir de grands avantages.

Le Garde des Sceaux: J. DUFAURE.

ANNEXE A LA CIRCULAIRE DU 7 JANVIER 1876.

I hereby certify that the said L... has satisfied me :
1° That his nationality by origin is that of natural born British subject by virtue,

---

(1) Des décrets, qu'on trouvera *suprà* Vᵒ DOUANES et FORÊTS, ont édicté que le personnel du service actif des Douanes et des Forêts en Algérie faisait partie des forces militaires du pays.

of 2, his paternal grand father having been a natural born British subject;

2º That the said L... still preserves meh nationality.

Signed:
Whitehall, 187

Je certifie que ledit N... m'a prouvé:
1º Que sa nationalité d'origine est celle de sujet anglais à la deuxième génération, son grand-père paternel étant né Anglais:
2º Que ledit N... entend conserver sa nationalité.

Signé:
Whitehall, 187

13 mars 1877. — Dépêche *du Ministre de la guerre au Gouverneur général.*
(Extrait.)

Vous m'avez, en même temps, demandé s'il y a lieu d'appliquer, en Algérie, la convention consulaire du 7 janvier 1862, aux termes de laquelle les jeunes gens, nés en France de pères espagnols, qui demandent à n'être point inscrits, en France, sur les listes de tirage des classes, sont tenus de justifier qu'ils ont satisfait au recrutement en Espagne et doivent, faute de produire cette justification, être appelés au service militaire.

Cette convention, n'ayant pas été dénoncée par les parties contractantes, est demeurée en vigueur, et, puisqu'elle a été promulguée en Algérie, elle y doit être appliquée.

Je dois vous faire remarquer, cependant, que l'homme né en France d'un père étranger, pouvant, dans l'année de sa majorité, devenir Français par application de l'article 9 du Code civil, l'Administration ne saurait préjuger, pour les jeunes gens auxquels est applicable la convention précitée du 7 janvier 1862, qu'ils ne feront pas cette déclaration. Il convient donc d'attendre l'expiration de ce délai avant de mettre un Espagnol né en France en demeure de justifier qu'il a rempli ses obligations militaires envers l'Espagne.

Mais, à l'âge de 22 ans révolus et tant qu'ils n'ont pas atteint 30 ans, les hommes nés en France de parents Espagnols doivent être inscrits sur les tableaux de recensement de la commune où ils résident et convoqués devant le conseil de révision, qui, après leur avoir accordé tous les délais prévus par la loi pour régulariser leur position militaire envers l'Espagne, ne doit pas hésiter à les inscrire sur la liste du recrutement.

§ 3.

31 octobre-3 novembre 1872. — Décret fixant le programme des épreuves exigées des jeunes gens qui demandent à contracter un engagement conditionnel d'un an. (V. *Bulletin des lois*, nº 1594).

1er-10 décembre 1872. — Décret sur les engagements conditionnels d'un an. (V. *Bulletin des lois*, nº 1601).

28 novembre-18 décembre 1873. — Décret qui autorise les engagés conditionnels d'un an à contracter l'engagement de rester une année de plus sous les drapeaux. (V. *Bulletin des lois*, nº 2526 et *Dalloz* P. 1874. 4. p. 24).

30 novembre-10 décembre 1872. — Décret sur les engagements volontaires et les rengagements.

Nous reproduisons en partie l'art. 5 de ce décret, qui est spécial à l'Algérie.

Art. 5. — Muni du certificat qui constate son acceptation par l'autorité militaire, le contractant se présente en France, devant le maire d'un chef-lieu de canton; en Algérie, devant le maire de l'une des villes désignées ci-après:

Province d'Alger: Alger, Aumale, Blida, Boufarik, Cherchell, Dellys, Douéra, Coléa, Marengo, Médéa, Miliana, Orléansville, Ténès.

Province d'Oran: Aïn-Témouchent, St-Cloud, St-Denis-du-Sig, Mascara, Mostaganem, Nemours, Oran, Sidi-bel-Abbès, Tlemcen.

Province de Constantine: Batna, Bône, Bougie, Constantine, Djidjelli, Guelma, Jemmapes, La Calle, Philippeville, Sétif, Soukarras...

V. *Bulletin des lois* nº 1600.

8 août 1876. — Décret qui complète de la manière suivante l'art. 5 ci-dessus du décret sur les engagements volontaires.

Art. 1er. — Sont ajoutées à la nomenclature des villes dont les maires sont désignés dans l'art. 5 du décret précité du 30 novembre 1872, comme pouvant recevoir les engagements volontaires en Algérie, les villes ci-après:

Province d'Alger: Bordj Menaïel et Tizi-Ouzou.

Province d'Oran: Arzew et Relizane.

Province de Constantine: Aïn-Beïda.

§ 4.

18 novembre 1875. — Loi ayant pour objet de coordonner les nouvelles lois sur l'armée avec le Code de justice militaire. V. Justice militaire.

§ 5.

23 mai 1877. — Circulaire *du Préfet d'Alger.*

J'ai l'honneur de vous informer qu'une commission chargée de procéder à l'examen des candidats au grade d'officier d'artillerie de l'armée territoriale se réunira le lundi, 4 juin prochain et, périodiquement ensuite, le premier lundi de chaque mois.

Les candidats devront adresser à M. le Général commandant l'artillerie, à Alger, huit jours au moins avant la session à laquelle ils désireront se présenter :

1° Une demande écrite ;
2° Un extrait de leur acte de naissance ;
3° Un extrait de leur casier judiciaire ;
4° Un certificat de bonnes vie et mœurs ;
5° Un état signalétique et des services.

Les examens auront lieu dans la salle de la bibliothèque de l'arsenal d'artillerie, place Bab-el-Oued, à Alger.

Le Secrétaire général R. GOUVET.

§ 6.

18 juillet 1876. — Décret modifiant les dispositions qui régissent les frais de route des militaires.

V. *Bulletin des lois*, n° 312, p. 141.

§ 7.

1er-18 août 1874. — Loi relative à la conscription des chevaux.

V. *Bulletin des lois*, n° 3304.

23 octobre 1874. — Décret portant règlement d'administration publique pour l'exécution de cette loi.

23 novembre 1874. — Décret qui complète le décret précédent.

24 novembre 1874. — Décret qui modifie le décret ci-dessus du 23 octobre.

Ces décrets ont été publiés au *Journal militaire officiel* en même temps que des instructions du Ministre de la guerre.

V. *Dalloz*, P. 1875, 4, p. 24.

§ 8.

3-6 juillet 1877. — Loi sur les réquisitions militaires et sur les indemnités qui peuvent être dues aux particuliers par suite de ces réquisitions et des dommages causés aux propriétés par l'exécution des grandes manœuvres.

2-14 août 1877. — Décret portant règlement d'administration publique pour l'exécution de la loi précédente.

V. *Dalloz*, P. 1877. 4, p. 53 et suiv.

Service religieux dans l'armée. V. CULTES.

Servitudes militaires et places de guerre (1).

DIVISION

§ 1. — Zone frontière. — Travaux mixtes. — Classement des places de guerre et postes militaires. — Servitudes autour des fortifications. — Indemnités. — Contraventions.
Chemins de fer en dehors de la zone frontière.
Commission mixte des travaux publics.

§ 2. — Classement de diverses places de guerre et polygones.

---

§ 1.

24 avril 1876. — *Décret.*

Art. 1er. — Sont rendus exécutoires en Algérie, sauf les modifications résultant des articles ci-après, la loi du 7 avril 1851 et le décret du 16 août 1853, concernant la zone frontière et la Commission mixte des travaux publics, le décret du 3 mars 1874, en ce qui concerne l'extension du rayon des enceintes fortifiées, et le décret du 2 avril 1874 relatif au mode d'intervention du Ministre de la guerre dans les questions de création de chemins de fer en dehors de la zone frontière (2).

Art. 2. — La zone frontière, en Algérie, s'étend le long du littoral sur une largeur de dix kilomètres. Cette largeur est mesurée à partir du rivage, sauf autour des places de guerre et des postes militaires situés dans la zone, où elle est comptée au-delà et à partir des ouvrages extérieurs ou des forts détachés les plus avancés.

Les territoires réservés dans cette zone frontière sont restreints aux terrains situés tant dans la zone des fortifications autour des places de guerre et des postes militaires, telle qu'elle est définie à l'article 22 du décret du 10 août 1853, sur les

---

(1) La législation spéciale sur les servitudes militaires refuse toute indemnité (comme pour toute servitude d'utilité publique).
Les ordonnances du 9 décembre 1713 et du 31 décembre 1776 ; les lois des 8-10 juillet 1791, 17 juillet 1819, 10 juillet 1851 et 10 août 1853 établissent qu'aucune indemnité n'est due aux propriétaires des terrains qui, par suite de la construction d'ouvrages de guerre, se trouvent grevés de servitudes militaires, en raison de la dépréciation qui en dérive, hors des cas de possession, démolition, occupation ou inondation, prévus par les dites lois. (Arrêt de la Cour d'Alger du 22 juin 1874). — *Robe.*
L'art. 13 de la loi de 1791 fait défense expresse aux corps administratifs de disposer des terrains militaires et de s'immiscer dans leur manutention.

L'art. 79 de l'ordonnance du 1er octobre 1844 donne, pour l'Algérie, au domaine militaire tout ce que le génie s'est approprié, à la seule condition qu'un acte quelconque ait fait cesser la possession du propriétaire antérieur. D'où il suit qu'à défaut d'intervention expresse du ministre de la guerre qui consacre le changement de destination, cette propriété ne peut jamais rentrer dans le domaine civil ni par prescription, ni par une disposition quelconque émanant de l'autorité civile. (Arrêt de la Cour d'Alger du 1er décembre 1873.) — *Robe.*

(2) V. Les textes législatifs rendus applicables à l'Algérie par le décret ci-dessus au *Bulletin officiel du gouvernement*, année 1876, nos 656 bis, 656 ter. On les trouvera également dans tous les recueils de lois.

servitudes défensives, que dans le rayon myriamétrique de ces points fortifiés.

Art. 3. — Sont de la compétence de la Commission mixte:

Dans les territoires réservés :

Tous les objets énumérés à l'article 7 du décret du 10 août 1853.

Dans la zone frontière :

Les mêmes objets, à l'exception de ceux qui sont mentionnés ci-après :

1° Les travaux concernant :

Les ponts à établir pour le service des chemins vicinaux ou forestiers, lorsque l'ouverture de ces ponts, entre culées, ne dépasse pas six mètres, s'il s'agit d'un pont avec voûte en maçonnerie, et douze mètres s'il s'agit d'un pont avec tablier en fer ou en bois et supports en maçonnerie ;

Les ponts, quelle que soit leur ouverture, lorsque les supports sont en charpente ;

Les cours d'eau navigables ou flottables ;

Les canaux et rigoles d'alimentation, d'irrigation ou de dessèchement, ainsi que tous les travaux qui les concernent, tels que barrages, retenues d'eau, endiguements, etc. ;

Les dessèchements des lacs, étangs et marais ;

Les marais salants et leurs dépendances.

2° Les défrichements des forêts et des bois.

Art. 4. — Les travaux concernant les chemins vicinaux ou forestiers situés dans la zone frontière, hors des territoires réservés, sont de la compétence de la Commission mixte, lorsque ces chemins ont, dans leur tracé général, plus de six mètres de largeur entre fossés ou plus de quatre mètres de largeur d'empierrement, et qu'ils n'ont d'ailleurs point été spécialement exonérés.

Art. 5. — Pour les affaires du ressort de la commission mixte concernant les territoires militaires, l'ingénieur en chef des ponts-et-chaussées du département d'Alger est chargé de l'instruction au second degré, comme pour les affaires concernant les territoires civils. Ce fonctionnaire désigne l'ingénieur ordinaire qui doit représenter son service dans les conférences au premier degré.

Ces conférences ne sont ouvertes que si l'ingénieur en chef ou le Directeur des fortifications le juge nécessaire.

Art. 6. — Le commandant supérieur du Génie peut, en tout cas, au nom du Ministre de la guerre, adhérer à l'exécution des travaux mixtes proposés par l'administration civile dans le rayon des places de guerre et postes militaires non situés dans la zone frontière.

Art. 7. — Les Ministres de la guerre, de la marine et des colonies, de l'intérieur et le Gouverneur général civil de l'Algérie sont chargés de l'exécution du présent décret, qui sera inséré au *Bulletin des lois* et au *Bulletin officiel* du Gouvernement général de l'Algérie.

M^{al} DE MAC MAHON.

§ 2.

29 janvier 1873. — Arrêté qui classe la nouvelle enceinte de Bordj-bou-Arréridj et ses ouvrages détachés dans la 2° série des places de guerre. (*Bulletin officiel du gouvernement*, année 1873, p. 59.)

22 mai 1873. — Décret portant création de deux polygones exceptionnels sur les quais du port d'Alger. (*Idem*, p. 313.)

29 mai 1873. — Décret qui homologue les plans de la délimitation et les procès-verbaux de bornage de la zone des fortifications des places et postes de Philippeville, Laghouat et Alger. (*Idem*, p. 314.)

24 avril 1875. — Décret qui crée un polygone exceptionnel sur le quai Nord de la darse, à Bône. (*Idem*, année 1875, n° 608, p. 406.)

5 juillet 1875. — Décret qui homologue les plans de circonscriptions et les procès-verbaux de bornage de la zone des fortifications des places et postes de Beni-Mansour et d'Ammi-Moussa. (*Idem*, p. 511.)

24 août 1875. — Décret qui arrête et homologue les plans de délimitation et les procès-verbaux de bornage des zones de servitudes et de polygone exceptionnel d'Alger. (*Idem*, p. 623.)

30 juin 1876. — Décret qui homologue les plans de délimitation et les procès-verbaux de bornage des zones de servitudes du Château-Neuf à Oran et du polygone exceptionnel établi dans cette zone. (*Bulletin des lois*, n° 305, p. 685.)

28 février 1877. — Décret qui crée un polygone exceptionnel dans la deuxième zone des servitudes de la place de Bougie. (*Bulletin officiel du gouvernement*, année 1877, p. 39.)

14 avril 1877.— Arrêté qui déclare d'utilité publique la construction de la batterie des Caroubiers, à Bône, et qui prononce l'expropriation du terrain nécessaire à l'établissement de cette batterie. (*Idem*, p. 62.)

12 décembre 1874. — Loi qui classe le fort Bellevue, à Constantine, dans la 2° série des places de guerre (*Idem*, année 1875, p. 6.)

Sinistres. V. Salubrité publique.
Sociétés de secours mutuels. V. *Ménerville*.
Société générale algérienne. V. *Idem*.
Sophistications. V. Tromperie sur la marchandise.
Sous-officiers. V. Emplois administratifs ; Service militaire.
Sous-officiers et brigadiers de gendarmerie (attribution de la qualité d'officier de police judiciaire aux). V. Justice.
Sous-préfectures.

DIVISION

§ 1. — Création de sous-préfectures à Dellys, Orléansville, Bougie, Guelma, Sidi-bel-Abbès, Mascara et Tlemcen.
§ 2. — Création d'une quatrième classe de sous-préfets et de secrétaires de sous-préfecture.

§ 1.

Un décret du 11 septembre 1873 a créé dans la Kabylie du département d'Alger un arrondissement administratif avec la ville de Dellys pour chef-lieu provisoire.

Voir la teneur de ce décret. V° Communes indigènes, § 3.

20 janvier 1874. — *Décret*.

Art. 1er. — La sous-préfecture de Guelma (département de Constantine), créée par décret du 13 octobre 1858, est supprimée.

Art. 2. — Les sous-préfectures de Sétif (département de Constantine), de Mascara et de Tlemcen (département d'Oran), supprimées par décrets des 22 juin, 4 septembre et 15 novembre 1867, sont rétablies.

M^{al} de Mac-Mahon.

27 juillet 1875. — *Décret*.

Art. 1er. — Les commissariats civils d'Orléansville, dans le département d'Alger ; de Sidi-bel-Abbès, dans le département d'Oran ; de Bougie et de Guelma, dans le département de Constantine, sont érigés en sous-préfectures.

Art. 2. — La circonscription de la sous-préfecture d'Orléansville forme un arrondissement composé du territoire civil compris dans le ressort des justices de paix d'Orléansville et de Ténès.

Ar. 3. — La circonscription de la sous-préfecture de Sidi-bel-Abbès forme un arrondissement composé du territoire civil compris dans le ressort de la justice de paix de Sidi-bel-Abbès.

Art. 4. — La circonscription de la sous-préfecture de Bougie forme un arrondissement composé du territoire civil compris dans le ressort du tribunal de première instance de Bougie.

Art. 5. — La circonscription de la sous-préfecture de Guelma forme un arrondissement composé du territoire civil compris dans le ressort des justices de paix de Guelma et de Soukahras.

M^{al} de Mac-Mahon.

§ 2.

Création d'une quatrième classe de Sous-Préfets en Algérie.

27 juillet 1875. — *Décret*.

Art. 1er. — Il est créé en Algérie une quatrième classe de sous-préfets, dont le traitement est fixé à 5,000 fr.

M^{al} de Mac-Mahon.

Création d'une quatrième classe de secrétaires de sous-préfectures.

18 août 1875. — *Arrêté*.

Art. 1er. — Il est créé une quatrième classe de secrétaires de sous-préfecture au traitement annuel de deux mille sept cents francs.

Art. 2. — Nul ne peut être nommé secrétaire de sous-préfecture s'il n'a subi l'examen d'admission au grade de commis principal et s'il ne compte au moins trois années de services dans l'administration civile.

P. le Gouverneur général absent,
De Toustain.

Spahis. V. Armée d'Algérie.
Spectacles. V. Théâtres.
Staries et surstaries. V. *Ménerville*.
Subdivisions militaires. V. Administration du territoire militaire ; Armée d'Algérie ; Service militaire.
Substances nuisibles et dangereuses. V. Salubrité publique.
Subventions aux publications intéressant l'Algérie.

22 novembre 1877. — *Arrêté*.

Art. 1er. — Est instituée à Alger une Commission permanente qui aura pour mission :

1° D'examiner au point de vue de leur valeur littéraire, scientifique et de leur utilité pour le pays, les ouvrages publiés sur l'Algérie ou pouvant l'intéresser à un titre quelconque ;

2° De soumettre des propositions sur la suite à donner aux demandes de subventions ou de souscriptions qui seront formulées par les auteurs desdits ouvrages.

Art. 2. — Cette Commission est ainsi composée :

MM. Le Conseiller d'Etat, Directeur général des affaires civiles et financières, Président.
Le Premier Président de la Cour d'appel, membre.
Le Général de division, chef d'état-major général, id.
Le Recteur de l'Académie d'Alger, id.
Le Directeur de l'Ecole préparatoire de médecine et de pharmacie d'Alger, id.
Robe, avocat, membre du Conseil général du département d'Alger, auteur de divers ouvrages de législation et de jurisprudence al-algériennes, id.
Le Conservateur, administrateur de la Bibliothèque et du Musée d'Alger, id.

Ce dernier remplira en même temps les fonctions de secrétaire.

Gal CHANZY.

Subventions communales pour les frais du culte. V. CULTES.

Successions.

SOMMAIRE

Enfants naturels. — Etrangers. — Officiers généraux ou supérieurs des armées de terre ou de mer. — Titres au porteur et nominatifs.

26 novembre 1872. — CIRCULAIRE du *Procureur général.*

Un tribunal du ressort, saisi d'une demande formée par un enfant naturel, à l'effet d'être envoyé en possession de la succession de son père, décédé sans laisser de parents au degré successible, a ordonné, avant faire droit, que cette demande serait publiée et affichée conformément aux prescriptions de l'article 770 du code civil.

Un extrait de ce jugement ayant été transmis à la chancellerie pour être inséré au *Journal officiel,* M. le Garde des sceaux a décidé, par les motifs ci-après reproduits textuellement d'après sa dépêche, que cette formalité ne devait pas être remplie *d'office* dans le cas dont il s'agit :

« L'insertion au *Journal officiel* indé-
» pendante des formalités prescrites par
» l'article 770 du code civil n'a été imposée
» posée qu'à l'administration des Domaines
» nes par la circulaire du 8 juillet 1806.
» Les jugements relatifs aux successions
» en déshérence dévolues à l'Etat sont
» donc seuls assujettis à la publication
» dans le *Journal officiel,* et si, dans
» les autres cas, le tribunal croit devoir
» ordonner la publication dans cette forme
» me des jugements d'envoi en possession,
» sion, elle doit être faite par les soins
» et aux frais de la partie intéressée. »

Le Procureur général: ROUCHIER. »

26 décembre 1872. — CIRCULAIRE *ministérielle relative à la succession des étrangers.*

Aux termes de cette circulaire qui s'inspire des principales dispositions des divers traités existant entre la France et la plupart des puissances étrangères, les Consuls les plus rapprochés du lieu du décès d'un étranger doivent être immédiatement informés de ce décès, afin qu'ils puissent liquider et administrer la succession en ce qui concerne la partie mobilière. Quant aux biens immobiliers, ils restent soumis à la loi française.

Il convient d'indiquer quels sont les Etats avec lesquels la France a conclu des traités de cette nature.

Autriche. Traité du 11 décembre 1866.
Brésil. Convention du 10 décembre 1860.
Chili. Traité du 8 août 1853.
République Dominicaine. *Idem* du 8 mai 1852.
Equateur. *Idem* du 6 juin 1843.
Espagne. Convention du 7 janvier 1862.
Guatemala. Traité du 8 mars 1843.
Honduras. *Idem* du 22 février 1856.
Italie. Convention du 26 juillet 1862.
Mascate. Traité du 17 novembre 1844.
Nicaragua. *Idem* du 11 avril 1859.
Perse. *Idem* du 12 juillet 1855.
Portugal. Convention du 11 juillet 1866.
Pérou. Traité du 9 mars 1861.
Russie Traité du 14 juin 1857.
— Convention du 1er avril 1874.
Salvador. Traité du 2 janvier 1858.
Sandwich (îles). *Idem* du 29 octobre 1857.
Siam. *Idem* du 24 août 1857.
Turquie. Capitulations. 1535 à 1740.
Venezuela. Convention du 24 octobre 1856.

9 juin 1876. — CIRCULAIRE *de M. le Garde des Sceaux.*

Le département de la guerre m'a signalé, à diverses reprises, le défaut d'exécution de l'arrêté du 13 nivôse an X, qui ordonne aux juges de paix d'apposer les scellés sur les papiers des officiers généraux ou supérieurs, ou des fonctionnaires militaires d'un rang correspondant, aussitôt après leur décès.

L'inobservation de ces prescriptions légales n'est pas toujours le résultat d'un oubli. Il peut arriver parfois que les juges de paix se trouvent en présence de circonstances qui rendent leur mission délicate et commandent certains égards. Plusieurs magistrats, obéissant en pareil cas à d'honorables scrupules, ont pensé que, notamment dans le cas de l'absence de la famille du fonctionnaire décédé, pour concilier les exigences de leurs devoirs avec le respect dû à des familles éprouvées, ils devaient attendre le retour des parents momentanément éloignés, afin de ne pas procéder, hors de leur présence, à la recherche dans les papiers du défunt des documents intéressant l'Etat.

Ces tempéraments, que je n'entends pas absolument prescrire, ne sauraient cependant être admis qu'avec une extrême réserve. Ils ont eu, en effet, trop souvent pour résultat d'empêcher le retour à l'Etat de documents importants, soit parce que l'absence de la famille se prolongeait indéfiniment, soit parce que le magistrat n'était pas informé de son retour en temps utile. Il importe en conséquence de faire savoir aux juges de paix que la sauvegarde des intérêts de l'Etat doit être en tous les cas assurée, et que, lorsqu'ils différent l'exécution des mesures conservatrices confiées à leur ministère, ils engagent leur propre responsabilité.

Par une circulaire du 31 mai 1844, un de mes prédécesseurs a déjà pris soin de rappeler l'intérêt que le département de la guerre attache à l'accomplissement des formalités prescrites par l'arrêté de nivôse an x. Les juges de paix ne doivent pas perdre de vue que les mêmes devoirs leur sont imposés lors du décès des officiers ou fonctionnaires de la marine, aux termes de l'article 633 de l'ordonnance du 25 mars 1765, dont les dispositions sont rappelées dans une seconde instruction de la Chancellerie, en date du 23 janvier 1866...

Le Garde des Sceaux: J. DUFAURE

31 août 1877. — CIRCULAIRE de M. le Garde des Sceaux.

M. le Ministre des travaux publics me fait connaître que, dans les inventaires après décès, certains notaires se fondant sur l'article 943 du Code de procédure civile, cotent et paraphent les actions et obligations de chemins de fer au porteur. Cette pratique a pour effet de rendre les titres invendables à la Bourse et de nécessiter leur renouvellement, ce qui donne lieu à des plaintes nombreuses de la part des propriétaires de titres et des compagnies.

Pour répondre au désir de mon collègue, j'ai pensé qu'il était opportun de rappeler à votre attention les instructions contenues dans la circulaire de mon département du 2 octobre 1874. J'estime, en effet, avec mon prédécesseur et par les mêmes motifs, que l'article 943 n'est pas applicable aux titres au porteur.

Cette interprétation a été consacrée par un arrêt de la Cour de cassation du 15 avril 1861 : « Attendu, dit cet arrêt,
» que l'inventaire et les formalités qui
» sont prescrites dans l'article 943 ayant
» pour objet la constatation exacte et la
» conservation pour tout ayant droit des
» valeurs d'une succession dans leur in-
» tégrité, l'on doit en conclure que, si le
» paragraphe 6 de l'article précité or-
» donne la cote et le paraphe des pa-
» piers, le législateur n'a pu y com-
» prendre les titres au porteur et les sou-
» mettre à une formalité dont l'effet serait
» d'en dénaturer le caractère, et qui, en
» signalant leur passage en diverses
» mains, pourrait donner lieu à des re-
» cherches ou à des garanties incompa-
» tibles avec les avantages de la libre
» circulation, qui est de leur essence.... »

Telle est la doctrine qui a prévalu en jurisprudence et à laquelle se sont rangés de nombreux auteurs. (Voir arrêt de la cour de Douai du 17 janvier 1870 ; *de Belleyme*, RÉFÉRÉS, tome II, p. 289 ; *Massé*, PARFAIT NOTAIRE, tome III, p. 335 ; *Chauveau*, LOIS DE LA PROCÉDURE CIVILE ET ADMINISTRATIVE, n° 3148, *Quinquies*.)

En conséquence, la mesure prescrite par le paragraphe 6 de l'article 943 ne doit être appliquée qu'aux titres nominatifs seuls, les mentions faites par le notaire ne présentant pas, dans ce cas, les mêmes inconvénients ; mais en ce qui concerne les titres au porteur, leur conservation peut être assurée par la description et, s'il y a lieu, par la remise entre les mains d'une tierce personne, conformément aux paragraphes 3 et 9 de l'article 943. (Voir arrêt de la Cour de Paris du 12 juillet 1861.)

C'est ainsi que, depuis quelque temps déjà, procèdent les notaires de Paris, et il y a intérêt à ce que cette pratique soit uniformément adoptée.

Le Garde des Sceaux : BROGLIE.

Sucres. V. DOUANES.

Suisse défendeur. V. COMPÉTENCE.

Sûreté générale.

14 mars 1872. — Loi relative aux associations internationales des travailleurs ou aux associations poursuivant le même but et professant les mêmes doctrines.

Nous ne reproduisons pas cette loi qui n'est pas spéciale à l'Algérie, quoiqu'elle y soit devenue applicable, par suite de sa publication au *Bulletin officiel* du Gouvernement général, année 1872, n° 411, p. 186 et s. On la trouvera, en cas de besoin, non seulement audit *Bulletin*, mais dans tous les recueils de lois ou Codes français.

Surtaxe de pavillon. V. DOUANES.

Surveillance de la haute police.

23 janvier 1874. — Loi qui modifie les art. 44, 46, 47 et 48 du Code pénal relatifs à la surveillance de la haute police à laquelle sont soumis certains condamnés pour crimes ou délits.

30 août 1875. — Décret portant règlement d'administration publique pour l'exécution de la loi précédente.

Cette loi et ce décret n'ont pas été promulgués en Algérie, mais ils y sont devenus exécutoires par le fait de leur promulgation en France, les articles du Code pénal qu'ils modifient étant depuis longtemps en vigueur dans la colonie.

Dans une circulaire du 1er juin 1874, M. le Préfet d'Alger fait connaître que telle est la pensée du Gouverneur général qui a fait, à des questions à lui adressées à ce sujet par un préfet algérien, les réponses suivantes :

« La loi du 23 janvier 1874 est une modification du Code pénal rendu exécutoire en Algérie, et, aux termes de la jurisprudence invariable de la Cour de cassation, les lois de cette espèce n'ont pas besoin en Algérie d'une promulgation spéciale ; elles y sont exécutoires *de plano* comme faisant partie intégrante d'une législation déjà exécutoire.

« En matière d'administration, le Gouverneur général est investi des attributions ministérielles, et dès lors, en ce qui touche l'exécution de la nouvelle loi sur la surveillance de la haute police, il a les pouvoirs conférés au ministre de l'intérieur. »

V. cette circulaire au *Recueil des actes administratifs* du département d'Alger, année 1874, p. 158.

V. aussi au même *Recueil*, même année, p. 109 et s. une circulaire du Ministre de l'intérieur, du 25 mars 1874, et une circulaire du 21 février précédent du Garde des Sceaux, relatives au même sujet.

Quant au texte de la loi du 23 janvier 1874 et du décret du 30 août 1875, on le trouvera dans tous les Codes français ou recueils de lois.

Syndics de faillites. V. COMMERCE.

Syndicats. V. ASSOCIATIONS SYNDICALES.

T

Tabacs.

Vente des tabacs en Algérie.

11 mars 1873. — *Décret.*

Art. 1er. — Les tabacs fabriqués de toute espèce, vendus dans les débits ordinaires de la métropole, seront livrés par la régie aux agents des contributions diverses remplissant les fonctions d'entreposeurs de tabacs en Algérie.

Art. 2. — Le prix de vente des tabacs mentionnés à l'article 1er est fixé ainsi qu'il suit :

DÉSIGNATION DES TABACS	PRIX DE VENTE PAR KILOG.		
	aux entreposeurs	aux débitants	aux consommateurs
CIGARES VENDUS :	fr.	fr.	fr.
60 c. la pièce en France (250 cigares par kil.)........	116 25	116 25	125 »
50 — —	92 »	92 25	100 »
40 — —	80 »	80 25	87 50
35 — —	68 »	68 25	75 »
30 — —	56 »	56 25	62 50
25 — —	44 »	44 25	50 »
20 — —	33 »	33 20	37 50
15 — —	27 »	27 20	31 25
10 — —	22 »	22 15	25 »
07 c. 1/2 —	16 50	16 60	18 75
05 — —	11 »	11 10	12 50
CIGARETTES VENDUES :			
En France, à raison de 50 fr. le kil. de 1,000 cigarettes........	37 »	37 20	40 »
— 30 —	23 »	23 15	25 »
— 25 —	18 50	18 60	20 »
— 20 —	13 70	13 80	15 »
— 15 —	11 40	11 50	12 50
Tabacs étrangers et supérieurs à priser, à fumer et à mâcher......	7 30	7 40	8 »
Tabacs ordinaires..	5 50	5 60	6 »

Art. 3. — Les tabacs de toute espèce seront vendus dans les débits en paquets fermés de 1 kilogramme à 1/2 hectogramme, revêtus de vignettes de la régie et d'étiquettes spéciales. Toutefois le *minimum* de poids des tabacs à priser pourra être maintenu à deux hectogrammes, et celui des cigares et cigarettes être moindre que 1/2 hectogramme.

Ces divers produits ne pourront être introduits et consommés en France. Toute infraction à cette disposition sera considérée comme une importation frauduleuse et punie comme telle.

Art. 4. — Les dispositions contenues dans les articles précédents sont applicables au département de la Corse.

A. Thiers.

28 novembre-13 décembre 1873. — Décret relatif aux candidatures aux bureaux de tabacs.

V. *Bulletin des lois*, n° 2,542 et *Dalloz*, P. 1874. 4.

Tarif criminel et correctionnel. V. Frais de justice criminelle.

Taux d'intérêts. V. Crédit foncier et *Ménerville*.

Taxes des loyers. V. Timbre.

Taxes municipales.

5 novembre 1874. — Circulaire de M. le Gouverneur général, sur l'exonération pour certains agents consulaires du paiement des taxes municipales.

Une instruction en date du 21 décembre 1864, vous a fait connaître les conditions d'exonération, pour les agents consulaires en exercice en Algérie, de toute contribution directe, personnelle et mobilière.

Malgré les recommandations contenues dans cette instruction, quelques municipalités ont persisté à inscrire dans les rôles des taxes communales les consuls ou vice-consuls de certaines puissances, qui ont droit à l'exemption de ces taxes, à titre d'exonération réciproque accordée à nos agents.

Les consuls se voyant ainsi indûment taxés n'ont pas hésité à faire intervenir l'ambassadeur de leur nation et notre ministre des affaires étrangères.

Afin de prévenir le retour de semblables difficultés, je vous prie, Monsieur le préfet, de vouloir bien rappeler à MM. les maires les instructions contenues dans la dépêche citée plus haut, du 21 décembre 1864, savoir : que les consuls ou vice-consuls des nations è tra r ¦ ¦ *à l'exception des représentants anglais*, doivent être exemptés en Algérie de toute contribution directe, personnelle, mobilière ou taxe municipale y assimilée.

Toutefois, cette faveur ne doit être accordée aux agents consulaires qu'autant qu'ils sont sujets de la nation qu'ils représentent et qu'ils ne se livrent à aucune opération commerciale.

Pour le Gouverneur général,
De Toustain.

Taxes à témoins. V. Frais de justice ; Gendarmerie.

Télégraphie.

DIVISION

§ 1. — Organisation du service.
§ 2. — Tarif des dépêches.
§ 3. — Franchise télégraphique.

§ 1.

30 novembre 1876. — *Décret*.

Art. 1er. — Les inspecteurs divisionnaires exercent les fonctions et prennent le titre de directeur de région.

Leur nombre est déterminé par celui des régions militaires.

Art. 2. — Les directeurs de transmission et les chefs de station prennent respectivement le titre de chef de transmission principal et de chef de transmission.

Leur nombre et leur répartition par classes sont fixés par décisions ministérielles, suivant les besoins du service et dans la limite des crédits budgétaires.

Art. 3. — Les conditions d'admissibilité et d'avancement des agents spéciaux, chefs surveillants, surveillants et facteurs, sont réglés par le Ministre de l'intérieur.

Art. 4. — Les fonctionnaires détachés aux colonies et dans les services autres que celui des régions et des départements sont considérés comme hors cadre, en conservant leur rang et leur droit à l'avancement.

M^{al} de Mac-Mahon.

Par décision du 17 mai 1877, la convention annexe n° 2, jointe à l'arrêté du 1er mars 1869, portant organisation des bureaux municipaux, a été annulée et remplacée par la convention ci-après, approuvée à la même date par le Gouverneur général civil de l'Algérie.

CONVENTION AVEC LA COMMUNE DE.....

Entre :

1° Le Gouverneur général civil de l'Algérie, agissant au nom de l'Etat,
D'une part ;

2° Le maire de la commune de... agissant au nom et pour le compte de cette commune, conformément à une délibération du conseil municipal en date du...., annexé à la présente convention,
D'autre part ;

Il a été arrêté et convenu ce qui suit :

Art. 1er. — Le service télégraphiq

s'engage à relier la commune de..... au réseau de l'État et à y établir un réseau télégraphique.

Il prend à sa charge les fournitures et frais de toute nature qu'entraîneront l'établissement de la ligne et celui du bureau, ainsi que leur entretien.

Art. 2. — Les heures où le bureau sera ouvert seront réglées par le service télégraphique.

Art. 3. — Le bureau sera géré par l'agent des postes, et à défaut par le secrétaire de la mairie, ou l'instituteur, ou enfin tout autre agent présenté par la commune et agréé par le service télégraphique.

Art. 4. — L'accès du poste télégraphique sera absolument interdit à toute personne étrangère au service.

Le gérant sera tenu de se soumettre à toutes les prescriptions qui régissent le service des bureaux télégraphiques.

Art. 5. — Le gérant recevra du service télégraphique :

1° Une indemnité de 500 ou de 300 francs suivant que la moyenne journalière des transmissions aura été, pour l'année précédente, supérieure à 12 dépêches ou bien inférieure ou égale à 12 dépêches;

2° Une indemnité de 200 francs ou de 100 francs pour frais de distribution de dépêches d'arrivée dans la commune, suivant qu'il s'agira d'un bureau appartenant à la première ou à la seconde de ces catégories.

Art. 6. — La commune de...... s'engage à fournir, pour la création du bureau, une part contributive calculée à raison de 75 francs pour chaque kilomètre de ligne neuve à établir, fil compris, et de 40 francs pour chaque kilomètre de fil à poser sur les appuis d'une ligne existante.

Art. 7. — Si le bureau ne peut être géré par l'agent des postes, la commune s'engage à mettre gratuitement à la disposition du service télégraphique un local composé de deux pièces facilement accessibles, qui seront affectées au bureau et à la salle d'attente.

Art. 8. — La commune s'engage à faire exécuter à ses frais, dans ce local, les travaux d'appropriation nécessaires à l'installation du service et les réparations dont il aura besoin par la suite.

Art. 9. — L'État se réserve le droit de faire subir à l'organisation du bureau toutes les modifications dont l'usage pourra démontrer la nécessité.

§ 2.

Établissement d'une surtaxe pour toute dépêche télégraphique.

29 mars 1872. — Loi.

Article unique. — Il est ajouté au principal de la taxe de toute dépêche échangée entre deux bureaux d'un même département de France ou d'Algérie, une surtaxe calculée à raison de deux décimes par francs.

Cette surtaxe est portée à quatre décimes par franc pour les dépêches télégraphiques échangées entre deux bureaux quelconques de France ou d'Algérie, en dehors du cas précédent.

Nouveau tarif des dépêches télégraphiques entre l'Algérie (ou la Tunisie) et la France.

11 août 1877. — Décret.

Art. 1er. — La taxe des dépêches télégraphiques privées échangées entre l'Algérie (ou la Tunisie) et la France est fixée à vingt centimes (20 c.) par mot, parcours sous-marin compris.

Le minimum de perception, par dépêche, est toutefois fixé à deux francs.

Art. 2. — La correspondance télégraphique échangée entre l'Algérie (ou la Tunisie) et l'étranger (ou les colonies) est assimilée, pour l'application de la taxe territoriale, à la correspondance échangée entre la France continentale et les mêmes points, la taxe sous-marine restant sans changement.

Mal DE MAC-MAHON.

§ 3.

Par arrêté du Gouverneur général civil, en date du 20 juin 1872, les administrateurs d'arrondissement et de circonscriptions cantonales, le directeur central des Contributions diverses et les contrôleurs du service des postes à Oran et à Constantine, ont été autorisés à correspondre par le télégraphe, pour affaires de service et dans les cas d'urgence.

10 juillet 1874. — Arrêté.

Art. 1er. — Sont admis à correspondre, par le télégraphe, dans les cas d'urgence, les magistrats ci-après désignés :

DÉSIGNATION DES MAGISTRATS	NATURE DE LA FRANCHISE
Le premier président de la Cour d'appel.	Franchise administrative illimitée.
Les présidents des Cours d'assises.	Franchise avec le premier président de la Cour d'appel.
Les présidents des tribunaux de première instance.	Idem.
Les juges d'instruction, les juges de paix et les officiers relevant du commandement, investis des fonctions d'officiers de police judiciaire.	Idem.

Gal CHANZY.

Par décision du 7 janvier 1876, le Gouverneur général de l'Algérie a accordé la franchise télégraphique au procureur de la République à Bône, avec le consul général de France à Tunis.

18 mars 1876. — CIRCULAIRE *du Garde des Sceaux, relative à la franchise télégraphique accordée aux Premiers Présidents.*

Monsieur le Premier Président,

Une décision de M. le Ministre de l'intérieur, en date du 18 mars 1876, complète sur ma demande l'arrêté du 1ᵉʳ juillet 1875, relatif aux franchises télégraphiques.

A l'avenir, MM. les Premiers Présidents des Cours d'appel jouiront de cette franchise limitée « aux dépêches adressées aux Ministres ou échangées entre eux. »

Le Garde des Sceaux : J. DUFAURE.

28 février 1877. — *Arrêté.*

Art. 1ᵉʳ. — Le Consul de Tunis, à Bône, est admis à correspondre en franchise par le télégraphe avec le premier Ministre du Bey, et avec le Consul général de France à Tunis.

Le Gouverneur général absent :
Le Directeur général : DE TOUSTAIN.

Tell (le). V, CIRCONSCRIPTIONS CANTONALES.

Témoins. V. FRAIS DE JUSTICE ; GENDARMERIE.

Territoire militaire ou de commandement. V. ADMINISTRATION DU TERRITOIRE MILITAIRE ; COMMUNES, sect. 3.

Théâtres.

Partage d'attributions entre le Préfet et le Maire d'Alger, en ce qui concerne la police des théâtres.

9 juillet 1873. — *Arrêté.*

Vu le décret du 23 septembre 1872, relatif à la constitution du commissariat central de police d'Alger, et dont l'article 2 confère au Gouverneur général le pouvoir de régler les attributions de ce service ;

Vu l'arrêté préfectoral du 9 décembre 1872, portant règlement sur la police des théâtres et spectacles ;

Vu les observations auxquelles ont donné lieu, de la part de M. le Maire de la ville d'Alger, diverses dispositions dudit arrêté ;

Vu la lettre de M. le Préfet, en date du 30 juin dernier ;

Vu la dépêche ministérielle, en date du 14 avril 1873, où il est dit :

« Que le décret du 23 septembre 1872
» doit être appliqué *au sens où il a été rendu*, c'est-à-dire comme attribuant
» au Préfet du département d'Alger les
» droits que le Préfet de police tient, à
» Paris, de la section 2ᵉ du décret du 12
» messidor an VIII, au nombre desquels
» se trouve la police des spectacles de
» toute nature ;

Considérant, néanmoins, que rien ne s'oppose à ce que, dans la pratique, il soit fait un partage d'attributions qui, tout en maintenant les droits du Préfet au point de vue de la police générale, laisse intacte l'action du Maire, en ce qui touche les objets que la loi a plus spécialement confiés à la vigilance et à l'autorité des corps municipaux ;

Considérant qu'aux termes mêmes du décret du 23 septembre 1872 (art 2), c'est au Gouverneur général qu'il appartient de régler ce partage d'attributions ;

Art. 1ᵉʳ. — L'action administrative du Préfet, en ce qui concerne la police des théâtres, s'exerce sur les objets suivants :

1º *Censure dramatique* comprenant : l'examen et le contrôle du répertoire général de la troupe admise à l'exploitation du théâtre ; l'examen et le contrôle de l'affiche du jour ; l'examen, avant toute représentation, des manuscrits des pièces inédites.

2º *Police administrative* : Interdiction des pièces anciennes ou nouvelles, dans l'intérêt de la morale ou de la tranquillité publique ; suspension des représentations ou fermeture du théâtre, par mesure d'ordre ou de sécurité publique ; fixation de l'heure où doit finir le spectacle ; mesures préventives et répressives des troubles et désordres, tant à l'intérieur qu'à l'extérieur du théâtre.

Enfin et généralement tout ce qui est du domaine de la police générale, telle qu'elle est définie par les lois, et notamment, en ce qui touche les théâtres, par l'article 12 de l'arrêté consulaire du 12 messidor, an VIII.

Les arrêtés pris par le Préfet pour le règlement des objets ci-dessus énoncés seront soumis à l'approbation préalable du Gouverneur général.

Art. 2. — Sont dévolus au Maire, sous la surveillance et l'autorité du Préfet, les objets suivants :

Établissement du cahier des charges pour l'exploitation du théâtre de la ville ; conventions passées avec les directeurs ou chefs de troupe ; prescriptions relatives aux détails d'exécution scéniques, aux débuts, à l'admission ou au rejet des artistes engagés pour la campagne théâtrale ; précautions à prendre contre les accidents pouvant résulter du feu, ou de l'encombrement des spectateurs ; prescriptions relatives à la fourniture, à l'entretien et à la conservation du mobilier théâtral, aux assurances à souscrire en prévision des cas d'incendie.

Enfin et généralement tous les détails qui se rattachent à la gestion du théâtre, comme propriété communale, et à l'exploitation de la scène.

Les règlements municipaux concernant les objets ci-dessus énoncés ne seront exécutoires qu'après avoir été visés et approuvés par le Préfet.

Gal CHANZY.

3 octobre 1874. — Arrêté du Préfet d'Alger qui règlemente la police des théâtres et spectacles à Alger.

V. *Recueil des actes administratifs* du département d'Alger, année 1874, n° 36, p. 285.

15 juin 1877. — Arrêté du Maire d'Alger sur l'orchestre permanent du théâtre de cette ville.

V. *Bulletin administratif* de la ville d'Alger, n° de juin 1877, p. 81 et s.

Timbre.

SOMMAIRE

Connaissements et récépissés de chemins de fer. — Timbres mobiles. — Copies d'exploits et significations de jugements. — Débits de papiers timbrés. — Contrats d'assurance sur des biens situés à l'étranger.

30 mars 1872. — Loi sur les récépissés délivrés par les chemins de fer et sur les connaissements.

22 juin 1872. — Décret qui rend la loi précédente exécutoire en Algérie.

Bulletin officiel du Gouvernement général, année 1872, p. 374.

27 juillet 1870. — Loi sur les timbres mobiles.

21 décembre 1872. — Décret pour l'exécution de cette loi.

22 avril 1873. — Décret qui promulgue en Algérie l'art. 6 de la loi du 27 juillet 1870 et le décret du 21 décembre 1872

Bulletin officiel du Gouvernement général, année 1873, n° 482, p. 278 et s.

29 décembre 1873. — Loi relative au timbre des copies d'exploit, des notifications d'avoué à avoué, et des significations de jugements, actes ou pièces.

30 décembre 1873. — Décret portant règlement d'administration publique pour l'exécution de cette loi.

12 février 1874. — Décret qui promulgue en Algérie les art 2, 3, 4 et 5 de la loi du 29 décembre 1873 et le décret du 30 du même mois.

Bulletin officiel du Gouvernement général, année 1874, p. 109 et s.

19 février 1874. — Loi portant augmentation des droits d'enregistrement et de timbre.

19 février 1874. — Décret relatif aux timbres et aux contre-timbres créés pour l'exécution de l'art. 3 de la loi qui précède.

19 février 1874. — Autre décret relatif aux timbres mobiles proportionnels pour les effets de commerce, les chèques de place à place et les warrants.

1er avril 1874. — Décret qui rend applicables en Algérie la loi du 19 février 1874 et les deux décrets du même jour, « sauf les exceptions et modifications qui » résultent des dispositions de l'ordon» nance du 19 octobre 1841, en ce qui » concerne les droits d'enregistrement. »

Bulletin officiel du Gouvernement général, année 1874, p. 192 et suiv.

Débits auxiliaires de papiers timbrés en Algérie.

30 avril 1874. — *Arrêté.*

Art. 1er. — Les bureaux auxiliaires pour le débit des papiers timbrés de toute nature, des timbres mobiles proportionnels et des timbres mobiles pour quittances, en Algérie, sont établis, sur la proposition des directeurs départementaux de l'Enregistrement, des Domaines et du Timbre, par le Directeur général des Affaires civiles et financières, qui nomme les débitants distributeurs et désigne les quartiers dans lesquels les bureaux de distribution devront être installés.

Art. 2. — Les débitants de tabacs et poudres à feu de la Régie, désignés par le Directeur général des Affaires civiles et financières, seront tenus de distribuer des papiers timbrés et timbres mobiles dans les conditions déterminées au présent arrêté.

Art 3. — Les bureaux de distribution doivent être ouverts de 7 heures du matin à 8 heures du soir.

Art. 4. — Chaque débitant distributeur s'approvisionnera au bureau de l'Enregistrement, dans la circonscription duquel la distribution auxiliaire sera établie ; cet approvisionnement devra être toujours suffisant et en rapport avec la débite moyenne.

Les papiers timbrés de dimension, délivrés aux débitants distributeurs par le receveur de l'Enregistrement, seront revêtus de l'empreinte d'une griffe, portant un numéro spécial à chaque débit.

Cette griffe sera confectionnée par les soins de l'administration de l'Enregistrement, des Domaines et du Timbre ; elle restera déposée au bureau des receveurs et le prix en sera payé par le débitant distributeur.

Art. 5. — Chaque débitant distributeur tiendra un carnet, coté et paraphé, sur lequel le receveur de l'Enregistrement inscrira indistinctement, d'après leurs qualités, les papiers et timbres mobiles livrés au débitant distributeur.

Ce dernier sera tenu de représenter, à toute réquisition, le carnet ainsi que les papiers et timbres en sa possession, tant aux agents de l'Enregistrement, des Domaines et du Timbre, qu'aux employés des Contributions diverses.

Art. 6. — Il est interdit aux débitants distributeurs de vendre des papiers timbrés de dimension, soit en rame, soit par feuille, aux officiers publics et ministériels (notaires, défenseurs, greffiers, huissiers, commissaires-priseurs, etc.).

Des exceptions à cette interdiction pourront être autorisées par le Directeur général des Affaires civiles et financières, sur la proposition des directeurs départementaux de l'Enregistrement, des Domaines et du Timbre, pour les localités où il n'existe pas de bureau d'Enregistrement.

En outre, les titulaires actuels des bureaux de distribution sont autorisés, transitoirement, à débiter des papiers au timbre de dimension de 0,50 c. et 1 fr. en principal, sans distinction entre les officiers ministériels et les particuliers.

Art. 7. — Toute infraction aux dispositions qui précèdent donnera lieu, suivant la gravité des circonstances, aux peines ci-après :
La réprimande ;
La retenue sur les remises ;
La révocation.

Les décisions à prendre concernant la retenue et la révocation, seront concertées, lorsqu'il y aura lieu, entre le service de l'Enregistrement, des Domaines et du Timbre et celui des Contributions diverses.

Art. 8. — Les débitants distributeurs paient comptant le prix des papiers et timbres mobiles qui leur sont délivrés. A partir du 1er juin 1874, il leur est alloué, sur ce prix, une remise de 3 fr. p. 0/0 sur les premiers 50,000 fr., et de 1,50 p. 0/0 sur le surplus.

Les décimes ajoutés au principal des droits de timbre, par l'art. 20 de la loi du 23 août 1871, ne sont pas passibles de cette remise.

Art. 9. — Le débitant distributeur, qui vendra du papier timbré ou des timbres mobiles au-dessus du tarif, sera révoqué et poursuivi comme concessionnaire.

Art. 10. — Chaque débitant distributeur doit placer dans son bureau, à la portée du public, une affiche indiquant les espèces et les prix des papiers et timbres mobiles qu'il est chargé de débiter, et à l'extérieur, une enseigne ou un écriteau portant en français et en arabe, ces mots : *Débit auxiliaire de papiers timbrés.*

L'absence de l'une ou de l'autre de ces indications donnera lieu à une retenue de 5 francs au profit du Trésor et de 10 francs en cas de récidive.

Art. 11. — Les débitants distributeurs qui ne pourront gérer eux-mêmes leurs bureaux, devront soumettre à l'approbation du Directeur général des Affaires civiles et financières, par l'intermédiaire du directeur départemental de l'Enregistrement, les traités passés avec les personnes qu'ils désireront charger de cette gestion

Art. 12. — L'arrêté du 20 décembre 1862 est abrogé.

Gal CHANZY.

23 juillet 1875. — *Décret.*

Art. 1er. — L'article 6 de la loi du 2 juin 1875, sus-visé, est déclaré exécutoire en Algérie, en ce qui concerne les droits de timbre.

A cet effet, il y sera publié et promulgué à la suite du présent décret, qui sera inséré au *Bulletin des Lois.*

M^{al} DE MAC-MAHON.

2 juin 1875. — *Loi.*

. . . .

Art. 6. — Seront soumis aux décimes établis par la législation actuelle, les droits de douanes, de contributions indirectes et de timbre existant avant 1870, et qui, depuis cette époque, n'ont pas été augmentés en principal ou en décimes.

. . . .

Timbre des contrats d'assurance ayant exclusivement pour objet des biens situés à l'étranger.

30 décembre 1876. — *Loi* (1).

Article unique. — A partir de la promulgation de la présente loi, le droit de timbre établi par les articles 33 et 37 de la loi du 5 juin 1850, cessera d'être perçu sur les contrats d'assurance passés en pays étranger et ayant exclusivement pour objet des immeubles, des meubles ou des valeurs situés à l'étranger. Mais ces contrats doivent être soumis au timbre moyennant le payement du droit au comptant, avant qu'il puisse en être fait aucun usage en France, soit dans un acte public, soit dans une déclaration quelconque, soit devant une autorité ju-

---

(1) Publiée, sans décret de promulgation, au *Bulletin officiel* du Gouvernement général, année 1877 page 16.

diciaire ou administrative, à peine d'une amende de 50 francs.

Les mêmes dispositions sont applicables aux contrats de réassurance passés en France par actes sous signatures privées, applicables à des polices souscrites à l'étranger et ayant également pour objet exclusif des immeubles, des meubles ou des valeurs situés à l'étranger.

M^{al} DE MAC-MAHON.

V. ALSACIENS-LORRAINS ; ENREGISTREMENT ; MARQUES DE FABRIQUE.

Tirailleurs algériens. V. ARMÉE D'ALGÉRIE.

Titres au porteur. V. DÉPÔTS ET CONSIGNATIONS ; EFFETS PUBLICS ; ENREGISTREMENT.

Topographie.

26 janvier 1874. — *Arrêté.*

Art. 1er. — Le service de la topographie est rétabli en Algérie à partir du 1er février 1874 (1).

Ce service est chargé de procéder aux travaux de triangulation, d'arpentage, de reconnaissance et d'estimation nécessaires pour la colonisation, et de la conservation et l'aliénation des biens domaniaux, de la constitution de la propriété individuelle. Il est également chargé de l'établissement des plans parcellaires qui serviront de base aux opérations cadastrales.

Il est placé dans les attributions des Préfets, mais, en ce qui concerne les opérations, relève des Préfets ou des Généraux commandant les divisions, suivant les territoires.

Art. 2. — Le personnel se compose :

1° D'un inspecteur pour les trois provinces, sous les ordres du Directeur général des affaires civiles et financières ;

2° D'un géomètre en chef par province ;

3° D'un vérificateur, chef de bureau, adjoint au géomètre en chef ;

4° De géomètres vérificateurs, chargés de la surveillance et du contrôle des travaux extérieurs ;

5° De commis sédentaires attachés aux bureaux du géomètre en chef ;

6° De géomètres et d'élèves géomètres ;

L'importance des cadres portés sous les paragraphes 4, 5 et 6 qui précèdent sera déterminée par des décisions spéciales, suivant les crédits et les besoins du service.

Des commis et géomètres auxiliaires pouvant être adjoints temporairement au personnel titulaire, ils seront rémunérés à la tâche et pourront être licenciés dès que leur concours ne sera plus nécessaire.

Les traitements fixes assignés aux emplois ci-dessus sont réglés ainsi qu'il suit :

Inspecteur....................	7.000 fr.
Géomètres en chef, 1re classe..	6.000
Id. 2e classe..	5.000
Géomètres vérificateurs, 1re classe....................	4.000
Id. 2e classe....................	3.500
Commis et géomètres principaux, 1re classe.............	3.000
Id. 2e classe....................	2.700
Commis et géomètres ordinaires, 1er classe.............	2.400
Id. 2e classe....................	2.100
Id. 3e classe....................	1.800
Id. 4e classe....................	1.500
Élèves géomètres.............	1.200

Art. 3. — Tous les agents du service de la topographie sont nommés par le Gouverneur général, savoir :

L'inspecteur, sur la proposition du Directeur général des affaires civiles et financières ;

Les géomètres en chef, sur la proposition du Préfet, le Général commandant la division consulté ;

Les géomètres vérificateurs et géomètres ordinaires de toute classe, sur la proposition du Préfet ;

Les élèves-géomètres, à la suite d'un concours.

Art. 4. — Nul n'est nommé géomètre-élève, s'il n'est né ou naturalisé français, s'il est âgé de moins de 17 ans et de plus de 25 ans, et s'il ne satisfait aux conditions du programme déterminé par le règlement du service.

Les anciens militaires peuvent, toutefois, concourir jusqu'à l'âge de 30 ans.

Art. 5. — Les 2/3 des emplois de géomètres de quatrième classe sont réservés aux élèves géomètres, le dernier tiers peut être attribué à des géomètres ayant exercé dans d'autres administrations publiques, civiles ou militaires, à la condition pour eux de justifier :

1° Qu'ils n'ont pas dépassé l'âge de 30 ans ;

2° Qu'ils réunissent les conditions requises des géomètres.

Les anciens militaires peuvent toutefois concourir pour l'emploi de géomètre de 4e classe, jusqu'à l'âge de 35 ans.

Art. 6. — Aucun agent, les élèves exceptés, ne peut être nommé à une classe supérieure avant deux années de service dans le grade ou la classe immédiatement inférieure.

Art. 7. — Le personnel du service de la topographie se divise en deux catégories :

1° Personnel actif opérant sur le terrain ;

---

(1) Il avait été supprimé par arrêté du Gouverneur général, M. l'Amiral de Gueydon, en date du 31 décembre 1872.

2° Personnel sédentaire opérant dans les bureaux du géomètre en chef.

Le personnel de la première catégorie se subdivise lui-même en trois sections :

1° Géomètres chargés des levés généraux ;

2° Géomètres chargés des travaux spéciaux du Domaine ;

3° Géomètres détachés auprès des commissions de séquestre, de constitution de la propriété individuelle et des forêts.

Art. 8. — Tout agent du service de la topographie doit exercer ses fonctions par lui-même.

Il ne peut occuper un autre emploi ou faire aucun commerce.

Il ne peut non plus faire aucun arpentage particulier sans autorisation.

Art. 9. — L'inspecteur est chargé, sous l'autorité du Directeur général des Affaires civiles et financières, du contrôle de tous les travaux du service et de la comptabilité.

Il s'assure que les instructions sont fidèlement exécutées ; il assiste le Directeur général dans les études d'ensemble concernant la colonisation.

Art. 10. — Le géomètre en chef de province est chargé, sous l'autorité du Préfet, de la direction du personnel et assure, sous l'autorité du Préfet ou du Général commandant la division, suivant le territoire, l'exécution des travaux sur le terrain.

En cas d'empêchement ou d'absence, il est suppléé par le vérificateur le plus ancien.

Art. 11. — Les géomètres vérificateurs sont placés directement sous l'autorité du géomètre en chef et peuvent, suivant les besoins, être répartis sur les points de la province où s'effectueraient de grands travaux, afin d'assurer, d'une manière plus efficace, l'emploi du temps des géomètres.

Art. 12. — Les commis sédentaires, les géomètres du service actif et les élèves-géomètres sont également placés sous l'autorité du géomètre en chef.

Leurs attributions et leurs devoirs sont déterminés par un règlement.

Art. 13. — Indépendamment du traitement annuel afférent à leur grade et à leur classe, il est alloué aux divers agents du service, ci-après désignés, les allocations suivantes :

1° Pour frais de déplacements régulièrement autorisés, des indemnités journalières de 20 francs à l'Inspecteur, de 15 francs aux géomètres en chef, pendant la durée de leurs tournées.

2° Pour les travaux qu'ils exécuteront, aux vérificateurs et aux autres agents du service actif, les indemnités proportionnelles prévues par les tarifs en vigueur.

Dans aucun cas, les géomètres en chef ne recevront d'indemnités proportionnelles pour la surveillance des travaux exécutés par les agents du service.

Art. 14. — L'arrêté du 31 décembre 1872 est rapporté.

Gal Chanzy.

Service des levés généraux

8 avril 1875. — *Arrêté.*

Art. 1er. — Il est créé en Algérie des brigades de géomètres, dont les travaux seront rémunérés d'après le tarif proportionnel porté à l'article 8 ci-après.

Art. 2. — Chaque brigade, recrutée et dirigée exclusivement par un géomètre en chef du cadastre, comprend au moins deux triangulateurs et vingt géomètres.

Art. 3. — Le géomètre en chef est pécuniairement responsable des travaux exécutés par les géomètres placés sous ses ordres, sauf son recours contre eux. Il est assisté d'un employé de confiance, commissionné, qui l'aide pour la vérification des plans.

Art. 4. — Les géomètres en chef dirigeant les brigades seront commissionnés par le Gouverneur général de l'Algérie ; les autres agents reçoivent une commission du Préfet. Ces derniers ne pourront être révoqués que dans le cas d'incapacité ou d'inconduite, sur le rapport motivé du géomètre en chef.

Art. 5. — Le Gouverneur général de l'Algérie garantit des travaux, pendant dix ans au moins, à tous les agents commissionnés qui resteront dans les brigades.

Art. 6. — Le passage gratuit sur les paquebots de Marseille ou de Corse en Algérie sera accordé aux agents et à leur famille. Les géomètres en chef recevront un permis de passage de 1re classe, les autres agents un permis de 2e classe.

Art. 7. — Les travaux confiés aux brigades sont des levés et des plans rapportés à l'échelle de 1 à 4,000 ; les parties de ces plans, qui offriraient un trop grand morcellement, devront être développées à l'échelle de 1 à 2,000, ou même de 1 à 1,000.

Art. 8. — La rétribution des travaux effectués est fixée ainsi qu'il suit :

Géomètres en chef.

Pour direction, surveillance et vérification : *trente* centimes par hectare et *dix* centimes par parcelle, s'il y a plus d'une parcelle à l'hectare ou *vingt* centimes s'il y en a moins.

Triangulateurs.

Pour triangulation sur le terrain, registre et canevas en double, avec deux points par cent hectares, *quinze francs* par point.

Géomètres.

Pour levé sur le terrain et rapport aux échelles déterminées à l'article précédent, reconnaissance des propriétés et des natures de culture, tableau indicatif, mise au net des plans à l'encre de chine, écritures, filets de couleur, cartouches, échelles et autres travaux accessoires, *un franc quatre-vingt-dix centimes* par hectare et *un franc cinquante centimes* par parcelle.

Art. 9. — Dans ce tarif sont compris la rémunération de l'employé de confiance auquel le géomètre en chef confie une partie des vérifications et des frais de voyage, d'instruments, de chaîneurs, de papiers et autres dépenses à la charge du personnel des brigades.

Art. 10. — Le géomètre en chef subira une retenue sur les trois quarts des remises qu'il recevra, pour le service des pensions civiles, conformément à la loi du 9 juin 1853, le dernier quart étant considéré comme indemnité de frais de bureau et de tournées.

Art 11. — Il est alloué à chaque agent commissionné une indemnité d'entrée en campagne de *deux cents francs*, pour achat de tente et de matériel de campement.

Art. 12. — En cas de maladie constatée, il serait accordé aux agents une indemnité de cinq francs par jour, ou leur admission, aux frais de l'Etat, dans un hôpital militaire où ils seront traités au même titre que les officiers de l'armée.

Le Gouverneur général reste juge du laps de temps pendant lequel ces immunités sont assurées.

Art. 13. — Le géomètre en chef, sous sa responsabilité, soumet à l'ordonnancement du préfet les paiements des àcomptes qui seront échelonnés conformément aux dispositions de l'article 22 du règlement du 26 janvier 1874.

Ces paiements seront faits nominativement et suivant l'importance des travaux effectués. Une situation sera adressée, tous les trois mois, au préfet par chaque géomètre en chef ; elle indiquera, pour chaque agent, le degré d'avancement de ses travaux.

Art. 14. — Les calculs parcellaires et les copies de plans pour les différents services sont à la charge de l'administration.

Gal CHANZY.

Touffik. V. COMMUNES, sect. 3.

Tournées des fonctionnaires civils en territoire militaire. V. ADMINISTRATION DU TERRITOIRE MILITAIRE.

Tramways.

21 avril 1875. — *Décret.*

Art. 1er. — Est autorisé l'établissement de voies ferrées, à traction de chevaux, dans les communes d'Alger, de Saint-Eugène, de Mustapha, d'Hussein-Dey et de la Maison-Carrée (département d'Alger).

Les travaux à exécuter pour l'établissement des dites voies sont déclarés d'utilité publique.

Art. 2. — Le Gouverneur général civil de l'Algérie procèdera, soit de gré à gré, soit par voie d'adjudication publique, à la concession de la construction et de l'exploitation des dites voies ferrées, dans les conditions indiquées au cahier des charges ci-dessus visé et annexé au présent décret.

Art. 3. — En cas d'adjudication, un arrêté du Gouverneur général civil de l'Algérie règlera les formes de l'adjudication et indiquera celle des conditions du cahier des charges sur laquelle devront porter les enchères.

Le Gouverneur général civil de l'Algérie approuvera l'adjudication.

Art. 4. — La redevance annuelle imposée au concessionnaire, au profit des communes intéressées, en représentation des droits de stationnement, sera répartie, par arrêté du Gouverneur général civil de l'Algérie, entre ces communes, au *prorata* de leur population respective, d'après le recensement le plus récent.

M^{al} DE MAC-MAHON.

Voir le cahier des charges au *Bulletin officiel du Gouvernement*, année 1875, n° 606, p. 376

21 janvier 1876. — Arrêté du Préfet d'Alger réglementant la police des tramways.

21 janvier 1876. — Deuxième arrêté du Préfet d'Alger fixant le prix des places à percevoir sur la ligne des tramways.

14 décembre 1876. — Arrêté du Préfet d'Alger modifiant l'article 4 de son premier arrêté du 21 janvier précédent.

V. ces arrêtés au *Recueil des actes administratifs* du département d'Alger, année 1876, p. 258, 262 et 843.

Travaux publics.

Service de l'inspection générale des travaux civils.

12 novembre 1875. — *Arrêté.*

Art. 1er. — Sont annexés aux bureaux de l'inspection générale des travaux civils :

1° Le Bureau des renseignements techniques prévu par le Conseil supérieur dans sa dernière session ;

2° La partie des bureaux de la Direction générale où s'expédient les affaires intéressant les travaux publics et les travaux de colonisation, la construction et l'exploitation des voies de communication, ainsi que les grandes entreprises industrielles.

Art. 2. — Un ingénieur en chef des ponts-et-chaussées, adjoint à l'inspecteur général des travaux civils, est placé à la tête des bureaux constitués comme il est dit ci-dessus.

Art. 3. — Les dépenses du personnel et du matériel des bureaux de l'inspecteur général des travaux civils sont imputées sur le chapitre XVI du budget du gouvernement général de l'Algérie, à l'exception de la solde de l'ingénieur adjoint, laquelle sera imputée sur le chapitre XV.

Art. 4. — Le Directeur général des affaires civiles et financières conserve la signature, au nom du Gouverneur général, pour l'expédition des affaires concernant les travaux publics.

Gal Chanzy.

Tribunaux. V. Commerce ; justice.

Tribus. V. Administration du territoire militaire ; circonscriptions cantonales ; communes, sect. 3.

Tromperie sur la marchandise.

11 octobre 1877. — Circulaire de M. le Procureur général d'Alger aux Procureurs de la République d'Algérie.

Monsieur le Procureur de la République, à l'occasion des poursuites exercées depuis la circulaire du 14 octobre 1876, des appréciations contradictoires se sont produites sur la question de savoir si la fuchsine, fréquemment employée pour la coloration artificielle des vins, présente le caractère dangereux qui, d'après les lois des 27 mars 1851 et du 5 mai 1855, est une circonstance aggravante du délit de falsification.

En vue de faire cesser les incertitudes auxquelles les juges restaient abandonnés sur ce point de fait, la Chancellerie a exprimé à M. le Ministre de l'Agriculture et du Commerce le désir qu'il fût procédé, par les soins de son administration, à un examen dont le résultat recevrait une publicité officielle.

Le Comité consultatif d'hygiène publique de France, chargé de cet examen, a présenté un rapport très complet, dans lequel, après avoir étudié la question sur toutes ses faces, il conclut que l'emploi de la fuchsine et la vente de ce produit pour la coloration des vins, alors même qu'il est débarrassé d'arsenic, doivent entraîner l'application des articles 2 et 3, § 2 de la loi de 1851.

Je m'empresse de vous adresser un exemplaire de ce rapport.

Sans doute, la liberté absolue d'appréciation dont les magistrats sont investis ne se trouvera nullement enchaînée par les conclusions émises dans ce document ; mais on peut supposer que les tribunaux prendront le plus souvent, pour base de leurs décisions, en pareille matière, le résultat de l'examen auquel se sont livrés des praticiens qui jouissent de l'autorité scientifique la moins contestée.

Le Procureur général : J. Fourcade.

Extrait *du rapport présenté à M. le Ministre de l'Agriculture et du Commerce par une commission choisie au sein du Comité consultatif d'hygiène publique de France et composée de MM. Bergeron, Bussy, Fauvel, Proutz et Wurtz.*

Nous avons l'honneur de vous proposer de répondre à la demande d'avis de M. le Ministre par les conclusions suivantes :

1° La matière colorante du vin, indépendamment du tannin et de l'œnanthine qu'elle paraît retenir, doit à sa composition propre de contribuer aux propriétés toni-nutritives des vins rouges. Elle n'est donc pas seulement une teinture, elle est un élément utile que le travail de vinification associe intimement aux autres principes provenant directement de la grappe ou engendrés par la fermentation.

2° Aucune des substances employées par le commerce pour relever la couleur des vins rouges ou colorer les vins blancs ne possède les propriétés de la matière colorante produite par la grappe, aucune ne peut ajouter au vin la moindre qualité ; toutes l'altèrent, au contraire, en ce sens que, dans les opérations que leur emploi a surtout pour but de favoriser, c'est-à-dire le *mouillage des vins rouges et la coloration des vins blancs*, pour l'une, elles se substituent à une certaine proportion de la matière colorante naturelle du vin, et la remplacent complètement pour l'autre, au détriment du consommateur dans les deux cas.

3° On ne peut donc contester que l'emploi des couleurs artificielles constitue une tromperie sur la qualité de la chose vendue ;

4° La plupart de ces couleurs artificielles, celles par exemple qui proviennent de la *mauve noire*, des *baies de sureau*, des *baies de l'airelle myrtille*, de la *betterave rouge*, du *bois de campêche* ou de la *cochenille*, sont inoffensives, c'est-à-dire que, si comme toutes les teintures, elles diminuent la qualité du vin, du moins elles ne lui donnent aucune propriété nuisible.

La couleur qui est extraite des baies du

phytolacca, plus connues sous le nom de baies de Portugal, contient au contraire un principe drastique qui les a fait abandonner peu à peu par le commerce des vins.

5° Quant à la fuchsine qui, aujourd'hui, en raison de sa puissance tinctoriale et de la modicité de son prix, tend à remplacer toutes les autres teintures destinées à la coloration des vins, non-seulement elle est manifestement toxique lorsqu'elle renferme de l'arsenic, et la plupart des caramels de teinture livrés au commerce en contiennent une notable proportion ; mais en outre lorsqu'elle est complétement débarrassée de ce poison, elle est encore nuisible en ce sens, d'une part, qu'elle altère la qualité du vin d'une manière plus sérieuse que les autres couleurs artificielles, et, d'autre part, qu'aux doses où elle est généralement introduite dans le vin, elle paraît capable, sinon de produire immédiatement des accidents d'empoisonnement, du moins d'amener, au bout d'un laps de temps encore indéterminé, des troubles fonctionnels et même des altérations organiques de nature à compromettre la santé du consommateur.

6° En conséquence, le comité estime que la vente et l'emploi de la fuchsine pour la coloration des vins sont passibles des peines fixées par les articles 2 et 3 de la loi de 1851 rendue applicable aux boissons par la loi de 1855.

U

Usines à gaz. V. Établissements insalubres.

Ustensiles en métal. V. Salubrité publique et *Ménerville*.

V

Vagabondage. V. Compétence ; Mendicité.

Valeurs cotées et déclarées. V. Postes.

Valeurs mobilières. V. Enregistrement ; Dépôts et consignations ; Effets publics.

Ventes. V. Officiers ministériels et Tromperie.

Vétérinaires. V. Art médical.

Vicinalité. V. Chemins vicinaux.

Vieillards incurables. V. Hôpitaux.

Vignes. V. Agriculture.

Villages. V. Colonisation.

Vins fuchsinés. V. Tromperie sur la marchandise.

Visites officielles du 1ᵉʳ janvier. V. Préséances.

Viticulture. V. Agriculture.

Voirie.

SOMMAIRE

§ 1. — Voirie départementale et vicinale.
§ 2. — Voirie urbaine.

§ 1.

20 mai 1877. — Arrêté du Préfet d'Oran qui organise le service de la voirie dans le département d'Oran.

V. *Recueil officiel* des actes administratifs de la préfecture d'Oran, année 1877, n° 4, p. 57.

Classement des voies de communication dans le département d'Alger.

Le Conseil général d'Alger, dans ses séances des 20 et 25 octobre 1876, a arrêté le classement des voies de communication ayant un caractère départemental, dans les conditions suivantes :

Routes départementales.

D'Alger à Fort-National, avec embranchement d'Haussonvillers à Dellys.
D'Alger à Aumale, par la Maison-Carrée et l'Arba.
D'Alger à Blidah, par Douéra.
De Blidah à Cherchell.
D'Alger à Koléah.
De Blidah à Koléah.
De Blidah à l'Alma.
D'Affreville à Médéah.
D'Affreville à Téniet-El-Haâd et Tiaret, avec embranchement de Téniet vers Boghar.
De Ténès à Orléansville.
De Palestro à Tizi-Ouzou par Dra-el-Mizan.

Chemins vicinaux de grande communication.

De la Rassauta à Mouzaïaville.
Des Quatre-Chemins à Marengo.
D'Alger à Cherchell par Tipaza.
De Birkadem à Zéralda.
De Maison-Carrée à Birkadem.
D'Alger à Rovigo et aux Eaux chaudes.
D'Alger à Palestro par le Fondouk.
D'Isserville à Dra-el-Mizan.
De Cherchell à Ténès.
D'Orléansville à Téniet-El-Haâd.
De Bouïra à Aumale.

Chemins d'intérêt commun.
De Maison-Carrée au Gué-de-Constantine.
De Sidi-Moussa à l'Arba.
De Boufarik à Souma.
De Montebello à Bourkika.
De Milianah à Cherchell.
De Médéah à Amoura.
De Dellys à Tizi-Ouzou.
D'Aumale à Bouïra par les Aribs.

Par suite de cette décision du Conseil général, une partie des routes départementales d'Alger à Aumale et de Médéah à Milianah, a été déclassée, ainsi qu'une partie des chemins vicinaux de grande communication du pied du Sahel, de Maison-Carrée à l'Arba, de Dellys à Tizi-Ouzou, d'Aumale à Sétif et de Cherchell à Milianah.

Par une autre décision du 11 avril 1877, le Conseil général a classé, au rang des chemins vicinaux d'intérêt commun, le chemin de Mouzaïville à Attatba.

Extraction de matériaux.

28 septembre 1875. — *Arrêté du Préfet d'Alger.*

Vu l'arrêté du 5 avril 1861 règlementant les extractions de matériaux dans le lit des Oueds Bou-Chemla et Krémis ;
Art. 1er. — Il est formellement interdit, soit aux services publics, soit aux particuliers, d'extraire, sans une autorisation spéciale, délivrée par nous, sur le rapport des ingénieurs des ponts-et-chaussées, de la terre, du sable, du gravier, des moellons ou matériaux quelconques :
1° Dans la partie du lit de l'Oued-el-Kébir, comprise entre la limite Ouest du Champ-de-Manœuvres et son confluent dans la Chiffa.
2° Dans la partie du lit de la Chiffa, comprise entre le barrage du Rocher-Blanc et un point situé à un kilomètre en aval du pont du chemin de fer.
Art. 2. — Les autorisations accordées seront soumises aux conditions générales contenues dans l'arrêté du 5 avril 1861.
Art. 3. — Toute contravention au présent arrêté sera constatée par procès-verbal et poursuivie comme en matière de grande voirie.

Le *Préfet* : BRUNEL.

§ 2.

27 janvier 1876. — Circulaire du Préfet d'Alger relative aux plans généraux d'alignement dans les villes.
V. *Recueil des actes administratifs* du département d'Alger, année 1876, n° 9, p. 105.

Voitures publiques.

28 septembre 1876. — *Décret.*

Vu le décret du 28 octobre 1873, sur l'organisation du service de la police à Alger et dans les communes suburbaines ;
Considérant qu'il y a eu lieu de réglementer le service des voitures publiques stationnant à Alger, et qui desservent non-seulement le territoire de cette commune, mais encore les territoires des communes suburbaines de Mustapha, El-Biar, la Bouzaréah, St-Eugène, la Pointe-Pescade, Birmandreïs.
Considérant que ce règlement, qui intéresse plusieurs communes, présente un caractère d'ordre public et d'intérêt général et qu'il appartient à l'autorité préfectorale d'en arrêter les dispositions ;
Art. 1er. — Le règlement et la tarification des voitures publiques stationnant à Alger et dans les communes sus-désignées sont placés dans les attributions du Préfet d'Alger.
Art. 2. — Sont abrogées les dispositions antérieures contraires à celles du présent décret (1).

Mal DE MAC-MAHON.

Vol de bestiaux. V. INDIGÉNAT.
Vol des titres au porteur. V. EFFETS PUBLICS.

Z

Zekkat. V. IMPÔT ARABE.
Zerda. V. INDIGÉNAT.
Ziara. V. *Idem.*
Zones frontières. V. SERVITUDES MILITAIRES.

---

(1) Ce décret a étendu les attributions du Préfet d'Alger en cette matière. Un arrêt de cassation du 21 juillet 1876, rendu conformément aux conclusions de M. l'avocat général R. de Cléry, avait déclaré illégal un arrêté du 22 février 1874 du Préfet d'Alger. En présence du décret du 28 septembre 1876 et de l'arrêté pris le 14 octobre suivant par le Préfet en conséquence de ce décret, la décision de la Cour de cassation perd tout intérêt. Aussi ne croyons-nous pas nécessaire de la reproduire. On la trouvera au surplus dans le *Bulletin des arrêts criminels*, année 1876, p. 338. Quant au nouvel arrêté du 14 octobre 1876, dont la légalité ne nous parait plus pouvoir être contestée, on le trouvera au *Recueil des actes administratifs* du département d'Alger, année 1876, n° 59, p. 717.

FIN

APPENDICE

1830-1878

PREMIÈRE PARTIE

CONTENANT LES DISPOSITIONS LES PLUS USITÉES ANTÉRIEURES A 1872

Armes.

12 décembre 1851. — *Décret*.

Art. 1. — Sont interdits la vente aux indigènes et l'achat par ceux-ci, d'armes, plomb, pierres à feu, poudre, soufre, salpêtre, ou de toutes autres substances pouvant servir de munitions de guerre ou remplacer la poudre. — Néanmoins, la vente et l'achat de ces objets seront permis à ceux qui auront obtenu une autorisation spéciale. — Cette autorisation, qui devra rester entre les mains, soit du vendeur, soit de l'acheteur, sera délivrée par le chef de l'administration civile, dans les localités où il existe un bureau arabe départemental, et de l'avis de ce bureau, mais seulement aux indigènes relevant de sa juridiction. Dans toutes les autres localités, cette autorisation sera délivrée par le commandant du cercle ou de la subdivision. — Les autorités civiles seront tenues de faire connaître, aux commandants des divisions militaires, les autorisations qu'elles auront délivrées.

Art. 2. — Jusqu'à ce qu'il en soit autrement ordonné, et par dérogation temporaire aux dispositions de la loi du 24 mai 1834, tout individu qui contreviendra aux dispositions de l'article précédent, sera puni d'une amende de 200 à 2,000 fr., et d'un emprisonnement d'un mois à deux ans. — Le coupable pourra aussi être mis, par le jugement de condamnation, sous la surveillance de la haute police, pendant cinq ans au moins, et dix ans au plus. — Il pourra, en outre, être interdit, pendant le même temps, des droits mentionnés à l'art. 24 du c. pén. — En cas de récidive, les peines pourront s'élever jusqu'au double.

Art. 3. — La circulation des armes et autres objets énumérés en l'art. 1, la proposition de vente et celle d'achat seront punies comme la vente et l'achat consommés.

Art. 4. — La simple détention, par un indigène, de munitions de guerre ou autres substances et matières énumérées en l'art. 1, sans autorisation préalable, ou dépassant, par sa quantité, l'autorisation donnée, sera punie des peines édictées en l'art. 2.

Art. 5. — Les armes, munitions de guerre, poudre, soufres, salpêtres et toutes autres matières pouvant servir à fabriquer la poudre, saisis dans le cas de contravention au présent décret, seront confisqués. Il en sera de même des moyens de transport.

Baux et locations.

10 août 1846. — *Ordonnance*.
Délais pour donner congé.

Art. 1er. — En Algérie, lorsqu'un bail aura été fait sans écrit, ou que la durée et les clauses ou conditions n'en auront pas été fixées par le contrat, celle des parties qui voudra résilier le bail sera tenue de donner congé à l'autre, savoir : — 180 jours avant le terme, pour une maison entière, un corps de logis entier, ou une boutique sur la rue ; — 90 jours avant le terme, pour les appartements au-dessus de 400 fr. ; — 45 jours avant le terme, pour les appartements au-dessous de 400 fr.

Art. 2. — Les termes sont fixés aux 15 janvier, 15 avril, 15 juillet et 15 octobre. — A partir du 1er janvier prochain, les congés devront être signifiés de manière que, quels que soient le prix du loyer et la nature de la location, la sortie de tous les locataires ait lieu uniformément aux jours des termes. — Le locataire devra avoir effectué son déménagement le jour du terme avant midi. — Il n'est point, d'ailleurs, dérogé à l'art. 1758 c. civ., en ce qui touche les baux faits à tant par an, par mois ou par jour.

Art. 3. — Les mêmes délais seront observés lorsque le preneur ayant été laissé en possession après l'expiration du terme fixé pour sa sortie, il se sera opéré un nouveau bail, conformément aux articles 1738 et 1759 c. civ.

Art. 4. — L'indemnité due par le bailleur au locataire dans le cas prévu par les art. 1744 et 1745 c. civ., consistera dans une somme égale au prix du loyer, pendant le temps qui devra s'écouler entre le congé et la sortie. — Les art. 1746 et 1747 continueront à servir de base à cette indemnité lorsqu'il s'agira de biens ruraux, de manufactures, usines ou autres établissements du même genre.

Art. 5. — Ne seront point réputés faits par anticipation, et pourront en conséquence être opposés au propriétaire les payements faits de bonne foi par le sous-locataire, en vertu d'une clause de son bail, ou qui n'excèderont pas un terme de loyer, d'après les distinctions établies par l'art. 1 de la présente ordonnance.

Art. 6. — Le bail des meubles fournis pour garnir une maison, un corps de logis, une boutique ou tous autres appartements, sera censé fait pour la durée ordinaire des baux de maisons, corps de logis, boutiques, ou autres appartements, d'après les règles établies ci-dessus.

Brocanteurs-fripiers.

30 mars 1835. — *Arrêté.*

Art. 1er. — Tous individus exerçant la profession de fripier ou de brocanteur sont, à l'avenir, tenus d'avoir un registre coté et parafé par le commissaire de police de leur résidence, portant en tête leurs nom, demeure et profession ; ils inscriront, jour par jour, sans aucun blanc ni lacune, sur ce registre, qui sera soumis chaque mois au visa dudit commissaire, les objets qu'ils auront achetés, les prix d'achat et les nom et profession du vendeur. Toute contravention à cette disposition sera punie d'une amende de 400 fr., en ce qui concerne les fripiers en boutique, et de 100 fr. en ce qui concerne les brocanteurs sur la voie publique.

Art. 2. — Les fripiers et brocanteurs représenteront le registre sus-mentionné à toute réquisition des officiers ou agents de police, sinon ils deviendront passibles d'un amende de 50 fr., indépendamment de la saisie des objets volés.

Art. 3. — Il leur est expressément interdit de rien acheter : — 1° Des enfants ou domestiques qui ne leur remettraient pas en même temps le consentement de leur père et mère, tuteurs ou maîtres, non plus que de toutes personnes à eux inconnues, sous peine d'une amende de 400 fr., indépendamment de la responsabilité des objets qui auraient été volés ;

2° Des militaires, leurs habillements, équipements, sous peine de l'emprisonnement et d'une amende dont le maximum est fixé à 3,000 fr. (1) ;

3° De tout individu quelconque, des munitions de guerre et autres objets, tels que armes, ustensiles, outils, etc., provenant des magasins de l'Etat, sous les peines énoncées au précédent paragraphe.

Art. 4. — Il est interdit aux fripiers et brocanteurs qui se présentent dans les ventes publiques faites à l'encan : 1° d'empêcher, par quelque moyen que ce soit, le libre accès des particuliers qui veulent enchérir, ni de déprécier les objets mis en vente ; 2° de s'associer pour obtenir l'adjudication desdits objets sauf à se les partager ensuite ; le tout à peine de 500 fr. d'amende.

Art. 5. — Les brocanteurs sur la voie publique, soit stationnaires, soit ambulants, devront être munis d'une permission de l'intendant civil, qu'ils représenteront à toute réquisition des commissaires et agents de police, sous peine de 10 fr. d'amende. — Ces permissions, dont le renouvellement aura lieu tous les ans, seront visées par le commissaire de police, sur l'exhibition de la patente dont lesdits brocanteurs doivent être pourvus.

Art. 6. — Il est interdit auxdits brocanteurs de trafiquer de leurs permissions, ni de faire exercer leur industrie par des tiers autres que leurs femmes et leurs enfants. — Toute permission saisie sur un tiers sera annulée, et le détenteur condamné à l'amende déterminée par le paragraphe précédent.

Art. 7. — Indépendamment des peines ci-dessus déterminées, tous contrevenants en récidive subiront un emprisonnement de dix à vingt jours.

Art. 8. — Les brocanteurs qui auront obtenu la permission d'étaler sur la voie publique, payeront les droits d'étalage, déterminés par l'autorité municipale.

D. comte D'ERLON.

Justice de paix.

19 août 1854. — *Décret.*
Compétence étendue.

....

Art. 2. — Les juges de paix à compétence étendue, connaissent de toutes actions personnelles et mobilières, en

---

(1) Ce paragraphe n'est plus en vigueur depuis la promulgation en Algérie du Code de Justice militaire. V. art. 244 à 247 de ce Code.

matières civile et commerciale, en dernier ressort, jusqu'à la valeur de 500 fr., et en premier ressort seulement jusqu'à celle de 1,000 fr. — Ils exercent, en outre, les fonctions des présidents des tribunaux de première instance, comme juges de référé, en toutes matières, et peuvent, comme eux, ordonner toutes mesures conservatoires. — En matière correctionnelle, ils connaissent : — 1° De toutes les contraventions de la compétence des tribunaux correctionnels qui sont commises ou constatées dans leur ressort ; — 2° Des infractions aux lois sur la chasse ; — 3° De tous les délits n'emportant pas une peine supérieure à celle de six mois d'emprisonnement ou de 500 fr. d'amende. — Un officier de police désigné par le procureur général remplit auprès du juge de paix les fonctions du ministère public.

De l'appel des jugements de police correctionnelle.

Art. 3. — Les appels des jugements rendus en police correctionnelle par les tribunaux de première instance sont portés à la cour impériale. — Les appels des jugements rendus en matière correctionnelle par les juges de paix sont portés au tribunal de la circonscription duquel est situé la justice de paix. — L'appel est interjeté conformément aux art. 202, 203, 204 et 205 c. d'inst. crim.

Justice musulmane.

13 décembre 1866. — *Décret.*

Art. 1er. — La loi musulmane régit toutes les conventions et toutes les contestations civiles et commerciales entre musulmans indigènes, et entre ceux-ci et les musulmans étrangers, ainsi que les questions d'état. — Toutefois, la déclaration faite dans un acte par les musulmans qu'ils entendent contracter sous l'empire de la loi française, entraîne l'application de cette loi et en même temps la compétence de la justice française, sous les modifications indiquées à l'article suivant.

Art. 2. — Les musulmans peuvent également, d'un commun accord, porter leurs contestations devant la justice française ; il est alors statué d'après les principes du droit musulman et suivant les formes déterminées par le présent décret. Dans ce cas, comme dans celui prévu au § 2 de l'article précédent, la juridiction du juge de paix est substituée à celle du cadi, et lui est assimilée pour le taux du premier et du dernier ressort. La procédure suivie devant le juge de paix est celle qui est tracée par la loi française, sauf pour l'appel, qui devra être formé par simple déclaration au greffe de la justice de paix, et ce dans le délai d'un mois à partir du jour de la signification du jugement à personne ou à domicile. L'exécution de la sentence aura lieu en la forme musulmane, par les soins d'un cadi que désignera le procureur impérial, et, autant que possible, sur un simple extrait envoyé par le juge de paix au cadi. — L'appel des jugements rendu en pareil cas par les juges de paix est porté devant les tribunaux civils ou devant la Cour impériale, en observant les dispositions des art. 22, 23 et 24 du présent décret, sauf les 4 derniers §§ dudit art. 24, qui ne sont pas alors applicables. L'instruction et le jugement de l'appel ont lieu dans les formes établies aux art. 33, 34 et 35 ci-après. Les §§ 3, 5 et 6 de l'art. 38 recevront également application.

....

Art. 15. — Des oukils peuvent seuls représenter les parties ou défendre leurs intérêts devant les cadis, lorsque les parties refusent de comparaître sur avertissement dûment justifié. Celles-ci peuvent toutefois donner à un de leurs parents ou de leurs amis musulmans un mandat spécial et par écrit de les représenter pour une affaire déterminée. — Les oukils sont nommés, révoqués et suspendus par notre gouverneur général de l'Algérie.

Art. 19. — Dans les trois jours du jugement rendu par le cadi, les parties peuvent, suivant les usages musulmans et en le déclarant à l'adel qui le constate sur un registre, réclamer que l'affaire soit examinée de nouveau devant un midjelès consultatif. Ce midjelès pourra exiger l'apport de toutes les pièces produites devant le cadi. Le midjelès, qui se réunit en session chaque mois, s'il y a lieu, est présidé par le cadi qui a rendu le jugement, ou par celui qui lui a succédé, en cas de décès ou de révocation ; il est en outre composé de trois autres membres désignés annuellement, par notre gouverneur général, parmi les cadis, muphtis et ulémas de la circonscription. — Il y a un midjelès consultatif au chef-lieu de chaque subdivision. — Le bach-adel et l'adel du cadi siégeant dans ce chef-lieu sont attachés en la même qualité au midjelès consultatif. En cas d'empêchement de l'un des trois membres désignés, il est remplacé par le bach-adel du midjelès. — L'avis du midjelès n'est point obligatoire pour le cadi, qui doit seulement le viser avec les motifs dans sa seconde sentence, et en faire mention en marge de la première. — Les membres du midjelès, le bach-adel et l'adel sont rétribués par vacations, suivant le tarif qui sera arrêté par notre gouverneur général.

Art. 22. — Les tribunaux civils d'arrondissement connaissent en appel des jugements rendus par les cadis et par les juges de paix, statuant entre musulmans par application de l'art. 1, § 2, et de l'art. 2, à savoir : pour les actions personnelles et mobilières jusqu'à 2,000 fr. de capital, et pour les actions immobilières jusqu'à 200 fr. de revenu déterminé, soit en rentes, soit par prix de bail.

Art. 23. — La Cour impériale pour la province d'Alger, et le tribunal du chef-lieu de la division pour les provinces de Constantine et d'Oran, connaissent en appel de tous les litiges dont la valeur est indéterminée ou excède le taux indiqué dans l'article précédent. — La Cour impériale d'Alger connaît, pour l'arrondissement d'Alger, des appels même inférieurs à 2,000 fr Il en est de même des tribunaux de Constantine et d'Oran pour leurs arrondissements respectifs.

....

Art. 25. — La demande est introduite devant le cadi, soit par la comparution volontaire et simultanée des parties, soit par celle du demandeur seul. Dans ce dernier cas, le cadi, par l'intermédiaire d'un aoûn, fait donner avis écrit au défendeur de comparaître devant lui à un jour qu'il indique. En cas de non-comparution sur cet avis, il accorde un délai à l'expiration duquel il annonce publiquement, à l'audience, le jour où il prononcera son jugement, et en fait donner avis au défendeur par l'aoûn. L'accomplissement de ces diverses formalités est mentionné, à sa date, sur un registre tenu à cet effet par le cadi. — Les parties ne peuvent se faire représenter ou défendre que comme il a été dit en l'art. 15. — Si un musulman est absent de son domicile pour fait de guerre au service de la France, et s'il n'est pas régulièrement représenté, aucun jugement ne peut être prononcé contre lui avant l'expiration de trois mois après la fin de la campagne.

Art. 28. — Les jugements rendus par les cadis sont, dans les 24 heures de leur prononcé, inscrits sur un registre à ce destiné, ils sont revêtus du cachet du cadi, signés par ce magistrat et ses adels. Indépendamment de la formule arabe, qui peut être insérée selon les usages, tout jugement contient : 1° les noms, qualités et domiciles des parties ; 2° le point de fait ; 3° le dire des parties ; 4° les motifs en fait et en droit ; 5° le dispositif ; 6° la date à laquelle il a été rendu, avec mention, soit de la présence des parties ou de leurs mandataires au moment du prononcé, soit de l'avis précédemment donné par le cadi, suivant l'art. 25, que le jugement serait prononcé ledit jour.

Art. 29. — Les jugements n'entraînent aucuns frais pour les parties lorsqu'elles n'en réclament pas d'expédition. — L'expédition demandée par une partie est payée par elle d'après le tarif qui sera établi par arrêté de notre gouvernement général ; elle est signée par le cadi et par l'un de ses adels, et revêtue du cachet du cadi.

Art. 30. — Le délai de l'appel est de 30 jours à partir de celui où le jugement a été prononcé par le cadi, lorsque ledit jugement porte les mentions exigées par l'art. 28, n° 6. Dans le cas contraire, le délai ne court que du jour de la remise dûment constatée de l'expédition du jugement à personne ou à domicile. Au cas d'absence pour fait de guerre, le délai d'appel est prorogé comme il a été dit à l'art. 25.

Art. 31. — Dans le cas où, avant d'interjeter appel, les parties ou l'une d'elles invoqueront l'application de l'art. 19, la décision définitive du cadi devra être rendue dans un très-bref délai, avec observation et mention de toutes les formalités prescrites par l'art. 28 ; le délai d'appel contre cette décision courra comme il a été dit à l'art. 30.

Art. 32. — La déclaration d'appel sera reçue par l'adel du cadi, qui en donnera récépissé à l'appelant et sera tenu de l'enregistrer sur un registre à ce destiné. — Ladite déclaration pourra également être faite, soit devant le procureur impérial, soit devant le commissaire civil, soit devant le juge de paix le plus proche, soit devant les officiers des bureaux arabes, revêtus du caractère d'officiers de police judiciaire en territoire militaire, lesquels en transmettront copie au cadi qui a rendu le jugement, ou à son adel, avec invitation de le transcrire sur le registre ci-dessus mentionné. — L'adel en donne immédiatement avis à la partie adverse, et adresse, dans les 48 heures, au ministère public près la juridiction d'appel, copie de la déclaration et du jugement. — La déclaration faite devant l'un des fonctionnaires indiqués aura pour effet de constater l'appel et d'en fixer la date. — Les fonctionnaires qui auront reçu cette déclaration en donneront, en même temps, avis au greffier de la Cour ou du tribunal qui doit connaître de l'appel. — Dans les affaires où il y aura eu en première instance plusieurs parties, s'il n'est interjeté appel que contre une ou plusieurs d'entre elles, la déclaration le mentionnera expressément.

Art. 33. — Le ministère public, dans les 24 heures de la réception des pièces, fait inscrire et dépose le dossier au greffe de la Cour ou du tribunal. Il adresse aux parties l'invitation de fournir leurs moyens d'appel ou de défense, et de lui faire parvenir leurs titres en les déposant, sur récépissé, soit à la mahakma du cadi, soit à la justice de paix, ou au parquet, ou au commissariat civil le plus proche. Les pièces ainsi déposées sont transmises sans retard et sans frais au greffe de la Cour ou du tribunal d'appel ; elles sont traduites par l'interprète judiciaire, à raison d'un franc par rôle de traduction. Cette allocation sera comprise dans la liquidation des dépens. Aucune autre traduction des titres ou du jugement ne sera passée en taxe.

Art. 34. — Dans la quinzaine, à partir du jour où il aura adressé aux parties l'invitation sus-mentionnée, le ministère public requerra le président de commettre un conseiller ou un juge pour faire le rapport de l'affaire. — Lorsque les parties demeureront à de grandes distances du lieu où siège la juridiction saisie de l'appel, le conseiller ou le juge commis pourra, sur la réquisition conforme du ministère public, déléguer le juge de paix ou le commissaire civil le plus voisin, pour recevoir contradictoirement les explications des parties ou procéder à une enquête ; à cet effet, il indiquera dans la commission rogatoire les points à éclaircir. — Le magistrat délégué aura, d'ailleurs, la faculté de poser telles questions supplémentaires qu'il appartiendra. Si des pièces sont produites devant le magistrat délégué, leur traduction et leur transmission auront lieu ainsi qu'il est prescrit en l'art 33. Les actes dressés en exécution de ces délégations seront immédiatement adressés, par l'intermédiaire du parquet, au conseiller ou juge rapporteur.

Art. 35. — L'affaire vient à bref délai. Le jour de l'audience étant fixé, le ministère public en donne avis aux parties ; il les prévient en même temps qu'elles peuvent se présenter en personne, la veille ou l'avant-veille de l'audience, devant le magistrat rapporteur, selon qu'il aura été décidé par ce dernier. Ces comparutions préalables ont lieu sans publicité, sans assistance d'avocats ni de défenseurs, mais en présence du ministère public, lequel sera toujours entendu à l'audience. — L'intimé pourra former appel-incident par déclaration faite devant le rapporteur ou le magistrat délégué, qui en dresseront acte. — Les parties peuvent comparaître en personne à l'audience publique, ou y être appelées par la Cour ou le tribunal. Au cas de non-comparution des parties ou de l'une d'elles, il est passé outre, et la décision est définitive. — Lorsque des femmes musulmanes seront appelées à comparaître en justice, soit comme parties, soit comme témoins. le magistrat se conformera pour leur audition aux usages musulmans. Il en sera de même s'il y a lieu de procéder à des constatations sur leur personne ou à leur domicile, et ces constatations seront dirigées, autant que possible, par un assesseur ou un magistrat musulman. — Le ministère des défenseurs n'est pas obligatoire. Les juges peuvent toujours, après l'audition du rapport et, s'il y a lieu, des parties en personne, déclarer qu'ils n'entendront pas de plaidoiries ; il sera fait mention de cette circonstance dans le libellé du jugement. Il ne peut, en aucun cas, être alloué pour plaidoirie et pour tous autres soins donnés à l'affaire qu'un article unique d'honoraires, qui est de 30 fr. pour l'obtention d'un arrêt, et de 20 fr. pour l'obtention d'un jugement. — Ce droit est réduit de moitié lorsqu'il n'y a pas de contradicteurs. Il reste, dans tous les cas, à la charge de la partie qui a requis l'assistance du défenseur. Les jugements préparatoires ou interlocutoires, et actes qui en sont l'exécution, ne donnent droit à aucun émolument pour le défenseur.

Art. 37. — Les sentences en dernier ressort des cadis, et des juges de paix appliquant la loi musulmane, les jugements et arrêts rendus sur l'appel de ces sentences, ne sont pas susceptibles de recours en cassation. Il en est autrement lorsque la loi française a été appliquée, en exécution du § 2 de l'art. 1 du présent décret.

Art. 38. — Les jugements définitifs émanés des cadis s'exécutent par les soins de ces magistrats, selon les lois actuellement en vigueur, en tant qu'il n'y est pas dérogé par le présent décret. — Les cadis peuvent exceptionnellement, en cas d'urgence spécifiée dans le jugement, et en exigeant une caution, ordonner l'exécution provisoire de leurs jugements, nonobstant appel. — Les arrêts et jugements rendus sur appel sont exécutés par les cadis, en la même forme que les sentences de ceux-ci. Le cadi chargé de l'exécution est désigné par l'arrêt ou le jugement. — L'exécution peut avoir lieu en cas de confirmation de la sentence du cadi, sur un simple extrait de l'arrêt ou du jugement, envoyé par le ministère public au cadi. Les parties peuvent néanmoins se faire délivrer à leurs frais une expédition de l'arrêt ou du jugement sur appel. — Tous actes faits pour l'instruction des affaires musulmanes, et les extraits délivrés pour l'exécution, soit au ministère public, comme il vient d'être dit, soit au juge de paix, dans le cas prévu au § 1 de l'art. 2, sont affranchis de la formalité du timbre et de l'enregistrement. — Lorsqu'un transport judiciaire aura été ordonné, il n'entraînera pas d'autres frais que l'avance ou le remboursement des débours qu'il nécessitera, les vacations des experts ou interprètes et les indemnités allouées aux témoins. Néanmoins, en cas de délegation ou de concours de magistrats indigènes, ils toucheront les indemnités fixées par le tarif du 16 octobre 1860.

Art. 40. — Les cadis procèdent : 1° à la liquidation et au partage des successions musulmanes, toutes les fois qu'ils en sont requis par les parties intéressées, et dans les cas où la loi musulmane leur en fait un devoir ; 2° sous la surveillance de l'administration des domaines, à la liquidation et au partage des successions musulmanes auxquelles sont intéressés le Bît el Mâl et les absents. Ils consignent sur des registres séparés les opérations auxquelles donnent lieu ces deux dernières espèces de successions.

Procédure civile.

26 septembre 1842. — *Ordonnance.*
(Extrait.)

Art. 69. — Nonobstant toutes dispositions des lois, les nullités des actes d'exploits et de procédure seront facultatives pour le juge qui pourra, selon les circonstances, les accueillir ou les rejeter.

16 avril 1843. — *Ordonnance.*
(Extrait.)

Art. 1er. — Le Code de procédure civile sera exécuté en Algérie sous les modifications ci-après :

CHAP. Ier. — *Des ajournements.*

Art. 2. — Lorsqu'il s'agira de droits ou actions ayant pris naissance en Algérie, le demandeur pourra assigner, à son choix, devant le tribunal du domicile, en France, du défendeur, ou devant le tribunal de l'Algérie dans le ressort duquel le droit ou l'action auront pris naissance. En Algérie, la résidence habituelle vaut domicile.

Art. 3. — Aucune citation ou signification ne pourra être valablement faite qu'à la personne ou au domicile réel ou d'élection ou à la résidence de la partie citée....

Sera nulle toute signification ou citation faite à la personne ou au domicile d'un mandataire, à moins qu'il ne soit porteur d'un pouvoir spécial et formel de défendre à la demande. Cette nullité devra être prononcée, en tout état de cause, sur la demande de la partie intéressée, et même d'office par le tribunal.

Art. 5. — La disposition de l'art. 72 C. proc. civ. est rendue commune à ceux qui sont domiciliés ou qui résident habituellement en Algérie.

Art. 6. — Le délai pour les ajournements à comparaître devant les tribunaux de l'Algérie sera augmenté d'un jour par chaque myriamètre de distance par terre entre le tribunal devant lequel la citation est donnée et le domicile, ou la résidence, en Algérie, de la partie citée.

Art. 7. — Lorsqu'une partie domiciliée en Algérie, et assignée à comparaître devant un tribunal de cette colonie, ne peut se rendre que par voie de mer dans le lieu où siège ledit tribunal, il y aura un délai fixe de 30 jours pour la traversée maritime, indépendamment du délai réglé par l'article précédent pour la distance de terre, s'il y a lieu.

Pour les autres délais, V. le Code de procédure civile et de commerce modifiés par la loi du 3 mai 1862.

DEUXIÈME PARTIE

CONTENANT LES DISPOSITIONS PRINCIPALES PARUES DEPUIS LE 1er JANVIER JUSQU'AU 1er MAI 1878

Administration générale.

8 mars 1878. — *Arrêté.*

Art. 1er. — Est rapporté l'arrêté du 8 novembre 1876, instituant le Directeur des finances ordonnateur secondaire au Gouvernement général de l'Algérie.

Art. 2. — A partir du 20 mars 1878, le Conseiller d'Etat, Directeur général des affaires civiles et financières est institué ordonnateur secondaire au Gouvernement général de l'Algérie.

Les crédits disponibles à cette date, au compte du Directeur des finances, sont mis à la disposition du Conseiller d'Etat, Directeur général qui prend la suite des ordonnancements.

11 mars 1878. — *Arrêté.*

Art. 1er. — Le Service des télégraphes, compris par l'arrêté sus-visé du 10 juillet 1876 dans les attributions du 1er bureau de la direction de l'intérieur, est rattaché au 3e bureau de la direction des finances.

Administration du territoire militaire.

25 janvier 1878. — *Arrêté.*

Art. 1er. — Le cercle de Constantine (territoire militaire) est supprimé.

Art. 2. — Les tribus qui en faisaient partie sont réparties de la manière suivante :

Les caïdats du Ferdjioua, du Zouagha, des Ouled Kebbeb et de l'Oued Bousselah sont constitués en une annexe relevant directement de M. le Général commandant la subdivision de Constantine, qui prendra le nom d'annexe de Fedj Mzala (Ferdjioua).

Le caïdat des Segnia, comprenant les quatre douars-communes des Ouled Sbâ, Ouled Si Ounis, Ouled Messaad, Ouled Achour, destinés à être rattachés au territoire civil du département de Constantine, sera, par disposition transitoire et jusqu'à ce que cette remise ait été effectuée, administré directement par M. le Général commandant la subdivision de Constantine.

Art. 3. — Il n'est rien changé, jusqu'à nouvel ordre, à l'organisation financière et judiciaire de ces tribus, qui continuera à fonctionner dans les mêmes conditions qu'à l'époque où elles étaient comprises dans le cercle de Constantine.

Gal CHANZY.

Art médical.

Réorganisation du Service médical de colonisation.

5 avril 1878. — Arrêté du Gouverneur général.

V. *Bulletin officiel* n° 716, année 1878.

Chemins de fer.

12 février 1878. — *Décret.*

Article 1er. — Il est établi une commission technique et administrative chargée, en ce qui concerne l'Algérie :

1° De dresser la liste des voies ferrées à établir pour compléter le réseau actuel d'intérêt général de la colonie, en dehors de celles qui ont été déjà concédées, déclarées d'utilité publique ou prévues par la loi ;

2° De rechercher les lignes qui font aujourd'hui partie du réseau d'intérêt local, régulièrement concédé, et qu'il conviendrait d'incorporer au réseau d'intérêt général ;

3° De classer, en une liste unique, par ordre de priorité d'exécution, toutes les lignes du réseau complémentaire, tant celles dont la construction a déjà été projetée que celles qui seraient proposées par la Commission, en vertu des paragraphes 1 et 2 du présent article.

A l'appui de cette liste, la Commission devra dresser une ou plusieurs cartes et présenter un rapport justificatif.

Art. 2. — Cette Commission sera composée de trois inspecteurs généraux des ponts-et-chaussées, y compris l'inspecteur général chargé de l'inspection des travaux publics en Algérie, d'un maître des requêtes au Conseil d'Etat, d'un inspecteur principal de l'exploitation commerciale, de deux ingénieurs en chef des ponts-et-chaussées ayant pris une part importante à la construction ou à l'exploitation des chemins de fer, et d'un ingénieur des mines attaché au service de l'Algérie.

Art. 3. — Le secrétaire général du ministère des travaux publics, le directeur général des affaires civiles de l'Algérie et le directeur des chemins de fer font partie de droit de la Commission.

Art. 4. — Les rapports et documents à l'appui, produits par la Commission, seront soumis au conseil général des ponts-et-chaussées, appelé à donner son avis sur ces propositions.

Art. 5. — Le Ministre des travaux publics prendra l'avis du Ministre de la guerre, en ce qui concerne l'intérêt stratégique, sur le classement proposé par le conseil général des ponts-et-chaussées ; puis, après avoir arrêté ce classement, il le convertira en un projet de loi et le portera devant les Chambres, sans préjudice des décisions ultérieures que les pouvoirs compétents auraient à prendre sur la déclaration d'utilité publique, sur les voies et moyens, sur le mode d'établissement et d'exploitation, enfin sur la concession, s'il y a lieu....

M^{al} DE MAC-MAHON.

Communes.

29 janvier 1878. — *Décret.*

Art. 1er. — La commune mixte de Saint-Cyprien des Attafs (arrondissement de Milianah, département d'Alger), est érigée en commune de plein exercice.

Art. 2. — Le nombre des adjoints est fixé à un. M^{al} DE MAC-MAHON.

11 février 1878. — *Arrêté.*

Le Conseil municipal de Saint-Cyprien des Attafs est composé de 9 membres, dont 6 français et 3 indigènes.

31 janvier 1878. — *Arrêté.*

Les douars-communes de Sidi-Simiane et d'El-Gourine (Alger), sont distraits de la commune indigène de Milianah et réunis à la commune mixte de Gouraya, dont ils formeront deux sections.

11 mars 1878. — *Arrêté.*

Art. 1er. — Les douars-communes de Ouled Messaad, Ouled Achour, Ouled Sebah et Ouled Si Ounis, teintés en vert sur le plan ci-annexé, sont distraits de la commune indigène de Constantine (département de Constantine) et réunis à la commune mixte d'Aïn-Mlila, dont ils formeront quatre sections distinctes.

Art. 2. — La commission municipale de cette commune sera désormais composée de 23 membres, savoir :

L'administrateur, président ;
2 adjoints français ;
2 membres français ;
18 membres indigènes.

12 mars 1878. — *Arrêté.*

Art. 1er. — Le douar-commune des Beni Tlilen, teinté en vert sur le plan ci-annexé, est distrait de la commune indigène d'El-Milia, et est réuni à la commune mixte de Milah dont il formera une section distincte.

Art. 2. — Il sera représenté au sein de la commission municipale de Milah par un membre choisi parmi les habitants de la section.

Ce membre, pris en sus du nombre fixé par l'arrêté du 4 juillet 1874, sera chargé des fonctions d'adjoint indigène.

28 mars 1878. — *Arrêté.*

Art. 1er. — Est modifiée, ainsi qu'il suit, la composition de la commission municipale de la commune mixte de Sebdou (Oran), savoir :

Le commandant supérieur, maire..	1
Le chef du bureau arabe, 1er adjoint	1
L'officier chef de l'annexe d'El-Aricha, représentant les onze tribus des Hamyans Djembaa............	1
L'adjoint et 2 notables français....	3
Un adjoint indigène pour chacun des deux douars-communes de Sebdou et d'Aïn-Gharaba.............	2
L'agha des Beni Snouss...........	1
Un adjoint indigène pour chacune des 7 tribus du Tell.............	7
Un adjoint indigène pour chacune des 4 tribus des Hamyans Chafaa....	4
5 adjoints indigènes pour les Ksours, savoir :	
Tribu de Aïn Sfisifa............	1
— d'Aïn Sefra................	1
— de Thyout................	1
— d'Asla....................	1
— de Moghrar El-Foukani.... de Moghrar El-Tahtani....	1
Total.....	25

Gal CHANZY.

Colonisation.

Création de centres.

Charrier, Oran. — Arrêté du 5 janv. 1878.
El Hamri, id. — id. 14 fév. 1878.
Bel Hacel, id. — id. 25 fév. 1878.
Les Silos, id. — id. 25 fév. 1878.

Emplois administratifs.

25 janvier 1878. — *Arrêté.*

Art. 1er. — Est instituée, à Alger, une Commission unique chargée de procéder, chaque année, à l'examen des candidats au grade de commis principal dans l'administration départementale.

Cette Commission est composée ainsi qu'il suit :

Président : Un conseiller rapporteur au Conseil de gouvernement ;

Membres : Trois chefs de bureau de l'administration centrale ; — un sous-chef de bureau de l'administration centrale.

Secrétaire : Un commis-rédacteur de l'administration centrale.

Art. 2. — Les épreuves à subir par les candidats consisteront en deux compositions écrites et en un examen oral.

Les compositions écrites porteront sur des matières d'administration algérienne, se rapportant à l'un des six paragraphes suivants :

§ 1. — Organisation politique, administrative et judiciaire ;
§ 2. — Colonisation, régime commercial et industriel ;
§ 3. — Travaux publics ; — régime des eaux ;
§ 4. — Régime financier ; - comptabilité publique ; — comptabilité départementale et communale ;
§ 5. — Administration des indigènes (territoire civil et territoire de commandement).
§ 6. — Loi sur la propriété ; — séquestre.

La première composition aura pour sujet une question de droit *administratif théorique* ;

La deuxième, une question de *pratique administrative.*

L'examen oral portera sur les matières indiquées dans les six paragraphes ci-dessus.

Les candidats pourront être interrogés également sur les principes généraux de la législation administrative de la métropole.

Art. 3. — Sont et demeurent rapportées toutes les dispositions antérieures contraires aux présentes.

Enregistrement.

23 janvier 1878. — *Décret.*

Art. 1er. — Est prorogé jusqu'au 31 décembre 1878 le délai de six mois accordé par le décret du 16 mai 1877.

Art. 2. — Le bénéfice de cette prorogation ne s'applique qu'aux actes et jugements d'une date antérieure audit décret du 16 mai 1877.

Les droits en sus ou amendes, qui ont

été perçus sur les actes et jugements enregistrés antérieurement au présent décret, ne sont pas restituables.

M^{al} DE MAC-MAHON.

11 mars 1878. — *Arrêté.*

Art. 1er. — Tous les officiers publics et ministériels domiciliés dans le ressort du canton judiciaire de Khenchela (département de Constantine), tel qu'il est déterminé par le tableau de répartition annexé au décret du 10 août 1875, sont rattachés au bureau de l'enregistrement établi à Aïn-Beïda, pour tout ce qui concerne les formalités de l'enregistrement, du timbre et le visa des répertoires.

Art. 2. — Le receveur de l'Enregistrement et des Domaines d'Aïn-Beïda est chargé exclusivement des opérations relatives à l'administration et à l'aliénation du domaine de l'Etat, concernant Khenchela et les territoires qui en dépendent.

13 mars 1878. — *Arrêté.*

Un bureau de l'Enregistrement, des Domaines et du Timbre est créé à Akbou. Il comprend le canton judiciaire d'Akbou, le centre de Sidi-Aïch et le douar des Beni-Oughlis.

Impôt arabe.

11 février 1878. — *Arrêté.*

Art. 1er. — Le contingent des centimes additionnels à l'impôt arabe, spécialement affecté aux dépenses de l'assistance hospitalière, est fixé à huit (0,08) centimes par franc pour l'exercice 1878.

Instruction publique.

ECOLE DE MÉDECINE ET DE PHARMACIE D'ALGER. — *Bourses aux étudiants indigènes.* — *Programme du concours.*

Par arrêté du 30 novembre 1877, le Gouverneur général de l'Algérie a décidé qu'un concours serait ouvert chaque année, à Alger, entre les élèves indigènes fréquentant nos établissements d'instruction publique, pour l'obtention de bourses de l'Etat à l'Ecole de médecine et de pharmacie d'Alger.

Le programme ci-dessous fixe les épreuves exigées des candidats, et détermine les conditions dans lesquelles ils seront admis à se présenter à ce concours.

PROGRAMME:

Epreuves écrites.

1° Une composition française sur un sujet donné ; cette composition servira d'épreuve pour l'orthographe ;
2° Une composition en mathématiques ;
3° Une composition sur les sciences physiques et naturelles.

Epreuves orales.

1° Langue et grammaire française ;
2° Notions sommaires d'histoire de France et de géographie générale :
3° Arithmétique ;
4° Géométrie élémentaire ;
5° Algèbre jusqu'aux équations du 2e degré exclusivement ;
6° Eléments de mécanique ;
7° Physique ;
8° Chimie ;
9° Histoire naturelle (zoologie et botanique).

L'examen oral durera une heure environ.

Pour le détail des connaissances scientifiques, les candidats devront se reporter au programme des trois premières années de l'enseignement secondaire spécial dans les Lycées.

Formalités et conditions à remplir.

Aucun candidat ne sera admis au concours, qui aura lieu dans les cinq premiers jours du mois de juillet de chaque année, à Alger, s'il n'a justifié qu'il est âgé de dix-huit ans accomplis.

Il devra adresser à M. le Recteur de l'Académie d'Alger, avant le 1er juin, sa demande accompagnée des pièces suivantes :

1° Son acte de naissance, ou, à défaut, un acte de notoriété ;
2° Un certificat de bonnes vie et mœurs ;
3° Un certificat de vaccination.

Dispense d'examen.

Le diplôme d'études de l'enseignement secondaire spécial dispensera de tout examen. Toutefois, les élèves indigènes des établissements d'instruction publique, pourvus de ce diplôme, devront, avec leur demande de bourse à l'Ecole de médecine, justifier qu'ils ont dix-huit ans accomplis.

Justice musulmane.

10 mars 1878. — *Arrêté.*

Les 13e, 30e, 31e et 32e circonscriptions judiciaires du département d'Alger sont modifiées ainsi qu'il suit :

La commune mixte de Ben Chicao, les douars Ouled Brahim et Ouled Mellal sont distraits de la 13e circonscription judiciaire (Médéa), qui reste composée des territoires suivants : Médéa, douars de Tamesguida et Gheraba.

La 30e circonscription judiciaire (Amoura) comprendra, outre son territoire actuel : douars Ouamri, Hannacha, Ghrib, Oued Ouaghat (Righa), le douar de Haouara et la tribu des Beni Hassen, qui sont distraits de la 31°.

La 31° circonscription judiciaire, qui prend le nom de Berrouaghia, passe, du territoire de commandement au territoire de droit commun. Elle comprendra : 1° les douars Zaatit, Ouzera, Beni bou Yacoub; 2° les douars Ouled Trif, Meracheda et Ouled Ferguen, qui sont séparés de la 32°; 3° les douars Ouled Brahim, Ouled Mellal et la commune mixte de Ben Chicao, distraits de la 13°.

La 32° circonscription judiciaire restera composée des douars Ouled Chaïr, Ouled Deïd, Rethal et de la tribu des Rebaïa et sera complétée par l'annexion du douar Beni Seghouan, qui cesse d'appartenir à la 31°.

La 41° circonscription judiciaire (Braz) est supprimée.

Les douars et tribus qui composaient cette circonscription judiciaire sont ainsi répartis : les tribus des Beni Merahba et des Beni Sliman sont rattachées à la 38° circonscription (Zakkar) Les douars Zeddin et Bou Rached sont réunis à la 43° (Tafrent); les douars Taria, Beni Boukni, Chemla, Beni Ghomrian et Harrar du Chelif, passent à la 17° circonscription (Duperré).

Les douars Sidi Simiane et El-Gourine, passés du territoire militaire au territoire de droit commun, sont distraits de la 38° circonscription (Zaccar) et réunis à la 44° (Cherchell).

Postes.

6 avril 1878. — *Loi.*

TITRE Iᵉʳ.

Art. 1ᵉʳ. — La taxe des lettres affranchies est fixée à 15 centimes par 15 grammes ou fraction de 15 grammes. La taxe des lettres non affranchies est fixée à 30 centimes par 15 grammes ou fraction de 15 grammes.

Art. 2. — La taxe des cartes postales est fixée à 10 centimes.

TITRE II.

Art. 3. — La taxe des journaux, recueils, annales, mémoires et bulletins périodiques, paraissant au moins une fois par trimestre, et traitant de matières politiques ou non politiques, est, par exemplaire, de 2 centimes jusqu'à 25 grammes.

Art. 4. — Les journaux et écrits périodiques désignés en l'article précédent, et publiés dans les départements de la Seine et de Seine-et-Oise, ne payent que la moitié du prix fixé par l'art. 3, quand ils circulent dans l'intérieur du département où ils sont publiés. Les journaux publiés dans les autres départements payent également la moitié du prix fixé par l'art. 3, quand ils circulent dans le département où ils sont publiés ou dans les départements limitrophes ; mais leur poids peut s'élever à 50 grammes, sans qu'ils payent plus de 1 centime. Au dessus de 50 grammes, la taxe supplémentaire est de 1/2 centime par 25 grammes ou fraction de 25 grammes.

La perception de la taxe se fait en numéraire pour les journaux expédiés en nombre, et le centime entier n'est dû que pour la fraction de centime du port total.

Art. 5. — Sont exempts de droits de poste, à raison de leurs parcours sur le territoire de la métropole ou sur le territoire colonial, les suppléments des journaux, lorsque la moitié au moins de leur superficie est consacrée à la reproduction des débats des Chambres, des exposés des motifs des projets de lois, des rapports de commissions, des actes et documents officiels et des Cours, officiels ou non, des halles, bourses et marchés.

Pour jouir de l'exemption sus-énoncée, les suppléments devront être publiés sur feuilles détachées du journal.

Ces suppléments ne pourront dépasser, en dimension et en étendue, la partie du journal soumise à la taxe.

Art. 6. — Le port : 1° Des circulaires, prospectus, avis divers et prix courants, livres, gravures, lithographies en feuilles brochés ou reliés ;

2° Des avis imprimés ou lithographiés de naissance, mariages ou décès, des cartes de visite, des circulaires électorales ou bulletins de vote ;

3° Et généralement de tous les imprimés expédiés sous bandes, autres que les journaux et ouvrages périodiques,

Est fixé ainsi qu'il suit, par chaque paquet portant une adresse particulière :

1 centime par 5 grammes jusqu'à 20 grammes.

5 centimes, au-dessus de 20 grammes jusqu'à 50 grammes.

Au-dessus de 50 grammes, 5 centimes par 50 grammes ou fraction de 50 grammes excédant.

Les bandes doivent être mobiles et ne pas dépasser un tiers de la surface des objets qu'elles recouvrent Dans le cas contraire, la taxe fixée par l'article suivant est appliquée.

Art. 7. — Les objets désignés en l'article précédent, peuvent être expédiés sous forme de lettres ou sous enveloppes ouvertes, de manière qu'ils soient facilement vérifiés. Dans ce cas, le port est, pour chaque paquet portant une adresse particulière, de 5 centimes par 50 grammes ou fraction de 50 grammes.

Art. 8. — Les journaux, recueils, annales, mémoires et bulletins périodiques, ainsi que tous les imprimés, sont exceptés de la prohibition établie par l'art. 1er de l'arrêté du 27 prairial an IX, quel que soit leur poids, mais à la condition d'être expédiés, soit sous bandes mobiles ou sous enveloppes ouvertes, soit en paquets non cachetés et faciles à vérifier.

TITRE III.

Art. 9. — 1° Le droit à payer pour l'expédition des valeurs envoyées par lettres, est abaissé de 20 à 10 centimes par 100 fr. ou fraction de 100 fr. ;

2° La taxe des avis de réception des valeurs déclarées et des lettres ou autres objets recommandés, est également abaissée de 20 à 10 centimes.

TITRE IV.

Art. 10. — Les dispositions des articles qui précèdent ne sont applicables qu'aux lettres, imprimés confiés à la poste, nés et distribuables en France et en Algérie.

La date de l'exécution ne pourra être retardée plus de deux mois après la promulgation de la présente loi ; elle sera fixée par décret.

A partir de la même date, seront abrogées toutes les dispositions des lois postales antérieures contraires à la présente loi.

16 avril 1878. — *Décret.*

Les taxes postales établies par la loi du 6 avril 1878 seront appliquées à partir du 1er mai 1878.

Propriété indigène.

Application de la loi du 26 juillet 1873.

Nom du douar où est appliquée cette loi et date de l'arrêté qui ordonne l'application.

Douar Gheraba (Alger), 19 janvier 1878.
Douar Ouled Brahim, id., 19 janv. 1878.
Douar Ouled Mellal, id., 19 janv. 1878.
Douar Guettara (Constantine), 6 fév. 1878.
Douar Ghoufirat Oulad Dani (Oran), 19 février 1878.
Douar Ghoufirat Sficila, id., 19 fév. 1878.
Douar Bou Taïeb (Constantine), 6 mars 1878.
Douar Ghezala, id., 6 mars 1878,
Douar Gueraïria (Oran), 14 mars 1878.
Douar Guerbouca, id., 14 mars 1878.
Douar Ouled Farès (Alger), 20 mars 1878.
Territoire indigène de St-Cyprien des Attafs (Alger), 19 mars 1878.

Homologation du procès-verbal d'enquête en conformité de la loi du 26 juillet 1873.

Douar Oulad Rabiah (Oran), 11 mars 1878.

Télégraphie.

21 mars 1878. — *Loi.*

Art. 1er. — La taxe télégraphique, pour tout le territoire de la République, est fixée comme suit :

Quelle que soit la destination, il sera perçu cinq centimes par mot, sans que le prix de la dépêche puisse être moindre de cinquante centimes.

Cette disposition recevra son exécution au plus tard quatre mois après la promulgation de la présente loi.

Art. 2. — Les taxes sous-marine, sémaphorique et urbaine, et généralement les taxes accessoires, ainsi que les mesures propres à mettre les règles du service télégraphique intérieur en harmonie avec celles du service international, pourront être fixées par décret ; néanmoins, celles de ces dispositions qui pourront affecter les recettes de l'Etat devront être soumises à l'approbation des Chambres dans la prochaine loi de finances.

Art. 3. — Un crédit de 3,309,810 francs est ouvert au ministère de l'intérieur, sur l'exercice 1878, en addition à ceux ouverts ou à ouvrir par la loi de finances.

Il sera ainsi réparti :

Chap. VII. — Personnel des lignes télégraphiques....	940.810
Chap. VIII. — Matériel et travaux neufs des lignes télégraphiques...............	2.369.000
Total.....	3.309.810

Il sera pourvu à ces dépenses au moyen des ressources générales du budget de 1878.

Art. 4. — Un règlement d'administration publique désignera les fonctionnaires ayant droit à la franchise télégraphique, et déterminera les conditions dans lesquelles ils jouiront de cette franchise.

16 avril 1878. — Décret aux termes duquel les taxes télégraphiques établies par la loi du 21 mars 1878, sont appliquées à partir du 1er mai 1878.

FIN DE L'APPENDICE

TABLE ALPHABÉTIQUE

Cette Table n'a pour but que de mettre sous les yeux l'ensemble des matières traitées dans l'ouvrage. Il nous a paru inutile de la développer davantage, ces matières étant classées par ordre alphabétique et précédées d'un sommaire qui forme souvent à chacune d'elles une table complète.

A

Abatage — Abattoir.
Abonnement des communes au *Bulletin off*.
Abri provisoire des colons immigrants.
Abrogation de délégations de pouvoirs.
Académie.
Achat d'effets militaires.
Actes des cadis.
— de dévouement.
— d'engagement et de rengagement.
— de l'état-civil.
— du gouvernement.
— des indigènes.
— judiciaires.
— de notoriété.
— de la préfecture (recueil des).
— sous seing privé.
Actions commerciales.
Adel.
Adjoints civils.
— indigènes.
Adjudication de fournitures.
Administrateurs.
Administration générale. — V. aussi l'*Appendice*.
— municipale.
— du territoire militaire. — V. aussi l'*Appendice*.
Affaires arabes.
Affiches.
Affranchissement. — V. *Appendice*.
Agences d'émigration.
— de paris pour courses de chevaux.
Agents-voyers.
Aghalik.
Agriculture.
Airelle myrtille.
Aliénés.
Alignement.
Alsaciens-Lorrains.
Amendes et condamnations pécuniaires.
Amin.
Animaux malades.
— nuisibles.
Annexes de cercles.
Annonces légales.
Aoun.
Appareils à vapeur.
Arbres.
Archevêque.
Armée.
— d'Algérie.
— de mer.

Armes et munitions de guerre. — V. aussi *Appendice*.
Arpenteurs.
Arrestation de prévenus et de condamnés.
Arrondissements.
Arrondissements-cercles.
Art médical. — V. aussi *Appendice*.
Art vétérinaire.
Aspirants.
Assemblée nationale.
Assesseurs musulmans.
Assistance hospitalière.
— judiciaire.
Associations agricoles.
Association internationale.
Associations syndicales.
Assurances.
Attachés aux parquets.
Aubergistes.
Aumale (subdivision).
Aumôniers.
Avancement.
Avocats.

B

Baccalauréat.
Bach-Adel.
Baies du Portugal ou Phylotacca.
Bains de mer.
Banque de l'Algérie.
Bâtiments civils.
Baux des Communes.
Baux et privilége du propriétaire. — V. aussi *Appendice*.
Belgique (extradition).
Beni-Saf (port de).
Berranis.
Bestiaux.
Bêtes de somme.
Betterave.
Beylik.
Bibliothèques publiques.
Bit el Mal.
Blida (expropriation).
Boissons.
Bookmakers.
Bornage.
Bou Chemla.
Boufarik.
Boulangerie.
Bourses.
Brevet d'invention.
Brocanteurs-fripiers. — V. *Appendice*.

Budget.
Bulletin officiel du gouvernement.
Bureaux arabes.
— de bienfaisance.

C

Cabarets, cafés.
Cabotage.
Cacaos.
Cadastre.
Cadis.
Café.
Caïdat.
Caisse des dépôts et consignations.
— d'épargne.
— de retraite.
Campêche.
Campements isolés d'indigènes.
Canaux.
Cantonnement des indigènes.
Cantonniers.
Capitation.
Capture des évadés.
Caramels de teinture.
Carrières.
Cartes postales.
Casiers judiciaires.
Cassation.
Cautionnement des fonctionnaires.
— des journaux.
Cavalerie.
Censure.
Centimes additionnels.
Centres de population.
Cercles administratifs.
Céréales (mesurage des).
Cérémonies publiques.
Chambres d'agriculture.
— de commerce.
Chartes des Bibliothèques publiques.
Chasse.
Châteaudun du Rhummel.
Chefs indigènes.
Cheiks.
Chemins de fer. — V. aussi Appendice.
Chemins vicinaux.
Chevaux.
Chèvres.
Chiens.
Chiliens (successions).
Chocolats.
Cimetières.
Circonscriptions administratives.
— cantonales.
— électorales.
— judiciaires.
— militaires.
Circonstances atténuantes.
Circulaires électorales.
Circulation des indigènes.
Cochenille.
Colonisation. — V. aussi Appendice.
Coloration artificielle des vins.
Comices agricoles.
Comités consultatifs et autres.
Commandants de place.
Commandement.
Commerce.
Commerce d'armes.

Commissaires-enquêteurs.
Commissaires de police.
Commissariats civils.
Commissionnaires.
Commission départementale.
Commissions disciplinaires.
— mixtes des travaux publics.
— municipales.
— rogatoires.
Communes. — V. aussi Appendice.
Compétence.
Comptables.
Compte rendu des procès de presse.
Condamnations pécuniaires.
Conducteurs. — V. Ponts-et-Chaussées.
Conducteurs indigènes de bestiaux.
Concessions.
Congés. — V. Appendice.
Congés des fonctionnaires.
Connaissements.
Conscription des chevaux.
Conseil de droit musulman.
Conseils généraux.
— de Gouvernement et Supérieur.
— de guerre.
— municipaux.
— de préfecture.
— de révision.
Conseiller-rapporteur.
Conservateur des hypothèques.
Consignations.
Consignation des aliments.
Consistoires.
Consuls étrangers.
Contrainte par corps.
Contraventions à l'indigénat.
Contributions directes.
— diverses.
Contrôle de la garantie.
Conventions internationales.
Convocation aux cérémonies.
Corail.
Corporations religieuses.
Corps d'armée.
Corps spéciaux.
Corse (actes jud. destinés à la).
Correspondance administrative.
— officielle entre fonctionnaires étrangers et français.
Correspondance des transportés.
Cours d'eau.
Courses de chevaux et de salon.
Courtiers maritimes et de commerce.
Crédit foncier.
Criquets.
Cultes catholique, protestant et israélite.
Culte musulman (fonctionnaires).
Curateurs aux successions vacantes.

D

Débits de boissons.
Décès des étrangers.
— des décorés et médaillés.
— des officiers supérieurs ou généraux.
Décorations françaises et étrangères.
Défenseurs.
Défrichements.
Délégations de pouvoirs.
Délégués au Conseil supérieur.
— des Conseils municipaux.

Délits électoraux.
Dellal.
Demandes de concessions.
Démolition pour sûreté publique.
Dénombrement.
Départements.
Dépêches télégraphiques.
Dépôts et consignations.
Députés.
Déserteurs de la marine.
Dessèchements.
Dia (prix du sang).
Diplômes des bibliothèques publiques.
Discipline des cours et tribunaux.
— des décorés et médaillés.
Dispensaires.
Distances légales.
Divorce.
Djemmâa.
Documents judiciaires.
Domaine départemental, communal et maritime.
Douanes.
Douar et douar-commune.
Drainage.
Droits de capture.
— de chancellerie.
— de greffe.
— de poste en matière criminelle, correctionnelle et de police.
— de quai.
Dynamite.

E

Eaux (écoulement naturel des).
Eaux thermales.
Echantillons.
Ecoles.
— arabes-françaises.
— forestière.
— de médecine.
— musulmanes.
— polytechnique.
Ecorce de tan.
Ecrits électoraux.
Elagage.
Effets public.
— des gouvernements étrangers.
Elections.
— des députés.
— des membres des Chambres et des tribunaux de commerce.
Elections du Sénat.
Elevage de la race chevaline.
Embarquement.
Emigration.
Emplois administratifs. — V. aussi *Appendice*.
Employés municipaux (caisse de retraite).
Emprunts des départements, des communes et des établissements publics.
Emprunts des gouvernements étrangers.
Enfants assistés.
Enfants naturels.
Enfants du 1er âge.
Engagements volontaires.
Enquêteurs.
Enregistrement. — V. aussi *Appendice*.
Entrepôts réels.
Entrepreneurs.
Envoi en possession.

Epizootie.
Escorte de prévenus et accusés (frais).
Espions.
Etablissements dangereux, insalubres ou incommodes.
Etablissements pénitentiaires.
— scientifiques.
Etat-civil.
Etat de siége.
Etrangers.
Evasion.
Evêques.
Expertises en matière d'impôts.
Exportation.
Expropriation.
Extradition des malfaiteurs.

F

Faillites.
Falsifications.
Fanaux.
Foires et marchés.
Fonds de commerce.
Forêts.
Formules de salutations.
Fortifications.
Fournisseurs.
Fourrières publiques.
Frais de capture et de transfèrement.
Frais dus à l'Etat.
Frais de justice criminelle.
Franchise postale.
— télégraphique.
Francisation des navires.
Fripiers-brocanteurs. — V. *Appendice*.

G

Garantie.
Gardes-champêtres.
Garde colonial.
Gendarmerie.
Géomètres.
Goums et Maghzen.
Gouvernement général.
Graveurs.
Greffiers.
Griffe (interdiction pour les fonctionnaires de faire usage d'une).

H

Habous.
Hammam-Rira (eaux d').
Hokor.
Honneurs.
Honoraires des cadis et autres fonctionnaires ou agents de la justice musulmane.
Hôpitaux.
Hospitalisation (demandes d').
Huiles minérales.
Huissiers.
Hypothèques.

I

Identité des accusés et prévenus.
Immatriculation des armes.
Immeubles.
Immeubles domaniaux.
Immigrants.
Importations.
Impôts.

Impôt arabe. — V. aussi *Appendice*.
— de capitation.
Imprimerie et librairie.
Incapacités électorales.
Incendies dans les forêts.
Incompatibilités électorales.
Incompétence.
Incurables.
Indemnités aux délégués au Conseil supérieur.
— aux gendarmes.
— aux colons.
— d'expropriation.
Indigénat.
Industries dangereuses.
Inhumations.
Instruction publique. — V. aussi *Appendice*.
Insurrection arabe.
Intérêts communs à plusieurs départements.
Internes des hôpitaux.
Interprètes.
Inventaire.
Invitation aux cérémonies publiques.
Irrigations.
Israélites.
Italie (extradition).
Italiens.
Ivresse publique.

J

Jeux de hasard.
Journal officiel de l'Algérie.
Journaux et imprimés.
Journaux non cautionnés.
Journées de travail.
Juges de paix à compétence étendue. — V. aussi *Appendice*.
Jury.
Justice.
Justice militaire.
— musulmane. — V. aussi *Appendice*.
— de paix. — V. aussi *Appendice*.

K

Kabylie.
Kadis.
Kebir-Karta ou Kebir-Ed-Douar.
Khammès.
Khodja.

L

Laines.
Langue arabe.
Légalisation.
Légion d'honneur.
Lettres. — V. *Postes*.
Levés généraux.
Lezma. — V. *Impôt arabe*.
Librairie.
Licence (droits de).
Liquides inflammables.
Listes électorales.
Lithographie.
Livres appartenant aux bibliothèques publiques (vente et échange).
Locations. — V. aussi *Appendice*.
Lois constitutionnelles.
Luxembourg (extradition).
Lycées.

M

Machines et appareils à vapeur.
Maghzen.
Magistrats.
Mahakmas.
Main-d'œuvre militaire.
Main-forte.
Maires et adjoints.
Malte (Comm. rogatoires ; — Épizootie).
Mandats de poste.
Manuscrits (vente et échange).
Marchandises dangereuses.
— falsifiées.
— neuves.
Marchés.
Mariage des Israélites.
— des Italiens.
— des Musulmans.
Marine.
Marques de fabrique et de commerce.
Mecque (voyage à la).
Médaille militaire.
Médailles (vente, échange).
Médecins de l'armée territoriale.
— de Colonisation (V. aussi *Appendice*).
— des hôpitaux.
Mekla (cercle spécial et commune indigène de).
Mendicité.
Ménerville (commune de).
Milah.
Milice.
Mines. — V. aussi Ponts-et-Chaussées.
Mobilisation.
Monaco (Extradition).
Monnaies de cuivre.
Mont-de-piété.
Monuments publics.
Mouillage des vins.
Mousses.
Municipalités.
Munitions de guerre.
Mustapha (Commune de).

N

Nationalité.
Naturalisation.
Naufrage.
Navigation.
Notaires et greffiers-notaires.
Notices sur les condamnés.
Notification aux indigènes.
Nourrices et nourrissons.

O

Objets recommandés.
Obligations.
Observatoire d'Alger.
Octroi de mer.
Officiers ministériels.
— de police judiciaire.
— de santé.
Oléron (act. jud. destinés à).
Opposition.
Option de nationalité.
Or et argent.
Oran (alignement).
Ordonnateurs des dépenses.
Ordres civils et militaires.
Organisation administrative.
— judiciaire.
— militaire.
Orphelinats.

Oukaff.
Ouvrages dramatiques.
Ouvrages utiles à l'Algérie (subventions aux).
Ouvroirs musulmans.

P

Pacage.
Papiers de commerce.
Papiers timbrés.
Pari sur chevaux.
Parquets (attachés aux).
Passages maritimes.
Passeports.
Pasteurs.
Patentes.
Pavillon (surtaxe).
Pêche (corail).
Pèlerins.
Pensions civiles et militaires.
Permis de chasse.
Permis de circulation.
Permutations entre l'armée de terre et de mer.
Pérou (extradition).
Perte des effets publics.
Pesage public.
Peste bovine.
Pétrole.
Pétitions.
Phares et fanaux.
Pharmaciens.
Photographie.
Phylolacca ou baies de Portugal.
Phylloxéra.
Pièces de conviction.
Pièces judiciaires.
Pilotage.
Placards.
Places de guerre.
Plages.
Plantations.
Poids et mesures.
Police.
Police des bains de mer.
   — des chemins de fer.
   — sanitaire.
Polygones.
Ponts et chaussées.
Population.
Porcheries.
Portefaix-commissionnaires.
Ports.
Portugal (extradition).
Postes. — V. aussi *Appendice*.
Poudres à feu.
Pourvoi en cassation.
Pouvoirs publics.
Préséances.
Presse.
Prestations.
Prières publiques.
Primes.
Prisonniers et prisons.
Prix du sang.
Procédure civile. — V. aussi *Appendice*.
Professions ambulantes.
Professions de foi.
Propriété indigène. V. aussi *Appendice*.
Protection de l'enfance.

Q

Quais.
Quittances.

R

Rabbins.
Raisins.
Rapporteur (conseiller).
Ré (actes jud. pour l'île de).
Recensement.
Recenseurs.
Receveurs municipaux.
Recommandations.
Reconnaissances de l'id. des prévenus et condamnés.
Recrutement.
Redjem (signes du bornage).
Référés.
Réforme (indemnités de).
Refus de remplir ses fonctions.
Régime forestier.
Région Tellienne.
Rengagement
Rentes sur l'Etat.
Répartiteurs.
Réquisitions militaires.
Réserve.
Responsabilité.
Restaurants.
Retraites.
Réunions électorales.
Réunions officielles.
Réunions publiques.
Revendeurs.
Revenus et dividendes.
Rôle général et particulier des chambres.
Roulage.
Rues.

S

Sages-femmes.
Salubrité publique.
Salutation officielle.
Sapeurs-pompiers.
Sauterelles et criquets.
Sauvetage.
Secours mutuels.
Seigle ergoté.
Sénat.
Sépulture.
Séquestre.
Séquestre judiciaire.
Service journalier du Gouvernement général.
Service maritime.
Service militaire.
Service religieux dans l'armée.
Servitudes militaires et places de guerre.
Sinistres.
Sociétés de secours mutuels.
Société générale algérienne.
Sophistications.
Sous-officiers.
   — et brigadiers de gendarmerie (officiers de police judiciaire).
Sous-préfectures.
Spahis.
Spectacles.
Staries et surstaries.
Subdivisions militaires.
Substances nuisibles et dangereuses.
Subventions aux publications intéressant l'Algérie.

Subventions communales pour les frais du culte.
Successions.
Sucres.
Suisse défendeur.
Sûreté générale.
Surtaxe de pavillon.
Surveillance de la haute police.
Syndics de faillites.
Syndicats.

T

Tabacs.
Tarif criminel et correctionnel.
Taux d'intérêts.
Taxes des loyers.
— municipales.
— à témoins.
Télégraphie. — V. aussi *Appendice*.
Tell (le).
Témoins.
Territoire militaire ou de commandement.
Théâtres.
Timbre.
Tirailleurs algériens.
Titres au porteur.
Topographie.
Touffik.
Tournées des fonctionnaires civils en territoire militaire.
Tramways.
Travaux publics.

Tribunaux.
Tribus.
Tromperie sur la marchandise.

U

Usines à gaz.
Ustensiles en métal.

V

Vagabondage.
Valeurs cotées et déclarées.
— mobilières.
Ventes.
Vétérinaires.
Vicinalité.
Vieillards et incurables.
Vignes.
Villages.
Vins fuchsinés.
Visites officielles du 1er janvier.
Viticulture.
Voirie.
Voitures publiques.
Vol de bestiaux.
Vol des titres au porteur.

Z

Zekkat.
Zerda.
Ziara.
Zones frontières.

FIN DE LA TABLE ALPHABÉTIQUE

TABLE CHRONOLOGIQUE

ABRÉVIATIONS

A. G.   Arrêté du Gouverneur.
A. M.   Arrêté ministériel.
A. Mu. Arrêté du Maire ou municipal.
A. P.   Arrêté du Préfet.
C. G.   Circulaire du Gouverneur.
C. M.   Circulaire ministérielle.
C. P.   Circulaire du Préfet.
C. Pro. Circulaire du Procureur général.

D.   Décret.
Dé. G. Décision du Gouverneur.
Dé. M. Décision ministérielle.
Dé. P. Décision du Président de la République.
I. G.   Instructions du Gouverneur.
L.   Loi.
O.   Ordonnance royale.

1824
			Pages.
L.	28 juillet.	Chemins vicinaux.........	99

1825
| C. M. | 25 août. | Biens communaux......... | 183 |

1834
| L. | 24 mai. | Armes .... | 37 |

1835
| A. G. | 30 mars. | Brocanteurs-fripiers...... | 408 |

1836
| A. G. | 8 mars. | Portefaix .... | 353 |

1839
| O. | 22 février. | Bibliothèques publiques... | 51 |

1842
| O. | 26 sept. | Procédure................ | 412 |

1843
| O. | 16 avril. | Procédure................ | 412 |

1846
| O. | 10 août. | Baux et locations......... | 407 |

1851
| D. | 12 décemb | Armes................... | 407 |
| L. | 29 — | Débits................... | 200 |

1854
| D. | 19 août. | Justice de paix........... | 408 |

1860
| L. | 14 juillet. | Armes .... | 38 |

1861
| Dé. G. | 24 juillet. | Incendies .... | 274 |

1864
| L. | 8 juin. | Chemins vicinaux......... | 99 |

1865
| L. | 12 juillet. | Chemins de fer........... | 69 |

1866
			Pages.
D.	13 décemb.	Justice musulmane.......	409

1869
A. P.	31 janvier.	Chasse..................	67
L.	5 mai.	Enfants assistés..........	244
Dé. G.	24 mai.	Emplois administratifs....	239

1871
D.	16 octobre.	Colonisation	117
L.	10 décemb.	Contrainte par corps.....	185
L.	21 —	Commerce...............	126

1872
A. G.	6 janvier.	Circonscriptions cantonales	103
C. Pro.	8 —	Alsaciens-Lorrains.......	23
A. G.	9 —	Circonscriptions cantonales	104
L.	30 —	Douanes.................	209
D.	31 —	Etablissements insalubres.	249
D.	31 —	Cautionnement...........	65
A. G.	6 février.	Circonscriptions cantonales	105
Dé. G.	9 —	Insurrection arabe........	283
L.	12 —	Commerce...............	128
L.	12-15 —	Presse..................	358
A. G.	26 —	Commissions disciplinaires	130
A. G.	26 —	Circonscriptions cantonales	104
L.	28 —	Enregistrement	247
D.	8 mars.	Cautionnement...........	65
L.	11 —	Débits...................	200
A. G.	14 —	Contributions directes.....	186
L.	14 —	Sûreté générale...........	393
A. G.	21 —	Emplois administratifs....	231
A. G.	22 —	Impôt arabe.............	272
A. G.	22 —	Délégations de pouvoirs...	200
A. G.	23 —	Contributions directes....	186
D.	23 —	Enregistrement	247
L.	26 —	Banque de l'Algérie......	50
D.	28 —	Cultes...................	195
L.	29 —	Télégraphie	396
L.	30 —	Timbre..................	398
L.	30 —	Pensions................	348
L.	30 —	Garantie	263
L.	30 —	Enregistrement	247

TABLE CHRONOLOGIQUE

				Pages					Pages
C. M.	30	mars.	Alsaciens-Lorrains	23	C. M.	9	janvier	Légion d'honneur	325
A. G.	31	—	Circonscript. cantonal.	105, 106	A. G.	10	—	Circonscriptions cantonales	106
A. G.	3	avril	Séquestre	377	D.	11	—	Caisse des offrand. nat.	348
A. G.	8	—	Circonscriptions cantonales	106	D.	21	—	Navigation	338
A. G.	16	—	Impôt arabe	273	L.	23	—	Ivresse publique	290
A. G.	20	—	Circonscriptions cantonales	106	L.	25	—	Postes	354
D.	27	—	Recensement	373	C. G.	25	—	Propriété indigène	367
I. G.	27	—	Séquestre	377	D.	26	—	Commerce	124
D.	30	—	Justice	294	L.	27	—	Code d'ins. crim.	294
D.	8	mai	Contributions directes	186	A. C.	29	—	Servitudes militaires	390
D.	10	—	Commerce	125	A. G.	31	—	Circonscriptions cantonales	106
D.	10	—	Contrainte par corps	185	A. G.	3	février.	—	107
A. G.	21	—	Circonscriptions cantonales	109	A. G.	5	—	—	107
A. G.	2	juin	Justice musulmane	321	C. Pro.	8	—	Commissions rogatoires	133
D.	11	—	Garantie	263	A. G.	10	—	Justice musulmane	321
A. G.	12	—	Colonisation	112	A. G.	10	—	Circonscriptions cantonales	107
D.	14-20	—	Sociétés commerciales	129	D.	11	—	Ivresse publique	290
D.	14	—	Douanes	209	L.	13	—	Etat-civil	252
L.	15	—	Effets publics	216	A. G.	13	—	Circonscriptions cantonales	107
A. G.	20	—	Télégraphie	396	L.	16	—	Postes	354
D.	22	—	Timbre	398	D.	20	—	Conseils généraux	181
D.	22	—	Enregistrement	247	D.	20	—	Circonscriptions cantonales	110
C. M.	5	juillet	Actes judiciaires	2	A. G.	24	—	—	105
D.	5	—	Alsaciens-Lorrains	27	C. P.	1er	mars.	Cultes	198
L.	5	—	Effets publics	216	A. G.	5	—	Circonscriptions cantonales	105
C. G.	9	—	Imprimerie	273	D.	10	—	Justice	304
C. Pro.	16	—	Contrainte par corps	185	D.	11	—	Tabacs	394
Dé. P.	23	—	Armée d'Algérie	31	A. G.	15	—	Circonscriptions cantonales	109
L.	27	—	Service militaire	381	A. G.	20	—	—	Id.
A. G.	31	—	Communes	156	A. G.	22	—	—	Id.
A. G.	2	août	Circonscriptions cantonales	104	L.	22-26	—	Cautionnement	65
A. G.	3	septemb.	Administration du ter. mil.	8	D.	29	—	Douanes	210
C. G.	14	—	Recensement	374	A. G.	30	—	Circonscriptions cantonales	107
D.	23	—	Armes	37	Dé. P.	3	avril.	Pensions	348
D.	23	—	Police	349	A. G.	5	—	Pilotes	338
C. Pro.	30	—	Circonscriptions cantonales	104	D.	10	—	Effets publics	218
D.	10	octobre.	Colonisation	118	C. M.	12	—	Compétence	166
D.	10	—	Réunions publiques	375	C. G.	12	—	Séquestre	377
C. Pro.	25	—	Jury	291	A. G.	17	—	Bureaux arabes	20
D.	31	—	Service militaire	388	D.	18	—	Enregistrement	246
D.	8-10	nov.	Alsaciens-Lorrains	27	D.	22	—	Timbre	398
D.	10-19	—	Justice	293	D.	30	—	Extradition	256
D.	15-29	—	Marins déserteurs	341	C. M.	14	mai.	Casiers judiciaires	58
D.	18	—	Commerce	128	D.	22	—	Servitudes militaires	390
A. G.	22	—	Etablissem. pénitentiaires.	250	D.	29	—	—	Id.
L.	22-27	—	Conseils généraux	169	L.	7	juin.	Conseils généraux	180
C. Pro.	26	—	Successions	392	D.	10	—	Administration générale	4
A. G.	27	—	Douanes	211	A. G.	14	—	Insurrection arabe	289
A. G.	30	—	Police	349	D.	16	—	Etablissements insalubres	249
D.	30	—	Service militaire	388	A. G.	16	—	Enregistrement	246
D.	1	décemb.	Service militaire	388	D.	18	—	Service maritime	380
L.	4	—	Pensions	348	A. G.	23	—	Octroi de mer	341
A. G.	11	—	Armes	37	D.	23-26	—	Seigle ergoté	44
D.	12	—	Cultes	197	C. G.	28	—	Incendies	274
D.	15	—	Justice	304	A. G.	9	juillet.	Commissions disciplinaires	131
A. G.	19	—	Bâtiments civils	51	A. G.	9	—	Théâtres	397
A. G.	19	—	Bulletin du Gouvernement.	54	D.	11	—	Etablissements insalubres	249
L.	20	—	Domaine maritime	206	C. G.	14	—	Corresp. administrative	193
A. G.	20	—	Colonisation	115	C. P.	17	—	Porcheries	249
A. G.	21	—	Ponts-et-Chaussées	351	D.	24	—	Extradition	256
C. M.	26	—	Successions	392	L.	24	—	Service militaire	381
A. G.	26	—	Communes	147	L.	24	—	Emplois administratifs	232
D.	31	—	Alsaciens-Lorrains	26	L.	26	—	Propriété indigène	361
					L.	26	—	Débits	200
			1873		L.	26	—	Conseils généraux	169
A. G.	1er	janvier	Circonscriptions cantonales	109	L.	28	—	Douanes	210
A. G.	7	—	—	106	D.	31	—	—	Id.
D.	8	—	Agriculture	21	L.	3	août.	Emplois administratifs	232
D.	8	—	Chasse	67	D.	14	—	Officiers ministériels	345

TABLE CHRONOLOGIQUE

				Pages.
D.	14	août	Cultes.............................	196
C. M.	16	—	Compétence......................	167
L.	29	—	Douanes.........................	210
D.	11 septemb.		Administration générale...	5
D.	11	—	Communes........................	163
D.	11	—	Conseil de gouvernement..	181
C. G.	19	—	Incendies,.......................	275
D.	20	—	Commerce........................	125
A. G.	21	—	Commissions disciplinaires	131
D.	27	—	Forêts...........................	258
D.	28	—	Service militaire.............	381
D.	28	—	Armée d'Algérie...............	32
D.	29	—	Douanes.........................	210
A. G	6 octobre.		Propriété indigène........	361
C. Pro.	6	—	Frais de justice...............	263
D.	8	—	Conseil supérieur............	182
D.	13	—	Cultes............................	196
A. G.	15	—	Forêts...........................	258
D.	28	—	Police............................	350
A. G.	31	—	Courtiers........................	194
A. G.	4 novemb.		Incendies.......................	275
C. G.	6	—	Correspondance administrative...................	193
D.	8	—	Communes........................	135
C. G.	15	—	Domaine........................	207
A. G.	17	—	Administ. du territ. milit.	17
A. G.	24	—	— 9 et	17
A. G.	25	—	—	18
A. G.	25	—	Circonscriptions cantonales	107
D.	28	—	Service militaire.............	388
D.	28	—	Tabacs..........................	395
A. G.	3 décemb.		Administ. du territ. milit.	9
I. G.	8	—	Alsaciens-Lorrains........	28
A. G.	8	—	Circonscriptions cantonales	105
D.	8	—	Etablissements insalubres.	249
C. Pro.	10	—	Compétence.....................	168
A. P.	19	—	Pensions........................	348
A. G.	20	—	Administr. du territ. milit. 10, 11,	18
A. G.	23	—	—	12
A. G.	24	—	— 12, 13,	18
A. G.	25	—	Communes........................	105
A. G.	26	—	Pensions........................	348
D.	26	—	Observatoire d'Alger........	285
A. G.	27	—	Administr. du territ. milit.	19
A. G.	27	—	Bulletin du Gouvernement.	55
A. P.	28	—	Foires...........................	257
L.	29	—	Timbre...........................	398
C. M.	30	—	Casiers judiciaires............	59
L.	30	—	Garantie.........................	264
C. G.	30	—	Préséances......................	358
D.	30	—	Timbre...........................	398
A. G.	31	—	Délégations de pouvoirs...	200
A. G.	31	—	Communes........................	138

1874

A. G.	3 janvier.		Circonscriptions cantonales	105
D.	6	—	Armée d'Algérie..............	32
A. G.	12	—	Emplois administratifs....	240
C. G.	12	—	Passeports.....................	346
C. M.	12	—	Emigration.....................	231
A. G.	17	—	Circonscriptions cantonales	109
A. G.	20	—	Budget..........................	52
D.	20	—	Sous-préfectures..............	391
C. P.	21	—	Chemins vicinaux.............	99
L.	23	—	Surveillance....................	394
A. G.	24	—	Communes........................	166
A. G.	26	—	Topographie....................	400
D.	26	—	Communes........................	140

				Pages.
A. G.	26 janvier		Circonscriptions cantonales	110
D.	1er février.		Justice..........................	294
A. G.	10	—	Communes.......................	135
—	—	—	—	136
—	—	—	—	138
D.	11	—	Mines............................	336
D.	12	—	Timbre...........................	398
D.	12	—	Maires...........................	332
C. G.	12	—	Contributions directes.....	189
Dé. G.	14	—	Administrat. du territ. mil.	14
C. M.	14	—	Armée d'Algérie..............	33
D.	18	—	—	32
A. G.	19	—	Administrat. du territ. mil.	14
C. M.	19	—	Casiers judiciaires...........	64
A. G.	19	—	Communes........................	153
L.	19	—	Timbre...........................	398
D.	19	—	—	Id.
A. G.	25	—	Circonscriptions cantonales	107
A. G.	27	—	Emplois administratifs....	239
Dé. G.	3 mars.		Communes........................	142
C. Pro.	3	—	Gendarmerie...................	264
C. G.	6	—	Colonisation...................	115
Dé. M.	12	—	Propriété indigène........	369
A. G.	13	—	Salubrité publique.........	375
D.	18	—	Communes........................	139
A. G.	20	—	Hypothèques...................	270
D.	21	—	Armée d'Algérie..............	36
D.	24	—	Justice..........................	294
D.	25	—	Communes........................	137
D.	25	—	—	138
A. G.	25	—	—	140
L.	27	—	Communes........................	141
A. G.	29	—	Etat de siège.................	255
A. G.	31	—	Communes........................	150
A. G.	31	—	—	153
D.	1er avril.		Timbre...........................	398
A. G.	2	—	Enregistrement................	246
Dé. M.	8	—	Postes...........................	355
A. G.	8	—	Communes........................	147
D.	10	—	Cultes............................	196
A. G.	11	—	Communes........................	137
A. G.	13	—	—	139
A. G.	14	—	—	141
D.	14	—	Légion d'honneur............	325
A. P.	17	—	Bains de mer..................	50
D.	17	—	Huissiers.......................	345
D.	20	—	Enregistrement...............	247
A. G.	21	—	Communes........................	153
D.	23	—	Justice..........................	304
A. G.	25	—	Impôt arabe...................	271
A. G.	28	—	Circonscriptions cantonales	108
D.	28	—	Douanes.........................	210
A. G.	29	—	Communes........................	152
D.	29	—	Chemins de fer...............	70
D.	30	—	Navigation.....................	339
A. G.	30	—	Timbre...........................	398
A. G.	1er mai.		Communes........................	138
D.	7	—	Mines............................	336
A. P.	7	—	Animaux nuisibles...........	31
D.	7	—	Chemins de fer...............	69-70
D.	7	—	Commissaires civils.........	130
D.	11	—	Notaires........................	345
Dé. G.	12	—	Enregistrement...............	246
A. G.	15	—	—	Id.
D.	16	—	Défenseurs.....................	343
D.	18	—	Enregistrement...............	247
A. G.	19	—	Justice musulmane...........	313
A. G.	19	—	— 316 et	321
L.	20	—	Aumôniers militaires........	199
A. G.	22	—	Admin. du territoire milit.	15

TABLE CHRONOLOGIQUE

				Pages.					Pages.
A. P.	30	mai.	Sauterelles	376	D.	4 novemb.	Huissiers		345
C. P.	2	juin.	Colonisation	123	C. G.	5	—	Taxes municipales	395
D.	6	—	Justice	305	A. G.	7	—	Communes	151, 154
A. P.	11	—	Communes	142	C. G.	10	—	Présidents de djemâa	143
A. P.	13	—	Sauterelles	377	C. Pro.	12	—	Alsaciens Lorrains	24
D.	16	—	Cultes	196	A. G.	12	—	Communes	139
A. G.	19	—	Circonscriptions cantonales	110	A. G.	12	—	—	141
A. G.	26	—	Communes	136	A. G.	13	—	—	150, 162
D.	27	—	Effets publics	218	A. G.	14	—	Commissions disciplinaires	131
C. P.	29	—	Sauterelles	377	D.	14	—	Défenseurs	343
A. G.	30	—	Enregistrement	246	C. P.	19	—	Associations syndicales	48
D.	30	—	Justice	305	A. G.	20	—	Communes	140
A. P.	1er juillet.	Hôpital d'Alger	44-45	D.	21	—	Contributions directes	187
A. G.	4	—	Communes	151-153	D.	23	—	Service militaire	389
L.	7	—	Elections	221	D.	24	—	—	Id.
C. P.	8	—	Armes	40	A. G.	25	—	Communes	152
D.	9	—	Navigation	337	D.	28	—	—	136
A. G.	10	—	Franchise télégraphique	396	D.	28	—	—	138
A. P.	10	—	Art médical	46	A. G.	28	—	—	149
D.	13	—	Propriété indigène	364	D.	30	—	Chemins de fer	71
D.	14	—	Notaires	345	D.	30	—	Agriculture	21
A. G.	14	—	Communes	137, 144, 146	A. G.	1er décemb.	Communes	140, 148
D.	15	—	Colonisation	118	A. P.	1er	—	Indigénat	280
L.	17	—	Incendies	276	C. P.	3	—	Tournées en territ. milit.	20
A. P.	18	—	Hôpitaux	270	A. G.	4	—	Cercle d'Akbou	16
A. G.	22	—	Communes	142	A. G.	4	—	Communes	153
A. G.	28	—	Justice musulmane	316	L.	7	—	Protection de l'enfance	369
D.	1er août.	Elections	221	A. G.	10	—	Forêts	258
L.	1er	—	Service militaire	389	D.	10	—	Justice	306
A. G.	4	—	Insurrection arabe	289	D.	12	—	—	304
D.	7	—	Marques de fabrique	333	L.	12	—	Servitudes militaires	390
A. G.	8	—	Séquestre	378	A. G.	17	—	Circonscriptions cantonales	109
D.	8	—	Justice	306	D.	18	—	Etablissem. pénitentiaires	250
D.	8	—	Justice musulmane	311	D.	18	—	École normale	285
A. G.	9	—	Bulletin du gouvernement	55	A. G.	21	—	Contributions directes	187
A. G.	10	—	Elections	223	A. G.	22	—	Communes	138
C. G.	14	—	Colonisation	112	C. G.	23	—	Domaine	209
D.	21	—	Poids et mesures	349	D.	23	—	Hôpitaux	266, 270
D.	29	—	Justice	306	L.	23	—	Protection de l'enfance	371
A. P.	1er septemb.	Mesurage des céréales	257	A. G.	24	—	Circonscriptions cantonales	105
A. G.	3	—	Justice	303	A. G.	24	—	—	109, 110
D.	4	—	Cautionnements	66	A. G.	24	—	Communes	136, 138
D.	10	—	Elections	223	A. G.	26	—	—	136
D.	11	—	Garantie	263	D.	28	—	Poids et mesures	349
D.	11	—	Indigénat	277	A. G.	29	—	Justice	306
C. Pro.	15	—	Légalisation	324	A. G.	31	—	Justice musulmane	323
D.	15	—	Commerce	124					
A. G.	22	—	Communes	148			**1875**		
A. G.	23	—	—	154, 157, 158, 159, 160	A. G.	4 janvier	Contributions directes	189
A. G.	25	—	Elections	223	L.	5	—	Etat de siége	255
A. G.	2 octobre.	Milice	334	A. G.	5	—	Communes	152
A. G.	2	—	Communes	155	A. G.	6	—	—	149
A. P.	3	—	Théâtres	398	A. G.	12	—	Emplois administratifs	234
A. G.	3	—	Navigation	339	D.	12	—	Justice militaire	310
C. M.	6	—	Gendarmerie	264	C. Pro.	14	—	Alsaciens-Lorrains	24
D.	10	—	Justice	306	A. G.	15	—	Justice musulmane	323
A. G.	14	—	Communes	139, 140	A. G.	16	—	Justice	306
D.	17	—	—	130	D.	18	—	Greffiers-notaires	343
D.	17	—	—	138	D.	19	—	Octroi de mer	343
D.	17	—	Commissariats civils	130	A. P.	20	—	Mendicité	333
D.	17	—	Amendes	29	C. Pro.	20	—	Armes	39
D.	23	—	Service militaire	389	A. P.	20	—	Portefaix	352
A. G.	23	—	Communes	139	A. G.	25	—	Justice musulmane	316
D.	23	—	Cultes	196	D.	28	—	Garantie	264
A. G.	24	—	Communes	148	C. P.	30	—	Chemins vicinaux	101
A. G.	30	—	Justice musulmane	320	A. G.	7 février.	Justice musulmane	320
A. G.	31	—	Communes	140	A. P.	8	—	Communes	142
D.	3 novemb.	Communes	140	A. P.	9	—	Indigénat	277
A. G.	4	—	—	141	A. P.	10	—	—	279

TABLE CHRONOLOGIQUE 429

				Pages.
C. G.	11 février.	Emplois administratifs....		237
A. G.	13	—	Justice musulmane......	316
A. P.	14	—	Epizooties...............	248
A. G.	15	—	Communes.............	140
L.	15	—	Contributions diverses.....	192
L.	15	—	Douanes................	212
A. G.	22	—	Justice musulmane......	320
L.	24	—	Organ. du Sénat........	325
A. G.	27	—	Ventes d'objets mobiliers.	345
A. G.	4 mars.	Droits de greffe..........		344
A. G.	5	—	Bulletin officiel...........	55
D.	8	—	Cultes.................	196
D.	13	—	Armée d'Algérie.........	32
L.	13	—	Service militaire.........	381
C. P.	18	—	Colonisation.............	113
A. G.	18	—	Communes.............	154
C. P.	18	—	Propriété indigène.......	368
L.	19	—	Douanes...............	211
L.	19	—	Service militaire.........	381
D.	20	—	Domaine maritime.......	206
L.	20	—	Navigation.............	338
D.	20	—	—	339
D.	22	—	Légion d'honneur........	325
A. P.	30	—	Indigénat...............	281
D.	2 avril	Huissiers...............		345
D.	3	—	Extradition.............	256
A. P.	5	—	Indigénat..............	278
A. G.	8	—	Topographie............	401
A. G.	13	—	Domaine maritime.......	206
D.	14	—	Douanes...............	211
Dé. G.	21	—	Administr. du territ. mil...	14
D.	21	—	Tramways..............	402
A. G.	23	—	Communes.............	147
D.	24	—	Servitudes militaires.....	390
A. G.	27	—	Communes........ 159, 160	
A. G.	5 mai.	—	....	149
C. P.	7	—	Art médical.............	44
D.	10	—	Communes.............	135
A. G.	11	—	Circonscriptions cantonales	110
D.	14	—	Langue arabe...........	324
C. G.	31	—	Hôpitaux...............	269
C. M.	31	—	Postes................	355
A. G.	1er juin.	Communes............		144
L.	2	—	Douanes...............	212
L.	2	—	Timbre................	399
A. G.	3	—	Communes.............	158
A. G.	4	—	—	152
D.	7	—	Enfants assistés.........	244
D.	7	—	—	243
A. G.	15	—	Justice musulmane......	321
A. G.	16	—	Délégations de pouvoirs...	201
A. G.	16	—	Communes.............	148
C. P.	18	—	Correspondance admin...	193
D.	18	—	Communes.............	151
C. P.	21	—	Etablissements pénitent...	230
D.	23	—	Communes.............	157
A. G.	3 juillet.	—	....	151
A. G.	5	—	—	135
D.	5	—	—	139
D.	5	—	Servitudes militaires.....	390
D.	6	—	Sœurs de la Mission d'Afr.	198
D.	7	—	Poids et mesures........	349
C. Pro.	10	—	Syndics de faillites......	128
A. G.	10	—	Communes........ 155, 157	
C. Pro.	10	—	Gendarmerie...........	265
D.	10	—	Justice militaire.........	311
L.	16	—	Élection des sénateurs....	326
D.	20	—	Conseiller-rapporteur.....	182
D.	23	—	Timbre................	399

				Pages.
D.	24 juillet.	Gendarmerie............		266
A. G.	25	—	Communes.............	160
D.	27	—	Propriété indigène.......	365
D.	27	—	Sous-préfectures.........	391
A. G.	28	—	Communes.............	139
L.	28	—	Dépôts et consignations...	202
A. G.	30	—	Communes.... 156, 157, 158, 159	
D.	30	—	Service militaire.........	381
A. G.	31	—	Communes.............	139
A. G.	2 août.	—	....	157
A. G.	2	—	Justice musulmane......	316
L.	2	—	Sénat.................	326
D.	6	—	Communes.............	136
D.	6	—	—	137
D.	10	—	Organ. de la justice......	295
D.	11	—	Conseil de gouv. et supér..	182
D.	14	—	Agriculture............	21
A. G.	14	—	Communes.............	147
A. P.	14	—	Foires et marchés........	257
D.	15	—	Instruction publique.....	283
A. M.	16	—	Amendes...............	29
A. G.	18	—	Sous-préfectures.........	391
A. G.	19	—	Communes.............	135
C. P.	20	—	Colonisation............	120
D.	23	—	Caisses d'épargne........	56
D.	23	—	Enregistrement..........	248
A. G.	24	—	Police.................	351
D.	24	—	Servitudes militaires.....	390
A. G.	28	—	Communes.............	146
D.	30	—	Surveillance............	394
A. G.	31	—	Aouns.................	303
A. G.	31	—	Justice musulmane......	316
C. Pro.	6 septemb.	Colonisation...........		119
D.	13	—	Communes.............	134
C. Pro.	17	—	Armes.................	40
D.	23	—	Conseils généraux.......	170
A. G.	27	—	Justice musulmane......	320
A. P.	28	—	Voirie.................	405
A. G.	30	—	Communes.... 141, 144, 149, 160	
C. Pro.	30	—	Franchise postale.......	355
D.	1er octobre	Communes............		137
C. P.	8	—	Bibliothèques publiques...	51
C. M.	12	—	Extradition.............	255
Dé. G.	19	—	Elevage...............	230
D.	22	—	Budget................	54
A. G.	23	—	Communes.............	147
A. G.	23	—	Justice musulmane......	311
A. P.	25	—	Plage Bab-el-Oued.......	207
A. G.	27	—	Communes.............	152
C. M.	29	—	Franchise postale........	356
D.	30	—	Communes.............	138
D.	5 novemb.	—	....	135
Loi.	6	—	Service militaire.........	381
A. M.	10	—	Baccalauréat...........	285
D.	11	—	Justice................	394
D.	11	—	Justice musulmane......	311
A. G.	12	—	Travaux publics.........	402
A. G.	13	—	Communes....... 136, 139	
A. G.	13	—	—	142, 161
D.	16	—	Poids et mesures........	349
Loi.	18	—	Justice militaire.........	306
Loi.	18	—	Service militaire.........	388
A. G.	19	—	Communes.............	142
D.	20	—	—	137, 138
C. M.	20	—	Compétence............	168
D.	23	—	Culte protestant.........	196
Loi.	30	—	Election des députés.....	329
C. G.	1er décemb.	Emplois administratifs....		237
D.	3	—	Communes.............	136

				Pages.					Pages.
Loi.	4 décemb.		Service militaire	381	A. G.	10	mars.	Adjoints civ. aux Généraux	20
Loi.	9	—		381	A. P.	17	—	Epizooties	248
A. P.	14	—	Chemins vicinaux	74	C. M.	18	—	Télégraphie (franchise)	397
Loi.	15	—	Chemins de fer	72	D.	20	—	Service militaire	381
A. G.	15	—	Communes	145	Dé. M.	20	—	—	382
D.	15	—	Dépôts et consignations	203	D.	22	—	Chemins de fer	71
Loi.	15	—	Service militaire	381	C. P.	24	—	Chemins vicinaux	74
A. G.	16	—	Forêts	258	C. M.	24	—	Espions	249
Loi.	17	—	Budget	54	C. M.	31	—	Postes	356
Loi.	17	—	Port de Philippeville	340	A. G.	5	avril.	Communes	153
A. G.	21	—	Communes	150	C. P.	7	—	Impôt arabe	273
A. G.	23	—	Justice musulmane	316	C. P.	8	—	Service militaire	387
A. G.	24	—	Communes	142	D.	13	—	Communes	138
Dé. G.	24	—	Forêts	259	A. G.	13	—		150
D.	26	—	Indemnités aux délégués des Conseils municipaux	329	A. G.	15	—	Courtiers	195
					A. G.	20	—	Communes	145
D.	28	—	Préséances	357	D.	24	—	Servitudes militaires	389
Loi.	29	—	Etat de siège	255	A. G.	27	—	Communes	146, 148
Loi.	29	—	Presse	359	D.	17	mai.	Poudres	356
A. G.	30	—	Communes	153 à 160	A. G.	20	—	Communes	166
A. P.	31	—	Enfants assistés	245	C. M.	22	—	Jeux de hasard	290
Loi.	31	—	Service militaire	381	C. G.	29	—	Mariages musulmans	253
	1876				D.	29	—	Attachés aux parquets	294
					D.	3	juin	Cultes	196
A. G.	3 janvier.		Forêts	261	A. G.	7	—	Douanes	210
D.	4	—	Justice musulmane	320	C. P.	7	—	Emprunts publics	244
C. M.	7	—	Service militaire	387	C. M.	9	—	Successions	392
Dé. G.	7	—	Franchise télégraphique	397	D.	10	—	Langue arabe	324
C. P.	10	—	Abattoirs	1	A. G.	10	—	Mines	335
A. G.	12	—	Communes	148	C. G.	12	—	Colonisation	113
D.	12	—	Extradition	256	A. G.	14	—	Insurrection arabe	289
C. Pro.	15	—	Préséances	358	D.	14	—	Port de Beni-Saf	340
D.	17	—	Communes	141	A. G.	16	—	Ponts-et-chaussées	351
D.	17	—	Courtiers	194	A. G.	30	—	Administration générale	6,7
D.	19	—	Poudres	356	C. P.	30	—	Préséances	358
A. P.	21	—	Tramways	402	D.	30	—	Servitudes militaires	390
D.	22	—	Extradition	256	D.	1er	juillet	Instruction publique	284
A. G.	23	—	Justice musulmane	323	A. G.	4	—	Communes	138
A. G.	24	—	Communes	145	A. G.	6	—	Milices	334
D.	25	—	Justice	306	A. G.	10	—	Administration générale	7
D.	26	—	Culte protestant	196	C. P.	10	—	Eaux thermales	214
C. M.	26	—	Etat-civil	252	D.	18	—	Service militaire	389
A. G.	27	—	Justice musulmane	320	A. G.	19	—	Pensions	348
C. P.	27	—	Voirie	405	D.	24-27	—	Taxes à témoins	262
C. M.	31	—	Postes (franchise)	356	A. M.	24	—	Justice	294
A. G.	1er février.		Police	351	A. G.	29	—	Medreças	287
D.	2	—	Sapeurs-pompiers	376	A. P.	31	—	Indigénat	278
C. P.	5	—	Chasse	67	D.	3	août.	Communes	135, 137
A. G.	8	—	Communes	149	A. G.	5	—	Contributions diverses	192
D.	8	—	Enregistrement	248	D.	8	—	Service militaire	388
C. G.	8	—	Forêts	260	Loi	12	—	Maires	332
D.	8	—	Protection de l'enfance	371	A. G.	3 septemb.		Etat-civil	253
A. G.	10	—	Communes	159	A. G.	7	—	Communes	166
A. G.	14	—	Armée d'Algérie	36	A. P.	8	—	Indigénat	280
C. M.	14	—	Elections	230	C. M.	10	—	Elections	227
D.	14	—	Interprètes	290	A. P.	12	—	Indigénat	282
C. P.	15	—	Colonisation	121	A. P.	15	—	Chemins de fer	70
A. G.	16	—	Medreças	286	D.	21	—	Communes	137
A. G.	25	—	Écoles arabes-françaises	285	D.	28	—	Voitures publiques	405
D.	26	—	Culte israélite	198	D.	29	—	Préséances	357
C. M.	28	—	Actes judiciaires	2	D.	30	—	Conseils généraux	181
C. Pro.	1er mars.		Actes judiciaires	2	C. M.	12 octobre		Jeux de hasard	291
D.	3	—	Conseils généraux	180	C. P.	14	—	Art médical	43
D.	3	—	Conseils municipaux	183	A. G.	21	—	Forêts	258
A. G.	6	—	Instruction publique	286	D.	23	—	Douanes	212
D.	7	—	Indemnités des délégués au Conseil supérieur	183	A. G.	27	—	Justice de paix	305
					A. P.	28	—	Chemins de fer	70
					A. M.	31	—	Recouvrement des amendes	29
C. P.	8	—	Baux des communes	183	A. G.	31	—	Communes	140

TABLE CHRONOLOGIQUE

				Pages.
D.	31 octobre	Justice		306
A. G.	31	—	Séquestre	378
D.	6 novemb	Douanes		212
D.	7	—	Communes	140
A. G.	7	—	—	154
A. G.	8	—	Administration générale	8
A. P.	9	—	Chemins de fer	70
D.	11	—	Forêts	259
D.	15	—	Culte israélite	198
D.	18	—	Procédure	360
A. G.	19	—	Insurrection arabe	289
A. G.	20	—	Emplois administratifs	234
D.	21	—	Communes	137, 140
C. P.	27	—	Etat-civil des étrangers	252
C. Pro.	28	—	Assistance judiciaire	48
A. G.	29	—	Communes	148
D.	30	—	Télégraphie	395
C. G.	5 décemb	Colonisation		122
Loi.	5	—	Code de commerce	127
A. G.	11	—	Emplois administratifs	236
A. G.	12	—	—	238
A. P.	14	—	Tramways	402
A. G.	15	—	Pêche du corail	347
A. G.	18	—	Communes	152
D.	18	—	Cultes	196
D.	19	—	Pêche du corail	348
C. P.	21	—	Sections électorales	224
A. G.	28	—	Postes	355
A. G.	30	—	Communes	142
A. G.	30	—	Emplois administratifs	241
D.	30	—	Lycée de Constantine	285
Loi.	30	—	Timbre	399

1877

D.	3 janvier	Collège de Médéah	285
A. G.	4	—	Impôt arabe	272
C. G.	17	—	Agriculture	22
D.	18	—	Justice	304
Loi.	26	—	Élections consulaires	128
Loi.	26	—	Pourvois en cassation	357
A. G.	29	—	Communes	151
D.	31	—	Cultes	196
D.	7 février	Justice de paix	305
D.	27	—	Extradition	256
D.	28	—	Servitudes militaires	390
A. G.	28	—	Télégraphie (franchise)	397
D.	3 mars	Culte protestant	196
A. G.	6	—	Communes	155, 161
D.	6	—	Conseils généraux	181
Loi.	12	—	Navigation	338
C. M.	13	—	Service militaire	388
D.	15	—	Navigation	341
Loi.	26	—	Chemins de fer	72
A. G.	27	—	Contributions directes	189
C. G.	29	—	Etablissem. pénitentiaires	251
C. G.	5 avril	Forêts	260
A. G.	6	—	Chiens	101
C. G.	6	—	Colonisation	123
D.	6	—	Justice de paix	306
D.	10	—	Casiers judiciaires	58
D.	10	—	Président de Ménerville	141
A. G.	13	—	Impôt arabe	271
A. G.	14	—	Servitudes militaires	390
A. G.	16	—	Communes	140
A. G.	18	—	Impôt arabe	271
C. P.	22	—	Armes	41
A. G.	27	—	Communes	149
D.	30	—	Amendes	30

				Pages.
C. P.	2 mai	Budget		52
A. G.	3	—	Communes	150
C. M.	5	—	Casiers judiciaires	64
D.	8	—	Pêche du corail	348
C. P.	9	—	Livrets de famille	254
A. Mu.	12	—	Abattoirs	1
A. G.	15	—	Douanes	212
A. P.	15	—	Indigénat	282
D.	16	—	Enregistrement	248
Dé. G.	17	—	Télégraphie	395
A. P.	20	—	Voirie	404
C. P.	23	—	Service militaire	388
A. G.	25	—	Administration générale	8
D.	30	—	Casiers judiciaires	58
C. G.	2 juin	Hôpitaux	270
A. P.	4	—	Roulage	375
C. P.	7	—	Etat-civil	253
C. M.	15	—	Contrainte par corps	185
A. Mu.	15	—	Théâtres	398
A. G.	21	—	Communes	154
D.	21	—	Cultes	196
A. G.	23	—	Communes	152
A. G.	23	—	Milices	335
C. G.	25	—	Art médical	43
Loi.	28-30	—	Pourvoi en cassation	357
A. G.	29	—	Impôt arabe	271
D.	30	—	Séquestre	380
A. G.	2 juillet.	Communes	145
L.	3	—	Réquisitions militaires	389
A. P.	4	—	Culte protestant	197
A. G.	4	—	Enregistrement	246
A. G.	6	—	Impôt arabe	271
A. P.	14	—	Culte protestant	197
C. M.	18	—	Débits	200
C. G.	19	—	Eaux thermales	214
A. P.	23	—	Indigénat	278
D.	2 août.	Réquisitions militaires	389
A. G.	3	—	Justice musulmane	311
C. P.	3	—	Passeports	347
A. M.	10	—	Sapeurs-pompiers	376
C. P.	11	—	Service militaire	386
D.	11	—	Télégraphie (tarif)	396
D.	14	—	Cultes	196
A. G.	20	—	Elections	218
A. G.	20	—	Enregistrement	246
C. M.	28	—	Amendes	30
C. P.	28	—	Chèvres	101
C. P.	28	—	Communes	161
C. P.	28	—	Crédit foncier	195
C. G.	30	—	Communes	143
C. P.	30	—	Service militaire	386
C. M.	31	—	Successions	393
C. G.	7 septemb.	Comices agricoles	22
C. M.	12	—	Gendarmerie	265
C. P.	20	—	Sapeurs-pompiers	376
A. G.	22	—	Communes	157
C. Pro.	24	—	—	143
C. P.	5 octobre.	Israélites	290
Dé. G.	7	—	Gardiens de phares	341
C. Pro.	11	—	Tromperie sur la march.	403
A. G.	26	—	Communes	148
A. G.	22 novemb.	Subventions aux livres	391
A. G.	30	—	École de médecine	415
A. G.	3 décemb.	Communes	139
D.	3	—	Recensement	374
A. G.	14	—	Communes	144, 147
D.	20	—	Chemins de fer	73
A. G.	31	—	Emplois administratifs	241

1878

				Pages.
A. G.	5 janvier.	Colonisation		414
A. G.	19	—	Propriété indigène	417
D.	23	—	Enregistrement	414
A. G.	25	—	Administ. du territ. milit.	412
A. G.	25	—	Emplois administratifs	414
D.	29	—	Communes	413
A. G.	31	—	—	413
A. G.	6 février.	Propriété indigène		417
A. G.	11	—	Communes	413
D.	12	—	Chemins de fer	413
A. G.	14	—	Colonisation	414
A. G.	14	—	Impôt arabe	415
A. G.	19	—	Propriété indigène	417
A. G.	25	—	Colonisation	414
A. G.	6 mars.	Propriété indigène		417
A. G.	8	—	Administration générale	412
A. G.	10 mars.	Justice musulmane		415
A G.	11	—	Administration générale	412
A. G.	11	—	Communes	413
A. G	11	—	Enregistrement	415
A. G.	11	—	Propriété indigène	417
A. G.	12	—	Communes	414
A. G.	13	—	Enregistrement	415
A. G.	14	—	Propriété indigène	417
A. G.	19	—	—	Id.
A. G.	20	—	—	Id.
L.	21	—	Télégraphie	417
A. G.	28	—	Communes	414
A. G.	5 avril.	Serv. méd. de colonisation		413
L.	6	—	Postes	416
D.	16	—	—	417
D.	16	—	Télégraphie	417

FIN DE LA TABLE CHRONOLOGIQUE

ALGER. — IMPRIMERIE DE L'ASSOCIATION OUVRIÈRE, VICTOR AILLAUD ET Cie

www.ingramcontent.com/pod-product-compliance
Lightning Source LLC
Chambersburg PA
CBHW071058230426
43666CB00009B/1750